世说新语鉴赏辞典

刘强 主编

上海辞书出版社

《世说新语鉴赏辞典》

顾　问(以姓氏笔画排列):

骆玉明　钱南秀　唐翼明　萧　虹　曹　旭

龚　斌　蒋　凡　戴建业

主　编: 刘　强

副主编: 王建国　刘小兵

编纂委员会(以姓氏笔画排列):

王艺雯　王允亮　王利锁　王建国　王　琪

王蔚乔　王澧华　古金华　归　青　白振奎

刘小兵　刘伟生　刘　强　齐慧源　阮莉萍

李　文　李雨朦　李修建　李剑锋　李煜东

李　群　肖　能　吴冠宏　何光顺　汪进超

沈鸣鸣　宋冠霖　张亚军　张　旭　张金耀

张　煜　陈文芝　罗　宁　赵厚均　胡秋蕾

骆玉明　耿朝晖　钱南秀　郭小小　萧　虹

龚铃洲　龚　斌　章　原　蒋　凡　曾敬宗

戴建业

目录

凡例

一、本书选收《世说新语》原文430余则。

二、本书正文一般包括故事标题、《世说新语》原文、注释、赏析文章四个部分。标题由编写者拟定；每一则《世说新语》原文末尾注明其所属门类及其在门类中的序号；原文版本以余嘉锡笺疏、周祖谟等整理的《世说新语笺疏》以及龚斌的《世说新语校释》为依据；编写者对所选录原文中涉及的历史文化典故、名物、生僻字词，进行必要的注释，同一分句中有多个内容需要注释的，合用一个注码。

三、正文的排列，以《世说新语》原书的德行、言语、政事、文学等36门类为序分为36个专辑，同一门类中的条目也依原书的先后次序排列。每一专辑前，均有主编刘强撰写的关于《世说新语》36门类的《新评》文字，评述此门类设置的大意及其价值，亦可视作门类之解题或赞语。

四、本书使用简化字，在可能产生歧义时，保留繁体字或异体字。

五、本书赏析文章涉及古代部分的历史纪元，一般用旧纪年，括注公元纪年。

六、本书附录有《世说新语》研究著述举要、《世说新语》人物事迹编年简表。

序一

《世说新语》的思想和艺术价值

骆玉明

《世说新语》是一部古代意义上的“小说”书，产生于南朝刘宋时代，内容主要记述从东汉末到东晋上层社会名士的言行。一部著作能够被称为经典，必须在民族的文化史上具有特殊的并且是不可替代的价值，必须容载了丰富且具有重要意义的文化信息，并对民族文化的发展产生过不可忽视的影响。《世说新语》是一部采辑旧文编理而成的书，内容又只是分门罗列篇幅短小的人物故事乃至名流的片言只语，它何以可置于经典之列呢？

简单地说，魏晋是中国历史上一个转折性的时代，社会的政治结构、思想文化、文学艺术在这一时代都发生了重要的变化，士族阶层则是魏晋社会的中坚。而《世说新语》一书正是通过汇辑各种有关文献资料并加以修饰整理，集中呈现了魏晋士人的精神面貌，从而反映了魏晋思想文化的基本特点。

它的内容分别而言,大概全部是以前就已经存在的。但是,不仅原来收录那些资料的书籍大多散佚,而且,如果不是经过编撰者有选择地博采群书重加整理,上述效果也并不能如此显明地体现出来。正是作为魏晋思想文化的集中载体、魏晋士人精神风貌的集中体现,《世说新语》具备了成为经典的条件。

另外需要补充一句:当我们谈论《世说新语》的价值时,是把刘孝标注包含在内的;因为刘注在征引各种资料对原书加以补证时,客观上也起到了与原书相同的作用。

士族势力的兴起和门阀制度的形成是一个历史过程。大概地说,士族是由地方性势力发展起来的贵族阶层,他们拥有厚实的经济基础、优越的文化资源,其所统驭的依附人口在必要时即可转化为独立的军事力量;士族成员通过入仕,参与国家的政治活动并保护家族的权益,并由于条件的优越造成累世官宦的情形,同时士族的不同家族之间又通过婚姻关系相互联结,巩固和扩大他们作为一个特殊社会群体的力量。

一般认为,曹丕建魏以后实行“九品中正制”,标志了国家对士族特权的认可,同时也标志了门阀政治的成立,而最为典型的门阀政治则形成于东晋。在门阀政治时代,出现了一种过去所没有过的皇权与士族权力平行存在、相互制衡的政治结构。皇权虽然在理论上仍被视为最高的权力、国家的象征,但事实上它并不能取消和超越士族的权力;在有的年代里,皇权实际上成为一种虚设的东西,对国家重大事务完全失去了控制。原因很简单:在除了魏晋之外的朝代,官僚权力是由皇权派生的,士族权力则完全建立在自身力量的基础上。

当我们说“魏晋士人”这个概念时,并非专指士族阶层中人;它的意思要模糊一些,范围也大很多。譬如“单门寒士”也是“士人”的一部分,他们在许多情形下和士族——又常常被称为“世家大族”——正好是对立的。但魏晋时代士族作为社会的中坚,他们的思想和趣味必然会影响和支配整个“士人”群体。鲁迅认为，从《语林》《郭子》到《世说新语》，这类“志人小说”的流行，与普通士人需要模仿高级士族的谈吐举止有很大关系，这是可信的。

在汉王朝趋向崩溃、士族势力不断成长、社会发生深刻变化的历史过程中，作为维护大一统政治的国家意识形态而存在的儒学也逐渐衰微。当然，儒学并没有从社会政治生活中退出，儒学的某些内容(如关于“礼”的探究)受重视的程度甚至超过前代。但它的独尊性的权威地位已不复存在。自东汉后期以来，在对儒家经典加以新的阐释的同时，老庄学说不断兴盛，佛教思想流布日广。所以，魏晋成为自春秋战国以后又一个思想解放、异说并存的时代，因而也是思想史上创获尤其丰富的时代。《世说新语》虽然并不收录长篇大论，但它所记人物言行，却生动地反映出这一时代上述重要特色。

《世说新语》常常被称为一部记录魏晋玄学清谈的书，这虽然不够全面，但也揭示了这部书的基本特点。所谓“玄学”，是一种会通儒道、进而又融合佛学的学说，流行于士族社会。它涉及的问题很多，但究其根本，可以说玄学具有浓重的形而上性质，它关注宇宙本体，追究物象背后的原理，并且经常对人类自身的思维规则及语言表达提出质疑。“玄”这个概念，常常和虚、远、深、微妙等形容词相联系，而玄学即使在讨论具有现实政治背景的问题——如“名教与自然”时，也喜欢从抽象原理的层面以逻辑论析的方式展开。

所以，尽管自古以来指斥玄学不切实用者不乏其人，甚或加以“清谈误国”的罪名，它其实代表了古人对人与世界之关系的深入思考和思想方法上的重要进步。而《世说新语》不仅保存了许多魏晋玄学清谈的名目和若干重要内容，描述了清谈展开的具体场景和氛围，而且在更为广泛的范围内，记录了魏晋士人经清谈风气熏陶而呈现的各种机智有趣的言论。

研究者普遍重视魏晋时代个体意识的觉醒，认为这一现象对中国思想文化的发展具有极其重要的意义。在中国的文化传统里，强调个人服从群体,强调社会伦理对个人意志和欲望的抑制,历来是占主导地位的意识。人尽管必须结为群体谋求共同的生存,因而必须遵守一定的群体生活原则,却在根本上又是一种以自我为中心的个体性的存在。“除了我,就不是我”,我们也许可以用这样的句子描述一个独立的精神主体与整个世界的对峙关系。

因此,对个体意识的压抑乃至抹杀,势必造成人性的扭曲和人的创造性才智的萎缩。从东汉中后期以来,社会的动乱、皇权地位的降低、国家意识的淡薄、士族社会身份的提高,都为士族文人的个体自觉提供了条件。

所谓个性意识的自觉,从内在的底蕴来说,是强调以个人的体认为真理的标准,以一己之心定是非;从外在的表现来说,是处处要显示一己的独特之所在,纵使不能优越于他人,也要维持自具一格。殷浩答桓温:“我与我周旋久,宁作我!”便是此意。所以《世说新语》所记人物言行,每有标奇立异、惊世骇俗之事,若同于流俗,便恐为人所讥;像士大夫的手持粉帛,行步顾影,在后世以为荒唐可笑,在当时却是一种上流社会自我标榜的风尚。

中外一些研究者还把魏晋时代的思想文化与欧洲历史上的文艺复兴相比较,这里最令人感兴趣的,是两者都存在文学艺术的兴盛与个体自觉的强化相互关联、大致同步的现象。众所周知,魏晋被称为“文学自觉”的时代,音乐、绘画、书法乃至围棋,大致也都是在魏晋时代产生了质的变化并呈现前所未有的兴盛。

为什么会有这样的关联呢? 因为,虽然文学也可以用于宣传、教化,虽然音乐、绘画之类也可以作为富贵者日常玩赏的对象,但它真正的价值是个人才智与创造力的显示,是自我表现、自我宣泄的途径。在一个社会中,如果文学艺术的创造主要不是由作者自身的精神需求决定的,它也许会有技艺上的成就,而生命力和感染力却只能是有限的。而魏晋时代正是由于士人个体意识的强烈,导致他们对文学艺术热烈爱好,同时也引发了它的兴旺成长。在《世说新语》中,我们可以读到许多与文学、音乐、绘画、书法有关的优美的故事，譬如嵇康奏一曲《广陵散》从容就死的记载。

总而言之，《世说新语》主要反映了东汉末和魏晋士族文人的精神风貌。如果我们说士族享有政治特权是不合理的，作为一种贵族文化的士族文化必然有很多缺陷，这当然没错。然而换一个视角来看，正因为士族是一个对国家对皇权均少有依附性的特殊阶层，他们在历史上较早地体验了、并以自己的方式应对了就人类而言具有普遍性的问题：个人尊严的价值、自由的必要、自由与尊严的代价、生命的虚无与美丽，等等。

《世说新语》当然是一部内涵很丰富的书，全书各部分的价值取向也并不是严格统一的。但如果要求笔者以最简单的语言归纳其主要的精神价值所在，可以说它体现了魏晋时代士人对尊严、德行、智慧和美的理解与热爱。

在上面的论析中，我们强调了《世说新语》的时代特征。要说到这部古小说的艺术，也完全和它的时代特征分不开。在魏晋时代的贵族社会里，一个高级人物最吸引人的地方是其优雅高贵的气质和风韵，所以《世说新语》对人物的关注也以此为中心。它描绘人物，多从细处着笔，却又往往托意深远，令读者在感到亲切的同时油然而生钦羡。

汉末以来人物品藻之风盛行，而人物品藻往往是通过人物的比较来定高下辨是非的，所以《世说新语》描绘人物多用对比方法，借一方为另一方作衬托。从汉末清议到魏晋玄学清谈，言谈的机警、隽永和出人意料的趣味为世人所重，《世说新语》所记人物言谈，自然多妙言俊语，令人心旷神怡。受此种风气的影响，连带地在叙事写景时，书中文笔也以言约旨远为胜。

这里没有必要对《世说新语》的艺术特点做条分缕析的交代，只是想通过以上几个要点，看出它基本的特征。玄学风气下一代人物的风韵情致，虽相隔千载，而历历可见，这就是《世说新语》在艺术上最大的成功了。

《世说新语》作为魏晋南北朝志人小说的代表作，续仿者甚多。大约而言，唐代有刘肃《大唐新语》、王方庆《续世说新书》，宋代有王谠《唐语林》、孔平仲《续世说》，明代有何良俊《何氏语林》、焦竑《焦氏类林》，清代有王晫《今世说》，至民国初尚有易宗夔作《新世说》，总共有数十种之多。这构成了一种著作类型，其特征就是以人物逸事为主要内容，性质介于小说与杂史之间。

从文体上说，《世说新语》也构成了一种独特的风格，它的简约玄澹、富于韵致、既讲究精练又不避口语的特点，有时被称为"世说体"，不仅对上述续仿之书深有影响，还影响到其他散文与小说的写作。

不过，也正是由于《世说新语》具有强烈的时代特征，在社会发生进一步的变化之后，它特有的魅力已不可能被复制。所以尽管续仿之作甚多，却没有一种可以与之相提并论。

序二

怎样读《世说新语》

龚　斌

《世说新语》(以下省称《世说》)是中国古代最著名的经典之一。这是一部真正的奇书,全幅记录了汉末至晋宋之交士族名士的言行与精神风貌,涉及政治、军事、经济、哲学、宗教、文学、美学等几乎所有的领域,加上"记言则玄远冷俊,记事则高简瑰奇"(鲁迅语),故具有很高的历史价值和文学价值,备受历代读者的喜爱。有些书可以陪伴一时,有些书则能陪伴一生。《世说》就是一部能陪伴你一生的书。

《世说》初看有趣好读,多数故事也不难懂,其实,要弄清故事的来龙去脉,了解人物之间的关系,理解他们的言行举止、风度韵致的精神内核及审美意义,并不很容易。更不要说《世说》简略语言的背后,还有不少为历史尘埃掩埋的未发之覆。对于一般读者而言,《世说》的字词训诂、职官、天文、术数、名物方面的知识,可以借助目前流行的《世说》

通俗读物就可解决,不必过多注意。但《世说》的主要内容,它的经典意义何在,是必须要理解的。古今《世说》研究者一般认为,《世说》之名源于汉代刘向的《世说》。刘义庆《世说》既然很早就称为"新语"或"新说",那么,它与旧《世说》相比,必定是一部新经典,有新内容、新思想、新精神。显而易见,理解《世说》之"新"在何处,是读懂《世说》的关键。

约略言之,《世说》之"新",首先是记录、刻画了一群新人物。记录汉末之后名士言行,刻画并赞赏他们的风韵神貌,是这部新经典的核心内容。《世说》全书36门,其中《德行》《言语》《政事》《文学》《方正》《雅量》《识鉴》《赏誉》《品藻》《夙惠》《豪爽》《容止》《伤逝》《栖逸》《任诞》《简傲》等重要篇目,都与人物品题及鉴赏有关。追溯人物品题的风气,古已有之,至汉末大为流行。两汉儒学占统治地位,选拔人才采用察举和征辟,道德操守和学问高明,是评价人物的全部标准。在《后汉书》记载中,道德高尚或经学高明的人物为乡论赞许,并获得仕进之途,是非常普遍的现象。《世说》也记录了深受儒家思想影响的人物,例如《德行篇》说:"李元礼风格秀整,高自标持,欲以天下名教是非为己任。"李元礼的志节风度,显然属于孔子所说的"士志于道"的儒家理想人格。《世说》所记的汉末人物大致有二类,一类如陈寔、荀淑、陈蕃、李膺、范滂、郑玄,都属于道德人格的范型。一类如徐孺子(稚)、黄叔度(宪)、郭林宗(泰),识鉴清明,远离政治,超世绝俗,堪称魏晋人物的先驱,标志着新士风的萌芽。刘义庆编《世说》,往往始于汉末人物,这有深刻用意,意在揭示魏晋新风多源于汉末,体现出清晰的历史发展观念。所以读《世说》,不能忽略汉末大名士的人格范型。所谓魏晋风流,并非无源之水,无本之木,它由汉末的人文精神变化而来。

由两汉道德范型的人物品题,转变为个性至上的人格鉴赏,是魏晋人文精神发生的最大契机。前者注重人物的道德、节操、学问,后者赞赏人物的个性、气质、风度、神韵。这一转变的根本原因是汉魏之际的社会巨变,儒家思想失去统治地位,道家、刑名家思想中兴,以及随之而来的玄学兴起。由此思想解放,人的个性得到尊重,士风发生极大的变化，人文精神焕然一新。《世说》中的《雅量》《识鉴》《品藻》《栖逸》《任诞》诸篇，集中反映了魏晋人物鉴赏的风气之盛，以及所谓“魏晋风流”的内涵。胸襟洒落，神韵悠然，性无喜怒，宠辱皆忘，高情远致，识量清远，处变不惊，举止闲雅，栖迟衡门，放浪形骸……皆是魏晋风流名士的特征。人称《世说》是名士的教科书，此书最有趣味，最令人遐想的地方，就在于记录并刻画了众多的风流名士，这些新时代的新人物表现出来的奇情异彩，令后人惊叹不已。

《世说》之“新”，其次是记录的学术之新，思想意识之新。两汉经学鼎盛，至汉末社会大动乱，经学自身也走到小言破道，繁琐僵化的地步。政治黑暗，社会坍塌，礼教松弛，经学无用，思想解放，士风通脱，这一系列的变化，促使学风从质直趋于抽象，从繁琐趋于简约。魏末思想家何晏、王弼、钟会、裴徽、荀粲等，或会通儒道，或校练名理，魏晋玄学兴起了，学术新思潮汹涌澎湃。《世说》中的《文学》，详细描述了魏晋思想界的崭新局面，尤其是两晋清谈，最具学术史和思想史的价值。读《文学》，可以具体了解中古学术史上不少重要的论题以及理论分歧。比如钟会撰《四本论》毕，可知才性四本指才性同、异、合、离；何晏与王弼清谈，可考见清谈的基本形式；王弼诣裴徽，可知他如何会通儒道；殷浩见佛经说：“理亦应阿堵上。”证明东晋名士已为佛教哲学征服；殷浩、孙盛、刘惔共论《易象妙于见形》，可知东晋《易》学不同派别的争论……至于魏晋名士殚精竭虑、互争胜负的理论较量，以及评说优劣长短的例子，更是不胜枚举。魏晋人喜好哲思和辩论的风气，在中国历史上绝无仅有。然而，如何评价魏晋清谈，不仅在当时，甚至在后世都有严重的分歧。批评者以为清谈祖尚浮虚，导致西晋灭亡，称王弼、何晏之罪深于夏桀、商纣。赞美者以为西晋乱亡，非庄老之罪。平心而论，西晋灭亡的主因是王室内部的争斗，与清谈无关。亡国的责任，也不能让哲学家来承担。清谈对哲学、艺术、文学的贡献巨大，深刻影响了中国文化的美学风格，不能以儒者之见一笔抹杀。如果能结合中国经学史、玄学史读《世说》，就会对魏晋清谈的理论贡献有更清晰的认识。

《世说》之“新”，再次是审美观念之新。在儒家礼仪和两汉经学的束缚下，汉代整体的美学风格是朴拙、饱满、温润敦厚，汉赋和古诗十九首是杰出的代表。魏晋时期思想解放，个性高扬，人的生命与情感得到肯定与赞美，美学观念遂发生重大变化。从两汉质直、古朴、庄重、繁缛之美，转变为魏晋的玄远、空灵、简淡、清朗之美。宗白华曾说：“自然美和人格美，同时被魏晋人发现。”又说：“‘《世说新语》时代’尤沉醉于人物的容貌、器识、肉体与精神的美。”（详见宗白华《论〈世说新语〉和晋人的美》，载《美学散步》）确实，人格美和自然美是《世说》最重要的两个美学概念。上文言及的魏晋风流，本质是新型的人格美感。《世说》品藻人物用语繁多，常见清、简、远、真、神、朗、通、雅等字，与这些字搭配，又形成清通、清真、远志、远意之类的词，这些品藻用语实质上是不同的人格审美范畴，所指意义很抽象，可见魏晋人物审美已臻精细的程度。读者对于这些品藻用语，须细细辨析和体会，方能理解不同人物的美感差异。

《世说》描述的自然美，则表现为魏晋人发现并欣赏山水美的愉悦。山水美的观念发生于汉末，至魏晋时由于隐逸风气的盛行，道家自然哲学的影响，以及江南明媚多姿的自然环境等诸多原因，让枕石漱流，游目骋怀，遂成为名士的生活方式之一种。新亭风景、曲阿后湖、吴兴印渚、山阴道上、天台瀑布……“仰观宇宙之大，俯察品类之盛”（王羲之《兰亭集序》），由眼前的山水实景，体会玄虚之道的生动和无处不在。尤其是王子敬的赞美：“从山阴道上行，山川自相映发，使人应接不暇，若秋冬之际，尤难为怀。”于山水一往情深，千年之下犹令人感动不已。魏晋士人对山水美的发现并形之于吟咏，孕育了中国文学的奇葩——山水诗和山水散文。

《世说》之“新”不能尽言，以上所谈，应当是最重要、最值得细读的地方。此外，读《世说》，还须重视文本的选择与追寻文本原意的正解。

宋刘义庆《世说》问世后不到百年，梁刘孝标作注，引书多达四百余种，补充资料，辩证是非，学术价值极高，后人无不推崇备至。故刘孝标注和《世说》原文是不可分割的整体。但现今翻译、解释《世说》的有些通俗读物，舍去刘孝标注，只解释《世说》原文，这是不妥当的。事实上离开了刘孝标注，《世说》的不少故事都不甚了了，难以解读。应该选择严肃的、有专业水准的《世说》注释本。目前流行的有余嘉锡《世说新语笺疏》、杨勇《世说新语校笺》、徐震堮《世说新语校笺》、龚斌《世说新语校释》，各有特色，可以采用。

《世说》既好读，又难读。好读指多数故事生动有趣，难读是有的只言片语，不知故事发生的背景，对于故事背后的意义更觉茫然。即使是《世说》的研究者，不解或曲解也是常见的。读《世说》浅尝辄止，满足于故事的趣味性，也未尝不可。不过，一个有品位的读者，应该了解故事的真相，追寻故事背后的"言外之意"和"韵外之致"。要达到这样的境界，积累中古时期的各种人文知识是必须的。自然，这对读者的要求比较高了。但是，难道我们不该期待有追求、善思考的读者吗？《世说》有一则故事说：简文入华林园，顾谓左右曰："会心处不必在远，翳然林水，便自有濠、濮间想也。觉鸟兽禽鱼，自来亲人。"当我们翻开《世说》，岂不是就像简文入华林园吗？会心处不必在远，纸上的魏晋名士，一言一语，一举一动，便有洛下、江左想也，觉魏晋风流，自来亲人。读《世说》，就是要有"会心处"——了悟、会意《世说》的精妙处。有没有"会心处"，同是否细读文本有关，也同读者的悟性有关。而悟性源于知识结构的相对完备，源于通识古今的能力，也与思想是否自由，情性是否真率有内在的关联。

自二十世纪八十年代以来，《世说》流布之快速与受众之广泛，在历史上是空前的。多种高质量的整理本陆续出版，以普及为目的的《世说》译注、赏析读本大量出现，推动了"世说学"兴起和高涨。以上两类《世说》著作，各有各的功用。后者引导普通读者进入《世说》的奇妙世界，促使《世说》的流布，作用更大。唱导当今"世说学"的刘强教授，在进行高水平的《世说》研究的同时，邀集喜欢与研究《世说》的同道，共同撰写《世说新语鉴赏辞典》，精选《世说》中四百余则故事，或疏解文意，或分析人物，或抉发微旨，努力重现魏晋名士风流。以通俗生动的文字，赏析《世说》故事，相信会受到多数读者的喜欢。一般读者先接触比较好懂的《世说》读物，如果有兴趣，再读专门的《世说》整理本，循序渐进，不失为接受《世说》的顺当的路。此外，撰写《辞典》的不少作者研究《世说》，把自己的阅读会心介绍给读者，别的《世说》研究者或许会从中得到启发。

所以，我相信这部《世说新语鉴赏辞典》会给高涨的“世说学”推波助澜，会受到喜欢《世说》的各类读者的欢迎。

写于 2020 年冬

序 三

灵性之书·人性之书·诗性之书

——传世名著《世说新语》读法浅说

刘 强

一

《世说新语》(下称《世说》),南朝宋临川王刘义庆(403—444)撰,梁代史学家刘孝标(463—521)注,是我国文化史上一部极重要的经典。自其成书以来,一直受到历代文人士大夫的喜爱,它所传递的那种特立独行的“魏晋风度”有如光风霁月,彪炳千古,令无数读书人心向神往,讽咏步武,历一千五百余年而未曾稍歇。

大凡好书,往往见仁见智,从不同角度看《世说》,观感常常迥异,所谓“横看成岭侧成峰”:从文化思潮立论者,说它是一部“清谈之书”(陈寅恪《陶渊明之思想与清谈之关系》);从名士风流着眼者,说它是一部

“名士底教科书”(鲁迅《中国小说的历史的变迁》);自其大者而观之,即便称之为“中古时代的百科全书”亦不为过;自其小者而观之,觉得它不过就是一部琐碎饾饤、以资谈助的“丛残小语”“尺寸短书”。蔡元培先生所谓“多歧为贵,不取苟同”(蔡元培《寿鹏飞〈红楼梦本事辨证〉序》),正此意也。

《中庸》有云:“人莫不饮食也,鲜能知味也。”——人大多读书,能读出书中三昧的又有几人?从这个意义上说,一个人一生真能读懂一本书,足矣。东晋“风流宰相”谢安年少时,曾请名士阮裕讲解战国公孙龙子的《白马论》,阮裕遂写了一篇论文以示谢安。谢安对文中的要旨并不能马上理解,于是多次咨询请教,直到明白为止。阮裕不禁感叹道:“非但能言人不可得,正索解人亦不可得。”(《世说·文学》24)这里的“能言人”亦可谓“解人”,盖指阮裕自己,而“索解人”——寻求解答的人——则指谢安。阮裕是说:不仅对此一问题能够融会贯通的“解人”很难得,现在就连谢安你这样孜孜不倦的求解之人也找不到了!

我于《世说》,当然不敢妄称“解人”,但自信还算是个勉力而为的“索解人”。我“索解”的结果,就是发现《世说》和《红楼梦》一样,都是我们民族文化遗产中的“伟大之书”,它们的作者,也都是我们民族杰出人物中的“伟大之人”,他们的心灵,更是一颗放在世界文化史上也“多乎哉?不多也”的“美丽心灵”!

法国大雕塑家罗丹说:“世界上不是缺少美,而是缺少发现美的眼睛。”我要说,任何一双发现美的眼睛,必然来自一颗大慈悲、大关爱、大宽容的“美丽心灵”。没有一颗这样的“美丽心灵”,你就是获得再多奖项,赚取再多银子,赢得再多粉丝,甚至被专家学者写进了“文学史”,又能怎样?孙悟空刚当上弼马温的时候,何等志得意满,等他知道真相,便转而埋怨玉帝老儿不仅“不会用人”,而且严重地“以貌取人”:“他见老孙这般模样,封我做个甚么弼马温,原来是与他养马,未入流品之类”(《西游记》第四回)。——这世界上,有多少文学上的“弼马温”终生不曾获得孙悟空的“自知之明”,不知道红得发紫的自己,事实上“未达一间”“未入流品”呢?

二

历史已经证明,未来也将继续证明:在中华文明史上,《世说》足可跻身“伟大之书”而无愧!说它伟大,主要还不是从文化、文学或文献价值上着眼,而是从民族的审美经验史、心灵体验史和人类的精神超越史角度立论而得出的印象。从这一角度出发,如果说曹雪芹的《红楼梦》堪称一部伟大的灵性之书、人性之书、诗性之书的话,那么,刘义庆的《世说》亦然。请试稍作解说,以就教于读者诸君。

(一)说《世说》是一部“灵性之书”,理由至少有二:

其一,它的书名是灵性的。我曾在拙著《世说新语会评》(凤凰出版社 2007 年版)的《自序》中,指出《世说》有“五奇”,位列第一的就是“书名奇”。“世说新语”这书名,其实是对前代文化典籍继承借鉴的产物:汉代学者刘向就有一部子书,题为《世说》;汉初的名臣陆贾也写有一书,名为《新语》。尽管“世说新语”这个书名宋以后才真正确定下来,在此之前,它还有《世说》《世说新书》等名目,但无论如何,“世说新语”这四个汉字,已经成为今天对这部书的唯一专用书名了。

这书名奇在哪里?我以为首先在这个“世”字上。“世”字既可组成“世界”一词,亦可组成“世代”一词。“世界”是个空间概念,“世代”则是个时间概念,所谓三十年为一世。正是这个神奇的汉字,点明了这部书的人间性和历时性。

再看“说”和“语”。这两字其实指涉了这部书的文体性质,“说”和“语”都是与历史有关、而带有小说性质的文类概念,在经、史、子、集四部中一般放在子部,在子部中又应放在小说家这一类。有人把《世说》当作纯粹的历史记载,其实是不够严谨的,因为历史记载在于求实,而小说杂记则更多偏于好奇;历史著作多重在宣示道德训诫,所谓鉴往知来,而小说作品则常常逸出道德藩篱而直奔审美经验,重在赏心悦目。

所以,这一类著作可算是历史的边角料和剩余物,大多由好事者为之,被称为史余之作,或曰稗官野史。而在九流十家中,小说家的地位一向都是最低的,不像现在,小说家甚至可以成为大众偶像。

接着再看“新”字。我以为这个“新”字最能标明整部书的精神气质。“世说”如果可以理解为“关于这世界的某一时代的传说”,那么“新语”,则暗示了它与前代的传说大不相同,它的记载,无不体现了这一时代特有的“新面貌”和“新价值”,以及与时俱进的“新精神”。唯其如此,《世说》这部书才能历久弥新,长盛不衰。别的不说,这个书名到现在都很时尚,许多报刊媒体的栏目动辄以“世说”冠名,文人墨客写篇小品杂文,也常以“新世说”标目。“一世之说”而成“百代新语”,说明“世说新语”这四个十分具有内在张力的汉字,本身即充满了深广的文化内涵和无穷韵味,并且已经渗入我们民族的文化血脉中,成为“日日新,又日新”的文化遗产、人文符号了。这不能不说是一个奇迹!

其二,形式是灵性的。这里的所谓“形式”,也即“编撰体例”或“文体”之谓。《世说》是一部编撰之书,鲁迅说它“纂辑旧文,非由自造”(鲁迅《中国小说史略》第七篇《〈世说新语〉与其前后》),基本符合事实。但也要看到,《世说》的编者在编撰体例上的创造性贡献,实不亚于任何一部“全由自造”的叙事文本,以至于最终形成了我国文言小说史上一种特殊的文体——“世说体”。大略而言,此书之体例约有如下几个特点:

一是分门别类,以类相从。《世说》根据不同的主题,分成 36 个门类,分别是:

上卷:德行、言语、政事、文学(所谓“孔门四科”)

中卷:方正、雅量、识鉴、赏誉、品藻、规箴、捷悟、夙惠、豪爽

下卷:容止、自新、企羡、伤逝、栖逸、贤媛、术解、巧艺、宠礼、任诞、简傲、排调、轻诋、假谲、黜免、俭啬、汰侈、忿狷、谗险、尤悔、纰漏、惑溺、仇隙

与《论语》不一样,《论语》的篇名一般是该篇第一则的头两个字或三个字,而《世说》的篇名则是对该门记述主题的概括,可以统摄全篇,不仅如此,各门篇名还暗寓褒贬,自《德行》以至《仇隙》,越往后越贬,大致遵循一个"价值递减"(骆玉明《世说新语精读·导论》)的原则。这是此书一目了然的一个形式特点。

二是叙事以人为本,所记俱为"人间言动",所以鲁迅称之为"志人小说"。而言、行之间,又重在记言。

三是形制上多为丛残小语,篇幅短小。长则一二百字,短则数十字,甚至一句话。

四是各门条目的编排,大体以人物所处时代为序。往往先两汉,次三国,再次西晋,复次东晋,秦末和刘宋时也有零星记载,但不在主流。每门内容,有一种潜在的"编年"意味。但同写一个人物,相连的几个条目,未必一定有事实上的先后关系。从整体上看,《世说》的结构正是一种既以时序为经、人物为纬,又以 36 门叙事单元为纲、具体事件(人物言行)为目的双重"网状结构",这使文本形成了一个无论是在历史维度还是在文学(文本)维度都遥相呼应、气脉贯通的张力场。

五是每则所记,一般有一中心人物,此人处于主位,其他人物则处于宾位。作者的意图,大概是想以一个具体人物为中心,组成一条相对独立的故事链。条目与条目之间,藕断丝连,既留下了大量空白,又可独立欣赏,后来的小说如《儒林外史》"虽云长篇,颇同短制"(鲁迅《中国小说史略》第二十三篇《清之讽刺小说》)的布局结构,未尝没有受到《世说》的影响。

可以说,《世说》的这种体例,上承《论语》《孟子》等文化经典的记言传统,下开后世文言笔记小说之先河,在美学上最具"中国特色",堪称一种英国文论家克莱夫·贝尔(1881—1964)所谓"有意味的形式"。因为它的体例具有某种"程式化"特征,便于模仿,故后世续书和仿作层出不穷,这一系列的文言笔记小说体例,被称为"世说体"[①]。这一文体的阅读效果极具形式美学和接受美学的阐释价值。我曾借用阿根廷诗人、小说家博尔赫斯(1899—1986)的小说题目,把《世说》称作"沙之书",因为它的确是一部"循环往复,无始无终"的"活页式"文本,无论你何时打开它,都恍如走进一座"小径分岔"的文字迷宫、故事迷宫和人物迷宫,流连忘返,不知所之。这样一种文体形式,看似简单便宜,其实非有大才华与大手笔者莫能办,所以我说刘义庆是个伟大的艺术家。

上述两点,早已逸出文本之外,甚至逸出时间之外,这是《世说》历久弥新的文化密码,也是其作为"灵性之书"的最佳证明。

(二) 说《世说》是一部"人性之书",理由至少有三:

其一,它的分类是高度人性的。《世说》的 36 门分类,不仅具有"分类学"的价值,以至于成为后世类书仿效的典范,而且还具有"人才学"甚至"人类学"的价值,它体现了魏晋时期人物美学的新成果和新发现,也浓缩了那个时代对于"人"的全新的审美认知和价值判断。我们知道,孔子论人,承认人在智力或根性上存在差异,曾说:"中人以上,可以语上也;中人以下,不可以语上也。"(《论语・雍也》)又说:"生而知之者,上也;学而知之者,次也;困而学之,又其次也;困而不学,民斯为下矣。"(《论语・季氏》)这里的"学而知之"和"困而学之"者,所指其实就是"中人"。可见孔子是以"中人"为分水岭,把"人"分成了三类。这也就是所谓"三品论人"的模式。降及东汉,班固撰写《汉书》,特别开列了一张《古今人表》,对孔子的"三品论人"进一步细化,将古今人物分成上上、上中、上下、中上、中中、中下、下上、下中、下下等九个品级,开启了"九品论人"的新模式,并直接催生了曹丕时代的"九品中正制"。三国时的思想家刘邵,又写成《人物志》一书,对人的内在才性进行细致入微的学理分析,成为中国古代人才学理论的扛鼎之作。

成书于刘宋初年的《世说》,正是受到汉末以来人物品藻和玄学清谈风气影响的产物,它不仅记载了众多历史人物的嘉言懿行,同时也展现了那一时代对"人"的全新观照和理解方式。班固的"九品论人"模式,还只是诉诸伦理道德的功利判断,标准是单一的,眼光是静止的,结果是固定的,所谓"盖棺论定",不可更改。而《世说》则"发明"了一种全方位、多角度、立体式的对“人”的认知评价模式，将“人之为人”的众多品性分成自“德行”至“仇隙”的36门，加以全景式地、客观地展现，和兼容式地、动态地欣赏。这36个门类的标题，都是当时与人物品藻和审美有关的文化关键词，分散来看，各有其特色，合起来看，其实也可以理解为一个体的“人”的众多品性及侧面。从这个角度上说，《世说》既是一部展现众多人物言行轶事的“品人”之书，也是一部把“人”所可能具有的众多品性进行全面解析的“人品”之书——毋宁说，它是用1 130条小故事塑造了一个复杂而有趣的“总体的人”！《世说》的这一体例创变，在我国人物美学发展史上的贡献可说是“划时代”的，充分体现了对人性理解的宽泛和深入。

其二，作者的视角是客观的、多元的、宽容的，因而也是人性化的。尽管很多学者以为《世说》乃“成于众手”，刘义庆只是挂名主编，但结合刘义庆的出身、履历、性格及生平思想，我以为，“为性简素，寡嗜欲，爱好文义，才词虽不多，然足为宗室之表”(《宋书·刘义庆传》)，且与名士、文人、僧侣多有交游的刘义庆，在《世说》的编撰过程中，其作用是决定性的，主编身份实在不足以概括其贡献，至少也应该是“第一作者”。我们虽然不能说刘义庆就是一个玄学家，但作为一个由晋入宋的文人政治家，无论在政治观念、文化趣味、哲学思想等方面，他都表现出鲜明的玄学气质，则是不争的事实。所谓玄学气质，毋宁说是一种追求精神超越、生命自由的气质，所以在《世说》中，我们看到了儒、释、道、玄等诸多思想的交汇、碰撞、合流。顺便说一句，有玄学精神的人可能未必是安邦定国的栋梁之材，但一般也绝不是冷血嗜杀的残忍之辈。只要看看《政事》门的数十条故事，便可明了刘义庆认可的乃是宽厚仁慈的无为之治，而不是严刑峻法的苛酷之政。

唯其如此，刘义庆才能用超越自我和时代局限的“第三只眼”来看待世界、历史和芸芸众生。这只眼睛几乎可以等同于所谓“上帝之眼”，它明亮在历史之前，也照烛在历史之后，由于它有着某种常人稀缺的“神性”，因而才更接近于“人性”的本真。尽管36门分类暗寓褒贬，但作者的立场却是客观的、多元的、宽容的，是淡化道德判断而深化审美判断的。你甚至可以说，作者是无立场、无是非的，只要是人的品性和特点，优劣、雅俗、美丑、善恶等，作者一律“等距离”地展示在读者面前，不加主观评判，而相信清者自清，浊者自浊，关键是——作者相信读者会做出自己的判断。

老子说：“道可道，非常道；名可名，非常名。”(《老子》第一章)早已揭橥语言作为“言道”“达意”工具的有限性。孔子也说：“予欲无言。……天何言哉？四时行焉，百物生焉，天何言哉？”(《论语·阳货》)所以“信而好古”的他选择了“述而不作”(《论语·述而》)。顺此思路，庄子也说：“天地有大美而不言，四时有明法而不议，万物有成理而不说。”(《庄子·知北游》)这样一种纯客观的“不言”“不议”“不说”的立场和视角，其实更接近于我们通常所谓的“道”。而这个“道”，又是只可意会不可言传的。这也就是所谓“书不尽言，言不尽意”(《周易·系辞上》)。故庄子又说：“蹄者所以在兔，得兔而忘蹄。言者所以在意，得意而忘言。”(《庄子·外物》)在《世说》中，我们可以找到充分的例子来证明，刘义庆是个看重“不言之教”的艺术家：

谢太傅(谢安)绝重褚公(褚裒)，常称：“褚季野虽不言，而四时之气亦备。”(《德行》34)

王中郎(王坦之)令伏玄度(伏滔)、习凿齿论青、楚人物。临成，以示韩康伯。康伯都无言，王曰：“何故不言？”韩曰：“无可无不可。”(《言语》72)

桓茂伦(桓彝)云：“褚季野皮里阳秋。”谓其裁中也。(《赏誉》66)

刘尹(刘惔)道江道群(江灌)：“不能言而能不言。”(《赏誉》135)……

刘义庆大概深知“言不尽意”之道，或者，他自知是个“不能言”的人,所以才选择了“皮里阳秋”式的“能不言”。这种“一切尽在不言中”的“价值中立”视角,毋宁说乃是一种“大观”视角。作者对他笔下的人物似乎不负任何道义的责任,喜怒哀乐、妍蚩美丑,全交由他们去“扮演”,自己则抱持“无可无不可”的心态,纯作“壁上观”。《周易·系辞》说:“形而上者谓之道,形而下者谓之器。”如果说作者主观之“言”乃是“形下之器”,那么,将这种“形下之器”降低到最小值甚至彻底“删除”,无疑是明智之举,因为只有这样,一部充满“人与事”的书,才能最大限度地接近“性与天道”[②]。所以,我们看到,对待一个哪怕人格上有严重污点的人,只要他在某一特定瞬间的言行,发出了人性的光芒,作者总能够报以同情甚至是欣赏的目光。

刘义庆似乎要告诉我们:人是有缺陷的,人性是复杂的,但人又是可爱的,值得欣赏和同情的,尤其是,人性的闪光之处是可以照亮现实世界的黑暗的。在看似不动声色的叙述中,作者不仅给那些历史人物掸去了时间的灰尘,也给道德减了压,给人性松了绑,这是一种“伟大的宽容”,也是一种“无可无不可”的大境界和大智慧!

其三,对女性才智的欣赏和发现。孔子说过:“唯女子与小人为难养也。近之则不孙,远之则怨。”(《论语·阳货》)历来对孔子的这句话,文过饰非、曲意解说者多有,但大家别忘了,圣人首先也是个“人”,他说的每句话,必然有其特定的对象和语境,断章取义式的理解难免会以偏概全,以至于把他对某一部分女性的某一部分缺点和特点的批评,误以为是对整个女性群体的全盘否定。不过话又说回来,不是每个人都能达到“不怨天,不尤人”的“耳顺”境界的,所以,孔子的这句话在具体的接受过程中,让人产生了对女性不利的印象,甚至让大多数女性不自觉地“对号入座”,也的确是不争的事实。西汉学者刘向撰有《列女传》,对历代符合儒家道德的女性予以表彰,引起后世史家纷纷效仿,这固然可算是一个创举,但以“三从四德”表彰女性,还不如直接表彰男性来得干脆。相比之下,《世说》正是在这一点上显得不同流俗。《贤媛》一门看似推重女性之“贤德”,实际上是标举女性之“才智”,32 个故事个个精彩,可说是一篇缩微版的“女世说”,如此集中地赞美女性的才能智慧,意义真是非同小可。此外,像《言语》中的“谢女咏絮”,《文学》中的“郑玄婢引《诗》”“谢安称赞家嫂”,《任诞》中的“阮籍别嫂”“阮咸追婢”,《惑溺》中的“荀奉倩与妇至笃”以及王戎妻“卿卿我我”等故事,无不表现出一种崭新的、不是俯视而是平视的女性观。这固然是魏晋之际女性地位有所提高的表现,又何尝不是刘义庆个人的女性观的折射和投影呢?而对女性的尊重和欣赏,正是《世说》作为一部“人性之书”最有力的证明。

遗憾的是,这种对女性才智的欣赏和发现,在后来的古典小说中却被忽略甚至抛弃了,我们看到,《三国演义》《水浒传》《金瓶梅》中的女性依旧处于被贬斥、被丑化、被仇视、被清算的地位,直到古典小说的伟大名著《红楼梦》横空出世,旧道德中“男尊女卑”的观念才遭遇到最有力的挑战甚至彻底被颠覆,取而代之的是女清男浊,甚至是女尊男卑。君不见大观园里的那些美丽女子,无不多才多艺,敢爱敢恨,个个是男人世界中难得一见的性情中人!可以说,《红楼梦》所塑造的性情女子恰与《世说》所发现的才智女性一脉相承,遥相呼应。那个对女性的美有着深刻体察和感悟的贾宝玉,其实继承了热爱女性到情痴境界的荀粲、阮籍等魏晋名士的文化基因。杜甫诗云:“怅望千秋一洒泪,萧条异代不同时。”从这个意义上说,刘义庆和曹雪芹,可算是一对心心相印的隔代知音了。

(三) 说《世说》是一部“诗性之书”,至少也有两条理由:

其一,它的文字是诗性的。《世说》乃中古语言文字的活化石,是许多脍炙人口的成语典故的“集散地”,凡读过此书的人,无不被其“简约玄澹,尔雅有韵”(明袁褧语)的文字所倾倒,所折服。在后世文人的诗词中,《世说》中的人、事、物、语,都有着惊人的“引用率”。那些美妙的文字,如王子猷的“何可一日无此君”,谢道韫的“未若柳絮因风起”,司马绍的“举目见日,不见长安”,桓温的“木犹如此,人何以堪”,《言语》的“千里莼羹,未下盐豉”,《赏誉》的“清露晨流,新桐初引”,等等,稍加改动便是绝妙好辞。

它们不仅是诗歌遣词和用典的“素材”,它们本身就是诗!鲁迅称道《世说》的语言,谓其“记言则玄远冷俊,记行则高简瑰奇”,正是把握住了这种在叙事文学中并不多见的诗性特质。难怪每当人们发现一则文字隽永、意蕴丰厚的掌故妙语,总是会说“可入《世说》”了!

其二,它的总体审美趣味是诗性的,能够唤起读者超越性的生命体悟和形而上的哲学思考。中国古代的小说书,除了《红楼梦》,很少有像《世说》这样涉及人的存在问题并做出超越性或诗性解答的。曹雪芹笔下的“大观园”犹如一个超凡脱俗的理想国,从园中人经常赋诗联句,可以让我们联想到西哲“人,诗意地栖居在大地上”这一著名命题,而《世说》中的《雅量》《容止》《任诞》《巧艺》诸篇,实则早已点醒人的自我超越和诗意栖居问题。可以说,《世说》早于《红楼梦》一千多年,率先在“说部”中寻求着“人”在这个世界上的精神出路和灵魂皈依。更有甚者,此书通篇体现了某种和谐与包容,有一种海纳百川的大气度,大风流,作者的目光是别有赏会的那种:儒与道,礼与玄,庄与谐,雅与俗,智与愚,狂与狷,一言一动,一颦一笑,一象一境,一丘一壑,但凡体现了人的主观能动性、主体创造性以及自我超越性,作者无不报以“了解之同情”,予以真心地欣赏和传神地描绘,这使得无论何时何地的读者,只要开始阅读这本书,总会产生一种“近在咫尺”的亲切感、现场感,仿佛无意间走进了一幅波澜壮阔的史诗性画卷。那些特立独行的人物、脍炙人口的故事、传神写照的描画、活色生香的文字,正是附着在这样一艘摆脱了空间和重量羁绊的时光之船上,才获得了抵达现在和撞击心灵的巨大能量和撩人魅力!王子猷“雪夜访戴”的故事之所以迷人,正在于人的“沉重的肉身”在王子猷“造门不前而返”的那一刻,飞升到了一种自由澄明之境,难怪明人凌濛初评点此条说:“读此,每令人飘飘欲飞!”

看似史而超越史,不是诗而胜似诗,并非哲学而富含哲学气质——这就是《世说》带给人的充满哲思和诗性的审美愉悦。它不断地启发我们思考:人究竟应该怎样超越自我的局限和世俗的藩篱,虽不遗世而自高蹈,虽不煊赫而自高贵,实现真正的“神超形越”[③]?

有人把《世说》当作史料来看待，甚至用于阶级分析的斗争哲学，这正如把《红楼梦》当作阶级斗争的活教材一样，实在是见木不见林、弃其“神”而就其“形”的一孔之见。暴殄天物至此，煮鹤焚琴若斯，可发一叹！

三

刘再复所撰《红楼梦悟》一书，在阐释《红楼梦》时，也提到了《世说》：

《世说新语》不写帝王功业，只写日常生活，它记录了许多遗闻趣事，呈现了许多人物的音容笑貌，从而奠定了中国小说的喜剧基石。《儒林外史》可以说是《世说新语》的伸延与扩大。中国小说有轻重之分，“重”的源于《史记》，“轻”的源于《世说新语》。《三国演义》《水浒传》都太“重”，学得走样。《红楼梦》则轻重并举，而且举重若轻，有思想又有天趣，极深刻的思想就在日常的谈笑歌哭中。

刘先生以“轻”“重”论文学，可谓别具只眼。更为难得的是，他从小说史的角度出发，把《世说》称作“中国小说的喜剧基石”，是古典小说中“轻”的一脉的源头，真是言人未言，道人未道。事实上，《世说》从头至尾都洋溢着这么一种超越伦理道德、是非功过的“喜剧精神”，可以说，中国真正意义上的幽默文学正是从《世说》开始的。诸如《言语》《任诞》《排调》《轻诋》《假谲》等门类充满幽默感自不必说，就连《伤逝》《忿狷》《汰侈》《俭啬》《惑溺》等门类，也随处可见让人忍俊不禁乃至捧腹大笑的开心故事。特别是它那短小、轻灵、隽永的形式特点，不是和我们今天喜闻乐见的“段子文学”有异曲同工之妙吗？《世说》不是没有涉及历史道义、国家兴亡和个人悲剧，但它绝不在任何一个悲情对象身上做过多的盘桓与流连，作者不断变换的视线和被剪裁成吉光片羽似的人、事、物、语，使人世间原本沉重乏味的一切,变得短暂、轻快、生动、美丽！作者似乎在说：一切都将过去,肉体终会消灭,永恒的,不过就是那一瞬！一个不可爱的人也会因为那一瞬,变得妩媚可喜！这,正是我们民族文化中土生土长的喜剧精神。诚所谓"乐天知命故不忧",生活再艰难,世道再黑暗,都无法阻挡我们饱经沧桑和忧患的脸上随时绽放出如花笑颜！

宗白华先生说:"汉末魏晋六朝是中国政治上最混乱、社会上最苦痛的时代,然而却是精神史上极自由、极解放,最富于智慧、最浓于热情的一个时代。因此也就是最富有艺术精神的一个时代。"(宗白华《论〈世说新语〉和晋人的美》)乍一看这段议论似乎充满矛盾和悖谬,但它所描述的又恰是确凿无疑的事实。这里的"艺术精神"表现在《世说》中,就是一种充满灵性、人性和诗性的"喜剧精神"。而且,越是动荡不安、礼崩乐坏的乱世,越是盛产这种伟大的艺术精神和喜剧精神,因为所有虚伪的道德偶像、清规戒律和"绝对真理"都被颠覆了,打碎了,世界——人的世界和语言的世界——显示出了赤裸裸的荒谬和狰狞,这时候,唯一具有欣赏价值的,只有人与自然——而且是自在而非自为意义上的人与自然！

所以,我们看到,在魏晋那样一个乱世,"存在"的废墟上竟开出娇艳的生命之花来,对人生悲剧性和荒诞性的发现,使名士群体转而去追求它的喜剧性和艺术性：药与酒、啸与歌、仕与隐、美貌与才情、山水与巧艺、爱情与死亡……无不显示出可观、可赏、可笑与可爱的一面来。学理一点说,正是汉代以来建构起来的儒家认识论体系的瓦解,才迫使人们转而去拥抱老庄、去探求那无中生有的本体论,进而从礼走向了玄。当我们回眸一望的时候,发现他们的成绩是伟大的,正如宗白华所说:"晋人向外发现了自然(的美),向内发现了自己的深情。"试想,如果没有这种"超越一切而上"的艺术精神和喜剧精神,乱世人生该是多么的无聊和无趣！

总之,《世说》肇始的这种艺术精神和喜剧精神,不仅于我们民族有价值,于东方文明有价值,甚至可以放之四海而皆准——每一个热爱生命、自由和艺术的人，都会为之倾倒，为之唏嘘，为之流连。日本人大沼枕山就曾写过两句汉诗："一种风流吾最爱，六朝人物晚唐诗。"诚哉斯言也！

注释

① 据笔者统计，自唐至今，"世说体"续书仿作盖有数十种：唐有张询古《五代新说》、王方庆《续世说新书》、刘肃《大唐新语》；宋有王谠《唐语林》、孔平仲《续世说》、李垕《南北史续世说》；明有李绍文《皇明世说》、何良俊《何氏语林》、王世贞《世说新语补》、焦竑《焦氏类林》与《玉堂丛语》、林茂桂《南北朝新语》、郑仲夔《清言》、江东伟《芙蓉镜寓言》、周应治《霞外麈谈》、曹臣《舌华录》、赵瑜《儿世说》、张墉《廿一史识余》；清有梁维枢《玉剑尊闻》、吴肃公《明语林》、王晫《今世说》、李延昰《南吴旧话录》、章抚功《汉世说》、李清《女世说》、颜从乔《僧世说》、李文胤《续世说》、汪琬《说铃》、邹统鲁及江有溶《明逸编》；民国则有易宗夔《新世说》、陈灨一《新语林》、夏敬观《清世说新语》、庄适《三国志捃华》等，近年又有《非常道》《禅机》等书问世，体现了这一文体强大的生命力。

② 《论语·公冶长》："子贡曰：'夫子之文章，可得而闻也；夫子之言性与天道，不可得而闻也。'"可知"性与天道"如同"生死"以及"怪力乱神"等话题一样，也许只有"不言""不语"，才能更接近其实质。

③ 《世说·文学》76载："郭景纯(郭璞)诗云：'林无静树，川无停流。'阮孚云：'泓峥萧瑟，实不可言。每读此文，辄觉神超形越。'"阮孚无意之间，道出了晋人风流的理想境界和精神实质。

篇目表

言语第二 102

世　说　新　语

鉴赏辞典

德

德行者，道德与品行之谓也。在内为德，在外为行。孔子教育弟子，以文、行、忠、信为四教，又以德行、言语、政事、文学为四科；四科之中，德行居首，其余三科无不赖此以大以明。《论语·先进》皇侃疏引范宁曰："德行，谓百行之美也。"又《抱朴子·文行》："德行者，本也；文章，末也。故四科之序，文不居上。"《世说新语》三十六门，以"孔门四科"居首，颇有宗经、征圣之意，故论者径以"新论语"目之。然细读《世说》可知，其旨归趣向，又与《论语》大异其趣，而自有彼一时代之新精神与新风尚者在焉。盖属魏晋之际，天下多故，变乱频仍，儒学渐趋式微，老庄乘势抬头，又加佛教东渐，道教兴起，诸种思潮风云际会，磨合激荡，遂酿成中华文明史上一十分特出而别具光彩之玄学时代。故其时德行、言语、政事、文学之好

行

第一

尚，颇不同于周秦两汉。即以《德行》一门而论，便有儒表道里、礼玄交织之况，如陈蕃以仕访隐、叔度汪汪难测、管宁割席断交、阮籍至慎玄远、嵇康无喜愠之色、乐广以名教中自有乐地、阮裕因人不借而焚车、谢安常自教儿、王恭作人无长物等，皆时代风气作用于人物言行之征也。又《德行》门以仲举礼贤事发端，亦大可注意。盖名教与自然之角力，孔孟与老庄之消长，彼时已露端倪；而士大夫群体之自觉，与夫王纲解纽之乱局适成反对，故党锢之祸于是乎起。换言之，若无东汉人物之风骨节义，所谓“魏晋风度”，实无从着落矣。《世说》虽“小说家言”，而颇重史实与史识，昔人谓其“变史家为说家”，洵非虚语。此读《世说》者，不可不知也。

鉴赏

仲举礼贤

仲举礼贤

陈仲举言为士则[①]，行为世范，登车揽辔[②]，有澄清天下之志。为豫章太守[③]，至，便问徐孺子所在[④]，欲先看之。主簿白："群情欲府君先入廨。"[⑤]陈曰："武王式商容之闾，席不暇暖[⑥]。吾之礼贤，有何不可！"

《德行》第1条

注释

① 陈仲举：陈蕃（？—168），字仲举，东汉汝南平舆（今属河南）人。桓帝时，与李膺等反对宦官专权而被免职。灵帝即位，封高阳侯，后与窦武谋诛宦官曹节、王甫等，事泄，率官属及太学生八十余人，攻入宫门，兵败，入狱被害。

② 登车揽辔：坐上车子，挽起缰绳。辔，牲口的嚼子和缰绳。这里指走马上任。

③ 豫章：郡名，治所在今江西南昌。

④ 徐孺子：徐稚（97—168），字孺子，豫章南昌（今属江西）人，家贫有气节，屡征不仕，隐居终生，时称"南州高士"。

⑤ 主簿：官名，主管文书簿籍，为属官之首。白：禀告。府君：对太守的尊称。太守办公的地方称府，故称太守为府君。廨（xiè）：官署。

⑥ 武王：即西周武王姬发，周王朝的建立者。式：通"轼"，本指车前用作扶手的横木，这里作动词用，指俯凭车前横木以示礼敬。商容：商纣时的贤大夫，为纣王所贬。闾：指里巷门口。武王过商容之闾而式之，正是礼贤之义。

鉴赏

今人读古书，即使囫囵吞枣，不能终卷，恐怕也不会错过开篇首章，或者“得胜头回”。作为《世说新语》全书的开篇第一条，这个“仲举礼贤”的故事当然也就“先声夺人”，千百年来，不仅吸引了历代读者太多的目光和关注，而且围绕对它的解读而产生的“信息量”，也滚雪球一般越来越大。有些信息是它本身自带的，有些信息，则是历代读者和研究者渐次增益、附加甚至是“赞助”的。我们当然不能面面俱到，一一详述，这里，仅就以下三点稍加说明。

一是历史故实层面的信息。

综合历史记载和刘孝标的注释，这个故事理解起来并不困难。陈蕃是东汉后期大名鼎鼎的政治家，不仅位至三公，而且是当时首屈一指的士林领袖。“言为士则，行为世范”，正是对其影响力和号召力的简明概括。而“登车揽辔，有澄清天下之志”，则隐含着一个重大的历史背景。据《后汉书·党锢列传》载：“逮桓灵之间，主荒政缪，国命委于阉寺，士子羞与为伍，故匹夫抗愤，处士横议，遂乃激扬名声，互相题拂，品核公卿，裁量执政，婞直之风，于斯行矣。”这段话之所以常被征引，就因为其寥寥数语便揭示了汉末政治动荡、宦官专权、清议风起、士节挺立的时代背景。如果说，当时乱政祸国的宦官集团代表的是一股沉渣泛起的“浊流”的话，那么，摆在像陈蕃这样带有儒家淑世理想和节义精神的士大夫面前的一个使命，便是“激浊扬清”，使政治重回正道，使天下“海晏河清”。所以，当时以陈蕃为首的一批朝廷重臣联合太学生，发起了一场反对阉宦专权的政治运动，是为著名的“清议”运动，这些“有澄清天下之志”的清议名士，俨然成了时代的一股“清流”。不幸的是，这批有着天下关怀和道义担当的士人，却被宦官诬陷为试图谋逆的“党人”，在桓帝延熹九年（公元 166 年）和灵帝建宁元年（公元 168 年），先后两次遭到皇权与阉党的联手清剿，当时受到株连而被囚禁、流放、杀害或禁锢终身者达数百人,史称“党锢之祸”。明白这样一个历史背景,再来读这开头四句话,顿觉其虚实相生,气势沉雄,仿佛为我们打开了一幅苍茫悠远、风流蕴藉的历史画卷,引人遐想,意趣横生。

不过,历史大事的记载显然不是《世说新语》的重点,我们看到,在对陈蕃其人做了十分精要有力的概括后,作者马上宕开一笔,转而对“仲举礼贤”这件小事展开叙述,仿佛镜头从全景式鸟瞰,突然推近为中景、近景式现场跟拍——“为豫章太守,至,便问徐孺子所在,欲先看之”——寥寥几笔,便使读者在极富跳跃性的语言节奏中,得以从一个特殊事件逐渐逼近历史现场中的风流人物。

二是思想文化层面的信息。

要知道,陈仲举来到豫章(今江西南昌)做太守,并非升迁而是贬谪,而他下车伊始,未到官衙,便要先去拜访一个叫徐孺子的隐士——“欲先看之”四字,实在有些出人意料。主簿的话——“群情欲府君先入廨”,其实也反映了读者的心声,在这里,“群情”和“己欲”,一外一内,便处在一种微妙的张力中了。两个“先”字,前后呼应,相互角力,隐隐透出某种“价值判断”的意味来。其实,主簿所代表的“群情”只是不希望“府君”太过任性,并无对其“欲先看之”的徐孺子有任何不敬。但也正在这看似无关紧要的差异中,陈蕃的内心世界得到了凸显。他说:“当年周武王得了天下后,连席子都未坐暖,便去到贤人商容的闾巷拜访致敬。我今天也想礼贤下士,又有何不可呢?”陈蕃用武王礼贤的故事来为自己张目,“席不暇暖”正是要强调“欲先看之”的行为,不仅是合理的,更是合情的——对于一个求贤若渴的人来说,先解渴才是最迫切的!

故事到这里就结束了。作者不继续往下交代事情的结果,大概正是为了让读者的注意力专注在“礼贤”二字上。我们会问:怎样的人才算是“贤者”呢?孔子的回答是:“贤者辟(避)世,其次辟地,其次辟色,其次辟言。”(《论语·宪问》)又说:“危邦不入,乱邦不居。天下有道则见,无道则隐。”(《论语·泰伯》)这里的“贤”,竟然是和“避”和“隐”联系在一起的,至少乱世中是如此。而陈蕃所处的正是一个乱世,在他看来,像徐孺子这样能将隐居进行到底的人,当然就是“贤者”了。而陈蕃礼敬这样的贤者,未尝没有某种不足与外人道的“代偿”甚至是“自赎”心理。这是“体制内”的人面对一个主动选择“体制外”生存的人,常会产生的一种心理,其中有羡慕,有钦敬,或许还有几分自卑。《礼记·曲礼上》说:“夫礼者,自卑而尊人。”正是在这一复杂心理的驱使下,“礼贤”的行为对于陈蕃而言就变得十分必要了。

这故事的背后,还隐含着一个不易觉察的时代大拷问,即在儒家理想濒临破灭之际,士大夫如何面对出处、去就、仕隐的生命抉择,这是一个像哈姆雷特“活着还是死去”一样艰难的反诘和追问。生逢乱世,选择仕进,有可能就是“向死而生”;选择退隐,也许才是为自己打开了一道“生门”。这个故事正是在这些“画外音”“言外意”的交响中,展示着它的思想及文化的双重魅力。

三是编撰体例及文体特色层面的信息。

我们读古书,首先要明其体例。《世说新语》的编撰体例和文体特征究竟如何?作者刘义庆未曾明说,但我们从这第一条故事中便能窥知大概。

首先,以陈仲举开篇,等于为全书划定了一个时间上的大致限断。陈寅恪先生说:“《世说》,记录魏晋清谈之书也。其书上及汉代者,不过追述缘起,以期完备之意。惟其下迄东晋之末刘宋之初迄于谢灵运,固由其书作者只能述至其所生时代之大名士而止,然在吾国中古思想史,则殊有重大意义。盖起自汉末之清谈适至此时代而消灭,是临川康王不自觉中却于此建立一划分时代之界石及编完一部清谈之全集也。”又说:“记载魏晋清谈之书今存《世说新语》一种,其书所录诸名士,上起汉代,下迄东晋末刘宋初之谢灵运,即渊明同时人而止。此时代之可注意者也。其书分门别类,以孔门四科即德行、言语、政事、文学,及识鉴、赏誉、品藻等为目,乃东汉名士品题之遗意。此性质之可注意者也。大抵清谈之兴起由于东汉末世党锢诸名士遭政治暴力之摧压,一变其指实之人物品题，而为抽象玄理之讨论，起自郭林宗，而成于阮嗣宗，皆避祸远嫌，消极不与其时政治当局合作者也。”（陈寅恪《陶渊明之思想与清谈之关系》）此说由魏晋清谈上溯至汉末清议，将汉魏之际时代思潮演变递嬗之轨迹，阐发明白，也为我们阅读《世说》，提供了一个思想史和文化史的深广背景，很值得参考。

其次，此条还是理解全书选材、性质、风格的一把钥匙，地位举足轻重。首句“陈仲举言为士则，行为世范”，不仅明确了全书撰述之对象皆为一“世”之“士”，同时也暗示了名士的“言”与“行”乃是全书关注的焦点。有人把《世说》当作“清言”小说或“轶事”小说，正是抓住了“言”与“行”这两大记述重点。而鲁迅干脆以《世说》为“志人小说”，说它是“一部名士底教科书”，则是把握住了这书在中国士文化史上的价值和意义。余英时先生也说：“《世说新语》为记载魏晋士大夫生活方式之专书，而此一新生活方式实肇端于党锢之祸之前后，亦即士大夫自觉逐渐具体化、明朗化之时代……《世说》所收士大夫之言始于陈仲举、李元礼诸人者，殆以其为源流之所自出，故其书时代之上限在吾国中古社会史与思想史上之意义或尤大于其下限也。”（《士与中国文化》）所以，今天的人要了解汉末魏晋的士风与世风，《世说》可谓是不可多得的第一手材料。

第三，虽然是记载士人言行轶事之书，但“记言”与“记行”又有侧重，大抵以记言为主，记行为辅。所以我们看到，在门类与门类、条目与条目之间，显然“省略”或“删节”了不少内容，留下了许多历史的“空白”。这种“留白”的手法，不仅是绘画书法的技法，也是我国古代文言笔记小说最典型的文体特色。《世说》的文体是颇具“现代性”的，很像是西方文论所谓“空间形式的小说”，或者“活页式小说”，又像是戏剧或电影的分镜头脚本，书中每一个片段都是对历史的某一个局部事件的“抓拍”和“定格”，合起来看犹如博尔赫斯所谓的“沙之书”，分开来看，每一粒沙子又具有单独欣赏的独立性和完整性。《世说》的语言是高度简练而隽永的，叙事的节奏因为目的性很强而显得快捷而轻灵，似乎作者完全没有宏大叙事的兴趣，而是忙于把人物在某一特定历史时空中的精彩瞬间或嘉言懿行展示给读者。这样一种“极简主义”的叙事风格，使《世说》无心插柳地建构起了一种“有意味的形式”，成为被后世不断仿效和接力的独特文体——“世说体”。

当然，因为历史信息被作者有意无意地“省略”，也就给注释家留下了用武之地。《世说》成书于南朝刘宋年间，到齐代就有一个叫史敬胤的学者为它作注，梁代又有刘孝标的《世说新语注》(与裴松之《三国志注》、郦道元《水经注》、李善《文选注》合称“四大古注”)。我们读了这些古注，就会知道，作为一种古老的记述形式，《世说》是和史传叙事迥异其趣的。换言之，史传的巨细无遗、完整详备的叙事模式，恰恰是《世说》所要扬弃的。譬如，就“仲举礼贤”的故事而言，作为读者的我们可能会问：陈蕃到底有没有去拜访徐孺子呢？作者对此没有任何交代，似乎去不去无关紧要，想要去和说要去才是重要的。好在还有刘孝标的注(本书以下简称“刘注”)。刘注引袁宏《汉纪》说：

蕃在豫章，为稚独设一榻，去则悬之，见礼如此。

这条记载成了对故事文本的有效补充。我们据此可知，陈仲举不仅“去”了，徐孺子也“来”了。而且，陈还特意为徐设计了一张即使放在现在也很“时髦”的床榻，徐哪天来就哪天放下给他睡，人一走便把床榻悬挂于壁上，完全做到了“专床专用”，以致留下了“陈蕃悬榻”“徐孺榻”这样风雅的典故。今天江西南昌的徐家坊，古地名就叫“悬榻里”。初唐诗人王勃《滕王阁序》“人杰地灵，徐孺下陈蕃之榻”的名句，也是从仲举礼贤的故事演化而来。今天我们到酒店住宿，也雅称“下榻”——但说实话，徐孺子所享受到的“悬榻”“下榻”的特殊礼遇，恐怕是与我们无缘的。

(刘强)

鉴赏

鄙吝复生

鄙吝复生

周子居常云[①]："吾时月不见黄叔度[②]，则鄙吝之心已复生矣[③]。"

《德行》第2条

注释

① 周子居：周乘，字子居，汝南安城（今河南汝南东南）人。子居不畏强暴，被陈蕃赞为"治国之器"。

② 时月：指短时间。黄叔度：名宪，字叔度，汝南慎阳（今河南正阳）人。出身贫寒，父为牛医，叔度以德行著称，有当世颜回之誉。屡征不仕，时人号为"征君"。

③ 鄙吝：鄙俗贪吝。

鉴赏

这是《德行》篇第2条，人物突然变换，记述内容也变了。而且，上一条还算是言行并举，这一条则纯为记言了。乍一看，似乎是记了不着边际的一句话，与上下文都没有关系，但如果你熟悉东汉末年的历史和人物，就会明白，这一条放在这里，其实起着"承上启下"的过渡作用。陈仲举虽然消失了，却并没有完全退场，因为这一条中的周子居和黄叔度不仅是陈的同郡老乡，还是知交好友。范晔《后汉书·黄宪传》记载此事，文字略有不同，其文说：

同郡陈蕃、周举常相谓曰："时月之间不见黄生，则鄙吝之萌复

存乎心。”

可见，周子居的感受并非孤例，陈蕃和另一位名士周举也有同感（有人认为，周举就是周乘之误）。《世说新语》这部书，看似零散无章，似乎从哪里看都差不多，其实内在却有一个庞大的“网状结构”，每个门类主题相对集中，人物和故事环环相扣，藕断丝连，真像是摆了一个长蛇阵——“击首则尾应，击尾则首应，击中则首尾皆应”。因为书中所记都是历史上实有的人物，所以这张隐形的大网不妨叫作“人物关系网”。

如果你对这张“关系网”不甚了了，那也没关系，因为还有“刘注”。比如这一条的刘注，先说“子居别见”，又引《典略》介绍黄叔度。所谓“别见”，就是别处再予介绍、这里不赘述的意思。在哪里“别见”呢？原来是在《赏誉》篇第1条，原文如下：

陈仲举尝叹曰：“若周子居者，真治国之器。譬诸宝剑，则世之干将。”

陈仲举曾感叹地说：“像周子居这样的人，真是治国安邦的宝器。拿宝剑来比方吧，他就好比宝剑中的干将！”你看，《赏誉》篇也以陈、周二人开篇，与《德行》篇前两条形成了一种文本上的“前后呼应”。该条刘注引《汝南先贤传》说：“周乘字子居，汝南安城人。天姿聪朗，高峙岳立，非陈仲举、黄叔度之俦则不交也。仲举尝叹曰：‘周子居者，真治国之器也。’为太山太守，甚有惠政。”这显然是对周子居其人的史料补充，也等于对“子居别见”做了一个交代。其实刘孝标若把这则材料放在周子居第一次出现的《德行》篇第2条处，也不是不可以，至少能让读者尽快了解周子居与陈、黄二人的关系，但刘孝标为什么偏偏来个“子居别见”呢？大概在刘孝标看来，周子居说的这句话，纯粹是为了烘托和赞美当时道德神话般的人物——黄叔度。可以说，就这一条而言，黄叔度居于叙事的主位，周子居则居于宾位。

回到本条。周子居言下之意："我一段时间不见黄叔度，那种鄙陋贪吝的心思就又会萌生出来了。"《论语·雍也》篇孔子夸奖颜回，说："回也，其心三月不违仁，其余则日月至焉而已矣。"意思是，颜回的心地最为纯净诚笃，能够做到长时间不背离仁德，其他的学生么，只能在短时间里至于仁德之境罢了。孔子说的"日月"，和这里的"时月"，意思差不多，都是指短时间。孔子这句话的妙处在于，他把"仁"这一抽象概念空间化、形象化、诗意化了。其中隐含着两重对比：一是时间的对比，"三月"相比于"日月"，说明颜回能久处仁道而其心不惑。一是空间的对比：违者，去也，言由此而向他处去；至者，来也，言由他方而向此处来。"不违仁"，是说颜回能居仁不离，仿佛仁德就是一座大房子，颜回能安处其中，不为外物所动，足见其定力超群。"至焉而已矣"，是说其余弟子只能或日或月至于仁德，所谓"三天打鱼，两天晒网"。

为什么要讲孔子对颜回的评价呢？因为在周子居赞美黄叔度的这句话里，是隐含着一个"当世颜回"的评价的！据刘孝标注引《典略》称：

黄宪字叔度，汝南慎阳人。时论者咸云"颜子复生"。而族出孤鄙，父为牛医。颍川荀季和执宪手曰："足下吾师范也！"后见袁奉高曰："卿国有颜子，宁知之乎？"奉高曰："卿见吾叔度邪？"戴良少所服下，见宪则自降薄，怅然若有所失。母问："汝何不乐乎？复从牛医儿所来邪？"良曰："瞻之在前，忽焉在后，所谓良之师也。"

这一段黄叔度的传记资料，几乎都是围绕颜回展开的。先说时论称黄叔度为"颜子复生"，又说荀季和（荀淑）第一次见黄叔度便奉为"师范"，并对叔度同乡袁奉高说："你家乡有个颜回，你知道吗？"而奉高竟直接反问："您一定见过我们的叔度了吧？"显然也以颜回视叔度。另一位同乡名士戴良本来是个“少所服下”的狂人，可他一见叔度便甘拜下风，并且用“瞻之在前，忽焉在后”来评价叔度——这句话出自《论语·子罕》篇，恰好是颜回赞美孔子的。

黄叔度被誉为当世颜回并不是偶然的。我们知道，颜回家境贫寒，出身微贱，却是孔门中最受孔子欣赏的“好学”者，有着极高的道德修养；孔子说他“不迁怒，不贰过”，又称赞他：“贤哉，回也！一箪食，一瓢饮，在陋巷，人不堪其忧，回也不改其乐。”（《论语·雍也》）颜回英年早逝，在学术上和事功上并无多少表现，却名列孔门弟子之首，被后世尊为“亚圣”，就因其终身贯彻孔子的“为己之学”，淡泊名利，乐以忘忧，几乎是“不成功，便成仁”的典范。在这一点上，黄叔度和颜回极为相似。《后汉书·黄宪传》载：“宪初举孝廉，又辟公府，友人劝其仕，宪亦不拒之，暂到京师而还，竟无所就。年四十八终，天下号曰‘征君’。”叔度曾举孝廉，其实已有进身之阶，但他却不慕荣利，屡征不仕，这正是孔子所说的“隐居以求其志”（《论语·季氏》）。后来陈蕃位至三公（东汉时以太尉、司徒、司空合称三公）时，曾临朝而叹：“叔度若在，吾不敢先佩印绶矣！”（《后汉书·黄宪传》）能让陈仲举如此自惭形秽，则黄叔度的人格魅力可见一斑。又范晔《后汉书·黄宪传论》称：“黄宪言论风旨，无所传闻，然士君子见之者，靡不服深远，去玼吝。将以道周性全，无德而称乎？余曾祖穆侯以为宪隤然其处顺，渊乎其似道，浅深莫臻其分，清浊未议其方。若及门于孔氏，其殆庶乎！”这里的“殆庶乎”，语本《周易·系辞》：“颜氏之子，其殆庶几乎！”同样是将黄叔度比作当世颜回。

我们再回到本条正文。当周子居说这句话时，似乎是把自己当成孔门中那些“日月至焉而已矣”的弟子，而黄叔度呢，则俨然成了“其心三月不违仁”的颜回了！进一步说，黄叔度好比一面纤尘不染的明镜，给周子居的感受是，一段时间不来照这面镜子，自己的各种缺点毛病也即“鄙吝之心”便又会故态复萌了！这很像是《六祖坛经》中那个著名的禅宗公案。五祖弘忍“一日唤门人尽来”，要大家“各作一偈”，欲传衣钵。神秀作一偈子云：“身是菩提树，心如明镜台，时时勤拂拭，勿使惹

鉴赏 叔度汪汪

尘埃。”六祖慧能的偈子说：“菩提本无树，明镜亦非台，本来无一物，何处惹尘埃？”我们如果把这个公案取来与本条相印证，则周子居见黄叔度、去鄙吝之心的状态，很像是神秀的“时时勤拂拭，勿使惹尘埃”；而慧能的“本来无一物，何处惹尘埃”，倒是与黄叔度“道周性全，无德而称”的境界差可仿佛了。

你看，简简单单一句话，内涵就有如此丰富。这其中，不仅有“心学”，更有“禅悦”！我们读《世说》，如果将这些言约意丰的嘉言妙语轻易放过，那就实在是太可惜了。

（刘强）

叔度汪汪

郭林宗至汝南造袁奉高①，车不停轨，鸾不辍轭②。诣黄叔度，乃弥日信宿③。人问其故，林宗曰：“叔度汪汪如万顷之陂④。澄之不清，扰之不浊，其器深广，难测量也。”

《德行》第3条

注释

① 郭林宗：郭泰（128—169），字林宗，东汉太原介休（今山西介休东南）人，东汉

太学生领袖。博学有德，擅长人伦鉴识，大为时人所重。造：造访。袁奉高：袁阆（làng），字奉高，汝南慎阳（今河南正阳）人，黄叔度同乡。多次辞谢官府任命，素有名望。曾为汝南郡功曹，后为太尉属官。

② “车不停轨”二句：指车子不停留，这里形容下车时间短暂。轨，车轴的两头，这里指车轮。鸾（luán），通“銮”，装饰在车上的车铃，这里指代车子。辍（chuò），中途停止。轭（è），驾车时架在牲口脖子上的曲木。

③ 弥日：终日；连日。信宿（sù）：连宿两夜。

④ 汪汪：水又宽又深。陂（bēi）：池塘、湖泊。器：器量。

鉴赏

此条紧承上一条，虽然以郭林宗的言行为主线，但所关注的关键人物，还是那个“当世颜回”——黄叔度。

称扬一个人，不去正面写他的风度举止，文治武功，而是用旁人的评价“窥斑见豹”“烘云托月”，这样的笔法在《世说》中很常见，而尤以此条为最著。上一条，我们已经从周子居的口中，大体领略了黄叔度的人格魅力，这一条又通过郭林宗之口，进一步展现了黄叔度的渊雅器量。

郭林宗是汉末太学生的领袖，才华风度允称当世一流，他又擅长人伦识鉴，与人物品评大师、汝南“月旦评”的发起人许劭齐名，并称“许郭”。可以说，郭林宗是汉末人物品藻风气的重要推手，经他品评过的人物，褒贬升降，吉凶祸福，无不一一应验，真是应了鲁迅的那句话——“声名成毁，决于片言”（《中国小说史略》）。大概因为郭林宗名气太大，不能怠慢，故刘孝标没有采取“别见”的注例，而是直接引《续汉书》交代其人：

郭泰字林宗，太原介休人。泰少孤，年二十，行学至城阜屈伯彦精庐。乏食，衣不盖形，而处约味道，不改其乐。李元礼一见称之曰：“吾见士多矣！无如林宗者也。”及卒，蔡伯喈为作碑，曰：“吾为人作铭，未尝不有惭容，唯为郭有道碑颂无愧耳！”初，以有道君子征。泰曰:"吾观乾象、人事,天之所废,不可支也。"遂辞以疾。

据此可知,郭林宗和徐孺子、黄叔度一样,皆因不求仕进,安贫乐道,而享有美名。不过,与徐、黄二人不同的是,郭林宗更有儒者之风,早年积极用世,与陈蕃、李膺等党锢群英皆有交游,声名远播;后来党锢祸起,林宗才息心政治,闭门教授,生徒多达数千人。

这则故事说,郭林宗到汝南,先拜访袁奉高,车不停轨,鸾不辍轭,来去匆匆;又去拜访黄叔度,却弥日信宿,流连忘返。强烈的反差给人留下深刻的印象。袁奉高又是何许人呢?刘注引《汝南先贤传》说:"袁闳(当作袁阆)字奉高,慎阳人。友黄叔度于童齿,荐陈仲举于家巷。"可知奉高也不是凡俗之辈,但在郭林宗眼里,袁奉高简直可有可无,只能充当黄叔度的"陪衬"。郭林宗对袁奉高的观感,在谢承的《后汉书》有记载:

初,(郭)太(泰)始至南州,过袁奉高,不宿而去;从叔度,累日不去。或以问太。太曰:"奉高之器,譬之泛滥,虽清而易挹。叔度之器,汪汪若千顷之陂,澄之不清,扰之不浊,不可量也。"已而果然,太以是名闻天下。

谢承是三国时人,这个记载或许正是《世说》此则故事的蓝本,其信息量更大,除了有郭林宗对二人态度的对比,还有郭对二人的不同评价。在郭林宗看来,奉高之器量,如江河泛滥,清澈见底,易于感知;而叔度之器宇,则如千顷万顷的湖泊,浩瀚汪洋,浑莽无涯,深不可测!

汉末的人物品藻,常常采用比兴手法,或以物喻人,将自然人格化,或以人拟物,将人物自然化,常于"天人之际""物我交感"的观察和运思中掘发人的主体性价值,美感与哲思同构,诗意与画意并生,为后世文艺理论中的"人化文评"(钱锺书语)导夫先路,奠定了基础。即如本条,将叔度比作万顷之陂，乃是对人之"器量"的引譬连类与极度放大；"澄之不清，扰之不浊"八字，写出叔度精神器宇何等恢弘，正是"上智不移"的圣贤气象！司马迁记孔子初见老子，回来对其弟子说："鸟，吾知其能飞；鱼，吾知其能游；兽，吾知其能走。走者可以为网，游者可以为纶，飞者可以为矰。至于龙，吾不能知，其乘风云而上天。吾今日见老子，其犹龙邪！"（《史记·老子韩非列传》）而颜回评价孔子，也说："仰之弥高，钻之弥坚，瞻之在前，忽焉在后……虽欲从之，末由也已。"（《论语·子罕》）大抵人们见到境界超迈、难以企及的圣贤高士，难免都会产生这种恍兮惚兮、扑朔迷离的奇妙感受吧。明人王世懋评此条说："叔度直是难窥，究竟雅量第一。"可谓的评！

到这里，黄叔度的故事算是告一段落。两条记载，构成了一个最低限度的"故事链"。在其他门类中，陈仲举、周子居、郭林宗甚至徐孺子还会出现，但这个如光风霁月、汪汪陂湖一般的人物黄叔度，却如昙花一现，惊鸿一瞥，就此在《世说》中消失了。打开《后汉书·黄宪传》，你会发现，和《世说》的这两条故事一样，记述者碰到黄叔度这样的人物，便仿佛被一道强光所摄，几乎无法定睛细看其人究竟是何面目，只能通过"侧面描写"，借他人之口，窥测猜想其人于依稀仿佛之间。但这些面目模糊的人物，反倒给读者留下了深刻的印象。钱穆先生说："今天我们只看重得志成功和有表现的人，却忽略了那些不得志失败和无表现的人。……但历史的大命脉正在此等人身上。中国历史之伟大，正在其由大批若和历史不相干的人来负荷此历史。"（《中国历史研究法》第六讲《如何研究历史人物》）是啊，颜回也好，黄叔度也好，都是历史上那种"无表现的人"，因为"无表现"，反倒被"有表现的人"所歆羡和仰慕，在他们身上，我们看到了一个时代动人的侧影，也听到了今天听不到的声音。从这个意义上说，惯会记载"道听途说"的《世说》，反而拥有了历史"回音壁"的价值和作用。这或许是这部"丛残小语""尺寸短书"，一直受到历代读者喜爱的原因之一吧。

（刘强）

鉴赏 清流自任

清流自任

李元礼风格秀整[①],高自标持[②],欲以天下名教是非为己任[③]。后进之士,有升其堂者,皆以为登龙门。

《德行》第4条

注释

① 李元礼:李膺(110—169),字元礼,汉末颍川襄城(今属河南)人。在朝清议领袖之一,与杜密并称"李杜"。因反对宦官专权,被太学生称为"天下楷模"。后遭党锢之祸,死于狱中。
② 标持:犹标置。高自标持,即自我要求和评价标准都很高。
③ 名教:指儒家以正定名分为中心的传统礼教。

鉴赏

李膺是汉末清议领袖,因以天下名教是非为己任,被太学生尊称为"天下楷模"。李膺在桓帝时为司隶校尉,与太学生领袖郭泰结交,反对宦官专权。当时朝廷纲纪废弛,李膺独持风裁,以声名自高,士有被其以客接者,被称为"登龙门"。李膺整肃风气必然与宦官的专权独断和宦官子弟的胡作非为发生激烈冲突。宦官张让之弟张朔贪残无道,李膺率将吏捕杀之,吓得诸黄门常侍鞠躬屏气,休沐不敢复出宫省,由此可见其是非分明、义无反顾。这样的名士,却在桓帝时的第一次党锢之祸中免官,在灵帝时的第二次党祸中被杀。

汉代的儒学史,是汉代儒家士人前仆后继争取政治地位的奋斗史,也是誓死捍卫政治话语权的抗争史。宦官专权是两汉政治的一大毒瘤,宦官得宠专权,垄断政治资源,良性的政治环境被破坏,太学生和郡国生徒不能按照正常途径进入政治舞台,儒家的理想、道义、信念无法实现,儒家士人必然拼死抗争。到了汉末,儒林与宦官集团的斗争愈演愈烈且日趋白热化,展开了你死我活的惨烈厮杀。在此过程中,儒家士人以清议、歌谣等为“批判的武器”,营造声势、声援同道,配合朝廷官员反对宦官集团,极具时代特色。《后汉书·党锢列传》描写儒林士人对宦官势力集团的激烈抗争:“匹夫抗愤,处士横议,遂乃激扬名声,互相题拂,品核公卿,裁量执政。”儒家士人在政权上虽处于弱势,但他们与朝臣互通声气,掌握了舆论的主导权,扩张了影响力,获得了广泛的同情,所谓“横议”“题拂”“品核”“裁量”等活动,都是当时舆论传播的形式。李膺是当时党人领袖之一,为了发扬清议以正世风,就必须注意培养人才,奖拔士人。当时士人舆论,特别是太学生,几乎都是以李膺之言为准的,所以有“李膺言出于口,人莫得违也”之说(《太平御览》卷四四七引袁子正语)。士人得其赏识,自然身价百倍。跃登龙门之叹,以民间传说故事“鲤鱼跃龙门”加以比喻,可谓生动贴切。当时的太学生为李膺、陈蕃、王畅等人制作歌谣,曰:“天下模楷李元礼,不畏强御陈仲举,天下俊秀王叔茂。”太学生们之所以为李膺等正直的朝廷官员做颂谣,是对他们整顿混乱的朝政、使政治重回健康轨道寄予厚望。事实证明,李膺等人确实不负天下信任,他们在东汉末年反对宦官专权的斗争中最后都为正义而牺牲,表现出了可歌可泣的坚贞品格。

另外,汉末清议品题对后世影响至深,后来影响到了魏晋时期九品中正的品评,于是世家大族日渐成形,如经李膺品题的颍川陈寔、荀淑二氏,后来成为魏晋南北朝的高门士族。

(白振奎)

鉴赏

真人东行

真人东行

陈太丘诣荀朗陵①，贫俭无仆役。乃使元方将车，季方持杖后从。长文尚小，载著车中。既至，荀使叔慈应门，慈明行酒，余六龙下食。文若亦小，坐著膝前。于时太史奏："真人东行。"

《德行》第6条

注释

① 陈太丘：陈寔（104—187），字仲弓，颍川许县（今河南许昌东）人。初为县吏，后为太丘长，为政清静，百姓安宁。党锢之祸起，被株连，自请囚禁。荀朗陵：荀淑（83—149），字季和，颍川颍阴（今河南许昌）人，当世名士李固、李膺皆师事之。曾任朗陵侯相。

鉴赏

刘孝标注曰："陈寔字仲弓，颍川许昌人。为闻喜令、太丘长，风化宣流。"荀淑曾任朗陵侯相，以品行高洁著称。刘注引张璠《汉纪》曰："淑有八子：俭、鲲、靖、焘、汪、爽、肃、敷。淑居西豪里，县令苑康曰：'昔高阳氏有才子八人。'遂署其里为高阳里。时人号曰'八龙'。"陈寔为官清廉，清贫节俭没有仆役，遂使长子元方赶车，第四子季方执仪仗跟随着去拜访荀淑。陈群字长文，陈纪（元方）之子，曹魏名臣，制定九品官人之法。在陈寔此次前往拜访荀淑之时，长文还很小，坐在车里面。到了荀朗陵府，荀朗陵让三儿子叔慈到门口迎接，六儿子慈明敬酒，其余六个儿子上菜，孙子荀彧(文若)还很小，就坐在爷爷膝前。当时太史就向皇帝上奏说："有道德的人都已经向东去了。"

这是两家三代人的共聚，祖孙三代，都是名士荟萃。陈寔、荀淑是名士自不必说，陈寔的两个儿子元方、季方同样知名，而孙子陈群(？—237)作为曹魏名臣，其所倡设的九品中正制对于魏晋门阀士族政治的发展具有重要影响。荀淑的八个儿子号称八龙，孙子荀彧(163—212)更是曹操的重要谋士，被曹操称为"吾之子房"。在曹操统一北方的过程中，荀彧立下了汗马功劳。两家祖孙三代，恰好见证了汉祚向曹魏转移的一个历史过程。只是这里有一个疑问，就是荀淑卒于公元 149 年，而其孙子荀彧出生于 163 年，也就是在荀淑去世后 14 年，荀彧才出生，那么，在那场迎接陈寔祖孙三代的宴会中，荀彧就应该是还未出生，当然也就不可能坐在荀淑的膝前了。故程炎震云："案范书(范晔《后汉书》)荀淑年六十七，建和三年卒。荀彧以建安十七年卒，年五十，则当生于延熹六年。距荀淑之卒已十四年矣。若非范史纪年有误，则其事必虚。考袁山松《后汉书》亦载此事，而云荀数诣陈，盖荀陈州里故旧，过从时有，而必以文若实之，则反形其矫诬诶。"这也说明，对这样一场祖孙三代之会学界是存疑的。

但《世说新语》记述了这样一场陈寔与荀淑两家祖孙三代同聚的盛会，这很大程度上，是魏晋世族文化影响下的历史重述。这种历史重述，也是一种新的文化建构，是世家文化传统中的门第传承和文化传承的典型体现。这种门第和文化，有着良好的家风，其要义和核心不在于富贵显达，而在于礼义传家和精神高贵。从这段话也可以看出，陈、荀两家都家无余财，没有仆役杂作，而子辈和孙辈都承担了世家礼仪交往中的亲历者和实践者。这里既有长辈的持礼治家之严，也有兄弟的友爱恭敬，还有长辈对晚辈的慈爱。这种良好的家风，就是在这种身体力行中逐渐形成，而后影响于社会的。

(何光顺)

泰阿桂树

客有问陈季方①:"足下家君太丘,有何功德而荷天下重名?"季方曰:"吾家君譬如桂树生泰山之阿,上有万仞之高,下有不测之深;上为甘露所霑,下为渊泉所润。当斯之时,桂树焉知泰山之高,渊泉之深,不知有功德与无也!"

《德行》第7条

注释

① 陈季方:陈谌,字季方,陈寔少子,与其父和长兄陈纪(元方)一起被称为"三君"。

鉴赏

古代有"君子比德于物"的传统。如《诗经·卫风·淇澳》:"瞻彼淇奥,绿竹猗猗,有匪君子,如切如磋,如琢如磨。"就是以绿竹比喻君子的美德。绿竹挺拔修长,喻君子傲岸挺拔的人格。绿竹有竹节,喻君子的节操或气节。绿竹中空,喻君子虚怀若谷,无所不容。绿竹枝叶掩映,阿娜婆娑,喻君子形象美好,善于自我修饰。又如《易》之象,以《乾》卦的天道之象,喻君子的自强不息,以《坤》卦的地道之象,喻君子的厚德载物。而《论语》中孔子以“仁者乐山，知者乐水”的山水之象喻仁者和智者形象的不同侧重，都是这种以物比德、山水比德传统的滥觞。

汉儒尤重德行修养，尚仪轨法度，人伦识鉴，而到东汉晚期，宦官和外戚交替专权，世道日趋腐朽糜烂，这种儒者所重的仪轨法度和人伦识鉴，成为为世人所重的一股清流。在与腐朽官僚体制的对抗中，形成了士君子“言为世则，行为世范”的独立人格追求。这种儒者的操行，不再像两汉兴盛之际，通过官方对经学的尊崇而得高官厚禄，反倒因为其讥刺朝政，抗衡权贵，造就了独立于体制和政治之外以影响人情世风的具有审美意味的独立人格价值。由此，东汉末年，士君子人格形象便成为横亘在官僚体制与底层社会之间的具有中流砥柱意味的人格风范。汉儒人格也从依附于官僚政治向独立的人伦鉴识方向发展，并逐渐下启魏晋人格风流之美。

陈谌（季方）与其兄陈纪（元方）、其父陈寔（仲弓）号称“三君”，他们就处于汉代儒士人格向魏晋名士人格演进的转折点上，因此才有客人质疑陈谌之父陈寔“有何功德而荷天下重名”。此间实际是重“功”而轻“德”，是从传统的汉儒专攻一经而后禄仕的路径来审视陈寔，故觉其并未有功德。但这种重视高位勋劳，将人格依附于官位的传统，在陈氏“三君”这里已发生了极大的改变。故陈季方在言父之功德时实际更侧重于其德泽所感化濡润的美质和效果。季方以桂树为譬，但这桂树只是生长于泰山的一角，而上有万丈高峰，下有不可测的深渊，上得雨露浇灌，下受甘泉滋润。在这种情况下，桂树是无法知道泰山之高和渊泉之深的，而这也就表明了其父亲所具有的人格精神力量是无法用现世功业来衡量的，这也反击了客人只是从当下事功来鉴赏人伦的俗见，而实现了独标高格。

陈季方着重从无言、无形、无限的精神维度来确立其父亲陈仲弓的生命美质与感化效果，这也是刘义庆编撰《世说新语》重晋人风范而追踪其渊源于汉末的一种编选自觉。

（何光顺）

难兄难弟

陈元方子长文有英才，与季方子孝先，各论其父功德，争之不能决，咨于太丘。太丘曰："元方难为兄，季方难为弟。"①

《德行》第8条

注释

① "太丘曰"二句，严复批注曰："此记者述太丘语意耳，古无父字其子之事。"

鉴赏

这是一个很有趣的有关家庭生活的故事。在简略的文字中，就涉及一家三代人，祖父陈寔(太丘、仲弓)——父辈陈纪(元方)、陈谌(季方)——孙辈陈长文、陈孝先。孙辈各自夸耀自己父亲的功德，像两个孩子吵架，但这种吵架却是有很高段位的，不是一般的鸡毛蒜皮，可以说是汉末士人注重人伦鉴识的典型体现。

两个孙子争论父辈功德高低而僵持不下，只得请求祖父陈寔来做裁判。陈寔的回答很巧妙，"元方难为兄，季方难为弟"，指出元方和季方的学识品行各有所长，难以分出高下优劣。这也开启魏晋人伦鉴识的通达超脱之风，即不只是以一个标准来裁量人，而是各从人之可肯定处来肯定人的优长，而不以人之所不及来揭人之短。这不由让人想起

《庄子·骈拇》所言:“凫胫虽短,续之则忧。鹤胫虽长,断之则悲。”这也是指出了万物的不齐之齐,万物各得其性则优,兄弟各展所长,亦为优。

如果说孙子辈的长文、孝先两人,还停留于现世的争,争而不和,那么祖父辈的陈太丘,则超越了现世的争,而进入道法自然的无为,和而不争,也就是和而不同。我们来看陈元方(纪)和陈季方(谌)两人各自优长。陈元方一生在德行和守礼方面素有高名。如《世说新语·方正》载:“陈太丘与友期行,期日中。过中不至,太丘舍去,去后乃至。元方时年七岁,门外戏。客问元方:‘尊君在不?’答曰:‘待君久不至,已去。’友人便怒曰:‘非人哉!与人期行,相委而去。’元方曰:‘君与家君期日中。日中不至,则是无信;对子骂父,则是无礼。’友人惭,下车引之。元方入门不顾。”这就体现了元方自小就重视信用和礼仪。《世说新语·政事》又载:“陈元方年十一时,候袁公。袁公问曰:‘贤家君在太丘,远近称之,何所履行?’元方曰:‘老父在太丘,强者绥之以德,弱者抚之以仁,恣其所安,久而益敬。’袁公曰:‘孤往者尝为邺令,正行此事。不知卿家君法孤?孤法卿父?’元方曰:‘周公、孔子,异世而出,周旋动静,万里如一。周公不师孔子,孔子亦不师周公。’”这个回答非常巧妙,表明了为政之道的相通,但技术上却不存在谁学谁的问题。至于陈季方,虽英年早逝,但从其关于泰阿桂树的对答来看,也是极为机敏有才辩。

孙辈的长文和孝先在争论中各为自己的父亲逞辞辩说,是出于对父亲的爱敬,但却忽略了他人的优长而陷于计较。正是在陈太丘的引导中,作为世家大族的家风承传得到了很好的延续。俗语有云,三代才能培养一个贵族。而此段文字,无疑昭示了在三代人的生命和精神存续中的一种贵族精神的成长。

(何光顺)

鉴赏

有义无义

有义无义

荀巨伯远看友人疾①，值胡贼攻郡，友人语巨伯曰："吾今死矣，子可去！"巨伯曰："远来相视，子令吾去，败义以求生，岂荀巨伯所行邪？"贼既至，谓巨伯曰："大军至，一郡尽空，汝何男子，而敢独止？"巨伯曰："友人有疾，不忍委之，宁以我身代友人命。"贼相谓曰："我辈无义之人，而入有义之国！"遂班军而还，一郡并获全。

《德行》第9条

注释

① 荀巨伯：刘孝标注引《荀氏家传》曰："巨伯，汉桓帝时人也。亦出颍川，未详其始末。"

鉴赏

先秦儒家重仁义，居仁由义，重义轻利，不顾患难，而以义相救。这在汉末荀巨伯身上得到充分体现。荀巨伯从远方来看望生病的友人，恰值匈奴人进攻该郡，友人担心荀巨伯安危，希望荀巨伯能及时离去。这是作为主人的朋友之义，不能让客人因为自己的缘故陷入祸难。

作为客人，荀巨伯不忍看见主人陷入危难中，而独自逃生。道义和生命，在此时有如孟子所言的鱼与熊掌，不可得兼，但君子之道，在舍生而取义。故荀巨伯面对友人劝其避祸之言，拒绝了重生弃义的行为。当匈奴兵至，看见荀巨伯未曾离去时，问其为何不逃生，荀巨伯答云，友人有疾病，不忍心离弃，并愿意以自己的生命代替和保全主人。匈奴兵因此感动，并班师而还，一郡人民遂得保全，这不能不说是一个奇迹。

这种个体所行的道义，看起来微小，其影响却至为巨大。它从朋友之间的信义，而扩展影响到了敌对的入侵者。“孔子之作《春秋》也，诸侯用夷礼则夷之，夷而进于中国则中国之。”(韩愈《原道》)武力只能暂时服人，而道义则可以感化人心。面对荀巨伯的大义，入侵的匈奴人，也发现了自己的不义，而改行有义之道。

自春秋以来，礼崩乐坏，霸道代替王道，而邪说暴行有作。孔子于乱世中以图振衰救弊，著《春秋》而乱臣贼子惧。《世说新语》岂非又暗含《春秋》之义。汉末大乱，经三国鼎立，再到西晋短暂繁华，就进入了八王之乱和五胡乱华，当此神州鼎沸之际，世道衰微而人心沦丧，华夏之道危若累卵。荀巨伯感化入侵夷狄，只是一个偶然事件，毕竟在乱世中，人们谋求生存，道义往往并不能奏效。当所有人都为生存而战时，所有人都已经夷狄化了。在这种情况下，偶有夷狄感于荀巨伯善行，而放下屠刀，此虽并不普遍，却具有极强的道德示范和感化意义，也让在乱世中趋于溃散的人心找到了希望。

同样的彰显德行的事件，也在三国刘备和曹操的对峙中继续发生。当曹操行霸道，挟天子以令诸侯，唯才是举，选人标准弃德而重才之时，人心遂开始败坏。但刘备却反其道而行之，并奉行“勿以恶小而为之，勿以善小而不为”，以号召收拾人心。特别是当曹操进入荆州之时，荆州百姓跟从刘备军队，此时，刘备就面临着是弃民而保己，还是舍己而保民的选择。但他选择了宁愿军队可能覆灭而坚决保护民众的道义之举，而后其“兴汉反曹”的旗帜才具有了正统性和道义性。在中国历史中，正统就始终是和道义相关。无道义非正统，王道之师必兴善除暴。汉末魏晋南北朝之大乱，就在行道义者少而行暴者众。

正是在这种情况下，《世说新语》首标德行，而荀巨伯就是在这乱世高举道义旗帜的普通士人的写照，而这种形象也与如刘备、诸葛亮等王道正统捍卫者一起构成了华夏民族精神的脊梁。

（何光顺）

雍熙之轨

华歆遇子弟甚整[①]，虽闲室之内，严若朝典[②]。陈元方兄弟恣柔爱之道，而二门之里，两不失雍熙之轨焉[③]。

《德行》第10条

注释

① 华歆（157—231），平原高唐（今山东禹城西南）人，字子鱼。东汉末，曾任尚书郎，豫章太守，代荀彧为尚书令。曹操死，助曹丕继丞相，称“魏王”，上表劝进。入魏，任司徒。刘注引《魏略》曰：“灵帝时与北海邴原、管宁俱游学相善，时号三人为一龙，谓歆为龙头，宁为龙腹，原为龙尾。”

② 严若朝典：矜庄貌，庄敬貌。严，亦作“俨”。

③　雍熙：和乐升平之意。

鉴赏

孔子治家，首重“诗”“礼”，诗以感发志意，而礼以修身成人。汉儒亦重家法，礼教贯彻在传统的家庭伦理中，就表现为长幼有序、男女有别等规矩，并逐渐形成“家规”“家训”“家法”等。这样，《大学》所重视的修身、齐家，就在汉儒开展出来的传统中愈益具体化，并且影响到士大夫和普通士庶之家的日常生活，从而形成良好的社会教化氛围。

儒家经典在汉儒的齐家到治国、平天下的过程中起着至关重要的作用。班固《白虎通义》中说：“敬诸父兄，六纪道行。诸舅有义，族人有序，昆弟有亲，师长有尊，朋友有旧。”东汉学者更把儒家经典的研修与个人的修身以及政治前途密切联系起来。汉末有人提倡“举孝廉本以德行，不复限以试经”，但华歆却表示反对：“丧乱以来，六籍堕废，当务存立，以崇王道。夫制法者，所以经盛衰。今听孝廉不以经试，恐学业遂从此而废。”认为“经明行修”就是修身齐家的根本，两者不可偏废。

在这段文字中，“华歆遇子弟甚整，虽闲室之内，严若朝典”，正是其崇尚“经明行修”的体现，它也体现出儒学世家逐渐往仕宦世家发展的一个趋势，而礼法与家学传承，已经成为世族或高门的内在文化特征。但这种过于注重整严秩序与经典旧说相结合的家法或治家传统，在魏晋以来受到了严重挑战。那就是当“举孝廉，父别居”“举秀才，不知书”，以读经行孝作为猎取功名的手段时，经明行修就异化成了一种表演。正是在这种情况下，陈元方兄弟，领悟治家的根本在于“爱”之道，这种爱更需要发挥一种出于亲情仁心的“柔爱”之道，从而让生命获得一种在亲人之间的自然和舒适，故两个家庭之间也不失和睦关系。

从这段话，我们也可以看出，注重从“经明行修”出发的礼教实践，是一条治家路径，而从“柔爱之道”出发的自然随缘，也是一条治家路径，虽然这种自然随缘的柔爱之道还没有得到充分发展，但已经开启了魏晋时期的玄学思想超脱达观的生命伦理和治家伦理思想。

（何光顺）

管宁割席

管宁、华歆共园中锄菜①，见地有片金，管挥锄与瓦石不异，华捉而掷去之②。又尝同席读书，有乘轩冕过门者③，宁读如故，歆废书出看④。宁割席分坐曰："子非吾友也！"

《德行》第11条

注释

① 管宁（158—241），字幼安，北海朱虚（今山东临朐东南）人，春秋时期齐国名相管仲后代，汉魏时期隐士。为人清俭贞正，备受时人推崇；魏主多次征召，不应。华歆，见《德行》第10条注释。
② 捉：拾、捡。
③ 轩冕：轩车与冕服。轩可乘而冕不可乘，此处当为偏义复词，仅取"轩"义。
④ 废：罢，放下、停止。

鉴赏

古人常说："道不同，不相为谋。"历来士人或洁身自好，或不与世俗同流合污，都将此言奉为圭臬，此条中管宁与华歆绝交也正是对这种观念的践行。这一则表面是讲两个人从朋友到分道扬镳的故事，实际上反映了汉末魏晋之际士人理想的人格和独特的价值准则。汉末魏晋之际，时人推崇“自然”，士人们不仅无视礼教，言行随性，而且鄙视名利，唾弃富贵。追求出将入相在以前是士人的远大理想，但在价值观念更替的汉魏之际，公然追名逐利的士子却少见了：他们或者另辟蹊径，打着“隐士”的名号，“临渊垂钓”；或者怀着矫饰之心，精心打造一个清高出尘的自我形象，用来掩饰内心对名利的渴望。

据《魏略》载，汉灵帝时，华歆、管宁、邴原游学交好，齐名当世，时人遂称三人为“一龙”——华歆为龙头，管宁为龙腹，邴原为龙尾，其中排列并非按照优劣而是长幼而定(参见龚斌《世说新语校释·德行》第10条)。就本则所选取的事件而言，历代学者对管宁的做法持有不同的见解。按照时人的评判标准，自然是管宁优而华歆劣，正如龚斌先生所释：“管宁视金与瓦石无异，故挥锄如初。华歆虽捉金掷去，然眼中已有金。管宁不以轩冕为荣，故读书如故。华歆以轩冕为荣，故废书出看。一者心无措乎贵贱，一者情有系于所欲”，故高下立判(参见龚斌此条《校释》)。然而后世学者也多有为华歆抱不平者，如王若虚云：“世皆优宁而劣歆。余谓以心术观之，固如世之所论，至其不近人情、不尽物理，则相去亦无几矣。毕竟金玉与瓦石岂无别者哉！此庄、列之徒自以为达，而好名之士闻风而悦之者也。若夫君子之正论则不然，贵贱轻重未尝不与人同，特取舍之际有义存焉耳。”(《滹南遗老集》卷二十七)戴君恩亦云：“愚谓两人虽有视不视之分，其见有金，一也；其为矫情狗物，亦一也。何优劣之有?”(《剩言》卷十五)在他们看来，管宁视金而不见，是矫情狗物；华歆捉而掷之，乃知取舍，故不应以此分优劣。如此来看，倒像是管宁待友苛刻了些。但无论如何，管宁的决绝体现了他对美好理想的坚守和捍卫，不管在当时还是后世，都是令人心生敬佩的。曹魏时的司空陈群举荐管宁云“行为世表，学任人师，清俭足以激浊，贞正足以矫时”，就是对他高尚人格的称扬。

后人对二人的优劣评判，其实更多的是关注他们以后一生的行事。汉末大乱，管宁避乱辽东依公孙氏三十余年，后回到中原，屡辞曹魏征辟，以处士而终；华歆在汉末步入仕途，后党附曹操，成为弑伏皇后的帮凶，入魏后官至司徒、太尉。尽管他淡于财欲，居官清廉，但与管宁“天子不得臣，诸侯不得友”之渊雅高尚相比，确实是逊色的。

不过，华歆也并非就是万恶不赦的小人，《世说新语》还收录了几条与之相关的故事，如是《德行》第10条、第12条记载华歆治家极严，日常坐卧起居间，时刻遵守典制；又严而有度，故一门上下，兄友弟恭，其乐融融。《德行》第13条更是耐人寻味：某次，华歆与王朗共同乘船，躲避战乱。途中，偶遇一人向二人求助，华歆不肯，王朗却于心不忍，便答应下来，于是三人同乘一船。船刚开不久，就听得身后嘈杂大作，竟是追兵前来捉拿此人。见此情景，王朗心中慌张，想将其抛下，华歆却劝道：“我之前不想让他上船就是担心会发生这样的事，但既然已经承诺了帮助别人，又怎能因为情势紧急而抛弃他呢？”华歆拒绝被追捕之人是出于对情势的敏锐认知，临危之际又不愿抛弃他是出于对道义和承诺的坚守，可见华歆能与管宁齐名于世也不是徒有虚名了。

华歆与管宁之间的关系从“同席读书”沦落到“割席分坐”的地步，如此复杂曲折的事件却仅通过寥寥几笔、两个片段展现得淋漓尽致。作者勾勒二人的神态、举止，将之进行对比，由表及里地披露了二人内心深处价值观念的差异，他们貌合神离的事实也不言而喻了。其笔锋之精劲犀利，真令人击节称叹。

最后再补充一下，管宁与华歆割席分坐，恐怕就像嵇康写《与山巨源绝交书》一样，只是表明一种态度，其实二人并未真正绝交。晋明帝曹叡即位，改任华歆太尉，华歆还称病辞让，举管宁代己。这显然不是已绝交几十年的朋友所能做到的。

（宋冠霖　赵厚均）

去之更远

王朗每以识度推华歆。歆蜡日，尝集子侄燕饮，王亦学之。有人向张华说此事[1]，张曰："王之学华，皆是形骸之外，去之所以更远。"

《德行》第12条

注释

① 张华（232—300），字茂先，范阳方城（今河北固安西南）人。西晋初任中书令，加散骑常侍。历任侍中、中书监、司空等，后为赵王司马伦和孙秀所杀。

鉴赏

汉末魏晋以来，门阀世家逐渐强盛，除经济、政治地位以外，文化的号召力和感染力也同样重要。在家庭的竞争中，家族间的相互影响也常为人们所称道。《世说新语·德行》篇第10则就载："华歆遇子弟甚整，虽闲室之内，严若朝典。陈元方兄弟恣柔爱之道，而二门之里，两不失雍熙之轨焉。"这是叙述华歆家族和陈元方家族治家的差异。华歆作为汉末三国曹魏初年的名士，其声誉较高，影响颇大。如《魏略》曰："灵帝时与北海邴原、管宁俱游学相善，时号三人为一龙，谓歆为龙头，宁为龙腹，原为龙尾。"《三国志·魏志·华歆传》注引《魏略》作："原为龙腹，宁为龙尾。"虽然引文略有不同，但华歆都是龙头，这都表明了作为当时的名士，华歆影响之大。

又同篇第13则载“华歆、王朗俱乘船避难，有一人欲依附，歆辄难之。朗曰：‘幸尚宽，何为不可？’后贼追至，王欲舍所携人。歆曰：‘本所以疑，正为此耳。既已纳其自托，宁可以急相弃邪？’遂携拯如初。世以此定华、王之优劣。”这是华歆、王朗避难途中，在救人以道和术方面的比较，两人皆有救人之心，华歆非常重视初始选择，谨防所遇非人而致相互猜疑，王朗未曾重视初始选择，因觉有余力，也未思所遇之人是否可靠。于是，在遭遇盗贼追赶时，王朗因初救人时未作思量，而逢急难也易起疑而易弃人，故此爱人之道不恒。华歆因初始对是否救人慎重选择，虽尊重王朗急难中临时救人之举，但途中也定当有细致考察，故当急难时也不轻弃人，而其爱人之道有恒。这也是华歆在识见上高于王朗的原因，不仅识见，在仁爱恒心的保持上，也胜于王朗。

显然，华歆在仁爱的恒道和权变上，都得之颇深。相较而言，王朗则得其表而未得其里。在这则佚闻中，华歆在蜡日集子侄辈宴饮，并非仅仅是停留于一种表面的节日集会或家庭集会，而有与此节日相契合的祀神治家修身的整套礼仪。刘孝标注引《礼记》曰：“天子大蜡八，伊耆氏始为蜡。蜡，索也。岁十二月，合聚万物而索飨之。”又引《五经要义》曰：“三代名腊：夏曰嘉平，殷曰清祀，周曰大蜡，总谓之腊。”又引晋博士张亮议曰：“蜡者，合聚百物索飨之，岁终休老息民也。腊者，祭宗庙五祀。《传》曰：‘腊，接也。’祭则新故交接也。秦、汉以来，腊之明日为祝岁，古之遗语也。”其中所涉的蜡日之礼与华歆集子侄辈宴饮之事有所关涉。但王朗学之，却难得其实，故当有人向张华说及此事时，张华指出王朗学华歆，只学得形骸表皮，而未能得其精神实质。我们要注意到，这里有人向张华说及此事，并非是与华歆、王朗集子侄辈燕饮同时，当张华出生时，王朗已去世四年，而华歆也在不久前去世，故这应该是西晋人谈曹魏初年事。时间上已经有几十年间隔，但三国曹魏的名士精神却与西晋时期是仍旧相通的。这真是异代同调，更是名士家风愈益影响人心的典型体现。

（何光顺）

华王优劣

华歆、王朗俱乘船避难[1]，有一人欲依附，歆辄难之[2]。朗曰："幸尚宽，何为不可？"后贼追至，王欲舍所携人。歆曰："本所以疑，正为此耳。既已纳其自托[3]，宁可以急相弃邪[4]！"遂携拯如初[5]。世以此定华、王之优劣。

《德行》第13条

注释

① 华歆，见《德行》第10条注释。王朗（？—228），东海郡郯县（今山东郯城北）人，历任菑丘长、会稽太守，后迁御史大夫、司徒等职。

② 辄（zhé）：立即就。难之：感到为难。

③ 自托：亲口以命相求。

④ 宁可：岂可。

⑤ 携拯：搭载（船客）使其脱险。

鉴赏

此条宋人刘辰翁评曰："管胜华，华复胜王，人不可以无辨。"确实，有比较才有鉴别。

管宁、华歆与王朗，都是山东知名之士，或以德望，或以名位，著称于汉魏之间。

管宁胜华歆，比的是志趣：少年时齐名，一起游学，人们甚至把华歆比作龙头，把管宁比作龙腹。“龙头”后来步步高升，官拜司徒；而“龙腹”则一生讲学，以平民终。他俩之间的“割席分坐”，发生在少年求学、名位未显之时；“子非吾友”，分道扬镳，义无反顾。近朱者赤，近墨者黑。蓬生麻中，不扶自直；白沙在涅，与之俱黑。明白了这些道理，管宁的决绝之举，也就不难理解了。

华歆胜王朗，比的则是见识、担当与信义：人各有志，不需勉强，也不可勉强，所以，管宁大不了就是割席分坐，各走各的路。你当官，我教书；你富贵，我清净；你与世沉浮，我遗世独立。退一步说，每个人由于与生俱来的秉性差异，有人淡薄荣利，有人热衷浮华，这同样也是无可奈何、不能勉强的事情。但是，是不是有担当、守信用，却应该是每一个“像样”的人应该做到的。再退一步说，你若实在做不到有担当、敢担当，那么，总应该信守自己许下的承诺。华歆好就好在这里，量力而行，不轻许诺，虽然表面看起来有些自私，但却是审时度势的明智之举。而王朗则轻易许诺，看似古道热肠，一旦事急却出尔反尔，有始无终，不但对人不仁，而且更陷己于不义。此时反倒是原先冷漠的华歆，表现出讲道义有担当的那一面。不轻许诺，一诺千金。从立身处世上说，王朗无论从仁义礼智勇哪一点来看，都输得很彻底。轻诺寡信，轻诺易寡信，轻诺必寡信。与其失信于人，不如不轻许诺，一旦许诺，无怨无悔，言必信，行必果。是否许诺和信守诺言，可能只是表面上的差别，华歆、王朗两人在个性修为和智慧上的差距，或许才是根本。

每个人都是自己人生百态的演员，一言一行，都在上演自身性格主宰的剧情，一举一动，都在接受世人众目睽睽的观剧。华歆在“园中锄菜”与“同席读书”时输给了管宁，但在“同船避难”时的“携拯如初”，不但完胜了与自己齐名的王朗，而且还为自己年少时被“割席分坐”扳回一分。

（王澧华）

王祥孝母

王祥事后母朱夫人甚谨[①]。家有一李树，结子殊好，母恒使守之。时风雨忽至，祥抱树而泣。祥尝在别床眠，母自往闇斫之[②]。值祥私起[③]，空斫得被。既还，知母憾之不已，因跪前请死。母于是感悟，爱之如己子。

《德行》第14条

注释

① 王祥（184—268），字休徵，琅邪临沂（今山东临沂北）人。汉末隐居不仕，魏时任太尉、司空，晋时任太保。

② 闇：暗中。

③ 私：小便。

鉴赏

先秦儒家特别重视孝道，秦汉以来，强调“孝，德之本也，教之所由生也”（《孝经》），将行孝作为修德固邦的根本，主张以孝治天下。在此道德伦理观念驱使下，汉魏六朝时期涌现了许多孝子孝女，他们的孝行得到世人的敬仰，成为后世传颂的楷模。《隋书·经籍志》即著录有多部《孝子传》《孝德传》，以表彰他们的孝行；元人郭居敬的《二十四孝》更是产生了广泛深远的社会影响。生活于汉晋之际的王祥就是其中褒扬的二十四孝之一。

据刘孝标注引《王祥世家》记载："祥父融，娶高平薛氏，生祥。继室以庐江朱氏，生览。"王祥后母朱氏生性不慈，不仅虐待王祥，苛刻驱使，还故意挑拨离间其父子感情。《搜神记》就说："(祥)性至孝，早丧亲，继母朱氏不慈，数谮之，由是失爱于父，每使扫除牛下。"尽管如此，王祥依旧对后母尽心尽力，躬行孝顺。但可恨的是，王祥的孝行能感动天地，却感动不了朱氏。朱氏不仅对王祥的孝行无动于衷，还对王祥动邪念，起杀心，欲致王祥于死地。此故事所记朱氏斫被一事即其典型表现。夜深人静之际，朱氏趁王祥熟睡之时，偷偷溜进其卧室，欲以斧头砍杀王祥。没有想到天不遂人愿，吉人自有天相，王祥恰恰晚上起夜小便，结果使朱氏的图谋落了空。但当王祥知道朱氏意图时，不但没有怨恨朱氏，反而跪在朱氏面前请死，以满足朱氏的心愿。与朱氏的凶狠毒辣相比，王祥的弟弟王览则是心存恩爱，念及同生，对异母兄长相当恭敬。据刘注引《晋阳秋》记载："后母数谮祥，屡以非理使祥，弟览辄与祥俱。又虐使祥妇，览妻亦趣而共之。"朱氏的无情无义，王祥的恭敬孝行，王览的和顺善良，形成了强烈反差，彰显了人性善恶的天壤之别。但话又说回来，人心都是肉长的，面对恭敬孝顺的王祥，心底和善的王览，尤其是王祥以德报怨、当面请死的感人之举，并非本性阴恶的朱氏怎能不心有所思，情有所动呢？于是，朱氏良知发现，痛彻心扉，心有"感悟"，悔不当初，从此对王祥"爱之如己子"。

后母虐儿是古代民间传说中重要的警世说教类故事，也是古代诗文中常描写的题材，如阮瑀的《驾出北郭门行》："驾出北郭门，马樊不肯驰。下车步踟蹰，仰折枯杨枝。顾闻丘林中，嗷嗷有悲啼。借问啼者出：'何为乃如斯？''亲母舍我殁，后母憎孤儿。饥寒无衣食，举动鞭捶施。骨消肌肉尽，体若枯树皮。藏我空室中，父还不能知。上塚察故处，存亡永别离。亲母何可见，泪下声正嘶。弃我于此间，穷厄岂有赀。'传告后代人，以此为明规。"这类故事的目的是警戒后人如何处理后母与前妻子女的关系，构建和谐家庭。王祥孝母故事说到底也是古代后母虐儿故事的演绎。不同的是，它通过朱氏态度行为前后迥异的变化，深刻揭示了人性中善与恶的较量，表现的是善对恶的消释，是人性孝行善良的伟大。王祥卧冰求鲤之所以能成为后世孝行的典范，并不仅仅因为故事本身充满着神奇，更重要的还在于故事背后蕴含着善能胜恶，以善化恶，孝行天下，人性不泯的道德感召力。这才是王祥孝母故事"德行"彰显的内在精神实质。

此故事最突出的写作特点是注重细节描写和心理揭示。写朱氏杀王祥，"闇斫之""空斫得被"，两"斫"连成一景，令人毛骨悚然。写朱氏心理变化，由恨王祥、杀王祥到爱王祥，爱恨交加，善恶天壤，令人扼腕叹息。写王祥心诚至孝，则"抱树而泣""跪前请死"，感天动地，令人潸然唏嘘。动作传神，设境新奇，语笔简洁而力透纸背。总之，无论是思想意蕴还是艺术表现，王祥孝母故事都称得上是《世说新语》中的精彩篇章。

（王利锁）

阮籍至慎

晋文王称阮嗣宗至慎[①]，每与之言，言皆玄远[②]，未尝臧否人物[③]。

《德行》第15条

注释

① 晋文王：即司马昭(211—265)，字子上，三国河内温县(今河南温县西南)人。司马懿次子。继兄司马师任魏大将军，专擅朝政。后弑高贵乡公曹髦而立曹奂为帝，封晋王，死后谥曰文。子炎代魏称帝，建立晋朝，追尊文帝。阮嗣宗：阮籍(210—263)，字嗣宗，三国时陈留尉氏(今属河南)人，父阮瑀为建安七子之一，阮籍则为“竹林七贤”之一。曾官步兵校尉，故称“阮步兵”。当时著名的思想家及诗文名家，又是玄学清谈的代表人物。

② 玄远：玄妙高远。

③ 臧(zāng)否(pǐ)：批评褒贬。

鉴赏

这是司马昭对于阮籍的评价，类似的记载还见于本则刘孝标注引李秉《家诫》：“天下之至慎者，其唯阮嗣宗乎！每与之言，言及玄远，而未尝评论时事，臧否人物，可谓至慎乎！”司马昭为什么多次称赞阮籍至慎呢？这当然要从当时的时代背景和阮籍本人的立身行事说起。

阮籍生活的年代，正是司马氏集团取代曹魏政权之际，司马氏一方面竭力宣传封建伦理道德，并强迫人们遵守；另一方面大肆铲除秉持异见不合作的“绊脚石”，为篡夺行为铺路。在人人自危、各自选边站队的情况下，阮籍既不愿与司马氏集团同流合污，又不想使自己成为这场旷日持久的宫廷政变的牺牲品，于是他向世人、主要是向司马昭集团展示了他被扭曲的鲜明的个性特征——口不臧否人物和放浪于酒。对于阮籍“至慎”的表现，《晋书·阮籍传》中有着明确的记载：“籍尝随叔父至东郡，兖州刺史王昶请与相见，终日不开一言，自以不能测”；“属魏晋之际，天下多故，名士少有全者，籍由是不与世事，遂酣饮为常。文帝初欲为武帝求婚于籍，籍醉六十日，不得言而止。钟会数以时事问之，欲因其可否而致之罪，皆以酣醉获免”。为了避免被告密成性者钟会抓住把柄，阮籍每天以酣醉混世；为了婉拒司马昭的联姻请求，阮籍居然大醉六十日，这是以生命为代价，为自己留住作为名士的最后尊严。

其实，司马昭之评，只道出了阮籍的外在形骸，而忽视了其内在本怀。阮籍不仅有“至慎”的一面，更有金刚怒目的一面，他的诗和文于有意无意之间袒露了“刺讥”现实政治的真实心声。阮籍在著名的《咏怀》诗中嘲讽了当时虚矫伪善的礼法之士，写他们“外厉贞素谈，户内灭芬芳。放口从衷出，复说道义方。委曲周旋仪，姿态愁我肠”。这些对礼法之士的直露批判就不能算是“至慎”了吧。阮籍还有《大人先生传》，其中更是充满了讽刺的态度和口吻，讥讽伪善君子如寄居裤裆中的群虱，“逃乎深缝，匿夫坏絮，自以为吉宅也。行不敢离缝际，动不敢出裈裆，自以为得绳墨也。饥则啮人，自以为无穷食也。然炎丘火流，焦邑灭都，群虱死于裈中而不能出。汝君子之处区内，亦何异夫虱之处裈中乎？悲夫！”笔锋辛辣犀利，生动传神。

阮籍外表示人的“至慎”以及痛饮美酒的名士风度，正是出于政治上的自我保护意识，是英雄失路的一曲悲歌。司马昭对其赞誉，实在是对于当时士人“不慎”言行的警告。

（白振奎）

不见喜愠

王戎云：“与嵇康居二十年①，未尝见其喜愠之色②。”

《德行》第16条

注释

① 嵇康(223—262,或224—263),字叔夜,谯郡铚县(今安徽涡阳)人,娶魏宗室女,官中散大夫。崇尚老庄,为"竹林七贤"之一。因不满司马氏集团专权,遭钟会构陷,为司马昭所杀。

② 喜愠之色:表现出喜怒哀乐的脸色。

鉴赏

作为竹林七贤中人,王戎年龄较小,他既是竹林之游的亲历者,也是七贤事迹较早的传播者。王戎生于公元234年,比嵇康年少十岁,一直活到西晋初年。此则故事记录的是王戎对嵇康的回忆和评价。这里,王戎回忆自己与嵇康交往多年,却从未见嵇康有"喜愠之色",即无论高兴还是生气,都不会形之于色。说一个人可以二十年不见其喜怒之色,或许略显夸张,但这确实揭示了嵇康性格中具有高度审慎和严格自律的一面,则基本可信。

另外,刘孝标注引《康别传》一书也有类似的记录:"康性含垢藏瑕,爱恶不争于怀,喜怒不寄于颜。所知王濬冲在襄城,面数百,未尝见其疾声朱颜。此亦方中之美范,人伦之胜业也。"王濬冲,即王戎。这段文字的大意也是说嵇康在为人处事方面很有涵养,能够韬光养晦,不暴露自己的优缺点,爱恨情仇不纠结于心,喜怒哀乐不形诸颜色,从不与人争执和红脸。故而嵇康可谓士人为人处事的典范。《康别传》的这段文字与《世说新语》大同小异,有助于我们理解王戎对嵇康的评价。

嵇康性格中"不见喜愠"的一面,既有家族遗传基因的作用,也有个人特殊身份的影响。嵇康祖籍会稽上虞(今浙江绍兴市上虞区),原本姓奚,因与人结怨,为躲避仇家,其曾祖辈迁居谯国铚县并改姓嵇。可以想象,此后,在这样的家族中,"谨言慎行"无疑会是家教中的一条。

同时，人的命运也充满了偶然性——迁居之后的嵇家与曹家成为同乡，为嵇康成为曹家的女婿创造了条件。而“曹家女婿”这一角色让嵇康在后来的“曹马之争”中身陷危险境地。嵇康二十岁成为曹家女婿，四十岁为司马氏所杀，其间恰好二十年光阴，王戎所言“二十年”当指此也。

在现代人看来，正常情况下，人在喜怒哀乐之时，自然要有所表现，刻意隐藏或压抑自己的情绪不利于身心健康，甚至给人城府太深的印象。然而有意思的是，翻检古书我们会发现，“喜怒不形于色”竟然是中国古人津津乐道的处世哲学或生存智慧。如《三国志》中说刘备具有“喜怒不形于色”的性格特征，好结交豪侠而依附者众多。后来《三国演义》的作者和广大读者也大都认为“喜怒不形于色”是成大事者必备的素养之一。在后世小说戏剧艺术中，也经常会出现类似刘备这样韬光养晦、深藏不露、不苟言笑的人物形象——或是武林高手，或是隐士高人。然而嵇康的“不见喜愠”与刘备的“喜怒不形于色”的目的有所不同，嵇康不是为了隐藏自己的雄心或野心，亦不是为了成就什么伟业，他主要是为了避祸。

令人感慨的是，嵇康韬光养晦的功夫似乎做得远远不够。因为“刚肠嫉恶”“遇事则发”，具有龙一般难以驯服的性情，才是嵇康性格真正的底色和面目。当时的奸人钟会看到了这一点，提醒主子司马昭：嵇康乃卧龙也，必除之以绝后患。后世颜延之也看到了这一点，其诗《五君咏 · 嵇中散》曰：“中散不偶世，本自餐霞人。形解验默仙，吐论知凝神。立俗迕流议，寻山洽隐沦。鸾翮有时铩，龙性谁能驯！”嵇康确实具有“龙性”，龙乃神兽——神龙见首不见尾，平时“不见喜愠”的龙，面对黑暗和邪恶，怒火终于按捺不住而爆发，不惧强权和暴力，留下了一篇掷地有声的《与山巨源绝交书》和一曲荡气回肠的《广陵散》，为此，嵇康最终付出了生命的代价！鲁迅在《记念刘和珍君》中说：“沉默呵，沉默呵！不在沉默中爆发，就在沉默中灭亡。”隐忍多年，二十年“不见喜愠”的嵇康，最终选择了在沉默中爆发。

（刘小兵）

生孝死孝

王戎、和峤同时遭大丧[1]，俱以孝称。王鸡骨支床，和哭泣备礼。武帝谓刘仲雄曰[2]："卿数省王、和不？闻和哀苦过礼，使人忧之。"仲雄曰："和峤虽备礼，神气不损；王戎虽不备礼，而哀毁骨立。臣以和峤生孝，王戎死孝。陛下不应忧峤，而应忧戎。"

《德行》第17条

注释

① 王戎(234—305)，字濬冲，西晋琅邪临沂(今山东临沂北)人，"竹林七贤"之一。《晋书》卷四十三有传。和峤(？—292)，字长舆，西晋汝南西平(今河南西平西)人。《晋书》卷四十五有传。

② 刘仲雄：刘毅(？—285)，字仲雄，西晋东莱掖(今山东莱州)人。《晋书》卷四十五有传。

鉴赏

大约在晋武帝太康初，王戎母丧，和峤父丧。两人都是孝子，王戎哀伤太过，以至"鸡骨支床"。这是说王戎居丧瘦骨嶙峋，难以起立，缠绵床席。日人恩田仲任《世说音释》引谢肇淛《文海披沙》解释“鸡骨支床”一语说：“言瘦骨如鸡，仅堪支持床上。或据饮酒食肉，遂以为杀鸡甚多，以鸡之骨支床，大误，可笑。”谢肇淛的解释是正确的。鸡骨细瘦，人瘦骨立，故以“鸡骨”形容之。否则，饮酒食肉哪会全吃鸡？细小的鸡骨，岂堪支撑沉重的床褥？至于和峤“哭泣备礼”，指遵守丧礼规定，早晚到时哭泣。

晋武帝听闻王戎、和峤守丧之事，对刘仲雄说：“你近来看过几次王、和了？听说和峤哀哭超出了丧礼的规定，真使人担心呢？”仲雄回答晋武帝说：“和峤虽备礼，但神气不损；王戎虽不备礼，而哀毁骨立。我以为和峤是生孝，王戎是死孝。陛下不应该担心和峤，倒是应担心王戎。”刘仲雄这番话，是对王戎、和峤居丧的评价。然则何谓“生孝”？何谓“死孝”？理解这个问题，是读懂这则故事的关键，这与认识和评价古代丧礼制度密切相关。

近人沈剑知《世说新语校笺》说：“《潜确居类书》七十引《典略》：‘戴伯鸾母卒，居庐啜粥，非礼不行，弟叔鸾食肉饮酒，哀至乃哭，二人俱有毁容。世谓伯鸾死孝，叔鸾生孝。’按，生孝死孝之称，始见于是。唯以备礼者为死孝，越礼者为生孝，与《世说》所以称戎、峤者适相反。”杨勇《世说新语校笺》说：“生孝者，以尽生人之礼；死孝者，则尽哀死之情也。”据《典略》所载，“生孝”“死孝”之说起于后汉。戴伯鸾兄弟母丧，伯鸾一依丧礼，居庐喝粥，世称“死孝”；叔鸾饮酒吃肉，悲从心来就哭，世称“生孝”。沈剑知由此发现，伯鸾兄弟的“生孝”“死孝”，与《世说》此条所说的“生孝”“死孝”不同。杨勇进而解释“生孝”“死孝”的含义：“生孝”以尽生人之礼，“死孝”是尽哀死之情。沈氏的发现与杨氏的解释，很有启示意义。

戴伯鸾兄弟的“生孝”“死孝”，与《世说》适成相反。究竟以何者为是？当以《世说》中刘仲雄的评论为是。“和峤虽备礼，神气不损”。所谓“备礼”，是指遵守丧礼的规定。《仪礼·丧服》说：“居倚庐，寝苫，枕块，哭昼夜无时。歠粥，朝一溢米，夕一溢米。寝不脱绖带。”意思说，孝子为父母守丧，住在门外的陋屋里，睡在草荐上，枕着土块，悲伤一来，不管昼夜都哭。吃粥有限量：早晨一把米，晚上一把米。睡觉也不脱丧服。又《礼记·丧大记》说："期，终丧不食肉，不饮酒。"在守丧期间，不可食肉饮酒。本条刘孝标注引《晋阳秋》说，和峤"以礼法自持。处大忧，量米而食，然顦顇哀毁，不逮戎也"，遵守丧礼规定守丧，以致形体憔悴。不过，人虽然瘦了一圈，终究无大碍。故刘仲雄称和峤"虽备礼，神气不损"，是"生孝"。王戎与和峤不一样，《晋阳秋》说他遭母忧，"性至孝，不拘礼制，饮酒食肉，或观棋弈，而容貌毁悴，杖而后起"。王戎不遵守丧礼，饮酒食肉，也不哭，有时去看别人下棋。然大悲伤，以致容貌憔悴，人瘦得须拄杖才能站起来。故刘仲雄说王戎"虽不备礼，而哀毁骨立"，是"死孝"。

刘仲雄评论王戎及和峤两人遭大丧，一为"生孝"，一为"死孝"，实质是揭示两种"孝子"的不同。"生孝"者虽然遵守丧礼，"哭泣备礼"，在为父母守丧期间不饮酒食肉，只喝着少许薄薄的粥，但只要没有刻骨铭心的哀痛，就可以安然度过三年丧期，神气不会损伤。"死孝"就不一样了，看似不守丧礼的规定，有时饮酒食肉，也不早晚按时哭泣，然而父母之丧的哀痛时时如刀锥剜心，要么不哭，痛恸则口吐鲜血，甚至哀痛至于死。故"死孝"之哀痛，过于"生孝"，盖有真情在焉。

总之，"生孝"遵守丧礼之形式，"死孝"乃痛情之流露。刘孝标注引《晋阳秋》说："世祖及时谈以此贵戎也。"贵戎即贵其真情。中国古代的孝文化是礼的核心部分，历史上"死孝"的人物极多。例如《后汉书》卷二十六《韦彪传》："彪孝行纯至，父母卒，哀毁三年，不出庐寝。服竟，羸瘠骨立异形，医疗数年乃起。"《晋书》卷四十九《阮籍传》记籍母丧，"毁瘠骨立，殆致灭性"。《世说》中《德行》47 载吴坦之母丧，"不免哀制"——即哀毁过礼，不胜丧而死。《言语》15 注引嵇绍《赵至叙》说，赵"自痛弃亲远游，母亡不见，吐血发病，服未竟而亡"。守父母之丧，最后悲痛得竟随父母而去，那是"死孝"的极端。至于"哀毁骨立"的人物，真是举不胜举。当然，人们看重"死孝"，是看重、敬佩孝子的真情，本意并不是倡导"死孝"。"死孝"导致神气大损,严重者三年守丧未满,却先损了性命。这有违丧礼,更辜负了父母生前的期望,其实不能说是孝子。

(龚斌)

乞物行惠

梁王、赵王,国之近属,贵重当时。裴令公岁请二国租钱数百万[①],以恤中表之贫者。或讥之曰:"何以乞物行惠?"裴曰:"损有余,补不足,天之道也。"

《德行》第18条

注释

① 裴令公:裴楷(约240—约294),字叔则,河东闻喜(今属山西)人,司空秀从弟。父徽,冀州刺史,有俊识。楷特精《易》义,累迁河南尹、中书令。

鉴赏

西晋王朝承接东汉晚期至曹魏期间的割据局面,地方上世族影响力远超帝王。如司马氏本身就是世族权臣,控制曹魏朝廷,最后篡魏自立。司马炎在篡魏得手后，为免其他世族、权臣效法，分封各宗室成员为王，将其作为维护皇室的力量。同时颁布“占田令”，限制世族拥有田地的面积和数量，又强化九品中正制，通过保证士族世代为官的政治特权以笼络世族，以取得士族对司马氏政权的有效支持。晋武帝就是通过“禅代”而取得皇位，也担心自己“禅代”的故事重演，此外他认为曹魏政权被取代的一个重要原因就是缺乏宗室藩屏的保障。基于这些原因，晋武帝采取的最重要措施便是大封同宗子弟为王。泰始元年（公元265年），西晋建国之时，晋武帝分封二十七个同姓王，以郡为国；之后又不断扩大宗室诸王的权力，诸王可自行选用国中文武官员，收取封国的租税。

梁王司马肜、赵王司马伦都是所分封诸王中的两个地位颇为重要的宗室，两王皆出自司马懿。梁王肜（？—302），字子徽，司马懿子，司马师、司马昭之弟。司马肜为人清静修身，恭敬谨慎。西晋建立后，受封梁王，拜北中郎将，镇守邺城；迁平东将军，镇守许昌；转安东将军，镇守青徐；入为卫将军、录尚书事、太子太保。出为侍中、征西将军，镇守关中。后依附其弟赵王司马伦，拜太宰、丞相，主持朝政。司马伦失势后，肜首先上表弹劾，导致司马伦被杀，肜则官拜太宰、司徒、宗师。

赵王司马伦（？—301），字子彝，司马懿子。“八王之乱”的参与者之一。西晋建立后，封琅邪郡王，授宣威将军。迁安北将军、镇守邺城，改封赵王。迁征西将军，镇守关中。因刑赏失中，激发羌族和氐族反叛。入为车骑将军、太子太傅。永康元年（300年），司马伦使用离间计，使得太子司马遹被皇后贾南风害死，又鼓动司马遹旧部及齐王司马冏起兵，废黜并杀死贾南风以及大臣张华等。诛杀淮南王司马允，自领侍中、相国、都督中外诸军事，加九锡。逼迫晋惠帝退位，擅自称帝，年号建始。此后，齐王司马冏、河间王司马颙、成都王司马颖起兵讨伐。司马伦战败，宣布退位，惠帝复位，梁王司马肜上表论罪，朝廷遣使者将司马伦赐死。

在宗室诸王集军政、行政、赋税等大权于一身，豪族权势盛行的情况下，普通民众的生计愈益艰难，一些有良知又洞悉贫富悬殊危机的知识分子和士族官僚希望通过一定方式平抑这种严重危机，而裴楷就是其中的代表。当然，裴楷等官员无法根本改变整个王朝的经济和政治状况，无法真正实现整个社会利益的重新分配，而只能捡拾最具有权势的诸王或大族的残羹冷炙，以适当安慰整个国家受到剥削最严重的穷苦民众。

裴楷每年向梁王、赵王请求租钱数百万，来救济自己家中的穷亲戚，并不能真正将恩惠行于整个底层社会。而且这种做法，也非常不稳定，它完全依赖裴楷和两王的关系，要靠两王的善心发作。故对于裴楷这种依靠豪贵善心以救助自己家族穷亲戚的做法，有人讽刺为“乞物行惠”，这真是非常形象。即这种施予恩惠，并非靠自己力所能及，或依靠稳定的制度保障，而只能是诸王豪族的偶然施舍。裴楷回复：“损有余，补不足，天之道也。”这其实也很勉强。既然不能通过有效的制度来截长补短，平抑贫富悬殊，即便回答很巧妙，也显示出一种无能为力的尴尬。

（何光顺）

有德有言

王戎云：“太保居在正始中，不在能言之流[1]。及与之言，理中清远[2]，将无以德掩其言[3]。”

《德行》第19条

注释

① 太保：王祥曾任太保之职，这里以官名代人名。正始：三国时魏帝曹芳年号。能言：指能清谈。正始年间，名士何晏等兴玄学清谈，成为一种风气，后称正始之风。

② 理中：恰当的义理；正理。

③ 将无：恐怕，用来表示猜测而意思偏于肯定。

鉴赏

王祥是著名的孝子，《世说新语·德行》第14则就载："王祥事后母朱夫人甚谨。家有一李树，结子殊好，母恒使守之。时风雨忽至，祥抱树而泣。祥尝在别床眠，母自往闇斫之。值祥私起，空斫得被。既还，知母憾之不已，因跪前请死。母于是感悟，爱之如己子。"又刘孝标注引《祥世家》曰："祥父融，娶高平薛氏，生祥。继室以庐江朱氏，生览。"《晋阳秋》曰："后母数谮祥，屡以非理使祥，弟览辄与祥俱。又虐使祥妇，览妻亦趋而共之。母患，方盛寒冰冻，母欲生鱼，祥解衣将剖冰求之，会有冰处小解，鱼出。"这些故事都可以看出王祥自幼所形成的端正纯良的品性，这与舜侍奉瞽叟相通。《孔子家语》载："昔瞽瞍有子曰舜，舜之事瞽瞍，欲使之，未尝不在于侧；索而杀之，未尝可得。小棰则待过，大杖则逃走。故瞽瞍不犯不父之罪，而舜不失蒸蒸之孝。"中国文化自古有求忠臣必于孝子之门的说法，也有修身—齐家—治国合一的传统。王祥能成为西晋时期的名臣，与舜成为圣王的因素是一样的，那就是以孝敬侍奉父母而让恶父顽母也得到感化，这就是立身端正而品行纯良所产生的潜移默化的影响，可以化愚启顽。

这种修身、齐家、治国、平天下的核心在"修身"，在"其身正，不令而行；其身不正，虽令不从"(《论语·子路》)，也是孔子说的"刚、毅、木、讷近仁"(同上)。而从反面说，就是"巧言令色，鲜矣仁"(《论语·阳货》)。

不言或不善言，是儒家重实践行动的仁学精神的体现，而这也与魏晋正始玄学重视得意忘言相通。王戎作为从正始年间开始成长起来的重要玄学家，亦受到正始玄学何晏、王弼等人“言不尽意论”影响，开始看重不言之中的玄远之德。但在儒家看来，这种不言，并非真不能言，而是言必与德相共，是有德必有言，德与言是统一的。

因此，王祥“不在能言之流”，是指不参与那些言不及义、言不及道、言不及德的俗言，但等到和他交谈，便觉得清雅合理旨意深远，这让人感到他莫不是用高尚的品德修饰了他的言论。这里也指出了人们不应该用虚浮的语言或文辞来夸饰德行，而反倒是德行可以润泽我们的言辞。有美德的人，其言说，就不再浮于表面，而自有其意境与格调，能够感化人。

王祥从善修身，而后齐家、治国，也表现在其任徐州别驾之时。其时，祥已年垂耳顺，但却率励士兵，频讨破贼，遂有州界清静，教化大行，时人歌之曰：“海沂之康，实赖王祥。邦国不空，别驾之功。”当王祥离世之际，又遗书训诫子孙“夫生之有死，自然之理”而禁止厚葬行为，故当其薨，奔赴者非朝廷之贤，则亲亲故吏而已，门无杂吊之宾。族孙王戎叹曰：“太保可谓清达矣。”(以上俱见《晋书·王祥传》)这都是对于王祥操行的赞美。由此，王祥也可被视为从汉儒到魏晋名士转型的重要人物。

（何光顺）

灭性之讥

王安丰遭艰[①]，至性过人。裴令往吊之[②]，曰：“若使一恸果能伤人，濬冲必不免灭性之讥。”

《德行》第20条

注释

① 王安丰：即王戎，见《德行》第17条注释，戎曾因平吴有功，封安丰县侯。艰：指父母之丧。

② 裴令：即裴楷，见《德行》第18条注释。

鉴赏

在竹林七贤中，王戎是颇为矛盾的一个人物，他弱冠即诣阮籍，与籍颇为相得，但又颇遭阮籍讥讽。《晋书·王戎传》记载，阮籍每造访王戎父亲王浑，不与王浑言，而独与王戎言，并谓王浑："濬冲清赏，非卿伦也。共卿言，不如共阿戎言。"又王戎弱冠与阮籍饮酒时，当时刘公荣在座，而阮籍独与王戎共饮，刘公荣不得一杯，由此可见王戎与阮籍相得之深。但王戎同样又有俗气而被阮籍瞧不起的一面，如有一次，阮籍、嵇康、山涛、刘伶在一起喝酒，王戎后至，阮籍讥曰："俗物已复来败人意！"王戎也着实机敏，笑曰："卿辈意亦复可败耶！"在这里，有关于"意"的理解分歧，即阮籍将人的情意视作一种人际间关联的存在，但也未太深入思考该问题，而只是临场之言。王戎将人的情意视作一种每个人所应当具有的独立的生命意识，具有至足而不损伤的特征。

正是因为这种对于"意"或"情"的独特理解，王戎不太重视外在的礼法或制度所规约的心意人情，如《世说新语·德行》17记载："王戎、和峤同时遭大丧，俱以孝称。王鸡骨支床，和哭泣备礼。武帝谓刘仲雄曰：'卿数省王、和不？闻和哀苦过礼，使人忧之。'仲雄曰：'和峤虽备礼，神气不损；王戎虽不备礼，而哀毁骨立。臣以和峤生孝，王戎死孝。陛下不应忧峤，而应忧戎。'"和峤将个体的情意用礼法来予以约束，是从生者角度维护礼法制度，而王戎却放任哀悲之情的发作，是从生死界线的消泯来体验情意。

王戎任随生命内在之情的自然生发，也体现在其丧子之痛中，如《世说新语·伤逝》第4条载："王戎丧儿万子，山简往省之，王悲不自胜。简曰：'孩抱中物，何至于此？'王曰：'圣人忘情，最下不及情。情之所钟，正在我辈。'简服其言，更为之恸。"这种现世个体生命的独立自足之情，虽然未达到圣人忘情入道的境界，但也不像普通人在世俗名利中逐渐泯灭了人情。因此，当王戎失去他所喜爱的儿子万子后，山简劝其将子女要看作身外之物，王戎却看到了这种说法忽略了个体情意在自足圆满中所具有的生命的内在关联，即个体的情意可以超越世俗功名利禄，但却不能在与己相关切的生命之本身存在中被消解。这也就解释了当王戎以"卿辈意亦复可败耶"来化解阮籍说"俗物已复来败人意"时，所隐含的世俗的存在无法消解个体生命的情意关联的深意。

于是，我们就能理解为什么王戎恰好对于外在的动静、声誉、德行和名利持一种相反的态度。如王戎七岁时，魏明帝于宣武场上断虎爪牙，纵百姓观之，王戎亦往看，"虎承间攀栏而吼，其声震地，观者无不辟易颠仆。戎湛然不动，了无恐色"(《世说新语·雅量》第5条)。晚年的王戎似乎表现得很吝啬，其既贵且富，却"每与夫人烛下散筹算计"，"王戎有好李，卖之，恐人得其种，恒钻其核"，"王戎女适裴頠，贷钱数万。女归，戎色不说，女遽还钱，乃释然"(以上俱见《世说新语·俭啬》)。王戎是否真的吝啬，其实又颇可疑，史载其父魏凉州刺史王浑去世后，其故吏赠钱百万，王戎辞谢，就表现出对于钱财的淡泊。正如东晋人戴逵所评论的："王戎晦默于危乱之际，获免忧祸，既明且哲，于是在矣。"这都可以看作王戎超脱于世人所看重的操行功名之上，更为重视个体生命情意的独立自足。

在这段王戎丧亲的记述中，其悲痛欲绝而不能自已，裴楷前往致悼，就看到了王戎悲痛纯出己心，而不被礼法约束的本然自足。"不免遭灭性之讥"，就是不合于外在的礼法和世俗规矩，但却同样体现了王戎的任随情性自然的玄学思想，这也与嵇康所主张的"非汤武而薄周孔，越名教而任自然"相通，是魏晋人所具有的审美生命意识自觉的表现。

（何光顺）

鉴赏

以布赎才

以布赎才

刘道真尝为徒[①],扶风王骏以五百疋布赎之[②],既而用为从事中郎。当时以为美事。

《德行》第22条

注释

① 刘道真(?—301):刘宝,字道真,山东邹城人。自幼聪明好学,文武双全,善歌啸。曾在扶风王司马骏府内任从事郎中,后因作战有功,累官至侍中、使持节、安北大将军、领护乌丸校尉、都督幽并州诸军事,赐爵关内侯。徒:服劳役的罪犯。

② 疋(pǐ):同"匹"。

鉴赏

世间的千里马常有,可往往只能辱没于奴隶人之手,骈死于槽枥之间,所以伯乐显得更为难得。而识人之明这一美谈在浩瀚的历史长河中可谓久唱不衰,前有秦穆公识五羖大夫,后有阎立本举狄仁杰。而在西晋时,也出了这样一件美事。首先来看看伯乐——司马骏。

司马骏是司马懿第十七子,幼时聪慧异常,博览群书,史书说他"清贞有道","宗室之中最为俊望"。后镇守关中,广施仁义,重视农桑,安抚少数民族,使关中大治。他为人宽厚仁爱,忠孝两全,广揽群英,得到了关中人民和少数民族的广泛支持。在他去世后,当地百姓为他立碑,见者无不下拜,其仁爱如此。所以,司马骏这样一位优秀人物,当然具有伯乐的潜质。

称刘宝为千里马，也恰如其分。刘宝的父亲刘奥曾任参与国家祭祀的太祝令，他的弟弟刘斌曾任著作郎，侄儿刘绥是西晋的美男子，所以刘家有着厚实的文化底蕴，身处其中的刘宝自然也不逊色。他善文，尤通经史。著有《刘宝文集》和《历代史书考异》，曾为皇太子讲过《汉书》，又撰《汉书驳议》以驳斥班固及《汉书》旧注。

当然，如果只会咬文嚼字，那在魏晋时代是不可能有出头之日的。因为在那样一个个性张扬的时代，士族阶层都开始追求自我的解放，传统礼教受到强烈冲击，被压抑着的性情喷涌而出，开始尊重生命的自由和与生俱来的欲望。正如宗白华所说，魏晋人向外发现了自然，向内发现了自己的深情。而刘宝，正是这样一位名士。

刘宝有着率真、不守俗礼的个性。在他服丧期间，陆机陆云兄弟前来拜访他。可他既不哀婉恸哭，也不热情接待这二俊兄弟，反而喝得酩酊大醉，颇有几分阮步兵(阮籍)的风范。过了好久才问他们："听说在你们那里盛产长柄的葫芦，你是来给我送种子的吗?"对待作为南方士族代表的二陆都这样随意，刘宝的率性也可见一斑了。

当然，名士与音乐总有着不解之缘。大抵是处在那样一个危机四伏的时代，话语反而会引来杀身之祸，而音乐既能抒发内心的情感，又能超然物外，不为世俗所羁绊，所以备受名士们的青睐。而啸，这种极具代表性的音乐形式，已经成为魏晋时代的文化符号之一了。刘宝就是这方面的高手之一。他的啸音调悠长，婉转清丽，闻者莫不留恋。在他还未显贵时，常常在草泽中打渔，过着清贫的生活。不过他的志向可不只是做一个渔夫，他内心担忧着天下，渴望着建功立业。所以情之所动，啸则为发。他的啸，充满着对社稷的忧思，对青史留名的渴望，响彻云霄。恰好有一位老太太非常喜欢他的歌声，就请他回家用餐，做了一头小猪来款待他。刘宝也不客气，风卷残云，一会儿就解决了战斗。老太太看他还没吃饱，就又上了一头小猪。这次刘宝吃了一半就饱了，于是退还给老太太一半。后来刘宝做了吏部郎，老太太的儿子是一个小令史，被刘宝越级提拔。此人不知何故，就问他母亲，于是母亲就把事情都告诉他。于是他带着牛酒去拜访刘宝，结果刘宝远远看着就说："走吧，走吧，没什么可以再报答你的了。"

刘宝的艺术水平可谓高超，由此换来了美味的享受。而老太太也乐于用物质去交换，满足她对音乐的欣赏需求。当然，老太太绝非凡人，她听出了这条潜龙的吟啸。那份蕴藏其中的细腻情感被她准确捕捉。她既流连于刘宝美妙的歌声，又感动于他壮丽的情怀。刘宝报恩的背后，还充满着对老太太这份赏识的感激。

这样一位风流潇洒，率真耿直的名士，怎能叫司马骏不喜爱呢？时人以为美事，暗指秦穆公识百里奚，用五张黑羊皮赎之而令秦国崛起的故事，彰显着魏晋人对个人价值的尊重和对生命无限可能的相信。

（龚铃洲　张旭）

名教乐地

王平子、胡毋彦国诸人[①]，皆以任放为达[②]，或有裸体者。乐广笑曰[③]："名教中自有乐地[④]，何为乃尔也？"

《德行》第23条

注释

① 王平子、胡毋彦国：王澄（269—312），字平子，琅邪临沂（今山东临沂北）人。

王衍弟。曾官荆州刺史，后为王敦所杀。胡毋辅之(269—318)，字彦国，泰山奉高(今山东泰安)人，与王澄、王敦、庾敳交好，号为“四友”。永嘉南渡后，卒于湘江刺史任上。

② 任放为达：任放，形容言行肆意，不循礼教。达，通达，六朝时流行的一种美学范畴，是“魏晋风流”的一种体现。

③ 乐广(？—304)，字彦辅，南阳郡淯阳县(今河南南阳)人，官至尚书令。八王之乱起，因成都王司马颖为其婿，受到掌权的长沙王司马乂的猜忌，以忧卒。

④ 名教：指儒家的礼乐教化。名，名分；教，教化。

鉴赏

曹雪芹在《红楼梦》“脂粉香娃割腥啖膻”一回中写到史湘云和贾宝玉因一时兴起，便不顾身份自烤鹿肉来吃；林黛玉见了不免戏谑几句，湘云却回道：“你知道什么！‘是真名士自风流’，你们都是假清高，最可厌的。我们这会子腥的膻的大吃大嚼，回来却是锦心绣口。”湘云拿来反唇相讥的那句“是真名士自风流”，可谓“四两拨千斤”，便是巧言善辩的黛玉也无话可说了。

那么究竟何为“真名士”，又如何称得上“风流”呢？这要从东汉末年的时代背景说起。彼时战乱频繁，人命微如草芥，朝生暮死，王粲在南下躲避战乱的途中见到的景象是：“出门无所见，白骨蔽平原”(《七哀诗》)；枭雄曹操也作诗叹曰：“铠甲生虮虱，万姓以死亡。白骨露于野，千里无鸡鸣。”(《蒿里行》)士人虽多有才能，但也往往不得长寿，或是死于政治斗争，或是死于战乱之中。后人在乐府诗中常常见到劝人及时行乐、建功立业的作品，这不过是当时人出于对现实清醒的认识后采取的一种“长歌当哭”的发泄方式罢了，所以多悲凉愤慨之意。之后，曹魏政权一统天下，但也没有安稳太久，曹氏宗族很快也面临着被司马氏夺取权力的危机。于是一些有名的士人纷纷选择政治阵营，有的明哲保身，选择帮扶司马氏篡位；有的忠于曹氏，无视司马氏的劝诱或威胁。但不管作出何种选择，当时的士人们都生活在政治高压下，生死完全掌握在统治者手中，毫无自由可言。其中有一批格外有才华的士人被称为“竹林七贤”,以嵇康、阮籍为首,他们有志难骋,内心苦闷,或是纵情山水、不理俗事,或是著书论说、吟诗讲道。七人性格各异、际遇不同,但共同的特点是行事率直任诞,为人清峻通脱,蔑视礼法,不委曲迎合于世俗,做出了许多惊世骇俗之事。比如阮籍穷途之哭,醉后不避男女之嫌;阮咸、王戎居丧期间,纵情逾礼,饮酒食肉等等,皆举止放荡不羁,引世人侧目。

因竹林七贤颇有才名,又大都为世家子弟,出身清贵,所以舆论虽时有批评,却也形成了魏晋士人独有的美学风范,以言行不拘礼法为高,且不乏当时人及后世人效仿,《世说新语》有《任诞》篇即记述这些行为。此条所提及的王平子与胡毋彦国等人就是以竹林七贤为偶像,企图达到“风流”的境界,博一个“名士”的称号。他们种种出格的行为在《任诞》篇里都有记载。此条刘孝标注引王隐《晋书》亦云:“魏末阮籍,嗜酒荒放,露头散发,裸袒箕踞。其后贵游子弟阮瞻、王澄、谢鲲、胡毋辅之之徒,皆祖述于籍,谓得大道之本。故去巾帻,脱衣服,露丑恶,同禽兽。甚者名之为通,次者名之为达也。”他们只模仿了竹林七贤放荡不羁的表象,却没有达到七贤思想上的高度。晋人戴逵看清了二者的不同,在《放达为非道论》中指出“竹林之为放,有疾而为颦者也”,就是说竹林七贤的蔑视礼教是出于不得已而为之,是面对黑暗现实的无声反抗;相比之下,胡毋辅之等所谓“八达”,这些刻意追求放荡不羁的生活方式的贵族子弟犹如东施效颦,可谓惺惺作态,无病呻吟。所以乐广嘲笑王、胡等人道:“从名教之中也可以得到快乐,你们又何必这样呢?”一举戳破了王、胡毋等人扯来的漂亮“幌子”。戴逵《竹林七贤论》说:“乐令之言有旨哉! 谓彼非玄心,徒利其纵恣而已。”戴逵之言进一步揭穿了胡毋辅之等人的放达,只是为了满足自己放纵的私欲而已。

乐广其实是与王衍并称的清谈名家,《晋书·乐广传》谓广“尤善谈论,每以约言析理,以厌人之心”,但他还保持着清醒的头脑,并不排斥名教。可惜天下嚣然,竟以放达为高,终至中原倾覆,神州陆沉。《晋书·五行志》云:“元康中,贵游子弟相与为散发倮身之饮,对弄婢妾,逆之者伤好，非之者负讥，希世之士耻不与焉，盖貌之不恭，胡狄侵中国之萌也。其后遂有二胡之乱，此又失在狂也。”伤哉！

（宋冠霖　赵厚均）

含饭吐哺

郗公值永嘉丧乱[①]，在乡里甚穷馁[②]。乡人以公名德，传共饴之。公常携兄子迈及外生周翼二小儿往食。乡人曰：“各自饥困，以君之贤，欲共济君耳，恐不能兼有所存。”公于是独往食，辄含饭著两颊边，还吐与二儿。后并得存，同过江。郗公亡，翼为剡县，解职归，席苫于公灵床头[③]，心丧终三年。

《德行》第24条

注释

① 郗公：指郗鉴(269—339)，字道徽，系东晋重臣，工书法。明帝死，与王导、庾亮等受遗诏辅成帝。曾助陶侃平定苏峻、祖约之乱。永嘉丧乱：又称“永嘉之乱”，“永嘉”系晋怀帝年号(307—313)，在此期间，西晋濒于灭亡，频繁发生战

乱，社会动荡不安。

② 馁：饥饿。

③ 苫(shān)：用草编织而成的垫子。

鉴赏

“吐哺”一词在传统文化中有独特的含义，常常与殷切对待士人相关，多形容为了贤才，连饭都顾不上吃，最为著名的当然是“一沐三捉发，一饭三吐哺”(《史记·鲁周公世家》)的周公了。其殷殷之情令人感动，曹操名篇《短歌行》中誉之：“周公吐哺，天下归心。”可谓不虚。

《世说新语》中的“含饭吐哺”看上去并没有周公那么高大上，主人公郗鉴虽然亦是东晋的重臣，但此事并未发生于其权高位重之时，而“吐哺”不是为了求贤，也不是为了苍生，只是乱世之中为了救活自己的两个子侄而已，但这则故事同样能打动我们的心灵，读来令人感动。

郗鉴是东晋重臣，书法家，还出身名门，是东汉御史大夫郗虑的玄孙，但这样一位名士遇到连年的战乱，也只能是为了活命而奔波，困顿不堪，吃了上顿没下顿。好在其平素为人不错，乡人尊敬郗鉴的名望德行，尽管大家都非常困难，还是愿意想办法为他提供饭食。可是郗鉴并不是一个人避难，他的身边还有两个幼童，但都不是他的孩子，而是其兄之子郗迈和外甥周翼，于是郗鉴就带着他们一起“蹭饭”。但是乡人不乐意了，对他说：“大家都饥饿困乏，因为您的贤德，所以我们愿意共同帮助您，如果再加上两个孩子，恐怕就不能一同养活了。”郗鉴当然理解大家的难处，但孩子也不能不管。从此他就自己一个人去吃饭，但是每次都会把一些饭含在嘴里，等回来后再吐给两个孩子吃。通过这样的方式，两个小孩子终于活了下来。后来两人长大后皆成为有用之才，入仕东晋后，郗迈官至护军，周翼任剡县令。郗鉴去世后，周翼怀想过去郗鉴的抚育之恩，便解职回乡，以苫为席，在灵床前为其守丧三年。

永嘉之乱时，郗鉴正当不惑之年，其素以清节儒雅著称，但生逢乱世，不但要接受众人的“施舍”，而且饭后还要嘴里含着食物急匆匆地往家里赶，其形状之狼狈可想而知，但却令人感到由衷的温暖。正因为如此，在他去世后，赖他得以存活的外甥才会甘心解职还乡，为其守孝三年。按照旧时礼节，守孝三年是子女感念父母之恩的行为，外甥这样做，当然表明在其心中，视郗鉴的活命之恩如同父母再造。其实，这个故事里的乡民也同样令人感动。在自己尚且食不果腹的时刻，能够见义忘利，从自己嘴里省出口粮来供养一个“闲人”，只是因为钦佩他平素的德行与恩义，这份尊贤、感恩之心本就是一种难得的美德。而且，郗鉴“含饭”的样子难道他们真看不出来吗？恐怕未必，看到却不点破，大家心照不宣，这份善念背后折射出的人性的光辉不也令人感到温暖吗？

郗鉴后来终为东晋重臣，他一生中留下的荣耀事迹颇多，但“含饭吐哺”则是流传最广的故事之一，如唐人李端在《酬丘拱外甥览余旧文见寄》便称：“舅乏郗鉴爱，君如卫玠贤。”由此可见，一哺之德岂能以小事视之乎！

（章原）

一炙之恩

顾荣在洛阳[①]，尝应人请，觉行炙人有欲炙之色[②]，因辍己施焉。同坐嗤之。荣曰：“岂有终日执之，而不知其味者乎？”后遭乱渡江，每经危急，常有一人左右己，问其所以，乃受炙人也。

《德行》第25条

注释

① 顾荣(？—312)，字彦先。吴郡吴县(今江苏苏州)人，孙吴时高门贵族，西晋灭亡后，拥护司马氏政权南渡的江南士族领袖。

② 炙：烤肉。

鉴赏

福报观念在中国产生甚早，《尚书·蔡仲之命》“皇天无亲，惟德是辅”，《老子》“天道无亲，常与善人”，都是劝人向善的名言。施恩于人，自然是莫大的善事，获得回报也是上天的嘉奖，更具有劝人向善的意义。历史上有很多福报事例，最典型的当数翳桑饿人。事情记载于《左传》宣公二年，晋国的主政大臣赵盾，碰见一个在桑荫下挨饿的人，出于怜悯给他食物并接济其母。后来赵盾和当时的晋国国君晋灵公之间矛盾爆发，灵公伏下甲士偷袭赵盾，在危急之时，甲士中一人拼死保护赵盾逃脱，赵盾十分意外，问他为谁，此人回答说：“翳桑之饿人也。”这个饿人名叫灵辄，是历史上知恩图报的典型。赵盾施恩本不求报，却在关键时刻救了自己一命，无疑是上天对其善行的嘉奖。

再来看顾荣之事，和赵盾的经历几乎异曲同工，似乎没什么可值得再说的。但结合魏晋的时代背景，我们就会发现此事自有其特殊之处。魏晋是一个阶层划分十分严格的时期，所谓“上品无寒门，下品无士族”，是当时世风的最好概括。而这里的寒门与士族，仅是地主阶级内部的阶层划分，普通平民与高门士族之间，更是隔若天壤，悬差巨大。《世说新语·方正》载：“刘真长、王仲祖共行，日旰未食。有相识小人贻其餐，肴案甚盛，真长辞焉。仲祖曰：‘聊以充虚，何苦辞？’真长曰：‘小人都不可与作缘。’”一句“小人都不可与作缘”，高自标置，连一点交流的可能都不给对方，这才是当日高门士族对待普通百姓的常有态度。

顾氏是江东大姓，《世说新语·赏誉》说："吴四姓旧目云：张文、朱武、陆忠、顾厚。"此事之行炙人自然是没有任何身份的普通奴仆，他和顾荣之间的身份差距之大不待多言。唯其如此，所以当顾荣"辍己施焉"之时，才引得"同坐嗤之"，觉得他没有必要多此一举。顾荣"岂有终日执之，而不知其味者乎"的回答，体现出他并没有用身份标签去看待对方，此时行炙人在他眼里是跟他一样有血有肉的人，所以他才能感受到对方的欲望，并以同情之理解去满足其需求。这种做法，跨越了社会限定的身份区隔，从普遍人性上去体认他者，自然是一种闪耀人性光辉的做法。陶渊明在任彭泽令时，曾给家里雇了个仆人，在给自己家人写的信中特意交代："此亦人子也，可善遇之。"陶令亦不以奴仆的身份，而轻视他作为人的权利。对于人性的尊重和认同，正与顾荣别无二致。

其实，再仔细寻究此事，可以看出它大约是发生于西晋八王之乱前的洛阳上流社会，此时顾荣虽然是东吴旧姓，但故国已亡，他亦不能不离井别乡，远赴北方以谋求发展，一方面是亡国之余，另一方面是南人入北，在这个过程中，自免不了寄人篱下的漂泊流离之感，这也许是其当时能对行炙人有同情理解的心理背景吧。当然，顾荣因为偶然的善意之举，而得以脱离困厄，无疑是又一个具有正面劝人向善意义的故事结局了。

（王允亮）

奴价倍婢

祖光禄少孤贫①，性至孝，常自为母炊爨作食②。王平北闻其佳名③，以两婢饷之④，因取为中郎⑤。有人戏之者曰："奴价倍婢。"祖云："百里奚亦何必轻于五羖之皮邪⑥？"

《德行》第26条

注释

① 祖光禄：祖纳，字士言，范阳遒（今河北涞水）人，东晋时任光禄大夫。祖逖异母兄。

② 炊爨（cuàn）：生火做饭。

③ 王平北：王乂（yì），字叔元，琅邪临沂（今山东临沂北）人。曾任平北将军。

④ 饷：赠送。

⑤ 取：任用。中郎：近侍之官，担任护卫、侍从，所以下文戏称为奴。

⑥ 百里奚（xī）：人名。关于百里奚，历史上有不同记载，据《史记·秦本纪》载，百里奚是春秋时虞国大夫，晋国灭虞国时俘虏了他。逃跑后，被楚国人抓住，秦穆公听说他有才德，就用五张黑羊皮赎了他，授以国政，号为五羖大夫。羖（gǔ）：黑色的公羊。

鉴赏

祖纳这个名字似乎在人才济济的魏晋时代显得略微平淡，不过若说起他的两位弟弟,可谓世人皆知——祖逖和祖约。前者就是那位立志北伐、闻鸡起舞的车骑将军;后者与苏峻一同叛乱,差点颠覆了立足未稳的东晋王朝。而祖纳的性格与命运却与这两位弟弟截然不同。

史载祖纳"最有操行,能清言,文义可观,性至孝"(《晋书·祖纳传》),兼具清谈名士的风流与忠臣孝子的操守。他虽然年幼失怙,家境贫寒,却恪守孝道,亲自为母亲生火做饭。这不禁让人想到那位为母亲留锅巴的孝子陈遗和卧冰求鲤的王祥。虽然处在那样一个追求个性解放,反对名教的压抑,崇尚自由的时代,但孝这一永恒的主题,早已深深烙在人们心里。那是一种发自内心的真情,人们对它的理解,早已超越了礼教规定的范围。所以王乂听说他的美名后,就送给他两个婢女,聘任他为中郎,做王乂的侍卫。有人听说了就开他的玩笑说:"奴隶的价格可比婢女贵了一倍哈"。祖纳不卑不亢地回怼道:"百里奚又怎会比五张羊皮轻贱呢!"他以百里奚自比,言辞中充满着自信。

王乂在这件事上的做法其实很细心。送婢女,是让其侍奉祖纳的母亲,减轻他的负担。接着聘用他为中郎,让他有展现才能的机会,也不至于贫寒。后来祖纳累官至太子中庶子,史书说他"历官多所驳正,有补于时"(《晋书·祖纳传》)。在这一点上,有两件事恰可印证。

祖纳曾对晋元帝说,"祖约怀着凌驾国君的心思,现在在国君身边担任要职,给了他权势,将成为祸乱的根源"。祖纳与祖约是异母兄弟,有人以为是祖纳忌恨祖约受到宠幸,就拿祖纳的奏表给祖约看,祖约像憎恨仇人一样憎恨祖纳,朝廷因此不再任用祖纳。祖纳闲居后,只是清谈、阅读文史典籍罢了。等到祖约叛逆,朝野人士都称赞祖纳有鉴别识人的眼光。此外,祖纳还首倡晋朝设立史官,《晋书》作者王隐就曾被他举荐。

不过祖纳深知诸王争权,洛阳将乱,于是"避地东南"。因时局动荡,内心苦闷,于是醉心于围棋,自称聊以忘忧。后"忘忧"也因此成为围棋的雅称之一。后来温峤,也就是平定了他弟弟祖约叛乱的功臣当权后，极力称赞他能够明辨是非。朝廷于是任他为光禄大夫，史称他为祖光禄，即由此而来。

（龚铃洲　张旭）

清操清识

周镇罢临川郡①，还都②，未及上③，住泊青溪渚。王丞相往看之④。时夏月，暴雨卒至⑤，舫至狭小，而又大漏，殆无复坐处。王曰："胡威之清⑥，何以过此！"即启用为吴兴郡⑦。

《德行》第27条

注释

① 周镇，字康时，陈留尉氏（今河南开封）人。罢：此处是"离任"之意。临川郡：在今江西抚州一带。
② 还都：回到首都。
③ 上：此处是"上岸"之意。
④ 王丞相：即王导（276—339），字茂弘，琅邪临沂（今山东临沂北）人，东晋开国丞相，历仕元、明、成三帝，皆居宰辅，为政清静简约。协调南北士族关系，稳定东晋政局，使江南经济、文化有所发展。其堂兄王敦握重兵，王氏族人多居要职，时称"王与马，共天下"。

⑤ 卒(cù):同“猝”,即“突然”。
⑥ 胡威(? —280),字伯虎,淮南寿春(今寿县)人,清廉自守,后官徐州刺史。
⑦ 吴兴郡:在今浙江湖州一带。

鉴赏

中国古代有句老话,叫作“三年清知府,十万雪花银”。大意是说,做官就会发财,即便是平日再怎么清廉,但一个任期下来,回家的行囊之中,那也都是金银满满。甚至还有人说:“无官不贪。”但是,一概而论,不免绝对,在中国古代历史上,每一个时代,都曾经产生过清廉自守的为官者。

据刘孝标注引的《中兴书》记载,周镇“清约寡欲,所在有异绩”,人走茶不凉,离任后还有人说好话,难得。而此番从现任临川郡离职,一条破船,两袖清风,当朝宰相王导目睹,深受感动,随即任用为吴兴郡太守。读至此,不免叫人想起楚国孙叔敖的警示:廉吏可为不可为?

王导拿周镇比胡威,那么,胡威又是个什么人呢?从刘孝标注引的《晋阳秋》,我们得知,他是西晋初年著名的清廉自律之人。他曾经从家乡前去荆州,看望身为一州之长的父亲,临别,父亲让他带回一匹绢,他竟然“扑通”一声跪在地上,然后质问父亲:“大人历来清高自守,怎么会有这么一匹绢?”他父亲赶紧回答:“这是我节余下来的俸禄,让你带回去换粮食的。”胡威这才收下这匹绢。回家路上,胡威节衣缩食,极为清苦,沿途旅店,都是自己先去喂驴子,然后砍柴做饭,吃完饭,又赶路。他父亲一名手下,事先备足行粮,假托路人,与胡威结伴而行,伺机稍为接济。胡威稍后生疑,问明情由,马上将此人辞谢。后来又将此事报告给父亲,父亲于是将此人一顿猛打,还将其除名(“杖都督一百,除其吏名”)。从此以后,“胡威之清”,便成为人们口中的一种美谈。

当然，这种清廉“美谈”，在有些人看来，简直就是“笑谈”。世界上的事，本来就很复杂，站在不同的立场上，有时甚至觉得对方不可理喻。譬如，有人说“当官不与民做主，不如回家卖红薯”，有人却说“当官不发财，请我都不来”。有人奉行“头上三尺有神明”，从不苟取，清风两袖，民众有口皆碑；有人却一叶障目，利令智昏，甚至以身试法，卒至身败名裂。志趣不同，命运不同，全在于自己的选择与坚守。

周镇从临川郡离任回京，丞相王导主动登船拜访，没想到，一条破败的小船，赶上夏天的暴雨，漏得一塌糊涂，让来客简直无处下脚。此情此景，让王丞相脱口感叹：“胡威之清，何以过此！”《世说新语》将此载入，而且编入《德行》篇，藉此，周镇的清操，王导的清识，将两晋名士的谈资，弘扬成“拒腐倡廉”的官德，胡威、周镇与王导，也藉此组成一串亮丽的标杆与榜样，并为后世留下“廉吏可为”的典范与传统。

（王澧华）

不复畜妾

邓攸始避难[①]，于道中弃己子，全弟子。既过江[②]，取一妾，甚宠爱。历年后讯其所由[③]，妾具说是北人遭乱，忆父母姓名，乃攸之甥也[④]。攸素有德业，言行无玷，闻之哀恨终身，遂不复畜妾[⑤]。

《德行》第28条

注释

① 邓攸,字伯道,平阳襄陵(今山西襄汾)人。永嘉之乱时曾被石勒俘获,后逃离,渡江,任职东晋朝廷。

② 既:已经。

③ 讯:问。

④ 甥:指外甥女。

⑤ 畜:养。

鉴赏

本章被置于《德行》篇中,无疑在编者看来,是表彰邓攸的德行。而一个人的德行,往往是在一种两难的矛盾境地中体现出来的;矛盾越强烈,德行也就越彰显。

像邓攸,在兵荒马乱中率全家逃难,不得已弃亲生儿子于不顾,选择带侄儿上路,可谓一场人伦悲剧。根据刘孝标注引用相关史料,关于此事的细节有过交代:邓攸把儿子弃在草地,儿子在后面哭着追上来,第二天邓攸狠心把儿子绑在树上,不顾而去。邓攸对其妻说:儿子没了,今后可再生;侄儿没了,弟弟这一支的血脉就断了。这是邓攸的动机,在不能同时保全两个孩子的极端情况下,为了能给弟弟留下子嗣,邓攸只能牺牲自己的儿子。站在今天的立场,肯定对邓攸的做法无法理解。但当时人是认可且同情邓攸的——“时人义而哀之,为之语曰:‘天道无知,使邓伯道无儿。’”(《晋书·邓攸传》)

魏晋时代是个家族社会,家族的整体利益要大于小家庭。如果邓攸遗弃的是侄儿,意味着邓氏将只剩下他邓攸这一支,如此势将削弱邓氏的根基;而保留其弟的血脉,邓氏更有可能枝繁叶茂。时人之所以以“义”许邓攸,正是都能体会到邓攸看似狠心背后的苦心,体会到邓攸以家族为大的用意。邓攸的“德行”,就体现在这里。

鉴赏

本章后半节,邓攸无意中纳外甥女为妾,又是一个人伦悲剧。邓攸一向有道德操守,言行上没有污点,娶外甥女的事令他抱恨终生。

（肖能）

不卖的卢

庾公乘马有的卢①,或语令卖去。庾云:“卖之必有买者,即当害其主。宁可不安己而移于他人哉?昔孙叔敖杀两头蛇以为后人②,古之美谈,效之,不亦达乎!”

《德行》第31条

注释

① 庾公:即庾亮(289—340),字元规,颍川鄢陵(今河南鄢陵西北)人,明穆皇后长兄,美姿容,善谈论,好老庄,有德望,任征西大将军、荆州刺史。的卢:马名。骏马,性烈,迷信认为是凶马,它的主人会得祸。

② 孙叔敖:春秋时代楚国的令尹(楚相)。辅佐楚庄王施教导民,宽刑缓政,发展经济,政绩赫然。主持兴修了芍陂(今安丰塘),改善了农业生产条件,增强了国力。司马迁《史记·循吏列传》列其为第一人。

鉴赏

说到古代的名马,人们就会想起汉朝张骞从域外带回的汗血宝马,还会想起《三国演义》里吕布的赤兔马,刘备的的卢马。单说这的卢马,与众不同,伯乐在《相马经》中这样描述:“马白额入口至齿者,名曰榆雁,一名的卢。奴乘客死,主乘弃市,凶马也。”的卢马额上有白色斑点,它日行千里,渡水如履平地,可谓神马,这样一匹举世无双的宝马却令人欲爱不能,因为按照迷信的说法它是凶马,妨害主人,拥有它的人会遭遇灾难甚至死亡。

其实历史上的的卢马和刘备并无关系,东晋时期,民间盛传“不卖的卢马”的故事,是发生在名士庾亮的身上。庾亮,又称庾公,字元规,东晋名臣、名士,丞相军谘祭酒庾琛之子、明穆皇后庾文君之兄。因其姿容俊美,善谈玄理,且举止严肃遵礼,颇受器重。早年被琅邪王司马睿召为西曹掾,先后任丞相参军、中书郎、征西大将军、荆州刺史等职。虽贵为晋明帝穆皇后之兄,却无半点骄纵之情,反而是遵礼守法、严肃庄重,作为外戚执掌朝政,靠的也是自己的政治才能。庾亮为人严肃庄重,一举一动遵礼而行,时人把他与名士夏侯玄、陈群相提并论。因其风流儒雅,清谈口才一流,又有“风情都雅”之赞。

庾亮驾车的马中有一匹特殊的名马叫的卢马,这匹马外形特殊,额间有菱形白斑,世传这种马是不祥之物,会害死主人。据说殷浩就劝庾亮把马卖掉,被庾亮断然拒绝了,庾亮很严肃地对殷浩说:“如果卖掉它,一定会有买主,那就会害那个买它的人,怎么可以因为对自己不利就转嫁给别人呢!”

庾亮认为不能只考虑自己,把已知的灾祸转嫁给别人,这是一种不道德的行为,自己就成了给别人带来灾难的人。他宁愿灾祸停留在自己身上,也不愿意转嫁别人。庾亮这样做,是效仿古代孙叔敖杀两头蛇为民除害的做法。他说:“从前孙叔敖打死两头蛇,以保护后面来的人,这件事是古时候人们乐于称道的。我学习他,不也是很旷达的吗!"

庾亮说的孙叔敖是春秋时代楚国的令尹,据贾谊《新书》载,孙叔敖小时候在路上看见一条两头蛇,迷信的人认为看到此蛇之人必死,为了不让后来的人看见它,孙叔敖就把蛇打死了。回到家,小孙叔敖哭着对母亲说:"听说看见两头蛇的人一定会死,我今天竟看见了。"母亲问他蛇在哪里,孙叔敖说:"我怕后面的人再见到它,就把它打死埋掉了。"母亲听了,很赞同儿子的做法,就劝慰他说:"你心肠好,一定会有好报的,不用担心。"从此孙叔敖为民除害、杀死两头蛇的事,被世人广为传颂,成为千古佳话。

"孙叔敖杀两头蛇"和庾亮"不卖的卢马"两件事都体现了儒家文化中"己所不欲勿施于人"的精神品质,宁愿自己承担灾祸也不愿将灾祸转嫁给他人。为别人消灾解祸而宁愿自己冒险,是一种名士的旷达行为。遇到危险,首先考虑到别人,这样高尚的品德,乃真名士也。孙叔敖乃春秋时期的一代名相,一位治水专家,辅助君主,政绩卓著。庾亮敬佩孙叔敖,有意效仿古代贤人,把自己同孙叔敖相比,一方面是以贤人自况,希望能够恪守道德,成为一个被人称赞的有德之人。另一方面希望自己也可以像孙叔敖那样辅佐君王,成为一代名相、一世贤臣。事实证明庾亮做到了,他也成为了一代贤臣。庾亮的贤德才华被世人称颂为"丰年的美玉"。"丰年玉"是说他既有俊美的外在气质,又有文学政治才华,还包涵高尚的品德。庾亮将下葬时,何充悲伤不已,叹道:"把玉树埋在土中,让人在感情上怎么受得了。"

王献之曾经把得道高僧支道林与庾亮二人相比,征求大名士谢安的意见,谢安认为不能把他俩放在一起比较,因为虽然支道林是著名的得道高僧,但两人不在一个层次,庾亮比支超出很多。正如东晋文学家庾阐《扬都赋》所谓"温挺义之标,庾作民之俊。方响则金声,比德则玉润",庾亮作为一代贤臣俊杰,当之无愧。

现在很多人只知道刘备有匹的卢马,并不知道庾亮"不卖的卢马"的故事,这是因为大文豪罗贯中把这个典故运用到了《三国演义》里,移植到刘备身上的缘故。熟悉《三国演义》的读者都知道，“人中吕布，马中赤兔”，的卢马跟赤兔马一样，也是举世无双的宝马。但是这的卢马也是一匹十分倒霉的马，小说中描写它眼下有泪槽，额边生白点，是不祥的征兆，凡是骑的人也会跟着倒霉或送命。最早是张武骑着此马出战，被赵云三回合刺于马下，一命呜呼。后来庞统骑了此马，结果不久就中流矢而亡，后来才到了刘备手里。刘备当时依附刘表，将此马送给刘表，以表精忠之意。刘表知道此马“妨主”后，就又送还给刘备。有人建议刘备把此马送给别人以免除灾祸，刘备责备这样做是不道德的，他表示宁可自己受灾，决不移祸于他人。刘备留下的卢马后，并没有遭受灾难。后来刘备骑此马逃命时，不但没有被克死，反而因祸得福。此马在关键时刻救了刘备一命，成就了“义马救主”的千古美名。罗贯中为了塑造刘备宽厚仁慈的形象，把庾亮“不卖的卢”的事改成刘备“不送的卢马”，将庾亮之“花”移接到刘备之“木”上，这是小说塑造人物的需要。

总之，不管是孙叔敖也好，庾亮也好，刘备也好，他们的高风亮节和坦荡心胸，都是世人学习的楷模。

（齐慧源）

阮裕焚车

阮光禄在剡[①]，曾有好车，借者无不皆给。有人葬母，意欲借而不敢言。阮后闻之，叹曰：“吾有车而使人不敢借，何以车为？”遂焚之。

《德行》第32条

注释

① 阮裕,字思旷,陈留(今河南开封)人,阮籍族弟。刘义庆为避宋武帝刘裕讳,故于《世说新语》中多称其字;又因其曾以金紫光禄大夫北征而未就,故有时也称其为"阮光禄"。王敦叛乱后,阮裕因时局动荡,了无入世之心,遂辞官还家,隐居于剡县(今浙江嵊州)。后因朝廷屡征,尝出为临海、东阳太守。

鉴赏

正如在画作中浓墨重彩比白描工笔更引人瞩目一样,若将平淡与热烈的人生相比,人们往往更欣赏轰轰烈烈的人生。魏晋风骨之所以成为一个时代的美学高标,就在于它宛如火焰一般炽热、光明,既照亮了隐匿于黑暗中的丑陋,也彰显了人类对自由、真实和理想的向往和追求。那一批士人竭力冲击着千年以来儒家礼法为世人定下的规矩方圆,挑战掌握着生杀大权的统治者的底线权威——犹如天真无邪的孩童,近乎无知却又充满勇气地成为了第一个喊出"皇帝并没有穿衣服"的勇士。

正如鲁迅先生在《魏晋风度及文章与药及酒之关系》一文中指出的那样,"魏晋时所谓崇奉礼教,是用以自利",是为争权夺利而扯来的遮羞布;而以阮籍、嵇康为首的一批人毁坏礼教,却是出于真心信奉礼教的缘故:"老实人以为如此利用,亵渎了礼教,不平之极,无计可施,激而变成不谈礼教,不信礼教,甚至于反对礼教。"这倒也不失为一种反抗,但另有一批人也怀有同样的信仰,却并不采取这样激烈的方式,而是坚守礼教最纯粹的本质,坚守自我理想,阮裕就是这样的人。《论语·先进》篇中提到"孔门四科",分别是:德行、言语、政事、文学,孔子最宠爱的弟子颜渊就是"德行"一科中最优秀的,孔子向来也将"德行"视作君子最重要、最基础的品质。《晋书》载,阮裕少时就"以德业知名",他认为“人不须广学，正应以礼让为先”。可见阮裕虽然与阮籍同出一门，为人处世的方式却是大相径庭的，他表里如一、言行一致地终身践行了儒家思想的价值观念，此条所载“焚车”一事可以作为阮裕“德业知名”的注脚。

对于普通百姓来说，购买交通工具不论在哪个时代都是对经济实力的考验。在晋人的习俗中，若家中亲人去世，需用车马将灵柩载至墓地，而对一部分人而言，这显然是他们无法负担的。但在中国这样一个有着“死亡禁忌”的观念和传统的国度里，人们敬畏死亡，谈死色变，所以向他人借车用于举办葬礼想必也不是一件容易的事情；何况阮裕出身清贵，又曾在朝中任职。这样设身处地想一下，也就可以理解为什么有人想借车却不敢借了。站在借车人的角度来看，阮裕不借的确是人之常情，但出乎意料的是，阮裕不仅愿意借，反而因为有人不敢来借最终烧了自己的车，这是不是就有点小题大做了呢？

其实不然。阮裕焚车看似荒唐，事实上却是出于对儒家思想的严格践行，其中包含了没能帮助到别人的惋惜和愧疚，还有对自我砥砺德行的鞭策和激励。从阮裕的角度来看，有好车而人不敢来借，可见是自己平时待人接物或有不妥之处，还没有达到“有德行”的标准，才使他人对自己产生了误解。宗白华先生将之称为“严肃的责己精神”，其实也正是阮裕对曾子所说的“吾日三省吾身”的实践。阮裕不以身份高低来区别对待他人，不因他人的误解而为自己开脱，他的焚车之举实则包含了对自己近乎严苛的要求和对他人浩瀚如海的包容。此举非但并不夸张，而且还是高尚的——因为一颗真诚的心时刻想要帮助别人，并且不以之为己荣，反而以之为己责，这与后世杜甫“安得广厦千万间，大庇天下寒士俱欢颜”的精神无疑是相通的。

阮裕其实不是非常富有之人。他隐居剡县后，曾多次拒绝朝廷的征召，后来短暂做过临海太守、东阳太守。《晋书·阮裕传》记载，曾有人问他屡辞征聘，却为什么愿意担任这两个官职，阮裕回答说：“我多次拒绝王命，不是故意要装得很清高，而是我对做官没兴趣，且不擅长人际交往。但我又没办法靠种田来养活自己，必须要有所取资，所以才去当了两郡的太守。”由此来看，他的“借者无不皆给”和最后的焚车之举就显得更为可贵了。

再说一句题外话，陶渊明因为家贫出仕，在担任多个职务后，主动要求任彭泽令，与阮裕担任两郡太守的目的都是一样的，即能够多挣点钱，便于隐居。

（宋冠霖　赵厚均）

四时气备

谢太傅绝重褚公[①]，常称“褚季野虽不言，而四时之气亦备”。

《德行》第34条

注释

① 褚公：褚裒（chǔ póu，303—350），字季野，河南阳翟（今河南禹州）人，东晋时期名士、外戚，康献皇后褚蒜子之父。

鉴赏

谢安是李白的偶像，既成就了功业，又不失真性情。无论东晋乱世的环境如何险恶，他始终不曾失去内心的高贵，谱写了后世文人们心目中的理想人生。作为魏晋时代的名士，谢安风姿潇洒，超尘脱俗，连官都懒得去做，还有几个仕途之人可以入眼？然而谢安也有自己时常赞美的偶像，那就是他的堂姐夫褚裒。谢安最敬重褚裒，时常赞美道："褚季野虽然寡言少语，却具备四季自然运行般的弘远气度。"

褚裒出身世家，祖父曾任安东将军，父亲官至武昌太守。在高贵门第的熏陶下，他自幼就有寡言庄重的风范，声名冠于大江南北。褚裒童年时，曾随父亲到威权赫赫的庾亮家里做客，庾亮很喜欢这个天资不凡的孩子，就让座中精通易学的郭璞给褚裒占卜，预测一下这孩子的前程。郭璞一看卦象，大为惊骇，庾亮问道："难道有什么不祥的迹象吗？"郭璞沉思了半晌，答道："这不是人臣的卦象，不知道这少年怎么会呈现这种吉兆呢？他现在还小，要到二十年以后，我的卦象才能应验。"

后来，褚裒的女儿褚蒜子作为名门之女，嫁给晋康帝司马岳，被册立为皇后，并生下皇子司马聃。建元二年(公元344年)九月，晋康帝去世，二十二岁的褚蒜子抱着三岁的司马聃接受百官朝贺。由于她的一步登天，褚裒作为太后的父亲，也跟着成了耀眼的政治明星。这时，离郭璞的预言已过二十九年。

中书监何充认为褚裒是太后的父亲，应当总揽朝政。尚书也上奏建议，说褚裒与太后相见，在朝廷褚裒应当遵循臣子礼节，私下见面太后应当尊奉父亲。褚裒果然不仅位极人臣，还达到了可以"不臣"的巅峰。但褚裒是一个看得清世事的人，并不觉得独揽大权是件好事。因为他惧怕外戚遭人猜忌，坚决辞谢了朝廷的封职，并在朝臣建议下，推举司马昱执政。他自己仍然回到藩镇，为国镇守边疆，朝野上下都敬服他的谦让。

虽然褚裒贵为晋康帝的岳父、崇德太后的父亲，但他待人一贯平和。《世说新语·轻诋》中记载：褚裒在朝中位居征北大将军的时候，到金昌亭参加过一次权贵的宴集。江东豪门唯闻其名而不识其人，见来了个口音不同的北方佬，就决意戏弄一番。于是就命仆人专给褚裒倒茶,不给他食物。褚裒不慌不忙地喝着茶,看着他们大吃大喝,宴会快结束时,才慢慢站起来,对众人说:“我就是褚季野。”权贵们面面相觑,无不狼狈惊散。

褚裒为官清廉,生活简朴,从不假公济私、仗势欺人。《世说新语·雅量》中也写了一个故事:在战乱时期,褚裒乘商船往东去上任,和几位前来送别的属吏,到钱唐县驿亭投宿。不久又来了当地的沈县令,亭吏就把褚裒赶出客店,让他到养牛的屋里暂住。夜晚江水涨潮,沈县令起来听潮,偶然瞥见牛屋里有人,一旁的亭吏赶紧献媚道:“昨天有个北方佬来亭中寄宿,因为有您这样的尊贵客人,就把他挪到这里。”县令带着酒意问道:“北方佬饿了吗,想吃饼吗?你姓什么?出来谈谈吧。”褚裒便在屋里拱手答道:“河南褚季野。”沈县令久仰盛名,大为惶恐,亲自到牛屋里呈上名片拜谒,并宰杀牲畜,整治酒食款待。他还当着褚裒的面鞭责亭吏,以此道歉,表示愧意。褚裒就和县令在牛屋中对饮,言谈、脸色毫无异样,真可谓宠辱不惊。

《晋书·褚裒传》中,桓彝评价道:“季野有皮里阳秋。”说的就是他虽然寡言少语,心里却是非分明,很有主见。谢安也经常在众人面前赞美褚裒的气度不凡,这究竟是怎样的一种高贵人格呢?

褚裒体现了真正的强者姿态,外表收敛锋芒、宽容平和,内心临危不惧、处变不惊。心胸宽广的人没有痛苦,欲望无穷的人没有欢乐。世事如棋,暂退一步不会亏我;心田似海,能纳百川方见容人。褚裒的谦让和宽容,在朝野所引起的道德震动,比权势和惩罚更强烈,这才堪称名士风流。

(阮莉萍)

莫得淫祀

刘尹在郡①,临终绵惙②,闻阁下祠神鼓舞。正色曰:"莫得淫祀③!"外请杀车中牛④祭神。真长答曰:"丘之祷久矣⑤,勿复为烦。"

《德行》第 35 条

注释

① 刘尹:指刘惔(约 314—约 349),字真长,谯郡相县(今安徽宿州)人,曾任丹阳尹,故称"刘尹"。

② 绵惙(chuò):气息微弱,意为病势危重。

③ 淫祀:指不合礼制、过多过滥的祭祀。《礼记·曲礼》:"非其所祭而祭之,名曰淫祀。"

④ 车中牛:驾车的牛。晋人常用驾车的牛作祭品。

⑤ 丘之祷久矣:我已经祷告很久了。语出《论语·述而》:孔子得了重病,子路想为孔子向神祷告,孔子说:"丘之祷久矣。"意为自己平时的言行符合道德礼法的要求,相当于向神祷告了很久。

鉴赏

丹阳尹刘惔在任上,临终病情危重的时候,听见供奉神的地方正在击鼓舞蹈、祭祀神仙,就神色严肃地说:"不要进行不合礼制的祭祀!"外面的仆从请求杀掉驾车的牛来祭神,刘惔回答说:"我素来行事符合道德礼法,等于已经向神祷告了很久,不要再麻烦了。"

在一般人的观念中,魏晋名士常给人以不拘礼法的印象。刘惔反对“淫祀”，坚持儒家礼法，看似缺少名士气派。实际上这一时代真正堪称名士者，无论是不拘礼法，还是像刘惔一样坚持礼法，表现出的总是对人生信念的坚定态度，拒绝随波逐流地融入众人之中。相比之下，有些附庸风雅者，饮酒裸袒，机械模仿名士举止，便以为得了名士之道，以“名士”自居，就显得极其虚矫可笑了。

《世说新语》所描述的时代，是一个思想解放、士人受到佛、道等多种思想深刻影响的时代。但作为士人思想根基的儒家文化，始终未曾彻底让位。以玄学清谈著称的刘惔，病重时却引用儒家经典《论语》“丘之祷久矣”表达自己反对“淫祀”的态度，便表现出了他心中儒家思想的地位。他反对淫祀，反对杀牛祭神的迷信行为，认为行事符合道德礼法等于向神祷告，不仅是对个人信条和儒家理念的坚持，也展示了他光明正大的心境。尤其是他临终病势危重之时，还能“正色”说出“莫得淫祀”，更表现出他坚定执行儒家行事规则的态度。

作为一名东晋名士，刘惔有擅长清谈、喜爱老庄的一面。史书记载，他的玄谈言辞丰富多彩又自然精炼，还因清谈得到简文帝的礼遇。同时，他又有政事清明、门庭整肃、认同儒家君君臣臣思想，能说出“君虽不君，下安可以失礼”（《晋书·刘惔传》）的一面。由于坚持儒家思想和礼法，刘惔病情危重时还能神色严肃地反对淫祀。又由于深受道家自然无为思想影响，即使自己的生命只有短短的三十六年，他依然可以拒绝对于挽回生命形同虚设的祝祷，坦然面对死亡。

刘惔为何一听鼓舞就知道是“淫祀”？因为符合礼制的祭祀，都有特定的礼仪和时间，若礼仪和时间不合礼制，自是淫祀无疑。外面的仆从应当知道主人反对淫祀，却敢于请杀“车中牛”为他祭祀神仙，仆从对“临终绵惙”的主人的担忧跃然纸上。晋代奴仆身份低微，几乎没有受教育的可能，自然不可能懂得儒家思想，不会判断祭祀是否符合礼制。当主人生命即将走到尽头、回天乏术时，若有一个与神明交流的机会摆在自己面前，当然会想通过祭祀神灵来寄托希望，不管它是不是主人反对的“淫祀”。

（郭小小）

常自教儿

谢公夫人教儿①,问太傅②:“那得初不见君教儿③?”答曰:“我常自教儿④。”

《德行》第36条

注释

① 谢夫人:谢安夫人为东晋清谈领袖人物之一刘惔之妹。

② 太傅:即谢安(320—385),东晋陈留阳夏(今河南太康)人,字安石。少有重名,隐居会稽东山,征辟皆不就,年四十余方出仕。孝武帝时,位至宰相。淝水之战,任征讨大都督,破敌有功,累官至太保。卒赠太傅,故称。

③ 初不:从不。

④ 常自:经常,常常。

鉴赏

高门士族人物并非整日谈玄说理或满肚子都是国家大事,他们也有自己的家庭生活。在家庭生活中,家庭成员间也会因意见不一而发生矛盾,这实在是再正常不过的了。这些家庭琐事为我们展示了名士的多个侧面,使得其形象丰满、立体起来。谢安对夫人质问的回答就反映出了谢安作为玄学家的家庭教育观。

谢安答言,虽率尔而对,但态度从容不迫,可见素有思考。谢安雅善清谈,受玄学思维方式长期滋养,故言微旨远,令人咀嚼回味。对于童蒙教育,在魏晋时代产生了两种不同的教育方式:一是继承汉儒的传统经学教育方式，重在师承的知识积累，《尚书》中的一句话，讲解动辄上万言，在传授知识时多采用填鸭式灌输的方法，鲜能激发人的独立见解和创造性思维；另一种是受清谈玄家的影响，力图摒弃传统教育的经学模式，在“为什么”的反复诘难中，采用了启悟思维的新教育方式。

名士谢安之于教育，就采取玄家立场。他本人本是清谈名家，只因政绩卓著而掩盖了其玄学家的名声。从谢夫人的角度来看，似乎谢安轻忽了子女的教育，实则不然。主要是刘夫人以传统的思维模式来衡量谢安的教子方式，一时不理解丈夫的不言之教。谢安只好以自己独特的简洁方式做出回应：我经常以自己的独特方式来教育孩子。谢安应答理直气壮，他强调的是不言之身教，提倡以身作则的身教启悟，在孩子的独立反思中，为童蒙教育另辟一片新天地。

谢安所言是耶？非耶？从《世说新语》所载诸多谢氏家族的故事及后来历史发展的实际情况来看，谢安的辩解是合乎实际的。谢安的教育，看似无心而为，实则别有深意，其教育内容涵括了道德理想教育、人生修养教育及文学审美教育等诸多方面。谢安兄弟谢奕、谢据、谢万等人的子女都归他调教，他经常以身作则、循循善诱，将谢家的小字辈培养成各方面杰出的人才。谢家子弟中，以谢道韫、谢玄姐弟最为出色。谢道韫被后世称为“咏絮才”，谢玄则成为德政双优的一代风流人物，后来在淝水之战中为东晋王朝立下赫赫战功。一对姐弟文武辉映，成为谢家阶庭上引人注目的“芝兰玉树”。

（白振奎）

杀鼠不悦

晋简文为抚军时[1]，所坐床上[2]，尘不听拂[3]，见鼠行迹，视以为佳。有参军见鼠白日行，以手板批杀之[4]，抚军意色不悦。门下起弹[5]，教曰[6]："鼠被害，尚不能忘怀；今复以鼠损人，无乃不可乎[7]？"

《德行》第37条

注释

① 晋简文：即简文帝司马昱(320—372)，字道万，元帝少子。仁明有智度，永昌元年(322年)封琅邪王，后徙封会稽王。穆帝年幼，以抚军辅政。大司马桓温废海西公而立帝，在位二年而崩。抚军：简文帝在永和元年时，曾为抚军将军。

② 床：坐具，又名胡床。一种类似小板凳或马扎的座椅，座面不是木板而是扎实的布料，两边脚可以交叠，于古诗文中出现的床基本都指这种矮小的椅子。原本是北方游牧民族的家具，传入中原后广为流传，让中国由原本的跪坐改为座椅，可视为胡汉文化融合的一种现象。又由于皇室贵族出外游玩、狩猎时皆会携带这种椅子，所以渐渐变成一种身份的象征。

③ 尘不听拂："听"，听凭，有"让"之意。不许别人擦拭灰尘。

④ 手板：笏也。古代大臣朝见君主时所执的手板，用以记事备忘。以玉、象牙或竹制成。

⑤ 门下起弹：弹，纠劾、检举，门下部属检举杀鼠者以讨抚军欢心。

⑥ 教：教为文体之一，为上对下之谕告，此处言简文训教其下属之言。

⑦ 无乃不可乎：无乃，表示推测的语气，相当于口语的莫非、只怕。此处反诘意为：岂不是更不应该？

鉴赏

简文帝司马昱曾任抚军将军，手握权柄，这里却没有记载任何关于他的丰功伟业，却描述一段有关他杀鼠不悦的言行事迹，可见《世说新语》更重生动小事的传写，此一简文抚军生活现场的侧记，勾勒出他的宅心仁厚，描写相当细腻而真实，是一则叙事记人的佳篇，值得我们深入品玩。

首先以"尘不听拂"带出简文"见鼠行迹，视以为佳"的特殊品味，这看似微不足道的小事，却颇能道出简文善于欣赏生活的角落及细节，即使是鼠辈横行，他仍不以为意，而能留心于它们走过的行迹之美，可谓大异于一般帝王将相的鸿图大志，而别有婴儿之未孩般的天真。继而又记不知其趣的参军，见鼠辈于白日猖狂如是，随即以手板杀鼠，以彰应有之秩序与规范，但这样的作为却造成简文的不悦，当下，善于逢迎简文心意的部属便检举杀鼠者以讨主人欢心。该则最后在简文"鼠被害，尚不能忘怀；今复以鼠损人，无乃不可乎?"一番谕告下和平收场。

这一则被收入《德行》，而编者着重在简文的性情。简文虽贵为帝王将相，却始终无经国之野心，观其玩物或不免失其大志，却不减其性情之真之善之美，透过简文"杀鼠不悦"的事迹言行，我们一同见证了他的善良、温厚。这一位常得无事的雅人，不仅心怀一股不与俗人同的痴情，亦有善体鼠辈行迹的闲情，故见鼠无端被害，遂生难以释怀的不悦。在此之际，简文没有迁怒他人，并且避免进一步再以鼠损人。《世说新语》以如此简短的篇幅、渺小的事件，将这位其后成为傀儡皇帝却允称清谈领袖的人物，勾勒得栩栩如生。简文出身司马世家，但无治世之能才，然拥有权力者，向来所欠缺的不也正是这种谦卑的态度与自我反省的能力吗?

这样的人物气象与品赏风尚是魏晋时代下的产物，拉下从历史积累而来奠定崇高地位的礼法，必然有新的秩序被推上其位，在魏晋时代，重新受到尊崇的，便是所谓“真”性情。简文身处高位，却始终不减其赤子之真的浪漫之心。当时，以真为德，孝道如是，忠道如是，人道，亦如是。

（吴冠宏）

范宣受绢

范宣年八岁[①]，后园挑菜，误伤指，大啼。人问：“痛邪？”答曰：“非为痛，身体发肤，不敢毁伤[②]，是以啼耳！”宣洁行廉约，韩豫章遗绢百匹[③]，不受。减五十匹，复不受。如是减半，遂至一匹，既终不受。韩后与范同载[④]，就车中裂二丈与范，云：“人宁可使妇无裈邪[⑤]？”范笑而受之。

《德行》第38条

注释

① 范宣，字宣子，陈留济阳（今河南兰考东北）人，居豫章（今江西南昌），东晋著名儒学教育家，当时与范宁并称“二范”。

② “身体发肤”二句，语见《孝经》：“身体发肤，受之父母，不敢毁伤，孝之始也。”无故毁伤身体，则为不孝，范宣因此啼哭。

③ 韩豫章：指韩伯，字康伯，时任豫章太守，故称。曾为王弼《周易注》补注《易传》之《系辞》《说卦》《杂卦》等，是当时著名的玄学家。

④ 同载：共乘一车。

⑤ 妇：此专指妻子。裈(kūn)：内裤。

鉴赏

范宣总角，即聪慧能言，因刀伤之疼痛而啼哭，对孩童而言，是出于自然的生理反应。但当人询问原因，则说出来“身体发肤，不敢毁伤”之类的大道理，说明他早已熟读《孝经》，较一般孩童，表现出了一种面对突发事件的聪颖和捷悟。

晋人提倡“以孝治天下”，故作者因此则与“孝”搭上关系，勉强挤入《德行》门。实际上，以之入《夙慧》门或《言语》门更为合适。实际上，范宣的表现并非毫无可议之处。试想，八岁的小孩手指受伤疼痛啼哭，以求大人的关注、安慰，这才是符合其身心特点的最真实的本能反应。范宣脱口而出《孝经》中名句，这就足以说明儒家礼法的条条框框已经深入到他的血液骨髓之中，使其失去了同龄孩子应有的童真童趣，而与意志力极强的成人毫无二致。这种被大书特书的所谓“德行”之举，实在不是什么值得大肆宣扬的美德，却使得孩童的质性有亏。

倒是下文展示的“范宣受绢”的故事着实应该浓墨重彩地传扬。故事表现了成人世界应该保持、实际上却极容易受到玷污的廉洁清纯美德，则直入“德行”之堂而无愧。豫章太守韩伯(即韩康伯)在故事中虽为配角，但其“人宁可使妇无裈邪”一语，言语直率而性情毕露，笑谑中显出语言艺术的魅力，同时也成功地刻画出了韩伯的诙谐性格，对于范宣的廉洁，起了很好的烘托作用。

范宣是东晋时期著名的儒家学者，他“不事王侯，高尚其事”，多次拒绝朝廷征召而致力于著书授徒，终于蔚成一代大教育家。在古代，教书职业清苦，但范宣却能甘于清贫，不受豫章太守韩伯的馈赠，当是出于“无功受禄，寝食难安”的道义考虑。范宣是个教书先生，在古代，教书没有多少人去走后门，这对范宣保持廉洁本性大有帮助。如果在今天，人们急于子女成龙成凤，这时要像范宣那样廉洁自律，恐怕需要很高的定力才行。

（白振奎）

惟忆离婚

王子敬病笃[①]，道家上章应首过[②]，问子敬：“由来有何异同得失？”子敬云：“不觉有余事，惟忆与郗家离婚。”[③]

《德行》第39条

注释

① 王子敬：即王献之(344—386)，东晋书法家，会稽山阴(今浙江绍兴)人。官至中书令，故世称“王大令”，为王羲之第七子，与父齐名，人称“二王”。

② 上章：道士上表求神。首过：承认过错。

③ 郗家：指郗道茂，王献之原配妻子，东晋名臣郗鉴子郗昙之女，后因新安公主执意嫁与王献之，被迫离婚，后郁郁而终。

鉴赏

今天流传下来的晋人法帖，有篇名为《奉对帖》者，中云："虽奉对积年，可以为尽日之欢。常苦不尽触额之畅。方欲与姊极当年之匹，以之偕老，岂谓乖别至此！诸怀怅塞实深，当复何由日夕见姊耶？俯仰悲咽，实无已已，惟当绝气耳！"信中的缠绵悱恻之情，读之令人动容。信的作者为王献之，收信人则是他曾经的妻子郗道茂。郗氏是献之舅舅郗昙之女，大献之一岁，实际上是他的表姐，后来结为夫妻。王献之和郗道茂婚后琴瑟和谐，关系十分融洽。由《奉对贴》可以看出，即使离婚之后，献之仍对郗氏十分牵挂，恨不能促膝谈欢，一诉衷肠。而回忆起当年白头偕老的心愿未能达成，更是痛彻心扉，情难自已。既然如此，献之为何又与郗氏离婚呢？

东晋名族的婚姻，除了夫妻双方的感情之外，往往有政治等外力的干扰。王献之出身名族，风流文雅为当时之冠，这既是其人生之幸，却也是他一生感情不幸的根源。由于献之人地无双，为一时翘楚，引起了另一个女子的爱慕，而这个女子却偏偏又是当时的公主。此女即新安公主，是晋简文帝司马昱的女儿，本来嫁与大司马桓温之子桓济为妻。桓温死后兵权由其弟桓冲执掌，桓济欲篡夺叔父桓冲之权失败而被贬，新安公主由此提出离婚，与桓氏断绝了关系。离婚之后，公主向当时的皇帝孝武帝司马昌明提出欲嫁与献之为妻，献之此时正与自己的妻子郗氏琴瑟好合，自然千万个不同意，甚至用艾草烧伤自己的脚，以成为废人作代价来表示反抗。但无奈新安公主也是对他用情至深，非其不嫁。献之只能与郗氏离婚，迎娶新安公主。本是一对恩爱眷侣，最后却只能离散收场，不由得让人感叹命运的无情捉弄。离婚后的郗氏，因为父亲郗昙已死而无家可归，只能投靠自己的伯父郗愔，在孤独凄苦中度过余生。

行文至此，我们才能理解献之对郗氏无辜被逐所抱有的愧疚之情。

当然再细究的话,郗氏的不幸遭遇,其实是当时政治风云波动在家庭生活上的投射。王献之离婚再娶,正当桓温去世,桓氏家族权力衰退之时,因此新安公主可以轻易与桓氏离婚。与桓温去世相应的,还有郗氏家族的衰落。桓温在世时乃一时枭雄,执掌朝廷的生杀大权,而郗氏的堂兄郗超则是桓温的心腹,风头一时无两。《世说新语·雅量》曾载:"谢太傅尝与王文度共诣郗超,日旰未得前,王便欲去。谢曰:'不能为性命忍俄顷?'其权重当时如此。"谢安与王坦之是桓温和郗超在政坛的对手,他们的生死存亡都要仰仗郗超的鼻息,足见郗氏家族在朝中权势之大。经郗鉴、郗愔、郗超的三代经营,郗氏家族在朝中颇有地位,故可与琅邪王氏两世联姻。然而随着桓温去世,政坛风云突变,郗氏家族也彻底失势。新安公主的强势介入,使得献之与郗氏的婚姻,更不仅仅是两人的感情之事那么简单。尤其是当时琅邪王氏家族的另一成员王珣,作为桓温的心腹与郗超同被废黜,琅邪王氏的家族势力也陷入低谷。在这种情况下,是继续与失势的郗氏家族联姻,还是与皇族结亲表明立场,还具有政治抉择上的象征意义。东晋政治乃是几大家族与皇权角逐下的微妙平衡,因此献之的选择不仅仅是个人之事,还具有代表家族立场的寓意,所以纵使百般不情愿,献之还是不得不接受了这段婚姻。献之在与新安公主成婚之后,仕途上也一路通畅,做到了中书令这一清要之职,或可看作牺牲个人婚姻幸福后的补偿。

本是比翼之鸟,并蒂之花,原拟长相厮守,不图中生变故,然献之虽有感情不遂之痛,却有仕途通畅之获。此时再看郗氏之遭遇,却纯是受到政坛纷争无辜连累,不仅家族失势,余生更是孤苦无依,念及于此,献之心中当更有愧疚之情,故临终时仍耿耿于怀。纵是一代名士,却被时代挟裹而身不由己,有如此人生之殇。而这种悒悒情怀的偶尔展现,对人生无常的深沉感喟,千载之下读来仍令人唏嘘不已。

（王允亮）

鉴赏

仲堪俭约

仲堪俭约

殷仲堪既为荆州①，值水俭②，食常五盌盘③，外无余肴。饭粒脱落盘席间，辄拾以啖之④。虽欲率物⑤，亦缘其性真素⑥。每语子弟云："勿以我受任方州⑦，云我豁平昔时意⑧。今吾处之不易。贫者士之常，焉得登枝而捐其本⑨！尔曹其存之！"

《德行》第 40 条

注释

① 殷仲堪（？—399），晋陈郡（今河南淮阳）人，善清谈，笃信天师道，生活俭省，但常以大量财物奉神。晋孝武帝太元十七年（392 年）任荆州刺史。安帝时，桓玄举兵，仲堪与之交战，兵败被俘，自杀身亡。
② 水俭：因水灾而年成不好。俭，歉收。
③ 五盌盘：古代南方一种成套食器，由一个托盘和五只小碗组成，形制较小。
④ 啖（dàn）：吃。
⑤ 率物：为人表率，做众人的榜样。
⑥ 真素：真诚质朴。
⑦ 方州：大州。一说指一方州郡。
⑧ 豁（huò）：抛弃。
⑨ 登枝：登上高枝，喻为高官。

鉴赏

为官清廉，是一种超越社会形态的美德，历朝历代都提倡官员要廉洁奉公，即使在政治昏暗的魏晋时期，清廉仍然是人们所崇尚的美好德行。东晋末年有这样一位大臣，即使官位很高，也始终坚持居官不违操守、廉洁自律，成为官员廉洁奉公的典范，他就是东晋将领殷仲堪。殷仲堪因曾任荆州刺史，被称为“殷荆州”。殷荆州非常喜欢《道德经》，到了痴迷的地步，常戏言说三日不读《道德论》，就觉得舌根僵硬。他清谈水平很高，又是个最热心助人的人，受到雅士们的喜爱和羡慕。谢玄很器重他，孝武帝认为他是辅佐社稷之臣，宠爱信任有加。

殷仲堪作为东晋末年的重要将领和大臣，生活一直都十分简朴。不仅平时严格要求自己，还时时不忘给晚辈们做表率。在殷仲堪做荆州刺史时，正遇上水灾歉收，粮食不足，当时南方吃饭用的碗很小，每次吃饭时，殷仲堪都只用南方的餐具五碗盘装少量饭菜，此外再没有其他菜肴；有时候饭粒掉在盘外坐席上，他总是捡起来吃掉，一粒饭米都舍不得浪费。殷仲堪本就是一个俭朴之人，做了长官后依然克持节俭，他认为不能因为身份地位的变化而改变原来的品行。有道是“富贵不能淫，贫贱不能移，威武不能屈”，但世上就有一些读书人，成了达官显贵之后，一味地去追求荣华富贵，过着奢靡的生活，磨灭了自己的道德和人性。

殷仲堪值得赞扬的不仅是严于律己，时常提醒自己不要忘本，更重要的还是他时刻不忘教育后辈。他担心子侄们因为自己官位高而骄奢淫逸，故时时提醒家中晚辈，要秉持廉洁质朴的操守。在子侄们面前捡食掉在席间的米粒，这是有意给孩子们作表率，用实际行动提醒他们：一个人立身处世不应该忘记自己的根本，也不应该贪图一时的荣华富贵而丢掉自己做人的底线与节操。他常常告诫子侄们说：“不要因为我担任了州郡刺史，就认为会舍弃平时一贯的做人准则，现在我的这种习惯并没有变。贫穷是读书人的常态，怎么能因为做了官就丢掉做人的根本呢！你们要记住我的话！”

节俭是中国人的传统美德，“训子以俭”是培养子女勤劳俭朴的美德，杜绝奢侈腐化，这是中国传统家庭教育的重要内容。司马光在《训俭示康》中说：“众人皆以奢靡为荣，吾心独以俭素为美”，专门对儿子进行勤俭的家训教育。殷仲堪对子女的教育做到了以身作则、言传身教，谆谆教诲、不厌其烦，实在难得。他要孩子们懂得，清贫是读书人的本分，不要因为攀上高枝就忘了自己的出身，只追求眼前的利益，逐渐被身处高位所带来的享受淹没，迷失了自己。读书人应该做到静以修身俭以养德，永不忘本，使自己时刻保持清醒，才能有所作为。

殷仲堪还语重心长地对子侄们说：“自己处在荆州刺史这个位置上很不容易。”他所担任的刺史一职，在所在州郡的权力是最大的，经常会涉及人命官司以及官场的尔虞我诈。故此感慨官居高位不容易，时刻提醒自己，不能舍弃自己做人的根本准则，要不忘初心，即使身处高位也不能改变清正的品性和安贫乐道的人生态度。殷仲堪不光懂为官之道，更懂得做人之道。所以王珣问他居此高官，是否有违他原来质朴的本意时，殷仲堪拿自己与历史上的皋陶相比，以此表明他的志向。他要一展自己的宏图大志，期望能发挥所长，为国家多做贡献。

刘义庆将这则故事收到《德行》里，记述殷仲堪生活朴素节约、为官廉洁的言行，意在赞扬他即使官居高位也不忘根本的美好品德。“不忘根本”这个成语就是出自这里。

殷仲堪身居高位还能够不忘记自己是贫寒之士，保持朴素作风，不被地位和身份所带来的利益腐蚀，不论是在古代还是现代社会中都是一种极其可贵的品行。孔子曾这样夸赞颜回：“贤哉，回也！一箪食，一瓢饮，在陋巷，人不堪其忧，回也不改其乐。贤哉，回也！”古有颜回身居陋巷却安贫乐道，晋有殷仲堪身居高位而不易其志。

（齐慧源）

试守孝子

王仆射在江州，为殷、桓所逐[①]，奔窜豫章，存亡未测。王绥在都[②]，既忧戚在貌，居处饮食，每事有降。时人谓为试守孝子[③]。

《德行》第42条

注释

① 王仆射：即王愉（？—404），字茂和，王坦之子，王恺弟，太原晋阳（今山西太原）人。于时被司马道子擢为江州刺史，都督豫州四郡，以削弱方镇势力。殷、桓：即殷仲堪和桓玄。

② 王绥（？—404），字彦猷，王愉子，桓玄甥。桓玄篡位后，为中书令，一时宠贵无比。后随刘裕征讨桓玄，为冠军将军。累迁至荆州刺史，后因父谋逆一同被杀。

③ 试守孝子：即同“见习孝子”。官吏正式任命前，先主持其事以试其才能，称为试守。王绥在父亲存亡未测之时已做出居丧的样子，所以人们模仿职官称谓，称他为试守孝子。

鉴赏

王愉出自太原王氏，是东晋名臣王坦之之子，王国宝兄弟。当年谢安与王坦之联手挫败了桓温篡逆的阴谋，赢下了极大的声望。不过由于王坦之关键时候掉了链子——倒拿手板、汗流浃背，因此世人更推崇谢安。而随着谢家势力的衰微，以司马曜为代表的皇权和司马道子为代表的相权终于摆脱了门阀士族的压制，司马家似乎就快要重振雄风，回到太康时代。但后来司马曜与司马道子又开始明争暗斗。司马曜引王恭为外援，让其以青、兖二州刺史身份镇京口。而司马道子则依靠于王忱，任其为荆州刺史，占据上游。

随着王忱之死，荆州刺史位置空了出来。司马曜抓住时机，抢先一步任命殷仲堪。然而正当司马曜准备大展宏图时，却被张贵人用被子活活捂死了，朝廷大权一下子就全落在了司马道子身上。

后来王恭和殷仲堪因中枢已经无法给予支持，自己控制的方镇力量又不够压制中枢，于是起兵对抗朝廷。司马道子只好处死王国宝等人，第一次干戈就此平息。后来司马道子企图削弱方镇力量，于是任命王愉为江州刺史，并让其都督本属于庾楷的四郡。庾楷非常不满，于是联合桓玄、王恭等人再次起兵。本则故事正是发生在这个背景下。

事实证明王愉毫无军事能力。他疏于防备，被敌军偷袭，于是逃到临川，被桓玄抓获。王绥当时在建康，得知父亲生死未卜后，非常担忧伤心。他不仅脸上常露忧戚之色，并且饮食休息的标准都有所下降。所以世人就说他为“试守孝子”，意思是在父亲生死未卜的情况下，就有了守丧的样子。从这件事上看，王绥确实是位合格的孝子。父亲流亡在外，生死未卜，怎能不使人痛心！因为担忧着父亲，所以脸色忧郁，寝食难安，这也是人之常情。值得注意的是，孝子和忠臣这两个本该等同的词汇，在魏晋时代却未必有关联。

自汉末始，在不断的党争和动乱中，皇权的神圣性被不断消减。到了魏晋时代，君臣之义已经遭到严重破坏，无君论甚至被公然提出。以儒家为代表的名教系统正面临着崩溃。各大士族均以家族利益为先，国家利益往往次之。所以奉亲思孝者多，杀身成仁者少。王愉父子就是很好的例子。

后来桓玄篡位，以王愉为尚书仆射。因为王绥是桓玄的外甥，所以桓玄对他格外优待，擢他为中书令、荆州刺史。后来桓玄败亡，父子俩又转投刘裕。后因王愉有谋逆之心，父子均被刘裕所诛。

于家，王绥是一合格的孝子无疑。于国，他却与忠臣无缘。最终与挚爱的父亲双双被杀，湮灭在浩如烟海的历史长卷中。或许我们并不能苛求每位孝子都是忠臣，因为自古忠孝便难两全。不过只凭借着王绥的这份孝心，此则便可收录在《德行》篇里而无愧了。

（龚铃洲　张旭）

乞弟养母

桓南郡既破殷荆州[①]，收殷将佐十许人[②]，咨议罗企生亦在焉。桓素待企生厚[③]，将有所戮，先遣人语云："若谢我[④]，当释罪。"企生答曰："为殷荆州吏，今荆州奔亡，存亡未判，我何颜谢桓公！"既出市[⑤]，桓又遣人问欲何言，答曰："昔晋文王杀嵇康，而嵇绍为晋忠臣[⑥]。从公乞一弟以养老母。"桓亦如言宥之。桓先曾以一羔裘与企生母胡；胡时在豫章，企生问至[⑦]，即日焚裘。

《德行》第43条

注释

① 桓南郡：桓玄(369—404)，东晋谯国龙亢(今安徽怀远西北)人，一名灵宝，字敬道。桓温幼子。袭爵南郡公。因不被重用，常怀不满。隆安二年(398年)，与南兖州刺史王恭、荆州刺史殷仲堪起兵，讨会稽王司马道子父子。朝廷任为江州刺史。次年，击走殷仲堪，兼并荆州，领荆州、江州刺史，控制长江中上游地区。元兴元年(402年)，举兵东下，攻入建康，杀司马元显，独揽朝政。次年底，代晋自立，国号"楚"。刚愎自用，诏令纷纭而纪纲不治，致失众心。旋北府兵将领刘裕起兵声讨，玄退回江陵，兵败被杀。

② 收：收捕，逮捕。将佐：将领和僚属。

③ 罗企生，字宗伯，在殷仲堪幕府任咨议参军，掌管谋划。殷仲堪败走，文武官员没有谁送行，只有罗企生随从。

④ 谢我：向我谢罪。

⑤ 出市：被押赴刑场。

⑥ 嵇绍(253—304)，嵇康的儿子。嵇康被司马昭诬害处死。但嵇绍在晋代累升至散骑常侍。八王之乱时，绍随惠帝亲征，败于荡阴，百官逃散，独嵇绍以身保卫惠帝，被乱箭射死。

⑦ 问：消息。

鉴赏

《孟子·告子上》有一段话很著名："鱼，我所欲也；熊掌，亦我所欲也。二者不可得兼，舍鱼而取熊掌者也。生，亦我所欲也；义，亦我所欲也。二者不可得兼，舍生而取义者也。"孟子言下之意：生命是我珍爱的，义是我珍爱的，当义和生命不能两全的时候，应该舍生取义，因为义比生命更为我所珍爱。嵇康、夏侯玄、罗企生等魏晋大名士在面临节义与生命的矛盾时，他们毅然决然地选择了"舍生取义"。面对死亡的突然降临，他们是那样镇定坦然。他们正是基于对生命的热爱，才自觉地维护生命的自由与人格的尊严。在当时的魏晋名士中，罗企生算不上很有名气，却因为忠义之举而载入史册。

罗企生,字宗伯,东晋豫章(今江西南昌)人。多才多艺,荆州刺史殷仲堪镇守江陵时,推举罗企生做了功曹。后来他又担任武陵太守。南郡公桓玄领军攻打殷仲堪,殷仲堪便留罗企生担任参军。但还没等到罗企生就职,那边桓玄就击败了殷仲堪。当殷仲堪逃跑时,只有罗企生一个下属跟随。他俩在经过罗企生家门时,罗企生的弟弟罗遵生将哥哥强拉下马,劝他留在家中,说:“家有老母,你随殷刺史去又有什么出路?”罗企生挥泪说道:“士为知己者死。我不能失信主公,决心与他同生死。还望你们能代我奉养老母,我家门也算忠孝两全,不失子道,我死亦无恨了。”由于弟弟力气比较大,硬是将哥哥抱住不放,罗企生最终没有走成。

桓玄打败殷仲堪之后,捉住殷仲堪并迫使其自杀,又率兵进入江陵。江陵人士为自保纷纷前去迎谒桓玄,只有罗企生不去。不仅如此,他还到殷仲堪家中处理事情,这时有友人劝他要识时务,远离殷仲堪家,投靠桓玄,才能避灾祸。罗企生却坚持道:“殷公以国士待我,我何忍相负?更何况去见桓玄,屈志求生?”后桓玄果然收捕了罗企生,同时被捕的还有十多位殷仲堪的下属。

早些时候,桓玄一向对罗企生很好,在准备杀害那些逮捕之人时,桓玄就先派人带话给罗企生:“你如果向我认错道歉,我一定开脱你的罪责。”罗企生回答说:“我做了殷荆州的官,现在他逃亡出去,生死未卜,我有什么脸面去向桓公赔礼谢罪呢?”桓玄看没有结果,就下令把罗企生带来,亲自劝诱说:“我待你并不比殷仲堪薄,你何故却要负我?难道你真的不怕死么?”罗企生厉声道:“当时你与殷荆州升坛盟誓,言犹在耳。今日口血未干,你遽生奸计,食言害友。企生自恨庸劣,不能翦灭凶逆,死已嫌迟,还怕什么?”罗企生毅然选择以死明志。

桓玄听罢此言,犹如冷水泼面,彻底失望,立命将罗企生斩首。而等到罗企生已经绑赴刑场的时候,桓玄还是不死心,仍抱有一丝希望,又问罗企生还有什么话要说。罗企生为了保全弟弟,以奉养老母,便提出了一个请求:“从前晋文王杀了嵇康,但他的儿子嵇绍却成了晋朝的忠臣。我想向桓公请求留一个弟弟来奉养老母。”桓玄也按罗企生的请求赦免了他的弟弟。

罗企生被杀的那天，罗母在豫章，消息传来，罗母悲痛欲绝，就拿出桓玄原先送给她的那领羔皮袍子。既然桓玄杀了自己的儿子，情谊便已不复存在，留此物又有何用！罗母愤怒地将它烧了，但这样也不能减轻丧子之痛。桓玄答应了罗企生临终请求，最终放过了他的弟弟罗遵生。

罗企生临刑前的请求，是仿效了嵇康被杀托孤之事，保全了弟弟，从而使家中老母老有所依。嵇康临死之前，把自己的一双儿女托付给了好友山涛。嵇康死后，山涛没有辜负嵇康的重托，一直把嵇绍抚养成才，并举荐为官。嵇绍后来还成为晋朝的忠臣。这是成语“嵇绍不孤”的由来。

在生死攸关的时候，最能展示一个人的道德与品性，罗企生面对生与死的考验，选择了“宁为玉碎，不为瓦全”。他重义轻生，捐躯守节，在正直的名士多被强权政治戕害，人人自危、明哲保身的环境里，罗企生和嵇康一样，能大义凛然，视死如归，保持自我人格的完整，在自身性命不保的情况下，却忘不了对亲人的关爱，对朋友的忠诚，令人肃然起敬。他们铁骨铮铮，特立独行，以其高昂的头颅擎起生命的彩虹，焕发出“魏晋风度”的精神异彩，捍卫着一代士人的尊严。

（齐慧源）

身无长物

鉴赏

身无长物

王恭从会稽还[1]，王大看之[2]。见其坐六尺簟，因语恭："卿东来，故应有此物，可以一领及我。"恭无言。大去后，既举所坐者送之。既无余席，便坐荐上。后大闻之甚惊，曰："吾本谓卿多，故求耳。"对曰："丈人不悉恭，恭作人无长物。"

《德行》第44条

注释

① 王恭(？—398)，字孝伯，祖父为名士王濛，其父王蕴，做过光禄大夫。王恭出身既为华贵，又加其妹乃孝武帝皇后，世族加上外戚，权势一时无两。后出任青兖二州刺史。起兵讨伐王国宝和司马元显，对抗宗室司马道子。终因部将刘牢之叛变，兵败被杀。

② 王大，即王忱(？—392)，字元达，小字佛大，乃东晋名士、中书令王坦之第四子，王国宝的弟弟。

鉴赏

魏晋时期世族众多，尤以琅邪王氏和太原王氏绵延最久，门第最盛。琅邪王氏之中，王衍、王戎、王澄、王导、王敦、王羲之、王献之、王珣……随便拿出一个，都可称誉当世，实在是名士辈出，触目珠玉。太原王氏亦不遑多让，王济、王承、王述、王濛、王坦之、王忱、王恭……同样是才藻艳逸，琳琅满目。

本则故事中的王恭与王大，皆出太原王氏，是同族叔侄。

无疑，王恭继承了家族的良好基因，他年少知名，形象美好，曾披着鹤氅裘，乘坐高车，于时白雪满天，让人艳羡不已，被视为“神仙中人”。王恭也有清谈能力，辞气清畅，用语简练，每有新意，只因读书不多，常有重复之处。他说过一句很有名的话：“名士不必须奇才，但使常得无事，痛饮酒，熟读《离骚》，便可称名士。”不知是为自己辩解，还是讥讪某些假名士，大约后者的成分居多。

不过，王恭的志向不是做一个名士。史称他“清操过人”，心怀宰辅之志，有澄清天下的胸怀。他深得孝武帝的器重，做过许多官职，如丹阳尹、中书令、前将军、青兖二州刺史。惜乎时局不振，东晋内部矛盾重重，宗室司马道子秉政，任用王国宝等奸佞，朝政败坏不堪，王恭两次起兵征讨，因不善御兵，用人不察，最终失败被杀。

王忱和王国宝虽为兄弟，却大不相同，苻朗说他们一个是“狗面人心”，一个是“人面狗心”。因王忱貌丑而有才，王国宝貌美而心狠。王忱的名士气十足，与王恭、王珣齐名，流誉一时。他担任过荆州刺史等官职，晚年纵酒昏酣，几个月长醉不醒，说“三日不饮酒，觉形神不复相亲”(《世说新语·任诞》第52条)。王恭所讽刺的，很可能就是他。

王忱和王恭的关系一度很好，他们年少之时惺惺相惜，意趣相投，见面能聊上十来天。成年之后，渐生嫌隙，毕竟王恭和王国宝是死敌，王忱和王国宝是兄弟，后来遇到小人离间，二人终究反目。

这则故事应该发生在他们还是朋友的时候。王恭去了趟会稽，返回京师之后，王忱去看他。王忱见王恭所坐的一领竹席甚是精美，便向王恭讨要。王恭便把自己所坐的竹席送给了王忱。王忱本以为王恭从会稽带回很多竹席，后来才知道王恭仅此一领，大感惊讶。王恭回答说，您不了解我啊，我做人就是这样，家里没有多余的东西。

在世人眼中，王恭出身豪门，所谓的膏腴之家，肯定是不缺金钱财物的。事实上,魏晋世族大都侵山占泽,拥有巨量的庄园田产,像谢安、王羲之等人,莫不如此。王恭身居重位,要想利用权势获得经济利益,极为容易,但他“是不为也,非不能也”。

魏晋玄学深刻塑造了士人们的价值观,就金钱一事而言,玄学讲究远离世俗,追求玄远。西晋权臣王衍讳言钱字,称其为“阿堵物”,不过其人狡兔三窟,不无算计,显得做作。魏晋名士之中,确有不少人做到了知行合一,身心无二,陶渊明堪为典型。陶渊明有其无奈的一面,毕竟地位卑微,相形之下,王恭更属难得。史称恭被诛之后,查抄家中所有,只有一些图书,并无什么财物,真是做到了“身无长物”。

到了明代,出现了一部有名的著作,叫做《长物志》,作者乃文徵明之曾孙文震亨,“长物”二字,即典出于此。

(李修建)

言

言语，善于辞令之谓也。《毛传》："直言曰言，论难曰语。"《论语·先进》："言语：宰我，子贡。"邢昺疏："若用其言语辩说以为行人，使适四方，则有宰我、子贡二人。"是知言语应对乃君子必备之能力，所谓"诵诗三百，授之以政，不达；使于四方，不能专对；虽多，亦奚以为？"（《论语·子路》）然孔子于言语之巧又颇警惕，尝谓："巧言令色，鲜矣仁"；"刚、毅、木、讷近仁"；"君子欲讷于言而敏于行"；"仁者其言也讱"；甚至视伶牙俐齿者为"佞"，谓其"御人以口给，屡憎于人，……焉用佞？"（《论语·公冶长》）盖孔子以为，言行之间，行重于言，故子贡问君子，子曰："先行其言而后从之。"（《论语·为政》）"古者言之不出，耻躬之不逮也。"（《论语·里仁》）盖言语过巧而无实行，诚未足以言德行也。夫子又曰："有德者必有言，有言者不必有德。"（《论语·宪问》）此语正可为魏晋之言语生态"传神写照"。《左传·襄公二十四年》云："太上有立德，其次有立功，其次有立言，虽久不

语

第　二

废，此之谓不朽。”立德、立言既同属不朽，故不能立德者，则不妨立言。与前代重视言语之义、论辨之理不同，魏晋尤重言语之趣、应对之妙、修辞之美，故《言语》门一百零八则，无不精彩隽永，如孔融“必当了了”之对、谢玄“芝兰玉树”之答，又如“孔雀杨梅”“朱门蓬户”之语，皆非泛泛所能道，读之令人悠然发思古之幽情。盖魏晋之际，玄学风行，雅尚清谈，故锦心绣口、舌灿莲花者所在多有，其发言遣词，真如云兴霞蔚，尽态极妍。明末曹臣撰有《舌华录》，全书分慧语、名语、豪语、狂语、傲语、冷语、谐语、谑语、清语、韵语、俊语、讽语、讥语、愤语、辩语、颖语、浇语、凄语等凡十八门，实《世说·言语》门之增广也。然，似王祥辈“以德掩其言”者固有，而如王澄辈“终日妄语”者亦不乏其人，此可证夫子“听其言而观其行”之训为不刊也。瑕瑜良莠，取舍与夺，知者不言，读者明鉴。

颠倒衣裳

边文礼见袁奉高[①],失次序。奉高曰:“昔尧聘许由,面无怍色[②],先生何为颠倒衣裳[③]?”文礼答曰:“明府初临[④],尧德未彰,是以贱民颠倒衣裳耳。”

《言语》第1条

注释

① 边文礼:边让,字文礼,汉末陈留(治今河南开封)人。有才名,好评议人物。大将军何进任为令史,为名士蔡邕、孔融所重。累迁九江太守,初平中辞官归里,因讥议曹操,为操所杀。袁奉高:即袁阆,见前文“叔度汪汪”篇(《德行》第3条)注释。

② 怍(zuò):惭愧。

③ 颠倒衣裳:语出《诗经·齐风·东方未明》:“东方未明,颠倒衣裳。颠之倒之,自公召之。”形容匆忙失态。

④ 明府:汉代对太守的尊称。

鉴赏

这是《言语》篇的第一条,记的是一个叫边让的人去拜见太守袁阆时有些慌乱,这个袁太守就嘲笑他,说过去尧请许由出来做官时,许由从容自如、毫无愧色,你现在为什么颠倒衣裳、惊慌失措呢?边让赶紧回答,说:还不是因为太守您刚刚到任,还没有显示出尧那样的大德来,所以我才颠倒衣裳啊!

读这段话的第一反应便是觉得这个边让应对机敏，而且不卑不亢。应对机敏表现在急中可以生智，既化解自己的窘境，还针锋相对，以其人之语还报其身。袁阆的奚落用了尧聘许由的故事与“颠倒衣裳”的成语。许由可以说是隐士的鼻祖，传说尧要让位于他，他坚辞不受，后来干脆隐居箕山，断绝与世俗的往来。但许由从此也以淡泊名利的高士贤人形象流芳后世。许由淡泊名利，面无怍色，固然是难以企及的高士，但尧作为后世公认的圣人，又岂是等闲之辈所能比拟？这中间隐含着一个对等性与匹配性的问题，好马配好鞍，英雄惜英雄，边让的机敏就在于利用了这一对等的原则，以其人之道还治其人之身。

“颠倒衣裳”一词，语出《诗经·齐风·东方未明》：“东方未明，颠倒衣裳。颠之倒之，自公召之。”古时上为衣，下为裳，颠倒衣裳，指穿衣服上下错乱颠倒。按《毛诗序》的说法，这首诗的本意是讥刺朝廷“兴居无节，号令不时”的，下民“颠倒衣裳”实因在上位者失德失职。边让十分敏锐地利用了这种对等性的因果关联，一面说“明府初临，尧德未彰”，一面在“颠倒衣裳”前加上“贱民”二字，有意强化这种对等性。当然，边让不是金刚怒目式的以牙还牙，而是春秋笔法似的婉而多讽，使他的言论在应对如响的同时更添几分韵味。

妄比帝尧，是自掘陷阱，用典失当，也属引火烧身。在边让温婉的反击之下，袁阆给人的感觉是为人轻薄，为官倨傲。

《周易·系辞》说：“言行，君子之枢机；枢机之发，荣辱之主也。”言为心声，言行也是成败的关键与荣辱的由头。在欣赏完边让化解困窘的机敏与袁阆因轻薄而反陷于尴尬之后，细心的读者可能还会问：边让与袁阆究竟是什么人？他们的品性与能力如何？这个时代的人都喜欢这么说话吗？《世说新语》的编者为什么要选这么一段？这个故事可以给生活在今天的我们以怎样的启发？

据《后汉书·文苑列传》记载，边让从小博学善辩，长于写作，著有《章华赋》，名动当时。大将军何进听说后“诡以军事征召”，任命边让为令史。设礼接见之日，边让占对闲雅，声气如流，再次展现了他的口才机智,满堂宾客无不为他的风采所倾倒,连孔融、王朗都一起向他递交名片,以求交往。议郎蔡邕更亲自写信给何进,盛称边让"心通性达,口辩辞长","生在唐、虞,则元、凯之次,运值仲尼,则颜、冉之亚",所以他的"阶级名位,亦宜超然",不能"随辈而进",大器小用。何进也深以为然,多次提拔边让。边让后来官至九江太守,不久王室大乱,便弃官回家。再后来因为恃才使气,诽议曹操,终被曹操诛杀。但擅杀边让也成为曹操一生中的污点,陈琳《为袁绍檄豫州》就特举边让"直言正色"而"身首被枭悬之诛"为曹操残害英才的证据。可知边让是一位善辞对,能著文,也有操守的汉末名士。

袁阆自然也是名士,但罕见专门记载,《世说新语》中与袁阆有关的还有两条材料。一条是《德行》篇第3条,说郭泰(郭林宗)到汝南,拜访袁阆,"车不停轨,鸾不辍轭",而访问黄宪(黄叔度),竟"弥日信宿",一住几天。别人问他原因,他的回答是:"叔度汪汪如万顷之陂,澄之不清,扰之不浊,其器深广,难测量也。"虽然没有直接评价袁阆,但肯定不如黄宪器量深广了。另一条见《言语》篇第7则,记的是荀爽(荀慈明)与袁阆关于颍川士人的对话。袁阆奚落荀爽一开口就称举自己的哥哥们,荀爽则以祁奚"内举不失其子,外举不失其仇",以及周公旦作《文王》之诗,"不论尧舜之德而颂文武"的例子来加以反驳。这一条的主旨显然是褒扬荀爽的能言善辩,袁阆终究也还只是陪衬。在这种种陪衬之下,可知袁阆的器量与识鉴都算不上渊雅与高明。

不管是立德、立功、立言的三不朽之说,还是德行、言语、政事、文学的四科之分,善于辞令总归是士人的重要修养。只不过孔子与汉儒重德重义还重行,汉末儒学衰微,政风、文风、话风也发生转变,文章创作与言语活动渐趋清峻、通脱、机敏、诙谐。刘师培《中国中古文学史讲义》说:"建安文学,革易前型,迁蜕之由,可得而说:两汉之世,户习《七经》,虽及子家,必缘经术。魏武治国,颇杂刑名,文体因之,渐趋清峻。一也。建武以还,士民秉礼。迨及建安,渐尚通侻;侻则侈陈哀乐,通则渐藻玄思。二也。献帝之初,诸方棋峙,乘时之士,颇慕纵横,骋词之风,肇端于此。三也。又汉之灵帝,颇好俳词,下习其风,益尚华靡;虽迄魏初,其风未革。四也。”文风与话风演变的过程及原因都纷繁复杂,但总归变得有趣有味,也更多独立的意义与价值。刘义庆分《世说新语》为三十六门,将《言语》排在第二,并收材料108条,比《文学》篇还多4条,更远在《德行》47条、《政事》26条之上,可见他对言语的重视程度。明人吴瑞征即说“临川叙次芳规,采掇余论,以昭一代之尚,以成一家之言,虽广诸篇目,而语言为宗”(明刻吴氏校刊八卷本《世说新语》序)。另一个明代人姚汝绍更说:“昔汉末暨魏晋诸公,雅善清言,謦欬间皆成珠玉。宋临川王刘义庆,辑其隽永者为《世说新语》传焉。由是历代珍之,在今尤盛,不但挥麈者资其谈锋,而操觚者亦掇为菁藻,信乎其言之有味也已。”(《焦氏类林序》)魏晋的语言原本“有味”,而《世说新语》又能以语言为宗,也算没有辜负“中古语言活化石”的美誉了。

后来晚明曹臣撰《舌华录》,分慧语、名语、豪语、狂语、傲语、冷语、谐语、谑语、清语、韵语、俊语、讽语、讥语、愤语、辩语、颖语、浇语、凄语等十八类,汇集春秋至明末人士的隽语名言,类目详尽而且通俗,其实是《世说新语·言语》门的增广,只是走向极端而陷于琐细了。

“言有招祸”,“行有招辱”(《荀子·劝学》)。言语展示才华,也招来灾祸,这是传统社会惯有的观念,但祸福不是为人处世的唯一标准,“苟利国家生死以,岂因祸福避趋之!”(林则徐《赴戍登程口占示家人》)。边让虽然因言语招祸,但也捍卫了一己的人格尊严,彰显了士人的精神气象。“一代之言,皆一代之精神所出,其精神不专,则言不传”(王思任《唐诗纪事序》)。明白了这个道理,我们才能更好地理解为什么将边让的故事编在了《言语》篇的第1条。

(刘伟生)

鉴赏

无此不明

无此不明

徐孺子年九岁，尝月下戏。人语之曰："若令月中无物，当极明邪？"徐曰："不然，譬如人眼中有瞳子，无此必不明。"

《言语》第2条

鉴赏

徐稚(97—168)，字孺子，东汉末年名士，豫章南昌(今江西南昌)人。学识渊博，不慕荣贵。为人恭俭义让，高尚其事。乡人钦服，受其感化，而道不拾遗。公府屡次征召，皆辞。家贫，常常自己耕稼，非其力不食。陈蕃出为豫章太守，第一个拜访的贤人就是徐孺子，还在郡署专设一榻来接待他，他走后，就把坐榻悬挂起来，其敬重如此。

徐孺子年轻时曾师从江夏黄琼。后黄琼仕进，官至太尉，征请徐孺子去任职，徐孺子谢绝了，并且不再和他来往。黄琼死后归葬，徐孺子徒步千里赴吊。他先在家里预备一只烤鸡，用在酒里浸泡过的棉絮包裹，到了坟冢，以水浸棉，使有酒气，以白茅作垫，设鸡酒薄祭，洒酒哭毕而去，不告姓名。

东汉末年宦官专权，朝政昏乱，国运已颓，徐孺子洞察时势，故隐而不仕。他曾给当时的清议领袖郭泰赠言："大木将颠，非一绳所维，何为栖栖不遑宁处？"郭泰以为师表，称他为"南州高士"，并说："其智可及，其愚不可及。"

徐孺子似乎并没做什么轰轰烈烈的大事，然而其人其事，历代称颂不绝。初唐王勃《滕王阁序》说："人杰地灵，徐孺下陈蕃之榻。"大历四年，杜甫作《陪裴使君登岳阳楼》，有"礼加徐孺子，诗接谢宣城"之句。虽然杜甫意在恭维裴使君，却也看出他很乐于以徐孺子自比。北宋文学家曾巩任豫章太守时，寻访徐孺子故宅，为他修建祠堂，率僚属祭拜，并亲自撰写《徐孺子祠堂记》。

这样一位流芳后世的贤者，有关其生平的资料流传至今的并不多，总使人觉得有些遗憾。《世说新语·言语》第 2 条记录其年幼时的这则逸闻趣事，便显得尤为珍贵。

那年徐孺子才九岁，正在月下嬉戏。有人便以明月为题来考问他："要是月中无物，会不会更明亮呢?"

明明如月，月明星稀，月中又时常有一些影影绰绰的黑影，这都是人眼所能观察到的天文现象。初民所知有限，而想象力丰富，很早就创造出月中玉兔、蟾蜍以及嫦娥奔月的种种神话传说，使月亮平添如许柔美神秘的色彩。事实上，这些想象并非全无凭据。长沙马王堆西汉古墓出土的帛画，所绘月中玉兔、蟾蜍的形象，和现今天文望远镜拍摄的月亮高清图片显示的环形山影，是颇有几分神似的。

一直以来，古人不仅在诗画里歌咏和描绘月亮，也试图客观理性地探究和认识这个离我们最近的星体。"夜光何德，死则又育?"这是屈原《天问》留下千古思索和疑问。月亮为什么会有圆缺？为什么会发光？月中的黑影究竟是什么？直到北宋，沈括在《梦溪笔谈》中说："月本无光，犹银丸，日耀之乃光耳。光之初生，日在其傍，故光侧而所见才如钩。日渐远则斜照，而光稍满如一弹丸。"朱熹对此很是赞赏："惟近世沈括之说乃为得之。"又引述他人观点："或者以为日月在天，如两镜相照，而地居其中，四旁皆空水也。故月中微黑之处，乃镜中天地之影，略有形似，而非真有是物也。斯言有理，足破千古之疑矣。"(《楚辞集注》)

因为科技进步，今天我们很容易判断，沈括的观点接近或部分地接近事实真相，而朱熹引述他人的话，虽然有趣，却是错的。不论对错，沈括和朱熹代表两宋在这些问题上的最高水平。以此反推，早于宋代近千年的东汉时人，还不能很好地解决这些问题。也就是说，那个给徐孺子提问的人，问了一个不仅九岁的徐孺子不能解答，就连他自己，乃至整个东汉时代的人都不能解答的天文学前沿大难题。不过他以巧妙的方式化解了一些难度：首先，在月下嬉戏的时候提问，使其成为游戏的一部分，寓思于乐。其次，以“求相对值”，可在“是”或“不是”之间选择的问题，替代“月亮为什么会发光”或“月光从哪里来”这类“求绝对值”的问题。此外，他没有提及玉兔和蟾蜍，而将月中黑影通称为“物”，这样的表述显然是更理性、开放，更具包容性的。

当然，也有可能他只是随口一问，并无这样那样的考虑，但问题本身足以说明，这是一个思维开阔、善于启发和发问的人。我们不知道这人是谁，也许是徐孺子的父母、老师、邻居、父母的朋友、家族中的长辈。我们不免猜想徐孺子的生长环境，即使在“江南卑薄之域”(《后汉书·徐稚传》载陈蕃语)，也有一方孕育天才儿童的沃土。

月光下，正在游戏的孩子应声而对：“不然，譬如人眼中有瞳子，无此必不明。”一切来得那么自然，他似乎没觉得这是什么难题。月明，眼亮；月中有物，眼睛里有黑眼珠子。眼无黑眼珠是瞎，故月无物不明。在不能实证的情况下，其类比的逻辑几乎无懈可击。即便今天我们知道结论是错误的，也对这孩子采用的“近取诸身”的绝妙譬喻由衷赞叹。

受过一点思维训练的人，尤其是成年人，或许也想到该用取譬法，却往往苦于寻找，那月亮的恰到好处的对应物究竟是什么呢？大多数人会在这里踌躇、止步。然而在九岁的徐孺子的脑海里，仿佛“人眼”是自动跳出来，并快速地和月亮建立对应关系，这种在不同事物之间直接穿透的敏锐感觉，以及迅捷的联想能力，大概就是我们所说的“天赋”。

（李群）

小时了了

孔文举年十岁，随父到洛①。时李元礼有盛名，为司隶校尉②，诣门者皆俊才清称及中表亲戚乃通③。文举至门，谓吏曰："我是李府君亲。"既通④，前坐。元礼问曰："君与仆有何亲？"⑤对曰："昔先君仲尼与君先人伯阳，有师资之尊⑥，是仆与君奕世为通好也⑦。"元礼及宾客莫不奇之。太中大夫陈韪后至，人以其语语之。韪曰："小时了了⑧，大未必佳。"文举曰："想君小时，必当了了！"韪大踧踖⑨。

《言语》第3条

注释

① 孔文举：孔融(153—208)，字文举，东汉鲁国(今山东曲阜)人，孔子二十世孙，"建安七子"之一。献帝时曾任北海相，时称"孔北海"。后为曹操所杀。孔融父孔宙，举孝廉，授郎中，迁元城令，官至泰山都尉。

② 李元礼：见"清流自任"篇(《德行》第4条)注释。

③ 俊才：才智出众的人。清称：有名望的人。中表亲戚：古代称父亲的姊妹(姑

母)的儿子为外兄弟,称母亲的兄弟(舅父)姊妹(姨母)的儿子为内兄弟。外为表,内为中,后以此称同姑母、舅父、姨母的子女之间的亲戚关系。这里指直系亲属与旁系亲属。

④ 通:通报,传达。

⑤ 仆:我,表谦称。

⑥ 先君:先人,指前辈,祖先。仲尼:孔子,字仲尼。伯阳:指老子。老子姓李名耳,字伯阳。师资:老师。孔子曾向老子请教。

⑦ 奕(yì)世:累世。通好:通家之好,汉魏以师友为通家。

⑧ 了了:聪明伶俐。

⑨ 踧(cù)踖(jí):局促不安的样子。

鉴赏

《世说新语》中记载了不少“神童”故事,经过长期流传,有的已经成了脍炙人口的成语典故。通过这些成语典故,很多历史人物就永远“活”在中国人的记忆中了。比如这一条,年仅十岁的孔融在《世说》中首次亮相,便展示了与其年龄颇不相称的敏捷才思和机智应对能力。大概正是这个原因,明人王世贞在编撰《世说新语补》时,将此条与下面的《言语》第5条都归入《夙惠》篇。不过,如果我们考察一下《世说·夙惠》篇中的7条故事,就会发现,所谓“夙惠”,实即早慧、早熟之谓,不一定与言语应对有关;而孔融及其二子的故事,皆为脱口而出的嘉言妙对,放在《言语》篇本来有“隆重推出”的意思,王世贞将其置于《夙惠》篇,怎么看都像是“发配流放”了。这也从一个侧面说明,《世说》的编撰者对于“孔门四科”之“言语”科的理解是宽泛而普适的,绝不因为言出童子而区别对待,可谓一视同仁,童叟无欺。

此条故事根据孔融的三次应对,可以分作三层。第一层,说孔融要去拜访李元礼,而李府门槛甚高,“诣门者皆俊才清称及中表亲戚乃通”,这正好与《德行》篇第4条遥相呼应:

李元礼风格秀整,高自标持,欲以天下名教是非为己任。后进之士，有升其堂者，皆以为“登龙门”。

原来，要登上李元礼的“龙门”必须满足两个条件：要么是“俊才清称”，要么是“中表亲戚”。十岁的孔融完全不合条件，欲登“龙门”，谈何容易！而孔融说“我是李府君亲”，显然是选择了“中表亲戚”这一选项——不如此，则不能“登龙门”。

第二层，孔融升堂入室，宾主相见之后，其“亲戚”身份便已“穿帮”，面对李膺“君与仆有何亲”的质问，孔融急中生智，竟答以“昔先君仲尼与君先人伯阳，有师资之尊，是仆与君奕世为通好也”。很显然，这是孔融早就做好的“人设”。而把“血缘”关系的“亲近”，扩大为“学缘”关系的“通好”，不仅需要急智，更需要学养。这种近乎套近乎的话从一个孩子嘴里说出来，颇有喜剧效果。要知道，孔融确为孔子的第二十代孙，但李膺是否老子的后代则并无文献佐证——孔融的话，不仅化解了自己冒充“亲戚”的尴尬，也给了李膺足够的光荣。虽然孔融以“仆”自称难免托大，但其话里话外，俨然是把李膺当作师长了。这样一个伶牙俐齿的“小大人”，让身为长者的李膺及众宾客“莫不奇之”，也就毫不奇怪了。

第三层，是太中大夫陈韪与孔融的对话。陈韪既然能“登龙门”，当然也属于“俊才清称”之士，他说的“小时了了，大未必佳”，无论从逻辑上还是实践上看，都不算大错。孔子说过：“苗而不秀者有矣夫，秀而不实者有矣夫！”（《论语·子罕》）一般认为，这是孔子借只长苗不开花、只开花不结果的自然现象，来感叹颜回的英年早逝——人世间，这种事与愿违的遗憾实在太多。所以，陈韪的话是有着某种真理性的，“小时了了”作为一个前提条件，的确不一定能推出“大一定佳”的结果。王安石笔下的方仲永，幼时聪明过人，“指物作诗立就”，长大后却“泯然众人矣”，不正是“小时了了，大未必佳”的典型吗？

可惜陈韪的运气实在太糟。如果他碰到的不是孔融，这八个字完全可以成为励志劝学的箴言。孔子说：“可与言而不与之言，失人；不可与言而与之言，失言。知者不失人，亦不失言。”（《论语·卫灵公》）根据孔子这句话，陈韪真是既“失人”，又“失言”了。原因很简单，“小时了了，大未必佳”这八字，只有前半句对孔融有效，后半句则属未知数，但对陈韪来讲，却已是既成事实。所以，当小孔融应声说“想君小时，必当了了”时，喜剧效果立刻就“爆棚”了！孔融这话妙就妙在，他并未否定陈韪之言的合理性，而是做了一个反向推理，在其实践有效性上做文章。言下之意，根据阁下“大未必佳”的事实，可以推知您一定是“小时了了”的！这正是“以其人之道，还治其人之身”。

道理和言说者的关系是很微妙的——当你说出一个高悬在空中的道理时，那个道理很可能会成为悬在你头顶的一把利剑！有时候，言语中暗藏的机锋，如果不能刺伤他人，就只能掉过头来刺伤自己，甚至还会酿成一个巨大的笑料。这一刻，尽管作者没写，我们完全可以隔着千年时光，听到那随着孔融话音刚落而于刹那间爆发的哄堂大笑。“韪大踧踖”四字，是给这笑声所做的注释，也使这个故事的尾声平添了几分画面感极强的幽默色彩。——故事到了这里，终于达到了高潮。

这故事不仅突出了孔融的能言善辩，聪明伶俐，也附带说明，在语言的交锋中，甚至在一切对抗中，看似不对等的双方很容易在瞬间发生攻守转换。孔子说：“后生可畏，焉知来者之不如今也。”（《论语・子罕》）地位高的或年长的，如果太过轻视地位低的或年幼的，硬要跟他较真，很可能是搬起石头砸自家的脚，得不偿失。其实，陈韪也应该感谢孔融，如果不是后者，他的名字估计都很难在历史上留下来。

如果这个故事继续讲下去，孔融还必须面临读者的追问——“小时了了”的他，是否“大未必佳”呢？当然，这问题对孔融而言，就不成其为问题了。历史上的孔融成名虽早，却并没有为名所累，而是发奋读书，博通古今，文才盖世，加上他特殊的家世，很快就成为士大夫的领军人物。史载：“融闻人之善，若出诸己，言有可采，必演而成之，面告其短，而退称所长，荐达贤士，多所奖进，知而未言，以为己过，故海内英俊皆信服之。”孔融还有句引用率很高的名言：“坐上客恒满，樽中酒不空，吾无忧矣。”（《后汉书・孔融传》）足见其在当时士林中享有何等荣宠的地位。

末了想说的是，这个“小时了了”的故事背后，还埋藏着一条时代精神的隐线。故事发生在汉桓帝延熹六年（公元 163 年），三年后的延熹九年（公元 166 年），第一次党锢之祸爆发，李膺遭迫害下狱；六年后的建宁二年（公元 169 年），张俭事起，李膺主动自首，被拷打致死，享年六十岁。今天看来，十岁的孔融去拜访五十多岁的李膺，是颇有象征意义的——几乎可以理解为一个灵性初开的孩子，以其特有的方式向一个时代的士大夫精神鞠躬致敬。孔融后来果然继承了清议名士的铮铮铁骨，仗义执言，不畏强御，这使他在党锢之祸后，依旧不能幸免于当世。特别是他多次忤逆“宁我负人，勿人负我”的曹操，那把悬在头顶的暴政之剑，终于落在了他的脖颈。于是才有后面这则“覆巢之下，安有完卵”的故事。王夫之说：“孔融死而士气灰，嵇康死而清议绝。”（《读通鉴论》卷十二）或许正是看到了这条连结在李膺、孔融和嵇康身上的士大夫精神的主线吧。

（刘强）

覆巢之下

孔融被收[①]，中外惶怖[②]。时融儿大者九岁，小者八岁。二儿故琢钉戏[③]，了无遽容[④]。融谓使者曰：“冀罪止于身，二儿可得全不[⑤]？”儿徐进曰：“大人岂见覆巢之下，复有完卵乎？”寻亦收至[⑥]。

《言语》第 5 条

注释

① 孔融：见上一篇注释。收：逮捕。
② 中外：朝廷内外。惶怖：惶恐不安。
③ 琢钉戏：古代的一种儿童游戏。
④ 了无：全无、毫无。遽容：惊慌恐惧的神色。
⑤ 全：保全。不：通"否"。
⑥ 寻：不久。

鉴赏

汉魏六朝时期，伴随学校教育的普及和士族对家族子女教育的重视，涌现出了许多"奇童""神童"。这些奇童神童或有志节，或有器度，或有才华，思维敏捷，心智超群，应对接纳，"有过成人"。他们的卓异表现成为当时人们津津乐道的话题，也成为时代表彰的儿童楷模，如《隋书·经籍志》即著录有王瑱之《童子传》二卷、刘昭《幼童传》十卷等专门记录奇童神童的杂传。神童奇童崇拜，是六朝社会重要的文化现象。《世说新语·夙惠》即对此社会文化风尚的自觉因应，除《夙惠》外，《世说》其他门类如《言语》《识鉴》等也记有许多幼童故事，他们共同构成了《世说新语》的"儿童世界"，向人们生动形象地展示了魏晋六朝时期儿童的"夙惠"风采，"名士"风度。"覆巢之下"的故事即应该放在此社会文化语境下予以解读。

孔融乃孔子二十世孙，高气自负，恃才傲物。他与曹操的关系经历了从亲密到疏离乃至敌对的转变。《后汉书·孔融传》记载，孔融"既见操雄诈渐著，数不能堪，故发辞偏宕，多致乖忤"，经常对曹操进行冷嘲热讽，甚至有侮慢之辞。如曹操攻破邺城后，曹操之子曹丕私纳袁熙(袁绍之子)妻甄氏为妻，孔融就给曹操写信说，周武王讨伐殷纣王灭商后，就把殷纣王的宠妃妲己许配给了周公。曹操也是通今博古，博览群书之人，对此非常纳闷，就问孔融此事见于何经典记载，孔融却对曹操说:“以今度之,想当然耳。”搞得曹操非常难堪狼狈。孔融虽出身圣门,但肆意放言,说了诸多如“父之于子,当有何亲?论其本意,实为情欲发耳。子之于母,亦复奚为?譬如寄物瓶中,出则离矣”之类离经叛道、非礼不逊的话,结果被曹操抓住把柄,最后以“大逆不道”之罪弃市。此故事描写的即孔融被收捕时两个幼年儿子的反应。

按理说,八九岁的孩子不要说被抓被杀,就是大声恫吓也会惊吓得毛骨悚然。但孔融的两个儿子却与众不同,在孔融被抓之时不但没有惊慌失色,反而游戏不辍,表现出异常的从容镇静。当孔融向使者请求放过他两个儿子时,没想到儿子竟然说:“大人可曾见过颠覆的鸟巢之下,还有完整的鸟卵吗?”在此危难之时,说出如此淡定卓识之语,估计孔融听到后也会震惊异常吧!以孔融之举映衬二子之言,可以发现:第一,孔融对情势的判断远没有二子洞察深刻。二子已预见结果,父亲却心存侥幸,显出孔融确实是“才疏意广”,有些“天真”了。第二,二子实已意识到孔融的误判,但又碍于父子情面,不愿在大限之日使其失去尊严,再伤“智商”,故以含蓄委婉之语告之,从容镇静态度处之,言语背后实蕴含着二子对父亲的敬爱和宽容。第三,父子天缘,得失与共,患难相连。父亲被杀,子必共祸。但如何表述这层意思,既可让父亲明晓,又不至尽失颜面,的确是颇费周折的。孔融二子以鸟、鸟巢、鸟卵为喻,可谓取譬切当,生动传神,既含蓄老到,不伤父亲情面,又不失风度,言语切境。两个八九岁的孩子能够说出如此洞彻世事,老练纯熟之语,恐怕决非一般成年人可比,故《世说》将其收入《言语》中,以示其言语之妙,也就在情理之中了。

不过,如何看待此故事所记孔融二子的言语,史家还另有他说。据《三国志·崔琰传》裴松之注引郭颁《魏晋世语》、孙盛《魏氏春秋》,皆记孔融被收时二子之语,但语辞却迥异。以语揆之,《世说新语·言语》故事当自《魏氏春秋》来。但孙盛《魏氏春秋》所记,裴松之并不认同,他说:“《世语》云融二子不辞,知必俱死,犹差可安。如孙盛之言,诚所未譬。八岁小儿,能玄了祸患,聪明特达,卓然既远,则其忧乐之情,宜其有过成人,安有见父收执而曾无变容,奕棋不起,若在暇豫者乎?……盛以此为美谈,无乃贼夫人之子与！盖由好奇情多，而不知言之伤理。"在裴松之看来，孔融二子之语是"好奇"的孙盛杜撰出来的，真实未必如此。裴松之以史家眼光考量其史实真伪，无可厚非；我们以小说视角观赏其言语之妙，亦无不可。这反而从另一层面证明：《世说新语》故事未必全是史实，但的确具有史影，表现出鲜明的由史部向说部蜕变的痕迹。

（王利锁）

亲亲之义

荀慈明与汝南袁阆相见[①]，问颍川人士，慈明先及诸兄。阆笑曰："士但可因亲旧而已乎？"慈明曰："足下相难，依据者何经？"阆曰："方问国士，而及诸兄，是以尤之耳[②]。"慈明曰："昔者祁奚内举不失其子[③]，外举不失其仇，以为至公。公旦《文王》之诗[④]，不论尧舜之德，而颂文武者，亲亲之义也。《春秋》之义，内其国而外诸夏。且不爱其亲而爱他人者，不为悖德乎？"

《言语》第7条

注释

① 荀慈明：荀爽(128—190)，字慈明，东汉颍川颍阴(今河南许昌)人。

② 尤：责怪，归咎。

③ 祁奚：春秋时晋国大夫，以善举著称，曾举荐仇人解狐与儿子祁午接替自己。

④ 公旦：周公，姓姬名旦，周文王之子，周武王之弟。武王死后，成王年幼，由他摄政。《文王》之诗：《诗经·大雅》有“文王之什”诸篇，多颂文王、武王之德，相传为周公所作。

鉴赏

这是一个关于举贤先及亲的故事，说的是汝南袁阆问颍川荀爽颍川都有哪些名士，荀爽一开口就称举自己的几位哥哥，由此引出袁阆的辩难与荀爽的反驳。

这个故事的主要看点正是荀爽引经据典，扯虎皮作大旗式的反驳，让人感叹他书读得不错，反应也很机敏。他为自己举贤先及亲的做法铺陈了四条理由：一是晋人祁奚举子的典故。据《左传·襄公三年》记载，祁奚(字黄羊)告老退休时，晋侯(悼公)问谁可以继承他的职位，他推荐了仇人解狐，解狐还没来得及接位就死了。晋侯又问谁可以接替，他这回推荐了自己的儿子祁午，碰巧这时候祁奚的副手羊舌职去世，祁奚又推荐羊舌职的儿子羊舌赤，最后晋侯就让祁午当了中军尉，让羊舌赤做他的副手。《左传》盛称祁奚能举善，说他“称其仇，不为谄；立其子，不为比；举其偏，不为党”，并引《尚书·洪范》“无偏无党，王道荡荡”与《诗经·裳裳者华》“维其有之，是以似之”大加褒奖。《左传·襄公二十一年》又假叔向之语，说祁大夫(祁奚)“外举不弃仇，内举不失亲”，荀爽“内举不失其子，外举不失其仇”就是从这里来的。二是《诗经·大雅》中《文王》等诗篇。《诗经·大雅》中有“文王之什”，即《文王》《大明》

《绵》《棫朴》《旱麓》《思齐》《皇矣》《灵台》《下武》《文王有声》十篇，内容以颂美周族先祖尤其文王、武王为主，相传为周公所作。荀爽的意思是这些诗不称颂尧舜而赞美文王、武王，正是亲亲尊尊的表现。三是孔子《春秋》尊王攘夷的宗旨。孔子著《春秋》的目的，是要尊天子、抑诸侯、崇周制而强调"大一统"的，所以他要"内其国而外诸夏，内诸夏而外夷狄"(《公羊传·成公十五年》)，其实也是有内外亲疏之别。四是《孝经》中关于爱亲敬亲的成言。《孝经·圣治章》说"不爱其亲而爱他人者，谓之悖德。不敬其亲而敬他人者，谓之悖礼"。总的来看，荀爽所述，既有最著名的举亲案例，也有最权威的圣人与经典中的亲亲道理，而且多用现成的言语，确实称得上博学而且敏捷，正可谓"智泽于内，言溢于外"(冯梦龙《智囊全集·语智部》)，"维其有之，是以似之"。

看了表层的故事以后，读者诸君可能还会问，这个荀爽的人品学问如何呢？他的哥哥们真有他说的那么优秀吗？他的这个举贤先及诸兄的行为纯属大公无私还是难免自我售卖？这样的言行在当时及后世多见吗？

你还别说，颍川荀氏是汉末极有影响力的世家大族。荀爽的父亲荀淑是荀卿的第十一世孙，品行高洁，学识渊博，李固、李膺等一干名士还曾拜他为师。荀淑的八个儿子，都很有才，人称"荀氏八龙"。荀爽本人更加出色，史书上说他幼而好学，十二岁就通《论语》《春秋》，颍川人在"荀氏八龙"后还加一句"慈明无双"。汉桓帝时曾被举为至孝，官拜郎中，但旋即离去，隐遁著书，号为"硕儒"。董卓专权时被强征为官，九十五日内位至司空，后来与司徒王允暗中谋除董卓，但在举事之前就病逝了。荀爽尊崇儒学，重视礼制，事亲至孝，他排行第六，他的哥哥们也的确是颍川人杰，所以他的举亲行为应属真诚本性。

当然，我们也要明白，汉魏以察举及九品中正制取人，互相品题与自我举荐是时代风习。汉末的清议是对宦官起用私人的抗议，在"品核公卿，裁量执政"的同时，也不免"激扬名声，互相题拂"(《后汉书·党锢列传》)，如说"天下模楷李元礼(李膺)，不畏强御陈仲举(陈蕃)，天下俊秀王叔茂(王畅)”之类。更有汝南许劭兄弟,主持月旦人物品评,荀爽与荀靖兄弟还曾得过许劭的品题,说二人皆玉,“慈明(荀爽之字)外朗,叔慈(荀靖之字)内润”。这“外朗”二字正切合荀爽能言善辩的性格。越往后来,魏晋名士的自我意识就越来越强烈,自荐之术也更加多样了。或如刘惔自许一流,或如王羲之坦腹东床,或如郝隆晒书庭院,或如袁宏咏诗舟中,或如左思请皇甫谧为《三都赋》作序,或如陶范胁迫袁宏在《东征赋》里为父亲陶侃加上赞语。难怪桓温问殷浩“卿何如我”时,殷浩回答说“我与我周旋久,宁作我”(《世说新语·品藻》)。更不用说桓温自己的名言“既不能流芳后世,亦不足复遗臭万载邪”(《世说新语·尤悔》)。

最后要说的是,儒家的亲亲尊尊虽然具有差异、有序、理性与温和的实践品格,但也有其时代局限,不结合时世加以发展,难免引发任情与谋私的缺陷,有碍公正与法治的理想。

(刘伟生)

祢衡试鼓

祢衡被魏武谪为鼓吏[①],正月半试鼓。衡扬枹为《渔阳掺挝》[②],渊渊有金石声,四坐为之改容。孔融曰:“祢衡罪同胥靡[③],不能发明王之梦[④]。”魏武惭而赦之。

《言语》第8条

注释

① 谪(zhé):官吏被贬职。

② 枹(fú):鼓槌。掺(càn)挝(zhuā):击鼓之法。

③ 胥(xū)靡(mǐ):服劳役的奴隶或犯人,指傅说(详见下注)。

④ 明王:圣明的君主,指商王武丁。以上二句用商王武丁求贤得傅说之典。武丁渴求贤人辅佐自己处理政事,他梦见天赐贤人,于是命画工画像,四处寻求,终于找到穿着粗布衣服正在筑墙的胥靡傅说,举为相国,造就中兴盛世。事见《史记·殷本纪》以及《太平御览》卷八三、本条刘孝标注引皇甫谧《帝王世纪》等。

鉴赏

祢衡是东汉晚期著名的狂士,现存祢衡事迹的最详细记载——《后汉书·文苑传·祢衡》(下文简称祢衡本传),基本上就是他在建安初两三年(196—198)、也是他年轻生命的最后两三年的各种狂傲事迹的罗列汇编:携带名刺(书写爵里、姓名的竹木片,相当于后来的名片)前往许都(今河南许昌,是当时新迁的都城),而觉得无人值得拜见,以致名刺上的字都已磨灭;目中无人,仅有的两位好友孔融、杨修,还被他称作大儿、小儿;称病不赴曹操召见,而且常有放肆无礼的言论;被招为鼓吏,裸身击鼓;经孔融斡旋而答应前往拜谒,却在曹操营门持杖捶地大骂;曹操难以忍受,将其遣送荆州牧刘表,送行的人相约因祢衡晚到而不站起来,被祢衡加以尸冢的恶谑;将刘表与诸文人费尽才思共同草拟的章奏掷于地上;对刘表态度侮慢,难以见容,又被转致江夏太守黄祖;黄祖大会宾客,祢衡言语不逊,遭到黄祖呵斥,他反骂黄祖,黄祖欲加责打,祢衡仍然大骂不止,最终被怒不可遏的黄祖下令杀掉。

狂傲需要才能作为资本,否则就沦为狂妄。祢衡本传也有对祢衡才能的书写,其中引录了孔融向朝廷举荐祢衡的上疏,盛赞祢衡多方面的才能,确为不可多得的贤俊,其才可分为两大类:一是记忆超群,与黄射出游途中读蔡邕所作碑文,过目不忘。二是文才优赡,祢衡在将刘表与诸文人所草章奏掷于地上之后,自己重写,既快且好;替黄祖代作公文、书信,得体合适;即席一气呵成写就《鹦鹉赋》(今存,载于《文选》卷一三)——当时赋是最重要的文体,作赋是对文才的极大考验。

以上两方面结合在一起,比较完整地塑造了祢衡恃才傲物(即祢衡本传所谓"少有才辩,而尚气刚傲,好矫时慢物")的典型狂士形象。在祢衡的狂傲事迹中,裸身、击鼓、骂曹无疑最为夺目,也最为人知。《世说新语》本条即与此相关,但非常简略。本条刘孝标注引《文士传》则详细得多:

(孔)融数与武帝笺,称其才,帝倾心欲见。衡称疾不肯往,而数有言论。帝甚忿之,以其才名不杀,图欲辱之,乃令录为鼓吏。后至八月朝会,大阅试鼓节,作三重阁,列坐宾客。以帛绢制衣,作一岑牟、一单绞及小裈。鼓吏度者,皆当脱其故衣,著此新衣。次传衡,衡击鼓为《渔阳掺挝》,蹋地来前,蹑駮脚足,容态不常,鼓声甚悲,音节殊妙。坐客莫不忼慨,知必衡也。既度,不肯易衣。吏呵之曰:"鼓吏何独不易服?"衡便止。当武帝前,先脱裈,次脱余衣,裸身而立。徐徐乃著岑牟,次著单绞,后乃著裈。毕,复击鼓掺槌而去,颜色无怍。武帝笑谓四坐曰:"本欲辱衡,衡反辱孤。"

祢衡本传记载大体相同,而稍简略。因孔融极力引荐,本就爱才的曹操极愿召见祢衡,但祢衡称病不愿前往,而且还常常说三道四。惹得曹操甚是恼怒,但因为祢衡才名显赫,迫于舆论,又不能杀掉了事,于是将他贬为鼓吏以示羞辱。八月朝会(《世说新语》本条作"正月半")试鼓,按照当时的规定,鼓吏击鼓前须脱去自己穿的旧衣,换上专门的服装。但祢衡并不换衣,就击鼓为《渔阳掺挝》,鼓声悲壮,感动众人。祢衡被喝令换衣，他就在曹操及众人面前，脱衣裸身，然后换上专门的服装，再次击鼓而去，毫无羞愧之色。曹操当众承认自己本想羞辱祢衡，却反被祢衡羞辱。但本条所载“孔融曰：‘祢衡罪同胥靡，不能发明王之梦。’魏武惭而赦之”，则不见于今存《文士传》佚文和祢衡本传。孔融用商王武丁求贤得傅说之典（详见注释），真实的意图是说祢衡是像傅说那样的贤才，但可惜曹操不能像武丁拔举傅说那样善待祢衡。曹操明了孔融劝谏之意，所以感觉惭愧，赦免了祢衡。此后，孔融又从中斡旋，说服祢衡拜谒曹操，但因曹操未及时接见，祢衡就在营门持杖捶地大骂，曹操实在难以容忍，于是将其强行遣送刘表处。

由此可见，祢衡裸身、击鼓在先，骂曹在后，并非同时之事。但后世流行的《三国演义》（第二十三回“祢正平裸衣骂贼”）以及主要依据《三国演义》的情节和文词改编的京剧《击鼓骂曹》中，则将裸身、击鼓和骂曹捉置一处。明人徐渭杂剧《四声猿·狂鼓史渔阳三弄》（简称《狂鼓史》《渔阳三弄》）虽未及裸身，但祢衡击一通鼓，骂一段曹，共有十多回，而且剧情设置场景是在祢衡、曹操死后的阴间，所以祢衡痛骂时列举了许多自己去世（建安三年）之后曹操的种种劣迹，如杀害汉献帝的伏皇后及其两个皇子、已怀有数月身孕的董贵人、孔融、杨修等人。以上修改加工，加剧了戏剧冲突，也增强了祢衡的狂士形象。

人们常说“性格决定命运”，这话颇有些道理，祢衡的狂傲不羁让他连续不见容于曹操、刘表、黄祖，并导致最后死于非命。不过，本条重点不在祢衡击鼓，而在孔融劝谏，所以《世说新语》不列于《任诞》《简傲》，而收入《言语》。

（张金耀）

德操采桑

南郡庞士元闻司马德操在颍川①，故二千里候之。至，遇德操采桑，士元从车中谓曰："吾闻丈夫处世，当带金佩紫②，焉有屈洪流之量，而执丝妇之事?"德操曰："子且下车，子适知邪径之速③，不虑失道之迷。昔伯成耦耕④，不慕诸侯之荣；原宪桑枢⑤，不易有官之宅。何有坐则华屋，行则肥马，侍女数十，然后为奇? 此乃许、父所以慷慨⑥，夷、齐所以长叹⑦。虽有窃秦之爵⑧，千驷之富⑨，不足贵也!"士元曰："仆生出边垂，寡见大义。若不一叩洪钟⑩，伐雷鼓⑪，则不识其音响也。"

《言语》第9条

注释

① 庞士元：庞统(179—214)，字士元，东汉末襄阳(今属湖北)人，有谋略，与诸葛亮齐名，人称"凤雏"，应刘备所请，与诸葛亮并为军师中郎将，后随刘备入蜀，攻雒城(今四川广汉)时中流矢死。司马德操：司马徽(? —208)，字德操，汉

末颍川阳翟(今河南禹州)人,善知人。

② 带金佩紫:带金印佩紫绶带,喻显赫的地位。

③ 邪径:小路。

④ 伯成耦耕:伯成指伯城子高,传为唐尧时人,尧在位时,伯成被封为诸侯。禹做君主后,伯成认为“德自此衰,刑自此立,后世之乱自此始”(《庄子·天地》),遂辞去诸侯,回家耕种。

⑤ 原宪桑枢:原宪,即子思,孔子学生,孔子死后,不求仕禄,隐居草泽;桑枢,用桑树作门,喻指安贫乐道。

⑥ 许、父:即许由、巢父,传为尧时的隐士。

⑦ 夷、齐:指伯夷、叔齐,商末孤竹君的两位王子,武王灭商后,他们耻食周粟,采薇而食,饿死于首阳山。

⑧ 窃秦之爵:指吕不韦以计谋窃取秦国的爵位之事。

⑨ 千驷之富:指春秋时齐景公拥有巨大财富。语出《论语·季氏》:“齐景公有马千驷,死之日,民无德而称焉。”

⑩ 洪钟:大钟。

⑪ 伐:敲击。雷鼓:古时祭神时所用的鼓。

鉴赏

庞统在三国时乃赫赫有名的“凤雏”,与有“卧龙”之称的诸葛亮并称于世,可谓一时俊杰。庞统虽然是货真价实的千里马,但伯乐却不常有,据《三国志·蜀书》记载:“庞统字士元,襄阳人,少时朴钝,未有识者。”可见,庞统在年少时给别人留的印象是“朴钝”,虽有才华,却是璞玉,需要有眼力的伯乐发现。而“水镜先生”司马徽正是庞统人生道路上的伯乐。司马徽是当时的名士,不但博学多识,而且以识人知名,《三国志》记载,“颍川司马徽清雅有知人鉴”。两人相识后,司马徽对庞统十分看重,称赞庞统是南州名士之首,使庞统渐渐为他人所知,方有了后来名扬天下的“凤雏”之美誉。

《德操采桑》一则描绘的是司马徽与庞统两人初次见面的情景:

庞统听闻司马徽大名,不辞辛苦,特地从两千里之外前来拜访。漫长的路途上,想必庞统对于司马徽的名士风采一定是充满了想象。可是万万没有想到,到了那里,正好遇上司马德操在采桑叶,对于庞统而言,这与想象中的名士风采相差实在太大。震惊失望之下,年少气盛的庞统甚至都没有下车,就坐在车里质问司马徽:“我听说大丈夫处世,应当带金印佩紫绶,哪能窝窝囊囊,做这些妇人做的事呢!”

司马徽虽然素有“好好先生”的雅号,但是对着这个素不相识且出言不逊的年轻人却毫不客气,不留情地斥责庞统的失礼之举:“子且下车,子适知邪径之速,不虑失道之迷。”“下车”之言可谓有双重含义,其一是批评庞统坐车上说话的不礼貌行为,其二则是暗指其在“邪径”,应该及时下车。接着,司马徽并没有讲什么深奥的人生大道理,而是一口气连举了六个前人的典故:伯成耦耕、原宪桑枢、许父慷慨、夷齐长叹、窃秦之爵、千驷之富,说明了“适知邪径之速,不虑失道之迷”的危害,其气势可谓浩浩荡荡,有着不可挡的说服力,论辩之雄风颇有战国辩士的风采。

庞统闻言,顿时醒悟,文中虽然没有描述其听闻司马徽言论的神态,但想必是已经赶快下车,满脸恭恭敬敬的神情了,这从他的回答中完全可以体会:“仆生出边垂,寡见大义。若不一叩洪钟,伐雷鼓,则不识其音响也。”虽然此前颇为不恭,但此言回答倒也可谓得体,以“洪钟、雷鼓”形容司马徽,亦称得上允当。

当然,此则之中庞士元的言行举止似与其身份不符,对此后人颇有争议,如余嘉锡便认为“此必晋代文士所拟作,非事实也”。事实上,关于两人初见情形,《三国志·蜀书》也有描述,却大相径庭:“统弱冠往见徽,徽采桑于树上,坐统在树下,共语,自昼至夜。徽甚异之,称统当为南州士人之冠冕,由是渐显。”本条刘孝标注引《襄阳记》亦云:“士元,德公之从子也。年少未有识者,唯德公重之。年十八,使往见德操,与语,叹曰:‘德公诚知人,实盛德也。’”虽然都描述了两人的初会,但一加比较,《世说新语》显然更富有戏剧性,极具艺术张力,形象地凸显了司马徽与庞统的不同个性与风格,从文艺创作角度而论,可谓是胜过一筹了。

(章原)

纲目不疏

刘公幹以失敬罹罪，文帝问曰[①]："卿何以不谨于文宪？"桢答曰："臣诚庸短，亦由陛下纲目不疏。"

《言语》第10条

注释

① 文帝：曹丕(187—226)，字子桓，沛国谯县(今安徽亳州)人。曹操次子，操死，袭为魏王，后代汉称帝，即魏文帝。

鉴赏

刘桢(？—217)，字公幹，东平宁阳(今山东宁阳北)人，汉宗室子孙，曾被曹操辟为丞相掾属。刘桢禀性刚直，才情高逸，敏于应对。其五言诗劲健爽朗，妙绝时人。与孔融、王粲、徐幹、陈琳、阮瑀、应玚等并称"建安七子"。曹丕兄弟雅爱文学，年纪与刘、王、徐、应等不相上下，常在一起饮酒赋诗，往来唱和，相与友善。

"刘公幹以失敬罹罪"，这是怎么一回事呢？刘孝标注引《典略》记载了事情的原委。建安十六年(211年)，曹丕为五官中郎将，刘桢为其文学助手。这一天，曹丕宴请文学诸人，酒酣耳热之际，请夫人甄氏出来一见。甄氏乃绝世美人，原是袁绍之子袁熙的夫人，曹操攻破邺城之后，曹丕纳以为妃。甄氏出见，按照当时礼节，座中众人都低下头去，唯独刘桢没有低头，反而平视甄夫人。曹操听闻此事大怒，以不敬罪对刘桢处以刑罚，将他发配到尚方磨石，尚方是为宫廷制作日用器物的地方。

说到这，不免使人疑惑，刘桢平视甄氏，曹丕不生气，曹操为什么生那么大气呢？于是后人有种种猜测，但也没有什么实据。后来曹操去尚方巡察，见刘桢正一本正经地磨石，便问："这石头怎么样?"刘桢回答："这石头出自荆山悬岩之巅，外有五色纹理，内含稀世玉珍。打磨不会使它更加晶莹光洁，雕刻也不会给它增添秀色文彩。禀气坚贞，受之自然。"曹操听了大笑，第二天便赦免了刘桢。

刘桢仍归旧职，曹丕问："你为什么不遵守法规呢?"刘桢回答："我固然平庸短浅，但也是因为陛下法网过于细密苛刻。"这里"陛下"指曹操，而文中所称"文帝"，应是后人追记，因为此时曹丕尚未代汉自立。

观此君臣对话，颇可玩味。曹丕并无怪罪之意，事实上，要说刘桢有罪，也是因曹丕酒酣兴会使甄氏出见而引起。裴松之注《三国志》引《吴质别传》，说曹丕召吴质等人饮宴，也曾命郭后出见，且说："你们抬头看她。"可见类似的事情，于曹丕数见不鲜，不以为意。所以他问刘桢"何以不遵守法规"，非为责备，而是略带调侃的语气，似乎就是想听听机敏如刘桢，将如何替自己申辩。刘桢果真才性敏捷，先是退后一步，自称"庸短"。其实无关"庸短"，而是先做一个防守动作，站稳脚跟，毕竟他与曹丕地位悬殊，又刚服过刑。随后他辞锋一转，直刺曹操小题大做，刑罚过于严苛。言外之意，则无罪之人也变成有罪了。如此犀利率直的言辞，大概也只有刘桢敢说了。而刘桢之所以敢说，也见得曹丕素爱其才，宽和优待吧。

我们看这件事的始末，从刘桢平视甄夫人；以石头自喻对答曹操，不卑不亢，巧妙得体；在曹丕面前直言不讳，指曹操行政网密刑峻，可知刘桢的性格为人，胸次磊落，铁骨铮铮，诚如钟嵘《诗品》所评："仗气爱奇，动多振绝。真骨凌霜，高风跨俗。"刘桢有诗《赠从弟》(其二)："亭亭山上松，瑟瑟谷中风。风声一何盛，松枝一何劲。冰霜正凄惨，终岁常

鉴赏

端正。岂不罹凝寒？松柏有本性。”读其诗，想见其人。这松柏形象，正是刘桢的写照。

（李群）

非礼不拜

钟毓兄弟小时①，值父昼寝，因共偷服药酒。其父时觉，且托寐以观之②。毓拜而后饮，会饮而不拜。既而问毓何以拜，毓曰：“酒以成礼③，不敢不拜。”又问会何以不拜，会曰：“偷本非礼，所以不拜。”

《言语》第12条

注释

① 钟毓，字稚叔，出身颍川钟氏，太傅钟繇长子，机灵敏捷，有其父之遗风。十四岁时，起家散骑侍郎。后历任青州刺史、后将军，都督徐州、荆州诸军事等。钟毓弟钟会（225—264），字士季，少有令名，精通名理。弱冠入仕，累官至司徒，后封侯。历任要职。深得魏帝和群臣赏识。因与蜀将姜维谋反，被其部将杀害。

② 其父：钟繇（151—230），字元常，出身颍川钟氏，汉末官至尚书仆射，后来仕魏历任相国、太傅，史称钟太傅。工书法，与王羲之齐名。托寐（mèi）：假装睡

着了。

③ 酒以成礼：酒是用来使礼仪完备的。

鉴赏

在三国曹魏后期的政治和学术舞台上，钟会是一个无法回避的人物。钟会出生于汉魏之际的颍川钟氏家族，家世显赫，族中名士辈出。父亲钟繇，人称太傅，魏武、文、景帝的三朝元老，做过相国、太尉、太傅，为一代重臣。

钟会才华横溢，博学多闻，尤其精通玄学，名气可与玄学代表人物王弼齐名。历任要职，多次出谋平叛，深得魏帝和群臣赏识，大权在握，呼风唤雨。钟会凭借自己善思博学的超群才华和见风使舵的奸佞人格，在政局动荡、思潮多变的时代如鱼得水，跻身于学术名流行列。

在神童辈出的魏晋时期，少年时期的钟会是一个机智、聪敏而又善解人意的天才小神童。二十岁做官，二十九岁封关内侯，被世人目为"张良"再世。三国曹魏名臣蒋济曾评价五岁的钟会"非常人也"。

钟会小时候常常和哥哥钟毓一起偷喝父亲酒坛里的药酒。父亲钟繇发现酒坛子里的药酒，即使自己没有喝，也天天在减少，就怀疑是不是孩子们偷喝了。一天，父亲钟繇佯装睡觉，观察兄弟俩的行动，只看到哥哥钟毓偷酒后像大人一样行礼参拜，然后再喝，而钟会则只是喝酒，并不行礼。父亲在一旁偷偷观看，心里很好奇，两个孩子为何一个拜，一个不拜呢？于是就翻身而起，当场抓住两个孩子，先问哥哥为何要行拜礼，钟毓说："喝酒是用来完成礼仪的，当然要行礼参拜。"又问钟会为何不拜，钟会则满不在乎地说："偷酒已不成礼数，还装模作样地拜什么！"两人的回答皆极具智慧，钟毓遵从儒家经典，对礼仪规矩心存敬畏，对酒与礼的内涵也非常清楚，所以即使偷酒也要行拜酒礼。钟会的回答也很机敏，果然是天生聪明。钟会因为有小时候那段偷酒喝不行拜礼的事，就有了"不拜将军"的雅号。后来凡偷喝酒的人，都自称"不拜将军"。

对孩子偷喝药酒的行为，父亲钟繇没有责备和打骂，没有不问青红皂白地处罚，而是耐心询问，不仅不生气，反而哈哈大笑，因为两个儿子的回答令他十分满意，孩子的机智聪敏让这个重视家庭教育的父亲感到十分宽慰，钟繇这种教育方式也是值得肯定的。

在古代，人们通常认为酒可以作为沟通天地、神人的桥梁和纽带，故有“酒以成礼”之说。“酒以成礼”是中华酒文化的一个重要的核心内容。喝酒所行的礼仪，首先，为了表示尊敬，相互一拜，然后倒出来一点祭拜天地，再一饮而尽。主人和宾客一起饮酒时，要相互跪拜，晚辈在长辈面前饮酒，叫侍饮，通常要先行跪拜礼，然后坐入次席，长辈命晚辈饮酒，晚辈才可举杯；长辈酒杯中的酒尚未饮完，晚辈也不能先饮尽。

钟会兄弟俩的这一故事与二人见皇帝时的表现有异曲同工之妙，都形象地描写了钟会的聪敏机智。一天，皇帝要召见有神童之誉的少年钟毓、钟会，兄弟俩见到魏文帝，表现大不一样。钟毓非常紧张，大汗淋漓，而钟会却神色自若，魏文帝好奇地问哥哥为何出汗，哥哥回答说：“战战惶惶，汗出如浆。”魏文帝又问钟会为何不出汗，钟会以“战战慄慄，汗不敢出”回答了魏文帝的疑问。回应巧妙，伶俐机敏。对比兄弟俩的回答，凸显钟会的机智。

司马师曾大赞钟会：“此真王佐材也！”西晋文明皇后评价钟会：“见利忘义，好为事端，宠过必乱，不可大任。”钟会的哥哥钟毓是最了解钟会的人，也说：“会挟术难保，不可专任。”

成年后的钟会大权在握，位极人臣，成了司马昭的心腹，掌控全局，参加了多次对亲曹势力的镇压和迫害，自己也因叛乱而死，没有活到四十岁。钟会一生最大的污点之一，并不是背叛名声并不好的司马昭，而是谗杀当时的名士嵇康。

一个人的天资聪颖固然可喜，但如果没有良好的道德品行，不能做出有益于国家的事，甚至把聪明才智用在陷害忠良和歪门邪道上，等待他的，一定是一个悲剧的人生。

（齐慧源）

神明开朗

何平叔云①:"服五石散②,非惟治病,亦觉神明开朗。"

《言语》第14条

注释

① 何平叔:何晏(约190—249),字平叔,南阳宛(今河南南阳)人。汉末大将军何进孙。曹操纳其母尹氏,并收养何晏,后招为女婿。何晏少以才秀知名,好老庄之言。与夏侯玄、王弼等倡导玄学,竞事清谈,遂开一时风气,为魏晋玄学的创始者之一。后依附曹爽,累官至吏部尚书,负责选拔官员,凡是与之有交情的多被提拔任用。终被司马懿所杀。

② 五石散:由五种矿岩石配成,大概有石钟乳、石硫黄、白石英、紫石英、赤石脂。当时人认为服食五色药石可以延年益寿,甚至长生不老。但实际上这些五色药石适当服食会有清热解毒的功效,而长久服用则有可能药物中毒。因药性猛烈,服后须行走散发,故名"五石散",又服者须冷食,故亦称"寒食散"。

鉴赏

鲁迅先生在《魏晋风度及文章与药及酒之关系》的演讲稿中提到的药就是"五石散",服食五石散是魏晋风度的主要特征之一。据考证,"五石散"大概是由石钟乳、石硫黄、白石英、紫石英、赤石脂五种矿岩石配成。东晋炼丹专家葛洪所述为"丹砂、雄黄、白礬、曾青、慈石"。不同时代配方多有不同,不管哪种配方,其药性皆燥热猛烈,服此药后,必须冷食、冷浴、饮温酒、散步、穿薄的旧的衣服,故又叫"寒食散"。

“五石散”最早出现的年代可以推断到先秦。汉武帝时，信奉方士李少君、栾大等，烧炼金石一类矿物，即为石药，此药原本是用于治疗伤寒的。《史记·扁鹊仓公列传》记述：西汉齐王的一个叫遂的侍医病了，就自己配制了五石之药，当时的名医淳于意见其发热不尿不出汗，便告诫他，指出了服用“五石”的禁忌。这是“五石”用于医学的最早记载。而明确地将“五石散”用于对症治疗并加以改良的，却是东汉医学家张仲景。因为一次伤寒疫病夺取了张仲景家族很多人的生命，他有感于丧亲之痛，苦修医术，终于研制出了治疗伤寒病的“五石散”，并将药方写在了《伤寒杂病论》中，此药救活了很多病人。此后，五石散并没有在民间广泛流传。到了魏晋，在何晏的带动下，越来越多的士人开始服食五石散，渐渐形成风气，自魏晋至唐，历五六百年而不断。

何晏，魏晋玄学的开创者，东汉大将军何进之孙，少有才学，对老庄之学颇有研究，为曹操所宠爱，后娶曹操之女金乡公主。高平陵政变后，被司马氏杀害。何晏大约体弱多病，加上纵欲过度而身体孱弱无力，可能为了治病或强身健体，何晏就对五石散的配方进行了改进，初期服食后，面色红润、精神亢奋、体力变强，感觉恢复了雄风。他把这个意外的“发现”告诉了自己的朋友，得意地说：“服食五石散，不只是能治病，也会觉得神明开朗。”“神明开朗”是形容人服散后便感觉精神焕发、浑身舒畅。“五石散”对大脑产生的兴奋和强烈刺激作用，使得人激昂抖擞，进入到一种忘我境界。何晏服散不仅是为滋补虚弱的身体，更是为了满足他声色犬马的私欲。在他的带动下，“五石散”在贵族圈里开始流行，那些为了延长寿命、追求长生不老的达官贵胄便开始尝试服药，逐渐成为一种风尚，愈演愈烈。何晏死后，其所开启的清谈和服食之风，亦未减弱。

由于“五石散”属矿物质，其中含有硫、砷等剧毒化合物，适量服食是治病的良药，大量长期服用会慢性中毒，对人体产生极大的危害。首先是会导致人的皮肤特别敏感，吃完药后由内而外燥热无比，只能披着柔软的旧衣服，还必须要“行散”即大步行走，靠剧烈的运动发散药力，甚至大冬天都要吃冰降温。所以,在魏晋时期,那些名士们裸奔、裸聊、裸睡都成为一种常态,这并不是他们不拘小节,其实主要是为了散去服用“五石散”之后的热毒!

其次,服食“五石散”还有很大的副作用,容易上瘾,形成依赖。“五石散”有麻醉神经的作用,长期服用还会出现精神恍惚,甚至癫狂的症状,比如阮籍就有过这种癫狂另类的行为。学者皇甫谧则因服散而得风痹疾。何晏在长期服散后也是精神恍惚,魂不守舍,目光呆滞,面如死灰。王凝之也在服食“五石散”后,出现精神恍惚,神志错乱的表现。严重的还因中毒而丧命,如魏晋时期名臣、地图学家裴秀因服寒食散后饮冷酒而逝,晋哀帝司马丕一心求长生,服食丹药中毒身亡。唐代孙思邈呼吁世人“遇此方,即须焚之,勿久留也”。其实,张仲景逝世前,就发现了“五石散”的危害,并令弟子毁去药方,可惜为时已晚!

既然五石散有这么大的危害,为何魏晋人服散的热情不减呢?

首先这与魏晋人追求长生不老、养生等有很大关系。魏晋士人对五石散的认识,正如何晏宣传的那样,以为五石散可以令人体力充沛,心情愉悦,有利于房事,甚至还被视作是延年益寿的神药。其次,服药与名士的生活习尚相吻合。魏晋士人追求一种舒适、放荡、恣肆、自然的生活态度。挣脱儒家名教的束缚,崇尚老庄的自然之道,要的是身心的解脱,而服用五石散后,或狂饮美酒,或穿着宽大的衣服,披发行散,或袒胸裸体,符合魏晋士人心目中理想的生活方式,因而服散成为魏晋士人的一种风尚。

再次,魏晋社会动荡混乱,相互残杀,现实残酷,而名士们通过服散,不仅可以在精神上麻痹自己、排遣苦闷,满足麻醉状态的精神自由,沉溺于虚幻的世界,甚至还可以在危险的时候,借服散装疯卖傻,疏离政治、躲避现实中的各种压迫和灾祸,保全自己。王戎曾假装服寒食散药力发作,跌倒在厕中,才免去一死。因此,放浪形骸、洒脱不羁的背后,却是魏晋名士的痛苦、悲凉、忧惧;是沉重的哀伤和极度的压抑与无奈，也体现了魏晋名士的生命自觉和自我意识的觉醒，显示出独特的人格精神。这是魏晋时期特有的文化现象。魏晋士人服药、崇尚清谈，何尝不是在麻醉自己、逃避现实，沉浸在药物和玄理带来的快感中不可自拔，何其悲哉！

（齐慧源）

何必在大

嵇中散语赵景真①："卿瞳子白黑分明，有白起之风，恨量小狭②。"赵云："尺表能审玑衡之度③，寸管能测往复之气④。何必在大，但问识如何耳！"

《言语》第15条

注释

① 嵇中散：即嵇康。嵇康曾为中散大夫，详"不见喜愠"篇（《德行》第16条）注释。赵景真：即赵至，字景真。本为兵家子，后逃亡代郡，以良家子身份入仕，有才学。

② 恨：遗憾。量：器量，魏晋时人物品鉴的一个重要范畴，指人深远的精神境界及稳定的人格姿态。

③ 表：测量日影的标竿，用以计时。玑衡：观察天象的仪器。

④ 管：即黄钟之管，以竹为之，可以定律吕，也是一种度量衡标准。

鉴赏

据唐长孺先生的《〈晋书·赵至传〉中所见的曹魏士家制度》一文的论述，赵至出身于“士家”，“士家”是曹魏政权为保障兵源而实行的一项特殊制度。“士家”世代当兵，身份卑贱。赵至从小便以自己的士家出身为耻，力求改变命运。十三岁时受业读书，听他父亲耕田呵斥牛的声音，便把书丢在地上哭泣。可见赵至很早就体会到了命运的残酷，体会到了社会对人强力的、不合理的限制。

士家被国家严密控制，人身自由受限。赵至先是逃亡到山阳，想投奔嵇康，不遇。又想游学远方，其母不许，赵至屡屡发狂疾走，常走了好几里路才被家人追上，还把身上烤伤了十多处。到十六岁时，游邺，碰巧遇见了嵇康，随嵇康到山阳，改名为赵浚。他意志坚决，想找到尽可能的机会来打开一条改变身份的通道。嵇康，在他看来，是个有力的人选。

在本章故事中，嵇康认为赵至有战国名将白起之风，但器量狭小。何以嵇康说赵至器量不大呢？据嵇绍《赵至叙》所记：“至长七尺三寸，洁白黑发，赤唇明目，鬓须不多，闲详安谛，体若不胜衣。”很明显，他是有意模仿嵇康之类的名士的做派，在行为举止上表现出名士特有的优裕从容的姿态。从赵至的经历来看，他是一心一意想摆脱卑贱的士家子的身份，迫切向上攀援，而出身这个隐痛始终在他心中挥之不去。所以，尽管表面上很洒脱自然，但掩饰不住骨子里的激矫和躁动。嵇康对此看得非常明白，因之点明他器量的浅狭。

但是赵至不认同，他狡辩：“尺长的表可测定玑衡的准确性，寸长的竹管能测量往复之气而定律吕。所以，哪里用得着宏大的器量，只须才识就足矣。”这个反驳确实很漂亮，所以被选入《世说》“言语”一门。

（肖能）

期期艾艾

邓艾口吃[①]，语称“艾艾”。晋文王戏之曰[②]：“卿云艾艾[③]，定是几艾[④]？”对曰：“凤兮凤兮，故是一凤。”

《言语》第17条

注释

① 邓艾（197—264），字士载，三国义阳棘阳（今河南新野）人。官至魏征西将军、太尉，与钟会分军灭蜀，后被钟会诬为谋反，被杀。

② 晋文王：即司马昭，见“阮籍至慎”篇（《德行》第15条）注释。戏：嘲戏，开玩笑。

③ 卿：你，古时君称臣。

④ 定：究竟，到底。

鉴赏

古人自称用名，称人用字，表示恭敬。司马昭当时官居高位，邓艾所以自称其名。但是因为说话有点结巴，一个“艾”字，往往说成“艾艾”。司马昭听着好笑，忍不住开他玩笑：你开口就是“艾艾”，这里究竟有几个“艾”哟？没想到，这个结结巴巴的人，一下子对答如流，妙语连珠，浑然天成：孔夫子当年曾经被人唱着“凤兮凤兮”的歌谣劝诫，他不就是一只凤凰吗？既然“凤兮凤兮”只是一只凤凰，那么，我说“艾艾”

也就是一“艾”了。

无独有偶，汉朝有个开国元勋，名叫周昌，刚直敢言。汉高祖刘邦一度想废掉太子，另立戚夫人子如意，周昌公然抗争，声称“臣口不能言，然臣期期知其不可；陛下虽欲废太子，臣期期不奉诏”(《史记·张丞相列传》)。句子中的“期”，就是“必定”的意思，周昌口吃，又在盛怒之下，所以把“期知其不可”说成了“期期知其不可”，接着又把“期不奉诏”说成“期期不奉诏”。如此“期期”“期期”个没完没了，惹得高祖哈哈大笑，废立之事，也就一笑而罢。

周之“期期”于前，邓之“艾艾”于后，由此给汉语留下了一个“期期艾艾”的成语，用以形容人的说话重复不流利。

与“期期艾艾”的后世用意相反，《世说新语》将“故是一艾”收入《言语》篇，意在欣赏邓艾的博学与敏捷。一个自幼失学的放牛娃，有感于陈寔碑文中的“文为世范，行为士则”，竟能欣然向慕，甚至为自己取名为邓范，字士则(后宗族中有同名同字者，这才改名“邓艾”)，从此刻苦力学，自学成才。成年之后，他竟能以典农功曹这样的低级佐杂，被雄才大略的太尉司马懿看中，辟为太尉掾，从此进入司马懿父子的视野，进而脱颖而出，逐渐成为司马氏家族南征北战的得力助手。邓艾的武略，体现在战胜姜维，平定西北与西南；而邓艾的文韬，则在主公猝不及防之“定是几艾”的嘲讽面前，藉此“凤兮凤兮”的脱口而出，轻轻松松化解尴尬，才思之敏捷，腹笥之优裕，令人不得不由衷佩服。“有志者事竟成”，环堵之室照样能飞出金凤凰；“腹有诗书气自华”，口吃之人，无故加之而不怒，骤然临之而不惊，不仅出口成章，文采斐然，而且恰如其分，妙合无垠。窥一斑而知全豹，邓艾的积学与博学，读者可以举一反三。

（王澧华）

不慕巢许

嵇中散既被诛，向子期举郡计入洛[①]，文王引进[②]，问曰："闻君有箕山之志[③]，何以在此？"对曰："巢、许狷介之士[④]，不足多慕。"王大咨嗟。

《言语》第18条

注释

① 向子期：向秀(约227—272)，字子期。河内怀(今河南武陟西南)人，"竹林七贤"之一，曾为《庄子》作注。郡计：指郡中掌管计簿的小吏。

② 文王：即司马昭。

③ 箕山之志：相传尧帝时，巢父、许由隐居箕山，后世称高士隐居之志为"箕山之志"。

④ 巢、许：指巢父、许由。

鉴赏

向秀留给后人的历史形象较为丰富。《晋书·向秀传》曰："康善锻，秀为之佐，相对欣然，傍若无人。又共吕安灌园于山阳。"《文选》注引臧荣绪《晋书》语："(向秀)始有不羁之志，与嵇康、吕安友。"向秀结伴嵇康、吕安，"锻铁"的傲然与"灌园"的淡然，是他曾经留给历史的身影和写照。"不羁之志"、处事泰然是后人欣赏他的原因之一。向秀聪明好学，清悟有远识，雅好老庄之学，其《庄子注》能"发明奇趣，振起玄风”,可谓一代玄学名家。另外,《世说新语·品藻》门也从侧面渲染了向秀潇洒的风神:“刘尹、王长史同坐,长史酒酣起舞。刘尹曰:‘阿奴今日不复减向子期。’”(《品藻》第44条)丹阳尹刘惔和长史王濛在一起,王濛喝酒喝得兴起便跳起舞来,刘惔称王濛的舞姿可以比得上向秀,可见超尘脱俗的“子期舞”在晋朝士林中也被传为佳话。

《世说新语》此则记录了向秀与司马昭的一段对话,展示了向秀历史形象又一个侧面,其形象的这一侧面更发人思考,甚至曾引发后人对向秀思想及其人格的争议。

嵇康之死与向秀入洛是两件有关联的历史事件。七贤的竹林之游以嵇康之死、向秀入洛而宣告结束。入洛途中,向秀徘徊于山阳旧路与故居,聆听悠扬凄婉的笛声,“追思曩昔游宴之好,感音而叹”,写下一篇怀旧文学的名篇——《思旧赋》。向秀“徘徊以踌躇”,思考和感慨的是古今许多人都要面对和回答的问题,亦如当代歌手赵传的那首《我是一只小小鸟》所唱:“生活的压力与生命的尊严哪一个重要?”如果说嵇康临终所奏《广陵散》是名士抗争强权的一段悲愤激昂的结束曲,那么,向秀入洛及其途中所作《思旧赋》则具有另一种象征意义:魏晋易代之际,士人要么如刚烈之嵇康为名节与自由付出生命的代价;要么如山涛、王戎等心甘情愿与当权者合作;要么如阮籍、向秀一样明哲保身,委曲求全。逍遥自由的竹林之游只能是魏晋士人神游物外的昙花一现。从此,竹林之游将成为历史的瞬间,留给后人无限的神往与怅惘的回忆。《思旧赋》是今天可以读到的七贤中人对竹林之游最初的追忆。然而赋作欲言又止,如鲁迅在《为了忘却的记念》中所言:“年轻时读向子期《思旧赋》,很怪他为什么只有寥寥的几行,刚开头却又煞了尾,然而,现在我懂得了。”《思旧赋》最早见于南朝梁萧统所编《文选》,然后是唐人所撰《晋书·向秀传》,现已入选中学语文课本,一般读者耳熟能详,这里不再赘述。只想说明——联系并读懂向秀入洛之前的《思旧赋》,有助于我们理解《世说新语》中向秀与司马昭的这一段对话。

大权在握、高高在上的司马昭以征服者的姿态嘲弄前来应聘的向秀："早就听说你曾经向往隐士高人的'箕山之志'，来这里干什么？"向秀回答："巢父、许由是特立独行之辈，不值得羡慕。"向秀的回答避其锋芒，可谓低声下气，委曲求全。司马昭对此回答甚为满意和得意，故而"咨嗟"感叹。对此，后人有苛责向秀不惜自黑、自我否定的懦弱，也有人在向秀被郭象窃取的《庄子注》中，去寻找向秀生存之道的哲学根源，认为向秀原本就有调和儒道——"活着就是王道"的人生哲学。对此，见仁见智，自可继续探讨。然而，联系向秀入仕之后在历史上近乎销声匿迹这一现象来看，向秀的为官，仅为"容迹"，即苟活而已。

从历史的观点看"向秀入洛"的妥协和"不慕巢、许"的自污，我们对向秀会多一份理解和同情。嵇康之死留给中国士人的无疑是一段永远也难以抹去的"创伤记忆"。嵇康被杀和向秀入洛，是魏晋之际两个具有象征意义的历史事件：强权政治"杀鸡给猴看"，向不愿与之合作的士人表明了态度。此举对于两晋士人心态的影响无疑是深远的，威胁加利诱，使得士人阶层与最高统治者之间的关系渐趋疏远，士人竞相以"居官无官官之事，处事无事事之心"为高，向秀即案例之一。只是，依赖暴政、胜者为王、罔顾忠孝仁义的"家天下"(将天下视为自家的私产)思维，早已为晋朝埋下了八王之乱、五胡乱华的祸根。从这一点来回看历史，司马昭似乎是高兴得太早了——司马氏集团并没有取得真正的胜利，因为他们在以卑劣暴力手段取得天下的同时，也失去了众多正直有道之士发自内心的支持和拥护。

(刘小兵)

探策得一

晋武帝始登阼①，探策得一②。王者世数③，系此多少。帝既不说④，群臣失色，莫能有言者。侍中裴楷进曰⑤："臣闻天得一以清，地得一以宁，侯王得一以为天下贞。"⑥帝说，群臣叹服。

《言语》第19条

注释

① 晋武帝：即司马炎(236—290)，字安世，河内温县(今属河南)人，司马昭长子。咸熙二年十二月(266年)代魏称帝。登阼(zuò)：登上帝位。阼，帝王嗣位或祭祀时所登的台阶，位于大堂前的东边，所以常用阼来指帝位。

② 探策：指求签。三国魏曹植《驱车篇》："探策或长短，唯德享利贞。"策，古代卜筮用的蓍(shī)草。

③ 世数：指帝位传承世代的数目。

④ 说：通"悦"。

⑤ 裴楷，见"乞物行惠"篇(《德行》第18条)注释。

⑥ "天得一"三句：引自《老子》第三十九章。《老子》所谓的"一"，即指它所说的道。老子认为天地自然都源于道，有了道，万物才能存在。

鉴赏

古代帝王登位时，靠占卜来预测帝位的世代，要推断帝位能传多少代，就在于这个数目的多少。晋武帝刚登帝位的时候，用蓍草占卜，得数为“一”。因为只得到“一”，武帝很不高兴，群臣也吓得脸色发白，没有人敢吱声。这时，侍中裴楷进言道：“臣听说，天得到‘一’就清明，地得到‘一’就安宁，侯王得到‘一’就能够天下太平。”武帝一听，高兴了，群臣都赞叹和佩服裴楷。此事也见于《晋书》卷三十五裴楷本传。

裴楷所说的“天得一”三句，出自《老子》第三十九章：“昔之得一者，天得一以清，地得一以宁，神得一以灵，谷得一以盈，万物得一以生；侯王得一以为天下正。”“正”又作“贞”，二字意义可通。大意是说：过去曾经得“一”(道)者：天得到“一”而清明，地得到“一”而宁静，神祇得到“一”而显灵，河谷得到“一”而充盈，万物得到“一”而生长，侯王得到“一”而能保持自己的统治地位。《老子》这里的所谓“一”，并非指数字一，而是指他所说的道。老子认为宇宙天地自然都来源于道，有了道，万物才能存在。所以，他指出理想的行为方式应该使一切名状混成为一，使人们所孜孜以求的德性修养都出于自然，从而达到自然无为而与道浑融一体的境地。

裴楷将“探策得一”的数字“一”解释为老子的“混成为一”的“一”，让司马炎摆脱“不说”而重新高兴起来，使群臣脱离惊恐转而欢欣鼓舞。事实上，群臣不仅是转惊为喜，而且是化险为夷了。帝王不悦，必使“群臣失色”，如果再迁怒于臣下，危险立刻就出现了。好在裴楷机敏应辩，他以自己的才学解脱了当时君臣的窘境。从这个角度讲，群臣们当然不光是佩服裴楷，还应该非常感谢他。

裴楷如此“巧妙”而得体的解释，并非偶发灵感得之，它既得益于魏晋时代的学术风气，也与裴楷的学术素养密切相关。魏晋时期战乱频仍，社会动荡，王权不断更迭。政治的黑暗和现实的苦难，使士人逐渐丧失对儒家的信仰，最终导致汉代经学和谶纬神学的破产。士人早已失去政治的热忱，亦不关注时事和社会，他们的理想由追求经世致用转向追求个人的逍遥抱一，潜心追求玄远的境界。王弼、何晏首开玄学之风，竹林名士更是要突破“礼教”的束缚追求人格的独立。《老》《庄》

《易》成为士人的必读书目，崇尚自然、宅心玄远、谈玄论道成为时代的思潮，玄学遂成一时之显学。在此背景下，许多高门士族也由汉代的儒学世家迅速转变为魏晋玄学家族。河东裴氏就是著名的例子。裴楷的父亲裴徽，高才远度，善言玄理。当时的名士傅嘏善名理，荀粲尚玄，二人常相争而互不不让。裴徽于其间，释二家之义，通彼此之怀，使两情皆得。著名的术士管辂曾评价说：与此五君（指裴徽、何晏、邓飏、刘寔、刘智五人）一起谈论，使人精神清发，昏不暇寐。裴楷的从兄裴秀，史载其"儒学洽闻"，至其子裴頠，则完全蜕变为玄学名士，他反对何、王的"贵无"思想，提出"崇有论"，其思想在当时有很大影响，成为"崇有派"领袖。在这样一个思想急遽变革的时代和家庭环境中成长，裴楷不但成为西晋时期重要的朝臣，也是著称于时的名士。在学术上，裴楷精通《老子》《周易》，属于"正始之音"的清谈名士流派。《世说新语》收录了多条有关裴楷的故事，《德行》篇第十八条刘注引《晋诸公赞》称他"特精《易》义"。从这则故事当中，我们可以看出他对老子思想的阐发。

裴楷对占卜的解释显然是脱离了汉代象数派方法，而采用的是王弼义理派的阐释方法。试问裴楷的话我们真能相信吗？如果这样解释，占卦还有所谓的凶吉之分吗？他把占卜所得到的数字"一"偷换为老子的"得一（道）"的"一"，如此诡辩，实际上大有偷换概念、瞒天过海的意味，虽赢得满朝喝彩，但实有自欺欺人之嫌。因此后代学者对此有所微词，如苏轼就批评说："晋武帝探策，岂亦如签也耶？惠帝不肖得一，盖神以实告。裴楷谄对，士君子耻之，而史以为美谈，鄙哉！惠、怀、愍皆不终，牛系马后，岂及亡乎？"但不管怎么说，裴楷凭借他所精通的《老》《易》之学，圆满地解决了儒家学说所无法解决的政治命题，化解了这场改朝换代之际重大政治事件的危机。这是时代风气的产物，也是魏晋玄学思想中儒道互补与融合的结果。

（王建国）

不问出处

蔡洪赴洛，洛中人问曰："幕府初开，群公辟命①，求英奇于仄陋②，采贤俊于岩穴③。君吴楚之士④，亡国之余，有何异才，而应斯举？"蔡答曰："夜光之珠，不必出于孟津之河；盈握之璧⑤，不必采于昆仑之山。大禹生于东夷，文王生于西羌，圣贤所出，何必常处？昔武王伐纣，迁顽民于洛邑，得无诸君是其苗裔乎⑥？"

《言语》第22条

注释

① 辟(bì)命：征召、任命。
② 仄陋：狭窄简陋，引申指社会下层。
③ 岩穴：山洞，古代隐士常避居于此。以上二句互文，谓从社会下层、山野洞穴等地方访求英才贤士，即不拘一格、广揽人才之意。
④ 吴楚：春秋时吴国、楚国的故地，常并称，这里偏指吴。
⑤ 盈握：满握。握，指一只手所能握持的量。
⑥ 得无：莫非、莫不是。苗裔：子孙后代。

鉴赏

太康元年(280 年)西晋平吴之后,天下混一,各种事务也随之增多。朝廷于是大力从各地搜罗人才,加以任用。尤其是吴国新附,民心不定,为了尽快安抚,晋武帝采取了一些废除苛政、擢叙吴人的优遇措施。蔡洪为吴郡人,东吴时曾出仕,太康中被举为秀才(《世说新语》本条刘孝标注),北上入西晋都城洛阳。当时洛阳有人指出他是"亡国之余",也就是已经亡国的吴国之人,质问他有什么特别才能,而来参加征召。当时吴人被中土人士鄙称为"亡国之余",积极筹划及率军实施伐吴的王浑在平吴之后登临建邺宫(东吴皇宫,即太初宫)饮宴酣醉时也称在场吴人为"亡国之余"(《晋书·周处传》)。而且中土人士还在语音、饮食、风物、习俗等方面对吴人予以讥嘲,即使像陆机、陆云兄弟这样的江东贵胄也难以幸免(参《世说新语》之《言语》第 26 条、《方正》第 18 条、《简傲》第 5 条等)。

蔡洪先回答那位洛阳人:"夜光之珠,不必出于孟津之河;盈握之璧,不必采于昆仑之山。"人们对于奇珍异宝,常常强调其著名的传统产地,如"凡探明珠,不于合浦之渊,不得骊龙之夜光也;采美玉,不于荆山之岫,不得连城之尺璧也"(葛洪《抱朴子·内篇·祛惑》),而蔡洪则认为未必如此,别的地方也能出产佳物。他接着说:"大禹生于东夷,文王生于西羌,圣贤所出,何必常处?"大禹、周文王的出生地,历来众说纷纭,甚至有与此相反的记载,如西汉陆贾《新语·术事》即云:"文王生于东夷,大禹出于西羌。"在此不纠缠于这个问题。无论如何,其意在表明大禹、周文王这样的圣贤并非出自中原地区。古时像蔡洪这样来自边地,尤其是更等而下之的夷狄地区的人物,欲与中原、华夏人士争胜时,常常以此作为说辞。西晋时匈奴人刘渊接受刘宣等"天厌晋德,授之于我"的进谏时,就说:"夫帝王岂有常哉,大禹出于西戎,文王生于东夷,顾惟德所授耳。"不久即称汉王(《晋书·刘元海载记》)。鲜卑人慕容廆规劝兵败随众归降自己而又称病不肯就任将军之职的渤海大族高瞻的重要理由就是："大禹出于西羌，文王生于东夷，但问志略何如耳，岂以殊俗不可降心乎！"(《晋书·慕容廆载记》)所谓"英雄不问出处"，秦王政十年(前237年)，秦国宗室大臣借韩国派水工郑国修凿灌渠以图消耗秦国国力之事，劝谏秦王嬴政驱逐所有客卿(在秦国做官的其他诸侯国的人员)。也是客卿身份的李斯上书劝阻，首先陈述秦国历史上穆公、孝公、惠王、昭王四位国君重用百里奚、蹇叔、商鞅、张仪、范雎等客卿，使秦国版图逐步扩张、国力渐次增强；然后列举昆山之玉、随和之宝、明月之珠、太阿之剑等诸多并非产自秦国却为嬴政喜好的珠玉色乐；最后总结"是以太山不让土壤，故能成其大；河海不择细流，故能就其深；王者不却众庶，故能明其德。是以地无四方，民无异国，四时充美，鬼神降福，此五帝三王之所以无敌也"，指出如果驱逐客卿，将损己利人，给秦国带来危险(李斯《谏逐客书》)。嬴政从之，废止逐客令，因此延续了秦国的强盛之势，也为以后一统天下、成就帝业打下了基础。

蔡洪最后说："昔武王伐纣，迁顽民于洛邑，得无诸君是其苗裔乎？"周武王伐纣王灭殷商之后，就有意营造洛邑(即后来的洛阳)。周成王时由周公完成洛邑建设，然后将殷之"顽民"，即不服周朝统治的遗民迁移至此地，便于监视和教化(见《尚书·多士》《尚书·毕命》《史记·周本纪》)。蔡洪借此事反唇相讥，嘲讽那些洛阳人大概是迁居洛邑的殷之顽民的后代，同样也是"亡国之余"，作为对他们贬称自己为"亡国之余"的回击。前述王浑贬称吴人为"亡国之余"，吴人周处回答原先三国鼎立，魏亡还早于吴(《晋书·周处传》)。因王浑原仕于魏，所以周处以此为言，说明王浑也是"亡国之余"，周处的反驳也是采用同样的路数。后来的洛阳人有时也以殷之顽民相嘲戏。汉晋时洛阳有上商里，据说就是以前殷之顽民聚居之地。北魏孝文帝迁都洛阳后，将上商里改名闻义里，起初有朝士居此，后因常有人以此事相嘲讽，导致这些朝士纷纷搬离(杨衒之《洛阳伽蓝记》卷五"城北")。差不多同时期，先归降北魏的成淹陪同新归降北魏的王肃经过朝歌(今河南淇县，商纣王国都)

时,也以殷之顽民相戏谑(见《魏书·成淹传》)。

蔡洪面对洛阳人极具挑衅意味的质问,先道佳物生产不必常处,次言圣贤出现亦不必常处,最后以嘲讽来还击,展现出蔡洪不卑不亢、有理有节的言说态度和艺术。日本田中大壮评曰“辩驳反嘲”(《世说讲义》),视蔡洪答语前面部分为辩驳,后面部分为反嘲。明代凌濛初评曰“末便是‘排调’‘轻诋’”,认为蔡洪答语后面部分就是《世说新语》中《排调》门、《轻诋》门的风格。此事在《太平广记》中两见,一见于卷一七三“俊辩”(出《刘氏小说》),另见于卷二四五“诙谐”(出《启颜录》)。

不过,此事《太平御览》卷四六四引《文士传》、《北堂书钞》卷七九引干宝《晋纪》《晋书·华谭传》等均作华谭(《北堂书钞》卷七九引干宝《晋纪》作“华潭”,“潭”当为“谭”之讹字)之事。据《晋书·华谭传》载,华谭为广陵人,其祖融、父谞均出仕吴国。太康中,华谭被刺史嵇绍举为秀才,至洛阳后,曾由晋武帝亲自策问,才学出众。博士王济(即前述贬称吴人为“亡国之余”的王浑的次子)当众嘲讽华谭:“五府初开,群公辟命,采英奇于仄陋,拔贤俊于岩穴。君吴、楚之人,亡国之余,有何秀异而应斯举?”华谭回答:“秀异固产于方外,不出于中域也。是以明珠文贝,生于江、郁之滨;夜光之璞,出乎荆、蓝之下。故以人求之,文王生于东夷,大禹生于西羌。子弗闻乎?昔武王克商,迁殷顽民于洛邑,诸君得非其苗裔乎?”与《世说新语》本条相对照,问语几乎全同,答语略有差异而已。刘孝标注云:“无容二人同有此辞,疑《世说》穿凿也。”

(张金耀)

洛水之戏

鉴赏

洛水之戏

诸名士共至洛水戏。还,乐令问王夷甫曰[1]:“今日戏乐乎?”王曰:“裴仆射善谈名理[2],混混有雅致;张茂先论《史》《汉》[3],靡靡可听;我与王安丰说延陵、子房[4],亦超超玄著。”

《言语》第23条

注释

① 乐令:即乐广,详“名教乐地”篇(《德行》第23条)注释。王夷甫:王衍(256—311),字夷甫,琅邪临沂(今山东临沂北)人。西晋重臣,位至三公,为当时清谈领袖。

② 裴仆射:即裴頠(267—300),字逸民,河东闻喜(今属山西)人。司空裴秀之子。为人有雅量,博古通今,见识高远。后为赵王司马伦所害。頠曾任左仆射一职。

③ 张茂先:即张华,见“去之更远”篇(《德行》第12条)注释。

④ 王安丰:即王戎,见“生孝死孝”篇(《德行》第17条)注释,戎西晋时被封为安丰县侯。延陵:季札,春秋时吴王寿梦第四子,吴王诸樊弟,多次推让君位,封于延陵(今江苏常州市武进区),人称“延陵季子”。子房:张良(?—前189),字子房,颍川城父(今河南襄城)人。西汉开国功臣,政治家,与韩信、萧何并称为“汉初三杰”。

鉴赏

后人曾将魏晋的清谈名士分为不同阶段的群体,有竹林名士、正始名士、中朝名士等不同的称谓。所谓中朝，是东晋南渡之后对西晋一朝的称谓，因为西晋定都洛阳，与偏安江左的东晋相比，都城位于天下之中，故有中朝之称。毫无疑问，西晋是另一个清谈兴盛的时期。其时天下一统，边祸未起，洛都城内的贵游子弟，多为曹魏公卿之胤裔，这种情况，诚如时人刘颂所言："其所服乘皆先代功臣之胤，非其子孙，则其曾玄。"(《晋书·刘颂传》)在改朝换代的政治运动中，他们不仅毫发未损，而且凭着父祖的荫护，地位更加稳固。

曹魏时开始盛行的清谈之风，也被延续了下来。当日执天下清谈之牛耳者为王衍，他贵为当朝太尉，却以不事为高，摆落政务，躬行清谈。流风遗韵，遍及天下，出现了众多的清谈名士。洛水紧邻都城，更是当日士人休憩赏玩的地方，这在当时名士的诗文中多有体现。如潘尼的《三月三日洛水作诗》：

晷运无穷已，时逝焉可追。斗酒足为欢，临川胡独悲。暮春春服成，百草敷英蕤。聊为三日游，方驾结龙旗。廊庙多豪俊，都邑有艳姿。朱轩荫兰皋，翠幙映洛湄。临岸濯素手，涉水搴轻衣。沉钩出比目，举弋落双飞。羽觞乘波进，素卵随流归。

此诗形象地刻画了当日名士洛水赏玩的场景，有豪华的车马随从，艳丽的歌姬舞女，所进行的活动有渔钓弋猎，曲水流觞，真是良辰美景，赏心乐事，好不快哉。

作为清谈宗主，王衍关注的重点自然与常人有别，当乐广问他至洛水赏玩的景况时，他将关注点完全放在清谈活动上了，其中有裴頠对名理的析辨，张华对《史》《汉》的论裁，他和另一名士王戎则就季札与张良展开讨论。所谓谈名理，即偏于抽象的逻辑思维辨析，裴頠曾著有《崇有》《贵无》二论，这些论题自为其所擅场。张华论《史记》《汉书》不知具体话题为何，但从东汉以来，《史》《汉》优劣论，便成为学者经常讨论的一个话题，在张华之前或同时，王充、傅玄、张辅都曾就此问题发表过看法，可见此一问题很具有争议性。至于王衍和王戎所论的季札与张良，则属于历史人物评价的范畴，这也是魏晋以来比较流行的学术风气。在此之前曹植曾写过《汉二祖优劣论》，讨论汉高祖刘邦与光武帝刘秀的优劣对比，曹髦曾经主持过周成王与夏少康优劣对比的讨论，夏侯玄曾经写过《乐毅论》。由此可见，魏晋清谈的话题十分宽泛，既有哲理的思辨，又有典籍的评述，还有历史人物的衡裁，这与后世以为清谈仅关注玄学的印象大相径庭。

中朝名士的清谈活动，如昙花一现般绚烂而短暂，成为后世士人经常追忆的场景，《世说新语·企羡》第二条载：

王丞相过江，自说昔在洛水边，数与裴成公、阮千里诸贤共谈道。羊曼曰："人久以此许卿，何须复尔？"王曰："亦不言我须此，但欲尔时不可得耳！"

王导的尔时不再的感喟，既寄寓了他对过去时光的追念，也使洛阳的流风遗韵在后人的心目中得到永恒的定格。

（王允亮）

土地人物之美

王武子、孙子荆各言其土地人物之美①。王云:“其地坦而平,其水淡而清,其人廉且贞。”孙云:“其山嶵巍以嵯峨,其水泙渫而扬波②,其人磊砢而英多。”

《言语》第24条

注释

① 王武子:王济,字武子,西晋太原晋阳(今山西太原)人。祖昶,魏司空。父浑,晋司徒。济年四十六卒,追赠骠骑将军。《晋书》卷四十二有传。孙子荆:孙楚(约218—293),字子荆,西晋太原中都(今山西平遥)人。祖资,魏骠骑将军。父宏,南阳太守。元康三年(293年)卒。《晋书》卷五十六有传。

② 泙渫:当作“浃渫”,为水波连续之貌。

鉴赏

王武子(济)、孙子荆(楚)两人同是太原郡人,关系极好。《晋书》卷四十二《王济传》称济“少有逸才,风姿英爽,气盖一时”,“好弓马,勇力绝人,善《易》及《庄》《老》,文词俊茂,伎艺过人,有名当世”。既有逸才,又善清言,加上伎艺过人,人人敬佩这位青年才俊。

汉末之后,人物品鉴之风盛行。《晋书·王济传》说:“每侍见,未尝不咨论人物及万机得失。”甚至晋武帝也向他咨论当世人物。据刘孝标注引《晋阳秋》,王济曾为“本州大中正”。大中正的职责是品评本州人物,掌选举人才。因与孙楚友善,故不待大中正的属官访问品评,王济便说孙楚是“天才英特,亮拔不群”。

两人各言其土地人物之美,其意义是说明土地与人物之间,也就是地理环境与人民习性之间的内在关系。王济说:土地平坦,水流清澈而平浅,生长于斯的人民廉让忠贞。孙楚说:高山峻岭,水流激荡扬波,生长于斯的人民磊落英多。王、孙两人都是太原人,却各言土地人物之美不同。为此,刘孝标作注:“按《三秦记》《语林》载,蜀人伊籍称吴地人物,与此语同。”明人王世懋说:“注是也。吴、蜀当此语,是本色。按,王、孙同为太原人,不当风土之异如此。”刘孝标、王世懋以为王济、孙楚是各言吴、蜀二地风土人物之美,王济所言乃吴土地人物,孙楚所称乃蜀土地人物。这样解释就正确了。

殊方异俗,以致人民的习性气质,甚至文学艺术亦有差异,这是人类社会的普遍现象,在世界范围内也是如此。《史记·吴太伯世家》记春秋鲁襄公二十九年,吴使季札聘于鲁,请观周乐。季札一一评价周南、召南、邶、鄘、卫、郑、齐、豳等各地民歌的特点,其实已经意识到地域与民风及音乐的关系。又比如汉武帝望见江充而异之,谓左右曰:“燕赵固多奇士。”(《汉书·江充传》)至于热衷谈论不同地域的地理差异、人民习性、人物优劣,并且进而讨论风土与人物二者之间的关系,应该是汉末出现的学术新风气。溯其源,当起于汉代选拔人才的地方察举制度。如孔融《汝颍优劣论》、卢毓《冀州论》《九州人士论》皆论地域与人物气质之间的关系,既有学术意义,更有现实意义。

又如《言语》第72条记王坦之令伏滔、习凿齿论青、楚人物优劣。伏滔列举古今青土之“有才德者”,习凿齿则历数楚地杰出人物,末了说:“比其人则准的如此,论其土则群圣之所葬,考其风则诗人之所歌,寻其事则未有赤眉、黄巾之贼。”由此可见,习凿齿论土地人物,将人、土、风、事四种因素结合起来考察,得出楚地人物优于青土人物。王朗、朱育、虞翻三人论会稽人物之美则是更典型的例子。《三国志·吴书·虞翻传》裴松之注引《会稽典录》载：朱育对太守濮阳兴说："昔初平末年，王府君以渊妙之才，超迁临郡，思贤嘉善，乐采名俊，问功曹虞翻曰：'闻玉出昆山，珠生南海，远方异域，各生珍宝。且曾闻士人叹美贵邦，旧多英俊，徒以远于京畿，含香未越耳。功曹雅好博古，宁识其人邪？'翻对曰：'夫会稽上应牵牛之宿，下当少阳之位，东渐巨海，西通五湖，南畅无垠，北渚浙江，南山攸居，实为州镇，昔禹会群臣，因以命之。山有金木鸟兽之殷，水有鱼盐珠蚌之饶，海岳精液，善生俊异，是以忠臣系踵，孝子连间，下及贤女，靡不育焉。'王府君笑曰：'地势然矣，士女之名可悉闻乎？'翻对曰：'不敢及远，略言其近者耳……'"王朗所说"玉出昆山，珠生南海"，虞翻所说"海岳精液，善生俊异"，皆阐明地域与物产、民性之关系。又卢毓《冀州论》说："冀州，天下之上国也。尚书何平叔、邓玄茂谓其土产无珍，人生质朴，上古以来，无应仁贤之例。"何平叔、邓玄茂论冀州人物，正与王朗、虞翻论会稽人士，王武子、孙子荆言吴蜀土地人物相同。《晋书·祖纳传》："时梅陶及钟雅数说余事，纳辄困之，因曰：'君汝颍之士，利如锥，我幽冀之士，钝如槌。持我钝槌，捶君利锥，皆当摧矣。'"祖纳以锥与槌比汝颍之士和幽冀之士，意为后者优于前者。又《晋书·姚兴载记》："兴如三原，顾谓群臣曰：'古人有言，关东出相，关西出将，三秦饶俊异，汝颍多奇士。'"凡此皆可见地域差异与土地、人物之美有关，此在汉末之后已成共识，成为学术新风。

（龚斌）

千里莼羹

陆机诣王武子[①]，武子前置数斛羊酪[②]，指以示陆曰："卿江东何以敌此？"陆云："有千里莼羹[③]，但未下盐豉耳[④]！"

《言语》第26条

注释

① 陆机(261—303)，字士衡，吴郡吴县(今江苏苏州)人，西晋文学家，祖逊、父抗皆东吴名将，吴亡，家居勤学，太康末，与弟云同赴洛阳，文才倾动一时，时称"二陆"，太康诗风的代表人物之一，代表作有《文赋》《辨亡论》等。王武子，见《言语》第24条注释。诣：往，到。
② 斛(hú)：量器名，古代以十斗为一斛。
③ 千里：指面积广大的土地或水面，一说为地名"千里湖"。莼(chún)：睡莲科莼属的水生植物，叶可食用。
④ 盐豉(chǐ)：用盐和豆制成的豆豉，可用于调味。

鉴赏

陆机去拜访王济，王济面前摆着几斛羊奶酪，他指着羊奶酪问陆机："你们江东有什么美味的食物可以与此相比？"陆机说："方圆千里的湖面，生长有鲜美的莼菜，做出的莼羹可以与之相比，只是还不用加盐豉调味！"

"莼羹鲈脍"成语流传至今，人们用它来表达思乡之情。莼羹即莼菜做的羹，是一道从古至今未曾失传的菜肴。莼菜在长江流域是常见的水生植物，每年春夏季节便能看到人们把莼菜羹端上饭桌。但这种口感嫩滑爽脆的蔬菜不耐储存运输，古代尚未发明真空包装技术，只有在它的产地才能感受莼菜之味。

三国西晋时经济文化最为发达的当属江东，于是莼菜成为了江东的代表蔬菜。而本条目中出现的另一种食品羊酪，被当时的生产力限制在了北方地区，江东想必很难看到它的身影。王济指着羊酪问陆机“卿江东何以敌此”时，“卿江东”三字让这个问题变得不只是单纯的对食物的讨论，而是长居洛下、自居正统者与江东士人群体对立的表现。

王济出身于长期被魏晋朝廷倚重的太原王氏，他的父亲是司徒王浑，他本人“风姿英爽，气盖一时”（《晋书·王济传》），还与晋武帝司马炎的亲姐妹常山公主结为夫妇。王济的身份、容姿和性情，让他有足够的自信在陆机面前以正统者自居。

相比之下，陆机来自吴郡陆氏，作为孙吴重臣陆逊、陆抗后人的他，也曾出仕孙吴。西晋灭吴终结了天下三分的格局，结束了三国时代，也让陆机成为亡国之臣。多年后他来到洛阳再次进入仕途，又免不了世人的贰臣之讥。陆机入洛后虽有“伐吴之役，利获二俊”（《晋书·陆机传》），“二陆入洛，三张减价”（《晋书》卷五十五）之誉，然而外来者、亡国者、贰臣的身份，还是让他在洛阳遇到不少尴尬场面，本条目就是这些场面之一。此种时刻，陆机总会尽力维护本宗族和江东士人群体的名誉利益，不惜为之顶撞位高权重者。他口中的“千里莼羹”不仅是桑梓之思，还是对客居洛下的江东士人群体尊严的维护。他们离乡背井向曾经的敌人寻求生存发展空间，陆机不希望这群失去故国、家园乃至名节的人们，连最后的尊严都被剥夺。

羊酪和莼羹是两种原料和风味完全不同的食物，本无相互比较的必要。王济必定知道江东难见羊酪，问江东何物可敌，颇有以洛下名流身份自傲的意味。陆机举出“千里莼羹”并道此物无需盐豉等调料就可与羊酪相比，若加上调料自然比羊酪更加美味。在陆机心中，江东特产不次于洛下风物，江东人物同样不次于洛下人物，他们有资格有能力在士人社会中占据一席之地。陆机维护家乡特产，也是维护包括自己在内的家乡人物。

（郭小小）

忽肥忽瘦

庾公造周伯仁①。伯仁曰："君何所欣说而忽肥？"庾曰："君复何所忧惨而忽瘦？"伯仁曰："吾无所忧，直是清虚日来，滓秽日去耳。"

《言语》第30条

注释

① 庾公：即庾亮，见"不卖的卢"篇（《德行》第31条）注释。周伯仁：即周顗（269—322），字伯仁，汝南安成（今河南平舆西南）人，官至尚书左仆射，为东晋之初大名士。王敦叛逆，周顗面责之，被杀。

鉴赏

庾公（亮）是晋明帝穆皇后之兄，东晋初期的大名士。周伯仁（顗），扬州刺史周浚长子，也是东晋之初的大名士。故事说庾亮拜访周顗，周问："您有什么高兴喜悦之事而忽然胖了？"庾亮回答说："您有什么忧愁伤心之事而忽然瘦了？"

周𫖮说庾公胖了。庾公是否真的胖了？其实不是。《晋书·庾亮传》说"亮美姿容"。庾亮死，何充临葬，不胜伤感，说："埋玉树著土中，使人情何能已已！"（《世说新语·伤逝》）魏晋时惯于以玉形容人的肤色白。庾亮貌美，风度温雅，故何充喻之为"玉树"。而晋人以肥为丑。庾亮是美男子，怎么可能忽然之间就莫名其妙的肥了？因此周𫖮之问，绝对不是因庾亮真的胖，而是戏谑取乐。同样，庾亮之问也是如此。《晋书·周𫖮传》说"（𫖮）少有重名，神彩秀彻"。《言语》第40条注引邓粲《晋纪》说："伯仁仪容弘伟。"可见，周𫖮也是个光彩照人、体魄魁伟的俊男子。再有《赏誉》第56条说："世目周侯，嶷如断山。"意思说周𫖮像陡立的山峰，气势非凡。假若周𫖮瘦弱，岂能有"嶷如断山"的气象？所以，庾亮之问也是开玩笑。汉末以降，人们相互嘲戏取乐的风气很普遍，庾亮、周𫖮见面说肥瘦，正是这种风气的体现。千年之后，我们还不难想象晋人的活泼风趣。这是魏晋风度的表现之一。

问人肥瘦，最早见于《韩非子·喻老》："子夏见曾子，曾子曰：'何肥也？'对曰：'战胜，故肥也。'曾子曰：'何谓也？'子夏曰：'吾入见先王之义则荣之，出见富贵之乐又荣之，两者战于胸中，未知胜负，故臞。今先王之义胜，故肥。'"《淮南子·精神训》亦载之，文字略有不同。高诱注："精神内守无思虑，故肥。"《韩非子》《淮南子》中之"问肥瘦"，是借寓言说明精神内守之影响。若义胜，就肥了，犹言"心宽体胖"。若义不胜，就瘦了。

汉代有以人之肥瘦知其贵贱的地域性习俗。《三辅决录》说："张氏得钩，何氏得算，故三辅旧语曰：'何氏算，张氏钩。何氏肥，张氏瘦。'言何氏肥者辄贵，瘦者辄贱。张氏瘦者辄贵，肥者辄贱。故二族以钩算知凶吉，以肥瘦知贵贱。"然何氏以为肥人贵，瘦人贱，而张氏正好相反。可见何氏、张氏的人物审美标准恰恰相反。至于肥瘦为何能作为贵贱的依据，恐怕何氏张氏都不可能说出个道道来。

到了魏晋，说人肥瘦变为嘲戏取乐。《三国志·吴书·诸葛恪传》注引《恪别传》："(孙)权尝问恪：'顷何以自娱，而更肥泽？'恪对曰：'臣闻富润屋，德润身，臣非敢自娱，修己而已。'"《三国志·魏书·王粲传》注引《吴质别传》："质黄初五年朝京师，诏上将军及特进以下皆会质所，大官给供具。酒酣，质欲尽欢。时上将军曹真性肥，中领军朱铄性瘦。质召优，使说肥瘦。真负贵，耻见戏，怒谓质曰：'卿欲以部曲将遇我邪？'骠骑将军曹洪、轻车将军王忠言：'将军必欲使上将军服肥，即自宜为瘦。'真愈恚，拔刀瞋目，言：'俳敢轻脱，吾斩尔。'遂骂坐。……""质召优，使说肥瘦"，优为优伶，为表演者。由此可知，"说肥瘦"成了表演作乐的节目。史称曹丕作风通脱，影响到时风的放荡。吴质召俳优，使说肥瘦，便是轻脱的行为。不意曹真不喜欢被人戏笑，几乎闹出人命。为什么曹真怒忿？一是"负贵"。贵族身份，容不得做人家的调笑对象。二是人之肥瘦在当时确有"审丑"意味，即以肥或瘦为丑。

庾公与伯仁两人说肥瘦，属于纯粹的调笑取乐，与上文所举孙权同诸葛恪的对话相似。伯仁一见到庾亮就开玩笑："君何所欣说而忽肥？"庾亮玉树临风般的人物，哪会忽然就肥了？庾公应声而答："君复何所忧惨而忽瘦？"伯仁"仪容弘伟"，当然也绝不会忽然就瘦了。这两人都是伶牙俐齿，一来一往，各不相让。最妙是伯仁的回答。他所说的"清虚"，喻清静虚淡之玄心。滓秽，喻世情杂念。周伯仁之言，乃自我夸耀清虚寡欲，亦即诸葛恪所言"修己"之意。说你肥，说你瘦，似乎都与人物形体的审美无关，但尚存子夏所说的"今先王之义胜，故肥"的遗意。然读者所见，不过是应对便捷，由此取乐而已。

（龚斌）

新亭对泣

过江诸人①,每至美日②,辄相邀新亭③,藉卉饮宴④。周侯中坐而叹曰⑤:"风景不殊,正自有山河之异⑥!"皆相视流泪。唯王丞相愀然变色⑦,曰:"当共戮力王室⑧,克复神州,何至作楚囚相对⑨?"

《言语》第31条

注释

① 过江诸人:指经历了西晋丧乱后渡江避难的中原士大夫。江,长江。
② 美日:风清日丽的日子。
③ 新亭:亭名,又名中兴亭,原是三国吴建,在今南京市长江边。
④ 藉卉:坐卧草地。卉,草的总称。
⑤ 周侯:即武城侯周顗,见上一篇注释。
⑥ 山河之异:指中原洛京与江南山河自有不同。言外有一种山河破碎、寄人篱下之痛。
⑦ 王丞相:即王导,见"清操清识"篇(《德行》第27条)注释。愀(qiǎo)然:脸色变得严肃的样子。
⑧ 戮(lù)力:勉力。
⑨ 楚囚:据《左传·成公九年》记载,楚人钟仪为晋所俘,在晋鼓琴时仍作楚声。后用以泛指囚犯,亦借指处境窘迫、无计可施者。

鉴赏

从中原渡江避难的士大夫，每逢良辰吉日，常常相邀到濒临长江的新亭聚集，在草地上坐卧野餐。在宴集中，周顗慨然长叹说："眼前风景不比洛阳差，只是(中原破碎)山河变得大不相同啊！"大家听了，相对落下了眼泪。只有王导把脸一沉，严肃地说："现在大家应该同心报国，效力朝廷，以恢复中原为己任，怎么可以(这样消沉)像楚囚一样地相对哭泣呢？"

据《资治通鉴》，系此故事于怀帝永嘉五年(311年)，距东晋在江南建国尚有六年。当时八王自相厮杀，胡马踏陷京洛。中原动乱，危如累卵。而士大夫贵族，因承平日久，竞相豪奢，当时王导就对还是琅邪王的司马睿说："自魏氏以来，迄于太康之际，公卿世族，豪侈相高，政教陵迟。"(《晋书·王导传》)在这一混乱动荡的局势下，中原世族名士，纷纷举家南迁。他们遽遭丧乱，手脚无措。现在聚集饮宴，面对江南风景，回想昔日京洛豪华，自有中原丧乱、山河破碎之痛，"过江诸人"相对而泣者以此。这也是人之常情。但是，在国家民族的危难之秋，悲观落泪，能挽救祖国的命运吗？东晋两位风流宰相，一是王导，一是谢安。然而，风流宰相并没有忘记报效国家的历史使命。如王导等志士仁人，他们不会像小儿女那样只知痛哭流涕，停步不前，而是以战斗的姿态出现，抹掉眼泪，强忍悲痛，奋然而起，挽狂澜于既倒，救祖国于危亡。史称当时王导上书说："方今戎虏扇炽，国耻未雪，忠臣义夫所以扼腕拊心。"后来东晋的建国，与王导等志士仁人的努力奋斗有关。王导在新亭的一席话，掷地作金石声，激扬了爱国正气，震醒了彷徨中的哀哀士人，奋斗，前行。

故事言简意赅，隽永有味。通过简短的对话，细致而深刻地揭示了不同人物的内在心理活动，于是各异其态的生动艺术形象，在对比中自然浮现。

（蒋凡）

见此芒芒

卫洗马初欲渡江[1],形神惨悴,语左右云:"见此芒芒,不觉百端交集。苟未免有情,亦复谁能遣此!"

《言语》第32条

注释

① 卫洗马:卫玠(286—312),字叔宝,河东安邑(今山西夏县西北)人,曹魏尚书卫觊曾孙、太保卫瓘之孙。好言玄理,中国古代四大美男之一。

鉴赏

永嘉四年(310年),二十五岁的卫玠扶老挈幼,离开了心爱的故都洛阳。将要渡过长江时,他面对茫茫江水,想起家国巨变、人生无常,不禁神情凄惨,容颜憔悴,黯然地对左右随行的人说:"看到这茫茫长江,不觉百感交集。只要一个人心中还有感情,谁又能排遣得了这万千感慨呢!"

洛阳,那牡丹花开似锦的故都,留下了多少璀璨若星辰的回忆!卫玠,字叔宝,又有小字虎,从小就是个集万千宠爱于一身的幸运儿。他皮肤白皙,晶莹剔透,年少时乘坐羊车到街市去,人们都以为是玉人,争相围观赞叹。看看那俊秀忧郁的模样,再想想那卓尔不凡的才学,怎能不令人着迷呢?

卫玠在晋怀帝时任太子洗马,不过可不是为太子洗马打杂的,而是负责辅导太子的侍从官。卫玠的祖父卫瓘在晋惠帝时位至太保,曾平定钟会之乱,战功赫赫。他非常喜爱这个孙子,曾说:“这孩子与众不同,可惜我年老了,看不到他长大成材了!”卫家不仅是官宦世家,也是书法世家。卫玠的祖辈们,曾祖父卫觊、祖父卫瓘、父亲卫恒,都是大书法家。他还有个姑姑叫卫铄,世称卫夫人,是书圣王羲之的启蒙老师。

秉承这样优秀的遗传基因,卫玠自是非同寻常。刘丹阳(刘惔)、王长史(王濛)等人曾在瓦官寺聚会,桓护军(桓伊)也在座,大家一起评论西晋以及江东的人物。有人问:“杜弘治(杜乂)和卫虎相比,怎么样呢?”桓伊回答说:“杜弘治仪容清丽,卫虎神采奕奕,倍觉俊美。”王、刘二人都表示认同。“虎”是卫玠的小字,可惜他的身体连病猫都不如,真是可叹!丞相王导看见太子洗马卫玠,也说:“身体显然很瘦弱,虽然整天神情和畅,也还像是不胜罗绮。”

卫玠不仅金玉其表,而且一肚子学问,他善谈《易经》《老子》,是继王弼、何晏之后的又一个清谈名士和玄学家,当时人称赞他“颖识通达,天韵标令”。他在清谈宴会上总是默然不语,然而只要一开口,就惊动四座,人称“卫君不言,一言入真”。他“析理至审”,很少推崇别人的王平子(王澄),三次听卫玠谈玄理,都表示由衷的敬佩,因而有“卫君谈道,平子三倒”的说法。可惜卫玠体弱多病,母亲王氏担心他过于劳累,常常不让他多说话。

让卫玠心中眷恋的地方,还有美丽的兰陵(今山东枣庄)吧。兄长卫璪承袭了兰陵公卫瓘的爵位,带着母亲和弟弟居住兰陵郡。母亲王氏(司徒王浑之女)时常带着小儿子卫玠迢迢数百里,去洛阳探访自己的兄弟。卫玠的舅舅王济风姿英爽,既爱好弓马,又善于谈论玄理。因为他文武双全,被晋武帝司马炎选为女婿,并封为骠骑将军。王济性格豪爽,生活奢侈,当时洛阳土地昂贵,王济买了块地做射击场,还用金钱连成串圈起来。然而这么一个才貌双全、有钱有势的高富帅舅舅,在卫玠面前仿佛都成了土豪,每次见到卫玠,就感叹像有光彩照人的明珠在侧，令人自惭形秽。

然而卫玠性情淡泊，从不恃才傲物，也不恃美凌人。他常怀宽恕之心，认为只要别人不是特意冒犯为难自己，就不要计较，故而终身看不到他大喜大怒。外公王浑是司徒，岳父乐广是尚书令，就连他的连襟也是成都王司马颖，然而朝廷多次征召卫玠入朝为官，他都不赴任。很久以后，他才担任西阁祭酒、太子洗马。

可惜卫玠生不逢时，当时的晋惠帝是历史上奇葩的痴呆皇帝，由于他的愚钝无能，权力落在了强势残忍的贾皇后贾南风手中。贾南风只有四个女儿，膝下没有皇位继承人，在她杀害太子司马遹之后，出现了一场皇族争夺皇位的“八王之乱”，把西晋搞成了一盘散沙的局面。胡人趁势入侵，史称“五胡乱华”，洛阳屡遭战乱，人们四海逃奔。

面对动荡不安的时局，卫玠辞去太子洗马的官职，决心把家迁往南方。这时候卫璪担任散骑侍郎，在宫内侍奉晋怀帝司马炽。母亲不忍心和大儿子分离，流着泪说：“我不能舍下仲宝（卫璪）离开！”卫玠劝她要以保存门户为重，终于说服母亲同意南迁。卫玠临别前，对兄长说：“侍奉父、师、君的道义，是人们所看重的。可是如今的世道太危险了，为官不啻献身事君，请兄长多多珍重啊！”卫玠告别哥哥，带着母亲和妻子离开了洛阳。

不管卫玠多帅多有才，在衣冠南渡大潮的裹挟下，命运依然是悲惨的。他一向体弱多病，一路上风餐露宿，经受了千辛万苦，以致美貌也逐渐憔悴。而昔日洛阳的世家繁华，与今日南迁的江湖沦落，更令他在渡江时百感交集。南渡仅仅两年后，卫玠就因为不堪劳顿而去世了，年仅二十七岁。

（阮莉萍）

江左夷吾

温峤初为刘琨使来过江[①]。于时江左营建始尔[②]，纲纪未举。温新至，深有诸虑。既诣王丞相，陈主上幽越[③]，社稷焚灭，山陵夷毁之酷，有黍离之痛[④]。温忠慨深烈，言与泗俱，丞相亦与之对泣。叙情既毕，便深自陈结[⑤]，丞相亦厚相酬纳[⑥]。既出，欢然言曰[⑦]："江左自有管夷吾[⑧]，此复何忧？"

《言语》第36条

注释

① 温峤(288—329)，字泰真，一作太真，太原祁县(今山西祁县)人，东晋名将。渡江后辅佐晋元帝、晋明帝，平王敦、苏峻之乱。刘琨(271—318)，字越石，中山魏昌(今河北定州东南)人。刘琨历经八王之乱后出任并州刺史，其间修葺城池，安抚生民，与石勒相抗衡。后因贸然率军讨伐石勒，兵败。同年，西晋灭亡，刘琨令温峤过江，劝司马睿称帝。后为鲜卑段匹磾所害。

② 江左：即江东，魏晋时期指长江下游南岸以南京为中心的地区。始尔：开始。

③ 幽越：幽囚，监禁。

④ 黍离：《诗经·王风》中的一篇。《毛诗序》说："《黍离》，闵宗周也。周大夫行

役，至于宗周，过故宗庙宫室，尽为禾黍。闵周室之颠覆，彷徨不忍去，而作是诗也。”后来“黍离”就成了伤悼亡国的典故。

⑤ 陈结：述说心意，欲与之结纳。

⑥ 酬纳：酬谢接纳。

⑦ 懽然：喜悦的样子。

⑧ 管夷吾：管仲（？—前645），名夷吾，春秋时期齐国名相，辅佐齐桓公成为春秋五霸之首。

鉴赏

自晋武帝建立晋朝之后，精心治国，改革图治，国家日渐繁荣，这段时期史称“太康之治”。遗憾的是，晋武帝好大喜功，不久之后就怠惰政务，又大举分封宗亲，亲手为“八王之乱”埋下了隐患，最终引来五胡乱华，导致西晋王朝走向灭亡。但晋朝的国祚依然延续了下去，琅邪王司马睿南渡长江，在建康（今南京）重建了晋朝的政权，是为“东晋”。此条所记载的事件就发生在司马睿渡江之后、东晋政权尚未巩固之际。

长安被攻破，晋愍帝的被俘宣告了西晋的终结，在目睹了“大厦”倾倒的惨烈景象后，刘琨派遣温峤渡江，助司马睿重建国家。忧心忡忡的温峤奔驰至建康，看到眼前百废待兴的场景，于是马不停蹄地前往拜访王导，诉说在北方的见闻。“主上幽越”仅仅四字，背后却是汉族政权的痛史。西晋宗室间的内讧，给匈奴、鲜卑等族可乘之机。永嘉五年（311年），匈奴首领刘聪率军攻破洛阳，怀帝被俘；建兴元年（313年）正月，刘聪置酒高会，令怀帝“著青衣行酒”。有西晋旧臣见此景而痛哭，刘聪遂毒杀怀帝。怀帝被害后，其侄司马邺在长安称帝。建兴四年（316年）八月，刘曜率军围长安，十一月，愍帝因缺粮无援而投降，被刘聪百般羞辱，两年后遇害。温峤过江时未必知道愍帝被辱之事，但怀帝被刘聪羞辱杀害，却已是大家悉知的。故在与王导言及“主上幽越，社稷焚灭，山陵夷毁”时，竟至“言与泗俱”，王导也与之对泣。

经过与王导推心置腹的交流后，温峤内心充满了重整山河的信心，这种信心无疑来源于王导。但此条言简意赅,并未记录王导的具体言行,那么温峤究竟是看到了王导的哪些品质,使他的心态在短时间内发生了如此重大的转变呢?《世说新语·言语》第31条记载了王导渡江之后与群僚同聚之事,在这条记载中,或许我们能够找到答案。据载,渡江之后,北来的士人每逢天气晴好的日子总会聚在一起举办宴席。南方景致秀丽温润,然而面对这样的美景,总令人触景伤情。有人不免叹道:"风景虽然没有变,但山河却都变了!"于是一座皆泣下。只有王导正色道:"我们应当共同辅助王室,恢复中原,你们怎可像楚囚一般相对哭泣!"

王导在此处和第31条(即"新亭对泣")中展现出了截然不同的形象:在与温峤的交谈中,他和温峤"对泣";在与群僚同聚的时候,他又斥责"相视流泪"的同事。看似矛盾的态度其实恰恰展现了王导独特的领袖气质:他既有着充沛的爱国之情,能够体谅下属、同僚的思想感情,又足够理性坚定,不被消极情绪所牵制,有着高瞻远瞩的视野和胸襟。再者,这两件事发生的情形不同,与温峤会谈是在渡江后不久,温峤带来的是北方沦亡的最新消息,尤其还有怀帝的受辱与被杀,王导内心必然哀痛无比,"对泣"是情感的自然流露。而第二则中所展现的则是众人聚会时的场景,既逢美景,又在宴席之上,显然本来目的是纵情娱乐以消解忧愁,而此时又因一句话满座哭泣,不免有惺惺作态之嫌。王导应当是看不惯这种表面爱国,实际上软弱颓靡、只图享乐的言行举止,故而当头棒喝。联系前条可知,令温峤大加称赞的正是王导这种既有感情又富理性、既能够认清现实又有着远大理想的性格特点和领袖气质。

温峤慧眼识人,二人重振王室的决心也没有落空:东晋建立后,王敦先后谋求废元帝、举叛乱,企图夺取政权,当此时,二人顶住了王敦施加的压力,最终共同维系了东晋政权的稳固。可惜温峤英年早逝;王导则历仕元、明、成帝三朝,一生周旋于北方士族与南方士族之间,平衡二者间的关系,内固皇权,外御强虏,最终成为东晋政权最为重要的奠基人之一。陈寅恪先生《述东晋王导之功业》对“江左夷吾”的勋业进行了详尽的阐释，可以参考。后来南宋的士人们在诗词中常用此典，期待有“江左夷吾”再世，以安顿风雨飘摇的偏安朝廷。

（宋冠霖　赵厚均）

以简应对之烦

高坐道人不作汉语[①]。或问此意，简文曰[②]：“以简应对之烦。”

《言语》第39条

注释

① 高坐道人：西域僧人，名尸黎密。常在石子冈行头陀，葬于梅冈，晋元帝于其冢边立寺，因名高坐。道人，和尚的旧称。

② 简文：见“杀鼠不悦”篇（《德行》第37条）注释。

鉴赏

自从两汉之际佛教传入中国以来，许多僧人便游走于社会各阶层以传佛道。魏晋时期，玄学之风盛行，佛学依附玄学迅速流传，一时间玄佛交融，志士名人也多乐于和僧士交往。当时文人名士皆好清谈，许多僧人便常出现在清谈场中。如名僧支遁，常与名士清谈品评。他不仅精通儒学，更擅长玄理，尤其是曾经注《逍遥游》。王羲之作为这一时期的名士，一开始听说支遁注《逍遥游》时十分不以为然，但在和支遁对谈之后，不禁“披襟解带，留连不能已”（《世说新语·文学》第36条）。再如慧远、道安等佛学名僧，也都是文人士大夫竞相结交的对象。东晋权臣桓温的谋主郗超，曾派人送米千斛给道安，并“修书累纸，意寄殷勤”（《世说新语·雅量》第32条）。像这样的僧人，《世说新语》中记录的共有二十四位，其中也包含两位较为特别的胡僧，高坐道人便是其中之一。

晋宋年间，佛学初行，当时学佛之人还只被通称为道人，姓氏则跟随他们的老师。到道安之时，才请让学佛之人姓释。高坐道人自然不是姓高坐，而名尸黎密，是西域人。传说他本是一国王子，天资高朗，风韵遒迈，将国家让给弟弟之后出家。他刚来到晋地时，当时的人们竟然找不到合适的措辞来品评他，周𫖮说他“卓朗”，桓温说他“精神渊著”。或许有些高冷的性格是高坐道人不学汉语的一个原因，但这也是他性格魅力所在，由此他不说汉语却依然能和王臣名士交好。但他并非不与汉地人交流，而是通过传译，他每每能在对方话说完之前就领悟其含义，其悟性之高如此。无怪乎丞相王导一见到他就感到惊奇，周𫖮更是直呼：“如果能得到这位贤才，就让人再没有遗憾的事情了。”不久周𫖮遇害，高坐道人前往吊唁，作胡呗三契，梵音声响直上凌云，又诵咒数千言，声音高阔畅亮，但是却能面容不变。唱诵完毕之后，他即恢复神气自若的模样。如此对于情绪能收放自如之人，正是当时魏晋名士们所崇尚的风流之姿。

由此可见，除了语言，人和人之间的交流更多依靠神意的领会和情感的共鸣。简文帝说高坐道人不学汉语是为了省却应对的麻烦，而语言不通其实并没有影响高坐道人和名士的交流。也正因为语言不通，高坐道人才能接触到真心想与其结交并且和他水平相当的名士，其省去的是无谓的应酬，而非将诚心结交者拒之门外，这实在是一种智慧之举。

（张煜　王琪）

疲于津梁

庾公尝入佛图①，见卧佛，曰："此子疲于津梁。"于时以为名言。

《言语》第41条

注释

① 庾公：即庾亮，见"不卖的卢"篇(《德行》第31条)注释。佛图：即浮图，塔寺。

鉴赏

卧佛是常见的一种佛教造像。《涅槃经》中说，如来背痛，便在两树之间头朝北躺卧。后人根据这句记载绘制出卧佛的形象。庾亮此话自是别有深意。

庾亮是东晋时期的外戚、名士，好老庄之学，善于言谈议论，也颇有为政之才。王献之曾将庾亮和支道林相比，谢安直接给出定论："庾公自然远超过林公。"庾亮究竟有何种人格魅力呢？世人曾称颂庾亮为"丰年玉"，晋元帝司马睿在见到庾亮时，看到他的仪表气度，不禁大喜过望，十分器重他，可见庾亮当有非凡的风姿外表。庾亮有一坐骑为的卢马，殷浩认为的卢马会对主人不利，劝他把马卖了。庾亮回答说："怎么能将自己的祸事转嫁给别人呢？"又可见他气度卓绝。有如此仪表和风度，无怪乎在庾亮死后下葬之时，何充悲痛万分，叹惜这是把玉树埋在土中。

为何庾亮在看到卧佛之时会说出这样一句话呢?

津梁原意是河上的桥梁。《国语·晋语》中记载“岂谓君无有,亦为君之东游津梁之上,无有难急也”。庾亮此话中的津梁自然是引申义,譬喻佛说法接引,普度众生。佛济度众生,而众生却无法济度自己,因此佛疲倦而卧。这句话乍一看没有什么特别的深意,细读来却带有壮志未酬的意味。纵观庾亮的仕途,前期十分顺利,东晋建立之初,庾亮便被拜为中书郎,接着一路升迁至中领军。司马绍即位之后,他又助平王敦,拒绝担任永昌县开国公,转任护军将军。明帝驾崩后,庾太后临朝摄政,庾亮实际具有很大的决策权。然其执政之后,因严厉执法而大失人心,又在苏峻之乱中一意孤行,导致士兵弃甲而逃,自己也南投温峤,后在陶侃的帮助下,才得以拼死击退苏峻。苏峻之乱平息后,庾亮上疏成帝请辞,远投山林,成帝不允,挡住庾亮遁逃之船,庾亮只好请求出镇芜湖。在任期间他亲自征讨平息了郭默的叛乱,数十次上疏辞让加官。陶侃逝世之后,庾亮再一次拒辞开封之职,移镇武昌。咸康五年(339年),庾亮想收复中原故土,上疏请求北伐,群臣认为物质准备不充分而未能成行。正值后赵大军进犯郏城,庾亮没有及时派兵救援,导致郏城失陷。庾亮向成帝谢罪,请求自贬三级,其后直至去世都一直拒绝朝廷的复职及征召。

虽然《世说新语》中未曾记载庾亮是在何时说这句话的,但可以猜想,其中心境应当与他自苏峻之乱后不断辞官之时相合。庾亮以外戚的身份辅政,却首发祸机,司马光评价“人臣之罪,孰大于此”,他仕途后期也因此不断辞官,想远遁山林,却无法如愿。他空有收复故土的宏大志向,最终却导致国破君危的处境。然其并非全无施政之才,亦非胸无天下百姓,只因“智小谋大,昧经邦之远图;才高识寡,阙安国之长算”(《晋书·庾亮传》)。从我们的角度看,有志无才,正是其可惜之处,但从庾亮自身来说,壮志总是难酬,才是其深感“疲惫”之处。

再放眼看以风度闻名的魏晋时代,八王之乱,五胡乱华,朝局动荡,礼教崩坏,究竟是这群名士造成了那个风流的时代,还是这个混乱的时代造就了那群风流的名士？政局不安，名士“越名教而任自然”，打破的恰恰是他们内心最为恪守的信念；纵情山水，妙读玄庄，清谈之风，盛行于世，其所追求的超凡出世恰恰是入世不能的不得已。时代之不幸往往是文学之大幸，文人名作辈出的背后，隐藏着的多是时人其志难伸的悲叹。无论是志大无才，还是才无处施，庾亮对着卧佛像发出的这一句慨叹，正是当时名士们志不如愿，身心疲倦的真实写照，由此被奉为名言，便不足为奇了。

（张煜　王琪）

太早太老

挚瞻曾作四郡太守[①]，大将军户曹参军[②]，复出作内史[③]。年始二十九。尝别王敦，敦谓瞻曰：“卿年未三十，已为万石[④]，亦太蚤[⑤]。”瞻曰：“方于将军，少为太蚤；比之甘罗，已为太老。”

《言语》第42条

注释

① 挚瞻：字景游，晋长安（今陕西西安）人，历任安丰、新蔡、西阳等郡太守。
② 大将军：指王敦（266—324），字处仲，琅邪临沂（今山东临沂北）人。西晋末任

扬州刺史，升镇东大将军、都督江扬荆湘交广六州诸军事。西晋灭亡后，与堂弟王导拥护司马睿建立东晋政权，迁大将军、荆州牧。后起兵攻入建康，杀刁协、周顗等。太宁二年(324年)，明帝下诏讨伐王敦，敦再次起兵，病死军中。户曹参军：官名，掌民户、祠祀、农桑等。

③ 内史：诸侯王国中的行政长官，相当于郡太守。汉初置，历代沿置，隋始废。

④ 万石：汉制以俸禄多少分等级，太守是二千石，挚瞻曾作四郡太守，又作内史，均为二千石高官，故称“万石”。

⑤ 蚤：通“早”。

鉴赏

世俗以建功立业，早日出人头地为人生目标。《左传·襄公二十四年》云：“‘太上有立德，其次有立功，其次有立言。’虽久不废，此之谓不朽。”其实不管是立德、立功，还是立言，总归以声名“不朽”为衡裁标准。所以孔子说“君子疾没世而名不称焉”(《论语·卫灵公》)，屈原担心“老冉冉其将至兮，恐修名之不立”(《离骚》)，司马迁径称“立名者，行之极也”(《报任安书》)。不仅要出名，出名还要趁早，“四十、五十而无闻焉，斯亦不足畏也已！”(《论语·子罕》)现在这个挚瞻，才二十九岁就做过四个郡的太守，又出为内史，都是二千石的官秩，相当了得。难怪王敦说他年不满三十就做了万石高官，也太早了一点。

不过这个“万石”可不仅仅是五个二千石的简单相加，还与汉初石奋的典故有关。石奋与他的四个儿子都官至二千石，景帝说他“人臣尊宠乃集其门”，就称其为“万石君”。其实这个石奋和他的儿子们都不学无术，唯一的优点是极其恭谨驯顺。司马迁专门为他们立传，标题就用“万石张叔列传”，将他们父子与卫绾、直不疑、周仁、张叔等编在一起，极写这帮人的谨小慎微。如说皇帝赐食于家，石奋一定“稽首俯伏而食”，好像皇帝就在跟前；说石建发现自己的奏章上有个错别字吓得胆颤心惊；说石庆数六匹马也得用马鞭一匹一匹地清点。谨慎之极，难免虚伪矫饰，司马迁不惜笔墨铺陈这些细节，似褒实贬，不乏揶揄与讥讽。

明白了“万石”这个词的由来，很自然就会想到“无文学，恭谨无与比”的石奋形象，难怪挚瞻不买王敦的账，径说与将军相比，是稍微早了点，而较之于甘罗，就太老了。甘罗是战国时秦相甘茂之孙，自幼聪明过人，十二岁出使赵国，以功封上卿，是少年成名的典范。挚瞻以甘罗自比，可称机智，但拉上王敦垫背，就有针锋相对甚至睚眦必报的味道了。想必王敦在感慨挚瞻才思敏捷之余，也多少有些不快。何况这权臣王敦，外有蜂目豺声，内怀奸诈雄武，是极危险的人物。纵观王敦一生，出身望族，迎娶公主，与堂弟王导辅佐晋元帝建立东晋，官拜大将军、江州牧、荆州牧，因权重遭忌举兵叛乱，但最终身死军败，算得上轰轰烈烈。《世说新语》中记载了他很多残忍傲狠还神情自若的小故事。《晋书》称其“初镇建邺，龙德犹潜，……既而负勋高而图非望，恃劫逼而肆骄陵。……蜂目既露，豺声又发，擅窃国命，杀害忠良”。吕思勉先生亦说“敦之为人，盖残贼而傲狠，残贼则敢行不义，傲狠则不肯下人”（吕思勉《两晋南北朝史》）。同时也指出王敦的反叛是君臣之间的嫌隙与他睚眦必报的性格使然：“敦实非夙有叛志，不过傲狠之习，为其君所不能堪，君臣之间，因生嫌隙；嫌隙既生，既不肯屈己求全，又不能急流勇退，遂至日暮途远，倒行逆施耳。以睚眦之衅，而酿滔天之祸”（同上）。以针锋相对的方式应对雄豪自强而且睚眦必报的人，要么是真有胆略，要么是真不明智，刘孝标引《挚氏世本》说“瞻高亮有气节，故以此答敦”，应该算是前者，后来发兵拒阻王敦叛乱，终归为其所害。

回过头来说，成名虽要趁早，但大器晚成的也不乏其人，甘罗十二为丞相，太公八十遇文王，芸芸众生多半处于两极之间，功到自然成，用心努力了早晚都会成功成名。

最后还要提一下的是，挚瞻“方于将军，少为太蚤；比之甘罗，已为太老”的答语富有骈对之美，而骈对也是《世说》乃至整个六朝语言的特征。如“铜山西崩，灵钟东应”（《文学》）；“宁为兰摧玉折，不作萧敷艾荣”（《言语》）；“潘文烂若披锦，无处不善，陆文若排沙简金，往往见宝”（《文学》）；“孝伯亭亭直上，阿大罗罗清疏”（《赏誉》）；“嵇叔夜之为人也，岩岩若孤松之独立，其醉也，傀俄若玉山之将崩”（《容止》）。形式上的骈对无疑为魏晋人物语言与《世说新语》的叙述语言增添了许多风采，为阅读活动平添许多韵味与趣味。

（刘伟生）

朱门蓬户

竺法深在简文坐[①]，刘尹问[②]：“道人何以游朱门？”答曰：“君自见其朱门，贫道如游蓬户。”或云卞令[③]。

《言语》第48条

注释

① 竺法深，东晋僧人。名潜，或称道潜，字法深，出身琅邪（今山东临沂北）王氏。十八岁出家，师从名僧刘元真。简文：即简文帝司马昱，见“杀鼠不悦”篇（《德行》第37条）注释。

② 刘尹：即刘惔，见“莫得淫祀”篇（《德行》第35条）注释。

③ 卞令：卞壸（281—328），字望之，济阴冤句（今山东菏泽）人，曾任尚书令。记者为防传写有误，故并记之。

鉴赏

佛教传入中国之初，正逢玄学和黄老之学盛行，佛家被视为黄老之术的同类。再加上佛经难懂,因此佛教早期多在社会上层流传。西晋之后,社会政局开始动乱,人民群众急切渴求一种精神寄托,而此时玄学的缺陷逐渐暴露,单纯依靠玄学已经不能满足人民抚慰心灵的需求。佛教便主动积极地融入中国的传统思想,利用儒学的文化和玄学的方式传播自己的义理。其思想中的因果轮回、报应等思想弥补了玄学的空缺,更为身处战乱的百姓构建了一个在中国传统思想中从未有过的超脱于现世痛苦世界的彼岸世界。因此佛教得以迅速流传发展,不仅在下层群众中形成了佛教信仰,佛教也成为上层统治阶级用来巩固统治的工具。明白了这样的历程,我们便不难理解当时一些名僧为何能与上层门阀名士甚至最高统治者结交并常来往于其府邸之中。其实不仅是日常的交往游走,一些原本出身官宦世家的王公贵族之子出家为僧,在当时也并非惊世骇俗之事。竺法深便是这样一位僧人。

据记载,竺法深本姓王,这在当时是一个名门大姓。我们都知道,魏晋时期盛行门阀制度。门阀制度是如何形成的呢?这要从汉武帝废黜百家、独尊儒术说起。百家学术被废之后,官僚文士便专心研究经学并借此起家,子孙又不断继承家学,形成了世代公卿的情况。同时,严重的土地兼并给予了士族经济上的基础,九品中正制也提供了士族参与政治的特权,如此,集政治和经济权力于一身的世家大族便能逐渐形成自己的土地领域,荫庇农民以形成不断的经济输入,占据了大片的土地和劳动力,同时又因为拥有选拔中央人才的特权,渗透到中央政治之中。因此世家门阀的作用变得异常强大,形成了典型的门阀制度,甚至超越了皇权,连中央统治者都需要笼络世家大地主以获得他们的支持。尤其东晋司马氏掌权之时,以北方士族王、庾、桓、谢四大家族为显。竺法深便是出自这四大盛门之首的琅邪王氏。王氏出过很多名人,如《世说新语》中也曾记载的王祥、王敦、王导等,后来还有王羲之等人。竺法深 18 岁时出家,师从名僧刘元真,24 岁便开始讲说《正法华经》《大品般若经》,在朝中享有盛名。他与元帝、明帝,以及丞相王导、太尉庾亮等人都常有往来,后又承晋哀帝盛情下山,在皇宫的御筵上讲《大品般若经》。简文帝还是会稽王之时，便已与竺法深交好，因此，刘惔在简文帝处遇到竺法深并不奇怪。

那么刘惔又为何要说这样一句话来嘲笑竺法深呢？刘惔同样出身官宦世家，颇具风度才气，自有一股简傲之气。王濛曾经夸他比以前更有长进，刘惔却回答说："这个就像天本来就那么高罢了。"这也并非刘惔自视过高，有一次孙盛曾与殷浩、王濛、谢尚等人在司马昱之处辩论，当满座皆无法驳倒孙盛之时，司马昱认为刘惔一定可以，后来事实果然如此。刘惔爱好老庄，崇尚任性自然，他临终时听见供神佛的人举行祭祀的仪式还会神色严肃地说："不得滥行祭祀！"可见作为清谈名士的刘真长，打心眼里对外来的佛教还是秉持怀疑和轻视的态度。佛教既宣传大乘般若思想，持性空观，这一句"道人为什么来游豪门？"确实直击关键之处。竺法深答："你所见的是豪门，而在我这里却像在寻常蓬户一样。"竺法深这句话暗示刘惔心中有朱门，才会见朱门。而在自己心中，世界本质为空，豪门蓬户不过都是世间因缘而生之物，又有什么区别呢？

其实刘惔并非超然于阶级之外的清高隐士，他很看重自己的才华和外界评价，这句话更多是出于对佛教的轻视。而竺法深这句回答，不仅巧妙地反击了刘惔，更展露了大乘佛法的奥义。在当时世家名士皆好清谈的社会背景之下，大多数人都像刘惔一样，然而竺法深是"摆脱"了朱门的人，放弃了原本的贵族身份，出家并隐居山林之间。世间之人，见朱门者多，见蓬户者少。其实朱门蓬户又有何差别，只因世人心中眼中皆有"名利"二字，才会困于这些表象之中。若能视名利如芥草，自会有旷达之心，也能行走朱门亦如蓬户了。

（张煜　王琪）

齐由齐庄

孙齐由、齐庄二人小时诣庾公①，公问齐由“何字”，答曰：“字齐由。”公曰：“欲何齐邪②？”曰：“齐许由③。”“齐庄何字？”答曰：“字齐庄。”公曰：“欲何齐？”曰：“齐庄周④。”公曰：“何不慕仲尼而慕庄周⑤？”对曰：“圣人生知⑥，故难企慕。”庾公大喜小儿对⑦。

《言语》第50条

注释

① 孙齐由、齐庄：即孙潜、孙放，皆为孙盛之子，齐由、齐庄为其字。诣：拜访长辈。庾公：即庾亮，见“不卖的卢”篇(《德行》第31条)注释。

② 欲何齐邪：倒装，为“欲齐何”，意思是“想要与何人看齐”。邪，语尾助词，在此表示疑问语气。

③ 齐许由：即以许由为榜样。许由，相传为尧时高士，尧要把君位禅让给他，他逃至箕山下农耕而食，尧又请他做九州长官，他到颍水边洗耳，表示名禄之言污了他的耳。

④ 齐庄周：即以庄周为榜样。庄周，为战国时代宋国蒙(今河南商丘)人，曾任漆园吏，是道家学派的代表人物，老子思想的继承和发展者，后世将他与老子并称为“老庄”。

⑤ 仲尼：即孔丘，字仲尼。为后句之“圣人”。

⑥ 生知：生而知之。
⑦ 对：应答。

鉴赏

东晋自王弼提出“圣人体无……老庄未免于有”以逾百年，而在西晋末年又逢永嘉之乱，东晋王朝偏安江左，虽然当时有儒者以西晋玄风盛行是导致“胡虏遍于中国”的原因，但大多数士人并不认同，仍在国事上采道家无为而治进行休养生息，加以南迁中一批玄学家注入南方，使原本玄谈之风并不兴盛的南方，也开始流行清谈的活动了。

孙潜、孙放的字取自“许由”、“庄周”，这二位都是历史上不愿意出来做官的典型隐者，可见父辈对他们的训示，藉此我们可以推断东晋时人对于道家的推崇以及隐逸之风的盛行。而发问的庾公便是当时兼综儒家与道家的清谈名士。在这一篇对答中，庾公提出“何不慕仲尼而慕庄周”的探问，可见对于儒家与道家之价值高下的问题，持续到东晋依旧不断被讨论着。从齐由、齐庄的回答，可以显示即使是孩童面对这般思想的论题，仍能如此从容自在地回答，如同他们日常生活中的一般，怎能不使庾亮这般有识的前辈感到欣慰而对晚辈寄予厚望呢？

为何孙齐庄“圣人生知，故难企慕”的妙答可以深得庾公的激赏？不仅是八岁孩童竟会使用儒家经典《论语·季氏》中：“生而知之者，上也。学而知之者，次也。”而言“圣人生知，故难企慕”一语更应答了孔子与庄子的高下分判。这般会通儒道二家的高明说法，与玄学家王弼定调孔子为“体无言有”以化解孔老高下一事，颇有异曲同工之妙。更何况这样的智悟，是出自八岁孩童在日常生活中的对答呢！尤其是孙齐庄在应对中表现出没有任何犹豫的沉稳与大方，除天资异禀、灵慧过人之外，我们亦可由此一窥当时的家学教养与社会风尚。

（吴冠宏）

忘情不泣

张玄之、顾敷[1]，是顾和中外孙[2]，皆少而聪惠。和并知之，而常谓顾胜，亲重偏至，张颇不恢。于时张年九岁，顾年七岁，和与俱至寺中。见佛般泥洹像[3]，弟子有泣者，有不泣者，和以问二孙。玄谓："被亲故泣，不被亲故不泣。"敷曰："不然，当由忘情故不泣，不能忘情故泣。"

《言语》第51条

注释

① 张玄之，也称张玄，字祖希。晋司空顾和外孙，少以学显，历吏部尚书，出为冠军将军，继吴郡太守等职位。与谢玄并称"南北二玄"，列江左十贤之末。顾敷，晋司空顾和的孙子。仕至著作郎，卒时仅二十三岁。

② 顾和(288—351)，字君孝，晋吴郡(今江苏苏州)人。官至散骑侍郎、吏部尚书。

③ 般泥洹：同"般涅槃"，佛教术语。入灭也，意为圆寂。

鉴赏

魏晋时期有许多能发智语的小儿，年纪虽小却在辞令上天赋异禀，有不输于大人的成熟睿智。最有名的如大家熟知的让梨的孔融，在面对高官陈韪“小时了了,大未必佳”的奚落之时,几乎可以不假思索地反唇相讥,以子之矛攻子之盾:“想君小时,必当了了。”此语一出,令人刮目相看。再比如王戎七岁,便能在其他孩子都争抢路旁李子的时候,从树生长在路旁却有很多果子推断出“此必苦李”,此后他成为有名的竹林七贤之一,便不足为奇了。

《世说新语·夙惠》中记载了许多这样智慧小儿的故事。这些男孩儿们无一不善于辞令,且大多都是世家大族的子弟,这不免让我们好奇,魏晋时期名门世家的孩子们究竟是在怎样的教育环境中长大的。基于魏晋时期门阀制度的盛行,这些天资聪颖的孩子们的长辈便非寻常之辈。如张玄之和顾敷的祖父顾和,年少有为且最终官至吏部尚书。有一次顾和同当代贤达在一起清谈。张玄之和顾敷在坐床边上玩耍,看他们的神情好像心不在焉,但是后来这两个孩子却能在灯下闭着眼睛一句不漏地复述当时清谈时主客双方的对话。引得顾和感叹“想不到家族之中还有这样的宝贝!”由此可见,张玄之和顾敷在庙里的这一番发言,也必定是他们平时耳濡目染的结果。那么从这两小儿的这一番话,是否真能分辨出他们之间的优劣呢?

张玄之说:“被偏爱所以哭,不被偏爱所以不哭。”顾敷说:“不是这样的。因为忘情所以不哭,因为不能忘情所以才哭。”张玄之的回答体现了超越其年龄的成熟,足以让人夸赞一番。但相比之下,大家都会觉得顾敷的回答更胜一筹。我们揣测一下张玄之认为外祖父偏爱孙子的心理,便不难看出这句世俗化的回答非常契合小孩子的心性,他是借此语表达对外祖父偏心的不满。顾敷的回答则体现了在玄学兴起、佛教传入的背景下,贵族子弟受到的精英教育中,也不离对玄佛义理的认识。

关于“情”,先秦诸子已有讨论。《礼记·礼运》中有:“何谓人情?喜、怒、哀、惧、爱、恶、欲,七者弗学而能。”佛教传入后,将世间万物分为有情与无情,使人觉情后再教人断情。魏晋南北朝时期,人们不断地将“情”与圣人结合起来,何晏提出“圣人无情论”,认为圣人无喜怒哀乐,王弼却认为圣人和常人一样都是有情的，只是圣人的情应于物却不会累于物。魏晋名士王戎的儿子去世了，王戎悲伤不能自已。山简说："孩童不过是怀中抱着的一个东西，何至如此伤心？"王戎回答说："圣人能够忘情，最下等的人谈不上感情。最钟情的正是我们这类人。"（《世说新语·伤逝》）情从来都是名士们清谈的焦点，顾敷当也是受此影响，短短的一句回答，不仅更符合顾和提问的情景，更透露出他对佛法的见地。然而顾敷此人，却英年早逝，我们无法得知他最终是否真能忘情，但对于这个世界上的生命来说，选择有情而常泣，或是选择忘情而不泣，其实并无高下之分。

（张煜　王琪）

木犹如此

桓公北征经金城[①]，见前为琅邪时种柳[②]，皆已十围[③]，慨然曰："木犹如此，人何以堪[④]！"攀枝执条，泫然流泪[⑤]。

《言语》第55条

注释

① 桓公北征：东晋太和四年（369年）桓温北征前燕。桓公，即桓温（312—373），字元子，谯国龙亢（今安徽怀远西）人。官至大司马，都督中外诸军事，录尚书

事。谥宣武。金城：在今江苏句容北。

② 前为琅邪：咸康七年(341年)，桓温为琅邪内史，出镇金城。琅邪，郡名，治所本在今山东临沂。东晋太兴三年(320年)设置侨州、侨郡、侨县等安置北方渡江而来的士庶。咸康元年(335年)分江乘县地置琅邪郡，治所在金城。

③ 围：计量圆周的约略单位，两手拇指和食指合拢的长度，亦指两臂合抱的长度。

④ 堪：忍受，能支持。

⑤ 泫(xuàn)然：伤心流泪的样子。

鉴赏

桓温是东晋屈指可数的枭雄。他未满一岁时即因啼声洪亮而受到温峤的夸奖，遂得以温峤之姓为名。十五岁时，父亲桓彝力拒苏峻叛军而被韩晃所杀，泾县县令江播亦参与其事。三年后，江播病逝，桓温假扮吊客，手刃其三子，终报父仇，为时人所称许。由此开启了他"开挂"的政治生涯：选尚晋明帝之女南康长公主，拜驸马都尉，除琅邪太守，累迁徐州刺史；与权臣庾翼友善，得其力荐，翼卒，桓温为都督荆梁四州诸军事、安西将军、荆州刺史、领护南蛮校尉，掌握东晋朝廷长江上游的兵权；永和二年(346年)出兵伐蜀，次年定蜀，灭成汉，进位征西大将军、开府仪同三司；十年(354年)第一次北伐，攻前秦入关中；十二年(356年)第二次北伐收复洛阳。兴宁元年(363年)，桓温被任命为大司马，都督中外诸军事，录尚书事，后又兼扬州刺史。桓温身为宰相，又兼荆、扬二州刺史，尽揽东晋大权。太和四年(369年)第三次北伐，攻前燕，因军粮不继，在枋头受挫而返。败归后，桓温威望大减，便从郗超之议用废立的办法重新树立权威。六年废司马奕为海西公，改立司马昱，即简文帝，以大司马专权。次年，简文帝死，遗诏由太子司马曜继承皇位，即晋孝武帝。桓温本来图谋受禅，遭谢安等人力阻未果，郁郁病逝。

在军功日渐隆盛之时，桓温的政治野心也逐渐膨胀。《世说新语》里记载了几条有关的文字。《赏誉》第79条云："桓温行经王敦墓边过，望之云:‘可儿!可儿!’”王敦是东晋初的权臣,曾发动叛乱,控制朝政,终因病逝而失败。对王敦这样的凶逆之人,桓温却以“可儿”目之,慕尚不已,其野心昭然若揭。又《尤悔》第13条云:“桓公卧语曰:‘作此寂寂,将为文、景所笑!’既而屈起坐曰:‘既不能流芳后世,亦不足复遗臭万载邪?’”文、景指司马师、司马昭兄弟,两人前后相继,为司马氏篡夺曹魏政权扫平了障碍。桓温既以雄武专朝,任兼将相,遂认为如果不效仿司马氏兄弟行篡夺之事,则将为其所笑,不臣之心,形于音迹。但是,桓温确乎又是当时不折不扣的一位英雄,《豪爽》第8条云:“桓宣武平蜀,集参僚置酒于李势殿,巴、蜀缙绅,莫不悉萃。桓既素有雄情爽气,加尔日音调英发,叙古今成败由人,存亡系才。奇拔磊落,一坐叹赏不暇。”平蜀之日,桓温意气风发,令人叹赏。这样一位军功显赫,乃至有不臣之心的英雄人物,竟然说出了“木犹如此,人何以堪”的名句,并为之泫然流泪,足见时代之风会,也印证了宗白华先生所云“晋人向外发现了自然,向内发现了自己的深情”。

此事,《晋书·桓温传》系于穆帝永和十二年(356年),钱大昕已疑其非,周济《晋略·桓温传》乃将其定于太和四年。近人刘盼遂复申此说:“金城泣柳事,当在太和四年之行,由姑孰赴广陵,金城为所必经。攀枝流涕,当此时矣。……太和四年,枋头之役,温时已成六十之叟,览此树之葱茏,伤大命之未集,故抚今追昔,悲不自胜。”(《世说新语校笺》)桓温于咸康元年领琅邪郡时年三十二岁,累迁至征西大将军,太和四年北征前燕时年已五十七。北伐途中路过金城,见到自己过去在此地做官时所植的杨柳,已经长成了近十围的大树,自己也年近花甲,树木的变化都这么大,人怎么能经得起岁月的流逝呢,由此不禁发出“木犹如此,人何以堪”的感叹。寥寥几句话,写出了桓温对年华易逝、光阴匆匆的感慨。时间的流逝本是不易捕捉的,桓温借树的生长来将时间的流逝具体化,将人与树类比,更流露出时光易逝的无奈,故悲不自胜。刘辰翁认为:“写得沉至,正在后八字耳。若止于桓大口语,安得如此凄怆?”其实,“木犹如此,人何以堪”与“攀枝执条,泫然流泪”是相辅相成

鉴赏

蒲柳松柏

的，二者共同写出了英雄迟暮之悲。这似乎也成为了桓温第三次北伐终告失败的谶言。

大约两百年后，庾信滞留在北朝，假借《世说新语·黜免》第8条记载的殷仲文“槐树婆娑，无复生意”之叹，创作了《枯树赋》，文末以桓温的感叹作结：“昔年种柳，依依汉南。今看摇落，凄怆江潭。树犹如此，人何以堪！”汉南种柳，只是庾信的拟托之言，由木到树的一字之变化，让后者更为后世所熟知。辛弃疾《水龙吟·登建康赏心亭》“可惜流年，忧愁风雨，树犹如此”，即明显的例子。

（赵厚均　李雨朦）

蒲柳松柏

顾悦与简文同年[①]，而发蚤白[②]。简文曰：“卿何以先白？”对曰：“蒲柳之姿[③]，望秋而落；松柏之质，经霜弥茂。”

《言语》第57条

注释

① 顾悦，字君叔，晋陵无锡（今属江苏）人，官至尚书左丞。东晋著名画家顾恺之的父亲。《晋书》本传作顾悦之。简文：见“杀鼠不悦”篇（《德行》第37条）注释。

② 蚤：通“早”。

③ 蒲柳之姿：蒲柳，一种秋天很早就凋零的柳树，多生长在水边，又名水杨、蒲杨。因为它早凋，常用来比喻早衰的体质。姿，通“资”，资质。

鉴赏

清谈发展到东晋，有了新的变化，玄学家在清谈时，不但重视风宇条畅、思维灵敏和辩论机智，更讲究辞令声调的优美，呈现出美文化的特征。如《世说新语·文学》记载谢尚年少时，去拜访清谈名家殷浩，殷浩没有过多地阐发，只是给谢尚揭示各条的义理，谈了数百句话；不但谈吐举止很有风致，而且辞藻丰富华美，足以动人心弦，令人惊艳。所以清谈不仅需要才思敏捷，还要有语言的修辞之美。《世说新语·品藻》记载，丹阳尹刘惔到长史王濛那里清谈，王濛的儿子苟子靠在胡床边听。刘惔走后，苟子问他父亲：“刘尹的谈玄和您相比如何？”王濛说：“要论音调抑扬顿挫，言辞优美，他不如我；至于一谈就能切中要旨，这点却比我强。”显然，声韵辞藻是清谈家所汲汲追求的重要修养。又《文学》门载支道林与王羲之论《庄子·逍遥游》，支道林洋洋洒洒数千言，才气、辞藻新奇，像繁花灿烂，交映生辉。令王羲之披襟解带，留连不能已。《文学》门还记载支遁、许询、谢安等人一起集会，探讨《庄子·渔父》的义理，支遁“作七百许语，叙致精丽，才藻奇拔”，谢安则“自叙其意，作万余语，才峰秀逸，既自难干，加意气拟讬，萧然自得”，四座无不心悦诚服。二人精彩绝艳的清谈，简直就是文思纵横、辞采华丽的美文。清谈中讲究辞藻修辞，促使文士们在日常生活中极为重视语言的表达和锤炼，如《世说新语·容止》有人赞叹王恭“濯濯如春月柳”。《世说新语·言语》顾恺之赞赏江陵城楼说：“遥望层城，丹楼如霞。”这些清新华美的语言，颇具文学性，当来自清谈的陶冶。本则故事也应与东晋的这种时代风气有关。

顾悦，字君叔，又名悦之，东晋大名鼎鼎的画家顾恺之的父亲。据南朝宋何法盛《晋中兴书》，顾悦曾被扬州刺史殷浩辟为扬州别驾。后殷浩因北伐失败为桓温所废黜，浩卒后，顾悦上疏为殷浩申冤，别人劝谏他不要做这件事，悦执意争之，朝廷竟下诏追复殷浩本官，为时论所称。顾悦与简文帝司马昱同岁，而头发早就白了。一天顾悦去觐见司马昱，简文帝看到他头发斑白，非常惊诧，忍不住问他："你的头发为何比我白得早？"顾悦回答说："蒲柳之姿，望秋而落；松柏之质，经霜弥茂。"意思是蒲柳刚到秋天就已开始零落，松柏虽经严霜而仍枝繁叶茂。顾悦以蒲柳、松柏为喻，把自己比作经不起秋风洗礼的蒲柳，而将简文帝喻为能够傲立寒霜的松柏，妙语天成，造句工稳，言简意深，既委婉巧妙，又很有文采，令人回味无穷。且一、三句"姿""质"，二、四句"落""茂"叶韵，读起来抑扬顿挫，音节高妙，堪称佳对。顾悦面对尊者的提问，应答不卑不亢，从容不迫，谦逊中不乏自信，又尽显含蓄雅致，顾悦的个人气质与形象恍若眼前。据说简文帝听后，为之称叹良久。真可谓"一语胜人千百"。此掌故也见于顾恺之为其父所作的传记中，只不过文字稍异："君以直道陵迟于世。入见王，王发无二毛，而君已斑白。问君年，乃曰：'卿何偏蚤白？'君曰：'松柏之姿，经霜犹茂；臣蒲柳之质，望秋先零。受命之异也。'"此事应为不虚。

"蒲柳"一词经顾悦使用，从此成为未老先衰，或体质衰弱的经典用语。后来很多诗人常常在诗歌中将其用作精力衰颓的谦称。如唐杜甫《上水遣怀》："孤舟乱春华，暮齿依蒲柳。"《枯棕》："交横集斧斤，凋丧先蒲柳。"白居易《自题写真》："蒲柳质易朽，麋鹿心难驯。"卢纶《和崔侍郎游万固寺》："风云才子冶游思，蒲柳老人惆怅心。"宋陆游《书志》："况今蒲柳姿，俛仰及大耋。"清赵翼《老境》："以我蒲柳衰，证彼葛藤断。"连明代大戏曲家汤显祖在其名剧《牡丹亭》中也用上了这个词："学生自愧蒲柳之姿，敢烦桃李之教。"由此可见这则故事的魅力和影响。

（王建国）

忠臣孝子

桓公入峡①,绝壁天悬,腾波迅急。乃叹曰:“既为忠臣,不得为孝子,如何?”②

《言语》第58条

注释

① 桓公:即桓温,东晋重要将领及权臣、军事家,见《言语》第55条注释。峡:长江三峡的简称。

② 忠臣、孝子:典出《汉书·王尊传》:“琅邪王阳为益州刺史,行部至邛崃九折阪,叹曰:‘奉先人遗体,奈何数乘此险!’后以病去。及尊为刺史,至其阪,问吏曰:‘此非王阳所畏道邪?’吏对曰:‘是。’尊叱其驭曰:‘驱之!王阳为孝子,王尊为忠臣。’”

鉴赏

此则简短,旨述桓公兵入蜀道,置身峡岭天险时所兴叹。然而其实在感触背后亦有所源——西汉时有名为王阳者,于益州刺史任内曾行军至邛崃的九折阪,见此险地绝景,感叹道:“承着先人所留给我的身体,为什么要一再冒险呢!”于是托病辞官了。尔后又有一刺史王尊同样到此,问身旁小吏该处是否为昔日王阳折转所在,对方答是,王尊却道:“向前行吧!从前王阳乃是孝子,而今我则为忠臣。”

又转至桓公自己,高耸峭壁、汹涌湍流,其实眼前的景象也即桓公莫可平之心象,更可谓其心障,遂引逗出莫可奈何的心声。清朝方苞曾云："九折阪前，王阳去官，王尊叱驭，所谓士各有志，不可强也。"然志之所(确)立与(坚)定，从不是容易便能说服自我的，尤其当中饱含身与家、荣与名的纠缠，也非俗见的二元价值判断。"忠孝不可两全"向来为儒家社会难掩又难言的痛。

此则置于《言语》一门，重点自然在全篇的一句话，其不只是"乃曰"，犹且"乃叹曰"；不只道出忠孝难两全，更是欲以叩苍天的"如何"之问。桓公并不是义无反顾的，在他心里，绝非仅前进或后退那样简单，而满怀为何奉献、奉献予谁的纠结，但终究，只能选一条路。明代陈梦槐有评："慨伤凄厉"，便是为此。价值同存一心，抉择却势必两极。

有别于汉代人王阳与王尊取忠取孝之不容置疑的果决，魏晋人由于面对更为复杂的政权兴替与文化变迁，进而出现更多的矛盾、对立乃至暧昧与纠结。如此看来，此则以三峡作为如临其境的存在现场，而置身其间的桓温，则又有如传写时代的典型人物般。这一场以伟大的三峡场景、一代英雄豪杰所交织而成的"桓温入峡"，何尝不可视为一种魏晋文化的表征。它会通着浓郁的深情与辩证的玄智，奇山异水与文化意识在此邂逅交响，遂化身为玩味不尽的语境及互为主体的风景，故得以呼应那般多元的、开放的、容许质疑与解构，并且充满可变性的魏晋文化心态。

依此看来，"如何？"一词即在吐诉一种永恒的探问，伟大的文本纵使承载着无数历史的见识及思想的智慧，仍每每以问号或惊叹号的方式，在提醒我们生命不时有举步维艰、处处有险的难处，因此它总是不提供答案，而不断丢出问题，并邀约大家去面对这场生死临界点的挑战，如此生命的意义方能闪烁在探问者之深思与抉择者之化为行动的路上。是以，桓温的感慨，或许是为了自己，或许是为了同道中人而发；而是非，仅能留待无言天地、无情韶光的揭示。正因他心比丝细、志比天高，所以更易生出绵亘的叹息。这样的天问，怕是千古流连了吧！

（吴冠宏）

濠濮间想

简文入华林园[1]，顾谓左右曰："会心处不必在远。翳然林水[2]，便自有濠、濮间想也[3]。觉鸟兽禽鱼，自来亲人。"

《言语》第61条

注释

① 简文：即东晋简文帝司马昱。华林园：据《金陵新志》，本为吴国建业旧宫苑，晋室南渡后，仿照洛阳皇家华林园重建。
② 翳然：遮蔽的样子。
③ 濠、濮：濠水和濮水，皆古水名，濠水在今安徽凤阳县境内，濮水源出今河南濮阳。据《庄子·秋水》，庄子曾经在此两处游览、垂钓。

鉴赏

在《世说新语》中，简文帝司马昱是一位出场频率极高的特殊名士。在三十六门中，有十六门涉及他，这些门类是《德行》《言语》《政事》《文学》《方正》《雅量》《识鉴》《赏誉》《品藻》《夙惠》《容止》《任诞》《排调》《轻诋》《黜免》和《尤悔》，其出现频次之高在魏晋帝王中，无出其右者，这恐怕不仅仅因为他高贵的出身，而是因为他的确是一位了不起的玄谈名士。简文帝是晋元帝司马睿登基后所生的唯一的小儿子，加以生而聪慧，深得父亲的宠爱，"及长，美风姿，好清言，举止端详，器服简素，与刘惔、王濛等为布衣之游”(见《艺文类聚》卷十三《帝王部三》),风度非凡。简文帝为会稽王时,“诸公每朝,朝堂犹暗;唯会稽王来,轩轩如朝霞举”(《容止》第35条)。气宇轩昂,如朝霞初升,正是心存光明,襟怀朗照的外在显现。以此光明的心地,可以为玄谈的名士,也可以烛照政局的实际面貌,而当面对山水自然时,也感悟到一片灵明的天地。

《世说新语》对简文帝有“会稽王”“抚军”“抚军大将军”“相王”等不同称呼,本条既然称“简文”,当是太和六年十一月(公元372年1月)立为帝王之后的佚事。华林园不是一般的园林,本由东汉洛阳芳林园演化而来。青龙三年(235年),魏明帝在芳林园中建造池沼,供游乐之用,经常在里面划船听歌,尽享丝竹之乐。景初三年(239年),明帝去世,齐王曹芳即位,因“芳”字犯讳,乃改名华林园。东晋立都建业,建业城内,本有吴国破旧宫苑,晋室南渡后,乃仿洛阳名园修整重建,取名华林园,很有怀旧的意味。

简文帝贵为帝王,入华林园,又有左右随从,如果欣赏丝竹伎乐,自然是很容易的事。但他没有像曹芳那样沉溺于靡靡之音,嗜好于女色繁华,而是钟情于山水清景和自然之音。南朝梁昭明太子萧统性爱山水,一次泛舟后池,属下进言宜奏女乐。萧统不答,咏左思《招隐诗》云:“何必丝与竹,山水有清音。”贵族阶层这种超越世俗繁华的山水情致,在经历玄学的洗礼后,早在简文帝心中形成了自觉意识。所以简文帝被华林园的清丽景观打动后大为叹赏。他的叹赏有三句话,也是其心灵世界展现的三个层面。

第一句话“会心处不必在远”,这是简文帝蓦然被山水美景打动之时发出的慨叹,是渗透着玄学意趣的生命感悟。“会心处”也就是心领神会之处,是形超神越之所在,是扰攘不宁之心安顿之处。士人处世,多有不遇,屈原遭遇不平,欲远游以宁神,董仲舒、司马迁有感而作《士不遇赋》《悲士不遇赋》,至陶渊明又作《感士不遇赋》,他们大致向往远离世俗的隐逸之处。更有神仙之士、佛教信徒,希望超脱人间,希望把生命与精神安放到天国、净土。而简文帝却说“不必在远”,即精神安顿之处就在生活左近，这体现出中国传统文化的人间化特点，也是名教与自然日渐融合后新的玄学人生观的表现。李泽厚在总结以儒家为代表的中国传统文化的人间化特点时说："世俗中有高远，平凡中见伟大，这就是以孔子为代表的中国文化精神。这种文化精神以'即世间又超世间'的情感为根源、为基础、为实在、为'本体'。因人的生存意义即在此'生'的世间关系中。"(见李泽厚《论语今读》)如果把观察的眼光扩展到道家，中国文化的精神也是如此，庄子认为道无所不在，甚至道在矢溺，换言之，道不远人，就在人的日常生活之中。因此，能令人会心之处也就"不必在远"。在玄学的发展历程中，同是根源于本体之无的自然与名教是一对相互依附的概念，以阮籍、嵇康为代表的竹林名士更多地感受到了两者之间的矛盾，因此主张"越名教而任自然"(嵇康《释私论》)，但在根本上无法协调两者之间的矛盾；后经向秀、郭象等玄学家的努力，玄学克服了自然和名教之间的矛盾，认为名教出于自然，名教即自然，影响到人生观念即端委庙堂之上无异于山林之中，推崇"居官无官官之事，处事无事事之心"(孙绰《刘真长诔》)，玄心应世，不因世俗好恶得失、是非矛盾而影响心灵的澄明。简文帝当政，政局如暗流汹涌，外有强敌威胁，内有权臣桓温觊觎，可谓内忧外患。他日理万机，然而却能够超脱俗务，在华林园中脱去世俗束缚如掸去衣上尘埃，悠然神会，精神解脱，以玄心应对所见，暂得人生佳妙之处。"不必在远"实际上正是追求玄远，"不必在远"之"远"是距离上的遥远，而"玄远"之远乃精神上超越世俗的高远。简文帝借助眼前之景、体会当下遭遇，所意会的恰恰是超越当下和世俗的高远精神境界。

简文帝所说第二句话："翳然林水，便自有濠、濮间想也。"这正是要借近悟远的第一步。道虽然无所不在，但在山水之间最令人动容，所以晋人热衷于借山水悟道，热爱山水至于狂热的地步，如《世说新语·言语》第88条记顾恺之热爱会稽山水，赞云："千岩竞秀，万壑争流，草木蒙笼其上，若云兴霞蔚。"林荫遮蔽的所谓"翳然林水"正如"草木蒙笼其上"的会稽山水，是令简文帝、顾恺之动容的整体景观，只是简文帝面对的更加生活化，是皇家园林，不是野外山水，但毕竟是足以动人的山水。感性的自然形象引发了观赏者的自然生活之想，即“濠、濮间想”，这就是摆脱俗务的隐逸之思。《庄子·秋水》记云：“庄子与惠子游于濠梁之上。庄子曰：‘鯈鱼出游从容，是鱼之乐也。’惠子曰：‘子非鱼，安知鱼之乐？’庄子曰：‘子非我，安知我不知鱼之乐？’”又记“庄子钓于濮水”，辞却楚王使者高官厚禄之聘。庄子与惠子是思想上相互砥砺的好朋友，他们在濠水、濮水游览垂钓、谈理悟道很类似于晋人崇尚隐逸、挥麈玄谈的生活。对于晋人，这不但是脱俗的象征，也是精神安顿的家园。

简文帝见林水清绿而生出世之想，并非真的要追步隐士，而是神会庄子逍遥自由于大自然的人生境界。在这个境界里，人是忘俗忘我，精神绽放的。但这种境界的获得不是面壁而得，而是借助山水所得，这种思悟方式就是玄学得意忘象的思悟方式。王弼在《周易略例·明象》中说：“象者所以存意，得意而忘象。犹蹄者所以在兔，得兔而忘蹄；筌者所以在鱼，得鱼而忘筌也。”处于本体地位的意是根本和终极目的，那么只要达到了目的，处于末之地位的象便可忘掉；而且只有忘掉象才能够获得处于本体地位的意；如果不忘象，心中所存之象就只能是“末”，而不可能是“本”；这样就会拘泥于象之内，而得不到象之外的意义，得不到“有”所昭示的“无”，而“无”是至高无上的，是象的最终依归。简文帝的“濠、濮间想”是隐逸生活的逍遥之想，也是徜徉于自然山水的悟道得玄之想。但至此还仅仅是对道感悟的第一步，即刚刚有“濠、濮间想”，有归依蕴蓄着玄妙之道的大自然的憧憬，还没有完全融汇进去。只是他的思悟之路走对了，他没有像一般玄言诗人那样，以玄悟玄，借概念表达玄境，而是借近悟远，借象得意，借助林水之象憧憬玄妙之道。

简文帝所说第三句话为“觉鸟兽禽鱼，自来亲人”，这便真的体悟到天人合一的玄妙之道了。《庄子》云：“天地与我并生，而万物与我为一”，又云“山林与，皋壤与，使我欣欣然而乐与！”人从大自然中来，渴望回到大自然中去，目的不是回归茹毛饮血的时代，而是“禽兽可系羁而游”（《庄子·马蹄》），人与万物融为一体，消除文明社会所不能克服的人性的扭曲，消除是非观念所带来的精神的分裂,获得人与自然的和谐,也获得自我精神的完整、自由与和谐。在这种和谐里,不但没有了社会生活的尔虞我诈和凶险不虞,"鸟兽禽鱼"因人摆脱了自我中心主义的束缚而成为可亲可近的朋友。《世说新语》中的名士风度有时要靠杀掉"八百里駮"来彰显的,可是在这里,不论是强壮还是弱小的"鸟兽禽鱼"都不是随便行使人的杀戮意志的对象,而是彼此可以相互喜爱、情感交流、和谐共处的存在。如此,物性与人性握手言欢,这种物我融合、天人合一的境界正是嵇康"目送归鸿,手挥五弦"的境界,也是陶渊明"众鸟欣有托,吾亦爱吾庐""山气日夕佳,飞鸟相与还;此中有真意,欲辩已忘言"的境界。因此一"亲",人性得以解放,一种超越功利、人类自我的审美精神诞生了,一种更为包容、更为诗意化的霞光从东方开始布满漫延未来的世界。

在《世说新语》中简文帝被讥讽为"痴",又被贬评为"第二流中人"(《世说新语·品藻》),然而没有一种痴爱万物的性情,又怎能会心到天人交融的玄妙处,与那些虐杀动物和人类的名士比,他真的可以是第一流人物。

(李剑锋)

丝竹陶写

谢太傅语王右军曰[①]:"中年伤于哀乐,与亲友别,辄作数日恶。"王曰:"年在桑榆[②],自然至此,正赖丝竹陶写。恒恐儿辈觉损欣乐之趣。"

《言语》第62条

注释

① 谢太傅：即谢安，见“常自教儿”篇（《德行》第36条）注释。王右军：即王羲之（303—361），字逸少，琅邪临沂（今山东临沂北），历任秘书郎、宁远将军、江州刺史，后为会稽内史，领右军将军，人称王右军。工书法，有“书圣”之誉。

② 桑榆：日落时光照桑榆树端，因以指日暮。比喻人之晚年。

鉴赏

谢安与王羲之的对话，看似易懂，其实难解。

难解之一是对话的时间。谢安说“中年伤于哀乐”，王羲之说“年在桑榆”，则二人对话究竟在何时？余嘉锡《笺疏》说：“谢安晚岁，虽期功之惨，不废妓乐。盖藉以寄兴消愁。王坦之苦相谏阻，而安不从。至谓‘安北出户，不复使人思’，正愤其不能相谅耳。惟右军深解其意，故其言莫逆于心。”依余笺，似乎王羲之所说“正赖丝竹陶写”，是指谢安晚岁，虽期丧不废妓乐之事，羲之深解其意，故有此莫逆之言。然据谢安和王羲之行事，余笺实误。考《晋书》卷七十九《谢安传》，安卒于太元十年(385年)，时年六十六。《晋书》卷八〇《王羲之传》记羲之年五十九卒，不言年月。陶弘景《真诰》十六《阐幽微》注曰：“(羲之)至升平五年辛酉岁亡，年五十九。”《真诰》所记是可信的。以羲之升平五年(361年)五十九岁推算，羲之年长谢安十七八岁。假定谢安四十岁，羲之年五十七八。于谢安在中年，于羲之正“年在桑榆”。若谢安晚岁，羲之早亡。故谢安与羲之对话必在升平五年之前，时羲之为会稽内史，安年四十左右，尚隐居东山，而弟谢万未卒。

人至中年，华发始生，肌肤渐渐不复紧实，踏上了衰老之路。古人年命短促，中年凋零者比比皆是。陶诗说：“昨暮同为人，今旦在鬼录。”去日苦多，来日苦短。今与亲友别，未知还有来日相聚不？“辄作数日恶”，正是衰老的表现。王羲之“年在桑榆”，“辄作数日恶”的感觉更多更深刻，故说“自然至此”；又以为“正赖丝竹陶写”心中的不愉快。

那么，心中之恶为何“正赖丝竹陶写”？何谓丝竹？乐器有两种：金石和丝竹。金石是钟、磬，丝竹是琴、箫、笙、瑟等管弦乐器。在魏晋之前，金石乐器用于宗庙、祭祀等庄严的场合，表现高尚的情志。《史记·乐书》说：“金石丝竹，乐之器也。”张守节《正义》解释说：“乐为德华，若莫之能用，故须金石之器也。”儒家所说的“礼乐之治”的“乐”，其实是指用金石之器演奏的古乐或雅乐表现道德。因为“乐者，德之华也”，乐是道德的外在光华。丝竹则多用于俗乐。《宋书·乐志》说：“相和，汉旧歌也。丝竹更相和”，俗乐相和歌用丝竹演奏，属于清商曲调范围，声音清越，表现为凄绝哀婉的美感。

至迟自西汉始，由于丝竹之乐声音优美，越来越受到人们的喜爱。但丝竹表现哀伤的情感，不属于雅乐，一直受到传统偏见的排斥。《汉书·张敞传》说：“口非恶旨甘，耳非憎丝竹也，所以抑心意，绝耆欲者”，《汉书·扬雄传》说：“抑止丝竹晏衍之乐，憎闻郑卫幼眇之声。”可见古板迂腐的儒者，耳憎丝竹，犹如憎闻郑卫之声，因为丝竹之声摇荡心意，助长嗜欲。但尽管有些人憎听丝竹，丝竹以其曼妙的声音，哀婉的美感，动人心魄，艺术感染力远胜古乐、雅乐，受到广泛欢迎。音乐新潮汹涌澎湃，表现出无限生命力。丝竹之所以令人流连忘返，最大的秘密在于丝竹之乐几乎是妓乐的同义词。美丽的歌妓与美妙的丝竹合二而一，丝竹声中长袖曼舞，谁人能抵挡她的魅力？

魏晋时代畜妓之风盛行，豪贵之家妓乐具有极高的水准。王羲之所说的“正赖丝竹陶写”，“丝竹”，虽然可以独乐，比如“清琴独抚”，但在上流社会，往往是妓乐的代名词。这里再举例说明之。《晋书·钟雅传》载：明帝崩，国丧还未满一年，尚书梅陶私奏女妓。钟雅劾奏梅陶：“……陶无大臣忠慕之节，家庭侈靡，声妓纷葩，丝竹之音，流闻衢路，宜加放黜，以整王宪。”《晋书·殷仲文传》说：“后房伎妾数十，丝竹不绝。”可见，丝竹就是声妓。谢安也畜妓。《晋书·谢安传》说：“安虽放情丘璺,然每游赏,必以妓女从。”谢安性好音乐,晚年登台辅,期丧不废乐。家里养着妓女,又好音乐,显然,谢安喜欢的音乐,必是妓乐。王羲之说“正赖丝竹陶写”,其实就是“正赖妓乐陶写”。

最难解在“恒恐儿辈觉损欣乐之趣”一句。难解首先是断句问题,苏轼以“觉”字断句,作《游东西岩》诗(苏轼自注:即谢安东山也)说:“谢公含雅量,世运属艰难。况复情所钟,感慨萃中年。正赖丝与竹,陶写有余欢。尝恐儿辈觉,坐令高趣阑……”(见《集注分类东坡先生诗》卷二)照苏轼的断句,右军“恒恐”一语意思就是:常担心儿辈发觉,欣乐之趣就减少了。后人一般都如此断句如此解释。但问题来了,为何儿辈发觉你丝竹陶写,你就兴味顿减?丝竹陶写又不是作贼,何必恒恐儿辈发觉?可见,苏轼这样断句与理解,不合逻辑。其实,“觉损”是一个词,不应中间断开。郭在贻《世说新语词语考释》说:“觉损二字应连读,觉者,减也,差也;损,也有差、减的意思。觉损是同义并列复合词。今考《上古全晋文》卷十九《王导书》:‘改朔情增伤感,湿蒸事何如?颇小觉损不?’所谓‘颇小觉损’,即是稍许减轻的意思。”按,郭说是。《抱朴子·外篇·交际》:“岂以有之为益,无之觉损乎?”《外台秘要方》:“能食起即停,如未觉损,终而复始,以差为度。”以上二例中“觉损”一词,亦为减轻、减少义。然羲之“恒恐儿辈觉损欣乐之趣”究竟何意,仍不得确解。日人秦士铉《世说笺本》解释道:“晚年只赖丝竹陶写忧愁,得延日耳。夫我为之,不过为陶写忧愁而已,而常恐儿辈认我好之,遂亦仿效以为欣乐之具。为虑儿辈沉溺,致损我欣乐之趣。考宋苏轼诗云:‘况复情所钟,感慨萃中年。正赖丝与竹,陶写有余欢。常恐儿辈觉,坐令高趣阑。’又:‘人生此乐须天赋,莫遣儿曹取次知。’可以阐明其意。”以为儿辈因我喜爱丝竹而仿效之,担心沉溺其中,遂少我欣乐之趣。这样解释似乎仍未惬人意。若明乎右军所说的丝竹就是妓乐,“恒恐儿辈觉损欣乐之趣”一句或许可得确解。如前所述,传统的音乐理论以为音乐是道德的外显,而丝竹属于俗乐,常常与美色结合在一起,沉溺妓乐,不免有伤德性。妓乐遭到音乐正统派攻击的例子俯拾皆是。谢安作伎,就遭遇刘夫人的"破坏"。《世说新语·贤媛》第23条说：谢公夫人帏诸婢，使在前作伎，使太傅暂见，便下帏。太傅索更开，夫人云："恐伤盛德。"声色之乐一在声，一在妓，现在刘夫人却只让丈夫听声，不让观色，趣味是否减去大半？谢安要拉开帷幕观色，刘夫人半是正经半是讽刺说了句"恐伤盛德"。实在难以想象谢公此时作何回答，是何表情。谢安作妓乐遭遇的尴尬，最形象不过地解释了"觉损欣乐之趣"的内涵。也许，当王右军丝竹陶写之际，他的夫人和儿子也像谢安夫人那样跑出来说："恐伤盛德。"兴趣正浓，忽然被浇上一头冷水，顿时索然无趣。

（龚斌）

咫尺玄门

刘尹与桓宣武共听讲《礼记》[①]。桓云："时有入心处，便觉咫尺玄门。"刘曰："此未关至极，自是金华殿之语[②]。"

《言语》第64条

注释

① 刘尹：即刘惔，见"莫得淫祀"篇（《德行》第35条）注释，东晋著名清谈家。桓宣武：即桓温，桓温于宁康元年（373年）卒，谥宣武，见《言语》第55条注释。

② 金华殿：宫殿名，汉成帝经常在此听郑宽中、张禹讲《尚书》《论语》。由于郑、

张讲的内容没有新意,后人用金华殿语比喻那些没有达到高妙境界的言论。

鉴赏

魏晋时期盛行玄风,《周易》《老子》和《庄子》被视为“三玄”,是贵族知识分子清谈的重要话题。时人对玄学思辨钟爱备至,因为在激烈的辩论交锋中,可以感受纵横捭阖、玄远高深的超逸思维所带来的无穷乐趣。

有一次,丹阳尹刘惔与桓温一同听讲《礼记》。桓温说:“每有打动人心的地方,便觉得离玄妙之门不远了。”刘惔说:“这还远远未到玄妙之境,只不过像是郑宽中、张禹在金华殿里给皇家讲学的老生常谈罢了。”

桓温和刘惔,都是当时位高权重、赫赫有名的人物,还都是当朝驸马。刘惔被视为永和名士的风流之宗,是当时清谈的一员干将。他出身官宦世家,少年时期便为王导所赏识,后来声望日隆,娶了晋明帝的女儿庐陵公主司马南弟为妻。刘惔深受皇家信任,当时任丹阳尹,这可不是一般的地方长官,而是东晋京都所在的郡,掌管的是国家的核心重镇。

桓温就更不用说了,娶的是晋明帝司马绍的嫡长女,南康公主司马兴男。南康公主的母亲是明穆皇后庾文君,同母弟弟则有后来的晋成帝司马衍、晋康帝司马岳,权势就更胜一筹了。身为当世枭雄,桓温也建立了卓越的功勋:公元346年孤军入蜀剿灭成汉,声名大震;354年挥师北伐,收复大片失地,诸国群雄为之心惊胆战;356年第二次北伐,收复故都洛阳,可谓朝廷的中流砥柱。

即使桓温这样的赫赫武将,闲暇之时亦爱清谈。桓温曾经问刘惔:“会稽王(司马昱)清谈水平是不是更进一步了呢?”刘惔说:“大有进步,不过仍是第二流罢了。”桓温问道:“第一流又是谁呢?”刘惔说:“当然是我辈啦。”司马昱是晋元帝司马睿的幼子,晋明帝司马绍的异母弟,刘惔连他都不放在眼里,可见性格有多么简傲了。

刘惔素来善于辩说论理,在司马昱任丞相的时候,就享受丞相府特邀贵宾的礼节了。当时孙盛著有《易象妙于见形论》,皇帝让清谈名家殷浩诘难,不能驳倒他。司马昱就说:“把刘惔请来,应该有办法说服他。”于是让人去接刘惔。孙盛一向佩服刘惔,等到刘惔到来后,犹如老鼠见了猫,气势便逊了一大截。刘惔侃侃而谈,言辞简练周密,令孙盛心悦诚服。满座的人都拍手大笑,赞美刘惔的玄学造诣高深。

桓温少年时就与刘惔交好,两人惺惺相惜,刘惔曾经称赞:“桓温的眼眶犹如紫色的石棱,胡须就像刺猬的毛皮,是孙仲谋、晋宣王一流的人物。”可见桓温相貌之英武,言谈之磊落了。刘惔最喜欢调侃他这位好友,因为桓温平素爱憎分明,对敌人是秋风扫落叶,对朋友却是温煦如春日。这英雄尽管高傲,在他这个皇家连襟面前,不过是个平常人。刘惔和桓温一起喝酒的时候,醉了都敢把脚跷到桓温肩脖上;而桓温去看望刘惔时,也会带上弹弓径直走进内室,开玩笑地把泥丸弹到刘惔的枕头上。

有一次,正是下着纷纷扬扬大雪的严冬天气,桓温率领着大队人马要去打猎,经过了刘惔的府第。刘惔闻讯出门,见桓温大冷天穿得单薄紧身,就戏弄他:“老贼,穿成这样干嘛去啊?”桓温也不生气,大笑,甩动马鞭:“我如果不穿成这样,你们又怎能闲坐空谈呢?”的确,没有他的南征北战,哪来这些人有地方有闲暇嚼舌头?桓温是真刀真枪建功立业的英雄,哪里会把这些空谈的人放在眼里?

当时已经是“谈空说玄夜不眠”的时代,非得对“三玄”有所研究,并有点舌灿莲花的本事,才能成为名士,受世俗之人崇拜。然而,桓温志不在此,他从来是以在战场上死去的父亲为榜样,以光复神州、建功立业为毕生抱负的,这从他们听讲《礼记》时的反应,也可见一斑。

《老子》云:“玄之又玄,众妙之门。”桓温听讲时的感受是“咫尺玄门”,意味着在他心目中,《礼记》体现的礼教哲学,与道家思想也是相去不远的。《礼记》又名《小戴礼记》,西汉礼学家戴圣所编,大量记载了包括称谓、辞令、服饰、家教、尊老、丧祭、教化、礼俗等礼制，体现了先秦儒家的礼教思想。然而在儒术确立独尊地位的数百年后，礼教异化为助纣为虐的统治工具，在魏晋时期，老庄之学复兴，趋向自然天道的玄学，就成为新的潮流。因而，桓温在与刘惔的清谈中，还是落了下风。

桓温看重儒家人伦，欲建礼制，借以齐家治国平天下；刘惔则认为他们所听的《礼记》，远远未到玄妙之境，只不过是老生常谈。由此可见两人之分歧，亦可见魏晋士大夫援儒入道的风气。桓温从名教与自然的绝然分野，试图打通"玄门"，调和道家与儒家、自然与名教的关系，有着重要的意义，也是玄学此后的发展方向。

（阮莉萍）

天之自高

王长史与刘真长别后相见，王谓刘曰："卿更长进。"答曰："此若天之自高耳。"

《言语》第66条

鉴赏

本条的主角"刘真长"即刘惔，另一位"王长史"即王濛，濛曾官至司徒左长史。刘惔为当朝驸马，王濛为前朝国丈，他们二人同为东晋外戚，同为东晋显贵兼名士，所以时人总将他们二人并称为"王刘"或"刘王”。《晋书·王濛传》说：“时人以惔方荀奉倩，濛比袁曜卿，凡称风流者，举濛、惔为宗焉。”

人们喜欢把他们一起并称，自然也喜欢拿他们一起比较。《世说新语·品藻》篇载，谢安对王濛孙子王恭说：“刘尹亦奇自知，然不言胜长史。”也许真的佩服王濛，也许只想拉拢王恭，谢安是在转弯抹角地称赞王濛的才气。如果对王恭面谀他的祖父，则有失自己宰相的身份，不说几句对王濛的恭维话，又不能拉近与王恭的感情，所以，表面上他对刘惔、王濛优劣完全不掺杂半点个人意见，只是“非常客观”地叙述一件历史事实：刘惔这样狂傲的天下名士，虽然对自己的才华十分自负，但他从未说自己胜过王濛，可见王濛的才情“牛”到什么程度！这句话说得委婉巧妙极了，既不直接就刘、王的短长进行品评，又能让王恭感觉到自己对他祖父的赞美；既能让王恭为祖父骄傲，又不让王恭觉得难为情。谢安的“雅量”固然不俗，他的说话技巧更为高明。

不管高明还是笨拙，委婉还是直率，比较的目的就是要分出个高下优劣，一分出高下优劣就容易伤害双方感情，所以两人并称弄不好就成了两人敌对。与其他并称者彼此拆台不同，他们二人倒是一直相互推许。《世说新语·赏誉》篇载，刘惔不仅觉得王濛姿容优雅，还常常赞叹他性情通达而又自然有节。有一次王濛酒酣起舞，刘惔说王濛那天的风度一点也不亚于向秀。王濛认为“刘尹知我，胜我自知”。他还曾对支道林夸奖刘惔说：刘真长的才高学富恰如“金玉满堂”。《晋书》说他们二人情同手足，王濛下葬那天刘惔将王喜欢的犀柄麈尾放在棺中，恸哭昏厥了好长时间。

他们既然亲于兄弟，说话就没有任何顾忌。该文记述了他们二人这样一则对话——

有一天王、刘别后重逢，王濛表扬刘惔说：“老兄好像又有点长进了。”刘惔“大言不惭”地回答说：“不是我有什么进步，天本来就很高嘛。”

刘惔所谓“天之自高”语出《庄子·田子方》：“夫水之于汋（zhuó）也，无为而才自然矣。至人之于德也，不修而物不能离焉，若天之自高，地之自厚，日月之自明，夫何修焉。"庄子原话的意思是说，水流之有波澜，是自然无为而形成的；同样，至人之有道德，正如天自然就高，地自然就厚，日月自然就明一样，哪还用得着人为修养呢？庄子所谓"天之自高"，是形容至人无为而德高；刘惔以"天之自高"答王濛"卿更长进"，是强调才华来自天生。"长进"须有人为努力，"天高"则是自然而成。

王濛是想夸奖朋友的刻苦勤奋，刘惔则是吹嘘自己天生聪明。

孔夫子把人分成了四个层次："生而知之者，上也；学而知之者，次也；困而学之，又其次也；困而不学，民斯为下矣。"王濛夸他"卿更长进"，无形中把刘惔定位于"学而知之"的层次上。刘惔称自己是"天之自高"，是坚信自己属于"生而知之"的人。

在"人的觉醒"这一精神氛围中，魏晋士人特别看重个人才智，他们常以高才夸人，也常以高才自炫。刘惔一向对自己的才华"感觉良好"，同辈们对他既以清谈之宗相许，他自己也以清谈之宗自居，怎么甘心做"第二流人物"呢？《世说新语·品藻》篇中另一小品文能加深我们对刘惔的理解："桓大司马下都，问真长曰：'闻会稽王语奇进，尔邪？'刘曰：'极进，然故是第二流中人耳！'桓曰：'第一流复是谁？'刘曰：'正是我辈耳！'"

"第一流人物""正是我辈"！那"我辈"无疑就是"生而知之"了，"我辈"的杰出也如"天之自高"，怎么还要靠学习来求"长进"呢？

清人李慈铭对此大加指责，说"人虽妄甚，无敢以天自比者"。表面上看李氏的批评不无道理，再狂的人也没狂到以天自比，可细读原文又觉得他说的似是而非。刘惔不过是暗用庄典，像天之自高和地之自厚一样，自己的聪明才智来自天生，不是"学而知之"的努力结晶。再说，这是他们哥儿俩的闲聊，千万不能对他们的谈话过于拘泥。类似的对话在今天的兄弟们之间也很常见，譬如一哥儿说："老弟，你这件 T 恤衫配上你这身条，今天看起来好帅呀！"另一个马上回答说："我生来就帅，有什么办法！"当年王濛与刘惔对话，如果一个人说"卿更长进"，另一个回答"天生聪明"，那么这场对话就太无聊也太无趣，刘惔那句"此若天之自高耳”，这个典故用得十分俏皮，也很符合他的身份，而且还有几分幽默，倒是李慈铭本人太不解风情。

（戴建业）

殊胜东山

刘真长为丹阳尹，许玄度出都就刘宿[①]。床帷新丽，饮食丰甘。许曰："若保全此处，殊胜东山。"刘曰："卿若知吉凶由人，吾安得不保此！"王逸少在坐曰[②]："令巢、许遇稷、契，当无此言。"二人并有愧色。

《言语》第69条

注释

① 许玄度：许询，字玄度，东晋文学家，祖籍高阳（今属河北），寓居会稽（今浙江绍兴）。约晋穆帝永和元年前后在世。长于五言诗，与孙绰同为一时名流。

② 王逸少：王羲之，字逸少，详《言语》第62条注释。

鉴赏

魏晋时期，出现了隐逸的风气。隐士们超越于时代，“生活在别处”，开拓了一片不受世俗污染的心灵乐土。他们注重人的性灵，在热爱山水的审美境界中，超越了日常生活的琐碎庸常，也与社会中普遍存在的杀伐争斗迥异其趣。隐士们的性灵之光，犹如暗夜里冉冉升起的一轮明月，洒下皎洁的清辉，安抚了乱世里的浮躁之心。

许询是当时名望很高的隐士，他出身世家，小名阿讷，但一点也不木讷，“总角秀惠，众称神童”（刘孝标注引《续晋阳秋》）。在“上品无寒门，下品无世族”的时代，像他这样门第高贵、才华超群的人，要做官简直轻而易举，甚至连皇帝也亲自征召他来朝。但他“好神游，乐隐遁之事”（唐无名氏《文选集注》引公孙罗《文选抄》），更喜欢游山玩水、听泉赏月，过无拘无束的生活。许询与谢安、孙绰、支遁、郗愔、王坦之、司马昱等交游甚欢，隐居之后，仍旧与这些朋友相往来。

刘惔在京城担任丹阳尹时，许询每次到京都建康，就到他府上借宿。刘家床帐簇新华丽，饭菜丰盛甘美。许询羡慕地说：“如果能保住这个安乐窝，实在是比谢安的东山隐居强多了。”刘惔微微一笑，说：“你如果明白吉凶由人这个道理，就知道宦途无常，我怎么会不想保住这个地方呢！”王羲之当时也在座，严肃地说：“如果是巢父、许由遇到稷、契，大概不会说出这样的话来！”刘、许二人听罢，面有愧色。

为什么一个区区隐士，却能得到刘惔这位驸马爷的款待呢？那是因为许询才学渊博，擅长清谈，所以在他入京时，刘惔就特地准备个书斋给他住，好随时享受一番玄学思辨的乐趣。许询在京都停留了一个月，刘惔在繁忙的公务之余，没有哪一天不想着去看他，最后叹息着说：“你过些天还不走，我就成了轻薄京尹了！”然而见不到许询的时候，刘惔又说：“清风朗月，辄思玄度。”让一个位高权重的当朝驸马忘乎所以，甚而一日不见如隔三秋，可见许询的魅力之大！

许询不仅让驸马成了他的粉丝，也令简文帝司马昱欣赏不已。据《世说新语·赏誉》记载，司马昱未登位前，许询常去拜访，有一夜风静月明，两人就一起到密室中清谈。许询擅长抒发诗意情怀，言辞清新，情意婉约，也远超平时。司马昱虽然一向和他情趣相投，这次会面却更加赞赏他，言谈中两人不觉愈靠愈近，促膝相谈，执手共语，一直谈到天亮。简文帝回想的时候还说："像玄度这样的才华，确实是不可多得啊！"有亲密的倾听和交流，还有真诚的欣赏和赞叹，这真是一个棋逢对手、琴遇知音的魏晋月夜。

许询与王羲之的友谊也很深厚，是参与兰亭修禊的群贤之一。王羲之晚年隐居剡县（今浙江嵊州）金庭，许询还特地从永兴（今杭州市萧山区）赶过去与王羲之为邻。既然交情匪浅，王羲之为什么会严肃地批评他们呢？因为许询的隐居之志，可是天下闻名。他曾经上奏朝廷，舍永兴、山阴两处宅院为寺，把家里的财产珍宝等全部送人，准备去过彻底的隐居生活。当时的晋穆帝下诏应允，"山阴旧宅为祇洹寺，永兴新居为崇化寺"（见《建康实录》卷八）。而此时许询又表现出对舒适生活的贪恋，可不是打隐士们的脸吗？

由此观之，王羲之是个认真的人，认为隐士就应该像巢父、许由那样，隐姓埋名，淡泊物欲。据说巢父牵了一头小牛到河边喝水，看见许由在洗耳朵，就问原因。许由说："尧帝又想招我当九州长，我不想听到这话，真是污了我耳朵，所以用清水洗洗。"巢父说："你如果住在高山深谷，谁还能见到你？你故意在外招摇，才会声名显赫。你这虚伪的人，洗耳朵会污染河水，把我这只小牛纯洁的嘴巴也污染了。"于是巢父就把牛牵到上游喝水去了。在王羲之看来，许询这个隐士，显然当得不合格。

王羲之对于隐士要求高，对于官员也一样严格。稷和契是古代贤臣，二人辅佐尧舜，恪尽职守，深切关怀百姓疾苦，有着"人溺己溺，人饥己饥"的同情心和责任感，以解救天下苍生危难为己任。他希望刘惔能做稷、契一类的人物，拥有以民为念、为民谋福的仁爱之心，而非以清谈为务。刘惔显然也并非尸位素餐的官员，要不然也不会感到惭愧，甚而不敢留许询长住下去了。

然而许询也有自己的隐居哲学，他没有采取老庄以至阮籍、嵇康那样鄙弃功名、追求自然的生活方式，而是追求"心隐"，只求适意而已。

"许玄度隐在永兴南幽穴中,每致四方诸侯之遗"(《世说新语·栖逸》第13条),他一边隐居,也一边结交四方诸侯,别人议论纷纷,许询却不以为然,说比起把天下让给他来,这样可轻松多了。许询以优雅从容的风度,过着风流潇洒的生活,纵情山水、热衷清谈、流连诗酒,这也是当时名士和高僧们共同追求的生活方式。

(阮莉萍)

清言致患

王右军与谢太傅共登冶城[①],谢悠然远想,有高世之志[②]。王谓谢曰:"夏禹勤王[③],手足胼胝[④];文王旰食[⑤],日不暇给。今四郊多垒[⑥],宜人人自效。而虚谈废务,浮文妨要,恐非当今所宜。"谢答曰:"秦任商鞅[⑦],二世而亡[⑧],岂清言致患邪[⑨]?"

《言语》第70条

注释

① 王右军:即王羲之。王羲之曾官东晋右军将军,世人称之为"王右军"。谢太傅:即谢安,见"常自教儿"篇(《德行》第36条)注释。冶城:东晋首都建康城

内的一座土城，据说是春秋时期吴王夫差下令兴造的兵器冶炼之所。

② 高世之志：超凡脱俗的志愿。

③ 夏禹：史称大禹、帝禹，为夏后氏首领、传说中的夏朝开国君王。勤王：此处是“勤于王事(国事)”之意。

④ 胼(pián)胝(zhī)：即老茧，手掌或脚底粗糙的厚皮。

⑤ 文王：即姬昌，其子武王姬发灭商建周，追尊姬昌为文王。旰(gàn)食：因心忧事繁拖延到晚上才吃饭，也表示不能按时吃饭，形容君王勤于政事。

⑥ 四郊：城外四周。垒：战垒，战壕。

⑦ 商鞅(约前390—前338)，即公孙鞅，战国时期著名政治家，因受封于商，故称“商鞅”。秦孝公时在秦国实行变法，后因被秦国贵族诬陷，死后遭车裂。

⑧ 二世而亡：传位一代，王朝就已覆灭。秦始皇死后，秦二世胡亥即位，不久即爆发以陈胜、吴广为首的反秦大起义，秦王朝很快为刘邦所灭。

⑨ 清言：此处略同于“清谈”，清雅的谈论，有关人生处世的哲学言谈。

鉴赏

清谈是一个历史名词，大体泛指魏晋名士间的日常座谈，有时注重处世哲学的学术辩论，有时偏于现当代名士的人伦品评，皆以识解卓绝、言论高妙见称于世。其哲学内涵，大体偏重老子、庄子的道家思想，同时也兼有儒家《易经》的辩证学说。魏晋时代，举世趋之若鹜，注解《老子》的何晏、王弼开其源，注解《庄子》的向秀、郭象接其绪，口中雌黄的王衍等人畅其流，“过江诸人”王导辈承其学，“江左新生代”谢安、刘惔、王濛等人发其幽而集其成。这批名士也由此成为《世说新语》的主要人物。

王羲之是王导的堂侄辈，谢安为人为政，几乎一切以王导为师范。他们两人的这次辩论，起因不得其详，结局却饶有兴味。一个说“虚谈废务，浮文妨要，恐非当今所宜”，一个说“秦任商鞅，二世而亡，岂清言致患”，应该说，各有各的道理。双方当事人各执一词，给后世留下一段饶有兴味的公案：

第一，到底是“清谈误国”呢，还是“任法误国”呢？

第二，王羲之为什么不见反驳，他是不是被驳倒了？

第一个问题，应该两方面都要兼顾。先说第一层，清谈误国，清谈似乎确实误过国，东晋的桓温早就公开声讨过："遂使神州陆沉，百年丘墟，王夷甫诸人不得不任其责"；商鞅变法，激发事端，最终惨遭车裂，秦朝任法严明，军务失期者斩，反正都是个死，陈胜、吴广这才在大泽乡振臂一呼，这也是血淋淋、活生生的事实。可见任法也误过国。再说第二层，清谈以前误过事，有人清谈误过事，并不等于清谈一无是处，并不等于从此不能清谈；商鞅变法，秦国也还强大过，秦朝令行禁止，书同文，车同轨，中央集权也曾威震一时。但是，王、谢二人，好像都只说了一面之词。这一点，仁者见仁，智者见智，各执一端，可能谁也说服不了谁。读者可以从容讨论，慎思之，明辨之，笃行之。

第二个问题，王羲之应该是一时语塞，如果他还有下文，在场听众以及传播此事者，应该不会断章取义，到此为止。王羲之本来是先发制人，"今四郊多垒，宜人人自效"，话头说到这里也就可以了，但是他前面拉扯出夏禹和文王，难免有点张大声势之嫌；末了又向当代主流思潮发难，一口一个"虚谈废务"，一口一个"浮文妨要"，话都说得很硬，定性都很重，尤其是在谢安"悠然远想，有高世之志"的兴头上。谢安当然是不肯买账了，于是反手一击：此一时彼一时，文武之道一张一弛，你抬一头压一头，我就不服！我也不和你计较哪个当"宜"哪个不当"宜"，我只提醒你，秦朝是怎么短命而亡的？一招制敌，王羲之卡壳了。

（王澧华）

咏絮才

谢太傅寒雪日内集[①],与儿女讲论文义。俄而雪骤,公欣然曰:"白雪纷纷何所似?"兄子胡儿曰[②]:"撒盐空中差可拟。"兄女曰[③]:"未若柳絮因风起。"公大笑乐。即公大兄无奕女[④],左将军王凝之妻也[⑤]。

《言语》第71条

注释

① 内集:家族聚会。

② 胡儿:谢朗,字长度,小字胡儿。谢安二哥谢据的长子,颇有文义,官至东阳太守。

③ 兄女:即谢道韫,谢安侄女,王羲之次子王凝之之妻。聪慧具才辩,能诗文,人称有林下风气。

④ 无奕:谢奕,字无奕,谢安长兄,谢道韫父,少有器鉴,辟太尉掾、剡令、安西司马,累迁豫州刺史。为人好酒,与桓温友好,桓温推为布衣之交。

⑤ 王凝之(334—399),字叔平,工草隶,事五斗米道。王羲之次子,谢道韫丈夫,历仕江州刺史、左将军、会稽内史,后为孙恩所害。

鉴赏

众所周知,魏晋是谈风盛行的年代,所以表面上看起来这是一场谢氏家族聚会,但实则为一场“清谈”雅集,谢安为座谈会的主持人。由于户外突然下起急雪,谢安即景随兴出了一道“白雪纷纷何所似”的题目,让晚辈们进行清言赛事。谢安二哥谢据长子谢朗率先应答,史传称其善言玄理,文义艳发,若从“撒盐空中差可拟”的回答以观,着重在雪花降落的速度而言,雪“骤”时其降落速度自然甚急,谢朗以空中撒盐,从天迅落对雪骤场景进行摹拟,甚具情境感,足见其才智敏捷。而谢安大哥谢奕女儿谢道韫似乎不以为然,评曰“未若柳絮因风起”,其中的“未若”即认为谢朗的拟喻仍有不足之处。谢道韫聪慧才辩,清心玄旨,人称有林下风气,可说是位“女名士”,从其应答之语来看,确实可见其不凡才气。能不拘于“雪骤”的现实场景,以空灵的想象,美感的抒发,直接针对谢安“白雪纷纷”进行意象的连接,以风起柳絮,轻盈飞舞之状比拟雪花飘逸之态,深刻而有雅韵,灵动有诗意,可谓“形超神越”,甚有神悟。

在谢朗与谢道韫相继回应之后,谢安并没有论其高下,而是以“大笑乐”之表情动作为结,后世许多鉴赏书籍多认为谢安开怀大笑是因为觉得谢道韫回答得太好了,但是这样的解读似与谢安对晚辈循循善诱的教育理念有所扞格,如《德行》第 36 条云:“我(谢安)常自教儿”。又如《纰漏》第 5 条:“太傅虚托引己之过,以相开悟,可谓德教。”谢安是位对教育非常重视的长辈,所以“大笑乐”这一肢体语言非常耐人寻味,比较合理的解释:两位晚辈表现都非常出色,一实一虚,难分轩轾,不相上下,而身为谢氏家族的大家长,谢安内心甚感欣慰,此时此刻的他若是进行优劣品评,二谢恐因争胜而伤了彼此的和气,反而得不偿失。别忘了谢朗曾因其父被讥为“痴人”而把自己关在书斋一个多月,足不出户,而谢道韫曾将其丈夫王凝之痛骂得一无是处,可知二人均有好强性格,所以谢安才以笑乐动作代替语言评论。谢安的教育方式,可说是用心良苦,值得后人用心体会与借鉴。

关于谢朗与谢道韫对语之优劣,历来多以谢道韫之语为工,如宋刘辰翁曰:“有女子风致,愈觉撒盐之俗”。又如明陈梦槐云:“道韫对更娟美”。近人余嘉锡亦说：“二句虽各有谓，而风调自以道韫为优”。在众多一面倒的情况之下，宋陈善《扪虱新话》可谓少见的持平之论，其评曰：“乃知谢氏二句，当各有谓，固未可优劣论也”，颇体谢公之神髓。姑且不论高下如何，此则典实在教育现场确实是一则非常好的教材范例，若教师在课程讲解完成之后，让学子们进行才华的展现，自主地探索，或许会有惊人的发现，亦未可知。这应该就是经典的魅力吧！

（曾敬宗）

登山临海

荀中郎在京口①，登北固望海云②：“虽未睹三山③，便自使人有凌云意④。若秦、汉之君⑤，必当褰裳濡足⑥。”

《言语》第74条

注释

① 荀中郎：荀羡(322—359)，字令则，颍川颍阴(今河南许昌)人，东晋将领。曾任北中郎将，世称荀中郎。京口：今江苏镇江。

② 北固：今镇江北固山。

③ 三山：蓬莱、方丈、瀛洲三座仙山。

④ 凌云意：登上云霄之感，比喻登仙。

⑤ 秦、汉之君：秦始皇、汉武帝。

⑥ 褰(qiān)裳濡(rú)足：谓涉水。褰，撩起；濡，沾湿。

鉴赏

虽然荀羡在《世说新语》的正文里就出现了这么一次，但他在东晋也是一个风流人物。荀羡出自魏晋高门颍川荀氏，先祖是曹魏时期著名的荀彧。西晋覆灭前后，荀氏南迁，脱离原籍的荀氏能够在东晋朝廷重新扎根，发挥最大作用的人物就是荀羡之父荀崧。

荀羡年幼时便有不凡胆识。东晋咸和三年(328年)，七岁的荀羡遭遇苏峻叛乱，困居建康石头城。当时苏峻特别喜欢他，常常让他坐在自己的膝盖上。然而荀羡却私下对母亲说，倘若手中有利器必当手刃此贼。

荀羡十五岁时娶公主为妻，做上了驸马都尉。褚裒征召他做长史，评价他“资逸群之气，将有冲天之举”，他随后的经历也印证了此语。永和六年(350年)，荀羡出任北中郎将、徐州刺史，监徐州、兖州和扬州晋陵诸军事。荀羡年仅二十八岁就获此重任，在当时可谓绝无仅有。这件事一直为人称道，成为后世文学好用的典故。比如南北朝后期著名的文学家庾信，就在给北周宗室写的神道碑里两次使用了这一典故，说“荀中郎为十州都督，才踰弱冠”(《周上柱国齐王宪神道碑》)，“荀中郎连率此则，中兴方伯”(《周兖州刺史广饶公宇文公神道碑》)，都是借荀羡之事称赞对方年轻有为。温庭筠在诗作《赠李将军》中称“谁言荀羡爱功勋，年少登坛众所闻”，亦是叙荀羡之事迹，扬李将军之功绩。

北固山在今天的镇江市，是古代中国的重要地标，留下过王湾《次北固山下》，辛弃疾《南乡子·登京口北固亭有怀》《永遇乐·京口北固亭怀古》等名篇。据说东晋在北固山上建有北固楼，或许荀羡就是登楼远眺。当时，京口已近长江入海口，在江北岸的扬州还能看到大潮。所以，《世说新语》谓荀羡登北固山“望海”，并非夸张虚写。在北固山上，面对广阔水面升腾的雾气，让人仿佛接近了仙境。虽然未见三山，也能自生凌云之意。

寻仙以求长生，是长期萦绕在古代中国上至帝王下至平民的心头大事。帝王之中，又以荀羡提到的秦始皇和汉武帝为最早的典型。秦始皇派徐福带着童男童女数千人东渡大海寻找三山的故事想必大家都耳熟能详，当然最终是什么也没有找到。相较秦始皇，汉武帝其实有过之而无不及：他曾经八次出海，其中至少六次有求仙的行为。不过征和四年(前89年)的最后一次出海后，汉武帝得出了结论："天下岂有仙人，尽妖妄耳！"荀羡说倘若秦皇汉武见到这北固山远眺之景，极可能会误以为仙人之境就在前方，说不定要撩起衣裳下摆，走进水里。这是借秦皇汉武盛赞了北固山之景，因而得入《言语》之篇。

如今在登北固山的路上，会路过东吴太史慈、鲁肃之墓，一睹宋代甘露寺铁塔，还能瞻仰"五卅"运动烈士之墓。因长江下游沉积，如今在北固山上自然不可能再看到大海。甚至山下的大片水域，也非长江——长江向北改道，山下水域其实是宽阔的湖泊。此情此景，真是印证了辛弃疾的名句："何处望神州，满眼风光北固楼。千古兴亡多少事，悠悠。不尽长江滚滚流。"

（李煜东）

不至河汉

谢公云[①]："贤圣去人，其间亦迩。"子侄未之许。公叹曰："若郗超闻此语[②]，必不至河汉。"

《言语》第75条

注释

① 谢公：即谢安，详“常自教儿”篇（《德行》第36条）注释。

② 郗超（336—378），字景兴，一字嘉宾，高平金乡（治今山东嘉祥西）人，东晋官员、书法家、佛学家。曾任桓温参军，深获信任。桓温专权，超任中书侍郎，参预代晋密谋，朝廷大臣皆畏其权势。温死后去职。

鉴赏

曹操与刘备的青梅煮酒论英雄，被传为惺惺相惜的佳话。一个时代的豪杰，往往是互相成就的，他们是彼此尊重的战场劲敌，也是互相理解的平生知己。只有超越小集团的狭隘视角，具备让对手敬畏也为百姓颂扬的人格，这样的人才有执掌江山的全局观，也才能够为天下人谋幸福。

谢安与郗超，也是一对灵魂呼应的亲密敌人。谢安曾说：“圣贤与普通人之间，距离很近啊。”他的意思是，圣人也是凡人做，普通人只要努力，也可以成为圣人。但子侄听了纷纷摇头，自古以来，凡人只能仰望并膜拜圣人，搭多高的梯子也够不着吧？谢安不由得感叹道：“如果郗超听见这话，一定不至于认为圣凡之间渺如河汉。”谢家子弟个个都是芝兰玉树，为什么谢安还会有这样的慨叹呢？那是因为郗超实在是个擅长玄理又不同流俗的旷世之才啊。

谢安虽然讨厌郗超，但一直佩服他的学问见识。因为郗超才二十出头的时候，就是当时公认的杰出人物，他喜谈玄学，精于义理，与谢安一样享有盛誉。当时人都说：“大才盘盘谢家安，江东独步王文度，盛德日新郗嘉宾。”郗超出身名门，又少负才气，年纪轻轻就卓尔不凡。他为人放荡不羁，在士林中交游广泛，颇受司马昱、桓温器重。桓温英豪高迈，眼界颇高，一向很少推崇他人，却认为郗超城府渊深、智谋莫测，因此对他尽心礼待，郗超也一心追随。

谢安和郗超互相欣赏的一丝脉脉温情，在政治斗争面前，显得薄如蝉翼。因为桓温心怀不轨，一直想篡夺帝位，郗超则是桓温最倚重的谋士。桓温枋头之战惨败后，为了在朝廷树立权威，称司马奕因阳痿不能生育，后宫所生三子不是皇室血统，于是率大军进入建康，以褚太后的名义下诏，废司马奕为东海王，并立会稽王司马昱为皇帝。

当时郗超担任中书侍郎，坐镇朝廷，百官畏其权势，见了他都瑟瑟发抖，连谢安也不例外。有一次谢安与王坦之一起去拜访郗超，郗家的奴仆盛气凌人地让他们在门口等候，一直等到太阳都落山了。王坦之一气之下，就打算拂袖而去，谢安却拉住了他的袖子，苦笑道："你就不能为了全家人的性命，再忍一忍吗?"谢安对政敌表现出的谦卑和诚意，真可谓忍辱负重。

桓温权倾一时，对朝臣生杀予夺，一切都出自与郗超的共同谋划。有一天晚上，他们在军帐里一起制定了废黜朝臣的名单，郗超累了就在那儿睡着了。第二天一早，桓温就召见谢安和王坦之，把文牍掷给他们看。谢安心情沉重、默默无语，王坦之却直接掷了回去："废黜的人太多了，明公打算与谁共治天下?"桓温打算提笔删减一些人，不料郗超就在军帐后拉他的衣襟，悄声阻止。这时风吹开帷幕，谢安心里一下子就全明白了，微笑着说："郗生真不愧是明公的入幕嘉宾啊。"

可以说，在桓温生前，谢安吃尽了郗超的苦头。不料十年河东十年河西，官场上的风水很快就轮流转了。谢安在挫败桓温的篡位图谋后，在事实上总揽了东晋的朝政。他性情闲雅温和，有宰相气度，处事公允明断，不专权独霸，也不结党营私。为了稳定江山，谢安高瞻远瞩，顾全大局，始终以和谐安定为重。他没有趁机大力剪除桓氏势力，使东晋政权维持了数十年的稳定局面。

然而桓温一死，作为大谋士的郗超，虽然没有被追究责任，基本上也靠边站了。看着谢安如今令行禁止,不可一世,可想而知,郗超内心有多么不是滋味。郗超认为,即使桓温倒下了,按资历而论,父亲郗愔是名公之子,位望都在谢安之上,自己也该是朝廷柱石,而谢安却独揽朝政,真是令人恨恨不平。

作为政治上的死对头,郗超与谢家素来不睦,但郗超把国家大事和私人恩怨分得清清楚楚,并不感情用事。在前秦的苻坚率领百万之师,以投鞭断流之势汹汹而来之时,谢安决定任命侄子谢玄为主帅北上迎击苻坚。谢玄资历尚浅,此举显然有任人唯亲之嫌,朝廷众臣一时对谢安议论纷纷。然而郗超却说:"此事一定能成功。我过去曾和谢玄在桓府中共事,他用人能尽其才,即使在极小的事情上,也能委任得当。从这些事来推断,估计一定能建立功勋。"谢玄在淝水之战大败前秦后,同僚们都赞叹郗超有先见之明。

谢安在打倒政敌之后,没有趁机搞清算诛杀,保全了国家的文武人才;而郗超在国难当头之际,也能摆脱狭隘的个人恩怨,对谢玄率师北伐乐观其成,体现了爱国至上的广阔胸襟。虽然谢安与郗超关系不睦,然而他们在家国大计上的远见卓识,和"不以爱憎匿善"的宽广胸怀,受到当时朝臣们的赞誉,这不也是接近圣贤的境界了吗?

（阮莉萍）

支公好鹤

支公好鹤[①]，住剡东岇山[②]。有人遗其双鹤[③]，少时翅长欲飞[④]。支意惜之，乃铩其翮[⑤]。鹤轩翥不复能飞[⑥]，乃反顾翅，垂头。视之，如有懊丧意。林曰："既有凌霄之姿，何肯为人作耳目近玩[⑦]？"养令翮成，置使飞去[⑧]。

《言语》第76条

注释

① 支公(314—366)：支遁，字道林，东晋名僧，俗姓关，陈留(今河南开封)人，与谢安、王羲之等交游，好谈玄理。
② 剡(shàn)：县名，晋属会稽郡，今浙江嵊州。岇(àng)山：山名。
③ 遗(wèi)：赠与。
④ 少时：过了不久。
⑤ 铩(shā)其翮(hé)：剪掉它的翅羽。铩，摧残。翮，羽毛。
⑥ 轩(xuān)翥(zhù)：飞举，上飞。
⑦ 近玩：身边宠物。
⑧ 置：释放。

鉴赏

支遁是东晋的名僧兼名士，"家世事佛，早悟非常之理"(见南朝梁释慧皎《高僧传》),曾注《庄子·逍遥游》篇,能出新理于旧义,一代名士谢安、王濛、殷浩、郗超、孙绰、许询等人莫不叹服。晋永和五年(349年),后赵内乱,支遁南下会稽,地主王羲之慕名拜访,请他谈论《逍遥游》篇,支遁"乃作数千言,标揭新理,才藻惊绝"(同上),羲之大为叹赏。不久驻足剡县剡山,在其山岭立寺行道,有僧众百余相随问学。晋哀帝即位(361年)后,支遁应诏到京师建康,大获声誉,停留三年后,回会稽东山,晚年"收迹剡山,毕命林泽"(同上)。支遁放鹤佚事当发生在晚年居住剡山时。支遁晚年回东山乃奉诏而行,"资给发遣,事事丰厚"(同上),一时名流,争相饯送,此时当有相当资财积累,加以声名卓著,故有人送鹤,有余财养马。按,《世说新语·言语》又记其养马事。

天地悠悠,诞生万物,作为万物灵长的人类本是从纷纭的动物中走来,从对动物的恐惧、防范、依赖、亲近、奴役甚至屠杀等种种复杂情感中走来,到魏晋时期,受到玄学、佛学等新思潮浸润的名士们逐渐养成了自觉的反思意识,他们不但在传统的意义上与万物打交道,重复着先民日积月累的复杂情感,而且超越传统,"仰观宇宙之大,俯察品类之盛"(王羲之《兰亭序》),感受、思考和建立起与万物的崭新关系。

当把眼光聚焦到人与动物的关系上,我们惊奇地发现《世说》常常把名士的风神用动物作比,动物因此濡染上浓厚的审美意味,这是很值得注意的新变现象。此仅就以鹤比人举两例如下:

有人语王戎曰:"嵇延祖卓卓如野鹤之在鸡群。"(《容止》第11条)

公孙度目邴原:"所谓云中白鹤,非燕雀之网所能罗也。"(《赏誉》第4条)

王戎用"卓卓如野鹤之在鸡群",公孙度用"云中白鹤,非燕雀之网所能罗",分别叹嵇绍、邴原风度韵致高出流俗,喻象和喻指都相当程度上超越了道德、功利的束缚,几乎成为超然的审美。在传统的比喻里,如千里马比人才是典型的比德，但在上引两个例子中比德走向畅神了，即喻象本身具有较多的审美意味、完整的生命性，而不仅仅是人的品性的附属品。在《世说新语》中，动物由实用、比德对象走向审美对象最典型且富于美感的莫过于支遁好鹤与赏马的佚事了，换句话说，支遁是那个时代最早超越传统功利关系、体悟到人与动物之间审美关系的典型代表。

鹤，早在《诗经》中就成为诗人关注的美好动物形象，但与支遁所欣赏的形象存在比兴与审美的差异，可以略作比较：

鹤鸣于九皋，声闻于野。……鹤鸣于九皋，声闻于天。（《诗经·小雅·鹤鸣》）

《毛诗序》以为《鹤鸣》是教诲周宣王的诗作，郑笺进而言："教宣王求贤人之未仕者。"可见古人主要把这首诗看作一首比体诗，即以九皋之鹤来比隐居未仕的贤人，单独从喻象看，正如《世说新语·排调》第9条荀隐把自己比喻为日下鸣鹤时一样，鹤具有审美上独立自由的特点，但联系喻指看，不论是《鹤鸣》还是"日下荀鸣鹤"都是把鹤看作一种比喻，目的不在鹤，而在鹤所喻指的贤能和才华。一言以蔽之，鹤的形象仍然主要是比德的形象，而不是独立的审美形象。

而在"支公好鹤"里的鹤开始是受人羁束、本性受到阻抑的动物，后来由于支遁以人性推己及物，感通鹤性，尊重鹤性，使鹤终于摆脱束缚，凌空而去，得其天性。在此，支遁不再是狭隘的人，为了满足自己狭隘的私欲占鹤为已有，而是成为在新的价值理念支撑和觉醒生命的感悟下能够重新审视动物本性的新人。他解放了豢养的鹤，在本质上也是解放了自己，令自己的性灵如仙鹤般自由不羁，也在天人合一的终极境界、在万类生机盎然的气象里获得无益之益，即真正回归自然，与天合一，灵魂、肉体与宇宙浑融一体，由此摆脱异化现实对人灵肉的撕裂所带来的不能承受之苦。而鹤也不再是人的玩物，而是人的朋友，是自然万类中独立、自由、得其天性的物种,一只真正审美意义上的鹤诞生了!《鹤鸣》诗人看到过它,临死希望听闻"华亭鹤唳"的陆机曾经听闻过它,"被鹤氅裘"的王恭曾经向往过它,观看所养"善舞"之"羊公鹤"舞蹈的羊祜领略过它,但都是昙花一现,因为他们都束缚于俗念、私欲或者功利,不能恢复鹤完全的自由,当然也就不能获得人与鹤之间超功利的自由和谐关系,建立不起真正的审美关系。所以,陆机赴死终于没有再听华亭鹤唳的机会,王恭终于在政治斗争中丧生而没有骑鹤升仙,"羊公鹤"只为羊公而暂舞,而"客试使驱来,氃氋而不肯舞"(《世说新语·排调》第47条),人难以如鹤般自由自然,把握自己的命运,鹤也不来亲近怀抱私欲的人,沉默不言,乃至远之唯恐不及。而支遁完全改变了这种断裂的人鹤关系,人在对鹤的关爱和欣赏中自由了,鹤在摆脱羁縻的自由飞翔中获得了天性。人鹤关系遂成审美关系,天人合一遂在鹤这个动物身上得到具体而微的实现。

支遁不但与鹤建立了审美关系,也从马身上得到过审美愉悦。《世说新语·言语》第63条云:"支道林常养数匹马。或言道人畜马不韵。支曰:'贫道重其神骏。'"马乃负重从征的主要畜力,它身上负载了过重的人类功利色彩,而支遁能从中超脱出来,单纯从物种本身的长处和风神给予赞赏。限于条件,支遁所赞赏的"神骏"之马虽然很可能不会获得鹤一样的自由,但也像"羊公鹤"一样在支遁面前可以暂时舒其天性。

如果联系魏晋时期流传的动物报恩故事来观照支遁对待鹤、马的态度,我们会进一步理解动物如何从支遁这里得其自由自在的天性。晋人干宝《搜神记》卷二十所记十五则志怪故事中有十一则属于动物报恩主题,其情节模式一般都是在动物困危时,人发善心帮助动物脱困,动物或者动物亲属因此感恩图报,渗透着劝善教化的功利目的。如"鹤衔珠"写哙参为人至孝,救治了受伤的玄鹤,结果得到玄鹤夫妻"各衔明珠"相送的报答。"支公好鹤"一事留有动物报恩故事的基因,尤其是人对动物的恻隐之心,支遁不忍心看到铩羽之鹤欲飞不得而垂头丧气,于是"养令翮成,置使飞去"。支遁虽有恩于动物,但没有求得回报之心,而鹤也没有如志怪故事中的动物那样给支遁带来实际利益。人虽然没有得到像志怪故事中的明珠之报，但在根本上人又何尝没有得到回报？铩羽养鹤，束缚了鹤自由飞翔的天性，而养翮令飞去则全物之性，动物自得其性，人也因物自得而会得天人合一、物我交融的自由、和谐的境界。从此，动物便从人的功利束缚中完全解放出来，人、物各得其性，和谐共处，两相心悦，这应当是人与动物关系的最佳境界，是在根本上有益于人类终极利益的理想境界。从人的解放意义上说，支遁放飞的不仅是一只凌空而上的鹤，更是久被利欲束缚的自由的心灵，是人与自然和谐共处的未来。

（李剑锋）

北门之叹

李弘度常叹不被遇①。殷扬州知其家贫②，问："君能屈志百里不③？"李答曰："《北门》之叹④，久已上闻。穷猿奔林，岂暇择木！"遂授剡县⑤。

《言语》第80条

注释

① 李弘度：李充，字弘度，东晋江夏鄳县（今河南罗山西）人。东晋文学家。充任著作佐郎时，在西晋荀勖图书分类基础上，将典籍分作经、史、子、诗赋四部，

中国图书目录以经史子集分部，实始于充。

② 殷扬州：即殷浩(？—356)，东晋陈郡长平(今河南西华东北)人，字渊源。善谈论，负虚名，曾任扬州刺史。后统军北伐失败，桓温乘机上疏攻击，被废为庶人。

③ 屈志百里：指当县令。古代一县辖地约百里，因代指一县或县令。

④ 《北门》：《诗经·邶风》篇名，诗序说其主旨是“刺仕不得志”。

⑤ 剡县：县名，今浙江嵊州。

鉴赏

在中国学术史上，李充也算得上是重量级的人物了，他对《论语》《尚书》《周易》《庄子》都有研究，在文学与书法上也有建树，在文论与目录学方面成就尤为突出。他的《翰林论》在选辑文章、总其菁华的基础上“褒贬古今，斟酌利病”(空海《文镜秘府论》)，“论为文之体要”(《中兴书目》)。《翰林论》全书虽佚，与挚虞《文章流别论》一样，是东晋文学理论发展的重要成果，对后世文学批评和总集编撰有着重大影响。李充任大著作郎期间，受命整理秘阁典籍，修《晋元帝四部书目》，更换荀勖《中经新薄》目录内容与次第，使甲、乙、丙、丁四部分纪五经、史记、诸子、诗赋。至唐魏徵等编《隋书·经籍志》，更以经、史、子、集取代甲、乙、丙、丁，标志四部分类法正式确立，此后四部分类法成为最重要的文献分类方式。

李充的家世也还不错，先祖李通为汝南太守，曾祖父李绪封平虏中郎将，祖父李秉、父亲李矩皆有美名，父亲作过江州刺史，母亲是著名的书法家卫夫人(河东卫氏才女卫铄)。李充自己后来也累迁中书侍郎，但早年落魄，做的只是幕僚和县令等卑微的官职，便是这县令，还是殷浩主动赠与的。在这赠官与受官的故事中，殷浩可以说知人善任、济困救穷，李充则饥不择食、不失时机。史称李充“幼好刑名之学，深抑虚浮之士”(《晋书·李充传》)。殷浩是可与桓温抗衡的将领(曾任中军将军，亦称殷中军)，也是为了清谈可以忘食的名士，《世说》记了他很多富有个性的故事,如"咄咄书空"与"我与我周旋久,宁作我"之类。可见两人都不乏率真务实的品性,切合赠官与受官的行为。

当然《世说》编撰者的主观意图,还是要记这次赠官与受官的言语,而非行动。这段文字的好处,在于活用典籍与成言,既委婉含蓄又形象风趣。先看殷浩之问,用了"屈志百里"四字。说"百里",而不称"县令",是官小而不忍直呼,这种委婉含蓄的说法本是中国人的擅长,孔门弟子冉有向老师汇报自己的理想时,就说要治理"方六七十,如五六十"这么大小的一个地方,三年以后可以解决老百姓的温饱问题。说"屈志",更是对李充的尊重与惋惜,尊其才学过人,惜其大材小用。即便如此,还要用带祈使语气的疑问句:"君能屈志百里不?"足见问话者的谨慎。所以这一问,有怜惜,有敬意,还有审慎。殷浩之问,问中有情,再看李充之答,答中有叹。叹的是怀才不遇,而说"穷猿奔林,岂暇择木",显得格外急切,而且形象生动,更内含"良禽择木而栖,贤士择主而仕"的成言,也让人自然联想到曹孟德《短歌行》里的句子:"月明星稀,乌鹊南飞,绕树三匝,何枝可依。"李充之叹,也是《北门》之叹。《北门》是《诗经·邶风》里的一首诗,按《毛诗序》与郑玄的说法,是因为"君不知己志,而遇困苦",因此而"刺仕不得志"的。如首章说:"出自北门,忧心殷殷。终窭(jù)且贫,莫知我艰。已焉哉!天实为之,谓之何哉!"诗以第一人称口吻,极言自己生活困窘而且没人知道自己的艰难,只能忧心忡忡地理解为是老天爷的安排。其实从第二、三章所写公务繁忙家人还要责难的情形来看,《北门》诗所写更像现代学者们所说的,是小官吏不堪其苦而自我诉怨的。不管怎么说,《北门》诗八用"我"字,以一腔热血,抒发无处控诉的自我怨叹,情实可怜。李充的境遇本与《北门》诗同,他所做的,不过是以诗言志。在春秋战国时代,赋诗言志是颇为常见的事情,孔子甚至说"不学诗,无以言"。在《左传》所载"晋公子重耳之亡"的故事里,秦穆公与重耳就曾互赋《河水》《六月》,以表尊崇与首肯的心志。汉代郑玄家的奴婢还能用《诗经》中的句子进行对话,《世说新语》的编撰者赶紧把它记到《文学》篇里,以彰显郑玄的学问与影响。

鉴赏

诗三百原本可以兴观群怨，赋诵《诗经》与引用成言则属点铁成金、善假于物。

《文心雕龙·事类》篇说："文章由学，能在天资。才自内发，学以外成，有学饱而才馁，有才富而学贫。学贫者迍邅于事义，才馁者劬劳于辞情，此内外之殊分也。是以属意立文，心与笔谋，才为盟主，学为辅佐；主佐合德，文采必霸，才学褊狭，虽美少功。"写文章要才学兼长，说话其实也是如此，既要才思敏捷，也要学问渊博。李充的这几句话，除了表达他目前的窘境与急于出仕的愿望外，大概也可以见出他出众的才学来。

（刘伟生）

万里之势

袁彦伯为谢安南司马，都下诸人送至濑乡[①]。将别，既自凄惘，叹曰："江山辽落，居然有万里之势！"[②]

《言语》第83条

注释

① 谢安南：即谢奉，字弘道，历任安南将军、广州刺史、吏部尚书。司马：官名，

将军府的属官，管理一府之事。都下：京都。

② 凄惘：伤感愁闷。辽落：辽阔。居然：犹安然。形容平安、安稳。

鉴赏

东晋名士向以"深情""风流"为世所叹。对此，冯友兰先生曾有精辟而优美的分析，他说："真正风流底人有深情。但因其亦有玄心，能超越自我，所以他虽有情而无我，所以其情都是对于宇宙人生底情感。"（冯友兰《论风流》）以此品评本则中的袁宏，亦可谓风流人物。其送别之语深情细腻，又蕴涵了有关宇宙人生的思考，是中国士大夫精神思想史上的典范之作。

袁宏（328—376），字彦伯，小字虎，时称袁虎，阳夏（今河南太康）人。东晋玄学家、文学家、史学家。编著有《后汉纪》三十卷，著有《竹林名士传》三卷等。《世说新语》中，袁宏生平事迹存目约二十条，多在《言语》和《文学》篇中，相关典故有江上吟诗、倚马可待等，多写其文思敏捷、文采出众。如"袁虎少贫，尝为人佣载运租。谢镇西经船行，其夜清风朗月，闻江渚间估客船上有咏诗声，甚有情致；所咏五言，又其所未尝闻，叹美不能已。即遣委曲讯问，乃是袁自咏其所作咏史诗。因此相要，大相赏得。"（《文学》88）是说他文思出众，清风朗月于江上客船吟诗，为人所赏之事。又如"何尝见明镜疲于屡照，清流惮于惠风？"（《言语》90），则是他文采斐然、佳句迭出的又一表现。此外，耳熟能详的"倚马可待"一典也来自袁宏："桓宣武北征，袁虎时从，被责免官。会须露布文，唤袁倚马前令作。手不辍笔，俄得七纸，殊可观。东亭在侧，极叹其才。袁虎云：'当令齿舌间得利。'"（《文学》96）可见当时，袁宏的文采斐然已是世所公认。

年少成名的袁宏被称为"一时文宗"，当时的书法名家王珣曾感叹"当今文章之美，故当共推此生"，可见他是因擅长为文而获誉于世。《续晋阳秋》中曾记载了一则叫作"奉扬仁风"的典故，出自谢安与袁宏二人。“太傅谢安赏宏机捷辩远,自吏部郎出为东阳郡,乃祖之于冶亭,时贤皆集。安欲卒迫试之,执手将别,顾左右取一扇而赠之。宏应声答曰:‘辄当奉扬仁风,慰彼黎庶。’合坐叹其要捷。”太傅谢安素来赞赏袁宏的“机捷辩远”,在群贤毕至、为之送行的时候,以手中扇考验袁宏,袁宏应声而答,借手中之扇宣称将奉扬仁风,愿以苍生为己任,安抚黎庶,令众人叹服不已。唐代罗隐《途中献晋州孟中丞》诗中说:“楼移庾亮千山月,树待袁宏一扇风。”讲的正是这个故事。

同样是记载袁宏道别之事,《世说新语》与《续晋阳秋》体现出的情志各有不同。《续晋阳秋》中谢安有意相试,袁宏则借手中之扇宣称将奉扬仁风,实乃酬答之语,理胜于情。《世说新语》中则更多描绘其“真情”“风流”的一面,体现了东晋名士的风范。本条目写友人为袁宏送别时他的真情流露,所叹“江山辽落,居然有万里之势”。离别从来伴随着怅惋,江淹在《别赋》中说“黯然销魂者,惟别而已矣。”袁宏却不直言难舍之凄惘,而是转言辽落的万里江山,将目光由眼下的别离怅惋,投向无限辽阔的天地宇宙。虽则前路漫漫旅途艰险,别时容易见时难,但人生归有道,天地任其宽。有限的自我,被投射到无限的江河山川之中。所谓万里之势,实乃情胜于理、文思俱佳的名言。

刘辰翁评价此条说:“黯然销魂,直是注情语耳,未在能言。”可见佳处不在言辞华美,而是情感与景物的高度融合,使人心生戚戚焉。不直言友人离别之难舍,而转言辽落山河,“人自伤心水自流”,借自然景物的情感化,更能抒写不舍的依依之情。故黄辉说:“别语,惟‘春草碧色,春水绿波,送君南浦,伤如之何’与此二语,千古作匹。”同样是写离别,江淹在《别赋》中将目光流连于春草绿波,柔美而感伤;袁宏此处则把目光投向无限江山,辽阔而悲凉。可以想见,此去江山阻隔,万里苍茫,给予人一种未来不可期的苍凉之感。眼前萧瑟的景物,引发离人细腻的感受,勾起人们心中复杂的感情,是魏晋文人与自然山水共感所生发的幽思,体现出东晋名士的“一往深情”“天然风流”,也是魏晋时期生命意识自觉的典型表现。唐朝人杜牧曾云:“大抵南朝皆旷达,可怜东晋最风流。”(《润州》二首其一)而所谓“风流”,正体现在他们在处理人与外物关系时表露出的真情性上。后人每论晋人具有令人着迷的烟水云气,就是指东晋名士的这种“真情”“深情”。所以陈梦槐评价此条道,“忽忽有此怀,是知别离者”。本来就才思敏捷的袁宏内心自然是敏感的,眼前辽落的江山,漫漫征途,未来难期,只恐归来物是人非,自然多了许多感慨。多情自古伤离别,匆匆别语用情至深,予人一种辽落无奈之感。但“万里”二字气象辽阔,一扫颓势。无限江山固然有无限恨,但无限江山之中,也有无限的人生可能。短短的一句别语,寓情于景,不是诗句却胜似诗句。时代造就了袁宏敏感的心灵,他也以这样的心灵去看待自己和世界,给后人留下了隽永的文句,千载之后,犹有余响。借袁宏《咏史诗》中“吐音非凡唱”来评价他自己的这句离别之语甚为恰当。

(耿朝晖)

合抱枫柳

孙绰赋《遂初》,筑室畎川,自言见止足之分。① 斋前种一株松,恒自手壅治之②。高世远时亦邻居,语孙曰:“松树子非不楚楚可怜,但永无栋梁用耳!”③ 孙曰:“枫柳虽合抱,亦何所施?”④

《言语》第84条

注释

① 孙绰(314—371),字兴公,东晋太原中都(今山西平遥西)人。祖孙楚,西晋著名才士。绰少有高志,游放山水十余年。后任庾亮参军,补章安令,征太学博士,迁尚书郎,为东晋中期玄学中坚人物之一。《遂初》:即《遂初赋》,孙绰模仿西汉刘歆而作《遂初赋》,意谓遂其初愿。此赋原文已佚,《世说新语》刘孝标注引其叙,自言不务名利,享隐居之乐。畎(quǎn)川:地名,在会稽附近。止足之分:知止知足的本分。语出《老子》第四十四章:"知足不辱,知止不殆,可以长久。"

② 壅治:培土、整治。

③ 高世远:高柔,字世远,东晋乐安(今浙江仙居西)人。曾任司空(郗鉴)参军、安固令,营宅于畎川,时为孙绰邻居。楚楚可怜:植物丛生、纤弱可爱的样子。

④ 合抱:两臂环抱,指树木粗大。何所:什么地方。施:使用,用途。

鉴赏

《世说新语》最突出的特点,就是借助精简的语言含蓄隽永地表达语者心意。而"合抱枫柳"这则故事实为两位隐士孙绰与高柔之间的交锋,不仅具有一定的戏谑成分,而且也透视出两人鲜明的个性特征。

孙绰乃东晋名士,据《晋书》本传记载:"(孙绰)少与高阳许询俱有高尚之志。居于会稽,游放山水,十有余年,乃作《遂初赋》以致其意。"又《世说新语》刘孝标注引孙绰《遂初赋叙》云:"余少慕老庄之道,仰其风流久矣。却感於陵贤妻之言,怅然悟之。乃经始东山,建五亩之宅,带长阜,倚茂林,孰与坐华幕击钟鼓者同年而语其乐哉!"可见,孙绰创作《遂初赋》是为表达自己的志向,遂其初愿,隐于山林,做一名知足常乐的居士。而高柔亦居于畎川,但其性格与孙绰殊有不同。据孙统《高柔集叙》载:"柔字世远,乐安人。才理清鲜,安行仁义。婚泰山胡毋氏女,年二十,既有倍年之觉,而姿色清惠,近是上流妇人。柔家道隆崇,既罢司空参军、安固令,营宅于畎川。驰动之情既薄,又爱玩贤妻,便有终焉之志。尚书令何充取为冠军参军，僶俛应命，眷恋绸缪，不能相舍。相赠诗书，清婉辛切。"（《世说新语·轻诋》13刘孝标注引）高柔富有才华，遵行仁义，其妻年少而清惠，夫妻恩爱，故治宅畎川，隐于山林。相较而言，孙绰与高柔的归隐之因有所不同，孙绰少有高志，终隐山林。高柔多情缱绻，遂有终焉之志。

互为邻里的孙绰与高柔日常应有一些交集，但《世说新语》的作者独撷此事，颇有意趣。孙绰种松本为生活小事，但高柔语含讽刺，引来孙氏反唇相讥。在中国文人的笔下，松本是坚贞高洁的象征，具有独特的意蕴，如"建安七子"之刘桢曾写《赠从弟》诗，其三曰："亭亭山上松，瑟瑟谷中风……岂不罹凝寒，松柏有本性。"不畏寒冷、挺拔屹立就是松的品格。孙绰爱松，故而亲手培植，爱护有加，并有《秋日诗》为证："抚菌悲先落，攀松羡后凋"，借此表达他"垂纶在林野"的"澹然古怀心"。邻居高柔见其如此，出言相讥："小松树并非不楚楚可怜，但可惜永无栋梁之用耳！"借松苗讽刺孙绰政治无建树，无法担当重任，成为国家栋梁。这种语气和态度明显带有轻视意味，因而招来孙绰的反击，绰亦以树喻人，曰："枫柳即使有合抱之粗，又有何用呢？"是以枫树和柳树指代高柔，讥其虽有风采，但无实用，正如合抱枫柳空有婀娜之姿，终无实用之质。显而易见，两人语藏机锋，名指为树，实喻其人。孙绰的回答直接讽刺高柔素重闺情的生活，实有戏谑之嫌。

此处，余嘉锡笺云："（孙）兴公为孙子荆（孙楚）之孙。高柔之言，乃斥其祖之名以戏之。孙答语中当亦还斥高柔祖父之名，但不可考耳。"他认为，"楚楚可怜"一词含有孙绰祖父孙楚之名，故高柔之语有斥难之意。而孙绰的回答应是机锋相对，语含高柔祖上之名，可惜无从考证。魏晋时期，世人非常注重门第观念，如果随意拿对方父祖名讳来打趣，乃是非常不礼貌的行为。根据《世说新语》刘孝标注记载，高柔有集，其叙出自孙绰之兄孙统之手，可见孙统与高柔之间不仅相识，而且应是朋友关系。如果高柔说松苗"楚楚可怜"的目的是"斥其祖之名以戏之"，这种行为无疑是对孙统、孙绰兄弟的侮慢。该叙曾言，高柔才理清鲜，安行仁义，因此，这种斥难的态度不太切合实际。因此，孙绰与高柔的这番对话乃是邻里之间的两句戏言，具有一定的攻击性，只是这种攻击是温和的，这种微讽不应当是恶意的。况且，孙绰本人“性通率，好讥调”（《晋书·孙绰传》），他和高柔的对话不过是邻居之间的互相打趣，一笑而过。正如《世说抄撮》所云：“孙志在止足，故以无栋梁用嘲之。高绸缪闺情，故孙以枫、柳比之。”

高柔娶妻泰山胡毋氏，两情相悦，琴瑟和谐。《北堂书钞》和《太平御览》记录了二人书信往复多条，虽残篇断句，但其情足拟东汉秦嘉、徐淑。因此，固然高柔先发制人，以弱松比喻孙绰政治无建树，而孙绰的回击亦着眼于个人生活，讽刺高柔因妻废业，纵有高才，亦无用武之地。两位隐士的归隐原因虽然有别，但其心境殊为相通，徜徉山水之间，追求自然本性，忘却世事营营，鄙弃富贵功名。无论楚楚弱松，还是合抱枫柳，俱为邻里戏谈，读来饶有风趣。不过，“蒲柳之姿，望秋而落；松柏之质，经霜弥茂”（《世说新语·言语》57），作为意象，两者还是有些区别的。

（张亚军）

丹楼如霞

桓征西治江陵城甚丽[①]，会宾僚出江津望之[②]，云：“若能目此城者有赏[③]。”顾长康时为客[④]，在坐，目曰：“遥望层城[⑤]，丹楼如霞。”桓即赏以二婢。

《言语》第85条

注释

① 桓征西：即桓温。江陵：荆州城治所在。
② 会：会集。宾僚：宾客与幕僚。江津：江边渡口。
③ 目：评价，品赏。
④ 顾长康：即顾恺之（约345—409），字长康，小字虎头，晋陵无锡（今属江苏）人，先后担任荆州刺史殷仲堪、桓温的参军。擅长绘画。
⑤ 层城：高大的城楼。

鉴赏

桓温是宣城内史桓彝的长子，桓彝为国死难，桓温袭封男爵，起家便担任琅邪太守，随后升迁徐州刺史，不到34岁，便接替外戚庾翼，调任荆州刺史，都督荆州、益州、司州、雍州、梁州、宁州诸军事，一举平定西蜀，受封征西大将军。此后十余年间，桓温数次北伐，均以荆州为出发点。修治江陵城，就在这一期间。

春秋战国时期，荆州就是楚国的都城，背靠纪山，南临长江，可惜毁于秦国战将白起之手。及至三国与六朝，荆州以其西控巴蜀、北接襄汉、襟带江湖、屏蔽建康的军事地位，重新成为南国重镇，其重要性仅次于建康之下，俨然第二军政中心。“桓征西治江陵城甚丽”，其历史渊源与时代背景正在于此。城楼落成，桓温率幕府宾客与僚佐齐集江边码头，看到千年古城在自己任内重放异彩，踌躇满志，可想而知，因而出令：“谁能赞美，谁能品题，有赏！”

品题人物，一直是魏晋以来的士人风气，贵在既能恰如其分，一语中的，又能字字珠玑，意蕴深长。魏晋名士大多精于此道，往往一言既出，满座悦服，随即佳言玉屑，腾播人口，言者津津乐道，闻者为之解颐。风气所及，不仅人物名流，轮番品藻，而且山川风物，皆有品题。如袁宏辞别建康，一声“江山辽落，居然有万里之势”，让送行者益增离别之思；

王胡之"至吴兴印渚中看",叹曰:"人情开涤,日月清朗";其侄王子敬"从山阴道上行",感叹"山川自相映发,使人应接不暇"。这些名句,随即口耳相传,传到改朝换代,一一载入《世说新语》。

面对江陵新城,同行者思索之际,艺术家顾恺之的形象思维,突然转向了联想与比喻:高高的城楼,红彤彤的,简直就像天边的彩霞,于是,"遥望层城,丹楼如霞"的八言佳句便脱口而出。"丹楼如霞",色彩鲜明,具有生动的画面感,使人宛如置身现场。无独有偶,还是这位顾恺之,一趟会稽之行结束,"人问山川之美"。他的回答是:"千岩竞秀,万壑争流,草木蒙笼其上,若云兴霞蔚。"一个是"丹楼如霞",一个是"云兴霞蔚",既是赞美,更是品题,刘义庆好语疏取,顾长康佳句千古不易。

悬赏的桓征西,同样大气爽朗,当即给夺标者奖赏两位婢女。当然,大气背后是当时的历史环境,底层群体的人身依附,透露出等级社会的人身不自由。

(王澧华)

云兴霞蔚

顾长康从会稽还[①],人问山川之美,顾云:"千岩竞秀[②],万壑争流[③],草木蒙笼其上[④],若云兴霞蔚[⑤]。"

《言语》第88条

注释

① 顾长康：即顾恺之，详上一篇注释。会稽：东晋会稽郡，郡治山阴，在今浙江绍兴市。
② 竞秀：争美。
③ 壑：坑谷深沟。
④ 蒙笼：草木茂盛。
⑤ 云兴霞蔚：比喻云霞绚烂。蔚，聚集、盛大。

鉴赏

江南地区经过东吴的开发，在经济文化上逐渐发展。在会稽郡内，土著大族主要占据了以平原为主体的永兴（今杭州市萧山区）、余姚等地。西晋覆灭前后，大批北方士人南渡，其中最重要的侨居落脚点便是会稽郡，尤其是在山阴、剡县、上虞中那些还没有被土著大族占据的丘陵区域。他们在此广泛开荒，构筑别墅庄园，以稳固自己的根基。

东晋永和年间，会稽聚集了相当多的名士，其中不少都是以家族形式南迁的北方士族，譬如琅邪王氏、太原王氏、陈郡谢氏、颍川庾氏等。他们在此聚会、悠游，最为著名的一次便是永和九年（353年）由王羲之在山阴召集的兰亭雅集，留下了传世名帖《兰亭序》和三十七首诗。

会稽何以能吸引多方名士呢？一方面是会稽拥有很好的地理位置。东晋元帝司马睿未即位前主政建康，当时他将会稽比附为曾经的关中地区，称赞会稽“足食足兵，在于良守”（《晋书·诸葛恢传》）。在其后的南北对峙中，会稽正因有此特性而较为安全，能够远离兵灾。再加上会稽与建康之间有运河水道连接，便于消息传递，能够保持紧密的联系。另一方面，当时会稽所在的三吴地区是重要的产粮地，《三国志》里已经说到会稽永兴的稻田亩产达到了三斛。当然，还有一个重要因素，便是会稽之山水。

《晋书·王羲之传》提到“会稽有佳山水,名士多居之”,谢灵运谓“会境既丰山水,是以江左嘉遁,并多居之”(《宋书·隐逸列传》),都强调了会稽山水与名士聚集的因果关系。那么,会稽具体有何种山水呢?《世说新语》的刘孝标注解中,引述了一段《会稽郡记》的内容,说“会稽境特多名山水。峰崿隆峻,吐纳云雾。松栝枫柏,擢干竦条,潭壑镜彻,清流泻注”,总之应有尽有,美景让人应接不暇。

与竹林七贤那样纵情的名士不同,在东晋相对稳定的环境里,名士们显得更加悠闲自适。他们的普遍心态是追求宁静的精神天地和优雅从容的风度。这种以会稽为代表的南方山水之美恰巧契合了这种追求。在山水中,他们得到了美的享受,排遣了现实生活的苦恼,正所谓“涤除机心,容养淳淑”(戴逵《闲游赞》)。可谓无心插柳,新的山水审美思潮因此兴起,引发了山水诗的创作,让山水诗逐渐成为重要的诗歌创作题材。

顾恺之是东晋著名的文学家和画家,时人称他画绝、才绝和痴绝。他不仅善于创作,而且还提出了许多绘画理论。唐代张彦远的《历代名画记》将他列在“上品上”,可见他的历史地位。

顾恺之曾在荆州刺史殷仲堪的手下任参军。《世说新语》本条就是他某次从会稽返回荆州后的经历。好奇的人们迫不及待地向顾恺之发问,一是或许想了解会稽山川到底是否如传闻中的那样秀美,二便是想看看身兼“三绝”的顾恺之能说出什么妙语。

那么顾恺之的回答妙在何处呢?虽然千岩竞秀言山,万壑争流述水,但千岩与万壑又是相辅相成、互为前提的,构成了一幅相互交织的自然盛景。山水间草木茂盛,在雾气的渲染之中,好似云蒸霞蔚一般。顾恺之从山、水、草木交映,用短短四小句就全方位描述了会稽山川,而且对偶整齐、音韵和谐,山川之美跃然“言”上。

山水交映之句是顾恺之善用的描绘方法。其《观涛赋》中有“水无涯而合岸,山孤映而若浮。既藏珍而纳景,且激波而扬涛”,就是另一显例。这种描写,应该是出自他常年游览山川所得。加上他高超的绘画技巧，将之运用到语言上，寥寥数语便如诗如画。

“千岩竞秀”与“万壑争流”后来成为文人墨客常用的词语，特别是在描述会稽山水时。比如李白就在两首诗中化用此语：“闻道稽山去，偏宜谢客才。千岩泉洒落，万壑树萦回”（《送友人寻越中山水》）；“遥闻会稽美，一弄耶溪水。万壑与千岩，峥嵘镜湖里”（《送王屋山人魏万还王屋》）。

（李煜东）

明镜清流

孝武将讲《孝经》，谢公兄弟与诸人私庭讲习。车武子难苦问谢[①]，谓袁羊曰[②]：“不问则德音有遗，多问则重劳二谢。”袁曰：“必无此嫌。”车曰：“何以知尔？”袁曰：“何尝见明镜疲于屡照，清流惮于惠风！”

《言语》第90条

注释

① 车武子：车胤（约333—401），字武子，南平新洲（今湖南津市）人。幼勤学不倦，家贫，尝于夏夜囊萤而读书。后任丹阳尹、吏部尚书。

② 袁羊：袁乔（312—347），字彦升，小字羊，陈郡阳夏（今河南太康）人。东晋官

员、将领、谋士，曾随桓温伐蜀。一说袁羊乃袁虎之误。袁虎，即袁宏，见《言语》第83条鉴赏。

鉴赏

古代皇帝是怎么读书的，真是一个有趣的话题。《世说新语》中记载了不少古代贵族一起读书讨论的场景，看来魏晋时期崇尚文化的风气还是很浓厚的。若是在皇宫里讲学，那规格可就更高了。不过有一点是显而易见的，有资格陪皇帝读书的，一定都是学识渊博的出众人才。

当然，跟皇帝一起读书，也是要做足功课的。孝武帝司马曜将要研讨《孝经》，谢安、谢石兄弟和众人先在家里研讨。车胤提出一些疑难问题，迫切地请教谢安兄弟，他私下对袁羊说："问得少了，怕漏掉聆听精湛见解的机会；问得多了，又怕让二谢兄弟过于劳累。"袁羊说："不必有这种顾虑。"车武子说："你怎么知道呢？"袁羊说："你何曾见过明镜会倦于照影，清流会害怕和风？"

和父亲简文帝提倡玄学不同，孝武帝和桓温一样务实，标榜的是儒学。他尊儒兴学，内心是渴望通过礼教来恢复皇权的。因而，孝武帝还亲自举行了祭祀孔子的释奠礼，试图恢复明堂郊祀的传统，并于太元十年(385年)二月立国学，与已有的太学并立，命公卿子弟入学。此后国学演变为国子监，成为历代的最高学府。

据《续晋阳秋》载："宁康三年(375年)九月九日，帝讲《孝经》，仆射谢安侍坐，吏部尚书陆纳、兼侍中卞耽读，黄门侍郎谢石、吏部袁宏兼执经，中书郎车胤、丹阳尹王混摘句。"当时谢安侍坐于旁，陆纳、卞耽负责诵读，谢石、袁宏为皇帝执经书，车胤与王混则选取重要文句主持讨论，当世俊彦齐聚，真是一大文化盛事。

孝武帝聚众讲《孝经》，这里记载的人物，与《世说新语》有所不同，那就是袁羊变成了小名虎的袁宏。袁羊在347年去世，距孝武帝375年讲经，相隔二十余年，看来这里执经的应为袁虎无疑了。同样出自袁氏,袁羊与袁虎之间,又有什么渊源呢?

这要从与桓温交情甚深的袁耽说起。袁耽极其擅长赌博,曾在服丧中,为赌输了的桓温赢回了百万钱。袁耽的堂侄就是袁乔(即袁羊),袁乔博学而有文才,曾为《论语》及《诗经》作注,为人又有谋略,曾经长期担任桓温的属官和谋士,帮助桓温成功消灭成汉。袁乔立下汗马功劳,也为袁家在朝廷奠定了政治地位,但他在战后不久就去世了。

袁宏的辈分更低一些,是袁乔的堂侄。在他年少的时候,担任临汝令的父亲袁勖就去世了,家道因此中落。袁宏为了谋生,曾经被人雇佣,载运租谷。然而他不改文人本色,总是手不释卷,更喜欢吟诗。在一个清风习习的夜晚,袁宏的货船在牛渚矶的渡头停泊,他在皎洁的月色下,旁若无人地高吟自己的诗篇。当时谢尚任安西将军、豫州刺史,秋夜在江中经过,侧耳倾听之下,觉得很有情调,对他十分赏识。谢尚于是邀他相见,后来特聘为参议军事,袁宏由此步入仕途。

袁宏"文章绝美",被众人推崇,王珣曾说:"当今文章之美,故当共推此生。"桓温领兵北征时,为了惩罚袁宏,命令他靠着马草拟公文,不料袁宏一会儿就写成了七张纸,而且写得文辞优美。后人常说的"倚马之才""倚马千言",赞美的就是文思如袁宏般敏捷。袁宏出任东阳太守时,谢安曾以一扇相赠,袁宏也马上答谢道:"辄当奉扬仁风,慰彼黎庶。"他表示为官要有清廉仁厚的风气,巧妙地联系了谢安赠送的扇子,可谓一语双关,契合情境,想必也令谢安笑逐颜开。

车胤字武子,自幼聪颖好学,因家境贫寒,常无油点灯,他就在夏夜捕捉萤火虫,用以照明,连夜读书,学识与日俱增。及至年长,车胤风姿美妙,机灵敏捷,在乡里之间很有声望。因为善于辨析义理,他被桓温辟为从事,得到特别的器重。车胤言辞清辩,善于赏鉴,为人又风趣幽默,因此显名朝廷。当时每有盛会,桓温必定邀请他去。若车胤缺席,众人都会感到遗憾,说:"没有车公在,就不快乐了。"谢安贵为仆射之后,也是每逢游集之日,就摆设筵席恭候车胤。

袁宏和车胤,都以寒素博学闻名于世,与谢安兄弟也是交情匪浅。

鉴赏

所谓物以类聚人以群分，擅长思辨清谈的二谢，遇上才华横溢的袁宏和聪慧博学的车胤，这是他们精神世界多么美好的相遇啊！

（阮莉萍）

山阴道上

王子敬曰[①]："从山阴道上行[②]，山川自相映发，使人应接不暇。若秋冬之际，尤难为怀。"

《言语》第91条

注释

① 王子敬：即王献之，详"惟忆离婚"篇（《德行》第39条）注释。

② 山阴：地名，今在浙江绍兴一带。

鉴赏

魏晋南北朝可以称为中国历史上的一次"文艺复兴"时期，其具体表现是多方面的：有政治清议，玄理探讨，有人物、诗书画艺的品评，有对山水自然的审美与欣赏，等等。恰如宗白华《论〈世说新语〉和晋人的美》所言："晋人向外发现了自然，向内发现了自己的深情。"艺术领域中山水画、山水诗的兴起是晋人的贡献，而山水艺术的兴起与人对山水自然的审美意识的觉醒相关,《世说新语》“言语”篇中王献之的此番言论,表现的就是晋人品味山水之美意识的觉醒。

王献之,字子敬,和其父王羲之一样,是东晋的著名书法家,父子并称“二王”。王氏家族祖籍琅邪(今山东临沂北),因家族南迁,王献之出生于会稽山阴(今浙江绍兴)。《会稽郡记》曰:“会稽境特多名山水。峰崿隆峻,吐纳云雾。松栝枫柏,擢干竦条,潭壑镜彻,清流泻注。王子敬见之曰:‘山水之美,使人应接不暇。’”会稽一带山清水秀,闻名天下,为人称道,王氏家族南迁之后选择此处安家,既有对社会政治和安全的考虑,也与此地自然环境宜人宜居有关。永和九年(353年)会稽山阴留下了著名的“兰亭雅集”的佳话,这是由王羲之召集的包括王谢家族在内的四十多位名士及其子弟的雅集,集会成果之一诗集《兰亭集》中就有很多涉及山水之美者,如王徽之诗云:“散怀山水,萧然忘羁。”而王羲之书写的《兰亭序》更为著名,其词曰:“此地有崇山峻岭,茂林修竹,又有清流急湍,映带左右……仰观宇宙之大,俯察品类之盛,所以游目骋怀,足以极视听之娱,信可乐也。”

在自然环境、家族和士人文化传统的浸润与熏陶之中成长起来的王献之,自然不会对家乡山阴的山水之美无动于衷。当然,王献之的感受和表达极具个性特色,虽然不是诗文,也非书画艺术,但他的话还是被《世说新语》记录了下来。王献之品评山阴美景的话妙在何处呢?山阴景致究竟如何呢?王献之不是直接描摹山如何,水如何,动植物如何,而是告诉人们山川给予他的基本印象和他的独特感受。首先是“山川自相映发,使人应接不暇”,“自相映发”的“自”,让自然山川仿佛有了自己的生命,俨然变为了主体;人一路走去,景物扑面而来,动静变换,丰富多姿,令人目不暇接。其次是“秋冬之际,尤难为怀”,说的不是景致怎样,而是观者观景之际引发的心情、心境。说明王献之对山阴一年四季的景致都观察仔细,感受深微,且有所比较。一般游客或许偏爱春夏的繁华热闹,王献之却钟情秋冬的萧瑟冷寂,认为此时的景致最能触动人心。

为什么自然美景如会稽山阴的美景多少年来一直就在那里,但却无人欣赏,或者即使有人欣赏,面对美景却无以言表,更无法将它们化为艺术来表现或再现呢？此类问题一直是中外美学家研究的论题。这里，我们不妨借晋人（尤其是王献之）与山阴美景的故事，来尝试解答一下这个美学问题：那是因为，所谓“美”，需要的是发现美的眼睛以及感受美的心灵；而美的传播则需要传达美的能力。例如，山阴美景其实一直就在那里，它们静静地等待有缘人的到来。就这样一直等到王羲之、王献之这些晋人的出现，山阴美景才真正被发现，并且被言说——告诉世人，“风景这边独好”。

（刘小兵）

芝兰玉树

谢太傅问诸子侄[①]：“子弟亦何预人事[②]，而正欲使其佳？”诸人莫有言者，车骑答曰[③]：“譬如芝兰玉树[④]，欲使其生于阶庭耳。”

《言语》第92条

注释

① 谢太傅：即谢安。

② 预：参预；牵涉。

③ 车骑：即谢玄（343—388），谢安之侄。字幼度，小字遏，陈郡阳夏（今河南太康）人。安为宰相，任其为建武将军、兖州刺史，组织北府兵，防御前秦。太元

八年(383年),率北府兵取得淝水之战胜利。后改授会稽内史,卒于官,追赠车骑将军。

④ 芝兰玉树:比喻才质优秀的子弟。芝兰是芝草和兰草,是芳香的草;玉树是传说中的仙树,二者都用来比喻才德之美。

鉴赏

有着"江左风流宰相"之称的谢安,不仅是著名的军事家、政治家、诗人,还是深谙教育规律的一位教育家。他以其独特的家庭教育,将儿女、子侄辈培养成才,不仅提高了家族的地位和影响,也为国家培养了像谢玄这样的栋梁之材,于国于家都善莫大焉,功德无量。他教育的成功,对今天的儿童教育有一定的借鉴和启发意义。

谢安是一代名相,善谈玄,早有才名。早年拒绝出仕,隐居会稽郡山阴之东山,人称"谢东山",后出仕为官,一直升到吏部尚书,这就是人们说的"东山再起"。

谢安在兄弟六人中排行老三,长兄谢奕、二兄谢据均早亡,他便成了实际上的谢氏家长,承担了对诸子侄培养教育的责任。他深深懂得,保持家族的地位,光耀家族的声望,还得靠家族里培养出优秀的人才。谢氏家族里,谢安自己就是一位德才兼备之人,有着超出常人的政治才能与理想人格,辅弼东晋半壁江山,使谢氏家族成为魏晋时期的名门望族。他十分重视子弟们的培养教育,希望孩子们都能成为辅国栋梁。他的夫人和他一样,关心孩子们的成长。谢安夫人曾经质疑丈夫是否用心教育孩子,谢安自信地说:"我常自教儿。"是说自己一直都在教育子女,而且是用自己独特的方式。那么他是怎么教育孩子们的呢?教育方式和内容有什么特殊之处吗?从《世说新语》里谢氏家族的故事和历史记载来看,他的教育内容包涵了道德修养、人生理想及文学审美等诸多方面。其教育方式灵活,看似无心而为,实则别有深意。

文学才能是一个人成长成才最基本的修养,因此谢安十分注重培养孩子们的文学修养，经常在家和孩子们讲论文义、作诗写文。雪天让孩子们现场吟诗，培养他们的想象力。谢道韫的一句“未若柳絮因风起”诗句，令谢太傅开心地笑了起来，对侄女的诗才很是满意。后世把有诗才的女子赞誉为“咏絮之才”。

谢太傅还极其注重对子侄辈进行人生理想及品格气质教育。一次在对孩子们进行《诗经》的考教中，他问《诗经》中何句最佳，谢玄选择了“昔我往矣，杨柳依依。今我来思，雨雪霏霏”一句。谢安的答案则是“讦谟定命，远猷辰告”一句，出人意料。这两句诗的意思是“大政方针制订下来，就要对外发布；深谋远略考虑好了，就要告诉国民”。他是在借评论诗歌，提醒孩子们要有远大的抱负，“齐家治国平天下”，以及如何才能做一个治理国家的优秀官员。这种思想教育是循循善诱又潜移默化的，远胜于空洞的理论或口号式的生硬说教。

有一回，谢安和自己家的子侄们聊天时，提出这样的问题：“孩子们将来怎么样，关我什么事，为什么一定想让他们出类拔萃呢?”父母为儿女操碎了心，往往收不到预期的效果，甚至遭到孩子的敌视，就会有这样的感叹。谢家的众子弟们，突然听到太傅这样感慨，一时不知如何回答这个问题，场面有些尴尬。这时谢玄试探性地回答道：“让孩子们出类拔萃，就像芝兰玉树这样美好的香草、珍贵的树木，总想使它们生长在自己的庭院里、台阶边吧。”

“芝兰玉树”用来比喻优秀的子弟，因为他们决定了家庭的未来，所以人们都希望自家子弟才能出类拔萃。谢玄的意思是一个人的价值、才能要与家庭荣誉紧密结合，一个人成为优秀的人才，也要为家族争光。谢安对这个答案很满意。因为在两晋时期，世家大族为了保持家族的政治地位，都十分重视家学，强调对子女的教育。谢安也不例外，他要把孩子们培养成优秀子弟，这对于谢氏家族而言具有特别重要的意义。这种谈话式、商讨式的人生理想教育，让孩子们感到自然亲切，起到启发、激励子弟的效果，让孩子明白，要不负家族的厚望，同时还可以活跃年轻人的思维。

谢安平时很注意保护孩子们的自尊心，谢玄小的时候喜欢佩戴香囊之物，谢安认为这样缺少了男孩子的阳刚之气，但他没有采取批评、训斥的粗暴方式，而是假借和孩子打赌，将谢玄的香囊全部收回，并统统销毁。这样的教育引导是在不知不觉中纠正了孩子的行为习惯，也没有伤害孩子的自尊心。历史证明，谢安的教育是成功的，谢玄后来成了文武兼备的国家柱石，尤其在“淝水之战”中表现优异，成了一位优秀的将军，也即谢安所希望的“芝兰玉树”。王勃在《滕王阁序》中说的“谢家之宝树”指的也是谢玄，“宝树”“玉树”正是谢安教育的优秀成果。

谢氏家族可谓是人才辈出，他们中不乏政治家、文学家、玄学家、名臣、将军，如谢安、谢万、谢玄、谢道韫、谢灵运、谢朓等等，群星熠熠。谢氏家族之所以能在当时的名门望族中出类拔萃，除了家学传统影响，也和谢安等家长悉心栽培后辈密不可分，是他们长期重视家庭教育并付诸实践的结果。谢安的子女教育，反映了魏晋士族家庭教育的时代特征，值得当下重视教育的父母们借鉴学习。

（齐慧源）

林岫皓然

道壹道人好整饰音辞[①]，从都下还东山，经吴中。已而会雪下，未甚寒，诸道人问在道所经。壹公曰：“风霜固所不论，乃先集其惨澹。郊邑正自飘瞥，林岫便已皓然。”

《言语》第93条

注释

① 道壹道人：姓竺氏，名德，晋时高僧，富于文才，晋隆安中卒，享年七十一岁。

鉴赏

《世说新语·品藻》有这么一段记载：

刘尹至王长史许清言，时苟子年十三，倚床边听。既去，问父曰："刘尹语何如尊？"长史曰："韶音令辞，不如我；往辄破的，胜我。"

此处的刘尹为刘惔，字真长，东晋人，因为他曾任当时的丹阳尹一职，所以《世说》中多称其为刘尹。王长史为王濛，为刘惔同时人，他曾任司徒左长史一职，故被称为王长史。王苟子为王修，乃王濛之子。刘惔和王濛是东晋清谈之执牛耳者，《晋书·外戚传》言当时"凡称风流者，举濛、惔为宗焉"。由王濛与其子的对话可知，王、刘二者虽同为清谈之宗，风格上却有区别。刘擅长逻辑理论的推演剖析，故能所向披靡，折服对手。王则注重韶音令辞，故以风流文辩映照一时。这也说明，魏晋清谈除了内容上覃精研思，钩深致远之外，作为一种现场式、即兴式的文娱活动，对外在的形式也有讲究，语音的抑扬吞吐，词语的斟酌拣选，同样是清谈的一个重要方面。

魏晋以前，人们对于言说持有谨慎的认可态度，往往更重视言说的内容，对于形式上的音辞则不甚措意。孔子曾说："有德者必有言，有言者不必有德。"(《论语·宪问》)可见在言和德之间，孔子明显更注重德行。又言："巧言令色，鲜矣仁。"(《论语·学而》)对于巧言令色之人，孔子判定他们缺少仁爱的特质。老子也强调内敛隐忍，从其"信言不美，美言不信。善者不辩，辩者不善"(《道德经》第八十一章)的主张可以看出，他对于谈说的形式更为轻视。

汉末以来，随着名士之风兴起，谈说作为彰显名士风采的重要手段开始受人注意。《后汉书·郭太传》载当时之大名士郭太"善谈论，美音制"，可以看出，汉末名士已经开始注重音声仪制等形式上的美感了。这当然与汉末清议之风兴起，名士多注重通过口谈彰显风采有关。《后汉书·方术列传》论云："汉世之所谓名士者，其风流可知矣。虽弛张趣舍，时有未纯，于刻情修容，依倚道艺，以就其声价。"所谓"刻情修容，依倚道艺"，点明了汉末名士对外在风采仪表的重视。与谈议成为人物评价的重要标准相应，音声形式作为其外在元素也受到注意。

魏晋以后，随着清谈风气的兴盛，除了谈论内容的探析之外，在语辞音制方面的讲究也更加明显。就当时人所重视的音辞来看，仔细剖析的话，又可以分为两大要素，一为音，一为辞，音要动听，辞要绚烂。如《晋书·裴绰传》："绰子遐，善言玄理，音辞清畅，冷然若琴瑟。尝与河南郭象谈论，一坐嗟服。"此体现士人对音声动听之追求。又如《晋书·裴頠传》载："乐广尝与頠清言，欲以理服之，而頠辞论丰博，广笑而不言，时人谓頠为言谈之林薮。"于此可见魏晋士人对于辞藻绚烂的追求。

对于音韵动听和辞藻绚烂的关注，有时会让人沉迷于清谈时的感官体验，忽视应有的义理探讨，《世说新语·文学》即载有相关的例子：

支道林、许掾诸人共在会稽王斋头。支为法师，许为都讲。支通一义，四坐莫不厌心。许送一难，众人莫不抃舞。但共嗟咏二家之美，不辩其理之所在。

听众但共嗟咏二家之美，不辩其理之所在，足以说明他们在聆听时，更多注意的是音调辞藻的韵致之美，内容的合理与否已无关紧要。义理内容应有的地位，被语言形式上的美感湮没了。

道壹道人作为僧人，以文采称誉当时，孙绰称赞他"譬若春圃，载芬载敷。条柯猗蔚，枝干扶疏”，此外，善于整饰音辞更是他的一项特长。就所引文字中道壹之言来看，它们不仅六字一句整齐工致，而且韵脚协畅，读来有铿锵磊落之美，与当时流行的赋体韵文一致，算得上经口语润饰的赋体韵文，故在当时名流中独树一帜。这段记载不仅让我们认识到彼时口头文学与书面文学间的共生关系，也让我们直接感受到魏晋清谈在音辞上的形式美感。

（王允亮）

人无嫉心

张天锡为凉州刺史[①]，称制西隅。既为苻坚所禽[②]，用为侍中。后于寿阳俱败，至都，为孝武所器。每入言论，无不竟日。颇有嫉己者，于坐问张：“北方何物可贵？”张曰：“桑椹甘香，鸱鸮革响。淳酪养性，人无嫉心。”

《言语》第94条

注释

① 张天锡(346—406)，十六国时期前凉国君。小名独活，字纯嘏，安定乌氏(今

甘肃泾川东北)人。兴宁元年(363年),杀侄玄靓自立,称凉州牧、西平公。太元元年(376年),前秦攻凉,他拒战失败,降秦,封归义侯。淝水之战时,随苻坚南下,乘兵败之机奔晋,后任散骑常侍、庐江太守。

② 禽:通"擒"。

鉴赏

天下大势,合久必分,分久必合,乃中国古代历史经验的总结。两汉四百年,是"合",接下来的魏晋南北朝,又历四百年,却是中国古代最为混乱的一个时期。汉末群雄逐鹿,终成三国鼎立。仅仅五十年后,西晋并有天下,实现短暂统一,维持了不足五十年,又是天下纷争,内部是"八王之乱",外面有"五胡乱华","乱"成为时代主潮。所谓的"五胡",建立了"十六国",自304年李雄和刘渊分别在汉地巴蜀建立成国(成汉)、在中原建立前赵起,至439年北魏太武帝拓跋焘灭北凉为止,延续130余年。"十六国"之说,出自北魏史学家崔鸿所撰《十六国春秋》,实存的政权有20多个,政权建立者,除了胡人,亦有汉人。

十六国中的前凉政权(301—376),为凉州大姓张轨所建。张轨乃安定乌氏人,西汉常山王张耳十七世孙。张轨家世儒学,年少聪明,富有才华,公元301年,张轨请任凉州刺史,他治理有方,课农桑、立学校,经过苦心经营,遂成河西霸主。前凉亦成为"士族北上"的最大聚居地。

张天锡,前凉第九位也是末代君主。他少有文才,享有盛誉,于公元363年发动政变,成为前凉君主。继位之后,他耽于玩乐,不理政事,不恤民务,朝野内外怨声一片。公元376年,前凉被前秦击败亡国,张天锡归降。苻坚很是善待张天锡,任命他为侍中、尚书,封归义侯。公元383年,前秦与东晋发生淝水之战,苻坚失败,张天锡归顺东晋,被任命为散骑常侍、左员外,恢复西平郡公的爵位。

东晋同样善待张天锡,尤其孝武帝,对他非常宠信,经常招他聊天,一聊就是一整天。饶是如此,张天锡到底是亡国之人,不免遭到晋人的

鉴赏　兰摧玉折

讥讽诋毁。这再正常不过了。当初晋武帝让孙皓做《尔汝歌》,陆机初到洛阳,刘道真、王济等人问他江东物产,都带有以上凌下的意味。

在这则故事中,有人问张天锡"北方何物为贵",提问者是嫉恨他的人。在其他史料中,有的说问者是孝武帝,有的说是会稽王司马道子。不管怎样,张天锡的回答非常机敏,他举桑椹和淳酪为北方风物代表,一甘香,一养性,前者食之,能令叫声难听的鸱鸮改变声响,后者食之,能让嫉妒的人收敛心性。这两句话,实则是对提问者的尖锐嘲讽,把其人比成鸱鸮,怀有嫉心,又告知其人吃了西北的物产之后,就会变好。既反唇相讥,又维护了自家的尊严,堪称妙对。

张天锡的口才固然不错,下场却不怎么美好。他后来精神失常,权贵司马元显常以俳优视之,在 61 岁的年纪去世,在那个天下多故的昏昏乱世,倒也算长寿了。

(李修建)

兰摧玉折

毛伯成既负其才气[①],常称:"宁为兰摧玉折,不作萧敷艾荣[②]。"

《言语》第 96 条

注释

① 毛伯成:毛玄,字伯成。官至征西行军参军。

② 萧敷艾荣：萧艾，野蒿，臭草。常用来指不良子弟。敷荣，开花。

鉴赏

从《诗经》开始，花的幽香与人的品性便遥相呼应。那些在诗歌中摇曳的兰花，至今依然让人心驰神往。孔子爱兰花，曾作琴曲《幽兰操》，在歌颂兰花中，寄托了至情至性的淑世情怀。他说兰有“王者之香”，这究竟是怎样的一种品质修养呢？《孔子家语》中有一段解释：“芝兰生于深谷，不以无人而不芳；君子修道立德，不为困穷而改节。”孔子以深切的人生体验，赋予了兰花独特的人格内涵。

屈原这个餐花饮露、通体芬芳的诗人，也酷爱兰花，“余既滋兰之九畹兮，又树蕙之百亩”，后世对于优秀人才的期许，不亦如此吗？历经一千多年后，《世说新语》的中古时代里，兰花的风神同样浸染着魏晋士人，赋予他们纯粹高洁的人格魅力。

那些被视为时代标杆的人物，与兰花精神的互相感应，滋养了他们独特的气场。谢安曾经问他的子侄们：“后辈的成长又跟长辈有多少关系呢，而长辈们却一心希望他们更优秀？”谢玄回答说：“这就好像芬芳的芝兰与挺秀的玉树，人人都希望它能生长在自家的庭院里呀！”

身处东晋乱世的毛玄，对自己的才华同样很自负，常说：“宁可做遭受摧残的芬芳兰草和莹润美玉，也不愿做毫无骨气却繁衍茂盛的野蒿。”毛玄在《晋书》中无传，大概他为人耿介自负，难以为人所用，故而难免失意的感伤和痛苦。钟嵘《诗品》中有简略记载，说他的诗“亦多惆怅”。能入诗评家钟嵘的法眼，说明毛玄的诗还是独具特色，他的诗侧重于雅怨、感恨、苍凉情感的抒发，容易引起人们的共情。

据刘孝标注引《征西僚属名》云：“毛玄字伯成，颍川人。仕至征西行军参军。”东晋时任征西将军者有三人，陶侃、庾亮、桓温。桓温在永和三年(347 年)灭成汉后，进位征西大将军，毛伯成最有可能是其僚属。

“行军参军”是个什么职务呢?《宋书·百官志》曰:“蜀丞相诸葛亮府有行参军,晋太傅司马越府又有行参军”。可知这个职位,最早置于蜀汉。参军最初是丞相的军事参谋,如诸葛亮《出师表》所说的参军蒋琬。桓温手下人才济济,大都是能文之士,稍微举几个参军的例子,就知道人比人,简直气死人了。

首先就是“倚马千言”的袁宏,他也是桓温的参军。有一次桓温请属官入府值宿,袁宏和伏滔接连来到。签到值宿时,因府中还有个袁参军,袁宏怀疑名单上的袁参军是不是自己,便叫传令官再查问一下。传令官说:“参军就是袁、伏的袁,还怀疑什么!”可见袁参军就不止一个,桓温府中僚佐是将他与伏滔视为并列的,可袁宏也是颇为自负,觉得伏滔不配跟自己并列,“与伏滔同在温府,府中呼为‘袁伏’,宏心耻之”(《晋书·袁宏传》)。

就说这被鄙视的伏滔也不是等闲之辈。晋孝武帝曾经在西堂会见群臣,伏滔也在座。伏滔回家的时候,一下车就把儿子叫过来,说:“举行上百人的盛会,天子一落座,还来不及说别的话,就先问:‘伏滔在哪里,应该在这里吧?’这种荣誉,难道是平常人容易得到吗?做父亲的如此光宗耀祖,你看如何?”

可是要跟最牛参军郗超相比,袁宏和伏滔,又啥都不算了。郗超当时担任记室参军,他和主簿王珣,最受大司马桓温的器重。郗超这个人胡子很多,王珣则身材矮小,当时荆州人编了歌谣说:“髯参军,短主簿;能令公喜,能令公怒。”

桓温的幕僚,出身名门的还真不在少数:王导之孙王珣、谢奕的三弟谢安、谢奕的儿子谢玄、郗鉴之孙郗超、大画家顾恺之、王述之子王坦之。王谢堂下的芝兰玉树,在桓大将军府中,都是琳琅满目、竞放光彩,毛玄在相形之下,自然黯淡无光了。

然而这又有什么关系呢?屈原在《离骚》中说:“不吾知其亦已兮,苟余情其信芳。”韩愈在《幽兰操》中也道:“兰之猗猗,扬扬其香。不采而佩,于兰何伤。”兰花的高洁芬芳,是君子品格的象征,时代虽已远去,毛玄那清高自诩、不作萧敷艾荣的风骨，依然留有余香。中国文化对于兰花的细腻感受，也沉淀在我们的记忆里，不断被那些高雅的人物唤醒。

（阮莉萍）

世尊默然

范宁作豫章[1]，八日请佛有板[2]。众僧疑，或欲作答。有小沙弥在坐末曰[3]：“世尊默然[4]，则为许可。”众从其义。

《言语》第97条

注释

① 范宁（339—401），字武子，南阳顺阳（今河南淅川东南）人，东晋学者，有《春秋穀梁传集解》传世。
② 八日请佛：晋人认为农历四月八日是佛祖的生日，这一天到寺中请佛像供奉。板：写字用的木板，当时用板写字表示恭敬。
③ 沙弥：佛教指初出家的年轻僧人。
④ 世尊：佛家对释迦牟尼的尊称。

鉴赏

范宁做豫章太守时，四月八日用板写了文书向寺庙请佛供奉，僧人们疑虑不定。有人正准备答复，一个坐在末座的小沙弥说："佛祖没说话，就是同意了。"僧人们都赞同他的意见。

这个小故事的起因非常简单：四月八日佛诞日，豫章太守范宁——也就是本地的父母官——恭敬地送来版牍，向寺院要求请佛供奉。这件看起来很简单的事，竟让一寺僧众落入了"众僧疑"的境地，不禁让读者感到疑惑：香客施主请佛供奉，且态度虔诚，僧人们为何疑虑不定呢？

作为读者，也许能够通过相关史料猜测一二。

本条目只说故事发生的寺院位于豫章，没有交待更多故事背景，但从《世说新语》其他条目中便可得知，范宁就任豫章太守之前，名僧康僧渊在豫章立寺讲经。康僧渊与王导、殷浩等朝中高官交游，称得上是僧人中的名士。而本文故事发生的时代，康僧渊、王导、殷浩等人虽然都已成为历史，他们的故事却还在继续流传，王导所属的琅邪王氏、殷浩所属的陈郡殷氏仍然是名门望族。由此可以想象，康僧渊当年在豫章建立的寺院，很可能也继续留存着当年的骄傲，这种骄傲不允许寺中僧人做出有辱康僧渊门徒名号之事。

另一边，时任豫章太守范宁，出身儒学世家顺阳范氏，他本人著有《春秋穀梁传集解》十二卷流传至今。东晋时还没有后世"三教合一"的概念，儒家与佛教在一定程度上是对立状态。佛寺僧人讲求出世，但他们还是芸芸众生之中的成员。所以他们在遵守佛门戒律、寺院规条的同时，也不得不服从某些社会规则，比如遵守朝廷对僧人的规定，保持与官府的一定联系，而范宁便是地方政府官员。可以想象，若是康僧渊所建寺院的僧人，收到儒士太守范宁送来的文书，一方面对方诚心请佛，用木板撰写来表达诚意，另一方面对方是著名儒士，和佛门弟子极为不同，也就难免疑虑不定了。

再把目光转到故事的主人公小沙弥身上。他的一句话："世尊默然，则为许可。"等于提醒了众僧：我们是佛门弟子，自可按照佛门惯例行事，无需过多思考世俗因素。小沙弥很清楚，对寺僧来说，接受范宁的请求，不违背佛祖，不违背佛理，也不违反任何戒律，还能光大佛法。既然范太守诚心礼佛，又何必在意他是一名儒士？反观同寺的僧人们，因为过于在意范宁作为儒士、太守的身份，反而落入了佛家所称的妄执中，妄执则不利于弘扬佛法、悟得真知。比丘高僧未能悟得的道理，一位小沙弥却理解得通透，可能缘于有些僧人为了向世人宣扬佛教或其他目的，沾染世俗气息过多，渐渐迷失了为僧的本心，以至连一份版牍都难以答复吧？

（郭小小）

滓秽太清

司马太傅斋中夜坐①，于时天月明净，都无纤翳②，太傅叹以为佳。谢景重在坐③，答曰："意谓乃不如微云点缀。"太傅因戏谢曰："卿居心不净，乃复强欲滓秽太清邪④？"

《言语》第98条

注释

① 司马太傅：司马道子（364—403），简文帝第五子，孝武帝司马曜同母弟。封会稽王，领司徒、扬州刺史，进位太傅，桓玄叛乱时被杀。乱平后追赠为丞相，谥

文孝。

② 都无纤翳(yì)：指天空没有一丝云彩。翳，遮盖。

③ 谢景重：谢重，字景重，陈郡阳夏(今河南太康)人，东阳太守谢朗之子，官至骠骑长史。

④ 滓(zǐ)秽：污染，玷污。太清：天空。

鉴赏

官居太傅的司马道子在自己的庭院遥望夜空，看到天月明净，没有一丝云彩遮蔽，不觉为此美景而感叹。时任司马道子骠骑长史的谢重正好随侍在侧，就表达了自己的意见，“意谓乃不如微云点缀”。日本学者田中大壮云：“‘意谓’盖谦辞，言其明净透彻之太显易知，不及微云有光之邃远难见也。”故凌濛初认为“谢故有致”，肯定谢重的看法为有意趣。这其实涉及的是两种不同的审美趣味之间的碰撞。之所以司马道子欣赏“天月明净，都无纤翳”之美，或许与玄学盛行的大背景有关。玄学崇尚清淡自然的理想人格，从而形成对“清”的审美追求。“刘尹云：‘清风朗月，辄思玄度。’”(《言语》73)“王司州(胡之)至吴兴印渚中看，叹曰：‘非唯使人情开涤，亦觉日月清朗。’”(《言语》81)都呈现出对清朗之境的喜好。司马道子年少时即以清淡为谢安所称，自然也更欣赏清朗的景致。后来谢庄《月赋》所云“白露暧空，素月流天”“柔祇雪凝，圆灵水镜；连观霜缟，周除冰净”，张若虚《春江花月夜》“江天一色无纤尘，皎皎空中孤月轮”，推崇的都是这种“天月明净，都无纤翳”的清朗之景。

天月明净与微云点缀，都具有打动人心的美，二者其实并无高下轩轻之分。司马道子却以居心不净、滓秽太清否定了谢重对微云点缀的欣赏，虽然文中说是“戏”，但面对顶头上司的戏说，谢重恐怕也无力反驳。不过，回到历史的真实，“居心不净”者，其实是司马道子。我们先简单看看他的仕履，作为王室成员，司马道子初封琅邪王，后改会稽王。谢安死后，领徐州、扬州刺史，录尚书，都督中外军事。把持朝政，重用王国宝，与子元显大肆聚敛，奢侈无度，以致政刑紊乱。晋安帝司马德宗即位，因年幼，遂由道子辅政，操纵实权。安帝成年后，道子还政于帝，然实权仍操于亲信王国宝之手。王恭举兵讨伐，道子杀王国宝、王绪以谢，王恭退兵。次年，王恭再次进兵，司马元显策反其手下北府军将领刘牢之，王恭兵败被杀。此后，大权归元显，司马道子拜侍中、太傅。桓玄反，攻入建康，道子被放逐安成郡，后被毒死，时年三十九。东晋末年朝政极为混乱，导致王恭、桓玄先后起兵对抗朝廷，皆可归因于司马道子的专权。《晋书》对他的评价是“道子昏凶，遂倾国祚”。史称谢重“明秀有才会”，“能解纷纭”(檀道鸾语)。他因为欣赏“微云点缀”之美，被司马道子嘲讽为“居心不净”“强欲滓秽太清”，想必他的内心是崩溃的。但官居人下，却也是无可如何。后来苏轼顺着司马道子的话接着讲，《东坡志林》卷八云：“青天素月固是人间一快，而或者乃云不如微云点缀，乃知居心不净者常欲滓秽太清。”这恐怕与他经历的新旧党人互相倾轧以致朝政混乱有关。在几经贬谪，九死南荒，终于遇赦北归时，苏轼作《六月二十日夜渡海》，有句云“云散月明谁点缀，天容海色本澄清”，仍然用的是司马道子的话头，隐喻朝政清明，是奸党们无法遮蔽的。当然，这并不是说苏轼认可昏庸的司马道子，而是道子的话正好切合了苏轼的经历和心境，故而才会被苏轼再三提及。

如果说苏轼对此典的运用涉及政治隐喻的话，叶梦得则又回归到单纯的美学欣赏，其《水调歌头·癸丑中秋》云：“付与孤光千里，不遣微云点缀，为我洗长空。”长空皓月，孤光千里，别具意趣。当我们遥望夜空时，面对那轮曾经朗照过古人的圆月，你是欣赏“天月明净，都无纤翳”，还是欣赏“微云点缀”呢？想必每个人都会有自己的答案。

（赵厚均　李雨朦）

鉴赏

制置纡曲

制置纡曲

宣武移镇南州①，制街衢平直②。人谓王东亭曰③："丞相初营建康，无所因承④，而制置纡曲⑤，方此为劣⑥。"东亭曰："此丞相乃所以为巧。江左地促⑦，不如中国⑧；若使阡陌条畅，则一览而尽。故纡余委曲，若不可测。"

《言语》第102条

注释

① 南州：这里指姑孰(今安徽当涂)。因位于都城建康(今江苏南京)南部，故称。历为侨置豫州、南豫州治所。
② 衢：大路、大道。
③ 王东亭：王珣(349—400)，字元琳，王导之孙，王洽之子，因军功封东亭侯，故称。
④ 因承：继承、沿袭。
⑤ 纡曲：迂回曲折。下文"纡余委曲"义同。
⑥ 方：比较、对比。
⑦ 江左：犹"江东"，长江下游以东地区，东晋的基业就在这一地区。
⑧ 中国：指中原地区。

鉴赏

今天的南京在历史上曾经做过孙吴、东晋以及南朝宋、齐、梁、陈的都城，故称作“六朝古都”，后来南唐、明、太平天国、国民政府也曾建都于此，故又称“十朝都会”。南京建城的历史，一般认为始于战国初期的公元前472年，即越王勾践灭吴后的次年，命范蠡在淮水（今秦淮河）入江口处筑城驻兵，此即越城。近年来在秦淮区西街地块的考古发现，则可将南京建城的时间提前约500年而上溯至商周之际。战国中期的公元前333年，楚威王击败越国后，在石头山（今清凉山）建金陵邑。公元前210年，秦始皇东巡，改金陵邑为秣陵县。东汉建安十六年（211年），孙权将东吴的政治中心从京口（今江苏镇江）移到秣陵，并将秣陵改名为建业，次年又在金陵邑故址筑石头城。孙吴黄龙元年（229年）孙权称帝后不久，就将都城由武昌（今湖北鄂州）迁至建业，是为南京建都之始。西晋咸宁六年（280年）晋军伐吴，孙皓出降，因此建业未遭兵燹。太康三年（282年）改建业为建邺。太安二年（303年）石冰攻占建邺，焚烧宫室殆尽。陈敏讨伐、击败石冰之后，于永兴二年（305年）起兵反叛，借吴宫旧基修造府舍。永嘉元年（307年）琅邪王司马睿移镇建邺，讨平陈敏余党，仍沿用陈敏所建府舍。建兴元年（313年）为避晋愍帝司马邺之讳改建邺为建康。东晋建立之后，出于继承政权的合法性考虑，增修了宗庙社稷、南郊等礼制建筑。永昌元年（322年）王敦反叛攻陷建康，太宁二年（324年）王敦病卒后，其手下钱凤等攻打建康，城市在战争之中难免有所损毁。而咸和二年（327年）至四年发生的苏峻之乱，建康更是沦为战场，宫阙化作灰烬，晋成帝竟无居所，只得暂住于兰台（御史台），后又移寓建平园。当时甚至有迁都之议，江州刺史温峤意欲迁都豫章（今江西南昌），三吴豪右请求迁都会稽（今浙江绍兴），王导力拒迁都，并在咸和五年九月开始主持启动都城重建工程。这项工程由王导的堂弟、将作大匠王彬具体负责，对此前一直沿用的吴都建业的空间布局进行了大刀阔斧的改造，如废除孙吴的多个宫城，改为单一宫城；确立贯穿宫城和都城南北的中轴线——御道，宫城位于御道北端，官署多集中于大司马门（宫城正门）至宣阳门（都城正门）之间的二里御道两侧；宫殿、城门、苑囿名称，几乎全部采用魏晋洛阳的旧名。以上这些，都体现出仿照魏晋洛阳城的特征。这次重建，至咸和七年十二月完工，奠定了此后南朝建康都城的基本格局和规模。

兴宁三年(365年)，大司马桓温(谥号宣武)移镇距离建康甚近、而位于上游的姑孰(今安徽当涂)，大事营建，街道平直。有人对王导的孙子、其时任桓温掾属的王珣说王导营建建康时无所继承沿袭(按前文已述，这次重建仿照魏晋洛阳城，并非一空依傍)，布局迂回曲折，不及姑孰。而王珣则指出这正是自己祖父的巧妙之处，因为江左一带地方狭窄(按，这主要是由自然地形造成的)，不及中原地区广阔。如果道路平直，就一览无余了，而建康的道路迂回曲折，则显得幽深难测。因此按照王珣的看法，也属江左的姑孰，其道路平直，不仅不是优点，相反还是缺点。而建康地处江南丘陵，水道纵横，被原有的长江、淮水以及孙吴赤乌年间开凿的运渎、潮沟、青溪等大小河流环绕、切割，不可能像中原地区的都城(如长安、洛阳、邺城等)那样平直——宁康二年(374年)，谢安提议营建宫室，王彪之称成帝咸和年间这次重建的宫室“方之汉魏，诚为俭狭”(《晋书・王彪之传》)，也就是说和汉魏的都城洛阳、邺城相比，确实是显得简单窄小，也是近似的意思——所以只能因势就形，因此显得逶迤弯曲，幽不可测。

北魏太和十五年(491年)，蒋少游出使南齐，将建康的布局、结构模写图画而归。在后来北魏都城平城(今山西大同)，尤其是新都洛阳的营建过程中，蒋少游出力甚多，应曾参考、借鉴了建康的布局、结构。隋开皇九年(589年)，隋军攻破建康，俘获陈后主，并将建康城邑宫室破坏荡平，成为耕地。六朝繁华，沦为丘墟，金陵怀古也成为唐代以降历代文人吟咏的重要题材。

不过，咸和建康重建时因势就形的布局、建筑方式却为后世继承。明初以南京为都，建造都城时，就将山川地理形势、军事防御需要等综合考虑，因而城市呈现不规则的形状。在江南园林营造中，由于狭窄的区域所限，往往因地制宜，“螺蛳壳里做道场”，其中有一些原则，如园中路径宜曲不宜直等，利用有限的空间呈现丰富的意境，障景、借景等都与建康城的营建布局有异曲同工之处。

（张金耀）

未能忘怀

谢灵运好戴曲柄笠[1]，孔隐士谓曰[2]："卿欲希心高远[3]，何不能遗曲盖之貌[4]？"谢答曰："将不畏影者未能忘怀[5]。"

《言语》第108条

注释

① 谢灵运(385—433)，陈郡阳夏(今河南太康)人，南朝宋诗人。谢玄之孙，晋时袭封康乐公，故称"谢康乐"。入宋，曾任永嘉太守、侍中、临川内史等。后被杀。喜游历山水，其诗善描绘自然景物，开文学史上山水诗一派。曲柄笠：类似曲柄伞的斗笠。

② 孔隐士：即孔淳之(372—430)，字彦深，鲁郡鲁县(今山东曲阜)人，屡征不就，遁隐上虞，故称。

③ 希心：倾心、醉心。

④ 曲盖：高官出行仪仗所用曲柄伞。

⑤ 将不：莫非，或许，表示揣度。畏影者：害怕自己影子的人。典出《庄子·渔父》："人有畏影恶迹而去之走者，举足愈数而迹愈多，走愈疾而影不离身，自以为尚迟，疾走不休，绝力而死。"

鉴赏

一说到谢灵运，很自然就会想到“谢公屐”“元嘉之雄”“才高八斗”之类的称名与物事。“元嘉之雄”是钟嵘《诗品》对谢灵运诗歌成就的评价，其实谢灵运文学上的成就与影响又何止刘宋一代。他是第一个大量创作山水诗的人，是中国文学史上山水诗派的开创者。他还兼通史学，擅长书画，编撰目录，翻译佛经，是个多才也很自负的人，曾说：“天下才共有一石，曹子建独得八斗，我得一斗，自古及今共用一斗”，在极力推崇曹植的同时，给自己也做了相当不错的定位。不仅如此，谢灵运出身豪门，行事奢华，特别喜欢游山玩水。“山阴道上桂花初，王谢风流满晋书”（羊士谔《忆江南旧游二首》），陈郡谢氏出了谢安、谢万、谢石、谢玄、谢道韫、谢混、谢惠连、谢朓、谢庄等大批人物，谢灵运的祖父就是淝水之战击败前秦苻坚的大将谢玄，曾外祖父则是王氏家族的大名士王羲之。他年纪轻轻就袭封康乐公，史称他“性奢豪，车服鲜丽，衣裳器物，多改旧制，世共宗之，咸称谢康乐”（《宋书·谢灵运传》）。凭藉父祖的资本，谢灵运“凿山浚湖”，“伐木开径”，“寻山陟岭，必造幽峻，岩嶂千重，莫不备尽”，声势浩大地游山玩水，还别出心裁地发明了可以灵活去除前齿或后齿以利登山的木鞋，人称“谢公屐”。

喜欢游山玩水，喜欢改造器物的谢灵运这次又弄了一个新鲜玩意——曲柄笠，想必这曲柄笠与谢公屐一样，也利于出行。只是形似高官出行仪仗用的曲柄伞，让人在感叹它创意精巧的同时，也不免为它的形状、由来与功用的移易而会心一笑。这不，与他一起“纵放为娱”的孔淳之孔隐士便没忍住笑，赶忙问他：“你既醉心于高超旷远的境界，为什么还舍不下这象征权势的形貌呢？”

谢灵运的答复话倒不多，但满富机锋。表面上他只说了一句“将不畏影者未能忘怀”，其实这话大有来历，也大有深意。在《庄子》的《渔父》篇里，渔父给孔子讲了一个畏影者的故事，说是有一个害怕自己身影、厌恶自己足迹的人想远离自己的身影与足迹，可走得越多足迹越多，跑得越快影子更快，最后终于跑死了。渔父的意思是，既然畏影恶迹，就不如处阴处静，修身守真，因为处阴则无影，处静则无迹，修养身心，保持真性，把身外之物还与他人，也就没有什么拘系和羁累了。渔父针对的明显是儒家的善善恶恶，勉力而为。谢灵运借这个畏影者的故事无非想说：凡事顺其自然，不要勉力而为、强分是非，如果你非得纠结别人斗笠的形状，非得说它像曲柄伞，非得说别人心存功利之心，不正说明你自己心中依然有强烈的是非之心与功利之心吗？这和畏影恶迹者有什么本质区别呢？谢灵运用这样一个畏影者的故事反客为主，真是优雅而不失机智。隐居本有心、迹之别，或身在江湖、心系魏阙，或陆沉于俗、大隐金门，最关键的是心隐。陶渊明曾有《形影神》诗三首，形说生命不能永存，劝影及时行乐，影说生命既不能永存，就要立德行善，神最后主张顺应自然，无须多虑："纵浪大化中，不喜亦不惧；应尽便须尽，无复独多虑。"陶渊明的这组诗应该也能代替谢灵运作答。后世更有慧能"不是风动，不是幡动，仁者心动"的言说，与王阳明"心外无物"的主张。欧阳修《六一居士传》更自嘲自己改名而逃名的做法与畏影者无异："子欲逃名者乎，而屡易其号。此庄生所诮畏影而走乎日中者也。"

当然，谢灵运说的这句话也纯属为了打嘴仗，并非人生的真实写照。相反，谢灵运入宋以后屡隐屡仕，历经波折，最后被宋文帝刘义隆以"叛逆"罪名杀害，终年四十九岁。他自己说"进德智所拙，退耕力不任"（《登池上楼》），既不能像潜龙一样自赏幽姿，也无法像飞鸿一样响彻云霄。明代张溥《谢康乐集・题辞》则感慨："涕泣非徐广，隐遁非陶潜，而徘徊去就，自残形骸，孙登所谓抱叹于嵇生也。"说谢灵运既不能像徐广那样坚决效忠旧朝，又不能像陶渊明那样高栖山林，迟疑不决，结果招致杀身之祸。说他更像嵇康，嵇康也是不能好好与新朝合作的，所以隐士孙登对他说："君性烈而才隽，其能免乎！"钱锺书《谈艺录》甚至从山水诗来说谢灵运的矛盾性格："每以矜持矫揉之语，道萧散逍遥之致，词气与词意，苦相乖违。”其实陶渊明又何曾没有出处的矛盾，他也经历了“一心处两端”的岁月，后来才感悟“静念园林好，人间良可辞”。阮籍虽因至慎而免去杀戮之祸，其实更是矛盾的集合体，是精神分裂者。谢灵运的仕途悲剧固然与他狂傲的性格有关，但门第的变迁、王朝的更替，乃至时代思潮都是可能的因素。嵇康的遇害与形色各异的隐逸之风又何尝不与王朝政治及时代思潮有关？仕与隐，是中国文化形态中不可回避的宏大问题，虽因时因人而异，但总归源出于官本位的政情与理念。

国家不幸诗家幸，谢灵运的自我与性情令其未能忘怀，而未能忘怀也正是六朝人浓郁生命色彩的表现。宗白华先生说：“汉末魏晋六朝是中国政治上最混乱、社会上最苦痛的时代，然而却是精神史上极自由、极解放，最富于智慧、最浓于热情的一个时代。”（《论〈世说新语〉和晋人的美》）冯友兰先生也认为构成真风流的条件除了玄心、洞见、妙赏之外，还有深情（《三松堂学术文集》）。“晋人向外发现了自然，向内发现了自己的深情”，当深情与山水结合，“山水虚灵化了，也情致化了”（宗白华《论〈世说新语〉和晋人的美》），不管是陶渊明自己说的“忘怀得失”（《五柳先生传》），还是谢灵运被人说的“未能忘怀”，都是六朝文学乃至中国文学的催化剂。“脚著谢公屐，身登青云梯”（李白《梦游天姥吟留别》），“焉得思如陶谢手，令渠述作与同游”（杜甫《江上值水如海势聊短述》），陶、谢既是盛唐双子星座的偶像，也是那个时代全民的偶像。

（刘伟生）

世　说　新　语

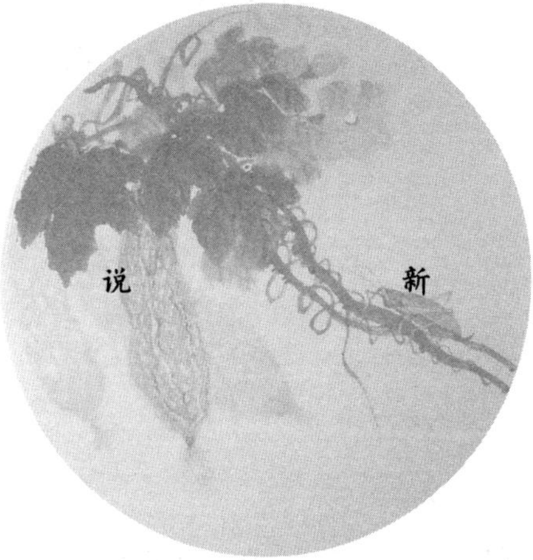

鉴赏辞典

政

此亦"孔门四科"之一。政事者,为政治国之事也。人道敏政,为政在人。孔子言政,主张"为政以德","道之以德,齐之以礼",故其反对杀伐,提倡垂范。夫子尝言:"政者,正也。子帅以正,孰敢不正?""子为政,焉用杀?子欲善而民善矣。"又主"无为而治",尝言:"无为而治者,其为舜与?夫何为哉?恭己正南面而已矣。"此与老子"我无为,而民自化;我好静,而民自正;我无事,而民自富;我无欲,而民自朴""无为而无不为"诸说本同末异,若合符节。夫汉晋之际,天下方乱,群雄虎争,为政之道亦从贵刑名、用重典向尚宽简、务清静渐次转型。《政事》一门,首写陈寔,次写山涛,复次王承,至于王导、庾亮、桓温、谢安诸宰辅,正可窥见此中消息。盖正始以迄江左,玄学当令,为政者多为清谈宗主,颇以老庄无为之道为旨

事

第　三

归，虽豪杰刚猛如桓温，亦“耻以威刑肃物”，故好为“察察之政”者如刁协、庾冰诸人，皆为时流所不屑，而王导之“愦愦之政”，反成门阀政治时代之主流耳。又临川王编撰《世说》时，刘宋立国未久，皇室与藩王互相猜忌，为政不免严苛过当，故义庆以世路多艰，乃自求外镇，终身不复跨马，此正韬光养晦以求自保也。观此篇二十六则故事，则义庆中年心事，宛然可见。夫仁政惠治，人人所慕，唯彼缺陷世界，不易可得也。

鉴赏

不忠不孝

不忠不孝

陈仲弓为太丘长①,时吏有诈称母病求假②。事觉收之③,令吏杀焉。主簿请付狱④,考众奸⑤。仲弓曰:"欺君不忠,病母不孝。不忠不孝,其罪莫大⑥。考求众奸,岂复过此?"

《政事》第1条

注释

① 陈长弓:即陈寔(104—187),见"真人东行"篇(《德行》第6条)注释。太丘长:太丘(今河南永城)县长。
② 求假:请假。觉:此处是"被发觉""败露"之意。
③ 收:逮捕。
④ 主簿:州县长官的助手。付狱:交付法庭审问。
⑤ 考众奸:审查追问别的罪行。
⑥ 莫大:没有比这更大的。

鉴赏

陈寔出身贫寒,但刻苦力学,在县乡基层岗位被县令器重,得以进入首都太学读书。太学是东汉的最高教育机构,太学生来自各地,平日以学问相切磋,更以品德相砥砺。东汉社会舆论,本来就高度重视名节,太学生的进德修业,更加促使士人高尚其事,特立独行。在动荡的政治变化与复杂的人生经历中，大多数士人坚持节操，甚至不惜舍生取义，但也有少部分人，矫枉过正，唯名是骛。

据《后汉书·陈寔传》，陈寔只在早年短期担任过闻喜县长，任太丘县长的时间大概也不太长，随后便是两次遭遇“党锢之祸”，名节之士大遭清洗，陈寔自请下狱，出狱后从此隐居不仕。党禁解，朝廷屡次征召，陈寔闭门悬车而辞之，“年八十四，卒于家……海内赴者三万余人，制衰麻者以百数，共刊石立碑，谥为‘文范先生’”（《后汉书·陈寔传》），俨然一世楷模。《世说新语》“政事篇”以陈寔开篇，便有垂范后世的用意。但就是这一条轶事，昭示出东汉气节名士不为人知的另一面。

一名县衙小吏，出于个人原因，急于请假回家，担心请假理由不充分，生怕不能获批，于是谎称母亲生病，急需回家照料。充其量这也就是人品不诚实，此人不适宜继续担任政府公职。但是，同样是小吏出身的陈寔，一旦位居县长之职，竟然下令处死此人。太丘主簿提出异议，要求交付司法审讯，看他是否还有更严重的罪行。身为掌管文书法令之人，主簿既是在维护法律的尊严，同时也更是维护生命的权利。但是，陈寔却拿出一套“诛心”说来作立论依据：“欺骗长官就是不忠，谎称母病就是不孝。不忠不孝，罪该万死。”这几句话，听起来大义凛然，其实很有点偷换概念，至少是经不起逻辑论证：欺骗长官只是“不够忠”，谎称母病只是“不够孝”；“不够忠”并不能等同于“不忠”，“不够孝”并不能等同于“不孝”。说到“不忠”，人们一般是联想到“卖主求荣”“卖国投敌”；说到“不孝”，也主要是指忤逆之子不孝养父母，有负于为人之子的本分。谁会想到是“请假不实”与“谎称母病”？不用说依法断案的当今社会，即便是放在天理人情的古代社会，那也是请假不实，罪不当诛，谎称母病，罪不至死。而在陈寔看来，“追查审究其他的罪行，还有比这更大的吗？”简直是“死有余辜”了。也许，注重名节的古人，都多少有一点矫枉过正，顾此失彼。即如“政事篇”第二条，陈寔作太丘长时，据报有强盗抢劫财物并杀死物主的刑事案，他在前往追捕的半路，听说有人分娩后将新生儿溺毙，马上调转车头赶去处理。同样是主簿提出异议："抢劫命案更大，应该先去捉拿凶手。"陈寔同样又是大义凛然："强盗抢劫杀人，难道比骨肉相残更严重吗？"同样还是"情理"大于"法理"。

《后汉书·陈寔列传》说陈寔"担任太丘长，修德清静，百姓以安"，一似与民休息，民情翕服，幸有《世说》的这两条记载，可以让我们看到一个不一样但或许更真实的"陈太丘"。

（王澧华）

周公孔子

陈元方年十一时[①]，候袁公。袁公问曰："贤家君在太丘[②]，远近称之，何所履行[③]？"元方曰："老父在太丘，强者绥之以德，弱者抚之以仁，恣其所安，久而益敬。"[④]袁公曰："孤往者尝为邺令[⑤]，正行此事。不知卿家君法孤？孤法卿父？"元方曰："周公、孔子，异世而出，周旋动静[⑥]，万里如一。周公不师孔子，孔子亦不师周公。"

《政事》第3条

注释

① 陈元方：陈纪，字元方，陈寔长子。
② 贤家君：对别人父亲的尊称，此指陈寔。
③ 履行：实行、实施。
④ 绥：安抚。恣：听任。安：安适。
⑤ 孤：王侯自称。
⑥ 周旋动静：交往、谋划、举措，泛指行为处事。

鉴赏

这是一个小孩如何机敏地回答别人关于父亲声名成就的故事。故事主人公陈元方即陈纪，是汉末名士陈寔的长子，陈纪十一岁那年去拜访名士袁公。这个袁公，或云袁绍，也有说是袁绍的叔父袁隗或袁绍的祖父袁汤的，反正在这个故事里他是谁不重要，重要的是他一见面就劈头盖脸地问陈纪：你父亲在太丘任职，到底做了些什么事，能让远近的人都交口称赞呢？这一问是真问也是假问，是有疑而问也是明知故问，多半还有质疑与考验的意味在里面。第一个回合，陈纪不蔓不枝，就事论事，说自己的老父亲在太丘任职，无论强弱都能用仁德来安抚教育，让他们都能心安理得、行己所愿，久而久之大家就越发敬重他了。这个袁公显然还没达成目的，又把自己的行事掺和进来，并与陈纪的父亲陈寔强加比较，说自己做邺县县令时也是这样做的，真不知是令尊效法我，还是我效法令尊。这一问很容易陷入抑彼扬我或抑我扬彼的两难境地，没想到小小陈纪抬出周公、孔子来，不但化解了这道难题，还巧妙地颂扬了彼此双方：周公与孔子，生不同时，而言行如一，可周公没有学孔子，孔子也没有学周公。

因为问的是政事，也编在《政事》篇，我们便不能不了解一下陈寔的政绩或政迹。据《后汉书》卷六十二载，陈寔字仲弓，东汉颍川许县人，出身寒微，做过都亭佐、县督邮、西门亭长、郡功曹、闻喜长、太丘长，后世称为“陈太丘”，后任大将军府掾属，党锢之祸后屡征不就、闭门养老，中平四年(187年)逝于家中，享年八十四岁，死后前来悼念者据说有三万余人。可关于陈寔的具体政迹，史书所载多为与人分谤、自请囚禁、往吊权臣、宽宥小偷(“梁上君子”的典故即与陈寔有关)等小事，以及“平心率物”“修德清静，百姓以安”“其有争讼，辄求判正，晓譬曲直”之类的简略描述。刘孝标注引袁宏《汉纪》也只说：“寔为太丘，其政不严而治，百姓敬之。”也许这些日常的小事与概略式叙述，就足见陈寔既行儒家忠恕仁义之德化，又守道家清静无为之道术。在政治上，孔子主张“为政以德”，反对杀伐，提倡垂范，曾跟季康子说：“政者，正也。子帅以正，孰敢不正？”“子为政，焉用杀？子欲善而民善矣。”(《论语·颜渊》)孔子甚至还提倡无为而治：“无为而治者，其为舜与？夫何为哉？恭己正南面而已矣”(《论语·卫灵公》)。这与老子“我无为，而民自化；我好静，而民自正；我无事，而民自富；我无欲，而民自朴”(《老子》第五十七章)不谋而合。陈寔为政宽简，你让他儿子列举他的丰功伟绩恐怕是有困难了。在修养上，孔子以“恕”道著称，《孔子家语》还载有他为了避人之短而不向小气的子夏借伞的故事，后来《声律启蒙》把它与阮裕焚车的故事凑成一对：“爱见人长，共服宣尼休假盖；恐彰已吝，谁知阮裕竟焚车。”陈寔与人分谤、宽宥小偷的做法更是这方面的典范了。可是从《政事》篇的第一、二两条我们也可以看出，在忠孝仁义之事上陈寔一点也不含糊，他对诈称母病求假的人处以极刑，把产妇弃子视为头等大事，可说是为人宽厚的反例了。这种种事例合起来，成就了汉人最看重的清高气节，与汉末动乱中人们最希冀的宽简政风。故陈寔去世后，大将军何进遣使吊祭，蔡邕《陈太丘碑文》称其“文为德表，范为士则”，《后汉书》作者范晔也说他“据于德故物不犯，安于仁故不离群，行成乎身而道训天下”。

回过头来看，与其说人们看重的是其政绩还不如说更看重的是政见与政风。所以陈纪关于父亲陈寔政事的概括是准确的。而将袁公与自己的父亲比之为周公、孔子，也是不揭人短、互抬身价以调和矛盾的做法。陈元方的弟弟陈季方也曾回答过客人类似的问题。《德行》篇第七条载："客有问陈季方：'足下家君太丘，有何功德而荷天下重名？'季方曰：'吾家君譬如桂树生泰山之阿，上有万仞之高，下有不测之深；上为甘露所霑，下为渊泉所润。当斯之时，桂树焉知泰山之高，渊泉之深？不知有功德与无也。'"陈季方说他父亲为政如同泰山之桂，上有万仞高峰，下临难测深渊，虽有甘露沾溉、清泉滋润，桂树却不知山有多高、泉有多深。其实反过来想，天高任鸟飞，海阔凭鱼跃，龙潜深渊，鸿飞高天，这是一种看似自谦其实不乏自负的说法，也巧妙地化解了对方的锋芒。而这段文辞，很容易让人想起枚乘《七发》里的句子："龙门之桐，高百尺而无枝。中郁结之轮菌，根扶疏以分离。上有千仞之峰，下临百丈之溪。湍流遡波，又澹淡之。其根半死半生。冬则烈风漂霰飞雪之所激也，夏则雷霆霹雳之所感也。"余嘉锡先生在这一条的笺疏里说："魏晋诸名士不独善谈名理，即造次之间，发言吐词，莫不风流蕴藉，文采斐然，盖自后汉已然矣。"有趣的是，接下来的第八条提到：元方的儿子长文（陈群）与季方的儿子孝先（陈忠），也曾各自讲述自己父亲的功业德行，还相争不下，最后去问祖父陈太丘，陈太丘说：元方做哥哥不容易，难与弟弟分高下；季方做弟弟也不容易，难与哥哥分高下。看来一家三代都善于委婉地自我表彰，也都是乐道人长的真君子。

如果一定要较真，陈纪的类比法扯虎皮作大旗，在抬高了彼我身价的同时，忽略了孔子学习周公的事实与逻辑。从逻辑上讲，周公先于孔子，孔子可以学习周公。从事实上讲："周监于二代，郁郁乎文哉，吾从周。"（《论语·八佾》）"甚矣吾衰也！久矣吾不复梦见周公。"（《论语·述而》）可以说孔子一生都在学周公。倒不如清人顾嘉衡论诸葛亮的对联直接："心在朝廷，原无论先主后主；名高天下，何必辨襄阳南阳。"另外，从接受的角度而言，终归是年纪小让人感觉机智，这一条放到《夙慧》篇或《言语》篇里也是可以的。

（刘伟生）

鉴赏

犹有消息

犹有消息

嵇康被诛后①,山公举康子绍为秘书丞②。绍咨公出处③,公曰:“为君思之久矣!天地四时,犹有消息,而况人乎?”④

《政事》第8条

注释

① 嵇康,见“不见喜愠”篇(《德行》第16条)注释。

② 山公:即山涛(205—283),河内怀县(今河南武陟西南)人,字巨源。好老庄学说,与阮籍、嵇康等交游,为“竹林七贤”之一。与司马懿姻亲,懿与曹爽争权时,隐居在家。司马师执政时,出仕。欲引嵇康入仕,康致书与之绝交。晋初,任吏部尚书。绍:嵇绍(253—304),字延祖,嵇康子。十岁而孤,后被山涛举荐,累迁散骑常侍。八王之乱时,在荡阴之战中,为保护晋惠帝司马衷而死。秘书丞:官名。秘书省属官,高于秘书郎,掌管图书典籍。

③ 出处:仕隐。

④ 四时:指一年四季。消息:消减与增长。《周易·丰卦·彖传》:“日中则昃,月盈则食。天地盈虚,与时消息,而况于人乎,况于鬼神乎!”

鉴赏

这条故事虽然只有40字,内涵却十分丰富,甚至曾在思想史上引起轩然大波,千余年来一直聚讼纷纭。

我们知道,嵇康是被司马昭所杀的,广陵绝唱,千古流芳。而在此之前，山涛曾因举荐嵇康而遭后者绝交，留下一篇脍炙人口的《与山巨源绝交书》。嵇喜所撰《康别传》说："山巨源为吏部郎，迁散骑常侍，举康，康辞之，并与山绝。岂不识山之不以一官遇己情邪？亦欲标不屈之节，以杜举者之口耳。乃答涛书，自说不堪流俗，而非薄汤武。大将军闻而恶之。"站在山涛的立场想，举荐嵇康未尝不是出于好意，但竟遭嵇康严词绝交，落得个"一世英名，毁于一旦"。不可思议的是，嵇康临刑前，却把年仅十岁的儿子嵇绍托付给了山涛，且对嵇绍说："巨源在，汝不孤矣。"这一颇具仪式感的"托孤"行为，完全称得上是友谊的佳话，不料又给山涛的"身后名"蒙上一层洗不去的污垢——从世俗的角度看，山涛也真够倒霉的。

本条所记，正是后世一系列对山涛的口诛笔伐的"导火索"。而且，从《世说·政事》篇的编撰来看，前面已经埋下了伏笔。如《政事》篇第5条载："山公以器重朝望，年踰七十，犹知管时任。"第7条又记："山司徒前后选，殆周遍百官，举无失才。凡所题目，皆如其言。"山涛晚年位至三公，又任吏部尚书，掌握选举大权，选贤与能，百不失一，所以，在其声望如日中天之时，举荐老友嵇康之孤子似乎也理所应当。此条"秘书丞"三字后，刘孝标连引三条史料以明其事：

《山公启事》曰："诏选秘书丞。涛荐曰：'绍平简温敏，有文思，又晓音，当成济也。犹宜先作秘书郎。'诏曰：'绍如此，便可为丞，不足复为郎也。'"《晋诸公赞》曰："康遇事后二十年，绍乃为涛所拔。"王隐《晋书》曰："时以绍父康被法，选官不敢举。年二十八，山涛启用之，世祖发诏，以为秘书丞。"

很显然，是山涛举嵇绍为秘书郎在前，而嵇绍"咨公出处"在后。也就是说，和当初举荐嵇康一样，这一次也是山涛主动发起的。山涛说"为君思之久矣"，到底多"久"呢？——整整二十年！大概嵇绍起初不解其意，于是山涛便用《周易》“天地盈虚”之道为嵇绍解惑，所谓“天地四时，犹有消息，而况人乎”，乃是以“天人之际”论“出处之道”，其中隐含着对“名教自然之辨”这一魏晋之际最重要的玄学命题的现实回答。山涛似乎是站在“自然”的立场上，对“名教”可能产生的执念做了一番化解。嵇绍毕竟年轻，被养父一般的山涛说服后，遂应诏出仕，就此改变了命运的轨迹。

显然，《世说》将这个故事放在《政事》篇，是带有宽泛的肯定之意的，至少，山涛的与时俯仰、从善如流的“识度”和“器量”，应该是其作为政治家的必备素质。于是，这个故事只能在此戛然而止——再写下去，就真的需要勇气了。因为接下来，就是刀光剑影，喋血三尺！据《晋书·忠义列传·嵇绍传》载：

绍以天子蒙尘，承诏驰诣行在所。值王师败绩于荡阴，百官及侍卫莫不散溃，唯绍俨然端冕，以身捍卫，兵交御辇，飞箭雨集。绍遂被害于帝侧，血溅御服，天子深哀叹之。及事定，左右欲浣衣，帝曰：“此嵇侍中血，勿去。”

历史就是这么残酷！嵇康被司马昭所杀，嵇绍仕晋事仇已是不孝；后来竟为保护历史上最有名的“白痴皇帝”司马衷而死，一举成为晋室忠臣——这里面不仅涉及士人出处仕隐的选择问题，更关乎名教中父子、君臣二伦孰先孰后的伦理问题。当初孟子辟杨、墨，曾说过一句狠话：“无父无君，是禽兽也。”(《孟子·滕文公下》)其内在的逻辑，用东晋名士袁宏话说，就是“夫君臣父子，名教之本也”(《后汉纪》卷二十六)。不过，尽管“君臣父子”同为“名教之本”，但二者之间，似乎又可再做区分——“父子之亲”更近“自然”，而“君臣之义”更近“名教”——按照“名教本于自然”的观点，君臣之义是以父子之亲为前提的。郭店楚简《六德》说：“为父绝君，不为君绝父。”进而言之，背弃君臣之义犹可以为人，抛弃父子之亲则无异于禽兽了。魏晋玄学强调“自然”，当然也就更重视父子一伦，故在家国存亡攸关之际，士大夫往往“止知有家，不知有国”(余嘉锡《世说新语笺疏》)。换言之，也即“止知有父，不知有君”。“由于门第势力的不断扩张，父子之伦(即家族秩序)在理论上尤超乎君臣之伦(即政治秩序)之上，成为基础的基础了”，“当时的名教的危机在君臣一伦上的确表现得最为突出”(余英时《名教思想与魏晋士风的演变》)。

所以，当山涛举荐嵇绍时，表面上看似乎是劝嵇绍淡化君臣、父子之义，摆脱人间“名教”的束缚，回归“天地四时”的“自然”状态，但实质上却起到了取消“父子”一伦的绝对性，从而为现实政治中“君臣”一伦张目的作用。甚至可以说，他是假“自然”之名，陷嵇绍于不义之地——尽管这并非其主观动机。要知道，儒家礼制中是包含“复仇”精神的，如《礼记·曲礼上》就说：“父之仇，弗与共戴天。”山涛不去鼓励嵇绍“复仇”倒也罢了，现在反而鼓动举荐其“事仇”，这不是把嵇绍置于“有君无父”“有忠无孝”的两难境地又是什么呢？嵇绍最后“忠臣死节”的结局，因此也就成了文化史上十分典型的伦理悲剧。他走的是一条“不归路”，最终只能用生命来捍卫“名教”中的“君臣之义”——从他踏上仕途的那一刻起，“名教”中的“父子之义”便与他彻底无缘了。后来，“嵇侍中血”竟成为忠臣的代名词，其间的讽刺意味和悲剧色彩，真是一个平凡生命无法承受的伦理之“殇”和文化之“痛”！

南宋大儒朱熹对嵇绍仕晋一事，颇不以为然，说：“嵇康魏臣，而晋杀之，绍不当仕晋明矣。荡阴之忠固可取，亦不相赎。事仇之过，自不相掩。司马公云：‘使无荡阴之忠，殆不免君子之讥。’不知君子之讥，初不可免也。”(《朱子语类》卷一三六)清初大儒顾炎武对此更持一种极为严厉的批判态度，他在《日知录》中论及此事，发表了一段著名的议论：

有亡国，有亡天下。亡国与亡天下奚辨？曰：易姓改号，谓之亡国，仁义充塞，而至于率兽食人，人将相食，谓之亡天下。魏晋人之清谈何以亡天下？是孟子所谓杨墨之言，使天下无父无君而入于禽兽者也。……讲明六艺，郑、王为集汉之终；演说老、庄，王、何为开晋之始。以至国亡于上，教沦于下，羌戎互僭，君臣屡易，非林下诸贤之咎而谁咎哉？

请注意，顾炎武将“亡天下”之罪归于“林下诸贤”，绝非偶然。这里所谓“魏晋人之清谈何以亡天下”，所指就包括山涛劝嵇绍入仕的这一番“老生常谈”！紧接着顾氏就把矛头直接对准山涛：

昔者嵇绍之父康被杀于晋文王，至武帝革命之时，而山涛荐之入仕，绍时屏居私门，欲辞不就。涛谓之曰：“为君思之久矣，天地四时犹有消息，而况于人乎？”一时传诵，以为名言，而不知其败义伤教，至于率天下而无父也。夫绍之于晋，非其君也，忘其父而事其非君，当其未死，三十余年之间，为无父之人亦已久矣。而荡阴之死，何足以赎其罪乎！且其入仕之初，岂知必有乘舆败绩之事，而可树其忠名以盖于晚也。自正始以来，而大义之不明，遍于天下。

这样的批判真是鞭辟入里，振聋发聩！顾炎武言下之意，当山涛举荐嵇绍、嵇绍捐身护君之时，虽未曾“亡国”，实则已经“亡天下”了！与顾炎武同时代的王夫之也说：

嵇绍可以仕晋乎？曰：不可。仕晋而可为之死乎？曰：仕而恶可弗死也！仕则必死之，故必不可仕也。父受诛，子仇焉，非法也；父不受诛，子不仇焉，非心也。此犹为一王之下，君臣分定，天子制法，有司奉行，而有受诛不受诛者言也。嵇康之在魏，与司马昭俱比肩而事主，康非昭之所得杀而杀之，亦平人之相贼杀而已。且康之死也，以非汤、武而见惮于昭，是晋之终篡，康且遗恨于泉下，而绍戴之以为君，然则昭其汤、武，而康其飞廉、恶来矣乎！绍于是不孝之罪通于天矣。……绍盖前人之美，而以父母之身，糜烂而殉怨不共天之乱贼，愚哉其不仁也！汤阴之血，何不洒于魏社为屋之日，何不洒于叔夜赴市之琴，而洒于司马氏之衣也？"(《读通鉴论》卷十一)

王夫之这一段情辞慷慨的挞伐，更可谓诛心之论。嵇绍若地下有知，恐怕亦无从辩驳，悔恨交加吧！

阅读上述这些"君子之讥"，不禁感慨于"名教"与"自然"关系之微妙，影响之广远。就魏晋之际而言，名教与自然之辨不仅是清谈最重要的题目，也是士人进退、出处、去就的切身焦虑与现实纠结。崇尚"自然"，看似超脱，却难免与世俯仰，久之反而落入"禄蠹"的泥淖；山涛随顺自然，在"生前"固然显得"身名俱泰"，却挡不住"身后"纷至沓来的道德批判。追求"名教"，看似入世随俗，但"名"一旦成为"教"，就不仅作用于一时一地一人，而有着远比肉身和生命更长久的价值。在"名教"的信徒看来，"天地四时"固然可以"与时消息"，所谓"委运乘化"，但具有主体精神的人却不能为了眼下的苟且而放弃人之所以为人的伦理纲纪和价值坚守。正是在这一点上，"名教"反倒显出比"自然"更为强大和持久的力量。

历史似乎是给山涛开了一个不算太小的玩笑。一方面，让他在政治上有所建树，成为西晋开国前后举足轻重的政治家；另一方面，又让他在道德上出现纰漏，陷入悖论般的怪圈，给了他一个创巨痛深的历史教训。山涛一生的命运，似乎是与嵇康父子绑在了一起，"剪不断，理还乱"。作为吏部尚书，他在举拔人才方面从未失手，唯独在举荐嵇康父子上过分自负，最终“败义伤教”，得不偿失。推荐嵇康换来了一封绝交书，推荐嵇绍更落得个千载骂名。山涛就是这样，偏偏在不该糊涂的时候犯糊涂，因而成了历史上最负盛名的“冤大头”——如果这就是所谓“宿命”，恐怕山涛除了“认命”，也真的“无法可想”了。

（刘强）

致理之本

王安期作东海郡①，吏录一犯夜人来②。王问：“何处来？”云：“从师家受书还，不觉日晚。”王曰：“鞭挞宁越以立威名③，恐非致理之本④。”使吏送令归家。

《政事》第10条

注释

① 王安期：即王承（约273—318），字安期，出身太原王氏，曾任东海太守。
② 录：逮捕。犯夜：违反宵禁令。
③ 宁越：战国时赵国人，相传出身平民家庭，但喜好读书，努力求学，最后成为周威王的老师。
④ 理：本应作“治”。唐人避唐高宗李治的名讳而改。

鉴赏

王承出身于太原王氏，门第极高，本人亦极为出色，被时人推许为当时第一名士。他与总揽朝政的东海王司马越交好，司马越令其子司马毗以他为楷模。王承做过东海太守，《晋书》本传说他的施政风格是"尚清静，不为细察"及"从容宽恕"，所以很得人望。"清静"是典型的老庄一系的治国理政的宗旨，常与"无为"联系起来，所以又合称为"清静无为"，总之其要点是不伸张施政者本人的意志和欲望，不折腾，不造作，不胡乱干涉，不以严苛繁琐的政令过度收缩社会空间，而能令民众各遂其性，各安其生。

本章就是反映王承"尚清静、不为细察"的治理风格的一个小事例。王承手下有小吏逮捕了某个违反宵禁令的人，于是亲自审讯，得知此人原来是个书生，在老师处听课久了，不知不觉到了晚上。书生无意犯禁，当然情有可原，王承也不想小题大做。他把此人比作战国时通过努力求学读书来改变命运的贫家子弟宁越——这典故就蕴含着王承对书生的嘉许和激励，同时也为自己的法外施恩提供了理由，他说："惩罚像宁越这样好学的人来树立个人的威名，恐怕不是实现大治的根本举措。"不愧是西晋第一名士，把对这起违法案件的从权处理说得理由堂皇而又意味深长；非但如此，王承还派吏役送书生回家，把事情做得周全。

这个故事本身没有太多的深意，不过可以说明道家无为之治的一些特点：它承认社会需要法律来管治，但并不拘执于法律，而有相当大的伸缩性，因而给予社会以必要的弹性，由此显得很宽大。

（肖能）

鉴赏

四坐并欢

四坐并欢

王丞相拜扬州[①]，宾客数百人并加霑接[②]，人人有说色[③]。惟有临海一客姓任及数胡人为未洽[④]。公因便还到过任边[⑤]，云："君出，临海便无复人。"任大喜说。因过胡人前弹指云："兰阇，兰阇[⑥]。"群胡同笑，四坐并欢。

《政事》第12条

注释

① 王丞相：指王导。拜扬州：被授予扬州刺史之职。
② 霑接：接待。
③ 说：通"悦"，喜悦。
④ 临海：郡名，当时属扬州，治今浙江台州。未洽：因未受到款待而不够融洽。洽，融洽。
⑤ 因便：趁着方便。
⑥ 兰阇（shé）：胡僧梵语，余嘉锡《笺疏》引王伯厚言，以为是佛语中的"兰若"，即安心修习禅定的寂静处。

鉴赏

王导官拜扬州刺史时，到府祝贺的宾客几百人，主人一一款待抚慰,因而人人脸上露出了喜悦之色。只有临海郡一个姓任的客人和几个胡人,还没来得及应酬而不够融洽。王导趁着方便到任某边上,说:"您一出来,临海一郡就没人了。"任某非常高兴。接着,他又顺便来到胡人面前,依照胡人习惯,边弹指边说:"兰阇,兰阇。"众胡人一同大笑,于是四座尽欢。

故事发生在建武元年(317年)春天,当时愍帝被俘,司马睿(即后来的晋元帝)依魏晋故事立为晋王,以王导为扬州刺史、骠骑将军,领中书监、录尚书事。明年即太兴元年(318年),司马睿登基称帝,东晋建国。

故事虽短,初看未奇,但细加咀嚼,颇耐回味。王导出身于山东琅邪王氏,在重门阀士族的社会中,出身高贵。他又是东晋立脚江南、占据半壁江山的开国元勋。他担任刺史的扬州,下辖丹阳、吴郡、会稽、临海、永嘉等十余郡的广大地区,首都建康(今南京)也在扬州辖区。王导身为扬州刺史,实是广大京畿地区的军政长官,责任很大,北御胡骑,内拱京师,安定国家,繁荣经济,集于一身。如此权高位重的高门名士,为什么要在盛宴中对数百来宾一一亲加接待抚慰呢?因为时值建国初期,偏安江左,根基未固,困难重重。加以胡马窥江,形势岌岌可危。而在东晋内部,由于门阀社会的传统陋习,中原士族一贯歧视南方士人,更不用说一般平头百姓了。加以元帝信奉法家,为了消弭江南士民的不满,刑法残酷,这怎么能够团结江南士民来一道抗战救国呢?而一旦失去了江南广大民众和士人的支持,东晋又将依靠什么力量来巩固国家政权呢?因而面对严酷的现实,作为当时东晋国策设计师的王导,主张改弦易辙,尽可能广泛地团结江南士民,以便稳定局势,同心建国,共御强敌。在安定团结建国方略指导下,王导这位高贵的士族名士,被迫一改传统陋习,丢掉傲慢与偏见,利用一切机会,主动接近广大士民。试想,宾客数百,又岂能人人出身于上品士族?但王导打破陈规,不问士庶,"并加霑接,人人有说色"。这一现象说明了王导经历了一场"思想革命",终于有所进步或变化。不仅如此,王导还善于揣摩客人的心理,在热闹的应酬中,王导并未昏头转向,而是"因便"自然地到任某边上,“君出,临海便无复人”,是说姓任的是临海地区不可多得的杰出人才,一旦离去将无人可以替代。听了这样的赞美,任某怎能不欢笑呢?而王导与胡人,非我族类,但他同样没有忘记,因便来到胡人身边,沿用胡人习俗,弹指说话。“兰阇,兰阇”,大意是说诸位是得道高僧,在这里修炼禅定寂静功夫,我岂敢贸然打扰!于是群胡会心大笑,宴会充溢着和谐的气氛。百忙中不忘细务,王导不仅是一个胸襟开阔的成熟政治家,更是一个聪明的心理学家。洞人肺腑,以诚相待,善于应酬,很有风度,所以获得了广大士民的支持。王导的“统一战线”经验,值得后人玩味借鉴。

故事言约旨远,成功刻画了王导这个成熟政治家的形象。王导的话,生趣诙谐,意在言外。其在胡人前弹指细节,刻画惟妙惟肖,令人解颐。

（蒋凡）

思此愦愦

丞相末年,略不复省事①,正封箓诺之②。自叹曰:“人言我愦愦③,后人当思此愦愦④。”

《政事》第15条

注释

① 略:全,几乎。不复:不再。省事:处理政务。

② 正：仅，只。封箓：封好的簿籍文书。诺：此指在公文上画诺，表示同意。
③ 愦愦：糊涂。
④ 思：怀念。

鉴赏

王导草创东晋朝廷，辅佐了元、明、成三帝。元帝甫过江，北方权贵进驻江南，面临土著豪强，有能否安家落户的大问题，"新亭对泣"就表现了北人南来之初政治、文化各方面之水土不服。以王导为政治、精神领袖的北方大族隐忍卓绝、放下身段，与南方士族搞好关系，逐渐使北来王朝在江南站稳脚跟；之后，明帝在位三年而崩，成帝六岁即位，所谓"主幼时艰"，内忧外患，动荡不安。王导在这样的情势下辅政，"务存大纲，不拘细目"，延揽人才、网罗土著豪强，"以宽和得众"(《晋书·庾亮传》)。王导为政宽惠，甚至宽到了顾和所说的"网漏吞舟"的程度，这是王导在揣度时事基础上得出的稳定东晋王朝的基本纲领，也是他三朝辅政的一贯为政风格。不求细节，不苛责于人，在不理解的人看来，就是不勤政、不精明，甚至是"愦愦"。这一风格就为庾亮所不解、不容，曾"率众黜导"，陶侃也欲起兵废导，都因郗鉴"不许"而作罢。郗鉴在两晋之际的动乱中饱经忧苦，就是因为宽惠得人心而济险越难，他深知宽惠对于稳定天下的作用。王导式的宽惠风格，如元帝的描述：德重勋高，约己冲心，以身率众(《晋书·王导传》)。正因为王导以这样一种宽纵的风格施政，才会有一种很好的绥靖效果，流惠所及，以至延长了东晋百余年的国祚。另外，成帝之朝，外戚庾氏家族当政，"任法裁物"，琅邪王氏权势衰落，在士族门户争斗中，琅邪王家已呈衰势，王导不"愦愦"，又能如何？因而"后人当思此愦愦"，其言大有意味。

王导的"愦愦"之政，既是基于东晋王朝的现实而做出的正确决策，同时也与他本人所受的玄学精神滋养大有关联。王导是政治家，但同时又是清谈领袖，崇尚清通简要的时代风气自然对其施政风格大有影

鉴赏

响，使得他的施政务存大体、无为而治，而反对察察为政、过度干涉。这样在其身上就体现出了儒玄交融、互相影响的施政风格。这种施政风格，非独王导为然，在当时很多政治家身上都可以发现类似的特点。

（白振奎）

竹头木屑

陶公性检厉[①]，勤于事。作荆州时，敕船官悉录锯木屑，不限多少。咸不解此意。后正会[②]，值积雪始晴，听事前除雪后犹湿[③]，于是悉用木屑覆之，都无所妨。官用竹皆令录厚头，积之如山。后桓宣武伐蜀[④]，装船，悉以作钉。又云：尝发所在竹篙，有一官长连根取之，仍当足。乃超两阶用之。

《政事》第16条

注释

① 陶公：对陶侃的敬称。陶侃（259—334），字士行，庐江寻阳（今江西九江）人。官至荆、江两州刺史。检厉：方正严肃。

② 正会：旧时农历正月初一官员聚会，又称元会。

③ 听事：指官府处理政务的厅堂。
④ 桓宣武：指东晋权臣桓温，死后谥号“宣武”。

鉴赏

陶侃是东晋名臣，也是晋末著名文学家陶渊明的曾祖父。他“一贯尽忠”，从地方小吏一直做到荆、江二州刺史，并掌管其他六州军事，成为当时最有实力的人物之一。但他戎马生涯四十余年，却始终保持着勤俭节约的作风，还经常勉励部下珍惜一草一木，为国为民多做贡献。陶侃不仅在当时功劳卓著，后世对其评价也颇高，当时便有人称其“陶公机神明鉴似魏武(曹操)，忠顺勤劳似孔明(诸葛亮)，陆抗诸人不能及也。”(《晋书·陶侃传》引梅陶与曹识书)

陶侃生平事迹留下颇多，“竹头木屑”是其中有名的两件轶事的合称，虽然是两件事，但性质相类，颇能看出陶侃性格中的某些特质。

陶侃在担任荆州刺史之时，曾去督造船只，他命令造船官员把锯木头时所剩下的木屑都存起来，人们当时都不知道他到底是什么意图。后来正月初一聚会时，正好碰上雪后初晴，大厅前地面泥泞难行，陶侃便叫人把存放的木屑拿出来，铺在地上。陶侃还曾命人将伐竹时丢弃的厚竹头也都存起来，没想到后来在桓温伐蜀时居然派上了用场，竹头削成竹钉装在战船上用以备战。

有些人通过这些事，赞叹陶侃有先见之明，但事实上恐怕并非如此。陶侃不是预言家，他在命人储存木屑竹头之时，何曾想到有一天会用于铺雪地、做竹钉？这些事中，显然更多地是体现了陶侃勤于政务、节俭惜物的品质。由于出身贫寒，陶侃自幼生活十分孤苦，还曾留下母亲截发待客的轶事，这种环境中长大的人，当然与出身豪族、惯于挥霍铺张的人习惯不同。他爱物惜物，追求物尽其用，这对他而言，已经成为一种习惯和美德。这从陶侃同样欣赏懂得节约的下属，将其破格提拔的故事中也可以看出。

鉴赏

不贤不仁

当然,凡事有度,节约自然是好事,值得提倡,但是如果节约过头便成为吝啬了。陶侃显然并非如此,他的节约并非一味收藏,而是能收能放,在发现能合理使用的时候,便毫不犹豫地拿出来,使物尽其用,这可不是单纯的"节俭"二字所能形容的了。

回看陶侃的人生经历,在每一个阶段,其为人都极为勤勉谨慎,目光长远而又心细如发,其成功的人生经历,岂是偶然乎?

(章原)

不贤不仁

殷仲堪当之荆州①,王东亭问曰②:"德以居全为称,仁以不害物为名。方今宰牧华夏③,处杀戮之职,与本操将不乖乎④?"殷答曰:"皋陶造刑辟之制⑤,不为不贤;孔丘居司寇之任⑥,未为不仁。"

《政事》第26条

注释

① 殷仲堪,见"仲堪俭约"篇(《德行》第40条)注释。当:将。之:往。
② 王东亭:即王珣(349—400),字元琳,王导孙,因功封东亭侯,故称。
③ 华夏:本指中原,东晋偏安江左,故称其腹地荆襄为华夏。

④ 本操：本来的操守。
⑤ 皋陶(yáo)：舜时掌管刑狱的大臣。刑辟：刑罚。
⑥ 司寇：官名。掌管刑狱、纠察的辅政大臣。

鉴赏

话说殷仲堪即将任荆州刺史，东亭侯王珣跑过来跟他说："德行以全备而著称，仁爱以不伤人而得名，现在您马上要赴荆州执掌诛杀之职，岂不要违背您素来的操守了？"殷仲堪淡定地回复说："皋陶创立刑罚制度，不能算不贤吧？孔子担任大司寇的职务，也不能说不仁吧？"《世说》叙事极为简略，这个故事在给我们应对机敏的感觉之后，还留下不少疑问：殷仲堪的"本操"到底是什么？任职荆州何以会乖违"本操"？仁德的理想境界是什么？仁德、礼乐、刑政之间一定是乖离对立的吗？孔子及儒家的政治思想中可有刑罚的地位？

据史书记载，殷仲堪(？—399)能说会写，擅长玄谈，与韩康伯齐名，颇得士人爱慕，他自己则常常说三天不读《道德经》，就觉得舌头僵硬不会说话。这样一位清谈高手还非常仁善并以孝闻名。史称他：任冠军将军谢玄长史之时，曾主张释放被掳的流民子女，以安抚北方士民；居晋陵太守之任，又禁止生子不养育、久丧不下葬、拘押逃亡者父母为人质等行为；父亲积病多年，他侍寝时衣不解带，又亲自学习医术，一次擦泪时还因为手上沾有药物而弄瞎一只眼睛；居丧期间也因哀痛过度而大伤身体。可见他素来的操守是讲仁爱、行德政的。服丧期满，孝武帝召其为太子中庶子，又兼黄门侍郎，后来孝武帝以为会稽王司马道子非社稷之臣，决定擢拔自己的亲信以拱卫朝廷，"乃授仲堪都督荆益宁三州军事、振威将军、荆州刺史、假节，镇江陵。"(《晋书·殷仲堪传》)据《晋书·职官志》载，这样一位假节的都督、将军、刺史，是有权斩杀触犯军令者的，所以王珣说他"处杀戮之职"，恐有违"本操"。

圣贤仁民爱物，力求道德完美无缺，《荀子·劝学》称"不全不粹之不足以为美”，张载《西铭》说“民吾同胞，物吾与也”，在一般人看来，“杀戮”必乖圣贤之道，自然也会违背殷仲堪讲仁爱、行德政的“本操”。

但凡事不可绝对，仁与礼互为表里，礼与法名实相近，圣贤也不可能完全避免“杀戮”。皋陶被认为是中国司法的鼻祖，不过他在制定刑法的同时也推行教化，而且主张“五刑”用以辅弼“五教”，所谓“五教”是指：父义、母慈、兄友、弟恭、子孝，按今天的说法，皋陶的主张是德治与法治相结合的。孔子仁礼并重，政治上以德治为理想境界，也主张为国以礼，必要时还要以刑罚为辅助手段。孔子曾说：“道之以政，齐之以刑，民免而无耻；道之以德，齐之以礼，有耻且格。”(《论语·为政》)道德礼制较之刑罚政令，更能让人内心叹服。所以礼乐是刑罚的基础：“名不正，则言不顺；言不顺，则事不成；事不成，则礼乐不兴；礼乐不兴，则刑罚不中；刑罚不中，则民无所措手足。”(《论语·子路》)孔子甚至主张“无讼”，反对“杀戮”。《论语·颜渊》篇记录孔子的话说：“听讼，吾犹人也，必也使无讼乎！”同篇记季康子问政：“如杀无道，以就有道，何如？”孔回答说：“子为政，焉用杀？”《子路》篇里孔子还说：“‘善人为邦百年，亦可以胜残去杀矣。’诚哉是言也！”可见孔子还是以人为本，主张德治甚至有夸大德治的偏向的。但我们同时也应看到，孔子并没有否定刑罚的作用。据《史记·孔子世家》记载，鲁定公十年初，孔子“由中都宰为司空，由司空为大司寇”，亲自担任过掌管刑罚狱讼和纠察的官职，他的政治思想与司法理念可以说是以礼为主，以刑罚为辅，与西周“敬天保民，明德慎罚”传统是一致的。在《大戴礼记·礼察》《孔子家语·刑政》及上博简《季庚子问于孔子》等文献中，载有更多的孔子论述刑罚的材料，结合这些材料，可以更完整地了解孔子德刑统一的政治思想。《礼记·乐记》说得好：“礼以道其志，乐以和其声，政以一其行，刑以防其奸。礼、乐、刑、政，其极一也，所以同民心而出治道也。”礼、乐、刑、政，四位一体，有利于内同民心，外治国家。后来荀子礼法并重，甚至整个中国文化儒表法里，莫不渊源有自。

东晋政风宽简务虚，“宁使网漏吞舟”，也不为“察察之政”，丞相王导,也就是王珣的祖父,晚年还曾自我感叹:“人言我愦愦,后人当思此愦愦”(《政事》15)。所以不持实务,也往往成为东晋名士的雅操,只是清谈误国,到了晋末,动乱的现实更需杀伐决断的品格,便是“处杀戮之职”的殷仲堪,因“素无戎略”(《晋书·杨佺期传》)、“多疑少决”(《晋书·罗企生传》),终被桓玄逼令自杀。

(刘伟生)

文

此“孔门四科”最后一科。孔门之“文学”，盖文献、典章及学术之谓。《论语·公冶长》：“子贡曰：‘夫子之文章，可得而闻也，夫子之言性与天道，不可得而闻也。’”同书《泰伯》：“子曰：‘大哉尧之为君也。……巍巍乎其有成功也，焕乎其有文章！”此两处“文章”略与“文学”同义，亦指文献、典章制度及学术，皆与今所谓“纯文学”者不同。文学渐次于学术中分离，乃魏晋间事。曹丕《典论·论文》所谓“经国之大业，不朽之盛事”之“文章”，及陆机《文赋》所论之“文”，已与“孔门四科”之“文学”大不同，论者以魏晋为“文学自觉”之时代，良有以也。逮及刘宋文帝时，乃立儒、玄、史、文四馆，至此，“文学”始脱胎于学术而独立。《世说》正此一时代之产物也，故《文学》一门，继往开来，承前启后，大可注意。如《世说》各门所记，

学

第　四

均依时序而排列，一般先后汉，次三国，再次西晋，复次东晋，次序井然。独《文学》一门为例外。该门前六十五则，照例以时为序，所记依次为经学、玄学、清谈及佛学，俨然一部“学术流变史”；而至第六十六则，忽又自曹植“七步诗”写起，直至篇末近四十则皆为诗、赋、文、笔，属今之所谓“纯文学”。此一体例之“突变”，明人王世懋谓之“一目中复分两目”，前半部好似“汉晋学案”，后半部则如“魏晋诗话”，质而言之，正时代思潮之显影，文学独立之折射也。至于此门中人物故事，无不文采斐然，胜义可观，读者欲窥中古学术之嬗变，领略彼时名士之风流，不可不读，亦不可不知也。

礼乐皆东

郑玄在马融门下[1]，三年不得相见，高足弟子传授而已。尝算浑天不合[2]，诸弟子莫能解。或言玄能者，融召令算，一转便决，众咸骇服[3]。及玄业成辞归，既而融有"礼乐皆东"之叹。恐玄擅名而心忌焉[4]。玄亦疑有追，乃坐桥下，在水上据屐[5]。融果转式逐之[6]，告左右曰："玄在土下水上而据木，此必死矣。"遂罢追，玄竟以得免。

《文学》第1条

注释

① 郑玄(127—200)，字康成，北海高密(今属山东)人。东汉末年经学大师。著有《周礼注》《仪礼注》《礼记注》，合称《三礼注》，还有《毛诗传笺》等。马融(79—166)，字季长，右扶风茂陵(今陕西兴平东北)人。东汉著名经学家。

② 浑天：古代一种解释宇宙的学说，由东汉天文学家张衡提出，认为"天之包地，犹壳之裹黄"，天地关系，犹如蛋黄在蛋壳内。不合：不符合，不准确。

③ 一转：转动推算用的栻，即下文的"式"。

④ 擅名：独享盛名。

⑤ 据屐：凭靠在木屐上。
⑥ 转式：转动栻盘推算。式，亦作“栻”，古代占卜用具，形状似罗盘，上圆下方，可以转动。

鉴赏

《世说新语》的《文学》门十分值得注意。一方面，作为“孔门四科”的最后一科，“文学”在先秦基本上等同于“学术”，这是“文学”门必须延续的传统含义；另一方面，随着时代的发展，学术的分类日益细密，尤其是，南朝刘宋初年儒、史、文、玄四馆的设置，使“文学”渐渐获得相较于“学术”的独立地位，而专指诗、赋、文、笔等纯文学作品了。文学观念的这种新旧杂糅、与时俱进的变迁，在《世说》的《文学》门中有着非常忠实和清晰的反映，从而使《文学》门编撰的内在肌理，与其他门类有所不同——这是读此篇应该稍加留意的地方。

一般而言，《世说》各门所记，均按时间先后依次排列，大体先东汉、次三国、再次西晋、复次东晋，一以贯之，井然有序。唯独《文学》是个例外。本门第1—4条记东汉马融、郑玄及服虔事，第5—10条记三国何晏、王弼、钟会、傅嘏事，第11—20条记中朝名士事，第21—65条记东晋名士事——按照记载内容，依次是经学、玄学及佛学，几乎是一部故事本的“学术流变史”。如果遵循“文学”的传统旧义，似乎到这里便可结束了。但我们看到的是，第65条记东晋“桓南郡与殷荆州共谈”，已然来到《世说》时间的下限，而紧接着第66条，却忽然宕开一笔，记“文帝尝令东阿王七步中作诗”，又从东晋跳回至三国——这就完全打乱全书的编撰体例了。稍加分析，不难发现，第66—104条之所以“从头开始”，是因为其所载皆为诗、赋、文、笔之类，与前面的学术思潮判然有别，这恰恰体现了“文学”的时代新义——也正是“世说”所以为“新语”的地方。故明人王世懋于第65条后评点说：“以上以玄理论文学，文章另出一条，从魏始，盖一目中复分两目也。”

这“一目中复分两目”，真是一语道破天机！这一编撰体例上的“破格”，既保留了在传统的“文学”观念下“学术”演变的轨迹，又及时展现了在“文学自觉”的时代风气下，诗文歌赋发展变迁的历史“花絮”，体现了“纯文学”观念的日益成熟——真是匠心独运的大手笔！可惜，王世懋的哥哥王世贞却不明此理，在编撰《世说新语补》时，竟将原书顺序打乱，重新按照时间的先后顺序予以排列——这就有点煮鹤焚琴、暴殄天物了。明代另一位批评家凌濛初谓其“按《补》依时次混列，便失作者之意”，真是挠到了痒处。

《文学》门的前三条皆以郑玄为中心，形成了一个“故事链”。这等于告诉读者，在“文学”的传统含义中，经学的地位最为崇高，把郑玄的故事放在开篇，显然是把他视为汉代经学的集大成者。同样，本篇第66条以曹植“七步诗”的故事开启“纯文学”一目，当然也隐含了对曹植文学成就的推重和认可。

本条故事大意是说：郑玄在马融门下求学，三年都见不到马融，仅由马融的高足弟子传授罢了。一次，马融推算浑天的复杂天象，发现与实际情况颇有不合，众多弟子也都不得其解。有人说郑玄能破解，马融便召他来令他推算；果然郑玄把栻盘一转便解决了问题，大家莫不惊讶叹服。等到郑玄学成辞归，马融竟发出“礼乐皆向东去”的感叹。接下来情节急转直下——马融恐怕郑玄独享盛名，而心存忌恨。郑玄在归乡路上，也怕有人追来，便在桥底下凭借着木屐浮在水面上。马融果然转动栻盘推算郑玄的去向，想要派人追赶他，算完之后告诉左右侍从说：“郑玄现在土下水上，并且依托着木头，这是必死之兆。”于是就不再追赶。郑玄竟因此而得以免祸。

按照今天的说法，这故事颇有些“玄幻”色彩。而且，将一代大儒马融塑造成嫉贤妒能的杀手，也实在是荒诞不经。难怪刘孝标说：“马融海内大儒，被服仁义。郑玄名列门人，亲传其业，何猜忌而行鸩毒乎？委巷之言，贼夫人之子。”这分明是在指责《世说》作者的编撰趣味太不上台面了。接着刘注又引《玄别传》说：

扶风马季长以英儒著名，玄往从之，参考同异。季长后戚，嫚于待士，玄不得见，住左右，自起精庐，既因绍介得通。时涿郡卢子幹为门人冠首，季长又不解剖裂七事，玄思得五，子幹得三。季长谓子幹曰："吾与汝皆弗如也。"季长临别，执玄手曰："大道东矣，子勉之！"后遇党锢，隐居著述，凡百余万言。……

这段记载说，马融起初慢待郑玄，后来则对其称赏有加，也许更为接近事实。余嘉锡先生说："观《语林》《异苑》之所载，知此说为晋、宋间人所盛传。然马融送别，执手殷勤，有'礼乐皆东'之叹，其爱而赞之如此，何至转瞬之间，便思杀害！苟非狂易丧心，恶有此事？裴启既不免矫诬，义庆亦失于轻信。孝标斥为委巷之言，不亦宜乎？"（《世说新语笺疏》）仔细想想，这话说得有理。

围绕此事，还有一桩有趣的学术公案。近代有位叫曹元弼（1867—1953）的学者，算是郑玄的"铁粉"，不仅给自己取了一字曰"师郑"，而且张口闭口以郑玄为"先师"。他对《世说》此条劈头就说"郑玄在马融门下"，颇为不满，便写了一篇题为《子郑子非马融弟子考》的文章，认为"先师学行，实圣人流亚，非融所可同年语"，并以刘注引《玄别传》中"参考同异""住左右，自起精庐，既因绍介得通""大道东矣！"诸语为据，详加论析，最后得出结论："安得有三年在门，使高业弟子传授之事乎？然则郑君与融，尝参考同异，而融且深折服于郑，从融受学之事，可决其必无也。《别传》诚信而有征矣。"（《复礼堂文集》卷七）曹氏的这一考证是可以信从的。

所以，针对这个"礼乐皆东"的故事，仅从史学角度去考证坐实，恐怕要大失所望。不仅马融追杀郑玄很可能是子虚乌有，甚至连二人之间的师徒关系都大可怀疑，那么，这个故事的价值在哪里呢？这就要涉及《世说》的性质问题了。《世说》到底是史传还是小说，一直争论不休。王瑶先生说："小说和史传最重要的不同点，就是小说注重在传说或事件本身的奇异性质，而史传却注重在这事件和传说中的人物。……因为小说注重在传说本身的奇异，所以常常有同一故事而记载中人物相异的情形；这在史籍中是最不许可的。”（《中古文学史论·小说与方术》）这么说来，《世说》还是“委巷之言”的成分更多些。清人钱曾说它是“变史家为说家”（《读书敏求记》卷三《杂家》），鲁迅谓其“远实用而近娱乐”“为赏心而作”（《中国小说史略》第七篇《〈世说新语〉与其前后》），正是抓住了《世说》的“小说”性质。

从这个角度上说，刘孝标对《世说》的史学批评，固然无可厚非，但也从一个侧面证明了《世说》在文学艺术和小说趣味上的特色。就此条而言，明明是对一位“经学”大家的记述，却偏偏采用了荒诞“不经”的传说，以至于让我们对这本书的真实性产生了怀疑。但换一个角度看，这个损失是值得的，《世说》的作者也许根本就不在乎什么“历史的真实”——他更在乎的是“好玩”和“有趣”。可以说，《世说》在“文学”门的开篇第一条就走了一招“险棋”，因而让我们不得不对这本书“另眼相看”了。有了这样一种近乎冒险的“宣示”，作者才为读者打开了另外一扇窗——一扇赏心悦目的“文学之窗”。至于惯会考据的历史学家怎么说，真的有那么重要吗？

（刘强）

尽为君注

郑玄欲注《春秋传》[1]，尚未成时，行与服子慎遇宿客舍[2]，先未相识。服在外车上，与人说己注《传》意。玄听之良久，多与己同。玄就车与语曰[3]："吾久欲注，尚未了[4]。听君向言[5]，多与吾同。今当尽以所注与君。"遂为《服氏注》。

《文学》第2条

注释

① 郑玄，见上一篇注释。《春秋传》：此处当指《春秋左氏传》，即春秋末期学者左丘明为先秦编年史书《春秋》所作的注解。

② 服子慎：即服虔，字子慎，河南荥阳人，东汉末年经学家，历官高平令、九江太守。有《春秋左氏传解谊》等传世。

③ 就车：走到车边上。

④ 了：了结，完成。

⑤ 向：刚才，此前。

鉴赏

中国古代学者，共同创造过一个很好的学术境界和学术传统，那就是：学术为天下公器，非一二人所可得而私。因此，他们做学问，注重交流和请教，注重质证和改进。后世风气不振，沽名钓誉之心慢慢兴起，于是，学者们开始反省，开始追思、比较，开始批评和自我批评。《世说新语》记录的这件学林往事，传达出古代学者的治学境界与处世之道。

郑玄不愧大家风范，儒林楷模。据《后汉书·郑玄传》，知其早年曾一度担任"乡啬夫"，即乡中收受诉讼与赋税的小吏，但每当休假回家，他总是要去学校听课，哪怕是父亲多次发怒，也不能阻止他的向学之心，终于放弃公职，进入"太学受业，师事京兆第五元先，始通《京氏易》《公羊春秋》《三统历》《九章算术》，又从东郡张恭祖受《周官》《礼记》《左氏春秋》《韩诗》《古文尚书》"，又因为"山东无足问者，乃西入关"，"事扶风马融"，"因从质诸疑义"，"十余年乃归乡里"，"学徒相随已数百千人"。党锢之祸起，郑玄横遭禁锢，"遂隐修经业，杜门不出"。及至党禁解，郑玄已年过六十，朝廷与州官再三征召，郑玄一概辞谢。北海国相孔融深相致敬，特别指示高密县令，称"郑君好学，实怀明德"，"今郑君乡宜曰'郑公乡'"。其毕生钻研经典，所注《易经》《尚书》《诗经》《周礼》《仪礼》《礼记》《论语》《孝经》《尚书大传》等书，著书近百万字，后世称为汉代经学的集大成者，"郑学"之名，千百年来一直为学者所敬仰。

除此之外，郑玄对《春秋传》也很有研究，驳难公羊家何休而作的《发墨守》《针膏肓》《起废疾》等论文，何休一见而叹曰："康成入吾室操吾矛以伐我乎！"由此可见他在"春秋学"研究上的实力与深度。其晚年诫子书，有"显誉成于僚友，德行立于己志"之语。郑玄当世号称"纯儒"，以经师人师为世所重，"显誉"固然成于人，但坚守德行却完全是基于自觉与自发。仅仅因为一次外出的偶遇，听到别人对《春秋传》的见解与自己大体相同，竟然把自己的已经成稿的注解，当即无私送给一位素不相识的同行，这在他看来，几乎就是理所当然的事情。相比之下，服虔的境界就大不如人了。

（王澧华）

郑玄家婢

郑玄家奴婢皆读书。尝使一婢，不称旨①，将挞之②。方自陈说，玄怒，使人曳著泥中。须臾，复有一婢来，问曰："胡为乎泥中③？"答曰："薄言往愬④，逢彼之怒。"

《文学》第3条

注释

① 称（chèn）旨：合意、满意。
② 挞（tà）：用鞭子、棍子等击打。
③ 胡为（wèi）：为何、为什么。
④ 薄：急忙、急迫，一说为语首助词。言：相当于然、焉，多用作形容词或副词词尾。愬（sù）：诉说、诉苦。

鉴赏

郑玄是东汉晚期的经学大家，转益多师，以古文经学为宗，兼采今文经学之说，破除二者的门户壁垒，遍注群经。广收门徒，声势浩大，影响甚至及于黄巾军——他从徐州返回家乡高密时，路遇黄巾军数万，他们拜见郑玄，并相约不入高密县境（《后汉书·郑玄传》）。郑玄尤其在《诗经》研究、传播上居功至伟。汉代传授《诗经》的四家之中，鲁国申培公所传的《鲁诗》、齐国辕固生所传的《齐诗》、燕国韩婴所传的《韩诗》(合称“三家诗”)属于今文经学,列为朝廷认可的官学。鲁国毛亨与赵国毛苌(或写作“毛长”)所传的《毛诗》属于古文经学,基本上只在民间作为私学流传,影响远不及“三家诗”。郑玄以《毛传》(《毛诗诂训传》的简称,是对《毛诗》中字词的注释和诗意的解说)为主、兼采“三家诗”义为《诗经》作笺(后世简称“郑笺”),信奉者众多,《毛诗》强势逆袭,盛行于世,一直流传至今,我们现在所读的《诗经》就是《毛诗》,而“三家诗”则先后失传。

《世说新语·文学》中的这则记载就与《诗经》有关。郑玄家读书风气非常浓厚,连奴婢都读书。郑玄曾经使唤一个婢女,但不合他意,于是准备责打她,这个婢女还要辩白,郑玄更恼怒,就让人把她拖到泥水当中待着。过了一会,又有一个婢女过来,问她:“胡为乎泥中?”(为什么在泥水中呢?)她回答:“薄言往愬,逢彼之怒。”(去找他诉苦,却遭到他发的一通怒火。)

这两个婢女的一问一答,都出自《诗经》。问句“胡为乎泥中?”出自《邶风·式微》第二章:“式微,式微! 胡不归? 微君之躬,胡为乎泥中!”按照《毛诗》小序、《毛传》和郑笺的说法,此诗写黎国(在今山西长治)国君被狄(当时活动于北方的少数民族)人所逐,流亡寄居于卫国(在今河南淇县),卫国给了两个城邑予以安置,黎国国君苟且偷安,可以归国而仍不愿归国,于是大臣以此诗劝他归国。后世则多将此诗视为民众苦于劳役而对君王发出的怨词。《毛传》将诗中的“泥中”释为卫国的城邑,即卫国提供给黎国国君寄居的两个城邑之一。但后世多不从此说,而认为“泥中”就是泥水当中的意思,代指艰苦的环境和条件。答句“薄言往愬,逢彼之怒”出自《邶风·柏舟》第二章:“我心匪鉴,不可以茹。亦有兄弟,不可以据。薄言往愬,逢彼之怒。”按照《毛诗》小序、《毛传》和郑笺的说法,此诗写卫顷公时,小人在侧,贤者不被任用。后世则多将此诗视为女子见弃于丈夫的怨词。

郑玄家这两个婢女的问答,引用《诗经》成句,完全切合当时的情境，体现出她们的知识储备及其灵活运用的能力，非常难得，后来就用“郑家婢”代指知书的婢女。郑玄在家研读诗书、教授生徒，家中奴婢耳濡目染，明代陈师就说：“夫二婢逢诟怒，仓皇之际，犹应对闲雅，不忘文墨，固可嘉尚。而玄之诗书文艺，渐被至及妇人女子，亦足征其雅哉！”（《禅寄笔谈》卷九）浸润日久，自可潜移默化，故两婢女能以《诗经》成句问答。而清代丁晏认为此事为小说傅会，并不足取（《汉郑君年谱》）。余嘉锡则反驳说此类之事，古时常有，如西汉刘向家童仆吟咏《左传》（《论衡·案书》）、三国刘琰家侍婢诵读《鲁灵光殿赋》（《三国志·蜀书·刘琰传》），故此事不能断为虚假，不妨留作佳话（《世说新语笺疏》）。龚斌又增加东晋郗鉴家伧奴知文章（《世说新语·品藻》29）、北魏郭文远家婢女春风与李元谦以双声语（当时流行的一种利用字音的双声关系而做的语言游戏，也称“体语”）问答（《洛阳伽蓝记》卷五）二例，反对丁晏的说法，支持余嘉锡的观点（《世说新语校释增订本》）。

像郑玄家婢女这样征引《诗经》以表意，早已有之。春秋战国时《诗经》是贵族学习的重要内容，他们常在朝会、宴享尤其是外交等场合借用《诗经》中的语句来间接表达自己的想法、意见，这就是所谓“赋《诗》言志”，《左传》《国语》等书里有许多相关记载。如《左传·定公四年》记载此年（前506年）伍员（即伍子胥）率领吴国的军队，攻打自己以前的祖国——楚国，连战连捷，楚国危在旦夕，楚国大夫申包胥急赴秦国请求救兵，经过不懈努力，终于感动了秦哀公，秦哀公吟诵《无衣》：

> 岂曰无衣？与子同袍。王于兴师，修我戈矛。与子同仇！
> 岂曰无衣？与子同泽。王于兴师，修我矛戟。与子偕作！
> 岂曰无衣？与子同裳。王于兴师，修我甲兵。与子偕行！

此诗写秦军士兵出征前，战友们同仇敌忾，慷慨激昂，共赴疆场。秦哀公借此表明自己的态度——同意发兵救楚。当时赋《诗》常常不顾所赋的这首诗整体的内容和含义，而只取其中的部分(主要是第一章，或者第一章的前面几句)的意思，这就是“断章取义”。秦哀公吟诵《无衣》是如此，郑玄家婢女问答，仅引用《式微》《柏舟》的一两句，且只取这一两句诗的字面意思，也是如此。类似的例子不胜枚举，《世说新语》中也屡见，如：

简文作抚军时，尝与桓宣武俱入朝，更相让在前。宣武不得已而先之，因曰：“伯也执殳，为王前驱。”简文曰：“所谓‘无小无大，从公于迈’。”(《言语》56)

东晋时任抚军将军的简文(司马昱，后即位为帝，谥简文)与桓宣武(桓温，谥宣武)入朝时互相谦让，都请对方走在前面，桓温推让不过，只得走在前面，便说：“伯也执殳，为王前驱。”司马昱答道：“所谓‘无小无大，从公于迈。’”桓温所说“伯也执殳，为王前驱”，出自《诗经·卫风·伯兮》第一章，意为丈夫手拿长殳，为君王做先锋。桓温无奈走在前面，于是引用这两句诗，谦称自己走在前面，并不是因为尊贵，而是作为司马昱的前导。司马昱所答“无小无大，从公于迈”，出自《诗经·鲁颂·泮水》第一章，意为无论小官大官，都要跟着主公前行。司马昱走在后面，就引用这两句诗，谦称自己走在后面，只是跟随走在前面的桓温而已。古代特别讲究尊卑贵贱的等级之分，有时处理这类棘手的问题，采用上述这种文雅又略带戏谑的方式比较合适。

又如：

孙盛为庾公记室参军，从猎，将其二儿俱行。庾公不知，忽于猎场见齐庄，时年七八岁。庾谓曰：“君亦复来邪?”应声答曰：“所谓‘无小无大，从公于迈’。”(《言语》49)

孙盛携带两个儿子(长子孙潜字齐由,次子孙放字齐庄)参加庾公(庾亮)组织的狩猎,当时才七八岁的孙放也引用“无小无大,从公于迈”来回答庾亮的问话。但他将这两句诗中本指官位小、大的“小”“大”,改指年龄的小、大,意为自己这样的小孩和自己父亲这样的大人都来跟随从行,极为贴切。

以上两条记载同出自《世说新语·言语》,其中都引用《诗经》而且还有两句相同,前人曾作比较:南宋刘辰翁(一说为佚名)评曰:“两用各极其致。孙齐庄以父子从猎,即事甚切;简文以《诗》答《诗》,捷对天然。”认为各有优长。而明代王世懋则评孙放“小儿语,乃胜简文”。

《诗经》自汉武帝建元五年(前136年)起就被列为儒家经书,受众较多,而且本身又是韵语,便于记诵,所以古人乐于引用以传情达意。应用的风格也多种多样,既有像前举秦哀公吟诵《无衣》的郑重严肃,也有本条郑玄家婢女和前举桓温、司马昱以《诗经》成句问答的轻松,还有口味略重的戏谑——比如隋代侯白好学,有捷才,性滑稽,喜戏谑。他与权臣杨素关系亲密,一次杨素与同僚牛弘退朝,侯白对杨素说:“日之夕矣。”杨素听后大笑道:“以我为‘牛羊下来’邪?”(《隋书·侯白传》)“日之夕矣,牛羊下来”出自《诗经·王风·君子于役》(“牛羊下来”,《诗经》原文作“羊牛下来”),本指日落黄昏的时候,在外的羊、牛回来了。侯白引用时只取上句“日之夕矣”,而隐去下句“羊牛下来”——即“歇后”,而杨素心知肚明,接续道出下句“牛羊下来”,原来侯白是借此来戏谑牛弘、杨素(“杨”“羊”谐音)退朝。

(张金耀)

鉴赏 窃听户壁

窃听户壁

服虔既善《春秋》[①]，将为注，欲参考同异。闻崔烈集门生讲传[②]，遂匿姓名，为烈门人赁作食[③]。每当至讲时，辄窃听户壁间[④]。既知不能踰己，稍共诸生叙其短长[⑤]。烈闻，不测何人，然素闻虔名，意疑之。明蚤往[⑥]，及未寤[⑦]，便呼："子慎！子慎！"虔不觉惊应，遂相与友善。

《文学》第4条

注释

① 善：此处是"擅长"之意。
② 崔烈(？—192)，字威考，涿郡安平(今河北涿州一带)人。东汉末官至司徒、太尉，后为董卓叛军所杀。门生：门徒，学生。讲传：讲授，讲习。
③ 门人：门徒，学生。赁：即"庸赁"，给别人打工作奴仆。作食：做饭。
④ 户壁间：墙外，门外，窗外。
⑤ 诸生：此处是"学生们"的意思。短长：长处与短处，优点与缺点。
⑥ 明蚤：即"明早"，第二天早上。
⑦ 寤：睡醒。

鉴赏

服虔治学，本可自成一家，但风范显然不及郑玄远甚。素昧平生，平白无故接受经学大师的研究成果，“遂为《服氏注》”（见《文学》2），不仅有点来者不拒，而且还似乎有些心安理得。仅仅是这样倒也还罢了，著书立说之际，又想着要去参考别家学说的不同意见，这本来也不是坏事，但他不是光明正大地去请教，去切磋，而是捏造假名，借口去帮人家的学生打工做饭，等到人家老师开讲了，他就去听壁脚。再等到感觉对手不过尔尔，于是开始在别人学生面前指指点点。

相比之下，崔烈则更有学者风度：一个厨房打杂的雇工，一再在自己的学生面前议论老师的学术见解，崔烈没有护短，没有争辩，更没有恼羞成怒，而是两声善意的呼唤，一下子“化敌为友”，将服虔从“庸赁奴”变身为座上客，坦诚相见，平等交流。

查读《后汉书·服虔传》，他也是“少以清苦建志，入太学受业，有雅才，善著文论”之人。《世说新语》所载“窃听户壁”之事不见于正史，但正是这种立身处世的逸闻轶事，最能彰显历史人物的心胸与面目。由此看来，服虔似乎颇有汲汲名利之念，争强好胜之气，挟一技之长以自炫之习。郑玄也曾有过邂逅听讲的机缘巧合，但郑玄注重的是对方的长处，认为“多与己同”而引为知音；服虔则是偷听后“知不能逾己”，进而在人家学生中间评头品足，说三道四。郑玄所言“显誉成于僚友，德行立于己志”（《后汉书·郑玄传》），再一次在郑、服二人之间见出高下之分。据范晔所言，服虔《春秋左氏传解》“行之至今”，如此，则其书刘宋时还颇为流传，但最终也还是被后人所取代。今天我们看到的《十三经注疏》，其中的《春秋左传注》乃是西晋学者杜预所注，而郑玄所作《毛诗笺》《周礼注》《仪礼注》与《礼记注》则逐一收录于其中。

（王澧华）

鉴赏 遥掷急走

遥掷急走

钟会撰《四本论》始毕[1]，甚欲使嵇公一见[2]。置怀中，既定，畏其难，怀不敢出，于户外遥掷，便回急走。

《文学》第5条

注释

① 钟会，见“非礼不拜”篇(《言语》第12条)注释。四本论：刘孝标注引《魏志》云：“会论才性同异，传于世。四本者，言才性同、才性异、才性合、才性离也。”
② 嵇公：即嵇康，见“不见喜愠”篇(《德行》第16条)注释。

鉴赏

本则记录钟会初写毕《四本论》，将示嵇康与否的天人交战。利用“置怀中，既定，畏其难，怀不敢出”四个短句，读来也仿佛贴近那紧张的心跳，不敢稍透一口大气，既期待又怕受伤害，每一句都是一次自我确认，也都是差点使故事断裂的犹豫。然而分享与讨教的喜悦是巨大的，对于己出心血能再成长的期待更是如此。最终选择“遥掷”而不敢面对，虽陷己于优柔滑稽的笑骂中，却也暗暗有股成就作品之美的感动。

《世说》的“志人”笔力，在此则中可见一斑，而且非仅是对钟会的细部心态描绘，更侧写了嵇康的才学高度。“始毕”表示钟氏一完成即欲与之过目，并且是对嵇康只作一人论、不存二人想；另一方面，也显露出嵇康气场的森然，这样博学的作者及这样一本显赫著作，到了嵇康面前也不免有所忧惧，在在令读者揣想其不假辞色的背后，无非“认真”一语可解，对人对己都以不苟且的高标准，或许才是博得敬畏的原因。

然而作为一本接近时录的笔记式轶闻(同时也是逸文)，《世说新语》或许尚可涵容单篇文本以外的解读轮廓，与历史上的其人扣合出一更立体形象。由于政治立场针锋，及见载于《晋书·嵇康传》钟会进言杀害嵇康的史料，故复从此则看会、康两人的关系，向来被认为钟氏小人而势必交恶，或慨然人情世变，而批判此前的相往乃表面假意。这些却皆是以结果论其陌路的开端，尚乏推演钟会心理活动的同情共感。

若我们同意第一段所见钟会其实有着细腻的心思，那么就不宜扁平化他后来作为乃一意使坏或纯粹忌妒。钟会面对嵇康的矛盾在于，视他为曾经(甚或一直持续)的崇拜偶像，视己却也自命不凡，而学术见解及文化影响力等客观现实又让他不由得自卑，处在一种影响的焦虑之下，人性复杂度被激发且最终失衡反噬。于是读者自独篇、小说式的情节线索中豁然开朗，对钟会之于嵇康态度的理解，从又敬又畏延展成了又爱又恨，进而向嵇康产生单方面的瑜亮情结。

因此，本则还需放在完整的生命脉络中看，两人在才与情上的纠葛，恐怕方是能于历史维度中铭刻后世、触动人性的关键。

(吴冠宏)

鉴赏

有者无者

王辅嗣弱冠诣裴徽[1],徽问曰:“夫无者,诚万物之所资[2],圣人莫肯致言,而老子申之无已,何邪?”弼曰:“圣人体无[3],无又不可以训[4],故言必及有;老、庄未免于有,恒训其所不足。”

《文学》第8条

注释

① 王辅嗣:即王弼(226—249),字辅嗣,山阳高平(今山东微山西北)人。少而察惠,十余岁便好《庄》《老》,与何晏、夏侯玄等同开玄学清谈风气,为贵无派代表之一。著有《周易注》《老子注》等。弱冠:二十岁。诣:拜访、进见长辈。裴徽,河东闻喜(今属山西)人,字文季。善言名理,有盛名。

② 诚:实也。资:凭借。

③ 体:体悟。

④ 训:解释。

鉴赏

魏晋时代,玄学风气盛行,《老子》《庄子》《周易》被合称为三玄。王弼注书除了儒家经典外,又有道家经典,《世说新语·文学》载当时清谈盟主何晏,见年少王弼的《老子注》,便惊伏曰:“若斯人,可与论天人之际矣!”由此可以想见,王弼在道家经典注述上的成就。

魏晋之际，道家经典逐渐成为士人谈玄说理的典籍，然而并不表示从西汉发展至巅峰的儒家经学已遭士人遗弃。当时，儒家经典依旧是作为最崇高的圣人之言，对于儒与道两家之经典与思想，士人开始进行调和的工作。此章从裴徽“夫无者，诚万物之所资”的探问可知，“无”作为万物之所资，已是当时学界的共识，在此脉络下，又当如何解释孔圣不言“无”，而老子却不断地讨论“无”呢？于是这一位清谈学界的前辈——裴徽，对二十岁的后起之秀——王弼，提出这个关涉到孔、老异同与儒、道二家如何会通的“大哉问”。

王弼面对这场儒道异同高下的争论，高明地提出儒道相通的道——“无”，是无法训解的，由于孔子对于“无”已有所体悟，故以言语可以表示清楚的“有”来明“无”之道。相比之下，老子却一直讲述无法以言语表示清楚的“无”，如此反而显示老子对于“无”的体悟有所不足。王弼以“体无言有”的方式巧妙地化解儒道孔老的高下异同问题，进而达致会通儒道的理想，这正是一种玄智的表现。

如何论衡折衷儒道，一直是当时学界共同关注的论题，而天才型的玄学家王弼，可谓个中翘楚。王弼一则承继汉代经学传统下孔圣人的位阶，二则高度肯定道家“无”的智慧，因此机巧地以孔圣人来融合道家的无与儒家的有，在此脉络下，孔圣人已非纯粹的儒家，而沾上道家的色彩，并且隐约有道家论“无”是“半瓶水响叮当”的批评。

（吴冠宏）

鉴赏

两情皆得

两情皆得

傅嘏善言虚胜[①],荀粲谈尚玄远[②]。每至共语,有争而不相喻。裴冀州释二家之义[③],通彼我之怀,常使两情皆得,彼此俱畅。

《文学》第9条

注释

① 傅嘏(209—255),字兰石,三国时北地泥阳(治今陕西铜川市耀州区)人。在当时清谈家中,较重事功,衡鉴人物以“实才”为主。尝论“才性同异”,主张“才性同”。

② 荀粲(约209—238),字奉倩,三国颍川颍阴(今河南许昌)人,好谈玄理,与傅嘏齐名。是“言不尽意”的倡导者之一。

③ 裴冀州:即裴徽,徽曾官冀州刺史,故称,详上一篇注释。

鉴赏

清谈类似当下的辩论赛,有一定的规则,正反双方就某论题展开,你来我往,主持人(亦称主席)从中协调,把控节奏,维持秩序。本场清谈的对垒双方是傅嘏和荀粲,裴徽担当主持。

清谈体现了魏晋士人的文化素养,又是他们热衷的文化娱乐活动,所以极受重视。清谈的表演意味很浓,又带有两军对战的意味,为了在谈场上展示才华,一决胜负,必须精研玄学义理。南齐王僧虔告诫子孙说:“汝开《老子》卷头五尺许,未知辅嗣何所道,平叔何所说,马、郑何所异,《指例》何所明,而便盛于麈尾,自呼谈士,此最险事。”清谈的话题很广,最重要的是所谓“三玄”,即《老子》《庄子》《周易》。清谈先驱何晏、王弼二人对玄学研究甚深,著述亦丰富,他们对有无、言意、圣人有情无情等问题的探讨,成为清谈的核心话题。他如儒学、名家、佛教等议题,都在谈论之列。显然,清谈高手不是天然生成的,需要下一番苦功。

这则故事中的三个人物,都是清谈高手。

傅嘏,出身北地郡,东汉末年其家族已属北方大族。他弱冠知名,识见不凡,历任河南尹、尚书等职。傅嘏与何晏关系不睦,属司马氏阵营人物。同宗兄弟傅玄称他“有清理识要,好论才性,原本精微,鲜能及之”,这话出自本家人的褒扬,未可尽信,但大抵不差。

荀粲,出身颍川荀氏,家门更是了得,其父乃曹操最为倚重的谋士荀彧。荀粲上面有四个哥哥,皆好儒学,名气也很大。只有荀粲以玄学为尚。他对儒学提出明确的否定,出语惊人,说“六籍虽存,固圣人之糠秕”(刘孝标注引《粲别传》),因为子贡说过“夫子之言性与天道,不可得而闻也”(《论语·公冶长》)。此外《庄子》多处论及言意关系,最经典的是轮扁斫轮的故事。轮扁基于自己的经验,斫轮的技艺,其精妙之处只能自己领会,没法传授给别人,得出结论:“古之人与其不可传也死矣,然则君之所读者,古人之糟粕已夫!”(《庄子·天道》)荀粲接受了这个观点,论述精深,别人虽不接受,却难以驳倒他。

裴徽所在的裴氏家族是中国历史上绵延最久的大族之一。魏晋之世,裴氏与琅邪王氏并称,有“八裴八王”之说,以裴徽比王祥。裴徽曾任冀州刺史,人称裴冀州。史载他“高才远度,善言玄妙”,颇富清谈能力。

傅嘏与荀粲的清谈遇到了问题。二人的风格差异很大。本条说傅嘏“善言虚胜”,刘孝标注引《粲别传》上说“嘏善名理”,相较而言,怕是“名理”更为妥切。名理之学,注重逻辑,条理清晰,且较为抽象。荀粲的风格是“谈尚玄远”,如庄老之书,为玄远之学,其论精妙玄虚,超越于逻辑之上。

因为表述方式不同,二人可能一时无法把握对方的观点,听不懂说的什么，相持不下，陷入僵局。这时候，主持人的重要性体现了出来。精通义理的裴徽完全理解两家的意思，他用自己的语言帮着解释一番，二人都豁然开悟，“两情皆得，彼此俱畅”，都很开心。原来双方的观点基本一致，并无不同，不过是殊途同归。

（李修建）

卫玠问梦

卫玠总角时问乐令“梦”[①]，乐云“是想。”卫曰：“形神所不接而梦，岂是想邪？”乐云：“因也。未尝梦乘车入鼠穴，捣齑啖铁杵[②]，皆无想无因故也。”卫思“因”，经日不得，遂成病。乐闻，故命驾为剖析之。卫既小差[③]。乐叹曰：“此儿胸中当必无膏肓之疾[④]！”

《文学》第14条

注释

① 总角：指儿时。旧时儿童将头发分作左右两半，在头顶各扎成一个结，形如两

个羊角，故称“总角”。乐令：指乐广，曾代王戎为尚书令，故称。见“名教乐地”篇（《德行》第23条）注释。

② 啖：吃。

③ 差：通“瘥”，病愈。

④ 膏肓之疾：指不可医治的绝症，语出《左传·成公十年》：“在肓之上，膏之下，攻之不可，达之不及，药不至焉，不可为也。”

鉴赏

自古以来，人们对于梦产生的原因就饶有兴趣，但也众说纷纭，特别是古代，围绕着这一问题的争论很多。但由于认识有限，大多都较为玄虚，如有的认为和灵魂有关，有的认为和来世相涉，但也有一些相对客观的意见，比如“日有所思，夜有所梦”的说法。尽管对于梦有兴趣的人如此之多，但是大多是成人在探讨，儿童或许有好奇心，但大多一掠而过，不会去深思。

魏晋时的玄学家卫玠却是一个例外，他是一个早慧的人，五岁的时候就被视为不是凡器，《晋书》称其“年五岁，风神秀异”。十岁左右的时候，突然对“梦”发生了兴趣，于是向尚书令乐广请教，乐广告诉他：“梦是心中所想。”卫玠说：“形和神不接触，却能做梦，这难道也是心中所想吗？”乐广说：“总是有原因的。没有人梦见坐着车进了老鼠洞，没有人梦见把铁棍捣成碎末来吃，这都是因为心中不想，没有根据的缘故呀。”听了乐广的解释，卫玠似懂非懂，他回去后整天想着做梦之因，一直也想不出结果来，最后竟病了。乐广听说后，就来看卫玠，给他详细讲述，卫玠的病居然就好了。

这件事除了反映卫玠的早慧与探索问题的执着之外，还从一个侧面体现了当时的玄学之风下的社会风貌。形神关系是魏晋玄学的一个重要的探讨主题，卫玠再聪慧，毕竟尚是童稚之龄，能以形神的角度去探求梦的起因，当然是平素受到当时玄学辩论的浸染。此外，以小小的年纪去向堂堂尚书令求教，而名满天下的乐广居然也能认真解答，并在其病时，亲自前往为其进一步解答疑惑，这样的事情本身就充满了传奇色彩，也是只有在魏晋这样一个个性张扬、以玄言思辨为风尚的时代才会出现的奇谈。

经由这件事，乐广对卫玠欣赏有加，后来将女儿许配给他，成为佳话。时人评价："妻父有冰清之姿，婿有璧润之望，所谓秦晋之匹也。"（刘孝标注引《玠别传》）但是乐广对卫玠"此儿胸中当必无膏肓之疾"的判断显然错了。据记载，卫玠长大后果然不负众望，成为了继何晏、王弼之后的著名清谈名士和玄学家，但他同时也体弱多病，他的母亲王氏担心他的身体，常不让他多说话。只有遇到好日子，亲友有时请他说几句，没有不赞叹的，认为他说到了精微之处。即便这样细心呵护，但卫玠还是英年早逝。尽管关于他的去世原因有多种说法，比如最有名的"看杀卫玠"，但是他的身体素来羸弱也是不争的事实，这多少与其多思伤神有直接的关系。

（章原）

不异人意

庾子嵩读《庄子》①，开卷一尺许便放去②，曰："了不异人意③。"

《文学》第15条

注释

① 庾子嵩：庾敳（ái），字子嵩，颍川鄢陵（今属河南）人，西晋名士。曾任东海王

司马越太傅军咨祭酒，后被石勒所杀。《庄子》：古代道家重要经典，魏晋时与《周易》《老子》并称三玄，是当时名士必读之书。

② 开卷一尺许：古代书籍以简帛做成卷轴，须展开阅读。此指没有阅读多少。

③ 了：全，完全。人：六朝习语，即我。

鉴赏

魏晋时期，玄风独振，“学者以庄老为宗，而黜六经”(干宝《晋纪·总论》)，名士以玄谈清言相尚。在此背景下，玄学思潮影响当时社会生活的方方面面。以往在研究玄学思潮与魏晋士人生活时，更多强调玄学思潮对士人生活风尚的浸染，强调玄学对魏晋社会文化心态的影响和带来的蜕变。这当然是符合当时社会的历史情状的。但同时，我们也应该考虑，魏晋士人，他们自身潜存的内在心性、生活精神诉求对玄学思想的广泛流行是否也同样具有孵化作用？这二者之间，其实是一种互感共振的关系。此条材料虽短，但其蕴涵的文化信息却相当丰富，为我们解读和了解魏晋士人内在心性与思想传统之间的互感共振关系提供了佐证，具有重要的思想史意义。

据《晋书》记载，庾敳身材矮短，形体肥胖，但恢廓有度量，雅有远韵，自谓是老庄之徒。既然是老庄之徒，自然要读老庄之书，但庾敳读《庄子》有什么感觉呢？“了不异人意”就是他的体认和回答。刘孝标注引《晋阳秋》也有类似记载：“昔未读此书(指《庄子》)，意尝谓至理如此。今见之，正与人意暗同。”两条材料相互参证，告诉我们这样一个生活事实：庾子嵩没有读《庄子》之前，认为《庄子》书中蕴含着高深玄远的“至理”，可当他阅读《庄子》后才发现，《庄子》书中所说的“至理”，原来与自己日常生活的认知和理解(即自我体认)并无什么不同，所以，他才会“开卷一尺许便放去”。庾敳的阅读经历和感慨，说明在他的内在心性和个性生活习尚中，其实早已存有与老庄思想“暗同”的观念意识，即使他不读老庄，依他自身内在心性和文化性格的发展，他的生活形态表现也会呈现出与老庄道家精神暗合的某些特征。正因为他个性生活习尚和内在心性中具有这一潜在的文化基因，所以，他读《庄子》自然与他人不同，不是耳目一新而是似曾相识的感觉。所以，才会生发“了不异人意”的感叹。庾子嵩读《庄子》的故事，不仅揭示了魏晋名士当下生活习尚中庄学精神的内在底蕴，同时也对庄学精神为何能够迅速转化为现实生活存在作出了最深刻的心理解释。

其实，庾子嵩的故事并非个案，这一点在诸葛厷、嵇康等名士身上也有鲜明的表现。如《世说新语·文学》记载：

诸葛厷年少不肯学问，始与王夷甫谈，便已超诣。王叹曰：“卿天才卓出，若复小加研寻，一无所愧。”厷后看《庄》《老》，更与王语，便足相抗衡。

诸葛厷在没有阅读《庄》《老》之前，其思想即与老庄意旨有许多暗合，故谈论“超诣”，后阅读老庄，其谈辩水平大有提高，足可以与当时谈宗领袖王衍“相抗衡”了。这说明，一种符合时代需要的传统思想在复兴传播之际，其实现实社会生活中已经为它的流行作好了必要的心理思想储备。正是这一心理思想的储备和生活习尚，才使此一思想传统能够迅速转化为当下的思想事实和生活实践。庾子嵩、诸葛厷故事告诉我们：思想事实必须与生活事实相契合，思想传统必须与当下人们的内在心性、生活习尚发生互感共振，它才能够迅速传播，为时代所接受并蔚为大观。庾子嵩读《庄子》故事的学术启示和思想史意义即在于此。

（王利锁）

辞约旨达

客问乐令"旨不至"者[①]，乐亦不复剖析文句，直以麈尾柄确几曰[②]："至不？"客曰："至！"乐因又举麈尾曰："若至者，那得去？[③]"于是客乃悟服。乐辞约而旨达，皆此类。

《文学》第16条

注释

① 乐令：即乐广，见《文学》第14条注释。旨不至：出自《庄子》："指不至，至不绝"。旨，指也。至，达到。即物象需要透过指涉而呈现，然而所指涉的呈现者已非原来的物象。意即透过指涉，只能达到其指涉物的表面，依旧无法穷尽其所有本质，即得其"现象"而无法得其"本质"。

② 直：只。麈尾：为古人闲谈时执以驱虫、掸尘的一种工具。麈尾之起源未有明确记载，最迟在汉代已被士人所用，三国后士人清谈时必执麈尾，相沿成习，为名流雅器，不谈时，亦常执在手。清谈时挥麈尾代表思想界领袖的地位，是玄学名士追求风神的表现。确：通"搉"，敲击。几：小桌子。

③ 若至者，那得去：意即如果真的穷尽其本质，则哪能够因为其所指涉的外物表象移走（变化）而失去？至，穷尽。得，能够。去，失掉。

鉴赏

客人向乐广请教"旨不至"的道理，乐广没有透过文句来加以剖析，而直接诉诸一种具体的行动，文中第一个对话中，前者“旨不至”的“至”的意思为“达到”，后乐令说：“若至者，那得去？”的“至”则更进一步表示达到事物的本体的意思。“旨不至”出自《庄子》的“指不至”。在此可能有两种解释的面向。

其一，“指”为指涉，当指涉时则有所局限。假如你想要说的概念是桌子，则桌子是上有一个平面下有柱子支撑，其形态有千万种，然而当你指涉一个桌子的时候，则你只看到你所指涉的那个桌子，那个桌子是桌子这个概念当中所呈显的其中一个现象，并非能真得其本质概念。若看到另一形态的桌子，你可能会因为不识其皆有共同的本质，而不认为那也是桌子。因此当有所指涉时，其“至”并非真的“至”，每每仅流于现象的达到，而未必能触及事物的本质。由此知为何必须忘言才能得意。

其二，当你有所“指”时若凭借于物，需要依靠媒介接触才能知道，而媒介一旦不直接接触就会不知道，即代表你并非真正的知道。文中的麈尾便是媒介，乐令第一个行为是麈尾碰到茶几，代表已经知道了，后来乐令将麈尾拿开茶几，便言：“若至者，那得去？”若真正领会道理，并不会因为媒介移动、消失就不知道了，当我们能够不因外物的有无而影响知道或不知道，并且通过所指涉之外在现象即可知其本质，如此方为真“至”，但在一般状况下，往往是“旨不至”的。

当时禅学尚未盛行，对于语言表达喜欢精炼的乐令，却能以简练的对话、实际的举动，让人领悟到这种抽象的道理，这种“真理信手拈来”的作法，正有如禅宗公案般，充满启示又耐人寻味。

（吴冠宏）

郭象注庄

初，注《庄子》者数十家，莫能究其旨要。向秀于旧注外为解义①，妙析奇致，大畅玄风。惟《秋水》《至乐》二篇未竟而秀卒。秀子幼，义遂零落，然犹有别本。郭象者②，为人薄行，有俊才，见秀义不传于世，遂窃以为己注。乃自注《秋水》《至乐》二篇，又易《马蹄》一篇，其余众篇，或定点文句而已。后秀义别本出，故今有向、郭二《庄》，其义一也。

《文学》第17条

注释

① 向秀，见“不慕巢许”篇(《言语》第18条)注释。

② 郭象(252—312)，西晋玄学家，字子玄，河南洛阳人。官至黄门侍郎、太傅主簿。好老庄，善清谈。对向秀《庄子注》述而广之，作《庄子注》。提出“独化于玄冥之境”的观点。认为“名教”即“自然”，合儒道为一。

鉴赏

这是庄学史上的一则著名公案。

向秀是竹林七贤之一，与嵇康、吕安交情最好。嵇康打铁，向秀做助手拉风箱，成为文人佳话；二人就养生问题，以笔谈的形式往复辩难，留下论文名篇。竹林七贤大开任诞之风，饮酒服药，轻视礼法，放达不羁，其生活方式深受《庄子》之影响。他们也喜谈《庄子》，研究《庄子》，七贤中的阮籍，著有《达庄论》。向秀不似嵇阮之放旷不羁，他喜欢读书，精研《庄子》。

在向秀之前，已有数十家注《庄子》者，这些注本皆已失传。向秀认为以前的注本不够理想，没能阐扬《庄子》之奥义，于是他自作注解。他曾把注《庄》的想法告诉好友嵇康与吕安，二人都不以为然，觉得不必花费大好精力做此事。向秀并没有打消念头，注好之后，送给两位好友观看，二人都大加叹赏，吕安惊讶地说"庄周不死矣"。向秀的注解，"发明奇趣，振起玄风"，精彩地阐发了《庄子》的妙旨，更是扇动了时人读《庄》谈《庄》的风潮。《竹林七贤论》中说："秀为此义，读之者无不超然，若已出尘埃而窥绝冥，始了视听之表。有神德玄哲，能遗天下，外万物。虽复使动竞之人顾观所徇，皆怅然自有振拔之情矣。"

向秀并非出身世族，《世说新语·赏誉》中说"林下诸贤，各有俊才子"，称向秀之子向纯、向悌"令淑有清流"，此为称誉之词，实则二子寂寂无闻，远不如嵇康、阮籍、山涛之子有令名。向秀早逝，家族孤弱，二子既没有继承向秀的学问，也没有将向秀的著述发扬广大。

这就为历史留下了空隙。

郭象少好《老》《庄》，擅长清谈，是西晋谈场上的一流人物。王衍称赞他："郭子玄语议如悬河写水，注而不竭。"(《赏誉》32)郭象一度隐居，后来做了东海王司马越的太傅主簿，很受重用。这则故事说郭象将向秀之注据为己有，只有两篇为自己所注，改易了一篇，其余诸篇只是略加润色而已，无疑侵占了向秀的著作权，属于剽窃，令人不齿。果若如此，郭象理应被钉在耻辱柱上。

然而，事实真是这样吗？

恐怕没有这么简单。郭象的才华，他的《庄》学造诣，是得到时人公认的，“时人以为王弼之亚”（《晋书·庾敳传》），以玄学义理最为精深的王弼比郭象，并且得到公认，应该不是虚誉。

不过，这则故事的影响实在太大，宋明学者一般沿用旧说，认为郭象有剽窃嫌疑，从清代开始，学者们对向、郭之注相互对照，便不信剽窃之说了。近人刘盼遂、王叔岷等学者都举出充分的证据和理由，论证说郭象之注并非抄袭，实有发明之处。

冯友兰在《中国哲学史新编》中的观点比较公允，他指出：“郭象的《庄子注》有许多部分都是从别家的《庄子注》抄来的。他的《庄子注》，用后来的说法，应该称‘庄子集注’。但是，郭象并不是乱抄。他有自己的见解，有他自己的哲学体系。他注《庄子》，并不是为注而注，而是借《庄子》这本书发挥他自己的哲学见解，建立他自己的哲学体系……他的《庄子注》在当时成为玄学发展的顶峰，后来，取代了各家的《庄子注》一直传下来。”

我们在看待史料时，真应该“辗转反侧”，多方求证，不能一味迷信文字。

（李修建）

一言可辟

阮宣子有令闻[①]，太尉王夷甫见而问曰："老、庄与圣教同异[②]？"对曰："将无同[③]？"太尉善其言，辟之为掾[④]。世谓"三语掾[⑤]"。卫玠嘲之曰[⑥]："一言可辟，何假于三？"宣子曰："苟是天下人望[⑦]，亦可无言而辟，复何假一？"遂相与为友。

《文学》第18条

注释

① 阮宣子：阮修，字宣子，《晋书·阮瞻传》《资治通鉴》《太平御览》皆记载陈留阮千里（即阮瞻）有此言，并且与其对话者依《晋书》所载应为司徒王戎，龚斌《校释》详述其年谱以考其误，又以为瞻此举灼然，时年不到二十，戎问瞻老、庄与圣教同异的可能性较大，故以为此处当从《晋书》。阮瞻，字千里，"竹林七贤"之一阮咸子。

② 圣教：孔子之教、儒道。即名教。

③ 将无同：魏晋时期口语，"将无"者，莫不是；大概之义。晋人语度舒缓，自以为如此，而不欲直言之，委婉其辞，表商榷的语气。将无同，即大概相同之意。王戎、阮瞻的问答，显示当时思想界有调和儒道二家与仕隐之间的努力。

④ 辟（bì）：召用、征召。掾：佐吏。古代官署属员的通称，辅佐长官治理政事。

⑤ 三语掾：因答三字而辟为佐吏。后成为对幕府官员的赞美词。

⑥ 卫玠，见"见此芒芒"篇（《言语》第32条）注释。

⑦ 天下人望：天下人所望的人。

鉴赏

固然《世说》所记载的人物未必准确，但仍无碍这一则成为饶富魏晋情调的佳话。前一段话即脍炙人口的"三语掾"，王戎向不到二十岁的阮瞻提出"老、庄与圣教同异"的大哉问，阮瞻答之以"将无同"，竟用这简单的三个字，来回答儒道异同与儒道会通的大难题，"将无同"是什么意思呢？阮瞻以舒缓的语气"将无"（莫不是，大概）来表达儒家与道家是相通无碍的，在这崇尚言简意赅的时代，阮瞻能以如此简约的方式去化解儒道异同的大问题，可谓四两拨千斤，颇有举重若轻的本事，难怪会深获王戎的赏识，遂提拔阮瞻出来作官，而流传成"三语掾"的美谈。

此则之所以精彩乃在"三语掾"之后，又另起波澜，美男子卫玠也加入后续的对话，而余波荡漾。卫玠的挑衅"一言可辟，何假于三？"看似无稽，实则是深得魏晋尚简之风的滋味，故能生此巧转的探问，并激扬出阮瞻"苟是天下人望，亦可无言而辟，复何假一？"的妙答。若相较于世俗的多言，阮瞻的"三语掾"已不同凡响，卫玠的"三不如一"转入又将此"损之又损"的戏码向前再推一步，阮瞻最后诉之以"无言"，更将此名士之间的对谈趣味推展到最高的层次，两人经此辗转的交锋"遂相与为友"，发现他们是彼此志同道合的伙伴，这一则便在两人无言的默契中告一段落。

魏晋人的困境有二：一是以得意忘言的新思维对治汉代经学以来枝微末节、巫卜迷信的经学传统的质疑，二是在自由的思维下必定对真理——思想、人生——的困惑，通常表现在儒道的会通问题上。魏晋人想出了一种"独特简易"的方式来谈论最难的问题。在儒道问题中，如果老庄与孔圣人的思想相同，为何孔圣人不言无？王弼的解答是："圣人体无，无又不可以训，故言必及有。老、庄未免于有，故恒训其所不足。”(《文学》8)便是以体无言有的妙方来定位孔老的高下异同,这两则若加以对照,颇有异曲同工之妙。

此则更进一步让我们看到魏晋名士的谈玄说理已成为一种时代风尚,可以关涉到政治上人才的选取。相较于王弼对孔老有无之学术真理问题的讨论,此则更深入到名士生活的现场。如果将汉代学术的路径喻之以“一生二、二生三、三生万物”,那魏晋人的思考模式便是“损之又损,以至于无为”。那种以简驭繁的方法、崇本息末的思想,正充分体现在具体的生活世界中,而大别于传统以多数及积累取胜的价值向度,逆转成为一种新文化运动。退一步别有一番不一样的风景,人生不只是用加乘法,也可以采减除法来过日子。透过这两段有趣的对话,来展现魏晋人独到的殊趣与兴味,比直接去论辩“言意”、注解“有无”,当是生动有味多了。

（吴冠宏）

达旦微言

卫玠始度江,见王大将军[①]。因夜坐,大将军命谢幼舆[②]。玠见谢,甚说之,都不复顾王,遂达旦微言。王永夕不得豫。玠体素羸,恒为母所禁。尔夕忽极,于此病笃,遂不起。

《文学》第20条

注释

① 王大将军：即王敦，见“太早太老”篇（《言语》第42条）注释。

② 谢幼舆：即谢鲲（281—324），字幼舆，陈郡阳夏（今河南太康）人。好《老》《易》，与阮咸等交游，任达不拘。王敦引为长史，不与之作乱，后为豫章太守。

鉴赏

魏晋时期，大兴人物品藻，男性之美极受瞩目，时人热切地加以品评、赏鉴，《世说新语》一书对此有集中描述。在此“时代之眼”的观照下，美男批量地涌现出来，卫玠是其中最为特出的一个。

卫氏家族有着优良的基因。晋武帝在为太子司马衷择妃时，首选便是卫瓘之女，皇后则受人煽动欲婚贾氏，武帝对卫贾二女做了一番比较：“卫公女有五可，贾公女有五不可。卫家种贤而多子，美而长白；贾家种妒而少子，丑而短黑。”武帝虽明辨优劣，怎奈贾家势大，最终恶女贾南风成为皇后，惑乱朝纲，这也是导致西晋迅速败亡的重要原因。

永嘉之乱，卫玠随母南下，先至豫章，又到建康。京城人士闻听卫玠到来，纷纷前往围观，卫玠身体羸弱，不堪众扰，竟病情加剧，命丧黄泉，留下一个成语，叫做“看杀卫玠”。人都会死，人死的方式多种多样，因长得帅被看死，似乎千古一人，可见帅到了极致，比之潘岳的“掷果盈车”，更富戏剧效果。

不过，魏晋人所欣赏的，绝不仅仅是外在的形貌和举止，而是其背后所透发出的才情、识见和气度，后者才是魏晋风度的根本。卫玠之所以有“神清”之目，正是因为他有绝佳的才情。他的才情，表现于他的清谈能力。

卫玠长成于清谈氛围最为浓郁的时代，他的祖父卫瓘，善叙名理，有清谈才能，与清谈宗主何晏等人有过谈论。卫玠小时就已痴迷玄理之探讨，他曾求教西晋谈座上与王衍并称的乐广，人为何做梦？乐广的回答一时不能解他疑团，他思之不得，竟然成病。后来，乐广成了他的岳父。时人评价说："妻父有冰清之姿，婿有璧润之望，所谓秦晋之匹也。"乐广是西晋最著名的清谈家之一，他的谈论言约旨远，令人悟服，卫瓘曾感叹："每见此人，则莹然犹廓云雾而睹青天。"(《赏誉》23 刘孝标注引王隐《晋书》)

卫玠想必从乐广那里学到很多，成年之后，他的清谈才能更为高卓，逢有良辰美景，亲友相聚，请他谈论，他解析玄理细密入微，听者无不叹服。琅邪王澄乃贵介公子，目中无人，每当听到卫玠清谈，不免叹息绝倒，时人评说："卫玠谈道，平子绝倒。"永嘉南渡，卫玠来到大将军王敦镇守的豫章，与长史谢鲲一见如故，二人经常清谈终日，在旁倾听的王敦感慨说："昔王辅嗣吐金声于中朝，此子复玉振于江表，微言之绪，绝而复续。不意永嘉之末，复闻正始之音，何平叔若在，当复绝倒。"(《晋书·卫玠传》)在那动荡流离的悲惨乱世，又能听到正始之音，聊慰人怀。王敦将卫玠与天才哲学家王弼相提并论，足见对他的嘉赏。

卫玠的玄学修养，贯彻到了他的日常人生，他居性宽简，"常以为人有不及，可以情恕，非意相干，可以理遣，故终身不见喜愠之容"(《晋书·卫玠传》)，与竹林七贤中的嵇康堪有一比，颇具雅量，此亦玄学价值观之体现。

西晋以后，清谈成为时人最为青睐的娱乐活动，谈者往往通宵达旦，废寝忘食，这需要很强的体力支持。卫玠向来多病体弱，母亲怕他难以承受，常常禁止他清谈。碰到谢鲲之后，二人甚是投缘，清谈起来不加节制，遂使病体加剧，竟至命终，是谓"谈杀卫玠"。这是卫玠之死的又一版本。

无论是"看杀"还是"谈杀"，都大大彰显了卫玠的魅力与才情，更引得后人追思渴慕不已。

（李修建）

无所不入

旧云：王丞相过江左[①]，止道声无哀乐、养生、言尽意[②]，三理而已。然宛转关生，无所不入。[③]

《文学》第21条

注释

① 王丞相：即王导。江左：即江东，长江下游以东的区域。古人以东为左，以西为右。

② 止：只。声无哀乐、养生、言尽意：这三个都是魏晋思想界热衷于讨论的题目。嵇康著有《声无哀乐论》《养生论》，和向秀往复辩驳"养生"。西晋欧阳建有《言尽意论》。

③ 宛转关生，无所不入：指由声无哀乐、养生及言尽意这三个题目中辗转相连从而派生出更多的观点，没有什么不可被囊括进去。

鉴赏

王导和琅邪王司马睿渡江建立了东晋政权，这个政权为以司马睿为代表的皇室和以王导为代表的士族所共享，所以当时人说"王与马，共天下"。在东晋政权的建立过程中，王导居功厥伟。就王导来说，他既是重臣，也是名士。清谈，既是他身为名士的兴趣，也是他身为重臣来联络和团结士人的方式。他是清谈的爱好者，也是清谈的组织者。

传言王导只谈论《声无哀乐》《养生》以及《言尽意》等三个题目。题目虽然不多，但牵连的内容非常广泛、丰富，几乎无所不涵摄、囊括。何以这些题目能牵连如此之广？

以《养生》为例。嵇康有关于养生的系列文章。养生，顾名思义，本是讨论益寿延年的。而生，大致可分为形、神两部分，所以论养生免不了讨论形神关系。同时，形神关系，在古人的观念世界中，往往类比于君臣关系，那么养生就牵连到政治，即治身和治国看似不相干的领域便打通了。生之所以需要“养”，无形中把生命是有价值的作为前提承认了。既然承认生命是有价值的，那么又可以继续追问下去：作为生命价值的具体表现，究竟是应该活得更长久些，即以长生为导向呢，还是应该活得更有质量些，即以厚生为导向？简言之，长生与厚生——生命的长度与厚度，哪一个才是生命的真正价值之所在？如果追求长生，势必通向一种少私寡欲的生存方式，而如果是厚生，当然倾向于恣意率性的生存方式。如此一来，哪一种更加合理呢？所以，由养生开始，一个话题往往连带导出另一个话题，以至于越扯越广，这就是“宛转关生，无所不入”。

诸如此类的问题当然没有也不可能有固定的答案，正因为如此，才会产生观念上的分歧，也才有不断辩论的必要。由此可知，养生论其实是一个通道，由此能进入一个庞大而复杂的思想空间，在这个空间中困惑魏晋士人的人生价值、生命意义以及合理的社会政治伦理秩序等诸多问题彼此交杂着。

至于声无哀乐及言尽意等两大论题，也大抵如此，我们于此不复赘论了。

（肖能）

共谈析理

殷中军为庾公长史[①]，下都，王丞相为之集，桓公、王长史、王蓝田、谢镇西并在[②]。丞相自起解帐带麈尾，语殷曰："身今日当与君共谈析理。"既共清言，遂达三更。丞相与殷共相往反，其余诸贤，略无所关。既彼我相尽，丞相乃叹曰："向来语，乃竟未知理源所归，至于辞喻不相负。正始之音，正当尔耳。"明旦，桓宣武语人曰："昨夜听殷、王清言甚佳，仁祖亦不寂寞，我亦时复造心；顾看两王掾，辄翣如生母狗馨[③]。"

《文学》第22条

注释

① 殷中军：即殷浩，见"北门之叹"篇（《言语》第80条）注释。庾公：即庾亮，见"不卖的卢"篇（《德行》第31条）注释。

② 王长史：即王濛（309—347），晋太原晋阳（今山西太原）人，字仲祖，小字阿奴。晋哀帝靖皇后之父。少放纵不羁，晚乃虚己应物，以清约见称，与刘惔齐名。

善隶书，能言理。司徒王导辟为掾，司马昱辅政，益贵幸。后转司徒长史。王蓝田：即王述(303—368)，字怀祖，晋太原晋阳(今山西太原)人，袭父爵蓝田县侯。司徒王导辟为中兵属。累迁临海太守、会稽内史、扬州刺史，官至尚书令。谢镇西：即谢尚(308—357)，陈郡阳夏(今河南太康)人，字仁祖。谢鲲子。善音乐，博综众艺，司徒王导辟为掾。出为建武将军、历阳太守。后转豫州刺史。永和八年(352年)，殷浩请北伐，以之为安西将军。后拜尚书仆射，进镇西将军。

③ 辄翣：一说为肉抖动貌。馨：语助词，晋、宋人习语，即如此之意。

鉴赏

自正始年间的何晏、王弼开其端，清谈即成为魏晋名士最为热衷的一种文化活动和休闲项目。正始之后，西晋年间以王衍为宗主，清谈的场景颇为热闹，游戏的意味已然很浓。然而好景不长，永嘉之乱起，士民纷纷渡江，在王导等人的辅佐下，偏安东南一隅的东晋王朝建立，又延续了上百年。

东晋建国之初，士人们面对山河沦丧，不免生出黍离之悲。在宴饮集会之时，不由发出“风景不殊，正自有山河之异”的慨叹，是为“新亭对泣”。这种悲慨的情绪并未持续太久。以王导为首的政治人物以其高度的政治智慧，苦心经营，使新王朝赢得了东南世族的拥戴，政局渐趋稳定。北方士族亦开始求田问舍，在名山胜景中修筑庄园，站稳了脚跟。社会稳定了，生活富足了，沉寂多年的清谈活动又风风火火地开展起来。

王导是经历过西晋清谈盛况的。他的堂哥王衍，是西晋谈座上的宗主，乐广、裴頠、裴遐、郭象、卫玠等等风流人物，王导都目睹过他们的风姿神韵，见识过他们的清谈场景。至于王导本人，在投身政务之余，亦对清谈话题颇有研究，尤其是到了晚年，他秉持老庄之道，不理政事，给人昏昏愦愦的感觉。其中自有他的高明之处，倒也给了他充足的时间研究玄理。他所谈论的话题，只有三个：声无哀乐、养生与言尽意。前两个话题都出自嵇康的论著，“言尽意”乃正始清谈的核心题目之一。王导虽然在理论上没有自己的创见，但他对这三个话题研究得很深，谈论起来，“宛转关生，无所不入”，非常厉害。

王导是这次清谈的召集人，此时他已年过花甲，殷浩、桓温、王濛、王述、谢尚等与会者，年龄皆在30岁上下。与王导对谈的殷浩，出身世家，年少成名，精擅清谈，对于《老》《庄》《易》和佛经皆有深入研究，是东晋清谈名士排行榜上数一数二的人物。王导对殷浩的清谈能力十分赏识，二人棋逢对手，展开一场激烈的对战，你来我往，往复辩难。二人全情投入，忘记了他人的存在，忘记了时间的流逝，待结束之时，已是半夜三更。

大家都很尽兴。王导想起了正始之音。由何晏、王弼等人引领的正始清谈，成为后人不断追思怀想的空谷足音。在他们眼中，那是一个繁华热闹的时代，一群风姿曼妙、身怀绝世哲学造诣的人在历史的舞台上纵横驰骋的年代。殷浩或许亦有同感，他对自己的清谈能力颇为自信，或认为自己能与正始名士同台竞技。其他人可能没想这么多，桓温次日对诸人的感受做了描述。谢尚“亦不寂寞”，桓温本人“时复造心”。至于王濛、王述二人，桓温说他们“翣如生母狗馨”，像怕人的母狗一样瑟瑟发抖，听得目瞪口呆，颇为尴尬，明显带有调侃的意味。显然，大家都沉浸其中，作为旁观者，充分享受到了清谈之美。诸人未必能够完全领会其中的义理，义理实则变得不再重要，重要的体验是个中乐趣。

有学者如是评价本次清谈的意义：“这是一个年届花甲、曾经亲身经历过西晋清谈盛况的老者率领一群二三十岁的在东晋长大的后生青年进行郑重其事的清谈活动，这个老者不久后辞世，而这些青年则成为东晋下一期清谈的要角，其中这次清谈中作为老者对手的那个青年正是下一阶段清谈的领袖人物。这简直就像是一次隆重的交接仪式。”(唐翼明《魏晋清谈》)讲得很有道理。

（李修建）

理在阿堵

殷中军见佛经云:“理亦应阿堵上。”①

《文学》第23条

注释

① 殷中军:即殷浩,浩曾为扬州刺史,中军将军。详“北门之叹”篇(《言语》第80条)注释。阿堵:犹言“这个”。

鉴赏

佛教自东汉明帝年间传入中国,历经将近三百年的艰难历程,至东晋迎来了发展的大好时机。佛教哲学的广博深奥,逐渐征服了中国的知识者。不少政坛老宿及学术领域的重要人物,都欢迎西域来华的弘法高僧,与之游处,听其说法。当时的名士中,也出现了研究佛理的人物,殷浩就是其中的一个代表。

殷浩说“理亦应阿堵上”,意谓“名理应在这上面”。这句话是对佛经义理的推崇,也是殷浩比较儒、道、佛三家思想后的深切体会。殷浩是当时一流的清谈家,精通玄学,尤其擅长“才性四本”,无人能及。《世说新语·文学》27说:“殷中军云:‘康伯未得我牙后慧。’”刘孝标注引《浩别传》说:“浩善《老》《易》,能清言。”《世说新语·赏誉》86刘孝标注引《中兴书》说:“浩能言理,谈论精微,长于《老》《易》,故风流者皆宗归之。”由此看来,殷浩长于《易》学。韩康伯虽也是有名的《易》学家,殷浩却以为他还未得他的“牙后慧”。这或许不是大话。殷浩对佛经也有精解。《文学》43说:“殷中军读《小品》,下二百签,皆是精微,世之幽滞。”刘孝标注引《语林》说:浩于佛经有所不了,欲迎支遁。遁欲往,为右军所止。右军云:“渊源思致渊富,既未易为敌,且已所不解,上人未必能通。”可见殷浩佛学高深,并不比支遁差。

殷浩说“理亦应阿堵上”,这是东晋名士比较了儒、道、佛三家义理后得出的较为普遍的看法。例如,梁《高僧传》卷六《慧远传》说:远初闻道安讲《波若经》,豁然而悟,乃叹曰:“儒道九流,皆糠秕耳。”从此“投簪落彩,委命从业”。慧远《与隐士刘遗民等书》曾言及自己的学问阶段:“畴昔游心世典,以为当年之华苑也。及见《老》《庄》,悟名教是应变之虚谈耳。以今而观,则知沉冥之趣,岂得不以佛理为先。”(《广弘明集》卷二十七)慧远初涉儒学,次读《老》《庄》,后研佛经,以为义理深奥,当以佛理为先。同时的鸠摩罗什的高足僧肇与慧远持同样的看法。梁《高僧传》卷六《僧肇传》说:肇“爱好玄微,每以《庄》《老》为心要。尝读《老子·德章》,乃叹曰:‘美则美矣,然期神冥累之方,犹未尽善也。’后见《旧维摩经》,欢喜顶受,披寻玩味,乃言始知所归矣”。僧肇最后以佛经为所归,原因是它“期神冥累之方”,至于尽善。稍后的范泰、谢灵运常说:“六经典文本在济俗为治耳,必求性灵真奥,岂得不以佛经为指南邪!”(《弘明集》卷十一《答宋文帝赞扬佛教事》)范、谢二人都以为佛经的奥理不仅超过六经,也胜过《老》《庄》,这与慧远、僧肇所说的意思相同。东晋中后期的玄谈家大多既精《老》《庄》,亦通佛理。殷浩、慧远、僧肇、范泰、谢灵运诸人都赞美佛经深奥的义理,反映了佛经开始征服中国士人这一重大的文化现象。

时至科学昌明的今天,古老的佛教哲学再次焕发出无可比拟的理论光辉。有的哲学家和科学家甚至认为,量子物理学的出现,证明佛学中的唯识论证悟了宇宙的本来面目,即“三界唯心,万法唯识”,心识之外皆是虚妄的,意识也是物质,是具有能量的。如此一来,佛学简直成了哲学的顶峰,盖过了神学。当然,要证实这种说法,困难之大等同于证实量子何以会发生纠缠。显然,我们无力做这件事。但

鉴赏

无论如何，殷浩称“理亦应阿堵上”这句话，一千六百年后仍是深刻的见解。

（龚斌）

能言索解

谢安年少时，请阮光禄道《白马论》①。为论以示谢，于时谢不即解阮语，重相咨尽②。阮乃叹曰：“非但能言人不可得，正索解人亦不可得③！”

《文学》第24条

注释

① 阮光禄：即阮裕，字思旷，东晋陈留尉氏（今属河南）人。曾征拜金紫光禄大夫，虽未就职，世人仍称其为阮光禄。《白马论》：战国公孙龙子所著，提出“白马非马”的命题。

② 重相咨尽：反复询问而求尽晓其义。

③ 索：寻求。解人：能正解的人。

鉴赏

这个故事说的是：谢安年少时请阮裕讲解《白马论》，可阮裕论述完后，谢安一时之间竟难以理解，于是反复请教，让阮裕心生感慨，说不但能讲清《白马论》的人很难找，就是能听懂的人也很难得。

那么《白马论》是什么呢？它是什么学派的主张？何以难解更难讲？《白马论》是战国公孙龙的代表作，这篇文章提出并论证了“白马非马”的观点。按公孙龙的说法，“马者所以命形也；白者所以命色也。命色者非命形也。故曰白马非马。”“马”指形，“白”指色，“白马”既指形又指色，与“马”自然不同。用今天的话说，“白马”和“马”的内涵不同。公孙龙又说：“求马，黄黑马皆可致；求白马，黄黑马不可致。”马包括黄马、黑马，但白马不包括黄马、黑马，这一点说的其实是外延不同。公孙龙还说：“马固有色，故有白马。使马无色，有马如已耳，安取白马？故白者非马也。白马者，马与白也。马与白马也。故曰：白马非马也。”这一点除了重复内涵的不同，似乎也涉及一般与个别的关系问题。这种论证强调了“马”与“白马”这两个概念的差别，有助于个体逻辑思辨能力的提升，对古代逻辑学的发展自然也功不可没。

“白马非马”其实是先秦名家共同关注的命题。苏秦曾说“夫刑名之家皆曰‘白马非马也’”（《战国策・赵策二》）。《韩非子》还记载：“兒说，宋人，善辩者也。持‘白马非马也’，服齐稷下之辩者。”他如墨翟、惠施、庄周、孟轲等也都有过关于“白马”的议论，不过都没有公孙龙的《白马论》那么系统完整。名家长于思辨，能“困百家之知，穷众口之辩”（《庄子・秋水》），但“无益于治”（《论衡・案书》），所以在讲求实际功效的秦汉，名家逐渐衰微。

到了魏晋，当以清谈论辩为主要表现方式的玄学成为一代之学术时，名家再次受到重视。刘勰《文心雕龙・论说》篇云：“魏之初霸，术兼名法；傅嘏、王粲，校练名理。”说魏晋学术以名、法两家的复兴为先导。又《三国志・邓艾传》引荀绰《冀州记》说：“翰子俞，字世都，清贞贵素，辩于论议，采公孙龙之辞以谈微理。”还有魏刘劭《赵都赋》说：“论折坚白，辩臧三耳。”西晋鲁胜《墨辩》注叙说：“名者所以别同异，明是非，道义之门，政化之准绳也。”（《晋书・鲁胜传》）可知魏晋时代，又有不少人研究名家学说。名家的复兴，大略既是虚浮社会控名责实的需要，也是清谈玄理论辩致诘的结果。《世说新语》中有很多代指清谈的词语，其中有不少用到“名理”与“理”，如“谈名理”“叙名理”“言理”“说理”“论理”“析理”等。《世说新语·文学》篇也载录有与名家相关的一些条目，除第24条外，第16条论“旨不至”（即“指不至”）问题，第58条说惠施学富五车却无一言入玄。这些记载，说明擅长辩论的名家在魏晋清谈家那里又受到了重视。至于善于讲论的人少，就是索求正解的人也很难得，则可能与时间久远传人不多，推理繁杂罕见通人有关。晋人张湛注《列子·仲尼》“白马非马”句云：“此论见存，多有辨之者，辨之者皆不弘通，故阙而不论也。”说对《白马论》感兴趣的人多，而“弘通”的人少，也可以作为《世说》此条的旁证。

当然阮裕的慨叹中多少也包含怀才自负的味道或知音难觅的孤独。宋人吕本中即据此作诗：“阮裕云：‘非但能言人不可得，正索解人亦不可得。’吕居仁用此意作诗云：‘好诗正似佳风月，解赏能知已不凡。’”（陆游《老学庵笔记》卷三）而从谢安这边来看，有学有问，而且问不厌详，正是学问之道。相传为陶行知先生题晓庄学校的对联说：“四体不勤，五谷不分，孰为夫子？小疑必问，大事必闻，才算学生！”谢安也以清谈知名，后来还成为“江左风流宰相”（王俭语），与这种好学精神是分不开的。

（刘伟生）

南北学问

褚季野语孙安国云:“北人学问,渊综广博。”[①]孙答曰:“南人学问,清通简要[②]。”支道林闻之曰:“圣贤固所忘言[③]。自中人以还[④],北人看书,如显处视月,南人学问,如牖中窥日[⑤]。”

《文学》第25条

注释

① 褚季野:见“四时气备”篇(《德行》第34条)注释。孙安国:即孙盛(约306—378),字安国,太原中都(今山西平遥西南)人。东晋清谈家,善言名理。著有《魏氏春秋》《晋阳秋》。渊综:精深且融会贯通。

② 清通:明白通达。简要:简明扼要。

③ 忘言:指心领神会,无须用言语来表达。

④ 中人:平常人。

⑤ 牖(yǒu):窗户。

鉴赏

褚裒对孙盛说:“北方人做学问,精深广博又能融会贯通。”孙盛答道:“南方人做学问,简明专精而能切中要点。”支遁听说了他们的对话,说:“圣贤的思想本来就靠心领神会而不是语言表达。从平常人以下来看,北方人看书,好像在明显的地方看月亮,南方人做学问,如同从窗户里看太阳。”

本条目中支遁的第一句话是:“圣贤固所忘言。”东晋时代重视清谈言辞,“忘言”与当时的士人难以联系。支遁本人也是闻名一时的清谈家,有诸多机锋妙语流传至今。而圣人是“忘言”的,讲求言辞不合圣人之教。同时,南北对峙的时代,双方言辞如何,对方难以得知。所以只能把读书治学单独拿出来讨论,减少言辞这一不确定因素的干扰。

当时所谓读书治学,主要是指研习儒家经典之学。清代经学家皮锡瑞称南北朝为“经学分立时代”,“其时说经者亦有‘南学’‘北学’之分”(《经学历史·经学分立时代》)。他的依据出自《北史·儒林列传》:

大抵南北所为章句,好尚各有不同。江左《周易》则王辅嗣,《尚书》则孔安国,《左传》则杜元凯。河洛《左传》则服子慎,《尚书》《周易》则郑康成。《诗》则并主于毛公,《礼》则同遵于郑氏。

意为南北朝时,南北学者同治经学,但所宗学问有显著差异,加上南北对峙、交流不畅,造成了双方学术领域的差别:

南人约简,得其英华。北学深芜,穷其枝叶。考其终始,要其会归,其立身成名,殊方同致矣。

这段文字,内容与本条目中褚裒、孙盛、支遁的言辞颇为相似。当时江左为东晋,北地诸侯林立,南北长期分治,已经有了“学分南北”的趋势。褚裒、孙盛所说的“渊综广博”“清通简要”便是当时南北学问的显著差异。皮锡瑞认为此时的北学优于南学,余嘉锡《世说新语笺疏》则认为学术之间没有高下之分:“夫朴学浮文,本难一致。春华秋实,乌可并言?”

褚、孙二人所说的是南北学问本身表现出来的形态,支遁所言的是南北学者的研究方法。刘孝标的注解对这段话做了进一步的分析:“然则学广则难周,难周则识暗,故如显处视月;学寡则易核,易核则智明,故如牖中窥日也。”

刘孝标生长北朝，入仕南朝，对南北学问差异有自己的认识。他将“北学”视为宏观概括之学，“南学”为微观精核之学。从“难周则识暗”“易核则智明”来看，刘峻认为“智明”的南学高于“识暗”的北学。但我们知道，“学广识暗”的北学留下了《水经注》《齐民要术》等“渊综广博，自有千古”的著作，“学寡智明”的南学也有《昭明文选》《文心雕龙》等著作流传至今。《世说新语》便出现于南朝刘宋。南北学问一方偏重宏观概括，一方更为微观精核，两者各有成就，都在中国历史文化中有着不可替代的地位。一千多年后的今天，还有人把微观研究和宏观研究对立起来，认为其中一方有价值而另一方无价值。这个关于南北学问的故事，似乎在提醒这类观点的支持者：南北学问和宏观微观研究一样，都是不可或缺的。

（郭小小）

孙殷共论

孙安国往殷中军许共论①，往反精苦②，客主无间③。左右进食，冷而复暖者数四。彼我奋掷麈尾④，悉脱落，满餐饭中。宾主遂至莫忘食⑤。殷乃语孙曰：“卿莫作强口马⑥，我当穿卿鼻。”孙曰：“卿不见决鼻牛⑦，人当穿卿颊。”

《文学》第31条

注释

① 孙安国：见上一篇注释。殷中军：见“北门之叹”篇(《言语》第80条)注释。许：处所。

② 往反：反复辩难。精苦：极苦、甚苦，意为辩论艰难激烈。

③ 客主：辩难中唱义者为主，驳辩的为客。

④ 麈尾：六朝清谈名士常执的拂尘类饰物，形制似羽扇。

⑤ 莫：即“暮”。

⑥ 强口马：指性烈之马。

⑦ 决鼻牛：即豁鼻子牛。古代常在牛两个鼻孔之间穿绳环以便驾驭，但犟劲的牛常挣脱绳环逃走。

鉴赏

魏晋名士好清谈。清谈是他们的家常便饭，是他们的看家本领，也是他们气质风度的典型表现。为了清谈，他们可以夜以继日，废寝忘食，通宵达旦，殚精竭虑。因为在他们看来，清谈可以展示才华，训练思辨，表现个性，于自由徜徉中求得精神的超越。所以，清谈不仅是魏晋名士个性挥发的自由之场，也是他们表露性情的理想之地。孙殷共论故事生动地记录了东晋两大清谈名士的精彩对垒，形象地展示了他们的清谈生活和细节，为我们深入了解名士清谈生活提供了鲜活的文学样本。

孙盛和殷浩当时具体谈论了什么，因文本失载，无法得知；但他们谈论的场面，因描写形象而活灵活现。作为辩论双方，他们围绕辩题，自设金城汤池，“往反精苦”，你来我往，此声未伏，彼音已起，“客主无间”，如悬河泻水，浪翻潮涌。眼前饱腹充饥的佳肴美味，失去了它本有的实用价值，变成了清谈场面的精美装饰；热而又凉，凉而又热的进食过程，成了清谈辩难的时间见证。挥动的麈尾，麈毛纷飞，落满餐饭，无暇顾及；听者的心弦，随音拨动，思理难逐，忘了时间。畅理动情，激烈紧张；辩难往返，苦苦紧逼。于是，一场玄味无限的思理谈辩，最终演绎成了一场你死我活的智力搏斗；本是展现风采、畅理舒怀、精神超越的清谈游戏，最后变成了性情大变、恶言相向的肆意攻击。殷浩面对孙盛的咄咄逼人，恶声恶语说："你别作犟嘴的马，我今天一定要穿你的鼻子。"但殷浩之语无意间违反了生活常识，原来，马被拘羁不是穿鼻子的，而是带嚼子的，牛才是被穿鼻子的。于是，孙盛抓住殷浩言语的破绽，也开始恶语攻击："你难道没有见过挣脱鼻环逃走的牛？我今天一定要穿你的面颊，给你带上嚼子！"言外之意，我可以挣脱你的辩难，但你一定跳不出我的思理。殷浩、孙盛皆以羁牛拘马为喻来表明要胜谈对方，但殷浩的攻击，于意有失，孙盛的攻击，于理得间，一场智力较量就这样出其不意地完结了。

孙殷共论以形象生动的叙述，精妙传神的细节和富有个性的人物语言给我们揭示了东晋名士清谈的生活场景，描写栩栩如生，读之身临其境，是《世说新语》中展示名士清谈活动的精彩篇章，对我们准确把握魏晋名士清谈的生活风貌和个性风采具有重要认识价值。

（王利锁）

鉴赏

标新立异

标新立异

《庄子·逍遥篇》，旧是难处，诸名贤所可钻味，而不能拔理于郭、向之外①。支道林在白马寺中②，将冯太常共语③，因及《逍遥》。支卓然标新理于二家之表，立异义于众贤之外，皆是诸名贤寻味之所不得。后遂用支理。

《文学》第32条

注释

① 郭：即郭象，见《文学》第17条注释。向：即向秀，见"不慕巢许"篇（《言语》第17条）注释。

② 支道林：即支遁，见"支公好鹤"篇（《言语》第76条）注释。

③ 冯太常：冯怀，字祖思。长乐（今陕西石泉）人。官任太常、护军将军。

鉴赏

司马氏建立政权之后，三国归于晋，而后又经历八王之乱，社会一直动荡不安。朝廷不稳，民众惶恐，思想上的禁锢更加苦不堪言。在此背景下，两汉时期占据主导地位的经学已无法满足人们迫切寻求心灵寄托的需要，于是玄学应运而生。所谓玄学，即玄远之学，其祖述老庄，以《老子》

《庄子》《周易》为“三玄”，影响到社会的各方面，文人名士皆好清谈，“三玄”也得以注说纷纭。同时，两汉之际传入的佛教也在此时期获得大发展，一时间，僧人和名士在清谈场上共论的场面十分常见。学佛的文人名士不在少数，而精通玄理的僧人也很多，支遁就是精通玄佛的名僧之一。

支道林是位很有“名士范儿”的僧人，他身上充满着魏晋名士所欣赏的“风度”。他好游山玩水，吟诗弄墨。曾有人因他精心饲养几匹马而笑话他，他回答说：“我是因为爱它的神骏，随便养着罢了。”后来又有人送他两只鹤，他对鹤说：“你本应是凌云冲天之物，怎能作人们的耳目玩物呢？”于是将鹤放飞了。这样的见识和气度所体现出来的人格吸引了很多名士，甚至有名士为了能坐在支遁身边而互起争执。那么所谓的“支理”究竟有何标新立异之处呢？

当时的人们论《庄子》尤以郭象、向秀注为最，时人称“不能拔理于郭、向之外”。我们且看《逍遥游》一篇。郭象的“适性逍遥”说颇具影响力。大鹏能上九万里，用半年的时间飞往天池，这是适应大鹏天性的。尺鷃这样的小鸟只飞半天，看到树就停下，这也是符合小鸟的天性的。因此在郭象看来，鸟虽有大小之异，却都遵循自己的本性，符合自己的能力，这就是逍遥，因此大小鸟都无须看不起对方。郭象十分注重物根据自己的本性来发展自身。由于玄学是一门调和名教与自然的哲学，因此其出发点总是挣脱外物桎梏以回归本性。乍一看这种满足天性的发展方式很符合当时人们寻求精神自由的需求。可是支遁却能准确地指出其中的疏漏之处：“那么像桀、跖这样以残害为天性的人也纷纷以满足自己的本性而行事，也算是得到了逍遥吗？”由此来看，郭象似乎无法反驳支遁，这正是因为他虽提出“适性”却无“定性”，这也是当时玄学义理发展到极致而陷入困境的体现。

而此时，佛学义理的发展就正好弥补了玄学的不足。其实支遁注《庄子》的“新”正是在于他将佛教引入老庄之中。他认为“逍遥”是“至人”的精神状态，并不是所有人满足了自己的本性而达到的精神状态都叫“逍遥”。支遁口中的“至人”其实就是佛。在他看来，大鹏生活在辽阔的世界里，才说得上逍遥，尺鷃不过是眼界狭窄，内心沾沾自喜罢了。至人与常人的区别，关键在“物物而不物于物”，观世界之广阔，触共生之万物而不生执念，这才是逍遥的境界。这也正是他“即色”思想的核心体现。心有色空，色无本质而空。他没有否定心神的存在，却进一步提出世界本空。世界上的各种存在皆是由于因缘而形成，事物本无本性，由此才会强调圣人必然能够适性于天地万物而又不执着于适性，破除自身的执念，才能感通万物，达到逍遥。

支遁这一标新立异的理论提出之后，王羲之原本十分不以为然，听支遁陈述之后也不禁“披襟解带，流连不能已”。当时的群儒旧学，莫不叹服。支道林虽为僧，却有名士风度，也不出意外地成为贯通玄佛的先驱。其实，支遁的“逍遥义”，不只反驳了“适性逍遥”论，也涤荡了清谈学家们的心胸。如果仅以满足个人欲望为“逍遥”，那么只会陷入追求外界事物的执念之中，如此得到的也只是一时满足，而非真正逍遥的境界。

玄学在东晋已达到了思想的极限，与佛学相结合无疑是给玄学注入新的生命力，虽然最终玄学还是被佛学取而代之了。

（张煜　王琪）

中郎无言

支道林造《即色论》[①]，论成，示王中郎[②]，中郎都无言。支曰：“默而识之乎？”王曰：“既无文殊[③]，谁能见赏？”

《文学》第35条

注释

① 支道林：见"支公好鹤"篇(《言语》第76条)注释。《即色论》：就是《即色游玄论》，以"色空观"为核心。

② 王中郎：即王坦之(330—375)，字文度，东晋太原晋阳(今山西太原)人。王述子。弱冠与郗超齐名。司马昱辟为掾，累迁参军、从事中郎，大司马桓温长史。后拜侍中。桓温死，与谢安共辅政。临终与谢安、桓冲书，言不及私，惟忧国事。

③ 文殊：文殊师利的略称，佛教大乘菩萨。

鉴赏

魏晋时期，玄佛合流，许多僧人加入清谈之列，佛经逐渐成为清谈之资，各家名士也争相结交名僧，其中支遁当有一席之地。支遁本姓关，世人都爱称他"林公"。传闻他曾经养了几匹马，别人嘲笑他一个僧人养马，他却毫不在意，只回答："我只是爱它的神骏，随便养着罢了。"又有人送了他两只仙鹤，他却说鹤本该是凌云之物，不该被养为耳目玩物，就把鹤放飞。如此看来林公的气质倒颇有几分当时名士的风范。魏晋名士以"风流"出名，个个都是风神俊朗，那么让名家公子们不惜互起争执也要坐到他身边的林公也应当轩昂貌美吧？然而仔细翻一翻记载，却发现林公的样貌恐怕并不俊朗，甚至是有些丑陋的。王长史生病了，林公去探望他，却被看门的小卒形容成"一个长得奇怪的人"。阮裕更是非常直接地说："我想要听林公的言语，却讨厌看到他的脸。"由此王羲之赞誉林公"器朗神峻"，赞美的应当是他的内在神韵了。

支遁曾因解《逍遥游》而大闻于名士之间，甚至超过了以往被奉为注解《庄子》无出其右的郭象、向秀二人。王濛将支道林比作佛门中的王弼、何晏，可知其善谈名理至此。在佛理上，支遁熟知《般若经》，更创立了般若学的"即色义"。他援佛入玄，用即色义定义逍遥义。

所谓即色义，也就是有名的“即色本空”。色指物质世界，空不是存在于物外，而是存在于色本身，是色的本性。既然万物本性为空，那世间万物是如何产生存在的呢？支遁提出，世间存在皆是由于各种因缘而生。此物由于他物的因缘而生，又成为另一他物产生的因缘。所以在支遁看来，各适其性并非逍遥，只有像佛一样的圣人才能真正达到逍遥的境界。《即色游玄论》便是支遁将即色义和由此阐释的逍遥义融合而成的。

支遁的逍遥论一出，名士大家皆叹服，称为“支理”，可想见林公将这篇文章拿给王坦之之时心中必定也是非常得意的。王坦之却沉默了。王坦之是晋孝武帝司马曜的辅政大臣，和谢安齐名。但他却和支遁非常合不来。王坦之认为支道林只会诡辩，支道林也不甘示弱，嘲讽王坦之戴着油腻的古帽，穿着布制单衣，夹着《左传》，跟在郑康成的车子后面跑，是一个“尘垢口袋”。由此看出，林公拿着得意之作去给王坦之看必定不会是去求教切磋的了，那一句“默而识之乎？”背后隐藏的自傲简直溢于言表。他用儒家的典故（《论语·述而》：“子曰：‘默而识之，学而不厌，诲人不倦，何有于我哉？’”），暗将自己的著作比作儒家经典，王坦之作为一个儒生，是应当默默记下来并学习的！王坦之自然听懂了林公的言外之意，立刻用佛教的典故来讽刺支遁：“既然这里没有文殊菩萨，又有谁能赏识我的沉默？”《维摩诘经》中记载，有一次维摩诘称病，佛祖派弟子前去探望，但弟子们都因为畏惧维摩诘的辩才而不敢前去。于是释迦牟尼只好派最具智慧的文殊师利菩萨。文殊在和维摩诘进行了一大通辩论之后请教维摩诘什么是“不二法门”。维摩诘一句话也不说，文殊却赞叹说：“太高明了！这才真是不二之门。”因为不借助任何外在的文字、声音来阐释佛法正是佛法真谛的体现。王坦之借这个故事，暗示自己的沉默如同维摩诘一般，而支道林的即色论玄却不能和文殊菩萨相比。由此看来，王坦之对佛法也是颇为精通。

（张煜　王琪）

披襟解带

王逸少作会稽[1]，初至，支道林在焉。孙兴公谓王曰[2]："支道林拔新领异，胸怀所及乃自佳，卿欲见不？"王本自有一往隽气，殊自轻之。后孙与支共载往王许，王都领域，不与交言。须臾支退，后正值王当行，车已在门。支语王曰："君未可去，贫道与君小语。"因论《庄子·逍遥游》。支作数千言，才藻新奇，花烂映发。王遂披襟解带，留连不能已。

《文学》第36条

注释

① 王逸少：王羲之，字逸少，详"丝竹陶写"篇（《言语》第62条）注释。
② 孙兴公：孙绰，字兴公，详"合抱枫柳"篇（《言语》第84条）注释。

鉴赏

清谈发展到东晋，有了几个变化：一是游戏意味更强了；二是《庄子》成为最主要的谈论内容；三是僧人加入清谈，相应地，佛教义理成为清谈话题，以道解佛，玄佛合流。

支道林，是东晋最著名的高僧。他的家族信仰佛教，支道林从小就聪明秀异，精研佛学义理，洞达老庄之学。他的清谈能力极为高超，年轻时初次到京师，名士们与他相谈，都惊为天人，把他比作王弼和卫玠。支道林颇富名士风范，蓄马，重其神骏，养鹤，爱其凌霄之姿。他有着特别的风神姿貌，绝佳的清谈能力，名士们都喜欢与他交往，把他奉为座上宾。《世说》中与支道林有关的故事达40多条，与他交往过的名士，更是数不胜数，全为最知名的人物，如王濛、殷融、许询、郗超、孙绰、王坦之、谢安、会稽王司马昱等等。可以说，支道林是东晋名士群体中最为闪亮的人物之一。

本则故事，描述的是王羲之初会支道林的场景。王羲之出身贵介，琅邪王氏乃魏晋最为华贵的世族，加之他本人性情清高，不妄交接，所以对于孙绰引介来的和尚支道林，他并不放在眼里。

接下来的场景很有戏剧性。孙绰与支道林去拜访王羲之，王羲之一言不发，加之公务在身，意欲乘车而去。支道林把他拦了下来，要为他谈论一会儿《逍遥游》。开言之后，滔滔不绝，直说了数千言，造语新奇，词采华茂，如花团锦簇，美不胜收。王羲之听得入了迷，一改先前的自负，解开衣带，留连不已，邀请支道林在会稽住下，以便经常聆听雅言。

《逍遥游》是东晋名士谈论最多的篇章，自向秀和郭象的《庄子注》出，诸人一般袭用他们的解释。郭象认为“适性”即逍遥，东晋士人多持此理，支道林明确反对这种观点，他指出，若说适性即逍遥，像暴君夏桀和大盗柳下跖，以残害生灵为性，他们便是逍遥了吗？支道林从佛教义理出发，认为以践行现世伦职为实质的“适性”不能使人逍遥，更不能使人获得解脱，唯有破除“二执”，方可达于涅槃彼岸。

支道林的解释可谓标揭新理，发前人之未发，加之他词采动人，注重清谈的文学意趣，融理论性与审美性于一身，因此颇受时人推重。孙绰作《道贤论》，以七僧比竹林七贤，他将支道林比作向秀，论曰：“支遁、向秀雅尚《庄》《老》，二子异时，风好玄同矣。”谢安任吴兴太守时，得知支道林要去剡县，颇为惆怅，给他写信说：“人生如寄耳，顷风流得意之事，殆为都尽。终日戚戚，触事惆怅，唯迟君来，以晤言消之，一日当千载耳。”一日当千载，相谈的时光，是何等的畅快！

斯人已逝，邈不可寻，我们只有借助文字的力量，去追味名士们的风姿神韵，去怀想他们清谈的盛景了。

（李修建）

了不长进

支道林初从东出[①]，住东安寺中[②]。王长史宿构精理[③]，并撰其才藻[④]，往与支语，不大当对[⑤]。王叙致作数百语，自谓是名理奇藻。支徐徐谓曰：“身与君别多年，君义言了不长进。”[⑥]王大惭而退。

《文学》第42条

注释

① 东：指会稽（今浙江绍兴）。支道林居于会稽，而会稽在东晋首都建康（今江苏南京）的东面，所以称东。

② 东安寺：当时建康城内的一座寺庙。

③ 王长史：一般认为是名士王濛。但据当代学者王晓毅考证，当为王述之子王坦之，见其文《支道林生平事迹考》，载于《中华佛学学报》第8期，1995年7月。宿构：预先构想。

④ 撰：通“选”。

⑤ 当对：相当。

⑥ 身：自称。了不：完全不。

鉴赏

支道林是高僧兼名士，在玄学、佛学上的造诣精深。魏晋的名流们热衷于清谈，清谈不是简单的对谈、闲聊，也不是纯然的、以寻求真理为目的的学术辩论；它固然以形而上的抽象问题为中心来辨析和研讨，但同时也带有休闲、消遣以及智力竞争等特色。清谈既富于学术的意味，又是这个名士阶层所特有的高雅脱俗的生活方式之一。所以，在清谈中的表现，直接关系到名士们的声望和风采，他们对此是非常在意的。

支道林应晋哀帝之邀，移居首都建康，住在东安寺。王坦之也是清谈场中的好手，既知支道林来京，预先做好准备，精心构思了精妙的道理，并选好了富于文才的辞藻。显然，王坦之是想在多时不见的支道林面前露一手。

但结果大出意料，王坦之与支道林清谈，高下立判，他难以招架。王坦之讲叙了他的理致，有数百句之多，自认为是道理精微，辞藻奇丽，谁知支道林慢慢地回应：“我与你分别多年，你在玄言上一点儿也没有长进。”说得王坦之惭愧地告退。

支道林对抱有很大期待而来的王坦之泼以冷水，令王坦之很尴尬，这种丝毫不假以辞色的傲慢而直接的态度，是当时清谈活动中名士们的积习、常态。如《文学》第33则，刘惔说殷浩是“田舍儿”，把辩论不过、闪烁其词的殷中军斥为“乡巴佬”，就是一个很典型的例子。

（肖能）

圣人可致

佛经以为祛练神明，则圣人可致。简文云[①]：“不知便可登峰造极不？然陶练之功，尚不可诬。”

《文学》第44条

注释

① 简文：即东晋简文帝司马昱，见“杀鼠不悦”篇（《德行》第37条）注释。

鉴赏

凡是宗教，都有它的终极目的。譬如中国道教是升天成仙，西方基督教为上天堂，佛教便是成佛。佛经谓众人皆有佛性，只要坚持修炼，便能成佛。

在晋人的观念中，佛即圣人，圣人即佛，名号虽殊，实为无异。所谓“圣人可致”，亦即成佛可致。后汉迦叶摩腾、竺法兰译《四十二章经》说：沙门常行二百五十戒，为“四真道行”，能得阿罗汉。“沙门问佛，以何因缘，得知宿命，可会至道？”佛言：“静心守志，可会至道。譬如磨镜，垢去明存，断欲无求，当得宿命。”佛教规定沙门遵守戒律，用磨镜一般的功夫，不断修炼，最后“即见道真”，能得阿罗汉。成佛的过程即“祛练神明”，能得阿罗汉便是“圣人可致”。谢灵运相信成佛的可能，作《辨宗论》说：“释氏之论，圣道虽远，积学可至。”以为成佛的过程虽然非常遥远，但只要不断修炼，是可以达到终极目标的。

东晋自建立之初，王室就好尚佛法。《高逸沙门传》说“元、明二帝，游心玄虚，托情道味”。“玄虚”“道味”，即指佛法。明帝甚至以画佛像著名。习凿齿《致道安书》称明帝钦崇佛法，“手画如来之容，口味三昧之旨”。哀帝之后，佛法与清谈极为盛行。尤其是简文帝，本人非常爱好玄谈，又与名士、名僧广泛交游，讲论道佛的风气趋于鼎盛。《文心雕龙·时序》说：“简文勃兴，渊乎清峻，微言精理，函满元席，澹思浓采，时洒文囿。”可知简文是当时玄谈的领袖人物。

简文对佛经所谓“祛练神明，则圣人可致”的评论，便是他发表的关于成佛说的“微言精理”。分析简文之言，有两层意思：一、对佛经祛练神明成佛可致说表示怀疑；二、对修炼之功予以肯定。关于圣人是否可致的问题，汤用彤《谢灵运〈辨宗论〉书后》一文（载《魏晋玄学论稿》）已有精辟分析，认为“圣人不可学不可至，此乃中国传统”，“圣人可学可至，此乃印度传统”，并引用《世说·文学》此条，证明当时“学术界二说并立相违似无法调和，常使人徘徊歧路，堕入迷惘”。

诚如汤氏所说，简文“不知便可登峰造极不”之疑问，乃据中国传统而立说。自汉以来，尤其是儒者，认为圣人生而知之，特禀异气，不仅卓绝与凡人异，亦与贤人有别，故圣人不可学不可至。如郭象注《庄子·德充符》“受命于天，唯舜独也正”一语说：“言特受自然之正气者至希也，下首则唯有松柏，上首则唯有圣人。”意谓圣人特禀自然之正气。同理，仙人也不可学不可至。嵇康《养生论》说：神仙“似特受异气，禀之自然，非积学所能致也”。葛洪《抱朴子·内篇·对俗》说：“或人难曰：‘人中之有老彭，犹木中之有松柏，何可学得乎？’”圣人不可致的认识，至东晋时仍然如此。《世说新语·言语》50载：庾亮问孙齐庄：“欲何齐？”曰：“齐庄周。”公曰：“何不慕仲尼而慕庄周？”对曰：“圣人生知，故难企慕。”孙齐庄时为小儿，也知圣人生而知之，可见圣人不可学不可致，确是自来通识。从这一通识出发，自然得出成佛不可致的结论。《世说新语·排调》22载：何次道往瓦官寺礼拜甚勤。阮思旷语之曰：“卿志大宇宙，勇迈终古。”何曰：“卿今日何故忽见推？”阮曰：“我图数千户郡，尚不能得，卿乃图作佛，不亦大乎？”何充礼佛甚勤，目标乃在修持成佛，而阮裕以为成佛不可致，故讥嘲何充。

简文虽怀疑成佛可致之说，但以为“陶练之功，尚不可诬”，肯定了积学之功。这种看法其实也本于旧说。嵇康《养生论》虽以为神仙禀之自然，非积学所能致，但又说“至于导养得理，以尽性命，上获千余岁，下可数百年，可有之耳”。“导养得理”，意同简文之“陶练之功”。葛洪以为仙人无种(其说与嵇康所谓“神仙禀之自然”说不同)，而长生积学可致。《抱朴子·内篇·对俗》说：“人有明哲，能修彭老之道，则可与之同功矣。”以为积学可致长生。《抱朴子·内篇·极言》说：“修途之累，非移晷所臻；凌霄之高，非一篑之积。”同书《勤求》说：“仙之可学致，如黍稷之可播种得，甚炳然耳。”再三申述积学可致长生。

简文持圣人不可致之通识，对积学可致成佛说表示怀疑，诚如汤用彤所说，乃反映了中国学术传统和印度学术传统之间的明显冲突。于此不赘述。尚须指出的是，简文虽对成佛说生疑，但平生与高僧交往，不可能不受“渐悟说”影响。考简文所交游的名僧，有高座道人、竺法深、支道林、竺法汰、竺法旷、竺道壹、竺法潜等。支道林虽研习十地，首创“顿悟”之说，但仍不废渐修(可参见汤用彤《汉魏两晋南北朝佛教史》第十六章“竺道生”)。况且支道林之“顿悟”，还有许多解释不通的地方。故在竺道生创立“大顿悟”，谓“一阐提人皆得成佛”之前，学术主流皆以为渐修是成佛的途径。简文说，“陶练之功，尚不可诬”，即不废渐修，显属渐悟之义也。

（龚斌）

刘尹「名通」

殷中军问："自然无心于禀受，何以正善人少[1]，恶人多？"诸人莫有言者。刘尹答曰[2]："譬如泻水著地，正自纵横流漫，略无正方圆者。"一时绝叹，以为名通[3]。

《文学》第46条

注释

① 正：止，只。
② 刘尹：即刘惔，见"莫得淫祀"篇（《德行》第35条）注释。
③ 名通：谓著名的通解。通，指通畅或通达。

鉴赏

殷浩、刘惔都是一流的清谈家，两人谈艺处于伯仲之间，各擅胜场。殷浩提出的问题属于人性善恶的范畴，渺茫难知。或许他自己确实不懂，或许他已了然，但要看看是否还有人能通解。问题一提出，"诸人莫有言者"——人人都茫然不解。确实，自然是无心的，但为何善人少，恶人多？这一现象太难解了！

殷浩所谓"自然无心于禀受"，乃指人之禀赋（如善恶之性）得之于自然，而自然以无心为本。这是当时玄学清谈家的共识。但既然万物皆出于自然,而自然又无心,可现实世界中为何善人少恶人多?这就不好解释了,故诸人无言以对。刘惔却以“泻水著地”的妙喻,生动地解释了“自然无心于禀受”的哲理。

“自然无心于禀受”之谈,源于道家学说。刘孝标注引《庄子·齐物论》及郭象注,切合殷浩之问及刘惔之答的文意,有助于理解“自然无心于禀受”的涵义,以及刘尹(惔)的回答何以被叹为“名通”。

《庄子·齐物论》借子綦子游谈及人籁、地籁、天籁,阐明万物与自然的关系。子綦曰:“夫吹万不同,而使其自己也,咸其自取,怒者其谁邪!”意谓风作而万窍怒号,虽形声各异,然皆自得之,无有主宰者。《齐物论》以天籁之音,阐明万物皆自得之理,但尚未明确指出万物生于无。至郭象注《庄子》,以为物皆自生而无所出,自然而然,谓之天然;天然者非有为也。如郭象注《庄子·逍遥游》说:“故大鹏之能高,斥鴳之能下,椿木之能长,朝菌之能短,凡此皆自然之所能,非为之所能也。”天然非为,义同自然无为,或自然无心。这种观点在稍早于郭象的王弼《老子注》及《周易注》中已有表述。王弼《老子注》二十九章说:“万物以自然为性,故可因而不可为也,可通而不可执也。”《老子注》三十八章说:“是以天地虽广,以无为心;圣王虽大,以虚为主。”《周易·复卦·彖辞》:“复,其见天地之心乎?”王弼注:“复者,反本之谓也。天地以本为心者也。……然则天地虽大,富有万物,雷动风行,运化万变,寂然至无,是其本矣。”天地以无为心,亦即自然无心。

人之禀赋各有不同,有善者、恶者、贤者、愚者、巧者、拙者……究其所由,皆生来即具,莫辨其所以然,非是自然有为之产物,故曰“自然无心于禀受”。曹丕《典论·论文》说:“文以气为主。气之清浊有体,不可力强而致。譬诸音乐,曲度虽均,节奏同检,至于引气不齐,巧拙有素,虽在父兄,不能以移子弟。”说明气虽有清浊的不同,但这不是有为的结果,也不禀承于父兄,而是自然而然。再如《文选》载杨修《答临淄侯笺》称美曹植:“非夫体通性达,受之自然,其孰能至于此乎?”李善注:“《老子》曰:‘天法道,道法自然。’钟会曰:‘莫知所出,故曰自然。’”杨修认为曹植的体通性达，乃受之自然，这与曹丕“气之清浊有体，不可力强而致”的见解一致，都是说人之禀赋，来于自然，非其他力量所能改变。而钟会对自然的解释，亦即莫辨其所以然，这与王弼、郭象的观点无本质的区别。又葛洪《抱朴子·内篇·塞难》说：“天道无为，任物自然，无亲无疏，无彼无此也。”并举证曰：“贤不必寿，愚不必夭，善无近福，恶无近祸，生无定年，死无常分，盛德哲人，秀而不实，窦公庸夫，年几二百，伯牛废疾，子夏丧明，盗跖穷凶而白首，庄蹻极恶而黄发，天之无为，于此明矣。”总之，世间万物，包括人之贤愚祸福等种种现象，皆无心自然之所为。

然而，自然无为，万物自生，则何以善人少，恶人多(是否如此，另当别论)？这确实是一时难于解释的问题。刘惔所言的“泻水著地”，正类同《庄子·齐物论》中的“风作”，虽“吹万不同”，形声各异，但皆出于天然。同理，那纵横流漫之水，其形全无方者、圆者，块然自生，不知所以然而然。以生动形象的比喻来阐明精微的哲理，本来就是魏晋玄言的作风。“泻水著地”之喻，巧妙地解释了“自然无心于禀受”的玄理，以及“何以正善人少，恶人多”的疑问，故众人绝叹，以为“名通”。

或许有人说，刘尹的“名通”不过是比喻巧妙罢了，其实还是没解释清楚何以正善人少，恶人多的疑问。那么，近代哲学以为人性本恶之一派，是否能解释此疑问呢？恐怕也未必。因为人性本恶，固然能解释善人少，恶人多的现象，但仍未能解释“自然无心于禀受”的前提。既然自然无心，人之禀赋皆生来即具，自然而然。则何以人性本恶，而不本善呢？或者不善不恶，善恶各半呢？所以，此大疑问仍无法解释。由此看来，刘尹的“名通”已臻智慧的极致，今人想超越也难。

（龚斌）

万形入眼

殷、谢诸人共集[①]。谢因问殷："眼往属万形[②]，万形来入眼不[③]？"

《文学》第48条

注释

① 殷：殷浩。谢：谢安。
② 属：追随、连接、看。万形：万物。
③ 不：同"否"。

鉴赏

眼睛看万物时，到底是眼光去，还是万物来？这个看似寻常的视觉形成问题，可以关联到古往今来许许多多的现象与理论。

作为感官与常识，《世说新语》中有不少关于"看""视"的语词与叙述。如："王、刘与林公共看何骠骑，骠骑看文书不顾之"（《政事》18）；"王长史病笃，寝卧灯下，转麈尾视之，叹曰：'如此人，曾不得四十！'"（《伤逝》10）；"殷中军被废，在信安，终日恒书空作字。扬州吏民寻义逐之，窃视，唯作'咄咄怪事'四字而已"（《黜免》3）；"今日之行，触目见琳琅珠玉"（《容止》15）；"披云雾睹青天"（《赏誉》23）。

除了一般意义的看视叙述外，也有侧重由目及物或由物及目的。如："举目见日，不见长安"（《夙惠》3），有追寻的意味，近乎"眼往属万形"；而"从山阴道上行，山川自相映发，使人应接不暇"（《言语》91），则强调山川自相映发,正可谓“万形来入眼”。

这实际上涉及了情景关系或心物关系的问题。《世说》中也有不少相关记载。有由物及心的触景生情,如卫玠渡江避难时“见此芒芒,不觉百端交集”(《言语》32);有由心及物的融情入景,如过江诸人的感慨“风景不殊,正自有山河之异!”(《言语》31),如司马道子戏称谢重“居心不静,乃复强欲滓秽太清”(《言语》98);也有即物即心的情景交融,如简文帝到华林园,环顾身边的随从说“会心处不必在远,翳然林水,便自有濠、濮间想也。觉鸟兽禽鱼,自来亲人”(《言语》61)。这“会心”之说,前承庄子知鱼之乐,后启陶渊明南山之悠然,与陆机《文赋》、刘勰《文心雕龙》中有关创作状态的理论阐释,以及自王延寿《鲁灵光殿赋序》、杨修《孔雀赋序》、潘岳《秋兴赋序》、潘尼《安石榴赋序》、陆云《岁暮赋序》,至傅亮《感物赋序》、萧子范《直坊赋序》、李峤《楚望赋序》等作品中有关感物兴思的创作体会,也是相契相合的。

当然,这种种会心的体验与阐释,既是心灵开放之后的直觉体验,也是思想解禁之后的理论阐释,诚如孙绰所言“方寸湛然,固以玄对山水”(《容止》24刘孝标注引孙绰《庾亮碑文》)。玄学虽以道家为主,却不乏儒家、佛家、名理之学甚至自然科学的内容。而视觉形成问题又可以总归为主客关系或物我关系的大命题。

儒家本讲格物致知,不过这要到程朱理学时代才受重视。但董仲舒倡导过“天人感应”之说,作为“三玄”之首的《易》学,原本也是一个巨大的象喻系统。《世说新语·文学》第56条即载孙盛曾与殷浩等人就其《易象妙于见形论》共同谈论“形”“象”问题,第61条也提及殷仲堪与慧远和尚讨论“《易》以感为体”的问题。明人方弘静还曾以艮卦卦辞“行其庭不见其人”来解读这个问题,说:“庭非无人也,不见见也,见不见也。是眼不属万形,万形不入眼,何往何来?若曰往来,是憧憧矣。”(《千一录》卷十四)

佛学的色空观与道家的本末有无之说也是相通的,《楞严经》《即色论》《成实论》等佛学经典都讲到眼色关系问题。此则刘孝标注即引《成实论》"眼识不待到而知虚尘,假空与明,故得见色",并据此说"眼不往,形不入,遥属而见"。《即色论》是支道林所著,《文学》第 35 条有提到。殷浩是精研佛典的名士,《文学》篇里有好几条记殷浩读《小品》《维摩诘》等佛经并向道人请益之事。佛学既已成为玄学清谈的内容,佛典中也论及眼识与万物关系问题,可知从佛学的角度来研讨视觉形成问题是极有可能的。

至于名理之学本是论辩的工具,惠施的"目不见",公孙龙子的"离坚白"之说本身就涉及视觉问题。

据《晋书 · 天文志》记载,主张浑天说的葛洪认为太阳转远以后,即便日光照不到人,人也可以看到它,隐含有目能视物的认识,可知当日的自然科学里也会涉及视觉形成问题。

章太炎《五朝学》说:"经莫穹乎礼乐,政莫要乎律令,技莫微乎算术,形莫争乎药石。五朝名士皆综之。"这是对玄学内容的高度评价,也在一定程度上说明殷浩与谢安他们谈论的视觉形成问题可以关联到当日很多的学术思想。

放到今天,视觉形成的问题会关联到物理学尤其光学,医学尤其神经科学,心理学尤其审美直觉心理学,文学叙事学尤其视角或聚焦理论以及哲学上的主客关系,甚至图像识别与人工智能等更多的学科。可见视觉形成问题也有串联学术史的意义。而很多时候,提出问题比解决问题更重要,这条简单的记载也正因为提出了可以关联许多学术领域的问题,而显示出特别的价值。回过头来说,《世说》中的"目"字大多数时候指的是"题目""品题""品评"的意思,是魏晋人物品评的常用术语。而"共集",与"对谈"一样,也是清谈的形式之一。

（刘伟生）

鉴赏

梦棺梦矢

人有问殷中军[①]："何以将得位而梦棺器，将得财而梦矢秽[②]？"殷曰："官本是臭腐，所以将得而梦棺尸；财本是粪土，所以将得而梦秽汙。"时人以为名通[③]。

《文学》第49条

注释

① 殷中军：殷浩（？—356），字渊源，陈郡长平（今河南西华东北）人。官至建武将军、扬州刺史、中军将军，故《世说》中多作殷中军，是东晋著名的玄言清谈家。后兵败许昌，被废为庶人。

② 矢秽：屎尿等污秽物。

③ 名通：通达的名言。

鉴赏

说起魏晋名士，人们很自然地将他们同清谈联系起来。譬如后人皆知的名人谢安、王羲之等，他们除了在政治或艺术上具有造诣外，其本身也是大清谈家。毫不夸张地说，清谈是跻身名士行列的必要条件，它已经成为魏晋时代令人印象最深的文化符号之一了。

自汉末儒家经学式微后，魏晋时代的士人们开始思考宇宙终极真理,并在关键的问题上不厌其烦地辩论,是为清谈。清谈需要兼具音调婉转、文辞优美和义理通达等特点,是一种高级知识分子的文化盛宴。在清谈中所涉及的哲学问题,人们会对它不断辩驳、修正,最终得出一个世皆称服的答案。名士们乐此不疲地参与进来,虚心接受更高明的见解。最终,魏晋时代的哲学之花在不知不觉中悄然绽放。

而殷浩,便是那个时代著名的清谈家之一。

殷浩早年以识度清远,善于玄言而有令名。他和叔父殷融都喜好《老》《易》,但殷浩在口头上辩论却能胜叔父三分,所以殷浩就被其他清谈者们推为领袖。在魏晋时代,士人们更推崇置身事外,不预俗事,隐逸超然的品性。纵然居于庙堂,也更喜欢清闲无事的"清官",而不愿做事务冗杂的"浊官"。殷浩正是这样一位名士。当时的当轴士族颍川庾氏中的庾亮、庾翼等人连连请他出山,他都推辞不就。所以,他能说出以下这番对梦的解析,也不足为奇了。

有人问殷浩,说:"为什么将得高位就会梦见棺材,将发财就会梦见肮脏的东西?"在民间看来,梦见棺材,正谐音"官财",所以就要升官发财,这是大家都渴望的吉梦。晋朝也有一位叫索充的人曾梦见过两个棺材落到他面前,善术数占卜的索纨就解释说:"棺材,是职位的象征,应当会有贵人来推举您。两个棺材,就是要连迁两次。"果然后来司徒王戎写信给当地太守,教他举荐索充。索充就先被聘为功曹,后又被举为孝廉。

然而殷浩却说了一番惊世骇俗的言论。他说:"官位本就是腐臭的东西,所以将要得到时就会梦见棺材尸体;钱财本就是粪土,所以将要得到就会梦见污秽的东西。"当时的人们不仅不反对,反而认为这是名言。在这背后体现的是殷浩对官位钱财的藐视,以及对自己清高品性的自负。他崇尚玄学,自然而然会对世俗的官位和钱财产生反感。因为这些东西难免使人沾染世俗的尘埃,玷污自己的清高,影响自己对玄理的探索。所以殷浩能说出这番言论也就不足为奇了。

不过话说得容易,实践起来却有难度。不能否认,像殷浩这类自恃清高，隐世不出的名士，有沽名钓誉之嫌。他在隐居期间，凭借着他的清谈本领，在士族间赚下了极大的名头。王濛、谢尚等人不由感叹说："渊源不起，当如苍生何！"(《世说新语·识鉴》18)

他最终还是应简文帝之邀出山了，被用来制衡日渐坐大的桓温。这对昔日的发小在朝廷内外斗得不可开交。王羲之劝说殷浩应以国事为重，不宜内构嫌隙。殷浩一概不从。最终因兵败许昌，被废为庶人，流放东阳，三年后便与世长辞。

不知道在他人生的最后时刻，会不会想起当年的豪情壮语呢？曾经的名望，曾经的清高，一切的一切，都变成梦幻泡影，那时的他又会有怎样的心境呢？他最终还是被腐臭玷污了。后来桓温曾问他："你跟我相比，谁强些？"因为桓温少时就与殷浩齐名，常常有竞争心，现在殷浩身败名裂，故有此问。不过殷浩再一次展现出了他的清谈本领，饶有趣味地回了一句："我与我周旋久，宁作我。"(《世说新语·品藻》35)表现了自己虽名位不如桓温，但志向绝不屈服的人生态度。只是，他又真的做过自己吗？

（龚铃洲　张旭）

疑多恨少

殷中军[①]被废东阳，始看佛经。初视《维摩诘》[②]，疑"般若波罗密"太多[③]；后见《小品》[④]，恨此语少。

《文学》第50条

注释

① 殷中军：见上一篇注释。
② 《维摩诘》：指《维摩诘经》，佛教经典之一。
③ 般(bō)若(rě)波罗密：又作“般若波罗蜜”，来自梵语的音译，佛教术语。般若指智慧，波罗蜜指到彼岸，意为智慧到彼岸。
④ 《小品》：佛教《辨空经》有详细的，也有简略的。详细的叫《大品》，简略的叫《小品》，见《世说新语·文学》第43条刘孝标注。

鉴赏

众所周知，殷浩是一位玄学名士，却为何会突然对佛教经典感兴趣呢？

其实，这在两晋时代，是个很常见的现象。早在西晋时代，竺法护、竺叔兰等人就开始大量翻译佛经。他们翻译的佛经以大乘经典为主，而这其中般若类经典所占比例较大。此举为大乘佛教在中国的弘法打开了广阔的局面。

虽然早期的翻译常用中国旧有的哲学名词、概念去比附解释佛教的哲学名词、概念。但随着佛教思想逐渐地与中国社会相适应，变成上层建筑的一个合理组成部分，在实际生活中发挥着重要作用，佛学开始在神州大地上蔚然成风。

尤其是到了东晋时代，在经历了永嘉之乱、神州陆沉和衣冠南渡后，处于上层的门阀士族们愈感忧虑，对精神境界的追求更为迫切，谈玄之风愈演愈烈。他们恰好发现般若思想不仅能提供一种类似玄学的精神境界，而且在义理的讨论方面也与玄学相当契合，甚至能提出超过玄学的新解。于是玄学家们将其引为同道，而般若学者也主动迎合玄学的风尚，彼此辉映。在此背景下，殷浩研读佛经也就不足为怪了。

那是在他人生中最灰暗的日子。在经历了人生的大起大落后，殷浩由玄入释，开始在佛学中寻找慰藉。在他初读佛经时曾大为不解，疑惑一部《维摩诘》中怎么会有那么多“般若波罗密”。不过他的读书习惯非常好，遇到不懂的地方都会“签”一下。“签”类似于我们今天的书签，但古人还会在签上记下自己读书的心路历程以及疑惑不解的地方。一部《辨空经小品》竟然被殷浩作了两百个签，都是精细微妙，当时隐晦难明的地方。他还想去找名僧支道林辩论，或者说是请教一下，不过终究未果。

后来殷浩通过自己的勤读苦思，终于“皆精解”，颇有成就，不过仍有一处地方不懂。直至遇到一位和尚，去请教他，才豁然开朗。所以当殷浩通晓佛教义理后再读《小品》，便又觉得这样的话太少了。这是一段殷浩研读佛经的心路历程。随着对佛学义理的深入解读，思辨剖析，当初的疑惑迎刃而解。而当完全通达，穷究其旨后，又遗憾如此精妙独特的语言却太少。

值得一提的是，名士们对佛教的兴趣点并不在佛教本身。换句话说，他们并不把佛教作为精神的寄托，也不渴望证得果位，从而解脱诸烦恼。他们关心的是佛经背后的义理，并试图将其运用到玄学上去，乐此不疲地与别人展开清谈。《世说》中就记载过这样一件事，庾亮尝入佛图，见卧佛，曰:“此子疲于津梁。”于时以为名言(《言语》41)。虽然庾亮的话中带着几分调侃意味，意思是佛陀过于沉溺于普度众生了，但反映的其实是士大夫们对于佛教慈悲为怀的教义并不以为然。他们感兴趣的只是哲学的探索。

（龚铃洲　张旭）

雅人深致

谢公因子弟集聚[1],问《毛诗》何句最佳[2]?遏称曰[3]:"昔我往矣,杨柳依依;今我来思,雨雪霏霏。"[4]公曰:"讦谟定命,远猷辰告[5]。"谓此句偏有雅人深致[6]。

《文学》第52条

注释

① 谢公:即谢安。因:趁。
② 《毛诗》:西汉初为《诗经》作注的有四家,后以毛苌和毛亨所注最为盛行,流传至今,称为《毛诗》。
③ 遏:即谢玄,玄小字遏,谢安之侄,详"芝兰玉树"篇(《言语》第92条)注释。
④ "昔我往矣"四句:《诗经·小雅·采薇》中的四句诗。依依,轻柔的样子。思,语末助词。霏霏,雪多的样子。
⑤ 讦(xū)谟(mó)定命,远猷(yóu)辰告:出自《诗经·大雅·抑》。讦,大。谟,计谋,谋略。猷,谋划。辰告,及时宣告。
⑥ 偏:特别,偏偏。雅人:高雅之人。深致:深远之情致。

鉴赏

东晋南朝的世家大族,一直是王谢并称。如果说琅邪王氏的领军人物是王导的话,陈郡谢氏的领军人物则是谢安。谢安年轻时高卧东山,尽享丝竹管弦之乐；年过四十始应征出仕，后力阻桓温篡乱之谋，并在淝水之战中指挥若定，力挽狂澜，保住了东晋的半壁江山，功勋显赫，从而让谢氏家族足以与王氏家族并肩而立。谢安另一值得大书特书的事情是对家族子弟的培养，刘克庄《赵氏义学庄》云："家集之际，或雅言，或联句，以儆励之。它日与子弟言诗，则谓'杨柳''风雪'未若'讦谟定命，远猷辰告'之句，是以相业教诏之矣。及乎亲炙久，濡染熟，玄、琰志义奋发，能以八千而走百万之虏，遂为经济之彦；诸孙如康乐，如惠连，如元晖，亦叠主风骚之盟。虽道韫一女子，犹责其弟学之不进。《孟子》曰：'人乐其有贤父兄。'余于谢傅见之。"(《后村集》卷九二)即对谢安教育家族子弟的充分肯定。谢安本人在文学上并无突出的成就，却喜欢与子侄辈讨论诗歌，谢道韫咏雪是大家熟知的启发创作的例子，此条则是从欣赏的角度出发。

"昔我往矣"四句是《诗经·小雅·采薇》中的四句诗。这首诗写士兵出征之苦及归途之所见所思。此四句写其回想当初出征时正值杨柳依依的初春，回家时已经是大雪纷飞的严冬，极言其苦，体现出的是士兵的厌战情绪和渴望归家的思乡之情。"讦谟定命，远猷辰告"出自《诗经·大雅·抑》，这首诗是卫武公刺周厉王，亦以自责自励。这两句意谓以伟大的谋略，安定国家的命运，有远大的政策，就随时宣告。对"昔我往矣"四句，王夫之曾激赏，《薑斋诗话》卷一云："'昔我往矣，杨柳依依。今我来思，雨雪霏霏。'以乐景写哀，以哀景写乐，一倍增其哀乐。"以谢安在咏雪中展现出来的审美能力，他应该肯定谢玄不俗的眼光，却出人意料地拈出了"讦谟定命，远猷辰告"这样雍容和缓的诗句来否定了谢玄的审美。清人王士禛对此就曾迷惑不解："玄与之推所云是矣，太傅所谓'雅人深致'，终不能喻其指。"(《古夫于亭杂录》)颜之推所云，见于《颜氏家训·文章篇》，他肯定《诗经·小雅·车攻》"萧萧马鸣，悠悠旆旌"的不喧哗，认为王籍《入若耶溪》"蝉噪林逾静，鸟鸣山更幽"本于此。的确，从文学的角度来看，谢玄和颜之推所推崇的《诗经》语句，无疑比谢安所举更为出色，王士禛对谢安所说的"雅人深致"，"不能喻其指"也是可以理解的。王夫之尝试去理解谢安的想法，《薑斋诗话》卷二云："谢太傅于《毛诗》取'讦谟定命，远猷辰告'，以此八字如一串珠，将大臣经营国事之心曲，写出次第；故与'昔我往矣，杨柳依依；今我来思，雨雪霏霏'同一达情之妙。""大臣经营国事之心曲"如何有"达情之妙"，如何有"雅人深致"，王夫之其实并没有说清楚。

谢安认为"讦谟定命，远猷辰告"这句诗最能体现出高雅之人的深远情致，是与其一生的政治理想相呼应的，也与他对家族子弟的苦心培养有关。《言语》第 78 条云："晋武帝每饷山涛恒少。谢太傅以问子弟，车骑答曰：'当由欲者不多，而使与者忘少。'"又《言语》第 92 条云："谢太傅问诸子侄：'子弟亦何预人事，而正欲使其佳？'诸人莫有言者，车骑答曰：'譬如芝兰玉树，欲使其生于阶庭耳。'"这里的"车骑"即谢玄。对于他的回答谢安都没有评语，可以认为谢安是认同谢玄的答案的。谢安希望家族子弟都能成长为芝兰玉树，卓有所成而不贪恋名利。因此，他肯定"讦谟"二句的雅人深致，而否定谢玄仅从文义考虑的"杨柳依依"。

值得留意的是，以"《毛诗》何句最佳"发问，不是只有谢玄回答了，《晋书·谢道韫传》云："叔父安尝问：'《毛诗》何句最佳？'道韫称：'吉甫作颂，穆如清风。仲山甫永怀，以慰其心。'安谓有雅人深致。"以文学著称的谢道韫的答案，比以功业闻名的谢玄更符合谢安的期许，这也是有趣的错位吧。

（赵厚均　李雨朦）

异名同归

汰法师云[①]："六通、三明同归[②]，正异名耳。"

《文学》第 54 条

注释

① 汰法师：即竺法汰，东晋僧人，东莞（今属广东）人，与释道安同学。

② 六通：佛教名词，包括天眼通、天耳通、他心通、宿命通、神足通和漏尽通。三明：佛教名词，包括宿命明，略相当于宿命通，知道众生过去的事；天眼明，不同于天眼通，而是知道众生现在和未来的事；漏尽明，就是漏尽通。前两明是为漏尽明服务的，就是知晓众生过去未来的因缘，从而看穿世界的本质，超脱于生死之外。

鉴赏

佛教中有神通之说，什么叫神通呢？《大方广佛华严经疏》中解释“作用自在无碍谓之通”，也就是佛和菩萨以及外道仙人所得到的通力、神通。一般说来，神通就像是一种特异功能，《西游记》里孙悟空能七十二变，当然算是一种神通，但是这却不能完全地体现出佛的本意。佛祖说神通是我们本性中的一种智慧能力，只是被我们的业阻碍了。所以，通是去除障碍以得通达的意思。既能变化莫测又能自在无碍，便是神通了。

但是虽然这么说，神通这个词却是产生于我国的道教，佛教传入之后借用了道教的用语。佛教中有“六神通”，具体说来，就是天眼通、天耳通、他心通、宿命通、神足通和漏尽通。为什么是这样的六通呢？按照佛经所说，佛教将世界分为欲界、色界和无色界，色界以上的人便具有能够看到远近事物粗细之形，以及看清众生在何处生死的能力，这就是天眼神通。天眼是最先能够修得的神通。然而看见众生却不能听见他们的声音，由此求天耳通。得到天眼天耳之后就能知道众生的身形音声，但是还不能理解他们表达忧喜苦乐的言辞，由此又再求理解言辞能无阻碍。但仅仅知道言辞还是不够，因为不能知道他人心中所想，于是又求能知他心智，也就修得他心通。但这还不够，因为还不知道众人原本从何所来，于是更求宿命通。知道其所来处之后，想要破除一切执念烦恼，脱离轮回，证阿罗汉果。于是求漏尽通。那么神足通呢？神足通就是能随心游历各处，不受时空的限制。佛祖说，神足通涵盖范围最广，且能通涵凡人和圣人，所以可以最先修得。孙悟空的神通便是一种神足通。这六通之中，前五个都是我们平常人便可以修得的，唯有最后的漏尽通，只有三乘之圣者才能得到，这也是所有修佛之人追求的重大目标。

为什么漏尽通高于其他五通呢？五通仙人曾问佛："世尊有六通，我有五通，如何是哪一通。"佛叫他的名字，五通仙人应声而答，佛说："那一通，你问我？"五通仙人缺的正是漏尽通。世间万物都不是长久的，而是有生有灭循环往复的，但是世人一般都看不透这一点，由此生出种种执念。其中佛教要教人破除的是我执和法执。漏便是由执念生出的诸多烦恼，只有断绝了这些执念才能获得漏尽通。凡人外道执着于寻求佛法修行神通，也恰恰是因为这种法执，与佛法背道而驰，由此不能修得漏尽通。他们不懂得佛法的真正奥义在于不着物相，清净无所得。

神通有很多途径可以获得，通过前世因缘及修行而在今生获得的报通，被精灵鬼怪附身而获得的附通以及修行后获得的神通。但是佛教却不提倡修行神通，而是提倡三明。佛经中记载阿难有一个弟子想学天眼通，阿难教给了他，他却在千方百计修成天眼通后背离佛道入了魔。从此以后，显、密各派的经典都删去了修行神通的方法。若只是因为各种妄念而修行神通必然不会修得真正的神通。

三明又是何意呢？竺法汰说："六通和三明同一指归，只是名称不同罢了。"三明具体是指宿命明，天眼明，漏尽明。当修行者能知道自己的过去，及三世的因果轮回，又能切断轮回获得解脱，才是修道的完成，因此这三者又被称为三明。那么三明和六通有何区别呢？直接能知道过去宿命为通，知道过去的因缘行业为明。知道此生彼死为通，知道其中的因缘际会为明。知道事物尽绝，不知道还会不会再复生为通，知道事物皆有尽绝之时不会复生为明。也就是说，凡是有形有色的能用之于三界的神力只能称之为通，能出离三世的智慧才能叫作明。以此可知，六通是三明的根本，三明是六通的升华，修行神通不一定能修得三明，但是有了三明的，自然会获得六通。竺法汰之言,意在表明不应为修习神通而修习神通,应先具备明,而后神通自现。正如佛法所说,修六通之法,必先明心地、开发觉慧、证得净空以为体,然后缘化万有,无心应物以为用。

（张煜　王琪）

一往奔诣

支道林、许、谢盛德[①],共集王家。谢顾诸人曰:"今日可谓彦会,时既不可留,此集固亦难常。当共言咏,以写其怀。"许便问主人有《庄子》不?正得《渔父》一篇。谢看题,便各使四坐通。支道林先通,作七百许语,叙致精丽,才藻奇拔,众咸称善。于是四坐各言怀毕。谢问曰:"卿等尽不?"皆曰:"今日之言,少不自竭。"谢后粗难,因自叙其意,作万余语,才峰秀逸。既自难干,加意气拟托,萧然自得,四坐莫不厌心。支谓谢曰:"君一往奔诣,故复自佳耳。"

《文学》第55条

注释

① 支道林：见“支公好鹤”篇(《言语》第76条)注释。许：即许询，见“殊胜东山”篇(《言语》第69条)注释。谢：即谢安，见“常自教儿”篇(《德行》第36条)注释。

鉴赏

《渔父》是《庄子》杂篇中的一篇，主要讲述了孔子见到渔父以及和渔父对话的过程。对话从渔父和孔子的弟子子路、子贡交谈开始，内容围绕着孔子及其学说，看上去似乎是庄学之人借由渔父的身份对孔子其人及其学说进行了直接的批评，而孔子则虚心接受，毫无辩驳之意。于是这篇文章便构成了很有趣的展示儒道对立观点的论题。通过问答的方式，渔父批评了孔子“不在其位，却谋其政”，这是“八疵”和“四患”，又批评孔子“苦心劳形以危其真”，并借此阐述了“持守其真”、还归自然的无为主张。

其实孔子曾问学于老子，儒学讲究的“仁”“礼”与老庄的“天道自然”“无为而治”并非全然对立，也有相承之处。“不在其位，却谋其政”，看似是批评孔子，却恰恰证明自己和孔子的观点“不在其位，不谋其政”(见《论语·泰伯》)是一致的。文中写了孔子种种谦卑求教的行为，也是其“敏而好学，不耻下问”“三人行，必有我师焉；择其善者而从之，其不善者而改之”的实践。因此《渔父》此文，很难简单地定义为是对儒学的批评。或许正是这样，谢安才能粗叙万余言。

东晋时期，所谓“上品无寒门”，谢、王在当时都是有名望的大家族，许询同样出身世家，但他拒绝为官，偏好山水，隐居今浙江萧山，更擅谈玄理，和王羲之、谢安等人相交甚好。名僧支遁不仅精通佛学，更擅于玄学。《世说新语》中记载他能言善辩，风度不凡，爱养马养鹤，不仅与名士结伴游玩山水，更常在名门士族的家中宣讲佛经。支遁绝非一个“苦行僧”，他从未刻意掩饰对名利的追求，也会因知音离世而流露高山流水般的悲痛。这样的性格正是老庄所发扬的“天性”，由此支遁对《庄子》的精通不仅仅是由于学问精进，深知义理，更是一种人格上的契合，因此他能在毫无准备的情况下，脱口而出关于《庄子》的七百余言。

而谢安在如此精彩的发言之后还能接着洋洋洒洒发表万余言，许、王、支皆服于谢安，其学识的渊博和人格魅力跃然纸上。谢安年少成名，才华斐然，不愿做官，在东山过着“出则渔弋山水，入则言咏属文”的生活。他极爱诗文，创作的玄言诗开一时之风气，对陶渊明、谢灵运影响甚大。他又跟随王羲之学习书法，获得很高的评价。后来家族衰败，他开始有了做官的志趣，出山被召为桓温帐下司马，桓温阅其所写简文帝谥议后，不禁夸赞“此安石碎金”，足以见其在文辞锤炼上的造诣。后又进入朝廷，尽心王室，颇具将才，屡建军功。早年谢安和名士们出海游玩遇到风浪之时，谢安的淡定从容，便表现出非同一般的气度。后来，淝水之战时，当前线传来捷报，谢安依然面不改色，从容下完棋。在面对权势日盛的桓温时谢安也毫不畏惧，从容不迫，如此气度，确如李白所写：“但用东山谢安石，为君谈笑静胡沙。”

然而尽管谢安已官至宰相，向往的却还是流连山水的生活。他这一生，贯穿着儒与道。为官时，他不愧儒家入世的精神，而在他自己内心中，一直追随着老庄的天道与自然。这样的精神境界，那万余言又何足为奇。

支遁的言论想必是站在庄子的立场上，因庄子的“物我两忘”，正是禅意之所在。而谢安在众人言尽之后的发言，也许是站在调和儒道的立场上。古往今来的哲学，空谈义理只是枯燥的思维论战，只有当义理融入了人格，用言行举止诠释出的义理，才能达到真正的透彻。

（张煜　王琪）

有情无情

僧意在瓦官寺中[①]，王苟子来[②]，与共语，便使其唱理[③]。意谓王曰："圣人有情不？"王曰："无。"重问曰："圣人如柱邪？"王曰："如筹算[④]，虽无情，运之者有情。"僧意云："谁运圣人邪？"苟子不得答而去。

《文学》第57条

注释

① 僧意：释僧意，东晋僧人，生平不详。瓦官寺：原本是官府管理陶业之处，晋兴宁中沙门慧力启奏乞来作为寺庙，最早只有堂塔，到竺法汰驻锡之时，才更拓房宇，修立众业。

② 王苟子：王修(334—357)，字敬仁，小字苟子，太原晋阳(今山西太原)人，王濛子，官至著作郎。书法家。

③ 唱理：带头讲谈义理。

④ 筹算：用来布算的刻有数目的竹筹。

鉴赏

圣人有情无情，一直是魏晋玄学论辩的热点。其实这一论题有一个长远的形成过程。论及圣人，自然须从儒家说起，论及性情，也避不了老庄，由此可见这是一个完美的儒道相合的玄学论题。这个圣人，究竟指的是什么样的人呢？又为何执着于其情之有无呢？

远古时期，自从明暗之说逐渐演变升华形成阴阳之说后，中国的哲学无不受其影响。汉朝时期，董仲舒以阴阳论善恶，恶之属尽为阴，善之属尽为阳。《论衡》中有“性生于阳，情生于阴”的说法，《白虎通义》中更具体地说：“情生于阴，欲以时念也。性生于阳，以理也。阳气者仁，阴气者贪，故情有利欲，性有仁也。”秦汉时期还有不少古籍提到如此“性善情恶”说。性、情、欲三字纠缠难分，也是各家思想主攻之处，儒、释、道的许多思想都是围绕其阐发的。大体世人的固有印象中，儒家“发乎情，止乎礼义”，道家追求本性真情，佛家则要忘情。一句“克己复礼”，世人皆以为儒学提倡抑情从礼，但其实，孔子学说的核心是一个“仁”字，“老吾老以及人之老”“幼吾幼以及人之幼”，都是我们耳熟能详的儒家箴言。孔子讲的仁爱精神，小到一家之亲，大到天下众生，若无情的介入，又何来仁爱之心？孔子无疑被世人称为“圣人”，我们且看孔子的言行。孔子一直很赏识学生颜回，颜回死的时候，他悲痛不已，直呼“天丧予！天丧予！”圣人如斯，亦是一个充满情感的仁者形象。可见儒学绝不鼓吹“无情”，更认为道恰是从情开始的，然儒学中有一句话：“情生于性”（郭店楚简《性自命出》）。这样看来，性便成了道的根本。《礼记》中说：“人生而静，天之性也；感于物而动，性之欲也。”人的诸多情感本藏于性，受到外物感应从性中生发出来。但我们都知道，孟子和荀子有著名的性善性恶之争。荀子认为人性中必有欲，故性恶。但值得注意的是，荀子认为情即是欲，情欲乱礼。由此荀子的观点并非“性恶”，而是“情恶”。到了汉代，在阴阳学说影响下，逐渐演变成了性善情恶之说，因此在汉代便具有了“圣人无情”之说产生的土壤。而庄子却一直赞扬一种超越世俗而顺其自然的真情，否定的是各种无端的欲望。两种不同的思想传播到了魏晋，玄学之中便有了圣人有情或无情之辩论。最著名的是何晏的圣人无情说和王弼的“圣人有情而无累于物”。放眼到后世，宋明理学中的“存天理，灭人欲”其实也是受此影响。

魏晋时期玄学又分为“贵无”“崇有”“独化”几个派别，王苟子可能是贵无派。这位王苟子也是当时有名的谈士。他和许询曾在会稽西寺有一次精彩的辩论，起因只是许询对自己年少时被人拿来与王苟子相比较而感到不平。许询首轮便火力全开大胜王苟子，当他们互相换用对方的观点来辩论之时，王苟子依然惨败。虽然支道林评价许询如此行为已近乎私怨而并非是为了穷理，但从中王苟子这个人的学问见识还是可见一斑的。他回答僧意的这句“圣人无情”更像是机械地接受玄学观点之后的输出。当僧意选了一个确实毫无情感的柱子来反问王苟子之时，王苟子却又自作聪明地说“圣人如筹算”，给自己挖了一个坑，最终无力解答而落荒而逃。圣人若如筹算，那么运用筹算的必然是比圣人更高的人，连这样的人都是在用情运筹，“圣人无情”至此不过是一句空话罢了。王苟子最后在24岁的时候便英年早逝了，虽有一手绝好的书法，但在玄学上，想来他这短暂的一生只是在做他人的陪衬。

（张煜　王琪）

妙处不传

司马太傅问谢车骑[①]：“惠子其书五车[②]，何以无一言入玄？”谢曰：“故当是其妙处不传。”

《文学》第58条

注释

① 司马太傅：司马道子(364—403)，晋简文帝之子，孝武帝之弟。初封琅邪王，

改会稽王。后遍树亲党，控制朝政。与子元显大事聚敛，奴役百姓，最终激起孙恩起义。元兴元年(402年)桓玄破建康，元显被杀，道子被流放，后鸩死。谢车骑：即谢玄，见《芝兰玉树》篇(《言语》第92条)注释。

② 惠子：惠施(约前370—约前310)，战国中期宋国人。是当时著名的政治家，哲学家，也是名家学派的开创者。

鉴赏

说起谢玄，也许我们的脑子里不禁会浮现一位披坚执锐、威武雄壮的将军形貌。因为谢玄统帅的北府兵名气太大，所以其统帅自然也就跟着著名。这支军队的创立不仅平衡了东晋长江上下游的势力，也兼具着抵御外侮的作用。甚至在谢玄死后，依然在动荡的时局中继续被人利用着，直至刘宋王朝的开辟。

但历史上真实的谢玄其实是一位风度翩翩，极有涵养的公子。他小时候曾喜欢佩戴紫罗香囊，但叔父谢安很反感，于是和他打赌，赢了香囊后就拿去烧了，以此来教育谢玄。长大后的谢玄果然不负众望。他不仅长得清秀俊美，也善谈玄理，聪慧过人。谢玄为父亲守丧期间，名僧支道林前去拜访他，一直到晚上才回去。路上有人问支道林从哪里来，他回答说："今天与谢孝子畅谈了一番刚出来。"我们可以想象支道林当时说话的神态，那是何等的自得，何等的惬意啊。当然，这也从侧面反映了谢玄清谈的水平。

所以当司马道子问他："惠子所著的书有五车之多，为什么却没有一句涉及玄理呢?"谢玄回答说："这当然是因为玄理的精妙处难以言传。"

惠子是庄子的朋友，《庄子·天下》中说"惠施多方，其书五车"。他提出的"合同异"思想和庄子的"齐万物"有着异曲同工之妙。魏晋时代最火的三玄之一就有《庄子》。玄学家们纷纷围绕其中的哲学命题展开激烈的辩论，并将自己的思想以注解的形式呈现出来。惠施是庄子的知己，故司马道子有此一问。

谢玄并没有多费口舌为之剖析，因为玄理的妙处本来就难以言明。为什么会这样呢？因为只要翻开《老子》，第一页就是答案。“道可道，非常道”，即话语虽然可以表述真理，却不可能到达真理，当人们用语言表述真理时就已经离开它了。换句话说，真理已经超越了人类的语言系统，我们只能“强名曰道”，而不可能用语言完全表述它。谢玄在这里用玄学的观点去回应司马道子的提问，既准确又犀利，展现了一位清谈家应有的风度。在这个问题上，话多反而会显得繁琐，削弱表达的准确性。毕竟司马道子也是一位玄学家，一点就通。所以，简单的一句足矣。

在魏晋时代，士人话语中类似于这样的机锋还有很多。譬如裴楷曾请求梁王和赵王每年拨出几百万赋税钱来周济他贫困的宗亲。有的人就讥讽他，说：“为什么要讨钱来施加恩惠呢？”结果裴楷不卑不亢地回答道：“损有余，补不足，天之道也。”他用《老子》的哲学观点来说明自己做的事乃是符合天道，试问又有谁还会质疑天道呢？

谢玄本人也有不少值得称赞的话语。谢安曾经问子侄们：“子弟亦何预人事，而正欲使其佳？”谢安此问颇有深意。因为当时政治环境十分险恶，桓温家族为扩充自己的势力，先后铲除或削减了几大家族，更有觊觎晋鼎之心。谢家如果稍不注意，很可能有不虞之祸。谢玄领会了叔父的意思，回答道：“譬如芝兰玉树，欲使其生于阶庭耳。”言外之意就是稳定发展自己的力量，以门户为重，隐忍不外露，不要有非分之想。

谢玄的回答，每每充满着睿智。

（龚铃洲　张旭）

以感为体

殷荆州曾问远公[①]："《易》以何为体[②]？"答曰："《易》以感为体[③]。"殷曰："铜山西崩，灵钟东应[④]，便是《易》耶？"远公笑而不答[⑤]。

《文学》第61条

注释

① 殷荆州：殷仲堪，武帝时曾任荆州刺史。详"仲堪俭约"篇(《德行》第40条)注释。远公：即释慧远(334—416)，雁门楼烦(今山西宁武)人，著《法性论》，倡涅槃常住说，后世奉为莲宗初祖。

② 体：事物的主要部分，主体。

③ 感：感应。

④ 铜山西崩，灵钟东应：指铜山在西边崩塌，灵钟就在东边感应发声。《汉书·东方朔传》记载在汉孝武帝时，未央宫前的钟无故自鸣，三天三夜不止，东方朔以为是山崩的先兆，三天后，南郡太守果然上书说铜山崩塌。

⑤ 笑而不答：王世懋云："按《易》理精微广大，谓此非《易》不可，执此言《易》又不可，远公所以笑而不答。"

鉴赏

殷仲堪奉天师道甚笃，释慧远为崇佛高僧，因为信仰不同，两人对于神灵妙事可谓各有所见。本则记载殷仲堪与慧远讨论"《易》以何为体"的问题，慧远直接以"《易》以感为体"回应之，若依《易经》"咸"卦所谓"咸,感也。柔上而刚下,二气感应以相与"的论述,慧远以"感"来定调《易》体,未必是令人唐突的解释;然他位处东晋玄佛交替之际,善于以外书解释内典,是以理解《易》难免存有佛学的身影,故此则最后留下"笑而不答"的回应,就别具深意了。

殷仲堪继续以"铜山西崩,灵钟东应,便是《易》耶?"提问,"铜山西崩、灵钟东应"乃根据《汉书·东方朔传》中的感应故事而来,不论殷仲堪当时是在怎样的情境下方有此联想而来的设问,至少他传述这个此感而彼应的案例,已不惟是一般的自然响应,而宛如再现汉代天人感应思想的历史事象般。

慧远何以笑而不答呢?其间的确暗藏玄机。《易·坤卦·文言》中所谓的"积善之家,必有余庆;积不善之家,必有余殃"乃传统报应说。依此线索,慧远提出"《易》以感为体"的命题,可未尝没有以佛教报应观来思考传统报应观的可能。观慧远曾作《三报论》强调现报、生报、后报,是以他看《易》所言种种阴阳变化、吉凶祸福之说,会从佛教因果报应中的"业报"观念来予以诠释。除此之外,慧远的思想亦关涉佛教法身感应的问题,是以慧远在此所释出的"感",可以透过佛教的因果报应说来理解,甚至已寄寓"感"以体现佛无所不在的深义。

若将此则所载重新置于东晋玄佛兴替之际,圣人与佛陀、易道与法身的对话语境下予以深探,我们便可以发现,慧远所传达的此感而彼应,不只站在众生之果报而言,更有法身可普现于各方而无所不在的妙意,即山林为"感彻乃应,扣诚发响,留音停岫"(释慧远《万佛影铭》),天地万物亦成了佛的影迹。是以慧远提出"《易》以感为体"以及对殷仲堪所问之笑而不答的回应,正是透过这种移花接木的方式,在进行一场以佛教转化儒学的无声革命,学术流变的复杂议题,都消融在此对话及笑而不言的语境中。

(吴冠宏)

七步成诗

文帝尝令东阿王七步中作诗①，不成者行大法②。应声便为诗曰："煮豆持作羹，漉菽以为汁③。萁在釜下然④，豆在釜中泣。本是同根生，相煎何太急？"帝深有惭色。

《文学》第66条

注释

① 文帝：即魏文帝曹丕(187—226)，字子桓，沛国谯(今安徽亳州)人，魏王曹操嫡长子，魏朝开国皇帝，死后谥号"文皇帝"。东阿王：即曹植(192—232)，字子建，曹丕同母弟，受封东阿王。七步中作诗：在七步之内作出一首诗来。

② 行大法：实行国法，意即"处以极刑"(处死)。

③ 漉(lù)菽(shū)：过滤煮熟的豆子，其渗出的汁水可以调味。

④ 萁(qí)：豆子的秸秆。釜：古代烧饭的鼎锅。然：古同"燃"。

鉴赏

此事真假如何，后人不得而知，可是流传之广，影响之大，堪称《世说》一绝。

《世说》成书，只是搜集传闻，略加编辑，传闻之词，难以信其必有此事，也难以断其必无此事。这里对曹丕兄弟，一个称帝，一个称王，俨然是曹魏臣民的口气。无风不起浪，一是曹丕确实迫害过曹植，二是曹植实在是才气无双。

据《三国志》记载，曹植自幼聪颖好学，十几岁时就很会写文章，曹操曾经因为曹植文笔太美而怀疑他请人代笔，曹植回答："言出为论，下笔成章，顾当面试，奈何倩人（求人代劳）?"意思是出口成章，可以面试。恰逢邺都的铜雀台刚刚落成，曹操便带领"诸子登台，使各为赋。植援笔立成，可观，太祖甚异之"。梁代钟嵘的《诗品》，把曹植称为"建安之杰"，甚至说，曹植在诗坛上的地位，好比孔子在人世间的地位，好比凤凰在禽鸟中的地位。晋宋之际的诗人谢灵运，则声称普天下只有一石才，曹植一人独占了八斗。当然，这是就唐诗之前而论。不过，流传至今的"七步之才""才高八斗"这两个词，最初说的都是这位曹植。

曹氏父子三人，都具有很高的文学修养，都醉心于文学创作，堪称建安、黄初文坛的领袖与中坚人物。检《隋书·经籍志》著录，曹操有"《魏武帝集》二十卷"，另有"《武皇帝逸集》十卷""《魏武帝集新撰》十卷"；曹丕有"《魏文帝集》十卷"；曹植则有"《陈思王曹植集》三十卷"。曹丕还撰有《典论》五卷，其中《论文》一篇，开篇即称"文人相轻，自古而然"，且举例申论，归结于"人善于自见，而文非一体，鲜能备善，是以各以所长，相轻所短"。《铜雀台赋》，父亲测试儿子，曹植下笔琳琅，独占鳌头，给曹操的是惊喜与荣耀，给曹丕的可能就是不服与嫉妒了。何况曹植几乎还一度威胁到曹丕王太子的地位。由此使得一奶同胞的手足兄弟，关系恶化到手足相残，确实怵目惊心。只不过，《铜雀台赋》是命题作文，"七步作诗"却是生死攸关的限时大考。"悲愤出诗人"，曹植借煮豆燃豆萁为喻，既生动形象，又贴切感人，既反映出他的文思高妙，更反衬兄长的冷酷残忍。一句"本是同根生，相煎何太急"，让曹丕也不得不"深有惭色"。明代学者李贽评曰："览此诗，虽铁为肝，铁索为肠子，亦软矣。"

相比于《三国志·魏书》中《文帝纪》，曹丕在《世说新语》中的形象甚为逊色：《贤媛篇》的"魏武帝崩，文帝悉取武帝宫人自侍"与母后卞夫人的诅咒"狗鼠不食汝余"，《尤悔篇》的"毒枣杀弟"与卞太后呵斥"汝已杀我任城，不得复杀我东阿"等，都昭示曹丕为人的丑恶一面，与正史

鉴赏

的歌功颂德，形成鲜明的反差。而这也正是《世说新语》等志人小说不可替代的历史鉴镜作用。

（王澧华）

阮籍神笔

魏朝封晋文王为公[①]，备礼九锡[②]，文王固让不受。公卿将校当诣府敦喻[③]。司空郑冲驰遣信就阮籍求文。籍时在袁孝尼家，宿醉扶起，书札为之，无所点定，乃写付使。时人以为神笔。

《文学》第67条

注释

① 晋文王：即司马昭，详“阮籍至慎”篇（《德行》第15条）注释。
② 九锡：这里的“锡”通“赐”，原指古代皇帝赐给诸侯、大臣的九种礼器，包括车马、衣服、乐则、朱户、纳陛、虎贲、弓矢、斧钺、秬鬯，是最高礼遇的表示。
③ 诣府敦喻：登门劝喻。

鉴赏

公元258年五月，当时的魏朝天子高贵乡公曹髦封司马昭为公爵，配以最高的礼仪——“九锡”，而司马昭却坚辞不受。九锡，原指古代的九种礼器，其象征意义高于实用意义，表示最高的礼遇。从历史上看，接受者的地位都仅次于皇帝。盘点历史上接受过“九锡”者，较著名的如王莽、刘备、曹操、孙权、桓玄、杨坚、李渊等，以及宋齐梁陈的开国皇帝刘裕、萧道成、萧衍、陈霸先等，他们大都是先接受前朝的九锡，然后建立属于自己的新朝。因此，获得“九锡”由先秦时天子对功臣的表彰，而逐渐演变为改朝换代的前奏。

据龚斌教授《世说新语索解》一书考证，魏朝的“九锡”和司马昭的推让，始于甘露三年(258 年)，终于景元四年(263 年)，前前后后持续演出了数年时间。对反复“九锡”与反复推让的意义，无论加封者还是被加封者都心知肚明。例如曹髦是司马氏专权之后最有反抗精神且付诸行动的曹魏皇帝，他不甘心久处傀儡地位，对司马昭恨不能除之而后快，压根儿就不想加封司马昭并委以重任，然而迫于司马氏的压力和淫威而不得不加封。曹髦被害之后的魏帝曹奂也不得不继续配合司马氏假意辞让的演出。而司马昭对于“九锡”这样一个篡权的过渡环节盘算已久，“固让不受”，只是要继续把戏作足，借辞让显示自己的“高风亮节”，为魏晋改朝换代的高潮——“禅让”的合法性、合理性做好铺垫而已。

为了真正演好眼下的“九锡”和后来的“禅让”大戏，除了新旧皇帝两个主角，还要有更多的配角和群众演员的参与。因此，才有了众多“公卿将校”，包括郑冲等司马氏的追随者和拥护者的登门劝进，才有了郑冲邀请(实为要挟)阮籍的出场，以及阮籍这篇劝进文的诞生。

这一次，忠实追随司马氏的司空郑冲派使者快马加鞭去向阮籍“求文”，为此甚至追到阮籍当时所在的朋友袁孝尼家中，可见郑冲索要文章之情急——不达目的绝不罢休。此前，阮籍经常借酒浇愁，喝醉了酒独自驾车四处狂奔，到了无路可走便“恸哭而返”；或者为了避免和司马氏结为亲家而大醉六十天，让提亲者无功而返，不了了之。这次阮籍想故伎重演，躲到朋友袁孝尼家里并且喝得烂醉，却无济于事，他被强行扶起,完成了这篇命题文章——劝进文。

郑冲等公卿大臣这些真正的劝进者们,他们为何不自己写劝进文呢?一定不是写不了,最多是写得不够好罢了。但他们却偏要拉上阮籍,其中自有奥秘:阮籍是诗文大家,有咏怀诗和玄学文章传世,但郑冲等人看中的不仅是阮籍的文采,更看中阮籍的身份地位和影响效应。真正的劝进者们之所以邀请甚至胁迫阮籍就范,一起参与权位更迭的劝进行动,是因为这样做具有给其他文人士大夫以示范的作用。篡权的司马氏及其党羽通过拉阮籍下水,告诉那些反对派和不合作的人:你们看,曹魏的支持、同情者——大名士阮籍都臣服了,尔等何去何从,看着办吧!写,还是不写,阮籍恐怕早就经过思考和挣扎,如同哈姆雷特面对"生存,还是毁灭"一样的难题。阮籍"神笔"的背后,可见他是有两手准备的——能躲则躲,若逃避不成,便只好就范。司马昭之心,路人皆知,阮籍岂能不知?曹髦、嵇康等因抗争而毁灭的先例,阮籍亦很清楚。

劝进文全文见于萧统所编《文选》,亦收入《阮籍集》,全称为《为郑冲劝晋王笺》,其中写道:"窃闻明公固让,冲等眷眷,实有愚心。以为圣王作制,百代同风,褒德赏功,有自来矣。……周公藉已成之势,据既安之业,光宅曲阜,奄有龟蒙。……明公宜承圣旨,受兹介福。"将此文置于《阮籍集》中,殊觉与作者本人的人格、思想及其文风不搭,因此备受后世争议。阮籍身不由己,言不由衷,被迫沦为一出"劝进戏"中的角色。一挥而就的"神笔"背后,貌似潇洒从容,实则有多少辛酸和无奈,有多少荒诞和滑稽。写完劝进文不久,阮籍病逝,享年54岁,比起非正常死亡的嵇康来说,也算是善终。然而,不知阮籍病死与劝进文的写作有无关联?后人往往"嵇阮"并称,撰写此文之后的阮籍,还会遥想友人嵇康否?会抑郁否?有羞愧否?

(刘小兵)

意气所寄

刘伶著《酒德颂》[①]，意气所寄。

《文学》第69条

注释

① 刘伶，字伯伦，西晋沛国（今安徽濉溪西北）人，"竹林七贤"之一。崇尚老庄，以酣饮为乐，蔑视儒家礼法。著有《酒德颂》。

鉴赏

李贺《将进酒》诗曰："劝君终日酩酊醉，酒不到刘伶坟上土。"竹林七贤与酒有不解之缘，《世说新语·任诞》曰："陈留阮籍，谯国嵇康，河内山涛，三人年皆相比，康年少亚之。预此契者：沛国刘伶，陈留阮咸，河内向秀，琅邪王戎。七人常集于竹林之下，肆意酣畅，故世谓'竹林七贤'。"酒是竹林七贤在"名士少有全者"的魏晋之际，用来"托其迹""慢其形"的工具，也是将七贤联系在一起的最好媒介，此外还有发言玄远的清谈等活动。七贤中除了嵇康从养生的角度对酒持警惕的态度外，可谓个个喜饮、人人擅饮，而其中尤以刘伶为最。《世说新语》中关于刘伶病酒、纵酒放达、鹿车载酒、死便掘地以埋等故事早已深入人心，皆为唐人所撰《晋书·刘伶传》所取用："伶虽陶兀昏放，而机应不差。未尝措意文翰，惟著《酒德颂》一篇。"《酒德颂》是对饮酒的大力宣扬，影响甚远。《酒德颂》不长，全文如下：

有大人先生，以天地为一朝，万期为须臾。日月为扃牖，八荒为庭衢。行无辙迹，居无室庐。幕天席地，纵意所如。止则操卮执觚，动则挈榼提壶。唯酒是务，焉知其余。有贵介公子、搢绅处士，闻吾风声，议其所以。乃奋袂攘襟，怒目切齿，陈说礼法，是非蜂起。先生于是方捧罂承槽，衔杯漱醪，奋髯箕踞，枕曲藉糟，无思无虑，其乐陶陶。兀然而醉，恍尔而醒。静听不闻雷霆之声，熟视不睹泰山之形。不觉寒暑之切肌，利欲之感情。俯观万物，扰扰焉若江汉之载浮萍。二豪侍侧焉，如蜾蠃之与螟蛉。

古人琴称琴道，酒称酒德，诗称诗思。然古人对酒的态度颇为纠结。如《吕氏春秋·先识览》云："商王大乱，沉于酒德。"曹操为了节约军粮曾下禁酒令，为此孔融予以反对和嘲讽。《刘劭集》著录有《酒德颂》，今已不传。颜延之《陶征士诔》说陶渊明"心好异书，性乐酒德"。"酒圣"刘伶及其《酒德颂》既是魏晋风度的典范之一，也是唐前中国式的酒神精神的代表之一。

刘伶《酒德颂》中出现的是两类对立的人物："大人先生"与"贵介公子、搢绅处士"。"幕天席地，纵意所如"的"大人先生"无疑是刘伶自身的写照，"怒目切齿，陈说礼法"的"贵介公子、搢绅处士"则是礼法之士的代表。"大人先生"对抗礼法的手段便是视一切为无物——"唯酒是务，焉知其余"。联系"天生刘伶，以酒为名。一饮一斛，五斗解酲"的自诩，喝酒似乎成为刘伶人生的终极目的；酒醉之后的"大人先生"，视万物如浮萍，视礼法之士为渺小的昆虫。刘伶试图通过饮酒而达到彻底超尘脱俗的人生境界。《酒德颂》的思想力量当来自《庄子》：其洒脱如庄子之"吾以天地为棺椁，以日月为连璧，星辰为珠玑，万物为赍送"（《庄子·列御寇》）；其"纵意所如"如庄子之"逍遥游"；其沉醉的境界得自庄子的"醉者神全"（《庄子·达生》）。

《酒德颂》确为刘伶"意气所寄"。刘伶醉于酒，却清醒于礼法的虚伪、社会的黑暗，表现的是对自由人生境界的向往、对理想人格的追求。可以说刘伶企图通过醉酒来摆脱礼教对人的束缚与异化，从而达到与自然大道合一的境界。因而，刘伶及其《酒德颂》无疑为唐前中国式“酒神精神”的杰出代表。尽管七贤皆与酒有关，而从《世说新语》、《晋书》本传及《酒德颂》来看，其中的刘伶对酒最为痴情而执着，饮酒的风度达到了惊世骇俗的地步，也最得庄子神韵，故而深得后世“酒徒”的青眼。李善《文选》注引臧荣绪《晋书》曰：“刘伶，字伯伦，沛国人也。志气旷放，以宇宙为狭，著《酒德颂》。为建威参军。卒以寿终。”“志气旷放，以宇宙为狭”凸显的是刘伶傲世的人格特征，“卒以寿终”揭示了刘伶饮酒的功用除了宣泄傲世的情绪外，还有一个在乱世中得以全身远祸的功效。这些无疑都给后代士人以很好的启示意义。颜延之《五君咏·刘参军》曰：“刘灵善闭关，怀清灭闻见。鼓钟不足欢，荣色岂能眩？韬精日沈饮，谁知非荒宴？颂酒虽短章，深衷自此见。”此诗深得刘伶饮酒的真味以及《酒德颂》背后的深意，颜延之可谓刘伶的知音。庾信《暮秋野兴赋得倾壶酒诗》：“刘伶正捉酒，中散欲弹琴。但使逢秋菊，何须就竹林。”刘伶与酒正如嵇康与琴一样，已成为他们各自标志性的“符号”，其风采神韵为历代士人所追忆和神往。

刘伶作为七贤中“以酒为名”的“酒圣”形象，凭借《酒德颂》中所表现的酒神精神，受到后世文人的青睐。李白《将进酒》：“钟鼓馔玉不足贵，但愿长醉不愿醒。古来圣贤皆寂寞，惟有饮者留其名。”刘伶与李白，留名后世，皆与酒有不解之缘。东坡云“诗文岂在多，一颂了伯伦”，虽然刘伶除了还有一首《北邙客舍诗》传世，其他文字不见流传，然文学向来不以数量取胜，有一篇《酒德颂》传世，已足称经典！

（刘小兵）

情文相生

孙子荆除妇服[①]，作诗以示王武子[②]。王曰："未知文生于情，情生于文。览之凄然，增伉俪之重。"

《文学》第72条

注释

① 孙子荆：即孙楚，见"土地人物之美"篇(《言语》第24条)注释。
② 王武子：即王济，见"土地人物之美"篇(《言语》第24条)注释。

鉴赏

魏晋是重情的时代，王衍所言"情之所钟，正在我辈"(《世说新语·伤逝》)，可以说是这一重情思潮的公开宣言。与之前强调"发乎情，止乎礼义"(《诗大序》)的礼教传统相比，魏晋人在情感表达上自由了许多。其中男女之情的表达，此前虽也有天然直白的风致，但在两汉儒教大盛之日，多被解释为充满政教伦理的说教，如《诗经·关雎》，本为表现青年男女的爱情，《毛诗序》却认为是对后妃之德的歌颂。其时情感之不能自由抒发表达，于此可见一斑。

许是出于对两汉礼教束缚的反抗，在汉末社会崩溃之后重生的魏晋社会，在情感表达上明显大胆了许多，尤其是男女夫妇之情，更是留下了许多佳话。《惑溺》即载："荀奉倩与妇至笃，冬月妇病热，乃出中庭自取冷,还以身熨之。妇亡,奉倩后少时亦卒。"荀粲此举,被《世说》列入惑溺一门,虽持批判态度,却让我们认识到了,在冲决传统礼教束缚后,男女情感的自由表达。荀奉倩在妻子病热的情况下,大冬天自身去中庭取冷,回来用身体给妻子降温,他对妻子的深情由此可见。不止如此,妻子去世之后,他由于用情过深,不久也郁郁而终,这种男女间生死与共的深挚情感,此前是不多见的。

荀粲在遇到妻子之前,曾经说过一句广为流传的话:"妇人德不足称,当以色为主。"(《惑溺》)既然如此,妻子去世之后,再找一位姿色绰约之人并非难事,他又何必如此伤情呢?这种疑问也同样存在于他的朋友心中,《三国志·魏书·荀彧传》裴松之注记载:"傅嘏往喭粲;粲不哭而神伤。嘏问曰:'妇人才色并茂为难。子之娶也,遗才而好色。此自易遇,今何哀之甚?'粲曰:'佳人难再得!顾逝者不能有倾国之色,然未可谓之易遇。'痛悼不能已。岁余亦亡,时年二十九。"究其实,并非妻子那般容貌的人难以再遇,而是这一段深情无处寄托罢了。

夫妇之情此时也成为文学上重要的表达主题,陆机曾经通过代言的口吻,为自己的同乡顾荣,写过夫妻赠答诗,这组名为《为顾彦先赠妇诗》的作品被收入《文选》,让历代士子通过阅览,感受到当时夫妻间的旖旎情怀。与此同时,影响更大的则是悼亡诗的出现。中国文学史上的悼亡诗,有专指悼念亡妻的特殊含义,而这种专属含义的出现就在魏晋。彼时另一对伉俪情深的夫妇,潘岳与其妻杨氏,同样遭遇了存亡陌路的痛楚,潘岳在杨氏亡殁后情难自已,写下了《悼亡》二首,因夫妻深衷离情的淋漓表达,而使得"悼亡"有了自己的专属含义,这不能不被视作文学史上的奇观。

正是在这种大的时代背景下,孙楚在妻亡丧服期满之日,写下了对妻子的悼念之作。这作品既是存者对逝者的低回流连,同时也是受时代风气影响,对爱侣眷念之情的大胆表达。这种表达不仅是作者单向的输出,还需要时代的认可与互动,在他的朋友王济那里,他得到了热

鉴赏

情的回应。文中的热烈情感,让人感受到夫妻之情的美好与深挚,这恰恰是魏晋时代精神在文学上的映射之一。

（王允亮）

有意无意

庾子嵩作《意赋》成[①],从子文康见[②],问曰:"若有意邪,非赋之所尽;若无意邪,复何所赋?"答曰:"正在有意无意之间[③]。"

《文学》第 75 条

注释

① 庾子嵩:即庾敳,见《文学》第 15 条注释。《意赋》:孙盛《晋阳秋》曰:"敳永嘉中为石勒所害。先是,敳见王室多难,知终婴其祸,乃作《意赋》以寄怀。"

② 从子文康:从子,侄子。文康,庾亮的谥号,庾亮详"不卖的卢"篇(《德行》第 31 条)注释。

③ 正在有意无意之间:龚斌《世说新语校释》曰:"庾子嵩之答,颇为自得,而文章之妙处,亦确乎在有意无意之间。由庾敳、庾亮之问答,显见玄学'得意忘言说'对文章之影响。"

鉴赏

这一个有意味的对话为时代的产物,必须从西晋的历史背景与学术风尚入手才能有所了解。庾敳身处西晋八王政争之时,已预知在此诡谲的政治乱局下,最后势必遭逢祸害,因此撰写《意赋》,他试图透过书写以优游寄遇,使自己能纵心事外,舒散惧祸之婴心。刘勰《文心雕龙·诠赋》有云:"赋者,铺也,铺采摛文,体物写志也。"不少文人体物以写志,然此篇却以"意"为铺写的对象,可谓直指问题核心。

庾敳的侄子庾亮对于叔叔撰写《意赋》一事,也提出一个很有趣的探问,庾亮认为若有意则非赋所能尽,若无意则何须作赋?看起来好像故意找茬,实际上正是当时"语言可否能竭尽意义"(言尽意或言不尽意)之流行论题的展现,庾敳"正在有意无意之间"的妙答,亦能充分回应此有深度的探问。

何谓"正在有意无意之间"呢?庾敳是一位有识鉴有雅量的名士,置身在这随时可能有生命危险的乱世,必须懂得保身免患,借像这般探入道意的思考及书写,以转化不安的心绪,远离俗世的纷扰,而获致心灵的寄托,正是一种逃避政治困局的解脱之方。

其实若就广大深远的道意而言,本非语言文字所能道尽,但何以又要透过语言文字来加以传达呢?老子首章即提出"道可道,非常道,名可名,非常名"这般吊诡却又妙不可言的表述,显示道家开宗明义便在回应"言与道"的大难题,是以"正在有意无意之间"的妙答,正如庄子所谓"处夫材与不材之间"与"非言非默"的境界般,都在传达基于人的有限性,不可能对于自然或者宇宙有全知全能的掌握,但所谓道的真理,仍需要人类不断以语言文字去逼近它,去探索它。可见语言文字既是认识道的限制,也是传达道不可或缺的媒介。道家长久以来便一直在思考"言与道"的吊诡关系,大道无形、大音希声,因此最高的境界当是沉默无言的,然而人与历史却又需要透过语言或文字来构筑,由是所谓的文学——或者真理的表达形式——必定是介于有意无意之间的。

然庾敳与庾亮的对话所以耐人寻味,除了承继此"道与言"的文化传统,展现人类对于真理无限性的探索与开放性的态度之外,又经由那微妙的际遇与情势而散发出一种时代的无奈感。人除了不能完全明白世界真理以外,在这朝不保夕的险境中,更不能充分表露自己的意念,于是便构成了双层的无意。而才情睿智过人的名士,在此之际,又始终无法释下他敏锐的感受力与独一无二的意志力,故处在有意无意之间,可解与不可解之际,必然有被叙说的,也必然有无法或不想叙说的。于是这种难解又复杂的矛盾,反而最能彰显世界存在的奥秘与个人生命的精彩所在。

（吴冠宏）

神超形越

郭景纯诗云[①]:“林无静树,川无停流。[②]”阮孚云[③]:“泓峥萧瑟[④],实不可言。每读此文,辄觉神超形越。”

《文学》第76条

注释

① 郭景纯:郭璞(276—324),字景纯,河东闻喜(今属山西)人。两晋著名文学家、训诂学家,以写游仙诗而著称。

② “林无”两句:出自郭璞《幽思篇》中的两句。大意是,山林中没有静止不动的树,江河中没有停滞不前的水流。

③ 阮孚:字遥集,陈留尉氏(今属河南)人。“竹林七贤”之一阮咸次子。放纵不

羁，酷好饮酒，官至广州刺史。

④ 泓(hóng)峥萧瑟：泓峥有二义，一说形容流水声，一说指水深山高。萧瑟，形容风吹树木的声音。

鉴赏

郭璞，字景纯，两晋学者、文学家。博学多才，精通训诂、天文、阴阳卜筮等术。西晋末年战乱将起，郭璞避地东南，先后在宣城太守殷祐、丹阳太守王导幕下任参军。晋元帝时擢为著作郎，迁尚书郎。后任大将军王敦的记室参军，因反对王敦谋反，被杀。王敦乱平，追赠弘农太守。郭璞在古文字学和训诂学方面有颇深的造诣，曾注释《周易》《山海经》《尔雅》《方言》及《楚辞》等古籍。长于诗赋，尤以"游仙诗"名重当世，"词赋为中兴之冠"(《晋书·郭璞传》)。

从西晋后期到东晋前期，是玄言诗风逐渐形成和盛行的时期。刘勰《文心雕龙·时序》在谈到这一时期文学的发展状况时说："自中朝贵玄，江左称盛，因谈余气，流成文体。是以世极迍邅，而辞意夷泰，诗必柱下之旨归，赋乃漆园之义疏。"郭璞正生活于两晋之际，其代表作《游仙诗》十四首，内容主要是歌咏高蹈遗世，同时也蕴含着愤世嫉俗、哀乱悯时的情感，既有表述老庄旨趣的玄言成分，而又慷慨多气，文采华茂，富于形象性和抒情色彩，而非"辞意夷泰"，平淡寡味。檀道鸾《续晋阳秋》评价说："郭璞五言始会合道家之言而韵之，询及太原孙绰转相祖尚。"这等于说他受时代风尚的影响，也是玄言诗风的积极实践者与倡导者。但他却又不落时代窠臼，凭借其"俊上之才，变创其体"，以艳逸粲丽、挺拔俊美的文学风格，打破了永嘉时期平淡枯燥的诗风，使其游仙诗在艺术上远胜过那些"理过其辞，淡乎寡味"的玄言诗，成为这个时代的佼佼者。故钟嵘《诗品》评价他"始变永嘉平淡之体"。刘勰《文心雕龙》说："景纯仙篇，挺拔而为俊矣。"

据刘孝标注，"林无静树，川无停流"这两句诗出自郭璞的《幽思篇》。意思是林中没有静止不动的树，河中没有停息不流的水，是诗人幽思之时描绘林中之树、河中之水的景象。第一句有“树欲静而风不止”的意思，第二句有“子在川上曰：逝者如斯夫，不舍昼夜”的意思。诗句采用否定的形式，反映了无论何时何地，任何事物都处在运动之中的客观规律。两句虽然完全是自然景象的描摹，但诗人通过树与水的意象，写出了自然界不断运动变化的内在力量和外观景象。表现了隐藏于内心世界中纷繁复杂的感情和情理哲思，其中包含了万物皆变、世事无常的哲理和诗人对人生的感慨，使景、理、情三者和谐地统一在精炼的八字之中，既有生动的形象，又蕴含隽永的哲理。两句语言质朴，言简义丰。

郭璞的诗体现了魏晋人“以玄对山水”的审美风姿和精神追求。他们一方面崇尚自然，寄情山水，有强烈的生命感悟，另一方面则超越物质和欲念，神思超旷，由实入虚，即实即虚，超入玄境，具有超然玄远的意趣。在文学创作之中，他们既融贯玄释，又将其玄理幽思贯穿于山水描写之中，借助自然意象阐述玄理，使之带有抒情成分，从而沟通了山水情怀、人生哲学与文学书写。

阮孚有着极强的文学感悟力和思辨力，他读了之后，不由得赞叹道：“泓峥萧瑟，实不可言。每读此文，辄觉神超形越。”郭璞的诗歌激发了阮孚参悟大自然奥秘的灵感，顿时产生了精神境界的超拔和升华，故曰“辄觉神超形越”。“每读此文”，这里的“文”，并非是散文，而是指诗歌。六朝人以韵文为文，散文为笔。“水深山高，林木萧瑟”，郭璞将万物在不断运动的哲理（本质），寓于自然景观之中（现象），使玄远幽深的哲学意味渗透在当时人的美感和自然欣赏中，那种美妙的意境实在不可言传。所以阮孚每读这首诗，就觉得身心都得到了超凡脱俗的洗礼，精神和身体都有一种超越之感。“泓峥萧瑟”四字，造语警拔，生动传神，将郭诗深远的意境精当地表达出来，同样非常精彩。郭诗与阮评相得益彰，彼此辉映，可谓是高山流水，一代知音。

（王建国）

屋下架屋

庾仲初作《扬都赋》成，以呈庾亮。[①]亮以亲族之怀，大为其名价云："可三《二京》、四《三都》。"[②]于此人人竞写，都下纸为之贵[③]。谢太傅云："不得尔，此是屋下架屋耳，事事拟学，而不免俭狭。"[④]

《文学》第79条

注释

① 庾仲初：庾阐，字仲初，颍川鄢陵（今河南鄢陵西北）人，庾亮族人。以平苏峻功官拜彭城内史。寻为郗鉴从事中郎，召为散骑常侍，领大著作。庾亮，见"不卖的卢"篇（《文学》第79条）注释。他是庾阐的同族长辈。

② 怀：情分。三《二京》、四《三都》：意谓可与《二京赋》并列为三，可与《三都赋》并列为四。

③ 于此：由此。竞写：争相抄写。都下：都城，此指建康。

④ 谢太傅：谢安。尔：如此。屋下架屋：在屋子下面再建屋子，比喻因袭他人而无创新。拟学：模仿。俭狭：贫乏狭隘。

鉴赏

文学的发展历来有一个踵事增华、推陈出新的过程。从文体学来看，散体大赋兴于两汉而衰于魏晋，后来大赋数量骤减，这是文学发展的必然。

东晋时期，庾阐所写的《扬都赋》曾经“邈绝当时”（《世说新语·文学》77刘孝标注引《中兴书》），并且达到“人人竞写，都下纸为之贵”的地步，如此盛况的发生是有一定原因的。这篇辞赋虽已残佚，但据严可均《全晋文》所辑可见梗概。它采用了大赋的传统写法，不仅以铺陈之笔详细描摹了扬都（指建康）的物产繁华，而且也表达了对东晋朝政的赞颂之意。其赋开篇点题，曰：“子未闻扬都之巨伟也。左沧海，右岷山，龟鸟津其落，江汉演其源。碣金标乎象浦，注桐柏乎玄川”，是以山河湖海之巨伟衬托扬都盛景；接着来写扬都之山，山中物产涉及木、竹、兽、鸟、鱼、果、宝怪等，物华天宝，应有尽有，这种繁复手法取况于司马相如的《子虚赋》，采用空间排比的方法。在《扬都赋》中，庾阐极力颂扬了东晋时政，曰：“我皇晋之中兴，而骏命是廓。灵运启于中宗，天网振其绝络。”朝堂之上，“桓桓勇武，堂堂硕佐。……临机则公瑾，遗爱如子布”，政和时清，一派繁盛面貌。可见，《扬都赋》主题鲜明，重在褒扬。无论形式还是内容，作为京都赋的一种，其创作模式并未出传统汉赋之窠臼。

庾阐的《扬都赋》之所以能够达到“都下纸贵”的地步，与其同族长辈庾亮的“大其名价”不无关系。庾亮乃东晋外戚，当时名士。因此，在东晋门阀制度盛行的时代，庾亮的政治地位和社会地位非常重要，他的评价具有一定的决定性和影响力。不过，从相关材料可以看出，庾亮为庾阐的《扬都赋》“大其名价”是有原因的：

其一，庾阐和庾亮本是同族，故庾亮以“亲族之怀”为其增势。

其二，《扬都赋》描绘都城盛貌，称颂东晋朝政，作为外戚与权臣的庾亮非常重视。

其三，《扬都赋》褒扬了庾亮本人，其内心欣喜，并因此而厚赠庾阐。

据《世说新语·文学》77记载：“庾阐始作《扬都赋》，道温、庾云：‘温挺义之标，庾作民之望。方响则金声，比德则玉亮。’庾公闻赋成，求看，兼赠贶之。阐更改‘望’为‘俊’，以‘亮’为‘润’云。”可见，庾阐此赋有意赞扬东晋重臣温峤和庾亮，庾亮“求看”，说明他很关注赋的内容，而且，庾亮看了之后，又厚赏了庾阐，说明他对此赋非常满意。因此，庾阐的《扬都赋》得到庾亮"可三《二京》，四《三都》"的高度评价就很正常了。"孙兴公云：《三都》《二京》，五经鼓吹"（《世说新语·文学》81），这两篇赋在时人眼中，不只是单纯的文学作品，更是展现京都观念以及儒家经义的重要手段。那么，与之并列的《扬都赋》所处的文学地位是何等重要也就不言而喻了。《扬都赋》之所以引起时人重视，既有政治的因素，又有亲情和社会的因素。其实，这则故事当中，一个"大"字已经显示出事情的真相，即庾亮的夸赞是故意为之，夸大其实，所以刘辰翁才说此乃"作佞之俑"。

《世说新语》的文笔独到神来，片言只语，令人洞见事实。如果说这则故事的前三句是以递进的方式将《扬都赋》推向"都下纸贵"的地步，那么，第四句不仅有转折的作用，而且它所揭示的内涵深刻而精准，因为谢安所言"屋下架屋"揭露的乃是实相。何为"屋下架屋"？《颜氏家训·序致》曰："理重事复，递相模效，犹屋下架屋，床上施床耳。"意指文学作品因袭模拟，结构重复，缺乏创新的创作行为。龚斌言："辞赋屋下架屋之弊，始于西汉扬雄。《汉书》八七《扬雄传》曰：'先是时，蜀有司马相如作赋甚弘丽温雅，雄心壮之，每作赋常拟之为式。'至东汉模拟之风渐盛。张衡作《二京赋》，变本而加厉。西晋左思作《三都赋》，遂臻极致。庾亮以亲属之怀，谓《扬都赋》可与《二京》《三都》媲美。然谢安讥评为'屋下架屋'，正切中辞赋创作之积弊，识见甚高。"（《世说新语校释》）文学的发展当立于复而趋于变，模拟固然可行，但创新更为可贵。庾阐的《扬都赋》结构单一，因循守旧，缺少变化和情致，无论讽谏意图还是结构形式均无新意。因此，谢安论其"俭狭"，即观念狭隘，专事模拟，可谓一语中的。

这则故事虽小，信息却很丰富。庾阐的模拟，庾亮的增势，时人的趋习，谢安的批评，一波几荡，转折处更出新意。谢安眼光独到，意见精准，他不仅直接指出了《扬都赋》的问题，而且对文学的模拟与创新问题亦显示出深刻的思考。

（张亚军）

潘文陆文

孙兴公云："潘文烂若披锦①，无处不善；陆文若排沙简金②，往往见宝。"

《文学》第84条

孙兴公云："潘文浅而净，陆文深而芜。"

《文学》第89条

注释

① 潘：指潘岳（247—300），字安仁，荥阳中牟（今属河南）人。西晋著名文学家。长于诗赋，尤善哀诔之文，词藻华丽，与陆机齐名。曾任河阳令、著作郎等职。谄事贾谧，后为赵王司马伦及孙秀所杀。

② 陆：指陆机（261—303），字士衡，吴郡吴县（今江苏苏州）人。西晋时著名文学家。曾任平原内史、河北大都督，后为司马颖所杀。排沙简金：披沙拣金，比喻从大量的事物中挑选精华。简，选择。

鉴赏

孙兴公即东晋著名文学家孙绰，他活跃于东晋中期，以文才著称于世，在文学、玄学、佛学等方面都有很高的成就，并被称为"一时文宗"。但是，一般的文学史往往把他作为一个玄言诗人一带而过。钟嵘《诗品序》在提到他时就曾说："孙绰、许询、桓、庾诸公诗，皆平典似《道德论》，建安风力尽矣。"对其文学贡献并没有作出全面的探讨和肯定,实际上,孙绰除玄言诗创作外,其文学思想也对南朝文学和文学批评的发展产生了积极的影响。

"潘、陆"指的是潘岳和陆机,二人同为西晋著名文学家。惠帝时,贾谧专权,当时文人多投其门下,潘岳、陆机诸人皆在其中,有"二十四友"之称。随着政治矛盾日渐激烈,动乱一触即发,面对这种情形,诗人们虽有所感应,却未能急流勇退,最终在"八王之乱"中纷纷丧命。斯人已逝,但他们却为后人留下了宝贵的文学遗产。由于时代限制,潘、陆诸人不可能唱出建安诗人的慷慨之音,也不会写出阮籍那种寄托遥深的作品,他们在文学上的努力表现在两个方面,一是拟古,二是追求形式与技巧的进步,并表现出繁缛的特点。"繁"的意思是描写繁复详尽,不避繁琐;"缛"则指的是色彩华丽,西晋的这种文学风貌被后人称为"太康之风",潘岳、陆机是太康之风的代表人物。因此文学史上常常"潘(岳)、陆(机)"并称,最早将二人对举并加以评论的就是孙绰。

《世说新语·文学》中,有两条记载了孙绰比较潘岳、陆机二人不同文学风格的评论:一是第84条,孙绰用比喻的方法来总结二人的创作特点:"潘文烂若披锦,无处不善;陆文若排沙简金,往往见宝。"披锦,意为展开的锦绣,比喻文章华美非凡;排沙简金,意为在沙子中寻找黄金,即从繁缛冗长的行文中挑选文章的精华。孙绰认为潘岳的文章如同披在身上的锦缎,没有一处不美丽,而陆机的文章如同沙里淘金,时常能见到宝物。孙氏的语气里蕴含着褒潘贬陆的倾向,他对二人文学的评价显然是有轩轾之分的。二是第89条里认为潘岳的文章浅显,但是纯净,陆机的文章深刻,但是芜杂。这句话虽然没有像前者一样运用修辞手法,但却与之前所下的评语能够天然契合。锦绣成文,一眼望去,不需花费太多心力即可发现妙处,正对应"浅""净";沙里淘金,则需要细细摸索,认真挑选,才能找到足以为贵的地方,正对应"深""芜"。不论是否运用象喻,孙绰的两次评语都做到了对仗工整,前者六四句式读来朗朗上口且生动至极,后者"浅""深"相照,“净”“芜”对举,十分准确。从孙绰的评论中,我们可以看出,他对诗文的评判标准较为注重形式美,认为通过恰当的剪裁能够构思出更优秀的文章。孙绰的这种文学观在他批评曹毗的文才时看得更为清楚:“曹辅佐(毗)才如白地明光锦,裁为负版绔,非无文采,酷无裁制。”(《世说新语·文学》)“白地明光锦”是晋时的一种织锦,“负版绔”即贱隶穿的衣服,将明光锦裁成负版绔,实际上是说曹毗和陆机一样,虽有文才,但不善于组织、剪裁文章。

孙绰对“潘陆”二人的看法并不是随意而为,其所蕴含的是西晋时中原与江左学风的不同以及东晋至六朝审美情趣的演变。潘岳和陆机都为西晋时人,但出身并不相同,因而文风也不一致。陆机来自吴郡陆氏,江南士族以儒学传家,司马谈曾评儒家为“博而寡要,劳而少功”,陆机受此风影响颇深,因而其作品以“深芜”为特色。张华就曾讥刺陆机说:“人之作文,患于不才;至子为文,乃患太多也。”潘岳与陆机不同,他出身中原,为洛阳所兴起的玄风所浸润,作品虽有华丽藻饰的趋向,但总体仍以玄学所崇尚的简约为美,故潘岳诗文以“浅净”为特点,南朝刘宋傅亮《续文章志》说:“岳为文选言简章,清绮绝伦。”永嘉以后,中原玄学家族南迁,玄学也随之在江南成为主流学风。所以孙绰以“文体省净”的简约风格为美,而对颇为繁富、不讲剪裁的陆机之文表示不满,认为陆机不如潘岳。到了南朝,“性情渐隐,声色大开”(清沈德潜《说诗晬语》),文学“繁富”之风兴起,陆机的评价又超过了潘岳,如钟嵘在《诗品》中推崇陆机为“太康之英”,并以“潘才如江,陆才如海”比喻二人文学的才华,显然,是认为陆机要优于潘岳。孙绰与钟嵘对潘陆优劣的不同评论是根植于自身所处的时代环境和文化氛围之中对二人文学成就的不同认识。

(李文)

妙绝时人

简文称许掾云[①]:“玄度五言诗,可谓妙绝时人[②]。”

《文学》第85条

注释

① 简文:晋简文帝司马昱,详“杀鼠不悦”篇(《德行》第37条)注释。许掾:即许询,详“殊胜东山”篇(《言语》第69条)注释。许询曾被征辟为司徒掾,虽未赴任,但世亦称“许掾”。

② 妙绝时人:比同时代的其他人都要精妙。

鉴赏

简文帝司马昱和许询关系密切,据《世说新语·赏誉》记载,他们曾在风清月朗的夜晚一起谈玄,不知不觉就通宵达旦了,二人情谊深厚由此可见一斑。简文帝此处称:“许询的五言诗,写得比同时代的其他人都要精妙。”“妙绝时人”出自曹丕《与吴质书》:“公干有逸气,但未遒耳,至其五言诗,妙绝当时。”“公干”为建安诗人刘桢的字,他的五言诗写得有气势,在当时颇负盛名。那么,许询五言诗又是在何处能“妙绝时人”呢?

《世说新语》刘孝标注引檀道鸾《续晋阳秋》说许询、孙绰“并为一时文宗”,钟嵘《诗品》曰“世称孙、许,弥善恬淡之词”,“恬淡之词”即玄言诗,孙、许二人是东晋玄言诗的代表人物。简文帝所谓“妙绝时人”的诗歌就是指玄言诗。许询诗歌多已亡佚，留存至今的仅有三题八句。一为《竹扇诗》："良工眇芳林，妙思触物骋。篾疑秋蝉翼，团取望舒景"（《艺文类聚》）。二为不知题目的残句"青松凝素髓，秋菊落芳英"（《初学记》）。三为《农里诗》残句"亹亹玄思得，濯濯情累除"（《文选》李善注）。前两题分别是咏物诗和写景之句，最后一题是玄言诗，玄学家主张去除情累来获得玄理，孙绰的《答许询诗》"理苟皆是，何累于情"，也是这个道理。如此看来，"亹亹玄思得，濯濯情累除"，只是玄言诗中的一般议论罢了，况且也并没有精妙的诗歌美感，远达不到妙绝时人的水平。其实，简文帝对许询的玄言诗如此称赞与当时的文化风尚有关。

东晋名士崇尚清谈，简文帝也热衷此道，史书评论他"清虚寡欲，尤善玄言"（《晋书》）。他曾在家中举办清谈会，许询、支遁、殷浩、孙盛、王濛、谢尚、刘惔都是座上谈客。许询更是清谈家中的佼佼者，《世说新语·文学》记载他与支遁在简文帝的书斋谈玄，两人来回发难通义，令四座听讲者沉醉其中、赞叹不绝。简文帝作为清谈胜手也为许、支所倾倒，可见他们水平之高超了。所以，简文帝评论许询诗歌妙绝时人带有很强的主观性，更多地受个人喜爱清谈和时代玄风盛行的影响。

事实上，后来评论家也对许询诗歌评价不高。钟嵘《诗品序》评价玄言诗"理过其辞，淡乎寡味"，又称"孙绰、许询、桓、庾诸公诗，皆平典似《道德论》，建安风力尽矣"，钟嵘认为建安风骨终结于玄言诗人笔下。有趣的是，简文帝所用"妙绝时人"正出自曹丕评价建安风骨代表诗人刘桢之语。钟嵘《诗品》根据诗歌艺术水平高低把诗人分为上、中、下三品，孙绰和许询仅入下品。《隋书·经籍志》著录许询有集八卷，经过历史的选择，至今仅存 8 句，囿于时代风尚使人们无法获得情感共通，或许是其诗歌终为时间所遗忘的原因吧。

（王蔚乔）

阮修沽酒图　【明】陈洪绶

竹林七贤图 【明】李士达

兰亭修禊图卷　【明】文徵明

掷地有声

孙兴公作《天台赋》成，以示范荣期[①]，云："卿试掷地，要作金石声[②]。"范曰："恐子之金石，非宫商中声[③]。"然每至佳句，辄云："应是我辈语[④]。"

《文学》第86条

注释

① 范荣期：范启，字荣期，南阳顺阳（今河南内乡）人。尚书右丞范坚之子。以才义显于当世，著有文集五卷。

② 金石：指用金属和玉石制成的钟磬之类的乐器。这句是孙绰夸赞自己的文章文辞优美，音调铿锵。

③ 宫商：五音（宫、商、角、徵、羽）中的两音，指代音乐、音律。

④ "应是"句：范荣期以文才自负，把自己和孙兴公看成文章高手，认为只有他们才能构思佳句。

鉴赏

孙兴公即东晋时期著名的文学家孙绰，他一生"亦官亦隐"，才名甚重，少年时隐居东山十余年，后由隐入仕，直至去世。《晋书》本传记载："绰少以文才垂称，于时文士，绰为其冠。"《世说新语》中有关他的故事不在少数，其中既有他和别人之间关于玄理的辩论，也有他对自己或他人作品的评点，此条就是记载他刚刚完成得意之作《游天台山赋》时发生的趣事。《游天台山赋》是孙绰借游天台山来表明自己玄佛思想的一篇赋作，从描写天台山的险绝神奇，到自己涉险游览天台山，无不有佛道的影子，称得上是一篇优美的玄言赋。根据现存的资料，《游天台山赋》应为孙绰唯一流传下来的完整赋作，它能够流传千年，自然有其过人之处，而孙绰对他这部作品显然也是十分满意。

孙绰写完这篇赋之后，曾拿给友人范启看，并说："你试试把它扔到地上，一定会发出金石般的声音。"这便是成语"掷地有声"的出处，也生动形象地表明了孙绰对自己作品的自信。"金石"指的是金属、玉石之类制成的乐器，相击之下发出的声音清脆高扬，能够涤荡人的心神，也用来形容文章写得精妙，足以摇动人的魂魄。开始范荣期并没有给孙绰过高的评价，反而说："恐怕您的金石声，是不成曲调的金石声。"但是在读到优美的句子时，范荣期又说："这正应该是我辈的语言。"

《游天台山赋》确实是六朝辞赋中的一篇佳作，赋中对山水景物的刻画生动形象，读之如临其境，且伴有浓郁的仙心佛意，表现了隐逸山林、皈依佛道的情趣，充分显示了孙绰的艺术才华。赋中"赤城霞起而建标，瀑布飞流以界道""藉萋萋之纤草，荫落落之长松。觌翔鸾之裔裔，听鸣凤之嗈嗈"等句子，景物描写生动，属对精工，音韵和谐，与谢灵运山水诗中繁富而细致的景物描绘，可谓异曲同工。因此，瞿蜕园先生认为："篇（指《游天台山赋》）中杂有道、释两教的话头，仙佛思想与山水的题材合而为一，这种诗风也对谢灵运以及后来的山水诗人有所影响。"（《汉魏六朝赋选》）正因为这篇赋高超的艺术成就，后被南朝梁太子萧统收录到《文选》中。同时，这则故事也反映出魏晋文人已开始对文学创作中声律问题产生关注，他们虽然没有像后世沈约等人提出"四声八病"的专门理论，但他们在创作中关注声韵和谐的现象值得我们在中古文学批评史上多加重视。除了这则故事外，《世说新语·文学》第77条还记载了庾阐《扬都赋》将"方响则金声，比德则玉亮"中的"亮"改为"润"，《文学》第92条载王珣与袁彦伯共改《北征赋》，得"感不绝于余心，泝流风而独写"一句。这些文学故事所显示出的声律论萌芽，对后来的齐梁文学应产生一定的影响。

值得思考的是，孙绰为什么要用“金石声”来形容自己的文章，而不采用其他譬喻？这或许要从中国古代的音乐传统中寻找答案。古时按照制作材料的不同，把乐器分为“八音”，分别是金、石、丝、竹、匏、土、革、木，《尚书·舜典》就有记载：“八音克谐，无相夺伦，神人以和。”其中主击节奏的乐器就是金（钟）、石（磬）。上古时期，人们将音乐与世事、人品相联系，《礼记·乐记》：“凡音者，生人心者也。情动于中，故形于声。声成文，谓之音。”金石是雅乐的核心，而它的教化作用也被引申来比拟品德。1993年在湖北荆门郭店出土的战国时期文献《五行》中说：“金声而玉振之，有德者也。”因此以金石声来形容文学作品，实际上是通过它把所喻对象放置于一个高贵的位置，比如李善注陆机《文赋》的时候写到：“言文之善者，可被之金石，施之乐章。”唐代张籍《赠别孟郊》：“纯诚发新文，独有金石声。”便是称赞孟郊德行高尚而不合流俗，其所著之文也如金石般锵鸣。可见金石作为中国古代“乐”的象征，蕴含着人们对卓越人品和文品的赞誉。

（李文）

袁虎咏诗

鉴赏 袁虎咏诗

袁虎少贫[①],尝为人佣载运租[②]。谢镇西经船行[③],其夜清风朗月,闻江渚间估客船上有咏诗声[④],甚有情致。所咏五言,又其所未尝闻,叹美不能已。即遣委曲讯问[⑤],乃是袁自咏其所作《咏史诗》[⑥]。因此相要[⑦],大相赏得。

《文学》第88条

注释

① 袁虎:即袁宏,见“万里之势”篇(《言语》第83条)鉴赏。
② 佣:受人雇用。
③ 谢镇西:即谢尚,尚曾为镇西将军,故称。经船行:乘船经过。
④ 江渚(zhǔ):江中间的小块陆地。据《续晋阳秋》,乃指牛渚,即今安徽当涂西北长江边的一座小山,一端突入江中,后又称采石矶。估客:商贩。
⑤ 委曲:把事情的底细和经过讲清楚,称为委曲详尽。
⑥ 《咏史诗》:刘孝标注引《续晋阳秋》曰:“虎少有逸才,文章绝丽,曾为《咏史诗》,是其风情所寄。”《艺文类聚》卷五十五存两首。
⑦ 要:邀请。

鉴赏

这是一个高山流水遇知音从而令人时常怀想的故事。檀道鸾《续晋阳秋》也记载了此事："虎少有逸才，文章绝丽。曾为《咏史诗》，是其风情所寄。少孤而贫，以运租为业。镇西谢尚时镇牛渚，乘秋佳风月，率尔与左右微服泛江。会虎在运租船中讽咏，声既清会，辞文藻拔，非尚所曾闻，遂往听之，乃遣问讯。答曰：'是袁临汝郎诵诗，即其《咏史》之作也。'尚佳其率有胜致，即遣要迎，谈话申旦。自此名誉日茂。"比《世说》的内容更为详尽。袁宏其实也是出身于世族，七世祖袁滂曾任汉灵帝时的司徒，六世祖袁涣做过曹魏的郎中令，祖父袁猷任侍中，都是显宦。父勖，也担任过临汝令。拥有这样的家庭背景，照理说袁宏不至于以运租为业，"少孤而贫"对《世说》的"少贫"做了很好的补充。即父亲去世太早，家道中落，才导致袁宏靠"为人佣载运租"来谋生。谢尚晋号镇西将军，在永和九年(353 年)，又兼给事中、尚书仆射等职，外甥女褚蒜子是晋康帝司马岳的皇后，是时因穆帝司马聃年幼，褚蒜子以太后临朝摄政。位高权重，又是皇亲国戚，可以想见其时谢尚身份的显赫。因此，他对穷小子袁宏的赏识才令人津津乐道。

袁宏确实是有文才的，刘勰评价他"发轸以高骧，故卓出而多偏"(《文心雕龙·才略》)，"倚马可待"典故的主角就是他。在《东征赋》中遗漏了桓彝和陶侃两位重臣，遇到桓温和陶胡奴威逼时，能应声而落予以补充。他著有《三国名臣颂》《竹林名士传》等，还编著了《后汉纪》三十卷传世，足见他对汉代史事的谙熟，今存的两首《咏史诗》都是吟咏汉代史事的。钟嵘《诗品》云："彦伯咏史，虽文体未遒，而鲜明紧健，去凡俗远矣。""鲜明紧健，去凡俗远"，或许便是他的咏史诗能打动谢尚的重要原因。

袁宏在月夜吟诗之后，命运就得到了改变。谢尚任安西将军、豫州刺史时，特聘其为参军，累迁至大司马桓温府记室，后出为东阳太守，卒于任。这样的经历，对一位年轻时以运租为业的人来说，无疑非常具有传奇色彩了。而这一切，都缘于那一次月夜的吟诗和谢尚对吟诗者的赏爱。这样的际遇，当然不是每个人都能有的，所以时常会令人羡慕。

数百年后的又一个月夜，同样年轻的李白来到了牛渚，他想到了袁宏和谢尚的故事，内心难免郁勃不平，于是写下了《夜泊牛渚怀古》："牛渚西江夜，青天无片云。登舟望秋月，空忆谢将军。余亦能高咏，斯人不可闻。明朝挂帆席，枫叶落纷纷。"诗中有对个人才华的自诩，更多的是对世无知音的感喟。此后，"牛渚吟诗"就成了唐宋以来诗人常用的典故。

（赵厚均　李雨朦）

《雪赞》书扇

羊孚作《雪赞》云[①]："资清以化，乘气以霏。遇象能鲜，即洁成辉。"桓胤遂以书扇[②]。

《文学》第100条

注释

① 羊孚，字子道，泰山南城（今山东新泰）人。东晋大臣、名士。历任太学博士、兖州别驾，桓玄为太尉时，以为记室参军。

② 桓胤（？—407），字茂远，谯国龙亢（今安徽怀远西北）人。初拜秘书丞，迁中书令。桓玄篡位，为吏部尚书。玄死，归降。后殷仲文、骆球等谋反，欲立为玄嗣，事觉被杀。

鉴赏

羊孚，字子道。出自泰山羊氏士族，其父羊绥，清淳简贵，曾为谢安主簿，仕至中书郎。祖父羊楷，尚书郎，娶诸葛恢次女。曾祖羊忱，历太傅长史、扬州刺史，迁侍中。父祖皆有令名。从弟羊欣为著名书法家，王献之外甥，得缘亲炙献之书法。羊孚历太学博士、兖州别驾、太尉参军；与谢安之孙谢混相好；又曾屡次谏阻桓玄称帝（《伤逝》第19条），桓玄不从。

羊孚《雪赞》的赞，是当时的一种文体。赞本有说明、辅助、赞美的作用，源自上古巫祝祭祀时的赞辞，从《诗经》颂体分支，辗转演变。司马迁作《史记》，每于纪传末附以“太史公曰”的简约文字，或总结一篇大意，或补充材料，或发议论，寓褒贬。其后《汉书》《三国志》《后汉书》等递相承袭，可称之为传赞、论赞。魏晋南北朝时人进而用赞体来题写图画，品藻人物，乃至于描写自然景物，多用四言韵文，篇体简短。

羊孚少有才学，“雅善理义”，与殷仲堪谈《庄子·齐物篇》，四番辩论后胜之，使殷仲堪赞叹不已（《文学》第62条）。羊孚作《雪赞》，也受当时风尚浸染，以玄学来解释和描绘自然现象，可以说是一篇充满玄理的咏物之什。

前两句写出雪的深邃、神妙的由来：“资清以化，乘气以霏。”资，凭借的意思。化是当时的玄学概念，不作融化解，而是与本体相对言，意思是由本体变化而形成一种物相。如阮籍《通老论》说：“道者法自然而为化。”本体又是什么呢？对于这个问题的回答，正是两晋及南朝玄学的中心内容之一，或谓之无、道、自然、天。《文学》第8条载，裴徽和王弼讨论有无，徽说：“夫无者，诚万物之所资。”这意思用羊孚的话说，就是万物资无以化。而羊孚《雪赞》只写万物中的一物——雪，所以他说雪“资清以化”。寻绎其理，这里的“清”，以及“乘气”的“气”，都是无形的，玄虚的，都与“无”有关，或者说都与“道”有关，两者名异而本同。

但《雪赞》之所以免于玄言的枯淡寡味，犹存诗意，在其终不离雪的具体形象，使我们感知这“有”的清凉世界，漫天雪花，飘飘洒洒，所谓“遇象能鲜，即洁成辉”。象，指世间万物。雪花寂然盛大地飘落，遇到树木、屋宇、山头……，随在而点化，无论洁秽，无论美丑，万物披上素装，一时间全变得皓洁明净、熠熠生辉，好似换了人间，怎不令人讶异欣悦。

“倾耳无希声，在目皓已结。”这是陶渊明的咏雪名句。巧合的是，陶渊明也曾做过桓玄参军，而后及时抽身。不知他和羊孚是否相识？比较说来，羊孚《雪赞》偏于物性，而少情味。总不如陶诗来得浑然平淡，不说理，而理在其中。

当然赞和诗究竟文体不同，旨趣有别，难以苛求。桓胤以《雪赞》来题扇，还是很合适的，因为简约凝练，写出了雪的本性。羊孚是桓玄的心腹，桓胤乃桓冲之孙、桓玄的从侄，左右相随，桓胤或因此得与羊孚亲近。《晋书》本传说，桓胤“少有清操，虽奕世华贵，甚以恬退见称”。桓胤欣赏《雪赞》，并且书写在自己的扇面上，则当暑热摇扇之时，也似乎隐隐地带来一丝清凉雪意。从此赞因扇传，扇以赞贵，可谓珠联璧合，雅情雅性，也算得扇面书画史上的一则佳话。

（李群）

古诗最佳

王孝伯在京行散①，至其弟王睹户前②，问：“古诗中何句为最？”睹思未答。孝伯咏：“‘所遇无故物，焉得不速老？’此句为佳。”

《文学》第101条

注释

① 王孝伯：即王恭，见“身无长物”篇（《德行》第44条）注释。行散：亦称“行

药”,魏晋士大夫喜食五石散,服后须走路以散发药性,谓之“行散”。

② 王睹:王爽,字季明,小字睹,王恭第四弟。仕至侍中,赠太常。

鉴赏

王恭,字孝伯,生于太原王氏士族。司徒左长史王濛之孙,左光禄大夫王蕴之子,孝武帝定皇后之兄。王恭少有时誉,美姿仪,为人廉正峻切。因出身名门,自负有才,常以宰辅自许。谢安曾说:“以王恭的才能和门第将来可以作国舅。”孝武帝也对王恭深相倚重。

孝武帝太元年间,朝廷分为主相两派。王珣、王恭等尽忠于孝武帝,王国宝、王绪从兄弟则以谗佞媚事太傅司马道子。太元十五年(390年),孝武帝擢王恭为都督兖青冀幽并徐州晋陵诸军事、平北将军、兖青二州刺史、假节,镇京口,以为藩屏。太元二十一年(396年)孝武帝暴崩,王恭入京奔丧。其时司马道子当政,王恭当面疾言厉色规谏:“放郑声,远佞人。”晋安帝隆安元年(397年),王恭联合殷仲堪、桓玄,抗表起兵,讨伐王国宝兄弟。司马道子不得已诛除二人,以平息众怒。翌年王恭再次起兵讨伐王瑜、司马尚之,兵败被俘,后被司马道子杀害。

《晋书·王恭传》称,王恭死后,“家无财帛,唯书籍而已”。可见王恭是喜欢读书的人。但《世说新语·赏誉》第155条却说:“王恭有清辞简旨,能叙说而读书少,颇有重出。”不管怎样,王恭至少熟读《诗经》《离骚》和古诗。

王恭问其弟王睹:“古诗中何句为最?”他所说的古诗,指东汉末年出现的一组文人五言诗。其作者姓名不详,非一人一时之作。梁代钟嵘所见约六十多首,因昭明太子《文选》收录其中十九首而题作《古诗十九首》,遂沿袭至今。这些诗歌平淡质朴,浑融蕴藉,或抒写离情别绪,或悲叹人生短暂,流露出悲哀失意的情绪。钟嵘《诗品》评价:“其体源出于《国风》。陆机所拟十四首,文温以丽,意悲而远,惊心动魄,可谓几乎一字千金”。

其中《回车驾言迈》一诗，写诗人回转车头走在悠悠长路，四顾茫茫，野草在春风里摇荡，于是感叹时序交替，盛衰有时。人生"奄忽随物化"，有什么抵得过这虚无悲哀呢？或许死后的"荣名"能聊以慰藉吧。

诗中"所遇无故物，焉得不速老"两句，蕴含普遍的人生经验，使人惊警怵惕。对于我们很多人来说，衰老是不知不觉地，一点点地侵入身心，说不清我们究竟从何时开始衰老。从不知觉，到抗拒、不愿承认，直到有一天，或许是久客异乡的游子回家，家乡的一切变得那么陌生；又或许是满目风中摇荡的春草取代了枯叶，而你突然清楚地意识到这并不是属于你的风景，——所有外在景象和我们的内心在刹那间触碰出一点火光，向我们证实自己老了，无可辩驳，无路可逃，这样一种领悟和刺痛感，以及彻入心髓的悲哀，真是惊心动魄的。

但王恭以这两句为最佳，恐怕不是仅仅从一般意义上理解，而是有感而发，或触景，或因事，或依情。因为王恭是太元末至隆安初年间朝廷政局变化的关键人物，他的心境当与时局变化有很大关联。我们试从这一条涉及的时地来作一些探讨。

先论地点。"王孝伯在京"，这里的京当即京城建康(今江苏南京)。有学者以为指京口(今江苏镇江)，似有不妥。理由有二：其一，《世说新语》及刘孝标注中的京，或称京师、京都、京邑，若时在东晋，皆指当时的京城建康。若事在京口，则径称京口，如《世说新语·赏誉》第153条："恭尝行散至京口射堂"，《世说新语·雅量》第19条："郗太傅在京口"，等等，没有以京作京口简称的用法。其二，王恭镇京口时，其弟王睹为黄门侍郎，常住京城。如果这里"京"指"京口"，王恭行散是不可能经过王睹家门口的。

次论时间。我们暂将王恭咏古诗事系于太元二十一年(396年)，理由有三：其一，因原文没有明示时间，要么在王恭镇京口之前，要么在这之后。但是要很好体会诗中所描绘的暮年心境，宜晚不宜早。其二，离开京城几年之后，再回到京城，"所遇无故物"的感受，会比一直待在京城，来得更鲜明、更深刻。其三，王恭镇京口六年后，即太元二十一年(396年)，因孝武帝死，王恭回京哭丧。此后他再也没有机会回到京城。

孝武帝的死，对王恭是巨大打击。《世说新语·伤逝》第17条载，孝武帝死后，王恭对诸弟悲叹："虽榱桷惟新，便自有黍离之哀！"这种萧条末代的悲慨，与"焉得不速老"的暮年哀叹，何其相通相似。

不仅"所遇无故物，焉得不速老"两句使王恭特有赏会，诗中"盛衰各有时，立身苦不早""奄忽随物化，荣名以为宝"几句也一定深获其心，因为王恭本是一个功名心很重的人。据《晋书》本传，王恭年青时初为佐著作郎，感叹："仕宦不为宰相，才志何足以骋？"因以疾辞。又《世说新语·排调》第54条载，王羲之、孙绰、简文帝三人曾戏谑"啖名客""利齿儿"。后来王恭罢秘书丞，迁中书郎之职时，谢玄借这话排调王恭："你的牙齿似乎不钝。"王恭爽快承认："不钝，还试了一试。"此虽是玩笑话，却也道出实情。又据《晋书》本传，王恭临刑前对监刑者说："我本心是忠于国家社稷的。我死之后，百代之下，会知道有王恭这个人的。"这真是别无长物，唯有"荣名以为宝"了。

王恭的一生，尤其是人生的最后几年，为古诗《回车驾言迈》作了生动的注脚。

（李群）

一坐诔成

桓玄尝登江陵城南楼云①："我今欲为王孝伯作诔②。"因吟啸良久，随而下笔。一坐之间，诔以之成。

《文学》第102条

注释

① 桓玄,见"乞弟养母"篇(《德行》第43条)注释。

② 王孝伯:即王恭,参见上一篇注释。诔(lěi):古代用以表彰死者德行并致哀悼的文辞,后成为哀祭文体的一种。

鉴赏

"黯然销魂者,惟别而已矣。"自古生离就令人难以释怀,何况死别呢。可以想象,那是在一个日暖风清的午后,桓玄登上江陵城楼,眺望着远方景色,突然想起王恭这位已经逝去的友人,心中顿生无限感慨,想为他作一篇诔文。于是讽啸许久,回忆着与他相处的点点滴滴,不一会儿诔文即成。从这则中看出的是桓玄的文采飞扬,故收录在《文学》篇中。然而,令我们感动和好奇的是桓玄的深情以及他和王恭背后的故事。

桓玄一出生就自带光环。不仅因为他是东晋权臣桓大司马的儿子,更因为他的出生带着神秘色彩。据说他母亲曾与人夜坐,忽见流星坠于盛满水的铜盆之中,变成两寸大的明珠。而后吞食之,有感而生桓玄。所以他小字"灵宝"。

幼年的桓玄就聪颖非常,很得桓温喜爱。故桓温以他为嗣子,袭爵南郡公,《世说》中多称其为"桓南郡"。在他七岁那年,为桓温守丧完毕。州府的文武官吏来辞别他叔父桓冲,桓冲摸着他的头说:"这是你家的旧属下啊。"桓玄听了不禁掩面哭泣,众人都对他的反应感到诧异。而他的叔父桓冲也十分尽责,不仅平息了桓家内乱,而且一手将他抚养长大,疼爱超过自己的儿女。桓冲临终前并没有像之前的郗鉴、庾亮等人一样上表扶持亲信,却只给当时的执政大臣谢安写了一封信,说:"灵宝(桓玄)还小,亡兄的遗托还没有完成,我深以为憾。"所以桓玄虽然少孤,却也得到了叔父的格外照顾。

长大后的桓玄可谓一表人才。晋书说他:“形貌瑰奇,风神疏朗,博综艺术,善属文。”而他也常常自负有才,以雄豪自处。不过由于父亲桓温晚年有篡位的意图,再加上他才能卓越,所以朝廷弃之不用。太元十六年(391 年),二十三岁的桓玄才被召为太子洗马。几年后出任义兴太守,颇不得志,曾感叹:“父为九州伯,儿为五湖长。”不久他便弃官回归,途中经过建康,拜见宰相司马道子。司马道子酒醉后当众问桓玄:“桓温晚年想作贼,你怎么看?”吓得桓玄跪地流汗不起,幸得谢重为之缓颊才结束了这尴尬场面。不过,仇恨的种子却在此时悄然埋下。

后来桓玄通过贿赂孝武帝所宠幸的尼姑支妙音,让被视为“弱才”的殷仲堪出任荆州刺史。但凭借桓家多年治理荆州的威望,桓玄专横荆州,从上到下都对他十分敬惮。在公元 397 年,桓玄和王恭有了正式交集。

王恭是太原王氏的代表人物,他的祖父是那位悲呼“如此之人,竟不得四十”的大清谈家王濛,他的妹妹是孝武帝皇后。在孝武帝和司马道子的斗争中,孝武帝自然引小舅子为援。于是以王恭为青州、兖州刺史镇京口,领北府兵屏卫建康,与依附司马道子的荆州刺史王忱相抗衡。随着荆州刺史王忱、孝武帝的先后去世,打破了暂时稳定的局面。司马道子独揽朝政,重用谄媚小人王绪、王国宝,企图削弱王恭等人的方镇实力。而王恭恰好是刚正不阿、直言敢谏的性格。他曾谏杀亲附司马道子的袁悦之,厉声呵责失礼的谢石,并常常直言斥责司马道子及其心腹王国宝等人。随着矛盾逐渐加深,就演变成了战争。

隆安元年(397 年),王恭以清君侧之名起兵,并联络殷仲堪、桓玄等人。兵至建康,司马道子畏惧而诛杀王国宝、王绪以谢罪,王恭于是息兵,还镇京口。

隆安二年,司马道子在经历过第一次叛乱后,决心树立外藩以自卫。于是命王愉为江州刺史,并割本属庾楷的豫州四郡给王愉。此举触怒了庾楷，于是他邀王恭第二次起兵讨伐司马尚之兄弟。桓玄、殷仲堪等人纷纷响应。不过后来因为王恭部将刘牢之的倒戈，王恭兵败，在建康被斩。临刑前，王恭毫无惧色，说："我王恭愚昧无知，过于相信他人，以致有今日败局，但我的内心岂是不忠于国家的！百代之后的人还是知道我王恭的。"王恭遇害后家无余储，只有书籍而已，为世人感伤。

王恭死后，桓玄等人各受诰命，回归本属。至于桓玄是如何一步步坐大，乃至篡位，又被刘裕讨伐败亡，这都是后话了。桓玄和王恭的交集在两次起兵中建立，又在起兵后结束。不过桓玄对王恭的敬仰与怀念，却是一直存在的。所以后来他执政时，追赠王恭为侍中、太保，谥曰忠简。忠简二字，恰如其分，满怀着桓玄对友人的感情。

我们都会在某个时刻，心中突然涌现出莫名的情愫，怀念起昔日故人。刘惔说："清风朗月，辄思玄度。"王子猷在雪夜咏招隐诗罢，于一段梦幻的旅程中寻访故友戴安道。桓玄也不例外。在千年前的江陵城南楼，桓玄追忆往昔，感慨不已。将对故人的思念一挥而就，在纸上洒下漫天云霞。那份情怀，令千年后的我们怦然心动。

最后，一起来欣赏一下桓玄的"碎金"吧。

隆安二年九月十七日，前将军青、兖二州刺史太原王孝伯薨。川岳降神，哲人是育。既爽其灵，不贻其福。天道茫昧，孰测倚伏？犬马反噬，豺狼翘陆。岭摧高梧，林残故竹。人之云亡，邦国丧牧。于以诔之，爰旌芳郁。（节选）

（龚铃洲　张旭）

百口赖卿

鉴赏

桓玄下都[1]，羊孚时为兖州别驾[2]，从京来诣门，笺曰："自顷世故睽离[3]，心事沦蕴。明公启晨光于积晦[4]，澄百流以一源。"桓见笺，驰唤前，云："子道，子道，来何迟？"即用为记室参军。孟昶为刘牢之主簿[5]，诣门谢，见云："羊侯，羊侯，百口赖卿。"

《文学》第104条

注释

① 桓玄，见"乞弟养母"篇(《德行》第43条)注释。

② 羊孚：字子道，泰山南城人，东汉廉吏"悬鱼太守"羊续之后。才华横溢，善属文章。

③ 世故睽离，心事沦蕴(wēn)：世故，即世事纷扰。睽离，离散。心事沦蕴，内心消沉郁结。

④ 积晦：漫漫黑夜。

⑤ 孟昶(？—410)，字彦达，东晋平昌安丘(今属山东)人。少为王恭所知。后随刘裕征讨桓玄，尽散家财以资军用。累迁至尚书左仆射。后卢循兵临建康，昶建议晋安帝避乱，不听，仰药自尽。刘牢之(？—402)，字道坚，彭城(今江苏徐州)人。东晋北府兵将领，淝水之战中，首战破敌，令晋军士气大振。后王恭、司马元显、桓玄内斗，他手握重兵，屡次倒戈，干预朝政。曾助桓玄攻下

建康,后被其解除兵权,走投无路而自杀。

鉴赏

一个人身上美好的地方有很多。或是他俊俏朗逸的面貌,潇洒风流的气质,亦可以是他秀美绝伦的文采。本篇的主人公就用他的才华,写出了属于自己的故事。

羊孚的先祖是东汉著名的廉吏,悬鱼太守羊续。他的高叔祖是那位坚持伐吴的西晋名臣羊祜。有着如此深厚的家族底蕴,羊孚从小就展现出了惊人的文学天赋。羊孚曾作《雪赞》云:“资清以化,乘气以霏。遇象能鲜,即洁成辉。”这首赞将雪空灵的,难以捉摸的物象写得有形有色,极具动态感。所以桓胤见了非常喜爱,并将它写在扇子上。

羊孚曾和殷仲堪辩论,殷仲堪反对羊孚的见解。但是羊孚却说:“您经过四个回合后将见到彼此的见解相同。”殷仲堪自然不信,笑着说:“只能说尽,为什么一定会相同。”结果等到四个回合后,两人见解竟然相通了。殷仲堪不由地感慨说:“这样我就没有什么见解和你不同了。”并久久地称赞羊孚是后起之秀。

后来桓玄起兵,来到建康。羊孚当时是兖州别驾,从京都来登门拜访桓玄。他给桓玄的求见信上说:“自经战乱分离,我也意志消沉,内心郁结。明公您给漫漫长夜带来曙光,澄清百流归于同源。”这封信极力地称赞了桓玄,说他是当今昏暗时局的希望,结束了战乱纷争。信中的桓玄颇有几分救世主的形象。所以桓玄见了信十分高兴,赶紧将他请上前来,对他说:“子道啊子道,你怎么来得这么晚啊!”当即就任命他为记室参军。由此可见桓玄对他的重视和欣赏程度。孟昶曾任刘牢之的主簿,到桓玄这来谢罪,见到羊孚就说:“羊侯啊羊侯,我一家老小的性命就靠你了!”因为羊孚受到桓玄的重视,所以孟昶才会让羊孚替他求情。

羊孚这封信写得确实出众。他没有直接夸赞桓玄如何厉害,如何威武。那种枯燥的歌功颂德甚至会引起桓玄的反感。因为桓玄本人就颇具才气,文辞优美,自然看不上那种文字。他用的是一种较为委婉的语气,先诉说自己内心郁闷,处境十分艰苦。其言外之意就是希望桓玄为他解围。接着再说桓玄如曙光般照亮这昏暗的时局,澄清各种纷扰的势力,使国家归于一统。羊孚的称赞虽然略微失实,但又不显得虚浮。正是这种恰到好处的称赞,使桓玄十分受用,并立即接见了羊孚,大有相见恨晚的意味。

因为后来桓玄篡位的事情,或许有人会对此不齿,觉得羊孚过于谄媚,攀附权贵。实则不然。在桓玄篡位时,羊孚已经去世许久。桓玄对卞鞠说:"以前羊子道经常不容许我有这种意图。现在我的心腹里头死了羊孚,助手里头又失去了索元,在这种情况下,却要匆匆忙忙做这种冒犯君上的事,难道能符合天意?"桓玄的话表明羊孚仍是忠于晋室,刚正不阿的。他一再劝阻桓玄不要有篡权意图,而不是谄媚地鼓动他。可能当初他写这封信的时候,并没有考虑到桓玄会走这一步。所以羊孚其人以及他的文笔仍是值得后人尊敬和推崇的。

(龚铃洲　张旭)

方

方正者，端方正直之谓也。《管子·形势解》云："人主身行方正……行发于身而为天下法式者，人唯恐其不复行也。"又《史记·屈原贾生列传》："屈平疾王听之不聪也，谗谄之蔽明也，邪曲之害公也，方正之不容也，故忧愁幽思而作《离骚》。"是方正实为德行之具体显现，故而可为楷则示范。汉代选举官吏，遂以方正为一科，与贤良、文学、孝廉、茂才等同受擢拔，当时之人物品藻，亦以方正为口实。《世说》乃一"品人"之书，其以《方正》缀于"孔门四科"后，足见方正一目，于当时人伦识鉴中影响甚巨。而通观此篇，又可知降及魏晋，"方正"之内涵渐趋复杂，既有彰显儒家清操正节之旧意涵（如夏侯玄之拒钟会，陈泰之谏诛贾充），又有门阀制度下士族自矜门第之新风气（如王濛、刘惔不食小人所赠酒，王修龄不受陶范

正

第五

所馈米)。故方正之为方正,已非仅指群体公认之内在品性,而更扩展至于人己之间相互对待时之自我确认。此正魏晋士人标举自我、张扬个性之具体表现,所谓"我与我周旋久,宁作我"。故其人其事虽不免可商,其性其情则颇有可观,见仁见智,执中与权,读者其详之!

鉴赏

元方逐客

元方逐客

陈太丘与友期行①，期日中②。过中不至，太丘舍去③，去后乃至。元方时年七岁④，门外戏。客问元方："尊君在不⑤？"答曰："待君久不至，已去。"友人便怒曰："非人哉！与人期行，相委而去。"⑥元方曰："君与家君期日中。日中不至，则是无信；对子骂父，则是无礼。"友人惭，下车引之⑦。元方入门不顾。

《方正》第1条

注释

① 陈太丘：即陈寔，见"真人东行"篇(《德行》第6条)注释。
② 期：约定时间。日中：中午。
③ 舍去：不顾而自行离开。
④ 元方：陈纪，陈太丘长子，字元方。有德行，以孝著称。官至大鸿胪，与父亲陈寔、弟弟陈谌在当时并称为"三君"。
⑤ 尊君：尊称对方父亲。
⑥ 委：抛弃，舍弃。
⑦ 引：招引；拉。

鉴赏

魏晋时期,随着玄风的盛行,清谈也成了魏晋风度的一项重要内容。善于辞令、应对机智逐渐成为士大夫和文人必不可少的修养和才能。魏晋世家儿童深受世风的影响,较早受到这一能力的培养,在六七岁或八九岁的年龄,就伶牙俐齿、妙语连珠,记忆力超群。

在魏晋众多聪明早慧的儿童里,陈寔的两个儿子尤其是长子陈纪较为突出。陈纪,字元方,自小聪明机智,为人正直,有俊才,懂礼貌,有胆识。作为神童的父亲,陈寔是汉末著名士人,兼有清高、德行双美之誉,与钟皓、荀淑、韩韶合称为"颍川四长"。

一天,太丘长陈寔和朋友约好一同外出,出发时间定在中午,过了中午,陈寔等朋友没有来,就独自出行了,走了以后,那位朋友才到。当时陈寔的大儿子元方才七岁,正在门外玩耍。姗姗来迟的朋友忙问元方:"令尊在家吗?"元方据实回答说:"家父等了您很久,见您不来,已经走了。"那位迟到的朋友不仅没有为自己的失信感到自责,反而非常生气,竟然爆出粗口,忿忿地说道:"真不是人呀! 和别人约好一起走,却扔下别人不管,自己走了!"听到对自己父亲的不义指责,陈纪立刻奋起反击,他义正词严地为父亲辩护道:"您跟家父约定中午走,到了中午还不来。这就是不守信用;对着人家的儿子骂其父亲,这是不讲礼貌。"那位朋友听了十分惭愧,立刻意识到自己的不对,就忙下车想与元方执手道歉,元方头也不回直接走进家门,那位友人最终落得个自讨没趣。陈纪性格刚正,虽然只有七岁,但能明辨是非,能不卑不亢地维护父亲的尊严。故事虽短小,但对话精彩,唇剑舌枪的背后,告诫人们办事要讲诚信,为人要方正。

这则故事收在《世说新语》的"方正"一门。方正,指人的行为、品行正直。正直是中华民族一贯重视的优良品德,历来都受到赞美。汉代,方正成为选拔人才的一个重要标准,汉文帝时始诏举"贤良方正能直言极谏者”。因而，传统“方正”观是与国事有关的刚正、清廉、节义等人格品行。而在魏晋时期，传统“方正”观念变得相当淡薄，士人更多的是维护其个人和家族尊严，在这个问题上，士人们表现出前所未有的坚决和坦率。陈纪面对父亲被辱，所表现出来的从容、耿直、率真和机敏，正是当时“方正”的意蕴所在。

元方作为“神童”，其“神”之处，在于思维的严密性，在与大人交流的时候，能沉着，机敏，不卑不亢，面对有人责难父亲，立即反击。第一句“待君久不至，已去”，就先解释了父亲先出发的原因，是在等了友人很久还没等到的情况下才走的。第二句“君与家君期日中，日中不至，则是无信”，这是针对友人强调“期行”而说的，指出友人失信在先。在这样的情况下，居然“对子骂父，则是无礼”，自己有错还出言不逊。元方反驳的话虽然只有短短几句，皆切中要害，指出友人的无信和无礼。年仅七岁的陈元方，能够准确把握“礼”的精神，据理力争，不卑不亢，也说明陈太丘的家庭教育做得极好。

魏晋儿童在语言上的能言善辩和反应敏捷，也与当时的时代风气密切相关。魏晋人喜欢清谈，这就需要具有快速的反应能力和高超的论辩技巧，小孩也耳濡目染，有时模仿大人们进行辩论。更多时候家族也注重对儿童进行这方面内容的训练，因而孩子们较早地具有了应对和论辩的能力。陈元方的机敏善辩，就是魏晋儿童早慧的一个典型。

（齐慧源）

松柏之志

南阳宗世林[①]，魏武同时，而甚薄其为人，不与之交。及魏武作司空[②]，总朝政，从容问宗曰："可以交未？"答曰："松柏之志犹存。"[③]世林既以忤旨见疏，位不配德。[④]文帝兄弟每造其门，皆独拜床下，其见礼如此。[⑤]

《方正》第2条

注释

① 宗世林：宗承，字世林，南阳安众（今河南邓州东北）人。少以德行为世所重，征聘不就，天下争与之交。曹操请交，拒而不纳。曹丕称帝，征为直谏大夫。魏明帝欲以为相，以年老固辞。

② 司空：官名，三公之一。曹操拥立汉献帝，于建安元年（196年）为司空，总揽朝政。

③ 松柏之志：比喻坚贞之心。《论语·子罕》曰："岁寒，然后知松柏之后凋也。"此处表示坚决不与曹操相交之志犹如往昔，并未更改。

④ 忤旨：违背旨意。见疏：被疏远。位不配德：官位和德行不相称。指曹操后来只是在礼节上厚待宗世林，但是压低他的官职。

⑤ 文帝兄弟：指曹操的儿子曹丕、曹植等。造：到。床：床具。见礼：被礼遇。

鉴赏

东汉末年,战乱频仍,时局维艰。曹操“挟天子以令诸侯”,权力至上,在推行“唯才是举”政策的同时,也打压异己,博取功名。

作为一代枭雄,曹操年轻时因为出身宦官家庭,本人任侠放荡,声名不佳,素为时人所鄙,如“建安七子”之陈琳在《为袁绍檄豫州文》中斥其“赘阉遗丑”,《后汉书·许劭传》记载:“曹操微时,常卑辞厚礼,求为己目。劭鄙其人而不肯对。”又《后汉书·边让传》云:“(边让)恃才气,不屈曹操,多轻侮之言。”而出身南阳宗氏高门的宗世林也非常鄙薄曹操的为人,不与之交。曹操官任司空,总揽朝政时,试以权势相压,问宗世林曰:“可以结交否?”宗氏的回答非常警醒,曰:“松柏之志犹存。”他以松为喻,表达自己坚定的意志与不屈的气节,“松柏之志”又喻示着坚贞不摧、挺拔如山的高尚品格,是一种凌寒不屈、傲霜不谢的顽强精神。这种精神正是汉末清流品格的体现。相比之下,曹操“从容问宗”的行为不仅显示出他的自信满满,而且也带有以权欺人的狡诈。后来的事实也证明,宗世林虽然负有时望,但还是“以忤旨见疏,位不配德”,实际的官职地位与德行极不相配,这是曹操心胸狭隘、对其打击报复的结果,所以,曹操的促狭与宗世林的刚正,由此一别高下。

《世说新语》刘孝标注对此曾有补充,其引《楚国先贤传》曰:“(宗)承少而修德雅正,确然不群,征聘不就,闻德而至者如林。魏武弱冠,屡造其门,值宾客猥积,不能得言。乃伺承起,往要之,捉手请交,承拒而不纳。帝后为司空,辅汉朝,乃谓承曰:‘卿昔不顾吾,今可为交未?’承曰:‘松柏之志犹存。’帝不说,以其名贤,犹敬礼之。敕文帝修子弟礼,就家拜汉中太守。……帝犹以旧情介意,薄其位而优其礼,就家访以朝政,居宾客之右。”这些记事更加细节化。宗世林素有良德,闻者如林,但他不群于俗世,屡聘而不就。曹操“捉手请交”,宗承“拒而不纳”,使曹操深受打击。后来曹操虽敬礼之，但心计前嫌，“薄其位而优其礼”。曹操礼遇宗世林，是为博得礼贤下士的美名，同时，就家访以朝政，未尝不是一种利用。

《世说新语》故事短小，但往往在转折处蕴含深意。这则故事的转折点在于曹操之子曹丕兄弟的行为，他们对宗世林非常倾慕，“每造其门，皆独拜床下”，表现出非常谦恭与尊敬的态度。“皆”，谓曹丕兄弟由衷而发，不约而同拜于床下。“独”，谓曹丕兄弟于众人当中独尊宗世林。在曹操当权之时，曹丕官拜五官中郎将，地位显赫，身边文人从游者甚众。曹植则才华卓异，名闻天下，他们对宗氏的尊崇态度从另一方面证明了宗世林的地位之高，这是他“松柏之志”品格所折射出的魅力所在。钟惺言：“处高士正宜如此”，宗世林神明俊朗，凛然正气，这既是一种贵族品格，更是一种名士风度的体现。

这则故事情节完整，意蕴丰富。人物的性格塑造在叙事中展开，在对话中完成，有转折，亦有警示，隽语峰秀，微言大义。其主题“松柏之志”契合了《世说新语》“方正”之义，环境维艰，但志气犹存，大义凛然，令人感动。自东汉时起，士子文人坚守清操，有前进者，有匍匐者，有受挫者，有反抗者，诸如陈蕃、李膺、范滂等人，无不在这种人格力量支持下，绽放人生的风采，此可谓清流，亦是中国的“脊梁”。

（张亚军）

义形于色

魏文帝受禅[①]，陈群有戚容[②]。帝问曰："朕应天受命，卿何以不乐？"群曰："臣与华歆[③]，服膺先朝[④]，今虽欣圣化[⑤]，犹义形于色[⑥]。"

《方正》第3条

注释

① 魏文帝：曹丕(187—226)，字子桓，沛国谯(今安徽亳州)人。延康元年(220年)十月，曹丕受禅为皇帝，改元黄初，建立魏朝。

② 陈群(？—237)，字长文，颍川许昌(今河南许昌东)人，陈寔之孙，陈纪之子。兴平元年(194年)刘备为豫州刺史时，陈群曾为别驾。后投曹操，历任御史中丞、侍中。曹丕称帝后，迁尚书仆射，加侍中，徙尚书令，进爵颍乡侯。戚容：悲伤的容貌。

③ 华歆(157—231)，字子鱼，平原高唐(今山东禹城西南)人。初为豫章太守，投孙策。曹操征为议郎，参司空军事，入为尚书，转侍中，代荀彧为尚书令。曹操封魏王后，任御史大夫。曹操死，助曹丕继丞相，称"魏王"，上表劝进。曹丕称帝，官司徒。

④ 服膺：铭记在心。

⑤ 欣：欣然，高兴。圣化：圣王之教化，这里是说新天子即位治理天下。

⑥ 义形于色：忠义之情表露于脸色。

鉴赏

东汉延康元年(220年)，曹丕受汉献帝禅让而称帝，正式建立魏朝，这是三国时代的大事，《三国志》注里对于其过程记载很详细，群臣上书劝进，曹丕推辞，反复数次，最后接受。而在这上书的大臣之中，就有陈群、华歆，后人很难记住他们在上书里都说了些什么，但《世说新语》的这段记载，却为人们所熟知。

曹丕受禅之时，陈群脸上露出悲伤之容色，令曹丕不快：今天是我应天受命的大好日子，你为何闷闷不乐？陈群说：我和华歆本是汉朝大臣，对先朝铭记在心，今天虽然为新天子即位而高兴，也不免有点难过。“义形于色”，忠义之情表露于脸色上。“义形于色”这句话今天作为成语还在使用，但它并不是由陈群最早讲出来的，而是出自《春秋公羊传》。《公羊传》桓公二年(前 710 年)记载：“春，王正月戊申，宋督弑其君与夷，及其大夫孔父。”按照《公羊传》的讲法，宋国的华父督有弑君(宋殇公，名与夷)之心，但害怕孔父嘉(孔子的六世祖)，因为“孔父正色而立于朝，则人莫敢过而致难于其君者，孔父可谓义形于色矣”，所以先杀了孔父嘉，接着杀了宋殇公。《公羊传》高度评价孔父嘉，“义形于色”也由此而成为对大臣忠义正直的褒扬之语，《三国志》记吴国张昭“每朝见，辞气壮厉，义形于色，曾以直言逆旨”，评蜀汉的董允能匡扶后主，“义形于色”，是“蜀臣之良”。那么陈群借用这个话来说自己，是否恰当呢？关于这一点，应该分别就陈群、华歆两人以及不同历史时期人们的价值观念来看。

根据《后汉书》和《三国志》注引《曹瞒传》的记载，华歆在汉魏嬗代之间扮演过不光彩的角色，最著名的事情莫过于抓捕汉献帝的皇后——伏皇后。汉献帝自建安元年(196 年)起被迫迁都许昌，权力掌握在曹操手中，宫中的宿卫服侍之人，都是曹操安排和控制的。伏皇后在给父亲伏完的书信中，对此表达了不满，“言曹操残逼之状，令密图之”。建安十九年(214 年)这件事败露了(伏完于建安十四年已死)，曹操逼令汉献帝废皇后，派御史大夫郗虑和尚书令华歆到宫中捉拿皇后。伏皇后关上屋门，藏在夹壁中，华歆破门坏壁，把她拖了出来。皇后披散着头发，光着脚，走过汉献帝面前，哀求说：“不能再救救我吗？”皇帝说：“我自己也不知道命在何时！”并对郗虑说：“郗公，天下有这样的事吗！”

伏皇后被关押,幽闭而死。

而华歆在曹丕称帝时的表现,《三国志·华歆传》注引华峤《谱叙》云:"文帝受禅,朝臣三公已下并受爵位;歆以形色忤时,徙为司徒,而不进爵。魏文帝久不怿,以问尚书令陈群曰:'我应天受禅,百辟群后,莫不人人悦喜,形于声色,而相国及公独有不怡者,何也?'群起离席长跪曰:'臣与相国曾臣汉朝,心虽悦喜,义形其色,亦惧陛下实应且憎。'帝大悦,遂重异之。"(《世说新语》注也引了这一段)这里有两点值得指出,一,这是华歆的孙子华峤记载的,所以对华歆在曹丕代汉时的表现不无粉饰,说他"以形色忤时",因此未得晋爵。后来文帝问陈群,你和华歆为何不乐?陈群说,我俩因为曾为汉臣,"心虽悦喜,义形其色"。二,刘义庆编《世说新语》时,应该就是根据华峤《谱叙》这一段撰入书中的,但叙述的重心由华歆变成了陈群。很显然,华峤称颂其祖父忠义,在汉魏嬗代之时表现出对前朝的留恋,其记载是对华歆、陈群的正面描写。

那么,《世说新语》讲这个故事时对二人又是什么态度呢?该故事收入《方正》门中,已然揭示了编者的态度,即以陈群、华歆此事为方正。有人认为这是刘义庆的失误,或认为是刘义庆故意以此来彰显二人之虚伪,甚或认为《方正》一门中也并不都是方正之事,这都是不准确的。中古时期的人们确确实实就是这样看待陈群、华歆在此事上的表现的,唐代李瀚《蒙求》诗有"华歆忤旨,陈群蹙容"("蹙"一作"慼",同"戚"),显然不是在讽刺,而是正面的称扬。陈群是汉末名士陈寔(太丘)之孙,陈纪(元方)之子,虽然时有"其德渐渐小减"的说法(《三国志·陈群传》注引《博物记》),但未见如华歆那样的恶行。华歆的表现,除上述抓捕伏后事外,《世说新语·德行》还有著名的管宁割席的故事,可见华歆年轻时即"有仕宦意",热衷仕途。不过,六朝和唐代人对他似乎也没有太多的责难。

宋代以后,出现了对陈群、华歆在汉魏嬗代时表现的批评之声。南宋洪迈说:"夫曹氏篡汉,忠臣义士之所宜痛心疾首,纵力不能讨,忍复仕其朝为公卿乎?歆、群为一世之贤,所立不过如是。"(《容斋随笔》卷十)宋元之际陈普在《咏史》中有《华歆》一篇,云:“拈起黄金日岂疑,斩关发壁复何为。辽东不洗巢由耳,痛切初年割席迟。”专门揭出华歆“斩关发壁”的恶行。刘辰翁评《世说新语》此段:“欣圣化,是何等语?义形于色,不当自道。”哪有自己表扬自己的道理?明代王世懋说:“华歆以虚名居首揆,陈群以心膂当新宠,犹为此大言,宁不为荀彧地下所笑。”

比起汉末荀彧劝阻曹操受九锡,最终自杀,陈群、华歆真应感到羞愧。晚清李慈铭更是破口大骂:“陈群自比孔父义形于色,可谓不羞耻,颜孔厚矣。”不过他又怀疑这记载并不可靠:“疑群尔时尚未能为此语。与其子泰对司马昭‘但见其上’之言,皆出其子弟门生妄相附会,如华峤《谱叙》称其祖歆以形色忤时,狗面人言,何足取信。”余嘉锡也同意是其子孙附会,不足取信。

综合来看,这个故事本来应该是华峤粉饰其祖而写,陈群的话不一定可靠,更何况在华峤记载中,陈群说“义形其色”主要是为华歆说情,并没有自比孔父嘉之意。《世说新语》抄撰此事时改变了文字和叙述的重心,变为陈群自述,以致他在宋代以后成了众矢之的,多少有点冤枉。

(罗宁)

太初临刑

夏侯玄既被桎梏[①],时钟毓为廷尉,钟会先不与玄相知,因便狎之。[②]玄曰:“虽复刑余之人,未敢闻命。”[③]考掠初无一言,临刑东市,颜色不异。[④]

《方正》第6条

注释

① 夏侯玄(209—254),字太初,三国魏谯(今安徽亳州)人。曹爽辅政时,他以爽姑子累迁散骑常侍、中护军。后为征西将军,都督雍凉州诸军事。司马氏诛曹爽,调他为大鸿胪,任太常,为九卿之一。后中书令李丰因司马师专权,密谋以夏侯玄代之,事泄,李丰被杀,夏侯玄被捕,随后被杀。夏侯玄是早期的玄学领袖人物。被:遭受。桎梏:脚镣和手铐,指被拘捕。

② 钟毓(?—263),字稚叔。钟繇长子。十四岁为散骑侍郎。后因失曹爽意,徙侍中,出为魏郡太守。曹爽死,入为御史中丞、廷尉。廷尉:官名,掌刑狱。钟会(225—264),字士季,钟毓之弟。有才艺,为司马师、司马昭所重,凡有征伐,多预谋,以平蜀汉功,官至司徒。后因反叛被杀。钟会因夏侯玄为名士,曾经想结交他,被玄拒绝。当钟毓审理夏侯玄案件时,钟会在座。狎:亲近而不庄重。

③ 刑余之人:受过刑的人。闻命:接受命令。这里说未敢闻命,意即不愿与之交往。

④ 考掠:拷问,刑讯。东市:行刑的地方,法场。汉代在长安东市行刑,故后代通称法场为东市。

鉴赏

夏侯玄,字太初,不仅门第高华,而且是正始名士之首。他容止出众,才华横溢,面对强权,从容不迫,表现出魏晋名士的雅量和风采。在《世说新语》的记载中,临刑东市,能够做到颜色不异、慷慨赴死者唯有两人,一是夏侯玄,一是嵇康。

夏侯玄为曹爽姑子,少小极有名望,仪表出众。时人目之:“夏侯太初朗朗如日月之入怀。”(《世说新语·容止》第4条)加之博学多识,精通玄学,被誉为“四聪”之一,与何晏同是早期的玄学领袖。时人誉其“风格高朗,弘辩博畅。”(《世说新语·方正》第6条刘孝标注引《魏氏春秋》)作为正始名士,夏侯玄最突出的特征是肃敬,恭谨严正,令人肃然起敬,这和他简淡的人格以及深厚的学术修养不无关系。如《世说新语·赏誉》第8条记载:“裴令公目夏侯太初:肃肃如入廊庙中,不修敬而人自敬。”又《世说新语·赏誉》第15条刘孝标注引《晋诸公赞》曰:“(和)峤常慕其舅夏侯玄为人,故于朝士中峨然不群,时类惮其风节。”可见,夏侯玄是一位注重修为、“严于交游”的名士。《晋书》本传载其《时事议》一文云:“夫孝行著于家门,岂不忠恪于在官乎?仁恕称于九族,岂不达于为政乎?义断行于乡党,岂不堪于事任乎?三者之类,取于中正。”夏侯玄认为,一个人的道德修养是非常重要的,无论为人还是为官,孝、忠、仁、义都是立人之道,只有如此,方能取于中正。他是这样认为的,也是这样实行的。故而在李丰与司马氏之间的政治斗争中,夏侯玄虽身陷囹圄,仍不改初衷,最后身死东市。史学家陈寿在《三国志》传论中言:“(夏侯)玄以规格局度,世称其名。”

夏侯玄本是名士,即使入狱亦不改风节。面对钟氏兄弟的责难、构陷与轻侮,他表现出了高门秀士可杀不可辱的气节以及傲视的样态。《世说新语》记载了夏侯玄入狱后的另一细节,刘孝标注引《魏晋世语》曰:“(钟)毓以玄名士,节高不可屈,而狱当竟,夜为作辞,令与事相附,流涕以示玄。玄视之曰:‘不当若是邪?’”身为廷尉,钟毓亦知夏侯玄不会就范,所以自构其辞,一边作“流涕”状,一边让夏侯玄看供辞。夏侯玄早知处境凶险,他十分清醒自己的结局,故言:“不当若是邪?”钟毓之弟钟会此前曾试图结交夏侯玄不成,遂利用兄长办案之机,想接近夏侯玄,但他的态度是“狎之”,这是一种想靠近而又不庄重的态度。对此,夏侯玄曰:“虽复刑余之人,未敢闻命。”即便身陷狱中,危难重重,但也坚持自我,“严于交游”,不失志,不受辱,体现出名士的傲骨和气节。

后来,即便在狱中受到考掠,甚至临刑东市,夏侯玄依然坚毅,不改其衷。他初无一言,颜色不异,不畏不惧。这种大义凛然、视死如归的态度,是他人格修养的外现。忠、孝、仁、义是儒家思想的精髓,自然无为、委运任化是道家思想的内核,这些观念在夏侯玄的身上得到了充分的体现。宋代陈亮曾称曰:“夏侯太初处死生祸福之际而不动,名不虚得也。而遇非其时矣!"郝经亦云:"(夏侯)玄以重名高节,表仪一世……蔼然有大臣之风。观对许允之言,则以身死国,前定久矣。蹈白刃而不惧临,死生之际而不乱,生平所养,至此乃见。壮哉乎!天下之至勇也!"《世说新语》多次描写夏侯玄从容不迫、镇定而潇洒的状态,如刘孝标注引《魏志》曰:"(夏侯)玄格量弘济,临斩,颜色不异,举止自若。"又《世说新语·雅量》第3条言:"夏侯太初尝倚柱作书。时大雨,霹雳破所倚柱,衣服焦然,神色无变,书亦如故。"何为雅量?"人在人世间漂泊,生命无根却有八面来风,……镇定从容,这就是最大的雅量。"(骆玉明《世说新语精读》)夏侯玄宇量高雅,器范自然,虽死于非命,然风格高朗,千载之下犹有生气。

魏晋风度,不只是玄义的阐发,玄学的外现,更多的则是一种人格独立与人性自由的呐喊。它是烈火当中腾升而出的精神力量,是生命绽放的结果和可贵的风采。"高松出众木,伴我向天涯。"(李商隐《高松》)坚贞如松,凌风劲节,夏侯玄可谓"英杰"也。

(张亚军)

圣质如初

和峤为武帝所亲重①,语峤曰:"东宫顷似更成进②,卿试往看。"还,问"何如"?答云:"皇太子圣质如初。"

《方正》第9条

注释

① 武帝：即晋武帝司马炎。

② 东宫：太子所居之宫。亦借指太子，这里是指司马炎次子司马衷(259—307)，即后来的晋惠帝，字正度，痴呆不任事，在位期间，贾后乱政，遂有“八王之乱”。

鉴赏

晋武帝司马炎所立的太子司马衷是个窝囊废，朝廷上下人人都心知肚明，大臣们无不忧虑晋朝的未来，武帝对这个宝贝儿子的能力也并不看好。有一次他把东宫官属全召集来，拿出一些国家大事让太子裁决，这位未来的皇上一问三不知，贾妃让太子左右的人代他回答，这才没让太子大出洋相。

暗地里谁都知道太子是个笨蛋，可那些专以奉承拍马起家的大臣们，公开场合却一直恭维太子“聪明英断”，只有和峤对晋武帝说：“皇太子有淳古之风，而季世多伪，恐不了陛下家事。”和峤字长舆，历任尚书、太子少保等职，对钱财虽悭吝小气，对皇上却刚直不阿，所以皇上一直很信任他。所谓“淳古之风”只是“愚蠢”的一种委婉说法。司马炎听和峤回答后默然不语。俗话说，老婆是别人的漂亮，儿子是自己的聪明，谁喜欢人家说自己的儿子愚蠢呢？更何况是富有四海的天子！

不久，晋武帝对和峤、荀勖说：“太子近来好像有些长进，你们到东宫试一试虚实。”武帝这句话是在暗示直得不能再直的和峤：别再对太子评头品足说三道四，我的儿子怎么会是个蠢货呢？一向善于揣摩人主旨意并喜欢逢迎的荀勖回报武帝说：“太子德更进茂，明识弘断，不同于初，有如明诏。”和峤还是那个不懂转弯的死脑筋，他向武帝回报的结果正好相反："皇太子圣质如初。"用通俗直白的话来说就是："皇太子还和从前一样蠢。"可以想见武帝听后的心情。晋武帝时荀勖为中书监，和峤为中书令，按惯例监、令同车出进，但鲠直的和峤鄙薄佞媚的荀勖，公车一来峤便登车扬长而去，勖只好再找公车上下班，监、令分车上朝自和、荀始。

这位蠢太子即帝位后，西晋就开始由治变乱，由盛转衰，他最大的政绩就是加速了西晋的灭亡，连以给皇帝贴金为能事的正史也不得不给他"抹黑"："及居大位，政出群下，纲纪大坏，货赂公行，谗邪得志。"听说天下百姓成批饿死的时候，这位"有淳古之风"的晋惠帝说："百姓真傻，没有米饭吃，干嘛不去吃肉粥呢?"惠帝晚年还得意地责问和峤说："卿昔谓我不了家事，今日定云何?"和峤的回答真让人哭笑不得："臣昔事先帝，曾有斯言，言之不效，国之福也。"

这里给大家讲一个发生在当今的段子：有个官二代学生，成绩在班上长期倒数第一，打架耍赖又总是名列前茅，学校校长对该生的班主任说："这名同学一直表现'突出'，期末评语不能写得让他家长扫兴。"既不想拍马屁，也不想惹麻烦，班主任便在期末总结一栏中写道："该生成绩一直稳定，动手能力尤强。"

从"圣质如初"，到"成绩稳定"，可谓"持之以恒"。

（戴建业）

有仇有旧

诸葛靓后入晋，除大司马，召不起。[①]以与晋室有仇，常背洛水而坐。与武帝有旧，帝欲见之而无由，乃请诸葛妃呼靓[②]。既来，帝就太妃间相见。礼毕，酒酣，帝曰："卿故复忆竹马之好不？"[③]靓曰："臣不能吞炭漆身，今日复睹圣颜。"[④]因涕泗百行。帝于是惭悔而出。

《方正》第10条

注释

① 诸葛靓：字仲思，三国琅邪阳都（今山东沂水南）人。魏司空诸葛诞少子。诸葛诞叛魏，遣靓入吴为质，仕吴为右将军、大司马。吴亡后北走洛阳。因其父诸葛诞被晋武帝的父亲司马昭派兵所杀，所以不肯在晋为官，后隐于乡里。除：授任。大司马：官名，八公之一。起：出任。

② 诸葛妃：指司马懿之子琅邪王司马伷的王妃，晋武帝的叔母，诸葛靓的姐姐。

③ 竹马之好：比喻儿童时代的交情。竹马，儿童用来当马骑的竹竿。

④ 吞炭漆身：比喻为父报仇。据《史记·刺客列传》记载：春秋末年，晋国大夫赵襄子灭了智伯，智伯的家臣豫让便要杀赵襄子来给智伯报仇。他用漆涂身，使身上长癞疮，以改变形貌；吞炭弄坏嗓子，使声音沙哑。毁容变音，使人不识，再去报仇。

鉴赏

三国时期，诸葛家族以儒治世，人才辈出。其中诸葛亮、亮兄诸葛瑾及亮从弟诸葛诞，并称“诸葛三君，功名鼎盛，彪炳人寰”（余嘉锡《世说新语笺疏》）。魏末时，司马昭专权，其心路人皆知。诸葛诞遂引兵叛魏，后为大将文鸯所败。此前，诸葛诞曾因事杀了文鸯的父亲文钦，所以，文鸯、文虎兄弟为报父仇，杀诸葛诞，并“啖其肝”。诸葛诞遂被夷三族，仅其女琅邪王司马伷之妃、其少子诸葛靓因入吴为质，得以保全。这则故事就发生在诸葛靓北上洛阳之后，与晋武帝司马炎相遇时所发生的情景。

诸葛靓与司马炎曾是“竹马之好”，也即旧友的关系，只可惜时势所迫，诸葛靓与司马昭之间有杀父之仇，使得他难以面对仇人的儿子，这种复杂与矛盾的心情，只有经历了乱世离合的人才能体会。诸葛靓作为诸葛诞少子，雅正而有才望，曾入质于吴，为右将军、大司马。据《世说新语·言语》21 记载：“诸葛靓在吴，于朝堂大会，孙皓问：‘卿字仲思，为何所思？’对曰：‘在家思孝，事君思忠，朋友思信，如斯而已！’”可见，受儒学影响，诸葛靓是讲求忠孝、遵行仁义之人。其父诸葛诞因反抗司马昭被杀，死状惨酷异常，加之，被夷三族的打击使诸葛靓难以做到仁恕而宽谅。本则故事有四次以细节描写来表现他的痛苦心情，体现他的气节，例如：

第一，“召不起”，诸葛靓出身世家大族，并与晋武帝司马炎有旧交，屡不应召，表现出鲜明的不合作态度。

第二，“常背洛水而坐”，诸葛靓的父亲为司马昭派兵所杀，这种仇恨难以消解，即使被迫入洛，但背洛水而坐的行为，是在表达自己不能向北朝奉的决心。

第三，“吞炭漆身”，借用豫让报仇的典故来形容自己欲报血海深仇的心情。

第四，“涕泗百行”，非常形象地表现出诸葛靓内心矛盾、愤懑、怨恨、痛苦的心情。

古人云：“杀父之仇，不共戴天。”即使曾与司马炎旧情交好，也无法消除至孝之人诸葛靓的心头愤恨。这种有仇有旧的心情是非常痛苦的。最后，司马炎“惭悔而出”，惭愧的是父辈恩仇难以平息，悔恨的是本想重修旧好，却让诸葛靓更加痛苦。二人之间已经难以相对，难以安抚，也难以谅解了。

诸葛家族素重儒学，忠孝观念的影响极深。诸葛靓至孝，不欲与仇人相见，贞心义节，虽与日月争光，金石争坚可也。据史书记载，诸葛靓及其姊从未忘记伤痛。诸葛靓有仇有旧，不愿北向，而其姊之子司马繇最终杀了文鸯，为外祖父报仇。余嘉锡笺曰：“靓姊为司马懿子琅邪王(司马)伷妃，伷先封东莞王。……《晋诸公赞》曰：‘东安公(司马)繇，诸葛诞外孙。欲杀俶(即文鸯)，因诛杨骏，诬俶谋逆，遂夷三族。’按《晋书》伷传：‘繇诛俶后，始遭母丧。’则(司马)繇之此举，疑出诸葛妃之意，使其子杀俶，以报父仇。然则不独靓为孝子，即其姊亦孝女也。诸葛氏之世泽，可谓远矣。”诸葛家族忠孝闻名，这种忠义之行在诸葛姐弟的身上充分体现出来。

在这则故事中，诸葛靓的心态表现得非常清楚，他的矛盾，他的无奈，尤其是借用“吞炭漆身”的典故，更加深刻地体现出他身负血海深仇的痛楚。他在“礼毕，酒酣”之后而出此言，言下之意，虽念及旧情，但要像过去那样与司马炎一起把酒言欢，恐怕再也难以做到了。

（张亚军）

鉴赏

君臣之好

向雄为河内主簿[1]，有公事不及雄，而太守刘淮横怒，遂与杖遣之。雄后为黄门郎[2]，刘为侍中，初不交言。武帝闻之，敕雄复君臣之好[3]，雄不得已，诣刘，再拜曰："向受诏而来，而君臣之义绝，何如？"于是即去。武帝闻尚不和，乃怒问雄曰："我令卿复君臣之好，何以犹绝？"雄曰："古之君子，进人以礼，退人以礼；今之君子，进人若将加诸膝，退人若将坠诸渊。[4]臣于刘河内，不为戎首[5]，亦已幸甚，安复为君臣之好？"武帝从之。

《方正》第16条

注释

① 向雄（？—约283），字茂伯，河内山阳（今河南焦作东）人，彭城太守向韶之子。初仕魏，后为晋朝大臣。为人以刚直强硬著称。河内主簿：河内郡的主簿。河内郡在今河南省黄河以北一带。

② 黄门郎：官名，也称黄门侍郎，职责为侍从皇帝，传达诏命。与侍中同为宫内近侍官，不过侍中是加官，无定员。侍中和黄门郎俱管门下省众事。

③ 君臣之好：上下级的和睦关系。

④　“古之”两句：摘自《礼记·檀弓下》。进，推荐，提拔；退，撤职，降职。
⑤　戎首：指挑起事端的人。

鉴赏

自汉武帝独尊儒术以来，儒家经学逐渐成为统治阶级的官方指导思想。两汉时期是中国历史上儒家经学最鼎盛的时期，出了一大批的经学大师，形成了一种独特的士大夫文化以及与之匹配的道德标准。虽然在东汉末年，传统经学面临着崩溃，一种追求人性解放的呼声在士族间此起彼伏，但是刻在士大夫们骨子里的道德品质，却一直被默默传承着，直到今天。刚正不阿即其中之一。

说起刚正不阿的人，大家都能想起那么几位。前有朱云折槛，杨震饮鸩；后有包龙图弹劾权贵为民生，于少保粉身碎骨存忠义。这些士大夫们或身处高位而心系百姓，或远在江湖而忧思社稷。总之，他们身上的道德品质每能令我们肃然起敬，高山仰止。而向雄，也是他们中的一员。

向雄曾在河内郡作主簿，为太守王经做事。因王经未向司马昭禀报曹髦将要讨伐自己的消息，所以司马昭便处死了王经。王经死后，向雄毫不避讳，为其恸哭不止。以至于感动了大家，人们都为王经感到悲伤。后任太守刘准(按：《晋书》本传作刘毅，据后人考证刘毅为误。此处依《世说》作刘准)曾经无故鞭笞向雄，后来吴奋代替刘准做了太守，又因少许怨言把他关进监狱。司隶钟会把向雄从监狱里征召出来，并任命其为都官从事。后钟会因叛乱而死，无人敢为其收殓下葬，向雄却迎丧并安葬了钟会。

司马昭当然十分恼怒，因为向雄接二连三地哭祭那些罪人，这不诚心和自己作对吗？于是召见向雄并责备他说：“以前王经死了，你在东市哭他我不问罪。现在钟会叛逆，你又收殓安葬他，我如果再宽容你，将把王法放在哪里？”向雄不卑不亢地回答说：“从前先王掩埋受刑人的骨骸尸体，仁德润泽朽骨，先王当时难道先占卜其功过，然后才埋葬那些尸骨吗？现在刑已经施行，按照法令已经处理了钟会，我只是感于道义而收葬他，从道义教化上讲我这样做没错。法令在上面制定，教化在下面发扬，为什么一定要让我陷于违背生死常理的地步呢？殿下如果把他的枯骨遗弃在荒野，作为将来仁人贤士的口实，不也太令人惋惜吗？"司马昭听了很高兴，与他交谈并饮宴后才让他回去。

看完这两件事后，向雄的形象早已跃然纸上了。他知恩图报，怀念旧情。王经曾与他共事，钟会救他出狱并任用他，对他有极大的恩情，这两个人都值得他感念。但这样的感念却很可能会引来杀身之祸。因为他们都是司马昭眼中的罪臣，尤其是钟会，更是罪大恶极。向雄却毫不忌讳地为其收尸安葬，这分明是在挑战司马昭的权威，公然与其作对。所以司马昭大怒，责备向雄。但向雄却不卑不亢，一番慷慨陈词，竟然打动了司马昭。当然，司马昭是为了以向雄为天下人树立榜样，宣传教化，以掩盖他的谋逆之心。但也不能排除司马昭真的被向雄那种高尚的品德所打动。

向雄任河内郡的主簿时，有件公事本来和他没关系，可是郡太守刘淮为这事大为震怒，便对他动了杖刑。对于性格刚直的向雄来说，怎能忍受这种无妄之罪！向雄调任黄门郎后，刘淮当时任侍中。两人虽在同一衙门，却从来不交谈。晋武帝听说这件事，有意要调和二人的关系。于是便命令向雄要恢复两人原有的"君臣之好"。向雄不得已，就到刘淮那里，行再拜礼后说："刚才奉皇上的命令而来，可是我们之间的君臣之义已经断绝了，怎么办？"说完，马上就走了。武帝后来听说两人还是不和，就生气地问向雄："我命令你恢复旧时的和睦关系，为什么还要绝交？"向雄又拿出来当年不卑不亢的态度，回答说："古时候的君子，按礼法举荐官员，也按礼法贬黜官员。现在的君子，举荐人家时就像要抱到膝上那么亲，贬黜人家时就像要将人推下深渊那样狠。臣下不主动去找刘淮麻烦，那也幸运得很了，怎么还能修复旧有的君臣之好呢！"晋武帝听后，就不再勉强他了。

向雄的这一番言辞，真可谓合情合理。当初刘淮不深究细察便对自己动用大刑，还排挤自己，这只能说明刘淮作为长官的失职。无故而惩罚之，是其失职；恼怒而排挤之，是其失德。对于这样一位失职失德的长官，向雄不从也罢。因为皇帝有诏令，向雄不得不去拜谒，这合乎为臣之道。而因刚正不阿，不屈服于无德之人，这合乎礼法之教。向雄并没有如小人一样暗中使坏，挑起纷争，找刘淮算账，而是恪守礼法，时刻保持着自己的尊严，不与刘淮相交。所以晋武帝听了他的话也不再勉强他，因为他见识到了向雄的那份方正，那份绝不屈服的尊严。毕竟，他可是连晋武帝父亲司马昭都怼过的人。

（龚铃洲　张旭）

释冠操琴

齐王冏为大司马辅政[①]，嵇绍为侍中，诣冏咨事。冏设宰会[②]，召葛旟、董艾等共论时宜[③]。旟等白冏："嵇侍中善于丝竹，公可令操之。"遂送乐器。绍推却不受。冏曰："今日共为欢，卿何却邪？"绍曰："公协辅皇室，令作事可法。绍虽官卑，职备常伯[④]。操丝比竹，盖乐官之事，不可以先王法服[⑤]，为伶人之业。今逼高命，不敢苟辞，当释冠冕，袭私服[⑥]，此绍之心也。"旟等不自得而退。

《方正》第17条

注释

① 齐王冏：即司马冏（？—302），字景治，为齐王司马攸之子。赵王司马伦篡位，司马冏起兵反对，拜大司马，加九锡，执掌朝政。后为司马乂所杀。

② 设宰会：安排官员聚会。宰，官员。

③ 时宜：时事政治。

④ 常伯：泛指侍中之类的帝王近臣。

⑤ 法服：礼法规定的标准服色。

⑥ 袭私服：穿便装。

鉴赏

嵇绍是嵇康之子，嵇康死时嵇绍年仅十岁。在嵇康的《诫子书》中，我们看到了嵇康在激烈的反礼教、与时不协之外的另一副面孔。嵇康向嵇绍讲了许多持身、立志及避祸的教训，显见他对世俗的微妙人际关系有深刻的洞悉，似乎他希望嵇绍日后走的是不同于他的主流之路。

嵇康被司马氏所杀，但政权又是司马氏的，嵇家不能因为嵇康的遇害而沉沦，也就是说嵇绍必须要加入司马政权。这样，嵇绍面临着巨大的伦理困境。解决这个困境的方法，就是坚持立身方正，恪守名分。嵇绍唯有如此，才能向世人表明，他的入仕，不是贪图权势、名位，也不是腆颜事仇，而是因为“臣之事君，义也，无适而非君也，无所逃于天地之间”（《庄子·人间世》）。这样一来，嵇绍所尽忠的对象，不再是现实的司马氏，而是司马氏所代表的正统政权以及具有形而上意义的绝对的君主名分。故嵇绍格外在意名分、名节。

在本则故事中，有意讨好齐王司马冏的葛旟，希望精通音乐的嵇绍演奏乐曲以尽欢，还送来了乐器。对一个达观的名士来说，在名流的聚会上公开献技，并不算是耻辱的事。如本书《任诞》第32条描写的，谢尚为王导还有王濛等人，跳起了流行于洛阳肆工阶层中的怪异舞蹈，这不是自轻，而是洒脱。不是有辱斯文，而是超然世外。

但是嵇绍严词拒绝了，并把事情的性质说得很重：演奏是伶人的职事，他位居国家大臣，体统所在，不便为此。当然，嵇绍没把话完全说死，还是留下了余地，表示也不是不可以演奏，只不过要脱掉官服，换上便装。嵇绍说得有理有节，葛旟等也不好强人所难，这事就这样过去了。

嵇绍敢于拒绝权贵，不向权贵献媚以维护他作为朝廷大臣的体统和尊严，展示了他的气节，这是他的“方正”。但要注意，这“方正”的品行，其实是基于特殊的个人遭遇而不得不做出的姿态。

（肖能）

二陆优劣

卢志于众坐问陆士衡：“陆逊、陆抗，是君何物[①]？”答曰：“如卿于卢毓、卢珽。”士龙失色。既出户，谓兄曰：“何至如此？彼容不相知也[②]。”士衡正色曰：“我父祖名播海内，宁有不知[③]？鬼子敢尔[④]！”议者疑二陆优劣，谢公以此定之[⑤]。

《方正》第18条

注释

① 何物：什么人。
② 容：或许、大概。
③ 宁(nìng)：难道、怎么。
④ 鬼子：刘孝标注引孔氏《志怪》载卢志远祖卢充曾打猎而入崔少府墓，与其亡女结合而生子，则卢志为鬼之后裔，故陆机斥其为“鬼子”。尔：如此、这样。
⑤ 谢公：即谢安。

鉴赏

要理解本条的意思，需要先了解家讳。家讳，或称私讳，指自己父亲、祖父等之名。魏晋南北朝时期极为重视家讳，如果遇到他人触犯自己的家讳，也就是说了或写了自己父亲、祖父等名中的字及与之读音相同或相近的字，往往会产生哭泣、逃避、发怒等反应。触犯对方家讳，原因有多种：有时是事先不知对方家讳；有时虽然知道，但为无心之失；有时却是故意，或者存心挑衅，或者意在嘲谑。

卢志(？—315)为范阳涿(今河北涿州)人，范阳卢氏为中古时期北方的著名大族，四姓(清河崔氏、范阳卢氏、荥阳郑氏、太原王氏)高门之一。卢志曾祖卢植为汉末大儒，官至侍中、尚书、北中郎将，祖父卢毓官至曹魏司空，父亲卢珽官至西晋卫尉，世代簪缨。陆机(字士衡)、陆云(字士龙)二陆兄弟为吴郡吴(今江苏苏州)人，陆氏为吴郡四姓(顾、陆、朱、张)之一，当时的江南一流高门。二陆兄弟的祖父陆逊出将入相，为东吴大都督，夷陵之战大败蜀军，后为上大将军，辅佐太子孙登留守陪都武昌(今湖北鄂州)，官至丞相；父亲陆抗为镇军大将军，率兵与西晋羊祜军队对垒，固守吴国西线荆州一带，官至大司马、荆州牧。陆逊、陆抗为吴国股肱柱石，家族中其他成员担任重要文臣武将者数量众多，孙皓在位时左丞相陆凯(陆逊之侄、陆抗族兄)曾说有“二相、五侯、将军十余人”(《世说新语·规箴》第5条),为吴国的权门势族。二陆兄弟颇以自己的祖、父感到骄傲,陆机《吴大司马陆公诔》《祖德赋》《述先赋》《辩亡论》和陆云《吴故丞相陆公诔》《祖考颂》等文中都称颂祖、父的丰功伟业。

卢志在大庭广众之下,当面问陆机:“陆逊、陆抗是你什么人?”直接道出陆机祖父、父亲的姓名。卢志可能真的不清楚陆逊、陆抗与陆机之间的关系,就如陆云所说“彼容不相知也”,无意间触犯了二陆兄弟的家讳。不过,更大的可能是卢志知道这样的关系,但在这样公开的场合,用这样的方式故意触犯二陆兄弟的家讳,以示对吴人的轻辱。因吴降于西晋,中原人士每视吴人为亡国之余而加以鄙薄,即使像二陆兄弟这样出身高贵、又具才学的吴人,入西晋都城洛阳后也曾受到如此对待。面对卢志直呼自己祖、父姓名这样非常失礼、近乎挑衅的行为,陆机回应“如卿于卢毓、卢珽”(就像你和卢毓、卢珽的关系),间接答复了卢志所提陆逊、陆抗与自己的关系的问题,但更重要的是同样直呼卢志祖、父的姓名予以反击,所谓以其人之道,还治其人之身。对于陆机这种“敢言反辱”([日]田中大壮《世说讲义》)的对答,陆云变了脸色。大概是因为紧张夹杂些害怕吧,在出门之后,还有些埋怨陆机不该弄到这样针锋相对的地步,并为卢志开脱说他或许真的不知道陆逊、陆抗与他们兄弟之间的关系。而陆机毫不畏惧,认为自己的父、祖闻名天下,卢志怎会不知?斥骂卢志这个鬼儿子竟敢这样。

上述也与史料所载两人的性格差异相符,二陆虽然都谨遵儒学传统,陆机“伏膺儒术,非礼不动”(《晋书·陆机传》),陆云被人誉为“当今之颜子”(《晋书·陆云传》),但“云性弘静,怡怡然为士友所宗。机清厉有风格,为乡党所惮”(《世说新语·赏誉》第39条刘孝标注引《文士传》),陆云比较平易随和,陆机则刚直耿介。此事应当发生在二陆兄弟刚到洛阳之时(《晋书·陆机传》载此事,排序也是如此),他们初来乍到,自恃出身名门,志气高爽,并不钦服中原人士(《晋书·张华传》),而陆机又性格尖锐,面对卢志这般无礼的做派,难免会产生矛盾。后来在

“八王之乱”中，陆机委身成都王司马颖，为后将军、河北大都督，率军与长沙王司马乂军作战，溃败而归，遭到时为司马颖谋主的左长史卢志的谗毁（《世说新语·尤悔》第3条及刘孝标注引《（陆）机别传》《晋书·陆机传》），这成为他与弟弟陆云、陆耽及儿子陆蔚、陆夏等被杀的原因之一，而卢志谗毁很可能就与多年前这场互犯家讳的积怨有关。

陆机、陆云兄弟自少时即齐名，号称“二陆”（《晋书·陆云传》）。品评人物的人原先难以确定两人的优劣，后来谢安根据他们对卢志犯讳一事的不同言行而确定了两人的优劣。当时盛行人物品评，经常出现类似陆机、陆云兄弟两人旗鼓相当、难判优劣的情况，有时就像本条这样以他们在同一事件中的不同表现来确定高下，颇有“一着定胜负”的味道。类似情况《世说新语》中屡见记载，如谢安、王坦之原来齐名，难辨高下，后来他们共赴桓温的“鸿门宴”，王坦之恐形于色，谢安从容镇定，于是两人由此分出优劣（《雅量》第29条）。那么本条之中陆机、陆云究竟孰优孰劣呢？

本条列入《方正》，《方正》第1条说陈太丘（寔）和友人相约一起外出，友人迟到，还骂已经离开的陈寔，陈寔之子陈元方（纪）当即回斥其无信无礼。这与本条陆机面对卢志直呼其祖、父之名而反击相近，那么是陆机而非陆云如同陈纪一样被赞为“方正”，而且《晋书》也将此事收入《陆机传》，显然是以陆机为优、陆云为劣。但后世有多位学者对此不以为然：宋代叶梦得认为面对别人直呼自己祖、父之名，应当隐忍，不可像陆机这样回击，不要争强好胜，在这方面陆机远不及陆云，因为此事后来连累陆云也遭祸身死（《避暑录话》卷上）。明代王世懋评点“士龙亦别有胜兄处”；凌濛初评点“（士龙）何以便劣？”又说“士龙亦自雅量”，不满于评陆云为劣，指出陆云有宏大的度量。但前文已述，魏晋南北朝时非常重视家讳，遇到别人故意触犯自己的家讳，无论是挑衅还是嘲谑，常视对等甚至超过的回击为优（如《世说新语·排调》第2、3、33条等），并不主张忍让、沉默。叶梦得、王世懋、凌濛初对那时的这种风气缺乏“了解之同情”，为陆云抱不平就显得有些隔膜了。

（张金耀）

临难不辞

鉴赏

苏峻既至石头①，百僚奔散，唯侍中钟雅独在帝侧②。或谓钟曰："见可而进，知难而退，古之道也。君性亮直，必不容于寇雠，何不用随时之宜，而坐待其弊邪？"钟曰："国乱不能匡，君危不能济，而各逊遁以求免③，吾惧董狐将执简而进矣④！"

《方正》第34条

注释

① 苏峻既至石头：苏峻（？—328），字子高，长广掖县（今山东莱阳南）人。少有才学，仕郡主簿。永嘉之乱时，集结流民数千家以自守，因平王敦有功，晋升冠军将军，手握两万锐兵。庾亮辅政，谋求解除其兵权，征召入朝为大司农。故举兵造反，攻入京城，后兵败而死。石头：城名，在今南京市清凉山，为六朝时建康军事要地。

② 钟雅（？—329），字彦胄，魏太傅钟繇后人。少有大志，累迁至侍中。后为叛军所杀。

③ 逊遁：退避逃走。

④ 董狐：春秋时代晋国之史官，古代良史。《左传·宣公二年》记载晋灵公十四年（前607年），晋卿赵盾因逃避晋灵公的杀害而出走，尚未出境，其族人赵穿杀晋灵公，赵盾未返援救，事后也未纠办，董狐乃书曰："赵盾弑其君。"孔子誉之为良史。

鉴赏

苏峻因讨伐平定王敦之乱有功，迁历阳内史、冠军将军，封邵陵公。朝廷原本对他寄予厚望，仰为防御北方的屏障，但由于手握重兵，加之招纳亡命之徒，扩充军备实力，逐渐引发朝廷的疑虑，庾亮辅政之时，以强固中央，抑制地方势力为务，故急于征召苏峻入朝为官，希望可以解除其兵权。但苏峻深知此为诱杀之计，去了等于自投罗网，于是在东晋成帝咸和二年(327 年)举兵造反，攻入都城建康，焚烧宫室，逼迁成帝于石头城。这时成帝年且尚幼，加上遭逢剧变，可想见内心是何等惶恐不安，所幸后来苏峻被陶侃、温峤等人率军击败诛杀，苏峻之乱暂且落幕。此则可与《政事》第 11 条互相参看，任让随苏峻作乱，当着成帝面前戮杀侍中钟雅与右卫将军刘超，成帝哭着喊“还我侍中”。事平之后，陶侃替任让说情，成帝又说“让是杀我侍中者”，对任让不予赦免，足见成帝对钟雅特别在意器重。

成帝之所以对钟雅有如此深厚情谊，应该是感于钟雅的耿直忠心，加之患难中培养出的君臣情感，故余嘉锡评曰:“《世说 · 方正篇》之目，惟伯仁、太真及钟雅数公可以无愧焉。其他诸人之事，虽复播为美谈，皆自好者优为之耳。”若以此则情境观之，在朝廷百官纷纷仓促逃亡的情况之下，只剩钟雅“独在帝侧”，此等将生死置之度外的节操足已令人肃然起敬，再而他义正辞严的反驳对语，追求“留取丹心照汗青”的不朽精神人格，更是格外让人由衷感佩。向来谈起魏晋文化风尚的底蕴，总是会引发人们放荡不拘的历史印记，如竹林七贤的任诞言行，元康八达的放达行为，但像钟雅这种临难不辞的处世态度委实令人振奋动容，亦可勘破常人对魏晋时代颓废虚浮之历史印象。不仅“任诞”类型人物风行魏晋时代，“方正”类型人物亦不遑多让，足见魏晋实为开放多元的文化时代。

(曾敬宗)

大丈夫将终

孔君平疾笃①,庾司空为会稽②,省之。相问讯甚至,为之流涕。庾既下床,孔慨然曰:"大丈夫将终,不问安国宁家之术,乃作儿女子相问!"庾闻,回谢之,请其话言。

《方正》第43条

注释

① 孔君平:孔坦(285—335),字君平,会稽山阴(今浙江绍兴)人,孔愉从子。曾参与平沈充之乱。为王导别驾,迁尚书左丞,又为陶侃长史。苏峻乱平,为吴兴内史,封晋陵男。后又拜侍中,出为廷尉。

② 庾司空:庾冰(296—344),颍川鄢陵(今河南鄢陵西北)人,字季坚,庾亮弟。曾任吴国内史、会稽内史,参与平定苏峻之乱,后继王导为相。

鉴赏

一个男人是不是伟男子或大丈夫,主要不是看他是否魁梧高大,也不是看他是否孔武有力,而是看他是否有博大的胸怀,是否有远大的志向,是否有出类拔萃的才能,更要看他是否以民族国家为已任,是否具有某种全人类的关怀。法国拿破仑长不满五尺而心雄万夫,我国抗日战争中许多将军身材瘦小却气吞万里。

文中的孔君平名坦，历任太子舍人、尚书郎、扬州别驾、侍中等职。庾司空即庾冰，司空是他曾作的官职。孔、庾二人都是东晋重臣。“为会稽”是指庾冰作会稽内史。孔坦病危的时候，政坛上众望所归的庾冰前往探视，对他的病情十分关切，对他的问候更殷勤备至，以至于因他病重而“为之流涕”。没想到，孔坦的重病虽使庾冰伤心落泪，庾冰的眼泪却没有使孔坦感到安慰温暖，相反，孔坦还觉得自己被轻视和冷落。等庾冰刚一下坐榻转身离去，他就慨然叹道：“大丈夫将终，不问安国宁家之术，乃作儿女子相问。”原来他是责怪庾冰没有把他当作国士，没有把他当作大丈夫，否则，当国士离开人世之际，首先被问及的应当是治国安邦之策，经纶济世之方，不该像乡间野老死前那样，只是哭哭啼啼地送点“心灵鸡汤”。

庾冰听到这番话后，连忙回来道歉，并谦恭地倾听他的治国金言。

孔坦以统一国家和再造中华为己任，以“方直雅望”为时辈所称，不以个人生死进退为怀，临终时还致书庾冰之兄庾亮说：“使九服式序，四海一统，封京观于中原，反紫极于华壤，是宿昔之所味咏，慷慨之本诚矣。今中道而毙，岂不惜哉！若死而有灵，潜听风烈。”这封临终遗书使人想起陆游的临终诗：“死去元知万事空，但悲不见九州同。王师北定中原日，家祭无忘告乃翁。”

孔坦的一生，活得磊落坦荡，死得崇高悲壮。中华民族之所以能作为一个文明古国屹立于世界，正是因为有孔坦这些以国为怀的民族脊梁。

这篇文章非常形象地告诉我们：什么人才算真正的大丈夫，什么人才是真正的贵族。

（戴建业）

何必谦让

王述转尚书令[1]，事行便拜。文度曰[2]：“故应让杜、许。”蓝田云：“汝谓我堪此不？”文度曰：“何为不堪，但克让自是美事，恐不可阙。”蓝田慨然曰：“既云堪，何为复让？人言汝胜我，定不如我。”

《方正》第47条

注释

① 王述，见“共谈析理”篇（《文学》第22条）注释。
② 文度：王坦之字文度，详“中郎无言”篇（《文学》第35条）注释。

鉴赏

我国向来被称为“礼仪之邦”。在建构、塑造、规范国人的文化—心理结构中，“礼”作为一种文化模式起着极其重要的作用，它使人自身的自然不断人化，使人的行为举止合乎社会要求。假如没有一定的礼节，全社会就会像火车没有铁轨，人的一言一行完全出于生理的冲动，社会势必由于混乱冲突而解体。总之，是“礼”使社会机器能正常运转，使人越来越成为“人”。

但是，又正是“礼”使人日益成为“非人”，使自我日益成为“非我”。人类制定出许多礼节来，其本意是要它们为人类服务，使人类不断远离兽性而完善人性，然而，随着历史的发展和社会的进化，“礼”有时成了人自身的桎梏，人成了繁文缛节礼教的牺牲品。人必须扭曲自己以合乎礼节，高兴了不敢开怀大笑，悲痛时不能嚎啕大哭，于是，人日益僵化、贫乏、枯萎、虚伪……

魏晋人的觉醒本质上就是对礼教的反叛，从虚伪的名教世俗中返回到生命的本真。王述就是一位嫉恶虚伪任性而行的可爱人物。王述字怀祖，袭爵蓝田侯，人称“王蓝田”。晋简文帝常说王述“以真率胜人”。当时的权臣王导每次讲话，左右的人总要肉麻地吹捧一番。王述见此十分讨厌地说：“人非尧舜，何得每事尽善！”

此文是王述升官后与儿子王坦之的一则对话。

王述每次接受朝廷的委任都不虚情假意地推让，假如推辞就真不想或真不能任职。这次升任尚书令，任命一下来他便就职，绝不像其他世故同僚那样，假惺惺地再三“固辞”，内心明明想高升想得发疯，表面上却装出一副恬退淡泊的模样。他那位字文度名坦之的儿子，反而比父亲世故得多，认为就职前应该谦让一番，无论如何要做做样子给人家看。王述问儿子说：“你是认为我不能胜任此职？”儿子回答说：“爸爸怎么会不胜任呢？但克己谦让总是一种美德，这一套程序是少不得的。不妨表面上推让给杜、许二人。”可见，礼的力量多么强大，它把人一层层地包裹起来，使人像模子里铸出来的标准产品，大家操同一种腔调，说同一种套话，持同一种态度，人们都像机械那样应世观物，最后彼此都成了被礼教塑造出来的木偶。

王述对儿子这般圆滑大为恼火，“既云堪，何为复让？”——既然觉得我能够胜任，又何必还要去谦让呢？他甚至毫不隐讳地表达了自己对儿子世故的鄙夷：“人言汝胜我，定不如我。”

“既云堪，何为复让？”王述的回答真掷地有声，可惜，像他这样方正刚强又豪爽坦荡的血性男儿，今天的神州大地上实在太少了！

（戴建业）

南风不竞

王子敬数岁时①,尝看诸门生樗蒲②,见有胜负,因曰:"南风不竞。"③门生辈轻其小儿,乃曰:"此郎亦管中窥豹,时见一斑。"④子敬瞋目曰⑤:"远惭荀奉倩,近愧刘真长!"⑥遂拂衣而去。

《方正》第59条

注释

① 王子敬:王献之,字子敬,详"惟忆离婚"篇(《德行》第39条)注释。
② 樗蒲:古代的一种博戏。
③ 南风不竞:这是引用《左传》襄公十八年记晋国乐师师旷说的一句话。南风指南方的音乐,不竞是说不强盛,预示楚国攻打晋国将无功而返。王献之借用来说处于南边的一方已落下风。
④ 管中窥豹,时见一斑:通过竹管窥看豹,偶尔能见到豹身上的一块斑纹。
④ 瞋目:睁大眼睛。
⑤ 荀奉倩:荀粲,字奉倩,详"两情皆得"篇(《文学》第9条)注释。

鉴赏

王羲之有七个儿子,其中最有名的是王徽之(字子猷)和王献之(字子敬)。王子敬在《世说新语》中的故事很多,其幼时故事则仅此一条。

王家是晋朝的高门大族,家中门生(指奴仆之类,不是后来的门生弟子的意思)很多,在当时的门阀制度之下,平民无进身的途径,到贵族家作门生、供役使,是常见的生计。这些人没事干的时候,常常聚在一起赌博。还是小孩子的王献之,也好奇地观看,当他看到有人快输了的时候,不禁说出一句"南风不竞"来,也许这是他刚刚从《左传》中学来的新词儿吧。这些门生看到王家小孩子来围观,还发表了看法,欺负他年小,开玩笑说:这位少爷也能从管中窥豹,时见一斑呢!"管窥"一词,先秦两汉间人已使用,如《史记·扁鹊仓公列传》里记扁鹊说中庶子的医方,不能救虢太子,有"以管窥天,以郄(同隙)视文"之语;《说苑·辨物》记同一事,说:"子之方如此,譬若以管窥天,以锥刺地,所窥者甚大,所见者甚少。"扁鹊对自己的医方则很有信心。《汉书·东方朔传》引"语曰"(俗语说)有"以管窥天,以蠡测海,岂能通其条贯",《后汉书》载汉章帝诏书也有"未知稼穑之艰难,区区管窥,岂能照一隅哉"的表达。可见"管窥"一词,若用于自己尚可表示谦虚,若用以说别人,就是批评责备了。不过这些门生说王献之,似乎也不全然是嘲笑他小孩子不懂事、乱说话的意思,"时见一斑"同时也肯定他有偶然说对的时候。不过,"时见一斑"毕竟是在管中窥得,并不能见豹之全体,就算说对了樗蒲之局,也有蒙对的意味,因此王献之生气了。

"子敬瞋目曰"以后的一段文字,比较费解。被门生嘲讽了,王献之为什么要搬出荀粲和刘惔来作比呢?有学者认为,荀粲和刘惔严于择交,必不蓄门生,即便蓄有门生,也仅是役使之,必不与他们有日常的交往,王献之感觉自己受到门生轻视侮辱,有损身份,故而举出这两人的名字,表示自己应向二人学习,不轻与下人来往。李慈铭则认为:"所举荀奉倩、刘真长,皆主婿。献之时方数岁,何由豫知尚主取以自比?疑此二语是尚主以后,因他事触怒之言。《世说》误合观樗蒲为一事,或《世说》传写脱落耳。"(《晋书札记》卷四)意思是说,此前荀粲和刘惔都娶了公主,而王献之第二位妻子是晋简文帝女新安公主,他说这话,是与两位"驸马"相比,其背景应是另外一件事情,但《世说》文字有脱落,现在不清楚为何事而出此言。据史书记载,刘惔尚晋明帝女庐陵公主,但荀粲娶骠骑将军曹洪的女儿，并不是公主，故而李慈铭的说法也存在一些疑问。另外，这个故事放在“方正”篇也有些奇怪，也许有个“方正”故事，可惜今天不能知其情况了。

“管窥”一词来源颇早，但管中窥豹之语则以此和《晋书·王献之传》记此事为发端。晚唐始有人用此典故，如罗隐《投前夏口韦尚书启》：“因务窥豹之能，遂窃登龙之誉。习池侍燕，岘岭从游。”韦庄《又玄集序》：“故知颔下采珠，难求十斛；管中窥豹，但取一斑。”崔致远《初投献太尉启》：“某劣同窥豹，浅比倾螺。”五代归任《悼罗隐》诗：“管中窥豹我犹在，海上钓鳌君也沈。”宋人使用渐多，宋祁《客自茂来言元礼日观棋剧饮》：“左手持螯人嗜饮，一斑窥豹客争棋。”苏轼、黄庭坚更是多次使用，如苏轼“携文过我治平间，雾豹当时始一斑”（《次韵王震》），“万事今方咨伯始，一斑我亦愧真长”（《范景仁和赐酒烛诗复次韵谢之》）。黄庭坚“雾豹藏文章，惊世时一斑”（《过致政屯田刘公隐庐》），“文如雾豹容窥管，气似灵犀可辟尘”（《次韵奉答文少激推官纪赠二首》其一）。受苏黄二人的影响，宋人开始大量使用该典故，如陆游《江亭》：“濠上观鱼非至乐，管中窥豹岂全斑。”楼钥《送何道夫秘监守潼川》：“鼎脔得一尝，豹斑容管窥。”南宋庄绰更专门辨析此典故的来源，云：“管中窥豹，世人唯知为王献之事，而其原在魏武令中语也。”后又引《三国志》注引曹操之庚申令，有“一似管窥虎欤”之语（《鸡肋编》卷上）。可能魏晋之时有“管中窥虎”的俗语，后来唐人避讳（高祖李渊祖父名虎），把《世说新语》和《晋书》中的“虎”都改成了“豹”字。但若论对后世的影响，还是当推《世说新语》和《晋书》，因为后人用此典故还有“一斑”“豹斑”“窥斑”等说法，且这里用“豹”字不用“虎”字，显然与曹操令相去较远了。

（罗宁）

自量为难

王恭欲请江卢奴为长史①，晨往诣江，江犹在帐中。王坐，不敢即言。良久乃得及。江不应，直唤人取酒，自饮一盌，又不与王。王且笑且言："那得独饮？"江曰："卿亦复须邪？"更使酌与王。王饮酒毕，因得自解去②。未出户，江叹曰："人自量，固为难！③"

《方正》第63条

注释

① 江卢奴：江敳，字仲凯，小字卢奴，江虨之子，济阳（今河南兰考、山东东明一带）人。为人忠义纯朴，以简退著称。

② 自解：自己找个借口。

③ 人自量，固为难：一个人要有自知之明，确实很难。

鉴赏

在生活中，我们有时会这样感叹："这个人太没有自知之明了！"如果有人只顾着自己的想法，言行丝毫没有考虑到他人的感受，我们就会不由自主地说出这句话来。其背后表达的情感或是恼怒、无奈，抑或是同情。这样简单的一句话，其实早在千年前就已经从江敳口中说出来了。

东晋末年，政局十分动荡。在前几家门阀士族相继垮台后，太原王氏作为最后的门阀世家，开始在政坛上崭露头角。凭借着晋孝武帝小舅子的身份，王恭以前将军，领青、兖二州刺史，持节的职位统率北府兵，镇京口。在孝武帝和他弟弟司马道子的斗争中，王恭自然站在妹夫这边，凭借着自己的方镇实力来与孝武帝的皇权相配合，压制着司马道子及其党羽。在这个背景下，王恭自然要广招贤才来壮大自己的力量。江敳凭借着自己的名望，成为了王恭招徕的目标之一。

说起江敳，大家可能不太熟悉。但提起他的父亲江虨，人们立马就会想到那位风流名士江仆射。江虨曾被王导赞赏"这年轻人不只是棋艺胜过我"，也曾用自己的机智追到了门第高贵的诸葛氏女。而江敳和他父亲一样，都以忠义纯朴为世人所知。因此王恭迫不及待地想要纳其为长史，壮大自己的力量。

于是王恭一大早就跑到江敳的家中去，正碰上江敳在帐子里睡懒觉。王恭也不好意思打扰人家，就等着直到他起了床。好不容易等到人家起了床，王恭坐下来却不敢开口提这件事。因为他知道江敳以素退为旨，肯定不会蹚这浑水。但还是觉得有必要尝试一下，毕竟来都来了。就在自我的纠结中，过了好久才说起这件事。江敳听了也不表态，只是风轻云淡地叫人拿酒来喝。他自顾自地喝了一碗，神情中尽是陶醉，根本没想过在一旁的王恭。王恭自觉尴尬，正好趁这个机会打圆场，于是笑嘻嘻地说："老兄，你哪能一个人喝啊！"江敳用略微惊讶的语气问："什么，你也要喝啊？"于是就命人给他斟酒。

酒过三巡，王恭也略觉疲惫。自己起了一个大早，却没赶上一个好。眼看江敳还在陶醉地饮酒，丝毫不提做官的事，心里不由地就不舒服起来。于是找了个借口就溜之大吉了。他还没走出门的时候，江敳就感叹说："一个人要有自知之明，确实很难啊。"

王恭既是名门之后,大权在握,又有远志雄心,企图匡扶天下。那么对于这样一位优秀的人物,江敳为何还对其如此冷漠呢?其实是因为王恭强人所难了。江敳本就以素退为旨,在这险恶的政治环境,动荡的时局中,无论依附于谁,都可能会朝不保夕。别看王恭现在尊贵无比,但后来不也是被传首建康了吗?这当然是后话了。不过江敳正是看透了这一点,所以才不愿追随王恭。在这个纷乱的时代,只有一件事能做,那就是饮酒。

所以江敳自顾自地饮酒,全然不管王恭。其实这是委婉表明自己不会追随他,只想在酒中寻找容身之所,因为那里绝对安全。但是王恭也太不知趣了,竟然还要求分一杯喝!但是江敳也不表态,只是不紧不慢地饮酒,只字不提做官的事。终于王恭疲倦了,不得不找个借口离开。我们无法得知王恭此时的心态是沮丧,还是愤怒,或者是无奈。但从江敳的话来看,不只是对王恭不识趣的感叹,更多的是对王恭的可惜,甚至同情。因为在那个大背景下,谁也无法抗拒历史的车轮前进。门阀政治的结束,势在必然。而王恭这样一位优秀的人,却试图去抵抗,其结局可想而知。这不得不令人感到惋惜。在这只言片语中,江敳的情感比王恭更复杂。

(龚铃洲　张旭)

世说新语

鉴赏辞典

雅

雅量，即恢宏之气度与过人之器量，乃魏晋名士心向神往之理想人格与生命境界。如谓方正乃处理人己关系之品格，雅量则为处理物我关系乃至天人关系之高标。简言之，雅量乃是一从容恒定之人格状态，即不以外在环境之变故，改变内在人格之稳定性。所谓临危不乱，处变不惊，不以物喜，不以己悲；又所谓“泰山崩于前而色不变，麋鹿兴于左而目不瞬”也。以一己之“不变”，以应外物之“万变”，雅量之为人格，犹置千钧之重于鸿毛之轻，又如“高高山上立，深深海底行”，其壮其美，有可意会而不可言传者焉。观《雅量》一门所记，皆魏晋名士处各种变故时之卓绝表现，或白描直叙，或对比烘托，无不惊心动魄，溢彩流光。嵇康临刑东市而神色不变，索琴而奏《广陵散》，人格何其伟岸！谢安大敌当前，闲敲棋子，气定

量

第六

神闲，谈笑间樯橹灰飞烟灭，风度何其潇洒！至如羲之东床坦腹，以无待为达；顾和觅虱如故，以不求为高。凡此种种，正雅量人格妩媚迷人处。是知方正、雅量之间，方正乃代表自己与人对话，雅量则代表人类与上帝对话，故《雅量》一门虽处《方正》之后，精神价值反在其上也。

鉴赏

豁情散哀

豁情散哀

豫章太守顾劭[①]，是雍之子[②]。劭在郡卒，雍盛集僚属，自围棋[③]。外启信至[④]，而无儿书，虽神气不变，而心了其故。以爪掐掌，血流霑褥。宾客既散，方叹曰："已无延陵之高[⑤]，岂可有丧明之责[⑥]！"于是豁情散哀，颜色自若。

《雅量》第1条

注释

① 顾劭：孙吴政权内有朱、张、顾、陆等四大显贵的家族，顾氏即其中之一。顾劭年二七，起家为豫章(今江西南昌)太守，在郡五年，卒官。

② 雍：顾劭之父顾雍(168—243)，三国吴郡吴县(今江苏苏州)人，字元叹。初为合肥长。孙权领会稽太守，以他为丞，行太守事。黄武四年(225年)，任丞相，在吴国执政十九年，颇有威信。

③ 自：正。

④ 外：仆役，特指男仆。

⑤ 延陵：春秋时吴国的季札，因受封于延陵，故称延陵季子。据记载，季札长子死，以礼安葬后，季札说："骨肉复归于土，命也。"季札对其子的死亡表现得很达观，所以为"高"。

⑥ 丧明：用孔子弟子子夏典故。子夏丧子，悲哀至失明。曾子前往吊丧，指责子夏过哀，有违礼法。

鉴赏

“雅量”是魏晋名士非常看重的一种精神修养。它不仅是指通常所说的胸襟开阔，即有“容”，更是指心态平和，即能“定”。“定”而非“容”，乃魏晋人所理解的“量”的本质特征。作为名士，作为洒脱风流者，“量”是必备的。

如何可见人之“量”呢？魏晋时往往通过人在某些极端状况——如生死、成败、祸福、荣辱之际的表现来判定。在这些极端情况下，人的内心很容易被惊动，从而失态、失色，失态与失色意味着人失去了应有的沉稳和镇定。《老子》说：“宠辱若惊。”《庄子》说：“死生无变于己，而况利害之端乎！”分别从反、正两面交代了道家思想观念中理想人格的举止情态，就是在任何情况下安之若素、心境平和，这是人超然物外的表现。所以，器量的大小，对应着人超然的程度。

在本则故事中，顾雍召集属下聚会，下围棋，得知没有其子顾劭的家书，虽然神态没有变化，但内心已知实情。公开场合，他当然不便表现得过于急切和难受，尽量维持着必要的镇定，可是小动作暴露其真实感受。手指甲用力掐手掌(这个动作是人常用的，譬如我们精神不振、昏昏欲睡时，为了清醒过来，也会用指甲掐手掌，肉体的疼痛会让人的理性苏醒，恢复自控能力)，血一直流到了座垫上，足见顾雍悲痛之深。待宾客散后，再无外人，这才感叹：即使不能像延陵季子一样以旷达的态度对待丧子之痛，也不能承担如子夏一样失明的指责。自我宽慰后，顾雍从悲痛中超脱出来，于是“颜色自若”。

这个故事写得很传神，把顾雍的内心转变的历程很好地描写出来。起初预知儿子的死讯，哀恸不已，但由于其身份及环境使然，必须维持表面的平静，可私底下的小动作反映其内心的真实感受。人不能沉溺于悲哀中，必须有自拔的能力。悲哀不能没有，但不能一味滞留。没有悲哀，是麻木不仁；一味滞留，是不能自控。麻木不仁和不能自控，都是人的精神能力低下的表现。对于像顾雍之类的贵人名士来讲,必须在这两者之间有完美的平衡。顾雍做到了。

必须要说明的是,雅量所指示的超然,并非凡事无动于衷,而是事过不留于心。

(肖能)

广陵绝唱

嵇中散临刑东市[①],神气不变。索琴弹之,奏《广陵散》。曲终,曰:“袁孝尼尝请学此散[②],吾靳固不与[③],《广陵散》于今绝矣!”太学生三千人上书,请以为师,不许。文王亦寻悔焉。

《雅量》第2条

注释

① 嵇中散:嵇康曾拜郎中,调中散大夫,故世称嵇中散。
② 袁孝尼:即袁准,字孝尼,陈郡扶乐(今河南太康西北)人,三国魏郎中令袁涣第四子,和嵇康、阮籍俱有交往。
③ 靳固:吝惜。

鉴赏

这个故事记载了嵇康独特感人的生命告别仪式。嵇康被押到东市受刑,却神色不变,临别无他求,只要一把琴,奏一曲《广陵散》。弹罢感慨:“袁孝尼(袁准)曾经要跟我学弹此曲,我舍不得而没答应,《广陵散》从今以后就要失传了!”当时三千太学生上书朝廷,请求拜嵇康为师,没有获准。嵇康死后不久,晋文王(司马昭)亦有悔意。

嵇康对《广陵散》的死亡推荐,令此曲身价倍增,随着嵇康的离去,此曲也终成绝响。经嵇康生命演绎的这首曲子,早已跳出了音乐的范畴,拥有了人性的旋律,也披蒙了历史神秘的面纱。那么,这首神秘的曲子到底是何来历?此曲又名《广陵止息》,嵇康尤其善弹此曲,这是一首大型琴曲,乃中国十大古琴曲之一,浩然大气,初时为《聂政刺韩傀曲》。那么嵇康又是如何遇上《广陵散》的呢?正史、小说家各有记载。《晋书》记载,此曲是嵇康游玩洛西时,一古人所赠。而《太平广记》则完全让两者的相遇充满了志怪的气息,嵇康夜宿月华亭,起兴抚琴,琴韵生动,竟感动了神灵,于是神赐《广陵散》,更相约密不传人。当然这则故事重点不是神秘的《广陵散》,而是同样神秘的嵇中散。

嵇康娶魏武帝曹操曾孙女长乐亭主为妻,政治上倾向曹魏,思想上倾向老庄,曾得罪司隶校尉钟会,遭其构陷。至于他为何被大将军司马昭所杀,也许要把前面几条原因都归结起来。说到嵇康,不得不提他的颜值,史书记载嵇康“身长七尺八寸,美词气,有风仪”(《晋书·嵇康传》),又高又帅还会弹琴,虽然他散漫不爱干净,但并不妨碍其人格魅力,并斩获了“糙美男”的历史美誉。嵇康的颜值到底达到了怎样的峰值?我们还可以参考《世说新语·容止》篇中另一则故事。有人和王戎说:“嵇延祖卓卓如野鹤之在鸡群”,意思是我今天看见嵇绍了,鹤立鸡群太出众了。王戎听罢笑曰:那是你没见过他父亲的风采吧!无疑,嵇康的容止为其短暂璀璨的生命更添了浓重的一笔。

本文仅有六十多字，却在寥寥数语之间彰显了一代名士的雅量和气度。临刑之前的肃杀，生死临界的惨状，都在“神气不变”的生命态度前化于无形，冰冷血腥的刑场环绕着“纷披灿烂，戈矛纵横”的慷慨悲歌，这是一幅彻底摆脱了庸常的死亡画面。古来士子不畏死者众，因为理想和抱负令他们视死如归。嵇康索琴则不同于一般的慨然赴死，临别一曲更是富有深意。“曲”在中国的文化语境中有着独特的含义，曲高和寡，曲终人散，伯牙鼓琴，很多和琴、曲有关的成语和典故都指向了人的精神世界。音乐是生命律动的调子，就像嵇康和《广陵散》的历史纠缠，《广陵散》的慷慨不屈像极了嵇康“七不堪二不可”的请辞绝交，像极了他一贯以来的“非汤武而薄周孔”的傲岸孤介。琴为心弦，曲为心声，嵇康索琴，是用无声的语言向世人宣告其心不改，其志不变。身为“竹林七贤”的精神领袖，不论政治形势多么复杂，不论七贤站队如何分化，嵇康始终隐而不仕，任性自然。该得罪的人都得罪了，不该说的话都说了，他甚至没有想过要收敛一下自己的个性。虽然他夸赞阮籍“口不论人过”“与物无伤”的含蓄持中，但是他说自己做不到，也不想做。四十不惑，嵇康似乎早早看破，生有何乐？终日履薄冰。死有何哀？荣名皆浮云。生死如常，四十岁的短暂生命在琴声中获得了永恒绵长的时间特赦。

（沈鸣鸣）

观虎不动

魏明帝于宣武场上断虎爪牙，纵百姓观之。王戎七岁，亦往看。虎承间攀栏而吼，其声震地，观者无不辟易颠仆①，戎湛然不动，了无恐色。

《雅量》第5条

注释

① 辟易颠仆：退避、摔倒。

鉴赏

处乱不惊，应对从容，是中国古人看重的一种素养和才能，因为这样的人能成大事。能否做到这一点，也是考察人才的标准之一，如苏洵《心术》曰："为将之道，当先治心。泰山崩于前而色不变，麋鹿兴于左而目不瞬，然后可以制利害，可以待敌。"其意为一员大将须具备从容淡定的心理素质，如此才能克敌制胜。《世说新语》中这样的案例很多，如谢安、夏侯玄、嵇康等，无论是大敌当前，还是面对惊雷或死亡，都能临危不乱，成为魏晋风度的一种典范。此则故事主角是年幼的王戎。他在和众人一起围观皇帝展示的一只吼叫发威甚至有出笼之势的老虎，大家一瞬间被吓得连滚带爬，唯独王戎这个六七岁的小孩子岿然不动、毫无惧色。这一场景揭示的是魏晋时期一个七岁的儿童也可以做到临危不乱、神情自若，甚至引来皇帝的关注和惊叹——《竹林七贤论》曰："明帝自阁上望见，使人问戎姓名而异之。"皇帝躲在楼台观虎，见此等小孩觉得很惊讶，忙派人打听是谁家的。

王戎，出身琅邪王氏，祖父王雄，父亲王浑，都曾官居刺史之位。不排除有些人确实先天就具有良好的遗传基因，然贵族出身也决定了一个人后天的很多命运。如果一个贵族子弟有了亮点或新闻，容易被家族宣扬，被外界关注。魏晋时期流传的很多"神童故事"，或能言善辩，或聪明勇敢，但神童的出身基本上都是王公贵族子弟，如曹冲称象、孔融让梨等。这也可以用来解释《世说新语》中为什么有这么多"神童故事"，而且好几条都与王谢家族有关，其中王戎就占了数则，不妨合而观之。

《雅量》篇中的又一则："王戎七岁，尝与诸小儿游。看道边李树多子折枝。诸儿竞走取之，唯戎不动。人问之，答曰：'树在道边而多子，此必苦李。'取之，信然。"这就是如今小学语文课本中"王戎不食路边之李"故事的出处，可谓妇孺皆知。正如《名士传》曰："戎由是幼有神理之称也。"王戎最早被视为神童，可能就是靠这个故事的传播。

《容止》篇载："裴令公目王安丰'眼烂烂如岩下电'。"说的是裴楷赞美王戎二目放光，很有风采，如炬如电。刘孝标注补充介绍，"王戎形状短小，而目甚清炤，视目不眩"，王戎目光清澈照人，甚至可以直视太阳而眼不眩不花。于是乎一传十、十传百，似乎这孩子的眼睛有特异功能。

结合以上三条与王戎有关的系列"神童故事"，可见，从容不迫不是懵懂无知，而是建立在胆识超人的基础之上，否则岂不成了"傻大胆"？勇敢、从容，有敏锐的眼力和清醒的头脑，有精准的逻辑推理能力和表达能力，这些都是神童需要具备的要素。当然，魏晋神童的美名并未被王戎所独占，不妨再举一例。孔融的两个孩子的胆识与从容，完全可与王戎媲美，甚至远远超越："孔融被收，中外惶怖。时融儿大者九岁，小者八岁。二儿故琢钉戏，了无遽容。融谓使者曰：'冀罪止于身，二儿可得全不？'儿徐进曰：'大人岂见覆巢之下，复有完卵乎？'寻亦收至。"孔融的两个孩子面对父亲即将被杀，清醒地认识到自己也在劫难逃，害怕和祈求无济于事,只能坦然勇敢面对。《世说新语》就是想通过王戎以及孔融之子等这样貌似极端和特异的案例,来记录属于魏晋人物特有的精神气质,其中一条就是遇事不乱、镇定自若的气质和风度。除了时代思潮和社会风习,魏晋的"神童故事"与家教传统以及贵族们的刻意宣传也有一定关系吧?

(刘小兵)

好财好屐

祖士少好财[①],阮遥集好屐[②],并恒自经营[③]。同是一累[④],而未判其得失[⑤]。人有诣祖,见料视财物[⑥]。客至,屏当未尽[⑦],余两小簏著背后[⑧],倾身障之,意未能平[⑨]。或有诣阮,见自吹火蜡屐[⑩],因叹曰:"未知一生当著几量屐[⑪]?"神色闲畅[⑫]。于是胜负始分。

《雅量》第15条

注释

① 祖士少:祖约(?—330),字士少,东晋范阳遒县(今河南涞水)人。祖逖异母弟。咸和二年(327年)以讨伐庾亮为名,与苏峻起兵叛乱。后为温峤、陶侃等

击败,奔后赵,为石勒所杀。

② 阮遥集:阮孚,字遥集,详“神超形越”篇(《文学》第76条)注释。屐:木屐,底上有齿的木鞋。

③ 恒自:经常。经营:筹划料理。

④ 累:牵累,负担。

⑤ 判:分辨,判明。

⑥ 料视:料理,查看。

⑦ 屏当:收拾,料理。

⑧ 簏(lù):竹箱。

⑨ 平:舒展,平和。

⑩ 自:正在。吹火:以口吹气,使火更旺。蜡屐:给屐打蜡。蜡,用作动词,打蜡。

⑪ 量:通“两”。量词。用于鞋子,犹“双”。

⑫ 闲畅:闲适安详。

鉴赏

大凡人都有某种兴趣爱好,同为“情之所钟”,但却有高下之分、雅俗之别,其间差距不可以道里计。为酒色财气所累者,大多是沉溺于浅层次的感官生理需求,这种爱好不足多论;那些情有所钟、却能够超越世俗欲望的羁绊、摆脱俗累之人,则活得风流潇洒、超然自在,才是真名士!魏晋士人心目中的名士风度正是后者。

故事中的两个主角,祖约财迷,阮孚鞋痴。表面无异,细究则有本质差异:祖约这个人很贪婪,聚敛无度,《祖约别传》载其“占夺乡里先人田地,地主多恨”,又背叛国家,见利忘义,连后赵政权的首领石勒都对其不齿,将其杀死,可谓死有余辜;阮孚爱屐则属于个人爱好,有似今天的各类收藏癖,是一种自遣自乐的无功利心态,与祖约的贪婪占有欲完全不同。故事以对比映衬手法,将二人心态刻画毕肖,活灵活现,可谓神来之笔。故事中写祖约“著背后,倾身障之,意未能平”,三言两语就将祖约一个守财奴下意识的贪婪本性刻划无遗。祖约举动的本质正是“放不下”。而阮孚“吹火蜡屐”“神色闲畅”,特别是“未知一生当著几量屐”一语，就超越了功利层面，透出了智者对人生短暂的理性思考，阮孚的思考所传达出的是“放得下”。阮孚在个人业余爱好中抒发人生感悟，并非玩物丧志，而是情寓于中，聊以卒岁，因此显得潇洒磊落，心无挂碍。因此，不须多言，祖、阮二人之高下立判。

魏晋人喜欢进行人伦识鉴，总要在相近或相异的两个人中间分出个高下，这里就是一例。金代王寂《三友轩记》曰：“如谢康乐之山水，陶彭泽之琴酒，嵇康之锻，阮孚之屐，虽其所遇不同，亦各适其适也。”指出了阮孚“鞋痴”背后所彰显的名士风度。

（白振奎）

牛屋伧父

褚公于章安令迁太尉记室参军[1],名字已显而位微,人未多识。公东出,乘估客船[2],送故吏数人投钱唐亭住。尔时吴兴沈充为县令,当送客过浙江。客出,亭吏驱公移牛屋下。潮水至,沈令起彷徨[3],问:"牛屋下是何物?"吏云:"昨有一伧父来寄亭中[4],有尊贵客,权移之。"令有酒色,因遥问:"伧父欲食饼不?姓何等?可共语。"褚因举手答曰:"河南褚季野。"远近久承公名,令于是大遽,不敢移公,便于牛屋下修刺诣公[5]。更宰杀为馔,具于公前。鞭挞亭吏,欲以谢惭。公与之酌宴,言色无异,状如不觉。令送公至界。

《雅量》第18条

注释

① 褚公：指褚裒，见“四时气备”篇（《德行》第34条）注释。
② 估客：行商。
③ 彷徨：徘徊，意为走来走去。
④ 伧父：当时南人称北人为“伧父”，有轻蔑之意。
⑤ 修刺：备办名帖，以通报姓名。

鉴赏

这是一则关于雅量的轶事。所谓雅量是指宽宏的气量，强调人的情绪不能在神情态度上流露出来，不管内心有何等的波澜，都只能深藏不露，看似若无其事。

褚裒是当时的名士，年轻的时候就被视为有简傲高贵的风范，与杜乂齐名，声名冠于江南，有所谓“皮里阳秋”之称。他虽然后来位高权重，但是这则故事发生的时候，官位并不显，因此虽然他的名字传遍四方，但是很多人都只闻其名，而不识其人。

褚裒的确很低调，他在换地方任职时乘坐的是行商的船，随行不过数人，在钱塘驿亭居住的时候也没有报自己的名号。驿亭的小吏乃粗鄙之人，颇具势利眼，看他是北方人，就以当时对北方人的蔑称“伧父”来称呼他。并在有县里的“贵客”来临时，毫不客气地让先来的褚裒一行人搬到牛棚去住，驱之若鸡犬。但褚裒并未因此动怒，也未与其计较，遂搬到牛屋了事。当地的县令当然听过褚裒的名号，但在不知情的情况下，居然也与小吏一样，带着几分酒意以伧父相呼，粗鲁地询问他的名字，问他是否要吃饼，并叫他来一起聊天。但褚裒似乎也未动怒，却也未隐瞒自己的名号，直接回答自己是“河南褚季野”，此语一出，情形顿时发生了翻转。县令立刻前倨而后恭，惶恐之下，又不敢起动他，便在牛屋里呈上名片拜谒，并且另外宰杀牲畜，整治酒食。还当着褚季野的面鞭责亭吏，想用这些做法来道歉，表示愧意。而褚季野和县令对饮时，言谈、脸色没有什么异样表现，好像这一切都没发生似的。县令后来直将其送到县界为止。

这则故事虽然简短，但是情节完整，前面有铺垫，后面有翻转，中间还有细节描写，是一幅极为形象生动的世态炎凉的风俗画。生活中，像县令和小吏这样的势利之人多矣，遭遇此番经历的人或感叹、或难过，或衔恨在心，或睚眦必报，难得是褚季野能淡然处之，言谈举止全然无异样。《晋书》中引谢安评价褚裒的话云："裒虽不言，而四时之气亦备。"可见，这些恐怕并不全然是褚裒"喜怒不形于色"的修养的体现，而是他内心可能并未对这些事真正挂怀，其气量之宏大由此可见一斑。

（章原）

坦腹东床

郗太傅在京口[①]，遣门生与王丞相书[②]，求女婿。丞相语郗信[③]："君往东厢，任意选之。"门生归，白郗曰："王家诸郎，亦皆可嘉，闻来觅婿，咸自矜持[④]。惟有一郎，在东床上坦腹卧[⑤]，如不闻。"郗公云："正此好[⑥]！"访之，乃是逸少[⑦]，因嫁女与焉。

《雅量》第19条

注释

① 郗太傅：即郗鉴，见"含饭吐哺"篇(《德行》第24条)注释。京口：古城名，今江苏镇江。
② 门生：投靠士族的门客。王丞相：指王导。
③ 信：信使，使者。
④ 矜持：故意做作，不自然。
⑤ 东床：此指东厢房之床。坦：通"袒"。
⑥ 正：只是。
⑦ 逸少：王羲之字。

鉴赏

古今中外娶妇选婿莫不以门当户对为金科玉律，这是一个大的框框，以任自然相标榜的魏晋士族家庭也未能超越此历史的局限。不过，魏晋士族人物在历史的局限中又有一定的超越，受时代风气影响，他们为人处世崇尚清通简要、率性任真，反映在婚恋方面也颇表现出了这样的特点，从而对文化和习俗做出了一定的突破。

"东床坦腹"或"东床快婿"等典故出于此则故事。太傅郗鉴选婿，对于王家诸郎而言，有利可图，是门当户对的好姻缘，也是高门士族间加强联盟以巩固政治经济实力的捷径。一旦被选中，则等于踏上了通往康庄仕途的红地毯。因为涉及自身前程，子弟们大多数保持矜持、严阵以待，反倒失去了平日里桀骜不羁、清新飘逸的素心。气氛紧张、令人屏息。唯有王羲之在东厢房的床上表现得最为潇洒，露着肚皮，照样吃喝，甚至还可能跷起二郎腿，对选婿"钦差"的到来视而不见、听而不闻，似乎对令人垂涎的机会毫不在意。正因为如此，故事的结局出现了反转。郗鉴门生回去交差，报曰："王家诸郎，亦皆可嘉"，从世俗眼光看，确实如此。王家诸郎哪个不是令人歆羡的项上禁脔！可郗公却单单地选中了东床坦腹的王羲之。“正此好”一语,以简洁明快之语,传达出了他的人伦识鉴的品位。由此可见,是郗鉴以九方皋相马的态度“略其玄黄,取其隽逸”,为自己选中了千古无两的佳婿,郗鉴可谓是最具远见卓识的岳父。

王羲之竟以其上不得台面的举动被选为郗家的乘龙快婿,正见出魏晋人物品评的标准和精髓,乃是重视自然天放的精神,重视率性任真的举止。相反,一切以礼教为圭臬的拘谨和矜持之举却并不被看好。王羲之东床坦腹与阮籍之青白眼、陶渊明的无弦琴等魏晋风流的逸闻佳话,本质上都是魏晋重自然的时代主题的外在标志。

(白振奎)

庾翼坠马

庾小征西尝出未还[①]。妇母阮是刘万安妻[②],与女上安陵城楼上。俄顷翼归,策良马,盛舆卫[③]。阮语女:“闻庾郎能骑,我何由得见?”妇告翼,翼便为于道开卤簿盘马[④],始两转,坠马堕地,意色自若。

《雅量》第24条

注释

① 庾小征西:指庾翼(305—345),字稚恭,颍川鄢陵(今河南鄢陵)人,庾亮弟。

兄亮卒，代镇武昌，任都督江荆司雍梁益六州诸军事，荆州刺史，后进位征西将军。

② 刘万安：即刘绥，字万安，东晋高平(治今山东巨野南)人，曾官骠骑长史。

③ 策：用鞭子赶。舆卫：随队的车子和卫士。

④ 卤簿：仪仗。“卤”通“橹”，大盾。仪仗队员执盾，其前后部伍位置，都登记在簿籍上，故称。盘马：骑马盘旋。

鉴赏

都说“丈母娘看女婿，越看越欢喜”，东晋时期也不例外。不过这个丈母娘可不是没见过世面的人，她可是著名大帅哥刘万安的妻子啊。《世说新语·赏誉》里记载：“刘万安即道真从子，庾公所谓‘灼然玉举’。又云：‘千人亦见，百人亦见。’”刘绥字万安，是著名将领刘道真的侄儿，他姿容俊美出众，庾琮曾称赞他“灼然玉举”，也是被公认为“千里挑一”的美男子。刘绥可不光是个好看的花瓶而已，他颇有作为，曾当过武官，位居骠骑长史。孟子说，“观于沧海者难为水”，有这样优秀的丈夫，她看女婿的眼光该有多挑剔！

不过人外有人、天外有天，东晋时期的婚俗，贵族女子都是很少下嫁的。庾翼也非等闲之辈，他有个玉树临风的哥哥庾亮，连晋元帝司马睿都被迷倒了。司马睿一见到庾亮的仪表风姿，就大喜过望，立马就问他家里有没有妹妹，要替世子司马绍聘为妃子。可见庾家的基因非同寻常，不是帅哥就是美女。嫁给晋明帝司马绍的庾文君，就是庾亮的妹妹、庾翼的姐姐。晋明帝驾崩后，晋成帝司马衍继位，庾太后临朝摄政，一切政事都由庾亮决策定夺。连开国元勋王导，遇西风尘起，辄举扇拂之，并发感慨：“元规(庾亮字元规，时居外镇，拥兵据建康上游，西风即从庾亮所在方向吹来)尘污人！”庾家权势赫赫，庾亮曾任征西将军，他死后弟弟庾翼也升任征西将军，所以称小征西。

庾家兄弟都非常出色，可谓有才有貌，更有权有势，世人称颂庾亮是“丰年玉”，庾翼像“荒年谷”。庾翼风仪秀伟，年轻时便有经世大略。有一次他外出还没有回来,丈母娘阮幼娥和女儿刘静女,一起上安陵(当作“安陆”,治今湖北云梦)城楼观望。终于等到庾翼回来了,只见他骑着高头大马,带领着阵容庞大的车马卫队。阮氏对女儿说:“听说庾郎善于骑术,能不能多绕几圈,让我好好看看?”刘静女派人告诉庾翼,庾翼就在道上摆开仪仗,表演起骑术来。丈母娘正看得心花怒放,没想到刚转了两圈,那匹骏马就在喧闹的锣鼓声里闹了脾气,庾翼狼狈地从马上摔下来。围观的人们大惊失色,但庾翼神态自如,满不在乎。

这时候在城楼上观望的丈母娘,会有何观感呢?阮家的女子也不一般,《世说新语·贤媛》中记载的曹魏名士许允之妻阮氏,相貌奇丑却聪慧明达,不但能让嫌弃自己的丈夫刮目相看,还能在朝代更迭的魏晋乱世中,为许允和儿女们撑起一片天。阮幼娥看女婿,不是在享受天伦之乐的官府内院,而是与女儿一起步上作为防御建筑的城楼,远观行军的队伍,可见她的眼界见识非同寻常,大概她想看的,不是女婿的美貌,而是他的文治武功吧。那么庾翼的表现,是不是让她从此大失所望了呢?那也未必。

庾家子弟可以说是文采风流,庾亮和庾翼都是著名的书法家。庾翼著有文集二十二卷,书法成就也很高。王僧虔在《论书》中记载:“庾征西翼书,少时与右军齐名。右军后进,庾犹不忿。在荆州与都下人书云:‘小儿辈乃贱家鸡,皆学逸少书。须吾还,当比之张翼。’”庾翼年轻时书法与王羲之齐名,但王羲之晚年后来居上,就连庾翼的子侄们也纷纷效法,庾翼便有些忿忿不平,说子侄们喜欢新奇而轻视家传,把自己的书法看作家养的鸡,把王羲之的书法当作稀罕的“野鸭子”了,等自己回去了,就要跟王羲之一比高低去。不过后来王羲之用章草回信给庾亮,庾翼看到后终于深深叹服,这还是出于宽宏的心量啊!

东晋时期崇尚清谈,衣冠南渡之后的世家子弟,往往缺乏尚武精神。手握重兵、热心北伐的庾翼也不例外,由于是因外戚而得权势的,而非像名将一样血战沙场取得功名，他对骑术自然是比较生疏的。东晋以后这种风气愈演愈烈，如《颜氏家训·涉务》篇中说梁朝的士大夫，都崇尚着宽衣，系阔腰带，戴大帽子，穿高跟木屐，出门就以车代步，进门就有人侍候，城里城外，见不着骑马的士大夫。还有一个更搞笑的建康令王复，他性情温文尔雅，从未骑过马，看见马嘶鸣跳跃，惊慌地说："这是老虎，为什么叫马呢？"

弓马技术不够娴熟，并不妨碍庾翼的北伐之志。他时时以攻灭胡虏、收复失地为己任，希望能够通过北伐平定天下，建立旷古绝今的功业。公元339年(咸康五年)，庾亮打算北伐，庾翼率军抵达襄阳，召集自己的僚佐，陈列旌旗与铠甲，亲授弓箭，说："我这次出征，就像这次射箭一样。"他箭法高超，三射三中，士卒欢呼鼓舞，士气高涨。

后来庾翼因协助石城固守不失的功劳，被封为都亭侯。不久庾亮逝世，朝廷就让他接替兄长的职务。当时朝廷官员都认为庾翼年轻，怀疑他不能继承大业。但庾翼尽心治理，数年间军务和政务都很严明，官府和私人资用充实，赢得众人称赞。这样功业赫赫的女婿，可谓"成大事者不拘小节"，自然有足够的底气，不会在丈母娘面前，因为一时的失误而惊慌失措！

（阮莉萍）

镇安朝野

谢太傅盘桓东山时[1],与孙兴公诸人泛海戏[2]。风起浪涌,孙、王诸人色并遽[3],便唱使还[4]。太傅神情方王[5],吟啸不言。舟人以公貌闲意说,犹去不止。既风转急,浪猛,诸人皆喧动不坐。公徐云:"如此,将无归!"[6]众人即承响而回。于是审其量,足以镇安朝野。

《雅量》第28条

注释

① 谢太傅:指谢安,安病逝后追赠为太傅,故称。盘桓:逗留。这里指隐居。谢安在四十多岁出仕前,一直在会稽上虞(今浙江绍兴市上虞区)的东山隐居。

② 孙兴公:孙绰,字兴公。著名的玄言诗人,擅长写碑铭,详"合抱枫柳"篇(《言语》第84条)注释。诸人:指孙绰、许询、王羲之等人,常与谢安共游处。

③ 色:脸色。遽:惊慌。

④ 唱:唱言,大叫。

⑤ 王:通"旺",指兴趣高涨。

⑥ 将无:魏晋时口语,表委婉商量的口气。无实义。

鉴赏

魏晋之时，纵情任性的士人们在面对悲喜变故之时有强大的感情控制能力，比如王戎曾评价嵇康“未尝见其喜愠之色”(《晋书·嵇康传》)；王羲之评价阮裕“此君近不惊宠辱”(《晋书·阮裕传》)。而镇定从容，喜怒不形于色的代表人物便是东晋名士谢安。谢安人称“风流宰相”，《南齐书·王俭传》载：“俭常谓人曰‘江左风流宰相，唯有谢安’。”魏晋士人多将“风流”一词用于评价他人优雅从容之举止，谢安温文尔雅、举重若轻之风度可见一斑。“风流宰相”谢安可谓是魏晋士人所崇尚的雅量人格的集中表现，本则描写谢安隐居东山之时，与孙兴公等人泛舟海上，面对疾风猛浪，孙绰、王羲之等当时一流名士皆惊慌失色，唯有谢安面色不改、貌闲意悦。船夫见此，便继续向前不止，最终在诸人喧动不安的情景之下，承响而回。对此刘义庆评价道“于是审其量，足以镇安朝野”。在“泛海戏”，面对风起浪涌的背景之下，本则故事将谢安与孙兴公、王羲之等人的神情举动分别描绘，一动一静，以对比烘托的手法将谢公气度展现出来。

后来桓温篡位未果，设鸿门宴欲除去心腹之患谢安和王坦之。“王之恐状，转见于色。谢之宽容，愈表于貌。望阶趋席，方作洛生咏，讽‘浩浩洪流’。桓惮其旷远，乃趣解兵。”(《雅量》29)在桓温“欲诛之”的背景铺垫下，以王坦之内心恐惧作对比，将谢安沉着冷静、宽和从容之貌刻画如生。当前秦苻坚大军压境，朝野震恐，谢安命谢玄率军迎战，自己坐镇朝中，与人围棋，“俄而谢玄淮上信至。看书竟，默然无言，徐向局。客问淮上利害，答曰：‘小儿辈大破贼。’意色举止，不异于常”(《雅量》35)。淝水之战关系着国家危亡，他不可能等闲视之，而捷报传来时他竟仍保持镇定自若的态度，仅玩笑般一句“小儿辈大破贼”便一带而过。《晋书·谢安传》又在《世说新语》文本的基础之上，加入“既罢还内，过户限，心甚喜，不觉屐齿之折”句。谢安面对大悲大喜时，喜怒情绪不外形于色，同时又不失深沉浓郁的情感，其优雅从容的名士风度一览无余。

这些记载，均是从人物的日常生活、行为举止切入，而且常用对比手法，将各类人物行为、神情进行集中表现，从而赏誉品评高下。由谢安优雅从容、淡然洒脱之举，到其具有镇安朝野之评，以小见大，将人物自我行为规范的人格美与能力评鉴紧密联系在一起，此种社会风习也影响着士人们追求一种独立而又宁静的精神自由以及从容洒脱的风姿神韵，无论是精神上还是风度上都表现出一种毫无挂碍、超脱世俗的态度。《庄子》曰“至人无己，神人无功，圣人无名”，“无己”所表达的物我两忘的精神状态便与谢安这种情感深蕴，镇定从容，无累于物的人格轨范如出一辙。在魏晋士人的心目中，“内圣外王”无疑是他们追寻的人格理想。他们以圣人至性来要求自身，以求得至上精神境界与平淡冲和的统一，在这方面，具有极高文化修养、风度超然洒脱的谢安无疑是其中的典型代表。

（古金华　赵厚均）

王谢优劣

桓公伏甲设馔[①]，广延朝士，因此欲诛谢安、王坦之。王甚遽[②]，问谢曰："当作何计？"谢神意不变，谓文度曰[③]："晋阼存亡，在此一行。"相与俱前。王之恐状，转见于色。谢之宽容，愈表于貌。望阶趋席，方作洛生咏[④]，讽"浩浩洪流"。桓惮其旷远，乃趣解兵[⑤]。王、谢旧齐名，于此始判优劣。

《雅量》第29条

注释

① 桓公：即桓温。伏甲设馔：埋伏士兵，安排宴席。
② 遽：惊慌。
③ 文度：王坦之字文度，详"中郎无言"篇（《文学》第35条）注释。
④ 方：还。洛生咏：西晋首都洛阳的书生在吟咏时发声重浊，东晋时有仿效的风气。谢安鼻子有毛病，语音很重浊，所以他擅长洛生咏。
⑤ 趣：即"促"，急忙。

鉴赏

雅量不仅是个审美范畴，魏晋名士亦用来评判、区分人物精神境界的高下。本章是个典型的例子。

桓温有篡位换代的野心,尽管大权在握,牢牢控制朝政,但由于处事谨慎,始终在观望中。后来由于谢安、王坦之的阻挠,坏了桓温的大事。桓温大怒,就安排了一场鸿门宴,埋伏好了士兵,准备除掉二人。

预知到了危机,王坦之比较惊慌,询问谢安的应对之法。谢安倒很镇定,“神意不变”,只是说“晋阼存亡,在此一行”。谢安到底有无良策?很可能此刻他心里也没有底,没有什么好牌可打;毕竟桓温牢牢控制着局势,主动权在桓温一边,人为刀俎。

不过谢安沉得住气,自知此行关系甚大,或许抱着走一步看一步,见机行事的打算。到了桓温处,危险临近,王坦之的恐慌直接表现在了脸色上,相比之下,谢安越来越平和、从容。越是危急之际,两人的反应越是露出各自性格和修养的底色。谢安还仿效洛阳书生重浊的语气,吟咏了嵇康的诗“浩浩洪流”。桓温忌惮谢安的旷达、高远,忙撤下了埋伏好的甲兵。本来王谢两人齐名,经此事件,两人高下立判。

雅量,是通过人在危难之际的镇定和沉着表现出来的,它指示人有超然物外的精神境界。谢安的雅量居然令野心勃勃的桓温自行撤兵,成功化解了王谢家族以及整个晋室政权的危机,确实有点不可思议。可能是桓温还没有下定决心动手,尽管早已布置妥当,但内心仍然在犹豫中。谢安的沉稳举止,令桓温有高深莫测、成竹在胸的预感,这加剧了桓温内心的不确定感,为稳妥起见,桓温暂时撤掉了埋伏。

雅量毕竟只是人的主观修养,不能化解所有的客观问题。但不容否认,在某些微妙的特定时刻,人有雅量与否,很有可能改变事态的走势。如果谢安和王坦之同样惊慌失措,会给桓温以窝囊、不中用的印象,会给桓温以王谢等高门实则缺乏抵抗力、不足虑的判断。那么,事情很可能是另一种结果了。

(肖能)

戴逵之量

戴公从东出①，谢太傅往看之。谢本轻戴，见但与论琴书。戴既无吝色②，而谈琴书愈妙。谢悠然知其量。

《雅量》第34条

注释

① 戴公：戴逵（？—396），字安道，谯郡铚县（今安徽濉溪西南）人，东晋著名学者、美术家、雕塑家。

② 吝色：受辱的表情，不乐意的神色。

鉴赏

每当我们进入全国各地的寺院，总会见到额头宽广、慈眉善目、大耳垂肩、笑容可掬的佛像，你知道这是谁创造出的经典形象吗？唐代的张彦远认为，汉魏以来的佛像，皆由于“形制古朴，未足瞻敬”（张彦远《历代名画记》），直到东晋雕塑名家戴逵的出现，才使佛像有了审美的内涵，有了令前来瞻仰的信徒为之心动的艺术感染力。

不仅是雕塑，戴逵的绘画艺术，也受世人称许，他和顾恺之并称当时的绘画名手。顾恺之年纪比戴逵小，他对前辈甚为服膺，在自己所著的《魏晋胜流画赞》中收录了戴逵的五幅画，并称赞他的作品“（世人）莫能及之”。南朝齐人谢赫，也在《古画品录》中称赞戴逵：“情韵连绵，风趣巧拔。善图贤圣，百工所范。”戴逵笔下的人物形神兼备，所画的山水也境幽意远，成为后人学习的典范。

东晋孝武帝时，谢安已经官至宰相，他听说戴逵从剡县到京师，便专程来看望，想亲自见识一下他的才华。当时的风俗，官员会客应当先谈国事，但生性洒脱的谢安，大概只把戴逵当作有才华的匠人对待，根本不来那套虚文浮词。从礼数上说，这未免对戴逵有些轻慢，但戴逵并不介意。因为他也仰慕谢安的才学，一起谈书画说音乐，聊得甚为投机。戴逵一点儿也没有流露出不乐意的神色，谢安也为他虚静旷达的胸怀而赞叹不已。

“谢本轻戴”，这一点大概只能从世俗的礼节上说。谢安四十岁前隐居东山，以有为养志、无为养心的人生态度，寄傲林丘，享受着自然和艺术之美。他本身也是隐士风度，怎么可能轻视同样有隐逸之志的戴逵呢？何况谢安性情闲雅，善行书，通音乐，喜好《庄子》，有着恢弘博大的宰相气度，更有着不为物役、体任自然的生命哲学，远比汲汲于名利的朝廷官员更为超脱。他跟王羲之、支道林等名士，入则谈诗文论玄理，出则游名山泛秀水，与戴逵也完全是同类人，所以才会一见如故。

戴逵当然也不是一般人，他出生于一个士族官僚家庭，祖父、父亲都在东晋朝廷里做过大官，兄长戴逯也因屡立战功，被朝廷封为广信侯，后又官至大司农。然而戴逵一生淡泊名利，不愿为官。谢安与戴逯同朝为官，曾问道：“你们兄弟俩的志向和事业，为什么相差那么远呢？”戴逯回答道：“因为我忍受不了隐居的那份清苦，而家弟则改变不了他沉潜艺术的乐趣。”

天才都是早慧的，戴逵“少博学，好谈论，善属文，能鼓瑟，工书画，其余巧艺靡不毕综”（《晋书·戴逵传》），已经全面崭露头角，显示出非凡的艺术才华。十多岁的时候，戴逵在京都建康的瓦官寺，画了一幅志趣淡泊格调高雅的《渔翁图》，东晋名士王濛看到之后说：“这孩子不只会画画，以后肯定能有大名望，我只遗憾自己见不到他辉煌的时候了。”他以独具之慧眼，透过这幅境界幽美的画，料定戴逵必非仕途之庸人，而是山川之高士。王濛心高气傲,从不轻易褒扬他人,可知戴逵确实不同凡响了。

戴逵的父亲致信当时的著名学者范宣,让戴逵跟随他学习经子史集。在跟随范宣读书的日子里,戴逵手不释卷,勤学好问,“范读书亦读书,范抄书亦抄书”。但戴逵时常去游山逛水,习书作画,范宣对此大不以为然。戴逵见老师并不理解自己的追求,就依照东汉张衡写的《南都赋》,绘成一幅《南都赋图》,恭恭敬敬地送给范宣,表达了“繁华乃过眼烟云,不足为羡”之意。范宣看后深受震撼,开始重视绘画艺术的价值。

由于戴逵多才多艺,且又出类拔萃,自然引起了朝廷上下的注意。当时位居太宰的武陵王司马晞,听说戴逵善于鼓瑟,就派人召他去演奏。戴逵深以为耻,当着使者的面将瑟砸碎,说:“我戴安道如同此瑟,宁死不做王侯门中的伶人!”戴逵鄙视那些奢侈放纵的官僚贵族,认为为他们鼓瑟是奇耻大辱,由此也可知他对谢安的欣赏和看重了。

戴逵中年时,人物和神像画得非常精妙。然而庾亮的儿子庾道季看了他的画,还觉得不满意,对他说:“你的神像画得太俗气,是因为你还没有完全摆脱世俗之情啊。”戴安道无奈地说:“看来只有务光这样的隐士,才能避免受到你这样的评论吧。”在闹过砸瑟风波后,戴逵便决定终身不仕,举家来到会稽剡县,过起超凡脱俗的隐居生活来。

在会稽山中,戴逵以读书、作画、雕刻为乐,不问世事,过着逍遥自在的日子。他和谢安、郗超、王羲之等名士遍游名山大川,纵论古今书画,探讨雕刻艺术,因而被世人称为“通隐”,也就是通达世情的隐士。当时王徽之家住山阴,很欣赏戴逵的品德节操和艺术造诣,曾在雪夜起了相思之意,驾一叶扁舟造访,然而到门而不入。这就是那个著名的“雪夜访戴”“兴尽而返”的故事。

一半物质,一半精神,这便是生活;一半尘世,一半山水,这便是人生。戴逵超越了凡俗的功名利禄,把审美眼光投向了自然与艺术。他一生隐逸不仕,潜心创作,才在艺术上取得非凡的成就,攀上当时绘画和雕刻艺术的巅峰。

(阮莉萍)

鉴赏

儿辈破贼

儿辈破贼

谢公与人围棋，俄而谢玄淮上信至①。看书竟，默然无言，徐向局。客问淮上利害，答曰："小儿辈大破贼②。"意色举止，不异于常。

《雅量》第35条

注释

① "俄而"句：公元383年，前秦苻坚发兵分道南侵，企图灭晋，军队屯驻淮水、淝水间。当时晋朝以谢安用尚书事，任大都督，谢安派弟谢石、侄谢玄率军在淝水拒苻坚军，苻坚大败，这就是淝水之战。淮上，淮河上，因淝水为淮河上游的支流，故称。这里指淝水前线战场。

② 小儿辈：指侄子谢玄等。

鉴赏

在东晋的历史上有一场著名的战役——淝水之战，东晋以八万的兵力战胜了苻坚的百万大军，这次战役成为历史上以少胜多的经典案例，战役的胜利，使东晋又一次度过了亡国的危机，而这次战役的总指挥就是东晋大名鼎鼎的贤相谢安。

谢安，又称谢太傅，东晋时期著名的政治家、名士，早年隐居会稽山，四十岁才开始出仕做桓温的司马。桓温死后，谢安得到了晋孝武帝的重用，太元元年(376年)，孝武帝司马曜任命谢安为中书令，录尚书事,第二年又加授他为侍中,都督扬、豫、徐、兖、青五州诸军事,谢安掌握了东晋的军政大权。此时,东晋王朝面临着严重的外患,北方的前秦开始崛起并欲统一南方。面对危局,谢安采取了一系列改革举措,同时还进行了积极的军事准备,派谢玄镇守广陵,组织了勇猛善战的“北府兵”。由于谢安的正确决策,使得东晋出现了空前稳定的政治军事局面。

公元 383 年 8 月,前秦皇帝苻坚率百万大军大举伐晋,苻坚命令自己弟弟苻融率步骑二十五万人为前锋,攻打淮南,以姚苌为龙骧将军,督益梁州诸军事,苻坚自己率兵南下,浩浩荡荡的队伍从长安出发,拉开了淝水之战的序幕。

面对来势汹汹的前秦大军,东晋举国惊恐,谢安顶住巨大压力,极力主战,从容不迫,积极调兵遣将,用贤不避亲,推荐他的弟弟谢石为征讨大都督,侄子谢玄为前锋都督,儿子谢琰为辅国将军,统兵八万,北上御敌。

军队出发之前,谢安神情泰然,一副胸有成竹的样子,竟然邀请朋友一起去山上游玩,又到山上他的别墅里下棋,等到晚上才回府。桓冲看到敌我兵力悬殊这么大,派来三千人的精锐部队增援,不想被谢安打发回去。桓冲担心谢安不懂军事,对此次的战役十分担忧,叹息说:“我看我们都要失败被俘了。”其实,谢安游山玩水、下棋,都是故意的,想以此来稳定军心,稳定人心。谢安晚上回府后,紧急召集了几位主要将领,进行了周密的部署。同年 11 月,谢玄遣部将刘牢之以五千精兵奇袭,取得洛涧大捷。

12 月,双方决战淝水,谢玄、谢琰和桓伊率领晋军战胜了苻坚和苻融所统率的前秦大军,并阵斩苻融。晋军取得了淝水之战的全面胜利。此次战争的胜利,对于东晋政权的稳定有决定性的作用,有效地遏制了北方少数民族政权的南下侵扰,为江南地区社会经济的恢复和发展创造了条件。

淝水之战对陈郡谢氏而言,意义更为深远,谢氏家庭的政治地位也随之达到了顶峰，朝廷加封谢安为太保，诏加都督十五州诸军事。

话说淝水之战初战告捷之时，晋军收复了寿阳，谢石和谢玄派飞马往建康报捷。当时谢安正跟客人在家下棋。他看完了谢石送来的捷报，不露声色，随手把捷报放在旁边，继续下棋，就好像什么事也没有发生一样。此时，客人知道是前方送来的战报，忍不住问谢安："前方战事到底怎么样？"谢安不紧不慢地说："孩子们大破了贼军。"太傅说话时的神态举动，与平常时候没有什么不同。

这么惊心动魄的战役，这么来之不易的胜利，谢安表现得异常的平静，当然这是在客人面前故意的从容，据《晋书》记载，谢安下完棋送走客人，再也抑制不住兴奋的心情，返回自己内室的时候，竟忘了迈门槛，踉踉跄跄的，把脚上木屐的齿也撞断了。这就是著名的"折屐齿"典故的来历。

谢安在客人面前的淡定、从容，历来为人所诟病，认为过分的克制情感，有矫揉造作之嫌。但很多人认为，谢安在最应该高兴之时，神色不异于常，这是一种雅量。这种雅量，是人们在大悲、大喜或大惊、大怒之际，能控制自己感情的表现。临危不惧，处变不惊，遇事不改常态，这才不失名士风流。谢安恰恰在这方面尤其令人钦佩，不管是在海上遇到大风大浪，还是在桓温的鸿门宴上，无论面对怎样危险的情况，谢安都能临危不乱、淡定超然，这种"超世旷远之怀"，就是雅量，就是名士风度。谢安既有超世旷远之怀，又能建济世经纶之业，在东晋名士中是将玄言清谈与政治实践结合得最为完美的人。《南齐书·王俭传》记载，王俭常说，"江左风流宰相，唯有谢安"。缪钺先生说："魏晋清谈家所理想的政治家，谢安庶几近之。"（《冰茧庵丛稿》）著名学者张舜徽赞谢安"他治国以儒、道互补，作为高门士族，能顾全大局，以谢氏家族利益服从于晋室利益（《中华人民通史》）"，不愧是"中国历史上有雅量有胆识的大政治家"。

（齐慧源）

二王神宇

王子猷、子敬曾俱坐一室，上忽发火。子猷遽走避[①]，不惶取屐[②]。子敬神色恬然[③]，徐唤左右，扶凭而出[④]，不异平常。世以此定二王神宇[⑤]。

《雅量》第36条

注释

① 遽：急忙、赶忙。
② 不惶：同"不遑"，来不及、顾不上。屐：木屐，木底有齿的鞋子。魏晋南北朝时盛行穿着木屐。
③ 恬然：泰然、安定的样子。
④ 扶凭：搀扶、扶侍。
⑤ 神宇：气度。

鉴赏

王徽之（字子猷）、王献之（字子敬）兄弟同在一间房屋里，遇到一次意外火灾，王徽之急忙逃避，连木屐都来不及穿，光着脚就跑出去了。而王献之则神色镇定，不慌不忙，叫来侍从搀扶着自己出门。当时贵族出行常需人搀扶，主要原因并非身体病弱，而是显示身份高贵。后来把搀扶的人称为"扶侍"，帝王有时会赏赐臣下扶侍，作为一种优待，如南齐隆昌元年（494年）给桂阳王萧铄扶侍二人（《南齐书·桂阳王铄传》)。王献之平时出行需人搀扶,现在突遇火灾,还是像往常一样,叫来侍从搀扶从容出门。世人就以两人在这次意外中的不同表现,来评判他们的气度。

本条收入《雅量》门,《雅量》门为《世说新语》第六门,在价值大体依次递减的全部三十六门中,位居前列。雅量就是胸怀广阔、气度宏大的意思,具体到本门而言,主要体现在面对外界的变化,无论是荣是辱,是危险甚至是死亡,都保持平静和镇定,不慌不忙,不惊不惧,“泰山崩于前而色不变,麋鹿兴于左而目不瞬”(苏洵《权书》上《心术》),“卒然临之而不惊,无故加之而不怒”(苏轼《留侯论》)。如谢安看到淝水之战大胜的捷报,继续下棋(第35条);王衍遭族人举樏掷面,一言不发,自己盥洗之后离开(第8条);谢安甘冒被桓温伏兵杀死的危险前去赴宴,入席时还吟咏诗句,桓温见此,于是解兵(第29条);嵇康临刑前平静弹奏琴曲《广陵散》,只为以前没有将此曲教给袁孝尼深感懊悔,遗憾《广陵散》曲绝(第2条)。

这种平静和镇定,主要体现在两个方面:神色不变、举止如常。《雅量》门描写时,对此特别注重,如“神气不变”“颜色自若”(第1条),“神气不变”(第2条),“神色无变”(第3条),“湛然不动,了无恐色”(第5条),“神气无变,举止自若”(第7条),“举止如常,颜色不变”(第9条),“不为动色”(第11条),“神色恬然”(第17条),“夷然不动”(第22条),“不动容”(第23条),“意色自若”(第24条),“神意甚平”(第31条),“意色举止,不异于常”(第35条),“神色自若”(第39条)。本条中王献之突遇火灾时,也是如此:“神色恬然,徐唤左右,扶凭而出,不异平常。”而且与王徽之的惊慌失措、狼狈逃窜形成强烈的对照,这种对照也是《雅量》门经常运用的方式。如夏侯玄“尝倚柱作书。时大雨,霹雳破所倚柱,衣服焦然,神色无变,书亦如故。宾客左右,皆跌荡不得住”(第3条);观虎时虎吼震地,“观者无不辟易颠仆”,王戎“湛然不动,了无恐色”(第5条);桓温与司马昱、司马晞同车出行,他暗中让人在共乘的车辆前后击鼓大叫,卤簿惊扰,司马晞“惶怖求下舆”,司马昱“穆然清恬”

(第25条)。

面对出现的异常情况,神色不变,举止如常,有些是天性,如庾亮、庾会父子(第17条);有些则是刻意为之,如前述谢安和客人下围棋时收到淝水之战前线送来的战报,看完默然不语,继续下棋,客人询问战况,谢安回答大胜,"意色举止,不异于常"。谢安看到决定东晋生死存亡的淝水之战大胜的捷报,内心自然喜悦,他下完棋回内室过门槛时,因为太高兴,所穿木屐的齿碰到门槛而折断了,可见其喜不自胜、情不自禁。但在别人面前则强抑情绪,掩饰兴奋,树立、塑造镇定自若的公众形象,即所谓"矫情镇物"。

王徽之、王献之兄弟在这次突发火灾中表现迥异,世人以此来评定他们的气度,献之显然胜过其兄徽之。当时盛行人物品评,常常通过一个人的某些具体表现来判断其度量、品质、能力。如谢安隐居东山时,与友人泛舟海上,风急浪猛,同船友人惊惧喧动,谢安则悠闲畅快,大家由此觉察谢安的器量足以镇安朝野(第28条)。王羲之的七个儿子之中,王献之年龄最小,表现最好。王徽之、王操之、王献之兄弟三人去拜见谢安,谢安也评价王献之最胜(《世说新语·品藻》第74条)。王献之后来成就也最高,尤其是书法继承父亲王羲之衣钵,后世并称"二王"。俗话说"宰相肚里能撑船",大人物有大度量,而人要有大度量才更可能成为大人物。北宋富弼年轻的时候,有人骂他,但他好像没听见一样,别人告诉他,他回答可能是骂别人,那人说骂时叫着他的姓名,他反问天下难道没有同姓名的人么?(宋陈长方《步里客谈》卷上、元张光祖《言行龟鉴》卷二等)据说骂富弼的人听了大为惭愧,而富弼后来成为一代名相。

(张金耀)

鉴赏

劝酒长星

劝酒长星

太元末[1],长星见[2],孝武心甚恶之。夜,华林园中饮酒,举杯属星云[3]:“长星,劝尔一杯酒。自古何时有万岁天子[4]!”

《雅量》第40条

注释

① 太元:东晋孝武帝年号(376—396)。
② 长星:古星名,类似彗星。古人认为长星出现预示战乱,蓬星出现则预示帝王将死,这里或是联想而及。徐广《晋纪》作“蓬星”:“泰元二十年九月,有蓬星如粉絮。”
③ 属:劝,请。
④ 万岁:古时多用于尊称皇帝,文中意为活到一万岁。

鉴赏

东晋太元末年,长星出现,孝武帝司马曜内心非常厌恶它。夜晚,他在华林园中饮酒,举起酒杯向长星劝酒,说:“长星,劝你饮一杯酒。自古以来什么时候有过活到万岁的帝王!”

“太元”是孝武帝司马曜的第二个也是最后一个年号,可知他在“劝酒长星”之后不久就离开了人世。文中“长星”按照徐广《晋纪》似应为“蓬星”,蓬星的出现,意味着帝王将死。

《世说新语》的编纂者把孝武帝劝酒长星的故事收入《雅量》一门似

乎认为，孝武帝对长星（蓬星）举杯劝酒时的风度气魄，堪称气量宽宏、处变不惊，其劝酒景象又给人以美的享受，“雅有人主之量”，符合《雅量》一门的收录标准。编纂者作为后人，从这个故事中读出的是孝武帝面对生死大事时的淡然从容和他身上流露出的名士气度。

然而，孝武帝的“雅量”透着浓重的无奈。东晋诸帝大多享年不永，朝廷由权臣把持，海西公司马奕被桓温废黜，孝武帝之父简文帝即位八个月便忧愤辞世。及至孝武帝本人登上皇位，朝中局势更加复杂。谯国桓氏、太原王氏、陈郡谢氏等望族争斗激烈，东晋朝廷内耗严重，淝水之战夺回的大片土地很快又成了翟魏、西燕、后燕等政权的领地。孝武帝本人也不是一位合格的君主，他耽溺酒色，宠信僧尼，重用皇室排挤外臣。到了太元末年，孝武帝本人与他重用的亲弟司马道子也产生了很深的矛盾，政治危机日趋加深。

曾经一度“威权己出”（《晋书・孝武帝纪》）的孝武帝，到了太元末年已难以主导朝政。皇子皆是年少之人，容易被权臣控制。他向长星劝酒，感叹“自古何时有万岁天子”时，也许想到了早早崩逝的明帝、成帝、康帝、哀帝，还有用韬光养晦勉强换得善终的废帝海西公，忧愤而亡的父亲简文帝。想来他的结局脱不开前朝帝王的路数，或许孝武帝早已预料到自己的结局可能比他们更加悲凉。他一定知道，若他有朝一日驾崩，即位的将是口不能言、不辨寒暑，“凡所动止，皆非己出”（《晋书・安帝纪》）的皇长子司马德宗。生性愚钝的晋惠帝司马衷，即位的后果是八王之乱、永嘉之乱、洛阳城破，中原生灵涂炭，等到痴愚有甚于惠帝的司马德宗继位，大晋又当如何？

孝武帝饮下的是苦酒，他不知道这杯酒中是否有权臣的授意，会不会让他离死亡更进一步。帝王被称为天子，此时的晋天子再也不能控制自己的命运，只有把酒敬给长星，把自己这位九五之尊的命运完全交给天意。后来，孝武帝终于死于权臣之手，留下的是风雨飘摇的半壁江山，还有他向长星劝酒时的姿态，极雅，极美，极悲。

（郭小小）

鉴赏

中国尚虚

中国尚虚

羊绥第二子孚[1]，少有俊才，与谢益寿相好[2]，尝早往谢许，未食。俄而王齐、王睹来[3]。既先不相识，王向席有不悦色，欲使羊去。羊了不眄，唯脚委几上，咏瞩自若。谢与王叙寒温数语毕，还与羊谈赏，王方悟其奇，乃合共语。须臾食下，二王都不得餐，唯属羊不暇。羊不大应对之，而盛进食，食毕便退。遂苦相留，羊义不住，直云："向者不得从命，中国尚虚。"二王是孝伯两弟。

《雅量》第42条

注释

① 羊绥，字仲彦，泰山南城（今山东平邑南）人，官中书侍郎。羊孚，羊绥子，见"《雪赞》书扇"篇（《文学》第100条）注释。

② 谢益寿：谢混（？—412），字叔源，小字益寿，阳夏（今河南太康）人。谢安之孙，因与刘毅交密，毅败，被杀。东晋文学家，其诗改变了玄言诗风尚。

③ 王齐：王熙，字叔和，小字齐，王恭次弟，尚鄱阳公主。官太子洗马。王睹：见"古诗最佳"篇（《文学》第101条）注释。

鉴赏

也许是长期看教科书的结果，我们总以为魏晋士族多是些纨绔子弟，能拿出来炫耀的只有门第，能够镇得住人的只有爵位，他们本人都是一些不辨菽麦不知春秋的笨伯。其实，魏晋士族固然看重门第，但更倾倒于个人的气质、风度和才情，对那些辞藻新奇的文才，析理精湛的辩才，老练冷静的干才，气宇恢弘的大才，和那些风流倜傥的美男子，不论出身贵贱和地位高低，士族子弟对他们都会由衷地景仰和欣羡，愿意屈尊甚至俯就与他们交往。东晋支道林和许询，一为僧人，一为隐士，凭他们的才气结交天子，友于王侯。古人还不像今人这样俗不可耐，只懂得对官和钱磕头。

这则小品中的主人公羊孚，他父亲羊绥只是个中书侍郎，羊孚本人也只是个太尉参军，出身既不高贵，权势也不显赫，他以自己的“俊才”“与谢益寿相好”。益寿是谢混的小字。谢混何许人也？谢安之孙，当朝驸马。一天，羊孚早饭未吃便来到谢家，不久王熙、王爽也来了。二王与羊孚“既先不相识，王向席有不悦色，欲使羊去”。二王这两小子怎敢如此无礼，无端要赶走谢混家的客人？原来他们兄弟二人是定皇后的弟弟，炙手可热的皇亲国戚，王熙又尚鄱阳公主，也是当朝驸马爷。羊孚何曾不明白二王有逐客之意，但对趾高气扬的二王兄弟他偏不买账，“羊了不眄，唯脚委几上，咏瞩自若”。“了不眄”符合鲁迅先生所谓最高的轻蔑——“连眼珠也不转过去看他一眼”。“了不”意思是“一点也不”，“眄”即斜着眼看的样子。见二王这般不友善，他索性放肆地把脚放在餐几上，还旁若无人地独个儿“咏瞩”起来。主人谢混对他的态度更有意思，并没有因为羊孚地位不高而有丝毫怠慢，反而对他礼敬有加：“谢与王叙寒温数语毕，还与羊谈赏。”对二王的到来，谢混只是礼节性地寒暄了“数语”，便马上转过来“与羊谈赏”。“谈赏”就是我们常说的“清谈”。听到羊孚谈吐后二王“方悟其奇，乃合共语”。可见，二王虽然傲慢自负,但不是唯官是敬的势利鬼,一旦发现羊孚是个奇才,便收起国舅和驸马的臭架子与羊“共语”。到进餐的时候,“二王都不得餐,唯属羊不暇”。二王由刚进门时对羊公然的蔑视,到现在对羊由衷的敬佩,表明这些贵族子弟爱智重才,非常傲气但并不俗气。

现在轮到羊孚拿架子了,“羊不大应对之,而盛进食,食毕便退”。开始是二王不愿与羊应付,现在是“羊不大应对之”。见羊孚放下碗就要走人,二王苦相挽留,羊孚临走回敬二王说:“刚才你们想赶我走,我不从命,是因为肚子空着,现在肚子饱了,想留我也没门。”“中国尚虚”指肚子空着。魏晋人以腹心比中国,以四肢比四夷。“中国尚虚”照应前文的“未食”。

在魏晋,只要你真的才高八斗,只要你的确身怀绝技,哪怕出身蓬门荜户,哪怕是一介布衣,你照样会在皇宫受到礼遇,你照样可以“一醉累月轻王侯”,不像今天,无官的天才还要给当官的蠢才赔笑脸。

(戴建业)

世　说　新　语

鉴赏辞典

识

识鉴者，识察鉴别人物之谓也。先秦诸子，皆重“知人”。老子尝云：“知人者智，自知者明。”(《老子》第三十三章)显以“知人”为高。孔门弟子樊迟问智，孔子答曰：“知人。”盖不知人，不足以言智也。孔子又曰：“不患人之不己知，患不知人也。”(《论语·学而》)其“知人”之法有多种，一曰：“视其所以，观其所由，察其所安。人焉廋哉？”(《论语·为政》)二曰：“人之过也，各于其党，观过，斯知仁(人)矣。”(《论语·里仁》)三曰：“听其言而观其行”“察言而观色”“不知言，无以知人也”。孟子则主“眸子论”，曰：“存乎人者，莫良于眸子。眸子不能掩其恶。胸中正，则眸子瞭焉；胸中不正，则眸子眊焉。听其言也，观其眸子，人焉廋哉？”(《孟子·离娄上》)又倡“知人论世”说：“颂其诗，读其书，不知其人可乎？是以论其世也。”(《孟

鉴

第七

子·万章下》)而孔子之"观色""察言",孟子之"观眸子",颇有相术色彩,实已开人物识鉴之衢路。降及两汉,选官以征辟、察举为主,尤重品评人物,识鉴才性,故卜相、预测、阴阳五行之学大行,王充、王符诸人均有专文论列,此不赘。又,汉末郭泰、许劭之流,皆为人物品鉴巨擘,其评骘褒贬,百不失一,士人声名成毁,决于片言,一时蔚成风气。至于三国魏刘劭所撰《人物志》,专论人物才性,堪为人伦识鉴学之集大成者。《世说》特辟《识鉴》一门,正当时风气之写照,可谓"人物志"之故事版也。夫孔子五十而知天命,尝叹曰:"知我者,其天乎!"细读此门人物故事,读者恐亦不免废书而叹:"识鉴之高者,非唯知人,亦知天命也欤!"

英雄奸贼

曹公少时见乔玄①,玄谓曰:"天下方乱,群雄虎争,拨而理之,非君乎?然君实是乱世之英雄,治世之奸贼。恨吾老矣,不见君富贵,当以子孙相累。"

《识鉴》第1条

注释

① 曹公:即曹操。乔玄(109—183),古时姓氏"乔"亦作"桥",字公祖,梁国睢阳(今河南商丘南)人,汉末名臣,曾任大鸿胪、司空、司徒等职,光和元年(178年)迁太尉,数月后因病罢免。

鉴赏

东汉末年,是一个流行品评人物的时代,一个人如能受到大官名流的推崇,就能赢得上层社会的名士头衔。曹操小时候是个小混混,任性好侠、放荡不羁,祖父曹腾又是个太监,被讥讽为"赘阉遗丑",这也激励着曹操想方设法取得肯定。

当时许劭兄弟主持的"月旦评"名噪一时,在每月初一品评朝野人物,既不虚美也不隐恶,"清论风行,高唱草偃"(谢承《后汉书》)。世人趋之若鹜,曹操不惜采用无赖手段,胁迫许劭为自己品评。《后汉书·许劭传》记载,许劭在迫不得已之下,终于说了一句流传千古的话:“君清平之奸贼,乱世之英雄。”不管是奸贼还是英雄,到底都是叱咤风云的人物,于是曹操洋洋得意地离开了。

如果说许劭的品评,多少还有些不情愿,评价也是褒贬各半,可当时有个大官,对曹操赞不绝口,可以说是真爱了。这个人是谁呢?有人说是《三国演义》中大乔、小乔的父亲乔国老。其实,这个乔玄是河南睢阳人,曾任东汉太尉,可谓位居三公的达官显贵;而东吴的乔国老则是庐江皖县人,大约比乔玄晚生四十年,除了生两个美貌的女儿,主要事迹就是积极促成刘备和孙尚香的联姻了。

乔玄是东汉末年的名臣,比曹操的年纪大四十六岁。曹操年轻时,还是无名小辈,他怀着恭敬的心情去拜见乔玄。乔玄见到曹操,听到他的谈吐和志向,非常惊异地说:“天下正动乱不定,各路豪强如虎相争,能拨乱反正的,难道不正是您这样的人吗?您不愧是乱世中的英雄,盛世中的奸贼。遗憾的是我已经老了,看不到您富贵那一天,请让我将来把子孙托付给您照顾吧。”

知音相逢,犹如青鸾舞镜,照见的是一个内心深处的自己。就拿他们出道时一鸣惊人的表现说吧,乔玄和曹操的志趣和行为,就有着惊人的相似性。乔玄年轻时,是县里的一个小官吏,他求见前来巡察的豫州刺史周景,伏在地上列数陈相羊昌的罪恶,请求彻查此人。周景见他意气豪迈,就同意委派他去了。乔玄雷厉风行,把羊昌吓得半死,赶紧求救于大将军梁冀,周景按梁冀的意思召回乔玄,不料乔玄顶着上司的压力继续核查,最后将羊昌押解进京都问罪,因此一举成名。

曹操对待权贵,态度也是如此强硬。他走上仕途后,努力用严刑峻法,改变当时权豪横行的状况。二十岁那年,曹操被举为孝廉,入京都洛阳为北部尉。作为东汉都城,洛阳是皇亲贵戚聚居之地,很难治理。曹操一到任就申明禁令、严肃法纪,制造了十余根醒目的五色大棒,悬于衙门左右,并立下规矩:“有犯禁者,皆棒杀之。”皇帝宠幸的宦官蹇硕,有个叔父叫蹇图,曾经违禁夜行,曹操毫不留情地将他用五色棒处死。虽然得罪了权贵，但从此京师豪门，个个噤若寒蝉，无人敢再犯法了。

乔玄性格刚直，几乎有些冷酷无情。他的小儿子十岁的时候，独自外出游玩，被人劫持了。罪犯派人来到他家，要求拿钱赎人，乔玄严词拒绝。司隶校尉阳球等人担心劫匪杀掉乔玄的儿子，没有下令追赶劫匪。乔玄厉声说："犯法之人毫无人性，我怎么能因为儿子的性命，纵容了国家的罪犯！"乔玄催促官府追击，于是劫匪就杀了乔玄的儿子。乔玄面见皇帝谢罪，请求皇帝下令："凡是有劫持人质的，一律格杀，不得拿财宝赎回人质，让罪犯有利可图。"诏书发布后，就再没有这种事发生了。

曹操信奉名法之治，也是令行禁止。一次在行军途中，曹操要求不得令战马践踏麦地，如有违犯，一律斩首。可有一次，曹操的战马因受惊吓踩踏了麦田，他说："制定法规却自己违反，如何统帅下属？然而我是军中大帅，不可自杀，就以发代首吧。"于是曹操拔剑断发，以示遵守处罚。他对待身边的人，也同样冷酷。有一个平时很受宠幸的姬妾，常服侍曹操白天休憩，曹操睡下的时候告诉她："过一会儿叫醒我。"宠姬见曹操睡得那么香，就没有及时唤醒，结果曹操醒来，马上把她用棍子打死了。

虽然曹操执行起法规铁血无情，却没有架子，还喜欢开玩笑，《曹瞒传》写道，"每与人谈论，戏弄言诵，尽无所隐，及欢悦大笑，至以头没杯案中"。乔玄与曹操一见如故，可谓情投意合，他也曾经跟曹操玩笑道："我死之后，你如果从我墓前经过，不拿一斗酒一只鸡来祭奠我，车马行过三步，你一定会肚子疼，可不要怨我诅咒你啊。"

曹操常常感叹乔玄是他的知己，后来每次经过乔玄的坟墓，想起乔玄的知遇之恩，和对自己的仁爱宽容，都感到凄怆不已。"士为知己者死"，乔玄作为功名显赫的前辈，与曹操志趣相投，惺惺相惜，两人结成忘年之交，甚而最终成为生死之交，这是人间何等难得的缘分啊！

（阮莉萍）

败德之人

何晏、邓飏、夏侯玄并求傅嘏交[①]，而嘏终不许。诸人乃因荀粲说合之[②]，谓嘏曰："夏侯太初一时之杰士，虚心于子，而卿意怀不可交，合则好成，不合则致隙。二贤若穆，则国之休。此蔺相如所以下廉颇也。"傅曰："夏侯太初，志大心劳，能合虚誉，诚所谓利口覆国之人。何晏、邓飏有为而躁，博而寡要，外好利而内无关钥[③]，贵同恶异，多言而妒前。多言多衅，妒前无亲。以吾观之，此三贤者，皆败德之人尔！远之犹恐罹祸，况可亲之邪？"后皆如其言。

《识鉴》第3条

注释

① 何晏，见"神明开朗"篇(《言语》第14条)注释。邓飏，字玄茂，魏南阳宛(今河

南南阳)人,为人浮华,贪财好色,京师人传"以官易富邓玄茂"。后因阿附曹爽被诛。夏侯玄,见"太初临刑"篇(《方正》第6条)注释。傅嘏,见"两情皆得"篇(《文学》第9条)注释。

② 荀粲,见"两情皆得"篇(《文学》第9条)注释。

③ 关钥:门闩,在此引申为约束、检点之意。

鉴赏

魏晋易代之际,曹魏与司马氏政治斗争非常猛烈残酷,如众所周知的"高平陵事变",使得天下名士减半。何晏、邓飏、夏侯玄为曹魏之宗室或党羽,傅嘏则为司马氏之心腹,故傅嘏对此三人之批判或有商榷之余地,然细察傅嘏批评之语,可说是颇为讲究。批评夏侯玄"利口覆国之人"化用《论语·阳货》:"利口之覆邦家者"。批判何晏、邓飏二人"躁"语出《论语·季氏》:"言未及之而言,谓之躁"。"好利"出自《论语·里仁》:"小人喻于利""放于利而行"。"贵同"典出《论语·子路》:"小人同而不和"。如此引经据典的批评似可看出,此三人在傅嘏心中的评价类于孔子所谓的"小人",故其后才定位为"败德之人"。

刘义庆《世说新语》此则,应本于傅玄《傅子》一书,傅玄为傅嘏从弟,故立场本会偏向从兄傅嘏。何晏、邓飏、傅玄曾有一段恩怨,《晋书·列女传》载杜有道妻严氏,字宪,女韡有淑德,傅玄求为继室,宪便许之。时玄与何晏、邓飏不穆,晏等每欲害之,时人莫肯共婚,及宪许玄,内外以为忧惧。或曰:"何、邓执权,必为玄害,亦由排山压卵,以汤沃雪耳。奈何与之为亲?"宪曰:"晏等骄侈,必将自败,司马太傅睡兽耳!吾恐卵破雪消,行自有在。"遂与玄为婚。晏等寻亦为宣帝所诛。由此可见傅玄与何晏、邓飏积怨甚深,可说是到了水火不容的境地。所以此则傅嘏对三人评论恐非事实,《世说新语》将此列于《识鉴》似也欠周详。

(曾敬宗)

乱天下者

王夷甫父乂为平北将军[①]，有公事，使行人论，不得。时夷甫在京师，命驾见仆射羊祜、尚书山涛[②]。夷甫时总角，姿才秀异，叙致既快，事加有理，涛甚奇之。既退，看之不辍，乃叹曰："生儿不当如王夷甫邪？"羊祜曰："乱天下者，必此子也！"

《识鉴》第5条

注释

① 王夷甫：即王衍，见"洛水之戏"篇（《言语》第23条）注释。

② 羊祜（221—278），字叔子，泰山南城（今山东平邑南）人，司马师妻弟，掌司马昭机要。泰始五年（269年）以尚书仆射都督荆州诸军事，出镇襄阳，为灭吴作准备。临终，举杜预自代。后晋以其生前谋略灭吴。山涛：见"犹有消息"篇（《政事》第8条）注释。

鉴赏

根据一个人的外貌言行，准确地判断其人生走向和命运曲折，这种才能，便是识鉴。所谓"辨才须待七年期"，要真正认清一个人，极不容易。明智如诸葛亮，尚且错认了马谡，普罗大众，受困于亲朋好友身边人的，更是屡见不鲜。所以，识鉴之才，为人推崇。《世说新语》专设"识鉴”一门。“识鉴”门共 28 则，所述皆为识人故事。

竹林七贤中的山涛，显然是有识鉴才能的。魏晋易代之际，他深感时局混乱，预知到曹魏政权即将倾覆，所以弃官隐居，与阮籍、嵇康等人做竹林之游。待到时势明朗，他转投司马政权，位居三公。晋朝初建，武帝司马炎偃武修文，废除州郡驻军。山涛认为不宜如此，他与朝廷众人讲论孙、吴用兵，众人皆叹服。后来果然如他所料，八王之乱，即与此举有很大干系。

王衍是西晋重臣，清谈名士，出身琅邪王氏，平北将军王乂之子。王衍年少时就才貌出众，为时人所赏。泰始五年(269 年)，王衍十四岁。这一年，他的父亲王乂因某种事(具体何事史书没有记载)需要上京申诉。本来安排了一位使者，结果此人申诉之后，效果不佳。十四岁的王衍此时正在京师，勇挑重任。他拜见了左仆射羊祜和尚书山涛。

王衍果然不负其父的期望。面对当朝最著名的两位大臣，王衍毫不紧张，他逻辑清晰，语言流畅，条分缕析，滔滔不绝。待他退出之后，山涛大感惊讶，赞叹不已，直说“生儿不当如王夷甫邪?”这话听着耳熟，曹操也说过一句类似的话：“生子当如孙仲谋。”实在是由衷的欣赏。羊祜则发表了完全不同的意见，他犀利地指出：“乱天下者，必此子也!”二人的看法为何如此不同?

事出有因。羊祜和王衍是亲戚。按辈分，羊祜是王衍的从舅。今天的人们只知道叔叔、阿姨，对于“从舅”之说，颇为陌生，不易理解。简单说，羊祜和王衍的母亲是叔伯姐弟，他们的父亲是亲兄弟。这个关系，说亲不亲，既是外姓，又非亲舅甥，隔了好几层。羊祜德行高劭，与王衍、王戎的关系都不好，二王亦诋毁羊祜，史传中有“二王当国，羊公无德”之说。不过，羊祜到底了解王衍，深知他徒有巧言令色，重外而拙内，缺乏治世的胸襟和才能。

后来的事情，不幸被羊祜言中。在“八王之乱”中，王衍位登三公，身居重位，不思整顿朝纲，只是崇尚玄虚，醉心清谈，又狡兔三窟，一味想着保全自己，壮大家族势力。最终被石勒擒获，斥责他“破坏天下，正是君罪”,推墙把他压死。东晋桓温也曾对他大加鞭挞:“遂使神州陆沈,百年丘墟,王夷甫诸人不得不任其责!”(《轻诋》第11条)“清谈误国”之说,即指王衍而言。

此事在不同的史料中,也有不同的记载。据《晋书·王衍传》,王衍年少时拜见山涛,山涛对他大加称赞,目送他出门,说下了这样的几句话:“何物老妪,生宁馨儿!然误天下苍生者,未必非此人也。”可见山涛同样看出了王衍的本性。

(李修建)

莼鲈之思

张季鹰辟齐王东曹掾[①],在洛,见秋风起,因思吴中莼菜羹、鲈鱼脍[②],曰:“人生贵得适意尔,何能羁宦数千里以要名爵[③]!”遂命驾便归。俄而齐王败,时人皆谓为见机[④]。

《识鉴》第10条

注释

① 辟:被任命。东曹掾:官名。掾:原为辅佐的意思,后为副官佐或官署属员的统称。

② 莼菜羹：与鲈鱼脍同为吴中名菜。莼菜，亦称“水葵”，水生，其嫩梢和卷叶可食用，外面包裹胶质。春、夏采摘作为汤料，营养价值高，自古视为蔬菜珍品。

③ 羁宦：在外地为官。

④ 见机：洞察事情的苗头。机，通“几”。

鉴赏

张翰，字季鹰。西晋文学家，吴郡吴江(今江苏苏州)人，其父是三国孙吴的大鸿胪张俨。他为人放纵不拘，写得一手好文章，可惜大多没有流传下来，李白曾写诗称赞：“张翰黄金句，风流五百年”。

这则故事讲述的是张翰在洛阳辅佐齐王司马冏时，一日见秋风四起，便忆起了故乡吴郡的莼菜羹、鲈鱼脍，并感慨“人生遂心是第一等要事，岂能为了虚名而远赴千里为官呢”，于是弃官还乡。在其《思吴江歌》里也表达了相似的归乡情怀，“秋风起兮佳景时，吴江水兮鲈鱼肥；三千里兮家未归，恨难得兮仰天悲”。可见张翰思归非一时之念，也许是打着吃货的名义行远离政治漩涡之实。因为不久之后，齐王司马冏兵败，张翰因为已经归吴而幸免于难，世人都认为他的弃官是看准时机，独具政治慧眼。而后世在这个故事中提取的内核是故乡之思，抛开政治只保留了情感。可见，世人和故乡之间都有着相似的莼鲈之念，后人对于张翰的辞官不仅给予理解还不吝称赞。最著名的莫过于辛弃疾的《水龙吟·登建康赏心亭》：“休说鲈鱼堪脍，尽西风，季鹰归未？”这个在洛阳待了没多久的才子，为我们留下了“莼羹鲈脍”这个成语，这四个字不仅仅是张翰的心头所好，也成为世人“能不忆江南”的美好理由。

那么，为什么是美食唤起了乡恋？人为什么要回到故乡？

我们是通过嘴巴和舌头发现了莼菜羹、鲈鱼脍的美味，视觉在现代可能是五官中压倒一切的，但在中国古代思想史上，口舌这样一个味觉器官却有着非常重要的历史地位。洛阳秋风起，无疑让张翰内心有了感受，而“感”字上面一个“咸”下面一个“心”，咸是味觉，吃可以走心，味觉可以抵达知觉。酸甜苦辣，千般滋味，传统文化用舌头来体验人生。自然美味的莼菜羹、鲈鱼脍便是始于舌尖终于心灵的感应。

为了莼菜羹、鲈鱼脍辞职矫情吗？可以肯定，张翰回到故乡吴中，不仅仅是用美食来满足一下口腹之欲，回家也不是简单的用脚投票，它是价值层面、精神层面的一次选择，是精神和灵魂如何安放的考量。在中国人的精神世界中，人和故乡的距离是一个极为重要的尺度。背井离乡便是伤感，归乡便是喜悦，久宦不归、经年羁旅，这群人的归乡之路便更添了一份迫切。“田园将芜，胡不归？”一如陶潜的归乡解释，紧迫而必须。故乡的玄奥之处在于它是对生命本源的无限接近，成人世界的所有纷争几乎都可以在生命原点得到和解。所以，回到故乡是对现实纷繁人事的闪避与释怀，宽容和善意，疗救和庇护。莼鲈之思在不同的时代得到了相同的回应和共鸣，而归乡也占据了中国式抒情版图中相当大的比重。

（沈鸣鸣）

渊源不起

王仲祖、谢仁祖、刘真长俱至丹阳墓所省殷扬州[①]，殊有确然之志。既反，王、谢相谓曰：“渊源不起，当如苍生何？”深为忧叹。刘曰：“卿诸人真忧渊源不起邪？”

《识鉴》第18条

注释

① 王仲祖：王濛(309—347)，字仲祖，小字阿奴，太原晋阳(今山西太原)人。东晋名士、外戚。谢仁祖：谢尚(308—357)，字仁祖，陈郡阳夏(今河南太康)人。东晋时期名士、将领，豫章太守谢鲲之子、太傅谢安从兄。殷扬州：殷浩(？—356)，字渊源，陈郡长平(今河南西华东北)人，豫章太守、光禄勋殷羡之子，东晋时期大臣、将领，曾任扬州刺史。

鉴赏

自古以来，士人都有出仕和隐逸两种倾向。前者胸怀大志，以天下为己任；后者明哲保身，知不可为而隐退。然而历史上还有一种隐士，人虽在山林，却无时不在观察并等待出山的时机，这就是所谓的“山中宰相”。

殷浩年轻时名声就很大，《晋书·殷浩传》记载，“浩识度清远，弱冠有美名，尤善玄言”，与叔父殷融都酷爱《老子》《易经》，因此“为风流谈论者所宗”。有人问他：“我听说快要做官的人会梦见棺材，将要发财的人会梦见粪便，这是为什么呢？”殷浩一脸清高地回答：“官场本是斗争之所，所以要做官时便会梦见腐臭的死人，钱财犹如粪土污人耳目，所以要发财时便会梦见粪便。”

殷浩看似洞察世事，然而也未必超脱。他后来做了庾亮的记室参军，又升任司徒左长史。这些都是秘书之类的文职，并非要紧的位置。大概殷浩并不满意，辞了之后就说啥都不出来做官了，在祖先的墓地里结庐隐居将近十年。可是他隐居期间，慕名而来的人还是成群结队，清谈的本事令他名声越来越大，当世人都把他比作管仲和诸葛亮。

有一次，江夏相谢尚、长山县令王濛和驸马刘惔，一起到丹阳郡的殷氏墓地去探望殷浩，交谈中得知，殷浩退隐的志向仍然十分坚定。回来的路上，谢尚和王濛摇头叹息道："渊源不出仕，老百姓该怎么办呢！"看到他们忧虑惋惜的样子，刘惔大笑说："你们这些人，难道真的担心渊源不出仕吗？"

这群名士都是清谈高手，谢尚还曾经被殷浩的辩才吓得冷汗直流，自然对他膜拜得很，故而说出"渊源不起，当如苍生何"的话来。能得到名士们这样高的评价，恐怕只有后来的谢安了。谢安高卧东山时，士人们也感叹："安石不肯出，将如苍生何！"谢安出仕之初，仅担任征西大将军桓温帐下的司马，被人取笑"处则为远志，出则为小草"，是靠步步为营的努力扳倒了权臣桓温，最终在国家面临灭顶之灾时，凭淝水之战建功立业的。

当时庾翼给殷浩写信，告诫他不要像王夷甫那样追求虚名，既然名声显赫，就该出来做点实事，全力安定乱世，不要助长浮华空谈之风。殷浩执意不出山，庾翼轻视地说："此辈宜束之高阁，俟天下太平，然后议其任耳。"(《晋书·庾翼传》)庾翼认为殷浩不肯肩负重任，只等天下太平后干点轻松活儿。庾翼以力挽狂澜的国家柱石自许，而殷浩宁愿悠游于山林之间，继续做个散淡闲人。

说来殷浩是个极有耐心的人，四十多岁才重新出山。当时庾冰、庾翼兄弟及何充等权臣相继去世，皇室的清谈家简文帝司马昱开始入朝执掌朝政。桓温灭蜀之后功高震主，朝廷对他十分忌惮。名满天下的殷浩，就被司马昱引为心腹，一同对抗桓温。这下殷浩可满意了，因为他刚一出仕，便进入了朝廷中枢。殷浩年轻的时候和桓温齐名，但两个人互不服气。桓温以豪杰自许，经常轻视殷浩，殷浩也丝毫不惧怕，他有句名言："我与我周旋久，宁作我！"两人矛盾激化，王羲之、荀羡等人纷纷写信劝阻，殷浩一概不理。

桓温志在北伐，殷浩掌权后，也策划了北伐。殷浩联系前秦皇帝苻健的两个大臣梁安、雷弱儿，许以封地，让他们杀了苻健。可见他太喜欢走捷径了，北伐不靠自家将士们在战场上争胜，倒指望摸不清底细的敌方下属，搞的还是暗杀行动，未免不够光明磊落。更荒唐的是，殷浩听闻苻健哥哥的儿子苻黄眉从洛阳西奔前往长安，便误以为苻健已被刺死，于是贸然出兵，准备收复洛阳。

羌族首领姚襄，是苻健的死对头，后来归顺了东晋。归顺东晋的冉魏降将魏脱死了，由他的弟弟魏憬代理其部曲，没想到姚襄将魏憬杀了，吞并了他的部队。这下殷浩大怒，将姚襄的部队调往别处，而与魏家子弟往来频繁。姚襄十分恐惧，当一些部下前往殷浩处时，就疑心是内奸，将他们全杀了。殷浩开始谋划着要诛杀姚襄，却还是安排姚襄作为攻打洛阳的前锋。殷浩真是太天真了，这样没有对敌经验的文士，岂能驾驭一个缺乏安全感的异族枭雄？结果当殷浩的主力军快要赶上前头部队时，被埋伏在路旁的姚襄杀得丢盔弃甲。

殷浩北伐失败后，桓温上奏弹劾他的罪过，司马昱理亏，只好把殷浩废为平民。后来桓温于心不忍，曾对郗超说："殷浩品格高洁，能言会道，假使让他担任尚书令和仆射，足以成为朝廷百官的楷模，朝廷用才不当，以致有如今的结局！"桓温还写信给殷浩，表示有意让其出任尚书令。殷浩"欣然许焉"，但他害怕出纰漏，反复拆看回信，最后竟然忘了放进去。结果桓温收到一个空信封，怒不可遏地与殷浩断绝了往来。

殷浩被废黜后，每天在空中书写"咄咄怪事"四个字。他也怨恨司马昱将他架上百尺高楼，却把梯子抽走了，让他下不来台。如果殷浩早知道最后的结局，如《论语》所言，"陈力就列，不能则止"，保持名士的清望，享受隐居的悠闲，那该多好！但是这个世界上，有几个人能抵得住功名利禄的诱惑呢？

（阮莉萍）

同乐同忧

谢公在东山畜妓[①]。简文曰:"安石必出,既与人同乐,亦不得不与人同忧[②]。"

《识鉴》第21条

注释

① 谢公:指谢安,详"常自教儿"篇(《德行》第36条)注释。东山:在今浙江省绍兴市上虞区西南,谢氏南迁后就居住在这里。

② 简文:东晋简文帝司马昱(320—372,372年在位),字道万。未登位前封会稽王,曾任抚军将军。他主持朝政时,有意邀请谢安出山,但谢安不肯,所以引出他这番话来。

鉴赏

谢氏原来出自陈郡。南迁后定居在会稽东山,其祖上本是儒学起家,东晋时谢安的长兄谢尚开始受朝廷重视,官至镇西将军,谢氏在东晋的地位才开始提高。谢安本人起初隐居在东山的老家,但谢尚死后,谢安的弟弟谢万因失误又被贬,谢氏的政治和社会地位迅速下降,谢安不得不出山,挽救家族的荣誉和地位。最终他官至太傅,掌握朝政,无论在政治还是学术方面都享有极高的地位。

要完全明白《世说》这条的含意,必须了解当时东晋的形势。谢安是公元360年出山的,因此司马昱的这段话应该是在这个时候或较早一点说的。西晋失去了中国北方的半壁江山以后,在建康,也就是现在的南京建立起东晋。此后,国力日渐衰落,到了这时已是强弩之末。穆帝、哀帝、废帝三朝,司马昱都以宗室主理朝政,但是司马昱自觉没有力挽狂澜的本事,亟欲寻找一个有才识的人来领导朝政,并对抗有意篡位的权臣桓温。但是他首先选中的殷浩反被桓温废黜,因此他想邀请在东山的谢安出山,谢安在东山享受优哉游哉的隐居生活,偏偏又屡次不奉召,令他很是为难。但是司马昱毕竟是个聪明人。他从谢安畜妓这个事实,预见到谢的尘缘未了,既然谢安跟常人一样享乐,那么,他也必定会分担人们忧国忧民的情怀。因此他预言谢安将来会"东山再起"。

司马昱的预言果然实现了。谢安再起后不仅在内彻底防止了桓温篡位,而且当北方的前秦企图南侵时,他保持镇定,派子侄率军在淝水之战中大败敌军,从而稳定了东晋的局势。

(萧虹)

憎不匿善

郗超与谢玄不善[1]。苻坚将问晋鼎[2]，既已狼噬梁、岐，又虎视淮阴矣。于时朝议遣玄北讨，人间颇有异同之论。唯超曰："是必济事。吾昔尝与共在桓宣武府，见使才皆尽，虽履屐之间，亦得其任。以此推之，容必能立勋。"元功既举，时人咸叹超之先觉，又重其不以爱憎匿善。

《识鉴》第22条

注释

① 郗超：见"不至河汉"篇(《言语》第75条)注释。谢玄：见"芝兰玉树"篇(《言语》第92条)注释。

② 苻坚(338—385)，一名文玉，字永固，氐族。十六国时期前秦国君。先后攻灭前燕、前凉、代国，统一北方，并夺取东晋益州。建元十九年(383年)，征调近百万大军攻晋，于淝水大败，苻坚为羌族首领姚苌所杀。

鉴赏

郗超与谢玄都出身于东晋显贵豪门，又都以其出群才华和迷人个性见称士林。超既卓荦不羁又妙善玄言，玄同样举止不凡且语惊四座。

他们曾经同在桓温幕下任职，不幸的是，一个鸡笼里容不下两只叫鸡公，二人很有点像油和水，放在一块却合不到一块。

不过，他们两人的“不善”并没有发展成“交恶”，彼此都在交际场合不失君子风度，更难能可贵的是，郗超在国难当头的时刻抛弃私人恩怨，客观地肯定和举荐与自己有隙的对手。

“苻坚将问晋鼎，既已狼噬梁、岐，又虎视淮阴矣。”苻坚是十六国时期前秦皇帝，建元十九年(383 年)率百万大军攻晋，“问晋鼎”表明来者不善，“既……又……”说明军情如火。只有雄才才能扭转战局。朝廷决议派谢玄北上讨敌，社会上对此议论纷纷，很多人不看好谢玄的军事才能，“唯超曰”三字写只有郗超独排众议，公开赞成朝廷的决定：“是必济事。吾昔尝与共在桓宣武府，见使才皆尽，虽履屐之间，亦得其任。以此推之，容必能立勋。”“是必济事”以斩绝的语气断定谢玄必然成功，接着再根据自己的亲身经历，告诉大家谢玄有识人之明，大小事情都能用人得当，能把合适的人放在适当的位置上，能让自己的部下都人尽其才，以此推论谢玄“必能立勋”。在短短几句话中，郗超连续用了两个“必”字打消人们对谢玄才能的疑虑。《晋书·谢玄传》载，苻坚强敌压境之际，谢安举侄子谢玄应敌，“中书郎郗超虽素与玄不善，闻而叹之曰：‘安违众举亲，明也；玄必不负举，才也。’”

人与人之间在感情上或有好恶，在关系上或有亲疏，郗超与谢玄二人气味不投是人之常情，关键是不要为个人好恶所惑，要能“爱而知其恶，憎而知其善”，对所亲者要能知其短，对所疏者要能识其长，并能对各自的优缺点作出公正的评价。现实中常有些人顺我者昌，逆我者亡，好之者无一不善，恶之者则一无是处，由感情上的不相亲善，变成了人事上的不能相容。

郗超能做到“不以爱憎匿善”，是由于他能去好恶之私，存是非之公。这需要识人的能力，更需要容人的胸怀。

（戴建业）

战非好名

韩康伯与谢玄亦无深好[①]。玄北征后[②]，巷议疑其不振[③]。康伯曰："此人好名，必能战[④]。"玄闻之甚忿[⑤]，常于众中厉色曰："丈夫提千兵[⑥]，入死地[⑦]，以事君亲[⑧]，故发，不得复云为名。"

《识鉴》第23条

注释

① 韩康伯：韩伯，字康伯，郡望颍川长社(今河南许昌)。官豫章太守，入为侍中，死赠太常。深好：深交。

② 北征：指太元八年(383年)秋谢玄率师北上抗击前秦苻坚大军。

③ 巷议：泛指社会舆论。不振：不能振奋作战。

④ 能战：善战。

⑤ 忿：气愤。

⑥ 提千兵：泛指率领千军万马。

⑦ 死地：战场上危殆之地。

⑧ 君亲：偏义复词，指国家君主。

鉴赏

韩康伯和谢玄并没有深厚交情。玄率师北上抗敌后，社会舆论都担心他不能奋战以致胜。韩康伯则说："此人爱惜声名，一定能打好仗。”谢玄听到这话,非常气愤,就常在大庭广众神情严厉地说:“大丈夫率领千军万马出生入死,为的是报效君王才奋勇出征,岂能说是为了一己声名!”

故事发生在淝水大战的前夕,即太元八年秋冬之际。当时,前秦苻坚百万大军南犯淮淝,东晋京师震恐。为抗敌计,宰相谢安举贤不避亲,推荐侄子玄任前锋都督,与弟石、子琰等率师北伐。此举引起朝中其他高门士族的疑虑,担心陈郡谢家在乘机抓兵权,为日后专擅朝政作铺垫。东晋与司马皇族共同执掌朝政的有王、庾、谢、桓四大家族,如果一家独盛,则其他家族就会加以牵制。如桓温北伐的枋头之败,原因很多,但朝中掣肘,四大家族力量的相互抵消,也是因素之一。时隔不久,现在的谢家是不是又企图打破四大家族的均衡呢?意图难料。于是,流言四起,这就可能动摇军心民心,不利团结抗敌。为此,有识之士就加以反驳。如桓温的智囊郗超,他是谢安的政敌,但他坚决支持谢玄北伐。《识鉴》篇第22则载,对谢玄的任命,“人间颇有异同之论”,朝中反对派大有人在。郗超却明确指出:“是必济事。吾昔尝与共在桓宣武府,见使才皆尽,虽履屐之间(按:比喻琐细之事),亦得其任。以此推之,容必能立勋。”大敌当前,岂可内部互斗自乱?试想,一旦国破家亡,还有什么四大家族的利益?谢安、谢玄对此都很明白。韩康伯指责谢玄“好名”,言外之意是谢氏重在抓权。一旦内部斗开来,就有可能把国家和民族,推入万劫不复的深渊。不管为公为私,谢玄都必须予以坚决驳斥。玄“于众中厉色”,发出了掷地有声的铮铮誓言:“丈夫提千兵,入死地,以事君亲,故发,不得复云为名。”和国家危亡、民族命运相比,个人一己私利的声名,又算得了什么!誓言明快斩绝,深刻揭示了一代爱国将领的高洁内心世界,令其精神升华,这是刻画谢玄人物形象感人至深从而取得艺术上成功的关键。

在淝水之战中,谢安作为宰相,运筹帷幄,决胜千里之外;谢玄作为前锋都督,指挥若定,亲冒矢石,搴旗斩将,置生死于度外。因而夺取了决战的胜利,并非偶然。战前的铮铮誓言,已预见了胜利的曙光。而在战胜功成之后，谢安因人排陷主动辞相离京，出镇广陵；谢玄也以病为由，上疏请求解职归田。于是，有关陈郡谢氏家族的谣诼，不攻自息。

（蒋凡）

赏

赏誉，即欣赏赞誉。《墨子·尚同中》云："古者圣王之为刑政赏誉也，甚明察以审信。是以举天下之人，皆欲得上之赏誉。"《晏子春秋·谏上三》："以刑罚自防者，劝乎为非；以赏誉自劝者，惰乎为善。"又《韩非子·内储说上》："赏誉薄而谩者，下不用；赏誉厚而信者，下轻死。"是先秦时，赏誉皆自上出，且与刑政对举者也。孔子乃天纵之圣，知人、知命亦知言，故最善赏誉。如其称颜回"人不堪其忧，回也不改其乐""不迁怒，不贰过"；称仲弓"雍也可使南面""犁牛之子骍且角"；道南容"邦有道不废，邦无道免于刑戮"，道宁武子"邦有道则知，邦无道则愚；其知可及也，其愚不可及也"；谓蘧伯玉"邦有道则仕，邦无道则可卷而怀之"；又谓闵子骞"言必有中"，伯夷叔齐"求仁得仁"，晏婴"善与人交"；赞子贡、子夏"可与言

赏誉

第八

诗”，子贱“君子哉若人”。凡此，皆可见夫子之通达人我、真赏妙会。然孔子论人，常自德行立论；而汉晋人物品藻，则随时变风会，而渐次由德行而才性、由才性而审美，终成一多角度、立体式、开放性之人物美学体系。至于赏誉中淡化名教自然之对立，打通尊卑上下之畛域，弥合古今天人之分际，则为其尤显而特著者。彼时名士通人各擅胜场，各显神通，玄心、洞见、妙赏、深情，呼之欲出，络绎缤纷，遂使人格之高标、风流之品位、心灵之遒迈、言语之妩媚，如花之绽放而极妍，如月之流光而极明，无往而不可流连，无处而不可驻足也。读者诸君，当澡雪精神，细味而深玩之。

世之干将

陈仲举尝叹曰①："若周子居者②，真治国之器。譬诸宝剑，则世之干将。"

《赏誉》第1条

注释

① 陈仲举：陈蕃（？—168），字仲举，汝南平舆（今河南平舆北）人，东汉时期名臣，与窦武、刘淑合称"三君"。见"仲举礼贤"篇（《德行》第1条）注释。
② 周子居：周乘，字子居，东汉人，官至泰山太守。

鉴赏

沧海横流，犹有中流砥柱；黑暗时世，更见群星闪耀。在东汉末年，敢于同专权宦官进行斗争的清流人物，被当时的太学生冠以"三君""八俊""八顾""八及""八厨"等称号。他们就像一把把寒光闪闪的宝剑，刺破了乱世的铁幕。

在"三君"中，有皇家宗室的刘淑、外戚身份的窦武，而"不畏强御"的陈蕃，则是士大夫的代表、清流派的领袖，在后世也有极高的声誉。《世说新语·德行》的第一篇，说的就是陈蕃"言为士则，行为世范""登车揽辔，有澄清天下之志"，可见他在当时读书人心目中的地位之高。陈蕃礼遇贤才，在南昌上任时连官衙都还没进，就忙着去拜访当地的名士徐稚。

王勃在《滕王阁序》里还写道："人杰地灵，徐孺下陈蕃之榻。"不过能够得到这样特殊接待的人，大概寥寥无几，因为《后汉书·陈蕃传》记载，他“性方峻，不接宾客，士民亦畏其高”。然而陈蕃曾经赞叹：“像周子居这个人，确是治国的人才。拿宝剑来打比方，他就是当代的干将！”他把周乘比作宝剑“干将”，足见欣赏之心。刘向《说苑·杂言》曰：“干将为利，名闻天下。”

周乘究竟有何才干，令陈蕃刮目相看呢？《太平御览》引《续汉书》记载：“周乘字子居，拜侍御史、公车司马令，不畏强御，以是见怨于幸臣。”《汝南先贤传》则曰：“周乘字子居，汝南安城人。天姿聪朗，高峙岳立，非陈仲举、黄叔度之俦则不交也。仲举尝叹曰：‘周子居者，真治国之器也。’为太山太守，甚有惠政。”周乘和陈蕃是汝南老乡，不畏强暴，清正廉洁，受到世人的赞赏。后来调任交州刺史，到任后即上奏“愿为圣朝扫清一方”，结果境内的那些不法官僚们一听，吓得称病辞官的太守、县令就有四十多人。在东汉末年污浊的政治环境里，他出淤泥而不染，坚持正道直行，得到了陈蕃的高度赞誉。

物以类聚、人以群分，陈蕃和周乘性格接近，都刚直不阿，眼里揉不得沙子。陈蕃少年时即胸有大志，十岁时就说：“大丈夫处世，当扫除天下。”他成年后嫉恶如仇，一生都在和朝中的佞臣、宦官作斗争，对于皇帝的一些不当做法，陈蕃也毫不畏惧地犯颜直谏，因此多次被贬官。然而陈蕃坚持儒家用世思想，认为隐士避世是不顾大义的行为，不管仕途如何起落，始终没有改变他的一颗忠心、浑身正气。

陈蕃德高望重，每次被贬官后，皇帝都迫于舆论压力而重新起用，而且将他的官越升越高。当年桓帝立皇后的时候，本打算立自己喜爱的田贵人，但是陈蕃坚持窦氏出身名门，要求桓帝立窦氏。因为窦氏的父亲窦武在成为外戚之前，就是一位“名显关西”的清流派士大夫，《后汉书·窦武传》记载，他“多辟名士，清身疾恶，礼赂不通”。他和陈蕃礼遇贤才，正直清廉，同为名士的领袖，可谓惺惺相惜。桓帝刚死的时候，窦太后也很感激陈蕃，任命他为太傅，和自己的父亲大将军窦武一同辅政。

陈蕃和窦武同心协力，礼待名流贤士，共同治理国家，天下人无不盼望从此天下太平。然而东汉末年宦官干政，积重难返，陈蕃就和窦武密谋诛杀宦官，结果谋事不密，宦官们知道后提前动手，先矫诏杀了窦武。陈蕃不顾七十多岁的高龄，带领门生属下八十多人，手提佩剑杀入皇宫，但在宦官控制的禁军围攻下，寡不敌众而被俘，当晚就被杀害。

陈蕃虽然死了，但是他的高风亮节，深受当时士人们的尊崇。他的一生，始终都处在动荡的宫廷斗争中，要么与专权的外戚争锋，要么和弄事的宦官相抗。作为汉室重臣，陈蕃为朝廷乱而不亡做出了贡献，他的不避强权、犯颜直谏，最让世人敬畏。陈蕃不也是一把斩钉截铁、所向披靡的宝剑吗？剑的精神，就是人的精神，哪怕有一天不幸折断了，也永远散发着凛冽的光芒。

不论是周乘的“愿为圣朝扫清一方”，还是陈蕃的“大丈夫处世，当扫除天下”，都体现了古代士大夫忠君报国的拳拳心愿。他们不避生死，匡扶社稷之危，展示出儒家先贤的风范。在东汉末年内忧外患的情况下，年迈的陈蕃最终身首异处，给后人留下的，除了壮志难酬的悲愤外，还有无尽的惋惜与崇敬。

（阮莉萍）

劲松下风

世目李元礼[①]：“谡谡如劲松下风[②]。”

《赏誉》第2条

注释

① 李元礼：即李膺，见“清流自任”篇（《德行》第 4 条）注释。
② 谡（sù）谡：疾风声。

鉴赏

不是田间陌上的桃花和风，也不是河滨江畔的杨柳微风，悬崖峭壁上的苍松劲风，总是会啸傲出独特的神采。李膺是东汉末的重要人物，《后汉书》誉之为“天下楷模李元礼”。《世说新语》记载的李膺言行共有五条，评价都非常高。如这一则就评论：“世人怎么看待李膺的呢，‘仿佛苍劲挺拔的松树下呼啸而过的疾风’。”

在世人心目中，孤标傲世的李膺，有着很高的地位，这和他礼贤下士、为官清正是分不开的。《世说新语·品藻》里记载：“汝南陈仲举，颍川李元礼，二人共论其功德，不能定先后。蔡伯喈评之曰：‘陈仲举强于犯上，李元礼严于摄下，犯上难，摄下易。’”于是陈蕃被太学生推崇为“三君”之末，而李膺则居“八俊”之首。

李膺富于才干，心胸开阔，为官后不遗余力地为朝廷荐举人才。不过他不随意与人交往，当时的士人都把拜会他称为“登龙门”，一被接待则身价百倍，名扬天下。荀爽曾去拜谒李膺，刚巧为李膺驾了一回车，回来后高兴地说：“真是太幸运了，今天竟能够替李君驾车。”李膺就是这样被人仰慕，士人都以受他赏识为荣。后来李膺举荐名士为官，门生高足无数，犹似松涛和鸣。“君子之德，风行草偃”，世人无不为之兴奋，期待李膺和他培养的才俊们，能够打造出新的太平盛世。

和一般的士人不同，李膺性格强悍，既满腹经纶，又能带兵打仗。他曾任青州刺史和渔阳太守，镇守边塞，抵御鲜卑等异族。这里的老百姓屡受鲜卑祸害，自从李膺到了边塞，在战斗中总是身先士卒，可谓异常勇猛的常胜将军，鲜卑人都很害怕。后来李膺被免官回乡，鲜卑人得知后大喜，悍然入侵，朝廷被迫再次起用他。鲜卑人听说李膺去而复回，吓得望风臣服，将先前所掳掠的男女全部送还。李膺声威远播，恰如肃肃松风，震慑了边地的贼寇。

李膺与陈蕃都反对宦官专权，对违法的宦官及其子弟绝不手软。他担任司隶校尉期间，发生了一件大事。桓帝最宠爱的大太监张让，他的弟弟张朔是野王县令，正好在李膺的管辖之下。张朔仗着哥哥的权势，贪赃枉法，暴虐无道，甚至还杀孕妇取乐，老百姓都恨透了他。听说新任上司是李膺，张朔知道这回难逃一劫，吓得弃官落荒而逃，最后竟然躲到了哥哥张让家特制的空心合柱里。李膺根本没打算放过他，侦查到他的藏身之处，便带着兵丁直闯张让府邸，剖开合柱，抓了张朔就走。李膺把张朔交给洛阳监狱，录完供词，也不等皇帝批准，便直接砍了他的脑袋。张让悲愤交加，哭求皇上追究李膺的擅杀之罪。然而，李膺却上奏皇帝说："我这不过是仿效孔子罢了。当年孔子才当了司寇七天，就杀了扰民的少正卯。我现在已经到任十天了，还没有诛杀张朔这样的恶人，我正担心皇上您治我的罪，所以不等请示就把他杀了。"皇帝看了他的奏折，因为附录的罪证确凿，也无话可说。李膺惩治奸恶之徒，真是如山崖狂风般凌厉无情。

然而，延熹九年（166 年），怀恨在心的宦官，指使人诬告李膺等人笼络太学生，结成朋党毁谤朝政，酿成第一次党锢之祸。桓帝下令逮捕党人，除李膺外还牵连了 200 余人。李膺遭到严刑拷打，但他骨头很硬，供辞也大多涉及宦官子弟，宦官怕惹火烧身，因此不敢深究。当朝廷察究李膺罪状时，太尉陈蕃拒绝受理，并上疏说："今所考案，皆海内人誉，忧国忠公之臣。此等犹将十世宥也，岂有罪名不章而致收掠者乎？"桓帝的岳父窦武也上疏请求释放党人，并托病交还官印，迫使桓帝不得不释放党人，但规定禁锢终身。

永康元年（167 年），桓帝驾崩，十二岁的灵帝继位，窦太后临朝听政。大将军窦武掌握了朝廷实权，他征召李膺为官，意图共同剪除阉宦势力。然而窦武和陈蕃都因事败被杀，李膺又被废黜。后因张俭被人诬陷，朝廷收捕“朋党”，牵连李膺，有人劝李膺逃走。李膺回答说：“事不辞难，罪不逃刑，臣之节也。吾年已六十，死生有命，去将安之？”他自动赴诏下狱，最终被拷掠而死。

东汉末年的政局，犹如危岩峭壁，然而有那一株株青松盘根错节地守护，才不至于面临倾覆的危险。险峰绝壑间，正因为有了这些挺拔苍劲的身影，引领了阵阵松风浩荡，扫清了尘寰间的雾霾。“党锢之祸”正是天下大乱的标志，当“三君”“八俊”相继被宦官戕害后，东汉就名存实亡了，此后社会更加动荡不安，进入了历史上纷乱的三国时期。

（阮莉萍）

干国之器

谢子微见许子将兄弟[①]，曰：“平舆之渊，有二龙焉。”见许子政弱冠之时，叹曰：“若许子政者，有干国之器。正色忠謇，则陈仲举之匹[②]；伐恶退不肖，范孟博之风[③]。”

《赏誉》第3条

注释

① 谢子微：谢甄，字子微，汝南召陵（今河南漯河市郾城区东）人，东汉时期名士。

许子将兄弟：哥哥许虔，字子政，东汉末汝南平舆（今河南平舆北）人；弟弟许劭（150—195），字子将，东汉末年著名的人物评论家。

② 陈仲举：即陈蕃。

③ 范孟博：范滂（137—169），字孟博，汝南征羌（治今河南漯河东南）人，曾任光禄勋主事，后为汝南太守宗资属吏。抑豪强，与太学生结交，反对宦官。延熹九年（166 年），与李膺等同时被捕，后释放还乡。党锢之狱再兴，自往投案，死狱中。

鉴赏

龙是中国古代神话中的四灵之一，赞美龙是古人对天道的敬畏，也是对身外众生的敬重。譬如诸葛亮被称为“卧龙”，是因为他博通天人之道，有着神龙般莫测的智慧。龙变化多端，《易经》里就有“潜龙在渊”“见龙在田”“飞龙在天”等爻辞。

东汉末年品评人物的风气很浓，谢甄因此享有盛名。他每次和边让一起拜访当时的名士郭林宗，没有不从白天谈到黑夜的。东汉的汝南郡，出了不少人才，谢甄很为家乡的晚辈骄傲。他结识许子将兄弟俩后，情不自禁地赞美：“你们是平舆县的深潭里，藏着的两条神龙啊。”他见许虔年轻时就卓尔不凡，赞叹说：“像许子政这样的人，是有治国才能的大器啊。态度庄重，忠诚正直，可以和陈仲举匹敌；打击奸恶之人，斥退宵小之徒，又有范孟博的浩然气度！”

陈蕃与范滂都是汝南郡人，有肃清天下之志，因“清节”而为乡人称道，分别被世人核论为“三君”和“八顾”之一。谢甄将许虔与他们相提并论，可见期许之高。许虔品德高尚，志趣高雅，待人宽厚，可惜英年早逝。除了谢甄的评说，只有《汝南先贤传》里记载道：“虔弟劭，声未发时，时人以谓不如虔。虔恒抚髀称劭，自以为不及也。释褐为郡功曹，黜奸废恶，一郡肃然。年三十五岁卒。”看来许虔在弟弟未成名之时，就已经觉得自己望尘莫及了。然而许虔当官也颇有政声，可知的确是神龙一般的人物。

许劭显然比兄长许虔影响力更大,“月旦尝居第一评,立朝风采照公卿”,他组织的“月旦评”,虽为时不长,但在历史上影响深远。许劭名声大,品评的人物也都名闻一时。和哥哥一样,他也担任过郡里的功曹,府里的人听说许劭是自己的同事,没有不改变操守,谨言慎行的。当时很多英雄豪杰,都希望得到许氏兄弟的品论。许劭曾经评价曹操为“清平之奸贼,乱世之英雄”,曹操对他也是深为折服。

不仅一般的士人官吏对许氏兄弟敬若神明,就是“公族豪侠,播名海内”的袁绍,也不得不有所顾忌。袁绍是出身四世三公的大贵族,平日盛气凌人、飞扬跋扈,连董卓、何进这样的权贵都不放在眼里,然而他也怕许劭给他个差评。袁绍从濮阳令任上回家,一路前呼后拥,排场十分讲究,但等到准备进入汝南郡境内时,他却把豪华的车马和蜂拥的宾客都打发走了,说:“我这样奢侈的车马和装束,怎么能让许子将看见?”袁绍唯恐为许劭所抨击,只得装模作样,轻车简从,以便给许劭留下一个好印象。

许劭交往的都是有道德有学问的长者,但他从来不去看望大名士陈寔。太尉陈蕃在妻子去世后,亲自扶柩回汝南郡的平舆县安葬,乡里人都去参加葬礼,许劭也没有去。有人问他这是为什么,许劭说:“太丘(陈寔)道广,广则难周;仲举(陈蕃)性峻,峻则少通。故不造也。”他品评人物都是褒贬分明,绝不留情面。

许氏二龙名声赫赫,许虔是因为治理政务的德行和才干,而许劭则是因为擅长品鉴时人的操行才能。但许劭后来一直不愿入仕,对时世非常悲观:“方今小人道长,王室将乱,吾欲避地淮海,以全老幼。”因为宦官专权,朝政腐败,许劭预知天下将乱,所以与共同主持评议的从兄许靖,先后都避难出走了,于是“月旦评”便逐渐淡出了历史舞台。

晋朝的山简,给了许劭高度评价:“是以郭泰、许劭之伦,明清议于草野;陈蕃、李固之徒,守忠节于朝廷。”(《晋书·山简传》)许劭所设的“月旦评”曾经盛极一时,对当时的社会政治产生了重大而深远的影响。

鉴赏

后来在思想文化领域，出现了三国时期魏国刘劭品人的《人物志》；朝廷的选官制度上，也出现了以乡举里选、人物品评为基础的九品中正制。

（阮莉萍）

云中白鹤

公孙度目邴原①："所谓云中白鹤，非燕雀之网所能罗也。"

《赏誉》第4条

注释

① 公孙度（？—204），字升济，辽东襄平（今辽宁辽阳）人，东汉末年辽东地区割据军阀。邴（bǐng）原（？—216），字根矩，北海朱虚（今山东临朐东）人，东汉末名士，黄巾起义时避居辽东，后得归，乃讲礼乐，与郑玄并为世所称。曹操辟为司空掾，后转五官将长史。后从操攻吴，死于途中。

鉴赏

俗话说，"神龙见首不见尾"，在古代的壁画中，龙的形象往往是面目清晰，龙身时隐时现，龙尾则深不可测，仿佛消失在云雾中。东汉末年有个奇特的现象，就是当时人们合称三位名士为一龙：华歆为龙头，邴原为龙腹，管宁为龙尾。

为什么会将这三人相提并论呢？因为他们都是山东人，有同乡之谊，人品和学问也是当时一流的。不过他们的人生选择之不同，也正如人们的评价。华歆作为“龙头”，位居三公，是曹操和曹丕父子的心腹谋臣，他亲自主持了汉魏之际的禅让，为曹丕代汉建魏立下了汗马功劳，当然也在《三国演义》中留下了万世骂名。管宁为“龙尾”，他学识渊博、性情耿介，因为好友华歆有爱慕荣华之心，就断然绝了交，留下了著名的“管宁割席”的故事。管宁屡次拒绝朝廷的征召，一生讲学授徒，以布衣终老。作为“龙腹”的邴原，又是一个怎样的人呢？

割据一方的霸主公孙度，在邴原离开辽东后，曾经怅惘地说：“他就是高翔在云中的白鹤，不是用捕燕雀的网所能罗致的。”邴原介于管宁与华歆之间，他究竟是无拘无束的闲云野鹤，还是“鹤鸣于九皋，声闻于天”的非凡之才呢？

鹤的鸣声响亮，即使处于深泽之中，也能响彻云霄。邴原幼年失怙，家境贫寒，小时候从书塾经过，忍不住就在窗外哭了起来。书塾里的老师宅心仁厚，连忙出来问道：“孩子，你为什么在这儿哭啊？”邴原含泪回答：“没有依靠的孤儿容易悲哀，没有出路的穷人容易感伤。我羡慕那些能够学习的人，他们有父亲抚养，也上得起学，心里不禁感到悲伤，所以就哭了。”老师被这个聪明懂事的孩子打动了，慈爱地说：“你想要读书吗？”邴原说：“我想啊，可是我没有钱。”老师把他领进私塾，说：“你是个有志向的孩子，我来教你，不用学费。”于是邴原就开始读书，只过了一个冬天，就已能背诵《孝经》和《论语》，后来他遍访名师，成为学识为世人称道的名士。

奇才的光芒是不可遮蔽的，邴原年轻时就与管宁齐名，二人都以节操高尚著称于世。州府下令征召，但他们不愿为贪图荣华富贵去做官。汉末天下大乱，听说辽东太守公孙度在海外推行政令，管宁和邴原就一起避居辽东三十多年。他们与王烈并称“辽东三杰”，前往归附的人有几百家，前来游学的士人也络绎不绝。

邴原义薄云天，敢于为朋友两肋插刀。同来辽东的刘政富于勇略，公孙度十分忌惮，将他全家都拘捕了。刘政在危急之际脱身，公孙度大怒，下达通告："有敢窝藏刘政的人，同罪处罚！"刘政在窘迫中投奔邴原，邴原把他藏了一个多月，然后托付太史慈带回中原。过了一段时间，邴原对公孙度说："将军要杀刘政，是把他当作祸害，现在他离去了，就没有心头之患了吧？"公孙度想了想说："是的。"邴原接着说："您害怕刘政，是因为他有智谋。现在他已经脱身，智谋将会发挥，您为什么还要拘押他的家属呢？不如赦免他们，别与他结下仇怨。"公孙度于是放了刘政的家属，邴原又出资让他们返乡。

虽然颇受公孙度的礼遇，但邴原想回中原之时，也遭到了阻拦，不过后来邴原还是偷偷地逃走了。公孙度知道无法挽留，便说他是难以网罗的"云中白鹤"。邴原从辽东返回后，曹操对他十分赏识，征召他为司空掾。但邴原依然如白鹤一般清高，从不阿谀奉承。

由于爱子曹冲还没成年就病逝了，伤心欲绝的曹操，想替儿子举行冥婚。恰巧邴原的女儿也病死了，曹操希望将两人合葬。邴原认为不符合礼仪，不愿玷辱女儿清白，就推辞说："我之所以追随您，您之所以接纳我，是因为都能遵守礼制的缘故。如果我顺从了您的命令，彼此就都变得庸俗了，难道您认为值得吗？"曹操见邴原态度坚决，就打消了这个念头。

每当曹操出征时，他总是留下邴原辅佐曹丕。曹丕有次宴请宾客，酒酣之时给臣属出了道难题："如果君主和父亲都有疾病，救命的药丸只有一颗，你们认为是该救君上还是救父亲呢？"许多人马上就在曹丕面前表忠心，只有邴原一言不发。曹丕故意问邴原："您认为这个药丸，究竟该给谁呢？"邴原一脸严肃地回答："没有父子哪有君臣，当然给父亲！"面对不愿违背良心的邴原，曹丕也没有责难他。

曹操对邴原十分看重，说他是"名高德大，清规邈世，魁然而峙"（《为张范下令》），三国时的著名谋士荀彧也评价道："此一世异人，士之精藻。"邴原不是隐士，但仍葆有清高的节操，从不为富贵折节，不愧为杰出的"龙腹"，也不愧为高洁的"云中白鹤"。

（阮莉萍）

清通简要

钟士季目王安丰①："阿戎了了解人意。"谓"裴公之谈②，经日不竭"。吏部郎阙，文帝问其人于钟会，会曰："裴楷清通，王戎简要，皆其选也。"于是用裴。

《赏誉》第5条

注释

① 钟士季：钟会(225—264)，字士季，颍川长社(今河南长葛东北)人。三国时期魏国军事家、书法家，太傅钟繇幼子、青州刺史钟毓之弟。王安丰：王戎(234—305)，字濬冲，小名阿戎。琅邪临沂(今山东临沂北)人。三国至西晋时期名士、官员，竹林七贤之一。

② 裴公：裴楷(约240—约294)，字叔则。河东闻喜(今属山西)人。三国曹魏及西晋时期大臣、名士，东汉尚书令裴茂之孙，曹魏冀州刺史裴徽之子。

鉴赏

读《世说新语》，因为喜爱嵇康的原因，总觉得进谗害人的钟会，是个狡诈多端、不受待见的人物。说来也是奇了，嵇康只比他大一两岁，却仿佛已是前辈大宗师，受时人膜拜。钟会写完了《四本论》，分析的是魏晋之际的"才性之辩"论题，很想让嵇康看看，当他揣在怀里，决定要去见嵇康时，却害怕他刁难自己，揣在怀里不敢拿出来，就隔墙扔进嵇康家，然后一溜烟跑了。

不说同辈“龙章凤质”的嵇康如此，比钟会年长十六岁的夏侯玄，对钟会更是不屑一顾。因为夏侯玄密谋夺权失败，被捕后刚好落在担任廷尉的钟毓手里，钟会也趁机到哥哥负责的狱中去探望夏侯玄，以为这时与他结交，这位落难的大名士，该再也摆不了谱吧？钟会态度轻佻狎昵，结果“朗朗如日月入怀”的夏侯玄，根本就不吃这一套，厌恶地说：“请放庄重些，我虽然是罪人，却也不敢遵命。”

夏侯玄和嵇康，都是魏晋时期的著名美男子，也是玄学家，难道钟会和他们结交，就是“蒹葭倚玉树”，完全高攀不起吗？大概是因为他们的政治立场不同，分别属于曹魏和司马家的阵营，才导致了这种敌对状态吧？实际上钟会也出身名门，少年时就聪慧异常。他五岁时，太傅钟繇带着这个小儿子去见蒋济，蒋济就认为他“非常人”也。因为受父亲的影响，钟会工于书法，唐朝张怀瓘也在《书断》中，将他的书法评为妙品。

钟会长大后，博学多闻，明代的张溥在《魏钟司徒集》题词中评价道：“览其遗篇，彬彬儒雅，有建安七子余泽。”钟会精通文赋，赋有咏物的《孔雀赋》《菊花赋》，还有与荀勖一起写的《葡萄赋》，当时孔雀是珍稀物种，葡萄还是张骞出使西域带回京都来的种子，可见他是个相当前卫也有情趣的人。

当然，钟会尤其精通玄学，弱冠时就与玄学代表人物王弼齐名。除了撰写《四本论》，他还著有《老子道德经注》二卷、《周易尽神论》一卷、《周易无互体论》三卷，也可谓当时的学霸。过于优秀的学霸其实是寂寞的，因为能够跟他交流的人太少。不过钟会虽然巴结不上夏侯玄和嵇康，在司马家的阵营里，他也可以算得上佼佼者。王戎和裴楷都比他小了十来岁，在他们面前，钟会就完全是前辈高人的态度了。

钟会评论王戎时说：“阿戎聪明伶俐，懂得别人的心意。”又说：“裴公善谈，一整天也谈不完。”刚巧吏部郎这个职位空出来了，司马昭问钟会，谁是适当的人选，钟会回答说：“裴楷清廉通达，王戎能掌握要领而简约，都是适当的人选。”于是司马昭就委任了裴楷。

《世说新语》里还有一则故事：王戎、裴楷两人童年时，都被大人带来拜访钟会，一起谈论了一会儿就告辞了。他们走后，有位客人问：“刚才那俩小孩怎么样？”钟会说：“裴楷清廉通达，王戎简约扼要。二十年以后，这两位贤才会做吏部尚书。希望那时候天下没有被遗漏的人才。”

两则故事里，有两个词被反复强调，就是“清通”“简要”。近代学者严复解释道：“清通者，中清而外通也；简要者，知礼法之本而所行者简。二者皆老庄之道。”可见，钟会评论王戎、裴楷才性的出发点，还是对老庄之道的理解。

王戎自幼聪颖，长于清谈，以精辟的品评而著称。他性格坦率，善于提出话题，并能抓住谈话的要领。当时比他年长 24 岁的阮籍，与王浑同任尚书郎，每造访王浑时，见一面就急着离开，却总能和王戎交谈很久。他对王浑说：“你家儿子真是清虚可赏，和你不是一类人。与你说话真无趣，不如与阿戎说。”王戎因此受到当时玄学名士的欣赏。

裴楷仪表出众，见到他的人说：“见裴叔则如玉山上行，光映照人。”他也是个聪慧有识见的人，特别擅长谈论《老子》和《易经》，年轻时就与王戎齐名。晋武帝司马炎刚登基，曾用蓍草占卜，推断帝位能传多少代。结果得了个“一”字，武帝很不高兴，群臣也吓得面面相觑。裴楷却依照王弼的《老子注》，从容解释道：“臣闻天得一以清，地得一以宁，侯王得一以为天下贞。”武帝听后很高兴，群臣也都赞叹佩服。

历史人物往往是具有多面性的，我们也不能片面下结论。至少在同一个阵营，钟会既不嫉贤妒能，也不设计陷害，反而宽厚识人、乐于荐才。

（阮莉萍）

鉴赏 裴公喻人

裴公喻人

裴令公目夏侯太初①:“肃肃如入廊庙中,不修敬而人自敬。”一曰:“如入宗庙,琅琅但见礼乐器。”见钟士季②:“如观武库,但睹矛戟。”见傅兰硕③:“江廧靡所不有④。”见山巨源⑤:“如登山临下,幽然深远。”

《赏誉》第8条

注释

① 裴令公:即裴楷,曾为中书令。目:品评,评价。夏侯太初:即夏侯玄。
② 钟士季:即钟会,会字士季。
③ 傅兰硕:即傅嘏,嘏字兰硕。
④ 江廧:“江”当作“汪”,廧通“翔”,汪翔即“汪洋”,形容水势浩大。
⑤ 山巨源:即山涛,字巨源。

鉴赏

裴楷品评人物的这几句话,很能见当时人伦识鉴中用语的精美。评价夏侯玄“恭恭敬敬,好像进入庙堂,不用刻意摆出敬意而使人自然起敬”。另一种说法是“好像进入宗庙,礼乐之器琳琅满目”。评价钟会:“如同参观武库,只看见刀枪剑戟。”见傅嘏,令人有浩瀚无垠、汪洋恣肆的感觉。见山涛，好像登高山俯视其下，有深邃辽远的感觉。

夏侯玄、钟会、傅嘏和山涛，四个人，四种不同的立身风格，裴楷不是用抽象的理论语言来定义四个人的风格特征，而是用精美的比喻，通过具体的意象，令人直接感受到人物的风姿气度。

夏侯玄的特点是庄重严肃，所以使人如入庙堂。钟会的特点是锋芒毕露，有攻击性，所以令人感到进入武库。傅嘏学问广博，有思想，所以使人如睹浩瀚汪洋的大水。至于山涛，为人超然旷达，所以使人有如居高临下，所见苍茫。

裴楷对钟会的评价颇有趣，他把钟会比喻成了寒意逼人的武库。鲁迅《忆刘半农君》里似乎借用了这个比喻：

> 假如将韬略比作一间仓库罢，独秀先生的是外面竖一面大旗，大书道："内皆武器，来者小心！"但那门却开着的，里面有几枝枪，几把刀，一目了然，用不着提防。适之先生的是紧紧的关着门，门上粘一条小纸条道："内无武器，请勿疑虑。"这自然可以是真的，但有些人——至少是我这样的人——有时总不免要侧着头想一想。半农却是令人不觉其有"武库"的一个人。

陈独秀的勇猛坦荡，胡适的谨饬淳沉，还有刘半农的真纯简单，三人的性格借助于这个比喻，都得到很好的表现。

（肖能）

鉴赏

郭奕三叹

羊公还洛①,郭奕为野王令②。羊至界③,遣人要之④。郭便自往。既见,叹曰:"羊叔子何必减郭太业⑤!"复往羊许,小悉还⑥,又叹曰:"羊叔子去人远矣⑦!"羊既去,郭送之弥日⑧,一举数百里,遂以出境免官⑨。复叹曰:"羊叔子何必减颜子⑩!"

《赏誉》第9条

注释

① 羊公:即羊祜,见"乱天下者"篇(《识鉴》第5条)注释。
② 郭奕:字太业,一作泰业,西晋太原阳曲(今山西太原)人。少有重名,山涛称其高简有雅量。初为野王令。官至尚书。野王:县名。晋属河内郡,治今河南沁阳。
③ 界:指野王县境。
④ 要:遮留,拦截。
⑤ 何必:为什么一定。减:逊色,不如。
⑥ 小悉:少顷,不多久。
⑦ 去人远:此谓羊祜人品远胜一般人。去,距离。
⑧ 弥日:整日。
⑨ 出境:越出县界。免官:古制,地方官不得无故越出自己所辖的境界。
⑩ 颜子:即颜回(前521—前490),名回,字渊。孔子弟子,好学不倦,贫居陋巷,箪食瓢饮,不改其乐。孔子赞赏其德行。

鉴赏

故事"以追光摄影之笔,写通天尽人之怀",一唱三叹、淋漓尽致地展示出郭奕的交友过程。羊、郭之交,和俞伯牙、钟子期"高山流水遇知音"的友谊有着某种神似。羊、郭之交,可分为三个阶段:郭奕一见羊祜便已倾心,视若同俦,有相见恨晚之叹;二见则仰之弥高,以为超出常人;三见之后,便视为孔门颜回,因情不自禁送别出境而免官。郭奕交友超出了一般功利层面,是出于精神气象、风度气质的契合,表现了高雅名士一往情深的心灵世界。郭奕对羊祜有高山仰止般的赞誉,甚至为此而丢官,并非出于术士相面式的神秘预测,也超越了功名、利益诉求,完全是自然而然的应感之会,表征了晋人纯净澄明的精神世界,具有极大的感染力。

送友"一举数百里",完全是情动于中而形于外,是对常礼的超越。其纵情越礼之举是否合适,为此丢官是否值得,那是世俗层面关心的事,真正的名士对此并不挂心。郭奕、羊祜之间呈现出来的情对礼(理)的突破,在"但伤知音稀"的浇漓俗世中,无疑是有深刻启示意义的,以至陈梦槐发出"如此流连叹赏,令我常怀古人"的喟叹。

(白振奎)

璞玉浑金

王戎目山巨源:"如璞玉浑金①,人皆钦其宝,莫知名其器②。"

《赏誉》第10条

注释

① 璞玉：还没加工的玉。浑金：还没提炼的金矿石。
② 名：估测。

鉴赏

王戎和山涛同列竹林七贤。王戎评价山涛其人：好像璞玉和浑金，人们都钦佩其价值，却不知道评估其器量。山涛素以器量著称于世，《晋书·山涛传》："涛早孤，居贫，少有器量，介然不群。"

王戎把山涛比喻为璞玉和浑金，即未经加工、雕琢的好料。璞玉和浑金作为宝物的价值尽人皆知，不需要有多大的鉴赏力。王戎的视角与众不同，他看到的是其中的"器"，器量。魏晋间习用的器这个概念，不是《论语》里瑚琏之器的贵重之器，而是《老子》中的大器。

按照老子一贯的大音希声、大象无形、大方无隅等大的逻辑表述，大器的特点应是不器、不成器。凡能成器的，皆是小器；唯有不成器，方为大器。不成器，不是说没有用、不像个样子，而是说不定形、具有无穷的可能性。不成器，意味着能成为任何一种器——只要有必要，可各种条件皆具备。换言之，成器即已定型，从而丧失应变、丧失了调适的可能，所以僵化，而唯有不成器才能灵活万变，才富于活力。璞玉和浑金，处于尚未加工处理——定型、定性——的原料状态，正好用来比喻大器。

王戎感叹世人只看到山涛的可见的价值，未见山涛的不可见的价值；只看到"有"，未见"无"。这个观念，类似于刘劭《人物志》里说的："观人察质，必先察其平淡，而后求其聪明。"王戎的意思是，观人察质，必先察其器，而后求其宝。

（肖能）

栋梁之用

庾子嵩目和峤[①]:"森森如千丈松[②],虽磊砢有节目[③],施之大厦,有栋梁之用。"

《赏誉》第15条

注释

① 庾子嵩:即庾敳,见"不异人意"篇(《文学》第15条)注释。和峤(? —292),字长舆,汝南西平人(今河南西平西),晋武帝时任侍中、中书令。目:题目、品评。

② 森森:树干高耸的样子。

③ 磊砢有节目:指枝干交接处长出疙疙瘩瘩的东西,即《庄子》所说"大本臃肿"的样子。

鉴赏

魏晋士人乐于也善于品评赏誉人物。他们在品评人物时,善于抓住所评人物的风姿神韵,以简练生动且形象的语言,把所评人物的人格气质或道德精神三言两语勾画出来,给人以辞约义丰的美感。此条目即体现了魏晋士人品评赏誉人物的这一特点。

关于庾子嵩品评赏誉的人物究竟是谁,后世研究者的看法并不一致。王观国、程炎震、姚范、梁玉绳等均认为是温峤而非和峤(参见余嘉锡此条《笺疏》)。余嘉锡先生辨析说,庾敳目和峤语,出自王隐《晋书》;庾敳器重温峤事,出自孙盛《晋阳秋》,并指出:"凡《世说》所载事,皆自有出处，(唐修)《晋书》往往与之同出一源。后人读《晋书》，见其与《世说》同，遂谓采自《世说》，实不然也。”在余嘉锡先生看来，《世说》记载此条故事也是有本事出处的，因此，我们仍依《世说》语境分析此条目。

据《晋书·和峤传》记载，和峤在晋武帝时任侍中、中书令，深得晋武帝器重。当时，荀勖任中书监，按照朝廷惯例，中书令、中书监应“共车入朝”，但因和峤看不惯荀勖的为人，常“高抗专车而坐”，不给荀勖留座位，让荀勖非常尴尬。又说，和峤觉得太子即后来的晋惠帝不足以担大任，常向晋武帝进谏。晋武帝就命和峤、荀勖、荀觊去探察太子情况。回来后，荀勖、荀觊在晋武帝面前将太子称颂了一番，认为太子“明识弘雅”。晋武帝就问和峤的感觉如何，和峤则回答说：“圣质如初。”言外之意，太子和以前自己的判断没有什么区别。结果令晋武帝很不高兴。总之，和峤“在御坐言及社稷，未尝不以储君为忧。帝知其言忠，每不酬和”。与荀勖相比，和峤在为人处世方面处处表现出刚正梗直之态，犯颜触上之象，犹如“千丈松”之“磊砢有节目”，别别扭扭，疙疙瘩瘩，令人不好接触相处。但和峤的所作所为，并非为一己之私，也非性情古怪，心存芥蒂，故意刁难他人，而是担心太子面对“季世多伪，恐不了陛下家事”，从晋室大局出发，为天下苍生着想，背后蕴含的实是他对晋室安危的深思忧虑，对朝廷的拳拳忠心。庾敳正是看透了和峤的这幽隐之心，所以才认为他虽然“磊砢有节目”，但“施之大厦，有栋梁之用”，说他才是深忧晋室安危的真正的“栋梁”之才。庾敳对和峤的品评赏誉，既着眼于和峤的生活行为表现，又立足于和峤的政治态度，三言两语，言简意赅，生动地勾画了和峤在政治生活中的别具一格。本条篇幅虽短，但对和峤人格风范的描写却能呼之欲出，给人留下深刻的印象。

从赏誉技巧看，庾敳品评和峤最突出的特点是借树喻人，以树类人。庾敳将和峤比作一棵参天大树，虽然树干上关节突出，疙疙瘩瘩，但其骨干挺直，木坚实硬，仍不失栋梁之用。取树之象，譬评之人，象喻得间，品评入理，真可谓一语双关，神契意合。魏晋名士的品鉴赏誉之法，修辞言语之妙，于此得到了生动的体现。

(王利锁)

风尘外物

王戎云："太尉神姿高彻[1]，如瑶林琼树，自然是风尘外物。"

《赏誉》第16条

注释

① 太尉：即王衍(256—311)，字夷甫，琅邪临沂(今山东临沂北)人。西晋末年重臣，玄学清谈领袖。时值八王之乱，匈奴刘渊乘机起兵。衍居宰辅高位，不以经国为重，专谋自保。永嘉五年(311年)，兵败，为石勒所俘，为图苟活，劝石勒称帝，为勒所杀。

鉴赏

魏晋是一个尊崇名士的时代，当西晋的帷幕渐次拉开，王衍缓缓步上了历史舞台，开场便惹起无数惊艳的掌声。他出身琅邪王家，天资聪慧，风姿文雅，擅长行书，笃好老庄学说，是一个不折不扣的大名士。堂兄王戎说："太尉(王衍)的风度仪态高雅清澈，好像琼瑶装饰的玉树，自然是尘世之外的人物。"王戎出生于234年，比王衍年长22岁，何以如此推重他呢？

《世说新语·识鉴》篇中记载：王衍当时年方十四，父亲王乂在边塞担任平北将军，因某事派遣使者到仆射羊祜府中申诉。但使者申诉不得要领。王衍详细了解后，自告奋勇到仆射府陈述。当时尚书山涛也在座，王衍首次出马，谒见的就是当朝两位年高位尊的名臣。可这眉清目秀的少年落落大方、毫无怯色。王衍彬彬有礼地告辞之后，善于赏识人才的山涛，对着羊祜感叹："生儿不当如王夷甫邪？"羊祜摇摇头叹息道："乱天下者，必此子也！"

王衍精通玄理，擅长《老子》《庄子》，在与人谈论时，经常手持白玉柄的麈尾，手和玉柄的颜色一样白皙。无论朝廷高官，还是在野人士，都很仰慕他，称他为"一世龙门"。他有一个著名的习惯，就是清谈时的"信口雌黄"，嘴里像安了块橡皮擦，可以随时更改自己的观点。这固然有"墙头草"之嫌，但就其褒义而言，亦可谓"从善如流"。

王衍仿佛时常梳理羽毛的白鹤，始终保持着优雅的姿态，以俊逸的外表、玄远的言谈和纵横家的姿态，成为朝廷上下的偶像派明星。他声名日隆，连晋武帝都有所耳闻，他私下问司徒王戎："你的从弟王衍，朝野纷纷称誉，究竟当世哪个人可以跟他相比？"王戎回答："当世没有谁能跟夷甫相比，应该从古人中去寻求！"

王衍喜欢谈论连横合纵的游说之术，常把自己比作子贡，为世人所倾慕。尚书卢钦举荐王衍为辽东太守，但王衍没有就任。从此他不再谈论世事，只是谈玄而已。

王衍一心追求玄远之境，口中从来不提"钱"字。王衍的父亲去世后，亲人朋友送了很多礼金，许多亲戚熟人就来借贷，王衍就把钱财全分了。有一次，他的妻子郭氏故意让奴婢把钱堆满床边，使他走不出去。王衍起床后，只淡淡道："举却阿堵物！"他清高自诩，王敦也称赞道："夷甫处人群之中，犹如明珠美玉落在瓦石间。"顾恺之也曾在王衍的画像上题词，赞他人品如青山耸峙。

魏晋名士讲究雅量，王衍也是当时人的榜样。他和嵇康、阮籍一样追求喜怒不形于色，能够容忍他人的冒犯。王衍与裴邈辩论时有点分歧，裴邈故意大肆辱骂，想让他气愤之下口不择言，好找点破绽。但王衍不动声色，只是缓缓回道："这急性子的白眼儿又发作了！"他优雅沉稳的风度气质，被当时人景慕仿效。

五胡乱华时，王衍作为最著名的大臣，在危难之际，承担了都城洛阳的御敌重任。他虽然卖牛车以示与洛阳共存亡，但以西晋的军事防卫力量，最终寡不敌众，被石勒俘虏。王衍官高名重，石勒怕他不能为匈奴政权效力，反而成为晋朝势力重新崛起的旗帜，于是半夜派人推倒房屋的土墙，将他压死于废墟之下。

客观地审视西晋后期的历史，盛名之下的王衍，虽然作为朝廷重臣，实际上并不能凭一己之力，左右当时“八王之乱”的局面。他只能明哲保身而已，最终也难以逃避乱世中的悲剧命运。在西晋内忧外患的困境中，王衍恰似一只被缚住了双足的白鹤，虽然不断振翅，欲飞向天空，却无法避免随风尘湮没的结局。

（阮莉萍）

东南之宝

张华见褚陶[①]，语陆平原曰[②]：“君兄弟龙跃云津，顾彦先凤鸣朝阳[③]，谓东南之宝已尽，不意复见褚生。”陆曰：“公未睹不鸣不跃者耳！”

《赏誉》第19条

注释

① 张华(232—300)，字茂先，范阳方城（今河北固安西南）人。西晋时期政治家、文学家、藏书家。晋初任中书令，加散骑常侍，力主灭吴。惠帝时历仕侍中、

中书监、司空。后为赵王伦及孙秀所杀。其诗委婉妍丽,著有《博物志》。褚陶:西晋藏书家、文学家。字季雅,吴郡钱塘(今浙江杭州)人。

② 陆平原:即陆机,机曾任平原内史,世称陆平原。与其弟陆云合称“二陆”。

③ 顾彦先:顾荣(?—312),字彦先,吴郡吴县(今江苏苏州)人,西晋末年大臣、名士,曾在吴国任黄门侍郎。吴亡后,与陆机兄弟同到洛阳。因见晋皇族纷争,常醉酒不问事。后还吴,以王导荐,出任军司马。为支持司马睿的江东士族领袖。

鉴赏

西晋初年,出现了人才辈出的局面,与张华这样胸襟广阔、识才爱才的人是分不开的。张华作为首辅大臣,政绩卓然,被世人比作子产。他博学多才,编纂有中国第一部博物学著作《博物志》。张华又工于诗赋,钟嵘在《诗品》中评为“儿女情多,风云气少”,真可谓“侠骨柔肠”。因为有着一颗宽厚爱人之心,他为朝廷招揽了不少人才。

张华见到褚陶以后,告诉平原内史陆机说:“您兄弟两人像在天河上腾跃的飞龙,顾彦先像迎着朝阳鸣叫的凤凰,我以为东南的人才已经全在这里了,没想到又见到褚生。”陆机说:“您还没有见过不鸣不跃的俊杰罢了!”

顾荣在吴国灭亡后,与陆机、陆云一同入洛阳,号称“洛阳三俊”。他历任诸王的僚属,后来被封为嘉兴伯。褚陶平生酷爱藏书,多达8 000余卷,每日以坟典自娱,曾对人说:“圣贤都在书卷中,除此之外我还有什么可求的呢?”褚陶也颇为张华所赏识,在晋灭吴国后,出任尚书。张华爱惜他们,称之为“川岳之宝”。

但不久北方就陷于“八王之乱”,顾荣到洛阳任官期间常常饮酒,更向好友张翰说:“唯有酒可以忘忧,无奈喝多了也会成瘾啊。”时局混乱,有名气的人难以求退保身,顾荣也怆然地对张翰说:“我和你一起隐居,去采南山蕨,喝三江水吧。”于是就弃官归隐了。

陆机虽有大才,却遭遇乱世,而又系心功名,不能及时退隐,最终为成都王司马颖所害，诛灭三族。陆云受陆机的牵累，不久也被杀了。陆机临终才幡然悔悟，叹曰："华亭鹤唳，可复闻乎！"在八王之乱中，包括张华在内的一时俊杰，都毁于司马王室争权夺利的内乱，真是可惜啊！

（阮莉萍）

吴之旧姓

有问秀才[①]："吴旧姓何如[②]？"答曰："吴府君圣王之老成[③]，明时之俊乂[④]。朱永长理物之至德[⑤]，清选之高望[⑥]。严仲弼九皋之鸣鹤[⑦]，空谷之白驹[⑧]。顾彦先八音之琴瑟[⑨]，五色之龙章[⑩]。张威伯岁寒之茂松[⑪]，幽夜之逸光。陆士衡、士龙鸿鹄之裴回[⑫]，悬鼓之待槌。凡此诸君，以洪笔为锄耒，以纸札为良田，以玄默为稼穑[⑬]，以义理为丰年，以谈论为英华，以忠恕为珍宝，著文章为锦绣，蕴五经为缯帛，坐谦虚为席荐，张义让为帷幕，行仁义为室宇，修道德为广宅。"

《赏誉》第20条

注释

① 秀才：指蔡洪，洪字叔开，吴郡(治今江苏苏州)人。曾仕吴，入晋为从事，太康中曾应秀才举。后为松滋令。

② 旧姓：旧族，历史悠久的名门望族。

③ 吴府君：指吴展，展字士季，三国东吴下邳(今江苏睢宁)人，官至广州刺史、吴郡太守。老成：年高有德、德高望重之人。

④ 明时：政治清明的时代。俊乂：贤能的人。

⑤ 朱永长：即朱诞(？—316)，字永长，吴郡(治今江苏苏州)人，官至议郎。理物：治理民众。

⑥ 清选：选拔担任清要职务的人。

⑦ 严仲弼：即严隐，字仲弼，吴郡(治今江苏苏州)人，曾任宛陵令。九皋之鸣鹤：出自《诗经·小雅·鹤鸣》“鹤鸣于九皋，声闻于野。”意为仙鹤在幽远的沼泽中鸣叫，它清亮的声音却能传到远方。文中指隐居的贤士声名远扬。

⑧ 空谷之白驹：出自《诗经·小雅·白驹》“皎皎白驹，在彼空谷”。意为洁白的马驹生活在空旷的谷地。文中指隐居的高洁贤人。

⑨ 八音：八种制造乐器的材料，通常为金、石、丝、竹、匏、土、革、木。重要礼仪场合使用的雅乐必须八音齐全。文中指朝廷官员。琴瑟：雅乐中同时使用的两种重要弦乐器，琴有七弦，瑟通常有二十五弦。

⑩ 五色：即正色，古代以青、黄、赤、白、黑五色为正统之色。龙章：龙形花纹，借指气度庄重、风采不凡。

⑪ 张威伯：即张畅，字威伯，生平不详。

⑫ 裴回：通“徘徊”，回旋往返。

⑬ 玄默：玄远静默。

鉴赏

有人问蔡洪：“东吴名门望族的人怎么样？”蔡洪回答：“吴展太守是圣明君主身边德高望重的大臣，清平盛世的贤才。朱诞是能治理民众的有德之人，在清贵官员中有崇高的名望。严隐是高洁的隐士，就像幽远沼泽中的鸣鹤、空旷谷地里的白驹。顾荣是朝廷的重臣，如同八音中的琴瑟、五色绘制的龙纹。张畅品性正直，仿佛寒冬茂盛的松树，深夜放出的光芒。陆机和陆云兄弟，像是回旋往返的大雁、悬挂待敲的响鼓。所有这些名士，他们以宏大文章为锄头耙犁，以纸张木札为肥沃良田，用玄远静默来耕耘种植，用经义名理当丰收之年，视忠诚宽宏为珍宝，把文章写成锦绣，聚五经当作丝缎，以谦虚为坐席草垫，伸张仁义礼让如同支起帷幕，推行仁德道义当作房屋，修养道德作为宽广宅邸。”

若对《世说》中人物所处时代有所了解，纵观全书便可知这部著作同一门类内的条目大致按照所处时代排序。从出场人物和条目所处序列判断，本条目发生时间当为西晋初期。此前吴地士人大多效力于孙吴政权，与北方有长江天险相隔，中原人士不了解东吴士人群体，向来自吴地的蔡洪问及“吴旧姓何如”是可以想象的。

西晋初期，孙吴覆灭、三分归一，原本优先选择孙吴入仕的“吴旧姓”失去了依托，不得不前往西晋都城洛阳，向曾经的敌人寻求官职。洛下士子面对他们时，会有多种情感交织在一起：有胜利者对战败者的骄傲，有对外来者的抵触，有因为信息匮乏而产生的不信任，还有对他们可能夺走本来属于自己的社会地位的担忧。所以这些“吴楚之士，亡国之余”（《言语》22）来到洛阳，与洛下士人群体接触时，他们的处境就异常困窘。

此时洛阳延续了前朝的传统，风行赏誉人物以增其价。受到质疑和排斥的东吴士人需要为自己正名，以求得发展空间和人格尊严、群体尊严，有些人便抓住一切机会，大力赞赏自己家乡的士人群体。就如本条目中的蔡洪，对方仅仅问他“吴旧姓何如”，他不是接着对方的话语用“吴旧姓”这样概括式的表达方式回答，而是依次列出数位出身东吴的名门子弟。这几人都是令人激赏的人物。值得注意的是，他们最值得称道的特点各不相同：吴展德高望重，朱诞善治民众，严隐高洁贞素，顾荣行走朝堂，张畅正直坚毅，陆机、陆云才学不凡。由此可推想出，蔡洪这段话中出场人物虽然不少，但他不是列出了所有他欣赏的江东才俊，而是列举了每一类美好特性的代表人物。

在蔡洪心目中，江东人才济济，他们应当得到与其才性相符合的社会地位。品评人物是当时的时尚，士人们品评人物的水准颇高，《世说》中《识鉴》《赏誉》《品藻》等门类即收录了诸多经典的人物评语。这种情况下品评者的竞争压力恐怕不次于被他们品评的寻求仕进者，平淡普通的评语已经造成了世人的审美疲劳，必然打动不了他们。被品评者得不到人们的认可，无异于品评者的失败。

所以蔡洪没有用简单的概括性语句描述“吴旧姓”这个人数众多、构成复杂的庞大群体，他从不同特质的名门士子中挑选出具有代表性的人物予以大力赞扬，最后用一段赞语把这些特质合为一体，暗示东吴士人中的代表人物才性绝佳，他们背后的众多江东子弟的整体水准可想而知。蔡洪对“吴旧姓”的评语，以交谈来说似乎篇幅太长，又引经据典导致辞藻过于华丽，但在西晋初期风行人物品评、东吴士人又面临着仕进之路上的重重阻碍时，蔡洪的评语就显得合情合理、出乎意料，又发人深思。

（郭小小）

人之水镜

卫伯玉为尚书令[①]，见乐广与中朝名士谈议[②]，奇之曰：“自昔诸人没已来，常恐微言将绝，今乃复闻斯言于君矣！”命子弟造之曰：“此人，人之水镜也，见之若披云雾睹青天。”

《赏誉》第23条

注释

① 卫伯玉：卫瓘(220—291)，字伯玉，河东安邑(今山西夏县西北)人，魏晋时期大臣、书法家。魏末任廷尉卿，监钟会、邓艾军灭蜀。平定钟会叛乱，并杀邓艾。入晋，官至司空。惠帝时，为贾后所杀。

② 乐广，见“名教乐地”(《德行》第23条)注释。

鉴赏

卫瓘称得上西晋重臣。他出身儒学世家，在曹魏时期任过侍中等职，执政清明，为人称道。他曾作为监军，随邓艾、钟会平蜀，在复杂的人事矛盾中，以高度的处世智慧，灭掉邓、钟二人，全身而退。西晋立国之后，卫瓘深受重用，担任过多个将军之职，扫平边患。后入朝担任尚书令、侍中、司空等职，为政清简，深受朝臣爱戴。晋惠帝即位之后，他成为顾命大臣，与汝南王司马亮共同辅政。此时的西晋，皇帝司马衷呆傻，皇后贾南风阴毒，司马诸王觊觎皇位，相互之间矛盾重重，朝廷不可避免地陷入昏天黑地的战乱之中。掌握重权且为人正直的卫瓘必然遭到忌恨，成为攻击目标，元康元年(291年)，卫瓘及其家族被贾后与楚王司马玮合谋诛杀。

还是在担任尚书令的时候，时在咸宁四年(278年)，卫瓘碰到了乐广，见识了乐广的清谈。他大感惊讶，在乐广身上，仿佛看到了正始名士的影子。

正始年间，卫瓘20来岁，他耳闻目睹过何晏、王弼、夏侯玄、钟会等人的风姿，听他们谈论过有无关系、才性四本。王弼精湛绝伦的玄学造诣，何晏佳言纷披的清谈才华，都让他回味无穷。正始十年(249年)，司马懿发动高平陵政变，名士何晏、邓飏、丁谧、毕轨、李胜，连同大将军曹爽家族，皆被诛杀。这年秋天，王弼身染瘟疫病逝，年仅23岁。正始清谈成为绝响。

此后多年，再也听不到有人谈论了。卫瓘有时会想起何晏为首的那一批风流人物。在听到乐广的清谈之后，他兴奋极了，他知道，正始之音又回来了。

中朝名士，擅长谈论的有不少，如王衍、乐广、裴楷、裴頠、裴遐、卫玠、郭象等，公认王衍和乐广为领袖。

乐广出身寒门，他的父亲乐方曾担任征西将军夏侯玄的参军。乐广八岁的时候，和夏侯玄见过面，夏侯玄很赏识他，称赞他“神姿朗彻，当为名士”。乐广清心寡欲，悉心向学，很得卫瓘、裴楷、王戎等人器重，举荐他入仕为官。他历任元城令、侍中、河南尹等职，又代王戎为尚书令，被人尊为“乐令”。八王之乱起，乐广难得幸免。成都王司马颖是乐广的女婿，太安二年(303 年)，司马颖进攻在洛阳的长沙王司马乂，司马乂怀疑乐广叛变，乐广从容地回应说：“岂以五男易一女?”尽管如此，他还是心怀忧惧，于次年亡故。

魏晋清谈，各有风格。有的人谈论起来如悬河泻水，滔滔不绝，动辄万言，辞采华茂。乐广的清谈，最大的特色是言简意赅。王衍曾说：“我与乐令谈，未尝不觉我言为烦。”语言简易，而能得其要旨，直探本原，这体现出极高的造诣，难怪会让王衍叹服。

卫瓘对乐广极是推崇。建安七子之一徐幹在《中论》中提到，周文王在渭水遇到姜太公，和姜太公谈论之后，对天下局势洞然开悟，“文王之识也，灼然若驱云而见白日，霍然如开雾而睹青天”。卫瓘给子弟们大力推荐乐广，也说了类似的话，“此人，人之水镜也，见之若披云雾睹青天”。繁难的义理，经乐广指点，便如拨云见日，心中的疑惑一扫而空。乐广真是个高明的老师。

卫瓘如此喜欢乐广，他们最终成了亲戚，卫瓘的孙子卫玠，娶了乐广的女儿。

（李修建）

落落穆穆

王平子目太尉[1]:“阿兄形似道,而神锋太俊。”太尉答曰:“诚不如卿落落穆穆。”

《赏誉》第27条

注释

① 王平子:即王澄,见“名教乐地”篇(《德行》第23条)注释。太尉:即王衍,见“洛水之戏”篇(《言语》第23条)注释。

鉴赏

王衍官居太尉,被称为“一世龙门”。在这龙门里,住的可不止一个精英人物。王衍特别看重王澄和王敦、庾敳,他曾经这样评点天下英豪:“阿平第一,子嵩第二,处仲第三。”子嵩是庾敳,处仲王敦是他的从弟,而阿平就是他的亲弟弟王澄,比王衍小了13岁,当时名气也已经很大了。

在中朝名士中,王澄为人旷达放诞。王衍评定士人,以他为第一,并非完全出于兄弟私情。王隐在《晋书》中认为:“澄通朗好人伦,情无所系。”《王澄别传》则曰:“澄风韵迈达,志气不群。”《世说新语·赏誉》第45条对他也有相当正面的评价:“王平子迈世有俊才,少所推服。”总之,王澄性情洒脱、气质不凡,可谓“高气不群,迈世独傲”。

大概在王澄的眼里,大哥王衍也并非完美的,他说:“哥哥外貌好像很正直，可是锋芒太露了。”王衍非常喜欢这个弟弟，不以为忤地答道：“确实比不上你那样豁达大度，举止潇洒啊。”王澄勇力过人，喜欢玄谈，他与谢鲲、阮修、庾敳等交往甚密，举止轻狂放诞，甚至经常标新立异，在大庭广众下裸露全身。王衍很赞赏他这种“落落穆穆”的风度，也就是率性自然，不拘礼俗。

王澄虽心气高傲，却虚心好学，对精通玄理的卫玠佩服得五体投地。他不如哥哥王衍那么能言善辩，却是个文武双全的大力士，身边还常带着20个武艺高强、全副武装的贴身护卫，简直是金甲护体、刀枪不入。俗话说，“打虎亲兄弟，上阵父子兵”，王衍有这样英武的兄弟辅佐，自然是如虎添翼。

八王之乱后，北方匈奴崛起，大有进犯中原之势，重重的内忧外患中，王衍向司马越进谏：“中原已经大乱，得依靠能干的忠臣，应当选择文武兼备者镇守各地。”他派遣王澄为荆州刺史，族弟王敦为青州刺史，临行前叮嘱道：“荆州有长江汉水的坚固，青州有背靠大海的险要。你们俩镇守外地，而我留守京师，就可称得上狡兔三窟了。”

送别出洛阳的时候，王澄看见路边树上有个鹊巢，在众目睽睽之下，脱了长袍裸着上身，就爬上树去掏鸟窝，下来后旁若无人、神色自若地逗弄着毛茸茸的小喜鹊，把大伙儿都看呆了。这行为有点离谱，曾经与祖逖一起闻鸡起舞的名士刘琨，却洞察了他的内心：“你表面看起来洒脱大度、满不在乎，但内心刚劲有侠气，想做出一番大事业。如此处世，怕是难得其死！”王澄听后默然不语。

刘琨果然一语成谶，王澄的荆州刺史当得确实糟糕，他临行时对哥哥夸夸其谈，“辞义锋出，算略无方”，实际上不过是纸上谈兵。当时国家已乱，许多流民因生活窘困，纷纷造反。王澄偷袭杀了其八千多人，结果激起更大规模的反抗，王澄对此无可奈何，因为他对部众比较凶狠，导致上下离心，又因为滥杀流民而失去人心，在荆州也待不下去了。《晋书·王澄传》认为，王澄的失败主要是因为“肆情傲物”，“日夜纵酒，不亲庶事，虽寇戎急务，亦不以在怀”。王澄到荆州上任后，不亲理政务，日夜纵酒，难道不也是他这种“落落穆穆”的风度造成的恶果吗？

后来，王澄应琅邪王司马睿征召，前去担任军谘祭酒。在经过从兄王敦驻地的时候，大约他觉得王敦没有文化不善清谈，又摆出一副旧日随意凌辱从兄的骄态。王敦素来忌惮王澄，看他如今不过是狼狈投奔，尚且傲然自若，怎么还肯忍受下去？王敦计上心头，大摆酒席犒赏王澄身边的力士，令他们一个个酒醉饭饱，无力反抗，又假装玩赏，“借”走了王澄的防身武器——一只坚硬无比的玉枕。王澄一时醒悟，拉住王敦的衣带，想夺回武器。不料王敦的手下一拥而上，打起群架来。王澄武艺高强，与王敦及力士们苦战多时，终于寡不敌众被害。

王家手足相残，王澄于四十四岁的盛年陨落，王衍失去了最可靠的一员大将，王敦也因此而成为无人可以制衡的一代枭雄。《世说新语》有则故事：“王平子始下，丞相语大将军：‘不可复使羌人东行。’平子面似羌。”（《尤悔》第5条）看来王导不无指使王敦杀王澄的嫌疑，因为王澄虽然有败绩，但名望仍然非王导、王敦所能及。《晋书·王澄传》云：“澄夙有盛名，出于敦右，士庶莫不倾慕之。”若王澄继续辅佐王衍，可能就未必有王导兄弟到江东后的至高地位了。

（阮莉萍）

鉴赏

七贤之子

林下诸贤[①]，各有俊才子。籍子浑[②]，器量弘旷。康子绍[③]，清远雅正。涛子简[④]，疏通高素。咸子瞻[⑤]，虚夷有远志。瞻弟孚[⑥]，爽朗多所遗。秀子纯、悌[⑦]，并令淑有清流。戎子万子[⑧]，有大成之风，苗而不秀。唯伶子无闻。凡此诸子，惟瞻为冠，绍、简亦见重当世。

《赏誉》第29条

注释

① 林下诸贤：指竹林七贤，分别为阮籍、嵇康、山涛、向秀、阮咸、王戎、刘伶。参见《世说新语》“任诞”第一则。
② 籍子浑：阮籍之子阮浑。
③ 康子绍：嵇康之子嵇绍，见“犹有消息”篇(《政事》第8条)注释。
④ 涛子简：山涛之子山简(253—312)，字季伦。初为太子舍人，累迁至尚书左仆射。出为征南将军，都督荆、湘、交、广四州诸军事，镇襄阳。
⑤ 咸子瞻：阮咸之子阮瞻，见“一言可辟”篇(《文学》第18条)注释。
⑥ 瞻弟孚：阮瞻之弟阮孚，见“神超形越”篇(《文学》第76条)注释。
⑦ 秀子纯、悌：向秀之子向纯、向悌。
⑧ 戎子万子：王戎之子王万子。

鉴赏

后世谈起魏晋风度,必会论及竹林七贤。随着魏晋政权的交接,随着嵇康被杀、向秀入洛,让人津津乐道的竹林七贤逐步退出了历史舞台。那么,他们后人的情况怎么样呢?《世说新语》“赏誉”篇的这一则对此一并做了简短的交代。

“林下诸贤,各有俊才子”,这句话也是笼统而言,不过表达了传说和记录者对他们后人的基本肯定,也让关注七贤的人觉得有些许欣慰。

阮籍之子阮浑,“器量弘旷”。《世说新语》“任诞”篇说,阮浑长大之后,风度气韵有其父阮籍的影子,他很羡慕父辈的不拘礼法,也想学放达之举,有意思的是阮籍阻止了他,说:“仲容已预之,卿不得复尔。”意思是你堂兄阮咸已经参与了竹林之游,在这方面你不能步武我们,就不要参与啦!其实阮籍真正的意思是阮浑还小,根本不明白父兄一辈人放达背后的原因,作为一个家族,老阮家不能都这样放诞不羁。后来,阮浑长大,为人“清虚寡欲”,位至太子中庶子,也算是融入了新的政治体制。“器量弘旷”意为心胸开阔。

嵇康之子嵇绍,“清远雅正”。景元四年(263年),嵇康被害,嵇绍十岁,嵇康托孤山涛:“巨源在,汝不孤矣。”《世说新语》“容止”第11条:“有人语王戎曰:‘嵇延祖卓卓如野鹤之在鸡群。’答曰:‘君未见其父耳!’”可见在形象气质上嵇绍有乃父之风。后来山涛给朝廷的推荐书“山公启事”说:“绍平简温敏,有文思,又晓音,当成济也。犹宜先作秘书郎。”王隐《晋书》曰:“绍字延祖,谯国铚人。父康有奇才俊辩。绍十岁而孤,事母孝谨,累迁散骑常侍。惠帝败于荡阴,百官左右皆奔散,唯绍俨然端冕,以身卫帝。兵交御辇,飞箭雨集,遂以见害也。”嵇绍为救晋惠帝献出了生命,余嘉锡对此评价道:“绍自为山涛所荐,后遂死于荡阴之难。夫食焉不避其难。既食其禄,自不得临难苟免。绍之死无可议,其失在不当出仕耳。”嵇绍是否可以仕晋,以及护卫晋帝而死是否值得,这些问题后人恐怕还要继续争议下去。但嵇绍是配得上“清远雅正”一词的，清对浊，雅对俗，强调的是为人高雅脱俗，清正刚直，行得端走得正。文天祥《正气歌》赞曰：“为严将军头，为嵇侍中血。”

山涛之子山简，“疏通高素”。虞预《晋书》曰：“简字季伦，平雅有父风。与嵇绍、刘漠等齐名。迁尚书，出为征南将军。”山简为山涛第五个儿子，最为出色。“疏通高素”意为通达而且高洁纯正。不过，山简也有不同于父亲山涛的地方，就是山涛一生谨慎，从不喝醉酒，而山简却喜欢逍遥闲适的生活，留下陶醉于酒的佳话，当时的儿歌曰：“山公一时醉……”明代王夫之因此批评他：“山简纵酒自恣而忘君父。”(《读通鉴论》卷十二)见仁见智，也留待后人思考。

阮咸之子阮瞻，“虚夷有远志”，即虚静平和、有超俗之志。《名士传》曰：“(阮)瞻字千里，夷任而少嗜欲，不修名行，自得于怀。读书不甚研求，而识其要。仕至太子舍人。年三十卒。”阮瞻之弟阮孚，“爽朗多所遗”，即开朗直爽、遗落世事。《中兴书》曰：“(阮)孚风韵疏诞，少有门风。初为安东参军，蓬发饮酒，不以王务婴心。”可见阮瞻、阮孚这两位阮氏子弟都属于那种淡泊名利、逍遥自适之辈，接续了阮咸的遗风。

向秀之子向纯、向悌，“并令淑有清流”。《竹林七贤论》曰：“纯字长悌，位至侍中。悌字叔逊，位至御史中丞。”《晋诸公赞》曰：“洛阳败，纯、悌出奔，为贼所害。”

王戎之子王万子，“有大成之风，苗而不秀”，《晋诸公赞》曰：“王绥字万子，辟太尉掾，不就。年十九卒。”王戎之子没等到成为优秀之才就英年早逝。而且据刘孝标注引《晋书》载，他还是个减肥失败的案例，可能患有肥胖症：“戎子万，有美号而太肥，戎令食糠，而肥愈甚也。”

唯独刘伶之子“无闻”，没有任何传说和记录。总体而言，竹林七贤的后人，只有阮瞻最为出色，嵇绍、山简亦见重于当世。

通过对竹林七贤诸子命运的了解，我们可以看到，在中国古代，血脉遗传、家族文化对一个人的影响作用，也可以看到，魏晋时期士人命运的变迁以及名士思想文化的演变。

（刘小兵）

悬河写水

王太尉云①："郭子玄语议如悬河写水②，注而不竭③。"

《赏誉》第32条

注释

① 王太尉：即王衍。
② 郭子玄：郭象（252—312），字子玄，西晋洛阳（今属河南）人，著名玄学家，好老庄，善清谈，官至黄门侍郎、太傅主簿。写：即"泻"，倾泻。
③ 注而不竭：灌注不断。此指言谈滔滔不绝。

鉴赏

清谈，在魏晋名士群体生活中，无处不在，无时不有。甚至一次偶然的家庭聚会、女儿回门，都可以演绎成名士们谈辩的舞台，逞才的场所。《世说新语·文学》即记载："裴散骑（遐）娶王太尉（衍）女。婚后三日，诸婿大会，当时名士，王、裴子弟悉集。郭子玄在坐，挑与裴谈。子玄才甚丰赡，始数交，未快。郭陈张甚盛，裴徐理前语，理致甚微，四坐咨嗟称快。王亦以为奇，谓诸人曰：'君辈勿为尔，将受困寡人女婿。'"王衍家女儿的回门宴简直就是名士们的学术沙龙会。新女婿裴遐自然是光芒四射，而大名士郭象也差一点喧宾夺主。

郭象是西晋著名玄学家，清谈名士。他俊才丰赡，善叙名理，清辞遒旨，见解独到，被时人誉为"王弼之亚"。郭象曾给《庄子》作注，主张

"独化于玄冥""足性逍遥",倡导"名教即自然",在庄学史和哲学思想史上具有重要地位和影响。郭象不仅思想深邃,义理精湛,而且谈辩才华也令人折服。郭象清谈"陈张甚盛",即善于围绕议题铺陈展开,洋洋洒洒,论说雄博,更重要的是,口才表达极好,言谈滔滔不绝,令人应接不暇,意乱神迷。也许正是郭象的这次谈辩,给王衍留下了深刻的印象,尤其是郭象那"如悬河写水,注而不竭"的口才。所以,王衍才禁不住赞赏他的"语议"风格。

王衍对郭象"语议"的赏誉之语,既用形象比喻,也有生活联想,是"口若悬河"成语的最早出处。从比喻方式看,他以瀑布为喻,形象地表现了郭象滔滔不绝的言谈风格,给人一种一泻而下,江河万里的感觉;从现象描述看,也许郭象侃侃雄辩的同时,还伴随着声情并茂,口沫四溅的神采,让王衍联想到了"悬河写水"的瀑布壮观,其中透射出王衍对郭象谈辩风采神韵的真切体悟。于是,本来互不关涉的生活事实(口才表达)与自然景观(悬河泻水)这两种现象,便被王衍巧妙地对接联系了起来,凝定成一个"口若悬河"的成语。如今,郭象的谈辩早已烟消云散,而王衍的评论则流传了下来,成为对口才谈辩极好者的绝佳形容。

(王利锁)

人伦之表

太傅东海王镇许昌①，以王安期为记事参军②，雅相知重。敕世子毗曰："夫学之所益者浅，体之所安者深。闲习礼度，不如式瞻仪形；讽味遗言，不如亲承音旨。王参军人伦之表，汝其师之！"或曰："王、赵、邓三参军，人伦之表，汝其师之。"谓安期、邓伯道、赵穆也。袁宏作《名士传》，直云王参军。或云赵家先犹有此本。

《赏誉》第34条

注释

① 东海王：即司马越(？—311)，字元超，晋惠帝至晋怀帝时期权臣，八王之乱的参与者之一。

② 王安期：即王承，见"致理之本"篇(《政事》第10条)注释。

鉴赏

西晋末烽烟四起，在"八王之乱"中，司马王室野心勃勃的八个诸侯王，为了争夺朝廷控制权而竞相杀戮。在尸骨遍野的洛阳城，经过无数次的风云变幻,终于竖起了最后一面旗帜——担任太傅的东海王司马越。

司马越年少时就有很好的名声,为人谦虚而平易近人,受到朝野士人的尊敬。他费尽心血,终于赢得最后的胜利,只是这胜利的果实,不过是一片满目疮痍的河山。京都洛阳被匈奴的军队围攻,掌握大权的司马越感到朝不保夕,就以讨伐石勒为名,带走了洛阳城内最后的四万精锐军队,前往许昌避难。

随同司马越一起走的,还有朝廷中的最后一波士人精英。司马越镇守许昌的时候,任用大名士王承作为记室参军,并非常赏识他。他告诫儿子司马毗说:“读书的收益微浅,躬行的体验深刻。熟习礼度,不如瞻仰仪形。诵读先祖遗言,不如聆听贤士旨趣。王参军是世人的表率,你一定要向他学习。”最后一句,也有别的记载:“王、赵、邓三位参军是人们的榜样,你要学习他们。”这三位参军,指王承、邓攸、赵穆。可见,司马越对于教育子弟颇有见识,名士们也是以此为荣的。

司马越在镇守许昌的时候,已终结了西晋末年诸侯纷争的八王之乱,把持了朝政。《世说新语》中的记载,大致出自司马越写给名士们的一封信,刘孝标注引《赵吴郡行状》云:“太傅越与穆及王承、阮瞻、邓攸书曰:‘《礼》,八岁出就外傅,十年曰幼,学。明可以渐先王之教也。然学之所受者浅,体之所安者深。是以闲习礼度,不如式瞻轨仪。讽味遗言,不如亲承辞旨。小儿毗既无令淑之资,未闻道德之风,欲屈诸君,时以闲豫,周旋燕诲也。’”这里提到的大名士,除了王承、邓攸、赵穆,还有一个阮瞻。

在司马越看来,王承与邓攸、赵穆等人,都为一时人杰,他把儿子司马毗交给名士们教诲,可谓用心良苦。王承弱冠知名,年轻时被王衍比为名士乐广,他清虚寡欲,善于清谈,重视要旨而不饰文辞,被推许为东晋初年第一名士。赵穆也非同寻常,刘孝标注引《赵吴郡行状》:“穆字季子,汲郡人,贞淑平粹,才识清通。”赵穆德才兼备,曾经担任晋明帝的老师,并受封南乡侯。让帝王师来教育子嗣,规格不可谓不高,这又何尝不透露出司马越篡位的野心呢？

邓攸以孝悌著称，他从小失去父亲，和弟弟一起生活。永嘉末年，石勒军队来犯，邓攸于是斫坏车子，用牛马驮着妻儿逃亡。贼人掠走了他们的牛马，一家人只好徒步行走，邓攸用担子挑着他和弟弟年幼的儿子。他觉得不能保全两个孩子，于是对妻子说："我的弟弟早亡，只有这一个儿子，不可以绝后，只好舍弃我们的孩子了。如果有幸能够存活，我今后还应当有儿子。"妻哭泣着答应了，于是放弃了自己的孩子。当时人感念他的仁义，而且哀伤他最终没有后代，都感叹说："天道无知，使邓伯道无儿！"

阮瞻是"竹林七贤"之一阮咸的儿子，他遵循的是道家思想，生性清心寡欲，知足常乐，读书也不去刻意追求研讨，只是默默地记住要领。他遇事也不善辩论，虽然言辞不足，而超然的旨趣有余。阮瞻很会弹琴，别人听说他会弹琴，大都前来请他弹奏，阮瞻不论长幼贵贱，都为他们弹奏。他神情冲虚和淡，仿佛不知斯人斯世，人们都称赞他清静淡泊，不以外在的荣辱动心。东海王司马越镇守许昌时，任命阮瞻为记室参军，同样也放心地把儿子托付给他教育。

西晋司马越的幕府，汇聚了近百位当时最杰出的人才，规模最大、人才最多、玄学化程度也最高。他们绝大多数为士族，其中琅邪王氏占据了重要地位，成为司马越幕府的中坚力量，这也直接形成了后来"王与马，共天下"的架构，对东晋建国有着深刻的影响。

（阮莉萍）

鉴赏

正始之音

正始之音

王敦为大将军[①]，镇豫章。卫玠避乱[②]，从洛投敦，相见欣然，谈话弥日。于时谢鲲为长史[③]，敦谓鲲曰："不意永嘉之中[④]，复闻正始之音[⑤]。阿平若在[⑥]，当复绝倒。"

《赏誉》第51条

注释

① 王敦(266—324)，字处仲，琅邪临沂(今山东临沂北)人。娶晋武帝女襄城公主，拜驸马都尉。元帝渡江，与从弟王导同心翼戴晋室，授镇东大将军兼都督六州诸军事，领江州、荆州刺史。永昌元年(322年)起兵谋反。明帝太宁二年(324年)病死。

② 卫玠(286—312)，字叔宝，河东安邑(今山西夏县西北)人。西晋一流清谈家。后渡江。永嘉六年(312年)卒，年二十七。

③ 谢鲲(281—324)，字幼舆，陈郡阳夏(今河南太康)人。王敦引为长史，以讨杜弢功封咸亭侯。卒于官，年四十三。

④ 永嘉：晋怀帝年号(307—313)。

⑤ 正始：魏齐王曹芳年号(241—249)。

⑥ 阿平：王澄(269—312)，字平子，司徒王衍之弟，亦有盛名于世。后为荆州刺史，为王敦所杀。

鉴赏

据《资治通鉴》，王敦于永嘉四年(310年)南渡至建业。卫玠渡江，略晚一些。这则故事发生的时间,可能在永嘉五、六年间。

安东王司马睿(即晋元帝)渡江,召王敦为安东军谘祭酒。扬州刺史刘陶卒,以敦为扬州刺史,加广武将军。不久,进左将军,都督征讨诸军事,假节。王敦与从弟王导同心翼戴元帝,时人为之语曰:"王与马,共天下。"王敦掌握东晋军权,是当时最有权势的人物。卫玠渡江,投奔王敦,自在情理中。

卫玠是中朝大名士,出身名门望族。祖父卫瓘于晋武帝太康初为司空、侍中、尚书令。卫玠年五岁,祖父卫瓘说:"此儿有异于众,顾吾年老,不见其成长耳。"及长,好玄理。妻父乐广,亦善清言,有海内重名,时人以为"妇公冰清,女婿玉润"。翁婿两人皆为中朝一流的清言家,前后映照。莫非这是造化钟情所致乎?

王敦早闻卫玠大名,故玠来投,"相见欣然,谈话弥日"。这里的谈话,是指谈玄,不是一般意义上的言谈。王敦此人举止雄豪,看似田舍郎,其实绝非无文化之辈。《世说新语·豪爽》说,王敦"学通《左氏》",是个《左传》学的专家。论技艺,敦善击鼓。《豪爽》第1条记晋武帝取鼓与王敦,敦"于坐振袖而起,扬槌奋击,音节谐捷,神气豪上,傍若无人,举座叹其雄爽"。可见其鼓技超绝不凡。魏晋清谈盛行,能不能谈玄成为品藻人物优劣的标准之一。王敦本来就是喜清谈,今日卫玠来投,而玠是清谈的顶级人物,能与之清谈,岂非快事一桩?

王敦、卫玠清谈整天,谈何问题,不得而知。可知的是卫玠的清谈水准之高,可以比肩正始时期的玄谈名家,以至王敦赞叹道:"不意永嘉之中,复闻正始之音,阿平若在,当复绝倒。"王敦的赞叹,对于理解西晋一朝的清谈历程具有重要意义,值得分析。

具有学术意义的清谈肇始于汉末。魏末正始年间,以何晏、王弼为代表的玄学家谈论不辍,形成魏晋清谈的高潮。何晏为吏部尚书,地位尊崇,是正始玄谈的领袖,周围集合了一批清谈家。天才青年王弼,玄思入神,悟解超拔,为玄学的精神领袖。《世说新语·文学》中有几则描写正始玄谈的具体场景。例如《文学》第6条写王弼与何晏清谈:何晏那边谈客盈座，"王弼未弱冠，往见之。晏闻弼名，因条向者胜理，语弼曰：'此理仆以为极，可得复难不？'弼便作难，一坐人便以为屈。于是弼自为客主数番，皆一坐所不及"。何晏的"胜理"，王弼的超拔入玄，理论的精微，便是所谓正始之音的清谈品格。正始之音是魏晋清谈的最高成就，它的理论深度后世难望其项背。今日读何晏、王弼的天地万物"以无为本"论，读何晏《论语集解》及王弼《周易注》、《老子注》、"圣人有情"论，皆精深玄妙，令人叹为观止，不难理解正始之音的深邃幽渺。

可惜，正始之音好景不长。随着王弼英年早逝，何晏被司马氏所杀，嵇康《广陵散》绝，魏晋易代之际的刀光剑影，摧毁了主客玄谈的座席，思想、学术之花惨遭蹂躏。清谈虽然并未彻底中绝，但无论规模还是理论深度，与正始之音不能相比了。

晋朝建立后，谈士没有绝种，著名者如王衍、王澄、郭象、裴楷、裴頠、裴遐、乐广之流。总体水平大不如王、何，唯有乐广可称一流。《晋书·乐广传》说，广"尤善谈论，每以约言析理，以厌人之心，其所不知，默如也"。裴楷曾引乐广共谈，自叹"我所不如也"。尚书令卫瓘，昔年曾与正始中诸名士谈论，见乐广而奇之，说："自昔诸贤既没，常恐微言将绝，而今乃复闻斯言于君矣。"可知乐广的清谈水平可与王、何相比，是正始之音的继承者。由卫瓘叹美乐广，可以理解卫玠的清谈绝佳，与其岳父有传承关系。此外，王敦赞叹卫玠清谈谓"复闻正始之音"，与卫瓘称赞乐广之语如出一辙。则卫玠清谈接续乐广，而上承正始也。如此，由王、何而乐广，由乐广而卫玠，正始至永嘉的清谈历程的线索就明确了。

卫玠谈道的精妙还见于《世说新语·赏誉》第45条，刘孝标注引《玠别传》说："琅邪王平子高气不群，迈世独傲，每闻玠之语议，至于理会之间，要妙之际，辄绝倒于坐。前后三闻，为之三倒。时人遂曰：'卫君谈道，平子三倒。'"《文学》第20条载：卫玠见王敦，夜坐，敦命谢鲲。卫玠见谢，非常高兴，把敦晾在一旁，两人微言达旦，敦竟通宵得不到谈的机会。又《晋书·卫玠传》说，卫玠好言玄理，"遇有胜日，亲友时请一言，无不咨嗟，以为入微”。“入微”，也就是《玠别传》所说“理会之间，要妙之际”，指义理的幽微精妙。

品味王敦称赞卫玠之语，除了理解卫玠的清谈为何精彩之外，评语本身也应该说二句。王敦是东晋之初无可比匹的军事强人，但若以为他只懂得打仗，那就小看他了。王敦学有专长上文也说过，另外他也喜欢清谈，对正始之音和清谈的历史非常熟悉，也能品鉴谈客的高下优劣，否则不可能真切评价卫玠清谈可以比肩正始之音。王敦最终谋逆，成了东晋历史上第一个乱臣贼子，但他个性雄爽，有魄力，多技艺，亦能清谈，因此即使身亡之后，仍享有“可儿”（桓温语）之目。

（龚斌）

夜语忘疲

王丞相招祖约夜语[1]，至晓不眠。明旦有客，公头鬓未理，亦小倦。客曰：“公昨如是，似失眠。”公曰：“昨与士少语，遂使人忘疲。”

《赏誉》第57条

注释

① 王丞相：即王导，见“清操清识”篇（《德行》第27条）注释。祖约，见“好财好屐”篇（《雅量》第15条）注释。

鉴赏

由于中原地区战祸不断,在经历“八王之乱”后,渡过长江避难的北方士族占十之六七,史称“衣冠南渡”。这些人原本就是中原文化的创造者,其中自然不乏治国精英。在东晋开国功臣王导的倡导下,清谈之风,又开始在士人中盛行。

王导身为东晋的中流砥柱,怎么有空倡导清谈这样的活动呢?原来东晋建国之初,朝廷上人心不和,南渡的北方士族忘不了昔日的荣光,而南方的本土大族则感觉原有的资源被侵占。王导渡江之初,内忧外患频生,面临着极其困难的局面,为了团结南北方士族,实现“清静为政”的目标,他大力引领了“玄风南渡”。对于刚刚建立的东晋政权,清谈也应该是物力消耗最小、却最能安抚士族的“奶嘴政策”了。

丞相王导邀祖约晚上来清谈,谈到天亮也没有睡觉。第二天一早有客人来,王导出来见客时,还没来得及梳头,身体也有点困倦,客人关切地问道:“您昨天夜里好像失眠了吧?”王导愉快地说:“昨晚我和祖士少清谈,简直让人忘了疲劳。”

对于后世人而言,祖约的名字有点陌生,但他的哥哥可是大名鼎鼎的祖逖。祖约随兄长渡江后,被司马睿引为掾属,在祖逖北伐建功后,他也逐渐得到重用。哥哥病死后,祖约接任平西将军、豫州刺史,并接管祖逖的部众。他侍奉在君王身边,地位显赫,显然也是王导需要团结的对象。他们共同热爱的玄学清谈,让他们的政治关系显得自然而亲密。

王导对老庄玄学有浓厚兴趣,他念念不忘与王承、阮瞻等玄学名士共游洛水边的盛况。《世说新语·企羡》还记载:王导到江南后,常常说起以前在洛水岸边,经常和裴頠、阮瞻诸贤达一起谈论玄理。羊曼听多了,觉得疑惑:“丞相啊,人们早就因为这些事赞美你们,哪里还需要反复再说呢?”王导悠然神往地说:“也不是说我非要提及,只是想到那样闲暇美好的时刻,永远不会再有了啊!”

王导作为资深政治家,他知道清谈并不会误国。就连矢志北伐的祖逖,也是这样认为的:“晋室之乱,非上无道而下怨叛也。由藩王争权,自相诛灭,遂使戎狄乘隙,毒流中原。”后世的王夫之,对西晋覆亡也持同样的看法:“强宗妒后互乱,而氐、羯乘之以猖狂。小人浊乱,国无与立,非但王衍辈清谈误之也。”他认为是贾南风与诸位司马家王爷的争权夺利,引发异族祸乱中原,原因是小人作乱,而非清谈误国。

王导将玄学清谈之风带到建康,为南渡士人重新营造了熟悉的文化环境。《世说新语·文学》记载:中军将军殷浩任庾亮属下的长史时,有一次到京都建康,丞相王导为他把大家聚在一起,桓温、左长史王濛、蓝田侯王述、镇西将军谢尚都在座。丞相离座亲自去解下挂在帐带上的拂尘,对殷浩说:“我今天要和您一起谈论、辨析玄理。”两人一起清谈完后,已到三更时分。王导总是在公务之暇,与身边的士人清谈玄理,还常常通宵达旦。

辨析名实、本末、才性、有无的玄理,使南渡士人回忆起洛水边清谈的盛况,仿佛回到故国一般。而清谈中激烈的言辞交锋,也使他们颓丧的精神振奋起来,逐渐摆脱了国破家亡的悲怆,有利于在江南迅速适应下来。名士温峤初过江时,见司马睿政权力量薄弱,于是终日忧惧,闷闷不乐,盘算着另觅归宿。后来,温峤去看望王导,俩人畅谈之后,他就换了欢颜:“刚才见了管夷吾(管仲),再也不用发愁了!”

一场场看似无用的清谈,却能宣传王导的为政理念,燃起士人的信念,消除他们之间的隔膜。王导的戮力王室、志在匡复,带给了众人极大的信心。在清谈中,他又大力宣传《养生论》,建议大家清虚寡欲,让当时士族改掉了不少原来的奢侈习惯。东晋这艘风雨中的残破小舟,正是在王导的努力下,用无为而治的“清谈”,渡过了最初也是最危险的时期。

陈寅恪先生在《述东晋王导之功业》中认为,“王导之笼络江东士族,统一内部,结合南人北人两种实力,以抵抗外侮,民族因得以独立,文化因得以续延，不谓之民族之功臣，似非平情之论”。在山河分裂、流血漂橹的时代大乱局里，续延晋室王祚，传承中华文化，融合南北不同势力，王导居功至伟，清谈在其中也起到了不可或缺的黏合剂作用。

（阮莉萍）

海岱清士

庾公为护军[①]，属桓廷尉觅一佳吏[②]，乃经年。桓后遇见徐宁而知之[③]，遂致于庾公，曰：“人所应有，其不必有；人所应无，己不必无，真海岱清士。”

《赏誉》第65条

注释

① 庾公：即庾亮，见“不卖的卢”篇（《德行》第31条）注释。

② 桓廷尉：桓彝（276—328），字茂伦，谯国龙亢（今安徽怀远）人。晋朝大臣，桓温之父。与王导、温峤、庾亮等深受明帝亲待。苏峻之乱中，固守宣城，后城陷遇害。

③ 徐宁，字安期，晋东海郯县（今山东郯城北）人。少知名，为舆县令。廷尉桓彝荐于中书令庾亮，迁吏部郎，历左将军、江州刺史，卒官。

鉴赏

在开国元勋王导之后，东晋又崛起另一位能够与之媲美的政治明星，那就是庾亮。世人称颂庾亮为“丰年玉”，是个能锦上添花的治国人才。

《晋书》记载：“亮美姿容，善谈论，性好《庄》《老》，风格峻整，动由礼节，闺门之内不肃而成，时人或以为夏侯太初、陈长文之伦也。”庾亮一表人才，善于辩论，喜好老庄之学，为人方正严峻，遵礼而行，平时在家门中都十分严肃。夏侯玄是魏晋玄学的开山鼻祖，陈群则是九品中正制的创议者，人们将他与这两位神一般的人物相提并论，可见庾亮的玄学造诣与政治才干。

《世说新语·雅量》称庾亮“风仪伟长，不轻举止”，人们都有所顾忌，不敢随意接近。热爱清谈的大将军王敦，当时驻扎在今天安徽的芜湖，晋元帝让庾亮前去拜访并商讨国事。王敦与他交谈多时，不知不觉地移动坐席靠近庾亮，感叹道：“庾元规的贤能，远远超过了裴頠呀！”于是王敦就向皇帝上表，推荐庾亮为中领军。

难能可贵的是，庾亮也很爱才，而且谦冲为怀，不因位高权重而傲慢自大。他担任护军将军的时候，嘱托廷尉桓彝为自己找一个优秀的属官，过了一年竟然还没找到。后来桓彝遇见徐宁，很赏识他，就推荐给庾亮，说：“人们应该有的，他不一定有；人们应该没有的，他不一定没有。确实是海岱间的清廉正直之士。”

桓彝作为庾亮的少年知交，“性通朗，早获盛名”（《晋书·桓彝传》），经庾亮的举荐，青年时就步入了仕途，在朝廷上有很大声望，自然也了解庾亮的性情。徐宁是个怎样的人呢？刘孝标注引《徐江州本事》称：“徐宁字安期，东海郯人。通朗有德素，少知名。”徐宁是舆县的县令，为人清廉正直又博学多识，桓彝偶然造访，和他相处得很愉快，一连盘桓数天，然后又将其推荐给庾亮，徐宁后来果然官至吏部郎、左将军、江州刺史。桓彝非常了解庾亮，他所举荐的人才，与庾亮有着共同的特点，那就是“清”。

东晋立国时局势艰难，王导为了维持大局，长期奉行宽纵政策，手下诸将多不守法，招致朝廷上下许多担忧和不满。公元325年，晋明帝病逝，太子司马衍即位，年方五岁。此时庾亮作为皇帝的舅舅，权倾朝野，“政事一决于亮”。虽然他过去并不倡导用法家治国，但执政后一反王导的宽和，“任法裁物”，要严肃纲纪。后来庾亮又因杀南顿王司马宗等皇室大臣而大失人心，遭到当时很多门阀世家的抵触。

“水至清则无鱼，人至察则无徒”，庾亮除了以个人好恶剪除异己，又主张清除地方势力，以免陶侃、苏峻等军阀拥兵自重。这些政策并没有错，但他显然操之过急，为内外所忌。公元327年十二月，被逼到绝境的苏峻，率部造反，袭取姑孰，尽获粮仓，庾亮悔之莫及。可他还是拒绝了外地的援军，以防备陶侃、石勒的理由，不许温峤“越雷池一步”，也不允许郗鉴出兵。这次苏峻叛乱中，庾亮在军事上屡屡失策，导致建康沦陷，狼狈出逃。

苏峻之乱平定后不久，东晋第一名臣王导病逝，晋成帝召庾亮入朝主政。虽然庾亮多次暴露出军事之短，但能够在个人声望跌到谷底后，重新掌握军政大权，最终历仕三朝，又岂是泛泛之辈呢？公元340年，52岁的庾亮病逝，朝廷追赠太尉，谥号“文康”。在葬礼上，未来的东晋宰相何充为之长叹道：“埋玉树著土中，使人情何能已已！”庾亮的一生毁誉交加，然而他的清正风雅，仍然不愧于“玉树”的美誉。

（阮莉萍）

稚恭荐才

庾稚恭与桓温书[1]，称“刘道生日夕在事，大小殊快。义怀通乐既佳，且足作友，正实良器，推此与君，同济艰不者也”。

《赏誉》第73条

注释

① 庾稚恭：即庾翼，见“庾翼坠马”篇（《雅量》第24条）注释。

鉴赏

宋代的徐钧在《庾翼》一诗中评论道：“少有经纶济世谋，拔温轻浩孰能俦。休言庾亮名居最，当在江东第一流。”庾翼是玄学名士庾亮的弟弟，也是晋明帝皇后庾文君的弟弟。他风仪秀伟，年轻时便有经世大略，他提拔桓温、看轻殷浩，自己也建立了赫赫功业，并不逊色于大名鼎鼎的哥哥庾亮。

当时的名士杜乂、殷浩，分别以性情风姿和玄学造诣而声名大盛，然而庾翼瞧不起他们，认为他们徒有虚名而无济于事，他常说：“此辈宜束之高阁，俟天下清定，然后议其所任耳。”（《世说新语·豪爽》7刘孝标注引《汉晋春秋》）庾翼不屑名士，那么他看重的究竟是什么样的人呢？

庾翼曾经写信给桓温，称赞道：“刘道生白天晚上都在处理政事，大小事情都处理得非常称心如意。这个人胸怀仁义，豁达开朗，不但公务处理得很好，而且私下里也很值得结为良友，确实是个优秀人才。现在把他推荐给您，大家同心协力，一起渡过目前这些艰难困苦的日子吧。”刘恢字道生，他文武全才，工于书法，又顾全大局，有济世之志，官至车骑司马，可惜年仅三十六就去世了。

这时的东晋，正面临“同济艰不”的时刻。苏峻之乱爆发后，庾翼以艰难的努力，和哥哥一起复国。他年轻时曾以白衣（未出仕）身份负责守备石头城，又随庾亮逃奔温峤。庾亮准备北伐时，庾翼镇守江陵，以协助保卫石城之功，被朝廷封为“都亭侯”。庾亮逝世后，他又接替哥哥镇守武昌，都督六州诸军事。当时人都怀疑庾翼年轻，恐怕无法再创辉煌业绩。但庾翼尽心治理军务和政务,数年之间就让官府和百姓财用充实,赢得了朝廷上下的一片赞誉。

庾翼志向高远,一向以攻灭胡虏、收复失地为己任。但朝廷中众臣大多乐于偏安一隅,只有庾冰、桓温等人赞成庾翼的想法。庾翼与桓温关系友好,他们都志在光复中原,因而庾翼对桓温相当推重。

庾翼劝晋明帝重用少年英豪的桓温,由于他是皇帝的舅舅,年轻的明帝对其言听计从。于是,早遇伯乐的桓温,后来被选为皇姊南康长公主的夫婿,官拜驸马都尉,为桓温的仕途铺就了一条康庄大道。

桓温与庾翼一样,他从来是以光复神州、建功立业为人生抱负的。在《世说新语·尤悔》里,桓温有句名言:"(大丈夫)既不能流芳后世,亦不足复遗臭万载邪!"他一生以留名青史为人生终极目标,剿灭成汉,三次北伐,镇守西府,为稳定东晋政权,做出了重大的贡献。

当代史学家吕思勉认为:"庾氏兄弟,皆有志于恢复。"(《两晋南北朝史》)因为庾翼志向高远,故而《唐会要》将其尊为"魏晋八君子"之一。章太炎也认为:"宣武(桓温)命世之才,志在光复,何异葛侯。"(《全上古三代秦汉三国六朝文校注》)庾翼与桓温,都是东晋时期的盖世英雄,有着为朝廷统一天下的远大志向,可惜最终都没有成功,可谓千古一叹!

(阮莉萍)

天下共推

王右军语刘尹[①]:"故当共推安石[②]。"刘尹曰:"若安石东山志立,当与天下共推之。"

《赏誉》第77条

注释

① 刘尹：即刘惔，见“莫得淫祀”篇(《德行》第35条)注释。
② 安石：即谢安，见“常自教儿”篇(《德行》第36条)注释。

鉴赏

谢安是东晋名臣，也是风雅名士。他早年隐居在会稽郡山阴县的东山，不仅精通儒家、道家的经典，对当时兴起的贵无派玄学也很有研究。当时名士们的聚会，往往就是一个研习哲理的沙龙，谢安也是其中的翘楚。他屡屡推辞朝廷的征召，平常就喜欢与王羲之、许询等名士一起，或者来一场“晤言一室之内”的玄学清谈，或者去一趟“放浪形骸之外”的山水之游。

王羲之写过著名的《兰亭集序》，三月三的踏青修禊活动里，“群贤毕至，少长咸集”，其中就有谢安的身影。王羲之特别欣赏他，曾经对丹阳尹刘惔说：“我们作为朝廷命官，当然应该一起举荐安石，好发挥他的聪明才智，造福天下人。”刘惔却笑着说：“您何必着急呢？如果安石像他自己所说的，毕生志在隐居，那我们才应该和天下人一起推崇他。”

王羲之比谢安年长十七岁，那时候就任会稽内史。他们都热爱音乐书法、喜欢游山玩水，同赏山水诗酒之乐。作为忘年之交，他对谢安濡染当时的清谈风习颇为忧虑。他们一起登上冶城的时候，谢安感慨道：“登高望远，宇宙浩瀚，真让人想超脱世俗啊！”王羲之语重心长地劝他：“夏禹勤于国政，手足生茧；文王日落方食，时不我待。如今国家多难，人人该效力；而清谈废弛政务，玄思妨碍正事，恐怕不该提倡吧？”谢安是个有主见的人，平静地反驳道：“秦始皇任用商鞅，以法治国，也不过两代而亡，难道是清谈造成的祸患吗？”

谢安的生命境界，远比汲汲于名利更为超脱。四十岁前他隐居东山,以有为养志、无为养心的人生态度,寄傲林丘,享受着自然和艺术之美。谢安的诗句“万殊混一理,安复觉彭殇”(《兰亭诗》),显然深受《庄子·齐物论》的影响。他体悟到生命的短暂和渺小,更愿“逍遥于天地之间,而心意自得”(《庄子·让王》)。谢安屡次因世路难行而拒绝朝廷的征召,一次勉强做庾冰幕僚,也仅呆了个把月就辞职了。他因此被接连弹劾并罚以禁锢终身,却泰然处之,毫不动摇隐居之念。

李白曾这样评价过他:“安石在东山,无心济天下。一起振横流,功成复潇洒。”(《赠常侍御》)可是“无心济天下”的人,怎么可能建功立业呢?《世说新语》里有一则故事:“谢公因子弟集聚,问《毛诗》何句最佳?遏称曰:‘昔我往矣,杨柳依依;今我来思,雨雪霏霏。’公曰:‘讦谟定命,远猷辰告。’谓此句偏有雅人深致。”“讦谟定命,远猷辰告”,即以伟大的谋略来制定国家的政令,把宏大的计划适时地布告天下。可见谢安是身处江湖之远,心系庙堂之上,只是不汲汲以功名为念而已。

谢安不为物役、体任自然的生命哲学,难道是高蹈尘世之外,缺乏社会责任感吗?当时其兄谢奕任安西将军、豫州刺史,已有柱石支撑谢家门户,而二哥早亡,侄儿侄女年纪俱幼,这个家族的未来,更需要他的培养。谢奕病逝,谢万惨败,为了支撑谢氏门户,谢安终于在公元360年走上了政治的大舞台。

他到桓温幕下时,有人借中药“远志”含沙射影地讽刺他“在山为远志,出山为小草”。但谢安毕竟不是殷浩,“清谈误国”用在谢安身上显然是没有说服力的。简文帝逝后,谢安与王坦之一起挫败了桓温的篡位图谋。在淝水之战中,谢安作为东晋一方的总指挥,以八万兵力打败了号称百万的前秦军队。他建立的不世奇功延长了晋祚,而他身后的继任者基本上望尘莫及。

虽屡建奇功,但谢安隐居东山的志趣从未消失。他出镇新城的时候,曾制造泛海的船只和装备,打算等到天下安定后,从水道回东山。谢安以高雅的人生姿态、淡定的处事风格,推己及人地担荷了众生的命运。面对功名,他淡泊明志,超然世外;面对权臣,他脱略荣辱,坚守立场；面对强敌，他深谋远略，处之泰然。

在家族、朝廷迫切需要他的时候，谢安勇敢地承担了他的使命，显示出非凡的影响力，而最后又决然隐退，交出朝廷大权，回归隐士之本色。王俭称其为“江左风流宰相”，当代学者张舜徽也赞其为“中国历史上有雅量有胆识的大政治家”。

（阮莉萍）

王敦可儿

桓温行经王敦墓边过[1]，望之云：“可儿！可儿！”

《赏誉》第79条

注释

① 王敦，见“太早太老”篇（《言语》第42条）注释。

鉴赏

桓温在建立平蜀之功后，曾经在蜀国的宫殿中大摆宴席。他素来性情豪放，当日更是志得意满，英气勃发，在席间指点江山，畅谈历朝历代的成败存亡之道。对其慷慨激昂之态，满座之人无不为之赞赏，但周馥却叹道："遗憾的是你们这些后辈，都没有见过王大将军啊！"言下之意，这些狂拍马屁的，简直就是一群没见过世面的人哪。不知道桓温听到这句话，会不会一时英雄气短，心里蓦然升起一个强劲的对手形象？

王大将军就是王敦，出身琅邪王氏，年轻时相貌俊秀，生性洒脱，精通《左氏春秋》，尤其喜好清谈，善于评鉴人物。他迎娶晋武帝之女襄城公主（一说是舞阳公主）为妻，拜为驸马都尉，后又担任太子舍人。他和桓温同样是东晋王室的驸马，也建立过赫赫功业，难怪有一次桓温出行，在经过王敦墓边的时候，望着墓碑说："真是个可意人儿！真是个可意人儿啊！"

司马皇家这两位难缠的姑爷，性子一样豪爽，也一样有不臣之心。桓温对王敦，可谓惺惺相惜。王敦是东晋王朝的开创者之一，后来又做了这个王朝的反叛者，叛臣照例是要被正史一棒子打倒的。王敦小时候就被预言："蜂目已露，但豺声未振耳。必能食人，亦当为人所食。"（《世说新语·识鉴》6）蜂目和豺声，是弑杀君父的"忍人"的特征，而"必能食人，亦当为人所食"这句话，是《汉书》里写篡位者王莽的，可见史书的一贯写法，是千人一面的。

桓温的"赏誉"，到底王大将军配不配得上呢？还是要看看并非单向度思维的《世说新语》。这部书中，王敦呈现出来的是多侧面形象：他有时是豪爽英迈的，有时是狡猾多端的，有时又是残忍无情的；他有时是公正廉明的，有时是谈吐不凡的，有时也成了没见过世面的田舍郎。

王大将军出身名门，却不断被婢女嘲笑。据说他刚结婚时，在公主的洗手间看见有漆箱盛着干枣，以为是零食就给吃光了；等他从洗手间出来，又见一个侍女端着盛热水的金盘，一个侍女端着盛"白米饭"的琉璃碗，王敦就把碗里的"饭"倒进金盘里，一口气都下肚了。初来乍到的驸马，不懂皇家规矩，哪知道干枣是如厕时用来塞鼻的，"白米饭"是如厕后用来洗手的澡豆呢？于是他就在公主的婢女面前闹了大笑话，被她们私下嘲讽了许久。

然而王敦也有令人赞赏的英雄气概。他曾当众表演击鼓，音节谐韵，神情自得，旁若无人，在座观看的人都称他俊爽不俗。王敦最仰慕的人是曹操，他喜欢在酒后咏唱《步出夏门行》中的“老骥伏枥，志在千里。烈士暮年，壮心不已”，一边唱一边用玉如意击打唾壶，以致壶沿被敲得全是缺口，后世人也以“击缺唾壶”这一成语，形容英雄豪杰壮志难酬的愤慨之情。

王敦曾沉迷于女色，然而他又十分无情，在石崇家参加宴会时，坚决不喝酒，以致连续几位美人被杀。他家中养有婢妾数十人，难免时时沉醉温柔乡中，经人规劝后，便以国家大事为重，将家中婢妾全部放出去。永嘉之乱后，王敦也将襄城公主的陪嫁侍婢百余人，全部许配给军中将士，并散尽府库中的财宝。这何尝不是英雄作风呢？

后来，王敦又随王导拥戴司马睿即位，建立东晋王朝，并帮助司马睿在江东树立威望，逐渐获取江东士族的拥戴。王导内掌朝政，王敦外握兵权，王氏子弟皆位居要职，以致有“王与马，共天下”的说法。琅邪王氏权势极盛，也引起了司马睿的忌惮。为了减弱琅邪王氏的影响力，司马睿开始重用刘隗、刁协等亲信，逐渐疏远王导。

王敦对此极为不满，上表陈说古今忠臣如何被皇帝猜疑、如何被小人离间的故事，想以此感动司马睿。司马睿被说中心病，更为恼怒。王敦看劝谏不行，就打算武力解决，起兵以讨伐奸臣刘隗的名义攻打建康。司马睿下诏定王敦为“大逆”，但当时门阀士族对王敦起兵大多持同情态度，温峤便曾表示王敦如此作为必有原因。

桓温一生以恢复神州、留名青史为人生终极目标，他的豪爽英迈实在是令人感到无比痛快淋漓的。然而人生最不幸的是，他和王敦一样，也把命运交在了对自己充满猜忌与防范的君王手中，从此，便成了画框里的那幅枉自展翅的鹰，任由岁月凋零了颜色，改变了最初的模样。

（阮莉萍）

金玉满堂

王长史谓林公[1]:“真长可谓金玉满堂[2]。”林公曰:“金玉满堂,复何为简选?”王曰:“非为简选,直致言处自寡耳。”

《赏誉》第83条

注释

① 王长史:即王濛,见“共谈析理”篇(《文学》第22条)注释。林公:即支遁,见“支公好鹤”篇(《言语》第76条)注释。
② 真长:即刘惔,见“莫得淫祀”篇(《德行》第35条)注释。

鉴赏

晋穆帝永和年间,“中外无事十有余年”(《晋书·帝纪第八》),是东晋一段比较安定的时期,因而名士风流、清言玄谈,就成了永和之政清静无为的重要标志。这一时期主持朝政的会稽王司马昱,素来以清谈名士著称,作为他最为信任和器重的“入室之宾”,刘惔与王濛更可谓一代名士之宗。

刘惔出生在刘邦的故乡沛国,据说是高贵的汉室后裔。然而他和刘备一样,小时候过着清苦的日子,靠编织草鞋维持生计。但刘惔生性乐观,素来又善于辩说论理,少时便为王导所赏识,后来声望愈来愈高,以致被晋明帝司马绍看中,娶了皇帝的女儿庐陵公主,成了明帝朝的驸马。晋穆帝是晋明帝的孙子，刘惔也就是当时皇帝的姑父，这辈分也算高了。

袁宏在《名士传》中称刘惔为“永和名士”，《唐会要》一书也尊其为“魏晋八君子”之一。作为风流恬畅的名士之首，刘惔是永和时期清谈的主力干将，但作为清贵的皇亲国戚，政绩并无多大成就，也没有留下重要的玄学著作。

长史王濛曾经对名僧支道林说：“真长谈论的玄理，可以说是金玉满堂啊。”支道林不以为然地说：“既然是金玉满堂，他为什么总要挑选言辞？”王濛作为刘惔的知交好友，自然对他有更透彻的理解，辩解道：“不是他特意挑选出好词好句，只是他需要应用言辞的地方本来就不多呀。”

支遁虽然是一位僧人，但富于才华，又擅长玄学清谈，对《庄子》尤其能独抒己见，为当时名士王羲之、谢安等人所欣赏。王濛是刘惔的好朋友，他曾说：“刘尹知我，胜我自知。”知己都是惺惺相惜的，王濛自然特别欣赏并维护自己的好友。刘惔作为名士之宗不是浪得虚名的，谢安也说：“刘尹语审细。”当时人们都认为刘惔“言必珠玉”，这就是发言慎重周密的结果吧？

刘惔身居高位，与各方势力均有交游，从老一辈的王导、支遁、蔡谟、何充，到同辈的王濛、桓温、殷浩、谢尚、许询、谢安等人，在《世说新语》中都有共同挥麈谈玄的记录。然而正如当代学者田余庆先生所言：“他们一般的特点是嗜五石散，习南华言，浮华相扇，标榜为高。……虽然鸿篇巨著不多，但一语惊人，便成名誉。”(《东晋门阀政治》)

曾经作为丹阳尹，刘惔的政绩如何呢？丹阳郡是东晋的京都，也是当时百姓上访事件的高发地，他却神奇地做到了“为政清整，门无杂宾”。刘惔说：“夫居下讪上，此弊道也。古之善政，司契而已，岂不以其敦本正源，镇静流末乎！君虽不君，下安可以失礼？若此风不革，百姓将往而不反。”于是就把百姓的上诉搁置下来，不再追究了。正如孙绰在诔辞里所评论的，刘惔是“居官无官官之事，处事无事事之心”，真不能算是百姓的福气啊。

作为驸马，刘惔特别维护皇室利益，他十分欣赏桓温的才干，但却明白他有不臣之心，时常警告压制桓温。《世说新语·排调》24刘孝标注引《语林》曰："宣武（桓温）征还，刘尹数十里迎之。桓都不语，直云：'垂长衣，谈清言，竟是谁功？'刘答曰：'晋德灵长，功岂在尔？'"桓温自徐州征还，刘惔远迎数十里，可见二人私交密切。然而他们的互相嘲谑之词，却暗藏玄机。桓温认为刘惔能无所事事地"垂长衣，谈清言"，都是依赖自己保家卫国的事功，刘惔则认为是"晋德灵长"，全靠皇帝的圣明，这显然也算是"金玉"之言了。

刘惔虽然在政事和玄学上都无所建树，但一向忠心耿耿，维护晋室利益，是皇家非常满意的驸马。他不仅深受时人称誉，也为后世仰慕。南齐时，丹阳尹袁粲曾经指着庭中的老柳树，对刘惔的后人刘瓛说："人谓此是刘尹时树，每想高风；今复见君清德，可谓不衰矣。"（《南齐书·刘瓛传》）

（阮莉萍）

右军誉人

王右军道谢万石："在林泽中，为自道上。"① 叹林公："器朗神俊。"② 道祖士少："风领毛骨，恐没世不复见如此人。"③ 道刘真长："标云柯而不扶疏。"④

《赏誉》第88条

注释

① 王右军：即王羲之，见“丝竹陶写”篇(《言语》第62条)注释。谢万石：谢万(320—361)，字万石，谢安之弟，东晋名士、将领。历吴兴太守，迁豫州刺史、西中郎将，监司、豫、冀、并四州军事。升平三年(359年)北伐，在军中矜豪傲物，吟啸自高，不能抚众。后所率军众皆溃散，狼狈独归。免为庶人。

② 林公：即支遁，见“支公好鹤”篇(《言语》第76条)注释。

③ 祖士少：即祖约，见“好财好屐”篇(《雅量》第15条)注释。

④ 刘真长：即刘惔，见“莫得淫祀”篇(《德行》第35条)注释。

鉴赏

在《世说新语》中，王羲之是不吝赞美贤才的。有一次，王羲之与谢安到阮裕家参加宴会，走到门口时商量道：“我们应当共同推举主人。”谢安不禁感叹道：“像您这样真诚地推崇别人，是很难的事情啊。”王羲之比谢安年长十七岁，却同样经常赞美他。这种推崇他人的广阔胸襟，是许多名士都难以比拟的。

王羲之还欣赏当时的不少名士：他评论谢万石，“在山林湖泽这种隐居地里，自然会刚劲超群”；赞叹支道林，“胸襟开朗，精神俊逸”；评论祖士少，“风度比容貌更动人，恐怕一辈子不会再见到这样的人”；评论刘真长，“像高耸入云的大树，枝叶并不繁茂”。

在这四个人中，其实也有狂妄之人和叛逆之臣。谢安的弟弟谢万擅长清谈，曾与简文帝竟日长谈，故而早有声誉。他文采斐然，曾参加王羲之发起的兰亭雅集，并在会上赋诗一首。早年得志的谢万，有一股初生牛犊不怕虎的气势，王羲之也说他有勇往直前的“迈往之气”(《晋书·谢万传》)。

谢万才能和器量皆优异出众，在兄长谢奕去世后，顺利地接任了豫州刺史，并领淮南太守，与郗昙一同北伐前燕。王羲之为此劝谏桓温，认为谢万无将帅之才，让他率军北伐的决定是“违才易务”，会耽误国家大事，但桓温不听。王羲之当时也写信给谢万，劝他要与士卒们同甘共苦，但谢万仍高傲豪纵，毫不懂得安抚士众。

王羲之除了奖掖后进，也非常了解谢万的毛病，他曾经问人家：“你说，要是你和谢安、谢万相比，谁更强一些？”别人还没有回答，王羲之就说：“要是谢安，他一定与人为善，说你比较强；要是谢万，会因为你讲这句话，和你怒目相争吧！”谢万果然在寿春惨败，他后来给王羲之写信：“我感到很惭愧，辜负了您一向对我的关怀厚爱啊。”

如果说谢万是晚辈，祖约则是德高望重的前辈了。祖约作为祖逖的亲弟弟，也是清谈名士，同样受到王导的器重。祖逖病逝后，祖约接管了哥哥的职务和部众，成为晋元帝的亲信大臣。祖约历仕三朝，名气和资历自然都配得上王羲之的赞美，但他因为没有得到晋明帝的临终顾命，多次上表所请求的事又都没有获准，因此心怀怨恨，认为自己被朝廷抛弃了，后来参与了苏峻的叛乱，成为乱臣贼子。

近代学者余嘉锡在《世说新语笺疏》中认为：“祖约叛贼，观敬胤注所引王隐《晋书》叙其平生，至可嗤鄙。而王导与之夜谈，至于忘疲。逸少高识之士，亦称美之如此，所未解也。”这也的确是强人所难了，清谈的水平和过人的才干是可以判断的，但有几个人能够预料到他人未来的所作所为呢？

不说王羲之对武将的判断有失误吧，他对当时的清谈名流，也颇有看走眼的时候。《世说新语·文学》记载：王逸少出任会稽内史，初到任时，支道林也在郡里。孙绰对王羲之说：“支道林对《庄子》的见解新颖，有独到体会，你想见见他吗？”王羲之本来就才气超人，没把外貌丑陋的支道林放在眼里。支道林跟着孙绰一起坐车到他那里，王羲之总是很矜持，回避与之交谈。后来有一次，王羲之有事要外出，刚要上车的时候，支道林在一旁稽首作礼，把他拦了下来：“大人暂且留步，让贫僧和你谈一会儿庄生的《逍遥游》吧。”支道林的解读可谓“才藻新奇，花烂映发”，一下子就把王羲之迷住了，“披襟解带，留连不能已”，此后两人便相谈甚欢。后来王羲之便盛赞支遁"器朗神俊",还请支遁住到离他不远的灵嘉寺,以便随时往来。

王羲之更毫不掩饰对朋友的喜爱,刘惔秉性简傲高贵,恬淡自然,就赞誉他"如一株高耸入云、枝叶并不繁茂的大树"。刘惔是皇家驸马,又是京都的最高长官,自然当得起这样的夸赞。有趣的是,郗愔有一个奴仆通晓文章,王羲之非常喜欢,常常对刘惔称赞他。刘惔问:"这个人与方回(郗愔)相比,水平怎么样呢?"王羲之回答:"他是个小人物,能够识文断字就很了不起啦,怎么能比得上郗公呢!"刘惔笑着说:"如果比不上方回,那不过就是个一般的奴仆吧。"

可知王羲之是个真性情的人,赞美人是发自肺腑的,并未有过多权衡。他对人物的品鉴标准,是单纯的才华和智慧,而非地位和权势。在一片澄澈光明的心境中,他感受到的,都是山灵水秀般的人格吧?

(阮莉萍)

把臂入林

谢公道豫章[①]:"若遇七贤,必自把臂入林。[②]"

《赏誉》第97条

注释

① 谢公:谢安。豫章:即谢鲲,曾为豫章太守,详"达旦微言"篇(《文学》第20条)注释。

② 把:指挽着。林:山林。

鉴赏

自古中国文人就有归山入林的隐居情怀，特别是魏晋这样的乱世，若能与志同道合的朋友偕隐山林全身远祸，更是人生一大幸事，何其惬意。《晋书·刘伶传》记载道："（刘伶）澹默少言，不妄交游，与阮籍、嵇康相遇，欣然神解，携手入林。"竹林七贤相遇便如故，携手即共游，引来后人思慕共感。竹林七贤后世效仿者多矣，此则中谢安所激赏的谢鲲，正是这样一位有着七贤般的风骨、可与七贤把臂同游林下的雅士。

谢鲲是东晋著名政治家谢安的伯父，在《世说新语》中存目十六条。他年少知名，生性豁达，能啸歌，善鼓琴，喜读《老子》《易经》，名列"江左八达"，是名士王衍四友之一。《江左名士传》记载他"通简有识，不修威仪。好迹逸而心整，形浊而言清。居身若秽，动不累高"。是一个放浪外在形骸，一心追求内在逍遥的雅士形象。此传中接着记载了他的一段风流韵事，"邻家有女，尝往挑之。女方织，以梭投折其两齿。既归，傲然长啸曰：'犹不废我啸歌。'其不事形骸如此。"主动挑逗邻家之女不成，还被对方用织梭打折两颗牙齿，本来算不上什么体面光彩的事，但谢鲲发现折齿并不影响吟啸后，就对此傲然不顾了。此外，他还有裸形散发，不拘礼法的行径。《晋纪》记载，"鲲与王澄之徒，慕竹林诸人，散首披发，裸袒箕踞，谓之八达"。可见谢鲲对于竹林七贤的推崇与效仿。当代学者龚斌先生评价道："谢鲲不事形骸，然形浊言清，与竹林七贤行径相似，鲲通简似王戎，有识如山涛；不修威仪，犹嵇康土木形骸；挑邻家女，与阮咸居母丧借驴追姑家婢相类；而鲲迹逸而心整，与阮籍达而无检，却又任真至情略同。嵇阮流风遗韵，后世仿效者甚众，谢鲲为一典型人物。"可见，谢鲲对竹林七贤的追慕不仅是心向往之，在日常言行举止方面，也是多有看齐的。

谢鲲颇善清谈，时人论之"形浊而言清"。《晋书·谢鲲传》记载，

"时王澄在敦坐,见鲲谈话无倦,惟叹谢长史可与言,都不眄敦"。清谈名士王澄曾与谢鲲玄谈不倦,并感叹只有谢鲲能与自己相谈,即便左将军王敦在侧,他都不愿多看一眼。以清谈闻名天下的美少年卫玠,曾在见到谢鲲后,不顾身体羸弱与之清谈达旦。"卫玠始度江,见王大将军。因夜坐,大将军命谢幼舆。玠见谢,甚说之,都不复顾王,遂达旦微言。王永夕不得豫。"甚至传说这场清谈,是卫玠英年早逝的主要原因。"玠体素羸,恒为母所禁。尔夕忽极,于此病笃。"(《文学》20)这个典故从另一个侧面也佐证了一个事实,那就是谢鲲在当时的确是广为人所认同的清谈名士。卫玠去世后,谢鲲十分伤心,"卫洗马以永嘉六年丧,谢鲲哭之,感动路人"(《伤逝》6)。他所发出"栋梁折断,不觉哀伤"(刘孝标注引《永嘉流人名》)的感慨,是对知音逝世最大的哀恸与悲惋。

谢鲲的超迈,还表现在他对自然山水的体认之上。魏晋士人认为神情不关山水者不能作文,所以当大画家顾恺之为谢鲲作画时,将他置于山石的背景之中。顾长康画谢幼舆在岩石里。人问其所以,顾曰:"谢云:'一丘一壑,自谓过之。'此子宜置丘壑中。"(《巧艺》12)可见谢鲲寄情山水并以此自诩,亦为时人所公认,后来元代画家赵孟頫心向往之而绘有《谢幼舆丘壑图》的山水名画。

由此可见,谢鲲雅好清谈,不拘礼法,纵情山水,玄风畅达,正是魏晋风流名士的典型代表。他以竹林七贤为精神典范与行为榜样,谢安正是非常了解他伯父的这一理想,故而认为谢鲲若能跨越时空与七贤相遇,必定如刘伶般与之手把手地一同归隐山林之下,纵情逍遥自在。谢安对谢鲲的这句"把臂入林"的评价,既是赞赏历史上的竹林七贤,也是赞扬了有七贤风骨的谢鲲,颇有些"我看青山多妩媚,料青山见我应如是"的意味。远遁尘世的清净竹林,畅叙自由的诗意栖居。竹林中或徐行漫步,或傲然吟啸,或把酒言欢,或纵谈玄理。在通向大道的孤独旅途之中,有知己朋友心志偕同,并肩前行。画面静止在这里,却留给人无穷想象,"把臂入林"的美好愿景,已然成为中国士人向往同道同行的人文姿态。唐人陈子昂有"隐几一笑,把臂入林"(《喜遇冀侍御珪崔司议泰之二使》序)之语,正好写尽了这份同心共德、不言而喻的默契,以及从历史故事中获得生命共振的愉悦欢喜。

(耿朝晖)

不关山水

孙兴公为庾公参军,共游白石山。卫君长在坐[①],孙曰:"此子神情都不关山水,而能作文。"庾公曰:"卫风韵虽不及卿诸人,倾倒处亦不近。"孙遂沐浴此言。

《赏誉》第107条

注释

① 卫君长:卫永,字君长,成阳(今山东菏泽西北)人,位至左君长史。

鉴赏

从这条材料归在"赏誉"类来看,重点应在庾亮的一段话,涉及该如何认识人、评价人。卫君长,又叫卫永,其人现存的史料很少,《世说新语》中涉及他的材料统共只有三条。从这些材料中可知，他也是士族中人，曾做过权臣桓温的长史，很受桓温的赏识，二人可以不拘形迹地“箕踞相对弥日”(《任诞》29)。一个职位不高的人，竟能得桓温的青睐。再结合本则材料中庾亮对他的评价看，卫永其人的才华恐也不能小觑。有人说他是“世业人”(《品藻》69)，也就是所谓实干家，是有很强办事能力的人才。在东晋士族统治的时代里，所谓的名士风流应该是不问世事，超然无为，具有办事才干不见得就是一个美称，倒有可能会招来鄙视。因为只有那些身份寒微，需要靠着勤奋才能在官场中获得一席之地的人才需要办事才能，那些“平流进取，坐致公卿”(《南齐书》卷二十三)的名士是不需要的。

在本则中，我们发现孙绰对卫永是颇为不屑的，说他神情不关山水，实际意思就是，看他样子就是一个俗吏，怎么可能有高情逸致呢?他的潜台词就是，忘怀得失，沉醉山水，吟咏情性，那才是名士风流，而卫永其人不预焉。但这样以形貌取人是浅薄的。对此，庾亮的回答是，卫君的风韵虽不及诸位，但他也有为诸位所不及的地方。“风韵”大致就是内在气质体现于言动举止的风度，接近于孙绰说的所谓“神情”。“神情”不及，并不一定真的不及。庾亮和桓温一样，都是士族而兼权臣的人物，政治家需要谋略，需要有办事才能，和一班“居官无官官之事，处事无事事之心”(《晋书》卷七十五)的名士不同，评赏人物自有自己的标准。何况卫永并不真的只是一个有干才的俗吏。有一次谢安问人说，你认为卫君长是个什么样的人，当对方回答说，只是一个“世业人”的时候，谢安答道，“殊不尔，卫自是理义人”(《品藻》69)。“理义人”就是思理明晰，能清谈辨析的名士，据说当时有人把卫永和善谈名理的殷融相提并论。

以一个身份地位都不高的人，竟然不约而同地引起了谢安、桓温和庾亮的关注和好评，即此一条就足以说明，卫永其人的不同凡响。而孙绰徒以形貌论人，毋乃失之浅薄乎? 孙绰文才很高，是当时文坛的领袖，但品行和识见都不高，在士林中名声并不好。

(归青)

鉴赏

以琴论人

以琴论人

许玄度言①："《琴赋》所谓'非至精者，不能与之析理'②，刘尹其人③；'非渊静者，不能与之闲止'④，简文其人⑤。"

《赏誉》第111条

注释

① 许玄度：即许询，见"殊胜东山"篇(《言语》第69条)注释。
② 《琴赋》：嵇康所作赋，借琴论乐理。
③ 刘尹：刘惔，曾任丹阳尹。
④ 渊静：沉静恬淡。闲止：闲居、悠游。
⑤ 简文：东晋皇帝司马昱，谥号简文。

鉴赏

许询出身高阳许氏，是东晋咸和永和年间的名士，善于清谈，玄言诗是其一绝。他父亲随晋元帝南渡，当过会稽内史，因此便安家会稽山阴(今浙江绍兴)。

许询一生没有出仕为官，隐居在会稽，但这不妨碍他交游广泛，声名卓著。王羲之曾作有《答许询诗》，简文帝、谢安、孙绰、刘惔、支遁等名士亦是其座上宾。不过，不知为何《晋书》没有为他立传，幸好《世说新语》记载了不少他的事迹，本条就是其中之一。

简文帝司马昱是晋元帝司马睿的幼子，史书记载他“美风姿，好清言，举止端详”，有名士之风。许询与简文帝的交往，散见于《世说新语》的《文学》《赏誉》《轻诋》诸门。《赏誉》第144条记载，许询与简文帝在室内通宵密谈玄言，到了促膝相谈、执手共语的地步，可见二人之亲密。有学者认为这表明许询是第一个能够在密室中与皇帝通宵达旦清谈的名士，这其实似是而非，因为当时简文帝还没有当上皇帝。

刘惔出身世家，年少成名，善于玄谈，一度当过京城最高长官丹阳尹，故被称为刘尹。他与简文帝的关系也颇密切，《晋书》称简文帝当宰相的时候，就以刘惔“雅善言理”，待之以上宾礼。许询与刘惔的交往散见于《世说新语》的《言语》《赏誉》《宠礼》等处。在《言语》第73条中，刘惔评价许询称“清风朗月，辄思玄度”。王勃还曾化用此句赠人云“许玄度之清风朗月，时慰相思”(《越州永兴李明府宅送萧三还齐州序》)。清风朗月，自然是代表着善于清谈的名士风度。

自东汉末年许劭兄弟在汝南主持“月旦评”以来，魏晋时期品评人物成为了一种风尚。当时许询、简文帝、刘惔处在一个共同的名士圈子内，简文帝和刘惔都如此赏识许询，许询自然也投桃报李，本条就记载了他对二人的极高评价。

许询提到的《琴赋》是“竹林七贤”之一嵇康的作品。嵇康善琴，曾作名曲《广陵散》。在文学意义上，《琴赋》则成为了一个标杆，是两晋之人衡量类似作品的参照。比如《世说新语》中的《文学》第98条，有人问顾恺之他写的《筝赋》是否能与《琴赋》一较高下。在审美的意义上，《琴赋》跳出儒家赋予音乐的道德教化作用，突出了音乐的自然特性和娱情的功效，强调以“和”为美，塑造出清净、脱俗的音乐意境。

《琴赋》原文是“非夫至精者不能与之析理”和“非夫渊静者不能与之闲止”。其中的“之”字都代指琴，因此原文的含义是非至精者不能与琴明理，非深沉者不能与琴悠游。与《琴赋》论琴不同，许询是在这基础上拓展到人，在两个层面上进行了超越性的发挥。一是一般认为，《琴赋》的这两句话是嵇康在自喻，认为自己就是可以与琴明理、悠游的至精、渊静之人。许询反而用之,指代他人,高度赞扬简文帝和刘惔。二是原文中的“析理”当解作分析乐理、事理,许询此处则当理解为清谈之义理,闲止也是在名士起居上而言的。许询将《琴赋》用作清谈意义上的赏誉,非常恰当地评价了简文帝和刘惔,可谓独有创见又一语中的。

(李煜东)

自有才情

孙兴公、许玄度共在白楼亭[①],共商略先往名达。林公既非所关[②],听讫,云:“二贤故自有才情。”

《赏誉》第119条

注释

① 孙兴公:即孙绰,见“合抱枫柳”篇(《言语》第84条)注释。许玄度:即许询,见“殊胜东山”篇(《言语》第69条)注释。

② 林公:即支遁,见“支公好鹤”篇(《言语》第76条)注释。

鉴赏

杜牧在诗里写道:“大抵南朝皆旷达,可怜东晋最风流。”(《润州二首》其一)永嘉年间,大批望族名士南渡,从血雨腥风的动乱北国,到杏花春雨的江南安定下来。他们时时放浪于云蒸霞蔚的千岩万壑之间,欣欣然“便有终焉之志”。

山阴便是如今的浙江绍兴,也是谢安、王羲之、孙绰、许询等名士的隐居之地。白楼亭,刘孝标注:“《会稽记》曰:亭在山阴,临流映壑也。”该亭矗立山巅,俯临碧水,气象万千,据说这里还安葬着春秋时期的越国大夫文种,可谓人文历史悠久,也是诸多名士登临寄情的胜地。

崇尚老庄的清谈之风,通过士大夫们的引领,也在江南山水间继续吹拂。然而东晋的玄学,有一个重要的发展,就是佛学与玄学的合流。名僧支遁就经常出现在当时名士的聚会中,《世说新语》中,记载他的事迹也多达 50 余条。有一次孙绰、许询一起在白楼亭上,共同品评先前的贤达。支遁也在座,但看他们俩谈得太过热络,似乎跟自己毫不相关。于是遭到冷落的支遁默默听完,淡淡地说:“两位贤才的言谈,的确有才情啊。”

说起支遁交往的名士,简直是东晋的顶级配置了。孙绰和许询都是当时很有影响的玄言诗人。梁代的钟嵘在《诗品序》中写道:“永嘉时,贵黄老,稍尚虚谈。于时篇什,理过其辞,淡乎寡味。爰及江表,微波尚传。”虽然玄言诗整体成就不高,但钟嵘认为孙绰和许询“弥善恬淡之词”,可见二人的造诣,也是在《诗品》认可的行列。

支遁、孙绰与许询,都和王羲之关系密切。晋穆帝永和九年(353年),王羲之召集四十一人在今天绍兴的兰亭修禊,他们都欣逢其盛,共度过曲水流觞、饮酒赋诗的美好时光。孙绰才情出众,被大家推举撰写《兰亭集诗·跋》。而他自己更为得意的是《游天台山赋》,曾对范启说:“卿试掷地,要做金石声。”不仅如此,政坛上威权赫赫的殷浩、桓温、庾亮等人,逝世后的墓志碑文,均出于孙绰之手,可见影响力之大。

许询也非同俗流,他虽然出身名门,却终身不仕,一生最爱游山玩水,除此之外还善析玄理,是当时清谈家领袖之一,与孙绰并称“一时文宗”。简文帝司马昱曾经称赞道:“玄度五言诗,可谓妙绝时人。”(《世说新语·文学》85)当时的士大夫,有的钦慕许询的高迈不群,认为身在官场的孙绰比较鄙俗;有的喜爱孙绰的才藻,认为许询这种不问世事的隐士,并无可取之处。

支遁也曾试着问孙绰:“您觉得自己和许君相比如何啊?”孙绰不慌不忙地答道:“超尘脱俗的情致,我对他早已服膺;然而吟诗作赋的才华,他就会败在我手下了。”孙绰知己知彼,既不自傲也不自谦,自称情致不及而文才有余,也难怪两人惺惺相惜了。

东晋时期,不只有名士风流,名僧也以才学风度跻身其间。支遁称赞二贤的才情,难道对自己不也是充满自信吗?他自幼读经,擅长草、隶书法,更善写玄言诗,一向以洒脱的心性、高远的情调,为名士们所欣赏。他讲庄子的《逍遥游》,更是胜义迭出,曾让原本轻视他的王羲之也为之服膺。

支遁的专业本领,自然是讲解佛经。他在山阴主讲《维摩经》的时候,许询作唱经的都讲,主要是负责提问。支遁每阐明一种义理,四座无不心悦诚服,认为许询再也提不出驳难了;而许询每设一个驳难,众人都以为支遁再也无法阐明了。如此一来一往,二人难分上下,令听讲的人如痴如醉,只顾赞叹那连珠妙语,却不辨义理究竟何在。

孙绰在《道贤论》中说,支遁、向秀二人都推崇《老子》《庄子》,二人虽不同时,但玄谈却同样风雅。支道林身为名僧,实则名士,当时人说他是“身披袈裟的名士”,又赞他“理趣符老庄,风神类谈客”。谢安隐居时,曾在《与支遁书》中写道:“思君日积,计辰倾迟。知欲还剡自治,甚以怅然。人生如寄耳,顷风流得意之事,殆为都尽。终日戚戚,触事惆怅。唯迟君来,以晤言消之,一日当千载耳。”谢安的思念惆怅之情溢于言表,相知相悦之心亦跃然纸上。

《世说新语·雅量》记载:支遁最后辞别京都建康时,海西公在征虏亭设宴饯别,蔡子叔先抢到了支遁旁边的座位,但在起身行礼寒暄时,位子被谢安的弟弟谢万所占,蔡子叔竟将谢万的坐垫用力一掀,将他掀翻在地上,差点摔坏了脸。东晋名士崇奉支遁,竟至于争抢靠近支遁的座位，也是既可笑又可爱啊！

支遁一开始因为相貌丑陋、身份特殊而备受歧视，但他仍然凭借个人的出众才华与人格魅力，受到东晋清谈名士的欢迎，也引领了玄、佛结合的新潮流。他以本土化的道家思想，对佛学作出了新的诠释，开创了佛玄交融的般若学派即色宗，最终成为卓有成就的一代高僧。

（阮莉萍）

出自门风

谢中郎云[①]："王修载乐托之性[②]，出自门风[③]。"

《赏誉》第122条

注释

① 谢中郎：即谢万，见《赏誉》第88条注释。
② 王修载：即王耆之，字修载，琅邪临沂（今山东临沂北）人，荆州刺史王廙子。历任中书郎、鄱阳太守、给事中。乐托：同"落拓"，豪放，不拘小节。
③ 门风：指一家世代流传的风习，犹家风。

鉴赏

唐朝诗人羊士谔在《忆江南旧游》诗中写道："山阴道上桂花初，王谢风流满晋书。"东晋建康（南京）城里的秦淮河畔、乌衣巷里，走出了多少风流名士！开创"王与马，共天下"局面的琅邪王氏，是东晋四大权门

“王谢桓庾”之首，其中功业堪与王家并驾齐驱的，唯有陈郡谢氏而已。

谢万是太常谢裒的第四子，谢安的弟弟，他早年曾经感叹：“王修载那种落拓不羁的性格，是来自他的家风啊。”王修载出身琅邪王氏，是开国第一功臣王导的侄儿，王羲之的堂兄弟。

在王羲之给亲友的书信《平安帖》里，我们大概可以想象当时王家聚会的盛况：“修载（王耆之）来十余日，诸人近集，存想明日当复悉来，无由同，增慨。”晋人注重雅集，亲友间过从甚密，饮宴啸咏风气之盛，于此可见一斑。王耆之的事迹，在史书上没有详细记载。王家的门风究竟是如何“乐托”（落拓）的呢？

王耆之的父亲王廙字世将，不仅擅长音乐、射御、博弈、杂伎，书画还被评为“江左第一”。晋明帝司马绍、王羲之，都曾随王廙学习绘画、书法。王廙性格真率俊爽，曾经和名士们顺着长江南下，乘着迅风在江面飞驰。他独自倚靠舫楼，仰天长啸，神情甚为超拔脱俗。当时丞相王导对名士庾亮感叹道：“世将是在为动乱的时世伤感吧。”庾亮也流露出欣赏的神情，说：“他是在抒发超尘脱俗的情怀啊！”艺术家大抵都是比较有个性的，王廙为人倨傲，对看不顺眼的人，总是置之不理，因此也为人所忌恨。

琅邪王氏功业赫赫，子弟们往往傲慢。有一次，谢安和谢万一起坐船去京都建康，经过吴郡时，谢万想去拜访王导的儿子、吴郡太守王恬。谢安犹豫道：“恐怕他不一定理睬咱们吧，我看不值得去拜访。”谢万极力邀哥哥同去，谢安坚决不去。谢万一个人去了王恬家，只坐了一会儿，主人就走开了。谢万非常高兴，以为王恬打算拿什么好东西来招待自己。过了很久，王恬竟披头散发出来，原来刚才是洗头去了。他坐在院子里的椅子上晒着头发，神情懒散放纵，毫无继续应酬之意。谢万回去后，委屈地向哥哥哭诉。谢安笑道：“阿螭（王恬小名）这人不会做作，他要是以礼待你，那就是装出来的。”

地位稳固的世家贵族，往往瞧不起后起的新贵，谢安是很有自知之明的。不过谢万也是个纨绔子弟，一样的落拓不羁。有一回谢万在兄长和客人面前,起身吆喝着让人拿便壶来。当时阮裕在座,不屑地说:“新兴的门户,子弟甚是无礼。”

谢万少年得志,二十岁就被司马昱任命为从事中郎。他喜欢炫耀自己,总是戴着白色纶巾,身披氅裘,脚穿木屐,一副名士风流的样子,与司马昱彻夜长谈。谢万比王家子弟更傲慢无礼,有一回他戴着白纶巾,到扬州府找岳父王述,对这位扬州刺史直言不讳地说:“人家说大人痴,我看确实是痴啊。”王述听了并不尴尬,缓缓道:“外面好像有这种议论,只是因为我大器晚成罢了。”作为晚辈,能这么当众给老丈人添堵,也真是让人醉了。

谢万这么瞧不起别人,自己是不是特别优秀呢?他在出任豫州都督前,亲朋故旧连日饯行,让他感到疲惫不堪,懒得再会客了。这时侍中高崧去拜访,径直到谢万身边坐下,问道:“你现在受命主管一州,打算怎样处理政事呢?”谢万大略谈了自己的想法,完全不得要领。高崧就洋洋洒洒地讲述了当地的局势和地理、人事情况。谢万听着听着,身不由己地端坐起来。高崧走后,谢万不由追想叹道:“哎呀,阿酃(高崧小字阿酃)确实有才能啊。”大概因此,谢万才对他奉陪不倦吧。

在率兵北伐时,谢万也自矜尊贵,常啸傲吟诗,未曾安抚将士。谢安非常看重谢万,怕他失败,就随他出征。他对谢万说:“你身为主帅,应该常请将领们宴饮,让大家高兴。”谢万就召集部下,可他不但没说什么好话,还傲慢地用如意指着众将领说:“诸位都是精锐的老兵啊。”将领们都忌讳被称为兵,听了更加怨恨。因为谢安对他们恩遇有加,北伐失败后,谢万才幸免一死。

可见,王谢贵族的落拓门风,对他们成就功业并没有帮助。对于谢万来说,世间哪有什么岁月静好,都是因为有谢安这样的好哥哥为他负重前行罢了。

（阮莉萍）

鉴赏

欲倾家酿

欲倾家酿

刘尹云："见何次道饮酒[①]，使人欲倾家酿[②]。"

《赏誉》第130条

注释

① 何次道：何充(292—346)，晋庐江灊县(今安徽霍山东北)人，字次道。王导妻甥，明帝后之妹夫。初辟大将军王敦主簿，以忤敦左迁。敦败，因与导善，屡历显官。苏峻之乱，从导东奔。乱平，封都乡侯。康帝病重，受顾命，辅立穆帝。

② 家酿：家中自酿的酒。

鉴赏

酒与魏晋名士有着分不开的联系，鲁迅先生在《魏晋风度及文章与药及酒之关系》中已有详尽阐释。魏晋名士饮酒缘由各有不同，有借酒避世者、有狂醉远祸者、有遇酒忘返者、有左蟹螯右酒杯逍遥者，等等。饮酒的场景也各有不同，有哀恸者如刘伶鹿车壶酒死便埋我，有凶残者如石崇斩美人以劝人饮酒，有伤感者如阮籍哭母饮酒二斗吐血数升。《世说新语》中记载了太多美酒与名士的故事，不过将饮酒与审美结合起来的，既有前贤嵇康之"其醉也，傀俄若玉山之将崩"(《容止》5)，也有本条中使人欲倾家酿以欣赏他饮酒风姿的何充。

本条中的点评者刘尹，即东晋大臣刘惔，也是当时著名的清谈家。他出身世族，历任司徒左长史、侍中、丹阳尹等官职，故史称"刘尹"。袁宏在《名士传》中称他为"永和名士"，《唐会要》也将他列为"魏晋八君子"之一。刘惔在《世说新语》中存目83条，多集中在《赏誉》篇和《品藻》篇中。“竺法深在简文坐，刘尹问：‘道人何以游朱门？’答曰：‘君自见其朱门，贫道如游蓬户。’或云卞令。”（《言语》48）“刘尹云：‘人想王荆产佳，此想长松下当有清风耳。’”（《言语》67）都是他流传较广的言论。刘惔为人简傲高贵，“桓大司马下都，问真长曰：‘闻会稽王语奇进，尔邪？’刘曰：‘极进，然故是第二流中人耳！’桓问：‘第一流复是谁？’刘曰：‘正是我辈耳！’”（《品藻》37）魏晋名士的风流自诩在这句“正是我辈”中表露无遗。刘惔的名士风骨不仅深受时人称誉，也引得后人追慕，后来南齐的丹阳尹袁粲，指着庭中柳树对刘惔的后人刘瓛说：“人谓此是刘尹时树，每想高风。今复见卿清德，可谓不衰矣。”

本条中的饮酒者何充，字次道，美姿容，善文章，是晋朝重臣，为人刚强果敢，敢于直言不讳。“王含作庐江郡，贪浊狼籍。王敦护其兄，故于众坐称：‘家兄在郡定佳，庐江人士咸称之。’时何充为敦主簿，在坐，正色曰：‘充即庐江人，所闻异于此。’敦默然。旁人为之反侧，充晏然，神意自若。”（《方正》28）何充以其秉正直言，赢得时人的敬重。他常以天下为己任，勤于政务，《世说新语》的另一则反映了他勤于政事的行事风格。“王、刘与林公共看何骠骑，骠骑看文书不顾之。王谓何曰：‘我今故与林公来相看，望卿摆拨常务，应对玄言，那得方低头看此邪？’何对曰：‘我不看此，卿等何以得存？’诸人以为佳。”（《政事》18）真可谓既勤力于实务、又直言不留情面的典范。

本条借短短一句刘惔的感慨，就将魏晋人好饮酒与美姿仪的特点结合起来。刘惔感慨何充饮酒不失姿仪，令人欲倾尽佳酿供之，应是有感于魏晋士人饮酒、常至裸裎失态的不良风气而发。魏晋名士爱酒赞酒，常见于典籍：“王卫军云：‘酒正自引人着胜地。’”（《任诞》48）“王佛大叹言：‘三日不饮酒，觉形神不复相亲。’”（《任诞》52）可见饮酒彰显了士大夫的独立个性与自由意志，在魏晋名士的生活中具有重要地位。不过酒喝多了则容易酒后失仪，丑行百出，刘惔对此应该也是大为不满的。在《晋书·何充传》中有与本条类似的记述，不过对于刘惔赞扬何充的原因，说得更为清楚。“充能饮酒，雅为刘惔所贵。惔每云：‘见次道饮，令人欲倾家酿。'言其能温克也。"刘惔赞扬何充，是因为何充既能饮酒不辍，又能克制自我不至失态，不禁令人钦佩他饮酒豪爽而风姿不异的风度。在刘尹看来，何充善饮能饮痛饮实在是名士风度的一种体现，其超然的酒品已然达到审美的理想境界，故而愿倾出家酿请其畅饮，以观其豪迈姿态，而不必担心酒后失仪之事。一个酒中仙客饮得痛快、一个人中贤达看得陶醉，千古之下，"倾其家酿"四字，风骨犹在。

后世文人多引"倾其家酿"这个典故吟诗作词，如"刘惔倾酿，孝伯痛饮"（唐李瀚《蒙求》），又如"开筵交履舄，烂漫倒家酿"（唐韩愈《岳阳楼别窦司直》），再如"我爱君如何次道，便令人、直欲倾家酿"（宋冯取洽《贺新郎》），等等。可见刘惔一句至心的感慨，引发后世多少来人的情感共鸣。而何充酣饮不醉的风仪，犹然令人追想。

（耿朝晖）

不能言而能不言

刘尹道江道群[1]："不能言而能不言。"

《赏誉》第135条

注释

① 刘尹：即刘惔，字真长。东晋名士，曾为丹阳尹，故称刘尹。江道群：江灌字道群，陈留圉（今河南杞县西南）人。

鉴赏

在整个《赏誉》篇中，这则含义隽永的警句，显得玲珑可喜，耐人寻味。

这里的“言”，应该主要是指“玄言”或“清言”——那是魏晋名士最擅长、也最痴迷的“嘴上功夫”，所谓“舌灿莲花”“口若悬河”“巧舌如簧”。但也有人只有“锦心”，却没有“绣口”，玩不了这样的高难度游戏，比如江灌。刘惔对他的评价很精彩：“不能言而能不言。”仔细观察，你会发现这个句子很对称，有着一种“建筑的美”，同时，韵脚都落在“言”字上，又有一种“音乐的美”。刘惔的意思是，江灌这个人很有自知之明——“他不擅长清谈，但能够闭口不谈”。这本来是一句赏誉特定人物的话，却完全跳脱出了原来的语境，成为一句带有普适性和哲理性的隽永格言了。在《论语》中，孔子脱口而出的很多话都成了格言，但在《世说》中，这样的例子并不多见。

刘惔是东晋著名的清谈家，善于品鉴人物，评赏之语高妙蕴藉，常常出人意表。谢安对刘惔清谈的水平有一句评价：“刘尹语审细。”（《赏誉》116）说他清谈的话语审慎明辨，精细入微。简文帝司马昱也说：“刘尹茗柯有实理。”（《赏誉》138）茗柯，即酩酊，这句是说刘惔哪怕喝得酩酊大醉时，说的话也都切实而有理。比如，刘惔评价他的好朋友王濛，说他“性至通而自然有节”（《赏誉》87），而王濛的感受是：“刘尹知我，胜我自知。”（《赏誉》109）朋友做到这地步，也真是只能有一、不能有二了。

江灌是东晋名士江虨、江淳的从弟，与刘惔、王濛皆有交游。有人问王濛对江虨兄弟的看法，王濛说：“诸江皆复足自生活。”（《赏誉》127）意思是江家的诸位兄弟子侄，都能自立于当世——这是很称许的评价了。王濛还专为江灌做了品题，说他是：“人可应有，乃不必有；人可应无，己必无。”（《赏誉》84）这也是一句很漂亮的话——别人所应有的，他不一定有；别人所应当没有的，他自己肯定没有——简直是《礼记·大学》中所说“君子有诸己而后求诸人，无诸己而后非诸人”的境界了。

刘惔说江灌“不能言而能不言”，“不能言”正是“人可应有，乃不必有”，“而能不言”，又是“人可应无，已必无”；前者本是其短，后者适成其长。当时有人评价庾中郎（庾敳）：“善于托大，长于自藏。”（《赏誉》44）而江灌则是既不“托大”，又懂得“自藏”，实在难得！有时候，一个人若懂得“藏拙”，反而易成“大巧”。所谓“大美不言”，“大巧若拙”，正是此意。

记得初读《世说》时，我就喜欢这句话，现在好多年过去了，还是喜欢。我觉得这句话蕴藏着一种极为高级的“语言哲学”，其中不仅有“诗”，还有“禅”。《论语》有言：“时然后言，人不厌其言。”意思是，说话要注意时机，该说的时候说，才不会让人讨厌。而这个江灌，因为“能不言”，不管该说还是不该说，我都能不说——如此彻底的“沉默是金”，反倒使那些一有机会就滔滔不绝、喋喋不休、信口雌黄的人显得格外可厌了。

（刘强）

玄度才情

许掾尝诣简文[①]，尔夜风恬月朗[②]，乃共作曲室中语[③]。襟情之咏，偏是许之所长，辞寄清婉，有逾平日。简文虽契素[④]，此遇尤相咨嗟，不觉造膝[⑤]，共叉手语[⑥]，达于将旦。既而曰：“玄度才情，故未易多有许。”

《赏誉》第144条

注释

① 许掾：即许询，见“殊胜东山”篇（《言语》第69条）注释。
② 尔夜：此夜，恬：安静。
③ 曲室：密室。
④ 契素：情意相投。
⑤ 造膝：促膝，两人膝盖相接，形容交谈亲密。
⑥ 叉手：交手，执手。形容相互亲近。

鉴赏

许询，字玄度，高阳人，魏中领军许允玄孙。父亲许归，跟随中宗司马睿过江，迁会稽内史，于是家居会稽山阴。许询年少时聪慧灵秀，被称为神童，长大后神情简素，爱好山水，以隐逸为乐事。每至清风朗月，则举酒吟咏情怀。司徒蔡谟征召为掾，他不接受任命，因此被称为征君，又称为“许掾”。隐居在永兴（今浙江杭州市萧山区）西山，以树筑室，萧然自致。常与高僧支道林及谢安石、王羲之交游往来。许询有才思文采，善写诗文，简文帝司马昱曾赞扬他的五言诗“妙绝时人”，在东晋文坛上，与孙绰并称为“一时文宗”。支道林曾问孙绰：“您和许询相比如何？”孙绰说：“说到高雅情怀和深远志趣，我早已诚心佩服；至于吟咏诗赋方面，他要向我服输。”孙绰的说法也是时人的共识，《世说新语·品藻》记载，孙绰与许询都是一时名流，有人敬重许询的高尚情操，而有人则喜欢孙绰的才思文采。许询既有隐居不仕的高尚之志，又有名士的高情远致，在崇尚隐逸的东晋，他自然受到许多达官贵人和文士们的崇仰和敬慕，其才情尤得简文帝司马昱、丹阳尹刘惔的赏识和青睐，许询与二人交往颇深，堪称神契。据南朝宋檀道鸾《续晋阳秋》记载，许询善于清谈玄理，有一次他出京城迎接姐姐，遇到简文帝和刘惔，他们对许询的情怀以及言咏都非常喜爱，每每邀请许询促膝赏谈，夜以继日，通宵达旦。

一天晚上，风静月明，许询去谒见司马昱，两人就一起在曲室中清谈。吟咏胸怀性情，向来是许询最擅长的，其言辞所寄托的情意清丽婉约，超过了平时的谈论。司马昱虽然和他情趣相投，但对这次晤谈尤为叹赏，两人言谈中不觉愈靠愈近，促膝相谈，执手共语，一直谈到天快亮了。过后司马昱说："像玄度这样的才华，确实是不易多得啊！"许询与知己者清谈的才情和高远意境，确实让当时的许多文士倾慕不已，《晋中兴士人书》说："许询能清言，于时士人皆钦慕仰爱之。"

刘惔对这段与许询的交往也深深不能忘怀，每当忆起此情此景，他就一往情深地说："清风朗月，辄思玄度。""清风朗月"不仅指与友人一起谈论的美好光阴，更是对许询高洁清逸品格的暗喻。陶渊明在给他的外祖父孟嘉所撰传记《晋故征西大将军长史孟府君传》中就专门记载了孟嘉与许询交往的一则轶事："高阳许询，有隽才，辞荣不仕，每纵心独往。客居县界，尝乘船近行，适逢君过，叹曰：'都邑美士，吾尽识之，独不识此人。唯闻中州有孟嘉者，将非是乎？然亦何由来此？'使问君之从者。君谓其使曰：'本心相过，今先赴义，寻还就君。'及归，遂止信宿，雅相知得，有若旧交。"由此可见陶渊明对这位前贤的敬仰。《世说新语》的这段佳话，也让许询成为文人所仰慕的清流的代名词。后来文人追忆与挚友谈论，就常用此典作比，如唐代诗人皇甫冉《送王绪剡中》："朝朝忆玄度，非是对清风。"五代贯休《寄杜使君》："清高慕玄度，宴默攀道一。"宋代仇远《寄陈仲麟》："檇李城边送客船，梅花一别又三年。清风朗月思元度，骏马名姬羡谪仙。"明代欧大任《同方鸿胪饮许奉常楼上并赋秋字》："南朝名胜自风流，几度能随许掾游。"

（王建国）

不能已已

谢公领中书监[1]，王东亭有事应同上省[2]，王后至，坐促，王、谢虽不通，太傅犹敛膝容之。王神意闲畅，谢公倾目。还谓刘夫人曰："向见阿瓜，故自未易有。虽不相关，正是使人不能已已。"

《赏誉》第147条

注释

① 谢公：指谢安。
② 王东亭：即王珣，见"制置纡曲"篇（《言语》第102条）注释。

鉴赏

东晋氏族大家的婚姻，有着浓厚的政治色彩。结婚更是为了巩固联盟，离婚则是为了切割关系。《晋书》上记载："（王）珣兄弟皆谢氏婿，以猜嫌致隙。太傅（谢）安既与珣绝婚，又离（王）珉妻，由是二族遂成仇衅。"王珣、王珉兄弟先后娶谢家女儿为妻，分别是谢万和谢安的女婿。谢安在挫败桓温的篡位图谋后，当上了太傅，掌握东晋朝廷的大权。他先让侄女同王珣离婚，随后又让女儿同王珉离婚，王谢两族由此产生仇隙。

谢安兼任中书监的时候，东亭侯王珣有公事，两人一起到中书省。

王珣来晚了,由于座位不宽敞,王、谢两家虽然断绝来往了,太傅谢安还是收紧腿,留出地方给王珣坐。王珣也不客气,就在谢安身边坐下,神态闲适自在,令谢安不由得斜眼顾盼。后来谢安回到家里,对刘氏夫人说:“刚才看见阿瓜,真是个人间少有的人物啊,虽然和他已经没有瓜葛了,还是使人倾慕不已,心情难以平静。”可见谢安是真心欣赏王珣的,既然两家结为姻亲,为何会闹到离婚的地步,可私下里又仍有好感呢?

先来看看王珣是个怎样的人吧。他是王导孙辈中最为杰出的人物,少年时与谢玄齐名。桓温曾对众人说:“谢掾年四十,必拥旄杖节。王掾当作黑头公。皆未易才也。”(《晋书·王珣传》)他认为两人都是难得的人才,谢玄年纪轻轻就会统帅三军,而王珣头发未白就可以登上三公的高位。王珣年少得志,弱冠时就进入桓温幕府担任主簿,与记室参军郗超同被桓温倚重。由于郗超多须,王珣矮小,荆州人编了首童谣:“髯参军,短主簿,能令公喜,能令公怒。”

作为青年才俊,王珣“神情朗悟,经史明彻”,能力极强。当时桓温北伐,军中机要事务都交由王珣处理,军中文武数万人都认识他。在幕府时,桓温曾让人偷了王珣的文书,王珣当场就另写一份,无一句重复,足见才华之高。他更是个作战的高参,东亭侯的爵位就是凭借战功取得的。

既然王珣这么有才干,为什么谢安要让侄女离婚,跟他划清界限呢?另一个侄女谢道韫,那么不喜欢王凝之,谢安还多番劝慰,他和同样是琅邪王家的王羲之、王献之等人,始终关系良好。谢安还有个女婿,是太原王氏的王国宝,无才无德,一味谄媚,甚至离间孝武帝和谢安的关系,逼得谢安不得不出镇避祸,这样都不曾让女儿离婚。谢安与王珣断交,既不是因为家族仇恨,又不是因其人品才华问题,究竟是为什么呢?

当年桓温权倾朝野,无论是皇帝还是文武百官,无不看郗超和王珣的脸色。朝廷上下想起桓温废立之威、跋扈之状,仍不寒而栗,孝武帝对桓氏的防范之心丝毫不减，谢安执政后，能不考虑到消除影响吗？

旷达有度的谢安，在桓温病逝后，立即免去郗超的中书侍郎一职，数年后郗嘉宾郁郁而终。这个政治切割，连皇帝家也不例外。简文帝的三女儿新安公主，后来也与桓温的儿子桓济离婚，皇帝下旨让王献之休掉郗道茂，再娶新安公主。这个举措，同时切割了桓家与郗家，断绝了桓温残余势力死灰复燃的可能。

王珣作为桓温的得力助手，也是别人最大的忌讳之处。谢安让侄女和女儿，都与王氏兄弟离婚，已经不是个人好恶问题，而是向皇帝表明坚决维护皇权的立场了。当然，谢安还是厚道的，他只是把王珣贬为黄门侍郎，外迁其为豫章太守，让他远离权力中心。王珣拒绝出任，最后谢安把他安排在秘书监，王珣才勉强接受。

公元385年谢安病逝，王珣得知后立即赶回京都建康。他找到族弟王献之，说："我想去哭悼谢公。"王献之已经病入膏肓，起初还躺着，闻言惊起，注目王珣半天，感叹道："这是我一直所期望的事啊！"也许，失去心上人郗道茂的王献之，心里也明白谢安迫不得已的苦衷吧。

于是王珣前往谢家哭丧，他来到灵堂后，谢安的旧将刁约不让他进去，冷冷地说："谢公生前的时候，不见你这个客人！"王珣也不理会，拨开他的手，径直走到谢安的灵前，神情悲怆，放声恸哭。按照当时的礼制，谢安的儿子谢琰要上前致谢，没想到王珣转身就走，未按礼节去握孝子谢琰的手。

王珣的哭临，也许是遗憾恩怨尚未了结，谢安就撒手而去；又或许是追忆往日的情谊，感叹从此天人永隔。随着谢安的离去，桓温的阴影也随着时光渐渐淡去，王珣最终得以重回东晋的政治中心。官场间的恩怨斗争，就是如此敌我对立，而在优秀人物之间，仍有着一丝互相欣赏的脉脉温情！

（阮莉萍）

鉴赏

酣畅忘返

酣畅忘返

子敬与子猷书[①]，道“兄伯萧索寡会[②]，遇酒则酣畅忘反[③]，乃自可矜[④]”。

《赏誉》第151条

注释

① 子敬：王献之，字子敬。子猷：王徽之，字子猷，王羲之子，子敬兄。
② 兄伯：即伯兄，是兄长。萧索寡会：落落寡合，不合流俗。
③ 酣畅：尽情饮酒。反：即“返”。
④ 乃自：确实。可矜：可贵。

鉴赏

在魏晋时期的政治高压下，很多士大夫走上了越名教而任自然的道路，过着表面任达放荡、自在惬意，实则忧患泉涌、愁苦丛生的双面生活。酒，或者说饮酒，成为他们逃避世俗迫害，保持内在真我的重要手段。因此在《世说新语》中，我们可以看到很多关于魏晋名士与酒的典故，如阮籍借酒浇胸中垒块、刘伶病酒、张翰身后名不如眼前一杯酒等，都是魏晋名士洒脱不羁审美品格的表现。本篇中王子猷遇酒忘返，也是这样一个名士与酒的故事。

王子敬，即书法名家王献之，他的故事在《世说新语》存目29条之多，最为人称道的就是《言语》篇中“从山阴道上行，山川自相映发，使人应接不暇”的妙语，是后人判断魏晋士大夫山水审美情趣的重要文献。

本篇是王子敬给兄长王子猷书信中的一句，信中称赞王子猷性情疏淡不流于俗态，有酒则喝到酣畅淋漓。王子猷是魏晋风度的标志性人物，《世说新语》中有几个与他有关的典故，如“雪夜访戴”“何可一日无此君”“看竹何须问主人”等，都是中国士大夫审美文化史上的典型事件与典型言论。其中对竹的偏好，反映了以王子猷为代表的魏晋名士，其内在的简傲风骨与竹的外在超拔形象的高度契合，更与士大夫们的隐居心态、淡泊名利的气节，有着一种内外呼应的关系。王子猷在《世说新语》全书中只存目 19 条，但每一条都非常经典，可谓青松拔于白沙，光彩迭映。

子敬子猷兄弟，在《世说新语》中联袂出场共计六次。如《雅量》中记述子猷见火忘履失态之事。“王子猷、子敬曾俱坐一室，上忽发火。子猷遽走避，不惶取屐；子敬神色恬然，徐唤左右，扶凭而出，不异平常。世以此定二王神宇。”(《雅量》36)再如《品藻》篇中记载谢安称赞子敬“吉人辞寡”之事。“王黄门兄弟三人俱诣谢公，子猷、子重多说俗事，子敬寒温而已。既出，坐客问谢公：‘向三贤孰愈？’谢公曰：‘小者最胜。’客曰：‘何以知之？’谢公曰：‘吉人之辞寡，躁人之辞多。推此知之。’”(《品藻》74)这两次联袂出场，子敬都胜出一筹，时人亦以此定分兄弟二人雅量高下。但无论时人如何定分二人，子猷子敬在众多兄弟中感情最深。《伤逝》篇，记载兄弟二人生死道别的动人场景：

王子猷、子敬俱病笃，而子敬先亡。子猷问左右：“何以都不闻消息？此已丧矣！”语时了不悲。便索舆来奔丧，都不哭。子敬素好琴，便径入坐灵床上，取子敬琴弹，弦既不调，掷地云：“子敬！子敬！人琴俱亡。”因恸绝良久。月余亦卒。(《伤逝》16)

子猷恸绝地发出“人琴俱亡”之感慨后，不久也随子敬而逝，可见棠棣情深，丝毫不亚于伯牙子期的“高山流水”。平素傲慢不羁、洒脱自在的王子猷，与兄弟王子敬相处，没有了“造门不前”的洒脱，没有了“未交一言”的倨傲，更多是一往情深的真诚，与魏晋士人推崇的风流自然，有着高度的内在审美契合。美学家李泽厚认为，“这个‘情’虽然发自个体，却又依然是一种普泛的对人生、生死、离别等存在状态的哀伤感喟，其特征是充满了非概念语言所能表达的思辨和智慧。它总是与对宇宙的流变、自然的道、人的本体存在的深刻感受和探寻连在一起”(李泽厚《华夏美学》)。

王子敬在书信中称赞其伯兄王子猷“萧索寡会”，的确非常准确地描述出了王子猷的性格。王子猷为人“卓荦不羁”，似乎于人于事都异常淡漠，不屑于世俗之功名。

王子猷作桓车骑参军。桓谓王曰：“卿在府久，比当相料理。”初不答，直高视，以手版拄颊云：“西山朝来，致有爽气。”(《简傲》13)

这则故事中，王子猷不理公务，全然无视职务的分内之事。《简傲》篇第11则，他还引用了孔子“不问马”的典故，来说明自己对于公务俗事的超然态度。卓荦不群、孤傲自诩，本是魏晋名士风流的外在表征，以此来应对残酷无情的礼法世界。一旦有酒，则会抛弃孤傲不群的外貌，转而显露性情中的酣畅深情。所以王子敬夸赞王子猷，“酣畅忘反，乃自可矜”，是因为了解和欣赏伯兄子猷的真实面目，知道他在美酒跟前，会完全放下日常人前的孤傲不羁，酣饮至尽兴才会回返，实在是可爱可贵极了的品性。

子敬、子猷兄弟，情性大不相同，从二人对历史人物的不同评价就可见一斑。“王子猷、子敬兄弟共赏《高士传》人及赞。子敬赏‘井丹高洁’，子猷云：‘未若长卿慢世。’”(《品藻》80)对高士不同品行的赞誉，不就是兄弟二人各自的理想人格在现实中的投射吗？但可贵之处就在于，不管是子敬欣赏井丹的高洁，还是子猷欣赏司马相如的傲世，兄弟二人对彼此都能发自内心地欣赏和理解，并互为知己。兄弟情深，仅仅从书信中一句看似平淡的话，就能知晓一二。子敬赞叹子猷饮酒酣畅忘返，也理解子猷以酒来逃避虚伪礼法、释放内心真情的可贵，更能欣赏子猷看似放诞的行为之中，潜藏着的旷达至性、遗世独立的人生态度。魏晋士人深于用情，由此亦可见一斑。

（耿朝晖）

皇京之才

张天锡世雄凉州[①]，以力弱诣京师，虽远方殊类，亦边人之桀也。闻皇京多才，钦羡弥至。犹在渚住，司马著作往诣之。言容鄙陋，无可观听。天锡心甚悔来，以遐外可以自固。王弥有俊才[②]，美誉当时，闻而造焉。既至，天锡见其风神清令，言话如流，陈说古今，无不贯悉。又谙人物氏族中来，皆有证据。天锡讶服。

《赏誉》第152条

注释

① 张天锡，见“人无嫉心”篇(《言语》第94条)注释。
② 王弥：王珉(351—388)，字季琰，小字僧弥，琅邪临沂(今山东临沂北)人。东晋官员、书法家。

鉴赏

西晋末年，在五胡乱华的大动荡中，司马皇族几乎覆亡，士族被迫衣冠南渡，拥立晋元帝司马睿，建立了东晋政权。这一时期，北方和西南先后建立了二十多个政权。其中就有张天锡的家族。张天锡的曾祖父、祖父、父亲、二哥都是威望极高的一代枭雄，从公元301年到公元353年先后称王，经营凉州半个世纪。

《世说新语》中记载：张天锡世代称雄凉州，后来因为势力衰微便投奔京都，虽属蛮夷之类的异族，却也是边远之地的杰出人物。他听说京都人才很多，钦羡至极。刚停靠在京都建康的岸边时，有位司马皇族的著作郎便去拜访他。这位皇亲言辞粗鄙，又其貌不扬，简直让人扫兴。张天锡很后悔来投靠东晋，认为不如回凉州，地位还更稳固。王珉才华出众，名重当世，听说张天锡来了就去拜访。王珉来后，张天锡见他风韵秀美、神情高雅，更兼言谈敏捷、学通古今，又熟悉各大士族的渊源来历和姻亲关系，其言凿凿，有据可循，于是十分惊诧佩服。

王珉是王导的孙子，年轻时就已展露才华，初任著作郎，后历任侍中等职，都是在皇帝身边当差。他的名望比哥哥王珣还高，当时人也认为“法护非不佳，僧弥难为兄”。任中书令的王献之去世后，皇帝就让王珉接任，故而人称之为“大令”“小令”。王珉博学多才，不仅善书法，也擅长医术，自然是东晋朝廷中一等一的人才。张天锡究竟是个什么样的人，想要跟东晋的风流名士们一较高下呢？

张天锡原是凉州的王族成员，嘴上功夫十分了得。他十七岁的时候，权臣张邕杀了他的大哥张祚，扶持年仅十三岁的侄子张玄靓登位。张天锡带着三四百亲兵，趁上朝的时候发难，张邕很快叫来宫里的大批侍卫。千钧一发之际，张天锡爬上了房顶，对侍卫们说："张邕这个叛臣，毫无道义，想颠覆我们一家。你们世代都是大凉的臣子，怎么忍心把兵器对准我呢！如今我要擒获的，只有张邕而已，其他人一概不追究！"这群将士真的就被忽悠散了，张邕也被迫自杀。张天锡又弑杀了侄子，登上凉王的大位。

张天锡掌权以后，整天不理朝政，《晋书》的评价是"荒于声色，不恤政事"。他频繁在园林中举行宴会，荡难将军索商上疏极力劝谏，张天锡的回答可谓妙绝古今："你们都只看到表象，其实不懂我的心啊！我通过游乐领悟了许多哲理：观赏清晨绽放的花儿，就想到才俊之士，心怀敬意；赏玩香草，就念及有德行的臣子，心生喜爱；目睹松竹，就思慕有贞操的贤者；面对清澈的流水，就看重廉洁的品行；看到野草蔓延，就讨厌贪官污吏；碰到罡风迎面，就憎恶狠诈之徒。如果你们能如此触类旁通，那么做人就近乎完美了！"

别看张天锡说得天花乱坠，实际上可不是什么圣明君主，既不敬"才秀之士"，也不爱"德行之臣"。凉州被前秦吞并后，他投降了苻坚；到淝水之战前秦大败时，他又逃归东晋。到了京都建康后，东晋朝臣原本都认为他"国破身虏"，个个都看不起他，不愿同他往来。但张天锡还是因为善于清谈的本事，被孝武帝奉为座上宾。后来孝武帝又恢复他西平郡公的爵位，加拜金紫光禄大夫，每日上朝议事，这就不免让人妒忌了。

《世说新语·言语》里记载：有一天，在上朝时，会稽王司马道子问张天锡："你们凉州有什么好东西？"张天锡不卑不亢地回答："桑葚甘香，鸱鸮革响，淳酪养性，人无嫉心。"就凭着能进记载魏晋名士风流的《世说新语》，也可见张天锡这话里藏话的水平之高了，难怪为当时人所称道。

鉴赏

张天锡作为远人归附的代表人物，在风雅宽容的东晋朝廷，一直受到礼遇，对于这种爱耍嘴皮子的人物来说，可谓“乐土乐土，爰得我所”了吧。桓玄篡位时，为了表明自己“欲招怀四远”的胸怀，还想任用张天锡为护羌校尉、凉州刺史。但不久这位六十一岁的“承祖父之资，藉百年之业”的前凉末代帝王，就病逝在家中，也算是在东晋得了善终。

（阮莉萍）

王大濯濯

王恭始与王建武甚有情[①]，后遇袁悦之间[②]，遂至疑隙。然每至兴会，故有相思时。恭尝行散至京口谢堂[③]，于时清露晨流，新桐初引，恭目之曰：“王大故自濯濯[④]。”

《赏誉》第153条

注释

① 王恭（？—398）：字孝伯，小字阿宁。太原晋阳（今山西太原）人。司徒左长史王濛孙，光禄大夫王蕴子，晋孝武帝王皇后兄。少有美誉，得孝武帝器重，太元十五年（390年），任前将军、青兖二州刺史。后两次起兵讨伐专权的司马道子，隆安二年（398年）九月，因部将刘牢之叛变，兵败被杀。王建武：王忱

(？—392)，字元达，小字佛大，中书令王坦之第四子，尚书右仆射王国宝之弟。因曾任建武将军，故称。弱冠知名，与王恭、王珣俱流誉一时。太元中，出为荆州刺史，都督荆、益、宁三州军事。后废于酒。

② 袁悦(？—389)，字元礼，东晋陈郡阳夏(今河南太康)人。袁朗之子。始为谢玄参军，后为司马道子所亲爱，每劝道子专揽朝政，又攀附王国宝。为孝武帝所杀。

③ 行散：魏晋时的士人喜服五石散，服后需要散步挥发毒性，故称。京口：今江苏镇江。太元十五年，王恭任青兖二州刺史，镇京口。

④ 濯濯：清新明丽的样子。

鉴赏

在魏晋士人的审美意识之中，自然山水之美作为独立的审美对象展现出强大的活力，渗透于他们的生活与精神境界的体悟之中，在对自然美的欣赏中，他们找到了理想人格美更加直接、生动形象的表现形式，即以山水景物来称誉赞赏人物。本条即鲜明地体现出这一特征。

王恭，名士王濛之孙，光禄大夫蕴子，孝武帝王皇后之兄。清操过人，自负才地高华，恒有宰辅之望。谢安常曰："王恭人地可以为将来伯舅。"其外在形象有"濯濯如春月柳"之美评，形貌美好，纤弱飘逸，性情抗直，志存格正。王建武，即王忱，小字佛大，故又称王大。中书令王坦之第四子，尚书右仆射王国宝之弟。王恭为王忱族侄，同出太原王氏一族，交情甚笃，品性至纯，太傅司马道子曾品评云："孝伯亭亭直上，阿大罗罗清疏。"(《赏誉》154)，王恭耸立挺拔，王忱爽朗疏放，均具有不同流俗的风度，可见二人为一时瑜亮。《德行》第44条、《识鉴》第26条俱记载了两人旧日的情谊，此不赘引。

可是，友谊的小船说翻就翻。此条刘孝标注引《晋安帝纪》曰："初，忱与族子恭少相善，齐声见称。及并登朝，俱为主相所待，内外始有不咸之论。恭独深忧之，乃告忱曰：'悠悠之论，颇有异同，当由骠骑简于朝觐故也。将无从容切言之邪？若主相谐睦，吾徒得戮力明时，复何忧哉?'忱以为然,而虑弗见用,乃令袁悦具言之。悦每欲间恭,乃于王坐责让恭曰:'卿何妄生同异,疑误朝野?'其言切厉。恭虽惋怅,谓忱为构己也。忱虽心不负恭,而无以自亮。于是情好大离,而怨隙成矣。"时为录尚书事的司马道子骄恣横行,作为其兄长的孝武帝无法钳制他,内心又有所不平,故朝野内外有主相不睦之论。王恭对此感到深深忧虑,于是与王忱相商。认为外面的传言是因为司马道子怠慢朝觐晋武帝,应找机会劝说司马道子。王忱也认为是对的,但怕自己说了,司马道子也不一定听得进去,就找了受到司马道子垂青的袁悦去劝说。袁悦"有口才,能短长说,亦有精理"(《谗险》2),但却是趋附权势的小人,对王恭早就有意见。于是在司马道子的席间指责王恭编造出主相不和的传言,导致朝野不安。王恭却以为这些话是王忱让袁悦说的。王忱又没法解释清楚,于是二人情好大离,怨隙终成。两人的矛盾尖锐到什么程度呢?《忿狷》第7条记载,二人曾在尚书左仆射何澄家宴饮,酒酣耳热之际,王忱或许是想到昔日的友情,于是向王恭敬酒;王恭却不肯喝,王忱就想强逼王恭喝,以致两人纠缠在一起。王恭遂将手下近千人都召唤过来,王忱也不示弱,悉召随从,"便欲相杀"。官位比他们高的何澄也没办法,只好挤坐到二人中间,才将他们分开,平息了这次群殴。可见二人已无法冰释前嫌,基本上是水火不容了。

二人虽心生嫌隙,疏远许多,但每逢宴饮欢聚之时,往事依稀浮现眼前,令二人不由自主思念彼此。王恭酒后行散至京口谢堂,这个时候,眼见的是清风徐来,朝露晶莹,流水潺潺,露珠点缀之下,桐树新芽抽起,生机盎然。在此情此景之下,一切都好似纯洁明亮起来,而至纯至真之下,对老友的思念也油然而生,叹道"王大故自濯濯"。濯濯,也曾是别人形容王恭外貌的词语。王恭此语中,爱惜、叹惋、追忆,种种复杂之情交织,令人感慨。

此条字数不多,一个"甚有情"将二人惺惺相惜之情结一笔勾出,一"间"字遂令二人嫌隙疏远,读之令人扼腕叹息。"行散"之下,见自然山水之风光如此,此景虽非波澜壮阔,也无震撼天地之力,然就在这平淡如水，序幕初启的清晨，却令人产生怦然心动之感。友情大概就是如此，它没有如爱情般感天动地的誓言，也无亲情般血浓于水的牵扯，它始于二人志同道合，始于明媚灿烂的少年之间的相知相识，即便最终渐行渐远，可在自然山水的涤荡之下，也在五石散的感官刺激之中，“故自濯濯”四字将往事的回忆，对老友的思念，叹惜展现得淋漓尽致。顺便说一下，“清露晨流，新桐初引”句后来被李清照《念奴娇·春情》直接袭用，可见其在写景上颇具感发之力。

（赵厚均　古金华）

映彻九泉

殷仲堪丧后，桓玄问仲文[①]：“卿家仲堪，定是何似人[②]？”仲文曰：“虽不能休明一世[③]，足以映彻九泉[④]。”

《赏誉》第156条

注释

① 仲文：即殷仲堪堂弟殷仲文（？—407），历任侍中、东阳太守等，后为刘裕所杀。

② 定：究竟。

③ 休明：美好清明。

④ 九泉：地下深处，常指人死后埋葬的地方。

鉴赏

殷仲堪被桓玄逼令自杀后，桓玄问殷仲文："你家的殷仲堪，究竟是什么样的人？"殷仲文说："他虽然不能一辈子兴盛风光，却足以把黑暗的地下彻底照亮。"

"虽不能休明一世，足以映彻九泉。"这是殷仲文在桓玄面前，对堂兄殷仲堪的赏誉之辞。殷仲堪曾经一度与桓玄合作，但两人从来没有建立过真正的信任，更兼东晋后期政治局势复杂诡谲，桓玄与殷仲堪最终兵戎相向，殷仲堪战败，被桓玄逼令自尽。

殷仲文被桓玄问到自己对殷仲堪的看法时，可以想象他的处境异常艰难：如果他大力赞扬殷仲堪，很可能激怒桓玄，桓玄之前能逼殷仲堪自尽，现在也可置殷仲文于死地；若他对殷仲堪予以否定，不仅杀兄之仇让他难以如此行事，这样做还有向手握大权的桓玄倒戈之嫌，在道义上也会失去人们的同情和支持，而桓玄性情多疑刻忌，也不会给予他信任。

于是，殷仲文在两难境地下，给出了他对殷仲堪的评价。

首先说殷仲堪没有做到"休明一世"。"休明"出自《春秋左氏传·宣公三年》著名的"楚王问鼎"故事，楚王声称自己能够像周王室一样铸造象征天下的九鼎，得到的答复是："德之休明，虽小，重也。"后人用"休明"代指明君或盛世。桓玄父亲桓温晚年欲谋反而不成，人尽皆知。桓玄本人无论是否有反叛东晋之意，都已经掌握权柄控制朝政，可以用"休明"为他歌功颂德。而殷仲堪从来没有表现出希望成为明君、力图主导盛世的意向，自然与"休明"无缘，已经离世的他更不可能"休明一世"。殷仲文实事求是地说殷仲堪"不能休明一世"，同时含蓄地称赞桓玄是能当得起"休明"二字的人，从而达到保全自身的目的。

然后殷仲文用"映彻九泉"充分肯定了殷仲堪其人，摆明了自己对堂兄的肯定与支持。"九泉"一词出自《列子》，原意为深渊，殷仲文赞扬殷仲堪可以把幽深的地界、阴暗的黄泉彻底照亮，也对桓玄发出暗示：殷仲堪再明智优秀，现在已经与桓玄生死相隔，再也不会对他造成任何影响和威胁。殷仲堪到底是“明”还是“不明”？从外表来说，他盲一目，确实不够“明”。在《世说新语》中，殷仲堪虽是政治上的失败者，但他既勤于政事，又擅长清谈，其形象足够称为“明”，能映照他人和外物。“映彻九泉”四个字透着浓重的悲哀，在殷仲文心中如珠似玉的兄长，本来应当映彻人间，却因为桓玄的缘故，落得身名俱灭、只能映彻九泉的悲惨下场。殷仲文在桓玄的威势下，无法正面表达自己的不满，只好通过品评殷仲堪的机会，隐晦地说出心声。

（郭小小）

品

品藻，即品评人物，第其高下。天地生人，品类各异，气禀万殊，故有高下、优劣、雅俗之别。孔子深谙人之根性有差等，尝言："中人以上，可以语上也；中人以下，不可以语上也。"（《论语·雍也》）又云："生而知之者，上也；学而知之者，次也；困而学之，又其次也；困而不学，民斯为下矣。"（《论语·季氏》）"唯上智与下愚不移。"（《论语·阳货》）是夫子显以人分三等：生知为上智，学知、困知为中人，困而不学为下愚。此盖"性三品"论之滥觞也。孔子评价门弟子，如谓子贡："汝与回也孰愈？"复论子路、子贡、冉有三人曰："由也果""赐也达""求也艺"；又道子高、曾参、子张、子路四人："柴也愚，参也鲁，师也辟，由也喭。"皆有品藻之意。至班固列《古今人表》，论人以九品，曹魏"九品中正"之制承此而开。按《汉书·扬雄传

品藻第九

下》："爰及名将尊卑之条，称述品藻。"颜师古注："品藻者，定其差品及文质。"又，刘知幾《史通·杂说上》："如班氏之《古今人表》者，唯以品藻贤愚，激扬善恶为务尔。"可知品藻乃品第众人，由比较以显高下，与赏誉之品评个人者不同。《世说》特设《品藻》一门，与《识鉴》《赏誉》鼎足而三，皆当时人物品藻风气之真实记录，亦清谈最鲜活之资料。其所记八十八则掌故，或两两相对，或数人同行；或时论臧否，胜负悬于一线；或自我抑扬，贤愚关乎一言；或赏非其类而不屑；或未预高流而失色。读之不免惊心，玩之时足解颐，真天下第一等绝妙文字。读者自可披枝而振叶，窥波以观澜，径入灵府，直造心源也。

犯上摄下

汝南陈仲举、颍川李元礼二人[①]，共论其功德，不能定先后。蔡伯喈评之曰[②]："陈仲举强于犯上[③]，李元礼严于摄下[④]。犯上难，摄下易。"仲举遂在三君之下[⑤]，元礼居八俊之上[⑥]。

《品藻》第1条

注释

① 陈仲举：即陈蕃，见"仲举礼贤"篇（《德行》第1条）注释。李元礼：即李膺，见"清流自任"篇（《德行》第4条）注释。

② 蔡伯喈：蔡邕（132—192），字伯喈，陈留圉（今河南杞县西南）人。为人通达，博学多才，通晓经史、天文、音律等，擅长辞赋创作，有《述行赋》等传世诗文十余篇，工书法，善篆、隶，创"飞白"书。官至左中郎将，后因依附董卓，被王允杀害。

③ 犯上：指触犯上司。

④ 摄下：指管束下属。摄，管辖。

⑤ 三君：指东汉末之窦武、刘淑、陈蕃三人，为时人所敬仰尊重。陈藩位居三君之末。君，对才德出众者之尊称。

⑥ 八俊：指东汉末年之李膺、王畅、荀绲、朱寓、魏朗、刘佑、杜楷、赵典八人，被当时人赞为杰出之士。李膺位居八俊之首。俊，才智杰出之士。

鉴赏

东汉时期宦官集团横行不法，有志之士与之展开激烈的斗争，出现了一批名士大贤，代表人物有“三君”和“八俊”，他们受到士人的敬仰，陈蕃和李膺就是其中最具有代表性的人物。

陈蕃是东汉时期名臣，出身于官宦世家，少年时便有澄清天下的志向，刚直不阿、不避强权，敢于犯颜直谏，他“以天下名教是非为己任”，屡次上疏劝谏，也屡次被罢官，每次他都置个人生死荣辱于不顾。他的一生，始终都处在宫廷争斗的漩涡之中。比如上疏得罪宠臣而外放；上书救李云，因而获罪被罢免回家。李膺等人被关进监狱受审，陈蕃就上书极力劝谏又被免官。汉桓帝死后，汉灵帝继位，这个皇帝更加昏聩，宦官势力更加猖獗，陈蕃与外戚窦武联合，欲消灭宦官势力，但因事情泄露，窦武兵败被杀，陈蕃也身首异处。范晔在《后汉书》中对陈蕃有高度的评价：“功虽不终，然其信义足以携持民心。汉世乱而不亡，百余年间，数公之力也。”以陈蕃为代表的士族阶层，为免社稷之危，做出了独特贡献，受到太学生敬重。

像陈蕃这样忠君报国、不避生死的名士，还有窦武、刘淑两位，人们称他们为“三君”。窦武，东汉时期外戚、学者，年轻时以经术德行而著名，女儿被立为皇后，贵为外戚，廉洁奉公，不仅不受送礼贿赂，还将所得两宫的赏赐，全部捐给太学生，得到士大夫的拥护。曾与太傅陈蕃定计翦除诸宦官，结果兵败自杀，被枭首于洛阳都亭。刘淑，东汉宗室，汉章帝之孙，河间孝王刘开之子。初隐居，多次拒绝征召，拜议郎，与皇帝对策，水平之高无人能比，得到皇帝器重。每有疑难之事，皇帝常秘密咨询他。灵帝即位，与窦武等通谋清除宦官，事情败露下狱，自杀而亡。

除了受人敬仰的“三君”，同时代还有“八俊”即八个有才望的人，出自薛莹《汉书》。这是士大夫和太学生给那些敢于同宦官做斗争的官员和名士取的称号。他们以郭泰、贾彪为领袖，跟反对宦官集团的外戚、宗室联合起来，互相标榜，互相赞誉，逐渐形成了一个有统一斗争目标的党派，他们给 35 个最有名的大官僚、大名士加了称号，除了前面提到的“三君”“八俊”外，还有郭泰、范滂等八人称“八顾”，张俭、刘表等八人称“八及”，度尚、张邈等八人称“八厨”。他们还编了许多像“天下楷模李元礼(李膺)、不畏强御陈仲举(陈蕃)"这样的歌谣,号召人们跟宦官集团作斗争。

有"天下模楷"之称的李膺,风度出众,品性端庄,被列为"八俊"之首。李膺,出身官僚世家,曾任司隶校尉等多项官职,声震边庭。当时朝廷纲纪废弛,只有李膺独持法度,深受士子的尊崇,人人都以能结识他为荣,能够登上他的厅堂,有机会接受教诲,便以为"跳龙门"。李膺生性刚烈、疾恶如仇,对地方豪强和横行霸道的宦官势力毫不留情,招来了宦官的记恨,当然也赢得了士人和太学生的敬仰和拥护。后因被人诬陷,李膺主动自首,终被拷打而死,年六十。

汉末到东晋时期名士们聚众清谈,对人物进行品藻,这种在名士间相互品题的现象已经成为一种社会风尚。他们品题人物才智、风度等,分别流品,定其高下。当然进行比较的对象都是人们心目中的公认楷模,比如汝南陈蕃、颍川李膺两个人作为大贤受到士人敬仰,"名重于时"。一天,名士们在一起共同议论品评陈、李二人的功业德行,觉得他俩都是俊杰,一时间不能确定谁先谁后。这时辞赋大家蔡邕发表了他的看法:"陈蕃敢于冒犯上司,李膺管束下属很严厉。冒犯上司困难,管束下属容易。"他是说,陈蕃不顾个人生命安危,屡次向皇帝进谏,这样其实很难,李膺严格管理下属相对容易些,于是陈蕃就排在"三君"之下,李膺居于"八俊"之上。

蔡邕作为东汉时期名臣,文学大家、书法家,除通经史、善辞赋之外,又精于书法,擅篆、隶书,尤以隶书造诣最深,有"蔡邕书骨气洞达,爽爽如有神力"(袁昂《古今书评》)的评价,在士人中有很高的名望,在当时称得上是一流人物。由于他自身的名望大,他对陈蕃和李膺的评价就具有权威性,他的看法得到大家的认可。

无论是"三君"还是"八俊",他们忠君报国、不畏强权,都是国家不可多得的人才。陈蕃和李膺,作为汉末党人的核心人物、党人领袖,他们"言为士则,行为世范",以"澄清天下"为使命,志在维护王室,立忠秉节,不避生死,在士人心目中有着崇高的地位和巨大的号召力,是士人的言行楷模。

(齐慧源)

庞统目人

庞士元至吴[1]，吴人并友之。见陆绩、顾劭、全琮而为之目曰[2]："陆子所谓驽马有逸足之用[3]，顾子所谓驽牛可以负重致远。"或问："如所目，陆为胜邪？"曰："驽马虽精速，能致一人耳；驽牛一日行百里，所致岂一人哉？"吴人无以难[4]。"全子好声名，似汝南樊子昭[5]。"

《品藻》第2条

注释

① 庞士元：庞统（179—214），字士元，荆州襄阳（今属湖北）人。人称"凤雏"，与"卧龙"诸葛亮齐名，辅佐蜀汉刘备。在进攻雒城的战役中为流矢所伤而卒。

② 陆绩（188—219），字公纪，吴郡吴县（今江苏苏州）人，为孙权麾下官吏。幼有才学，博学多识。顾劭，字孝则，少年时便与舅父陆绩齐名，孙权许以兄孙策之长女为妻，官至豫章太守。全琮（？—249），字子黄，吴郡钱塘（今浙江杭州）人。东吴名将，官至大司马，孙权以长女妻之。目：通过观察人的言行举止风度判断其品性才能。

③ 驽马：凡马，与骏马、千里马对称。逸足：行走快速。

④ 难：责难、争辩。

⑤ 樊子昭：汉末名士，初为商贾，后为许劭赏识提拔得官。刘晔评价他"退能守静，进不苟竞"。

鉴赏

公元208年，已基本控制北方的曹操率大军南下，意在一举夺取荆州。然而曹军在赤壁遭到孙刘联盟的阻击，被对方以火攻击溃，曹操落荒北归。自此以后形成了三国鼎立的局面。在赤壁之战中，东吴派大将周瑜帮助刘备夺取荆州，之后兼任南郡太守，任命刘备手下的庞统为功曹。公元210年，周瑜病故，庞统扶送灵柩由南郡至吴地吊丧。吴人多闻庞统才名，当他回南郡之时，纷纷至阊门送别。上面的故事便发生在此时。庞统素有品藻人物，慧眼识才的能力，甚为东吴人物所钦佩。《世说新语》中的下一则轶事记载了顾劭与庞统的一段对话：

顾劭尝与庞士元宿语，问曰："闻子名知人，吾与足下孰愈？"曰："陶冶世俗，与时浮沉，吾不如子；论王霸之余策，览倚仗之要害，吾似有一日之长。"劭亦安其言。（《品藻》3）

当时已经是东吴名士及重臣的顾劭依然希望让庞统品评自己，并对他的评价深感服膺。六朝士人偏重"人伦识鉴"，整个《世说新语》中有相当一部分的内容是围绕着品评人物所展开的。"庞统目人"所在的"品藻"一门集中收录了这方面的轶事。品藻人物，论定优劣，不仅展现被评价的人物之特质，更反映出品评者的能力和水平。为人所称道的评价往往不是简单直接的褒贬抑扬，而是品评者用巧妙委婉的言辞，不偏不倚地指出被评价各方的长处。上面引用的庞统对于顾劭的评价便是一个典型的例子。庞统不仅强调了顾劭在处理人事方面的特长，而且也指出了自己在运筹帷幄方面的优势，态度公允，不卑不亢。考虑到顾、庞二人分属两个不同的政治军事阵营，这番言辞可以说是经典的外交辞令。

在《世说新语》中记载的人物品评中，相比具体的高下之断，品评者的遣词用句往往更是表现的重点，而尤以突破常规，出人意表的表达最为人所欣赏。在"庞统目人"一则里，庞统将陆绩比作"驽马"，似有失礼之嫌，然而荀子《劝学篇》有云："骐骥一跃，不能十步。驽马十驾，功在不舍。"称陆为"逸足"之"驽马"，实际上是称道其奉公职守，鞠躬尽瘁，而其才能又有过人之处。而以顾劭比"驽牛"，同样是赞许其忍辱负重，勤勉奉公之德。这种似抑实扬的表述带给当时的听众和后世的读者一种出乎意料又诙谐巧妙的愉悦感。即便是针对旁人强行分辨高下之诘问，庞统依然保持不偏不倚的态度。驽马虽然可以奋力飞奔，然而其力之所及，只能承载一人，而驽牛虽在速度上略输一筹，但其负重载，可至千斤。需要注意的是，庞统并非是要以"顾为胜"来反驳"陆为胜"，而依然是指出二者各有所长，难较高下，其各自的用途当视具体情况而定。陆、顾同朝为臣，如此各擅所长，各司其职正是二人的价值所在。文末的"全子"一句，当也是庞统的评论。将全琮单独评价，或许正是呼应他与樊子昭相似的"退能守静，进不苟竞"的特点，称赞他安于清净，做官时也保持与世无争的品行。庞统对于三人的评价虽寥寥数语，但都严格切合其身份职责，指出各人优点的同时，也凸显了各自的不同才能，实在是人物品评的典范。

另外，这则故事里值得注意的一点是"目"在品鉴人物中的作用。庞统对于三位东吴人士的评价似乎是基于"目测"而得出的结论。《世说新语》中对于人物的描述十分强调"视觉效果"，即外貌，举止，风度等。书中专设"容止"一篇记录仪容举止。品鉴人物也常常被与"相马"相比(这可能也是庞统将陆绩、顾劭比作牛马的原因)。与简单的"以貌取人"不同，"目人"是基于人的外在风范与内在学识涵养互为表里的观念，所谓"腹有诗书气自华"。品评者所"目"的对象也不仅是外貌的美丑，更包括人物的风范和气度。就具体的社会历史背景而言，这种对于外在的重视也跟当时士族阶层讲究仪容举止的风气有关。

（胡秋蕾）

鉴赏

洛中名士

洛中名士

刘令言始入洛①，见诸名士而叹曰："王夷甫太解明②，乐彦辅我所敬③，张茂先我所不解④，周弘武巧于用短⑤，杜方叔拙于用长⑥。"

《品藻》第8条

注释

① 刘令言：即刘纳，《晋书》列传第三十九《刘隗传》作讷，字令言，为隗伯父。呼应其字令言之含义，似以讷为是。彭城丛亭（今江苏徐州）人。祖瑾，乐安长。父鼿，魏洛阳令。讷历司隶校尉。
② 王夷甫：即王衍，见"洛水之戏"篇（《言语》第23条）注释。解明：阐明。
③ 乐彦辅：乐广，字彦辅，见"名教乐地"篇（《德行》第23条）注释。
④ 张茂先：即张华，见"去之更远"篇（《德行》第12条）注释。
⑤ 周弘武：即周恢，字弘武，汝南（在今河南、安徽境）人。祖斐，永宁少府。父隆，州从事。恢仕至秦相，秩中二千石。
⑥ 杜方叔：即杜育（？—311），字方叔，襄城定陵（今河南舞阳东北）人，杜袭孙。累迁国子祭酒。洛阳将没，为贼所杀。

鉴赏

《世说新语》是魏晋人伦鉴识的产物，三十六门类中，《识鉴》《赏誉》《品藻》收集了与人伦鉴识具体活动相关条目。其中《品藻》是经由人物的比较以示高下，即"品"，并给予适当的评价，即"藻"。比较的前提，是被比较的人物必须具有某些共同特点。《礼记·曲礼下》所谓"拟人必于其伦",郑玄注曰:"拟,犹比也;伦,犹类也。比大夫当于大夫,比士当于士。不以其类,则有所亵。"《礼记》原意当指贵贱阶层之别。本条牵涉人物,皆为洛中名士,评鉴人刘讷本人,亦出仕宦之家,社会阶层同类可比。在此基础上,具体评比内容,则应为个人品质,此乃魏晋人伦鉴识题中之意,故也应同类相比,方可见各人在类似特质表现上的特点乃至高下优劣。

刘讷在《世说》中似仅此一例。《晋书》列传第三十九《刘隗列传》谓隗伯父讷"有人伦鉴识",即以此条为证,可见此条确为"人伦鉴识"范例。从所涉五位人物生平来看,刘讷用以比较的特质应为他们的文才与学识。虽然今日这两者分属不同领域,魏晋时期却归于一类,可证于《世说·文学》门,其中第 1 至 65 条为"学",相当于今日之学术,主要为汉末儒学与魏晋玄学;第 66 条"文帝尝令东阿王七步中作诗"至第 104 条为"文",相当于今日之文学,其中又以诗赋为文,而笺牍为笔。

刘讷提到的头两位人物是王衍、乐广,均为西晋玄学清谈中人。《晋书·乐广传》说"广与王衍俱宅心事外,名重于时。故天下言风流者,谓王、乐为称首焉"。二人中王衍名声更著,《世说·言语》第 23 条刘孝标注引虞预《晋书》曰:"夷甫蚤知名,以清虚通理称,仕至太尉。"《品藻》第 10 条刘孝标注引《江左名士传》称"太尉王夷甫一世龙门",意谓世人均期望得其赏识,有如跳龙门。王衍居高位而兼玄言领袖,刘讷却批评他"太解明"。于乐广刘讷却谓"我所敬",盖以"乐广善以约言厌人心,其所不知,默如也"(《赏誉》第 25 条刘孝标注引《晋阳秋》)。乐广静默简言,却能深达旨要,以致尚书令卫瓘见乐广与中朝名士谈议,奇之曰:"自昔诸人没已来,常恐微言将绝,今乃复闻斯言于君矣!"命子弟造之曰:"此人,人之水镜也,见之若披云雾睹青天"(《赏誉》第 23 条)。意谓乐广可以助人解惑,令人直睹微言大义。即连王衍亦自叹:"我与乐令谈,未尝不觉我言为烦"(《赏誉》第 25 条)。据此可知刘讷所谓王衍"太解明",是将其与乐广相比:王衍阐释玄理过于辞费,反不如乐广言简意赅。

张华以史志博物见长,著有《博物志》传世。《言语》第 23 条刘孝标注引《晋阳秋》曰："华博览洽闻，无不贯综。世祖（晋武帝司马炎）尝问汉事，及建章千门万户。华画地成图，应对如流。"刘讷的学问专攻，从上文他对于王衍与乐广的精辟论断来看，仍在玄学，故于张华的领域或因不熟悉而生敬畏，而有"张茂先我所不解"之叹。

周恢、杜育两位，与潘岳、石崇、陆云、左思等并称西晋二十四友，在晋惠帝时以文才而屈节出入于秘书监贾谧之门。周恢才能若何，史料缺失，仅知其叔父周浚在晋武帝前夸赞周恢"称重臣宗"（《晋书·周浚传》）。至于杜育，此条孝标注引《晋诸公赞》谓："幼便岐嶷，号神童。及长，美风姿，有才藻，时人号曰'杜圣'"。杜育著有《易义》及《文集》两卷，其最著名传世作品为《荈赋》。魏晋时饮茶开始流行，杜育却于此小众文化倾其心力，虽为后世赞誉，如陆羽《茶经》屡屡称引，苏东坡亦赋诗感念，但在他同时人如刘讷看来，未免认为是小道，辜负了他的才藻，可能因此指其"拙于用长"。相比之下，谓周恢"巧于用短"，似谓周才藻不如杜，却在当时赢得了更大的文名。当然这只是顺应本条所录人伦鉴识活动的逻辑，依据其比较进行人物评鉴的方法，所做出的合理推测。

（钱南秀）

一丘一壑

明帝问谢鲲[①]："君自谓何如庾亮？"[②]答曰："端委庙堂[③]，使百僚准则，臣不如亮。一丘一壑[④]，自谓过之。"

《品藻》第17条

注释

① 明帝：晋明帝(299—325)，名司马绍，晋元帝司马睿长子。元帝薨，太子司马绍即位，与应詹、温峤等决策，于太宁二年(324年)下诏讨伐王敦，亲临军前，最终平定王敦之乱。方欲有所作为，即病死。谢鲲，见“达旦微言”篇(《文学》第20条)注释。

② 庾亮，见“不卖的卢”篇(《德行》第31条)注释。

③ 端委庙堂：穿着礼服在朝堂之上。

④ 一丘一壑：丘壑指山丘和沟壑，泛指山水、山林。

鉴赏

晋明帝与谢鲲的这一段对话，根据《晋书·谢鲲传》的记载，其实发生在晋元帝太兴初司马绍尚为太子之时。此时谢鲲为王敦长史，出使京师建康。太子问，有人以君比庾亮，你自以为如何？庾亮与司马绍以及温峤是布衣之交，关系亲密。晋元帝第一次见到庾亮，便为其风神与才华折服，还让太子司马绍娶了庾亮的妹妹作太子妃。而庾亮此时又做中书郎、东宫侍讲，与太子可谓是亲上加亲的关系。谢鲲也是南渡士族，有名于当时，人们甚至拿他和庾亮作比，“鲲有胜情远概，为朝廷之望，故时以庾亮方焉。”(刘孝标注引《晋纪》)。太子大约是听说后感到好奇，故而抛出这个问题。谢鲲的回答是：“如果要穿礼服在朝堂之上，行为举止可为百官之准则，我不如庾亮。但如果说栖迟丘壑，放情山林，我比庾亮更强。”有意思的是，类似的问题明帝还问过周顗。《世说新语·品藻》22载：“明帝问周伯仁：‘卿自谓何如庾元规？’对曰：‘萧条方外，亮不如臣；从容廊庙，臣不如亮。’”周顗对庾亮的评价和谢鲲说的很相近，而对自己的评价，萧条方外，也同于谢鲲。

谢鲲生性放达，不拘小节，《晋书》本传说他“不修威仪”，“不徇功名，无砥砺行，居身于可否之间，虽自处若秽，而动不累高”，即是说不求功名，外示放诞，在王敦手下也是不屑政事，不以仕进为意，这样的行为在当时看来，就算是一种高士之风了。谢安曾这样评价他的伯父谢鲲——如果遇到竹林七贤，一定会把臂同入竹林（《赏誉》97）。竹林其地学界至今有疑，但对东晋人来说，那就是七贤的退隐之处，谢鲲愿与他们结交（神交），不只是崇尚他们的才学，也是认可他们的生活态度。而庾亮呢，《晋书》里说“亮美姿容，善谈论，性好《庄》《老》，风格峻整，动由礼节，闺门之内，不肃而成”，风度高严，举动由礼。他随父亲在会稽的时候，时人“皆惮其方俨，莫敢造之”，害怕他的严肃端庄，以至不敢去拜访，可见是个守礼法、讲礼仪之人。谢鲲知道庾亮的品格和长处，故称赞有加，而对自己的高情逸志，也颇为自许。刘孝标注引《晋阳秋》记载他的回答是：“宗庙之美，百官之富，臣不如亮。纵意丘壑，自谓过之。”大意相近。

谢鲲强调“丘壑”，也有其原因。庾亮虽然表面严肃，但内心其实有着丘壑山林之志，著名的庾亮南楼故事，就反映出他的另一面来。庾亮在武昌时，有一天秋夜气佳景清，佐吏殷浩、王胡之等在南楼清谈，庾亮穿着木屐（意味着便服）也赶去，与诸人一同畅谈作乐。当时王羲之是庾亮的参军，大约也在现场，后来他到建康对丞相王导说了这件事，王导说：那天庾亮的风度威仪，恐怕是略有减损（有损其一贯的形象）。王羲之说，“唯丘壑独存”，那时他唯有丘壑之心、山水之兴。孙绰《庾亮碑文》说：“公雅好所托，常在尘垢之外。虽柔心应世，蠖屈其迹，而方寸湛然，固以玄对山水。”（《容止》24 及刘孝标注）在其方寸之中，本来就是远思山水的。所以说，谢鲲看到了庾亮“玄对山水”的一面，但是，他认为庾亮在这方面比不了自己。谢鲲这段话很有名，以致后来顾恺之画其像时，便将他画在岩石之中。别人问其所以，他便说：“谢云：‘一丘一壑，自谓过之。’此子宜置丘壑中。”（《巧艺》12）

“丘壑”一词，最早出于《汉书·叙传》所引班嗣（班固伯父）给桓谭的书信：“渔钓于一壑，则万物不奸（干）其志，栖迟于一丘，则天下不易其乐。”是说庄子的生活及理想，在溪流中钓鱼，在山丘中游处，以此为人生之乐。魏晋之时隐逸之风大盛，很多人喜欢用“丘壑”指代山林和隐居之处，如钟会《遗荣赋》："散发抽簪，永纵一壑。"不戴官帽，披头散发，纵情丘壑之间。郭璞《答贾九州愁诗》："未若遗荣，闷情丘壑。"梅陶《怨诗行》："鼓枝游畦亩，栖钓一丘壑。"王羲之的口中也道出"丘壑独存"（见前）。宋齐以后使用更多起来，如谢灵运《斋中读书》诗："昔余游京华，未尝废丘壑。"又《述祖德诗二首》之二："遗情舍尘物，贞观丘壑美。"何胤《答皇太子启》："缄默畎亩，栖息丘壑。"李白《题元丹丘山居》："故人栖东山，自爱丘壑美。"杜甫《奉观严郑公厅事岷山沱江画图十韵》："从来谢太傅，丘壑道难忘。"李杜诗均使用了《晋书》里记谢安"放情丘壑"的典故。

及至宋代，苏轼、黄庭坚等人多次使用丘壑一词。黄庭坚有一首《题子瞻枯木》："胸中元自有丘壑，故作老木蟠风霜。"本意是说苏轼心中有丘壑之思，隐逸之想，所以画出的枯木盘曲，染有风霜之色。严格说来，"丘壑"这个词藻和"一丘一壑"这个典故，都不是发端于《世说新语》（而是《庄子》），但《世说新语》有关谢鲲一丘一壑的两处记载，对它们的流行有很大的推动。黄庭坚《题子瞻枯木》诗对丘壑一词的运用，多少也是借谢鲲有丘壑之情来说苏轼，宋人的《山谷内集诗注》于此处即引《晋书·谢鲲传》所记此事为注。在此之后，很快出现了"胸中丘壑"这样一个表达。如吴则礼《题米元晖临北苑山水》："平生胸中丘壑，天公乞与羁臣。"人们开始用它来形容作画时胸中先有对山水景物的布置安排。《宣和画谱》卷十一记北宋画家高克明，"喜游佳山水间，搜奇访古，穷幽探绝，终日忘归。心期得处即归，燕坐静室，沈屏思虑，几与造化者游。于是落笔，则胸中丘壑尽在目前。"汤垕《画鉴》："山水之为物，禀造化之秀，阴阳晦冥，晴雨寒暑，朝昏昼夜，随行改步，有无穷之趣。自非胸中丘壑汪洋如万顷波者，未易摹写。"至于张元幹的"挟取笔端风雨，快写胸中丘壑，不肯下樊笼"（《水调歌头·赠汪□秀才》），方岳的"笔下波澜之老成，胸中丘壑之洒落"（《回朱尉启》），则又用以说写作之事，甚至引申而有胸怀辽阔、见多识广之意了。

（罗宁）

鉴赏

从容廊庙

从容廊庙

明帝问周伯仁[①]："卿自谓何如庾元规[②]？"对曰："萧条方外[③]，亮不如臣；从容廊庙[④]，臣不如亮。"

《品藻》第22条

注释

① 明帝：晋明帝司马绍，见上一篇注释。周伯仁：周顗（269—322），字伯仁，汝南安城（今河南汝南东南）人，安东将军周浚之子。任尚书左仆射，后为王敦所害。

② 庾元规：即庾亮，见"不卖的卢"篇（《德行》第31条）注释。

③ 萧条方外：指隐居山林。萧条，闲逸貌。方外，世俗之外。

④ 从容廊庙：在朝廷为官。廊庙，朝廷。

鉴赏

人物品评是汉末魏晋以来士林社会流行的普遍风气。品评主要是对所评人物的道德精神、才性气质、风格神韵、言谈举止等进行流品高低优劣的判定，方式分自评与他评两大类。无论是自评或他评，品评者常采用类比或比较的方法以彰显异同，凸显人物的才性、气质和风度。

此条品藻即如此。关于此条品鉴，刘孝标注加按语说："诸书皆以谢鲲比亮，不闻周颉。"余嘉锡笺疏亦认为"此条语意，全同谢鲲，必传闻之误也"。按，《品藻》17条记曰："明帝问谢鲲：'君自谓何如庾亮？'答曰：'端委庙堂，使百僚准则，臣不如亮。一丘一壑，自谓过之。'"两相比较，确实语异意同。但若仔细体味，两条文义似乎又不完全相似。

首先，从语义叙述看，谢鲲之品藻，区别中蕴含自信；而周颉之品藻，叙说中显示客观。邓粲《晋纪》记载："鲲与王澄之徒慕竹林诸人，散首披发，裸袒箕踞，谓之'八达'。"（刘孝标注引）他们放浪形骸，纵意丘壑，饮酒不节，任达不羁。《晋书·谢鲲传》记载，谢鲲邻家女有美色，谢鲲就故意挑逗这个女孩子，女孩子在织布，就用织布梭子投过去，打掉了谢鲲两颗门牙。当时人嘲笑说："任达不已，幼舆（谢鲲字）折齿。"谢鲲不以为然，反说"不影响我啸歌"。从此可见，谢鲲对自己的行为是高度认可自信的。所以，当明帝问他与庾亮相比如何，他才会有如此回答：在庙堂之上，作为百官的准则典范，我不如庾亮；但纵意山林丘壑，自认为比庾亮强。"自谓过之"之语，是他个性张扬高度自信的鲜明体现。相反，周颉的品藻就不一样了。他只是陈说两人的不同，并没有进行优劣评判。至于你认可什么，完全是由听者自己决定的。

其次，从语辞呈现看，谢鲲之语，散中有骈，以散语见长；周颉之语，言简意赅，对偶整饬，骈俪工整。谢鲲之语虽然也是四言句，但基本是散语，以陈述语意为主，而周颉之语则不同，明显具有偶对修饰的成分，"萧条"与"从容"相对，"廊庙"与"方外"相比，两种心境，两种处境，自然呈现，轩轾难分，简约玄淡，语意清远。

鲁迅先生《中国小说史略》评《世说新语》"记言则玄远冷俊，记行则高简瑰奇"，若比勘而言，吾于周颉之语得之矣。此故事最能体现《世说新语》"玄远冷俊""高简瑰奇"的记言叙事的风格神韵。

（王利锁）

鉴赏 郗公三反

郗公三反

卞望之云郗公①："体中有三反：方于事上，好下佞己，一反；治身清贞，大修计校，二反；自好读书，憎人学问，三反。"

《品藻》第24条

注释

① 卞望之：即卞壸，见"朱门蓬户"篇（《言语》第48条）注释。

鉴赏

《大学》第九章说，人们对自己所爱的人往往过分偏爱，对自己所轻贱厌恶的人往往过分轻贱厌恶，对自己敬畏的人往往过分敬畏，对自己同情的人往往过分同情，对自己鄙视怠慢的人往往过分鄙视怠慢，"故好而知其恶，恶而知其美者，天下鲜矣"。大家对自己喜欢的人总觉得无一不好，对自己讨厌的人总感到无处不糟，喜欢他却知道他的缺点，讨厌他而能看出他的优点，这样的人在世上并不多见。

并不多见并不等于完全绝迹。

卞望之对郗鉴的品评，堪称"好而知其恶，恶而知其美"的典范。

卞望之名壸（kǔn），出身于官宦世家，祖父卞统曾作琅邪内史，父亲卞粹兄弟六人"并登宰府"，人称"卞氏六龙"。他本人为东晋重臣和书法家，曾两次出任尚书令，苏峻之乱中他和两个儿子战死。卞壶立朝刚正不阿，以匡风正俗为己任，在朝廷上严肃批评丞相王导"亏法从私，无大臣之节"，弹奏御史中丞钟雅"不遵王典"。《世说新语·赏誉》54篇载："王丞相云：'刁玄亮之察察，戴若思之岩岩，卞望之之峰距。'"王导认为东晋名臣中，刁玄亮明察，戴若思严峻，卞望之刚烈。"峰距"形容山岳竦峙高峻的样子。连高僧对他也敬畏三分："高坐道人于丞相坐，恒偃卧其侧。见卞令，肃然改容云：'彼是礼法人。'"高坐道人在丞相王导身边也常仰面而卧，但一见到卞壶就一脸严肃正襟危坐。

被卞壶品藻的"郗公"即郗鉴，东晋名将、名臣和名书法家，历任中书侍郎、安西将军、车骑将军、司空等职，明帝逝世时他与王导、卞壶等人一同受遗诏辅佐晋成帝，他是同代人眼中的"一代名器"。

卞壶与郗鉴同为名臣，同为名书法家，他们既属同僚更兼有同好。这种关系要么结为死党，因而相互吹捧；要么成为死敌，于是相互拆台。可卞壶与郗鉴既非死党亦非死敌，他们之间是相互欣赏也相互批评的诤友。卞壶对郗鉴知之甚深，对他的评价也客观理性。

卞壶说郗鉴身上存在着"三反"的现象，也就是有三种矛盾对立的品性：一方面对上侍奉君主方正讲原则，另一方面对下却喜欢听他们阿谀奉承，一反；一方面修身廉洁正派，另一方面又大肆计较利害得失，二反；一方面自己爱好读书学习，另一方面却忌恨别人有学问，三反。

郗鉴身上存在着的这"三反"，倒不是说他为人虚伪卑劣，也许他还没有意识到身上的"三反"，这说明人性本身就非常纠结矛盾。以"一反"为例吧，"方于事上"反映他为人刚正，不喜欢对上司吹牛拍马，却喜欢听下级对自己吹牛拍马。这是什么原因呢？人们可能要说郗鉴"方于事上"是"装"，按理说不喜欢奉承别人，自然也应不喜欢别人奉承自己。其实，郗鉴身上的这种矛盾很容易理解，但凡有一点骨气的人谁愿意去奉承别人？可一个正常人谁不喜欢听别人的表扬恭维？想想看，谁乐意在别人面前低三下四？谁不乐意别人在自己面前赞美讴歌？

《大学》要求“所恶于上，毋以使下，所恶于下，毋以事上”，可有几个能够做到这样呢？“好下佞己”不过是人性的软弱。第“二反”是理性与感性的冲突，从个人修养上他要求自己廉洁正派，但个人情感上又摆不脱利害得失，道德上厌恶的东西，情感上又很喜欢，这大概也属于“人之常情”。第“三反”则属于个人兴趣和个人胸襟的矛盾，自己的兴趣喜欢读书，但郗公胸襟有点狭窄，所以他害怕别人读书，心胸狭隘者能包容比自己差的人，但不能接纳比自己强的人。

能看出“郗公体中有三反”，卞壶印证了老子所谓“知人者智”；敢说出郗公体中“三反”，则表现了卞壶自身的正直与勇气。对自己身边亲朋的优缺点，我们往往不是看不出来，就是不敢将它们说出来。不能看出来是不智，不敢说出来是不刚。

有人曾慨叹说，要能交到卞壶这样的朋友，那真是人生的福气。可要真遇上卞壶这样的朋友，说不定你觉得特别晦气——谁敢担保你体中没有“三反”呢？

（戴建业）

兼人之美

时人道阮思旷[①]：“骨气不及右军[②]，简秀不如真长[③]，韶润不如仲祖[④]，思致不如渊源[⑤]，而兼有诸人之美。”

《品藻》第30条

注释

① 阮思旷：阮裕，字思旷，见“阮裕焚车”篇（《德行》第32条）注释。

② 骨气：气概、气格与志气。右军：即王羲之，曾官东晋右军将军，人称“右军”“王右军”。

③ 简秀：人品与才性的端庄清秀。真长：刘惔，字真长，见“莫得淫祀”篇（《德行》第35条）注释。

④ 韶润：此处近似于“温文尔雅”之意。仲祖：王濛，字仲祖，见“共谈析理”篇（《文学》第22条）注释。

⑤ 思致：此处略近于“思想情趣”之意。渊源：殷浩，字渊源，见“北门之叹”篇（《言语》第80条）注释。

鉴赏

王羲之骨气清高，刘惔简洁秀美，王濛温文尔雅，殷浩意趣深远，各有专擅。另有一人，单方面与此四人相比，都颇显逊色，可是，大家又都感觉到，此君兼有这四个人之美，这个人就是阮裕。这是一种独特而高超的品评技巧。

一是评得准。有些人，或者性格比较复杂，或者才能比较分散，很难用一两点概括其特色：他既不像王羲之那样以骨气见长，也不像刘真长那样以简秀见称；他既不如王仲祖那般温文尔雅，又不如殷渊源那般思想幽深；但他却兼有众人之美，如此综合评价，这才得以画出一个真实的阮裕来。

二是评得巧。先拿别人的优点来衬托此人的不足：论骨气论简秀比不上王、刘，论韶润论思致比不上王、殷；再说此人兼有各人的长处：偏偏就是这个人，却是要骨气有骨气，要简秀有简秀，要韶润有韶润，要思致有思致。而此数人的特点又是何等出色呢？兼此数人之美的此人当是何等出色呢？此公必非等闲之辈。

阮裕为人到底如何呢？“阮裕焚车”，见于《德行》篇；为谢安讲解《白马论》，见于《文学》篇；辞避殷浩、刘惔，见于《方正》篇；王敦拿他激励王羲之，见于《赏誉》篇；肯定何充之才却又轻视其出身寒门，见于《品藻》篇；隐居东山，宠辱不惊，见于《栖逸》篇；斥责谢安之弟谢万“暴发户，没礼貌”，见于《简傲》篇；讥刺何充佞佛，见于《排调》篇；自己起初信佛，儿子病重，祈祷于佛，无效，从此仇视佛教，见于《尤悔》篇。如此之人，孙绰仅用“弘润通长”四字概况(《品藻》第 36 条)，似乎有些以偏概全，反不如这种复合比较来得全面了。

（王澧华）

宁作我

桓公少与殷侯齐名[1]，常有竞心[2]。桓问殷：“卿何如我[3]？”殷云：“我与我周旋久，宁作我[4]。”

《品藻》第 35 条

注释

① 桓公：此处指桓温。殷侯：即殷浩。“公”“侯”都是古代封爵名称，古人用以作为对人的尊称。

② 竞心：竞争名气之心。

③ 卿：你。

④ 周旋：交战；斗争。宁：宁愿。

鉴赏

桓温与殷浩,年少时齐名,互不服输,日后功业大相径庭。桓温“卿何如我”之问,可能发生在中年以后,因为殷浩说了“周旋久”。

桓温以军功著名,清谈是其副业。尽管他对皇位颇有二心,但是,西平李势,三次北伐,毕竟为东晋立下了汗马功劳。殷浩以清谈著称,领军北征是其败笔。桓温之问,不知事在何时。不管怎样,“卿何如我”,很有点咄咄逼人的架势。

《品藻》第3条,记载三国时顾劭问庞统:“都说您老兄善于知人,那您看我们两个谁胜过谁?”口气比桓温婉转得多,而庞统的回答,却又比殷浩直白得多:“改革风俗,乘时而为,我不如您;探究古时王霸之策略,分析战略战术,我似乎有一点点长处。”而殷浩则根本不论二人短长,出其不意来上一句“我与我周旋久,宁作我”。我当然了解你,可是我更了解我自己,我肯定也更看好我自己,我当然宁愿继续作我。唐代新编的《晋书》,把这句话改成“我与君周旋久”,逊色多矣!

殷浩看来从不服输。当有人问:“当代王公大人都把你比作裴遐,你怎么看?”他自信地回答:“本来就都具有卓识,所以属于同一类人。”(《品藻》第33条)简文帝做抚军大将军时,也让殷浩自己与裴頠相比,殷浩过了很久,才慢吞吞回答道:“本来就胜过他。”(《品藻》第34条)这两人,都是几十年前洛阳城里的玄学名家,而西晋的人物风流,在东晋人的心目中,却是带有近乎神圣色彩的,可是,殷浩一点也不肯谦虚一下。对比这三条问答,前两条都是发问者为第三方,竞争者不在现场;而桓温的“君何如我”,却是提问者就是挑战者,被问者一下子被动地陷入对抗赛擂台上。面对突如其来的挑衅,迎战的一方顶多体现出不屈的胆气。但殷浩的回答,却出其不意地避开“你我之争”,有如神助一般搬出一个“我与我”来对答,我与我比,行了吧?我与我比,你奈我何!宁作我,懂吗你?宁作我,与你何干!你与我比?我还是跟自己比吧!

要比，你也跟你自己比好了。谁比谁强，一句“宁作我”，尽在不言之中。这里展现的，既是智慧，也是情商，既是辩才，更是气度。魏晋风度，于此可见一斑。

（王澧华）

自谓无让

抚军问孙兴公：“刘真长何如？”曰：“清蔚简令。”“王仲祖何如？”曰：“温润恬和。”“桓温何如？”曰：“高爽迈出。”“谢仁祖何如？”曰：“清易令达。”“阮思旷何如？”曰：“弘润通长。”“袁羊何如[①]？”曰：“洮洮清便。”“殷洪远何如[②]？”曰：“远有致思。”“卿自谓何如？”曰：“下官才能所经，悉不如诸贤；至于斟酌时宜，笼罩当世，亦多所不及。然以不才，时复托怀玄胜，远咏《老》《庄》，萧条高寄，不与时务经怀，自谓此心无所与让也。”

《品藻》第36条

注释

① 袁羊：即袁乔，见“明镜清流”篇（《言语》第90条）注释。
② 殷洪远：殷融，字洪远，陈郡长平（今河南西华东北）人，殷浩从父。清谈家，累迁吏部尚书、太常卿。

鉴赏

这里记的是时任抚军将军，后来成为皇帝（简文帝）的司马昱和孙绰的一段对话，这段对话的内容是品评东晋名士，透露了其时士风的一些信息。这则材料后来被引用在《晋书·王濛传》里，《晋书》作者在概括这一段内容时是这样说的，“简文帝之为会稽王也，尝与孙绰商略诸风流人”。这里所谓的“风流人”大约就是体现时代风气的人物，具体到东晋时期，所谓的风流应该指的是东晋的名士精神，所谓“风流人”，大抵可以理解为第一流名士。《晋书》记载：“时人以（刘）惔方荀奉倩，（王）濛比袁曜卿，凡称风流者，举濛、惔为宗焉。”又载：“桓温尝问惔：‘会稽王谈更进邪？’惔曰：‘极进，然故第二流耳。’温曰：‘第一复谁？’惔曰：‘故在我辈。’其高自标置如此。”可见在名士中确实存在着品级的高低。

现在司马昱和孙绰议论的当是其时的一流名士。品评人物原无刻板的规则，本则的一个明显的特点是简洁明了，易诵易记，孙绰品评七位名士都是用的四言句式，语意含蓄，颇有余味，和他所写的四言诗有异曲同工之妙，这在《世说新语·品藻》里是比较独特的。东晋的人物品评所涉内容颇为广泛，有关于德行、才能、风度之美的，但从本则的内容看，几乎都集中在人物才性方面。这里有对人物才华的赞美，如称刘惔“清蔚简令”，称谢尚“清易令达”，袁羊“洮洮清便”。也有赞美人物的气质和人格，如称桓温“高爽迈出”，称王濛“温润恬和”等，足见人物的气质才性之美已经成为当时审美的一个重要方面。

在本则中最值得注意的，是孙绰的自我评价。他说，虽然前面所评的几位，他都不及，但是他却也有着为人所不及的地方，“时复托怀玄胜”几句，用一种诗意的笔触抒写了一种玄学人生观。这种人生观的特点是超越现实。他不萦心于世俗，从凡俗中解脱出来，自由自在地过着诗意的生活。嵇康《赠兄秀才入军》诗云：“息徒兰圃，秣马华山。流磻平皋，垂纶长川。目送归鸿，手挥五弦。俯仰自得，游心太玄。”庶几近之。不过这种“居官无官官之事，处事无事事之心”(《晋书·刘惔传》)，以超脱为贵的名士风度，从别一角度来看，也未尝不是一种无担当、不负责的生活态度。而且孙绰其人除了长于作文外，其个人品行多遭物议，“诞纵多秽行，时人鄙之”(《品藻》61 刘孝标注)。是不是真的像他自己所说的那样“托怀玄胜”，也还是大有疑问的。但我们却藉此可知，遗落世事，企羡隐逸，要比热心政事更为时人称道。

（归青）

正是我辈

桓大司马下都[①]，问真长曰[②]：“闻会稽王语奇进[③]，尔邪？”刘曰：“极进，然故是第二流中人耳！”桓曰：“第一流复是谁？”刘曰：“正是我辈耳！”

《品藻》第 37 条

注释

① 桓大司马：即桓温，见“木犹如此”篇(《言语》第55条)注释。下都：建康位于长江下游，顺江而下至建康，故曰下都。
② 真长：刘惔，字真长，见“莫得淫祀”篇(《德行》第35条)注释。
③ 会稽王：司马昱，封会稽王，后即帝位，即简文帝，见“杀鼠不悦”篇(《德行》第37条)注释。

鉴赏

刘惔，字真长，性简贵，长于清谈，被誉为“风流之宗”，因王导、郗愔等人称扬而知名，雅善玄理，尤好《老》《庄》，行为洒脱，也谙熟儒家经典，为当时一流谈家，其思理清通，辞难简切，善于玄解，时出“名通”。司马昱性情恬静，甚爱清谈，谢安认为其“清谈差胜”，故可推想刘惔为何自负地称其第二流。

刘惔“正是我辈”之语，与《伤逝》4王戎丧子所言“情之所钟，正在我辈”可互相参照阅读，“我辈”用语展现出魏晋士人自我意识高涨，在人我互动中，标榜以自我为中心。其他如《文学》86范启“应是我辈语”，《任诞》7阮籍“礼岂为我辈设也”等均足见时人张扬自身个性，挺立自我人格，展现独异于人的性情。除此之外，在《世说新语》中也经常见“我”字的用法，如，《德行》36谢安“我常自教儿”，《政事》15王导“人言我愦愦，后人当思此愦愦”，《方正》20庾敳“我自用我法，卿自用卿法”，《品藻》35殷浩“我与我周旋久，宁作我”，《品藻》38桓温“当出我下”，《任诞》20张翰“使我有身后名，不如即时一杯酒”，《宠礼》6卞范之“我以第一理期卿，卿莫负我”，《排调》24桓温“我若不为此，卿辈亦那得坐谈”，《惑溺》6王戎妇“我不卿卿，谁当卿卿”等，皆是彰显个人主张、观点、兴致、个性、立场，用以证成自我独特的生命价值，展现自己的自由意志，不隶属他人。

综上可知,"我"字的使用在魏晋时期广为流行,士人严群我之别,人我之分,我辈的相反用语为"他者",魏晋士人视他者为"非类",在择友之时最重"契"。契者为情投意合,互相欣赏,所以交友择类而"不交非类",重视知音之赏,在交游中见其神交意气,而斥非类他者时,每每加以轻诋,如阮籍以"白眼"对待嵇喜之吊丧,吕安以"凤"字讥刺嵇喜为"凡鸟"。这种傲然独得,充分显现任性不拘的习气,在主观臧否中见出魏晋士人对自我精神价值展现的向度,使人倍感生命的独一无二,每个人皆为一独立自足的小宇宙。

(曾敬宗)

弘度有识

谢公与时贤共赏说[1],遏、胡儿并在坐[2]。公问李弘度曰:"卿家平阳,何如乐令?"[3]于是李潸然流涕曰:"赵王篡逆,乐令亲授玺绶[4]。亡伯雅正,耻处乱朝,遂至仰药[5]。恐难以相比!此自显于事实,非私亲之言。"谢公语胡儿曰:"有识者果不异人意。"

《品藻》第46条

注释

① 谢公：即谢安。

② 遏：谢玄的小名。胡儿：谢朗的小名。谢玄和谢朗都是谢安的侄儿。

③ 李弘度：即李充，见“北门之叹”篇(《言语》第80条)注释。平阳：李重(253—300)，字茂曾，西晋时任平阳太守。乐令：乐广，西晋时官至尚书令，于时人中声望颇高。

④ 晋惠帝永康元年(300年)，赵王司马伦起兵谋反，自封相国。次年篡位，以惠帝为太上皇，时任尚书令的乐广与尚书仆射崔随、司隶校尉满奋奉皇帝玺绶，以示惠帝禅位于伦。不久齐王起兵诛杀司马伦，惠帝复位。玺绶：皇帝的玉玺和绶带，是皇权的象征。

⑤ 仰药：服毒而死。据《晋诸公赞》记载，赵王伦任相国期间，征李重为左司马，重不满伦有篡位之心，托病不就，后“遂不复自活”。

鉴赏

谢安是《世说新语》最为浓墨重彩描写的人物之一。他不仅擅长清谈吟诗，以名士风度为当世所激赏，而且具有运筹帷幄的高超政治才能和处变不惊的军事统帅能力。在谢安的统筹谋划下，东晋在公元383年的淝水之战中以少胜多，阻断了前秦苻坚大军的大举南侵。谢安的声望从《世说新语》所载轶事中也可见一斑。他德高望重、一言九鼎，而他对人物的品鉴和评价也常常被奉为经典。这正体现在这个“弘度有识”的故事里。

故事的开头，谢安正与一座宾客品评人物，谢安的两位侄子谢玄和谢朗亦在座聆听。谢安因问李弘度其伯父李重与乐广之优劣。不想这一问让席间的融洽气氛急转直下，变得凝重悲愤。原来，李重与乐广虽同在晋惠帝朝为官，然二者在赵王伦谋反篡位之乱中的表现大相径庭，体现出相反的性格和品行。李重被赵王赏识而提拔为左司马，却因看穿其篡位之心而辞疾不就，后不惜以身殉主，实为忠臣之楷模。而乐广位为惠帝之尚书令，却在危难之时为求自保，将皇帝玺绶亲手交予赵王伦，为其篡位提供正当性。与李重的耻处乱朝相比，乐广卖主求荣的做法实在令人不齿。难怪李弘度不愿意将二人作比，认为与乐广并称有辱伯父的名声。

文末谢安对胡儿一番言语显露出他的苦心。原来对于李重和乐广孰优孰劣，谢安心中早有论定。他的问话，一方面是要试探李弘度是否“有识”，更重要的是用忠臣后辈的话教育在座的两位侄儿。谢安终其一生都致力于协调东晋皇室与权臣世家，特别是桓温之间的关系，为东晋抗击前秦以及之后的北伐建立一个稳固的后方。也正是因为久周旋于各路势力之间，他对朝中政局的动荡凶险深有体会。与李弘度的这番褒扬忠臣、贬斥贰臣的对话，意在提点在座的两位谢家后辈，让他们以史为鉴，端正言行。

谢安作为陈郡谢氏家族的长辈，非常注重对晚辈的培养。这种培养不仅包括德行，也包括文学，比如下面一则“言语”门中的轶事就记载了谢安与侄子谢朗和侄女谢道韫之间一段关于诗歌艺术的对话：

谢太傅寒雪日内集，与儿女讲论文义。俄而雪骤，公欣然曰：“白雪纷纷何所似？”兄子胡儿曰：“撒盐空中差可拟。”兄女曰：“未若柳絮因风起。”公大笑乐。

谢安的一番苦心没有白费。侄儿谢玄后来成为东晋的一员大将，建立了精锐的北府兵，成为淝水之战和东晋北伐的中坚力量。谢朗也以博学文采著称，官至东阳太守。谢道韫虽为女子，然而才华胆识不让须眉，成为中国古代屈指可数的杰出女诗人。谢家能够人才辈出，很大程度上应该归功于谢安对于家风家教的重视。

（胡秋蕾）

生气懔然

庚道季云①："廉颇、蔺相如虽千载上死人，懔懔恒如有生气；曹蜍、李志虽见在，厌厌如九泉下人。人皆如此，便可结绳而治，但恐狐狸猯狢啖尽。"

《品藻》第68条

注释

① 庚道季：庚龢(329—?)，东晋颍川鄢陵(今河南鄢陵西北)人，字道季。庚亮子。以清谈知名于时。升平中，为丹阳尹。太和初，为中领军。

鉴赏

有的人在一个寝室同窗四载，一分手后就记不起他的模样；有的人哪怕只有一面之缘，一辈子也忘不了他的音容笑貌。个中缘由是前者既无生气又无个性，后者则个性鲜明又生龙活虎。

就给人们留下的鲜明印象而言，不仅熟人常常不如生人，而且还可能活人不如死人。晋朝庾龢就曾毫不客气地批评自己的两位同辈说：廉颇、蔺相如虽然是作古一千多年的死人，但他们懔然刚烈的形象好像至今还活着；曹蜍、李志现在虽然还活着，但他们了无生气的模样活像九泉之下的死人。要是人人都像他们这个样子，我们可以退回到结绳而治的远古时代，完全用不着语言文字和聪明才智，不过，大家恐怕被狐狸、野猪、狢子等各种野兽吃个精光。

让庾龢赞不绝口的廉颇和蔺相如，在战国后期，一为赵国的名将，一为赵国的名臣。廉颇几乎是一位常胜将军，他率军讨伐齐国大获全胜，长平之战前期成功抵御了强大的秦军，长平之战后粉碎了燕国的入侵，并打得燕国割让五城求和，这一连串胜仗不仅使他成为赵国的中流砥柱，也使他与白起、王翦、李牧并称为“战国四大名将”。蔺相如更是既足智多谋又虚怀若谷，“完璧归赵”“负荆请罪”等成语至今仍有极强的生命力。他和廉颇在历史舞台上的英姿至今仍让人热血沸腾，他们的英气至今仍旧虎虎生风。与庾龢同时的曹蜍、李志，如今几乎没有人记得他们的名字，要不是庾龢鄙夷地提到他们，估计谁也没有兴趣去考查他们的身世。曹茂之字永世，小字“蜍”，彭城（今江苏徐州）人。生卒年不详，东晋穆帝司马聃时偶尔有人提到他。他的祖父曹韶西晋末为琅邪王司马睿镇东将军司马，父亲曹曼仕至尚书郎，说起来要算是“官二代”。李志字温祖，东晋江夏钟武（今衡阳）人。官至员外常侍、南康相，是与王羲之同时的书法家，《晋百官名》《墨池巢录》都有与他相关的记载。“曹蜍李志之才”当时就是庸才的代名词。

庾龢字道季，东晋外戚和名臣庾亮之子。他为文下笔琳琅，谈吐更敏捷机智，一时名流显宦对他语多赞美，连谢安也称赞“道季诚复钞撮清悟”（聪明敏捷），这一半可能是其门第高贵既让人不敢不服，一半可能是其文才口才也让人由衷佩服。当然，他对自己的才华自然十分自负，对别人的评价也很少敷衍奉承。我们来看看他如何论己论人：“庾道季云：‘思理伦和，吾愧康伯；志力强正，吾愧文度。自此以还，吾皆百之。’”（《品藻》63）康伯即吏部尚书韩伯，东晋公认的清谈高手；文度即王述之子王坦之，为东晋清谈名士和政坛显要。虽不能说完全目中无人，多少也有点眼空四海。没有十足的底气和傲气，断然不会对曹蜍、李志两位同辈作出如此苛评。

现在无从得知庾龢谈话的具体语境，从史料的粗略记载来看，这俩人算不上天才，但也绝非笨蛋，曹蜍、李志和我们大家一样属于“中人”

或“常人”，单拿他们两人说事无疑有失公平。就《世说新语》有关庾龢的几则小品来看，他喜欢“仰望自己”而“俯视他人”，不仅背后论人十分刻薄，就是当面也不假辞色。不过有一点大概可以肯定：曹蜍、李志这两位老兄，被礼法名教调教得没有个性，没有棱角，没有胆量，没有才情，是那种我们都很熟悉的“老好人”。

且不说庾龢对曹蜍、李志的酷评是否冤枉，单说说庾龢这则短文所隐含的论人标准。假如找不到德才兼备的贤人，你愿意与四平八稳的庸人为伍？还是选择与狡猾能干的人精共事？庾龢显然宁可与人精共舞，也决不会与庸人同行。周围若全是驯良听话的庸人，社会可以退回到结绳而治的时代，可以像老子所说的那样“绝圣弃智”，但用不了多久大家都将被老虎豺狼吃光，庸人标志着民族人种的退化。做大恶没胆，积大善无才，这是庸人的典型特征，这也是社会停滞的原因。推动历史巨轮前进的动力，不是退让善良，而是贪婪占有，所以有人欣赏老虎的奔跑，却不喜欢看肥猪的蠢动。连对弱者满怀仁爱的伟大诗人杜甫，年轻时对俗物庸人也是满脸不屑，他老来在《壮游》一诗中说：“性豪业嗜酒，嫉恶怀刚肠。脱略小时辈，结交皆老苍。饮酣视八极，俗物多茫茫。”早年的咏画诗《画鹰》更说：“何当击凡鸟，毛血洒平芜！”这两句的意思是说，什么时候让凶猛迅疾的雄鹰，去搏击那些平庸可憎的凡鸟，把它们的毛和血洒在草木丛生的旷野上。

庾龢这则小品还给我们提出教育宗旨这一大问题，我们到底应该培养什么样的人才？我们应该培养乖乖听话的绵羊，还是应该造就刚烈勇猛的虎豹？今天中国教育恰恰是为了扼杀学生的个性，磨光学生的锋芒，打掉学生的棱角，让他们没有质疑的精神，没有挑战的勇气，没有昂扬的激情，满眼全是低眉顺眼的奴才，到哪里去找廉颇和蔺相如这种卓尔不群的豪杰？

（戴建业）

二王异趣

王子猷、子敬兄弟共赏《高士传》人及《赞》[1]，子敬赏“井丹高洁”，子猷云：“未若‘长卿慢世’。”

《品藻》第80条

注释

① 王子猷：即王徽之。子敬：即王献之。

鉴赏

《高士传》，指嵇康所撰《圣贤高士传赞》。《三国志·魏书》裴注引嵇喜《嵇康传》说：“撰录上古以来，圣贤隐逸、遁心遗名者，集为传赞，自混沌至于管宁，凡百一十有九人。”今多亡佚，戴明扬《嵇康集校注》广为搜辑，才得57传，7赞，凡66人，另有存目佚文者3篇。其中井丹和司马相如传赞，幸赖《世说新语·品藻》第80条刘孝标注引得以保全。

井丹，字大春，东汉扶风郿(今陕西扶风)人。精通五经，博学高论，为人清高。当时五个王侯争相与之交往，井丹都推辞不见，后隐遁不仕。嵇康赞曰：“井丹高洁，不慕荣贵。抗节五王，不交非类。”司马相如，字长卿，西汉蜀郡成都(今属四川)人。以琴心挑动富家女卓文君，与之私奔。家贫，使文君当垆卖酒，自己著犊鼻裈，于集市洗涤器具。作《子虚赋》《上林赋》《大人赋》等，受汉武帝称赏。常托病闲居，不慕高爵。嵇康赞曰："长卿慢世，越礼自放。犊鼻居市，不耻其状。"

子敬赏"井丹高洁"，子猷慕"长卿慢世"，兄弟各有倾心折服者，其趣舍之异，虽或为一时兴会，却也能看出二人平生性格志趣的不同。子敬性格整峻高洁，不交非类，一如井丹；子猷卓荦不羁，越礼自放，有似司马相如。

如《世说新语·方正》第62条记载，太极殿建成时，子敬为谢安长史，谢安请子敬题写匾额，子敬面色不悦，对使者说："将木版扔到门外。"后谢安来说："魏朝韦诞也曾题榜。"子敬回答："魏祚所以不长。"谢安以为名言。

子敬之所以如此耿介，甚至将此事与国运联系起来，原因在于，东晋的书画艺术虽然有了空前发展，但并未获得真正独立的社会地位和价值。在儒家的价值体系和现实社会的等级秩序中，从事书画这类艺和技的职业，属于百工之一，是卑微低贱的。因而权贵士人可以研习品赏，可以自娱自乐，无论取得多么大的成就，都只是兼擅而已。一旦进入社会人伦关系和实际的公共事务中，关乎礼义名节、尊卑秩序的矛盾就会凸显出来。韦诞身为朝臣，魏明帝却命他登高梯，为凌云阁题榜，韦诞因此深感耻辱，回家敕戒子弟："勿复学书！"(《巧艺》第3条)

韦诞不敢违抗魏明帝的命令，子敬却能顶撞谢安。子敬的态度表面看来十分傲慢，其实内心先有屈辱之感。在他看来，这是有违礼制、有失名分、扰乱纲纪的事情，推而衍之，则必将影响国本，所以他严词拒绝题榜。嵇绍不肯为齐王冏演奏丝竹(《方正》第17条)，井丹不食新阳侯阴就的麦饭葱菜(《品藻》第80条刘孝标注引嵇康《高士传》)。谢安当然不是司马冏，也不是阴就，但子敬内心实有似于当时的嵇绍和井丹，他们的行为体现了一种儒家精神，即持节自守，不肯降志辱身。这正是子敬性格整峻高洁之处。

东晋士人大都儒道兼综，但二者之间容有多和少的偏重。子敬是偏多于儒的，他所欣赏的井丹，也是一位典型的东汉末年儒者：受业太学，精通儒学，以“五经纷纶”著称。子敬之所以享有盛名，得到社会士人的普遍敬重，不仅因为他生于琅邪王氏士族，才华横溢，也和他持身端正、容止不怠的儒家风范不无关系。《晋书》本传说：“谢安甚钦爱之，请为长史，安进号卫将军，复为长史。”子敬后历建威将军、吴兴太守，征拜中书令。

相比之下，子猷是更偏于老庄一派的，具有肆意酣畅的玄学人格，《任诞》第46条刘孝标注引《中兴书》称：“时人钦其才，秽其行。”他所推崇的司马相如，非儒非道，其学无方。然而自著犊鼻裈，涤器市中，浑不以为耻的行为，实开阮籍辈任性不羁、越礼自放的先声。王恭曾问王忱：“阮籍何如司马相如?”(《任诞》第51条)，可见时人以此两人并提。而阮籍又是两晋任诞风流的宗师，子猷的许多言行颇得其流风遗韵。如不可一日无竹、雪夜访戴、听桓伊吹笛而主客不交一言、答桓冲问而一问三不知，凡此种种，把一日当永久，又把永久当一日，子猷过着既通透又糊涂的生活，随在而莫不如羚羊挂角，无迹可求的诗和画，明澈隽永，兴味悠远，令人长思。

你看，性情相投的人，即使远隔千百年，也能聚到一起。子猷、子敬共赏《高士传》，又何尝不是向嵇康遥致景慕之意呢？这位竹林七贤的灵魂人物，二王兄弟心目中的理想人格，他才是这一场千古高士聚会的总召集人啊。

子猷、子敬生活的年代，皇权日益衰弱，琅邪王氏也早已不复当年的鼎盛。东晋门阀政治，已从“王与马，共天下”，又历经了庾与马、桓与马、谢与马的跌宕轮回。期望二王兄弟能振起王氏于没落衰败，是不现实的。而琅邪王氏士族，如果说还有些势力的话，除了得益于父祖辈的余荫，更多的是来自社会文化及人格魅力的影响，——正是二王兄弟所展现出来的样子。因此可以说，子猷、子敬依照各自本心，因应时势，做了他们能做的事情。

（李群）

名士风流

有人问袁侍中曰[①]:“殷仲堪何如韩康伯?”答曰:“理义所得,优劣乃复未辨;然门庭萧寂,居然有名士风流,殷不及韩。”故殷作诔云:“荆门昼掩,闲庭晏然。”

《品藻》第81条

注释

① 袁侍中:即袁恪之,刘孝标注引《袁氏谱》谓:“恪之字元祖,陈郡阳夏人。祖王孙,司徒从事中郎。父纶,临汝令。恪之仕黄门侍郎。义熙初,为侍中。”

鉴赏

这一则材料是对殷仲堪和韩康伯两位名士的品评,可以见出魏晋名士的价值观。所以要把殷仲堪与韩康伯放在一起比较,是因为二人同为有名于时的清谈名士。清谈是魏晋名士间流行风气,所谈多为抽象、玄虚的哲学命题,既无法证实,又无法证伪,可以无限地争辩下去,展现谈者的思辨能力。魏晋名士们热衷于此,谈风盛行,成为一时风尚,名士声望与清谈成就有着直接关系。

殷仲堪与韩康伯都是当时有名的谈客。《晋书》殷本传中说:“仲堪能清言,善属文,每云三日不读《道德论》,便觉舌本间强。其谈理与韩康伯齐名,士咸爱慕之。"他被认为是一个"精覈玄论","好学而有理思"(《世说新语·文学》60注引《隆安记》)之人。他自己曾说,如果要我来谈才性四本的问题,那是谈起来没有尽头的。不过,殷仲堪不仅是一个享有盛名的清谈名士,更是一个政治人物。他因朝廷政争的原因被任为都督荆、益、宁三州诸军事,荆州刺史,权高位重,可谓方面大员。却因卷入权力斗争而死于非命。比较起来,韩康伯不如殷仲堪那样头角峥嵘。他出身贫寒,但从他是殷浩的外甥看,可知也是士族子弟。他似乎比较淡泊,早年"举秀才,征佐著作郎,并不就"(《晋书·韩伯传》),须知这可是他进入仕途的第一步啊,他竟然拒绝了。他虽然担任了一些官职,但在政治上也没有什么建树。后来朝廷任命他为太常,他也没有接受,四十九岁时就去世了。他人生中的亮点可能就是清谈的高手吧。《晋书》韩本传称他"清和有思理",也就是说他思维有条理,分析能力强,这正是清谈名士的素质。他的才华很受同为清谈高手的舅舅殷浩的赏识,说"康伯少自标置,居然是出群之器。及其发言遣辞,往往有情致"(《世说新语·赏誉》90)。意思说他虽然不自我标榜,但却是出类拔萃的人才,发表言论的时候,常常很有意味情趣。早年虽然不应朝廷的征聘,却被后来成为皇帝(简文帝)同样喜好玄学和清谈的司马昱聘为谈客。可见他的清谈才能享誉一时。本则中客主的问答就是在这样的背景上展开的,而潜在的问题则是,什么样的人格才更接近理想的名士风度。我们从袁侍中的回答可知,清谈和人格共同组成了名士风度的要素。清谈是才华,这是作为名士的基本条件,不会清谈是没有做名士的资格的。但人格更为重要。按照袁侍中的说法,二人在清谈方面不相上下。真正使他们分出高下的在是否淡泊名利,超然恬淡。他大力赞扬韩康伯的"门庭萧寂",说他"居然有名士风流",那么反过来,对殷仲堪的热心政务,卷入政争的行为似乎并不以为然,认为这是不大合名士风流的。这也反映东晋士族统治下士人观念的变化。

(归青)

各有其美

桓玄问刘太常曰①:"我何如谢太傅?"刘答曰:"公高,太傅深。"又曰:"何如贤舅子敬②?"答曰:"樝、梨、橘、柚③,各有其美。"

《品藻》第87条

注释

① 桓玄,见"乞弟养母"篇(《德行》第43条)注释。刘太常:即刘瑾,字仲璋,南阳(今属河南)人。其母为王羲之女。历任尚书、太常卿。

② 子敬:即王献之,见"惟忆离婚"篇(《德行》第39条)注释。

③ 樝(zhā):同"楂",山楂。《庄子·天运篇》:"三皇五帝之礼仪法度,其犹柤梨橘柚邪!其味相反而皆可于口。"柤,古同"樝"。

鉴赏

东晋人喜欢人比人,风气如此,不必见怪,《世说》为此特设《品藻》篇。由此,我们可以充分欣赏:谁问谁,谁比谁,怎么问,比什么?其中绝大多数,都能见出当时名士的人格风范、心胸气度与才辩佳句。但是,也有个别条目,问答皆不甚见其标格。

桓玄是桓温的儿子,从小袭爵南郡公,比谢安足足小了50岁,竟然拿自己比谢安。桓玄自任相国、封楚王,时在晋安帝元兴元年(402年),同年任命刘瑾为尚书。面对主公之问,刘瑾只能采取一半应付一半奉承的姿态，说，公高，太傅深。刘瑾既然投其所好，桓玄当然得寸进尺，那么，我比你家的七舅呢？刘瑾只能再一次退避三舍，拿出《庄子·天运篇》中的现成话来搪塞：山楂、梨子、橘子、柚子，各有各的美味。

桓玄如果不是把持朝政，刘瑾的回答也不失为机智和委婉，但是面对这么一个年少轻狂、目空一切之徒的肆意妄为，刘瑾的这种选择，就显得有些胆怯、有些柔弱，甚至，有点巧言令色。

桓玄出身名门，是权臣桓温之子，《晋书·桓玄传》称“形貌瓌奇，风神疏朗”，“常负其才地，以雄豪自处”。如果东晋君臣同舟共济，桓温能够得行其志，兄弟父子联手，取得像谢安、谢玄叔侄淝水大捷那样的局面，应该是很有可能的。只可惜，君臣猜忌，桓温郁郁而终，桓玄佳人做贼，愤懑“父为九州伯，儿为五湖长”于前，篡晋自立为帝于后，激发刘裕等兴兵讨伐，不到半年，兵败被杀。临死之前，他还口称天子，质问义军将领：“你是何人，敢杀天子？”对方回答：“我杀天子之贼！”一刀毙命。多行不义必自毙，桓玄自比谢安，自比王献之，未能流芳百世，终于遗臭万年。

（王澧华）

世 说 新 语

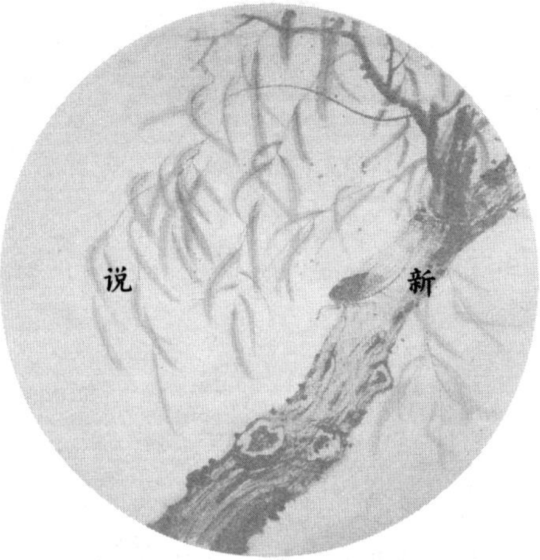

鉴赏辞典

规

规箴者，规讽告诫之意也。《左传·昭公十六年》云："子宁以他规我。"杜预注称："规，正也。"同书《昭公二十六年》："子孝而箴。"注云："箴，谏也。"又《文心雕龙·铭箴》："箴者，所以攻疾防患，喻针石也。""夫箴诵于官，铭题于器，名目虽异，而警戒实同。"可知规、箴二字，本同而末异，皆劝人迁善改过也。然魏晋之际，崇自我，尚个性，君臣朋侪，亲旧夫妇，皆师心以自用，故其应对表现，颇不同于往昔：有闻过知耻者，亦有虽谏不

箴

第十

从者;有从善如流者,亦有反戈一击者;有以不谏而谏者,更有顾左右而言他者;一颦一笑,一言一行,亦足见其性情,辨其雅俗耳。子游有云:“事君数,斯辱矣;朋友数,斯疏矣。”是故知规箴易、善规箴难也。

鉴赏

赦免乳母

赦免乳母

汉武帝乳母尝于外犯事[①]，帝欲申宪[②]，乳母求救东方朔[③]。朔曰："此非唇舌所争[④]，尔必望济者[⑤]，将去时但当屡顾帝，慎勿言，此或可万一冀耳[⑥]。"乳母既至，朔亦侍侧，因谓曰："汝痴耳！帝岂复忆汝乳哺时恩邪！"帝虽才雄心忍[⑦]，亦深有情恋，乃凄然愍之[⑧]，即赦免罪。

《规箴》第1条

注释

① 汉武帝(前156—前87)，名刘彻，汉景帝子，在位54年。犯事：犯法。
② 申宪：申明法度。
③ 东方朔(前154—前93)，字曼倩，西汉平原厌次(今山东惠民东)人，官至太中大夫。性诙谐，善讽谏。
④ 唇舌：指言语、言辞。
⑤ 济：指救助成功。
⑥ 万一冀：万分之一的希望。
⑦ 才雄心忍：雄才大略，心性残忍。
⑧ 凄然：悲伤貌。愍：哀怜。

鉴
赏

东方朔是汉武帝时著名的文人才士，以诙谐善辩著称。因为东方朔“诙达多端，不名一行，应谐似优，不穷似智，正谏似直，秽德似隐”，所以，被后世誉为“滑稽之雄”（《汉书·东方朔传》）。自汉代起，东方朔的故事就开始在民间踵事增华，广为流传，甚至还有把他人故事附会到东方朔身上，将其视为智圣的象征。这则“赦免乳母”的故事即属于其中之一。

司马迁《史记·滑稽列传》最早给滑稽人物立传，其中主要记载秦以前谈笑多辩，善于讽谏的淳于髡、优孟、优旃的故事，并不曾涉及东方朔。之后，班固在《汉书·东方朔传》中鉴于“后世多传闻”，故“详录”有关东方朔的诙谐故事，但其中也没有东方朔救汉武帝乳母的记载。此则故事最早见于褚少孙补的《史记·滑稽列传》中。褚少孙所补故事涉及郭舍人、东方朔、东郭先生、淳于髡、王先生、西门豹六人，但此故事归属于郭舍人名下，主角并不是东方朔。褚少孙乃西汉元、成时博士，距离东方朔生活时代不远，年代也早于班固，所以，他的记载应该是可信的。《世说新语》编撰者在收录此故事时，将故事主角进行了改头换面，张冠李戴，变成了东方朔。其中缘由今已不可推测，或许是因为郭舍人名不见经传，而东方朔名满天下的缘故吧。

此故事被收在《规箴》中，言外之意，它突出描写的是东方朔如何“规箴”汉武帝的。汉武帝乳母犯法，向东方朔求救，希望东方朔劝说汉武帝赦免自己。东方朔非常清楚汉武帝“才雄心忍，亦深有情恋”的为人，知道此事唯有智取，不可强求。那么，怎么才能“规箴”成功呢？东方朔非常聪明地在“情恋”二字上做文章。因为他知道，这既是汉武帝的软肋，也是汉武帝与乳母的特殊亲缘。所以，东方朔先教乳母应对之计：在向汉武帝告别时，不要有任何言语，只要一步一回头，做出难解难分、恋恋不舍的情状就可以了。当东方朔设定的情景发生后，他并没有晓之以理去劝说汉武帝，而是对乳母似怨似劝地说："你好傻呀！皇帝现在怎么还会记得你当年给他哺乳时的恩情呢！"东方朔言在此而意在彼，表面看是说给乳母，实际是说给汉武帝听：你面前这个即将被治罪流放的人，可是曾经用自己的乳汁奶大你的人，她对你是有养育之恩的呀！东方朔的话果然奏效，不仅触动了汉武帝"情恋"的神经，也激起了汉武帝童年无限美好的记忆。想到昔日乳母对自己的恩德，再看看眼前满鬓秋霜的奶娘，"才雄心忍"的汉武帝不免"凄然愍之"，最终赦免了乳母。

"规箴"即劝诫规谏他人。规箴有多种方法，或动之以情，或晓之以理，或情理兼备，或正话反说。但不管采用什么方法，首要的是规劝者应该对被规劝人的心性脾气了然于心，不然，可能就会导致事与愿违，好心办了坏事。东方朔规箴汉武帝，正是准确把握了汉武帝的性格心理，根据其性格特征，选择了合理的规箴方式，只有如此，才能触动汉武帝的心灵，让他做出符合自己心愿的选择。简言之，东方朔规箴汉武帝，主要从"情"入手，为情设境，以情运思，思动情发，言此意彼，隔山打牛，触动心灵，以不劝而劝的方式达到了良好的劝诫效果。在这则故事中东方朔不愧是"滑稽之雄"的智圣，他的不动声色、运智以谏的规箴智慧值得我们深察细味。

（王利锁）

视古犹今

京房与汉元帝共论[1]，因问帝："幽、厉之君何以亡[2]？所任何人？"答曰："其任人不忠。"房曰："知不忠而任之，何邪？"曰："亡国之君，各贤其臣，岂知不忠而任之？"房稽首曰[3]："将恐今之视古，亦犹后之视今也。"

《规箴》第2条

注释

① 京房(前77—前37)，西汉今文易学"京氏学"的开创者、律学家。本姓李，字君明，推律自定为京氏，汉元帝时举孝廉为郎。屡次上疏，以灾异推论时政得失。因劾奏石显等专权，出为魏郡太守。不久，下狱死。有《京氏易传》三卷。

② 幽、厉之君：厉指周厉王，是西周时代的君主，在位时暴虐无道，滥施杀伐，终被国人流放。幽指周幽王，是厉王的孙子，宠幸妃子褒姒，沉迷酒色，后外族入侵，被杀。两人都是暴虐之君。

③ 稽(qǐ)首：古代最恭敬的一种礼节，叩头到地。

鉴赏

南宋刘克庄在咏史的《京房》一诗中写道："元帝何曾谕，京生自此疏。区区推卦气，欲撼石中书。"他用这首诗概括了易学大师京房一生的成就和悲剧。京房是汉代由儒学向玄学转型的代表性学者，因为精研周易、善观天象受到汉元帝的赏识，看起来是个上知天文、下通地理的人物，为什么在与中书宦官石显的斗争中失败了呢？

汉元帝刘奭是西汉第十一位皇帝。他多才多艺，能写一手漂亮的篆书，还能弹琴鼓瑟、吹箫度曲、辨音协律，是个典型的艺术家型帝王，跟后世的宋徽宗赵佶和南唐后主李煜有得一比。汉元帝的父亲汉宣帝刘病已，颇有汉武帝之风，在位时进一步确立了儒家思想的统治地位，史书称“孝宣之治，信赏必罚……可谓中兴”(《汉书·宣帝纪》)。然而汉元帝为人优柔寡断，所以依赖宦官石显，在位期间灾害不断，民不聊生。

刘奭特别宠信宦官，他天真地以为，宦官没有家室，所以不会结党营私。但这显然是他的错觉，石显擅权期间，朝廷纲纪紊乱，吏治十分腐败。因为石显不仅与宫廷太监勾结，而且拉拢史丹等外戚，并利用见风使舵的匡衡、五鹿充宗等朝臣，内外呼应，党同伐异。于是他威权日盛，公卿以下无不畏惧。汉元帝虽贵为天子，却甘心大权旁落，一切都由宦官石显说了算。

在这种情势下，京房登上了人生的角斗场。《易》作为中国学术源头之一，历代不乏研究者，他就是其中颇有影响的一位。京房师从焦延寿，长于论说灾异，还十分灵验，于是开创了京氏易学。焦延寿常说：“得我道以亡身者，必京生也。”(《汉书·京房传》)这真是个不祥的预言啊，易学成就了京房，也最终毁灭了他。

汉元帝初元四年(前45年)，京房举孝廉为郎，成为皇帝身边的侍从官。不久，“西羌反，日蚀，又久青亡光，阴雾不精(清)”(《汉书·京房传》)。羌族造反的时候，刚好发生了日蚀现象，他趁此机会，“数上疏，先言其将然，近数月，远一岁。所言屡中，天子说之”(《汉书·京房传》)。京房善讲灾变，还屡次应验，于是获得了元帝的信任。

京房讲灾异的目的，在于推行自己的政治改革。元帝被京房的见解所打动，“诏使房作其事，房奏考功课吏法，上令公卿朝臣与房会议温室，皆以房言烦碎，令上下相司，不可许”（《汉书·京房传》）。没料到京房提出的考功课吏法，在百官面前碰了壁，被认为琐碎芜杂，搁置了起来。

对于宦官乱政，汉元帝始终未能觉悟，忠心耿耿的京房想除掉他们。有一次，他和汉元帝在一起谈论时，趁机问道：“请教陛下，周幽王和周厉王为什么灭亡？他们所任用的是些什么人呢？”元帝聪明好学，文化知识是很过硬的，想了想回答说：“他们任用的人不忠。”京房追问道：“帝王明知臣子不忠还要任用，这是什么原因呢？”元帝说：“亡国的君主，都认为自己的臣下是贤能的，哪里会明知不忠还要任用呢！”京房于是拜伏在地叩首道：“就怕我们今天看古人，也像后人看今人一样啊。”

京房接着又引《春秋》和《易》，高谈阔论了一番，大意是帝王任人不当，就会造成天下大乱，灾异横生。汉元帝悚然心惊，连忙打听错用了谁，京房大胆提出：“皇上最所信任的，在帷幄之中一起谋划，废黜了许多大臣的人就是了。”宦官石显知道后，难免心怀怨恨，于是先下手为强，以“非谤政治，归恶天子”的罪名，将年仅 40 岁的京房斩首弃市，消除了心腹大患。

在以灾异学说干政方面，京房失败了，但他发展出的灾异与政治关系的理论，在中国历史上却影响甚大。中国古人重视观察记录异常天象和自然灾害，就是由于董仲舒的天人感应思想和京房的灾异论影响的结果。

（阮莉萍）

何敢言盛

孙皓问丞相陆凯曰①:"卿一宗在朝有几人?"陆曰:"二相、五侯,将军十余人。"皓曰:"盛哉!"陆曰:"君贤臣忠,国之盛也;父慈子孝,家之盛也。今政荒民弊②,覆亡是惧,臣何敢言盛!"

《规箴》第5条

注释

① 陆凯(198—269),字敬风,三国吴名将,吴郡华亭(今上海市松江区)陆氏族人,官至左丞相。

② 荒:荒废。弊:疲困,疲弊。

鉴赏

孙皓问丞相陆凯:"你们陆家在朝中做官的有几人?"陆凯说:"有丞相两人,封侯五人,将军十多人。"孙皓说:"真是兴盛的家族啊!"陆凯说:"君王贤明,臣子忠诚,是国家的兴盛;父辈慈爱,子辈孝敬,是家庭的兴盛。现在政务荒废,民众疲困,惧怕的是国家灭亡,我哪里敢说兴盛!"

三国孙吴时的吴郡陆氏家族之兴盛,只要对这段历史稍有了解者都可叙说一二。本条目的传主陆凯担任丞相,大司马陆抗是他的同族,吴大帝孙权在位时的丞相陆逊是陆抗的父亲。他们家族出了"二将、五侯，将军十余人"等高官贵士，连皇帝孙皓也不得不感叹："盛哉！"而陆凯不敢言家族之盛，还言辞激烈地指出"政荒民弊，覆亡是惧"，等同于直斥皇帝治国不力。《世说》的编撰者把本条目放入《规箴》一门，从传主陆凯敢于当面批评帝王的表现看，进入此门当之无愧。

于大多数今人而言，《三国演义》经常是接触汉末三国历史的启蒙读物。如果认真读完这部书，必定会对最后一回《荐杜预老将献新谋 降孙皓三分归一统》中一心为国的忠直老丞相陆凯有深刻印象。历史上的陆凯，形象大致与《三国演义》中相同，《三国志》作者陈寿赞扬他："忠壮质直，皆节概梗梗，有大丈夫格业。"这部史书中收录陆凯进谏孙皓"不遵先帝"二十条，裴松之注又收录西晋虞溥《江表传》中陆凯的多次上表，皆为直言进谏之文。了解了陆凯其人，我们自然会明白，他为了国家利益，在皇帝面前不会一味恭敬谨慎、唯唯诺诺，而是多次上书进谏，乃至不惜使用激烈言语当面指责皇帝。

孙皓是否会对陆凯和他的家族实行打击报复？事情的发展证实了如此担忧是合理的。虽然张勃《吴录》载："凯正直强谏，以其宗族强盛，不敢加诛也。"《三国志》则载孙皓忌惮陆凯位高权重、陆抗在外掌握兵权，所以暂时容忍陆凯的直谏。陆凯、陆抗二人去世后，便把他们的族人流放到了建安郡(今福建建瓯一带)。失去二陆的孙吴，彻底陷入风雨飘摇、大势尽去的境地。仅仅过了六年，皇帝孙皓就"一片降幡出石头"，率领部下投降晋朝，鼎足三分的时代从此结束。

陆凯没有看到孙吴灭亡，但他想必已经早早地预料到了这一切。史载，景帝孙休谢世，初登皇位的孙皓采取了一系列有益国计民生的举措："皓初立，发优诏，恤士民，开仓廪，振贫乏，科出宫女以配无妻，禽兽扰于苑者皆放之。当时翕然称为明主。"(《江表传》)似乎给国家带来了新的希望，不料他很快露出了昏庸暴虐、"不修其政，而恒有窥上国之志"(《晋纪》)的面目。"皓既得志，粗暴骄盈，多忌讳，好酒色，大小失望。"(《三国志·孙皓传》)又处死了帮助他登上皇位的濮阳兴、张布。次年还逼杀孙休皇后、流放孙休诸子。他在国运日衰之时的倒行逆施，终于导致众叛亲离。孙秀、步阐等将领先后投降晋朝，最后到了“北军日近，而兵不举刃”的地步，曾经不可一世的孙吴末帝，只剩下唯一的出路——投降。

回头看本条目中陆凯的话。他不敢说自家兴盛的原因是：“政荒民弊，覆亡是惧。”陆氏家族的兴盛，源于在孙吴有所作为、位高权重，他们的兴衰完全寄托于孙吴政权。无国亦无家。若孙吴“政荒民弊”，陆氏家族的兴盛不过镜花水月，一旦国家覆灭便化作一场空。陆凯不敢言盛，正是由于他清晰地看到了家族兴盛背后深重的危机，那就是国势已衰落。

（郭小小）

举却阿堵物

王夷甫雅尚玄远[①]，常嫉其妇贪浊[②]，口未尝言“钱”字。妇欲试之，令婢以钱绕床，不得行。夷甫晨起，见钱阂行[③]，呼婢曰：“举却阿堵物。”[④]

《规箴》第9条

注释

① 王夷甫：王衍（256—311），字夷甫，琅邪临沂（今山东临沂北）人。历太子舍

人、尚书郎、尚书令。怀帝时为司空、司徒、太尉。永嘉之乱中被石勒俘虏后被杀。

② 嫉：痛恨，憎恶。贪浊：贪婪于钱财。

③ 阂(hé)：阻碍，妨碍。

④ 举却阿堵物：举却，拿开、拿走。阿堵，这个。此句说，拿开这个东西。

鉴赏

王衍是西晋清谈名士的领袖，他有着高贵的出身(琅邪王氏)，聪慧的天资(儿童时就令山涛赞叹)，美丽的容貌，如玉的皮肤，同时还善于清谈讲论。《晋书》里说他“盛才美貌，明悟若神”，“声名藉甚，倾动当世”，“妙善玄言”，简直是写尽了好话，不过，史书上也将西晋的覆亡与他的清谈联系起来。魏晋的清谈名士，往往言谈玄远，行止清雅，更何况是“口不论世事，唯雅咏玄虚”的王衍，自然从来不会谈钱这样的俗物。可偏偏他的妻子郭氏，却是一个贪财爱钱的妇人。郭氏是郭豫的女儿，和晋惠帝皇后贾南风是表姐妹的关系(贾南风的母亲，和郭豫是亲兄妹)。《晋书》里说郭氏“藉中宫之势，刚愎贪戾，聚敛无厌，好干预人事”，借着她和贾后的关系，收受钱财，连王衍都拿她没办法。王衍自己劝不动，只好搬出她向来畏惧的京师大侠李阳的名号，说，不只是我觉得这样不好，李阳也觉得不好。郭氏才收敛了一点(亦见《世说新语·规箴》)。郭氏的喜欢钱财，可谓是到了锱铢不遗的地步。王衍的弟弟王澄和他住在一起，看见嫂嫂郭氏“贪欲”(贪婪)，竟让家中婢女从路上担粪(积肥之用)，实在是难为情，忍不住劝说，哪想郭氏大发雷霆，“婆婆死的时候，把小叔交给我照管，可不是把我交给小叔管!”(大概她心里一直憋着气，你在我家白吃了这么多年饭，现在还管起我的事儿了!)上前抓住王澄衣服就要拿杖打，王澄拼命挣脱，跳窗而逃(见《世说新语·规箴》)。郭氏和王衍两人的性格以及在对待钱的问题上，竟然如此不同。

在本则故事中，贪浊的妻子想拆穿清高的丈夫，在王衍睡觉的时候，让婢女拿钱把床围了一圈，王衍醒来一看，没法下床出门了。如果是换了别人，这时候的第一反应是叫人来，“把钱拿开！”王衍毕竟是口不言钱的名士，他叫来婢女只是说，“把这个东西拿开”。仓促之下，他仍然没说出“钱”字，其修为确实也让人佩服。王衍是否真的不爱钱呢？刘孝标注引王隐《晋书》里说，“夷甫求富贵得富贵，资财山积，用不能消，安须问钱乎？而世以不问为高，不亦惑乎！”王衍是不缺钱的人，还有老婆帮他到处搜刮，当然不用操心了，所以他口不言钱字也谈不上什么“高”。不过，魏晋时期贪财好钱的人可不少，王衍的堂兄王戎，就是出了名的爱财，还经常和老婆一起摆开筹码，来计算家中的田产和资财；与王衍同时的中书令和峤，被杜预称“有钱癖”；东晋的祖约也有“好财”的名声，清点钱财时还被人撞见过。这样看来，王衍的口不言钱，至少与其名士的清高做派是相符合的。裴頠说，王衍之徒“不以物务自婴”（《晋书·裴頠传》），即不受世间事务（政事、杂务）的羁绊。且不管他们是不是真心不在乎钱，但至少在表面上，对于“钱”这样的东西应表示一种鄙弃。王衍的堂弟王敦年轻时也是如此，“口不言财”（《世说新语·豪爽》注引《晋纪》），能在语言习惯上避开“钱”字，也是一种很高的修为了。王衍说阿堵物而不说钱的做法，在东晋时还被王子敬仿效过，他在和别人赌钱后说，“何至须阿堵物！”我哪需要这玩意儿！（《太平御览》卷八百三十六引《俗说》）

今天不少人都知道阿堵物或阿堵是钱的意思，但推其本义，阿堵是魏晋时的俗语词，并不指钱，“晋人云‘阿堵’，犹唐人曰‘若个’，今曰‘这个’”（杨慎《丹铅总录》卷七《珍宝类·阿堵》）。阿堵是指示代词，相当于今天说的“这个”，关于这一点，早在宋代就有几位学者指出。如王楙说：“今人称钱为阿堵，盖祖王衍之言也。阿堵，晋人方言，犹言这个耳。王衍当时指钱而为是言，非真以钱为阿堵也。今直称钱为阿堵，不知阿堵果何物邪？且顾长康曰：传神写照，正在阿堵中。谢安曰：明公何须壁间著阿堵辈。殷中军曰：理应在阿堵上。此皆言阿堵，岂必钱邪？此与王子猷以竹为此君之意同。”（《野客丛书》卷八《阿堵此君》）这段话里还举出,“阿堵”一词在顾恺之、谢安、殷浩等人的话中出现,均表示“这个”的意思。

那么,阿堵物或阿堵为什么又可以指代钱呢？这不得不说到诗歌和典故的话题。简单地说,宋代诗人频繁地使用这个典故,令阿堵或阿堵物成为钱的代名。王衍这个故事在唐代几乎没有诗人用过(传世的寒山诗中有,但其写作时间存疑),到宋代才开始有人使用。最早宋祁、宋庠用的“阿堵”是顾恺之的典故,苏轼也用了两次“阿堵”,但只作“这个”来讲,都没有和王衍故事发生明显的关联。黄庭坚则明确地用此事,《次韵外舅喜王正仲三丈奉诏相南兵回至襄阳舍驿马就舟见过三首》之三:“语言少味无阿堵,冰雪相看有此君。”《和甫得竹数本于周翰喜而作诗和之》:“阿堵绝往还,此君是宾客。”这两处的“阿堵”显然都用来指代钱,同时还用“此君”指代竹来作对仗,前者与我无缘,后者长相陪伴,正如黄庭坚名句“管城子无食肉相,孔方兄有绝交书”一样,写得十分巧妙。此后张耒、李廌、吴则礼、陆游等诗人纷纷使用,如张耒《和无咎二首》之二:“爱酒苦无阿堵物,寻春奈有主人家。”陆游《思归引》:“此身不堪阿堵役,宁待秋风始投檄。”至南宋以后,尽管诗歌中使用“阿堵”一词也有用顾恺之事而指眼睛的,但指代钱的更多,这样它逐渐变成普通人都熟悉的指代钱的代名。宋末郑思肖有《王衍举阿堵物图》诗,可见该故事之流行已可入画,其诗中也提到阿堵物:“口不言钱早不同,何须相试苦相攻。今朝叱去阿堵物,一室玲珑分外空。”王衍阿堵物故事的流传,也可以说明,《世说新语》中的一些故事须经由唐宋文人之运用,始为人所熟知。实际上《世说新语》也正是借着古代文人以及画家之笔,持续不断地被书写和描绘,以各种方式或形式反复呈现,其故事才得以广泛传播,其书也最终成为一部经典著作。

(罗宁)

鉴赏

谢鲲谏敦

谢鲲谏敦

谢鲲为豫章太守[1],从大将军下至石头[2]。敦谓鲲曰:"余不得复为盛德之事矣[3]!"鲲曰:"何为其然?但使自今已后,日亡日去耳[4]。"敦又称疾不朝[5],鲲谕敦曰[6]:"近者,明公之举[7],虽欲大存社稷,然四海之内,实怀未达。若能朝天子,使群臣释然[8],万物之心于是乃服。仗民望以从众怀,尽冲退以奉主上[9],如斯,则勋侔一匡[10],名垂千载。"时人以为名言。

《规箴》第12条

注释

① 谢鲲,见"达旦微言"篇(《文学》第20条)注释。豫章:豫章郡,西汉所置,两晋时所辖大体在今江西北部地区。太守:"郡守"的尊称,即一郡军政长官。

② 从:跟从,随从。大将军:此处指王敦,见"太早太老"篇(《言语》第42条)注释。下:(从江州)沿江而下。石头:即东晋首都建康(今江苏南京)城外清凉山下的石头城要塞,三国孙吴所筑。

③ 盛德之事:周文王据有殷王朝三分之二的版图时,仍然谨守诸侯称臣之礼,被后世儒家誉为"盛德之事"。

④ 日亡日去：(已经发生的事)随着日子一天天过去而淡忘。
⑤ 称疾不朝：假托生病不去上朝朝拜君主。
⑥ 谕：此处是"开导"之意。
⑦ 明公：您，古人对有名位之人的尊称。
⑧ 释然：疑虑得到消除。
⑨ 冲退：大度谦让。主上：臣民对君王的称呼。
⑩ 勋侔(móu)一匡：功勋媲美一匡天下的管仲。"侔"即"相等""等同"。"一匡"即"一匡天下"，形容治理国家，拨乱反正。据《论语·宪问》，孔子曾经赞扬春秋名相管仲：管仲担任齐国国相，辅佐齐桓公称霸诸侯，使天下的一切都得到匡正(纠正)，人民直到今天还享受到他的这种恩赐。

鉴赏

东晋建国，王导、王敦，一文一武，双双建立了汗马功劳，他们兄弟二人也相继把持了朝政和外藩的军政大权，所以民间出现"王与马，共天下"的歌谣。稍后，晋元帝身边的几位心腹忠臣刘隗、刁协等人，力图加强中央集权，开始削弱王氏家族。对此，丞相王导退避忍让，而大将军王敦却以清君侧为名，从驻地武昌发兵东下，攻破京城要塞石头城，发动东晋偏安朝廷的第一次军阀内战。

当此之时，王敦向心腹僚友谢鲲毫不掩饰地吐露心声：周文王三分天下有其二，却仍然服从殷王，我大概再也做不出这样的"盛德之事"了！言下之意，既有愧恨，又有破罐破摔之想。谢鲲不愧是王敦的老朋友、老部下，王敦发兵之前，谢鲲就以"城狐社鼠"为喻，劝阻王敦投鼠忌器，不要危及国家与苍生，王敦不听，而且逼迫谢鲲随军而行。此时听到王敦这句近于"无父无君"的赌气话，谢鲲做出了非常及时、非常得体的回答，意思是，过去的事情让它过去吧，不要再过多计较人家的恩怨了。而当王敦称疾不朝、不臣之心变本加厉的时候，谢鲲再一次向王敦进谏，力图化解冲突、保全政局，让国家和百姓避免更大的祸害。谢鲲历来被人看作只知放纵、不务实际的任诞名士，曾经与当世名士毕卓、王尼、阮放、羊曼、桓彝、阮孚、胡毋辅之等人在一起，纵酒放诞，举止惊世骇俗，被人称为“江左八达”。但是，关键时刻，他的这两次表现，让我们看到他是如何既有见识，又有责任心。作为一个忠臣，一个良友，他的这两次规箴，体贴婉转，而又不失严正，寓劝阻于诱导之中，所以，“时人以为名言”。

不但如此规箴进言，据《晋阳秋》所载，王敦大开杀戒之后想扬长而去，谢鲲一再谏阻，而王敦却担心入宫后性命不保，谢鲲当即表示：“公若入朝，鲲请侍从。”可惜王敦利令智昏，拒不接受，反而将一腔怨气撒在谢鲲身上，非常恼怒地说，“就是把你们这些人杀上几百，也没什么大不了的”，最后还是不朝而去。不到两年，王敦再次叛乱，导致众叛亲离，王敦随即忧愤而卒，可谓是自取灭亡。

另据《世说新语·识鉴》所载，当王敦举兵东下之时，部属中有个叫杨朗的，也曾“苦谏”，王敦“不从”，杨朗竟然转而“遂为王致力，乘‘中鸣云露车’径前，曰：‘听下官鼓音，一进而捷。’”王敦与之握手许诺，“事克，当相用为荆州”。试将杨朗的二三其德与谢鲲的逆耳忠言相比，更显出谢鲲的谋国之忠与谠论之厚。

（王澧华）

网漏吞舟

王丞相为扬州[①]，遣八部从事之职。顾和时为下传还[②]，同时俱见。诸从事各奏二千石官长得失，至和独无言。王问顾曰："卿何所闻？"答曰："明公作辅，宁使网漏吞舟[③]，何缘采听风闻，以为察察之政？"丞相咨嗟称佳，诸从事自视缺然也。

《规箴》第15条

注释

① 王丞相：即王导，见"清操清识"篇(《德行》第27条)注释。

② 顾和，见"忘情不泣"篇(《言语》第51条)注释。

③ 网漏吞舟：出自《史记·酷吏列传序》，网里漏掉吞舟大鱼；比喻法律太宽，使重大的罪犯也能漏网。

鉴赏

公元291年至306年间，西晋发生了长达十六年的"八王之乱"，皇室的王爷们争权夺利，自相残杀，中原战乱频繁。年仅十五岁的司马睿依例袭封琅邪王，在洛阳与出身琅邪王氏的王导结为知己。王导少年时就"识量清远"，被誉为"将相之器"。后来司马睿奉司马越之命镇守下邳,当时王导想借司马睿的皇亲身份兴复晋室,所以竭力辅佐,司马睿也非常器重王导,两人共谋大业。

公元307年,司马睿镇守建康(今江苏南京),以知交王导为谋士,凡事都要咨询他。公元310年,晋怀帝司马炽被汉赵皇帝刘聪俘虏。公元313年,刘聪在西晋皇宫的光极殿大宴群臣,命令司马炽穿上青衣,扮成奴仆在席间行酒令取乐。晋朝的旧臣见皇帝受到这样的羞辱,不由得失声痛哭。刘聪见状勃然大怒,将晋怀帝和十几个臣子全部杀害。公元316年,匈奴人刘曜率军向长安发起进攻,末代的晋愍帝只好投降,又是受尽刘聪的屈辱才死去。西晋灭亡之后,大量北方士人南下,拥立司马睿在建康即帝位。

东晋初年,社会依然动荡不安。王导任丞相军咨祭酒,兼任扬州刺史,统领丹阳、会稽等八郡。他以"镇之以静,群情自安"的道家思想,安置衣冠南渡的北方侨民,有力地稳定了局面,推动了南方经济的发展。王导想要在吴地建立以北方士族为骨干的政权,笼络南方士族就非常重要了。他劝说司马睿:"顾荣、贺循,都是南方最具名望的人,应当结交他们来收服人心,他们两人来了,就没有不来的人。"司马睿就派王导亲自去造访贺循、顾荣,二人都应召而至,于是吴地之人望风归附。

顾和童年时就聪明有德行,被族叔顾荣称为一族的麒麟,自然也深受王导的赏识。有一次顾和去见王导,王导正感到困倦,说话间就昏昏然睡着了。顾和想引起他的注意,于是就对同座的人说:"以前常听叔父说起,王公尽忠辅佐中宗,竭力保全江南。今天看起来身体稍微有点不适,真是令人焦虑啊!"王导一下子惊醒了,微笑地对顾和说:"你这少年真是资质出众,说话机警有锋芒,不仅是东南的英才,也是可以闻名海内的俊杰啊。"得到王导的赞誉,顾和一下子就在东晋朝廷打响了知名度。

王导于是征顾和为扬州从事。每月初一顾和都要去参加朝会,还没进去之前,把车停在州府的门外。周顗是东晋大臣,前来拜见丞相王导,仪仗盛大地经过顾和的身旁。这时候顾和正泰然自若地靠着车子,神色专注地翻衣襟捉虱子,仿佛什么也没看见。周顗身负雅望盛名,看这少年没把自己放在眼里,不甘心地下车折返,指着顾和的胸口,盯着他问:“你这里面到底有什么?”顾和一点也不紧张,仍旧捉着虱子,慢悠悠地回答:“这里有个小宇宙,是你最难揣测的地方。”周顗到了王导那里,对他说:“你的州官里面,有一个可以作令仆的人才。”

不久王导派遣八部从事到下属的衙署去巡察。顾和去了一趟回来,与其他部从事一同参见丞相。诸位从事为了表功,都纷纷议论二千石官长的得失,只有顾和一句话都不说。王导问:“你去外面视察,难道都没有听到什么吗?”顾和回答说:“您是英明的辅弼之臣,宁可网疏漏鱼,也不应该以苛察为政,为什么要听信传言呢?”王导对此非常赞叹,其他的从事也感到惭愧。

正因为王导清静为政,当时扬州比较安定,并且人口众多、物产丰饶。他以省事为要,到了晚年几乎都不管事,当时有人议论丞相昏聩,但王导听后也不生气,只是微笑着说:“你们现在说我昏聩,只怕以后会想念我这样的昏聩啊。”他这种睁一只眼闭一只眼的执政态度,并不是内心糊涂,而是为了得到江东势力的支持,不得不做出的妥协与让步。

王导善于体察人情,善于忍让,所以能调和南北士人的矛盾,基本上做到和睦共处。近代历史学家吕思勉在读《晋书·王导传》后认为:“此传颇能道出东晋建国之由。三言蔽之,曰:能调和南方人士,收用北来士大夫,不竭民力而已。……帝之本志,盖仅在保全江表,而不问北方,即王导之志亦如此,故能志同道合。东晋之所以能立国江东者以此,其终不能恢复北方者亦如此。”(《两晋南北朝史》)

(阮莉萍)

一言安邦

苏峻东征沈充①，请吏部郎陆迈与俱②。将至吴，密敕左右，令入阊门放火以示威。陆知其意，谓峻曰："吴治平未久，必将有乱。若为乱阶，请从我家始。"峻遂止。

《规箴》第16条

注释

① 苏峻，见"临难不辞"篇(《方正》第34条)注释。

② 陆迈，字公高，出身吴郡吴县(今江苏苏州)陆氏，曾任振威太守，尚书吏部郎。

鉴赏

西汉初期，平原陆氏的陆烈，率众迁徙到南方的吴地，后来形成江东的吴郡陆氏，与顾、朱、张姓并称为"吴中四姓"。从三国的东吴到两晋，是陆氏家族最为兴盛的时期，可谓人才辈出，无论是军事、政治还是文学艺术领域，都是星光璀璨。

引领陆氏步入辉煌期的，是东吴名将陆逊。建安八年(203年)，他才21岁，就进入孙权的幕府。孙权经常找他商讨治国大策，并把孙策的大女儿许配给他。后来陆逊代替了周瑜的大都督位置，掌握东吴军政大权。他策划了袭取荆州的战斗，要了蜀国重臣关羽的命，并于222

年在夷陵之战中火烧连营,重挫了刘备的士气,以致刘备一病不起。孙权称帝后,陆逊被封为上大将军、丞相。他为人深谋远虑、忠诚耿直,统领吴国军政 20 多年,也奠定了吴郡陆氏的地位。陆逊的二儿子陆抗,大有乃父的风范,屡立战功,官至大司马、荆州牧,被誉为“吴国最后的名将”。

陆凯是陆逊的侄子,大司马陆抗族兄,也是吴国后期的重臣。孙皓是孙权的孙子,这个著名的暴君,经常以活剥人皮取乐。有一次他问丞相陆凯:“陆家在我朝做官的一共有多少人?”陆凯默想了一下说:“回禀陛下,先后有两个丞相,五个侯爵、十几个将军。”孙皓赞叹道:“你们家族真是兴旺,人才辈出啊!”陆凯的家族一向有耿直基因,他一点也不怕死地进谏:“我听闻君主贤明,臣下尽忠,这才是国家兴旺的象征;父母慈爱,儿女孝顺,这是家庭兴旺的象征。没有国哪有家,如今朝廷政务荒废,百姓困苦,我唯恐国家会灭亡,哪里还敢说什么兴旺啊!”

到了陆家的第三代,陆抗的第四子陆机和第五子陆云也非常有名,合称“二陆”,是西晋著名的文学家。陆机 20 岁时吴国灭亡,兄弟俩十年隐居勤学,后来还是不甘埋没,在晋武帝太康十年(289 年),来到京城洛阳求仕。太常张华对他们十分器重,于是二陆名气大振,当时就有“二陆入洛,三张(张载、张协和张亢)减价”之说。可惜陆机和陆云后来死于“八王之乱”,被夷三族。

陆玩是陆家的第四代,他是陆逊的侄孙,卫将军陆晔的弟弟。晋成帝时,在名相王导、郗鉴、庾亮相继死后,陆玩受任为司空。他很谦虚地说:“以我为三公,是天下无人矣。”就任司空后,有位客人去看望他,要了一杯美酒,便站起来到梁柱边奠酒并祝告:“当今乏才,以尔为柱石之用,莫倾人栋梁。”陆玩听了笑着说:“我会记住你的忠告。”

到了东晋时期,陆家还是功名赫赫,有许多人担任朝廷的要职,也作出了很大贡献,陆迈也是其中之一。刘孝标注引《全晋文》中的《陆迈碑》道:“迈字功高,吴郡人。器识清敏,风检澄峻。”陆迈曾经担任过振威太守、尚书吏部郎，也是陆家的英豪人物。

晋元帝在平定王敦之乱的时候，曾经征召了一批民间的军队来支援朝廷，其中就有苏峻。晋明帝太宁二年(324 年)，王敦再次起兵反叛，并任命沈充为车骑将军，起兵向建康奔袭。朝廷在危机时刻，又征召苏峻领兵入卫京都。于是苏峻起兵讨伐沈充，请吏部郎陆迈和他一起出征。

快要到吴郡的时候，苏峻秘密吩咐手下的人，让他们进吴郡城门的时候，在西面的阊门放火，来显示军威。陆迈明白苏峻的意图，对他说："吴地刚太平了不长时间，这样做一定会引起骚乱。如果要制造骚乱，请从我家开始放火吧。"苏峻因为顾忌陆家人才太多，这才作罢。

陆家的人当然都不是吃素的，并不愧对朝廷柱石的美誉。咸和二年(327 年)，由于庾亮强征苏峻入朝，将他逼反，于是苏峻之乱爆发。第二年苏峻就领军攻入建康，不久后就强迁年幼的晋成帝到石头城，而陆玩则与其兄长左光禄大夫陆晔留守宫城。咸和四年正月，陆玩与陆晔成功游说苏峻手下的将领匡术，献上宫城的苑城，并向讨伐军投降。同年，苏峻之乱被平定，陆玩亦因功勋获封兴平伯。

苏峻乱后，建康等地都遭到极大的破坏，百物凋残，民不聊生，而由于陆迈的一句话，吴郡的人民在战乱中得以喘息。苏峻的叛乱，对东晋当政的门阀士族打击很大，此后士族内部有所顾忌，不敢轻动干戈，因而东晋得以免除内战达七十年之久。

（阮莉萍）

莫倾栋梁

陆玩拜司空①,有人诣之,索美酒,得,便自起,泻著梁柱间地,祝曰:"当今乏才,以尔为柱石之用,莫倾人栋梁。"玩笑曰:"戢卿良箴。"

《规箴》第17条

注释

① 陆玩(278—341),字士瑶,吴郡吴县(今江苏苏州)人。左丞相琅邪王司马睿引为丞相参军。后王敦请为长史,不得已从命。苏峻反,因潜说匡术归顺,以功封兴平伯。咸康六年(340年),迁侍中、司空。

鉴赏

今天如果某人加官晋爵,家中定然是贺客盈门,人们不是称颂晋升者功高才大,就是祝愿他今后前程远大。这些不绝于耳的赞美和祝愿中,有的是真心为他"弹冠相庆",有的可能是为了巴结逢迎,有的不过是恭维敷衍,不管哪种情况都在情理之中,绝不会有谁冒冒失失地跑去说:如此低能却爬上如此高位,你老兄这次意外升官,要么是走了后门,要么是走了狗屎运。即使那些喜欢嫉妒眼红的小人,眼看别人飞黄腾达也会假惺惺为他感到"高兴",除非货真价实的"二百五",或者是患上严重的"神经病",否则,在人家大喜的时刻断然不会去"大煞风景"。

也许我们古人有点死心眼,这种煞风景的事情就发生在东晋。

话说东晋一代名臣王导、郗鉴、庾亮相继谢世，朝野都有一种天崩地陷的忧惧，陆玩很快凭自己的德操和声望官拜侍中、司空。司空在东晋官衔一品，就是我们俗话所说的“位极人臣”，近似于今天总理这个级别。对于陆玩本人来说是登上了权力的顶峰，对于普通士人和百姓来说更是高山仰止。当他和家人正沉浸在成功的喜悦中时，不承想来了一位道贺的客人，一进门便向他索要美酒，拿到酒后自己并不开怀畅饮，而是把酒倾洒在房子梁柱旁的地上，一边对着梁柱祷告说：“当今之世缺乏良才，把你当作柱石来用，可不要倾覆了人家的栋梁。”这哪里是来给陆玩贺喜，简直就是存心来给他难堪。这番表面对梁柱的祷告中，隐含了一种“世无英雄，遂使竖子成名”的狂傲和轻视。没料到陆玩不仅不以为侮，反而感激地笑着对客人说：“我一定会记着你的金玉良言。”据《晋书·陆玩传》记载，陆玩说完后对在座的众宾客一声长叹：“朝廷以我为三公，实在是由于天下无人。”当时物议以为陆玩道出了实情。顺便说一下，东晋“三公”是指太尉、司徒、司空。《晋书》的原文是这样的：“既而叹息，谓宾客曰：‘以我为三公，是天下为无人。’谈者以为知言。”

陆玩的门第虽然不能比肩北来的王、谢，但陆家向来是江南望族，明帝病危，其兄陆晔与王导、庾亮、郗鉴等同为御榻前的顾命大臣。即使是权倾一时的王导也要让他三分，史载王导过江后想对陆玩示好，当面请求与陆玩结为儿女亲家，陆玩对此还毫不领情，当面委婉拒绝了王导的美意。他在给王导的短札中还敢调侃王导是北方来的“伧鬼”。到王导那儿请示公事，他也不是事事遵循王导旨意，别人问他为什么不执行王导指示，他说“王公位尊，小民位卑，临时不知所言，过后觉得不妥”。同辈称陆玩为人谦逊而有雅量，从他对王导的态度来看，他温和之中又不乏刚强，对任何人都不会轻易卑躬屈膝。

陆玩其品节足为世范，其才能足堪调度，其器量又能让人归附，最终成为众望所归的一代名臣，谁能说陆玩才劣呢？有的人才华外露，有的人比较内秀，有的人非常敏捷，有的人比较深沉，每种才能都各有其长短利弊，能用其长则中人也能成就大业，只用其短则天才也将一事无成。陆玩自称无才只是表现了他谦逊的一面，要是他接到朝廷诏命立即“仰天大笑出门去”，真的像李白那样得意忘形，在那风雨飘摇的东晋如何做得了宰辅呢？“知人者智，自知者明”，陆玩达到了老子所谓“明”的境界。比起那些一直自命不凡而又埋怨怀才不遇的家伙，谦逊沉潜的陆玩不是更有智慧吗？

为什么认为陆玩出任司空是朝廷的无奈之举，连陆玩自己也说这是朝中无人呢？难道他对自己也没有一点自信？了解一下东晋政治生态就不难知道，那时北方士族占据了权力中心，江南士族基本上都在敲边鼓，陆玩能位至三公算是破天荒了。权力的支柱不是“才”而是“势”，没有势力当然就没有底气。正是因为“有”江南士族的背景和势力，他才敢在王导面前不卑不亢；也正是因为他“只有”江南士族的背景和势力，他才在北方士族唱主角的政治舞台上不得不低调做人。声称“以我为三公，是天下为无人”，用通俗的话说就是“山中无老虎猴子称大王”，这表明即使登上显位他也不敢张狂。千万不要把他这句话过于当真，他放低姿态未尝不是以退为进，要想跳起，必先蹲下，是政客们常用的把戏。

这篇小品通过陆玩家中会客的一个场面，表现了魏晋士人精神风貌的一个侧面。能到陆司空家祝贺他荣升的那位客人，无疑不是我们这些升斗小民，即使在高喊自由平等的今天，一个普通处长也断然摸不着总理家的门槛，何况“引车卖浆”的可怜百姓，更何况讲究门第的魏晋社会呢？到宰辅家贺喜却又索酒奠梁，还要告诫司空“莫倾人栋梁”，既不顾自己为客之道，也不顾主人的颜面之尊，真是狂放到了撒野的程度。余嘉锡先生对此大不以为然，说这是魏晋士人“狂诞之积习”。不过，大家还记得阮籍那句“礼岂为我辈设邪”的名言吧？魏晋士人喜欢称心而言，任性而为，他们讨厌周旋客套，反感世故矫情，客人“狂诞”中流露出的“真率”，比虚情假意的恭维捧场不是可爱得多吗？

客人的狂诞让人惊奇，主人的态度更让人意外。客人祷告无异于使酒骂座，主人却把他的“撒野”视为“良箴”。陆玩并不觉得客人是在羞辱自己，反而把他的话当作善意的规劝。权倾一时但不以势压人，名高一代而不以名骄人，文中率真的客人很可爱，大度的主人更可敬。

文章平平道来但波澜迭起，刚拜司空便有客道贺，谁曾料到客人却以酒浇地，而且还要警告主人不要倾人家栋梁；人们以为主人可能大为光火，没想到他却把客人的狂傲视为好意，还把他的祷告视为“良箴”——这在艺术上是典型的“平中见奇”。

（戴建业）

犹求马镫

谢中郎在寿春败①，临奔走，犹求玉帖镫②。太傅在军③，前后初无损益之言④。尔日犹云：“当今岂须烦此？”

《规箴》第21条

注释

① 谢中郎：即谢万，谢安的弟弟，时任西中郎将，领导北伐，却因失败而被废。寿春：古县名，治今安徽寿县，距离合肥不远。有芍陂，便于灌溉。濒淮水南岸，当南北交通要冲，为军事重镇。

② 玉帖镫：镫，指马镫。玉帖镫，即用玉装饰的马镫。

③ 太傅：指谢安，这时谢安还没有出山，隐居在东山，但因为对弟弟的关爱，常陪伴在谢万的身边照顾他，帮助他。

④ 初：开始，本来。损益：批评或赞誉，这里只是批评的意思。

鉴赏

从这个条目中，可以看到谢氏兄弟之间的深情，但另一方面反映出谢万和谢安性格上的缺点。谢氏一族在东晋的崛起是从他们的大哥谢奕开始。谢奕死后，谢氏兄弟必须有一个出来顶替他的职位，而此时谢安无意仕宦，跟王羲之等一班名士，悠游林间，清谈度日，他的弟弟谢万却对做官很有兴趣，所以就由他代替了谢奕的位置。谢万官运亨通，被桓温赏识，任西中郎将，负责北伐，在寿春他不战而退，吃了一个大败仗。

他的哥哥谢安跟他一起在军中，谢安对这个弟弟有特殊的感情，常常在他的任所陪伴他。谢安对弟弟的才能有比较清醒的认识，生怕他出错，所以跟着他在军中。他看见谢万不团结手下的将领，企图从中调和，可是谢万还是保持他一贯高傲的态度，令将士们对他很不满。

谢万在寿春打了败仗，仓皇出逃，在这样紧急的时刻，他还要找到他那用玉装饰的马镫，从这一点看来他是多么不知轻重缓急的人，简直可以说愚不可及。然而他的哥哥谢安对他的错误一直都没有批评，甚至到了这样兵荒马乱的当儿，也只是轻描淡写地说一句“现在咱就不麻烦去找它了吧”。谢安的这句话，充分显示了他对谢万的宠溺，在忍无可忍的情况下，只说了这么一句，也正突显了谢万像个宠坏了的孩子那样不明事理的性格。一个尽力隐忍，一个毫不在意，两人的对比增强了文学感染力。

这里，我们看到谢万是个志大才疏的人，作为领军，不但不战而退，溃不成军，而且还在这紧要关头，不关心如何能够较为安全地撤退，反而去关心个人珍贵的马镫，可笑复可恨，令人不齿。同时，我们对谢安这个本来很正面的人物的印象，不免也要大打折扣。

既然他意识到自己弟弟的缺点,为什么还不狠狠地教训他,还养痈遗患,到不可救药的地步?从“初无损益之言”这句话来看,他对谢万就是一味姑息,到最后也只说了一句“现在咱就不麻烦去找它了吧”。可见谢安在亲情面前,失去了理智。这不能不说是谢安性格上的一个缺陷。奇怪的是,谢安只是对谢万护短,对其他的弟弟,或是子侄都能保持正常的态度。由于他对他们都一贯地呵护和培养,所以他的子侄中出了像谢玄、谢琰这样淝水之战的名将,打得敌军“风声鹤唳,草木皆兵”。他的侄女谢道韫也是女中豪杰,能参与名士的谈辩,舌战群儒,就连海盗也怕她。

(萧虹)

桑榆之光

远公在庐山中[①],虽老,讲论不辍。弟子中或有堕者[②],远公曰:“桑榆之光[③],理无远照;但愿朝阳之晖,与时并明耳。”执经登坐[④],讽诵朗畅,词色甚苦[⑤]。高足之徒[⑥],皆肃然增敬。

《规箴》第24条

注释

① 远公:即释慧远(334—416),俗姓贾,雁门楼烦(今山西宁武)人,东晋高僧。

早年博通六经，尤善老庄，后从道安出家。太元六年(381 年)入庐山，在东林寺广收弟子，传播般若学与禅学。善诗文，著有《法性论》《沙门不敬王者论》《庐山记》。公：敬辞，对男子的尊称，或者依据官位，或者依据名德。此处是后一义。

② 堕：通“惰”，懒惰，懈怠。

③ 桑榆之光：落日照在桑树榆树上的余晖。

④ 坐：此处同“座”。

⑤ 词色：语气与脸色。

⑥ 高足之徒：优秀的学生。

鉴赏

据《高僧传·释慧远传》载，慧远“少为诸生，博综六经，尤善《老》《庄》”，二十岁后，因聆听西域僧人释道安讲说《般若经》，“豁然而悟”，毅然落发为僧。师事三年，赢得道安“使道流东国(即中国)，其在远(即慧远)乎”的赞叹与期许。慧远渡江南下，途经浔阳，为当地僧俗挽留，从此主持庐山东林寺，集众结社，号曰“莲社”，著述说法，成为东晋一代佛学大师。

在庐山，慧远身边聚集了很多慕名而来的僧俗弟子，其中难免有些人用心不专，懈怠学业。慧远不愧是传道说法的大德高僧，短短两句话，连用两组比喻，既形象生动，又真情激荡：“我好似傍晚照在桑树、榆树树梢上的落日余光，光亮是照不很远了；可是，我非常希望你们这些年轻人，像朝阳一样光辉灿烂，而且随着时间的推移，必将越来越明亮！”说着就手执佛经，登上讲坛，高声朗诵经文。当时他已经年老体衰，所谓“词色甚苦”，就是声音容貌都显得很有些吃力。言辞如此恳切，心胸如此高洁，令人为之动容；如此言传身教，顽石为之点头。

身为人师，总要遇到一些不太珍惜大好光阴的学生，当此之时，唯有切实规箴。规箴的目的，是使受教者幡然悔悟。有人习惯于当头棒喝,有人擅长于谆谆教诲,慧远在这里的示范,则留下两点启示:一是婆心热血,循循善诱;二是以身作则,以身垂范。

(王澧华)

谢混护宅

桓玄欲以谢太傅宅为营,谢混曰:“召伯之仁,犹惠及甘棠;文靖之德[①],更不保五亩之宅?”玄惭而止。

《规箴》第27条

注释

① 文靖:谢安卒谥“文靖”。

鉴赏

谢混(?—412),字叔源,小字益寿,陈郡阳夏(今河南太康)人。祖父谢安,东晋一代名相,以经天纬地之才,竭忠匡扶晋室,使延祚数十年。卒赠太傅,谥号文靖。父亲谢琰,以贞干忠勇闻名,累迁散骑常侍、侍中。淝水之战中,出为辅国将军,率精兵八千,与从兄谢玄一同冲锋陷阵，大败苻坚，以勋绩封望蔡公。

谢混少有美誉，风流潇洒，为人高峻。累迁中书令、尚书左仆射。起初孝武帝欲觅如刘惔、王献之一般的人才做女婿，王珣便推举谢混（《排调》第60条）。谢混娶晋陵公主，夫妻谐睦情深。谢混平素交往的人很少，唯与从侄谢弘微、谢灵运、谢瞻、谢晦、谢曜等，以文义赏会，常共宴处，住乌衣巷，谓之"乌衣之游"。谢混的诗清新爽俊，于山水景物特有敏悟，一洗前代玄言诗词滞理涩、淡乎寡味的诗风，开谢灵运、谢朓山水诗先河。今存诗仅数首，其《游西池》有句："景昃鸣禽集，水木湛清华"，今清华大学正于此得名。

东晋末年政局衰乱，军阀混战。晋安帝隆安三年（399年），桓玄趁势起兵，先后消灭雍州刺史杨佺期和荆州刺史殷仲堪。元兴元年（402年），桓玄率军进入京师建康，杀司马道子父子，自为侍中、都督中外诸军事、丞相、太尉等，独揽朝政。

"桓玄欲以谢太傅宅为营"之事，大约发生于此时。谢安宅故址，据余嘉锡《世说新语笺疏》引《景定建康志》说，就在秦淮南岸的乌衣巷。桓玄素来骄横跋扈，野心勃勃。他之所以要占据谢安宅作兵营，一则因为谢安当年声名赫赫，陈郡谢氏家族是当时最有威望的家族，桓玄可借此树立自己的威信。二则大概也是出于贪欲，《晋书》本传称其"性贪鄙，……人士有法书好画及佳园宅者，悉欲归己"。

突如其来的夺宅之难，把不与世事的风流诗人谢混推到了抗争的最前列。此时的谢氏家族正承受着人才接连凋谢的打击。十多年前，祖父谢安、从伯谢玄相继离世。两年前，即隆安四年（400年），父亲谢琰及两位兄长谢肇、谢峻在征讨孙恩叛乱时一同战死。此刻，谢家只有谢混能挺身而出了。面对手握重兵、不可一世的桓玄，谢混几乎孤立无援，虽有诸从侄，又都还年弱，帮不上忙。不错，谢家也曾经拥有一支奇兵，即在淝水之战中大获全胜的北府兵，由谢玄亲手创建，谢琰为其臂膀。如今统领这支军队的是谢玄的旧将刘牢之，然而刘牢之先在这年初投降桓玄，而后又叛逃，途中自缢。即便北府军中仍有谢家的忠义之士，于此事出紧急、短兵相接之际，恐怕也是远水救不了近火。

谢混无可凭借，全靠一己孤勇和机智来应对。他沉着冷静，从容对桓玄说："召伯之仁，犹惠及甘棠；文靖之德，更不保五亩之宅？"召伯，姓姬名奭，封于召（今陕西岐山西南）。先辅佐周武王灭商，成王时与周公共同辅政。召伯勤政惠民，曾在一株甘棠树下歇息。后人追思其德，而护爱其树。《诗经·召南·甘棠》歌咏之："蔽芾甘棠，勿翦勿伐，召伯所茇。"

谢混言辞清辩，比拟恰切，大义凛然，差不多是把"天理"搬出来了，令桓玄哑口无言，纵使奸雄，也有一时的羞惭和忌惮，于是"惭而止"。谢混终于保住了祖父老宅，无愧《晋书·谢安传》史臣所赠"不堕家风"四字。

昔年谢安力阻桓温篡位，而今谢混勇斥桓玄夺宅。桓、谢两家长达近半个世纪的周旋、抗衡、冲突，以此落下帷幕。元兴二年（403年）十二月，桓玄称帝。数月之后，即元兴三年（404年）四月，北府旧将刘裕、刘毅率北府军灭桓玄。义熙八年（412年），刘裕以结党的罪名杀谢混和刘毅。元熙二年（420年），刘裕终移晋鼎，开启南朝刘宋王朝。据说刘裕登基之时，谢晦说："陛下应天受命，恨不得谢益寿奉玺绂。"刘裕也感叹："吾甚恨之，使后生不得见其风流。"（《晋书·谢混传》）

又据《晋书·谢安传》，淝水之战后，谢安为避嫌疑，"出镇广陵之步丘，筑垒曰新城以避之。……及至新城，筑埭于城北。后人追思之，名为召伯埭。"百姓在召伯埭下聚居成邑，又乘隋朝大运河开凿的便利，在唐宋年间迎来繁盛。召伯镇至今犹存，即江苏扬州邵伯镇，邵即召字。千年古镇，风貌依稀。镇上还有一株老甘棠树，大约七百岁了。

（李群）

世　说　新　语

鉴赏辞典

捷

捷悟，即捷才敏悟之谓也。魏晋之世，才性之学大兴，才思敏捷者颇受推重。刘劭《人物志序》云："夫圣贤之所美，莫美于聪明。聪明之所贵，莫贵乎知人。"又夫子曰："不知言，无以知人也。"（《论语·尧曰》）是知能捷悟者，必能知言以知人也。此门所记七则故事，杨修即占其四，皆隐语字谜之类，占解入微，妙趣横生；后三则记王导解纷、郗超救父、王珣见机事，亦层层点逗，人物神采，跃然纸上。然捷悟如杨修者，终被曹操所杀，足见过

悟

第十一

犹不及，不善处长者，长亦成短耳。故《人物志·英雄篇》云：“若聪能谋始，而明不见机，乃可以坐论，而不可以处事。聪能谋始，明能见机，而勇不能行，可以循常，而不可以虑变。”自恃聪明、好行小惠者，可不慎乎！

鉴赏 正嫌门大

正嫌门大

杨德祖为魏武主簿①,时作相国门②,始构榱桷③,魏武自出看,使人题门作"活"字便去。杨见,即令坏之。既竟,曰:"'门'中'活','阔'字。王正嫌门大也④。"

《捷悟》第1条

注释

① 杨德祖:杨修(175—219),字德祖,弘农华阴(今陕西华阴东南)人,太尉杨彪之子。少有才学,思维敏捷,与曹植交好。后曹操以杨修有智谋,虑有后患,借故杀之。主簿:负责文书的官员。
② 相国门:指丞相府的大门。时曹操任丞相。
③ 榱(cuī)桷(jué):架在屋檩上的椽子。
④ 王:指曹操。

鉴赏

汉代选官用人注重德行,曹操从"治平尚德行,有事赏功能"(《论吏士行能令》)的现实需要出发,倡导"唯才是举",认为"不仁不孝而有治国用兵之术"(《举贤勿拘品行令》)者,亦可得而用之。曹操轻德重才的用人理念在当时是一种思想解放,为其笼络天下英才大开方便之门,使其麾下积聚了一批智谋才学之士,杨修便是其中之一。

杨修乃太尉杨彪之子，才思敏捷，聪慧颖悟。杨修为人的优点是聪明，但他的缺点则是善于耍小聪明，尤其是在曹操面前。古代文人有离合文字，谐隐调笑的传统。隐即隐语、隐喻，“遁辞以隐意，谲譬以指事也”（《文心雕龙·谐隐》）。汉末文人对此更是喜闻乐见，善于在玩弄文字的游戏中显示自己的聪明睿智。刘勰《文心雕龙·谐隐》说：“自魏代以来，颇非俳优，而君子嘲隐，化为谜语。谜也者，回互其辞，使昏迷也。”离合文字的游戏即是其中之一，孔融、杨修都是这方面的高手。“正嫌门大”描写的就是杨修与曹操的一次心理与智慧的较量。

丞相府修建大门，刚打起门楼架子，曹操去视察，看后没有说话，只是在门上写了一个“活”字，便离去。这让工匠非常纳闷，曹丞相是什么意思呢？杨修不愧是离合文字的高手，善解人心的奇才，他看到曹操写的字后，立即让人对工程进行整改。过后，人问杨修原因，杨修说：“门里加‘活’字就是‘阔’字，丞相嫌门大了。”杨修能够快速领悟曹操的意图，猜透曹操的心思，采用的正是当时文人爱玩弄的文字离合的游戏方法。曹操离合文字，故弄玄虚；杨修明察秋毫，洞彻机微。一个老谋深算，一个捷悟超群，真可谓棋逢对手，思遇知音。

但遗憾的是，爱耍聪明的杨修偏偏遇到了也善耍聪明的曹操。而曹操则是自己耍聪明但决不允许别人在自己面前耍聪明，尤其是比自己更聪明的人在自己面前耍聪明。这就注定了杨修的悲剧。如果仅仅是生活情事的智慧较量，曹操可能会对杨修网开一面，但更为可悲的是，杨修还喜爱搅和政治。他与曹植私交甚好，而当时正处在曹植、曹丕兄弟争嫡的关键时期，杨修掺和其中，鼓动曹植夺嫡，还出谋划策。说白了就是杨修的作为已经介入了曹操的家事，侵入了他权力的领地，危及到他的政治谋略和权力继承，这是曹操绝不允许的。鱼豢《典略》曰：“武帝虑修多谲，恐终为祸乱，又以袁氏之甥，遂因事诛之。”杨修捷悟聪明，爱耍聪明，没有想到他最后却死在聪明上。聪明捷悟是一个人的天分，爱耍聪明则是一个人的毛病；生活情事上表现聪明，会引来他人的羡慕，淫威极权之下耍聪明，搞不好即招来杀身之祸。杨修聪明有余，明略不足，结果聪明却被聪明误,着实令人唏嘘,也给人以无限警示!

(王利锁)

绝妙好辞

魏武尝过曹娥碑下[①],杨修从,碑背上见题作"黄绢幼妇,外孙齑臼"八字[②]。魏武谓修曰:"解不?"答曰:"解。"魏武曰:"卿未可言,待我思之。"行三十里,魏武乃曰:"吾已得。"令修别记所知[③]。修曰:"黄绢,色丝也,于字为绝。幼妇,少女也,于字为妙。外孙,女子也,于字为好。齑臼,受辛也,于字为辞。所谓'绝妙好辞'也。"魏武亦记之,与修同。乃叹曰:"我才不及卿,乃觉三十里[④]。"

《捷悟》第3条

注释

① 魏武：指曹操。
② 齑(jī)臼：捣姜、蒜的器具。齑，切成细末的姜、蒜、韭菜等。
③ 别：单独。
④ 觉(jiào)：较，相差。

鉴赏

“绝妙好辞”是《世说新语》所记四则杨修展才之事之一，其余几则曹操与杨修都未曾同场，而此则是描述两人同场比智，读来又有不同的感觉。

曹操路过曹娥碑时，发现碑的背面有“黄绢幼妇，外孙齑臼”八个大字。曹操遂考杨修：“你知道是什么意思吗？”杨修爽快回答：“知道。”曹操说：“你先不要说出来，让我想一想。”走了三十里路，曹操才说：“我已经想出来了。”他叫杨修把自己的理解单独写下来。杨修曰：“黄绢，是有颜色的丝，色丝合成一个‘绝’字；幼妇，是少女的意思，少女合成一个‘妙’字；外孙，是女儿的儿子，女子合成一个‘好’字；齑臼，是承受五辛，受辛合成一个‘辞’(辤)字：连起来就是‘绝妙好辞’。”这一结果和曹操想的一样，曹操感叹地说：“我的才力赶不上你，竟然相差三十里。”

这则故事描述十分生动，情节设计安排巧妙，又有富有趣味的文字游戏，杨修聪慧而好逞才的形象栩栩如生。但事实上，故事的真实性存在一定疑问。按，曹娥碑是东汉上虞县令度尚为孝女曹娥所立，据说曹娥是东汉上虞人，父亲溺于江中不见尸体，曹娥时年仅十四岁，昼夜沿江号哭。后也投江，五日后抱出父尸。此事真假难辨，但广为传颂，度尚听闻曹娥的事迹，于是命门生邯郸淳为其作诔辞，刻石立碑，以表彰其孝烈之举。案《后汉书·曹娥传》：“元嘉元年，县长度尚改葬娥于江南道旁，为立碑。”上虞（今浙江绍兴市上虞区）古隶会稽郡，可是曹操并没有到过江南，正如刘孝标所说：“魏武、杨修未尝过江也。”因此可以推断曹杨比智之事或为后人虚构。倒是后来在《三国演义》中，将此事设计为曹操路过蓝田时，在蔡文姬家里看见了碑文的拓本，这样从情理而言，显然更为合理，可谓用心良苦。

当然，尽管故事有虚构成分在内，但无损此文的艺术魅力。通过一则隐语的拆解，杨修之颖悟聪睿的确令人叹为观止，能够让极为自负的曹操也感叹自愧不如，确非易事。当然，老谋深算的曹操在赞叹的同时，心里面究竟是何种感觉，是否已经埋下隐隐杀机，我们就不得而知了。

（章原）

嘉宾韬晦

郗司空在北府[1]，桓宣武恶其居兵权[2]。郗于事机素暗[3]，遣笺诣桓：“方欲共奖王室，修复园陵。”世子嘉宾出行[4]，于道上闻信至，急取笺，视竟，寸寸毁裂，便回。还更作笺，自陈老病，不堪人间，欲乞闲地自养。宣武得笺大喜，即诏转公督五郡、会稽太守。

《捷悟》第6条

注释

① 郗司空：即郗愔(313—384)，字方回，郗鉴子。袭爵南昌公。官至安东将军。
② 桓宣武：即桓温，见“木犹如此”篇(《言语》第55条)注释。
③ 暗：糊涂。
④ 世子：即郗愔子郗超，字嘉宾。见“不至河汉”篇(《言语》第75条)注释。

鉴赏

诗人常常自我感觉良好，以为连诗歌都能写好还有什么不能干好？深信“天生我材必有用”的李白，安史大乱时夸口说：“但用东山谢安石，为君谈笑静胡沙。”隐然以当世谢安自居，好像自己在谈笑之间就可以把天下搞定。连印象中比较老成持重的杜甫也一张口就是“会当凌绝顶，一览众山小”，一千多年以后还能想象出他那目空一切的气概。历史学家范文澜先生曾毫不客气地说，李杜都是政治上的糊涂虫。幸喜李杜都没有治国的机会，否则，他们就不是伟大的诗人而是历史的罪人。诗人中政治糊涂虫当然不只李杜，一直被称为才高八斗的曹植也要算一个。明明知道兄长和侄子一直提防和忌恨自己，可他在文帝、明帝面前不懂韬晦之略，还在《求自试表》中一而再再而三地吹嘘自己的才华和壮志，要求皇上“出不世之诏”，让自己“统偏师之任”。这不是找死吗？他好像至死都不明白，在他兄长曹丕眼中，自己立功的雄心就是篡位的野心。

政坛上深谙权谋的老手，没有一个人会像李杜那样“说大话”，他们都明白谁先伸头谁便先死的道理，所以无一不擅长韬光晦迹——明明狗胆包天偏要装成胆小如鼠，明明雄心勃勃偏要装成胸无大志，明明目光深远偏要装成鼠目寸光，明明老谋深算偏要装得傻气天真。《三国演义》“曹操煮酒论英雄”这一回中，写刘备栖身曹营时“防曹操谋害，就下处后园种菜，亲自浇灌，以为韬晦之计”。做梦也想黄袍加身的刘备，哪有兴趣当一个菜农浇花种菜？

上面这则小品向我们生动地展示了政坛上的韬晦之术。

郗鉴、郗愔、郗超祖孙三代一直处在东晋权力的中心，三人在朝廷同参权要，但他们为人却大不相同：郗鉴儒雅，郗愔方正，郗超机敏。这里来看看郗愔和郗超父子的处事方式。

文中的“北府”是东晋的一个军事建制，此时治所从广陵移到了京口，也就是今天江苏镇江市。郗愔曾掌控藩镇北府，北府地势扼京城咽喉，史称京口“人多劲悍”。有英迈之气和不臣之心的桓温，常常赞叹“京口酒可饮，兵可用”，对北府早已垂涎三尺，郗愔居重地握重兵使他如芒在背。忠厚的郗愔对权术机谋一向都很迟钝，既不能窥探桓温的险恶用心，也不能洞察自身的危险处境，竟然糊里糊涂地给桓温写信说：“方欲共奖王室，修复园陵。”由于中原已被胡人占领，西晋帝王陵墓都在洛阳。郗愔对晋朝忠心耿耿，他希望与桓温共同辅佐朝廷，秣马厉兵收复中原故土。信中对桓温的真心表白，可能招致郗愔的杀身之祸：一、“共奖王室”摆明了当今之世能与桓温抗衡的只有郗愔；二、郗愔是晋室的铁杆忠臣，自然就是桓温篡位的巨大障碍；三、郗愔虽已届暮年仍雄心不老，这会使桓温如鱼刺在喉。

郗愔给桓温写信那会儿，正好长子郗超外出，在路上听说有信使到了，急忙从信使手中取出信笺，读完立马把信撕成碎片，回家后代父重写了一封信，陈述自己又老又病，无力胜任眼下这一军事重任，想乞求一个闲散的位置打发余年。桓温见信后非常高兴，对郗愔的戒备和忌惮全都消除，立即下令升任郗公都督五郡军事，并兼任会稽郡太守。

要不是儿子郗超调包换信，在当时诡谲多变的形势中，身居要津的郗愔转眼就将身陷绝境。郗超年轻时就卓荦不群，他做桓温参军时桓温便发现郗超深不可测。郗超知道什么时候必须收敛锋芒——韬晦以打消他人戒心，什么时候应该露出峥嵘——展示力量以震慑对手。桓温对郗超“倾意礼待”，郗超对桓温也鼎力相助，桓温“王霸大业”背后的高参就是郗超。温超二人在才调上惺惺相惜，在追求上又臭味相投，难怪他马上把糊涂父亲那封糊涂信“寸寸毁裂”，因为他最明白这封信会招来多大的风险。

郗超不仅办事精明干练，识人眼光敏锐，待人又慷慨大度，而且清谈时义理精微，与人辩论更是议论风发，一代名相谢安也畏他三分。郗超生前让人服让人怕也招人爱。他入桓温幕后暗助桓温密谋篡逆，可惜把才能用错了地方。郗超死后他父亲才看到儿子与桓温谋反的密信，正在丧子之痛中的郗愔厉声骂道：“逆子真该早死！”

看来，任何一个政客在风急浪高的政治舞台上，“没有”才能不行，“只有”才能更不行；不用机谋可能自己遭殃，只用机谋国家可能遭难。

（戴建业）

夙

夙惠，即早慧。古时最重家学与家教，而神童天才层出不穷。《礼记·大学》云："其家不可教而能教人者，无之。故君子不出家而成教于国。""宜其家人而后可以教国人"。又《颜氏家训·勉学篇》："士大夫子弟，数岁已上，莫不被教，多者或至《礼》《传》，少者不失《诗》《论》。及至冠婚，体性稍定，因此天机，倍须训诱。有志尚者，遂能磨砺，以就素业；无履立者，自兹堕慢，便为凡人。"同书《教子篇》云："上智不教而成，下愚虽教无益，中庸之人，不教不知也。"可知古之家学家教，实儿童稚子启蒙之始基，成才之坦途也。此门所记早慧儿童故事七则，无不出于家学渊源之簪缨世家、书香门第。如陈元方兄弟窃听父辈论议，蒸饭作糜；司马绍日近长安之对，问同答异；韩康伯捉熨斗而知冷暖，旨在慰母；司马曜以昼动夜

惠

第十二

静言养生，不减乃父；似此，无不娓娓可听，玲珑可喜。噫！何今日再无此夙惠神童哉？窃谓究而论之，其因有三：家学崩解，坐失幼教之良机，一也；父母无识，专以快乐为能事，放弃教育之责任，二也；经典教育中断有年，教材低幼，难收启蒙祛蔽之效，三也。前引《颜氏家训·勉学篇》又云："人生小幼，精神专利，长成已后，思虑散逸，固须早教，勿失机也。"古语曰："教妇初来，教儿婴孩。"为人父母而不早施教者，真"贼夫人之子"也！

鉴赏

窃听忘炊

窃听忘炊

宾客诣陈太丘宿，太丘使元方、季方炊[①]。客与太丘论议，二人进火，俱委而窃听。炊忘著箪[②]，饭落釜中。太丘问："炊何不馏？[③]"元方、季方长跪曰："大人与客语，乃俱窃听，炊忘著箪，饭今成糜[④]。"太丘曰："尔颇有所识不？"对曰："仿佛志之。"二子俱说，更相易夺[⑤]，言无遗失。太丘曰："如此，但糜自可，何必饭也？"

《夙惠》第1条

注释

① 元方、季方：陈太丘（陈寔）的两个儿子。陈寔，东汉名士、官员，以清高有德行，闻名于世。陈纪，字元方，陈寔长子，与弟陈谌俱以至德称，兄弟孝养，闺门雍和。陈纪遭党锢后，发愤著书，有《陈子》数万言。陈谌，字季方，陈寔第六子，见"泰阿桂树"篇（《德行》第7条）注释。

② 箪：当作箅，蒸锅中的竹屉。

③ 馏：把食物蒸熟。

④ 糜：这里指粥。

⑤ 更：交替。易夺：改正补充。

鉴赏

中国传统家庭教育一贯强调为人处世、品行为先，而魏晋时期的士族大家在重视子女道德修养的同时，也更关注孩子的个性发展，注重挖掘和培养儿童的聪明才智，其教育的方式方法十分灵活，注重鼓励、引导和言传身教。

东汉名士陈寔的家庭教育常常是随时随地的，形式也不拘一格。陈寔，曾为太丘长，故人称“陈太丘”，出身寒微，自幼有志好学，勤奋读书，为官廉洁明正，处事心态平和，清高有德行，为士人所仰慕。他尤其重视孩子的教育，鼓励孩子积极参加社会实践。

一天，有位客人到陈寔家里来，约定晚上就在陈家过夜，于是陈太丘就叫来儿子元方和季方做饭待客，而自己就和这位客人一起清谈。什么是清谈呢？“清谈”是相对于俗事之谈而言的，士族名流相遇，不谈国事，不言民生，不谈俗事，专谈老庄、周易，被称为“清谈”，又叫“清言”。主要是探讨人生、社会、宇宙的哲理，是高雅之事、风流之举。他们在一起讨论争辩，各抒歧异，摆观点，援理据，以驳倒他人为能事。由于上流社会的普遍参与，“清谈”成为时尚。而这种谈玄之风自然也影响到他们的孩子，像陈太丘这样在家与友人谈玄时，两个孩子对大人的谈玄内容就非常感兴趣，以至于竟误了做饭。

陈太丘交代完孩子去做饭，自己就和朋友开始谈玄，元方兄弟两人本来应该遵照父亲的交代去烧火做饭，但心里记挂着父亲他们的谈话，生怕有遗漏，便无心思煮饭，就胡乱把米倒进锅里，添上水，匆匆忙忙去偷听了。由于心不在焉，放米下锅时忘了放上箅子，要蒸的饭都落到了锅里。等到开饭时间，陈寔问两个孩子：“你们为什么没有蒸饭呢？”元方和季方慌忙直挺挺地跪着说：“父亲大人和客人谈话，我们两人就一起去偷听，蒸饭时忘了放上箅子，现在饭煮成了粥。”太丘这时并没有因为孩子的错而大发雷霆，而是耐心询问：“你们可记住一点了吗？”兄弟两人回答说:“似乎还能记住那些话。”于是兄弟俩一起说,你一言我一语将客人与父亲的对话内容复述出来,一句不漏,真可以说是过耳不忘了。面对这么聪慧的儿子,太丘喜出望外,高兴地说:“既然这样,只吃粥也行,何必一定要吃干饭呢!”

看到孩子们的好学精神和较强的记忆力,陈太丘自然是喜不自胜,至于没有把饭做好,可以不必计较,更谈不上训斥。这就充分体现了陈太丘对孩子的尊重与关爱,对人才培养的重视!

在魏晋,一些家学深厚、世代书香之家,不仅有着丰富的藏书,优越的读书条件和环境,而且有着一种读书求学的气氛。平时与父母往来的也都是士族名家,他们在一起多是讨论文义、清谈玄理,家中那些求知欲旺盛、好奇心和模仿力都特强的孩子,自然而然地就学起了长辈的样子,甚至把清谈当作一种有趣的游戏来演习,加上他们天天耳濡目染,在前辈的熏陶之下,从小就展现出杰出的语言能力和思辨技巧。

类似陈元方兄弟的例子还很多,比如顾和的孙子顾敷和外孙张玄之就是一对小神童,也有与元方兄弟相似的故事。一次顾和同来访的名士在家清谈的时候,外孙张玄之和孙子顾敷两个孩子便在旁边玩耍,好像一点没有注意大人谈话,但是等晚上客人一走,他们俩就在灯下模仿大人清谈的样子,复述客主双方的言论,学得惟妙惟肖,丝毫没有遗漏的地方,令他们的爷爷顾和十分惊讶。

神童智商超群的一个最明显的表现就耳聪目明、记忆力惊人,对这么聪慧的儿孙,顾和与陈太丘一样,欢喜之情溢于言表,陈太丘是“有糜吃就可以了”,顾和则是提着孩子的耳朵说:“想不到我们这个衰落的家族又能生出这样的宝贝。”

在魏晋名士那里,是否善谈,是否能辩,成为其形象是否好看、人格是否有魅力的重要标志,小孩也不例外,通过清谈训练了他们的思维和表达能力,儿童常常表现出出语敏捷而颇具智慧。让孩子们有意无意地接触学术讨论,在耳濡目染中发生兴趣和增长知识,是当时士人教育子女最常用的方法之一。

针对儿童的特点，魏晋士人，往往采取的是以鼓励引导为主的方针，不是靠硬灌和填鸭式的教学形式，更不依靠打骂和惩罚孩子，哪怕他们真的犯了错误。陈寔采取的是赏识教育，他没有责备把饭做成糜的孩子，这无疑对孩子是一种鼓励。他们努力营造的是一种非常宽松和自由的教育环境，这样的环境十分有助于儿童智力的开发，有助于他们想象力的发达和思维的活跃。因此在魏晋历史上出现一大批早慧的神童就不足为奇了。

（齐慧源）

不见长安

晋明帝数岁，坐元帝膝上[①]。有人从长安来，元帝问洛下消息[②]，潸然流涕。明帝问何以致泣？具以东渡意告之[③]。因问明帝："汝意谓长安何如日远？"答曰："日远。不闻人从日边来，居然可知[④]。"元帝异之。明日集群臣宴会，告以此意，更重问之。乃答曰："日近。"元帝失色，曰："尔何故异昨日之言邪？"答曰："举目见日，不见长安。"

《夙惠》第3条

注释

① 晋明帝：司马绍(299—325)，字道畿，东晋第二位皇帝，322年至325年在位。元帝：即东晋开国皇帝司马睿(276—323)，字景文，明帝是其长子。
② 洛下：指西晋京城洛阳。
③ 东渡：一般指西晋灭亡，司马睿东渡，在建康(今江苏南京)建立东晋政权。
④ 居然：显然。

鉴赏

这是一个多少有些凄怆悲凉的故事，因为主人公司马绍还只是个八九岁的孩子，这个故事常常被当作“儿童文学”的绝佳教材，殊不知故事背后所承载的，是黍离之悲，是亡国之痛，是“生命中不能承受之重”！不过，严格说来，当时的西晋尚未亡国，东晋还不曾建立。所以，这个故事还得从头说起。

晋明帝司马绍，生于公元299年，死于公元325年，只活了二十七岁。他的父亲司马睿是司马懿的曾孙，琅邪王司马觐之子，东晋的第一位皇帝。司马睿十五岁时，嗣琅邪王之位。“八王之乱”后，匈奴刘渊举兵入侵中原，局势急剧恶化，司马睿遂采用琅邪大族王导的建议，请求移镇建邺(今江苏南京)。朝廷答应了他的请求，并于永嘉元年(307年)任命他为安东将军、都督扬州诸军事，同年九月南下建邺。在王导、王敦的辅佐下，司马睿安抚当地士族，压平叛乱，惨淡经营，终于在江南站稳脚跟。《晋书·王敦传》说：“帝初镇江东，威名未著，敦与从弟导等同心翼戴，以隆中兴，时人为之语曰：‘王与马，共天下。’”这种皇权和士权互为依靠、分庭抗礼的局面，几乎贯穿整个东晋王朝，已故历史学家田余庆先生称之为“东晋门阀政治”，认为是一种“皇权政治在特定条件下的变态”。

建兴四年(316年)，匈奴刘曜攻陷长安，俘虏晋愍帝，西晋灭亡。次年(317年)三月,司马睿即晋王位,始建国,改元建武。318年,司马睿即皇帝位,改元太兴,据有长江中下游以及淮河、珠江流域地区,史称东晋,司马睿就是晋元帝。

我们根据以上史实,可以大致"锁定"这个故事发生的时间。如果以为是317年以后,则司马绍当时已经十八岁,不可能还"坐元帝膝上",也与"晋明帝数岁"的说法不符。故只能定在元帝初镇江东的307年九月之后。"数岁"云云,一般总在十岁以内——此事很可能发生在307年至309年之间。也就是说,"晋明帝"也好,"元帝"也好,都是记述者的追述之词,不必当真。当时的情况是,"八王之乱"刚刚结束,紧接着就是"五胡乱华""永嘉南渡"——西晋王朝已经进入"倒计时",处在风雨飘摇的"悲惨世界"了。

要知道,司马睿虽是西晋宗室,却从来没想过能做皇帝,刚过江时,他还说过"寄人国土,心常怀惭"的感言(《言语》第29条)。就是后来终于登基做了皇帝,也让他觉得受之有愧。《世说·宠礼》篇第1条记:"元帝正会,引王丞相登御床,王公固辞,中宗引之弥苦。王公曰:'使太阳与万物同晖,臣下何以瞻仰?'"在登基大典上,皇帝竟要拉着大臣同登御座,而且"引之弥苦",这在中外历史上怕是绝无仅有的个例!我们由此,不仅可见司马睿的柔弱个性及其偏安江南时的复杂心情,也可从一个侧面得知,"王与马,共天下"的"门阀政治"局面绝非故作夸张,而是确凿无疑的史实。

所以,对于刚到江南、根基未稳的司马睿来说,来自故国故土的任何一点消息,都能唤起心中的伤痛——毕竟,一个大一统的王朝行将覆灭,祖宗的基业和疆土已经分崩离析!当一个来自长安的故人(姑且这么以为吧)出现在面前时,他首先问的不是"长安消息",而是"洛下消息",并且在听完后"潸然流涕"——这是何等悲凉哀感的画面!——这不能不让身边年幼的司马绍感到奇怪。于是乎,司马睿便将如上所述的辗转流徙、偏安江南的"东渡意",以孩子能听得懂的语言告诉他。为什么是"东渡意"而不是"南渡意"呢?不过是因为洛阳在西、建康在东罢了。

当然,如此复杂而惊险的"东渡意",对于一个年幼的孩子来说实在太过沉重。大概是为了调节一下感伤的气氛,司马睿就把话题往孩子感兴趣的方面引申,想不到这一引申,竟酿成了一段"千古佳话"。司马睿先问儿子:"你以为长安和太阳哪个更远?"这实在是一个孔子所说的"大哉问"! 记得当年的小学语文课本中,曾有选自《列子·汤问》的一则寓言,其文如下:

孔子东游,见两小儿辩斗,问其故。一儿曰:"我以日始出时去人近,而日中时远也。"一儿曰:"我以日初出远,而日中时近也。"一儿曰:"日初出大如车盖,及日中则如盘盂,此不为远者小而近者大乎?"一儿曰:"日初出沧沧凉凉,及其日中如探汤,此不为近者热而远者凉乎?"孔子不能决也。两小儿笑曰:"孰为汝多知乎?"

故事中的两小儿,从视觉和触觉的不同感受出发,判断"日初"和"日中"这两个不同时段上的空间距离之远近,各执一词,互不相让。"孔子不能决",其实是认为他们各有道理,难分高下,因为这已经不是"知识"而是"智慧"的问题了,哪里有标准答案呢? ——这也正是孔子"多知"且"有智"的地方。至于太阳何以时大时小,那是与地球的公转和自转相关的天文学问题,说起来就更复杂了。顺便说一句,二十世纪初发现的唐写本《世说新书》残卷,刘孝标在此条之后注引的是桓谭《新论》(明袁褧刻本则无),文字与今本《列子》略有异同,这里不再赘引。

仔细比较这两个故事,颇有趣味。"两小儿辩日"是从时间上论远近,司马睿的问题则是从空间上论远近,前者属于"天文",后者属于"人文"——"长安何如日远",这简直是"究天人之际"的问题了。更妙的是司马绍的两次回答。第一次他说:"日远。不闻人从日边来,居然可知。"这句"童言"一下子就把"天"与"人"的问题合二为一。换言之,他是从“人从长安来”进一步想到“人从日边来”，既然从未听说过“人从日边来”，那当然是“日远长安近”——这当然是符合事实的判断，只不过他判断的角度极为奇妙，甚至富有诗意！

司马睿见儿子如此聪明伶俐，特别开心，第二天召集群臣宴会，“告以此意，更重问之”，这分明是要“献宝”的意思了。没想到“剧情”突然“反转”，司马绍临时把“台词”改了，竟然答曰：“日近。”司马睿大惊失色，质问道：“你怎么和昨天所言不一样了？”这时的司马睿多像是一个控制不了演员的导演，似乎在说：你小子竟然乱改“台词”，就算是再好的“导演”，也无法保证“演出效果”啊！做父亲的显然为儿子“捏了一把汗”。没想到司马绍应声说道：“举目见日，不见长安！”——这是多么出人意料的即兴发挥！又是多么妙到毫巅的精彩应对！虽然“日远”和“日近”这两个截然不同的结论，都是从自己所“见”而来，但视角却大不一样：说“日远”时其眼里尚有“长安人”，说“日近”时眼里却只有“天边日”了！进而言之，说“日远”时只是感受到“物理空间”的距离，而说“日近”时则分明是感受到“心理空间”的遥远了！甚至可以说，前者属于“事实判断”，是就事论事的“叙事”；后者则属于“价值判断”，完全是催人泪下的“抒情”了。

仿佛就在一瞬间，这个懵懂无知、童言无忌的孩子“长大”了！《世说》的作者将此条编入《夙惠》一门，良有以也。

可想而知，这一番灵思焕发、精妙隽永的对话，一定给当时在场的人带来极大的精神震撼，毕竟，每个人心中都有一个看不见的“家国”。李白诗云：“总为浮云能蔽日，长安不见使人愁。”是啊，天下何处看不见太阳呢？可对于背井离乡、寄人篱下的“过江诸人”来说，太阳固然天天可见，而魂牵梦绕的长安（其实是旧都洛阳），却成了比太阳还遥远的地方。

（刘强）

豪

豪爽者，豪迈俊爽之谓也。《世说》之门类设定，常两两相对，彼此呼应，如《识鉴》之于《赏誉》、《企羡》之于《品藻》、《捷悟》之于《夙惠》、《术解》之于《巧艺》、《任诞》之于《简傲》、《规箴》之于《自新》、《排调》之于《轻诋》、《纰漏》之于《尤悔》、《假谲》之于《谗险》、《俭啬》之于《汰侈》、《宠礼》之于《黜免》、《忿狷》之于《惑溺》，皆其例也。盖编者以为，人之才性品类，或如阴阳之交错，或如形影之相随，常有粗看混沌、细察可辨者在焉。即如《豪爽》一门，实可与《雅量》并观，其显隐张弛，外放内敛，皆人格类型之两极展现。古语云："唯大英雄能本色，是真名士自风流。"若谓《雅量》所关乃光风霁月之名士风流，则《豪爽》所标实为排山倒海之英雄本色。此门所记，如王敦、祖逖、桓温、桓玄之流，多为乱世豪雄，其情其性或失之粗鄙，

爽

第十三

其言其行则率真疏放，一任天然。唯须剥落道德之成见，方得人性之妙赏、审美之愉悦，《大学》所谓“好而知其恶，恶而知其美”者，正读《世说》之不二法门也！

鉴赏

王敦击鼓

王敦击鼓

王大将军年少时[1],旧有田舍名,语音亦楚。武帝唤时贤共言伎艺事,人皆多有所知,唯王都无所关,意色殊恶,自言"知打鼓吹"。帝令取鼓与之,于坐振袖而起,扬槌奋击,音节谐捷,神气豪上,傍若无人。举坐叹其雄爽。

《豪爽》第1条

注释

① 王大将军:即王敦,见"太早太老"篇(《言语》第42条)注释。

鉴赏

王大将军即王导从兄王敦,他从小的长相就非常凶狠,时人见他后便评论道:"君蜂目已露,但豺声未振耳。"(《识鉴》6)古人常以"蜂目豺声"形容凶恶残忍的神态性情。成人后的王敦绝非莽撞武夫,史书称他"口不言财利"(《晋书·王敦传》),性尚简略而识有鉴裁,经略指麾能决胜千里之外,很早就为族兄王戎所惊异和赏识。即使后来手控重兵"滔天作逆",《晋书》史臣仍然赞叹道:"王敦历官中朝,威名夙著,作牧淮海,望实逾隆……弼成王度,光佐中兴,卜世延百二之期,论都创三分之业,此功固不细也。”

这则小品通过击鼓的细节,为我们勾勒了王敦强悍豪迈的雄风。

文章前面三句交代王敦的音容笑貌:“旧有田舍名,语音亦楚”——操一口土里土气的南蛮乡音,模样更像个呆头呆脑的乡巴佬。这副模样夹在一群风雅的名士中间,使他看起来要多滑稽就有多滑稽。王敦并非楚人,为什么说他“语音亦楚”呢?原来西晋全盛之时,京城洛阳士大夫鄙视外郡人,把外地人的乡音统称为“楚音”。

接下来的场面更让他难堪:晋武帝司马炎召集当世贤达一起谈论歌舞艺术,每个名士都侃侃而谈,大家对艺术似乎无所不知,无所不会,举止都很优雅,谈吐更是从容,唯独王敦“都无所关”——他对人们谈论的艺术都没有涉猎过,不只看上去像个粗人,他的艺术修养也很粗鄙。作者用“意色殊恶”写尽了他的尴尬,“殊恶”是说他的脸色特别难看。像王敦这么要强的人,怎能忍受这种被人嘲笑和蔑视的氛围?一股倔强之气鼓动着他自告奋勇地说:“知打鼓吹。”武帝马上令人拿鼓给他,在这种场合要为名士们击鼓,大家都在等着看他的笑话:意在逞强,可能出丑。

没想到等鼓一送来,憋了一肚子闷气的王敦马上“于坐振袖而起,扬槌奋击”,你看他那“振袖而起”的激情,那振臂“扬槌”的强劲,那“神气豪上”的气概,那“傍若无人”的自得,再听他那“奋击”而出的雷鸣鼓声,那“音节谐捷”的隆隆音响,让那些手无缚鸡之力的文人雅士惊呆了,他们由衷地“举坐叹其雄爽”。转眼之间,王敦由一个被人鄙视的粗人,变成了一个被人仰视的豪杰,由一个被冷落一边的莽汉,变成了人们所注目的焦点。整个皇宫都响彻了他“奋击”的鼓点,整个会场他成了主宰的中心。

文章抑扬顿挫的行文手法,跌宕起伏的篇章结构,简洁峭峻的刻画艺术,只用寥寥八九十字,就把这位雄豪的壮士描写得栩栩如生,把那些文弱书生反衬得像小白脸。我们不得不赞叹王敦男子汉的豪气,更不得不佩服作者技巧的高明。

(戴建业)

鉴赏

处仲驱妾

处仲驱妾

王处仲世许高尚之目[①]，尝荒恣于色，体为之敝。左右谏之，处仲曰："吾乃不觉尔。如此者，甚易耳！"乃开后阁，驱诸婢妾数十人出路，任其所之，时人叹焉。

《豪爽》第2条

注释

① 王处仲：王敦，字处仲，见"太早太老"篇（《言语》第42条）注释。

鉴赏

历史上的权臣，除了以辅政著名的周公、诸葛亮，不少人最终是要篡位的。但有的善于韬光养晦，譬如王莽和刘裕，耐心地等羽翼渐丰后谋反，过了把皇帝瘾；有的顾忌君臣礼法，譬如曹操和桓温，难以逾越心中障碍，最终只能由后代去实现自己的心愿。渴望帝位的权臣，除了过人的能力，还具备哪些心理素质呢？冷酷和大胆，大概缺一不可。王敦也是这样的权臣。

一向自负的王敦，认为自己高尚通达，又学有专长，精通《左传》，不同于一般的赳赳武夫。由于魏晋时期人物品藻的风气盛行，他也很介意别人对自己的看法，譬如当世的名士以志趣高尚来品评他，也是正中王敦的下怀。

王敦有一阵沉迷女色，学着岳父晋武帝的架势，差点淘空了身体。周围的名士朋友规劝他，这样的乱世需要英雄来拯救，可不能因为沉迷温柔乡，忘记了建功立业啊！王敦本是一意孤行的人，但一听这话就清醒了，他可不想凭着驸马爷的名号，吃一辈子屈辱的软饭啊！于是他马上说："我不觉得对身体有害，既然美女妨碍我做大事业，也很容易解决呀。"于是就打开驸马府的后门，把几十个婢妾都驱赶出去，也不管她们流落到哪里去。当时的人看他不贪恋美色，都很赞赏他的豪气。

王敦做事是干脆利落，但也可以看出他冷酷无情的一面。在洛阳当驸马的时候，王敦常常去石崇家赴宴。石崇让一些美丽的婢女给客人劝酒，客人要是不把面前的酒喝完，就要将美女推出去杀头。王敦偏偏不喝酒，石崇下令杀了那位给王敦劝酒的美女，连换三个，也连杀了三个，但王敦依然面不改色。客人们都不忍心，劝他把酒喝了，王敦说："他杀他家的美人，跟你有什么关系！"

初当驸马的时候，王敦因为吃了厕所里的澡豆，被襄城公主的婢女们笑话。只怕王敦在心里无数次地发过狠："敢笑话我，看我不弄死你们！"在他看来，这还不跟踩死脚下的蚂蚁差不多吗？只是碍于公主的身份，他才忍住了一口窝囊气。

晋武帝死后，白痴晋惠帝继位，不久开始了长达十六年的王室内战，史称"八王之乱"。由于王敦在族兄王衍的安排下，外任广武将军、青州刺史，握有兵权，在战乱中不断得到升迁。《晋书·王舒传》有短短的一句话，却令人触目惊心："（王敦）以寇难路险，轻骑归洛阳，委弃公主。"王敦为了轻装上阵，便借口说道路艰险、寇贼太多，把公主丢弃在半道上，独自返回洛阳。公主没有了皇帝这座大靠山，只能任人遗弃，而那些曾经服侍和笑话过他的婢女，共一百多人，全都被他当作慰劳品，赏赐给了手下的将士。史书写到这里就断片了，公主此后的命运，没有了记载,真是可怜可叹。

王敦和王导一同拥立司马睿为帝后,晋元帝为了感谢他们的支持,将兄弟二人当作了自己的心腹。王敦位极人臣,行事更加骄横。晋元帝为了巩固司马氏的统治地位,不断地疏远王导,王敦也觉察到了皇帝对王氏兄弟的戒心。

永昌元年(322年),王敦打着“清君侧”的旗号,从武昌起兵,攻占都城建康,诛杀了晋元帝的亲信刁协等。在京城王敦不到台城去朝见司马睿,反而纵兵四处劫掠。司马睿无奈,只得遣使向王敦求和,命公卿百官去拜见王敦,宣告他无罪,并封为丞相、都督中外诸军事,让他统揽军政大权。

王敦忌惮太子司马绍聪明勇武,想要废掉他,王导坚决表示反对。王敦对这个堂弟很看重,于是率兵返回了武昌。当年十一月,晋元帝在悲愤中驾崩,太子即位称帝,是为晋明帝。王敦知道晋明帝怨恨自己,于是在323年决定再次反叛。

然而王敦的身体每况愈下,到了太宁二年(324年)六月,晋明帝趁他病重,决定主动出击平叛。王敦本想亲自出征,试图挽回败局,但不久之后便在病痛中去世了。王敦死后,被晋明帝开棺戮尸。

当时的大臣温峤评论道:“王敦刚愎不仁,忍行杀戮,亲任小人,疏远君子,朝廷所不能抑,骨肉所不能间。”(《晋书·温峤》)王敦作为一个毫无仁爱之心的人,从侍女到妻子,从堂兄弟(指王澄,为王敦所杀)到皇帝,无不遭受其摧残。然而人的能力终究是有限的,历史上所有暴虐的统治者,最终不都湮没在历史的尘埃中了吗?留下的只有遗臭万年的骂名。

(阮莉萍)

处仲击壶

王处仲每酒后①，辄咏“老骥伏枥，志在千里。烈士暮年，壮心不已”②。以如意打唾壶③，壶口尽缺。

《豪爽》第4条

注释

① 王处仲：即王敦，见“太早太老”篇(《言语》等42条)注释。
② “老冀伏枥”四句：曹操乐府诗《步出夏门行》中的四句。枥，马槽。
③ 如意：器物名，古之爪杖。有长柄，柄微曲，柄端作手指形或心字形。长短古今不同，或三尺许，或一二尺，以骨、角、竹、木，玉、石、铜、铁等制作而成。本用以搔痒，可如人意，因而得名。魏晋时代清谈风气炽盛，风流名士多持以指点比画，或赏玩助阵等用途。唾壶：痰盂。

鉴赏

曹操在中国历史上可说是位英雄豪杰，在政治表现上极具企图心，王敦所咏之乐府诗作为曹操《步出夏门行》组诗中的《龟虽寿》，写作背景为建安十二年(207年)北征乌桓，击败袁绍父子，得胜回师途中，书写建功立业的豪情壮志，赋诗言志。此时曹操已五十多岁了，自比为一匹上了年纪的千里马，虽形老体衰，屈居马槽，但胸中仍激发驰骋千里的豪情，表达自己不因衰老而放弃奋斗，呈现出积极进取的精神。诗作悲壮慷慨，爽朗刚健，后人称之为建安风骨。

曹操的诗有种震撼人心的鼓舞力道，后代无数英雄志士读之产生共鸣，东晋王敦就是一典型例子。西晋末年，司马睿仓促过江，在琅邪王氏与江东大族的协助下，在建康即位为晋元帝，王导、王敦同心辅政，身居要职，掌握军政大权，遂有“王与马，共天下”的传言。后来王敦恃功专权，傲慢愈甚，四方贡献多入己府，也萌异志，生问鼎之野心，故引发司马睿的猜忌，元帝于是重用刘隗、刁协等人制衡王敦，君臣遂生嫌隙。元帝永昌元年(322 年)，王敦以清君侧为名，据武昌出兵谋反，杀戮大臣，学曹操自为丞相。明帝时，再次举兵造反，未成而病卒。

王敦酒后吟咏曹操诗作抒怀之情事应该发生在这段时间，王敦酒酣耳热之际，吟咏抒发雄心壮志，并藉由如意敲打唾壶，以为节拍，由于情绪过于激动，导致壶口尽缺，暮年壮心的生动形象，千载之后读之仍跃然纸上。

（曾敬宗）

何敢不逊

王大将军始欲下都处分树置，先遣参军告朝廷，讽旨时贤。祖车骑尚未镇寿春[①]，瞋目厉声语使人曰：“卿语阿黑[②]，何敢不逊！催摄面去，须臾不尔，我将三千兵槊脚令上。”王闻之而止。

《豪爽》第 6 条

注释

① 祖车骑：祖逖(266—321)，东晋名将。字士稚，范阳遒县(今河北涞水)人。家世二千石，少有大志，闻鸡起舞。西晋末，率亲党数百家迁居京口(今江苏镇江)。建兴元年(313年)，请求北伐，司马睿任为豫州刺史，率部渡江，誓复中原。所部纪律严明，收复黄河以南地区。所至招抚流亡，劝课农桑，归附者日众。后因东晋内部纷争迭起，难获支持，忧愤而死。

② 阿黑：王敦小字阿黑。

鉴赏

很少人不知道“闻鸡起舞”这个成语，但很少人知道“闻鸡起舞”的祖逖。这则小品中的主角“祖车骑”即祖逖。作者用简洁的笔法刻画了东晋政坛上这位传奇人物：写他面对邪恶的凛然正气，写他面对强手的强悍霸气。

不熟悉当时的政治环境和祖逖的个性人品，就很难读懂这则小品。

“王大将军”就是那位重兵在握的王敦。东晋经济和军事的重心在荆、扬二州，此时王敦晋职镇东大将军、开府仪同三司，加都督江、扬、荆、湘、交、广六州诸军事，于是便露出“蜂目豺声”的虎狼本性，已经不满足于“专擅朝政”，正在加速实现“问鼎”野心，希望自己马上从称“臣”变为称“朕”。“始欲下都”是指王敦想从武昌来建康，都城在武昌的下游。来都城的目的是要“处分树置”，也就是要对政府各部门人事进行重新安排设置。“处分树置”四字表明臣强君弱的处境，他一人似乎可以摆平朝政，不只是“目中无人”，简直就是“目中无君”。先派遣军府中的佐僚参军告之朝廷，顺便也向都城贤达委婉传达自己的旨意。虽然暂时还没有废君自立，但要一人进退百官主宰朝廷。

祖逖当时尚未镇守寿春，人正好还呆在京城。见王敦如此猖狂放肆，他马上瞪眼严厉警告王敦使者说：“你赶快去告诉阿黑，怎敢来这里撒野无礼！叫他马上收起脸乖乖回去，别来朝廷张牙舞爪。要是稍有耽搁，我要率三千兵甲用长矛戳他的脚，让他滚回武昌。”他直呼王敦“阿黑”小名以示轻蔑。“摄面”就是收起或裹起脸面，“给我放老实点”的意思。“上”与前文“下都”相对，指溯江而上回到武昌。这段话无异于警告王敦：有我祖逖在，看谁敢胡来！

没有想到，开始不可一世的王敦竟然“闻之而止”；更没想到，王敦不害怕皇上却畏惧祖逖！

祖逖何许人也？史称他从小就“轻财好侠，慷慨有节尚”，年轻时邀好友刘琨“闻鸡起舞”练剑，国家大乱后“常怀振复之志”。他率领军队过江北伐中原，中流击楫对大江发誓说：“祖逖此去定要驱除敌寇，重整山河！”见将军“辞色壮烈”，士卒无不慷慨激昂。他不只是豪爽英武，处事“又多权略”，可惜天不假年，56 岁便病死于战场，没有完成恢复中原的大业。

《世说新语·赏誉》篇 43 载：“刘琨称祖车骑为朗诣，曰：‘少为王敦所叹。’”他的挚友刘琨称赞他开朗豪放，很小便为王敦所赞叹不已。可见，枭雄王敦对祖逖的霸气、胆识和才华敬畏三分。《晋书·祖逖传》说，“王敦久怀逆乱，畏逖不敢发”，等他死后“始得肆意焉”。

小品中祖逖这几句威严的斥责警告，避免了国家动乱和生灵涂炭，也让我们见识了什么是民族的“血性男儿”，什么是英雄的“浩然正气”，什么是国家的“中流砥柱”。

（戴建业）

不见王敦

桓宣武平蜀①,集参僚置酒于李势殿②,巴、蜀缙绅,莫不悉萃。桓既素有雄情爽气,加尔日音调英发,叙古今成败由人,存亡系才,其状磊落,一坐叹赏。既散,诸人追味余言。于时寻阳周馥曰③:"恨卿辈不见王大将军。"

《豪爽》第8条

注释

① 桓宣武:即桓温。

② 李势(?—361),字子仁,十六国时成汉国君,344—347年在位。荒淫不恤国事,刑狱滥加,人怀危惧。347年,桓温攻蜀,兵败而降,成汉亡。受晋封为归义侯。死于建康。

③ 周馥,字湛隐,益州刺史周抚孙。有将略,曾为王敦掾属。

鉴赏

在魏晋人物品评中,有"英雄"之目。刘劭的《人物志》,设专章论"英雄",在他看来,"聪明秀出谓之英,胆力过人谓之雄",英才可以为相,雄才可以为将。一个人,既聪明睿智,又勇武过人,便是英雄。有英雄之称的，只是极少数雄才伟略的领袖人物，如刘邦、项羽。

三国时期英雄辈出，在曹操眼中，真正的英雄只有他本人和刘备。后世人物，如司马懿、王敦、桓温、祖逖等人，亦称得上英雄。

桓温(312—373)，字元子，谯国龙亢(今安徽怀远)人，乃“江左八达”之一桓彝之子。据田余庆先生考证，其祖上乃嘉平之乱中被司马氏诛杀的曹魏大司农桓范。因此之故，桓温的家族地位不高，但他从小胆识过人，形貌魁伟，风度非凡，刘惔称他“鬓如反猬皮，眉如紫石棱，自是孙仲谋、司马宣王一流人”(《世说新语·容止》27)，将他视作孙权、司马懿一流人物。桓温却也野心勃勃，有匡复天下的雄心壮志。他手握重兵，三次领导北伐，意欲自立为帝，在王谢大族的牵制下，没能成功。

永和元年(345年)，桓温任荆州刺史等职，掌握长江上游的兵权。次年十一月，他率军攻打成汉政权，并于永和三年(347年)取得胜利，皇帝李势投降，成汉政权灭亡。

桓温平蜀之后，在当地驻扎了一个月，安抚官僚民众。他在李势的宫廷举行了一次宴会，当地头面人物皆到场。此时的桓温意气风发，兴致高昂，声朗气畅地与众人谈论起历史。在他看来，古往今来，王朝的成败兴亡，都是由人决定的，与天命没有任何关系。这种观念，大有“我命由我不由天”的豪情。桓温风姿豪爽，其舍我其谁的英雄气概，折服了在场的每一个人，大家都发自内心地叹赏不已。宴会散场之后，还有不少人意犹未尽，回味品赏着桓温的言语风貌。

这时候，有一个叫周馥的人站了出来，他面带不屑地说：“只可惜你们没有见过王大将军啊！”王敦早已于23年前病故，巴蜀人自是无缘见到他，周馥却在王敦手下当过差，他见识过王敦的雄爽之气，认为桓温比不上王敦，故发此言。

“豪爽”门载13则故事，其中6则与王敦有关，3则与桓温有关，显然此二人为个中模范，而王敦尤称典型。王敦出身琅邪王氏，门第华贵，他的文化素养却不甚高，名士们以“楚伧”视之，不把他放在眼中。面对满座君臣，他表演才艺，扬槌击鼓，神气豪放，旁若无人。他每于酒后，吟唱曹操的“老骥伏枥，志在千里。烈士暮年，壮心不已”，以如意击打唾壶伴奏。这些举止，全都彰显他的豪爽气概。桓温对王敦也颇为赞赏，经过他的坟墓，口中连呼“可儿”，引为同类，可谓惺惺相惜。

他们虽然都没能成就帝王霸业，却因为《世说新语》的记载，让后人领略到一种有别于名士气的英雄气。在五彩缤纷的魏晋人物中，这无疑是一种值得关注的审美类型。

（李修建）

镇恶断疟

桓石虔，司空豁之长庶也[①]。小字镇恶，年十七八未被举[②]，而童隶已呼为镇恶郎[③]。尝住宣武斋头[④]。从征枋头[⑤]，车骑冲没陈[⑥]，左右莫能先救。宣武谓曰：“汝叔落贼，汝知不？”石虔闻之，气甚奋。命朱辟为副，策马于数万众中，莫有抗者，径致冲还[⑦]，三军叹服。河朔后以其名断疟[⑧]。

《豪爽》第10条

注释

① 桓石虔(？—388),东晋谯国龙亢(今安徽怀远)人,小字镇恶。桓豁子。曾随桓温伐关中。官南顿太守、豫州刺史。司空豁:即桓豁(320—377),桓彝第三子,桓温之弟,字朗子,官至荆州刺史,死后追赠司空。长(zhǎng)庶:妾所生的排行最大的儿子。

② 举:庶出子女被正式承认身份地位。

③ 郎:门生、家奴称呼少主人,相当于少爷、公子。

④ 宣武:桓温,谥宣武。斋头:书斋、书房。“头”为后缀。

⑤ 枋(fāng)头:在今河南浚县西南。东晋太和四年(369年)桓温率军北伐,与前燕军队在此激战,大败。

⑥ 车骑冲:桓冲(328—384),桓彝第五子,桓温之弟,字幼子,官至车骑将军。没(mò)陈(zhèn):陷入敌方阵中。“陈”,同“阵”。

⑦ 径:直接。

⑧ 河朔:泛指黄河以北地区。断疟:禁绝疟鬼、治愈疟疾。

鉴赏

本条叙述桓石虔的出身和勇猛。桓石虔小字(即小名)镇恶,比他略晚有名将王镇恶,生于五月五日(端午),古时认为此日出生的孩子会妨害父母,所以家人想送出过继给远房族人,但被他的祖父王猛(前秦贤相)阻止,为他取名镇恶(《宋书·王镇恶传》)——这是为了厌胜辟邪。桓石虔小字镇恶应该也有相同的用意。桓石虔为桓豁庶出的长子,有弟弟石秀、石民、石生、石绥、石康等。由于当时重门阀世系,严嫡庶分别,所以桓石虔虽为长子,但因是庶出(即为妾所生),地位远不及嫡出(为妻所生),已长到十七八岁,即将举行冠礼以示成年的时候,其桓豁之子的身份还未被承认,但家中的奴仆已称他“镇恶郎”即镇恶少爷。不知是否因为长时间不被承认身份的缘故,桓石虔曾经住过伯父桓温的书房。

以下所述勇救叔父桓冲的故事，可作一指误和一补充。文中将此事系于枋头之战时，太和四年(369 年)桓温率军第三次也是最后一次北伐，一路连捷，但至枋头时遇到前燕军队坚决抵抗，又因粮道断绝，撤退时遭前燕联合前秦军队追击，大败。这次战役之中，桓温的弟弟、也是桓石虔的叔父桓冲陷入敌阵重围，难以脱身，左右也难以搭救，桓温就激励桓石虔前去执行这项不可能完成的任务。桓石虔受命，斗志昂扬，带上朱辟策马冲入数万兵阵之中，勇不可当，将桓冲救回。但此年桓冲为江州刺史，应未参加这次北伐，而且《晋书・桓石虔传》记此事，桓石虔"从温入关"，桓冲"为苻健所围"，则在永和十年(354 年)桓温第一次北伐前秦之时，本条所载时间有误。此外，《晋书・桓石虔传》在此事之前还录有桓石虔另一勇猛之事："从父在荆州，于猎围中见猛兽被数箭而伏，诸督将素知其勇，戏令拔箭。石虔因急往，拔得一箭，猛兽跳，石虔亦跳，高于兽身，猛兽伏，复拔一箭以归。"桓石虔接近中箭趴伏的猛兽(即猛虎。今本《晋书》成于唐时，避李渊祖父李虎讳而改称"虎"为"兽")，冒险先后拔取两箭，可见大胆无畏。

桓石虔于万人阵中勇救叔父桓冲，后世辛弃疾也有直捣金军大营，捉拿杀害耿京、投降金朝的叛徒张安国以归献俘的壮举(《宋史・辛弃疾传》)。这种"虽千万人，吾往矣"的一往无前的气概和果敢，令敌我双方都叹服，更让敌方畏惧，以致当时北方用桓石虔的姓名来断疟——禁绝疟鬼、治愈疟疾，具体的办法和效果是："时有患疟疾者，谓曰'桓石虔来'以怖之，病者多愈"(《晋书・桓石虔传》)，倒是很符合他的小字镇恶的意思。

桓石虔的姓名何以有如此奇特而强大的功效？需要稍作说明。对于疾病产生的原因的认识，从古至今有一个漫长的过程。比如疟疾(俗称打脾寒、打摆子)，早期以为是疟鬼作祟(当时普遍认为各种疾病是由不同的鬼作祟而致)，后来判定是外邪(风、寒、暑、湿、燥、火等从外部侵入人体的致病因素)或瘴气导致，直至近代才知道是疟原虫引发。据记载导致疟疾的疟鬼，是颛顼的三个"生而亡去"的儿子分别化成的三种疫鬼之一(卫宏《汉旧仪》、王充《论衡》之《订鬼》《解除》),“生而亡去”应指出生不久就死去,即早夭,因此疟鬼是小儿鬼。古人认为壮士不生疟疾(《后汉书·景丹传》李贤注引《东观记》),大概就是由于疟鬼是小儿鬼,壮士不害怕,所以不患疟疾。不过,疟疾作为一种急性传染病,虽然现在已得到总体控制,但在古时致死率却很高,尤其是恶性疟。因此古人对疟疾极为重视,预防、治疗的一种传统方法,是用勇武凶悍之人尤其是猛将的姓名或画像来吓阻、驱除疟鬼,从而消除、治愈疟疾。小儿害怕勇武凶悍之人,因此就用这种人的名字来吓唬小儿,这和现在常用警察、保安甚至大灰狼等来吓唬小孩,是同样的道理。古书中常见以猛将之名吓止小儿啼哭的记载:三国曹魏张辽与孙权作战,威震江东,江东小儿啼哭,则呼“辽来!辽来!”;南朝宋刘胡讨伐诸蛮,战无不胜,蛮人畏恐,小儿啼哭,就叫“刘胡来!”;北魏杨大眼屡次击败南朝军队,淮泗、荆沔之间有小儿啼哭,则呼“杨大眼至!”;甚至小说中紧挨梁山泊的寿张县的小儿夜啼惊哭,就叫“黑旋风李逵”——这样就能让小儿吓得停止啼哭。猛将的画像还能吓阻鬼怪,如南朝宋檀道济屡次战胜北魏军队,魏人非常害怕,就用他的画像来驱鬼(《南史·檀道济传》),后世用尉迟恭(敬德)、秦琼(叔宝)的画像作为门神,“大鬼小鬼进不来”,也是同样的道理。猛将能吓小儿,还能驱鬼,驱吓疟鬼这样的小儿鬼自然不在话下,所以当时北方用桓石虔的姓名来断疟,甚至有时还能一人多用,如南齐时江南人害怕勇猛近乎暴虐的桓康,就用他的姓名吓小儿,还用他的画像治疟疾。

(张金耀)

望山兴叹

陈林道在西岸①,都下诸人共要至牛渚会。陈理既佳,人欲共言折。陈以如意拄颊②,望鸡笼山叹曰:"孙伯符志业不遂③!"于是竟坐不得谈。

《豪爽》第11条

注释

① 陈林道:陈逵,字林道,陈眕子,出身自颍川陈氏。袭父爵被封为广陵公,任西中郎将兼淮南太守。

② 如意:见《豪爽》第4条注释。

③ 孙伯符:孙策(175—200),字伯符,吴郡富春(今浙江杭州市富阳区)人,孙坚长子。东汉末平定江东,建立孙氏政权,后被仇家射伤而死,传位于弟孙权。

鉴赏

汉末魏晋时期,门阀制度最为鼎盛,士族的后人也都以光大门第为荣。颍川陈氏,是以汉末名士身份起家的,后来人才辈出,成为大姓望族,名重魏晋。其中东汉时的太丘长陈寔,曹魏时的司空陈群、尚书左仆射陈泰等人,都在《后汉书》《三国志》和《世说新语》等书中有记载。

树立陈氏家族声誉和家风的,是东汉末年的陈寔。当时,掌权的宦官大兴"党锢之祸",迫害清流名士,李膺等受诬为党人,被捕下狱,陈寔也在其列。大多人赶紧逃避,但陈寔却大义凛然地说:“我不入狱,大家就没有主心骨。”于是他就自请入狱,第二年才遇赦得出,隐居在家乡的荆山。

陈寔在乡间,以自己美好的道德情操感化人们。乡邻有纠纷时,他判决公正,理清曲直,无人埋怨。大家感叹道:“宁愿被刑罚处治,也不愿被陈寔批评。”当年闹饥荒,有个小偷夜间溜进陈寔家,躲在房梁上。陈寔发现后,就穿好衣服,召集子孙,严肃地训诫道:“人不可以不自勉,本性不一定坏,往往是因为不注重品性修养才堕落的,屋梁上的那个君子就是这样!”小偷大惊,从房梁跳到地上,跪拜认罪。陈寔缓缓道:“看你也不像个坏人,应当克制自己的不当欲望。唉,你也是迫于贫困啊。”于是就赠送二匹绢给这个“梁上君子”,从此乡里没有再发生盗窃。陈寔共有六个儿子,其中陈纪、陈谌最有贤名,人们把他们父子并称为“三君”。

魏晋更替之际,陈泰(陈群之子,群乃陈纪之子,陈寔之孙)也风骨铮铮。甘露五年(260年),不甘于傀儡地位的皇帝曹髦,被贾充带领的部下所杀。贾充是司马昭的亲信大臣,司马昭假惺惺地召集大臣,商议这桩弑君案件的处理办法。陈泰激愤地表态:“只有处死贾充,才能向天下人谢罪!”司马昭说:“能杀一个地位比他低的人吗?”陈泰痛心疾首地回答:“只有找比贾充地位高的,不可能找比他地位低的。”这意思太明白了,比贾充地位高的主谋还能是谁呢?不久陈泰去世,有说是因哀痛呕血而死的。东晋的王羲之评价陈泰“垒块有正骨”,就是说他有磊落不平的气概和刚正不阿的品格。

陈逵同样出自颍川陈氏,其父陈昣,曾任左卫将军,文采出众。晋惠帝元康初年,贾后专政,她的外甥贾谧权势过人,成为洛阳的名门豪族。贾谧喜好文学,与石崇、潘岳、陆机、刘琨、左思等人过从甚密,并号为“二十四友”,陈昣也位居其中。他们经常在一起宴游题咏,元康六年(296年)时的金谷雅集,更是蔚为西晋文坛的一大盛事。

陈逵袭父爵被封为广陵公,在南渡士人中非常著名。他文雅而有风采，清正而又睿智，当时的士人常常将他与谢安兄弟相比。穆帝永和五年(349 年)，陈逵任西中郎将兼淮南太守，驻守在长江西岸。征北大将军褚裒北伐，陈逵领军至寿春。永和八年，中军将军殷浩再度北伐，进军许昌、洛阳，陈逵担任前锋。然而东晋虽然不断征战，最终也难以恢复北方故土。

陈逵谈玄理谈得很好，建康的一些名士曾一起邀约，到当涂的牛渚山聚会。名士们本来想到这里和他清谈一番，他却拿如意支着腮，远望鸡笼山感叹："遥想孙伯符(孙策)，志向、事业都没有如愿！"于是满座的人都沉默了，面面相觑地坐到散会时。

为什么陈逵会在这里想起孙策呢？因为牛渚山又名采石矶，后汉兴平二年(195 年)，孙策曾经渡过长江，成功攻下刘繇的牛渚军营，收获了这里的邸阁、粮谷、战具，后来孙权又派遣周瑜从溧阳移兵，屯守牛渚山，这里从此就成为军事重镇。

孙策是三国初期的猛将，有"小霸王"的刚猛之气。他十六岁就跟随父亲孙坚征战沙场，仅用了几年时间，便开拓出会稽、吴郡、丹阳、豫章、庐江、庐陵六郡，为此后吴国的确立奠定了基业。可惜英雄总是不长命，孙策在山中打猎的时候，被许贡的门客行刺，回去后不久便伤重去世。陈寿在《三国志》中评价道："策英气杰济，猛锐冠世，览奇取异，志陵中夏。"

陈逵来到牛渚山，又远望鸡笼山，抚今思古，百感交集。《舆地志》云："其状如鸡笼，因此为名。"东晋的皇帝有很多都葬在鸡笼山，可是当世还能够有孙策那样有能力、有魅力、有雄心的君王吗？陈逵追慕孙策，何尝不是希望追随明主，实现自己建功立业、收复中原的理想呢？

（阮莉萍）

鉴赏 一坐无人

一坐无人

王司州在谢公坐①，咏“入不言兮出不辞，乘回风兮载云旗”。语人云：“当尔时，觉一坐无人。”

《豪爽》第12条

注释

① 王司州：王胡之（？—348），字修龄，历吴兴太守，后拜司州刺史，故称。

鉴赏

王胡之，字修龄，琅邪临沂（今山东临沂北）人。父亲王廙，工书画，时称江左第一，为人豪爽，是丞相王导从弟、晋元帝姨表兄弟，晋明帝从其学书画，封武陵县侯，拜尚书郎，出为平南将军、荆州刺史等职。王胡之年青时即有声誉，治身清约，以高尚为情。才器率举，有秀悟之称。拜使持节、都督司州诸军事、西中郎将、司州刺史，欲征河洛，以疾未行而卒。

王胡之与王羲之为堂兄弟，其父王廙是王羲之的叔父兼书画老师。现存王羲之草书《十七帖》（唐宋人摹本，非真迹），是王羲之写给益州刺史周抚的书信，其中多次提到王胡之，如第十九通《上虞帖》说：“修龄来经日，今在上虞，月末当去。”第二十二通《诸从帖》说：“司州疾笃，不果西，公私可恨。”从这些信札看出两人手足情深，过从甚密。王胡之病重，使王羲之尤为牵挂。“不果西”指王胡之领西中郎将、司州刺史而未能西征洛阳之事，与史料记载相合。“公私可恨”四字，说明王羲之一方面痛伤胡之病情，另一方面认为以胡之才器，本堪当此重任，将于国家社稷有利。又有《司州帖》，内容大致相同，殷殷之情，溢于言表。又有《适太常帖》：“适太常、司州、镇军诸人廿五六书，皆佳。司州以为平复，此庆庆可言。”太常指王彬次子王彪之，镇军是王导第三子王洽，诸人皆为从兄弟。信中王羲之为胡之病情好转而欣喜庆贺。则此帖时间可能早于《诸从帖》及《司州帖》，又或许王胡之病反复不定。《晋书·王廙传》载王胡之任司州刺史不久即病重，未行而卒。又据《晋书·穆帝纪》及《王彪之传》，王彪之曾于永和十一年七月短暂地就任太常一职，随即转尚书仆射，而《适太常帖》以太常、司州并称，所以我们可以推断王胡之卒年应在永和十一年(355年)，最迟不过翌年。

王胡之清明有识鉴。吴兴人沈劲，因其父参与王敦逆乱被杀，自己又手刃杀父仇人，多年不得仕进。王胡之向朝廷举荐，后沈劲为冠军将军长史，领兵奔洛阳与慕容恪战，以死报国，其事迹载入《晋书·忠义传》。车胤十来岁时，王胡之见而奇之，说这孩子将来必有出息，于是出游总带着他(《世说新语·识鉴》第27条)。车胤就是“囊萤夜读”的主人公，长大后他果然博学多闻，受桓温、谢安赏识，仕至吏部尚书。

王胡之善谈玄理，风采卓异。名僧支道林说，见司州机警捷悟，使人欲罢不能，“亦终日忘疲”(《世说新语·赏誉》第136条)。又说他“故当攀安提万”(《世说新语·品藻》第60条)，意思是司州才学比谢安不足，比谢万有余。可见时人很看重王胡之，毕竟能上攀谢安的人并不多。

谢安出东山时，王胡之已病逝，所以他们的交游全在谢安隐居东山之时。王胡之也曾依谢氏兄弟住在东山，与谢安尤为亲善，常共谈论、赋诗、优游山水。谢安说，司州是可与同游林泽的人(《世说新语·赏誉》第125条)。今存谢安诗八首，其中《与王胡之诗》六首、《兰亭诗》二首；王胡之存诗十六首，其中《答谢安诗》八首、《赠庾翼诗》八首。从谢王相互唱和的四言诗来看，高情雅逸，文辞韶美，见证了两人契若金兰的情谊。

这一天，王胡之在谢安家中坐，席间吟诵："入不言兮出不辞，乘回风兮载云旗。"这两句诗出自《楚辞·九歌·少司命》，描写少司命——这位掌管人类子嗣的神灵，降临时不言语，离开时不告辞，乘风载云，倏忽来去的形象。王胡之吟诵这两句时，有一种特别的感发会意，于是他说："当尔时，觉一坐无人。"这是怎样一种感觉，他究竟体会了什么呢？可以肯定的是，少司命的形象激发了王胡之内心的创造欲，在他的脑海里，或许生发出一个新的形象，从少司命脱胎，但又不是原诗中的少司命，而是融入了王胡之自己的生命体验和人格精神，重新创造出来的一个艺术形象，把他带进了人神合一、魂神高举、超尘远迈、自由洒脱的境界。

晋人读书，不拘泥于原文，不作章句之学，而是融入自己的生活，注重人生体验和自我的会意，于是能挣脱束缚，解放自我，张扬个性，呈现一派活泼生机，于此可见一斑。是知陶渊明读书"不求甚解，每有会意，便欣然忘食"(《五柳先生传》)，乃是一种时代风尚，不独陶渊明为然。

不仅诵读古诗如此，在自然山水面前也是如此。《世说新语·言语》第81条："王司州至吴兴印渚中看，叹曰：'非唯使人情开涤，亦觉日月清朗。'"这是一种艺术的创造性的鉴赏，将自我生命高度融入他所观赏的对象的生命之中，从而创造性地领悟和会意，在情采芬芳的意境中，感受山水的美，古诗的美，自我生命的美。王胡之素有"秀悟""警悟"之称，无疑是这时代风气的秀出者之一。

（李群）

梁王安在

桓玄西下，入石头[1]。外白“司马梁王奔叛”[2]。玄时事形已济，在平乘上笳鼓并作[3]，直高咏云：“箫管有遗音，梁王安在哉？”

《豪爽》第13条

注释

① 石头：即石头城，故址在今江苏南京清凉山，六朝时为建康军事重镇。
② 司马梁王：梁王司马珍之。
③ 平乘：大船。

鉴赏

桓玄是桓温之子，父子二人均为晋时有名的军阀，桓玄继承了其父桓温的遗志——取代东晋。此则讲的就是桓玄在其“帝王梦”就快实现之前的表演。

晋安帝元兴元年(402年)，他率兵从江陵(今湖北荆州)自西而东，攻入京城建康(今江苏南京)，杀掉了政敌会稽王司马道子等人，由此结束了晋安帝继位以来司马道子、司马元显父子掌政的局面，桓玄得以独揽朝纲。当手下向他报告说梁王司马珍之逃跑了，意思是该杀的杀了，该跑的跑了，此次出征大获全胜。桓玄鉴于自己控制朝政的大局已定，踌躇满志，命手下人在战船上敲锣打鼓、吹拉弹唱。伴着笙管笛箫的韵律,联系梁王的逃走事件,桓玄高声朗诵:"箫管有遗音,梁王安在哉?"

桓玄所咏诗句为阮籍《咏怀诗·驾言发魏都》,原诗为:"驾言发魏都,南向望吹台。箫管有遗音,梁王安在哉?战士食糟糠,贤者处蒿莱。歌舞曲未终,秦兵已复来。夹林非吾有,朱宫生尘埃。军败华阳下,身竟为土灰。"阮诗通过对战国时魏国梁王荒淫无道的描写,婉转地批评曹魏末年的腐败政治。"箫管有遗音,梁王安在哉?"意为箫管还吹奏着魏国时的音乐,而魏王如今又在哪里呢?魏都在大梁,故魏王也称梁王。而桓玄借用阮诗的经典诗句,表达的则是他已不把眼前逃跑的梁王司马珍之放在眼里,可见,此"梁王"非彼"梁王"。桓玄得意于以前的对手都已沦为自己的手下败将,不可一世的神情跃然纸上。

"皇帝轮流做,明年到我家"。攻入石头城后的次年,桓玄便废黜晋帝,建立桓楚帝国,自称皇帝。不过,如果我们再继续观看桓玄演出的历史剧,会发现两年后的桓玄同样重蹈前人覆辙。桓玄篡位以后,骄奢荒侈,北府旧将刘裕、何无忌与刘毅等人举义兵讨伐。桓玄在位仅数月时间便兵败身死,桓楚王朝宣告覆灭。而那位梁王司马珍之出逃到寿春,桓玄败后又返回了建康。当初痛饮高歌之时的桓玄,无论如何也想不到——自己所咏阮诗同样也适合自己,尤其是后半部分:"歌舞曲未终,秦兵已复来。夹林非吾有,朱宫生尘埃。军败华阳下,身竟为土灰。"也许,桓玄只记住了阮诗的开头,而忽略了阮诗的结尾。历史就是这样不断地重演,还是杜牧说得好:"秦人不暇自哀,而后人哀之;后人哀之而不鉴之,亦使后人而复哀后人也。"(《阿房宫赋》)

从历史回到文学的角度,也可以管窥魏晋人物喜欢吟诗作文的风习。桓玄和曹操有相似之处,都是擅长吟诗作文的霸主。史载桓玄"哀乐过人,每欢戚之发,未尝不至呜咽"(《世说新语·任诞》50 刘孝标注引《晋安帝纪》),颇具诗人气质。从桓玄吟诵阮籍诗歌,也可见他吟诗不仅是出于对诗本身的喜爱,似乎也继承了《诗经》以来"赋诗言志"的传统,能够活学活用。《世说新语》文学篇载桓玄能够下笔成章:"桓玄尝登江陵城南楼云:'我今欲为王孝伯作诔。'因吟啸良久,随而下笔。

一坐之间，诔以之成。”还是余嘉锡说得好：“桓玄之为人，性耽文艺，酷爱书画，纯然名士家风，而又暴戾恣睢，有同狂狡。盖是杨广、赵佶一流人物，但彼皆帝王家儿，适承末运；而玄乃欲为开国之太祖，为可笑耳。”

（刘小兵）

容

容止，即容仪举止也。《左传·襄公三十一年》："君子在位可畏，施舍可爱，进退有度，周旋可则，容止可观，作事可法，德行可象，声气可乐，动作有文，言语有章，以临其下，谓之有威仪也。"《孝经·圣治章》："容止可观，进退可度。"唐玄宗注："容止，威仪也。"又《礼记·月令》："雷将发声，有不戒其容止者，生子不备，必有凶灾。"郑玄注："容止，犹动静。"盖容止者，君子所必备之礼容威仪也。汉末以迄魏晋，人物品藻大行其道，容止之内涵遂由尚礼容、重威仪向尚形貌、重风神转变，而形神之间，又以神为主，故有"神超形越"之谓。《容止》一门单独立目，盖欲彰显彼时风气之盛，人物之美。而其叙事写人，又多用对比烘托法（如夏侯玄之于毛曾、潘岳之于左思）、自然象喻法（如嵇康孤松玉山、嵇

止

第十四

绍鹤立鸡群、王恭濯濯春柳)、夸张传奇法(如卫玠因美竟被“看杀”、庾亮因美而得“不杀”),要在出奇制胜,令人过目难忘。俗语云:爱美之心,人皆有之。读此篇若不齿颊生香、流连忘倦者,实不足与言美之所以为美也矣!

床头捉刀

魏武将见匈奴使[①],自以形陋,不足雄远国[②],使崔季珪代[③],帝自捉刀立床头。既毕,令间谍问曰:"魏王何如?"匈奴使答曰:"魏王雅望非常,然床头捉刀人,此乃英雄也。"魏武闻之,追杀此使。

《容止》第1条

注释

① 魏武:指曹操。

② 雄:震慑。

③ 崔季珪:崔琰(约167—216),字季珪,清河郡东武城(今河北故城)人。曹操平河北,辟为别驾从事。历仕西、东曹掾,与毛玠并典选举。尝荐杨训与操,有告发琰与训书傲世怨谤,罚为徒隶,旋被赐死。

鉴赏

《世说新语》的《容止》篇是大家喜闻乐见的一个门类——"容止"者,容貌举止之谓也。——其中所记多为"颜值"奇高的帅哥美男,在阅读中引起的"回头率"很高,有些故事,值得反复寻味,致意再三。比如这开篇第一条,就留下一个"床头捉刀"的典故。

故事情节很简单:说曹操做魏王时,有一次要接见匈奴使者,但他认为自己形貌丑陋，没有足够的威仪震慑匈奴来使，就让手下的崔琰假扮魏王，代替他接见；自己则握刀站在坐榻旁边，扮作侍卫的样子。等到接见完了，他不放心，就派间谍去问匈奴使者："魏王这人怎么样？"匈奴使者说："魏王的风度仪表，高雅稳重，不同寻常；但是魏王坐榻边上那个拿刀的人，那才是真正的英雄啊！"曹操听罢大惊，就派杀手火速追赶，杀掉了那个使者。

跟《文学》篇第 1 条"礼乐皆东"的故事一样，此事的真实性也大可怀疑。唐代史学家刘知幾在《史通·暗惑篇》中就指出了其中的破绽，他说："如崔琰本无此急，何得以臣代君？况魏武经纶霸业，南面受朝，而使臣居君坐，君处臣位，将何以使万国具瞻，百寮佥瞩也？又汉代之于匈奴，虽复赂以金帛，结以姻亲，犹恐虺毒不悛，狼心易扰。如辄杀其使者，不显罪名，何以怀四夷于外蕃，建五利于中国？"他列出的反驳理由有二：第一，曹操当时君临天下，接受外国使者，不可能干出"臣居君坐，君处臣位"这么不庄重的事。第二，当年汉代对匈奴一向不敢得罪，曹操如果轻易地杀掉匈奴使者，而没有任何罪名，岂不要引起"国际争端"？近代学者程炎震也根据建安二十一年（216年）五月，曹操才进爵为"魏王"，这年七月，匈奴南单于"将其名王来朝"，而这一年崔琰已被曹操杀掉的史实，得出此事"恐非实也"的结论（《世说新语笺证》）。

余嘉锡则持不同观点。他虽然也认为"此事近于儿戏，颇类委巷之言，不可尽信"，但同时又指出："然刘子玄（刘知幾字子玄）之持论，亦复过当。考《后汉书·南匈奴传》：自光武建武二十五年以后，南单于奉藩称臣，入居西河，已夷为属国，事汉甚谨。顺帝时，中郎将陈龟迫单于休利自杀。灵帝时，中郎将张修遂擅斩单于呼徵。其君长且俯首受屠割，纵杀一使者，曾何足言？且终东汉之世，未尝与匈奴结姻，北单于亦屡求和亲。虽复时有侵轶，辄为汉所击破。子玄张大其词，漫持西京之已事，例之建安之朝，不亦傎乎？"（《世说新语笺疏》）言下之意，时移世易，东汉以后，匈奴已经对汉称臣，"事汉甚谨"，顺帝、灵帝时都有杀匈奴单于的先例，曹操杀一使者，算不得什么，不能拿西汉时的汉匈关系来衡量情况已经发生变化的汉末。应该说，余先生的观点还是有道理的。

以上都是从历史角度所做的反驳，也有从小说艺术手法上分析的。南宋刘辰翁就说："谓追杀此使，乃小说常情。"显然，他是把《世说》的这条记载当作"小说家言"的。小说嘛，当然要以情节离奇、引人入胜为上。再说，对于曹操这样的"枭雄""英雄""奸雄"兼而有之的人物而言，有什么事情是他不敢做的呢？

这个"床头捉刀"的故事虽然有些破绽，但无论从历史、文学、人性的哪个方面看，都不能完全排除其"可能性"。退一步说，故事虽不能在历史上"坐实"，也同样不能"证伪"；从文学描写和人物性格两方面看，这个故事反倒是符合"艺术真实"的。比较谨慎的看法是，这条记载很可能是——虚虚实实，真假参半。

说它虚，是因为"魏王何如"这句话。正如前引程炎震所言，曹操在建安二十一年(216年)加封魏王，这一年恰是崔琰的卒年，而崔琰正是因为反对曹操做魏王而被后者下令赐死的。如果崔琰真为曹操演过这么一场"真人秀"，也应该是在曹操做丞相时，即建安十五年(210年)至二十一年(216年)之间。这几年，崔琰正好担任"中尉"(相当于京城卫戍司令)一职，《三国志·崔琰传》说他"声姿高畅，眉目疏朗，须长四尺，甚有威重"，曹操找他来当"替身"，也不是没有可能。曹操的"床头捉刀"，扮演的也不是一般的武士，可能正是崔琰担任的中尉一职。后来崔琰被曹操赐死，当然有其他原因，但恐怕也与"捉刀"一事不无关系——谁让他知道的太多了呢？《三国志》本传说："太祖性忌，有所不堪者，鲁国孔融，南阳许攸、娄圭，皆以恃旧不虔见诛。而琰最为世所痛惜，至今冤之。"什么叫"恃旧不虔"？就是仗着自己和曹操有老交情，实在对他恭敬不起来。所以，这里用"魏武""魏王"指代曹操，皆为史家追叙之词，有其"不实"的成分在，但不能以此断定此事必无。

说它实，是因为此事的最终结果与曹操的多疑猜忌、刚愎好杀的性格大体相符。要知道,曹操追杀匈奴使者的理由不是因为事情“穿帮”——匈奴来使并不知道“魏王”乃崔琰所假扮——而是匈奴使者说的那句话:“然床头捉刀人,此乃英雄也。”这话一语道破了曹操的“庐山真面”,对于曹操而言,几乎可谓石破天惊!《三国演义》“青梅煮酒论英雄”的故事中,最吃紧的也是“英雄”一词。当时曹操给“英雄”下了一个定义:“夫英雄者,胸怀大志,腹有良谋,有包藏宇宙之机,吞吐天地之志者也。”刘备问道:“谁能当之?”曹操以手指指刘备,又指指自己,说:“今天下英雄,惟使君与操耳!”刘备闻言吃了一惊,手中的筷子猝然掉落在地。幸好这时天雨将至,雷声大作,刘备还算镇定,趁机从容拾起筷子说:“一震之威,乃至于此。”为什么“英雄”二字,竟让刘备如此心惊胆战呢?就因为“正中”刘备自以为隐藏得很好的“下怀”!汉末黄巾起义后,天下大乱,正是群雄逐鹿中原之时,想做“英雄”、建功立业者不知凡几,一个人如果承认自己有“英雄”之志,几乎就等于把自己暴露在其他“英雄”的枪口下,射程内!可想而知,当曹操听说匈奴使节看出自己是英雄的那一刹那,和刘备听到曹操说自己是英雄的那一刹那,心情何其相似乃尔!联系到曹操这时已经大权独揽,位极人臣,可能正纠结着要不要把傀儡皇帝汉献帝从龙椅上赶下来的事实,他岂不就是汉献帝龙床旁边的“捉刀人”吗?也许,在曹操扮演捉刀人的那一刻,角色和自身一下子奇妙而又可怕地“重叠”了!——床榻上的崔琰在恍兮惚兮之间,多像是毫无实权、任人摆布的汉献帝啊!

我们这样“精神分析”一下,就会明白,这件事的真实性要大于它的虚拟性。曹操不顾一切地去追杀匈奴使者,不是没有可能的,也完全符合曹操的猜忌残忍的个性。刘知幾的怀疑恰恰说明,舞文弄墨的文人大多“明乎礼义而陋于知人心”(《庄子·田子方》),根本无法走进舞刀弄枪的“英雄”们的内心世界。有时候,处在同样时空中的人,可能处在完全不同的两个世界。

(刘强)

鉴赏

傅粉何郎

傅粉何郎

何平叔美姿仪①，面至白；魏明帝疑其傅粉②，正夏月，与热汤饼③。既噉④，大汗出，以朱衣自拭，色转皎然⑤。

《容止》第2条

注释

① 何平叔：即何晏，见"神明开朗"篇(《言语》第14条)注释。姿仪：姿貌容仪。
② 魏明帝：即曹叡(205—239)，字元仲。文帝长子，黄初七年(226年)立为太子，旋即位。但根据《太平御览》诸书称引，此处"明帝"作"文帝"，指曹丕，另备一说。按：刘注谓晏"与帝相长"，则指文帝无疑。
③ 热汤饼：热汤面。
④ 噉：吃。
⑤ 转：更加。皎然：洁白明亮。

鉴赏

故事表现出了魏晋时期人们对身体之美的发现与追求。养生服食是当日士族人士间流行的一种高雅风俗，它有治病强身甚至壮阳的功效，但同时也对皮肤之细嫩白皙有一定的促进效果。何晏人生的中晚期，是曹魏晚期学界士林的领袖人物，因此，一贯注意自己的公众形象。"晏性自喜，动静粉帛不去手"，《魏略》所言，说明何晏对于自我修饰的重视到了过度甚至病态的程度了。正因为"粉帛不去手"，才给明帝"疑其傅粉”及以热汤面进行测试埋下伏笔。修饰是给别人看的，正是一种爱美心理的条件反射。魏明帝“疑其傅粉”，也透露出当时士大夫贵族对于外貌修饰之美的关注到了非常普遍和严重的程度了，傅粉的贵族人物必不在少数，后来发展到贵族男性青少年逐步女性化。如东晋谢玄身佩香囊，就引起叔父谢安的不满。当然，这个故事更说明人体自然之美令人歆羡，肤色洁白、面目皎然，也是一种重要的社会资本。其实不仅古代如此，今天的社会更是变本加厉。你看那流行歌星，个个都是俊男靓女，只要脸蛋漂亮，再加上商业资本的包装和娱乐记者的炒作，无不成为青少年追逐的偶像——至于其唱功实力，则不敢令人恭维。

（白振奎）

蒹葭玉树

魏明帝使后弟毛曾与夏侯玄共坐①，时人谓“蒹葭倚玉树”②。

《容止》第3条

注释

① 魏明帝，见上一篇注释。毛曾，魏明帝毛皇后之弟，官驸马都尉，散骑侍郎。夏侯玄，见“太初临刑”篇（《方正》第6条）注释。

② 蒹葭：芦苇一类的草本植物，比喻微贱的人。玉树：传说中的仙树，比喻姿容美好、才能出众的人。

鉴赏

东汉中期以来，随着门阀观念在社会中发展与流行，士人特别注重容貌和举止风度，一些名士因为他们拥有美好的容姿和优雅的气度受到人们的爱戴和仰望。就说有“玉树”之誉的夏侯玄吧，他不仅出身名门，身份高贵(征南大将军夏侯尚之子，还是右将军夏侯霸之侄、大将军曹爽表弟)，还是著名的玄学家、文学家，为曹魏朝中极有影响的名臣，

夏侯玄人格上儒道兼修，加上出众的仪表，具有典型的名士风度，有人用“朗朗如日月之入怀”来形容他的形象，十分贴切。“朗朗”表达的是一种光亮明畅之美，一种通达清爽之美，以朗朗如日月之入怀，比喻夏侯玄潇洒旷达的人格美。朝廷上下不乏敬仰他的人，在他的追慕者中，有个身份特殊的人，叫毛曾，他是魏明帝的小舅子，此人不学无术，相貌丑陋，举止粗鄙不堪，令人生厌，但他还偏偏要附庸风雅，结交风流名士，尤其想与有名望的夏侯玄交朋友，但自负又清高的夏侯玄对这样一个粗鄙小人压根就不屑一顾，毛曾拜托了很多人帮他牵线搭桥，到夏侯玄那里作说客，统统都被夏侯玄拒之门外。毛曾就愈发着急，他仗着自己的姐姐是皇后，经常找机会接近夏侯玄，甚至让姐夫魏明帝帮他和夏侯玄搭个线。一次皇帝自以为很有面子，特意安排毛曾和夏侯玄靠在一起坐。这令夏侯玄心里十分不爽，宴席期间，毛曾又是向夏侯玄敬酒又是请教他玄学。夏侯玄是个光明磊落的人，不愿掩饰自己的情绪，也不屑于伪装自己，心里厌恶，就表现出爱理不理、满脸不悦的样子，这让毛曾很尴尬。这些都被魏明帝看到了眼里，对夏侯玄表现出的鄙夷之态，魏明帝心里十分不爽，觉得自己很没有面子，后来随便找了个理由，将夏侯玄贬了职。

话说当时的人们听说毛曾和夏侯玄坐在一块，不禁感慨道：“这不正是蒹葭靠着玉树吗?”蒹葭，即芦苇，不过是一种常见的水草而已，比喻毛曾的粗劣。而玉树乃是传说中的仙树，比喻夏侯玄的风度气质。

“蒹葭倚玉树”这是比喻夏侯玄与毛曾美恶极不相称,真是没有比较就没有伤害呀!成语“蒹葭玉树”现在也用来表示地位低的人依附地位高的人。

以玉喻人,传统悠久,“玉”通常象征洁白、珍奇之美,“玉”是中国古代人物品藻中最重要的比德物之一,《诗》曰:“言念君子,温其如玉。”(《诗经·秦风·小戎》)玉,不仅是儒家君子人格的典型象征物,也是中国传统人格美最理想的象征。晋人喜欢用“玉”比喻肤白和有高尚情操的人,如用玉树、玉山、玉人、玉举、珠玉等来形容人仪容之美,何晏、裴楷容颜俊美、皮肤白皙就被称为“玉人”。又如说谢家子弟是“芝兰玉树”,刘万安“灼然玉举”、李安国“颓唐如玉山之将崩”、王衍“处众人中,似珠玉在瓦石间”,庾亮“丰年玉”。可见“玉”是对魏晋名士外貌的最佳称许。

称夏侯玄“玉树”,不仅仅是因为他的仪容出众,更是对他人格风度的综合评价。魏晋人所欣赏的,并非单纯的容貌,亦非一味的放达,也注重其性情、才情,人格和风度。相比容貌,他们更注重其风神;由容貌和举止所显示出来的神态和威仪。夏侯玄可不是花瓶式的人物,他尤其精通玄学,与何晏、王弼等人开创了魏晋玄学的先河,被誉为“四聪”之一。作为正始玄学的奠基人物,夏侯玄在玄学史上具有举足轻重的地位。夏侯玄还有政治才华,提出的“审官择人”“除重官”“改服制”等制度,都深受司马懿推崇。他有识人之才,在中护军任上,拔擢俊才,其择人标准为后世所遵从。夏侯玄博学多识,才华出众,在文学上也颇有造诣,所著《乐毅论》,被“书圣”王羲之所书写,因此传于天下。

具有真正名士风范的人往往会受到人们的欣赏和追捧,夏侯玄作为风流名士,其气场之大,令具有野心的司马师心生畏惧。一次,夏侯玄去参加司空赵俨的葬礼,座上客人有数百人,夏侯玄晚到,而所有客人都越席来迎接他,连司马师也控制不住。这种场面让司马师非常忌惮。裴楷评价夏侯玄说:“看到他严正的样子就像进入朝廷,即使他不修整,人们也会自然敬重他。”也有人说:“见到夏侯玄,好像进入宗庙,只看见琳琅满目的礼乐之器熠熠生辉。”

夏侯玄能临危不乱，面对自然界的迅雷霹雳，仍然能神色不变，而与之相对的则是“宾客左右，皆跌荡不得住”。在险象突发之际，保持镇静、从容的仪态，是雅量的一个方面，其实这种风度或风流是当时的士族意识形态的一种人格表现。随着司马家势力的日益壮大，夏侯玄与李丰准备谋杀司马师，后来计划泄露被抓，夏侯玄被执行死刑，《世说新语·方正》里还记述了夏侯玄临斩时，仍然神色从容，“临刑东市，颜色不异”，坦然面对死亡。与嵇康临刑时“顾影索琴”一样，夏侯玄临死不惧，誓要保全节操与傲骨，终于受世人景仰，为后人所追思缅怀。

（齐慧源）

玉山将崩

时人目夏侯太初“朗朗如日月之入怀”①，李安国“颓唐如玉山之将崩”②。

《容止》第4条

注释

① 夏侯太初：即夏侯玄，见“太初临刑”篇（《方正》第6条）注释。

② 李安国：李丰（？—254），字安国，三国魏冯翊（治今陕西大荔）人。善于品鉴人物。正始中任侍中尚书仆射。曹爽被诛后，任中书令。同夏侯玄等同被司马师族诛。

鉴赏

魏晋时期很重视人的风度举止之美。所谓风度(也就是容止),可以说是外表美,《容止》中有好几篇就是赞美容貌美的,例如讲何晏、潘岳和卫玠的就是。但风度又不只是指美貌,《容止》中讲得更多的是一种自然体现于举止行为当中的精神气质。本则材料中的两个人物需要提一下。品评者把他们放在一起谈的原因,是因为他们有着较多的相似性。他们都是正始时期享有盛誉的名士。夏侯玄和何晏、王弼同为正始名士的代表,长于思辨,善于清谈。李丰也是少有清名,又是当时玄学命题才性论讨论中主张才性异的代表人物。在政坛上他们都属于反对司马氏集团的曹党,在司马氏当政时期都属于受到排挤而心怀不满的人。他们谋废司马师,结果反遭司马师杀害。

这则材料是对两人高贵风度的热情赞颂。"目"是用简短的语言品评人物,这种风气起于东汉察举。地方中正或知名人士,常有对人物的简短评语,内容多为对人物德行、才能的评价,可为朝廷拔擢人才的依据。但到了魏晋之际,人物品评逐渐摆脱了实用的目的,而成为人物品鉴的一种方式,是一种审美的活动。我们这则材料就是典型的例证。从这则材料中,我们可以感受到,评语的作者对这两位评论对象充满着赞叹之情。说一位神情俊朗,就好像笼罩在日月光芒之中,不期然地就会引人注目。而另一位即使是精神不振的时候,也绝不是猥琐不堪的,而是状如将要倾倒下来的玉山。总之,不管处于何种状态,他们都是金相玉质,奇卓不凡的。可以见出在这简短的评语中,作者表达了由衷的仰慕和赞美之情。这两条评语的佳妙之处还在于,这是一种印象式的评语,而不是一种客观的描述。这一点我们可以结合东汉末许劭对曹操的评语"治世之能臣,乱世之奸雄"(《三国志·魏书·武帝纪》裴松之注)来看。相对而言,许劭的评语比较质实,明确,本则的评语则比较玄虚。它是描绘的,又是赞叹的。这里所谓的描绘指的不是对品评对象

鉴赏

容貌形态的真实再现，而是对品评者主观印象的呈现，品评者的主观色彩大于客观对象的把握，给读者留下了较大的想象空间。

（归青）

叔夜风神

嵇康身长七尺八寸，风姿特秀。见者叹曰："萧萧肃肃，爽朗清举。"或云："肃肃如松下风，高而徐引。"山公曰："嵇叔夜之为人也，岩岩若孤松之独立；其醉也，傀俄若玉山之将崩[①]。"

《容止》第5条

注释

① 傀(guī)俄：即巍峨。

鉴赏

爱美之心人皆有之，古今中外概莫能外。然人的仪表、气度之美的标准颇有时代特色。《世说新语·容止》集中记录了魏晋人眼中的美的容貌举止,即形象气质之美。此则是对竹林七贤的领袖级人物嵇康风度神采的描绘,展示的是魏晋之际最美的男士应该是一副什么模样。

开头仅用一句话介绍其身高和风采。嵇康身高七尺八寸,当时的尺寸与现在不同,相当于现在的一米八八有余。"风姿特秀",是风度、气质出类拔萃的意思,然而帅气到什么程度,则只可意会不可言传,给人无限想象的空间。这样伟岸的仪表和杰出的风姿,究竟如何呢?当时没有现代影像技术,画像艺术也只能由少数人偶尔为之。记录和传达一个人的仪容和气质,只能靠语言来表达观后印象。这就是"人物品评"的作用之一。接下来便是借用了三家关于嵇康的人物品评,传达了当时人对嵇康形象之美的印象和感受。

首先是两位没有留下姓名的观者的感受,其一曰:"萧萧肃肃,爽朗清举。"这两组形容词比较抽象。萧萧,古时常用来形容风声、草木摇落之声、马嘶之声;肃肃,常用来表达肃穆、严正、清幽之情态,亦可形容风声。萧萧肃肃,放在一起,形容的是嵇康出现时让人感到的一种气场:仿佛眼前傲然挺立着一株大树,肃穆安静,偶尔微风拂过,树叶萧萧。动静有度,自然洒脱。"爽朗清举"形容人的坦荡、清峻,可重点关注"清"字——清澈、清爽、清峻。其二云:"肃肃如松下风,高而徐引。"说嵇康的气质仿佛松下之风——高冷而从容。人的气场源于人格,其人如松,才有如"松下风"般的气场。而更为形象生动的还是山涛的评语:"嵇叔夜之为人也,岩岩若孤松之独立;其醉也,傀俄若玉山之将崩。"山涛为嵇康好友,同时他具有杰出的识鉴能力,其品评人物的《山公启事》为人称赏。山涛认为嵇康平时就是一棵傲然挺立的孤松,"藐然不可干";醉酒之后要摔倒的样子如一座将要崩塌的玉山,既让人爱赏和仰视,更令人敬畏和怜惜。王济见卫玠,叹曰:"珠玉在侧,觉我形秽。"(《容止》14)卫玠这样的美玉在身边,会令人觉得自己丑陋;那么,嵇康这座"玉山"在面前,一定会觉得自己相形见绌,顿觉渺小。

若粗略归类,《世说新语》中的魏晋人物之美可分为阴柔美与阳刚美两大类。如何晏、卫玠、王瑛、潘岳等人倾向于绮丽的阴柔之美,在魏晋之际为人称道，粉丝颇多；而曹操、夏侯玄、嵇康、王羲之等具备的则是颇有英雄之气的壮丽的阳刚之美，同样引人关注，传播后世。其中，"叔夜风神"展示的是一派潇洒风神，毫无矫揉造作的自然之美和阳刚之美。而这种外在的仪形、气质之美的源泉何在？概而言之，源自其"内不愧心，外不负俗；交不为利，仕不谋禄"（嵇康《卜疑》）的交友处世之道，源自其刚肠嫉恶、宁为玉碎不为瓦全的人品操守，源自其令吕安心醉不惜"千里命驾"的个人魅力。

本则刘孝标注引《康别传》也有类似的记载："康长七尺八寸，伟容色，土木形骸，不加饰厉，而龙章凤姿，天质自然。正尔在群形之中，便自知非常之器。"自魏晋以后，"龙章凤姿"成为形容嵇康风采的专有名词；而"孤松""玉山"还衍生出嵇松、嵇玉、嵇山等，用来赞赏人的超然风度，如唐僖宗《授郑从谠河东节度使制》曰："嵇松磊落，长标构厦之姿；和璧温良，克表如虹之气。"贯休《送卢舍人朝觐》云："罕玉藏无映，嵇松画不成。"皆可见"叔夜风神"影响力之所在。

（刘小兵）

绝美绝丑

潘岳妙有姿容①，好神情。少时挟弹出洛阳道，妇人遇者，莫不连手共萦之②。左太冲绝丑③，亦复效岳游遨，于是群妪齐共乱唾之，委顿而返④。

《容止》第7条

注释

① 潘岳(247—300),字安仁,荥阳中牟(今属河南)人。少有才名,历司空掾、太尉掾、河阳县令、怀县令等职,尝作《闲居赋》以明其志。后党附权臣贾谧,为"二十四友"之一。赵王伦诛贾谧,被杀。擅长哀诔之文。

② 萦:围绕。

③ 左太冲:左思(约250—约305),字太冲,齐国临淄(山东淄博)人。因妹左棻被选入宫,举家迁洛阳,任秘书郎。曾为"二十四友"之一。不喜趋附。后移居冀州,病逝于乱中。尝作《三都赋》,豪贵之家竞相传写,以致洛阳纸贵。《咏史》八首,对不合理的门阀制度进行抨击,风骨刚健有力,享有盛誉。

④ 委顿:萎靡困顿。

鉴赏

在中国传统的文学篇章中,多注重托物喻人,人物形貌依附于德行才气之下,对于人物形体之态的描写散见于各章之中,而《世说新语·容止》却赋予这些关于形体之美零散、个别的描述以独立的审美价值,在魏晋文化觉醒、人性高度自觉的背景下,人物的容貌、肤色、身高等外在形象成为重要的关注、品评对象。正如吕叔湘先生所说,在这些短小的评价中,虽"着墨不多,而一代人物,百年风尚,历历如睹"(《笔记文选读·〈世说新语〉题解》)。

在中国古代文学传统中,讲究相由心生,境随心转。孟子言"吾善养吾浩然之气",以气养神,以气养形。故在对人物外在形象的刻画中,言为心声,行为意使,容为神凝,从各种写人的独特手法之中,不乏能够体会其中特别意蕴与魅力。本条目中,即运用了在人物描写中最常见的一种表现手法——对比,在正与反、强与弱、美与丑的强烈反差中,令美丑自见,高下自分。

潘岳,妙有姿容,好神情,形象俊美。《世说新语·容止》第9条记载:

“潘安仁、夏侯湛并有美容,喜同行,时人谓之‘连璧’”。自古以来,玉石之美,得自然之灵秀,多有温润如玉,琳琅珠玉之美称,以玉形潘岳,谓之为“璧”,虽未具言其外在形貌,但人物之出尘脱俗,透于笔尖。此条所述,少年潘岳挟弹射鸟,嬉戏游乐,意气风发,其外在形象格外引人注目,招人爱慕,得洛阳女子“连手共萦”,成一佳话。与潘岳同时,以咏史诗流传于世的文学家左思,其待遇与之可谓大相径庭。《容止》篇中言“左太冲绝丑”,《晋书·左思传》言其“貌寝”,意思即为相貌丑陋。有一天,他也东施效颦,效仿潘岳出游,却不料得“群妪乱唾之”,读之令人啼笑皆非。

然而这一则品评之中,对人物形象的理解也不能完全停留在他的外部形貌之中,这样难免会一叶障目,有失偏颇。从另一个角度看,形神俊朗,芝兰毓秀的潘安仁,却是个性格急躁,趋炎附势,品格卑污之人,最后不得善终。而左思虽貌丑矮小,不善言语,却博学多艺,尤擅诗文创作,历时十数年完成《三都赋》,遂至一时“洛阳纸贵”,名声大噪。这样看来,形貌美丑之评价并不能全然囊括整个人物之品性。但是形貌品评却是一个重要的、独立的、不可或缺的审美对象,它体现着文学对于人物本身审美价值的重视,这也是《容止》一门的生动笔触及简短体例下的特殊意义。

对左思的遭遇,后人颇为不平。刘辰翁云:“理不犯群媪,何至委顿!”王世懋云:“太冲纵丑,未闻丑人必为群妪所唾,好事者之谈也。”他们都认为左思长得丑,本身并没有错,也不影响群妪,不至于招来群妪的羞辱。凌濛初则换了一个视角:“要之,借彼形此,不足多辨。”意思是左思只是拉来反衬潘岳之美的,未必实有其事,不用当真。从审美角度来看,创作者采用侧面烘托的手法,将二者之行为放置于同一个情境之中,以潘岳出行,“妇人”们连手共萦之态,与左思效仿出行,“群妪乱唾”之行相对照,行为一样,面对的人群相同,而待遇却截然相反,绝美绝丑之象立现,潘岳之美与左思之丑便不言自明。日本秦士铉给出了一个更出乎意料的解读,“按刘、王二氏,不省得‘效’字,故为此说尔。盖戏而效之,故得乱唾委顿也。乱唾者、委顿者,皆戏也”。他认为,左思的举措就是在开玩笑,在听说潘岳游洛阳道的经历后，故意效仿潘岳。老妪的乱唾、左思的委顿都具有表演的性质，目的就是为了博大家一笑。诚如是，用当下的话来说，左思真的就是戏精，并且具备了西方酒神精神的元素。

此条刘孝标注引裴启《语林》云："安仁至美，每行，老妪以果掷之，满车。张孟阳至丑，每行，小儿以瓦石投之，亦满车。"主角之一的左思变成了张载(字孟阳)，老妪乱唾也变成了小儿投瓦石。不管内容怎么变，都突出了潘岳的至美。这是在魏晋这样一个"人的觉醒"的时代世人最淳朴、最直接的追求，人的外貌和气韵风度就摆在那里，看着心生欢喜就行了。

（赵厚均　古金华）

双眸若电

裴令公有俊容姿[①]，一旦有疾至困，惠帝使王夷甫往看[②]，裴方向壁卧，闻王使至，强回视之。王出语人曰："双眸闪闪，若岩下电，精神挺动，体中故小恶。"

《容止》第10条

注释

① 裴令公：即裴楷。

② 王夷甫：即王衍。

鉴赏

本则刘孝标注引《名士传》曰:“楷病困,诏遣黄门郎王夷甫省之。楷回眸属夷甫云:‘竟未相识。’夷甫还,亦叹其神俊。”裴楷,字叔则,河东闻喜(今属山西)人。出身著名世族河东裴氏,为东汉尚书令裴茂之孙,曹魏冀州刺史裴徽之子,西晋司空裴秀的堂弟。《晋书·裴楷传》载:“裴楷……弱冠知名,尤精《老》《易》,少与王戎齐名。钟会荐之于文帝,辟相国掾,迁尚书郎。贾充改定律令,以楷为定科郎。”袁宏在《名士传》中以裴楷等人为“中朝名士”。

王衍年少裴楷近 20 岁。《晋书·王衍传》:“王衍字夷甫,神情明秀,风姿详雅。总角尝造山涛,涛嗟叹良久,既去,目而送之曰:‘何物老妪,生宁馨儿!然误天下苍生者,未必非此人也。’……衍年十四,时在京师,造仆射羊祜,申陈事状,辞甚清辩。祜名德贵重,而衍幼年无屈下之色,众咸异之。杨骏欲以女妻焉,衍耻之,遂阳狂自免。武帝闻其名,问戎曰:‘夷甫当世谁比?’戎曰:‘未见其比,当从古人中求之。’”

裴楷与王衍是两代人中的名士代表,《名士传》云裴楷最后病困时,王夷甫奉诏前往省病,裴楷叹“竟未相识”,虽不一定属实,但表明二人一见如故,惺惺相惜,却是真实的。王夷甫于裴楷病中见之,也同样有相见恨晚之意。《晋书·裴楷传》载其逢楚王司马玮之变,而于其妻父王浑家避难复脱,但因有渴痢疾,不乐处势,王浑为楷请曰:“楷受先帝拔擢之恩,复蒙陛下宠遇,诚竭节之秋也。然楷性不竞于物……安于淡退,有识有以见其心也。楷今委顿,臣深忧之。光禄勋缺,以为可用。”此建议未被采用,“及疾笃,诏遣黄门郎王衍省疾”。而王夷甫奉惠帝诏往看,即当在此时。

但相较于裴楷,王衍更祖尚虚浮,于乱世思自我保全而超脱于世事之外,如《晋书·王衍传》载:“衍虽居宰辅之重,不以经国为念,而思自全之计。说东海王越曰:‘中国已乱,当赖方伯,宜得文武兼资以任之。’乃以弟澄为荆州,族弟敦为青州。因谓澄、敦曰:‘荆州有江汉之固,青州有负海之险，卿二人在外，而吾留此，足以为三窟矣。’识者鄙之。”及其“举军为石勒所破”，石勒与之相见，“衍为陈祸败之由，云计不在己”，石勒初甚悦之，但当“衍自说少不豫事，欲求自免，因劝勒称尊号”，石勒怒责其名盖四海，身居重任，少壮登朝，至于白首，竟言不豫世事，而以为败坏天下正是夷甫之罪，遂使人夜排墙填杀之。

王夷甫祖尚浮虚，也可从其与裴楷病卧中所谈看出，裴楷作为上一代的名臣，王夷甫作为政坛新秀，未见其有询政事之要，而仅从审美意义上来与裴楷进行一种精神的交接，如此固然超脱，但却有失其本职。其云裴楷双眸闪闪，就像山岩下的闪电，可是精神分散，身体确实有点不舒服。这都具有从身体和精神两个维度来观看的审美自觉，也表现了魏晋名士不与世事的思想旨趣。但这种谈论确无益于政事。故世人责王衍致神州陆沉，京洛丘墟。其本人在临死前也有悔意，《晋书·王衍传》载：“衍将死，顾而言曰：‘呜呼！吾曹虽不如古人，向若不祖尚浮虚，戮力以匡天下，犹可不至今日。’”或许，某种程度上说，王衍本是一哲学或艺术型人才，却错误地走入了仕途，如其纯为艺术或思想，则可谓大才矣。

（何光顺）

裴楷玉人

裴令公有俊容仪[①]，脱冠冕，粗服乱头皆好。时人以为“玉人”。见者曰：“见裴叔则如玉山上行，光映照人。”

《容止》第12条

注释

① 裴令公：即裴楷，见“乞物行惠”篇（《德行》第18条）注释。

鉴赏

魏晋是一个美男辈出的时代，何晏、夏侯玄、嵇康、潘安、卫玠，几乎个个都是历史上有名的美男子。何晏被称为“傅粉何郎”，皮肤白到让魏明帝嫉妒，亲自用热汤饼检验了一回；潘安一出门，就被当时的女粉丝“掷果盈车”，大概促进了水果销售量；卫玠就更惨了，据说是“看杀卫玠”，活活被粉丝们的热情窒息死了。

《礼记·聘义》中记载，孔子曾经这样说：“夫昔者君子比德于玉焉，温润而泽，仁也。”他将君子的美德与温润而有光泽的玉相比，仿佛人也会散发出温暖仁爱的光芒。“谦谦君子，温润如玉”，人的心性一旦和美玉连在一起，一下子让人感受到了具象的美感，而原本没有生命的玉，也和魏晋的美男子一样，变得多情而有风度起来。

然而不是所有的美男子，都能够得到“玉”的美誉。魏明帝的小舅子毛曾与夏侯玄同一座席，人们嘲笑他“蒹葭倚玉树”；谢玄打赢了淝水之战，后人才认可“芝兰玉树，生于庭阶”的说法；而晋穆帝的舅舅庾亮，生前被视为“丰年玉”，也就是锦上添花而已，去世后何充才伤心地说：“埋玉树著土中，使人情何能已已！”（《世说新语·伤逝》9）

看来“玉树”的规格都够高了，而以“玉山”来比拟的魏晋美男子只有两个。人们说嵇康喝醉的时候，是“傀俄若玉山之将崩”；而“见裴叔则如玉山上行，光映照人”。显然他们都是身材高大皮肤白皙，而且仪表风度也十分出众。嵇康一直隐居不愿出仕，而裴楷虽然是达官显贵，但即使脱下礼帽，穿着粗陋的衣服，披散着头发，也美得犹如“玉人”。神奇的是他还自带光环，整个人都光彩夺目，就像在玉山上行走。

裴楷仅仅是长得帅吗？他可不是个“绣花枕头”，人品学问也很好。裴楷出身西晋时期的著名世族河东裴氏，自幼精读《老子》《易经》，二十岁就名扬四方，在仕途上相当得意。西晋建立以后，他步步高迁，官至中书令，相当于后来的宰相。然而裴楷待人宽厚包容，从不与人争竞。

阮籍的母亲去世，裴楷前去吊唁，在灵前哭祭。有人就问：“阮籍不依礼而哭，你为什么要哭呢？”裴楷说：“阮籍是一个超越礼俗的人，不一定非要按照礼法来行事。我是一个世俗之人，就该按照礼法来表达我的情感。”人们觉得裴楷的行为很得体，不屈己从人，亦不强人同己，既坚守自己的准则，又尊重别人的意愿。

泰始二年(266年)，晋武帝司马炎刚登上皇帝宝座，按惯例在祭拜天地时抽签祈福，他得到的签竟然是个“一”字。司马炎的心瞬间拔凉拔凉的，难道篡夺来的皇位只能传一世吗？这时只听裴楷朗声道：“启奏皇上，我听说天得到一就清朗，地得到一就安宁，侯王得到一就天下太平。”群臣绷紧的神经一下子放松了，司马炎也因此大喜。

裴楷此后为司马炎所看重，但他外圆内方，并不一味奉承皇帝。一次司马炎在朝堂上问：“我应天受命，海内安宁，众卿以为有何得失？”裴楷出列回答：“大王确一统天下，但还不能与圣王相提并论，因为你身边多了贾充、荀勖这样的奸邪之徒。”贾充就找荀勖问计，把女儿嫁给了傻太子司马衷，最终未离开朝廷。

白痴皇帝司马衷即位后，皇后贾南风要诛杀太傅杨骏。然而裴楷恰好是杨骏的姻亲，受到牵连，也被捕入狱。裴楷在狱中面不改色，从容与亲友诀别。所幸的是在侍中傅祗的极力救护下，裴楷免于死罪。杨骏死后，汝南王司马亮和太保卫瓘共同辅政，而这两人也是裴楷的姻亲，他们都对裴楷非常欣赏，于是就推举他接替楚王司马玮的北军中侯。司马玮放出风声要对付裴楷，裴楷不愿树敌，就请求外出任职安南将军。

裴楷要赴任的那一天，还是不幸被卷入政治斗争的漩涡。皇后贾南风因为怨恨卫瓘当初要废傻太子司马衷，司马玮也恼恨司马亮要夺他兵权，两人就合谋杀害卫瓘和司马亮一家，裴楷也被列入必杀的黑名单。当晚裴楷躲到洛阳城岳父王浑家，一夜间换了八个藏身之地，才和司马亮的幼子一起躲过了追杀。第二天，楚王司马玮因"矫诏"而被杀，裴楷终于逃过了生死大劫，并出任中书令，从此和张华、裴頠、王戎共掌朝政。

元康元年(291年)，裴楷家中突然出现种种不祥征兆，厨子发现米下锅后不是变成拳头的形状，就是化成鲜血，有时还会变成蔓菁。家人忧心忡忡，难道是上天要带走"玉人"了吗？果然不久裴楷就去世了。与他齐名的大臣王衍感叹道："见裴令公精明朗然，笼盖人上，非凡识也。若死而可作，当与之同归。"(《世说新语·赏誉》24)

(阮莉萍)

土木形骸

刘伶身长六尺[①]，貌甚丑顇，而悠悠忽忽，土木形骸。

《容止》第13条

注释

① 刘伶，见"意气所寄"篇(《文学》第69条)注释。

鉴赏

《世说新语》共分 36 个门类，其中容止篇是一个典型的美男集中营。“容貌瑰杰”的阮籍都没有跻身其中，而身长六尺(不到一米五)的刘伶，不但容貌丑陋，还整天蓬头垢面，不愿修饰打扮，显得憔悴不堪，竟然能与嵇康这样的绝世美男，以“土木形骸”的名义同列，这也是奇了！

长得又矮又丑也就算了，在门阀观念盛行的魏晋，刘伶还只是个担任过“建威参军”的小吏，是竹林七贤中地位最卑微的一位。而南朝的临川王刘义庆，即《世说新语》的主编，他自己是皇室宗亲，15 岁任掌管皇家典籍的秘书监，17 岁就平步青云，担任尚书左仆射(相当于副宰相)，位极人臣，他对刘伶为什么情有独钟呢？

刘义庆生活在南朝，与西晋的刘伶相隔百年。他“为性简素，寡嗜欲，爱好文义”，因为堂弟宋文帝和刘义康的“主相之争”日益激烈，他惧怕有不测之祸，29 岁便乞求外调，以著述为乐。他虽然历任要职，但政绩却乏善可陈，因为他不愿卷入刘宋皇室的倾轧斗争。而从东汉末年开始，由于宦官擅权、军阀混战、民不聊生的现实，士人们在朝不保夕的处境下，早就产生了及时行乐的想法。

乱世的思潮总是相似的，汉末《古诗十九首》中就有一篇《驱车上东门》：“浩浩阴阳移，年命如朝露。人生忽如寄，寿无金石固。万岁更相送，贤圣莫能度。服食求神仙，多为药所误。不如饮美酒，被服纨与素。”刘伶一生嗜酒，淡泊功名利禄，却能够成为当时的天下名士，就是由这样特殊的时代背景决定的。

在两晋南北朝，刘伶都拥有一大批忠实的粉丝，看来临川王刘义庆也是仰慕者之一了。这也说明，《容止》篇不但看重男子的“好风度，美姿仪”，更看重的是内在的风神气质。正如李泽厚在《美的历程》中所言：“人在这里，不再如两汉那样以外在的功业、节操、学问，而主要以其内在的思辨风神和精神状态，受到尊敬和顶礼。”竹林七贤在六朝，不但被绘在墓室的砖画上，也取代两汉的神仙迷信、忠臣义士，成了理想中的人物。刘伶作为其中的一员，显然也是有特殊意义的。

虽然刘伶又矮又瘦，又丑陋又憔悴，但他悠闲自在，过着无拘无束、质朴自然的生活。他喜欢带着几坛美酒，坐着鹿车，天南地北地到处转悠，还让人拿着锄头在后跟着，并吩咐道：“哪天我醉死了，就立刻就地埋了。”刘伶在《酒德颂》中，表达了“唯酒是务，焉知其余”“无思无虑，其乐陶陶”的人生愿望，在“天下多故，名士少有全者”（《晋书·阮籍传》）的魏晋更替之际，这是一种借酒避世的姿态，也是自我放逐的行为。

刘伶的酗酒行为匪夷所思，妻子千方百计都管不住，他还振振有词地留下名言：“天生刘伶，以酒为名。一饮一斛，五斗解酲。妇人之言，慎不可听。”一次，几位客人慕名来拜访刘伶，他正好喝得热火朝天，光着身子在屋里裸奔。客人自然看不下去，谁知刘伶满不在乎地笑道：“我以天地为住宅，房屋为衣裤，诸君为何要跑到我裤裆里来呢？”

《晋书·刘伶传》里这样描述他：“放情肆志，常以细宇宙齐万物为心。澹默少言，不妄交游，与阮籍、嵇康相遇，欣然神解，携手入林。”嵇康和阮籍，都是心高气傲的人，却能引刘伶为同类，欣然把臂同游，可见他的才华气度自然不俗。刘伶也曾在建威将军王戎幕府下任参军，在晋朝建立后，他曾经赴洛阳参与对策，提倡无为而治。然而同辈的人都因考核优秀而升迁，唯独刘伶因无所作为而罢官。

在统治天下的司马氏眼中，刘伶不过是一个无能的醉鬼，有着“鸡肋不足以安尊拳”的超脱精神，掀不起什么风浪，对政权也构不成什么威胁。刘伶以迷离的醉眼，超乎寻常地洞察了时事的险恶，所以才能在那个时代“竟以寿终”。在风雨如晦的社会环境中，不愿同流合污，而能善始善终，何尝不是一种人生的智慧？

刘伶笃好老庄之学，在生活上不拘礼法，以饮酒为常，甚至以“刘伶病酒”而闻名千古。他的好酒，既是以酒言悲，也是以酒为乐。与竹林七贤中的其他人相比，刘伶的一生是最落魄的，但他也是活得最潇洒、最长寿的，一直到七十九岁，方才离开人世。

后人对刘伶评价很高，唐朝的白居易在《咏兴》诗里写道："幕天而席地，谁奈刘伶何。"明朝的于谦也在《醉时歌》中称赞："刘伶好酒世称贤，李白骑鲸飞上天。"从表面上看，刘伶如同百无一用的酒鬼，然而他的行为实质上体现了崇尚自然、"无为而治"的社会与政治理念。作为蔑视礼法、纵酒避世的典型，刘伶也以独特的人生姿态，表现了魏晋时期的独立人格和反抗精神。

（阮莉萍）

看杀卫玠

卫玠从豫章至下都[①]，人久闻其名，观者如堵墙。玠先有羸疾[②]，体不堪劳，遂成病而死，时人谓"看杀卫玠"。

《容止》第19条

注释

① 卫玠，见"见此芒芒"篇（《言语》第32条）注释。豫章：今江西南昌。下都：指建康（今江苏南京），相对于洛阳（上都）而言称下都。

② 羸疾：衰弱生病。

鉴赏

这是一个关于美貌和死亡的故事，堪称“史上最美死亡事件”。一个人竟然因为美貌而被“看杀”，这种极端化的叙事本身也是极端化的抒情——似乎不如此便不足以描述这一时代发现美、欣赏美、追求美、创造美的狂热氛围。可以说，这个也许“纯属虚构”的死亡事件一经产生，反而比任何真实的故事更能凸显那个时代人们的心灵细节和审美真相。

说它“纯属虚构”，不是说故事本身子虚乌有，而是说被“看杀”这一事件在实践上的不可能。用今天的话说，这有可能就是一则“假新闻”，是史上最早的“标题党”！但是，千年之后，我们却分明被这个故作夸张的故事吸引了，感动了，甚至愉悦了。一个死亡事件竟能引起读者的愉悦，不能怪读者太过“恶毒”，只能说，这个死亡事件本身的伤感元素已经被稀释蒸发掉了，取而代之的是一种无法言说的“美感”。我们会想，这个叫卫玠的美男，哪里是被“看杀”的，分明是“美死”的嘛！因为他“长得美”，所以被狂热的下都市民“看得美”，最后也就“死得美”，然后又被我们这些后世的读者“想得美”——这个卫玠，简直就是为“美”而生的！这个故事没有一句说到“美”，但却处处让人联想到“美”，这是那个全民“爱美”的时代才能“打造”出的“美感神话”。

魏晋是一个崇尚人物美的时代，或者干脆说是一个“好色”的时代。孔子说：“我未见好德如好色者也。”（《论语·子罕》）魏晋人呢，似乎就是为了证明孔子所言不虚，而一个劲儿在“好色”的路上尽情狂奔。这样一种“好色”的风气，如果从哲学上找原因，大概跟当时“越名教而任自然”的玄学思潮有关——既然“名教”主张“好德”，“自然”只好倾向“好色”；“好德”让人受制于伦理的约束，“好色”则“任性”于情感的释放和审美的享受。不过话又说回来，当“好色”和“爱美”结合在一起时，便又不仅是一种官能上的放纵，而成为一种审美性的活动和精神性的追求了。这也是为什么魏晋时期山水美学、文艺美学、人物美学，同时达到空前高峰的一个重要原因。就人物审美的风气而言,当时有两个情况值得注意:一是男性美的欣赏成为上层贵族趋之若鹜的一种风尚;一是人物美的欣赏表现为从外在形貌之美向内在气质、风度、神韵之美逐渐转移的一个动态过程。从方法论上讲,“人的自然化”成为一种常见的“修辞术”,对人物美的描摹更多地与自然物象融为一体,以男子为“玉树”“孤松”“明珠”“连璧”“玉山”“水镜”“日月”“春柳”等的精美譬喻,几乎在当时的史书和文献中俯拾皆是,以至于有人干脆把魏晋时代称为“男色”时代。这个“看杀卫玠”的故事,应该就是迎合了这种时代审美的趋势和需要。

问题是,卫玠究竟有多美呢?且看《晋书·卫玠传》的一条记载:

玠字叔宝。年五岁,风神秀异。祖父瓘曰:“此儿有异于众,顾吾年老,不见其成长耳!”总角乘羊车入市,见者皆以为玉人,观之者倾都。

这就是著名的“羊车入市”之典。原来卫玠五岁时,其美貌就曾引起过“交通拥堵”,地点正好在“上都”洛阳——这为他在“下都”被“看杀”埋下了伏笔。“观之者倾都”也与本条的“观者如堵墙”遥相呼应,“倾都”是言其范围之广,“堵墙”是言其声势之壮。在魏晋那样一个美男辈出的时代,没有谁的美在感官上形成如此惊人的“视听效果”——卫玠的美简直不可方物,恐怕只能用“倾国倾城”来形容了。长大后的卫玠更是令人“惊艳”。《容止》篇第14条说:“骠骑王武子是卫玠之舅,俊爽有风姿。见玠,辄叹曰:‘珠玉在侧,觉我形秽。’”王武子(王济)也是西晋著名的美男,但在卫玠旁边,唯有自惭形秽的份儿。此则刘注引《玠别传》说:“骠骑王济,玠之舅也。尝与同游,语人曰:‘昨日吾与外生共坐,若明珠之在侧,朗然来照人。’”也就是说,卫玠的美是明亮夺目的,犹如一个“发光体”,走到哪里都能吸引眼球,引起围观——大概也只有这样的阳光美男,才具有理论上被"看杀"的可能性,进而烘托出"观看"或者说"审美"行为本身所潜藏的杀伤力。

然而,说到卫玠的真正"死因",恐怕并非"看杀"二字所能了得。综合各种文献,我们还可得出"病杀"与"谈杀"两大"主因"。比如他天生多病,素有"羸疾";又酷爱清谈,是西晋首屈一指的玄学家——而清谈是一种高强度的学术论辩,对智力和体力都有极高要求。卫玠智力极高而体力极差,两者相加,最终的结果必然是积劳成疾,死非其命。《文学》篇第20条载:"卫玠始度江,见王大将军。因夜坐,大将军命谢幼舆。玠见谢,甚说之,都不复顾王,遂达旦微言,王永夕不得豫。玠体素羸,恒为母所禁。尔夕忽极,于此病笃,遂不起。"这个故事的妙处在于,正好把"病杀"和"谈杀"这两大死因合二为一了。

事实上,本条"看杀卫玠"的故事已经透露了此中消息。故事中的"时人"非常值得注意。"时人"绝非一个人,而是"当时人",代表的是一个庞大的群体——放在今天就是所谓"受众"。"时人谓"三字很巧妙,有点像"不代表本人观点,仅供参考"之意。一方面,表明作者对"时人谓"有美学上的认同,另一方面,也隐含着对其真实性的质疑甚至消解。似乎前面的"遂成病而死"才是作者的真实判断,这里不过将"时人"所谓附带一提罢了。这正是记述者"狡猾"的地方,大概他也深知,说一个人"病杀",实在不如说被"看杀"更具视觉冲击力和审美爆发力!

所以,这个故事完全符合"文学创作学"的"老生常谈"——"怎么写"比"写什么"更重要!我们甚至可以说,它是介于"新闻"和"小说"之间的一个文本:没有后一句"时人谓看杀卫玠",它还算是"新闻";但多了这一句,它就成了"传闻"——道听途说,街谈巷语,爱信不信,信不信由你,与我无关!而且,那个"杀"字也大有玄机。如果说"看死",死者是主体,自己显然要负更大的责任——谁让你"先有羸疾,体不堪劳"呢?但现在偏说是"看杀",主体成了那些不懂怜香惜玉的"吃瓜群众",一字之差,故事的性质便瞬间"反转",变成了一场"事后张扬的谋杀案"!拿这个故事做写作课的案例分析,真是再好不过了。

总之,在“卫玠之死”这个颇具时代精神意义的问题上,“病杀”“谈杀”和“看杀”是三位一体、牵一发动全身的。我曾经对此做过考证,最终得出的结论是:“时代的乱象,家族的灾难本足以致命;个人的羸病,对清谈的酷爱,流亡的艰辛,现实的恐怖,又使其雪上加霜;同时,风华绝代的美貌适逢一个全民爱美的时代,这些因素的交互作用,最终导致了他的死亡。一言以蔽之,真正杀死卫玠的不是别的,而是那个恐怖、动荡、多少有些病态的时代。”(参见拙文《流寓与死亡:“卫玠之死”的三种解读》)

卫玠之死,犹如一场精神地震,令整个士林为之痛惜伤悼不已。《世说·伤逝》第6条记载:“卫洗马以永嘉六年丧,谢鲲哭之,感动路人。咸和中,丞相王公教曰:‘卫洗马当改葬。此君风流名士,海内所瞻,可修薄祭,以敦旧好。’”——“风流名士,海内所瞻”八字,真是对卫玠一生最好的评价!有人问谢鲲为何哭得这么伤心,他说:“栋梁折矣,何得不哀?”“栋梁”之谓,似乎与体弱多病、不堪罗绮的卫玠“风马牛不相及”,但考诸史实,可知谢鲲所言不虚。打开《世说》和《晋书》等文献,我们会看到,在整个“永嘉南渡”的衣冠贵族中,正是这个“倾国倾城”的卫玠,背负着家国的使命和重托,由北向南,逶迤前行,渡长江时竟喟然长叹:“见此芒芒,不觉百端交集,苟未免有情,亦复谁能遣此!”(《言语》32)犹如一面明亮的铜镜,他映照出并见证着这个时代兴废存亡的每一个消息,仿佛汪洋中的一条美丽小船,最终倾覆于时代变迁的惊涛骇浪中。也许在冥冥之中,谢鲲从卫玠的夭亡上,看到了一个盛极一时的大一统王朝的崩解与覆亡。卫玠死时,年仅二十七岁,正好是西晋五十四年国祚的一半光景。今天看来,卫玠的天才早夭极具隐喻色彩,他似乎是用自己的年轻生命,提前为西晋这个短命的王朝敲响了丧钟。

顺便说一句,宋代大文豪苏轼在人生的终点,也享受了一次“看杀”的待遇。当时苏轼从海南重返中原,舟行至毗陵(今常州)时,“病暑,著小冠,披半臂,坐船中。夹运河岸,千万人随观之。东坡顾坐客曰:‘莫看杀轼否?’其为人爱慕如此”(《邵氏闻见录》卷二〇)。这时的东坡已染沉疴,不久即溘然辞世。所以,卫玠也好,东坡也好,与其说他们是被

鉴赏

“看杀”，不如说是被“爱杀”——到此境界，生命的寿夭长短，反倒显得不那么重要了。

（刘强）

一见改观

石头事故，朝廷倾覆[1]。温忠武与庾文康投陶公求救[2]。陶公云：“肃祖顾命不见及[3]。且苏峻作乱，衅由诸庾[4]。诛其兄弟，不足以谢天下。”于时庾在温船后闻之，忧怖无计。别日，温劝庾见陶，庾犹豫未能往。温曰：“溪狗我所悉[5]，卿但见之，必无忧也！”庾风姿神貌，陶一见便改观，谈宴竟日，爱重顿至。

《容止》第23条

注释

① 石头事故，朝廷倾覆：指苏峻、祖约之乱。东晋咸和二年（327年），历阳内史

苏峻联合镇西将军祖约，以讨伐庾亮为名攻入都城建康掌控朝政，逼迫晋成帝迁徙至石头城。

② 温忠武：指温峤，谥忠武，见“江左夷吾”篇（《言语》第36条）注释。

③ 肃祖：晋明帝司马绍庙号。顾命：皇帝临终遗命，委任大臣负责国家大事。徐广《晋纪》载明帝遗诏中的顾命大臣不包括陶侃、祖约，二人怀疑庾亮假造遗诏。

④ 衅由诸庾：庾亮曾许以大司农职务诱捕苏峻，被其识破。苏峻作乱初期，温峤等人准备起兵抵抗，庾亮又极力反对。当时的吴国内史庾冰（庾亮弟）亦抵抗无功。衅，罪责。

⑤ 溪狗：当时北方世家大族对江西一带人的蔑称。陶侃是鄱阳郡枭阳县（今江西都昌）人。溪，一作“傒”。

鉴赏

苏峻、祖约发动叛乱，朝廷被他们控制。温峤和庾亮投奔陶侃，向他求救。陶侃说：“先帝的临终遗命中没有提到我，可能是庾亮从中作梗。而且苏峻发动叛乱，庾氏一族难辞罪责。即使处死庾家兄弟，也不足以向天下人谢罪。”当时庾亮在温峤船后，听到这些话，内心担忧恐惧无计可施。又有一天，温峤劝庾亮去见陶侃，庾亮犹豫不决没有去。温峤说：“陶侃这个人我熟悉，你只管见他，肯定不会出事。”庾亮的风度姿态、神采容貌，陶侃一见到就改变了之前的看法，和他交谈宴饮了一整天，对他的喜爱推重顿时达到了极致。

如果一个人犯下了导致“朝廷倾覆”的重大过错，自己又对他极为不满，乃至说出“诛其兄弟，不足以谢天下”的话语，那么还能与他“谈宴竟日，爱重顿至”吗？本条目中，陶侃面对庾亮，就表现出了如此背道而驰的两种态度，原因仅仅是：“庾风姿神貌，陶一见便改观。”

被对方的容貌风姿倾倒而彻底改变对他的态度，听上去或许过于传奇，但此事并不是第一次在庾亮身上发生。《晋书·庾亮传》载晋元帝司马睿担任镇东大将军时，初次见到庾亮，便因其外貌俊美举止风雅超出想象（史载“风情都雅，过于所望”），聘其妹庾文君为世子妃。元帝登基，庾亮便成了皇亲国戚，经历元帝、明帝两朝，权势日重。东晋太宁三年(325年)，明帝和庾皇后的长子、年仅五岁的成帝司马衍即位，庾亮以太后兄长身份主持朝政，威权达到顶峰。《晋书》本传载："太后临朝，政事一决于亮。"可以说，庾亮后来位极人臣，很大程度上源于他美好的仪容举止，包括后来陶侃打消处死他的念头，也是因为他的"风姿神貌"。

目前还没发现庾亮的传世画像，但我们从陶侃对庾亮"一见改观"、元帝因庾亮的容貌"甚器重之"，就可以想象庾亮必是姿容极美、言谈举止上佳。否则以元帝、陶侃的地位和见识，哪怕他们生活在极重人物外表的时代，也不至于仅仅因为容貌举止，就做出了足以影响对方人生道路的决定。

凭借容貌风姿和社会地位，庾亮本人尚可高官厚禄地度过一生。但庾亮、庾冰兄弟先后于咸康六年(340年)、建元二年(344年)去世后，族中便再无登上高位、执掌大权者。昙花一现的颍川庾氏，与时代相近的琅邪王氏、陈郡谢氏等世代簪缨的家族形成了鲜明反差。究其原因，还要从本条目中陶侃的话"苏峻之乱，衅由诸庾"说起。

《晋书·庾亮传》载，五岁的成帝初登皇位时，庾亮施政严苛峻急，"任法裁物"，激化了当时本已凸显的社会矛盾，"颇以此失人心"。陶侃、祖约因明帝遗诏未把他们列入顾命大臣之列而不满时，庾亮不仅没有进行安抚，还公然排挤他们并设法削弱其势力，"出温峤为江州以广声援，修石头以备之"。后来庾亮不顾朝臣反对，强行征召苏峻入朝，意图剥夺他手中的绝大部分政治资本，与逼其谋反无异。苏峻、祖约叛乱发生后，庾亮要求温峤等人不得出兵，甚至给温峤回信称："吾忧西陲过于历阳，足下无过雷池一步也。"苏峻进军建康前，孔坦建议占据军事要地、控制交通要道，庾亮依然没有采纳他的意见，直至最后"军未及阵，士众弃甲而走"，他的长子庾会死于战乱中。

纵观苏峻之乱的全过程，庾亮一再误判形势、错误决策，还刚愎自用、屡拒良言，确实不能算是称职的领导者。陶侃将国都陷落、朝廷倾覆的责任归咎于他,并不为过。《晋书》本传评庾亮:“智小谋大,昧经邦之远图;才高识寡,阙安国之长算。”可谓恰如其分。

庾亮执政时不仅排挤同僚,还在未经禀报成帝的情况下,处死宗室司马宗、废黜其兄司马羕,“天下咸以亮翦削宗室”(《晋书·庾亮传》)。庾怿为门户计,阴谋毒杀出身琅邪王氏的江州刺史王允之,事情败露后自杀。庾翼北伐时军民苦于行役,怨声载道,康帝派使臣阻止行军,庾翼仍执意前进。庾氏兄弟的这些行为,对其家族声望造成了损害。他们似也不甚重视家族人才培养,子侄辈政治才能、文化修养皆不突出。所以,待庾亮兄弟相继离世,庾氏家族就迅速地衰落下去,与寻常士族泯然无异。

虽然庾亮铸下大错,陶侃对他极为不满,但庾亮终归是皇帝亲舅,杀死他相当于把自己摆在皇家的对立面。温峤敢于劝庾亮去见陶侃,当也有此原因。陶侃愿意坐下来与庾亮交谈宴饮,或许是被他出众的风姿容貌吸引。而至于“谈宴竟日,爱重顿至”,则有观点认为,陶侃在交谈中发现了自己与庾亮政治主张的一致性。因为陶侃是极为注重实效、珍惜时间的人。《晋书》本传载他常对人说:“当惜分阴,岂可逸游荒醉。”还将部下的酒器、蒲博器具等“悉投之于江”。可以想象,在苏峻叛乱还未结束的危急时段,他和庾亮“谈宴竟日”的决不是闲事杂务。在酒宴上,两人达成了合作共识,此后史籍中再无二人芥蒂的记载,苏峻之乱得到平定,庾亮请求外任,陶侃进入中央掌握权力,温峤的政治地位进一步提升。这场意外发生的酒宴,竟然奇迹般地改变了东晋政局的走向。

(郭小小)

鉴赏

丘壑独存

丘壑独存

庾太尉在武昌，秋夜气佳景清，使吏殷浩、王胡之之徒登南楼理咏①。音调始遒，闻函道中有屐声甚厉②，定是庾公。俄而率左右十许人步来，诸贤欲起避之。公徐云："诸君少住，老子于此处兴复不浅③。"因便据胡床，与诸人咏谑，竟坐甚得任乐。后王逸少下，与丞相言及此事，丞相曰："元规尔时风范，不得不小颓④。"右军答曰："唯丘壑独存⑤。"

《容止》第24条

注释

① 使吏：使，一本作"佐"。按，《艺文类聚》七〇亦作"佐"，是。理咏：谓言咏、谈咏。下文云庾亮"与诸人咏谑"，则"咏谑"，即清言戏谑为"理咏"。

② 函道：用于上下城楼之阶梯。

③ 老子：犹言老夫。

④ 颓：衰微；颓唐。

⑤ 丘壑：谓隐逸。

鉴赏

《晋书·庾亮传》说:"陶侃薨,迁亮都督江、荆、豫、益、梁、雍六州诸军事,领江、荆、豫三州刺史,进号征西将军、开府仪同三司、假节。亮固让开府,乃迁镇武昌。"据《晋书·成帝纪》载,陶侃卒于咸和九年(334年)六月,则庾亮迁镇武昌当在其时。

秋夜景佳气清,向来是人们游览欢乐的好时光。东晋名士虽说偏安一隅,山河仅存半壁,难免有家国之痛,但并不妨碍他们享受良辰美景。早在南渡之初,"过江诸人,每至美日,辄相邀新亭,藉卉饮宴"。虽然周顗感叹"风景不殊,正自有山河之异",众人相视,也流了几滴眼泪,但王导愀然变色,说:"当共戮力王室,克复神州,何至作楚囚相对?"批评众人颓唐情绪,激励大家共同出力辅佐王室,不可作楚囚相对。王导既享受生活,放松身心,也不忘克复神州的精神状态,颇能代表东晋政治家及一部分名士的人生观。因此,在《世说》一书中,能常常看到江左名士尽情享受良辰美景的生活场景。

这次,是在武昌的一个美好的秋夜。庾亮的僚佐殷浩、王胡之等人登上南楼,清谈戏谑。须知,魏晋的清谈并非只是乏味的理论分析,它是智力与语言的较量,从中能得到豁然悟解带来的心情愉悦及精神满足,是生活趣味化和艺术化的重要表现形态。

正当理咏进入佳境之际,众人听到函道中传来的木屐声急促而响亮,猜想必定是庾公。须臾,庾亮带着僚属十余人出现了。众人想起而避之。庾亮慢悠悠地说:"诸君稍待一会,老夫于此处兴复不浅。"意思说,我于清言也很有兴趣。于是坐在胡床上同诸人谈论戏谑,欢乐至终。

庾亮与下属打成一片,与众人同乐,与其说是平等作风,毋宁称许其风雅气局。庾亮自称于清言兴复不浅。那么,他算不算清谈家?《晋书·庾亮传》称他"善谈论,性好《庄》《老》"。《世说新语·品藻》70刘孝标注引《殷羡言行》说:"时有人称庾太尉理者,羡曰:'此公好举宗木槌人。'"按,宗木,一作宗本。宗本,即根本,宗旨。宗本槌人,比喻庾亮清言喜欢以根本问题问难。由此可知庾亮也善谈论,但缺少层层析理的严密。竺法深甚至诋庾亮"胸中柴棘三斗许"(《世说新语·轻诋》3)。庾亮毕竟是廊庙之器,非是一流清谈家。

叙事至此,故事应该结束了。但后面又引出王羲之同王导两人一反一正的评价,揭示庾亮的精神世界,不仅不觉多余,反倒是神来之笔。

苏峻之乱平定后,王导、庾亮两人的政见是不合拍的。王导说:"元规尔时风范,不得不小颓。"此言因何而发?颇不易索解。古今研究者也各有说法。明人王世懋云说:"王意重殷。"以为王导此言是看重殷浩。今人朱铸禹说:"此盖谓其时殷、王皆负时誉,故庾不得不小减其俨然之风范也。"(《世说新语汇校集注》)明显是发挥王世懋的见解。萧艾《世说探幽》说:"所谓'元规尔时风范不得不小颓'者,值苏峻乱后,温太真亦新逝也。"上面几种解释似乎都不很妥当。殷浩、王胡之等人秋夜理咏,庾亮也乘兴而来,与众人同乐。这个场面中的主要人物毕竟是庾亮,作者着笔描写他的风雅,何以见得是推重殷浩呢?萧艾以苏峻乱后,温峤新逝的时局来解释,恐怕也不足信。据《晋书·成帝纪》,温峤卒于成帝咸和四年(329 年),庾亮镇武昌在咸和九年,两者相距有五年,称"新逝"不合适。笔者认为,王导此言乃为庾亮欲废自己的图谋受挫而发。苏峻乱后,王导为缓和矛盾,稳定时局,宽宥苏峻的余党赵胤、贾宁等诸将,而后者又"并不奉法,大臣患之"(《晋书·庾亮传》)。王导的政策,遭陶侃、温峤、庾亮的有力反对。先是陶侃想起兵废王导,但郗鉴不从。接着,庾亮又欲起兵废黜王导,咨郗鉴,郗又不许。考察以上史实,王导之言,殆暗指庾亮欲废己的图谋受挫。

王羲之同王导言及庾亮与僚属理咏武昌南楼之事,意在赞许庾亮的风雅。王导则贬损之。但羲之还是维护庾亮,称赞庾"唯丘壑独存"。丘壑,谓隐逸。刘孝标注引孙绰《庾亮碑文》,准确地解释了什么叫"丘壑独存"。孙绰称庾亮"雅好所托,常在尘垢之外,虽柔心应世,蠖屈其迹,而方寸湛然,固以玄对山水",乃是赞美庾亮身虽在朝廷,其实所好在世俗之外，柔心应对世事，不过是形迹而已；他的本心，仍在自然山水。孙绰描绘的庾亮，正是调和了儒道二家之后为晋人所推崇的人格范型。一面人在市朝，一面标榜心存丘壑。譬如谢灵运《斋中读书》诗有二句说："昔余游京华，未尝废丘壑。"把在朝做官与心在丘壑两种看似相反的人生价值观统一起来了。

庾亮一代风流，为时人广泛赞叹。这个故事描写了庾亮的高雅风度，所以归于《容止》。前半部分写他于秋夜同僚佐理咏，后半部分以王羲之与王导对话，点出庾亮"唯丘壑独存"的文旨。正面描写结合侧面烘托，写出了庾亮从容闲雅的气质和喜好自然山水的情性，堪称完美。

（龚斌）

神仙中人

王右军见杜弘治[①]，叹曰："面如凝脂，眼如点漆，此神仙中人。"时人有称王长史形者[②]，蔡公曰[③]："恨诸人不见杜弘治耳[④]！"

《容止》第26条

注释

① 王右军：即王羲之，见"丝竹陶写"篇（《言语》第62条）注释。杜弘治：即杜乂，字弘治，京兆杜陵（今陕西西安东南）人。西晋名臣杜预之孙，恭帝皇后

父。性纯和，美姿容，有盛名于江左。袭封当阳侯，辟公府掾，为丹阳丞。

② 王长史：即王濛，见“共谈析理”篇（《文学》第22条）注释。

③ 蔡公：即蔡谟（281—356），字道明，陈留考城（今河南民权东北）人。官至左光禄大夫，领司徒、录尚书事。撰有《汉书集解》。

④ 恨：遗憾。

鉴赏

本则主要记述的是时人对杜乂姿容的惊叹。魏晋盛行唯美之风，对男子的姿容、仪表非常在意。所以《世说新语》中专门有“容止”一门，可见时风。之所以如此，一方面是时代精神的变化，关注点由人的善转向人的美；另一方面是环境条件的塑造。名士们出身优越，养尊处优，生活精致、高雅，居移气，养移体，自然而然造就了相应的容止。

魏晋有众多的美男子，本章提到的杜乂是其中之一。王羲之用八个字来形容他“面如凝脂，眼如点漆”，面容像凝结的油脂光洁柔滑，眼睛像黑漆一点又黑又亮。宛若一幅写意画，两个细节就勾勒出其人的特点，乃神仙中人。

顺带说一句，魏晋好用三种类型的人来评鉴人物，分别是英雄、玉人和神仙。英雄，是欣赏其人的豪爽气概，曹操、王敦就是此类人。玉人，如山涛形容嵇康的醉倒如玉山之将崩，人见裴楷如在玉山上行，潘岳和夏侯湛联袂而行给人的观感如“连璧”等，强调的是其人肤白润如玉，欣赏的是其人的明朗温润。至于神仙，欣赏的是其人的高迈脱俗。如王羲之眼中的杜乂，又黑又亮的眼神，又白又柔的面容，令人想起司马迁对张良的评价“如妇人好女”，清除了身上的俗气，才有如此外表。

王濛也长得漂亮。像《容止》第33条写道：积雪天中，王濛身着公服，步入尚书省，令旁边的王洽歆羡不已，说“不复似世中人”，特别有潇洒出尘的风度。但蔡谟认为，王濛相比杜乂，似乎还略逊一筹。蔡谟的话令人无限神往。

（肖能）

天际真人

或以方谢仁祖不乃重者①，桓大司马曰②："诸君莫轻道，仁祖企脚北窗下弹琵琶③，故自有天际真人想④。"

《容止》第32条

注释

① 谢仁祖：谢尚，字仁祖，见"共谈析理"篇(《文学》第22条)注释。不乃重：不那么看重，轻视。
② 大司马：桓温，官至大司马，故称。
③ 企脚：企，与"挈"同义，抬起脚。
④ 天际真人：天上神仙。想：情怀。

鉴赏

谢尚，字仁祖，出身于东晋高门士族陈郡谢氏，东晋名士，豫章太守谢鲲之子，太傅谢安从兄。陈郡谢氏在东晋发展有三个阶段，分别以谢鲲、谢尚、谢安三个人物为代表。谢鲲跻身玄学名士，谢尚取得方镇实力，谢安屡建内外事功。谢尚以司徒掾属起家，历任会稽王友、给事黄门侍郎、江夏相、江州刺史、尚书仆射等职，后进号镇西将军，都督豫、冀、幽、并四州军事。任豫州刺史十二年，使陈郡谢氏得以列为方镇。谢尚配合殷浩北伐中原，于邺城得到传国玉玺，从此改变了东晋皇帝被讥讽为"白板天子"的局面。又于寿春采拾中原乐人以备太乐,并在牛渚采石制为石磬,东晋始有钟石之乐。这些都是皇权和宫廷礼乐的象征,可以说都是朝廷的大事。谢尚还数度被征,供职于京师。桓温称赞他"入赞百揆,出蕃方司"(《世说新语·赏誉》103 刘孝标注引桓温《平洛表》),也就是有入相出将的才能。谢尚不但长于事功,还多才多艺。他早年即有声誉,风流倜傥,"善音乐,博综众艺",精通多种乐器,善歌舞,工书法,擅长清谈。《艺文类聚》卷四十四引《俗说》云:"谢仁祖为豫州主簿,在桓温阁下。桓闻其善弹筝,便呼之。既至,取筝令弹,谢即理弦抚筝,因歌《秋风》,意气甚遒。桓大以此知之。"谢尚还擅长东晋流行的"鸲鸽舞",也称"鸜鸽舞",因模仿"鸲鸽"(八哥)的身姿而得名。《晋书·谢尚传》载,王导问谢尚能否跳"鸲鸽舞"为宾客助兴,谢尚"便著衣帻而舞",俯仰屈伸,旁若无人,宾客为之抚掌击节。王导非常器重他,比之为王戎,经常叫他"小安丰"。唐代卢肇《鸜鸽舞赋》生动地描述了谢尚的舞姿:"公乃正色洋洋,若欲飞翔。避席俯伛,抠衣颉颃。宛修襟而乍疑雌伏,赴繁节而忽若鹰扬。"宗白华先生认为,汉末魏晋六朝是最富有艺术精神的一个时代。王羲之父子的字,顾恺之和陆探微的画,戴逵和戴颙的雕塑,嵇康的广陵散(琴曲),曹植、阮籍、陶潜、谢灵运、鲍照、谢朓的诗,郦道元、杨衒之的写景文,云岗、龙门壮伟的造像,洛阳和南朝的宏丽的寺院,无不是光芒万丈,前无古人,奠定了后代文学艺术的根基与趋向。甚至有学者提出,魏晋时代是中国古代的一次文艺复兴。在这样一个充满思想和信仰自由、艺术创造精神勃发、富于热情和生命色彩的时代,确实出现了一批全能的艺术家和学识渊博的大学问家。谢尚也是其中的一位代表人物。

东晋虽然是崇尚人物风流和个性解放的时代,但谢尚的一些行为似乎与其身份不太相称。《乐府广题》说:"谢尚为镇西将军,尝著紫罗襦,据胡床,在市中佛国门楼上弹琵琶,作《大道曲》。市人不知其三公也。"《乐府诗集》载有谢尚所作的《大道曲》:"青阳二三月,柳青桃复红。车马不相识,音落黄埃中。"这是南朝民歌的调子。谢尚身着女子的服装紫罗襦,在闹市的佛国门楼上弹奏着琵琶,唱着民间歌曲,老百姓当然不会认为这是位居"三公"的人物干出来的事情。裴启《语林》载:谢尚饮酒后，于盘案之间，为洛市的商贩表演了一场非常精彩的鸲鹆舞。《世说新语·品藻》还记载一件事情：石崇爱妾绿珠的弟子宋袆曾为王敦妾，后归属谢尚。谢尚就问宋袆："我和王敦相比何如?"宋袆回答说："王敦和您比，那简直是乡巴佬和贵族的区别。"最后评论说"镇西(谢尚)妖冶故也"。"妖冶"是指妖媚而不庄重。《晋书》本传说他喜欢穿绣有花纹的衣裤。本则故事所说的"或以方谢仁祖不乃重者"，当是缘于谢尚此类行为。这句意思是有人以谢尚不为世人所看重来自比。

桓温非常看重谢尚的才艺，所以他不同意别人的意见，就说："诸君莫轻道，仁祖企脚北窗下弹琵琶，故自有天际真人想。""北窗"就是房屋向北的大窗子，魏晋时人常在其下放置卧榻，用来就寝或休憩。"企脚"一词，历来有争议。余嘉锡《世说新语笺疏》："李铭慈云：按'企'同'跂'，企亦举也。"后来诸家多依余氏解释："企"通"跂"，抬起脚后跟站着。据考古资料，站着弹琵琶的音乐俑确实不少见，但是站着踮起脚后跟弹琵琶，被形容为仙人一样的状态，着实让人费解。也有学者根据段玉裁《说文解字注》将"脚"释为"胫"，即小腿。"企脚"就是"抬起小腿"的意思，就像现在琵琶演奏家的坐姿，抬起一条小腿叠置于另一条腿上，再将琵琶放在腿上进行弹奏。此说看似有理，但若谢尚弹琵琶的姿势与常人无异，桓温还需要强调他"企脚"弹琵琶吗？果真如此，谢尚弹琵琶一定有不寻常的姿态。因此，笔者推测，谢尚当是将脚放置于案几或卧榻之上，仰卧半躺着弹奏着琵琶，这才符合谢尚"脱略细行，不为流俗之事"的个性。这一推测裴启《语林》或可作证："丞相尝曰：'坚石挈脚枕琵琶，有天际想。'"坚石，谢尚的小名。"挈"，举起、提起的意思。"挈脚枕琵琶"，抬起脚仰躺卧榻上枕着琵琶。这里的"挈脚"，应与"企脚"同义。谢尚的这种姿态可谓与王羲之"坦腹东床"异曲同妙。在东晋相对稳定的环境里，名士们的精神追求已不是西晋元康名士那种纵情败礼、毫无节制的放诞，而是任自然而有节。尤其是永和年间的和平气象，使名士们显得自适而悠闲，追求宁静、萧散、洒脱的精神天地和优雅从容的风度是东晋士人的一种普遍心态。谢尚在北窗下斜躺着，高

鉴赏

高地跷起脚，弹奏着琵琶，如得道神仙一样的仪态举止，这一做派才真正符合东晋风流名士潇洒狂放、怡然自得的高雅情怀，所以被编入“容止篇”。因此，谢尚北窗弹琴的翩翩风度也自然成为名士们心慕手追的一个经典形象。陶渊明《与子俨等疏》云：“少学琴书，偶爱闲静，开卷有得，便欣然忘食。见树木交荫，时鸟变声，亦复欢然有喜。常言五六月中，北窗下卧，遇凉风暂至，自谓是羲皇上人。”《晋书·陶潜传》也说他“夏月虚闲，高卧北窗之下，清风飒至，自谓羲皇上人”。“羲皇上人”指伏羲氏以前的人，即太古之人，应与“天际真人”同义，指萧散自在、闲暇无忧的人。唐陈子昂《群公集毕氏林亭诗》：“默语谁能识，琴樽寄北窗。”按，二句均用《世说》典故。前句是化用《文学》35：“支道林造《即色论》，论成，示王中郎，中郎都无言。支曰：‘默而识之乎？’王曰：‘既无文殊，谁能见赏！’”后句则用谢尚北窗弹琴的典故。

（王建国）

轩轩霞举

海西时[①]，诸公每朝，朝堂犹暗；唯会稽王来[②]，轩轩如朝霞举。

《容止》第35条

注释

① 海西：即晋废帝司马奕(342—386)，字延龄，东晋第七位皇帝(365—371年在

位)，晋成帝司马衍子，晋哀帝司马丕同母弟，太和六年(371 年)，为大司马桓温所废，降封东海王。旋降封海西县公。

② 会稽王：即晋简文皇帝司马昱，见“杀鼠不悦”篇(《德行》第 37 条)注释。

鉴赏

都说皇帝是世界上最尊贵的职业，还有人痛哭着不愿登上皇帝宝座吗？东晋的简文帝司马昱，就是这样一位神奇的帝王。

东晋时期的皇帝普遍短命，司马昱在此前历经了七朝的皇位更迭：首先是他的父亲，在位六年的开国君主晋元帝司马睿；接着是他同父异母的哥哥，在位三年的晋明帝司马绍；然后是他的两位侄子，五岁登基的晋成帝司马衍，在位十八年，司马衍的同母弟晋康帝司马岳则在位三年；接下来是他的三位侄孙，两岁登基在位十八年的晋穆帝司马聃，只当了五年皇帝的晋哀帝司马丕，最后是被桓温找借口废黜的晋废帝司马奕，才坐了七年皇帝宝座。

当海西公司马奕还是第七任皇帝的时候，大臣们每次早朝，殿堂里还显得很暗，每当会稽王司马昱进来，就仿佛朝霞初升一样，让群臣们眼前一亮。司马奕 365 年即位的时候，司马昱已经 45 岁，照理也不应该是仅仅长得帅的小鲜肉了，为什么他当臣子的时候却那么精神奕奕呢？

司马昱之所以气宇轩昂，首先是因为地位本来就不一般吧。他的母亲郑阿春，虽然不是晋元帝司马睿的原配，却是最受宠爱的夫人。她为司马睿生下了三个子女，琅邪悼王司马焕、简文帝司马昱、寻阳公主。可惜司马焕才两岁就夭折了，司马睿在伤心之余，不顾臣子的激烈反对，为爱子修建了豪华的陵墓，而且为他举办了奢华的阴亲，娶了大臣家夭折的女儿为王妃。

过了两年郑阿春才又生下司马昱，司马睿更是把这个儿子当成掌上明珠，甚至想废黜太子司马绍，立小儿子司马昱为储君。在大臣们的阻扰下，晋元帝的心愿没有实现，没想到世事兜兜转转，这个皇帝的冠冕还是落到了司马昱的头上。那么，在当皇帝之前，他为什么更快乐呢？因为除了那个令人如坐针毡的宝座，朝政其实一直掌握在他手中。

永和元年(345年)，司马昱才25岁，就已经开始了他的政治生涯，而且还是皇室最重要的辅政大臣。当时晋穆帝司马聃只有两岁，由崇德太后褚蒜子临朝摄政。当时她想征召父亲褚裒入朝担任录尚书事，吏部尚书王胡之劝褚裒："会稽王司马昱德行昭著、素负雅望，是当今的周公，您应该把国政交给他。"褚裒为了避嫌，于是坚决推辞并返回藩镇，褚太后于是拜司马昱为抚军大将军、录尚书事。永和二年，骠骑将军何充去世后，褚太后更是将朝廷要事托付，下诏让司马昱总理朝政。

司马昱生性恬淡，但仍有崇高的威望。永和三年，桓温消灭成汉，此后权威日盛，朝廷对他也畏惧三分。司马昱任丞相时，曾经和谢安一起去看望桓温。这时王导的孙子王珣已经先到那里，桓温对这个最宠信的谋士说："你以前想见识一下相王，现在可以躲在帷幔后面偷看了。"两位客人走了以后，桓温问王珣说："你看相王究竟如何？"王珣说："相王担任丞相的要职，自然像神灵一样明澈，不过明公您也是万民的希望，不然，仆射谢安怎么会在你们面前自甘藏拙呢？"可见在神气的司马昱和霸气的桓温面前，谢安的气势还是远远不如的。

到司马奕登基的时候，司马昱已经有二十年的辅政经历了。他自己善于清谈，也认为名士殷浩在朝野素有盛名，便引为心腹，让他参与朝政，企图与桓温抗衡。司马昱此后还大量援引会稽人士及玄学同好进入朝廷，试图制衡桓温。可惜殷浩连年北伐，屡屡被打败，桓温趁机上书请求将他黜免。从此东风压倒西风，桓温掌握了朝廷内外的大权，司马昱的日子越来越难过了。

在晋废帝在位期间，司马昱的地位始终尊崇。太和元年(366年)十月，司马昱进位丞相、录尚书事，皇帝赐予他"入朝不趋，赞拜不名，剑履上殿"的荣誉，又赐予羽葆鼓吹及持班剑的武士六十人，但他坚决辞让。可以说，作为皇室的台柱子，荣宠已极，难怪他进入朝堂的时候，成为人人仰慕的天上朝霞了。

司马昱"清虚寡欲，尤善玄言"，性格恬静，也不好争斗。桓温有一次有意吓唬他，与他同车入朝的时候，突然让人在车前后击鼓喧哗起来，仿佛要暴动造反的情形。左右侍从大惊失色，司马昱却神态安详，不为所动，桓温自叹不如："没想到朝廷中还有这种临危不惧的人！"皇帝对司马昱也寄予厚望，盼望他能够帮忙稳固皇帝的江山和宝座，然而他做得到吗？

桓温屡次北伐失败后，在谋士郗超的建议下，于太和六年十一月十五日，废司马奕为东海王，并于同日率百官到会稽王府奉迎司马昱。司马昱已经五十二岁了，他曾多次拒绝即位，万般无奈下才接受了印玺绶带，面朝东方流涕叩拜，登基为帝，改年号为咸安。绝望的司马昱，只当了八个月的窝囊皇帝，就在桓温的虎视眈眈下，因忧愤而崩，时年五十三岁。

（阮莉萍）

自

自新者，改过向善之谓也。儒家最重德行，故迁善改过，进德修业，君子所以自勉。汤之《盘铭》云："苟日新，日日新，又日新。"《周易·益·象传》："君子以见善则迁，有过则改。"可知改过自新不可一日懈怠。孔子教育弟子，尤重修己以敬，反身而诚。尝云："过则勿惮改。"又云："德之不修，学之不讲，闻义不能徙，不善不能改：是吾忧也。"或问："弟子孰为好学？"孔子对曰："有颜回者好学：不迁怒，不贰过。"夫子又尝云："三人行，必有我师焉：择其善者而从之，其不善者而改之。""见贤思齐焉，见不贤而内自省也。""吾未见能见其过而内自讼者也。""过而不改，是为过矣。""丘也幸，苟有过，人必知之。"……似此，皆夫子以改过迁善为好学之证也。夫人非圣贤，孰能无过？要在能自反也。自反而后能自新，自新而后

新

第十五

能自强，自强而后能自立；自立方可立人，自达方可达人。古之学者求学路数，莫不如此。《世说》全书三十六门，《自新》一门最短，仅两则，且所记皆与陆机兄弟有关，然切不可以此为凑数，无关宏旨耳。盖《世说》乃“品人”之书，是人则不能无过，故门类实已暗寓褒贬，有此《自新》一门，犹如屋宇而有梁柱，俾使全书主旨不失其正，编者匠心，于此隐约可见矣。

周处自新

周处年少时①，凶强侠气②，为乡里所患，又义兴水中有蛟③，山中有邅迹虎④，并皆暴犯百姓，义兴人谓为三横⑤，而处尤剧。或说处杀虎斩蛟，实冀三横唯余其一。处即刺杀虎，又入水击蛟，蛟或浮或没，行数十里，处与之俱。经三日三夜，乡里皆谓已死，更相庆，竟杀蛟而出。闻里人相庆，始知为人情所患，有自改意。乃自吴寻二陆，平原不在，正见清河，⑥具以情告，并云："欲自修改，而年已蹉跎，终无所成。"清河曰："古人贵朝闻夕死⑦，况君前途尚可。且人患志之不立，亦何忧令名不彰邪？"处遂改励⑧，终为忠臣孝子。

《自新》第1条

注释

① 周处(约 236—297),字子隐,西晋义兴阳羡(今江苏宜兴)人,少时为祸乡里,后改过自新,出仕后治境有方,刚直不阿。后战死沙场,追赠“平西将军”。

② 凶强:凶暴强悍。侠气:任性使气,好争斗。

③ 蛟:蛟龙,传说中的猛兽。

④ 邅迹虎:跛足老虎。刘孝标注引《孔氏志怪》:“义兴有邪足虎。”或疑当作“白额虎”。

⑤ 三横:三害。横,祸害。

⑥ 二陆:指陆机、陆云两兄弟,均为当时著名的学者。“平原”指陆机,因其曾任平原内史;“清河”指陆云,因其曾任清河内史。

⑦ 朝闻夕死:语出《论语·里仁》:“朝闻道,夕死可矣。”意为早晨听闻了圣贤之道,即使晚上死了也不会有所遗憾了。

⑧ 改励:改过自新。

鉴赏

“周处自新”描述的是一个典型的浪子回头的故事。

晋人周处年少轻狂,身为一个有点背景的“官二代”,横行乡里,任勇狂妄,以至于被乡人视为祸害,将其与水中蛟、山中虎并称为“三横”,并以周处为三横之首。乡人怂恿周处去杀虎斩蛟,表面是劝他为民除害,实则是希望周处与之同归于尽,而周处居然也答应了。从这件事也可以看出,周处虽然好勇斗狠,但确实有其勇敢侠义的一面,毕竟与蛟虎相斗充满了危险。经过一番惊心动魄的争斗,周处除去了两害,但是以为他也一同死去的乡人则欣喜若狂,纷纷庆祝。侥幸存活的周处本以为自己为民除害,会得到人们的热烈欢迎,却没想到人们在为自己的“死”而庆祝。这对于周处而言不啻当头棒喝,让他第一次清楚地从乡人的反应中感悟到自己的严重过失,有了悔改之意。但是他不知道人们已经恨他如此之深,自己现在悔改是否还来得及,于是向贤人“二陆”

寻求帮助。经过陆云的规劝，他幡然悔悟，毅然弃恶从善，后来才兼文武，历任东吴东观左丞、晋新平太守、广汉太守，迁御史中丞等，在职期间为官清正，不畏权贵，因而受到权臣的排挤。西晋元康六年(296年)，授建威将军，奉命率兵西征羌人。次年春战死沙场。死后追赠平西将军，赐封孝侯。可以说曾经的浪子周处最终却以"忠臣孝子"而青史留名。由此可见，只要有毅力，有改恶从善的决心和行动，无论时候早晚，总能有所成就，这也就是所谓的"朝闻道，夕死可矣"。

本文在谋篇布局方面颇为用心，故事性强，善于设置矛盾冲突，可谓一波未平，一波又起，颇为吸引读者。文章精心选材，详略得当，分别围绕着"杀虎斩蛟"和"寻访二陆"进行了详细的描述，既有周处击蛟的恶斗场面，也有乡里庆贺周处之死的场景，还有周处"改励"时思想矛盾的复杂心理描写。通过这些描述，不但鲜明地展示了周处的个性特点，而且也为周处后来的痛改前非埋下了伏笔，从而给读者留下了深刻的印象。

周处改过自新的故事在后世流传很广，还被改编，搬上了舞台，明朝人黄伯羽将其改编为《蛟虎记》传奇，广为流传，至今京剧中仍保留有描述此事的《除三害》的剧目。事实上，关于周处自新一事的部分情节的真实性一直存有疑问，如清代劳格《读书杂识五·〈晋书〉校勘记》中就曾"以《(周)处传》及《陆机传》核之，知系小说妄传，非实事也"。但是事情的真实与否在流传中已经不那么重要了，其之所以广为流传，就是因为其中寄寓了人们对改过自新的美德的赞赏与称颂。

(章原)

世　说　新　语

鉴赏辞典

企

企羡，举踵仰慕也。此篇可与《品藻》并观。品藻乃自外而第其高下，企羡则由内而见贤思齐，故企羡可谓品藻之中复加品藻也。品藻是外人品头论足，我未必认可；企羡乃己心之所向往，外人哪得知？《周易·乾·文言》云："同声相应，同气相求。"孔颖达疏："'同气相求'者，若天欲雨，而础柱润是也。……言天地之间，共相感应，各从其气类。"企羡亦可作如是观。魏晋之际，儒学式微，故企羡之所由发，未必悉出

羡

第十六

礼义仁德之域，而多关乎人物风神之美、才情之佳、气韵之妙。如桓彝之叹丞相，胡之之希渊源，固自为佳；即逸少之仰石崇，嘉宾之慕苻坚，亦有何不可？此正《世说》之所以为“新语”也。

尔时不再

王丞相过江[①]，自说昔在洛水边，数与裴成公、阮千里诸贤共谈道[②]。羊曼曰[③]：“人久以此许卿，何须复尔？”王曰：“亦不言我须此，但欲尔时不可得耳！”

《企羡》第2条

注释

① 王丞相：即王导。

② 裴成公：裴頠(267—300)，字逸民，河东闻喜(今属山西)人，永康元年(300年)，在政变中为赵王司马伦所害，晋惠帝复位后，追赠本官，谥号“成”。阮千里：阮瞻，字千里，陈留尉氏(今属河南)人。“竹林七贤”之一阮咸之子。

③ 羊曼(274—328)，字祖延，泰山南城(今山东平邑南)人。东晋大臣，太傅羊祜从孙。性放纵，好饮酒，与温峤、庾亮等友善，并为中兴名士。咸和三年(328年)，苏峻作乱，时为丹阳尹，率文武守云龙门，为峻所杀。

鉴赏

两晋之际，北方五胡乱华战火纷纭，司马睿在王导的辅佐下来到江南立足未稳，此时众心回惑，人人危惧。在北方抗争的刘琨于强敌环伺之下，派遣温峤出使江东，名义上是向司马睿表达劝进之意，实则是要观察江东的局势如何。温峤至江东历观诸人，在见过王导之后，直接说了这样一句话:“江左自有管夷吾,吾复何虑!”(《世说新语·言语》36)可知王导在当日乱局纷纭之下,实有定海神针之用。

作为东晋开国名相,王导在东晋建立过程中起到了至关重要的作用,司马睿在登基之日,甚至招呼王导上来跟自己一起接受朝臣跪拜,故当时有“王与马,共天下”谚语。当代史学家陈寅恪有专门文章名为《述东晋王导之功业》,表扬了王导在晋室偏安江左的情况下赓续华夏文化的勋绩。

王导虽在东晋立国之初功勋卓著,但至其后期,随着庾氏家族的崛起,他的威望渐渐相形衰颓,《晋书·王导传》载:

于时庾亮以望重地逼,出镇于外。南蛮校尉陶称间说亮当举兵内向,或劝导密为之防。导曰:“吾与元规休戚是同,悠悠之谈,宜绝智者之口。则如君言,元规若来,吾便角巾还第,复何惧哉!”又与称书,以为庾公帝之元舅,宜善事之。于是谗间遂息。

这段话读起来颇像是廉颇及蔺相如将相和故事的重演,然《晋书》却继续写道:

时亮虽居外镇,而执朝廷之权,既据上流,拥强兵,趣向者多归之。导内不能平,常遇西风尘起,举扇自蔽,徐曰:“元规尘污人。”

可知二人其实貌合神离,所谓休戚是同云云,不过是门面话而已。王、庾的这种关系,自然瞒不过时人的眼睛,随着王导威权日落,时人对他颇多轻视,《世说新语·政事》记载:“丞相末年,略不复省事,正封箓诺之。自叹曰:‘人言我愦愦,后人当思此愦愦。’”所谓愦愦当指昏聩之意,其中“人言我愦愦”,则当日物议已对王导十分不利。

除了这种含蓄的批评之外,当面的调侃也时有发生,《晋书·王导传》即载:

初，曹氏性妒，导甚惮之，乃密营别馆，以处众妾。曹氏知，将往焉。导恐妾被辱，遽令命驾，犹恐迟之，以所执麈尾柄驱牛而进。司徒蔡谟闻之，戏导曰："朝廷欲加公九锡。"导弗之觉，但谦退而已。谟曰："不闻余物，惟有短辕犊车，长柄麈尾。"

王导本以为朝廷欲以九锡嘉奖自己，最后才发现竟然是蔡谟的调戏之辞，这让王导十分愤怒，《晋书·王导传》载："导大怒，谓人曰：'吾往与群贤共游洛中，何曾闻有蔡克儿也。'"此处的群贤为谁，《晋书》所言较为含糊，但《世说·轻诋篇》载："王丞相轻蔡公，曰：'我与安期、千里共游洛水边，何处闻有蔡充儿？'"此两处所言显为一事，《晋书》之"蔡克"即《世说》之"蔡充"，"充""克"形近讹误而已。如此，则所谓洛中群贤，当指王安期、阮千里诸人。由此也可见王导提及自己往日辉煌，很大程度上是为了提醒时人自己的元老身份。而羊曼的回答："人久以此许卿，何须复尔？"似乎更说明王导在别人面前的忆旧行为并非偶尔为之，已经成为常态了。

但王导这次的回答则颇让人意外："亦不言我须此，但欲尔时不可得耳！"他的回忆不仅是向时人证明自己的资历，还有对过往岁月的追忆与企羡。西晋王朝由于内忧外患，如昙花一现般转瞬即逝，很多士人死于非命，人生的诸多可能未能充分展开，《文心雕龙》即言"前史以为运涉季世，人未尽才，诚哉斯谈，可为叹息"，可见这是当时人的共同感慨。一场突如其来的浩劫，使得西晋名士的风流潇洒也因而得以定格，成为后来者无限追忆的对象，王导作为曾经参与其中的幸存者，其心情当更为复杂。"欲尔时不可得耳"，正是那种可望而不可即心态的鲜活呈露。看似寻常的一句话，千载之下读来，犹能让人感受到一个暮年老人对青年时光的无限眷恋。

（王允亮）

兰亭金谷

王右军得人以《兰亭集序》方《金谷诗序》①，又以己敌石崇②，甚有欣色。

《企羡》第3条

注释

① 王右军：即王羲之，因其曾任右军将军，故称。得：知道、听说。方：并列、对等。下句"敌"义同。

② 石崇(249—300)，字季伦，渤海南皮(今河北南皮东北)人。初为修武令，累迁至侍中。出为荆州刺史，以劫掠客商致巨富。与贵戚王恺斗富，恺不能敌。与潘岳等谄事贾谧，为"二十四友"之一。"八王之乱"中，为赵王伦所杀，族灭。

鉴赏

西晋元康六年(296年)，石崇由太仆卿升为使持节、监青徐诸军事、征虏将军，将远赴下邳(治所在今江苏睢宁县古邳镇)上任，与此同时，征西大将军祭酒王诩将返回长安。石崇在金谷园中举行盛大的饯行宴会，在这场盛宴中，石崇兼具多重身份：他既是被送者，又是送行者，还是宴会的主办者。石崇为西晋开国元勋石苞之子，石苞临终前给诸子分财物，认为石崇以后自己能够博取，于是唯独不分财物给他(《晋书·石崇传》)。后来证明石苞的眼光非常准确：石崇参与平吴之役时，大获其利，担任荆州刺史时，劫掠远使商客，由此积聚巨额财富，才有资本高调炫富和大肆与王恺等斗富(详见《世说新语·汰侈》《晋书·石崇传》)。这次盛宴举办的地点金谷园,是石崇位于洛阳城外金谷涧中的别业,其中有泉水、溪流、果树、竹柏、药草、田亩、羊猪鸡鸭等牲畜、水碓、鱼池等,除了具有基本的居住功能,还有游赏玩乐的休闲功能,以及种植渔牧的经济功能,实为综合性的庄园。

石崇经常在金谷园举办集会,“引致宾客,日以赋诗”(《晋书·刘琨传》),隐然形成一个以石崇为中心、交游赋诗的团体。这个团体的一些成员(如石崇、潘岳、欧阳建、刘琨等),后来又成为围绕权臣——秘书监贾谧的“二十四友”之中的人物。这次饯行宴会,是金谷园系列集会的高潮。参预的众人早晨从都城洛阳出发,一路游玩,傍晚到达金谷园。众人在园中临清流,登高坡,琴瑟笙筑等乐器载于车中,随侍左右,边行边奏。停下来就开始饮宴,把盏传杯。与在室内或帐中举行的普通宴会不同,这是一场游宴——一边游玩,一边饮宴,前述金谷园的性质,为这种方式提供了良好的基础和充分的条件。尽管气氛欢畅和乐,但离别的忧伤还是盘踞心头,助兴的音乐听起来也有些悲凉的意味。酒酣耳热之际,众人决定赋诗叙怀,以使在易逝无常的生命历程中留下些许痕迹,而未能成诗的人被罚饮酒三斗。当时共有三十人赋诗,于是加以汇编,将这些人的官号、姓名、年纪一一列载,附上各自诗作,石崇为撰《金谷诗序》。此序在《世说新语·品藻》刘孝标注、《水经注·谷水》、《文选》江淹《别赋》李善注及潘岳《金谷集作诗》李善注、《艺文类聚》卷九、《太平御览》卷九一九等处有详略不等的引录,清代严可均缀合拼接成以下较为完整的文本:

余以元康六年,从太仆卿出为使,持节监青徐诸军事、征虏将军。有别庐在河南县界金谷涧中,去城十里,或高或下,有清泉茂林、众果竹柏、药草之属,金田十顷、羊二百口,鸡猪鹅鸭之类,莫不毕备。又有水碓、鱼池、土窟,其为娱目欢心之物备矣。时征西大将军祭酒王诩当还长安，余与众贤共送往涧中，昼夜游宴，屡迁其坐，或登高临下，或列坐水滨，时琴瑟笙筑合载车中，道路并作。及住，令与鼓吹递奏。遂各赋诗，以叙中怀。或不能者，罚酒三斗。感性命之不永，惧凋落之无期。故具列时人官号、姓名、年纪，又写诗著后。后之好事者，其览之哉！凡三十人，吴王师、议郎、关中侯、始平武功苏绍，字世嗣，年五十，为首。

这次金谷游宴在当时有极大的声势，在后世也有较多的回应，其中最著名的当属五十余年后东晋永和九年(353 年)王羲之、谢安、孙统等人的兰亭修禊(到水边洗濯嬉戏，以祓除不祥)。王羲之专门撰作并书写《兰亭集序》：

永和九年，岁在癸丑，暮春之初，会于会稽山阴之兰亭，修禊事也。群贤毕至，少长咸集。此地有崇山峻岭，茂林修竹，又有清流激湍，映带左右，引以为流觞曲水，列坐其次。虽无丝竹管弦之盛，一觞一咏，亦足以畅叙幽情。是日也，天朗气清，惠风和畅。仰观宇宙之大，俯察品类之盛，所以游目骋怀，足以极视听之娱，信可乐也。

夫人之相与，俯仰一世。或取诸怀抱，悟言一室之内；或因寄所托，放浪形骸之外。虽趣舍万殊，静躁不同，当其欣于所遇，暂得于己，快然自足，不知老之将至；及其所之既倦，情随事迁，感慨系之矣。向之所欣，俯仰之间，以为陈迹，犹不能不以之兴怀，况修短随化，终期于尽！古人云死生亦大矣，岂不痛哉！每揽昔人兴感之由，若合一契，未尝不临文嗟悼，不能喻之于怀。固知一死生为虚诞，齐彭殇为妄作。后之视今，亦由今之视昔，悲夫！故列叙时人，录其所述，虽世殊事异，所以兴怀，其致一也。后之揽者，亦将有感于斯文。

据说此序原迹是王羲之醉酒当中即兴书写，酒醒之后又书写多次，然皆不及此本。原迹传至王羲之后人智永和尚的弟子辨才和尚，被喜好王羲之书法的唐太宗设计赚取，传说后来随唐太宗陪葬昭陵，今传唐人摹本，以上《兰亭集序》文字即据摹本录出。而《世说新语》本条刘孝标注引王羲之《临河叙》则在摘录以上序文之后，又有“右将军司马太原孙丞公（按：当作孙承公，即孙统，字承公）等二十六人赋诗如左，前余姚令会稽谢胜等十五人不能赋诗，罚酒各三斗”一段，严可均推测“盖刘孝标从本集节录者”（《全上古三代秦汉三国六朝文·全晋文》卷二六）。

将以上石崇《金谷诗序》、王羲之《兰亭集序》（及《临河叙》溢出的文字）细作比较，虽然两次集会的举办目的不同（前者饯行，后者修禊），音乐有无不同（前者有，后者无），但相同之处更多：都有美景娱目欢心；都要求参与者即席赋诗，不能者罚酒三斗；都将诗作汇编，并为撰写序文，而且各在其中感慨时匆命促。大致可以推断，兰亭修禊、《兰亭集序》分别是对金谷游宴、《金谷诗序》的着意模仿，故《世说新语》本条记载当王羲之得知有人将《兰亭集序》比肩《金谷诗序》，又将他和石崇并列时，喜形于色，《世说新语》也因此将本条列入“企羡”，表明王羲之对石崇及其《金谷诗序》的仰慕。另外，《晋书·王羲之传》亦载此事：“或以潘岳《金谷诗序》方其文，羲之比于石崇，闻而甚喜。”但将《金谷诗序》作者误署为潘岳。不过，王羲之仰慕石崇令人费解，如本条南宋刘辰翁评曰：“敌石崇，亦何等语？”言语过于简略，具体含义不甚明确，但似乎是对以王羲之敌石崇表示不满。而约两百年前的苏轼则明确对此不以为然，其《又书王晋卿画四首·山阴陈迹》诗云：“当年不识此清真，强把先生拟季伦。等是人间一陈迹，聚蚊金谷本何人。”认为将王羲之比拟石崇（字季伦）颇为勉强，金谷也不及兰亭。宋代宋援注“强把先生拟季伦”句曰：“羲之本传云：‘或以潘岳《金谷诗序》比羲之《兰亭记》，以羲之比石崇，羲之闻而甚喜。’先生尝曰：此许敬宗之言。敬宗，人奴也，见季伦金多，故以为贤于右军耳。夫‘二十四友’皆望尘之流，岂足比方逸少耶？”（《增刊校正王状元集注分类东坡先生诗》卷一二，又略载于桑世昌《兰亭考》卷八)其中“羲之本传云”云云即出自《晋书·王羲之传》,大概因为许敬宗奉唐太宗诏监修《晋书》,所以苏轼指斥此语出自许敬宗,并批评许敬宗见石崇金多,就以为他贤于王羲之。如果这不是宋援的误记的话,那么就是苏轼的误判。人以王羲之比石崇,王羲之闻之欣喜,并非始见于《晋书》,而早已载于《世说新语》本条,怎么可能为许敬宗之言?而且即使始见于《晋书》,但《晋书》监修者有房玄龄、褚遂良、许敬宗三人,撰修者更多达十余人,又怎能遽断其必出诸许氏?苏轼认为石崇是谄事贾谧的“二十四友”中人,不足比拟王羲之,系从品格之高下着眼。余嘉锡则指出人以王羲之比石崇,王羲之闻之欣喜,乃因这是将王羲之视作兰亭修禊的主人,就像石崇为金谷游宴的主人一样(《世说新语笺疏》),可备一说。

世易时移,作为被仰慕、被模仿对象的石崇及其《金谷诗序》,后来声名远逊于王羲之和《兰亭集序》,当然这在很大程度上是因为后者书法方面的因素:王羲之被尊作“书圣”,《兰亭集序》被誉为“天下第一行书”,有众多摹本存世,以及其原迹易手的传奇故事、下落的神秘色彩等等。不过,金谷游宴也自有其影响,比如赋诗不成则罚酒三斗的方式,因史料不足征,不知始于何时,但这次是较早的明确记载。这种方式后来被兰亭修禊模仿,李白称其为“金谷酒数”,他和众位堂弟春夜饮宴于桃李园,即兴赋诗,“如诗不成,罚依金谷酒数”(《春夜宴从弟桃李园序》)。

(张金耀)

鉴赏 王恭鹤氅

王恭鹤氅

孟昶未达时①,家在京口②。尝见王恭乘高舆③,被鹤氅裘④。于时微雪,昶于篱间窥之,叹曰:"此真神仙中人!"

《企美》第6条

注释

① 孟昶(?—410),字彦达,东晋平昌安丘(今属山东)人。安帝义熙四年(408年)为尚书左仆射。孙恩、卢循之乱时自杀。
② 京口:今江苏镇江。
③ 王恭,见"身无长物"篇(《德行》第44条)注释。高舆:高大的车。
④ 鹤氅裘:用鹤的羽毛做成的外衣。

鉴赏

王恭出身名门,父亲是尚书左仆射王蕴,祖父是大名士王濛。《晋书》记载王濛"美姿容",王恭大约得了遗传,《世说新语·容止》的最后一条就是写他形貌的:"有人叹王恭形茂者,云:濯濯如春月柳。"《晋书·王恭传》曰:"美姿仪,人多爱悦,或目之云'濯濯如春月柳'。""濯濯"是鲜明光亮的样子,春天柳枝发出新叶,在月光下分外光洁,这就是王恭给人的感觉。柳枝在月光下的美丽,南朝诗人萧悫在诗中也写过:"芙蓉露下落,杨柳月中疏。"颜之推大为欣赏此诗,"爱其萧散”(《颜氏家训·文章》)。王恭的美,就给人这样一种感觉。王恭形貌出众,连他的对头司马道子也说,“孝伯亭亭直上”(《世说新语·赏誉》154),卓然独立,这让人想起晋人称嵇绍,“卓卓如野鹤之在鸡群”(《世说新语·容止》11),公孙度目邴原,“所谓云中白鹤,非燕雀之网所能罗也”(《世说新语·赏誉》4)。鹤的身形高挑,动作优美,鸣声清亮,很早就成为中国人喜爱的动物。春秋时有卫懿公好鹤,战国时有淳于髡献鹤于楚王,西晋时有羊祜养鹤善舞。东晋时支道林也喜欢鹤,有人送他两只,他说,“既有凌霄之姿,何肯为人作耳目近玩”,于是放之令去(《世说新语·言语》76)。此外,世间还流传着王子乔乘白鹤上缑氏山、丁令威化鹤归来、三茅君各乘白鹤集于茅山峰顶的仙话。《相鹤经》说鹤是“羽族之宗长,仙人之骐骥”(《艺文类聚》卷九十引),其超凡脱俗的形象,给世人留下深刻的印象。在微雪的世界里乘坐着高车的王恭,凭着其容貌身形,以及鹤氅带来的仙气,令孟昶赞叹不已。顺便说,王恭的祖父王濛,曾在下雪天到尚书工作,穿着公服从车上下来时,王洽看到也赞叹说:“此不复似世中人!”(《世说新语·容止》33)原来祖孙有着同样的风度。

王恭穿的鹤氅裘,其具体形制已不可考,有人认为是用鹤毛作成的斗篷(无袖)。这种衣服可能就是在晋朝兴起的,史书记载最早穿着鹤氅的就是王恭和稍早的谢万,《晋书·谢万传》里说“万著白纶巾,鹤氅裘”。但相较而言,王恭穿鹤氅这个形象更加深入人心,这从《蒙求》有“王恭鹤氅”以及众多文人用这个典故就可以知道。最早使用该典故的是庾信《谢赵王赉白罗袍裤启》:“王恭入雪,虚称鹤氅。”唐宋诗中常见,如杜审言《赠崔融二十韵》:“雀罗争去翟,鹤氅更寻王。”李白《江上答崔宣城》:“貂裘非季子,鹤氅似王恭。”又《酬殷明佐见赠五云裘歌》:“相如不足夸鹔鹴,王恭鹤氅安可方。”白居易《雪夜喜李郎中见访兼酬所赠》:“可怜今夜鹅毛雪,引得高情鹤氅人。”苏轼《梅圣俞之客欧阳晦夫使工画茅庵已居其中一琴横床而已曹子方作诗四韵仆和之云》:“倒披王恭氅,半掩袁安户。”李商隐骈文也用,《为荥阳公谢赐冬衣状》:“晏子狐裘故弊，何彰于国俭；王恭鹤氅风流，不自于君恩。”晚唐孙元晏《咏史诗》中有一首专咏王恭云：“春风濯濯柳容仪，鹤氅神情举世推。可惜教君仗旄钺，枉将心地托牢之。”将王恭的两个故事以及其人生命运都写进去了。《声律启蒙》二冬云：“手擘蟹螯从毕卓，身披鹤氅自王恭。”巧妙地将毕卓和王恭的两个故事作了对偶句。

值得一提的是，王恭鹤氅这一故事的流传，还影响到后来道士和隐士的穿着，以及古人对神仙服饰的想象。女仙杜兰香送给张硕的衣物里，就有“鹤氅之服”（《墉城集仙录》卷五）。唐宋文人士大夫多有学道的风气，在日常生活中也常穿戴鹤氅和华阳巾。如唐文宗时中书舍人路群，“日谋高卧”，一次下雪天他在家中靠南墙的茅亭之内，“肆目山雪，鹿冠鹤氅，手卷膝琴，篝火于炉，酌杯于机”（《唐阙史》卷上《路舍人友卢给事》）。五代后唐庄宗时宰相卢程，“戴华阳巾，衣鹤氅，据几决事”（《新五代史》本传）。宋初王禹偁自述在黄州时，“公退之暇，披鹤氅，戴华阳巾，手执《周易》一卷，焚香默坐，销遣世虑”（《黄州新建小竹楼记》），都是一副道家的气派。苏轼《临江仙・赠王友道》云：“瑶林终自隔风尘，试看披鹤氅，仍是谪仙人。”头一句用王戎称赞王衍的话，“太尉神姿高彻，如瑶林琼树，自然是风尘外物”（《世说新语・赏誉》16），同样是颇有仙气的典故。再到后来的通俗小说中，一些具有隐逸和神仙气息的人物也穿上了鹤氅，如隐士出身而有仙气的诸葛亮，《三国演义》写刘备第一次见到他：“玄德见孔明身长八尺，面如冠玉，头戴纶巾，身披鹤氅，飘飘然有神仙之概。”（第三十八回）诸葛亮演空城计：“孔明乃披鹤氅，戴纶巾，引二小童携琴一张，于城上敌楼前，凭栏而坐，焚香操琴。”（第九十五回）《水浒传》写宋江等人招安时诸人的披挂穿着，专门写到“吴学究纶巾羽服，公孙胜鹤氅道袍”（第八十二回），公孙胜是位道士，穿鹤氅道袍是理所当然的事情。鹤氅裘呈现出来的超凡脱俗的神仙之感，是王恭故事给中国文学留下的深深的印记。

（罗宁）

世　　说　　新　　语

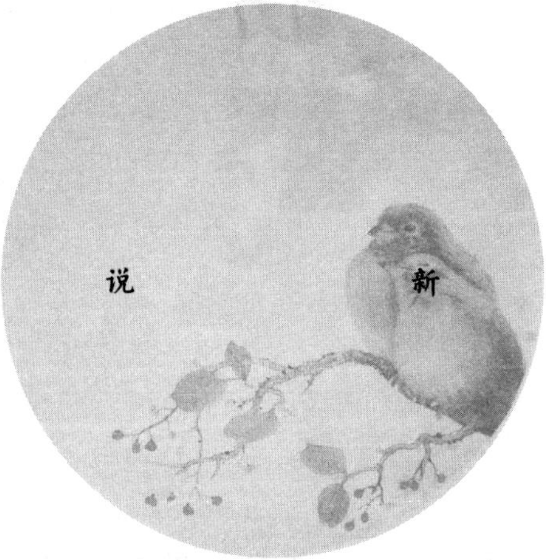

鉴赏辞典

伤

伤逝，即伤悼死者之谓也。人既有生，则不能无死，死生虽一体，而不能无别耳。故夫子谓子路："未知生，焉知死？"此语亦可作："未知死，焉知生？"不有临丧之哀，又岂知好生之德哉？夫死生契阔，人鬼殊途，苟未免有情，亦复谁能遣此！江淹《别赋》云："黯然销魂者，惟别而已矣。"生离犹如此，况死别乎？兔死狐悲，物伤其类，伤悼逝者，亦躬自悼矣！悲情常不可抑，故须以礼节之，此丧葬之礼所由出也。孔子以礼、仁固不可分，礼者仁之节文。尝言："人而不仁，如礼何？人而不仁，如乐何？"（《论语·八佾》）又云："礼，与其奢也，宁俭；丧，与其易也，宁戚。""临丧不哀，吾何以观之哉？"是知儒家主张礼由情生，情以礼节，所谓"发乎情，止乎礼义"者也。然颜回早夭，孔子哭之恸。从者曰："子恸矣。"曰："有恸乎？非夫人

伤逝第十七

之为恸而谁为?”又曰:“天丧予! 天丧予!”(《论语·先进》)圣人犹如此,而况我辈? 值魏晋之世,变乱相继,死生俄顷,“昨暮同为人,今旦在鬼录”(陶潜《拟挽歌辞》),故礼已无以制情,而情时常过礼耳。观《伤逝》一门,正如一台“主情”大戏,死生互答,彼我冥契,情礼兼到,悲欣交集。至其驴鸣可以送葬,长歌可以当哭;埋玉树著土中,能不悢悢? 转麈尾叹残生,此悲何极! 黍离之哀,人琴之痛,伯牙辍弦,匠人废斤,凡此种种,怎一个“悲”字了得! 王世懋云:“《世说》惟《伤逝》独妙,无一语不解损神。”诚哉斯言也!

鉴赏

驴鸣送葬

驴鸣送葬

王仲宣好驴鸣①。既葬，文帝临其丧②，顾语同游曰："王好驴鸣，可各作一声以送之。"赴客皆一作驴鸣。

《伤逝》第1条

注释

① 王仲宣：王粲(177—217)，字仲宣，山阳高平(今山东微山西北)人。"建安七子"之一，被誉为"七子之冠冕"。以博洽著称。先依刘表，未被重用。后为曹操幕僚，官侍中。诗、赋辞气慷慨，讲求骈俪华彩。著有《英雄记》。

② 文帝：即曹丕，见"纲目不疏"篇(《言语》第10条)注释。

鉴赏

王粲，字仲宣，曾祖王龚、祖父王畅皆在东汉朝廷位列三公。东汉末年，董卓逼迫献帝西迁，王粲也来到长安，左中郎将蔡邕见而奇之。蔡邕是当时大文豪，常车骑填巷，贵客盈门。听说王粲来了，蔡邕急忙去迎接，连鞋子都穿反了。等王粲进来，大家一看，不过是个十六七岁，身材矮小的毛头小伙，于是一座皆惊，不知蔡邕为何如此看重他。蔡邕说："这是王公王畅的孙子，有异才，我不如他。将来我家书籍文章都要送给他。"据俞绍初辑校《建安七子集》，蔡邕确曾将几千卷藏书送给王粲，这些书籍后来又辗转归于王弼，王弼是王粲的从侄孙。

初平三年(192年),王允策动吕布杀董卓,董卓部将李傕、郭汜率军围攻长安,掳掠烧杀,吏民死者上万。翌年王粲逃离长安,投奔荆州刘表。途中写下《七哀诗》,真实记录了长安战乱的悲惨景象,学者称之为杜甫《三吏》《三别》宗祖。

王粲在荆州待了十五年。刘表以王粲容貌丑陋,体弱通脱,不重用他。王粲郁郁思乡,作《登楼赋》。刘表死后,王粲劝说刘表次子刘琮投降曹操。曹操辟王粲为丞相掾,赐爵关内侯。后迁军谋祭酒、侍中,参与制定魏国典章制度。

王粲博学多识,过目不忘。有一次看人下围棋,棋局不小心弄乱了,王粲便替他们复盘。下棋的人不相信,用手帕盖上,要他另外再复一盘,结果一子不差,其强记默识如此。据说王粲也精研算术。诗赋写作更是其所擅长,曹植《王仲宣诔》称其"文若春华,思若涌泉。发言可咏,下笔成篇"。刘勰《文心雕龙·才略篇》也说:"仲宣溢才,捷而能密,文多兼擅,辞少瑕累,摘其诗赋,则七子之冠冕乎?"

建安二十二年(217年)正月,王粲在随军征吴途中染疾而卒,时年四十一岁。据史料记载,这一年曾爆发大规模瘟疫。曹植《说疫气》:"建安二十二年,疠气流行,家家有僵尸之痛,室室有号泣之哀。"司马懿兄长司马朗此时也正在征吴军中,"建安二十二年,与夏侯惇、臧霸等征吴,到居巢,军士大疫。朗躬巡视,致医药,遇疾卒"(《三国志·司马朗传》)。王粲很可能也死于此次军中大疫传染。另有建安七子中的陈琳、徐幹、刘桢、应玚,同死于这一年的疫疾。

关于王粲的死,还有一个传说,见于魏晋名士皇甫谧《针灸甲乙经》序。王粲二十来岁时,曾与张仲景见面。张仲景是当时的名医,后人尊崇他为医圣。他见到王粲就说:"你有病,到四十岁眉毛会脱落,再过半年就会死。"于是开了五石汤的药给王粲,服之可免此难。王粲不信,虽然拿了药回去,却没服用。二十年后,王粲的眉毛果然脱落,再过一百八十七天就死了,正如张仲景所预言的那样。这个故事带有传奇色彩,似与上引史料所证王粲的死因有相违之处。

王粲喜好驴鸣。这是一个非常奇特的兴趣爱好，虽然同此好者，前有后汉戴良之母，后有西晋王济和孙楚，但对于古今大多数人而言，驴鸣之声恐怕既不好听，也不好学。我们很难解释何以王粲有此喜好，不妨归之于其独特个性的一种表现。

王粲死后，曹丕参加了他的葬礼。曹丕对随行的人说："王仲宣生前喜好驴鸣，我们各作一声驴鸣来送别他吧。"于是前来吊唁的人全都学一声驴叫。

葬礼本是极庄重肃穆的场合，有一套严格的仪式和礼节。驴鸣送葬，可谓惊世骇俗，足见曹丕不拘礼法、通脱放达的一面。东汉末年，天下大乱，儒家一统的局面已然崩析，其他学说和思潮兴起，带来思想上的解放，人们故能挣脱礼法束缚。又因为战争、瘟疫、饥荒，造成人口大量死亡。见惯了人生无常，大概也是曹丕能看淡生死，通达放旷的原因之一。此外，在这方面他还有一个榜样，即他的父亲曹操。建安七年(202年)，曹操经过睢阳桥玄之墓，以太牢祭祀桥玄，并自作祭文。其中特别说到桥玄曾与他有一个誓约："我死之后，你若经过我墓，而不用只鸡斗酒祭奠我，车过三步，你忽然肚子痛，可别怪我。"死生事大，而能出之以幽默诙谐，这样一篇祭文，恐怕古今无两。曹丕的惊人之举，良有以也。

但这种任情率性、不拘常礼的行为，正是情意真切的表露，若非知己好友，莫肯为之。如曹操在《祭桥玄文》中所言："虽临时戏笑之言，非至亲之笃好，胡肯为此辞哉？"桥玄是最早赏识曹操的人，说他有"命世之才"，曹操引为知己，说："士死知己，怀此无忘。"正因如此，他才会把桥玄的玩笑话写在祭文里。同样，曹丕以驴鸣送葬，也是以特有的方式悲悼王粲的死，其情深挚可感。

数年之后，曹丕在《与吴质书》中，仍然痛伤诸子遽然离世："昔年疾疫，亲故多离其灾。徐、陈、应、刘，一时俱逝，痛可言邪！"这里虽未提到王，或许只是小小遗漏，因为通篇怀念诸子，自然少不了王粲："仲宣独自善于辞赋。惜其体弱，不足起其文。至于所善，古人无以远过也。"他怀念与诸子交往的快乐时光："昔日游处，行则连舆，止则接席，何曾须舆相失。每至觞酌流行，丝竹并奏，酒酣耳热，仰而赋诗，当此之时，忽然不自知乐也。”然而昔日如何快乐，此刻便如何悲痛。数年之间，知音零落略尽，“伯牙绝弦于钟期”。他所能做的，是不遗余力地搜集整理他们的遗文，都为一集。而“历览诸子之文，对之抆泪。既痛逝者，行自念也”。曹丕是真正能欣赏建安诸子的人。

（李群）

邈若山河

王濬冲为尚书令[①]，著公服，乘轺车[②]，经黄公酒垆下过。顾谓后车客：“吾昔与嵇叔夜、阮嗣宗共酣饮于此垆[③]。竹林之游，亦预其末[④]。自嵇生夭、阮公亡以来，便为时所羁绁[⑤]。今日视此虽近，邈若山河[⑥]。”

《伤逝》第2条

注释

① 王濬冲：王戎（234—305），字濬冲，琅邪临沂（今山东临沂北）人。王浑子。“竹林七贤”之一。历豫州刺史、吏部尚书、中书令、太子太傅、司徒、尚书令等职。

② 轺(yáo)车：一匹马拉的轻便小车。
③ 嵇叔夜、阮嗣宗：嵇康，字叔夜；阮籍，字嗣宗。二人为竹林七贤的领袖。
④ 预其末：七贤中王戎年纪最轻，故云。预，参与。
⑤ 羁绁(xiè)：马络头和马缰绳。意为束缚、控制。
⑥ 藐：遥远。

鉴赏

孙盛《魏氏春秋》中记载："康寓居河内之山阳县，与之游者，未尝见其喜愠之色。与陈留阮籍、河内山涛、河南向秀、籍兄子咸、琅邪王戎、沛人刘伶相与友善，游于竹林，号为七贤。"《晋阳秋》载："于时风誉扇于海内，至于今咏之。"纵观中国历史，似乎没有哪个群体能够像竹林七贤那样，几乎集中了中国古代知识分子安身立命的所有选择，他们或做官，或隐居，或亦官亦隐……不论官阶高低、相貌美丑、政见异同，而只因精神层面的志向契合走到了一起。他们七人在竹林之下，肆意酣畅，开怀畅饮，洒脱率真，因满足情感需要而结合，拥有各自不同的独特个性和精神境界。七贤的交游之迹，在《世说新语》中有一定的体现，此条目便是一例，呈现出王戎、阮籍、嵇康三人之交情。

在记述竹林七贤交游事迹的文献中，王戎与阮籍、嵇康饮于黄公酒垆是否实有其事，具有一定的争议。在此条目中，以王戎的视角出发，回忆往昔与阮籍、嵇康二人饮酒畅聊的情景，然在刘孝标注引《竹林七贤论》中，记载道"俗传若此，颍川庾爰之尝以问其伯文康，文康云'中朝所不闻，江左忽有此论，皆好事者为之也'"。陈寅恪先生据此推断，王戎与阮籍、嵇康共饮于黄公酒垆，共作竹林之游之事，皆是东晋好事者捏造出来的。但是也有学者指出，刘孝标注引《竹林七贤论》中庾亮所言，不可作为唯一依据，且庾亮此番言说，与他和琅邪王氏之间的矛盾具有极大的关联。庾亮作为外戚，与门阀士族的代表王氏之间的政治矛盾一直存在，二者互相抗衡多年。据学者考证，庾爰之向伯父庾亮询问竹林逸事的时间，正好与庾亮为谋废王导做准备的年份相符，庾、王矛盾白热化。出于情绪之由，庾亮面对侄子的问话，刻意忽视琅邪王戎这一逸事的可能性也是存在的。而且，在《世说新语·轻诋》中载，王导之孙王珣作《经酒垆下赋》，即取材于王戎经黄公酒垆回忆与嵇康、阮籍共饮之事。此时，正值东晋初期，过江耆旧大多健在，对王戎事迹也记忆犹新，所以王珣赋作之事确应属实，并非虚构。

王戎是竹林七贤之中最年幼的，其任尚书令之时应值永宁元年，即301年。此时，阮籍、嵇康已经去世近四十年。宦海沉浮多年，年迈之际，经由故地，回忆往事，感慨必然颇多。且王戎在竹林七贤之中，与嵇康、阮籍交情甚笃。《晋书·王戎传》中记载："戎每与籍为竹林之游，戎尝后至。籍曰：'俗物已复来败人意。'戎笑曰：'卿辈意亦复易败耳。'"二人之间嬉笑怒骂，你嘲我讽，精神契合。而从来"口不臧否人物"的阮籍对于王戎同样是称赞有加，曾言："濬冲清赏，非卿(王浑)伦也。共卿言，不如共阿戎谈"(《晋书·王戎传》)，表达了自己与王戎饮酒畅谈之愿。《世说新语·德行》篇中，王戎对嵇康更是推崇有加。王戎自言："与嵇康居二十年，未尝见其喜愠之色。"此亦方中之美称，人伦之胜业也。三人自由洒脱，任真率性，黄公酒垆之酣饮便是明证。"嵇生夭、阮公亡"六字，是魏晋士人的精神痛史。嵇康被杀，向秀入洛，阮籍给司马昭上劝进表后郁郁而亡，山涛、王戎投向司马氏的怀抱，在新朝飞黄腾达，官居显要。这便是王戎所说的"为时所羁绁"。不过此际的王戎"以晋室方乱，慕蘧伯玉之为人，与时舒卷，无蹇谔之节"(《晋书·王戎传》)，对功名利禄已不再关心，唯独曾经与嵇、阮二人的酒中唱和变成了其刻骨铭心的一段回忆。旧地重游，物是人非，禁不住感慨横生："今日视此虽近，邈若山河"，饱含咫尺天涯的风霜感和孤独感。有人认为此二语，堪比"河汉清且浅，相去复几许。盈盈一水间，脉脉不得语"(《古诗十九首·迢迢牵牛星》)，出语沉痛，富有诗意。

嵇康被杀后，向秀举郡计入洛，路经山阳旧庐，闻笛而悲；王戎官居高位，在四十年后，以"著公服，乘轺车"这样一种张扬的姿态，经黄公酒

鉴赏

垆下过，而有“今日视此虽近，邈若山河”之叹。山阳闻笛之感，黄公酒垆之忆，一道成为竹林七贤之间真挚友情的永恒印记。

（古金华　赵厚均）

孙楚驴鸣

孙子荆以有才①，少所推服，唯雅敬王武子②。武子丧时，名士无不至者。子荆后来，临尸恸哭③，宾客莫不垂涕。哭毕，向灵床曰：“卿常好我作驴鸣④，今我为卿作。”体似真声⑤，宾客皆笑。孙举头曰：“使君辈存，令此人死！”

《伤逝》第3条

注释

① 孙子荆：即孙楚，见“土地人物之美”篇（《言语》第24条）注释。
② 王武子：即王济，见《言语》第24条注释。
③ 临：面对。
④ 常：往常。
⑤ 体：模拟，模仿。

鉴赏

孙楚因为自己有才华，很少推崇佩服他人，只是非常敬重王济。王济去世，当时的名士都去吊丧。孙楚来得比较晚，他面对尸体痛哭，宾客们没有不被感动到流泪的。孙楚哭完，对着灵床说："你往常喜欢听我学驴叫，现在我为你学一学。"他模仿得像真正的驴叫声一样，宾客都笑了。孙楚抬头说："为什么让你们这些人活着，却让这个人死了！"

"驴鸣"是个富有生活气息的文化符号，在中古时期的社会生活中有特殊的表现。驴是常见的坐骑和驮兽，驴鸣是古人生活中常有的声音。从目前存留的文本来看，中古时代的文人们似乎并没有细致描绘驴鸣的倾向。但当这种凄厉嘶哑、辨识度极高的鸣叫声在文史类作品中出现时，总是与人类世界的礼仪、情谊、人性等息息相关。东汉隐士戴良为母亲学驴鸣，是孝顺之心和天伦之情；《拾遗记》中宫廷内侍模仿驴鸣，是源于皇帝的荒淫无度；《世说·伤逝》中曹丕、孙楚等人在故友葬礼上学驴鸣，则是友情的表达。

"少所推服"的孙楚，欣赏推崇的人极少，王济是他唯一"雅敬"之人，在他心目中的地位与他人自然不能同日而语。王济集名门子弟、皇亲国戚等尊贵身份于一体，史书还明载他风姿英爽、勇力绝人、气盖一时。如此英俊人物，他的葬礼理所当然"名士无不至者"。既然孙楚"少所推服"，想来他自己得到大多数士人的认同也是极其困难，愿意与他相处交游的人必定不会多。如果没有吊丧时不同寻常的举动，孙楚在众多吊唁者当中将会只是一个不显山露水的壁花式角色，他与王济的情谊也终将随着时间的推移被渐渐淡忘。因为孙楚的哭吊、驴鸣，以及最后面对众人说出"使君辈存，令此人死！"才让他在王济葬礼上的表现、他与王济的深厚感情给人们留下了深刻印象，乃至被记录下来，流传至今而不绝。

哭吊是当时通行的吊唁礼仪，出席葬礼的每位宾客都有临尸哭泣的举动。孙楚的哭吊情真意切、极尽哀痛，与他关系不甚亲密的一众宾客都被感动得“无不垂涕”。接下来他活灵活现地模仿驴鸣,“体似真声”,和之前的“临尸恸哭”相比起来着实令人发笑。

不过,吊丧时发出悲哀凄厉的驴鸣并不算失礼,何况还有汉末曹丕等人在王粲葬礼上齐作驴鸣的先例,但在葬礼上发笑肯定是不合礼节的行为。孙楚为王济作驴鸣,是因为“卿常好我作驴鸣”,或许场面滑稽但不违反礼节。宾客们发笑失礼,丧失了道德上的主动权。他们被孙楚指责“使君辈存,令此人死!”时,无法给出有力的反驳,只好以犯错误者的身份乖乖承受。

孙楚最后的话语,有可能是表达他平日不重他人、唯敬王济的态度,也可能是宾客们发笑时灵机一动夺取道德制高点的策略,或两者皆有。有些观点认为他驴鸣吊丧的做法很失败,只能换来嘲笑。其实他的全程表现不仅没有失败,相反从表达对死者的情谊、表现名士风度、占据道德优势等方面都取得了他想要的效果。

(郭小小)

情钟我辈

王戎丧儿万子①,山简往省之,王悲不自胜。简曰:“孩抱中物,何至于此!”王曰:“圣人忘情,最下不及情。情之所钟,正在我辈。”简服其言,更为之恸。

《伤逝》第4条

注释

① 万子：王绥，字万子，王戎子，少有美名，早夭。

鉴赏

人间最大的不幸莫过于丧子之痛，即人们所说的“白发人送黑发人”。对于天下父母来说，假如老天同意让人替代，他们宁可丧己也不愿丧子。

魏晋间的大名士王戎有两个儿子，长子王绥（字万子），次子王兴。王绥被誉为“有大成之风”，具备能成大器的才能气质，一直深得王戎的喜爱。王兴为庶出，不知什么原因为王戎“所不齿”。可惜命运捉弄人，王绥“有美誉而太肥”，十九岁就撒手人寰。王戎对王绥最为看重，王绥之死对王戎的打击自然最为沉重，“悲不自胜”是说悲哀得不能自制。山涛之子山简去探望他，见王戎痛苦得近于精神崩溃，便找个理由安慰他说：“小孩是怀抱中的东西，何至于悲伤到这般地步！”山简这番苍白无力的劝告哪能安慰王戎？他难以接受山简的这种“洒脱”：“圣人道合自然，超越了人间情怀，最下等人又不懂人间情怀，人际深情全在我辈身上体现出来。”最后本想劝说王戎的山简，反而被王戎的话说服了，转而和王戎一起恸哭起来。

王戎为人有卓识也有深情，在魏晋名士中堪称情理兼胜。《世说新语》和《晋书》中有很多有关他卓识的记载，也有不少他对亲朋一往情深的故事。卓识表现在他对形势的准确判断，对事件发展的料事如神，所以能避开一个又一个政治险境，成为西晋政坛上的不倒翁；还表现在他有识人之明，任何人的优劣与心机都逃不过他的法眼，当然还表现在他处世的“谲诈多端”，他的同辈都觉得王戎深不可测。深情表现在王戎对亲人、朋友的真情真性上，丧子他“悲不自胜”，丧母他“鸡骨支床”，朋友之丧同样让他悲痛欲绝。我对王戎老兄唯一的坏印象是他过于吝啬。当然,人吝啬到了他那个水平,有点可笑也有点可爱。

“情之所钟,正在我辈”,是王戎的理性认知,也是他的人生体验,而“圣人忘情,最下不及情”,则涉及当时的玄学背景,事关当时清谈家争论的热门话题。何晏持“圣人无情”之说,《老子》中说“人法地,地法天,天法道,道法自然”,圣人无情就是从圣人法天中推演出来的,此处的“天”就是“自然”。圣人与天合其德,与道同其体,所以动静与天地同流,而没有主观的喜怒哀乐好恶取舍,这就在逻辑上推出了圣人无情。另外,玄学家们关于“有无”之争,最后也走向了“圣人体无”的结论,圣人既然以无为体以有为用,他们个人只有无情无绪无取无舍,对人才能没有偏心,处事才能行无为之政。从逻辑上说,不管是行无为之政,还是对人没有偏心,都要求圣人达到“无情”的境界。另一玄学大家王弼不同意何晏的观点,《三国志·钟会传》注引何劭《王弼传》引王弼的话说:“圣人茂于人者神明也,同于人者五情也。神明茂,故能体冲和以通无;五情同,故不能无哀乐以应物。”王弼所谓圣人高于常人的地方在“神明茂”——智慧超群,同于常人的地方在“哀乐以应物”——五情同。作为魏晋之际的清谈高手,王戎无疑熟悉当时争论的要点,他认为“圣人忘情”,显然他是站在何晏一边。王戎觉得圣人超越情,下人不及情,“情之所钟正在我辈”,所以他父母死亡他“哀毁骨立”,儿子早夭他“悲不自胜”,友人离去他感怆伤怀。

古代有许多感人至深的悼子诗,如孟郊的《悼幼子》:“负我十年恩,欠尔千行泪。洒之北原上,不待秋风至。”黄庭坚悼友人小孩的《忆邢惇夫》:“眼看白璧埋黄壤,何况人间父子情!”比起这些诗歌来,王戎悼子的名言不仅具有人伦的至情,也富于玄学哲理的深度,另外,还有点士人的优越感,更有点对底层人的偏见。

最后,这则小品中的故事又见《晋书·王衍传》,王衍是王戎的从弟,更是西晋“祖述老庄”的清谈领袖。《世说新语》虽为王戎,但小品后刘孝标特地注明:“一说是王夷甫丧子,山简往吊之。”那么故事中的主人公到底是王戎还是王衍呢？窃以为主人公是王衍更近情理：一是王戎儿子王绥死时已是十九岁的小伙子，不能再说是“孩抱中物”，再者，王戎与山简父亲山涛同为竹林七贤中人，他们是同辈至交，山简不可能用小品文中那种语气和王叔叔说话；二是《晋书》中说王衍是丧幼子，所以山简才说“孩抱中物”，山简与王衍年龄更接近，说话的口吻才会那样随便。很有可能由于王戎至情至性，让《世说新语》的作者张冠李戴了。

（戴建业）

不执手出

顾彦先平生好琴[①]，及丧，家人常以琴置灵床上。张季鹰往哭之[②]，不胜其恸，遂径上床，鼓琴，作数曲竟，抚琴曰：“顾彦先颇复赏此不？”因又大恸，遂不执孝子手而出[③]。

《伤逝》第7条

注释

① 顾彦先：即顾荣，见“一炙之恩”篇（《德行》第25条）注释。

② 张季鹰，即张翰，吴郡吴县（今江苏苏州）人，吴国大鸿胪张俨之子，有清才，善属文，性格放纵不拘，时人比之为阮籍，号为“江东步兵”。齐王司马冏执政，

辟为大司马东曹掾。见祸乱方兴，辞官归吴。著有文章数十篇，行于世。
③ 孝子：死者之子。

鉴赏

生死乃人生大事，历来受到人们的重视。死者的丧葬礼仪，对中国人来说，又具有特别的意义。《论语》载曾子言："慎终追远，民德归厚矣。"对于丧事的态度，除了是对逝者感情的抒发外，还具有教育民众的意义。因此古代的贵族丧礼程序繁多，一哭一踊皆有定数。《诗大序》："发乎情，民之性也；止乎礼义，先王之泽也。"即揭橥古先王用礼仪约束情感，对民众进行规范教育的目的。

魏晋是一个重情的时代，因对情感自由发抒的重视，情与礼的冲突也愈发激烈。曹魏时阮籍在母丧期间饮酒吃肉，引得众人侧目而视，何曾甚至向司马昭提议，将阮籍流放四夷以儆效尤。但阮籍在母亲下葬时一声喷血而出的痛哭，则表明他和母亲之间的深厚情感，不需要通过丧礼上的惺惺作态来展示给别人看。阮籍通过非礼的行为，表达了对于内心情感的遵从，然非礼行为终究有累清议，使得他在世时始终饱受攻讦。

时过境迁，至两晋之时，阮籍的行为却越来越有人效仿，种种越礼非法的行为，在魏晋名士身上层出不穷。本段故事的主人翁是有"江东步兵"之称的张翰，这个人同阮籍一样爱酒如命，曾言："使我有身后名，不如即时一杯酒。"(《世说新语·任诞》20)，又曾在洛阳为官时，见秋风起而思江东之鲈鱼莼菜，即刻命驾而归，置官位于不顾。真个是任性狂放，视礼法如无物。

顾荣是张翰故交，两人同是江东著姓子弟，又在吴亡后同赴洛阳为官，西晋乱时又携归故里，多年来休戚与共，感情自是异常深厚。如今旧友云亡，张翰心中之痛可想而知。顾荣灵堂上的琴为其生前旧物，也是其一生风雅的见证，摆于灵堂无疑寄托了亲友的哀思。张翰往吊，睹物思人，即不胜其恸，可见与顾荣感情之深。死者之物，本有禁忌，一般不得随意触碰。张翰直接上床，鼓琴，完全顾不得礼俗禁忌，实是感情难以自已的举动。数曲之后的"顾彦先颇复赏此不"之问，说明他鼓琴的目的是要给亡友欣赏，在其心中亡友似乎仍然与往日一样言笑晏晏，可以欣赏此曲。此言既出，方悟天人殊途，因又大恸，不执孝子手而出。随着文字的展开，张翰任由感情驱使的举动也一一再现，莫大的悲痛使得他的眼中只有亡友，忘记了世间的一切规矩、约束，这才是朋友间生死不渝的真挚感情。

《颜氏家训·风操》云"江南凡吊者，主人之外，不识者不执手"，说明吊丧之例，须同主者握手，方与当日习俗相合。《礼记·曲礼》言"知生者吊，知死者伤，知生而不知死，吊而不伤；知死而不知生，伤而不吊"，依传统礼法，张翰属于知死者伤，张、顾作为江东大族旧友，张翰不会不认识顾荣之子，而他不执孝子手而出，说明其意在伤悼死者，无意于生者间的交往慰问。他的一切行为只是在抒发自己对死者的伤恸之情，社会礼俗意义上的交往根本未曾在意，完全是重情轻礼的表现。

魏晋人对于一切美好事物的陨落，都抱以无穷的伤感，《世说新语·伤逝》载何充哀悼庾亮"埋玉树著土中，使人情何能已已"之语，即这种感情的抒发。这种情感的抒发，往往脱离了社会礼俗的约束，体现出生者对逝者的认可与欣赏。张翰之外，《世说》的另一例相似记载也是如此：

王东亭与谢公交恶。王在东闻谢丧，便出都诣子敬道："欲哭谢公。"子敬始卧，闻其言，便惊起曰："所望于法护。"王于是往哭。督帅刁约不听前，曰："官平生在时，不见此客。"王亦不与语，直前，哭甚恸，不执末婢手而退。（《伤逝》15）

王珣与谢安是政坛敌手，双方关系不睦。但听说谢安去世之后，还

鉴赏

视麈埋麈

是不顾对方徒属的阻挠，到谢安灵前痛哭尽哀，哭毕也没有和谢家子弟握手而退。王珣与张翰一样，他的伤恸是为美好事物的消逝而伤恸，并没有向死者家属示意交好的意思。这样超脱社会功利的感情，无疑是最为纯粹的感情，也是对死者价值的最大尊重与认可。

（王允亮）

视麈埋麈

王长史病笃[1]，寝卧灯下，转麈尾视之，叹曰："如此人，曾不得四十！"及亡，刘尹临殡[2]，以犀柄麈尾着柩中，因恸绝。

《伤逝》第10条

注释

① 王长史：王濛，字仲祖，小字阿奴，曾任司徒左长史一职，故被称为王长史。
② 刘尹：刘惔，字真长，东晋清谈宗主，曾任丹阳尹，《世说》中多称其为刘尹。

鉴赏

此条所言涉及东晋清谈的两位宗主。王长史为王濛，他曾任司徒左长史一职，故在《世说》中被称为王长史。王濛临终之时的举动颇让人意外，他并没有如寻常人那样，对家人吩咐身后事，而是转动着麈尾感叹道："像这样的人，竟然活不到四十！"麈尾是魏晋名士清谈的道具，清谈时徐徐挥动它，更可突出谈者之仪形神采。东晋丞相王导曾有一篇《麈尾铭》："勿谓质卑，御于君子。拂秽清暑，虚心以俟。"体现出名士们对麈尾的欣赏与喜爱。王濛临终，对着这朝夕陪伴的"好友"，所说有满满的不甘，这既是感慨命运的不公，更是感叹奇质美材不得其寿的无奈。

王濛出身太原王氏，乃当日之顶级高门。在其时最流行之清谈活动中，乃一时宗主，以其风流文辩映照当世，《晋书·外戚传》言当时"凡称风流者，举濛、惔为宗焉"。除了有高深的清谈造诣之外，他还具有非常出色的外形条件，《世说新语·容止》载：王长史为中书郎，往敬和（王洽）许。尔时积雪，长史从门外下车，步入尚书，着公服，敬和遥望，叹曰："此不复似世中人！"《晋书·外戚传》更载他"居贫，帽败，自入市买之，妪悦其貌，遗以新帽，时人以为达"。可见王濛姿容出众。对这一点，他也非常自信，《语林》载："王仲祖有好仪形，每览镜自照，曰：'王文开那生如馨儿？'"王文开是他的父亲王讷。王濛看见镜子中的自己，竟然感慨道："王文开怎么生出如此优秀的儿子？"自负之情溢于言表。

不仅是门第高华，姿容出众，王濛还多才多艺，张彦远《历代名画记》说其"丹青甚妙，颇希高远"，可见他还有高深的艺术修养。这样的门第出身，英俊容貌，艺术造诣，使得王濛其人充满自信，这在平时言谈中，也随处能显露出来，《世说新语·言语》载："王仲祖闻蛮语不解，茫然曰：若使介葛庐来朝，故当不昧此语。"介葛庐是春秋时一小国的使者，可以听得懂牛语，他听到牛叫，就能判断牛生产了几次。王濛听不懂外族语言，丝毫没有沮丧，而是引用介葛庐的典故，斥蛮语之难解。其中寄寓着满满的自信之情。

刘尹指刘惔，他是王濛的好朋友，王濛曾经说过："刘尹知我，胜我自知。"（《世说新语·赏誉》109）这是对朋友的高度认可。当然，刘惔也没有辜负朋友对他的信任，在入殡之时，把最能代表王濛人生价值，也是他们两人友情见证的麈尾放入其棺中。伴随着麈尾的入殓，知已的远去，刘惔又怎能不悲痛欲绝？寥寥数笔行文，既体现出王濛生死之际的无奈感喟，也体现出刘惔不负亡友的真挚深情。

魏晋人注重张扬个性，这一方面与老庄哲学推崇自由相关，另一方面则来自于他们对自我价值的信心。对自我价值的体认，是魏晋士人自觉的体现，而对深情衷怀的抒发，也与两汉礼法约束的儒士迥然有别。生死之际，乃人生大事，这一点对任何人都不例外。在绵缈的历史空间内，个体尤其显得渺小与无力，因此，抓住短暂实在的当下，抒发瞬时的强烈感受，将此刻的存在意义彰显出来，也是人们以有限求永恒的唯一路径。无论是王濛的视麈自叹，还是刘惔的埋麈恸绝，真情实感的自然流露之下，都是魏晋士人在浩瀚的历史长河中，对个体价值的着力彰显。

（王允亮）

知己不存

支道林丧法虔之后[①]，精神霣丧[②]，风味转坠。常谓人曰："昔匠石废斤于郢人[③]，牙生辍弦于钟子[④]，推己外求，良不虚也！冥契既逝，发言莫赏，中心蕴结，余其亡矣！"却后一年，支遂殒。

《伤逝》第11条

注释

① 法虔：支道林的同门，有才华，精理入神，比支道林早一年去世。

② 霣(yǔn)丧：萎靡颓丧。霣，通“陨”。

③ 匠石废斤于郢人：出自《庄子·徐无鬼》：“郢人垩慢其鼻端若蝇翼，使匠石斲之。匠石运斤成风，听而斲之，尽垩而鼻不伤，郢人立不失容。宋元君闻之，召匠石曰：‘尝试为寡人为之。’匠石曰：‘臣则尝能斲之。虽然，臣之质死久矣。’”

④ 牙生辍弦于钟子：出自《列子·汤问》：“伯牙善鼓琴，钟子期善听。伯牙鼓琴，志在登高山，钟子期曰：‘善哉！峨峨兮若泰山！’志在流水，钟子期曰：‘善哉！洋洋兮若江河！’伯牙所念，钟子期必得之。”子期死，伯牙破琴绝弦，终身不复鼓琴，以为世无足复为鼓琴者。

鉴赏

曹魏时期的玄学家王弼认为：“圣人茂于人者神明也，同于人者五情也。”(何劭《王弼传》)圣人比常人高明的地方，是像神一样洞察天理人事；与常人相同的地方，是有应物而生的各种喜怒哀乐愁的情绪感受。

由于“圣人有情”，无论魏晋时期的名士还是高僧，都不再高踞神坛之上，而是活在有爱有恨、有牵挂有遗憾的人间。支道林是兼具佛学和玄学修养的高僧，当然具有通达的智慧，然而他同样有着世俗的种种情绪。当生命快要走向尽头，他最在意的人，并不是京城里的达官贵人，而是一个默默无闻地死去的僧人——支法虔，这是为什么呢？

从姓氏看，他们是同门。魏晋早期的僧人，姓氏五花八门，主要是随师父的姓氏。因为佛教最初是从西域传到中国来的，中原的僧人往往以师父的国籍作为姓氏：天竺国来的，就称之为竺法兰、竺法护等；月支国来的，便称为支道林、支谦等；康居国来的，便称为康僧会等；安息国来的，便称为安世高、安玄等。还有汉族的呢，直接就随师姓，譬如于法开就是如此。直到后来竺道安法师提倡,佛门才开始统一以释字为姓,因为在佛陀心目中,一切都是平等的,“有四姓出家,无复本姓,但言沙门释子”(《法苑珠林》卷二十二引《增一阿含经》)。支道林与支法虔,大概在共同修行中知根知底,感情深厚。

凭着学识和辩才,支道林在东晋朝野歆享过无上荣光,然而清谈圈子里,同样少不了勾心斗角与争夺名誉,大概这也让他感到心累吧。

高僧于法开起初和支道林齐名,后来舆论称誉逐渐倾向支道林。于法开非常不服气,便到剡县隐居。有一次,于法开先给弟子演示了数十次的攻诘辩难,然后派弟子到京都去踢场子。支道林正在宣讲的时候,于法开的弟子就陈述他的见解,两人来回辩论了很久,支道林终于败下阵来。他知道当世只有于法开是自己的对手,于是厉声责备:“我知道你是谁派来的了,何苦给人当搬运工呢!”

有一次,清谈名士殷浩在相王司马昱府中,支道林也在座。司马昱对两人说:“你们可以试着辩论一下。可是关于才性关系的论述,应该是殷渊源的堡垒更坚固,您(支道林)可要谨慎,恐怕无法攻破啊!”于是支道林辩论时,便远远避开才性问题;可是论辩了几个回合,便不觉进入殷浩的玄理圈套之中。司马昱拍着支道林的肩膀笑道:“这本来是他的特长,你怎么可能处处争胜呢!”

支道林也知道争强好胜不好,曾委婉地劝许询:“你的清谈够高明了,何必为难对方呢?”但他自己脾气一上来,也难免给对手难堪。王坦之信奉儒学,一次批评支道林,说他与人论辩时经常故弄玄虚。支道林恶狠狠地反击道:“是谁戴着破帽,穿着单衣,挟着《左传》,跟在郑玄屁股后跑?我看那就是个布满尘垢的臭皮囊!”王坦之也不甘示弱,马上就写了篇《沙门不得为高士论》,他认为:“高士必在于纵心调畅,沙门虽云俗外,反更束于教,非情性自得之谓也。”(《世说新语·轻诋》25)这显然是从根本上否定支道林,讽刺他不够风流名士的资格。

这种随时与人争辩的日子,虽然看似风流倜傥,但也让人焦虑烦躁。也许因为厌弃了世俗争斗,后来支道林到剡山的寺中静修。有人送他数匹马,有好事者说:“出家人养马,不成体统。”他答:“贫道看重它的神气俊迈。”又有人送来两只鹤,不久翅膀长了,他舍不得让它飞走,便剪掉羽毛。白鹤垂头丧气,支道林不忍心了:“你本是冲天之禽,怎能做俗人的玩物呢?”等羽毛长成,他便将白鹤放飞了。也许支道林内心向往的,就是骏马的自由驰骋,白鹤的自在翱翔吧。

支道林再也没有返回尘世,就在这里,他与知己支法虔过着逍遥自在的日子。明代人的《小窗幽记》写道:“结一草堂,南洞庭月,北峨眉雪,东泰岱松,西潇湘竹,中具晋高僧支法八尺沉香床。浴罢温泉,投床酣睡,以此避暑,讵不乐也?”夏日居此草堂,室内设置晋代高僧支法虔那样的八尺沉香床。洗完温泉浴,躺在床上酣睡,真是其乐无穷啊!

支法虔对玄学佛理都有精深研究,可惜比支道林早去世。支道林叹息道:“钟子期死后,俞伯牙便将琴摔碎,茫茫人海,知音难觅,推己及人,此言不虚啊。法虔一去,我说话再也无人能够欣赏。心中的遗憾郁结不散,我也要离开人世了。”时隔不久,支道林便病倒,在东晋废帝太和元年(366年)闰四月初四追随好友而去,终年五十三岁。

(阮莉萍)

德音未远

戴公见林法师墓[①],曰:“德音未远,而拱木已积。冀神理绵绵,不与气运俱尽耳!”

《伤逝》第13条

注释

① 戴公：即戴逵，字安道，东晋著名美术家、雕塑家。林法师：支遁，字道林，世称支公，也称林公，别称支硎，东晋高僧。

鉴赏

鲁迅称《世说新语》为“一部名士底教科书”，记录的主要是戴逵这样有玄心妙赏的魏晋名士，有趣的是还有不少高僧，也活跃于当时的皇室和名士交际圈。书中共记载了24位僧人与名士的清谈交游，其中出场率最高的就是支遁，涉及僧人的75条记载中，他一个人就占了53条。

出家人本该四大皆空，支遁为什么不守本分，偏偏游走于名利场上呢？因为东晋的简文帝司马昱，就是一个崇尚佛老的人，也带动了周围士人对名僧的礼敬。早期喜欢隐居的谢安、戴逵、殷浩、许询等人，都对佛学颇有研究，也经常与名僧往来。

支道林本姓关，家中世代信佛。他曾隐居在余杭山中，钻研经书，数年之后，便卓然超拔，见解出众。支遁“以清谈著名于时”，“以文义冠世”，无论气质风度还是为人处世，都极为贴近魏晋名士。

支道林刚进京城时，曾去拜访王濛。王濛正在生病静养，无论亲疏来探病，都不许传达。支道林来了，守门人立刻去禀报王濛说：“有一个相貌特别的人来到门口，我不敢不禀报。”王濛笑道：“这一定是林公。”一席话下来，王濛对他惊为天人：“您谈玄说道的水准太高了，简直跟大玄学家王弼差不多。”王弼是魏晋玄学的创始人，也是正始时期的清谈名士，这评价可谓惊世骇俗了！

支道林能结交到这么多名士朋友，与他那超凡脱俗的清谈水平不无关系。殷融常叹息，中朝名士卫玠的精神气韵，后世无人能比。见识支道林后便感叹：“聆听林法师的清谈，令人如同重见卫洗马啊。”于是，名士谢安、殷浩、王羲之等都纷纷与支道林结交。

权臣桓温手下的谋士郗超，也忍不住找谢安打听："论清谈水平，林法师能跟嵇康相比吗？"谢安脱口而出："嵇康要是不竭尽全力，估计打马都赶不上。"郗超又问："殷浩可是当世的清谈高手了，能比得了吧？"谢安想了想说："论辩滔滔不绝，恐怕殷浩要高明一点；言语高妙深刻，殷浩就比不上林法师了。"郗超听了心驰神往，恨不得立刻向支道林讨教一番。后来，郗超得到机会，也跟支道林切磋了一番，不禁感慨谢安所言非虚，从此也成了高僧的忠实粉丝。

王濛一向自负，认为自己美貌与智慧并重。等支道林再次来到京城，他就提前构思了一些自以为精妙的玄理，在家排练了几天后，信心满满地来找支道林。没想到王濛说得口干舌燥，支道林听了只是摇摇头说："唉！多日不见，您的清谈水平一点也没长进啊！"面对这位辩才无碍的丑和尚，美男子王濛也只能甘拜下风，羞愧地说："支公是穿着袈裟的王弼、何晏，我哪里能比得了？"

支道林对清谈特别上瘾，要是找到对手就更不放过了。谢玄在父亲谢奕去世后，待在家里服丧守孝。一天早上，支道林去谢家吊唁，结果到了晚上才出来。有人问他怎么在谢家待了那么久，支道林兴奋地说："今天跟小谢畅谈了一整天，实在过瘾！"与名僧谈玄的兴趣，也使谢玄将守孝的礼法都忘到九霄云外了。

谢安也非常欣赏支道林，经常帮他站台。支道林讲经只标举大义，不免遗落辞章文句，有人讥讽他鄙陋，谢安却极力称赞："林公说法，正如九方皋相马，只看神气骏逸与否，忽略了毛色到底是黑是黄。"后来谢安担任吴兴太守，立刻写信邀支道林前去，信中写道："思君之情与日俱增，知道你要去剡县，我感到甚为怅然。当年风流得意的事，都快被岁月消磨尽了，只盼望君早日前来，见面晤谈，一天可当一千年。"可见谢安对他的眷恋之心，可支道林仍决意回剡县。

当时大书法家王羲之在会稽，素闻他的大名，但没有见过面。支道林回剡县要从会稽经过，特地前去拜会王羲之。见面后，王羲之本来还不理睬他，"不与交言"，支道林拦住车驾，马上作了数千言的《庄子·逍遥游》阐发，标新立异，才气非凡。王羲之为之大惊，流连忘返，于是殷勤地邀请支道林驻锡会稽灵嘉寺，意在邻近，方便往来。

支道林在当时影响很大，晋哀帝也非常仰慕他，多次派使者去征召他赴京。支道林住进东安寺，讲解《道行波若》，朝野无不叹服。他在京城住了三年，便向哀帝上书，说自己过惯了茂林清壑的隐居生涯，因而请求还山。晋哀帝同意了他的请求，并给予丰厚的馈赠。晋太和元年(366年)，支道林卒于余姚坞山。

支道林死后，郗超为他写传记，袁宏为他作墓志铭，孙绰也写了《道贤论》，把他比作“竹林七贤”里的向秀。许多年以后，高士戴逵经过他的坟墓时，不由感叹道：“高明的言谈还留在耳边，坟间树木已合抱粗。但愿您那精湛的玄理能绵延不断地流传下去，不与寿数一起消尽！”

（阮莉萍）

人琴俱亡

王子猷、子敬俱病笃[①]，而子敬先亡。子猷问左右：“何以都不闻消息[②]？此已丧矣！”语时了不悲[③]。便索舆来奔丧[④]，都不哭。子敬素好琴，便径入坐灵床上，取子敬琴弹，弦既不调[⑤]，掷地云：“子敬！子敬！人琴俱亡。”因恸绝良久。月余亦卒。

《伤逝》第16条

注释

① 笃：(病)重。
② 都：总；竟。
③ 了不悲：全然不悲痛。
④ 舆：轿子。
⑤ 调：和谐，协调。

鉴赏

这是一则动人心弦的反映手足情深的故事。

大书法家王羲之有七个儿子，王子猷即王徽之，是王羲之的第五个儿子，而子敬即王献之，是王羲之的小儿子。两个人的个性其实并不相同，但是兄弟两人却情谊深厚，年轻时同住在一个房间时，他们兄弟俩常在晚上一起读书，边读边议，兴致很高。

四十多岁时，两人同时患有疾病，而且病情都很重。子敬先去世了，子猷身边的人或许怕他难过，都未告诉他这一消息。但王徽之却从蛛丝马迹中判断弟弟一定出事了，询问身边人："何以都不闻消息？此已丧矣！"虽然是询问的语气，但其时心下已经了然，判断弟弟已经先他而去了。但令旁人惊讶的是，子猷"语时了不悲"，居然没有流露出一点悲伤的表情。当然，子猷的心里肯定是十分悲痛的，只是当悲伤到极致反而郁积在一起，一时无法宣泄出来而已。子猷在奔丧的路上，也看不出异常，"都不哭"。到了灵堂，他的表现却与常人不同，并未祭拜死者，而是"径入坐灵床上，取子敬琴弹"。这不但不合礼制，而且可以说很突兀，但细想则很合理，兄弟俩平素相知相亲，子猷深知琴为子敬最爱，故以其爱琴弹奏来为其送行，以慰亡灵。弹奏时察觉"弦既不调"，遂将琴掷于地，并痛哭失声："子敬！子敬！人琴俱亡。"其悲愤的感情终于得以宣泄，遂悲恸欲绝，没多久也与世长辞。

此文不长，但是笔法颇为精妙，特别是在细节的刻画上更是令人叫绝。如王子猷的情绪变化，从“了不悲”“都不哭”到“恸绝良久”，构成了鲜明的对比；又如王子猷“径入坐灵床上”的描述，虽然看似只是客观描述其行为，但是“径入”一词的使用却表明，王子猷一定是在来的时候就已经想好要用什么方式来悼念自己的兄弟，所以才能在来到灵堂之后毫不犹豫；再如“弦既不调”的设定也很巧妙，“弦既不调”既是客观的描述，因为主人已故，故此琴弦有一段时间没有调校，不调是很正常的，同时这又是王子猷心情的如实反映，睹物思人，琴如何弹得下去，连调校也无法进行下去。兄弟情深，生离死别之际，“不调”两字是最好的形容。最后，子猷将琴掷地的描述也很感人，琴是子敬的心爱之物，人已亡，琴犹在，子猷将琴掷地的意图，就是让琴随亡人而去，继续追随陪伴已故主人。“掷琴祭弟”，进一步将兄弟之间的至深情意推向了高潮。

古代关于兄弟之情的故事不少，“人琴俱亡”无疑是最令人难忘的之一，其悲痛之情的表达方式既优雅，又节制，同时又极为符合人物彼此的身份，可谓是相得益彰。

（章原）

世　　说　　新　　语

鉴赏辞典

栖

栖逸，谓栖隐山林，遗世高蹈。隐逸之风，源自上古：许由、巢父遁迹箕颍，临池洗耳；泰伯三让天下，委身荆蛮；伯夷、叔齐不食周粟，求仁得仁；长沮、桀溺耦耕垄亩，不答问津；至若接舆歌“凤兮”于歧路，晨门叹“不可”于石门；此皆以区区一人之身，而视天下富贵功名利禄盖蔑如也。孔子曰：“士志于道。”又曰：“道不行，乘桴浮于海。”实则夫子之道中亦含隐居之志。故其尝谓：“用之则行，舍之则藏”；“邦有道则仕，邦无道则可卷而怀之”；“危邦不入，乱邦不居；天下有道则见，无道则隐。邦有道，贫且贱焉，耻也；邦无道，富且贵焉，耻也”。似此皆可谓仕隐之辨。盖隐居非唯消极避世，实亦“道”之显现与践履也。故夫子又云“隐居以求其志，行义以达其道”。按《周易·蛊》：“不事王侯，高尚其事。”《荀子·修身》：“志意修则骄富贵，道义重则轻王公。”《庄子·让王》：“天子不得臣，诸侯不得友。”俗语谓：“天下名山僧占多。”此又可知，隐逸非仅源出道家，儒、道、佛三家皆有隐居之义也。汉末以降，老庄哲学兴起，隐逸之风大张；加之魏晋之际，曹马之政

逸

第十八

争酷烈，天下名士少有全者，故隐逸不唯求其志，实亦全身远祸之密钥耳。然，邦有道尚可隐，邦无道必须仕。如嵇康身处乱世，托寄高古，既为曹氏女婿，遂不与司马氏苟合。其为人也，龙章凤姿，志在丘壑，故能倡言"越名教而任自然"，又加刚肠嫉恶，遇事便发，竟至"非汤武而薄周孔"，形格势禁，遂遭杀身之祸。嵇康既死，向秀失图，不得已，乃赴京为官。是知魏晋易代之际，隐居亦不可得也。逮及江左，士人溺乎玄风，耻婴世务，漆园义理，柱下旨归，大行其道，至有"居官无官官之事，处事无事事之心"者，故彼时风气，恨不得人人皆隐士，处处是箕山。如戴逵、阮裕之辈，以隐名世，士流无不追慕；许询、支遁之徒，或不拒筐篚之赠，或欲买山而隐，虽为有识所讥，亦足傲视禄蠹者也；又如郗超，性好隐而不可得，乃助人隐遁，斥巨资，筑精舍，俨然隐士经纪人。凡此皆"以玄对山水"之明证，可知东晋一朝，隐居已成时尚，名士竞逐，与道逍遥，即谓之"隐居以求其乐"，亦无不可也。《栖逸》一门，可观可玩者在此，可叹可钦者亦在此。

鉴赏

苏门啸侣

苏门啸侣

阮步兵啸闻数百步[①]。苏门山中[②]，忽有真人，樵伐者咸共传说。阮籍往观，见其人拥膝岩侧。籍登岭就之，箕踞相对。籍商略终古，上陈黄、农玄寂之道，下考三代盛德之美，以问之，仡然不应。复叙有为之教，栖神导气之术以观之，彼犹如前，凝瞩不转[③]。籍因对之长啸。良久，乃笑曰："可更作。"籍复啸。意尽，退，还半岭许，闻上啾然有声，如数部鼓吹，林谷传响。顾看，乃向人啸也。

《栖逸》第1条

注释

① 阮步兵：即阮籍(210—263)，字嗣宗，陈留尉氏(今属河南)人。曾为步兵校尉，世称阮步兵。"竹林七贤"之一。所作《咏怀诗》最有名。啸：蹙口出声，用以抒发情志。

② 苏门山：《太平御览》四十五引《十道志》："苏门山一名苏岭，俗又名五岩山。"《河南通志》七："苏门山在辉县西北七里，一名百门山，晋孙登隐此。"

③ 凝瞩不转：凝瞩，犹"定睛"；不转，谓目光不顾盼。

鉴赏

阮籍往见苏门先生,语言成了糟粕,传达意志和情绪的媒介是啸,是那声音美妙的啸。阮籍啸"闻数百步",而苏门先生的啸"如数部鼓吹,林谷传响"。啸的力量和魅力非今人所能想象。唐人孙广《啸旨》言及什么叫啸,啸的功用和历史传承。他说:"夫气激于喉中而浊,谓之言,激于舌端而清,谓之啸。言之浊可以通人事,达性情;啸之清可以感鬼神,致不死。出其言善,千里应之;出其啸清,万灵授职。故古之学道者重矣。"言浊啸清,言与啸相比,不啻顽石之于美玉,俗人之于仙人。《啸旨》又说到啸的历史传承,始于王母,迄于阮籍,"阮嗣宗得少分,其后湮灭不复闻矣"。啸的传承路线图当然是自神其术的人为编造,但啸盛行于魏晋乃是事实。彼时善啸者很多,阮籍之外,还有诸葛亮、嵇康、刘道真、刘琨、谢鲲,在史书中都能找到他们能啸的记载。至于啸之妙,见于成公绥《啸赋》:"发妙声于丹唇,激哀音于皓齿。响抑扬而潜转,气冲郁而熛起。协黄宫于清角,杂商羽于流徵。飘游云于泰清,集长风乎万里。曲既终而响绝,遗余玩而未已。良自然之至音,非丝竹之所拟。"啸声激于唇舌间,先是抑扬潜转,随后冲郁而熛起,协宫商角徵羽之五音,响彻云外,传之万里。曲终响绝之后,留下长久的玩味。啸是发于自然的至声,非丝竹所能仿拟。

阮籍长啸,是在语言的无力与无能之后。他在苏门先生面前,"商略终古,上陈黄、农玄寂之道,下考三代盛德之美,以问之,仡然不应。复叙有为之教,栖神导气之术以观之,彼犹如前,凝瞩不转"。黄、农无为之道,三代盛德之美,谁人不知,还用得着在苏门先生面前唠叨吗?苏门先生当然举头不应如无闻。所谓有为之教是指俗世的名教,栖神导气之术是道教的长生久视之术,两者都不是苏门先生胸怀所寄,故"凝瞩不转"——了无兴趣,连看也不看阮籍一眼。以上一段写苏门先生是有道者,对世俗的一切毫无兴趣。

阮籍意识到不可与苏门先生谈方内之事，而言语无法达意，“因对之长啸”。正如孙广《啸旨》所说，“啸之清可以感鬼神，致不死”，“出其啸清，万灵授职”，阮籍的长啸，果然远胜语言，终于感动苏门先生。“良久，乃笑曰：‘可更作。’”阮籍复啸，意尽，从山上下来。至半山腰时，听到山岭上苏门先生的啸声，“如数部鼓吹，林谷传响”。阮籍啸闻虽也达数百步，而苏门先生之啸如数支乐队齐奏，声音回荡在林谷间，声势远胜阮籍矣！

读此则故事，能具体理解魏晋时啸的美妙以及功用。刘孝标注引《魏氏春秋》说：“籍素知音，乃假苏门先生之论，以寄所怀。”又注引《竹林七贤论》说：“籍归，遂著《大人先生论》，所言皆胸怀间本趣，大意谓先生与己不异也。观其长啸相和，亦近乎目击道存矣。”可知阮籍《大人先生传》，是他与苏门先生长啸相和，目击道存之后的产物。故有必要对《大人先生传》略作分析，以揭示苏门先生的胸怀所寄，以及何谓“目击道存”。

《大人先生传》一开头就说：大人先生“陈天地之始，言神农、黄帝之事，昭然也”。说明大人先生早已昭然人类历史。阮籍在他面前“商略终古”，岂非多余？难怪对方“仡然不应”。大人先生“以万里为一步，以千岁为一朝，行不赴而居不处，求乎大道而无所寓。先生以应变顺和，天地为家。运去势隤，魁然独存，自以为能足与造化推移，故默探道德，不与世同”。与自然同体，与造化推移，离世绝俗，这才是苏门先生的胸怀所寄。阮籍同苏门先生谈世间之事，犹如坐井之蛙，乡曲之士，岂能见天地之大，大道之微？苏门先生不屑于谈方内之事，“仡然不应”，“凝瞩不转”。阮籍见此，知己所陈述不中苏门先生胸怀所寄，因对之长啸。此啸声当寄寓超世之意趣，与前面的陈述迥然有别，故苏门先生转觉兴趣，笑曰“可更作”。尔后，苏门先生喟然长啸，抒发胸怀所寄。阮籍目击苏门先生的啸声，始悟对方意趣所在，觉与己之意趣不异。此意趣即目击道存之“道”，《大人先生传》所谓“乃与造物同体，天地并生，逍遥浮世，与道俱成，变化聚散，不常其形。天地制域于内，而浮明开达于外，天地之永固,非世俗之所及也”。远迹于世俗之外,与自然一体,逍遥一世,翱翔太清,这就是阮籍长啸寄托的胸怀间本趣,也是目击道存之“道”的内涵。

（龚斌）

保身之道

稽康游于汲郡山中[1],遇道士孙登[2],遂与之游。康临去,登曰:“君才则高矣,保身之道不足。”[3]

《栖逸》第2条

注释

① 嵇康,见“不见喜愠”篇(《德行》第16条)注释。汲郡:郡名,治所在今天河南卫辉西南。

② 孙登,字公和,魏晋之际汲郡共(今河南辉县)人。隐于郡之北山,以读《易》抚琴自娱,性无喜怒,后不知所终。

③ 君才则高矣,保身之道不足:孙登谓嵇康才识虽高,但性格耿直刚烈,难以做到明哲保身,免除祸患。

鉴赏

《诗经·大雅·烝民》曰:“既明且哲,以保其身。”所谓保身之道,是指人以明智的方式保全自己，故有“明哲保身”之说。人们常说：“才高自敛，方是保身之道。”然而，在乱世当中，高士能够做到自敛者，又有几位呢？正始年间，司马氏执政，“天下名士少有全者”，如何选择出路，对于当时名士来说，是非常艰难的。

作为时人的偶像，嵇康龙章凤姿，土木形骸。他师法老庄，天质自然，憧憬禽鹿般思长林而志丰草的生活。时有隐士孙登，嵇康欣然与之游。临去之际，孙登言：“君才则高矣，保身之道不足。”他是在提醒嵇康，虽然他才华横溢，但性格刚烈，遇事即发，不能苟且，在这乱世当中，实难保全自己。对此，《世说新语》刘孝标注引《文士传》释之：嵇康从孙登游三年，将别，登谓康曰：“子识火乎？生而有光，而不用其光，果然在于用光。人生有才，而不用其才，果然在于用才。故用光在乎得薪，所以保其曜；用才在乎识物，所以全其年。今子才多识寡，难乎免于今之世矣！子无多求！”后来的事实证明，嵇康不免于难，最终入狱，临终作《幽愤诗》，有“昔惭下惠，今愧孙登”之句。

嵇康之死，表面上看是钟会构陷，实际上是他的“卧龙”品格以及与司马氏集团不合作、不妥协的斗争结果。嵇康多才多艺，容止出众，风姿特秀，“见者叹曰：‘萧萧肃肃，爽朗清举。’”(《世说新语·容止》5)好友山涛曾谓：“嵇叔夜之为人也，岩岩若孤松之独立。”(同上)时人看嵇康：“正尔在群形之中，便自知非常之器。”(同上刘孝标注引《康别传》)。不过，嵇康的魅力更重要的在于其人格。山涛所谓“孤松之独立”，不仅称誉其外貌，实际上也包含了对其品格的肯定：正直高洁、傲世独立。“嵇中散之为人，可谓命世之杰矣。观其德行奇伟，风勋劭邈。有似明月之映幽夜，清风之过松林也。”(晋袁宏之妻李氏《吊嵇中散文》)故明代李贽《焚书》云：“夫康之才之技，亦今古所有；但其人品气骨，则古今所希也。”当嵇康临刑东市，顾视日影，索琴而弹，一曲绝唱，映现出纵任不拘、生死无畏的名士风范，那是他用生命绽放的风采。

正始年间，“竹林七贤”曾共游，纵酒吟诗，作啸长林，但正是因为保身之道的不同,七人的选择和归宿亦殊。阮籍口不臧否人物,唯以醉酒避祸,虽然保全了性命,但内心痛苦,曰:“终日履薄冰,谁知我心焦?”(《咏怀诗》三十三)山涛因与司马氏有姻亲关系,后来官运亨通。但在嵇康眼中,不过是“手荐鸾刀,漫之膻腥”者(《与山巨源绝交书》)。王戎聪慧,最后却成为夜数牙筹的俗夫。刘伶放情肆志,陶兀昏放。阮咸任达不拘,耽酒浮虚。向秀虽清悟有远识,后为时势所迫,遂弃箕山之志。或许,诸友的选择正如嵇康所言:“循性而动,各附所安。”(同上)但七贤当中,唯有嵇康鵷雏凤鸟的风貌为后人所铭记,唯有他“越名教而任自然”(《养生论》)的呼声一直传响,这是他不屈俗世、高蹈独立、追求自由的精神品格所留下的珍贵的人生剪影。所谓“保身之道不足”只是孙登的怜惜之语。因为他看到了嵇康的耿介和刚烈,他看到了“刚肠疾恶,轻肆直言”的嵇康不易屈服(《与山巨源绝交书》),胸怀所寄,高契难期。所以,才有孙登之叹:“君性烈而才隽,其能免乎”(《晋书·嵇康传》),才有颜延之之赞:“鸾翮有时铩,龙性谁能驯?”(《五君咏》)对此,嵇康心里是很清楚的,因为他就是自己笔下那只“长而见羁,则狂顾顿缨,赴蹈汤火”(《与山巨源绝交书》)的禽鹿。

嵇康具有高傲的灵魂,他峻绝无畏,正道直行。傅亮《演慎》论曰:“夫以嵇子之抗心希古,绝羁独放。五难之根既拔,立生之道无累,人患殆乎尽矣。”李贽叹曰:“千载之下,犹可想见其人。”(《焚书》)在中国历史长河中,似嵇康这般有风骨者众。屈原,司马迁,苏武,文天祥等人,他们何曾考虑过自己的保身之道?所以,竹林长歌,风雅难继,纵然山涛贵如列侯,纵然向秀思旧怀悲,但铮铮铁骨、坚定自我的嵇康却青史留名,风度潇然,“肃肃中散,俊明宣晢。笼罩宇宙,高蹈玄辙”(李充《嵇中散颂》)。无疑,他就是那位才华卓著、龙性难驯的餐霞人!

(张亚军)

鉴赏

作书告绝

作书告绝

山公将去选曹①,欲举嵇康②,康与书告绝③。

《栖逸》第3条

注释

① 山公:即山涛,见"犹有消息"篇(《政事》第8条)注释。去:离开。选曹:指吏部尚书郎,主管官吏选举、考校、任免等。

② 举:举荐。

③ 康与书告绝:山涛想举荐嵇康来替代自己任吏部郎的官职,嵇康写信给他,表示拒绝。时约在三国魏元帝景元三年到四年之间(262—263)。书信全文载《昭明文选》,题为《与山巨源绝交书》

鉴赏

"竹林七贤"当中,嵇康与山涛的关系因一篇文章而引起世人的瞩目,即《与山巨源绝交书》。山涛因与司马氏有姻亲关系,故得为吏部郎,主管官吏的选拔。后又迁为散骑常侍。离任之前,他举荐好友嵇康继任自己的职务,以示旧好。然而,嵇康决不接受,认为山涛并不真正地了解自己,因为他是一个遵从本性、放任不拘的人。纵然在过去的岁月里,两人可以一起对月高歌,把酒言欢,然而,在"漫之膻腥"的世界里,他宁折不屈,选择的是远离世俗、隐于山林的生活。曾经是好友,但因不理解自己而疏离;曾经是同伴,却发现志向不同而实在难以偕行。因此,嵇康的这封书信,成为他剖白心迹、讽刺俗世、指斥时政的经典范文。

《与山巨源绝交书》本是朋友之间的书信，因是旧友，所以情感的处理是感性的，又因嵇康要断然拒绝山涛的举荐，这个态度很坚决，因此又充满了理性。他以嬉笑怒骂之笔表情达意，辞气锋利地指斥山涛的选择乃是"手荐鸾刀，漫之膻腥"，继而又以"七不堪二不可"陈述自己的"慢弛之阙"与"人情""机宜"的不合，指斥俗人"嚣尘臭处"的种种不堪。嵇康强调，人之本性，尊之自然，顺心遂志为上，故"君子百行，殊途而同致，循性而动，各附所安"，"四民有业，各以得志为乐"，"人之相知，贵识其天性，因而济之"，嵇康试以晓喻山涛，人各有志，不可强求。他的志向是"游山泽，观鱼鸟"，守陋巷，陈平生，"浊酒一杯，弹琴一曲，志愿毕矣"。

此文名传千古，立意脱俗，风格清峻，行文精练，是嵇康用以剖白自我、并以辛辣之笔指斥现实的好文章。笔触所及，因针对对象不同，表现出三种鲜明的态度：

一是对自我性格的揭示。嵇康在这封信中略显自嘲地勾画了自己的形象，"性复疏懒，筋驽肉缓"，但"直性狭中，多所不堪"。因为自己"每非汤武而薄周孔""刚肠疾恶，轻肆直言"，所以，纵逸之性既成，而与俗礼相悖。嵇康耿介、正直，故"遇事便发"，因为简傲、旷达，故能"游心于寂寞，以无为为贵"。

二是对黑暗现实的指斥。正始年间，司马氏专权，大杀名士，却又标榜名教，因此，嵇康才发出"非汤武而薄周孔""越名教而任自然"的呼声。山涛任职选官，为司马氏服务，嵇康谓之"手荐鸾刀，漫之膻腥"。当时俗世，千变百伎，官事鞅掌，机务缠心，故嵇康不能降心顺俗，诡故不情。

三是对朋友之交的讽刺。山涛本是嵇康好友，所以，嵇康才会直言无碍地表达自己的认知和看法。对于山涛的举荐，嵇康不仅断然拒绝，而且指斥这种行为是"羞庖人之独割，引尸祝以自助"，是执权为刃，助纣为虐。所以，他讥刺山涛"不可自见好章甫，强越人以文冕也；己嗜臭腐，养鸳雏以死鼠也"，态度鲜明地表达自己对强权的鄙视。

嵇康才气峻烈，性格刚直，虽不露喜愠之色，但内心潮动难平。或许正因为与山涛无间，所以在书信当中才会暴露真情。观此书信，字里行间其实并未有绝交之意，更多的是指责山涛作为朋友并非真正地了解自己。有关书信之名，学界素有争议。徐公持考证曰："此书名曰：'绝交书'，颇有名实不符之疑问。……原作当无题名；按魏晋人作书信，皆无具体篇题，唯作'与某某书'，今存当时书函，悉皆如此。……然《文心雕龙》《文选》二书中，皆已作'绝交书'，可知兹名当产生于梁之前。"(《魏晋文学史》)《世说新语》产生于刘宋时期，本则故事中"康与书告绝"，此处"绝"，可作"拒绝"解，亦可作"绝交"解。再者，本条刘孝标注引《康别传》曰："山巨源为吏部郎，迁散骑常侍，举康，康辞之，并与山绝。岂不识山之不以一官遇己情邪？亦欲标不屈之节，以杜举者之口耳！乃答涛书，自说不堪流俗，而非薄汤武。大将军闻而恶之。"此处"绝"字，更趋近于"绝交"解。可见，《世说新语》的记述是《与山巨源绝交书》之名得以确定的重要推动力。嵇康另有一篇书信，绝交之意非常明确，即《与吕长悌绝交书》："何意足下苞藏祸心邪？……若此，无心复与足下交矣。古之君子，绝交不出丑言。从此别矣！临书恨恨。"两者对照，嵇康与吕巽是绝交之意，与山涛其意只在"解足下"，即向山涛解释不能为官的理由。嵇康与山涛虽出处异趣，但终是竹林契友，嵇康临终叮嘱儿子嵇绍言："有山公在，汝不孤矣"(《晋书·山涛传》)，可见对于山涛的为人，他还是非常信任的。

嵇康"作书告绝"是剖白自我、表现情怀的一种方式。这封书信时而玩世不恭，时而酣畅淋漓，讽刺艺术与战斗性并存，乃是嵇康高超品格与卓越才华的结合与体现。刘勰论曰："嵇康《绝交》，实志高而文伟"(《文心雕龙》)，李贽曰："此书实峻绝可畏，千载之下，犹可想见其人。"(《焚书》)嵇康的书信，嬉笑怒骂，足见深刻，光风霁月，更显高情远趣。

（张亚军）

以爵假人

李廞是茂曾第五子[①]，清贞有远操，而少羸病，不肯婚宦。居在临海，住兄侍中墓下[②]。既有高名，王丞相欲招礼之，故辟为府掾。廞得笺命，笑曰："茂弘乃复以一爵假人[③]。"

《栖逸》第4条

注释

① 李廞(xīn)，字宗子，江夏钟武(今河南信阳)人，好学，擅长草隶，与兄李式齐名。茂曾：李重(253—300)，字茂曾。李式、李廞之父。少好学，官平阳太守。

② 兄侍中：李式(275—328)，字景则，东晋书法家，著作郎李充从兄，东晋初年官至侍中。

③ 茂弘：即王导，导字茂弘。

鉴赏

宗白华先生在《论〈世说新语〉和晋人的美》中写道："'世说新语时代'，尤沉醉于人物的容貌、器识、肉体与精神的美。"魏晋人崇尚"人格的唯美主义"，追求自然天真的人格，在这种唯美的艺术氛围中，熏陶出了一大批深情妙赏的东晋士人。书法作为体现这种风度的独特艺术，也在这一时期得到了空前的发扬光大。

李廞是李重的第五个儿子，为人清正，节操高尚，可是他从小就瘦弱多病，所以不愿意结婚做官。哥哥李式去世后，他留在临海郡，住在陵园里守丧。李廞无意仕途，日子过得闲适自在，却是名声在外。丞相王导很看重他，没有征得他的同意，就直接签发了一份任命书，要他去做丞相府的掾吏。李廞收到王导的任命信，笑着说："茂弘竟然给一个官爵，就想雇佣我去干俗人的那些活！"

李廞不愿意去当王导手下的小吏，那他整天喜欢做的是什么事呢？他喜欢读书，潜心经典，同时也天天不间断地练习草书和隶书。刘孝标所引的《文字志》里说，李廞有一条腿瘸了，不方便坐起，走路也不利索，但他每天总是吟诵诗书，还常常仰卧着弹琴。不知道这是一个怎样的神奇姿势，难道古琴是悬挂在梁柱间的绳子上吗？由此也可见，他是个不拘一格的人，不太喜欢世俗的规范。虽然是残疾人，但李廞性情纯粹，没有什么功利色彩，他坚持练习书法，更是付出了常人难以想象的艰辛。

当然，想单纯地保持这种艺术爱好，首先要有拼爹的现实条件。李廞的父亲李重，字茂曾，少时好学，父母双亡，与几个弟弟同住，以友爱著称。王戎当吏部尚书时，李重为吏部郎。李重以高尚的节操见称。他官位虽高，却很推重隐士，曾上疏认为栖身山林德高望重的人，足以为世人表率而使风俗敦厚，应给予他们优厚的赏赐任命。因为西晋末年朝政混乱，他的建议最终也没实行，但他的儿子李廞显然深受父亲的思想影响。

家风是有传承的，一般来说，弟弟是很少为哥哥守孝的，但从李廞住在李式墓园里的情况看，显然是兄弟情深。他的哥哥李式，擅长楷书和隶书，后官至侍中，大概也没少照顾弟弟。东晋书法家王羲之评论道："李式平南之流，亦可比庾翼。"（张怀瓘《书断》）王羲之的叔父王廙是平南将军，书法与皇室外戚庾翼齐名。李氏家族从李通直到李重，还未有擅长书法的记载，而李式兄弟善书法，且颇有名气，应该是受卫夫人的影响。

卫夫人，即李廞堂兄弟李充的母亲——卫铄。她是典型的白富美，出身官宦和书法世家。其曾族祖父卫觊、族祖父卫瓘、族叔卫恒都是魏晋著名的大臣和书法家。卫铄自幼便耳濡目染，长大后精通书法。徐渭《书评》里写道："卫夫人书如插花舞女，芙蓉低昂；又如美玉登台，仙娥弄影，红莲映水，碧沿浮霞。"

太康九年（288年），17岁的卫夫人嫁给江州太守李矩为妻，成为李廞和李式的叔母。几年后，卫夫人生下李充。在她的耐心教导下，李充和堂兄李式、李廞的书法，都发生了质的飞跃，而李式也非常推崇叔母卫夫人。《书断》称："（李式）卫夫人之犹子也。甚推其叔母，善书。"

可惜李充十几岁的时候，李矩就去世了。卫铄的妹妹嫁给王旷为妻，生下王羲之。卫夫人为生活所迫，便携李充前去投奔妹妹。卫夫人在王家也耐心教导外甥，王羲之被后世人尊称为"书圣"，也有她的功劳。在她去世时，王羲之写下了饱含深情的《姨母帖》："十一月十三日，羲之顿首、顿首。顷遘姨母哀，哀痛摧剥，情不自胜。奈何、奈何！因反惨塞，不次。王羲之顿首、顿首。"这个伟大的女性，影响了三个著名书法家。

当时士人虽然出身名门世家，当家庭的顶梁柱倒塌后，也不得不为衣食谋生。《世说新语·言语》里记载："李弘度（李充）常叹不被遇。殷扬州知其家贫，问：'君能屈志百里不？'李答曰：'《北门》之叹，久已上闻。穷猿奔林，岂暇择木？'"李廞也是如此，在哥哥李式的丧期过后，他也不得不接受聘任，以残疾之躯，艰难地开始了他的仕途生涯。

（阮莉萍）

鉴赏

不惊宠辱

不惊宠辱

阮光禄在东山[①]，萧然无事，常内足于怀。有人以问王右军[②]，右军曰："此君近不惊宠辱[③]，虽古之沈冥[④]，何以过此？"

《栖逸》第6条

注释

① 阮光禄：阮裕，字思旷，晋陈留尉氏（今属河南）人。初为王敦主簿，后为临海太守、东阳太守，征为侍中，不就，隐居东山。东山：在今浙江省绍兴市上虞区。也泛指剡溪（今曹娥江）东岸之山，或称剡山。刘孝标注引《阮裕别传》："裕居会稽剡山，志存肥遁。"

② 王右军：王羲之曾为右将军、会稽内史，故后人称王右军。

③ 不惊宠辱：不以宠或辱为惊扰，忘记了宠辱得失。《老子》第十三章："宠辱若惊，贵大患若身。何谓宠辱？辱为下，得之若惊，失之若惊，是谓宠辱若惊。"

④ 沈冥：语出扬雄《法言·问明》："蜀庄沈冥。"蜀庄指蜀地的严君平，沈冥指深藏幽隐，寂然玄远。此处"沈冥"指沈冥之人，也可以说就是指严君平。

鉴赏

阮裕年轻时做过王敦的主簿，他见王敦有不臣之心，就成日饮酒，不理政务。王敦以为他并非是有真才实干之人，徒有虚名，就将他外放做溧阳令，后来又免了官。由于这个缘故，王敦叛乱，他没有参与，后来也未被牵连。经过这些事情之后，原本生性旷达的阮裕，仕进的想法更加淡薄，就搬到会稽剡县去居住。那里风景优美，住着很多隐士。《晋书·阮裕传》关于他任职的记载，就是一连串征召和辞官不就："咸和初，除尚书郎，时事故之后，公私弛废，裕遂去职还家，居会稽剡县。司徒王导引为从事中郎，固辞不就。朝廷将欲征之，裕知不得已，乃求为王舒抚军长史。舒薨，除吏部郎，不就。即家拜临海太守，少时去职。司空郗鉴请为长史，诏征秘书监，皆以疾辞。复除东阳太守。寻征侍中，不就。还剡山，有肥遁之志。"谢安当时也隐遁在东山，是东山中更有名的一个隐士。刘惔想去会稽做官，感受当地的山水之美和隐逸文化，他说，我去时船就在谢安家旁边停靠，可不敢到阮裕那去（"不敢复近思旷傍"，见《世说新语的·方正》53）。这是为什么呢？谢安虽然高卧东山，不出来做官，但他性情平易，时常携妓游赏，所以司马昱说他能"与人同乐"，而阮裕"萧然无事"，凄清孤寂，"内足于怀"而不假外求，有寂然独往之感，所以刘惔不敢去打扰。当时王羲之也住在附近，对这位同好非常钦佩，说，"此君近不惊宠辱，虽古之沈冥，何以过此？"阮裕屡次被征召，或"固辞不就"，或上任不久即辞去，不以官位之得失为意，这不就是近于《老子》说的"不惊宠辱"吗？古代著名的隐士严君平，也不过如此啊。

严遵（本来姓庄，东汉后避汉明帝的讳，古书中多改为严），字君平，蜀郡人，是西汉时的学者，扬雄的老师。他以卜筮算卦为生，每日仅接待数人，"得百钱足自养，则闭肆下帘而授《老子》"（《汉书·王贡两龚鲍传》）。扬雄《法言·问明》说"蜀庄沈冥"，吴祕注："晦迹不仕，故曰沈冥。"司马光说："沈冥言道德深厚，人不能测。"《汉书》里也引过扬雄这句话，而写作"蜀严湛冥"。因为这个缘故，晋宋以后的人，一提到沈冥或湛冥，就是说严君平了。谢灵运诗《登石门最高顶》云："沈冥岂别理，守道自不携。"袁粲《妙德先生传》写一位高士（用以自喻）："混其声迹，晦其心用，故深交或迕，俗察罔识，所处席门常掩，三径裁通。虽扬子寂漠，严叟沈冥，不是过也。"（《宋书·袁粲传》引）同样是以沈冥之严君平作比。由此可见，王羲之对阮光禄的评价是很高的。《孟子》称赞过"富贵不能淫,贫贱不能移,威武不能屈”的大丈夫,《庄子》说过“举世而誉之而不加劝,举世而非之而不加沮,定乎内外之分,辩乎荣辱之境”,儒道二家都肯定和赞美精神思想之独立,认为人应该有这样的追求和境界。梁简文帝更进一步说:“君子无邑邑于穷,无忽忽于贱。誉之而不加动,非之而不加沮,定外内之分,夷荣辱之心,立不易方,斯有恒也。”(《金楼子·立言上》)在魏晋人看来,阮裕这样“不惊宠辱”的人,符合儒道二家的理想,无怪乎王羲之对他大加称赞了。

（罗宁）

南阳高士

南阳刘驎之[1],高率善史传[2],隐于阳岐[3]。于时苻坚临江[4],荆州刺史桓冲将尽讦谟之益[5],征为长史,遣人船往迎,赠贶甚厚。驎之闻命,便升舟,悉不受所饷,缘道以乞穷乏,比至上明亦尽[6]。一见冲,因陈无用,翛然而退。居阳岐积年,衣食有无常与村人共。值己匮乏,村人亦如之。甚厚为乡闾所安。

《栖逸》第8条

注释

① 刘驎之,字子骥,南阳(今属河南)人,好游山泽,志存隐遁。

② 高率:指志在隐逸,行为简率。

③ 阳岐:村名,《太平寰宇记》卷一四六:"阳岐山在(石首)县西一百步。"

④ 苻坚(338—385),字永固,一名文玉,前秦国主。晋孝太元八年(383年),苻坚率众攻晋,渡过淮河,逼近长江。

⑤ 讦谟:宏大的谋划。

⑥ 上明:地名。东晋桓冲自江陵移镇于此,又名桓城。地在今湖北松滋县西。

鉴赏

南阳刘驎之,高尚不出,行为简率,隐于阳岐。晋孝武帝太元中,苻坚兵临长江,欲进犯东晋,荆州刺史桓冲筹划防御,征刘驎之为长史,派人乘船往阳岐迎驎之,并赠贶甚厚。驎之听说桓冲派人来迎,便登船,但不受桓冲的赠贶,一路上把官府赠给的财物再送给穷乏者。到上明,赠送的货物也送完了。文中"悉不受所饷",李慈铭以为当作"悉受所饷","不"字衍。体会李慈铭的意思,是根据下面"缘道以乞穷乏"二句,以为刘驎之悉受桓冲赠贶,才能沿途以乞穷乏。其实,"不"字不衍。驎之将桓冲赠贶转送给沿途穷人,自己一毫不受,此即"悉不受所饷"也。自汉末以来,凡是真隐士、真高士,几乎都不受他人馈赠。例如《栖逸》9注引《晋阳秋》说,翟道渊"义让廉洁,馈赠一无所受"。《晋书·张忠传》说:"左右居人馈之衣食,一无所受。"《世说新语·德行》38载:范宣洁行廉约,豫章太守韩伯遗绢百匹,不受。刘孝标注引《中兴书》说:"羡爱之,以宣贫,加年饥疾疫,厚饷给之,宣又不受。"

驎之见桓冲,陈述自己是无用之人,然后从容自在地告退。刘孝标注引邓粲《晋纪》说,驎之"少尚质素,虚退寡欲"。桓冲派舟船来迎就去，到了上明，自陈无用即回，不自以隐逸为高，"质素"得可敬可爱，可又不让人觉得他真是一无用处。大凡真隐士皆质素寡欲如此。

骥之居阳岐多年，衣食有无，常与村人共。自己有衣食，村人也有衣食。自己衣食无，村人也接济他衣食。阳岐村好比是互助、互济、互爱的桃花源。骥之的"质素"影响了村人，形成醇厚的民风。

此则刘孝标注引邓粲《晋纪》的内容，是一篇很完整的刘骥之传记。"骥之字子骥，南阳安众人。少尚质素，虚退寡欲，好游山泽间，志存遁逸。桓冲尝至其家，骥之方条桑，谓冲：'使君既枉驾光临，宜先诣家君。'冲遂诣其父，父命骥之，然后乃还，拂裋褐与冲言。父使骥之自持浊酒葅菜供宾，冲敕人代之，父辞曰：'若使官人，则非野人之意也。'冲为慨然，至昏乃退，因请为长史，固辞。居阳岐，去道斥近，人士往来，必投其家。骥之身自供给，赠致无所受。去家百里，有孤妪疾将死，谓人曰：'唯有刘长史当埋我耳。'骥之身往候之，疾终，为治棺殡，其仁爱皆如此。以寿卒。"王世懋称赞说："注尤佳。"《晋书》卷九四《刘骥之传》基本上取材《晋纪》，但不如《晋纪》准确。比如《晋纪》先叙桓冲至骥之家，骥之方条桑，对冲说"使君既枉驾光临，宜先诣家君"，云云，后叙桓冲固请为长史，骥之固辞。《晋书》则先叙桓冲请为长史，骥之固辞不受，后再叙冲尝到骥之家，适与《晋纪》相反，显然不如《晋纪》合理。

邓粲《晋纪》说骥之"好游山泽间，志存遁逸"。《晋书》本传记骥之"采药至衡山，深入忘反，见有一涧水，水南有二石囷，一囷闭，一囷开，水深广不得过。欲还，失道，遇伐弓人，问径，仅得还家。或说囷中皆仙灵方药诸杂物，骥之欲更寻索，终不复知处也"。这一传说，与陶渊明《桃源花记》有些关系，值得说说。《桃源花记》写到渔人既出桃花源，及郡下，诣太守说如此，太守遣人随渔人往寻，迷不复得路。"南阳刘子骥，高尚士也，闻之，欣然规往，未果，寻病卒"。子骥为刘骥之字。他听说有桃花源，欣然规往而未果。此事是他好游山泽的又一证据。他深入衡山遇二石室，欲更寻索，终不复知处，与闻桃花源，欣然规往而为未果，二事十分相似，皆是奇境不可得游的憾恨。

鉴赏

在东晋众多的隐士中，刘骥之是个独具风采的人物。他的质素、厚道、仁爱、好游山泽的性格，证明他确是一位品德高尚的真隐士。比起戴逵、许询等所谓的“通隐”——经常接受官府的资财，而且心安理得——是大有不同的。在他身上，显然还有古代隐士的遗风。

（龚斌）

风流转佳

康僧渊在豫章[①]，去郭数十里，立精舍。旁连岭，带长川，芳林列于轩庭，清流激于堂宇。乃闲居研讲，希心理味，庾公诸人多往看之。观其运用吐纳，风流转佳。加已处之怡然，亦有以自得，声名乃兴。后不堪，遂出。

《栖逸》第11条

注释

① 康僧渊：本西域人，生于长安。东晋成帝之世，与康法畅、支愍度等俱过江，与名流殷浩、王导等游处。后于豫章立寺。事见《高僧传》卷四《康僧渊传》。豫章：今江西南昌。

鉴赏

康僧渊本西域人，生于长安。晋成帝之世，与康法畅、支愍度等由北方来到江南。初来时未有名，后遇清言家殷浩，两人互相问难内外典籍，浩竟词屈不能对。可见康僧渊不仅精通佛典，对中土的传统典籍也是造诣精深。殷浩为一流的清谈家，常常谈客盈门。有一次，康僧渊造访，遂及清言。这位外来的和尚语言辞旨，并无愧色，要领粗举，直探玄微，由是知名士林(《世说新语·文学》47)。东晋名僧不少善清谈，而彼时的玄谈也亦兼及佛理。康僧渊即体现这种新风气的人物之一。有关康僧渊的佳话还有他的应对敏捷。据说丞相王导以鼻高眼深戏康僧渊，渊回答道："鼻者面之山，眼者面之渊，山不高则不灵，渊不深则不清。"时人以为"名答"。

康僧渊后来到豫章，离城郭数十里立精舍，依山临水，环境清幽，乃闲居研讲，希心玄旨。好山好水好风景，被康僧渊占尽了。在如此清幽静寂的精舍里研讲佛理玄旨，现在想起来仍让红尘世界里的我们羡慕不已。

"天下名山僧占多"，这一佛教文化现象，至迟在东晋就已形成。例如《高僧传》卷五《竺僧朗传》说："朗乃于金舆谷昆仑山中别立精舍，犹是泰山西北之一岩也。峰岫高险，水石宏壮。朗创筑房室，制穷山美。"这是北方僧人在名山中创建精舍的情况。南方山水更为优美，精舍多建于峰岫秀岭之下，茂林清溪之侧。帛道猷算得上是江南最懂得享受丘壑之美的僧人，《高僧传》卷五《竺道壹传》记有若耶山沙门帛道猷，"性率素，好丘壑，一吟一咏，有濠上之风"，后与竺道壹书云："始得优游山林之下，纵心孔释之书，触兴为诗，陵峰采药，服饵蠲痾，乐有余也。但不与足下同日，以此为恨耳。因有诗曰：连峰数千里，修林带平津。云过远山翳，风至梗荒榛。茅茨隐不见，鸡鸣知有人。闲步践其径，处处见遗薪。始知百代下，故有上皇民。"壹得道猷信，以为正契心，乃东往若耶，与帛道猷相会于林下。再有《高僧传》卷四《于法兰传》言其"性好山泉，多处岩壑"，"后闻江东山水，剡县称奇，乃徐步东瓯，远瞩嵑嵘，居于石城山足"。《高僧传》卷六《慧远传》说："远创造精舍，洞尽山美，却负香炉之峰，傍带瀑布之壑，仍石垒基，即松栽构，清泉环阶，白云满室。"《高僧传》卷八《释玄畅传》畅自言卜居之处说："透迤长亘连迭，岭关四涧，亘列五峰，抱郭怀邑，回望三方，负峦背岳，远瞩九流。"

佛寺精舍建于山水清幽之处，当然非比嘈杂之市朝，最宜读经讲论和参悟修禅。佛经中可以找到这种例子。例如《付法藏因缘传》卷一说："于是伽叶即辞如来，往耆阇崛山宾钵罗窟。其山多有流泉浴池，树林蓊郁，华果茂盛，百兽游集，吉鸟翔鸣，金银琉璃，罗布其地。伽叶在斯，经行禅思，宣扬妙法，度诸众生。"后秦佛陀耶舍译《长阿含经》说："于闲静处，专精修道。"东晋僧伽提婆译《中阿含经》说："可知世尊空安静处学智慧耶？……复独住远离，在无事处……山岩石室，露地穰积。或至林中，或在冢间"。孙绰曾作道士坐禅之像并赞，支遁精其制作，美其佳文，作《咏禅思道人》诗并序，描写道士于山中坐禅之形象说："云岑竦太荒，落落英岊布。回壑伫兰泉，秀岭攒佳树。蔚荟微游禽，峥嵘绝蹊路。中有冲希子，端坐摹太素。"精舍建于山水优美处，不仅便于欣赏丘壑之美，更有助于"专精修道"。康僧渊之所以"运用吐纳，风流转佳"，与精舍环境的清幽不无关系。

康僧渊"后不堪，遂出"，这句一般都理解为不堪隐居，遂离开豫章精舍。但《康僧渊传》明明说"后卒于寺焉"，说明豫章的寺院是他生命的归宿。再者，前面既然说康僧渊在精舍"处之怡然，亦有以自得"，何以后来不堪？此甚不可理喻。于是，有人据《高僧传》卷四《康僧渊传》"尚学之徒，往还填委"一句，解释"不堪"是不堪外来干扰。恐怕不很正确。尚学之徒往还纷集，是慕康僧渊之盛名，从其学问，非是干扰也。康僧渊之"不堪"，当别有他事。僧传既然不载，最好付之阙如。

（龚斌）

鉴赏

厉操东山

厉操东山

戴安道既厉操东山①，而其兄欲建式遏之功②。谢太傅曰③："卿兄弟志业④，何其太殊⑤？"戴曰："下官'不堪其忧'⑥，家弟'不改其乐'。"

《栖逸》第12条

注释

① 戴安道：戴逵（？—396），字安道，晋谯国铚（今安徽濉溪西南）人。后移居会稽剡县，隐居不仕。善弹琴、绘画。厉操：磨砺其节操、操行，这里指保持其隐遁的高节。刘孝标注："《续晋阳秋》曰：逵不乐当世，以琴书自娱，隐会稽剡山，国子博士征，不就。"东山：见《栖逸》第6条注释。

② 其兄：指戴逯。刘孝标注："《戴氏谱》曰：逯字安丘，谯国人。祖硕，父绥，有名位。逯以武勇显，有功，封广陵侯，仕至大司农。"式遏：语出《诗·大雅·民劳》："式遏寇虐，无俾民忧。"本义是遏制、抵御。

③ 谢太傅：谢安。

④ 志业：志向和事业。

⑤ 殊：不同。

⑥ 不堪其忧：《论语·雍也》："子曰：'贤哉！回也。一箪食，一瓢饮，在陋巷。人不堪其忧，回也不改其乐。贤哉！回也。'"这是孔子称赞颜回安贫乐道的一段话。

鉴赏

戴逵是东晋时有名的隐士，《晋书·隐逸传》里有专门的记载。他不乐仕进，屡辞征召，详见该传之中的记载："孝武帝时，以散骑常侍、国子博士累征，辞父疾不就。郡县敦逼不已，乃逃于吴。"后来王珣为尚书仆射，"上疏复请征为国子祭酒，加散骑常侍，征之，复不至"。戴逵被剡县的地方官逼迫出山，不得已逃到吴地，暂时住在王珣的武丘山别馆。谢玄担心他为躲避征召，再逃到更远的地方，专门上疏，请求朝廷停止征召戴逵，疏中对戴逵的节操多有描述："伏见谯国戴逵，希心俗表，不婴世务，栖迟衡门，与琴书为友。虽策命屡加，幽操不回，超然绝迹，自求其志。且年垂耳顺，常抱羸疾，时或失适，转至委笃。"如果继续召求，戴的身体状况也不允许，"陛下既已爱而器之，亦宜使其身名并存"。孝武帝准许谢玄之请求，戴逵乃回到剡县隐居之处。然而，朝廷还是惦记着他，太元二十年(395 年)，会稽王司马道子、少傅王雅、詹事王珣再次上疏，请召他为东宫僚佐："逵执操贞厉，含味独游，年在耆老，清风弥劭。东宫虚德，式延事外，宜加旌命，以参僚侍。逵既重幽居之操，必以难进为美，宜下所在备礼发遣。"此时戴逵因病而卒。王珣说他"幽操不回""重幽居之操"，乃是暗用扬雄《法言·问明》说严君平"久幽而不改其操"。司马道子说他"执操贞厉"，"贞厉"出《易经》，这里是说他执守正道，惕厉戒慎。本则故事说"厉操东山"，同样是在称赞他不改高节和操守，以德行自励。

戴逵一生的大部分时间都隐居在剡山之中，但名声却远播四方。在著名的王子猷雪夜访戴的故事中，戴逵也是一位不出场的配角。王子猷在大雪之夜，吟咏左思《招隐诗》之时，"忽忆戴安道。时戴在剡，即便夜乘小船就之"(《世说新语·任诞》47)。左思《招隐诗》写高蹈隐居之志，王子猷诵念之时首先想到的隐士就是戴安道，除了因为他们的个人交情外，戴逵的隐士形象在当时就深入人心了。而王子猷造门不前，既是因其"兴尽"，也是为成全戴逵之幽操。谢安看到戴逵和戴逯出处取舍不同，乃问，你们兄弟俩的志向和所从事的事业为何如此不同，戴逯巧妙地引用孔子之言作答，表示对戴逵的赞扬，体现出做兄弟的谦让和友悌之道。不过，在戴逯的话里可能还有另一层意思。戴逯曾随谢玄征伐，骁勇有谋略，建立军功而得封侯，因此他说"下官不堪其忧"，恐怕也是在说自己忧心于国家，欲为王室藩屏。谢安也曾高卧东山多年，在出处之间也多有犹豫，郝隆的小草、远志之喻（《世说新语·排调》32），大概一直是他心里的疙瘩，所以才有此一问，戴逯的回答，能不能解开这个疙瘩呢？

（罗宁）

郗超起宅

郗超每闻欲高尚隐退者[①]，辄为办百万资，并为造立居宇。在剡为戴公起宅[②]，甚精整。戴始往旧居，与所亲书曰："近至剡，如官舍。"郗为傅约亦办百万资，傅隐事差互[③]，故不果遗。

《栖逸》第15条

注释

① 郗超（336—378），字景兴，一字嘉宾，高平金乡（今山东嘉祥西）人。出身望族，祖父郗鉴，为东晋初期重臣。父郗愔，官终镇军将军、都督浙江五郡军事。郗超为东晋大名士，性卓荦不羁，有旷世之度。高尚：高尚士，亦即隐士。

② 戴公：即戴逵，见《栖逸》12条注释。

③ 差互：此谓错失时机。

鉴赏

郗超每听闻有人想做隐士，动辄出巨资资助，并造立居舍。为隐士戴逵起宅，规模如官舍。郗超如此推重并厚待隐士，在历史上并不多见。理解郗超的行为，首先要了解魏晋隐逸风气高涨的社会文化背景。传统隐士的出现，根源是社会黑暗或混乱，一部分人为远害全身，走向山林。他们割舍亲情，岩居穴处，生活环境非常恶劣。汉初淮南小山作《招隐士》，描写荒山之中猿狖群啸，虎豹嗥叫，春草萋萋，秋虫啾啾。呼唤道："王孙兮归来，山中兮不可以久留！"再读《后汉书·逸民列传》，会发现许多隐士走进山林后，一般都拒绝回归社会，最后不知所终。

魏晋隐逸风气比东汉更盛，隐士也更多。随着社会文化环境的变迁，诸如道家哲学的兴盛，自然与名教关系由冲突而归于调和，山水自然美得到普遍认同，此时隐逸的观念与方式都不同于往昔。传统的苦行僧般的隐士虽没绝种，但不吃香了。所谓"小隐隐陵薮，大隐隐朝市"（王康琚《反招隐》诗），新时代的隐士不必再像伯夷一样窜伏于首阳山中，隐在市朝也无不可。淮南小山招隐士出山，而左思《招隐》诗反其意，吟唱山中景物清新优美："白云停阴冈，丹葩曜阳林。石泉漱琼瑶，纤鳞或浮沉。非必丝与竹，山水有清音。何事待啸歌？灌木自悲吟。秋菊兼糇粮，幽兰间重襟。踌躇足力烦，聊欲投吾簪。"总之，山中万般好，与其踌躇世途，弄得足力疲倦，还不如挂冠而去，隐居山中。传统的人生价值观是仕优于隐，现在仕不如隐了。《栖逸》5记骠骑将军何充弟幼道高情避世，充劝弟出仕。幼道自豪地回答："予弟五之名，何必减骠骑！"意谓我之名声，不比你骠骑将军差！又《栖逸》10说，孟嘉游宦，有盛名于当世。其弟少孤（名陋，字少孤）隐于家，京师人士见之，莫不嗟重，相互说："少孤如此，万年可死。"意思是少孤优于其兄孟嘉（字万年）。以上二例说明谢万《八贤论》"处者为优，出者为次"的观念大有市场。在隐逸优于仕进的文化背景下，出现戴逵、许询之流的隐士是很自然的，他们一面接受官府或私人的馈赠，一面享受山水清音，大获时誉。

郗超资助隐士，为戴逵起宅，是东晋隐逸观念盛行、隐士大受欢迎的典型例子。郗超的行为，可从三方面给予解释。首先，当然是他对隐士的高度认同和尊敬。这点容易理解。其次，郗超有丰厚的资财，否则不可能动辄为隐士办百万资，并造居宇。郗超本人精于义理，为一时之俊，未必肯去敛财。但他的父亲郗愔却是个敛财高手。《晋书·郗超传》说："愔又好聚敛，积钱数千万，尝开库，任超所取。"郗超生性好施舍，竟然一天之中把父亲的一个钱库统统散赠亲故。以此判断，郗超资助隐士的钱财，很可能取自其父郗愔的钱库。郗愔虽然聚敛，但儿子要钱，任其所取，并不吝啬。这比王戎好多了：王戎女儿向戎借钱，戎不高兴，女儿还了钱才释然。真是十足的守财奴。但郗愔不是。再次，郗超的性格卓荦超凡、气局宏大。在他眼中，钱财如粪土。他曾送释道安米千斗，一日之间散尽父亲的钱库，为戴逵起宅如官舍，凡此，皆气度不凡，卓荦豪爽。郗超享有当世盛名，不是没有原因的。

再说隐士戴逵其人。戴逵是东晋杰出的文学艺术家，著名隐士。《世说新语·雅量》34刘孝标注引《晋安帝纪》说："(戴)尤乐游燕，多与高门风流者游，谈者许其通隐。屡辞征命，遂著高尚之称。"戴逵喜欢同高门风流者游，经常出入朱门，不仅不同于岩居穴处的古代隐士，也与当代刘子骥、陶渊明等"门无车马喧"的隐士大不一样，故谈者称他是"通隐"。"通隐"者，即通达之隐，不再恪守远离世俗的隐逸方式，而是广泛与官员、名士交游。也不像刘子骥，桓冲送他东西，随即转送给路上所遇的贫民。也不像陶渊明，江州刺史檀道济赠予粱肉，却挥之而去。戴逵则欣然接受郗超送他的宅子。所以说，戴逵这种隐士，是儒道兼修、名教与自然业已调和的时代文化背景下产生的新式隐士。虽常在山中，但有高门或名流送房子、送财货，衣食不愁，日子过得滋滋润润。越是朝廷征召，越是不去，名气倒越来越大。在山中享受山水之乐，又以书画、琴书自娱，修身养性。生活诗化了，艺术化了，名利兼收，何必再出山作官，劳形劳心呢？

（龚斌）

济胜之具

许掾好游山水①，而体便登陟②。时人云："许非徒有胜情③，实有济胜之具。"

《栖逸》第16条

注释

① 许掾：许询，字玄度，高阳（今属河北）人。东晋隐士。魏镇北将军许允的玄孙。曾以司徒掾征，不赴，故名许掾。
② 体便登陟：身体便于登高。
③ 胜情：对名胜的喜好之情。

鉴赏

晋朝士族南渡之后，南方的山水一下就吸引了那些来自北方世家大族的名士们的注意力，在当时的各种文献记载中，提到山水和游山水的多了起来。如《晋书·孙绰传》记孙绰"少与高阳许询俱有高尚之志，居于会稽，游放山水，十有余年"，《晋书·谢安传》记谢安"寓居会稽，与王羲之及高阳许询、桑门支遁游处，出则渔弋山水，入则言咏属文，无处世意"，《晋书·王羲之传》记王羲之"不乐在京师，初渡浙江，便有终焉之志。会稽有佳山水，名士多居之，谢安未仕时亦居焉。孙绰、李充、许询、支遁等皆以文义冠世，并筑室东土，与羲之同好"，还写到永和十一年（355年）王羲之辞官隐居后，"与东土人士尽山水之游，弋钓为娱。又与道士许迈共修服食，采药石不远千里，遍游东中诸郡,穷诸名山,泛沧海,叹曰:我卒当以乐死”。有学者认为,《晋书》此处的“许迈”是“许询”之误,确实有其道理,因为许迈在永和十一年之前已经“绝迹”(形解遗世),《太平御览》卷四百八十引《晋中兴书》记此事的文字是,“与东土人士尽山水之游,弋钓为娱,与道士许玄度共修服食,采求药石,不远千里。”许玄度就是许询。大概唐人编《晋书》时据《晋中兴书》抄录此段,误将许玄度当作许玄(许迈的另一个名字),乃有此误。而且从《晋书·许迈传》来看,许迈的活动范围多在今南京至杭州余杭一带,虽然他在给王羲之的书信中提到了“山阴”(会稽),但似乎他并不以浙东为其活动中心,而许询恰恰是生活在这一地区,并常常与王羲之、孙绰、谢安等人游历浙东的山水。上面说的“东土人士”就是指这群人,“东土”以及“东中”是指浙东地区,包括今绍兴、台州、宁波以及杭州萧山一带,这一地区比起江苏的平原,山峦高峻,森林郁茂,且东临大海,自古人烟稀少,很快就成为南渡士人寻幽访胜、隐居求仙的好去处。谢灵运说:“会境既丰山水,是以江左嘉遁,并多居之。”(《与庐陵王义真笺》)许询就隐居于这一带,还常常到浙东山水之间游历。

据《建康实录》记载,许询“好泉石,清风朗月,举酒咏怀。中宗(晋元帝)闻而征为议郎,辞不受职,遂托迹居永兴。肃宗(晋明帝)连征司徒掾,不就,乃策杖披裘,隐于永兴西山,凭树构堂,萧然自致,至今此地名为萧山。”永兴就是今杭州萧山区一带,而萧山之得名,原来也与许询有关。支遁曾经问孙绰,你与许询相比如何?孙绰说:“高情远致,弟子早已伏膺;然一咏一吟,许将北面矣。”(《晋书·孙绰传》)孙绰虽然自以吟咏写作为能,但在高蹈远世的方面,不得不钦敬许询。许询比起孙绰、王羲之等人来说,更有一个畅游山水的优势,“体便登陟”,身体轻便矫捷,善于登山,这可能和他长期隐居山中也有关系。《世说新语·栖逸》记“许玄度隐在永兴南幽穴中”,说他曾住在山洞之中。大概因为他这样一种生存的方式,让人们觉得,许询不只是喜爱山水,有寻胜访幽之情,更有一副适于登山临水的身体——“济胜之具”。几十年后，晋宋之际的谢灵运也长期生活在浙东一带，同样喜欢登山，为了方便登山，他还发明了一种木屐，前后屐齿均可装卸，上山去其前齿，下山去其后齿，这就是李白《梦游天姥吟留别》中说的“谢公屐”。按道理说，谢公屐可以算是一种“济胜之具”，而“时人”（很可能就是上面提到的“东土人士”）称许询身体为“济胜之具”，算是一种善意的玩笑吧。

后来梁代隐士刘歊，“尤爱山水，登危履险，必尽幽遐，人莫能及，皆叹其有济胜之具”（《南史》本传），他不仅同样热爱山水，也同样有一副好身手，于是得到与许询同样的评价。此外，王僧辩也说周弘正“体能济胜”（《南史·周弘正传》）。这些评价大概多少受到许询故事的影响。许询故事中的济胜和济胜具，在宋代还成为诗歌中的典故和词藻。如李彭《庆上人以再闻诵新作突过黄初诗为韵作十诗见寄次韵酬之》其九：“子居招隐岩，妙解招隐诗。济胜良有具，幽讨捷若驰。”吕本中《简何居厚》：“我乏济胜具，子怀经世才。”看起来是由江西诗派的诗人发现和启用这个典故的。曾几《怪石》：“济胜初无具，搜奇只此间。”则可能是受前此诸人的启发，而陆游《登塔》云：“眼力老未减，足疾新有瘳。幸兹济胜具，俯仰隘九州。”可能又是从老师曾几处学来的。不过宋诗中说的济胜具，有时候也不是指《世说新语》里的身体之义，而是其本来的意义。如曾几《钱生遗筇竹斑杖戏作》云：“寻幽已得济胜具，傍险更策扶危勋。”把筇竹杖称为济胜具。陈与义《游董园》：“幸有济胜具，枯藜支白头。”说枯藜（藜杖）是济胜具。南宋陈造还写过《题济胜七物》，分别题咏拄杖、扇、钱篋、笔囊、酒榼、钉鞋、村童，涉及游山所需的物和人，唯独没有自己的身体或手足。叶梦得还说：“晋人谓许远游（应是许询）健于登陟，不特有胜情，亦有济胜之具。今吾所以济胜者，不求之足而求之杖，亦安知杖之非吾足乎！”（《避暑录话》卷上）

（罗宁）

贤

贤媛，即贤淑才智之女性。此门之设，于女性研究史上颇具地位。《仪礼·丧服》云："妇人有三从之义，无专用之道。故未嫁从父，既嫁从夫，夫死从子。"《周礼·天官·九嫔》："九嫔掌妇学之法，以教九御：妇德、妇言、妇容、妇功。"此"三从四德"之所由出。有汉一代，妇德尤重，刘向所撰《列女传》，以贤明、仁智、贞顺、节义、辩通、孽嬖六传倡妇德、戒人主、正夫妇。继而班昭又撰《女诫》，以卑弱、敬慎、妇行、专心、曲从之道显坤德、规人妻。然魏晋以降，礼教废弛，风俗大变，三国荀粲甚且谓："妇人德不足称，当以色为主。"此虽不免"兴到之事，非盛德言"之讥，要在其对传统妇德迎头痛击，正所谓欲矫其枉，必过其正也。故《贤媛》一门，于才德之间，以才为主，才在德先，可谓超迈时流，拔新领异。观其所载贤母、

贤媛

第十九

贤妻、贤妃、贤姊、贤妹、贤女儿、贤侄女之属，无不含蕴“四德”而又超越“四德”矣。盖彼时女子地位已较汉代为高，如谢道韫之嫁凝之，归而竟有“天壤王郎”之叹。今按《说文》：“贤，多才也。”是故“贤媛”云者，亦可谓“才女”也。《世说》有此一门，实妇女解放之功臣。有论者竟以《世说》仅为女性设此一门，而为男子设多门，乃男权中心、歧视妇女，真不知从何说起。

陈婴之母

陈婴者①，东阳人。少修德行，著称乡党。秦末大乱，东阳人欲奉婴为主，母曰：“不可！自我为汝家妇，少见贫贱，一旦富贵，不祥！不如以兵属人。事成，少受其利；不成，祸有所归。”

《贤媛》第1条

注释

① 陈婴(？—前184)，秦末东阳(治今江苏盱眙)人，初任县令史，为人诚实谨慎。后从项梁起义伐秦，任楚上柱国。后归汉，以军功封堂邑侯。

鉴赏

《周易》中说：天行健，君子以自强不息，地势坤，君子以厚德载物。如果男性代表了自强不息的刚健形象，那么儒家意识影响下的模范女性，对应的则是厚德载物的“地母”形象。儒家思想视野里的女性，以一个形象的字来表现，就是“安”。“之子于归，宜其室家”，是传统女性人生的最大价值，体现了她们对于家庭与社会伦理的意义。

陈婴是东阳县人，担任东阳县令的书史。他从小在母亲的教育下，注意道德品行的修养，为人诚信谨慎，在县里很有名望，被公认为敦厚长者。秦朝末年天下大乱，东阳县的年轻人杀死县令，聚集起数千人的造反队伍，推举陈婴为首领。陈婴以没能力为借口辞谢，但众人打算强行拥立他为王，县里跟从的有二万人，用青巾裹头，名为苍头军。

陈婴的母亲是一位很有见识的女人，对陈婴说："自从我作你们陈家的媳妇以来，从未听说过你家祖先有过贵人。现在你突然得到这么大声望，在这样的乱世，可不是件吉祥事儿。不如另外找一个领头的，事情成功了还能封侯，事情失败就容易逃亡。因为枪打出头鸟，你作为属下，不会被世人注意。"

敦厚的陈婴谨遵母训，不去计较个人得失，安于在幕后当无名英雄，先是从项梁，项梁死后，随项羽征战，项羽死后陈婴降汉。直至汉朝建立后，他被刘邦封为堂邑侯，堂邑侯封地仅六百户，因为陈婴后来做楚元王丞相，增加到一千八百户，但他仍心安理得，从不抱怨什么。

"父母之爱子，则为之计深远"(《战国策·赵策四》)。母亲总是更关注孩子能否福寿延绵，而不是能否建功立业。孩子能够平平安安活着，对于母亲来说，就是最大的幸福了。陈婴受封堂邑侯十八年后去世，谥号安侯。因为不引人注目，他得以在乱世中安享天年，儿孙也世代封侯。他的孙子娶馆陶公主刘嫖为妻，曾孙娶隆虑公主为妻，曾孙女则是汉武帝皇后陈阿娇。

《世说新语》的贤媛篇，主要叙述的是魏晋时期的女性，为什么会以秦末的陈婴之母作为开篇第一条呢？大概同样是乱世，这种明哲保身的儒家中庸哲学，特别具有借鉴意义吧？譬如魏晋之交的王经之母，也是这样一位见多识广、情操高尚的奇女子。

王经年少时家境贫苦，后来做官做到二千石的职位时，母亲说："你本来是贫寒人家的子弟，现在做到二千石这么大的官，这就可以止步了吧！"王经觉得仕途正顺利，不听母亲的意见。后来他在曹马之争中受到牵累，不幸被司马昭逮捕了。王经流泪辞别母亲："真后悔没有听从母亲的教导，以至落到今天的下场！"母亲大义凛然地对他说："你做儿子能孝母，做臣子能忠君；忠孝两全，有什么罪过呢？”作为一个母亲，她要求儿子胸怀大志、为官清正，又希望他适可而止、知足常乐。王母事前凭经验劝诫，事后以宽容支持，面对死亡也毫无畏惧，与儿子一道慷慨赴难，可见其高尚情操。

深谙儒家中庸之道的，还有一位赵母。她送女儿出嫁的时候，对自己一手调教的诗书女工样样皆通的女儿说：“孩子啊，你到婆家去，可千万别逞强，不要在妯娌面前事事都表现得比人家好！”女儿睁大了惜别的朦胧泪眼，大惑不解：“母亲，你费尽心思教育我，不就是让我做个贤良淑德的好媳妇，让父母脸上有光吗？我要是做得不好，你不怪我吗？”母亲怜爱地抚摩她聪慧的女儿：“你做得太好，就会有人嫉妒你陷害你；你做得不好，就有人打击你践踏你！孩子，太优秀了尚且不可为，何况太愚拙呢！”这个母亲可真是孔子所谓的“其智可及，其愚不可及”的宁武子方可比拟啊！韬光养晦的全身之道，寄托的只是为女儿一生平安的拳拳心愿！

集儒家思想之大成的还有陶侃的母亲湛氏，在传统的宗法体系下，她被评价为“非此母不生此子”，而被后世引为典范。陶侃出身寒门，为了给他铺平前程，母亲“截发留宾”“斫柱为薪”，令素来知名的范逵既为陶侃的才辩叹服，又深愧其母的厚意。范逵被朝廷重臣推举为孝廉来到洛阳后，不遗余力地向羊晫、顾荣等名士推举陶侃，从此出身蓬蒿的陶侃声名大盛。陶侃当官后，他母亲“封书拒鱼”的故事也进入了官场拒贪腐倡廉洁的教科书。这样一个深明大义的母亲，眼界显然不止于闺房，亦有“修身、齐家、治国、平天下”的胸襟，最终促使陶侃成为晋朝名臣。

由于儒家思想的影响，魏晋女子也体现出了非凡的政治识见与家庭担当，形成了一个时代的独特风景。

（阮莉萍）

明君和番

汉元帝宫人既多①,乃令画工图之,欲有呼者,辄披图召之②。其中常者③,皆行货赂。王明君姿容甚丽④,志不苟求,工遂毁为其状。后匈奴来和,求美女于汉帝,帝以明君充行⑤。既召见而惜之,但名字已去,不欲中改,于是遂行。

《贤媛》第2条

注释

① 汉元帝:即刘奭(前75—前33),汉宣帝之子,在位16年,期间宦官弘恭、石显专权,又重用外戚史氏、许氏。赋役繁重,西汉由盛转衰。

② 披:翻开。

③ 中常:平常。

④ 王明君:即王昭君,西汉南郡秭归(今属湖北)人,名嫱,到晋代,因避文帝司马昭讳,所以改为"明君"或"明妃"。元帝时,被选入宫。竟宁元年(前33年),匈奴呼韩邪单于入朝求和亲,她自请嫁匈奴。入匈奴后称"宁胡阏氏"。

⑤ 充行:汉代的和亲制度,名义上以公主下嫁周边少数民族,实际上多以他人充公主行,这就是所谓"充行"。

鉴赏

王昭君和亲的事,《汉书》《后汉书》及《西京杂记》均有记载。从历史真实的角度讲，汉朝为笼络和安抚呼韩邪，维持与南匈奴的睦邻友好关系，将和亲作为一项重大的示好举措。有关方面对此势必慎之又慎，有周全和妥当的安排，不会出现太多的戏剧性。所以像《后汉书·南匈奴列传》记载的："时呼韩邪来朝，帝敕以宫女五人赐之。昭君入宫数岁，不得见御，积悲怨，乃请掖庭令求行。呼韩邪临辞大会，帝召五女以示之。昭君丰容靓饰，光明汉宫，顾景裴回，竦动左右。帝见大惊，意欲留之，而难于失信，遂与匈奴。"就不大可信。这一点前人已经做了详细的辨析，自不赘言。

但从小说的角度来讲，《世说新语》、特别是其所取材的《西京杂记》的叙述，则更有情感的冲击力。一个明艳的女子，在佳丽如云的后宫里，面对着激烈的竞争；皇帝却用了个荒唐的法子，通过画工的画像来选人，于是画工便成了宫人们争宠幸的必经渠道。有志节且自负的王昭君，不屑于像庸脂俗粉那样贿赂画工，她之被孤立、被忽略、被丑化乃至于被冷落，都是顺理成章的事。恰巧匈奴人来和亲，王昭君被选中，行前见到平时几乎见不着面的皇帝，她的姿容，备令皇帝怜惜；但木已成舟，皇帝不能失信于外人，在社稷与美人之间，皇帝做出了艰难的抉择。在这种叙事中，有皇帝的昏聩，有奸佞的蔽贤，有才人的零落，小到个人命运的沉浮进退，大到胡汉关系和解的民族大义等，各种激动人心的因素齐集。《西京杂记》还意犹未尽，添加了一个结局：皇帝憾失昭君，迁怒于画工，将其杀掉以解气。

正因为这个故事矛盾冲突的多样、丰富以及其鲜明的象征性，就成了一个供后人吟咏的好题材。像石崇、杜甫、王安石等诗人，都为之留下了名作。

（肖能）

不求鬼神

汉成帝幸赵飞燕①，飞燕谗班婕妤祝诅②，于是考问。辞曰："妾闻死生有命，富贵在天③。修善尚不蒙福，为邪欲以何望？若鬼神有知，不受邪佞之诉；若其无知，诉之何益？故不为也。"

《贤媛》第3条

注释

① 汉成帝：即刘骜(前51—前7)，西汉元帝之子，沉溺酒色，不问政事，导致王莽专擅朝政。赵飞燕(？—前1)，汉成帝皇后，能歌善舞，因身体轻捷而号为"飞燕"。

② 婕(jié)妤(yú)：宫中女官名，是帝王妃嫔的称号。班婕妤名不详，成帝时被选入宫，是一位德才兼备的女性，现存作品仅三篇，即《自悼赋》《捣素赋》和《团扇歌》。祝诅：告求鬼神降祸于他人。

③ 死生有命，富贵在天：出自《论语·颜渊》。

鉴赏

这个故事收录在《贤媛》中的第三则，短短几句话，就将独立淡定如同一股异质清流的班婕妤在后宫凸显出来。她才貌双全，曾经深得成帝喜爱。赵氏姐妹入宫后，诬陷班婕妤向鬼神诅咒成帝，即"巫蛊"案。成帝听信谗言拷问她，班婕妤说："我听说死生由命，富贵由天。行善尚且不能得到庇佑，作恶又能指望得到什么呢？如果鬼神有灵，就不会听从恶人的诽谤；如果鬼神不通灵性，那么向它倾诉又有什么用呢？所以我是不会这样做的。”“不为”其实是不屑为，连得宠都不在乎的班婕妤又怎会在乎失宠？成帝曾经专宠班婕妤，特别命人制作了一辆大辇车，以便同车出游，却遭到班婕妤的拒绝，她说：“看古代圣贤之君出行都是名臣在侧。只有夏桀、商纣、周幽王这些末代君王才有宠幸的妃子在坐，与你同辇，那就与他们无异了。”太后听闻大为赞赏，把班婕妤与春秋时代楚庄公的夫人樊姬相提并论，谓“古有樊姬，今有班婕妤。”

后来为了避免后宫是非，班婕妤选择全身而退，奏请成帝前往长信宫侍奉王太后，急流勇退既有审时度势的智慧也有明哲保身的考量。从此她深居简出，远离漩涡和泥淖，每日调笔弄筝，赋诗唱怀。汉成帝崩逝后，班婕妤要求为之守陵，一年后班婕妤也病逝，时年四十余岁，死后葬于汉成帝陵中。终其一生，从宠冠后宫的妃子到寂寞守陵人，从繁花到零落，堪称后宫女性命运的代表。

一个拥有独立人格的女性，对命运有自己的解释和把握，成帝并不懂她。彼时成帝专宠班婕妤是因为她的美貌，冷落班婕妤则是因为出现了更美的赵飞燕姐妹。成帝对班婕妤的宠与不宠都只是君王的兴到之事，班婕妤对此看得清楚、悟得透彻，方能失宠时不怨不嗔据理辩诬，得宠时不矜不伐以理制情。阅读和写作使得班婕妤拥有比一般女性更大的襟怀，她对男权社会中的女性命运有着深刻的洞悉，看淡一切恩宠荣辱。她也深知抗争的徒劳，无法突破男权社会给予的限制。《团扇歌》《自悼赋》虽然情感复杂隐晦，但还是可以看出班氏对恩宠的留恋和见弃的悲哀，虽然阅读和写作为班婕妤打开了一扇窗，然而也仅仅就是一扇小窗，女性的身体和思想依然整体禁锢在男性搭建的华屋之中。

即便如此，今天的读者依然要感谢《世说新语》，不仅在《贤媛》一门，《言语》《规箴》《汰侈》《惑溺》等门类中均论及女性，让女性的风貌在

"德""识""智""情"四个方面得以全面展现,这已然突破了女性唯德的狭隘与偏见,展现了《世说新语》成熟的女性观。

（沈鸣鸣）

狗鼠不食

魏武帝崩,文帝悉取武帝宫人自侍。[①]及帝病困,卞后出看疾。[②]太后入户,见直侍并是昔日所爱幸者。太后问:"何时来邪?"云:"正伏魄时过。"[③]因不复前而叹曰:"狗鼠不食汝余,死故应尔[④]!"至山陵,亦竟不临。[⑤]

《贤媛》第4条

注释

① 魏武帝:曹操,他生前从未称帝,武帝之称号乃曹丕建魏称帝之后追封。文帝:曹丕。公元220年,曹丕逼迫汉献帝禅让帝位,建立魏朝,自号为文帝。宫人:宫女。

② 卞后:曹操正妻,曹丕和曹植的母亲。曹丕登帝位之后尊为皇太后。

③ 伏魄:又称"复魄",指人将离世之际,将其平日所穿衣物置于室外,北面三呼,

以期招还其魂魄，令其复苏。

④ “狗鼠”句：犹言禽兽不如。

⑤ 山陵：帝王驾崩。这里指文帝去世。

鉴赏

魏文帝曹丕的形象在《世说新语》中颇为负面。尤悔篇将其同母胞弟曹彰之死归罪于他：

魏文帝忌弟任城王骁壮。因在卞太后阁共围棋，并啖枣。文帝以毒置诸枣蒂中，自选可食者而进，王弗悟，遂杂进之。既中毒，太后索水救之，帝预敕左右毁瓶罐，太后徒跣趋井，无以汲，须臾，遂卒。复欲害东阿，太后曰：“汝已杀我任城，不得复杀我东阿。”

而上文末“欲害东阿”可与《文学》66所载互为印证，东阿即曹丕另一同母弟曹植：

文帝尝令东阿王七步中作诗，不成者行大法。应声便为诗曰：“煮豆持作羹，漉菽以为汁。萁在釜下燃，豆在釜中泣。本自同根生，相煎何太急！”帝深有惭色。

出于妒忌对两位兄弟蓄意加害，曹丕的形象可谓不悌。父亲尚在弥留之际便迫不及待将其侍妾据为己有，是为不孝。然而这几则故事于正史中无从佐证，其真实性有待考证。特别是“七步成诗”一条，疑点甚多。既然曹丕深知曹植文才盖世，如欲加害，为何挑选他最为擅长之事为借口？其中所引曹植七步所成之诗在其他文献中也无从寻觅。然而《世说新语》对于曹氏兄弟一褒一贬的鲜明态度对二人在后世的声誉有着深远的影响。曹植成为才高遭妒，怀才不遇的代表，而曹丕则往往被置于曹植的对立面，背负着妒贤忌能、谋害手足的恶名。这种对二人道德和文才截然相反的评价不得不说始于《世说新语》。

然而，“狗鼠不食”这则轶事的重点在于表现卞太后的识鉴之能与不为亲者讳的耿直性格。卞太后为曹丕生母，值长子病重之际前往探视，不料发现病床前侍奉之人多为曹操生前曾临幸之爱妾。细加询问，方知曹丕在父亲尚未撒手人寰之时便将这些宫人纳为侍妾。这种做法是对曹操极大的忤逆。曹操对于自己的侍妾有极强的，甚至是病态的占有欲，即使在身后依然将她们“囚禁”在铜雀台中，终生为自己守灵献祭。据说曹操临终前曾下《遗令》，将生前侍奉自己的婢妾伎人安置于铜雀台，在正堂安放六尺灵床，施以帷帐，早晚让她们以食物供祭，每月初一、十五两天，自朝至午向帐中作伎乐，并时时登铜雀台，遥望曹操位于西陵的墓地。而曹丕则迫不及待地将父亲生前所临幸的宫人纳为己有，一方面是置父命于不顾，另一方面子纳父妾在讲究君臣父子伦理的时代是乱伦的行为，要遭到天下人耻笑和挞伐的。难怪卞太后闻知暴怒，斥责他“狗鼠不食汝余”，死也应当，以至曹丕病亡之时也拒绝探望，与其恩断义绝。联系《世说新语》所载另外几条关于曹丕的轶事，兴许可以解释为卞太后对儿子残害手足、不孝不义的种种行径哀莫大于心死了吧。

（胡秋蕾）

鉴赏

慎勿为好

慎勿为好

赵母嫁女[①],女临去,敕之曰[②]:“慎勿为好[③]!”女曰:“不为好,可为恶邪?”母曰:“好尚不可为,其况恶乎?”

《贤媛》第5条

注释

① 赵母:不详,也许只是一个似曾有的或假想的人物。
② 敕(chì):教诲,教训。
③ 慎勿:千万不要。

鉴赏

赵母嫁女儿,女儿临离开娘家的时候,母亲教诲她说:“到了婆家,千万不要做好!”女儿说:“不做好,难道要做恶吗?”母亲说:“好都不可以做,况且做恶呢!”这是一个“似是而非”或者“似非而是”的悖论。悖论是表面上同一命题或推理中隐含着两个对立的结论,而这两个结论都能自圆其说。结论一:不要为好;结论二:要为好。当然,不要为好显然是不对的,但是看了下文,也许明白了赵母这番语重心长的意思,又觉得这个结论有道理。因此这就是一个“似非而是”的悖论。这里,悖论的目的似乎是加深听者或读者的印象。初听起来,赵母的话似乎完全错误，听者会感到吃惊，这样就引起了对方的注意，对以下赵母真正要说的话，就会留下更深的印象。

赵母所说的做好，是刻意做好的意思，比如不要刻意去讨好婆母，刻意去迁就丈夫。自己的本性是怎样的，就照着本性去做。如果用儒家的思想来解释，就是保持中庸之道，不要太好也不要太坏。但用道家的思想去理解，就是顺其自然，不必强求的意思。做得太好，容易惹人嫉妒，世俗也有"枪打出头鸟"的警语。这些诠释都是说得通的。但还有一个女性的视角。自古以来，女人都被告诫不可太过出色。班昭的《女诫》说："夫云妇德，不必才明绝异也。妇言，不必辩口利词也。妇容，不必颜色美丽也。妇功，不必工巧过人也。"总之，妇女的德性，不必很聪明，跟一般人不一样；说话的表达能力，不必太强；容貌不必长得特别漂亮；技能方面也不必好到超过别人。这四个"不必"就让千古的女性默默地把自己的优点隐藏起来，甘于平庸，因而埋没了多少女性才俊。她们必须压制自己成才的愿望，不能发挥自己的才能。这就是唐朝的鱼玄机和宋朝的朱淑真两位杰出的女诗人都对自己性别深表愤恨的缘故。也因此多位清朝的女诗人焚毁自己的诗稿，甚至约束自己不写诗，这都是"不必为好"造成的影响。再极端点就成为"女子无才便是德"了。一直到二十一世纪的今天，我们还常常听人说女孩子书不可以读得太多，学问太多，学位太高，找不到丈夫，这难道不是和赵母和班昭的训诫一脉相承吗？

（萧虹）

鉴赏

好色好德

好色好德

许允妇是阮卫尉女①，德如妹②，奇丑。交礼竟，允无复入理，家人深以为忧。会允有客至，妇令婢视之，还，答曰："是桓郎。"桓郎者，桓范也。妇云："无忧，桓必劝入。"桓果语许云："阮家既嫁丑女与卿，故当有意③，卿宜察之。"许便回入内，既见妇，即欲出。妇料其此出，无复入理，便捉裾停之④。许因谓曰："妇有四德⑤，卿有其几?"妇曰："新妇所乏唯容尔。然士有百行⑥，君有几?"许云："皆备。"妇曰："夫百行以德为首，君好色不好德，何谓皆备?"允有惭色，遂相敬重。

《贤媛》第6条

注释

① 许允，字士宗，三国高阳(今属河北)人，官至领军将军，后为司马师所杀。阮卫尉：阮共，陈留尉氏(今属河南)人，官至卫尉卿。

② 德如：阮侃，字德如，阮共之子，与嵇康为友，官至河内太守。

高逸图 【唐】孙位

女史箴图 【东晋】顾恺之 局部一

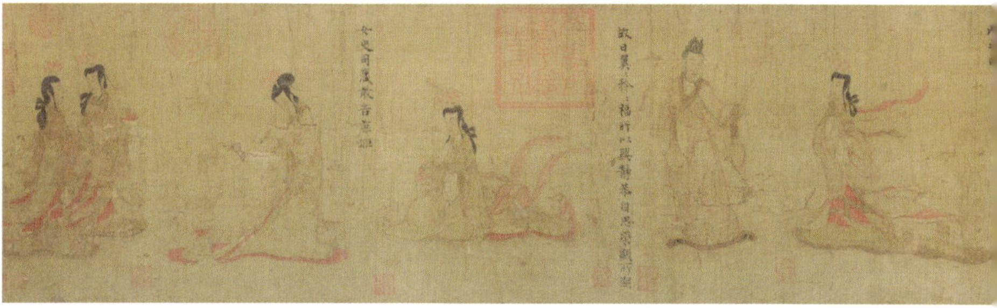

女史箴图 【东晋】顾恺之 局部二

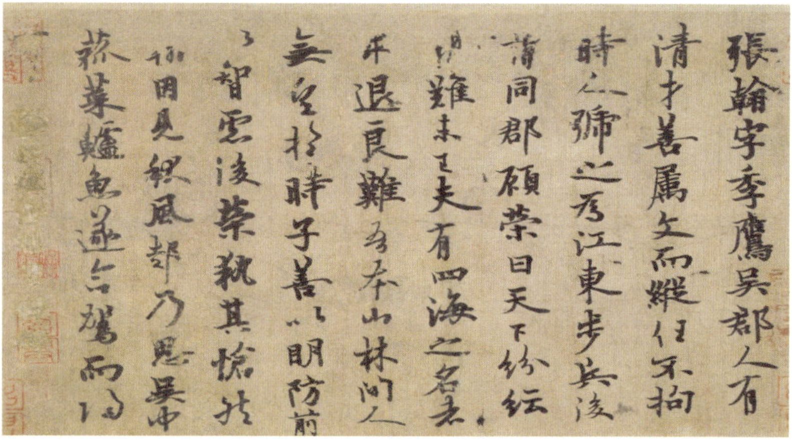

张翰帖 【唐】欧阳询

③ 有意：有缘故。
④ 裾：衣襟。
⑤ 四德：当时礼教对女性品德、言语、容仪和妇功等四个方能的要求。
⑥ 百行：多种品行。

鉴赏

本篇讲的是许允之妻阮氏的故事。她出身于名门，乃大家闺秀，兄长阮侃是与嵇康交好的名士。但很不幸，长得奇丑无比，这是个致命伤。她与许允举行交拜礼完毕，许允没有进入新房的意思，家里人很为此担忧。此处的"家人"不知是阮家还是许家，总之，说明许允事先并不知阮氏的情况，说不定这婚姻从缔结之时就有意地回避了这个问题，对许允来说，未尝不有少许欺骗的成分。他勉强配合结束了仪式，明显有拒入洞房的意思。这传出去，是要闹笑话的，所以包括阮氏在内的各方面均担心事态的发展。

正好有客人来，阮氏令婢女前去探视，回来答道是"桓郎"。郎，是当时对青年男子的美称。桓范有智囊之称，是个识大体的人。阮氏放下了心，很有把握地说，桓范一定会劝许允主动进来。这话表明了阮氏的见识。果然，桓范对许允说："阮家既然把丑女许配给你，肯定有缘故的，你应细心体察。"桓范的劝解颇妙，不是空讲道理，而是开启许允的疑窦，令许允自个儿去发掘阮氏的长处。事已至此，许允也无可奈何，于是将信将疑，抱着试试的心态勉强回身进了洞房。

但许允一见阮氏，立即想出去。"即欲出"三字，很能见许允的心态。以他的处境，内心中应该是尽量找到阮氏的优点好来加分，以转移或者压低对她容貌的负面印象。但，一睹其容，甚至连打算好了的善意的自宽、自欺都难以为继了。阮氏料知，如果放他出去，两人的关系到此为止，这是她最后的争取机会，且非常渺茫、短暂。

于是阮氏抓住许允的衣襟,这个动作也能见阮氏的决断。以许允的身份以及当时的情境,无论内心如何反感、不悦,也不至于绝襟而去,必须要就此留个话——这同时也是许允的最后底线。阮氏婚姻的前景,实际上就在许允被强行停留的片刻之间,这是她为自己争取来的。

许允说:“妇人有德、容、言和功四德,你有几个?”这话火药味甚浓,一开口就拿女性应有的“四德”的大帽子压过来。言外之意,不是他态度不好,是阮氏妇德不够。但许允慌不择言,实际上是放大了阮氏容貌欠佳这一点,而无视她其余的方面,留下了他以貌取人的缺口。既然开口了,就好办。阮氏坦然地说:“新娘子我所欠缺的,无非是容貌。”随即反击:“然而男子应该有的各种品行中,你又有几个?”许允当然不甘下风,傲然而应:“全有。”阮氏说:“男子的各种品行,以德为首。你好色而不好德,怎么能说全有!”这反问直抵许允的内心隐秘之处,许允不自安,露出羞愧的脸色,从此很敬重阮氏。

阮氏以她的智慧和努力,挽回了许允,挽救了她的婚姻,也由此赢得了许允的敬重。

(肖能)

作粥待夫

许允为吏部郎①，多用其乡里，魏明帝遣虎贲收之②。其妇出诫允曰："明主可以理夺③，难以情求。"既至，帝覈问之④。允对曰："'举尔所知⑤。'臣之乡人，臣所知也。陛下检校为称职与不⑥？若不称职，臣受其罪。"既检校，皆官得其人，于是乃释。允衣服败坏，诏赐新衣。初，允被收，举家号哭。阮新妇自若云⑦："勿忧，寻还⑧。"作粟粥待。顷之允至⑨。

《贤媛》第7条

注释

① 许允，见《贤媛》第6条注释。吏部郎：吏部的长吏，掌官员的铨选调动。
② 魏明帝：见"傅粉何郎"篇（《容止》第2条）注释。虎贲：皇帝的禁卫军。收：拘捕。
③ 理夺：理，道理；夺，抢夺，这里的意思是要用道理来说服。
④ 覈：同"核"，审核，复查的意思。
⑤ "举尔所知"：出自《论语》孔子对学生说，如果有机会，要向当政者举荐贤能的

人。学生问:“我怎么知道哪些是贤能的人呢?”孔子说:“举你所知道的就是了。”

⑥ 检校:检查,对照。

⑦ 阮新妇:阮家媳妇,许允的妻子,阮侃的妹妹。因为她的容貌丑陋,许允起初不能接受,但因为她非常有见识,终于得到丈夫的赏识。故事见《贤媛》6。

⑧ 寻还:寻,不久;还,回来。

⑨ 顷之:顷刻,很快。

鉴赏

《世说新语》这条、前面一条和后面一条一连三条都是关于许允的妻子阮夫人的事迹。可见对她特别重视。前一条是说因为阮夫人容貌丑陋,洞房花烛夜新郎竟要逃婚,幸得朋友劝阻,方才夫妻融洽。这一条许允做了有权任用官吏的吏部郎,却被怀疑用人唯亲而被捕。阮夫人教他如何应付皇上的审问,然后很有信心地等候他回来。她说魏明帝是一个明白事理的君主,所以只可以用道理来说服他,而不能求情。因此当皇帝审问他的时候,他就用《论语》里的话说,我只是举荐我所知道的人,请您去查一下,我所举荐的人有没有不尽责的,如果有,我愿意接受惩罚。结果皇帝发现这些人都很尽责,就释放了他。许允听了妻子的劝告,理直气壮地为自己辩护,果然没有获罪。反而因祸得福,因为皇帝见到他的衣服破旧,意识到他是个清官,特别赐给他新衣。这一段是说明阮夫人教给许允的策略是正确的。她虽是女子,但对事情的分析精到,知道魏明帝是怎样的人,对他应该采取什么态度。可以说知人。

这件事跟当时的历史背景有相当的关系。正常的情况,臣子有过,不一定就会丢了性命,然而魏晋时期,由于政治斗争频繁,士大夫因为站错边而被杀的情况很普遍。魏明帝即位时,魏朝刚由父亲魏文帝曹丕创立,各种势力还未完全整合,而魏文帝在位七年就去世,传位给他。因此,魏明帝对臣子还是多疑,动辄赐死或贬谪。许允被捕的时候,全家都害怕得大哭大喊,只有阮夫人镇定如初。她还有心情去煮一锅小米粥,等待许允回来。这一方面表现她的智慧,因为能预见丈夫可以无恙归来,一方面写出她的沉着,把她的淡定跟家人的恐慌对比,收到很好的效果,生动地勾画出阮夫人的形象。这种处变不惊的性格,正是魏晋时期士人所最崇尚的性格,所以,阮夫人在当时人的眼光中就是特别值得称赞的,《世说新语》之所以收了三条关于她的事迹不是没有原因的。

附带说说本条的下一条,也是关于阮夫人的。内容说许允因被司马师所杀,钟会奉命去查看他的两个儿子,如果才能和他们的父亲一样,就除掉他们。阮夫人教他们应付钟会的策略,后来都安然无恙。《世说》对阮夫人的书写是用三件事描绘了她的外貌、个性和见识。第一条她被写成一个有丑陋外貌但很果断的女子,而且智慧足以为自己辩护。第二、第三条她被刻画为一个有智慧有见识的女子,处变不惊,她的智慧不仅可以保护自己,还可以挽救丈夫和儿子。通过"作粥待夫"这一细节,《世说》特别形象地展示出她的智慧和沉着。

有关阮夫人的三条,《世说》都分类在贤媛篇。这一篇总共有 32 条。时间从两汉到晋末。一共记叙了 23 人。从字义上看,贤有贤明、贤德或贤惠的意思。是指有德性、有才能的人。媛,本是美女的意思,但考虑到本篇收录了一个有名的丑陋女人,我们理解媛是一般妇女的代称。本篇所录的 23 人中,有以德胜的,也有以才胜的。她们有超常的智慧,或特立独行的风格。正如余嘉锡先生所说,她们并不都符合班昭提倡的女德要求,也并不都是相夫教子的楷模。反之,有些甚至出言不逊,触犯了尊重丈夫的教条。而且显露自己的才智,有失谦逊的美德。然而《世说》对她们的言行却津津乐道,而不予以批判。如此看来,《世说》的妇女观是比较开放的,这和魏晋时期的个性解放思想很有关系。这种开放的态度,和后世"无才便是德"的妇女观迥异,从女性的观点看,中国的妇女观无疑开了倒车。

(萧虹)

鉴赏

从容许妇

从容许妇

许允为晋景王所诛[①]，门生走入告其妇[②]。妇正在机中，神色不变，曰："早知尔耳！"门人欲藏其儿，妇曰："无豫诸儿事。"后徙居墓所，景王遣钟会看之，若才流及父[③]，当收。儿以咨母，母曰："汝等虽佳，才具不多，率胸怀与语，便无所忧。不须极哀，会止便止。又可少问朝事[④]。"儿从之。会反以状对，卒免。

《贤媛》第8条

注释

① 晋景王：即司马师。
② 门生：中古时代依附于世家大族供役使的人。
③ 才流：才华、流品。
④ 少：稍微。

鉴赏

魏晋易代之际，政治波诡云谲，异常凶险。许允当时出任领军将军，这是个非常重要的职位，但他处理李丰等的政变事情不当，遭执政的司马师的疑忌。司马师为免引起太大的震荡,对牵涉到李丰事件的相关人员采取不同的处置方式。恰好当时镇北将军刘静逝世,司马师外放许允,接替刘静,并有意安抚他的不安,说这个安排是使他"著绣昼行",即享受衣锦回乡的荣耀。许允放心了,以为司马师放过了他,还高兴地对妻子说:"我没事了。"但许妻对政治和局势的认识,显然要高于许允,泼了他冷水:"大祸临头,哪能幸免。"果不其然,有关部门找了些莫须有的罪名弹劾他,结果是"减死徙边",死于道上。

许家的门生把许允死的消息告诉许允妻。许妻正在织布,她"神色不变"——面临意外、危机时保持镇定的姿态,是魏晋时上流阶层普遍推崇的一种德行。许妻并不吃惊,说:"早就知道有今天的这个结局。"门人建议把许允的儿子藏起来。许妻说:"不关他们的事。"一般说来,以许允的地位,牵连进谋反这样的要案,其家族便岌岌可危了。覆巢之下,难有完卵。但许妻判断,事情到许允而止,不至于株连到其子。

其后,举家搬到墓地居住。司马师派钟会去考察许允的儿子,一旦发现他们还成器,才具类许允,就抓起来。钟会被司马昭称作"张良",智计超群,是个很厉害的人物。许允的儿子向母亲请教对策,许妻说:"你们虽然还不错,但是才具不多,可以坦率地和钟会交谈,就没有什么好担心的了。不必表现得很悲哀,钟会不哭了,你们也止住不哭。还可以稍问一下朝廷的事。"许妻确实见识不凡,对儿子的指点也非常到位。首先,知子莫如母,她对儿子们的才具了如指掌,知道他们只是优秀,而不是杰出,对司马氏构不成潜在的威胁,这点就足以保全性命了。在钟会这样以智计自负且担负考察任务的人的面前,以其子的能力,很多东西是根本掩饰不住的,而且刻意地掩饰反容易令钟会起疑,说不定弄巧成拙。所以她要儿子们坦率地谈论,不用装。但这不表示就可以无所顾忌了,当然还是有要注意的,要点是所有的反应均保持在人情的限度内。第一,不能不悲哀,也不必过于悲哀。因应着钟会而已。第二,稍微关切朝局。何以如此?因为当前的形势对许家不利,他们为司马师砧板上的鱼肉,生杀操之于人手。如果不稍微表示一下对朝廷动态的关注,也不合情理。当然,关心过度,同样会生疑。所以许妻告诫其子稍微过问即可。总之,许妻断定儿子性命基本无虞,只是要在几个大的关节上留心,不惹心思缜密的钟会疑忌。

儿子们按她的指教去做。钟会回去,把情况向司马师汇报,果然得以幸免。钟会是有名的智士,而许妻却把钟会估算无遗,指点儿子合理应对危机,其智还在钟会之上。

从许妻的一系列表现来看,魏晋时在高门大族中,有些女性的人生和政治智慧已经相当之高了。像许氏家族,因许允的罹难而面临巨大的凶险,幸亏许妻应对有方,保全了儿子,才不至于使这个家族沦落到彻底崩溃、坍塌的地步。可惜,她们的事迹只在《世说新语》等书中有零星的保存。即使如此,也能感受她们的风采。

（肖能）

比踪英杰

王公渊娶诸葛诞女[①]。入室,言语始交,王谓妇曰:“新妇神色卑下,殊不似公休[②]!”妇曰:“大丈夫不能仿佛彦云[③],而令妇人比踪英杰!”

《贤媛》第9条

注释

① 王公渊：王广（？—251），字公渊，三国时期曹魏太原祁县（今山西祁县东）人。东汉司徒王允从孙，魏太尉王凌之子，有风量才学，名重当世。后因父罪牵连，为司马懿所诛。诸葛诞（？—258），诸葛瑾与诸葛亮之族弟，仕魏任镇东将军、司空。

② 公休：诸葛诞字。

③ 彦云：王广父王凌（172—251）字。凌汉末曾任中山太守，仕魏任散骑常侍、兖州刺史、太尉。后密谋拥立楚王彪以代魏主齐王芳。事泄，为太傅司马懿所讨。凌出降，于解送途中饮药死。

鉴赏

此条是魏晋妇女参与人伦鉴识的一个实例。人伦鉴识，即对人物品格的鉴定与描述，起于汉代，本为察举征辟士人之用。魏九品中正制度起，门阀成为选士的主要依据，人伦鉴识逐渐失去其政治作用，但并未因此消失，反而逐步演变为魏晋士人全面探索和认识人性以及追求理想人格的一种方式。究其原因，当与其时士人自我意识觉醒及玄学的崛起密切相关。三者并存互动，造成魏晋知识界十分生动活泼的局面。风气所及，至于闺阁。人伦鉴识由政治行为演化为思想学术活动，妇女与有力焉。成书于刘宋初年的《世说新语》，是魏晋人伦鉴识的直接产物，全面反映了这一思想学术活动的演变过程及其精神风貌。在此思想文化背景上，此条可分为三个层次阅读赏析。

其一，新婚初见，新郎王广因新妇神色不似乃父，颇感失望。这一层意思仍为传统之男子自居品鉴主体，以妇女为品鉴客体，不过标准有所变化。“神”乃魏晋人伦鉴识核心概念，魏学者刘劭《人物志》所谓“物生有形，形有神精。能知精神，则穷理尽性”。神既为由人物外形了解其内心理性的载体，神似则意味内心相似。然而汉儒刘向《列女传》第七《孽嬖》引《诗·大雅·瞻印》第三章评夏桀之妃末喜：“懿厥哲妇，为枭为鸱”,盖因其“美于色,薄于德,乱孽无道;女子行,丈夫心,佩剑带冠”。按《瞻印》此章首二句为:“哲夫成城,哲妇倾城。”何以同冠一“哲”字,在夫在妇却有成毁之别?《瞻印》毛传:“哲,知也。”郑玄《笺》云:“哲谓多谋虑也。城犹国也。丈夫阳也,阳动,故多谋虑则成国;妇人阴也,阴静,故多谋虑乃乱国。”丈夫以谋虑立国,妇人既不预其事,不谙其中规律秩序,则多谋虑徒增纷扰。而妇人谋虑往往宣于口,《瞻印》所谓“妇有长舌,维厉之阶”。刘向指责“哲妇”末喜有“丈夫心”,正因其侵夺丈夫知识权力领地,多言乱政,致使夏桀“听用其言,昏乱失道”。

从《诗经》原旨到汉儒作传解经,一以贯之,品鉴妇女,均谓妇人不可有“丈夫心”,尤不可以多智多言干政,而应以蚕桑中馈为务。王广则期待新妇有“丈夫心”。同时,新妇本可依汉儒成说,以女子不得有“丈夫心”来回复王广的挑剔,但她却反唇相讥,谓新郎自己尚且不能仿佛其父神色,又如何能以此要求其妇? 言下之意,是认可夫与妇均可有“丈夫心”。可知品鉴妇女的标准,于魏晋人伦鉴识中已发生了实质变化。

其二则为妇女反客为主。王广谓新妇神态不肖乃父,暗示新妇配不上自己。新妇则指出新郎亦不如乃父,如此,夫妇之间,孰为优劣,便很难说。以品鉴主体自居,置男子于品鉴客体的地位,从而在人伦鉴识与社会秩序两方面挑战男性权威,是魏晋妇女在人伦鉴识活动中表现最杰出处。她们的品鉴对象上至君主、下及子孙;所观照的事物巨有军国事务,细关家人祸福。比如魏明帝令收捕许允,其妻阮氏诫之曰:“明主可以理夺,难以情求。”接受妻子对明帝的品鉴,许允据理直陈,终得开释(《贤媛》第7条)。又如西晋李重受权臣胁迫,向其女咨询解脱之道,女儿审时度势,劝父自裁(《贤媛》第17条)。魏晋妇女品鉴人物,尤其是自家夫婿,或显或隐,常以自身为参照。显者比如许允初娶阮氏为妇,因妇貌不扬,既见妇,即欲出,且责妇曰:“妇有四德,卿有其几?”阮氏自称于四德中所乏唯容,容是妇德之末。而反责其夫许允“好色不好德”,德乃士行之首。相比之下,自身的人格远高于乃夫。隐晦手法则较为常见,比如此条王广妇例。无论显隐,两者均变男性审视者为被审视者,将男性审视女性的话语逻辑反转用于男性自身,请君入瓮。

其三,新婚之夜,王广妇即与新郎辩难往还,直犯"七弃"中的"口舌"禁忌。如此公然悖逆礼法,单靠妇女,是无法完成的,身后必然有男性的支持。事实是王广夫妇共同违背了《礼记·婚义》:"成妇礼,明妇顺,又申之以著代,所以重责妇顺焉也。妇顺者,顺于舅姑,和于室人,而后当于夫……是故妇顺备,而后内和理,内和理而后家可长久也。故圣王重之。"《世说·任诞》记:"阮籍嫂尝还家,籍见与别。或讥之。籍曰:'礼岂为我辈设也?'"《礼记·曲礼》:"嫂叔不通问。"而阮籍与嫂却通问,故"我辈"为阮籍自谓,同时也应包括其嫂。两性之间,互为呼应,形成此前此后都较少见的精神协作关系。究其原因,乃缘魏晋崇尚自然,任情任性,自我意识增长,而形成两性关系乃至家庭关系的相对密切与平等。

(钱南秀)

有孝有忠

王经少贫苦,仕至二千石,母语之曰:"汝本寒家子,仕至二千石,此可以止乎!"经不能用。为尚书,助魏,不忠于晋,被收。涕泣辞母曰:"不从母敕[①],以至今日!"母都无戚容[②],语之曰:"为子则孝,为臣则忠。有孝有忠,何负吾邪?"

《贤媛》第10条

注释

① 敕：告诫。
② 戚：忧愁、悲伤。

鉴赏

王经为三国魏时人，出身贫贱，系冀州清河郡农家子。幸而得到同乡、司空崔林的赏识，与许允等并称冀州名士。后任江夏太守，母亲劝告王经，你出自寒门，现在做官已到二千石(这里代指太守，详后)，可以止足，不要再求高位了。但王经没有听从母亲的劝告，继续仕宦生涯，还不断升迁，历任雍州刺史、司隶校尉、尚书，逐渐接近权力中枢。甘露五年(260年)五月初六，早已不满于司马昭擅政而自己权力被架空的年青皇帝高贵乡公曹髦，召集侍中王沈、散骑常侍王业、尚书王经等近臣，让他们与自己一起讨伐司马昭。王经分析当时形势，认为敌众我寡，毫无胜算，若仓促行事，极可能遭遇不测，因此应当慎重考虑。但曹髦不从，他从怀中掏出事先写好的诏书，坚持立刻行事，即使死也不足惧。王沈、王业见风使舵，准备紧急去向司马昭告密，他们叫王经一道去，但被王经拒绝(本条刘孝标注引《汉晋春秋》《世语》及《晋诸公赞》)。司马昭得到消息，令护军贾充等加强防备。曹髦知事情泄露，仅率殿中宿卫和僮仆共几百人，鼓噪出击司马昭的丞相府。至皇宫南阙，被贾充命成济刺死。司马昭为平息物议，将弑君之罪委于成济，诛其三族。并很快另立新君，是为魏元帝曹奂。

在曹髦讨伐司马昭而大败身死的这场宫廷权力争斗中，王沈等因告密有功封侯，王经不像王沈、王业这般认清形势、识得时务，他选择忠于虽然只是傀儡、但毕竟还是魏帝的曹髦，不愿趁此良机附从专擅朝政的实权人物司马昭。《世说新语》本条称为“助魏，不忠于晋”，本条当出自裴启《语林》(《太平御览》卷四四一引),此语亦沿袭《语林》原文,裴启为东晋人,此语为其站在晋朝立场所言。本条刘孝标注引干宝《晋纪》称王经"不忠于我",《晋书·文帝纪》称王经"贰于我也",也是出于同样的立场。王经因此被拘捕,他哭着和母亲告辞,懊悔以前没有听从她的劝止,落得今天这样的结局。而他母亲却毫无悲伤之色,对王经说:"你做儿子孝敬,做臣子忠诚,忠孝皆得,有什么辜负我的呢?"不久后王经和母亲一起被杀。临死前,母亲还对他说:"谁人不死?以前之所以劝止你,是担心你不能死得其所。现在这样和你一起死掉,又有什么遗憾呢?"("人谁不死?往所以止汝者,恐不得其所也。以此并命,何恨之有?"见《三国志·魏书·王经传》裴松之注及《世说新语》本条刘孝标注引《汉晋春秋》)

类似本条所载王经母亲劝告王经"仕至二千石,此可以止乎"的态度,古书载录屡见不鲜。这样的态度,既有戒盈(如《周易·丰》:"日中则昃,月盈则食。")、止足(如《老子》第四十四章:"知足不辱,知止不殆,可以长久。")等传统教诲,也有基于现实形势的考虑。尤其是身处乱世之中,仕途波诡云谲,机会与危险并存,可能飞黄腾达、鸡犬升天,但也可能死于非命、株连亲友,就像王经最后的结局一样。在这种情况下,比较稳妥的办法是知足而止,远祸全身,功成身退、得以善终的范蠡、张良(与之相反的是文种、韩信)等人是效法的对象。仕途艰难,宦海浮沉,因此仕宦常以二千石为止足之限,尤其是对于寒门、次等士族、大族中比较低微的宗支的人物来说。秦汉时不同等级官吏的俸禄以容积数量不等的粟(未去皮壳的小米)为标准计算,如汉代有万石、中二千石、二千石、比二千石、千石、比千石至一百石等十余个等级(中间曾有过调整),太子太傅、太子少傅、诸侯王国相、州牧、郡(太)守等为二千石(《汉书·百官公卿表上》)。后来虽然俸禄支付的方式和品种有所变化,官吏等级也分为九品(每品有时还分正、从),但这一传统得以长期延续。大体说来,两汉三国魏晋南北朝时期,二千石代指州牧、郡(太)守、国相以及地位与之相当的中央高级官员(参《宋书·百官志下》《隋书·百官志上》)。

仕宦至二千石而止足,常以患病、年老、养亲、无能等理由为借口辞官退居。较早的而且影响很大的例子是二疏(疏广、疏受叔侄),他们在西汉宣帝时,分别担任太子太傅、太子少傅,教授太子通《论语》《孝经》之后,疏广对疏受说:“吾闻‘知足不辱,知止不殆’,‘功遂身退,天之道’也。今仕官至二千石(按太子太傅、太子少傅年俸均为二千石),宦成名立,如此不去,惧有后悔,岂如父子(按这里指叔侄)相随出关,归老故乡,以寿命终,不亦善乎?”于是两人告病乞归,辞官返里,散金于乡党宗族,皆得寿终(《汉书·疏广传》)。南朝齐梁时陶季直在梁朝建立之后,升任给事黄门侍郎,“常称仕至二千石,始愿毕矣”,于是称病辞官还乡(《梁书·止足传》《南史·孝义传下》)。

父母等长辈也常像王经母亲一样,以此告诫家族后生。东晋颜含告诫子侄:“尔家书生为门,世无富贵,终不为汝树祸,自今仕宦不可过二千石,□婚嫁不须贪世位家”(李阐《右光禄大夫西平靖侯颜府君碑》、颜之推《颜氏家训·止足》),颜含的九世孙颜之推将此当作名言,终身服膺。颜之推入北齐后官运亨通,历任通直散骑常侍、中书舍人、黄门侍郎后,也告诫子弟:

> 仕宦称泰,不过处在中品,前望五十人,后顾五十人,足以免耻辱,无倾危也。高此者,便当罢谢,偃仰私庭。吾近为黄门郎,已可收退。当时羁旅,惧罹谤讟,思为此计,仅未暇尔。自丧乱已来,见因托风云,徼幸富贵,旦执机权,夜填坑谷,朔欢卓、郑(西汉时临邛富豪卓氏、程郑),晦泣颜、原(孔子弟子颜回、原宪,生活贫困)者,非十人五人也。慎之哉!慎之哉!(《颜氏家训·止足》)

王经母亲劝告王经官至二千石应当止足,这是她从个人和家族的角度考虑。王经没有听从，后来在宫廷权力争斗之中，捍卫魏帝曹髦而被司马昭诛杀。在实力强弱悬殊的情势之下，依然坚持忠于弱者，就显得非常难得，尤其是还会由此引来杀身之祸，甚至殃及亲友。姑且不论立场和是非，“忠”还是一种值得钦佩的品质，甚至会赢得对手的尊重。五年半之后，司马昭之子司马炎逼迫魏元帝禅位于己、建立晋朝不久，就下诏称王经“虽身陷法辟，然守志可嘉”，哀其“门户堙没”，赐他的孙子为郎中（《三国志·魏书·夏侯玄传附王经传》裴松之注引）。东晋袁宏推王经为三国名臣，并赞曰：“烈烈王生，知死不挠。求仁不远，期在忠孝。”（袁宏《三国名臣序赞》）均为对王经之“忠”的褒扬。与此相反，王沈告密有功封侯，却因为不忠于主，深受舆论非议（《晋书·王沈传》）。王经被捕、被杀时，其母称赞王经忠孝两全、宣称自己死而无憾，这是她坚守正道、深明大义，因此本条被列入《贤媛》。《资治通鉴》卷七七载此事，胡三省注云：“非此母不生此子。”《三国演义》第一一四回亦载此事，录后人诗：“汉初夸伏剑，汉末见王经。真烈心无异，坚刚志更清。节如泰华重，命似鸿毛轻。母子声名在，应同天地倾。”旧题李贽评曰：“贤哉王母，生死之际了了如此，非佛而何？”都表达了对王经母亲之“贤”的敬重。

后世或以王章妻与王经母并提，如明代王世懋评点：“读史至王章妻、王经母，未尝不流涕也。”西汉王章求学都城长安时，穷困潦倒，生病都没有被子盖，只能躺在牛衣中哭泣，而妻子激励他振作奋发。后来王章仕途顺利，官至京兆尹时，欲上封事（密封的奏章）言秉政专权的大将军王凤不可任用，他妻子阻止说：“人当知足，独不念牛衣中涕泣时耶？”但王章不听，结果被拘捕后处死，妻子远徙合浦（《汉书·王章传》）。但以各自记载两相对照，王章妻尚不及王经母。

（张金耀）

契若金兰

山公与嵇、阮一面，契若金兰①。山妻韩氏，觉公与二人异于常交，问公，公曰："我当年可以为友者②，唯此二生耳！"妻曰："负羁之妻亦亲观狐、赵③，意欲窥之，可乎？"他日，二人来，妻劝公止之宿，具酒肉。夜穿墉以视之④，达旦忘反。公入曰："二人何如？"妻曰："君才致殊不如，正当以识度相友耳。"公曰："伊辈亦常以我度为胜。"

《贤媛》第11条

注释

① 契若金兰：契，投合。意指情投意合，关系很好。该句出自《周易·系辞上》："二人同心，其利断金。同心之言，其臭如兰。"

② 当年：当今。

③ 负羁之妻亦亲观狐、赵：负羁，指春秋时曹国大夫僖负羁，狐、赵分别是随从晋公子重耳流亡的狐偃及赵衰。重耳在曹国受到曹君的无礼对待，僖负羁之妻观察到重耳身边的狐偃及赵衰等人均为大才，非常看好重耳的前景，力劝僖负羁示好重耳，以图将来。

④ 穿墉：凿穿墙壁。

鉴赏

山涛和嵇康、阮籍一见如故,契若金兰。山涛的妻子韩氏发觉山涛与两人的交往不同于常,问原因,山涛说:“我当今可以称得上朋友的,就这两个人。”既然山涛如此推重嵇、阮,这引起了韩氏的好奇心。她想近距离观察嵇、阮,为支持其做法的合理性,还援引了春秋时僖负羁之妻观察处于流亡中的晋公子重耳及其随从的典故。

有天两人来访,趁着这个机会韩氏劝山涛留宿他俩,准备好了酒肉。夜晚,韩氏凿穿了墙壁,偷偷旁听他们的谈话,听入迷了,以至于到天亮都忘记回去。后来山涛进入内室,询问韩氏的观感,韩氏说:“你的才具确实不如他俩,贵在以见识、气度与他们为友。”韩氏的评价得到了山涛的首肯:“他们也常认为我的度量为优。”

此则故事的主角是山涛之妻韩氏,她不愿接受礼教对女性活动范围的规范、把自己限制在阃闱之内,而是以很大的好奇心至少去了解一下丈夫的社交世界。嵇康和阮籍是当世第一流的名士,是人中龙凤,这引发了她急欲观察的热忱。她趁着两人来访的机会凿壁偷听,这是个富于象征性的动作。夜晚,是不适合女性接触异性的时间;墙壁,则划分了彼此能够合理活动的空间。用特定的时空把女性和男性隔离开来,这是礼教确定人伦秩序的一种方式。而韩氏凿开了墙壁,这个动作象征着打通了封闭秩序的缺口,尽管只是一个小口子。于是,本来隔绝的时空有了互通的可能。当然,韩氏本身有足够的素养做到这一步。她沉浸于他们的谈论中,“达旦忘反”,这么长时间的旁听,说明她能充分理解和领悟嵇康、阮籍、山涛的清谈内容,说明她在思想上与三人至少处于同一个层面上;且不止于此,事后她还能准确评估山涛与嵇、阮的差异及高下,说明她对人的判断、她的识见同样不逊色于三人。

竹林七贤里,山涛是走得最稳、最远的一个;可贵的是,他虽然奔竞于世途,却没有损伤自己的清名。在漫长的生涯中,我们可以推测,眼光精准、锐利的韩氏对山涛应有许多非常得力的支持。

（肖能）

不有长年

王浑妻钟氏生女令淑[1]，武子为妹求简美对而未得[2]。有兵家子，有俊才，欲以妹妻之，乃白母，曰："诚是才者，其地可遗，然要令我见。"[3]武子乃令兵儿与群小杂处，使母帷中察之。既而，母谓武子曰："如此衣形者，是汝所拟者非邪[4]？"武子曰："是也。"母曰："此才足以拔萃，然地寒，不有长年，不得申其才用。[5]观其形骨，必不寿，不可与婚。"武子从之。兵儿数年果亡。

《贤媛》第12条

注释

① 王浑（223—297），字玄冲，太原晋阳（今山西太原）人，魏司徒王昶之子，袭爵京陵侯，与王濬同领兵破吴，官至司徒。钟氏：名琰，魏太傅钟繇曾孙女。令

淑：美好贤淑。

② 武子：王浑之子王济，见“土地人物之美”篇（《言语》第24条）注释。求简：寻求选择。

③ 地：门第背景。遗：忽略。

④ 拟：考虑。

⑤ 地寒：出身低微。申：施展，发挥。

鉴赏

《世说新语·贤媛》一篇记载了很多学识非凡、见解卓越的女性的言论事迹，在全书中塑造的大量男性文人士大夫之中脱颖而出，令人耳目一新。两晋南朝的世家大族往往十分重视对女眷的教育，如谢道韫从小便与同族的子弟一起讲论学义，也会参与清谈论辩、人伦鉴识，也往往表现出不让须眉的风度和才华。这则轶事中的钟氏也是这样一位见解非凡的女子。她出身名门，曾祖钟繇不仅官至太傅，并且书法造诣非凡，与东晋王羲之并称“钟王”。钟夫人也非等闲女辈，“贤媛”篇中另一则评价她有“俊才女德”。除了才华和德行以外，钟夫人最为人所称道的还有她的睿智、风趣和耿直。《排调》篇中有这样一则故事：

王浑与妇钟氏共坐，见武子从庭过，浑欣然谓妇曰：“生儿如此，足慰人意。”妇笑曰：“若使新妇得配参军，生儿故可不啻如此。”

参军是王浑的弟弟王沦，也便是钟夫人的小叔。虽然这番对话是夫妇间私下的玩笑，但已足以让后世很多道学家们咋舌，历代读者中不乏指责钟夫人此话为“妄言”“秽语”者。然而无论此话是否妥当，既然她的夫君王浑不以为意，外人就不必妄加指责了吧。有意思的是，《世说新语》没有把这一则收入《贤媛》，或许也是认为这里的钟夫人很难称得上“贤”吧。

然而在“不有长年”这则轶事中，钟夫人却实实在在配得上“贤媛”

的名号。首先,她为女儿择婿的标准便非同寻常。她看重的是才华,而非门第。只要有才,即使出身寒门也可以考虑。“兵家子”的出身在当时是为很多自诩“清流”的高门大族不齿的。比如陶渊明的曾祖父陶侃,虽官至太尉并屡立战功,却因出身寒门,起于行伍而被很多士族出身的文人看不起。《世说新语》中载温峤甚至公然讥讽他为“溪狗”。钟夫人自己出身豪族,却不以门第出身论人,在门阀森严,“上品无寒门,下品无世族”的晋代实为难得,其见识远超温峤等所谓的名士。除此之外,她还要亲自见一见这位未来的女婿,观察他的品貌风度。魏晋的人伦鉴识注重观察人的外在,面相和举止都是用来评判一个人才能品行的重要标准。王武子让兵家子与一众平民混处,钟夫人在帷帐之后暗中观察,果然能于众人之中一眼认出这位才士。这一方面说明兵家子果然如王武子所言俊才秀逸,鹤立鸡群,另一方面也证实了钟夫人慧眼识珠的才能。

至此,这场“相亲”似乎一切顺利,一段郎才女貌的美好姻缘似乎马上就要展开。可接下来的情节却有些出人意料。思想开明,唯才是举的钟夫人对当时社会现实有着十分清醒的认知。她知道寒门之士虽然有机会依靠出众的才华脱颖而出,可是因为缺乏背景,往往需要经过更长的时间,更多的磨炼才能得到重用。士族贵胄唾手可得的地位,寒门子弟也许要奋斗一生才能企及。这虽然残酷和不公,但却是无法改变的客观现实。通过观察这位兵家子的形貌气质,钟夫人发现他没有长寿之征,因此恐怕有生之年无法得以充分施展才华,改变命运。综合考虑之下,钟夫人还是替女儿拒绝了这位追求者。几年之后,这位寒门才俊果然英年早逝,印证了她的判断。读完这则轶事,自然对钟夫人的识见深为服膺,却也让人对这位兵家子抱以深深的同情。能够在一个充满了门第之见的社会中崭露头角,得到王武子和钟夫人的赏识,实属不易,可惜天不假年,最终也没能出人头地。壮志未酬而身先死,实在令人扼腕!

（胡秋蕾）

语卿何物

贾充前妇[1]，是李丰女，丰被诛，离婚徙边[2]。后遇赦得还，充先已取郭配女[3]。武帝特听置左右夫人。李氏别住外，不肯还充舍。郭氏语充，欲就省李[4]，充曰："彼刚介有才气，卿往不如不去。"郭氏于是盛威仪[5]，多将侍婢。既至，入户，李氏起迎，郭不觉脚自屈，因跪再拜。既反，语充，充曰："语卿道何物！"[6]

《贤媛》第13条

注释

① 贾充(217—282)，字公闾，西晋重臣。曾在司马昭授意之下参与弑杀高贵乡公曹髦，深得司马氏信任。其女贾荃及贾南风分别嫁给晋武帝司马炎的弟弟司马攸和儿子司马衷，地位显赫一时。

② 离婚徙边：公元254年，大将军司马师辅政，怀疑中书令李丰密谋推翻自己而杀之。李丰之女李婉其时虽已嫁与贾充，也受牵连被迫与贾充离婚，流徙边地，直到265年晋武帝即位才遇赦得还。

③ 郭配，字仲南，太原阳曲(今山西太原)人，有重名，官至曹魏城阳太守，女郭槐嫁贾充为继室。

④ 省：省视，探望。
⑤ 威仪：仪仗，随从。
⑥ 语卿道何物：口语，相当于“我告诉你什么来着?”

鉴赏

这则轶事中展现了两位性格鲜明的女性形象。李丰之女李婉是贾充的发妻，她出身名门，淑美有才行。因自己的父亲得罪了权臣司马氏，被迫与丈夫离婚后遭流放到乐浪郡，离别之前为两个女儿作《女训》，在时人中广为流传。有文集一卷载于《隋书·经籍志》，今已失传。贾充与李婉离婚后，另娶权臣郭配之女郭槐为继室。由于父亲和伯父都是权倾一时的大臣，郭槐养成了飞扬跋扈和善妒的性格。据《晋书》记载，郭槐嫁与贾充之后，生贾南风和贾午二女，其后生长子贾黎民，视若珍宝。一日见贾充逗弄被乳母抱在怀中的黎民，郭氏疑心贾与乳母之间有奸情，便将乳母鞭挞至死。此后幼子黎民因为思念乳母不幸早夭，年仅三岁。不久又生一子，然刚满一岁之时，贾充抚摸乳母怀中小儿，令郭槐又起妒心，杀害乳母，小儿再次因思念乳母而亡。此后二人再未生育。贾充死后，郭槐过继女儿贾午与韩寿所生之子贾谧为贾黎民子，作为贾氏唯一的后嗣。由此可见郭氏的善妒和狠毒。

郭槐嫁给贾充后备受宠爱，而贾充在朝中附会司马氏，权势日重，位极人臣，郭槐也自然养尊处优。然而司马炎登基为晋武帝之后，大赦天下，李婉之女贾荃此时已贵为齐王妃，李婉便顺理成章地回到了京师。因为李氏贤德，贾充之母柳氏希望贾氏与她复婚，甚至要求贾充遣郭氏而纳李氏。这自然惹怒了久以夫人身份自居，性格独断善妒的郭槐。贾充宠后妻而轻故人，不惜忤逆母亲，拒绝迎李氏回府，母子因此结下芥蒂，贾母直到临终也不肯原谅儿子。最后惊动武帝从中调停，下诏特许充并置左右夫人。李氏刚介，不愿寄人篱下，所以贾充为她筑别院于永年里居住。因为畏于郭氏，贾充只能偷偷探望，而纸包不住火，很快被郭槐察觉。自此贾充每次出门,郭槐都会命人找寻,唯恐其私会李婉。

探听到李婉的住处之后,郭槐几番有意拜访,倒不是出于礼节,而是想要给对方一个下马威,宣示自己在贾家的地位和主权。贾充知道郭槐不过是色厉内荏,其才气性情远逊于李婉,贸然往见只会自讨没趣。可他不敢明言,只是说"李氏性情刚烈,又有才气,你去看她,不如不去"。当然这只能更激起郭槐的好奇心和好胜心,想要去跟李氏比个高低。于是她盛装打扮,带上大队的仪仗随从助威,气势汹汹朝李婉住处而来。然而刚刚进门,见到孤身出迎、气度非凡的李婉,立时被她的气势所震慑,不自觉地反而屈身向李氏行跪拜礼,相当于承认了李氏的正妻地位,在她面前伏低做小。这完全违背了郭槐往见李氏的本意。回到家之后,郭槐跟贾充讲述了与李婉见面的情况,贾充的反应也很有趣:"我告诉你什么来着?"这是在暗暗责备她:你不听我的话,现在可好,自讨没趣了吧!想必跋扈嚣张如郭槐,当场也只能哑口无言。

全篇虽然没有对李氏的正面描写,却勾勒出一个不怒自威,刚介不屈的女中丈夫。相较于郭槐的咄咄逼人,倚仗外物虚张声势,李夫人用自己内在的气度不费吹灰之力便取得了压倒性的胜利。当然,这个故事至此并未结束,郭、李二位夫人也没能从此相安无事。郭槐的女儿贾南风做了太子妃(后为晋惠帝的皇后)之后,武帝便下令贾充不得与李氏往来,这后面很可能有郭槐的暗中运作。而《世说新语》紧接着的下一则轶事是这样的:

贾充妻李氏作《女训》,行于世。李氏女,齐献王妃;郭氏女,惠帝后。充卒,李、郭女各欲令其母合葬,经年不决。贾后废,李氏乃祔葬,遂定。

两位夫人对于名分地位的争斗持续了一生,甚至延续到身后。最终因为贾南风弄权遭废，连累到母亲郭槐失去了与贾充合葬的资格，李氏取得了最终的胜利，这也许是她命运多舛的一生得到的最后一点微不足道的补偿吧。

（胡秋蕾）

王湛识女

王汝南少无婚[①]，自求郝普女[②]。司空以其痴[③]，会无婚处[④]，任其意，便许之。既婚，果有令姿淑德，生东海[⑤]，遂为王氏母仪。或问汝南何以知之？曰：“尝见井上取水，举动容止不失常，未尝忤观。以此知之。”

《贤媛》第15条

注释

① 王汝南：王湛（249—295），字处仲，司空王昶之子。少有识度，寡言少语，人皆以为痴，官至汝南太守。

② 郝普，一名匡，字仲时，又作仲将，襄城（今属河南）人。郝氏在当时门地孤陋，非王氏之偶。

③ 司空：即王湛之父王昶(？—259)，字文舒，太原晋阳(今山西太原)人。官征南大将军、骠骑将军、司空。封京陵侯。

④ 会无婚处：恰好没有合适的婚配对象。

⑤ 东海：王湛之子王承，后为东海太守，见“致理之本”篇(《政事》第10条)注释。

鉴赏

本则讲的是太原王氏中的王湛为自己择妻的故事。

王湛所出身的太原王氏乃整个魏晋时代第一流的高门。以王湛的身份，他的婚配对象在正常情况下，应该来自与他相当的门第。但他自己要求娶郝普的女儿。刘孝标注引《汝南别传》：“襄城郝仲将，门至孤陋，非其所偶也。”郝氏的门第距王湛太远，两家的婚姻不对等。

王湛少时沉默寡言，并不出众，人多以为痴呆，所以他的名声在上流社会的圈子里不是很好。就连他侄儿、晋武帝司马炎的驸马王济，起初不了解自己的这个亲叔叔，未免有诸多失敬之处；只是后来因一个偶然的交谈，王湛的才艺大出意料，才改变了印象。武帝还曾经在王济面前开玩笑、询问他傻叔叔的情况。王湛大概属于大器晚成型的人，在他头角未露的时候，不会引起众人的重视。

既然名声不佳，他也就很难在他们的圈层里找到合适的婚配对象，估计贵戚显宦们都不想把女儿嫁给他，招个傻女婿。所以他的婚姻暂时耽搁下来。而王湛自己要求娶郝普的女儿。他父亲王昶可能对这个儿子也不抱太大的指望，就遂了他的心意，答应了。

谁知道婚后，郝氏的女儿居然令王氏家族大吃一惊：不仅有美丽的姿容、贤淑的德性，还为王氏生了一个佳儿王承，她也成了王氏家族中贤妻良母的仪范。于是人们对王湛刮目相看了，问他凭据什么于人群中识别出这么好的老婆。王湛说：“我曾经见她在井里打水，容貌举止不失故常，眼睛从不逆视。就凭这知道的。”王湛果然不傻，对男性来说，可能最体现出人生智慧的，就是在拥有自主权的情况下，能为自己找到称心如意的另一半。女孩子在井上汲水，属于干粗重的活儿，一般人容易因忙乱而不注意仪态，甚至很随意、轻佻，但郝女不然，“举动容止不失常，未尝忤观”，稳重端庄，目不斜视，这确实有大家媳妇的样子。王湛可谓大智若愚。

清人李渔《闲情偶寄》里有李渔挑选美女的经验之谈，他看重女性的“态度”，认为这才是女性美之所在。“态度”，比较玄虚、抽象，难用语言来清晰地定义，所以李渔举了个例子：

记曩时春游遇雨，避一亭中，见无数女子，妍媸不一，皆踉跄而至。中一缟衣贫妇，年三十许，人皆趋入亭中，彼独徘徊檐下，以中无隙地故也；人皆抖擞衣衫，虑其太湿，彼独听其自然，以檐下雨侵，抖之无益，徒现丑态故也。及雨将止而告行，彼独迟疑稍后，去不数武而雨复作，乃趋入亭。彼则先立亭中，以逆料必转，先踞胜地故也。然臆虽偶中，绝无骄人之色。见后入者反立檐下，衣衫之湿，数倍于前，而此妇代为振衣，姿态百出，竟若天集众丑，以形一人之媚者。自观者视之，其初之不动，似以郑重而养态；其后之故动，似以徜徉而生态。然彼岂能必天复雨，先储其才以俟用乎？其养也，出之无心，其生也，亦非有意，皆天机之自起自伏耳。当其养态之时，先有一种娇羞无那之致现于身外，令人生爱生怜，不俟娉婷大露而后觉也。

李渔的这段描述，堪为郝普女之所以打动王湛的一个绝妙的参照。

（肖能）

雅相亲重

王司徒妇①,钟氏女,太傅曾孙,亦有俊才女德。钟、郝为娣姒②,雅相亲重。钟不以贵陵郝,郝亦不以贱下钟。东海家内③,则郝夫人之法。京陵家内④,范钟夫人之礼。

《贤媛》第16条

注释

① 王司徒:即王浑,见《贤媛》第12条注释。
② 娣(dì)姒(sì):妯娌。兄妻为姒,弟妻为娣。
③ 东海:即王承,见"致理之本"篇(《政事》第10条)注释。
④ 京陵:王浑袭爵京陵侯。

鉴赏

中国历史上,谨守礼教、三从四德的女性价值观,在大多时代里都是主流。汉代班昭在《女诫》中要求的女德,就是女子对男子必须恭顺卑下、忠诚节烈。而魏晋时期,《世说新语》里对女性价值的衡量,则加入了更多的才智因素,其中豪门贵妇的风采,当然是值得八卦一下的。

司徒王浑的夫人,是太傅钟繇的曾孙女钟琰,她有超群的文才,亦有齐家的女德。王湛的夫人郝氏,则出身一般门户。钟氏和郝氏是妯娌，两人非常亲密又互相敬重，钟氏并不因为自己门第高贵而欺负郝氏，郝氏也不因为自己门第卑微而屈从钟氏。在王承家里，恪守郝夫人的规矩；在王浑家里，则遵从钟夫人的礼法。

钟氏夫人究竟怎么个厉害法呢？看人家名垂青史就知道了。《晋书·列女传》有钟琰的一篇小传，说她自幼好学，才几岁就能吟诗作赋，更兼博学多识，著有文集五卷，流传后世的有《莺赋》《遐思赋》。钟琰既天性聪慧又仪容优雅，还像阮籍、嵇康一样善于啸咏，她在家里规定的礼仪法度，为中表亲属所推崇。

钟夫人出身名门，又一向以才情自负，可不是盏省油的灯。有一次，钟琰和王浑在屋里闲聊，看见儿子王济从院门走进来，好一位风度翩翩的佳公子啊！当了爹妈的人，看到自己优秀的儿女，当然都会感到由衷的欢乐，王浑得意洋洋地对夫人说："我们生了一个这么聪慧可爱的儿子，也可以知足了。"钟氏笑着说："如果我能嫁给你弟弟参军王沦，那生的儿子可就不止如此了，一定会聪明绝顶！"

钟琰这话真是石破天惊，估计直到今天，哪位听到这话的男性，都要替她丈夫勃然大怒，太不像话了！王济是他们的二儿子，明明儿女都成行了，心里想嫁的居然还是小叔子，这要是放在女戒森严的朝代，不把她浸猪笼沉塘坳才怪！然而王浑却默然无语，也没有立马把这大逆不道的妻子休了，真是咄咄怪事。

唯一可以解释的是，王浑心里可能像明镜似的，知道妻子说的，不过是事实而已。太原王氏家谱里记载道：王沦字太冲，是司空穆侯王昶的二儿子，司徒王浑的弟弟。他性情醇厚纯粹、简淡高远，爱好老庄的学说，为人恬淡，写了《老子例略》《周纪》。二十余岁的时候，王沦被推举为孝廉，但没有上任。后来他任大将军司马昭的参军，随从出征寿春，二十五岁这年因疾病夭亡，司马昭为之伤心哭泣，当时人也为他感到惋惜。

既然钟琰是念及早逝而多才的弟弟，当然跟男女私情并无关系，有什么必要争风吃醋呢？王浑当然也不是等闲之辈，他早年跟随大将军曹爽，高平陵政变之后被免官，不久复出，在建立灭吴的大功后升任征东大将军，晋爵京陵公。他的父亲王昶也是司徒，如此显赫的门庭，是不是每个儿子都那么强悍呢？那也未必。

王浑的另一个弟弟王湛，就一向被人看作是呆子。他们的年纪相距悬殊，王浑出生于223年，王湛则是249年，二十六岁的差距，已经可以算两代人了。王湛长得丑，虽然身高七尺八寸，却是龙额大鼻，寡言少语。他性格沉静和顺，颇有些才华，但是不显山不露水，因而亲戚朋友都认为他是个痴呆儿。

甘露四年(259年)，王昶去世，这一年王湛才十岁。他生性至孝，遭受丧父之苦后，小小年纪就在父亲的墓地附近结庐居住，为父亲守孝三年。王湛整天穿着丧服，关门闭户，不和外界交往，守孝期满后，还依然住在那里。他哥哥的儿子王济，年纪大概跟王湛差不多大，一向风流潇洒，根本瞧不起这位看起来傻乎乎的叔叔，连给祖宗扫墓的时候，都很少去看望他。

总之王湛失去父亲后，就是在王家完全被忽略的一个孤儿。他年少时，因为又丑又呆，也没人提亲，便自己提出向郝普的女儿求亲。长大成婚后，郝氏果真美貌贤淑，后来生了王承，成了王家女性们的典范。有人问王湛怎么了解她的，王湛说："我曾经看见她到水井打水，虽然干的是粗活，举止仪容却不失优雅，目不斜视，因此了解她的品格。"

看来王湛夫妻俩，是典型的真人不露相。王济一向为人苛刻，更是著名的毒舌男，善于清谈讽议，后来却被叔叔的玄学造诣和识马本领征服了。由此可知，钟琰能够与出身寒微、年纪相差甚大的郝氏互相爱重，必然是郝氏的才学见识毫不逊色。郝氏的家教，培养出西晋第一名士王承，也可见她为什么能够与钟琰分庭抗礼了。在后世的名士榜上，功名赫赫的王浑、王济父子还不在其列，而以王昶、王湛、王承为太原王氏三代人的代表，在妻以夫贵、母以子贵的时代，足以彰显郝氏的才德了。

《世说新语》中的魏晋女子，主要是以才智德行得到欣赏和记录的。

这一时期注重女性的风神气韵，更甚于欣赏外貌，钟琰与郝氏就是代表。她们灵秀风雅、才智敏捷，体现出了内蕴深厚的独立个性之美，成为中华民族优秀母亲的典范。

（阮莉萍）

屈节作妾

周浚作安东时，行猎，值暴雨[①]，过汝南李氏。李氏富足，而男子不在。有女名络秀，闻外有贵人，与一婢于内宰猪羊，作数十人饮食，事事精办，不闻有人声。密觇之[②]，独见一女子，状貌非常，浚因求为妾。父兄不许，络秀曰："门户殄瘁[③]，何惜一女？若连姻贵族，将来或大益。"父兄从之。遂生伯仁兄弟[④]。络秀语伯仁等："我所以屈节为汝家作妾，门户计耳！汝若不与吾家作亲亲者[⑤]，吾亦不惜余年[⑥]。"伯仁等悉从命，由此李氏在世得方幅齿遇[⑦]。

《贤媛》第18条

注释

① 值：遇到。
② 觇(chān)：窥视、观察。
③ 殄(tiǎn)瘁：凋敝、衰落。
④ 伯仁兄弟：指周顗(字伯仁)、周嵩、周谟兄弟。
⑤ 亲亲：亲属、亲戚。
⑥ 不惜余年：不顾惜剩下的寿命，指马上去死。
⑦ 方幅：正式、正当。齿遇：平等待遇。

鉴赏

魏晋之际的周浚作安东将军时，一次外出打猎遇到暴雨，于是就到附近汝南李氏家暂时避雨。李家富足，但男主人恰好不在家。女儿李络秀听说有贵人来到，就和一个婢女宰杀猪羊，置备周浚和随从共几十人的饮食，样样办得精细又有条理，但在外面听不到什么动静。周浚觉得好奇，就暗中窥视里面，看到一个样貌非凡的女子，周浚心生爱慕，于是就提出娶她为妾。李络秀的父亲和兄长不同意，李络秀则认为李氏家族现在门户衰落，自己即便出嫁作妾，但可以通过这次与贵族周氏的联姻，将来可能大有好处。

当时社会看重门第即家族的地位和等级，而“婚宦”(婚姻、官职)是两个重要的方面，即按照门第的高下来选拔、任用官品、清浊不同的官吏，以及结成门当户对的婚姻，甚至长期维持，形成世婚。这种情况在后来的东晋南北朝时更是愈演愈烈，士族中人如与庶族连姻结亲，或者出任一般由庶族充当的浊流卑职，常被称为“婚宦失类”，常会遭到舆论批评甚至官方奏劾。如南齐时高门东海王源，将女儿嫁给自称高平旧族、虚托满宠和满奋之后的富阳满璋之的儿子满鸾，得到聘礼五万钱，并用其中部分为自己纳妾，给事黄门侍郎、兼御史中丞沈约就进行奏劾，指出这桩婚姻“实骇物听”，是“蔑祖辱亲”“点世尘家”，请求对王源予以免去现任官职(南郡丞)、终身禁止做官的处罚(沈约《奏弹王源》)。士族女嫁庶族子常被严禁，但士族子娶庶族女则还可行。如东晋王坦之任桓温长史时，桓温为儿子求娶王坦之女儿，遭到王坦之父亲王述的坚拒，但后来桓温的次女桓伯子嫁给了王坦之的儿子王恺(《世说新语·方正》第58条及刘孝标注引《王氏谱》)。王述、王坦之出自太原王氏，为世家大族，桓温虽然掌兵权、居高位，但仍属寒门，被贬称为“兵”。同样是桓、王两家连姻，但桓温子娶王坦之女不成，桓温女嫁王坦之儿能成。来自寒门汝南李氏的李络秀，嫁给出身大族汝南周氏的周浚，而且是作妾，并不会引起物议。门第低微者通过与门第高贵者联姻(通常是前者的女子嫁给后者的男子)，即所谓“高攀”，可以得到后者的帮助，从而提高自家的社会地位，即李络秀所云“若连姻贵族，将来或大益”。李络秀就是出于这样的考虑，才决定嫁给周浚为妾，她的父亲和兄长也是出于同样的考虑，还是答应了这门婚事。

李络秀原来的家庭虽然富足，但门第毕竟比较低微，自己又是被纳为妾，所以李络秀初到周家时，家庭地位还比较卑下。后来生育了周顗、周嵩、周谟兄弟三人，而且三人都各有出息，成为朝中显贵。母以子贵，李络秀的家庭地位得以稳固和提升。但她又担心三个儿子因为李家门第低微而不与李家来往，就和他们说明自己当初降低身份嫁到周家作妾，是为李家门第考虑，如果他们不和李家做亲戚来往，就以死相逼。三人只得听从，李家的社会地位因此得以提高，获得了正式的平等待遇。李络秀不顾自己个人名分的尊卑，而是考虑自己家族地位的升降“屈节作妾”，并最终达到目的，故列于《贤媛》。此事亦载于《晋书·列女传》，材料当来自于本条或者与本条同源的文献。

但此事有两点存疑。其一，本条刘孝标注云：“按《周氏谱》，浚取同郡李伯宗女。此云为妾，妄耳。”周浚娶同郡(即汝南郡)李伯宗之女(当即李络秀)为妻,并非为妾。其二,本条载周浚作安东将军时偶遇李络秀而后求纳为妾,刘孝标注引《八王故事》载周浚元康初加安东将军(《晋书·周浚传》亦载其晚年才代王浑为使持节、都督扬州诸军事、安东将军),但此时周顗(生于269年)已二十余岁,则本条记载明显有误(程炎震《世说新语笺证》)。怀疑"周浚作安东时"中"安东"有误,应是其早年所任某官职。李络秀被周浚纳为妾,随着所生周顗等三子的成长和发达,她的地位大幅提升,《周氏谱》或许因此将她的身份由妾改为妻。

(张金耀)

截发待宾

陶公少有大志[1]，家酷贫[2]，与母湛氏同居[3]。同郡范逵素知名[4]，举孝廉[5]，投侃宿。于时冰雪积日，侃室如悬磬[6]，而逵马仆甚多。侃母湛氏语侃曰："汝但出外留客[7]，吾自为计[8]。"湛头发委地[9]，下为二髲[10]，卖得数斛米[11]，斫诸屋柱[12]，悉割半为薪，剉诸荐以为马草[13]。日夕，遂设精食，从者皆无所乏。逵既叹其才辩，又深愧其厚意。明旦去，侃追送不已，且百里许[14]。逵曰："路已远，君宜还。"侃犹不返。逵曰："卿可去矣。至洛阳，当相为美谈。"侃乃返。逵及洛，遂称之于羊晫、顾荣诸人[15]，大获美誉。

《贤媛》第19条

注释

① 陶公：即陶侃(259—334)，父陶丹，鄱阳(今属江西)人，后徙居寻阳(今江西九江)。侃为东晋开国名臣，封长沙郡公，进号大将军。追赠大司马。

② 酷：极端。

③ 湛氏：陶侃母，晋豫章郡新淦(治今江西樟树)人。

④ 范逵，鄱阳人，举孝廉。

⑤ 举孝廉：被荐举为孝廉。孝廉，汉代设置的选举科目，由郡中选出后送朝廷授予官职。

⑥ 悬磬(qìng)：悬挂着的磬，此喻空无所有，极端贫困。

⑦ 但：只管。

⑧ 计：谋划，打算。

⑨ 委地：垂到地上。

⑩ 髲(bì)：假发。按，晋代贵族女性有戴假发作为时髦装饰的风俗。

⑪ 斛(hú)：方形量器，口小底大，十斗为一斛。

⑫ 斫：砍。

⑬ 剉(cuò)：同“锉”，铡碎，切碎。荐：草垫子。

⑭ 且百里许：近百里路。且，将近。许，大约，左右。

⑮ 羊晫(zhuó)，《晋书》作“杨晫”，曾任豫章郎中令、十郡大中正。顾荣，见“一炙之恩”篇(《德行》第25条)注释。

鉴赏

陶公即陶侃，东晋开国元勋，封长沙郡公，进号大将军。追赠大司马。他“少有大志”却极端贫困，这便引起读者疑问：陶侃是怎样超越逆境，走上建立功业的通达仕途的？这则故事交代的是他母亲的培育推助之功。陶侃之母湛氏是中国伟大母亲的典范之一，她果敢有大度，凛然具操守，慈爱能激励，不但是陶侃的生母，也是中华民族优秀儿女的精神之母。

据《世说新语·贤媛》刘孝标注引晋孙盛《晋阳秋》云：“侃父丹，娶新淦湛氏女,生侃。”知陶侃母亲湛氏籍贯新淦,查《晋书·地理志下》,新淦属于豫章郡,本为汉代所置县名,故城在今江西樟树。陶母湛氏的婚姻表明她族望卑寒。据《永乐大典》卷六七〇一所引《江州志》和《古今姓氏书辨证》卷一一等,陶丹曾封柴桑侯,陶侃就出生在柴桑,可见,陶、湛两家的联姻实际与其地缘有关。《晋书·陶侃传》云:“陶侃字士行,本鄱阳人也。吴平,徙家庐江之寻阳。父丹,吴扬武将军。”作为吴国败将,陶丹家族的迁徙当在太康元年(280年)吴亡之后,寻阳有陶丹的封地,也临近湛氏的桑梓之地。在士庶之别森严可畏、互不通婚的时代,一般武将自然无由与高华门第联姻。因此,与陶丹结婚的湛氏当是有一定名望的庶族闺秀,而不太可能属于门阀士族。

吴国灭亡时,陶侃二十二岁,《晋书》本传既云“侃早孤贫”,其《临终表》亦云“臣少长孤寒”,则其“徙家庐江之寻阳”时,父亲已经去世。《礼记·内则》云:“女子……十有五年而笄”,以及笄之年出嫁陶丹来推论,陶母湛氏最早在十六岁生陶侃,如此,则吴亡之年陶母三十八岁,即陶母或生于公元244年,吴孙权赤乌七年(魏正始五年)。

晋惠帝永兴三年(306年),陶侃平陈敏之乱前,“备威仪,迎母官舍,乡里荣之”(《晋书·陶侃传》),此时陶母已经六十三岁。从这一年开始,她离开了家乡寻阳,随儿子陶侃到了“官舍”。《晋书·陶侃传》载陶侃“后以母忧去职……服阕,参东海王越军事”。据《资治通鉴》卷八七,华轶为琅邪王睿所败在晋怀帝永嘉五年(311年),东海王司马越亦死于是年三月,则陶侃“参东海王越军事”应在此年三月以前。假设本年初“服阕,参东海王越军事”,则陶母湛氏当卒于晋怀帝永嘉二年(308年),是年六十五岁。

《世说新语·贤媛》收录两则关于陶母湛氏的著名故事,即“封鲊责子”与“截发待宾”,这两件事都发生在陶侃青少年在家乡做散吏期间。据以上生平推论,此时陶母湛氏当尚不满四十岁。

截发待宾的故事现存最早的记载见于东晋孙盛《晋阳秋》和王隐《晋书》等,如后者云:

陶侃为吏，鄱阳孝廉与亲友过侃宿。时大雪无草，侃母湛撤床杂蒋，手锉给客牛马。（原注：《晋阳秋》云：蒋，荐也。"时大雪"以下依《（太平）御览》七百九引校补）截发以供客。闻者叹曰。"非此母不生此子也。"乃进之于张夔。（汤球辑《九家旧晋书辑本》）

从引文原注引"《晋阳秋》云：蒋，荐也"可知，孙盛《晋阳秋》是记载过这件轶事的。南朝齐臧荣绪《晋书》也有佚文留存："范逵尝过侃，时仓卒无以待宾，其母乃截发得双髲，以易酒肴。乐饮极欢，虽仆从亦过所望。"（《北堂书钞·髢》引《晋书》）唐修《晋书》记述也较《世说新语》简略："侃早孤贫，为县吏。鄱阳孝廉范逵尝过侃，时仓卒无以待宾，其母乃截发得双髲，以易酒肴，乐饮极欢，虽仆从亦过所望。及逵去，侃追送百余里。逵曰"云云。此省略王隐《晋书》关于备料喂马之事的记述。相较之下，《世说新语》记述得最为详尽生动。

《世说新语》首先交待了人物的基本背景："陶公少有大志，家酷贫"，突出"室如悬磬"的贫穷，突出投宿的人马之多，以衬托待客之难。其次，注意刻画陶母的性格和非凡，先是说"汝但出外留客，吾自为计"——出语何其从容、坚定，而成竹在胸，"虔恭有智算"（《世说新语》刘孝标注引《晋阳秋》），已不言自明矣！接着记述准备饭食竟然不惜剪掉秀发，准备马料不惜拆掉床垫，都是非常、果敢之举！继而写"遂设精食，从者皆无所乏"——截发待宾的陶母不但有破釜沉舟的果敢，而且厨艺精良，待客得体。同时，陶侃的形象也得到很好的刻画，尤其是故事结尾送客的诚恳和坚毅给人留下深刻印象。这里值得注意的是陶侃祖先为鄱阳人，与范逵同乡，或者陶母丈夫陶丹本与范逵有交往也未可知，他们都是江南庶族的优秀代表，陶母正是抓住这一层关系不惜一切代价留住客人，为年轻而有大志的儿子提供一次难得的"交结胜己"的机会，尽一位寡母艰难的责任。可以想象，待客之后，为了维持生活的继续，靠"纺绩以资给"（《世说新语》刘孝标注引《晋阳秋》）的陶母要付出多少辛劳！不因捉襟见肘而放弃儿子发展的良机，不因日后的窘迫和艰辛而动摇做事的决心，湛氏的确是一位非同寻常的母亲，难怪为人所叹："非此母不生此子也！"陶侃的"大志"和非凡品性里有其母亲的基因和教育之功。从最后的记述看，陶母湛氏不但果敢有智慧，慈爱过人，教育有方，而且有"才辩"，善于识人，这从范逵被感动、后来知恩图报的行动可以看出。范逵到京城为陶侃延揽声誉，使得陶侃"大获美誉"，为陶侃出仕升职奠定了基础，这也从侧面反映出陶母的贤明。

值得一提的是，魏晋是一个追求美的时代，所以《世说新语》专列《容止》篇，女性天生爱美，何况处在这样一个时代潮流中。陶母湛氏为了待客要剪掉自己的一头秀发，对于一个不满四十岁的女性来说，这需要下多大的决心！母爱不出于至真至诚、至深至厚，岂能作出如此选择！同时，有一个疑问一直不为人所注意：一头秀发何以能够换得数斛米？直观的解释是陶母的头发太为秀丽，价钱高。但若深入观察历史，会发现这与当时贵族女性为了追求美丽，有佩戴假发的风气密不可分。《晋书·五行志》载：

太元中，公主妇女必缓鬓倾髻，以为盛饰。用髲既多，不可恒戴，乃先于木及笼上装之，名曰假髻，或名假头。至于贫家，不能自办，自号无头，就人借头。

太元(376—396)是东晋孝武帝司马曜的第二个年号，这个历史时期离陶母生活的时代不远，不过几十年吧，此时贵族妇女为了打扮得漂亮时髦一些，"缓鬓倾髻"，不惜杂用假发"髲"，甚至直接用"假髻"，把自己本来的头发全部盖住。由此推论，"下为二髲"的意思就不是剪下两缕头发，而是剪掉头发，做成两具假发，这样，在戴假发的时髦时代，才可以卖个好价钱，"卖得数斛米"。

陶母虽逝而英名长存，史书如王隐《晋书》、唐修《晋书》都留下了她的事迹，传诵千古、播在众口的《世说新语》也专门在《贤媛》篇生动记述了她的故事。因为其成功的教育，陶侃成长为东晋名臣中“气魄最大品格最高的一个人”（梁启超《陶渊明》）。陶母英名，无足而远，历代蒙训中多镶嵌着她的美名，历代诗文、戏剧、绘画中也挺拔着她的倩影。

（李剑锋）

乃是本怀

桓宣武平蜀[①]，以李势妹为妾，甚有宠，常著斋后。[②]主始不知[③]，既闻，与数十婢拔白刃袭之。正值李梳头，发委藉地，肤色玉曜，[④]不为动容。徐曰：“国破家亡，无心至此；今日若能见杀，乃是本怀。”主惭而退。

《贤媛》第21条

注释

① 桓宣武：即桓温，见“木犹如此”篇（《言语》第55条）注释。平蜀：指灭掉成汉政权，平定蜀地。

② 李势妹：李势乃成汉末代君主，桓温灭成汉之后降东晋，获封归义侯。斋：

书斋。

③ 主：晋明帝司马昭之女，封南康公主。于成帝朝嫁给桓温。

④ 委：垂下。曜：光芒。

鉴赏

一个人的外貌和风度有多重要？这则轶事又一次向我们证明，在《世说新语》的世界里，容止和丰仪是可以化险为夷，让人免于一死的。桓温平蜀灭掉成汉，不仅收获了朝中的威望，还把李势美貌的妹妹作为战利品带回建康，纳为小妾，一时春风得意。但桓温的正妻南康公主出身帝王之家，性格强悍刚烈，颇有男儿气概。桓温私自纳妾，怕被她所知生出妒意，只能将李势妹安置在自己的书斋之后。不想终被公主所发现。得知消息后，公主果然勃然大怒，带着数十个婢女手持利器赶往李势妹的住处，打算杀之以泄愤。进得屋中，看见李势妹正在梳头，长发委地，肤色如白玉般光彩照人。见到持刀相向、杀气腾腾的公主，她不仅没有惊慌失措，反而神色自若，缓缓说道："我国破家亡，本不愿意来此地，如果今日能被杀，也算是了却心愿了。"李势妹的绝美姿容和大敌当前，从容不迫的风度竟让公主自觉惭愧，放下手中的利刃，带着随从退出了屋外。

刘孝标为《世说新语》所做的注解里引用了这个故事的另一个版本，出处是同样成书于刘宋时期但稍晚的《妒记》。故事中的小妾由李势的妹妹变成了李势的女儿，但是大概的情节相差无几：

温平蜀，以李势女为妾，郡主凶妒，不即知之。后知，乃拔刃往李所，因欲斫之。见李在窗梳头，姿貌端丽，徐徐结发，敛手向主，神色闲正，辞甚凄惋。主于是掷刀前抱之，曰："阿子，我见汝亦怜，何况老奴。"遂善之。

《妒记》的版本似乎在后代更为知名,特别是那一句“我见亦怜,何况老奴”,让公主的形象更加突出,不仅豪爽刚烈,也多了一份温柔和善良。

除了仪表和风度的重要性之外,我们也许可以从另一个角度理解公主对李势妹态度的陡然转变。李势妹和南康公主,一个是亡国之君的妹妹,一个是在位君主的姑姑,二人的命运似乎是两个王朝的写照。李势妹国破家亡,本是皇室贵胄,却被迫嫁给仇人为妾,背井离乡。结合当时的历史背景来看,她极可能是被李势献给桓温以求自保的工具。而南康公主的气焰很大程度上来自她的皇家背景,她是明帝长女,当朝君主晋穆帝的姑姑,即便权倾一时的丈夫桓温也对她忌惮三分,唯恐惹她不快。然而除去这些外在的身份头衔,她又何尝不是司马氏用来拉拢权臣的政治棋子呢?桓温对她虽然表面上恭敬礼让,然而一旦平蜀立功便违背她的意愿私自纳妾,明摆着是倚仗自己的功劳和权势,对公主甚至她身后的皇帝少了一些畏惧和顾忌。故事结尾,公主的“惭而退”,一方面是出于对李势妹容貌和谈吐的欣赏,另一方面也许是物伤其类,在对方的身上看到了自己的影子吧。果然多年以后桓温独揽朝政,操纵废立,甚至逼迫东晋朝廷加其九锡,赖得谢安等人从中周旋阻挠,才没有取司马氏而代之。虽然史书中未见记载,但南康公主处在夫家与娘家权力斗争的夹缝之中,其命运也可想而知。回过头来看南康公主和李势妹的这场相遇,突然有了宿命论的意味。两位贵族女性不过是不同时空中的同一个人,虽然拥有高贵的出身和不俗的谈吐见识,却都一样无法掌握自己的命运,最终成为风雨飘摇的南朝政局的牺牲品。

(胡秋蕾)

鉴赏 恐伤盛德

恐伤盛德

谢公夫人帏诸婢[①]，使在前作伎[②]，使太傅暂见[③]，便下帏。太傅索[④]更开，夫人云："恐伤盛德[⑤]。"

《贤媛》第23条

注释

① 谢公夫人：刘夫人，谢安的妻子。出身名门，是名士刘惔之妹，所以谢安对她很尊重。帏：帐，用以遮蔽的东西，这里用作动词，用帐子遮蔽的意思。

② 作伎：伎本来的意思是受过训练的歌舞演员和乐人，但这里是指她们所表演的内容，作伎就是表演歌舞的意思。

③ 暂见：偶然见到。

④ 索：要求。

⑤ 盛德：伟大的道德（名声）。

鉴赏

魏晋时期盛行的娱乐是伎。商业娱乐场所如建康城附近秦淮河里的游船上或达官贵人府邸里都豢养着一班伎。和后世的妓女不同，伎的主要作用不是提供性服务而是从事音乐舞蹈表演，供人欣赏。当然，只要主人喜欢，随时身子还是会被占有的。风气之盛，不但男人爱此道，就连女性也喜欢。本条目所讲述的事正是贵族妇女喜爱伎的明证。谢安的夫人，身为女人，自然没有机会到外面去欣赏伎的表演，而那时谢安也还没有畜妓，所以刘夫人只得教自己的婢女表演歌舞。但是她不愿意让谢安一同欣赏，托词说看了这种表演会伤及谢安遵守道德的好名声。可见当时的所谓名士也未能免俗。

这一条刘峻的注从《妒记》引了一段故事，据说谢安想娶妾或畜妓，恐怕遭到刘夫人的反对，谢安的子侄就想法子说服她，引出一段有趣的对话，刘夫人也因此为千古妇女发声。谢安的子侄对刘夫人说《诗经》中周公的《关雎》《螽斯》以不妒忌为美德。刘夫人回应说若是让周婆说，意见就会不一样了，言下之意，如果从女性的角度出发，那么古代的经典就会完全改观。刘夫人一针见血地指出妇女没有话语权这一事实，语言通俗而又精炼。余嘉锡先生说这个故事不一定是真的，但可能因为刘夫人善妒，当时的人用这个故事取笑而已。尽管如此，也可见有人已经意识到，女性所受的不公正的待遇，其实就是因为一切褒贬都是从男性的立场出发的。

后来谢安还是畜妓了，从简文帝对他的一番预言，就得到证实(见《识鉴》21)。简文帝从谢安畜妓的事实预言他既然与人同乐，那就一定会与人同忧，所以会出山为朝廷效力。

《世说》中还可以找到名士喜爱伎的旁证，从谢安与好友王羲之的一则对话看出端倪。他们谈到年龄渐长，更需要音乐的陶冶，但恐怕儿孙辈知道，有损其中乐趣。如果只是听听音乐，儿孙们知道又有什么关系？恐怕还有别的什么吧(见《言语》62)。谢安和王羲之都是当代的政治文化名人，都享有很高的清誉，擅长文人雅士的清谈，在我们的印象中是远离世俗的高人。然而从这则文字看来，他们也还是离不开世俗的享乐。

从文学写作的角度看，本则对谢安和他的妻子都用极简手法把人物的形象和内心表现出来。谢安对伎的兴趣，呼之欲出。刘夫人内心和她所采用的冠冕堂皇的托词，显示出她既要保持出身名门闺秀的大方态度，又不想让丈夫接近声色的诱惑，于是很巧妙地应付了这个场面，可以说刘夫人是个心机很深的人。这个小故事，犹如电影艺术，通过人的言行暗示他们的心理活动。

鲁迅把《世说新语》归类为志人小说。根据《世说新语》的结构，它分为三十六门，而各门的题目大多数是以人的性格类型命名。所以我们可以把《世说新语》理解为写人的各种特性的作品。但是它对人又并不加褒贬，只是通过一些言行反映出人的性格，其中有正面的也有反面的。它不故意赞扬什么人，也不故意诋毁什么人，只是呈现历史人物的言行，让读者自己下结论。所以它的可贵处就是让我们看到正史所写的公众人物的私人生活。如果正史是人物的画像，《世说新语》就是一幅幅写生，甚至是漫画，让我们从更多的角度观察历史人物。

（萧虹）

天壤王郎

王凝之谢夫人既往王氏[1]，大薄凝之[2]。既还谢家，意大不说[3]。太傅慰释之曰[4]："王郎，逸少之子[5]，人材亦不恶，汝何以恨乃尔[6]？"答曰："一门叔父，则有阿大、中郎[7]。群从兄弟[8]，则有封、胡、遏、末[9]。不意天壤之中[10]，乃有王郎！"

《贤媛》第26条

注释

① 王凝之，王羲之次子，娶谢安侄女谢道韫为妻。

② 薄：轻视。

③ 意大不说：说，通悦。心里老大的不高兴。

④ 太傅：指谢安。慰释：安慰，使她释怀。

⑤ 逸少：王羲之的字。王羲之，东晋名士、书法家。他和谢安是好友。

⑥ 恨：怨恨，遗憾。乃尔：这样的。

⑦ 一门叔父，则有阿大、中郎：对这两句的解释素有不同的意见。叔父：一般认为是指谢安和谢万，但杨勇、余嘉锡两位先生的看法，认为谢道韫不应该会当面称谢安的昵称。何况我们没有见过谢安有此昵称的记载。谢道韫的父亲谢奕是谢氏兄弟的老大，称阿大比较合适，余嘉锡先生怀疑是指她的堂伯父谢尚。中郎应指她的叔叔谢万。

⑧ 从兄弟：叔伯兄弟或堂兄弟。

⑨ 封、胡、遏、末：谢道韫诸从兄弟的小字，分别指谢韶、谢朗、谢玄、谢琰（或谢渊）。其中谢玄是她的亲兄弟。

⑩ 天壤之中：天地之间。壤，即地。

鉴赏

这是一则关于一个新媳妇第一次回门，对娘家人表示对夫婿大大的不满。拿他跟自己家的男性亲属比，简直是天壤之别。这一条虽然只是短短数行，而谢道韫愤懑的心情我们似乎眼见耳闻，而谢安对她的宽容也流露无遗。《世说》抓住故事重点，用极为简洁的语言绘色绘声地讲出一个可以写成短篇小说的故事。

中国古代素来有嫁鸡随鸡的说法，虽然是民间的俗谚，什么时候开始流传已经无法考证，但东汉班昭的《女诫》已有丈夫是妇人的天的说法，妻子对丈夫应该是无比尊敬。然而我们从这一条却看到一个妻子对丈夫的鄙夷之意，溢于言表，令我们大感惊异，难道《世说新语》的时代，妇女竟有这样大的权利吗？“贤媛”的意思是包括有德、有才的女性。这一门所录的女性并不一定谨守妇德，而是比较特立独行的人。若以刘向《列女传》和班昭《女诫》的传统妇女观来看，谢道韫的言行简直是离经叛道，然而《世说》不但录取了这一条，而且把它放在《贤媛》篇里，是否对她的言行颇为赞赏呢？

其实,这一条必须放在当时的社会态势和门阀主义的背景下来了解。更重要的是要知道这个妻子——谢道韫——是一个怎样的人。

首先,这件事发生在东晋,当时的社会经过八王之乱和五胡乱华翻天覆地的变故,中原的氏族南迁到长江以南,组织了偏安的小朝廷。经过离乱,很多固有的礼法和习惯不得不抛弃或放松。夫妻被南北政权隔开,为了生存,各自另行嫁娶的例子不少。夫为妻纲的教条难以维持下去。同时由于魏晋时期,服膺道家主张的个性解放,对于妇女的束缚也放松了一些。在这种氛围之下,所谓男尊女卑的观念自然也就淡化了不少。

其次,魏晋以来,是士族地位高于一切的时代。高门子弟不必优秀,自可当官。他们自然养成一种优越感,就连他们的女性成员也是一样。因此,作为高门翘楚谢家的女儿,谢道韫免不了也有这种优越感。她认为她的丈夫应该是一个极有才华的男人,而她也应该知道王家那时比她们谢家更显赫,可能对丈夫期望甚高。不幸的是,婚后发现王凝之远远没有达到她的理想,所以才会如此坦白地泄愤。

最后,我们必须了解谢道韫是一个怎样的人。《世说》中关于她的条目共有四条,可以说对她相当重视。《晋书》是中国的二十四部正史之一,也可以找到谢道韫的传。结合《世说》和《晋书》的记载,我们可以得到一个比较清晰的印象。

谢道韫从小就聪慧过人,年轻的时候她的叔叔谢安经常聚集谢家的下一代,跟他们讲论文学和哲学的问题。这些人里面除了男性子侄,还包括侄女。除了谢道韫以外是否还有别的女性,没有记载,不得而知。但我们知道,有一次谢安在众子侄里面,特别称赞了谢道韫。这就是有名的"柳絮因风起"的故事。由于这个故事(见《言语》71),谢道韫和柳絮就成为才女的象征,在中国女性文学史上写下了浓墨重彩的一笔。"咏絮才"也变成了称赞有才的女性的惯用语;后世,尤其是清代的很多女诗人的名字或号里面都有一个"韫"或"絮"字。其影响的深远,可想而知。《晋书·列女传》称她著有诗赋诔讼;丁福保《全汉三国晋南北朝诗》中录有她两首诗;清严可均辑的《全上古三代秦汉三国六朝文》亦收入她一篇文章。从这些诗文集,我们还可以见到谢道韫作品的一鳞半爪。

谢道韫不只是一个文艺青年,她还有勇敢坚强的一面。她的丈夫任会稽内史,时值孙恩、卢循作乱。由于王氏屡世笃信天师道,王凝之更是迷信不疑。乱兵打到,他不下令布防,还在静室请神兵相助,最后被杀害。道韫听说之后,持刀带领婢女出来杀敌,砍杀数人,面对孙恩,义正辞严,最后保全了家人。此时谢道韫已经做了外祖母,年龄至少四十余岁,如此处变不惊正是谢安以来谢家人的特色。

谢道韫的晚年,在会稽寡居,会稽太守刘柳听说她的名声,请与她清谈,她慨然应允,着素服坐在帐内与刘对谈。她的表现仍然令刘叹服不已。那个时代虽然男女之防比较开放,而且二人年龄差距可能也很大,但她以寡妇的身份,单独和一个外人对谈,也可算是离经叛道吧?

总之,谢道韫是一个才华横溢的贵族妇女,而作为一个高门妇女,她对自己家族的成员有很高的评价,而对别人,她也用同样的标准来衡量。所以嫁到王家回门的时候,她才会如此不满,而她的叔父谢安很不理解,认为她的丈夫王凝之是王羲之的儿子,名门之后,本身也不错。然而谢道韫却提出自己父辈和同辈的亲属,他们在她的眼光中都很出色。她认为比起谢家的男性亲属,她的丈夫远远不如,令她大失所望,所以才会做出这样无情的批评。同时我们不要忘记,谢道韫这些话是对宠爱她的叔父谢安说的,而从《世说新语》其他条目了解到谢安是一个很开明的长辈,她在叔父面前,没有什么顾虑,可以把心中的话放心地说出来。

谢道韫不只用苛刻的标准来衡量丈夫,对她的弟弟谢玄也责之甚切。历史上谢玄是一个力挽狂澜的将军,在淝水之战大败苻坚的侵略军,建立了盖世军功。但是他的姐姐谢道韫却责备他说:“你为什么都没有进步了?是因为俗务缠身呢?还是天分有限?”(《贤媛》28)看到这个记载我们就不难理解谢道韫是一个心直口快的人,在叔父面前埋怨丈夫不合意,就不是什么不可理解的事了。

然而,如果我们以为,《世说新语》的时代,任何女性都可以像谢道韫一样抱怨丈夫不如自己的意愿,那就误读了这个故事。但不可否认的是,那个时代,确有妇女可以这样做,也的确这样做了。《世说》对这件事并没有加评论,编者是否赞同谢道韫的做法,或觉得她太过恃才傲物,甚至触犯了礼制,我们不得而知,但就凭《世说》记载这个事件,已是耐人寻味的一件事。《世说》的妇女观是超前的,这又是一则有力的证据。

（萧虹）

天分有限

王江州夫人语谢遏曰①:"汝何以都不复进,为是尘务经心,天分有限?"

《贤媛》第28条

注释

① 王江州夫人:王江州即王凝之,王羲之次子,曾任江州刺史、左将军、会稽内史等。夫人:即谢道韫,东晋太傅谢安侄女。谢遏:即谢玄,字幼度,小字遏,道韫之弟,见"芝兰玉树"篇(《言语》第92条)注释。

鉴赏

此条亦为妇女参与魏晋人伦鉴识实例,是谢道韫作为品鉴人,对其弟谢玄的审视批评。有趣的是品鉴内容：这里“尘务”显然是指仕途俗事，与此相对者，则应是玄学清谈，诗歌艺术，此是谢道韫擅场，她知道需要天分。而道韫品鉴人身份的确立，与魏晋“贤媛”价值体系的形成密切相关。

按“贤媛”精神的形成，源自《庄子》之至人人格理想。“至人”，还有“神人”“圣人”“大人”，皆为《庄子》中所塑造的理想人格，“其实一也”。《庄子·逍遥游》描述至人“乘天地之正，而御六气之辩，以游无穷”，俨然是道的本体呈现，精神自由的化身。其人特质，庄子在《逍遥游》对于神人的描绘中有更为详尽的介绍：

……肌肤若冰雪，淖约若处子。不食五谷，吸风饮露。乘云气，御飞龙，而游乎四海之外。其神凝，使物不疵疠而年谷熟。

神人汲取自然精华，而具备化育天下的精神能力，与此密切相关，是其美丽淖约如处子的阴柔形象，这一超性别特征，显示其精神能力的完至，男女皆可获得。

至人理想，经由魏晋之交竹林七贤之玄学阐释与自我认同，及东晋高僧支遁及其同道、东晋名士王羲之、谢安等以般若佛学演绎，而蔚为大观。支遁在至人原有的精神自由、人格独立、长育万物、为而不有等价值观之上，复增“览通群妙，凝神玄冥；灵虚响应，感通无方”（支遁《大小品对比要钞序》）等内涵。支遁并特别强调“神”的作用，谓至人“机动则神朗，神朗则逆鉴”，可“鉴将来之希纂”（同上），至人以其灵动之神，感通无方，故能洞察天下大势，鉴识未来，当然也包括对于人物的品鉴。如此“至人”遂为有晋一代之人格理想，影响及于闺阁，赋予魏晋妇女争取独立自主、参与公共事务的学理基础，而使其从传统之品鉴客体转为主体。《世说新语》既为魏晋“人伦鉴识”产物，便反映了这一重要转变，尤见于“贤媛”门。

道韫为贤媛代表人物，“贤媛”门及《世说》其他门类所载道韫事迹，具体而微，体现了“贤媛”所含价值体系，大略如下：

一曰林下风，是“贤媛”的精神风貌，《世说·贤媛》30载：

谢遏绝重其姊，张玄常称其妹，欲以敌之。有济尼者，并游张、谢二家，人问其优劣，答曰：“王夫人神情散朗，故有林下风气。顾家妇女清心玉映，自是闺房之秀。”

王夫人即谢道韫。济尼虽未明言二女优劣，但谓道韫“神情散朗”，直指其继承至人“神朗”特质，至人为竹林七贤推崇仿效，故道韫“有林下风气”。而这一风气的内涵，正在于由至人到七贤所秉持的自由精神、独立人格，及其与外部世界的交流感通。

二曰“柳絮才”，是“贤媛”的独特才能表征，《世说·言语》71载：

谢太傅寒雪日内集，与儿女讲论文义。俄而雪骤，公欣然曰：“白雪纷纷何所似？”兄子胡儿曰：“撒盐空中差可拟。”兄女曰：“未若柳絮因风起。”公大笑乐。即公大兄无奕女，左将军王凝之妻也。

谢安与家中子女辈即雪联诗，最为叹赏兄女道韫之句，盖因道韫将春日芳菲引入寒冬，柳絮因风飞扬，四散树种，孕育生命，正符合滋养万物的至人精神，则“贤媛”之才，须蕴自然之德，方能长育世界。

由此衍生贤媛价值之三，所谓“盐絮家风”，是为贤媛精神传承途径：士绅家族之长，教育子女，无分轩轾，甚或更加偏爱女孩子，如此处谢安之于道韫。《世说·言语》又有谢安问诸子侄：“子弟亦何预人事，而正欲使其佳？”谢玄答曰：“譬如芝兰玉树，欲使其生于阶庭耳”，则此芝兰玉树，道韫亦应在列。盐絮家风为后世钦慕延续，至明清时，子女教育常由母氏担纲，更利于妇女才能的发展。

四曰“绫障德”，是“贤媛”的独特德行表征，《晋书·列女传》载：

凝之弟献之尝与宾客谈议，词理将屈，道韫遣婢白献之曰：“欲为小郎解围。”乃施青绫步障自蔽，申献之前议，客不能屈。

献之与宾客谈议，应是其时最为精微复杂的玄学论题。道韫步入男性空间，以其才学，维护弱弟及家族的学术声誉，正是“贤媛”长育之德的最高体现，则“贤媛”之德，须有才能的强力支撑。

五曰“天壤怨”，是“贤媛”的独特主体呈现，《世说·贤媛》26载：

王凝之谢夫人既往王氏，大薄凝之。既还谢家，意大不说。太傅慰释之曰：“王郎，逸少之子，人材亦不恶，汝何以恨乃尔？”答曰：“一门叔父，则有阿大、中郎。群从兄弟，则有封、胡、遏、末。不意天壤之中，乃有王郎！”

道韫抱怨其夫王凝之才具平平，公开挑战汉儒以夫主为女子“所天”的训条，而竟受到叔父谢安优容抚慰。此条体现魏晋社会风气，妇女一变汉代以来女子作为儒家男权审视客体的被动局面，积极参与“人伦鉴识”活动，自居品鉴主体，审视男子。其后据《晋书·列女传》，道韫评鉴其夫，实具眼光。她晚年遭遇孙恩叛乱，王凝之时为会稽内史，无力保护城池、百姓和家人，导致自身及诸子为贼所害。道韫以老弱之躯，独力保护孙辈，“命婢肩舆抽刃出门。乱兵稍至，手杀数人”。

凡此种种，使道韫在魏晋这一特殊时代具有足够权威品鉴训导乃弟。须知谢玄亦非等闲之辈。玄有经国之略，东晋太元八年(383年)，占据北方的前秦出兵伐晋，双方于淝水交战，谢玄为东晋前锋都督，最终仅以八万军力大胜八十余万前秦军。淝水破敌，江左危而复安，谢玄以此名垂史册。如此杰出人物，却以姊氏道韫为荣，想来他对道韫的批评，也是甘于接受的。此条隶属《贤媛》，也显示了其时对于道韫及魏晋妇女以男性品鉴人自居的赞同。正因《世说·贤媛》门所载谢道韫等言行，全面体现了长育万物、为而不有的“至人”理念，其精神自由、人格独立、才学深华、鉴识高瞻，百代之下尤为后世表率。

（钱南秀）

林下风气

谢遏绝重其姊①，张玄常称其妹，欲以敌之。有济尼者，并游张、谢二家②，人问其优劣，答曰：“王夫人神情散朗③，故有林下风气④。顾家妇清心玉映⑤，自是闺房之秀。”

《贤媛》第30条

注释

① 谢遏：即谢玄，小字遏，谢道韫弟。
② 游：来往于。
③ 王夫人：指谢玄姐谢道韫。神情散朗：轻松而开朗。
④ 林下风气：如竹林七贤般的风格和气质。指名士风度。
⑤ 顾家妇：指张玄妹。清心玉映：指心地很纯净，像玉一样光彩照人。

鉴赏

《世说新语》所在的是一个品评人物的时代。不只是士大夫乐此不疲,连僧尼也不时参与。本条目中的济尼就是其中之一。她能够出入王家和顾家——当时的高门——必定不是一个普通的女尼。向她打听两位女士的优劣的人,也可能是有些身份的人,否则也不会关心这些事。济尼不但道出对谢道韫和张氏的评鉴,而且说得非常圆滑得体,不得罪任何一边。更难得的是词藻清丽,是人物品评的佳作。

济尼的评语,看起来并无优劣之别,谢道韫的个性散朗,可比山林间的隐士。而张氏有一颗纯洁的心和温润可爱的外表,是闺房里理想的主妇。余嘉锡先生认为能够比拟竹林七贤是对谢道韫的修养和学问极大的肯定,而把顾家妇誉为闺房之秀,不过是女性中较为秀出者。这里面虽不正面点出其优劣,明眼人还是能体会到其中高下的。

济尼口中的"林下风气"指的自然是竹林七贤的风气,至于谢道韫如何有林下风气她却没有说明,言简意赅是当时品评人物的风格,而且当时问她的人,当然也对品评人物有兴趣并有一定的认识,所以济尼就不烦多言了。然而我们后世的读者却不免要问。我们不妨把《世说新语》与《晋书》中对谢道韫为人处世态度和原则的描述,与竹林七贤的所作所为做个比较,也许可以得到答案。

我们可以从三方面分析。首先从谢道韫不尊礼法的角度,其次从她对哲学的理解,最后从她谈辩的精神来阐释。

从本书"天壤王郎"(《世说新语·贤媛》26)一条我们得知谢道韫对新婚夫婿的大胆批评,即使在礼法宽松的魏晋时代也是有点惊世骇俗。还有她屡次参与男性的清谈也是有违礼法的。第一次是在当时谈辩精英聚会的场合,出来为小叔王献之解难,后来又以寡妇的身份和会稽太守刘柳独处清谈。虽然两次都隔着屏障,但也不能说是合乎礼法吧。她这种态度让我们想起竹林七贤中阮籍被人指责不该与嫂子作别时所说:“礼岂为我辈设也”。她对礼法的藐视不是正与阮籍异曲同工吗?

我们说谢道韫对哲学的理解是有根据的。她叔叔谢安常常喜欢和子侄谈论哲学和文学,而谢道韫也有幸参与。可见她从少时耳濡目染,对这些就不陌生。我们还可以找到一些她写过的玄言诗,其中有一首《拟嵇中散咏松》说明她受到七贤中的嵇康影响也不小。再说,参与清谈必然对清谈的哲学命题有充分的把握才行。

最后说到她的谈辩。清谈或谈辩是她那个时代男性精英流行的活动。作为女性,要加入必定要有相当的勇气,除了礼法上的顾虑,还必须考虑自己能否胜任,不但要能和男性成员势均力敌,而且最好能超过他们才好出头。为王献之解难那一次,她舌战群雄,辩到他们无话可说。第二次与刘柳清谈,令他深为敬服。所谓谈辩或清谈,最早的楷模正是竹林七贤。

综上所述,济尼所说的林下风气,即谢道韫的言谈举止都继承了竹林七贤的遗风。

(萧虹)

世说新语

鉴赏辞典

术

术解者，盖解术之倒文，即通晓方术之谓也。夫古时“艺术”，意涵与今不同。观史籍如《史记·日者传》《龟策传》，以及《后汉书·方术传》《魏志·方技传》《晋书·艺术传》《魏书·术艺传》《北齐书·方技传》《周书·艺术传》《隋书·艺术传》《旧唐书·方技传》《新唐书·方技传》《宋史·方技传》《辽史·方技传》《金史·方技传》《明史·方技传》等可知，古之“艺术”，实即“方术”“巫术”“方技”耳。《世说》既设《术解》《巧艺》二门，盖明其畛域不同而欲区以别之也。观此门所记，辨音正乐者有之，风水堪舆者有之，相马占冢、预测吉凶者亦有之，至于消灾祛厄、符箓方剂、经脉疗疾，百闻不如一见；又如食笋知劳薪、品酒明好坏，五花八门，煞是好看。唯其年代迢远，秘技失传，今人昧于科学唯物之论，或以为不经，实则正如郭璞

解

第二十

《山海经序》所谓“非天下之至通，难与言山海之义矣”。又干宝之撰《搜神》，志在“发明神道之不诬”，而《术解》一门，实仍遵“子不语怪力乱神”之教，虽有志怪笔法，而终为人间言动耳。故此门之设，乃志人、志怪分道扬镳之证，固不可与义庆所撰《幽明录》同年而语，而适可见临川之深思密察、高瞻远瞩、妙笔生花也。噫！义庆之于吾国古小说发育滋荣之贡献，比之干宝，有过之而无不及也！

鉴赏

暗解神解

暗解神解

荀勖善解音声[1]，时论谓之“暗解”。遂调律吕[2]，正雅乐。每至正会，殿庭作乐，自调宫商，无不谐韵。阮咸妙赏[3]，时谓“神解”。每公会作乐，而心谓之不调。既无一言直勖[4]，意忌之，遂出阮为始平太守。后有一田父耕于野，得周时玉尺，便是天下正尺，荀试以校己所治钟鼓、金石、丝竹，皆觉短一黍[5]，于是伏阮神识。

《术解》第1条

注释

① 荀勖（？—289），颍阴（今河南许昌）人。西晋初年任中书监、侍中，曾掌管音乐，校正音律。

② 律吕：音律。

③ 阮咸，陈留尉氏（今属河南）人，字仲容。“竹林七贤”之一。阮籍侄，旷放不拘礼法，善弹琵琶。

④ 直：使之直，纠正。

⑤ 黍：黄米。这里用作计量单位，即一粒米的长度。

鉴赏

琴棋书画是古代文人的必修课,因为古人早就认识到艺术对于人心灵的熏陶和气质的涵养作用。阮咸是阮籍的侄儿,是竹林七贤中的小字辈,然而能进入这一名士组合,其才情气质亦必有卓越超拔之处,其中值得一提的就是他的音乐才能。阮咸对音乐不是一般性的爱好,而是精通乐理,《晋书·阮咸传》云:“咸妙解音律,善弹琵琶。”乃至可以发明乐器——后人称之为“阮”,即一种三弦琵琶。他因而和七贤中的另外一人嵇康一起被载入了古典音乐史。《旧唐书·乐志》载:“琵琶,四弦,汉乐也。……阮咸,亦秦琵琶也,而项长过于今制,列十有三柱。武太后时,蜀人蒯朗于古墓中得之。晋《竹林七贤图》阮咸所弹与此类,因谓之阮咸。咸,晋世实以善琵琶知音律称。”

《世说新语》中有许多关于“小阮”阮咸的风流才情甚至惊世骇俗之举的记录,如骑驴追婢、神解音律、晒犊鼻裈、与猪同饮,等等。《世说新语·术解》第一则即记录阮咸“神解音律”之事,展示了阮咸的音乐天赋和才能。

当时,仕途得意的荀勖善于辨别音乐,时人认为他是“暗解”。荀勖兼管音乐事务,由于当时古乐佚失和损坏,遂重新调整音律,校正雅乐,然后在朝贺仪式上演奏,听上去他所调音律也很和谐。当时舆论界公认阮咸感悟音乐的能力为“神解”,可每次演奏时阮咸听出荀勖所调音乐有音律不协之处,但并没有提出纠正意见。只是阮咸虽未公开质疑荀勖的音乐水准,神情或已有所流露;荀勖为人城府颇深,遂对阮咸有所忌惮,借自己位高权重,找了个理由将阮咸调出京城——不想让不服自己的高人留在身边。后来,有人献出在耕地时发现的周代制谱玉尺,荀勖对照自己所调乐器的律管,都比标准尺短了一粒米的长度,于是才佩服阮咸的判断。这就是荀勖和阮咸二人之间的一次艺术感悟能力的较量。这样看来,“暗解”的境界近似于心里明白，却说不出道理，相当于知其然不知其所以然，用之于实践难免会有误差；“神解”则是对音乐的理解力和鉴别力能够达到心领神会、如有神助、精准无误的境界。

《世说新语》注引《晋诸公赞》中补充交代了阮咸听了荀勖制乐之所以“不调”的具体原因：“勖所造声高，高则悲。夫亡国之音哀以思，其民困。今声不合雅，惧非德政中和之音，必是古今尺有长短所致。然今钟磬是魏时杜夔所造，不与勖律相应，音声舒雅。而久不知夔所造，时人为之，不足改易。”《文心雕龙·乐府》亦云：“杜夔调律，音奏舒雅，荀勖改悬，声节哀急，故阮咸讥其离声，后人验其铜尺，和乐精妙，固表里而相资矣。”也就是说，由于荀勖没有处理好古今乐器、乐谱、乐尺、律管等的差异，导致所奏雅乐不够协调，可见阮咸的音乐水平更为专业，技高一筹。颜延之《五君咏》曰：“达音何用深，识微在金奏。”亦是赞扬阮咸在音乐上的造诣。《晋书·乐志》亦曰：“时阮咸妙达八音，论者谓之神解。”武后时人之所以会将一件出土的古琵琶与阮咸联系在一起，不仅是因为阮咸曾弹奏过这种乐器，更是因为阮咸具有超常的音乐天赋，达到“神解”的境界。

（刘小兵）

委罪树木

王丞相令郭璞试作一卦①，卦成，郭意色甚恶②，云："公有震厄③！"王问："有可消伏理不④？"郭曰："命驾西出数里，得一柏树，截断如公长，置床上常寝处，灾可消矣。"王从其语，数日中，果震柏粉碎，子弟皆称庆。大将军云⑤："君乃复委罪于树木。"

《术解》第8条

注释

① 王丞相：指王导。
② 意色：神情。
③ 震厄：雷灾。
④ 消伏：消除。
⑤ 大将军：指王敦。

鉴赏

郭璞是两晋之交最具传奇色彩的人物之一，他多才多艺，刘勰对他评价非常高，说"景纯（郭璞字景纯）艳逸，足冠中兴。郊赋既穆穆以大观，仙诗亦飘飘而凌云矣”(《文心雕龙·才略》)。但郭璞在当时最有名的还不是文学，而是他在占卜方面的才能。郭璞对于易学极为精通，擅长占卜吉凶、预测未来，可以说是古代最著名的占卜术士之一。《世说新语》中记载了多则他占卜推算的轶事，以现代的眼光来看，郭璞的卜筮当然带有浓重的迷信色彩，但在当时，郭璞的卜筮确实极负盛名，尤其身处乱世之中，政局动荡，许多世家大族惶惶不知所之，有不少达官显贵都曾向郭璞占卜吉凶，其中就包括了著名的王丞相——王导，作为当时的重臣，他曾经多次找郭璞占卜，“委罪树木”的故事便是其中一则。

话说有一次，王导命郭璞占卦，具体的占卦过程没有进行介绍，但是占卜得出的卦象不好，按照郭璞的说法，王导将会遭遇“震厄”，也就是会遭到雷击。王导当然相信郭璞的“神通”，于是询问消除灾难的方法，郭璞说：“驾车往西走几里地有一棵柏树，截下一段和您一样高的树干，放在床上经常睡的那个位置，灾难就可以消除了。”王导照他说的去做。结果几天后，果然有雷电将柏木击得粉碎。按，郭璞所出的主意实际上便是古代所谓的“禳移”，意为将灾祸转移至他人或他物的法术，这里以柏木作人形，实际上便是将震厄由王导“转移”至柏木之上。而事情的发展果然如其所言，柏木被震得粉碎。这则故事虽然描述得活灵活现，但是占卜禳移之术当然不可尽信，只能当小说家言姑妄听之。

令人唏嘘的是，郭璞这样一个精通占卜、善于预测的人，最终却死于非命，在四十九岁时被大将军王敦所杀。据记载，郭璞对于自己之死似早有觉察，并预言了为何人构陷、何人行刑、何处行刑、刑场地貌等细节，均一一灵验，但是最后却未能免于一死，看来禳移之术也有难以施展的时候，难怪宋朝的洪迈在《容斋随笔》中曾嘲以“独不能卜吉以免其非命乎”？

（章原）

世 说 新 语

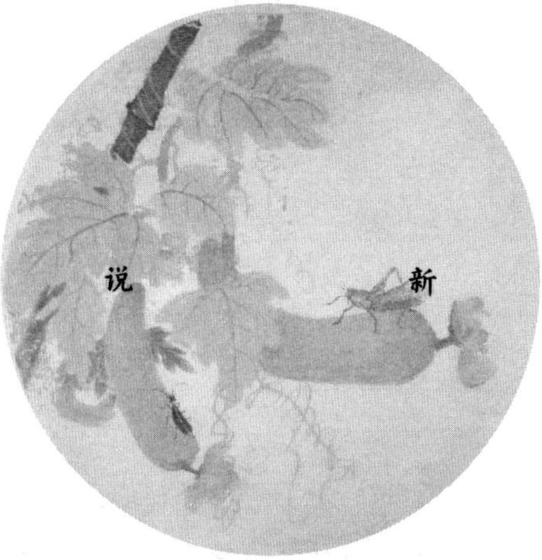

鉴赏辞典

巧艺

巧艺，谓技艺精巧绝妙。古之大人君子，必学六艺。六艺者，礼、乐、射、御、书、数也。《论语·述而》："子曰：志于道，据于德，依于仁，游于艺。"何晏《集解》："艺者，六艺也。"《礼记·学记》："不兴其艺，不能乐学。"故孔子云："兴于诗，立于礼，成于乐。"（《论语·泰伯》）"吾不试，故艺。"（《论语·子罕》）是知夫子精于六艺之学，于诗、书、礼、乐皆极精通。而吾国艺术之自开门户，则在魏晋。观魏晋史书，名臣、儒林、文苑诸列传中多有诗文、书法、音乐之记载，如书法又有篆、隶、章、草、行、楷之分别，可知书体已细，书道已立。《世说·巧艺》一门，记弹棋、建筑、围棋、书、画诸才艺，不唯与《术解》有别，亦将艺术与文学作区分耳，是故《巧艺》之设，正为艺术与艺术家"正名"，意义不容小觑。如"戴安道就范宣学"一则，范宣初

艺

第二十一

以绘画为“无用”，后复改观，甚以为“有益”，一字之转，大有深意。如谓曹魏乃“文学自觉”之时代，则东晋实为“艺术自觉”之时代。至于顾恺之，不唯有“才绝、画绝、痴绝”之誉，更兼画论之伐山者，此门五言其事，为一代天才画家传神写照，意在笔先，味在言外，可谓“绝妙好辞”也。

无用有益

戴安道就范宣学[①],视范所为:范读书亦读书,范抄书亦抄书。唯独好画,范以为无用,不宜劳思于此。戴乃画《南都赋》图,范看毕咨嗟,甚以为有益,始重画。

《巧艺》第6条

注释

① 戴安道:即戴逵,见"戴逵之量"篇(《雅量》第34条)注释。范宣,见"范宣受绢"篇(《德行》第38条)注释。

鉴赏

绘画成为文人艺术,是在魏晋时期,这是一个渐进的过程。

在此之前,绘画作为一门技艺,从事者多为工匠。无论宫廷还是民间,都有不少画工。《庄子》记载的解衣盘礴的故事,广为人知,我们并不知那位画家姓甚名谁。西汉时期,王昭君的遭际让人津津乐道,宫廷画家毛延寿,因为索贿不成丑化王昭君,惹得汉元帝大怒,落得身首异处。

汉魏时期,文学艺术的整体地位都有提升。汉灵帝酷爱文艺,专设鸿都门学,类似国家书画院,招纳培养文艺人才,众多有一技之长的士人获得提拔,此举大大提升了文艺的地位。师宜官、梁鹄、毛弘等著名书法家,皆出其中。后汉时期兴起了一股学习草书的热潮,有个叫赵壹的看不过,写了一篇《非草书》,对其大加鞭挞,认为草书毫无用处,不解大家为何痴迷。实际上,这喻示着书法的审美性为人所崇尚,书法的地位大大提升。文学更是如此,原本被视为小道不足观的诗赋文章,被魏文帝曹丕提升为"经国之大业,不朽之盛事"。魏晋时期文学家辈出,与此有莫大关系。

绘画亦是如此。魏晋时期的士人画家越来越多,《历代名画记》记载的画家,曹魏有 4 人,吴、蜀各 2 人,晋朝有 23 人,如卫协、嵇康、顾恺之、王廙、王羲之、戴逵等。士人广泛参与绘画创作,提升了绘画的地位。当然,相较而言,绘画的地位低于书法。及至宋代以后,绘画才彬彬大盛。

魏晋文艺的大发展大繁荣,与玄学思潮密不可分。玄学崇尚超越精神,高扬审美化的人生,正与艺术最相契合。

本则故事的主人公范宣,却不喜玄学,是个正宗的儒家。

范宣,字子宣,陈留人,他家境贫寒,志行高洁,博览群书,尤精《三礼》。范宣以儒学立身,反对玄学,言谈从不涉及老、庄,不应朝廷征聘,以讲授儒学为业,声名远扬。多才多艺的戴逵渴慕范宣的高名,不远千里来到豫章,拜范宣为师。戴逵同样性情高洁,对名士们放达非礼的行径颇为反感,师徒二人在这点上有着相同的价值观。范宣很喜欢戴逵,把自己的侄女嫁给了他。

戴逵是个好学生,范宣读书他读书,范宣抄书他抄书,称得上"夫子步亦步,夫子趋亦趋"。唯独对于戴逵喜欢的绘画,范宣有不同意见。他从儒家的实用主义立场出发,认为绘画没有用处,不宜在上面花费功夫。戴逵没有争辩,而是画出一幅《南都赋》图,范宣看罢感叹不已,认为大有益处,从此改变了对绘画的看法。

南都位于南阳,光武帝置都于此,因位于洛阳之南,故曰南都。西汉张衡写《南都赋》,以生花妙笔,对南阳的地理位置、宝藏物产、山川树木、祭祀礼俗、士女游行、新声妙曲等内容进行了生动的摹写。全赋气势恢宏,构思巧妙,是一篇汉赋经典。

可以想见,戴逵的《南都赋图》描绘了南都的繁华场景。范宣认为其"甚以为有益",还是怀着实用主义的眼光,认为绘画能提供知识的助益,没有从审美上着眼。不过,在魏晋的美学主潮中,范宣的这种观点比较边缘,绘画终究因其审美性和精神性,成为士人文化素养的一部分。

(李修建)

世情未尽

戴安道中年画行像甚精妙,庾道季看之[1],语戴云:"神明太俗,由卿世情未尽。"戴云:"唯务光当免卿此语耳。"

《巧艺》第8条

注释

① 庾道季:即庾龢,见"生气懔然"篇(《品藻》第68条)注释。

鉴赏

戴逵,字安道,是东晋最富才艺的士人。他能做文章,琴棋书画无所不精，尤其擅长雕塑、绘画和古琴。其余巧艺，无不精通，堪称大艺术家和工艺美术大师。

魏晋时期，佛教日益兴盛，寺庙越来越多，佛像需求量很大。最初的佛像是对犍陀罗风格的模仿，匠人们根据图样和记载进行创作，衣饰贴体，衣纹紧密，面部椭圆，额头宽阔，高鼻长眉，严肃庄重。戴逵曾根据古制雕刻了一座无量寿佛木像及菩萨像，制成之后效果一般，不能打动人心。于是戴逵潜藏在屏风后面，悄悄听取众人对佛像的议论，其中自是有褒有贬，戴逵一一默会于心，精思三年，刻像乃成。唐代的《法苑珠林》对戴逵有极高的评价，说他“核准度于毫芒，审光色于浓淡，其和墨点采、刻形镂法，虽周人尽策之微，宋客象楮之妙，不能逾也。委心积虑，三年方成，振代迄今，所未曾有”。可以说，戴逵确立了中国本土佛像的范式。正是由于精益求精的创作态度和高超绝伦的艺术水准，使他成为公认的艺术大师。他曾为建康的瓦官寺塑造五座佛像，连同顾恺之所绘维摩诘像，以及狮子国进献的玉佛，并称“瓦官寺三绝”。

戴逵的绘画才能同样卓绝。在东晋之世，最著名的画家当属顾恺之，戴逵可以和他匹敌。据《历代名画记》记载，戴逵所绘人物，多为往圣高士，这契合他的心性。此外，他绘制的佛像定然不少。尤其中年以后，笔法精熟，画像很得时人推崇。庾龢却发出了不同的声音。

庾龢，字道季，出身颍川庾氏——东晋最具权势家族之一，权臣庾亮之子，其妻为谢尚之女。庾龢少有才情，很有名士风范，他自我品评说：“思理伦和，吾愧康伯；志力强正，吾愧文度。自此以还，吾皆百之。”(《世说新语·品藻》63)认为除了韩康伯和王坦之，其他人都无法和他相比，可谓高自标持。他还对当世的两个人物做出了很不好的评价：“廉颇、蔺相如虽千载上死人，懔懔恒如有生气；曹蜍、李志虽见在，厌厌如九泉下人。”曹蜍、李志的书法都很不错，能与王羲之争衡，但掩映在王氏父子的光芒之下，更兼家族势力远不如王、谢、庾、郗等大族，所以不为人所重。庾龢对他们的评价，显露了一个出身大族的名士的傲慢。

庾龢评价戴逵所绘行像“神明太俗”，并批评说是因为戴逵的“世情未尽”。此说显然很欠公允。

事实上，戴逵人品高洁，不乐仕进，多次拒绝朝廷的征辟，甚至摔琴以明志，断然拒绝为权贵表演，不做“王门伶人”，因此之故，他入了《晋书·隐逸传》。这样一个人，怎么可能“世情未尽”？至于“神明太俗”，怕也是庾龢的一家之言。魏晋人以玄学为尚，不喜俗务，务求高雅，所谓“居官无官官之事，处事无事事之心”。对于人物审美而言，强调形神俱佳，但更注重神的层面，也就是人物的学识修养、才情风度。

面对庾龢的讥诮，戴逵回应说依此标准，只有务光才算理想人物。务光是夏朝末年的隐士，《庄子·让王》提到过他，《列仙传》专门为他立传，说他耳长七寸，好鼓琴，服菖蒲韭根。汤伐桀时，曾咨询务光，务光说“非吾事也”，浑然不应。此后汤建立商朝，想让位务光，务光深以为耻，说道：“吾闻之曰：非其义者，不受其禄；无道之世，不践其土，况尊我乎？”负石投河自尽。务光的行为，高洁得近乎迂腐，若要人人去做务光，实在是过于苛求了。明代李贽认为戴逵的回答不够好，若要他面对庾龢，他会反唇相讥：“与俗人看，便是真俗。”(《初潭集》卷十四)这话说得确实巧妙。

（李修建）

颊上三毛

顾长康画裴叔则[①]，颊上益三毛。人问其故，顾曰：“裴楷俊朗有识具，正此是其识具。”看画者寻之，定觉益三毛如有神明，殊胜未安时。

《巧艺》第9条

注释

① 顾长康：即顾恺之，见“丹楼如霞”篇(《言语》第85条)注释。

鉴赏

顾恺之是魏晋时期最著名的画家，《世说新语》“巧艺”门记有14则故事，其中6则与顾恺之有关，仅此可知顾恺之影响之大。

顾恺之出身晋陵顾氏，和吴郡顾氏同族。顾氏居江南四大家族“顾、陆、朱、张”之首，地位显赫。顾恺之的父亲顾悦之，很有才情，《世说新语·言语》记载了他的一则故事。顾悦之与简文帝同年，而头发早白，简文问其缘故，他回答说：“蒲柳之姿，望秋而落；松柏之质，凌霜犹茂。”回答得非常巧妙。

出身于世族的顾恺之，首先是一个名士，他才情高卓，有“三绝”之称，即才绝、画绝、痴绝。所谓才绝，是指他聪颖过人，博学有才气。他才思机敏，善于应对。吃甘蔗先吃尾部，别人问其原因，他回答说：“渐至佳境。”他写作的《筝赋》，自比嵇康之《琴赋》。他曾如是描述会稽山川之状：“千岩竞秀，万壑争流。草木蒙笼其上，若云兴霞蔚。”(《世说新语·言论》88)寥寥数语，穷尽会稽山水之秀丽明媚。这几句话在后世广为流传，成为山水画创作的一个主题。

顾恺之的绘画才能，更是带有传奇性。他青年时代在瓦官寺绘制的维摩诘像，可谓一鸣惊人，奠定了他在东晋画坛的地位。他的画作，以人物画居多，如《女史箴图》《洛神赋图》《列女图》《斫琴图》等，名闻千古。他还是一个绘画理论家，有多篇画论传世，提出了“传神写照”等对后世影响深远的绘画命题。

所谓“痴绝”，是就顾恺之的性情而言。史载他“好谐谑”，幽默旷达，率真通脱，而又带着痴黠。在魏晋名士之中，顾恺之称得上一个异数。他于政治上毫无追求,没有世族子弟的清高傲世,加上他幽默诙谐的性格,十足的"艺术家"风范,"人多爱狎之",乐于和他交往。

顾恺之所结交的,皆为当世最具权势的人物,如桓温、桓玄、谢安、殷仲堪等,在险恶的政治环境中,他都能全身而退,不得不说他富有相当的生存智慧。

顾恺之擅长画人,他常常主动给身边的朋友们画像,桓温、谢安、殷仲堪、刘牢之等人,他都画过。顾恺之身处魏晋最为核心的名士群体之中,彼时人物品藻大行其道,他深谙名士们的审美喜好。他在画论中提出的"以形写神""传神写照"等命题,就是对时代审美意识的高度概括。

魏晋人带着饱满的热情和由衷的欣赏,发现了一大批神超形越的美男子。何晏、夏侯玄、嵇康、卫玠、潘岳、王衍……可以开列的名单很长,这则故事中的裴楷即其中之一。

裴楷(约240—约294),字叔则,出身河东裴氏,乃西晋重臣,担任侍中等职,与张华、王戎等共掌机要,辅佐晋室。裴楷的形象很好,《世说新语·容止》记曰:"裴令公有俊容仪,脱冠冕,粗服乱头皆好。时人以为'玉人'。见者曰:'见裴叔则如玉山上行,光映照人。'"魏晋时期,很多人都有"玉人"之目,如嵇康、卫玠等。魏晋人物品藻中,很喜欢用光明鲜洁、晶莹发亮的物象来喻人,"玉"是最为典型的一种。王衍评价裴楷:"见裴令公精明朗然,笼盖人上,非凡识也。"(《世说新语·赏誉》24)钟会说裴楷"清通",都指裴楷聪明练达,见识超凡。

顾恺之与裴楷相差一百多年,自然没有见过其人,但他熟知前人对于裴楷的评价。他画裴楷,在其脸上添了三毛,认为"裴楷俊朗有识具,正此是其识具"。所谓"俊朗有识具",也是表明裴楷仪容俊雅、精明通达。裴楷的脸上本没有三毛,顾恺之偏要加上,有点不顾形似,意在突出其神情。这种操作方式,显出了顾恺之的高明,契合了魏晋人的审美偏好。

(李修建)

轻云蔽日

顾长康好写起人形。欲图殷荆州①，殷曰："我形恶，不烦耳。"顾曰："明府正为眼尔。但明点童子，飞白拂其上，使如轻云之蔽日。"

《巧艺》第11条

注释

① 殷荆州：即殷仲堪，见"仲堪俭约"篇（《德行》第40条）注释。

鉴赏

顾恺之在很多人手下当过差，做过参军等职。参军即参谋军事之义，相当于智囊。顾恺之的才华不在军事方面，他更多像门下"清客"，陪聊陪玩的时候居多。

顾恺之深得桓温赏识，史载桓温对他"甚见亲昵"，经常拉着他，通宵达旦谈论书画。顾恺之在桓温幕下待了八年，与桓温的感情很深。桓温病逝之后，顾恺之赋诗云："山崩溟海竭，鱼鸟将何依？"将桓温比作高山大海，自己是栖居于其间的鱼鸟。如今，山崩海竭，鱼鸟何处依存？道出了对于桓温的依附。顾恺之与桓温之子桓玄同样感情很好，桓玄喜欢收藏书画，顾恺之常为他提供参考，甚至顾恺之平生精品，亦被桓玄骗入自己囊中。桓温去世之后，顾恺之又担任过殷仲堪的参军。

殷仲堪出身陈郡殷氏，殷氏在东晋是一个重要世族。殷仲堪之祖殷融，好清谈，历任吏部尚书、太常卿，其父殷师，曾任晋陵太守等职，堂叔殷浩，是东晋最著名的清谈家，堂弟殷觊、殷仲文等人，皆为名士。殷仲堪秉此家风，好《庄》《老》，能清谈，他说过一句非常有名的话，“三日不读《道德经》，便觉舌本间强”（《世说新语·文学》63）。可见手不释卷，对玄学深有研究。

除了清谈，殷氏家族还以孝行名世。殷仲堪就是个著名的孝子。仲堪信奉天师道，精通医学，史载他“躬学医术，究其精妙”（《晋书·殷仲堪传》），著有《殷荆州要方》一卷。父亲生病，他亲自调药熬制，不慎将药水误入眼中，一只眼失了明。殷仲堪的父亲所患不知何病，身体虚弱，心神不宁，他躺在床上，听到床底下有两头牛在打架，惊恐不安，家人仔细察看，床下只有两只蚂蚁。孝武帝听说了这件事，却不知道患病的具体是谁，他问殷仲堪，“有一个姓殷的，病得如此怪异吗？”殷仲堪泪流满面地回答：“臣进退唯谷。”此事同样显出他的孝心。

殷仲堪少有令誉，做过谢玄的长史、晋陵太守，深得孝武帝的宠信，升任荆州刺史，手握重权。可惜的是，他仁德有余，才能不足，在与桓玄等人的斗争中失败自杀。

顾恺之和殷仲堪相处得也很融洽。《世说新语》记载了多条他们之间的事迹。他主动为殷仲堪画像，仲堪因为眼睛的问题自惭形秽，表示谢绝。顾恺之对于自己的画技相当自信，安慰殷仲堪说，此事无妨，只要稍加处理，用白粉轻轻拂于瞳孔之上，就像薄薄的一层云彩遮住了日光，恍恍惚惚，朦朦胧胧，不唯身体上的缺陷被遮蔽了，更添加了神采气韵。殷仲堪想必欣然接受了顾恺之的提议，那幅画像惜乎不存，否则我们可以领略殷仲堪的风姿神采，以及顾恺之的神妙画笔。

顾恺之对于眼睛的重视非此一端。他绘瓦官寺《维摩诘像》，“工毕，将欲点眸子”（《建康实录》）。他为人画扇，“作嵇、阮，而都不点眼睛，便送还扇主，曰：‘点眼睛便能语也。’”（《北堂书抄》引《俗说》）他认为画“‘手挥五弦’易，‘目送归鸿’难”，因为“传神写照，正在阿堵中”。

在魏晋人物画创作中,通常都将点画眼睛放在最后进行。此举并非由于画家技巧上的欠缺,而是因为眼睛对于传达人物的精神面貌有着至关重要的作用,放在最后处理,便于把握全局,符合作画规律。顾恺之画人常数年不点其睛,更表明了其对于神的传达的重视。

(李修建)

宜置丘壑

顾长康画谢幼舆在岩石里[①]。人问其所以,顾曰:"谢云:'一丘一壑,自谓过之。'[②]此子宜置丘壑中。"

《巧艺》第12条

注释

① 顾长康:即顾恺之,见"丹楼如霞"篇(《言语》第85条)注释。谢幼舆:即谢鲲,见"达旦微言"篇(《文学》第20条)注释。岩石:山岩。

② 一丘一壑,自谓过之:这是谢鲲将自己和庾亮相比时说的话,见《世说新语·品藻》第17条。

鉴赏

《世说新语·巧艺》里讲了六个顾恺之的故事,在绘画史上都很出名,如他画裴楷而有“颊上三毛”,说画“‘手挥五弦’易,‘目送归鸿’难”,因为人的具体形象、“四体妍蚩”好画,精神气质难画,而能够呈现精神气质的眼睛或者说眉眼之间的神情,又是最关键的东西,所以才有他画人而不点睛,并留下“传神写照,正在阿堵中”的名言。但是,绘画毕竟是具体形象的摹写,在人物画中如何展现一个人的精神气质呢?装饰和环境是可依赖的要素。谢鲲曾拿自己和庾亮比较,说“端委庙堂,使百僚准则,臣不如亮。一丘一壑,自谓过之”(《世说新语·品藻》17),这句话在后来一定流传得很广,当顾恺之要画谢鲲时,就想到了“置丘壑”的处理办法,既展现了谢的形象,也凸显了其志向。顾恺之画的谢鲲,现在已经看不见了,在传为他画的《洛神赋图》中,有几处山,都不大高峻,笔法朴拙。正如唐人说魏晋画山水,“或水不容泛,或人大于山,率皆附以树石,映带其地”(《历代名画记》)。顾恺之画的谢鲲在丘壑之中,大概是和《洛神赋图》近似的画法。元代赵孟頫有《谢幼舆丘壑图》,王琦跋云:“今松雪翁后数百载,心领神会,作为此图,最是位置有方,笔意奇妙。使长康复生,见此必当点头。”此画今藏普林斯顿大学艺术博物馆,多少可以满足我们对顾恺之画的谢鲲的想象。

顾恺之画谢鲲像、说“此子宜置丘壑中”,后人也有用此典故的。如苏轼《赠写真何充秀才》云:“黄冠野服山家容,意欲置我山岩中。”对于何充把自己画成“黄冠野服山家容”(黄冠野服是山野之人穿着的),开玩笑说,这是要把我置于山岩之中啊!此即暗用顾恺之画谢鲲“置丘壑”的故事。苏轼《赠李道士》云:“世人只数曹将军,谁知虎头非痴人。腰间大羽何足道,颊上三毛自有神。平生狎侮诸公子,戏著幼舆岩石里。”李道士善画,所以苏轼用顾恺之的故事来作比,还用了顾恺之“痴黠各半”和“颊上三毛”的典故。北宋吴则礼《岩斋》诗云:“从来谢幼舆,宜置丘壑中。虎头有妙理,谁谓毛颖工。”说谢鲲这样的人,就应置于丘壑之中,顾恺之的安排诚有妙理。南宋谢伋在米友仁(元晖)画的《潇湘图》后有跋云:“达功下第后便有放浪山水之意,米元晖作招隐之图,仆以谓此君未宜置丘壑中也。”不赞成米友仁将左达功画成一个隐士,而文字之间,也用了顾恺之的话。

（罗宁）

传神阿堵

顾长康画人,或数年不点目精。人问其故,顾曰:“四体妍蚩,本无关于妙处,传神写照,正在阿堵中。”

《巧艺》第13条

鉴赏

顾恺之说过许多有趣的话,涉及人生的各种体验。其中“传神写照,正在阿堵中”一语,作为一流画家的最经典的言论,道出了顾恺之画艺的重要创作经验,确立了人物画的基本原则。古今艺术理论博大精深,历代创作经验林林总总,但似乎罕见能超越“传神阿堵”的简洁明了,击中理论之核,让人击节赞叹不已。

“传神阿堵”的艺术经验,既有深远的文化传承,也有当时人物审美的现实背景。西谚说“眼睛是心灵的窗户”,由眼睛之窗,窥见心灵之奥。同样的意思,孟子早就说过。《孟子·离娄上》说:“存乎人者,莫良于眸子,眸子不能掩其恶。胸中正,则眸子瞭焉;胸中不正,则眸子眊焉。听其言也,观其眸子,人焉廋哉!”以为眼睛是人最重要的器官,胸中正与不正,皆可由眸子传达出来。汉末以降,随着品题人物的现实需要,观眸子乃成审察人物的共识。刘劭《人物志》说“征神见貌,则情发于目”,蒋济《眸子论》称观眸子可以知人。从孟子到蒋济的有关观眸子可以知人的言论,成为顾恺之“传神阿堵”说的文化资源。此外,盛行于魏晋的品题人物略形重神的审美风尚,则对顾恺之的画论产生直接影响。

明显的事实是:观人物眸子,首先是作为品鉴人物的方法,然后再借鉴成了人物画的创作原则。《世说》中不乏观人观其眸子而得其神的例子。《容止》6:裴令公目王安丰:“眼烂烂如岩下电。”刘孝标注:“王戎形状短小,而目甚清炤,视日不眩。”王戎形状短小,然无关乎神明,而“眼烂烂如岩下电”,才传达出王戎的精神。《容止》10:裴令公有俊容姿,一旦有疾,至困,惠帝使王夷甫往看。裴方向壁卧,闻王使至,强回视之。王出,语人曰:“双眸闪闪,若岩下电,精神挺动,体中故小恶。”裴楷双眸闪闪,精神挺动,王夷甫由观裴之眸子,叹其“神俊”。

关于眸子关乎神明的看法,王右军夫人郗氏也有精彩的言论。《贤媛》31说:王尚书惠尝看王右军夫人,问:“眼耳未觉恶不?”答曰:“发白齿落,属乎形骸;至于眼耳,关于神明,那可便与人隔。”郗氏以为发齿属于形骸,眼耳关于神明,这与顾恺之“四体妍蚩,本无关于妙处,传神写照,正在阿堵中”等语如出一辙。右军夫人和顾恺之的见解,代表了魏晋人物审美重神略形的精粹。描摹人物特重眸子的创作经验,与现实中的人物审美重神的原则完全一致。

顾恺之人物画独步当时。《巧艺》11说:“顾长康好写起人形。”刘孝标注引《续晋阳秋》说:“恺之图写特妙。”俗语云,画鬼易画人难。盖人面目各异,神明多不同。顾恺之《论画》说:“凡画,人最难,次山水,次狗马,台榭一定器耳,难好而易成,不待迁想妙得也。”山水、狗马、台榭,“不待迁想妙得”,言外之意画人须迁想妙得,此是画人最难处。所谓迁想妙得,大概指艺术构思。《巧艺》11记顾恺之欲画殷荆州(仲堪),仲堪因瞎一目，不愿画。顾说：“明府正为眼尔。但明点童子，飞白拂其上，使如轻云之蔽日。”如何画仲堪的瞎目，真是难事。恺之点瞳子后，使飞白拂其上，如轻云之蔽日。经此构思和处理，瞎目岂止不难看，反而有轻云蔽日之美感。这是顾恺之点睛与迁想妙得的极佳例子。《巧艺》9 记顾恺之画裴叔则，颊上益三毛。人问其故，顾曰：“裴楷俊朗有识具，正此是其识具。”看画者寻之，定觉益三毛如有神明，殊胜未安时。《晋书 · 裴楷传》说：“楷明悟有识量。”《赏誉》8 记裴楷目夏侯太初、钟士季、傅兰硕、山巨源，都能见其识量非凡。顾恺之给裴楷颊上加三毛，作为其识量的标识。三毛，成了裴楷的“传神阿堵”。《巧艺》12 说：顾长康画谢幼舆在岩石里。人问其所以，顾曰：“谢云：‘一丘一壑，自谓过之。’此子宜置丘壑中。”此以岩石的典型环境，衬托谢鲲的爱好丘壑的典型性格。以上数例，皆是顾恺之人物画迁想妙得的高明之处。点睛是传神写照，颊上益三毛，置于岩石中，亦是传神写照。

《历代名画记》卷五记有顾恺之《魏晋胜流画赞》说：“写自颈已上，宁迟而不隽，不使远而有失。”可知恺之刻画眼睛之外，亦精心刻画颧颊。苏轼《传神记》说：“传神之难在目。顾虎头云，传形写影都在阿睹中。其次在颧颊。……凡人意思，各有所在，或在眉目，或在鼻口。虎头云：‘颊上加三毛，觉精采殊胜。’则此人意思，盖在须颊间也。”《宣和画谱》卷五《人物叙论》：“……若夫殷仲堪之眸子，裴楷之颊毛，精神有取于阿堵中，高逸可置之丘壑间者，又非议论之所能及。此画者有以造不言之妙也。故画人物最为难工，虽得其形似，则往往乏韵故。”顾恺之画殷仲堪、裴楷、谢鲲，非有固定模式，但皆能传人物之精神韵致，此正是迁想妙得之故。依据人物的不同特征，即抓住“传神阿堵”，再精心构思，达到以形写神的目的。顾恺之人物画所以能超越前人，奥秘盖在于此。

顾恺之“传神阿堵”论的精妙，对于后世的文学艺术产生深远影响。历代画家无不重视点睛，奉为人画物的不二法门。例如梁代杰出画家张僧繇，丹青绝代，传说他曾于金陵安乐寺画四龙，不点睛，称点即飞去。人以为诞妄，固请点之。僧繇乃点二龙。须臾，雷电破壁，二龙忽失所在(见《江南通志》卷一七〇)。这种传说自然是神乎张僧繇的画技。至于诗论文论中称精妙处为点睛之笔,更是多不胜举。

(龚斌)

目送归鸿

顾长康道画:“手挥五弦易,目送归鸿难。”

《巧艺》第14条

鉴赏

竹林七贤中的嵇康和阮籍,在东晋士人心中一直享有崇高地位。顾恺之也不例外,他对于嵇康尤其仰慕,这或许是因为嵇康也善书画的缘故。顾恺之曾经画过嵇康、阮籍的画像,还写了一篇《筝赋》,自认为能比肩嵇康的《琴赋》。

顾恺之特别欣赏嵇康四言诗,取用来作为自己的绘画题材。但在画“目送归鸿,手挥五弦”两句时,他遇到前所未有的挑战。本条载:“顾长康道画:‘手挥五弦易,目送归鸿难。’”《晋书》本传也说:“恺之每重嵇康四言诗,因为之图,恒云:‘手挥五弦易,目送归鸿难。’”为什么会这样呢?我们先介绍和分析嵇康的诗,然后来探讨这个问题。

嵇康诗《赠兄秀才入军》诗共十八首,其中第十四首尤为人称道:

息徒兰圃,秣马华山。流磻平皋,垂纶长川。目送归鸿,手挥

五弦。俯仰自得,游心太玄。嘉彼钓叟,得鱼忘筌。郢人逝矣,谁与尽言。

秀才指嵇康的哥哥嵇喜,字公穆,举秀才,仕至扬州刺史。诗的表面一层意思,是写嵇喜从军时所经历的各种活动。然而渐次展开和深入之后,就似乎和嵇喜没什么关系了,而完全是嵇康自己的精神世界的表现。

前六句写六种活动,一句一事:在长满兰草的花园休息,在山花烂漫的山坡喂马。在泽边高平之地弋射,在长河边垂钓。随意挥弄五弦古琴,凝视回家的鸿鹄越飞越远。这些活动情致高雅有趣,又都发生在秀美壮阔的山水环境里,使人体会到逍遥自在、萧散洒脱的心境。

"目送归鸿"一句特有高致,妙在象外。我们可以这样理解:我从鸟儿飞翔的姿态看出它是如此自由自在,我感觉到它内心有一份恬适、喜悦、自足,就如同要回家一样。这个家并非有一个确定的地理所在,而是无形的精神家园。我凝视着鸟儿,所有的意念聚集在那一点,跟随它越飞越高、越飞越远,直至消失于太空。我忘记了一切,一切都好像不存在了,我和鸟儿一道融入天地、宇宙、自然。当此之际,尘世的喧嚣之气、纷争烦恼洗涤殆尽,人我之别、得失计较也都归于虚无。这里有一种深邃玄远的意境,渗透着老庄哲学的哲理意味,如骆玉明先生所言,这两句"描绘出虚静澄明、物我两忘的精神状态"(《汉魏六朝诗鉴赏辞典》)。

前六句在章法结构上是平行的,诗境却逐层打开,以至于天地宇宙,浩渺玄远。随后,所有这些动作都收拾在"俯仰"二字而归依于道:"俯仰自得,游心太玄",多么旷放、洒脱、不拘执。无论我做什么,都有一种恬适和领悟。我逍遥自在,体会了山水的乐趣,以及道的微妙境界。这真是超然世外,独得于心,可意会而不可言传。结尾四句用了两个庄子的典故,既表明这意境如此高妙,世间难有知音;又引出言意之辩，这本是魏晋玄学十分关注的问题，于是这首诗的玄学意味更浓厚了。

顾恺之之所以会觉得画“手挥五弦易，目送归鸿难”，大概有以下三个方面的原因：

第一，诗歌和绘画作为两种不同的艺术形式，虽然有很多相互融通之处，但终究具有各自不同的特质。诗歌用语言来表现，绘画用笔墨、线条、色彩和构图来表现，相对来说，绘画受到来自工具、材料和技法的限制更多一些。绘画是空间的艺术，诉诸视觉，在表现无形的、抽象的哲理，沉思冥想，以及随时间流逝而变化的事物方面，则力有所不逮，不如诗歌那么来去自由。就“手挥五弦”一句来说，形象鲜明具体，空间也基本确定，是画家能够把握的。但是画家该如何画出“目送归鸿”一句所蕴涵的虚静澄明、物我两忘的玄学意味呢？又如何表现仿佛因凝视而静止，却又随归鸿越飞越高、越飞越远，从而一直在延展的时间和空间呢？

第二，东晋时期绘画的宗旨还处在“成教化、助人伦、示训诫”的阶段，顾恺之的《晋帝相列像》《古贤圣图》《魏晋名臣图》《女史箴图》等等，都是这一类主题思想的表现。虽然晋人的审美观和艺术观在品藻人物，欣赏山水、诗歌等方面，都表现得自由不羁、个性张扬、不受礼法拘束，但在绘画艺术上，却还没有准备好接受和欣赏“表现自我人格精神”的作品。因此顾恺之在提笔作画之时，可能会隐约感受到来自意识深处的、一时难以突破的绘画理念的阻碍。

第三，东晋是人物画时代，顾恺之无疑是当时人物画最具代表性的画家。唐张彦远《历代名画记》说他画过《晋帝相列像》《中朝名士图》《谢安像》《桓温像》《桓玄像》等等，我们耳熟能详的《洛神赋图》《女史箴图》《维摩诘像》也都属于人物画。适逢两晋品藻人物的蔚然风气，顾恺之的人物画可以说如鱼得水，既受其影响，又推波助澜。《世说新语·巧艺》记载几则顾恺之的逸闻趣事，几乎全和人物肖像画有关，如画裴楷“颊上三毛”；画殷仲堪失明的眼睛：“但明点童子，飞白拂其上，使如轻云之蔽日”;画谢鲲在岩石里,说:“此子宜置丘壑中。”这些故事正是顾恺之提出的“迁想妙得”“以形写神”“传神写照,正在阿堵中”等重要绘画理论的生动例证,也就是说,顾恺之并非机械刻板地描摹人物外形,而是积极探索如何以各种艺术手法,表现人物的性格和内在精神。

但是,“目送归鸿”应当是一幅山水画,而非人物画。理由有三:其一,嵇康诗前六句合起来看,原本就是在壮丽的山水环境里展开的活动。其二,目送是极目远眺,随着归鸿越飞越远,其空间几乎可以无限扩展,以至于浩瀚无垠。在这样的空间里,人会显得越来越渺小,小到看不清眉眼,如王维《山水论》所言“远人无目”。其三,诗中浓厚的玄学意味,只能在山水自然里体现。老庄哲学和自然有着天然的渊源,嵇康说“越名教而任自然”,这自然可以指淳朴本性,也可以指山水自然,二者之间并不完全相同,但存在千丝万缕的联系。在山水自然环境里,人和草木一样最能保真全性,也就是最能自然,所以老庄一派莫不爱好山水,纵意放情,寄托怀抱,以山水自然为身心归宿。因此“目送归鸿”里有人物,而山水自然就是这人物的性格和内在精神,顾恺之若要画诗中人物,就必须画人物寄情的山水。

这对于顾恺之来说,无疑是个莫大的难题,确切地说,是人物画时代的画家遇到了如何处理山水画题材的难题。虽然受玄学和佛教影响,中国绘画史自东晋以来开始出现山水图,或是人物画中出现山水因素,但山水画还没有完全从人物画分离而独立为专门的绘画分支。真正的山水画观念,要到南朝刘宋年间宗炳写《画山水序》才建立起来。远近空间的处理、表现山石的各种皴法等山水画笔墨技法,经唐朝王维、郑虔,五代荆浩、关仝等人的探索推进,直到宋代董源、李成、范宽,以及元代黄公望、王蒙、倪瓒、吴镇四大家,才发展成熟,臻于鼎盛。这些当然不是顾恺之所能预知的。

(李群)

宠

宠礼者，宠爱礼遇之谓也。此一门主要写君臣间事。古之君臣为五伦之一，所谓“君臣有义”。《论语·八佾》：“定公问曰：‘君使臣，臣事君，如之何？’孔子对曰：‘君使臣以礼，臣事君以忠。’”又同书《颜渊》孔子言“正名”曰：“君君，臣臣，父父，子子。”《礼记·大学》论君臣关系称：“为人君，止于仁；为人臣，止于敬。”同书《礼运》论“人义”之“君臣”义曰：“君仁，臣忠。”无论君礼臣忠，抑或君仁臣敬，皆为君臣互相对待之职分，君臣各有其礼亦各有其道也。故孟子曰：“欲为君，尽君道；欲为臣，尽臣道。”（《孟子·离娄上》）然值魏晋之世，政权迭变，名教陵夷，君臣之道遂遭前所未有之挑战，尤其东晋一朝，门阀士族直可与皇权分庭抗礼，至有“王与马，共天下”之谓。夫士权之高扬，于皇权固有所损，却形成一史上罕见之

礼

第二十二

"君臣共治"局面，彼时无论朝廷之君臣，抑或幕府之君臣，皆能超越礼制之藩篱，纯以人格相敬赏，复以交谊相往还。此门所记虽仅六事，亦可藉窥当时风气之一斑。唯"宠礼"云者，实含"过礼"之意，观彼时君臣上下不拘小节之状，憨然可喜，即以"越名教而任自然"视之，亦无不可也。《世说》之妙，常在此等"出格""非礼"处，读者可深体而细玩之。

受宠若惊

孝武在西堂会，伏滔预坐[1]。还，下车呼其儿，语之曰："百人高会，临坐未得他语，先问'伏滔何在？在此不？'此故未易得。为人作父如此，何如？"

《宠礼》第5条

注释

① 伏滔(约317—396)，字玄度，平昌安丘(今属山东)人。举秀才出身，曾任桓温大司马行参军。迁征西参军、华容县令。孝武帝即位，任著作郎、青州大中正。

鉴赏

如果你没有见过受宠若惊的情景，就来细读这篇小品；如果你不能体会受宠若惊的心境，也来细读这篇小品。

文中的伏滔字玄度，主要活动于晋元帝建武初年至孝武帝太元末年。他从小就以才学闻名，州里举秀才和辟别驾都不就，后出任大司马桓温参军。桓将军对他十分赏识，每次宴集都让他陪同，后来还因在桓温平寿阳中有功而封侯。桓温死后伏滔又深得孝武帝司马曜的器重，朝廷重大集会还是少不了他。

一次孝武帝在宫殿西厢大会群臣，伏滔也在应诏之列。刚一散会，伏滔便匆匆驾车回家，刚一到家，便急急忙忙跳下车来，急切地把儿子叫到身边对他说:“今天西堂百人的重臣大会上,皇上才坐下什么话都未说,一开口就问身边侍臣说:‘伏滔在哪儿?他来了没有?’能被君主如此宠爱,这实在是太难得了!做父亲能做到这个分上,怎么样?”

伏滔被皇帝眷顾后的神情意态,只用寥寥五十多字的短文,便勾画得如闻其声,如见其人。“还,下车呼其儿”,两个短句写了伏滔集会后做的三件事——急忙回家,急忙下车,急忙呼儿,表现了伏滔按捺不住的喜悦;“百人高会”是他向儿子渲染集会的盛况,以场面的盛大和隆重,凸显自己受宠的隆恩;“先问‘伏滔何在?在此不?’”转述皇帝集会时的问话,为的是表明自己在皇上心目中的地位何等重要;“此故未易得”五字,则表现他自己对皇上恩宠是何等看重;“为人作父如此,何如?”更是在儿子面前炫耀自己受宠后的得意。从这段谈话中,不难想象他在儿子面前是如何绘声绘色,如何手舞足蹈,也不难想象听到皇上问到自己时,他内心是如何激动狂喜;更不难想象他回家路上,想与家人分享受宠喜讯是如何急不可耐!

作者并没有直接写伏滔如何受宠若惊,也没有直接描写他受宠后的心境,而是通过他匆匆回家的细节,通过他对小儿的言谈,来表现人物的个性与心理,来让读者想象人物的口吻和神态。作者更没有站出来直接进行褒贬,只是描述人物的行为和语言,读者自然就会心生好恶。只用短短几行文字,人物就刻画得声情并茂,作者完全不动声色,文章却力透纸背。

文章中伏滔在小儿面前的模样,即使不是小人得志,也多少有点小器易盈,相信谁见了都会觉得他恶心。不就是被皇帝随口问了几句吗,何至如此得意忘形?“才学”是那样高深,为人又是这样卑微,反差之大使人跌破眼镜。其《正淮》上下篇对天下大势的审视,对国家治理得失的剖析,表现了国士的胸襟和见识,而这则小品中受宠若惊的样子,又活脱脱地流露出一副妾妇心态——得宠便骄,失宠则怨。

不过,综观伏滔个人的一生,他绝不是屈节求荣的小人;纵观中国古今的书生，像伏滔这样的读书人比比皆是。即使笑傲王侯的伟大诗人李白，有时也以与侯王交往为荣："昔在长安醉花柳，五侯七贵同杯酒。气岸遥凌豪士前，风流肯落他人后？夫子红颜我少年，章台走马著金鞭。文章献纳麒麟殿，歌舞淹留玳瑁筵。"(《流夜郎送辛判官》)接到皇帝诏书后他比伏滔更加得意忘形："仰天大笑出门去，我辈岂是蓬蒿人。"(《南陵别儿童入京》)哪怕是另一位博大深沉的诗人杜甫，照样把皇帝的赏识当作莫大的荣耀："忆献三赋蓬莱宫，自怪一日声辉赫。集贤学士如堵墙，观我落笔中书堂。往时文采动人主，今日饥寒趋路旁。"(《莫相疑行》)三大礼赋被唐玄宗欣赏这件事，杜甫在诗中不知自吹了多少遍，他在老来写的《壮游》中还忘不了再自夸一番："曳裾置醴地，奏赋入明光。天子废食召，群公会轩裳。"

虽说儒家高扬"足乎已而无待于外"，道家强调"举世誉之而不加劝，举世非之而不加沮"，这些主张当然都非常之好，但它们的调子又都唱得非常之高，可完全"无待于外"的只有"神人"，希望得到别人肯定赞誉属人之常情，更别说希望得到皇上赞誉了。也许那些反社会和反皇权的人例外，他们把社会的肯定和皇上的褒奖视为耻辱。

李白得到皇帝的诏书就仰天大笑，后人一直把这当作笑谈或美谈，伏滔受宠于皇帝而欣喜若狂，为什么人们反而觉得俗不可耐呢？李白的得意忘形中有几分坦荡和率真，伏滔在儿子面前的骄矜之色未免失态。李白俗得如此坦然，所以人们感觉他不俗，伏滔当众藏藏掖掖，在儿子面前又自命不凡，所以他"一说便俗"。

（戴建业）

卿莫负我

卞范之为丹阳尹[①]，羊孚南州暂还[②]，往卞许，云："下官疾动不堪坐。"卞便开帐拂褥，羊径上大床，入被须枕。卞回坐倾睐，移晨达莫。羊去，卞语曰："我以第一理期卿，卿莫负我。"

《宠礼》第6条

注释

① 卞范之(？—405)，字敬祖，济阴冤句(今山东曹县东北)人，桓玄为江州刺史，引为长史。桓玄谋篡，以为丹阳尹，为玄僭位撰禅诏，进侍中、后将军。刘裕起兵，与玄败走。后被杀。

② 羊孚，见"《雪赞》书扇"篇(《文学》第100条)注释。

鉴赏

桓温的小儿子桓玄，在东晋末年，势力相当强盛。他率兵攻破京都建康后，自任太尉、平西将军，都督中外诸军事，享受剑履上殿、入朝不趋、赞奏不名的礼遇。桓玄有两个得力干将，一个是他的智囊羊孚，一个是篡位的助手卞范之。后来桓玄出镇姑孰，但朝中大事仍要咨询他，小事则由卞范之和桓谦决定。当时羊孚跟随桓玄在姑孰，而卞范之则担任京都建康的最高行政长官丹阳尹。

有一次，羊孚从姑孰暂回建康，到卞范之家去看望他，说："我身上的毛病发作啦，难受得坐不住。"卞范之就拉开自家的帷帐，把褥子掸干净，羊孚径直上了大床，盖上被子，靠枕头歇着。卞范之让仆人好生伺候，自己则返回坐着，还不时回过头注视着羊孚，生怕他有什么事儿。他就这样关照着羊孚，从早晨一直到傍晚。等羊孚休息好要走了，卞范之对他说："我以天下第一等贤才来看待你，希望你也不要辜负我的心意啊。"

卞范之作为京都的最高长官，当时可以说是位高权重。他聪敏有悟性，与桓玄交情深厚。桓玄私下里的密谋策划，无不由他决断。后来桓玄篡位谋反，逼晋安帝禅位的诏书，也出自卞范之的手笔。卞范之自以为是辅佐桓玄的大功臣，平日里居功自傲，不可一世。

桓玄性情贪鄙，尤爱宝物，珠玉不离手，又喜好书画和宅园，经常巧取豪夺。卞范之也跟着大肆营造府第，过着奢侈无度的生活。卞家的子弟们也是傲慢无礼，朝廷内外的人都畏惧并嫉恨他们。这么强悍横暴的一个人，为什么会如此礼贤下士地对待羊孚呢？

年少成名的羊孚，当然也不是等闲之辈。他才华出众，词采飞扬，写有一首四言诗《雪赞》："资清以化，乘气以霏。遇象能鲜，即洁成辉。"白雪来处的神奇，空中飞扬的飘逸，笼盖四野的皎洁，映彻日月的空灵，都那么生动可感，故而世人以"羊孚雪"誉之。

羊孚也是当时的清谈名士。他的弟弟羊辅娶王讷之的女儿为妻，王家接待上门迎娶的男方亲友团时，羊孚也与弟弟一起去了。这时王讷之的父亲王临之还在世，殷仲堪是王临之的女婿，也作为女方亲友团在座。羊孚擅长名理，便和殷仲堪谈论起《庄子·齐物论》。殷仲堪反驳了他，羊孚说："经过四个回合后，您将会发现彼此见解相同。"殷仲堪笑着说："只能各说各的理，怎么会一定相同！"然而四个回合后，见解竟然相通了。殷仲堪感慨地说："如此看来，我还有什么见解，会跟你不同呢！"他情不自禁地赞叹，羊孚真是个难得的后起之秀啊。

论清谈水平，羊孚在上流社会，几乎是所向披靡。他和谢益寿(谢混)很要好，有一天早晨，羊孚还没吃早饭就到谢家去。一会儿，大名士王恭的两个弟弟王齐、王睹也来了。因为自家门第高贵,他们看到陌生人就有点不高兴,想让羊孚离开。但羊孚根本就不理睬他们,大大咧咧地把脚搁在几案上,无拘无束地吟咏顾盼。谢混和王家兄弟寒暄几句后,继续和羊孚清谈,王氏兄弟才明白羊孚非同凡响,于是就攀谈起来。一会儿主人摆下饭菜,二王都顾不上吃饭,只顾和羊孚清谈,羊孚却不怎么应对他们,只管大口吃饭。饭后羊孚要离开,二王苦苦挽留,羊孚却不肯奉陪了,坚持要走,说:"向者不得从命,中国尚虚。"可见羊孚多么有魅力了!

桓玄对羊孚,可以说是青眼有加。他攻下京都后,羊孚登门拜访,在求见信中写道:"最近遭逢变故,我也意志消沉,心情郁结。您是漫漫长夜中的晨光,又如清澈的水源,澄清了我心中的百条浊流。"桓玄见到信,赶紧把他请来,见到羊孚就忙不迭地说:"子道,子道,你可来了!"

桓玄很欣赏羊孚的才华,就以太尉的身份,礼聘他为记事参军。这时大名士孟昶在刘牢之手下任主簿,因为得罪了桓玄,亲自登门谢罪,见到羊孚就说:"羊侯,羊侯,我一家百余口的性命,就都托付给您了。"由此可见,羊孚对桓玄的影响力有多大了。

卞范之是个聪明人,对于主子身边的红人,自然是要刻意巴结了。可惜的是,羊孚三十一岁时死了。桓玄给羊欣的信上说:"您的堂兄是我所信赖的人,友情都寄托在他身上,没想到会突然暴病而亡。孔夫子在颜回去世时发出'天将亡我'之叹,如今我还有别的什么话,能把这种悲痛表达出来!"桓玄将要篡位的时候,也对卞范之说:"以前羊子道经常告诫我,不容许我有篡位的意图。如今我失去了他这样的心腹,又失去了索元这样的助手,却匆匆忙忙做这种冒犯君上的事,难道能顺应天意吗?"

后来桓玄发动了叛乱,在建康建立了短命的桓楚政权,不久被杀,时年三十五岁,卞范之也随之死于非命。如果羊孚这个天下第一等的贤才还在,也许会避免这种悲剧吧?

(阮莉萍)

任诞

任诞者，任达放诞之谓也。《论语·子路》："子曰：不得中行而与之，必也狂狷乎？狂者进取，狷者有所不为也。"邢昺疏："狂者进取于善道，知进而不知退。狷者守节无为，应进而退也。二者俱不得中而性恒一。"又同书《阳货》："古之狂也肆，今之狂也荡。"是知所谓任诞者，皆狂肆放荡，实亦狂狷之流亚也。又《后汉书·戴良传》："良少诞节，母憙驴鸣，良常学之以娱乐焉。"又云："良才既高达，而论议尚奇，多骇流俗。"此"诞节""高达"云者，实亦"任诞"之谓也。故明陈继儒《枕谭·任诞》云："世谓任诞起于江左，非也。汉末已有之矣。"《世说·任诞》一门，专为非毁礼法、特立独行、遗世高蹈、痴狂怪诞之辈写照，名典纷纭，掌故腾涌，乃全书最具今所谓"魏晋风度"者。若刘伶、二阮，纵酒佯狂，杯中翻出大乾坤；张翰、毕

诞

第二十三

卓，看破红尘，唯在瓮中观自在。桓子野每闻清歌，辄唤奈何，竹笛三弄，不交一言，直指玄心，成一段大风流，可证知音难觅，客套为俗；王子猷借宅种竹，啸咏此君，雪夜访戴，造门而返，暗触天机，铸一种真境界，故能超迈今古，清音独远。至于山简高阳池边，倒著白篱；孙统山水佳处，去而复返；周伯仁三日仆射，千里一曲；殷洪乔倾人家信，不做书邮；皆可入于狂狷之流，虽小道偏锋，致远恐泥，亦不无可观者焉。读者若能摆落成见，跳脱俗情，便如场中观剧，水中看花，听其言外音，赏其象外意，岂不美哉！

鉴赏

竹林七贤

竹林七贤

陈留阮籍[1]，谯国嵇康[2]，河内山涛[3]，三人年皆相比，康年少亚之。预此契者[4]：沛国刘伶[5]，陈留阮咸[6]，河内向秀[7]，琅邪王戎[8]。七人常集于竹林之下，肆意酣畅，故世谓"竹林七贤"。

《任诞》第1条

注释

① 阮籍，见"阮籍至慎"篇(《德行》第15条)注释。
② 嵇康，见"不见喜愠"篇(《德行》第16条)注释。
③ 山涛，见"犹有消息"篇(《政事》第8条)注释。
④ 契：志同道合的交游聚会。
⑤ 刘伶，见"意气所寄"篇(《文学》第69条)注释。
⑥ 阮咸，见"暗解神解"篇(《术解》第1条)注释。
⑦ 向秀，见"不慕巢许"篇(《言语》第18条)注释。
⑧ 王戎，见"生孝死孝"篇(《德行》第17条)注释。

鉴赏

"名士"可说是中国历史上非常重要且特殊的人格形态，名士一词起源非常早，如《礼记·月令》："勉诸侯，聘名士，礼贤者。"此名士乃指隐而不仕、品德坚贞之人。直至魏晋时期，"名士"一格俨然成为"魏晋风流”之标志代称，如诸葛亮“乘素舆，葛巾，持白羽扇”(《语林》)，风度翩翩的统率三军，即使面临司马懿大军压境，他仍然气定神闲，悠游以对，反观其对手司马懿戎服莅事，战战兢兢，难怪司马懿闻之，也不得不赞许曰：“可谓名士矣！”(同上)这种“清”“逸”的神态，是魏晋风流的最高境界，在魏晋时期除了诸葛亮之外，名士之中尚有所谓的“竹林七贤”。

竹林七贤者，陈留阮籍、谯国嵇康、河内山涛、沛国刘伶、陈留阮咸、河内向秀、琅邪王戎等七人是也，这七人常常聚集于竹林之下，肆意酣畅，故世谓“竹林七贤”，这七位魏晋名士对其后的中国文化产生深远的影响。袁宏《名士传》“以夏侯太初、何平叔、王辅嗣为正始名士，阮嗣宗、嵇叔夜、山巨源、向子期、刘伯伦、阮仲容、王濬冲为竹林名士，裴叔则、乐彦辅、王夷甫、庾子嵩、王安期、阮千里、卫叔宝、谢幼舆为中朝名士”。袁宏将魏晋名士分成正始名士、竹林名士、中朝名士三个时期，这三个阶段的分期乍看之下颇为突兀，但细细咀嚼体会亦能发现袁宏别具只眼，含有其史家之史识，为何这样说呢？第一：因为袁宏所举正始名士三人之活动时间与竹林七贤是有重叠部分，但这两组人所代表的文化底蕴非常不一样，因为正始三人的贡献在于玄理，皆以“无”为本，为先秦儒道典籍注入活水，发展出新道家；竹林七人的价值在于“玄风”，阮籍、山涛、王戎、向秀依违两可之应世哲学，嵇康刚肠疾恶之生命姿态，刘伶、阮咸玩世不恭之潇洒人生，这七人所蕴藏的文化能量如同陈年老酒，为后人所津津乐道。第二：虽然竹林与中朝在时间上并无重叠，但在玄风价值上似乎都是名士风流，可是这两组人生命厚度非常不同，中朝名士大多仅在任诞行迹上仿效竹林七贤，并无“玄心”。

袁宏《名士传》应不仅只是依谢安口述而记录下来，而是与当时众多士人交游言谈所得而成书，这种情况在当时颇为盛行，故庾亮才言“皆为好事者为之也”，就是因为有这一群“好事者”对一些颇为特殊的人物都很感兴趣，因而提笔记录之，如《高士传》《文士传》《逸士传》《英雄记》《孝子传》《先贤传》《诸公赞》《江左名士传》等书，就是在这种机缘下成书的。因此竹林七贤的说法应该也是在这种因缘际会下流传下来,直到刘义庆、刘孝标撰注《世说新语》,竹林七贤之典实于是汇聚于《世说新语》之中,并随着《世说新语》一直流传至今,为后人津津乐道,这其间似乎隐然有一竹林文化接受学史之发展态势。

（曾敬宗）

居丧无礼

阮籍遭母丧[①],在晋文王坐进酒肉。司隶何曾亦在坐[②],曰:“明公方以孝治天下,而阮籍以重丧,显于公坐饮酒食肉,宜流之海外,以正风教。”文王曰:“嗣宗毁顿如此,君不能共忧之,何谓?且有疾而饮酒食肉,固丧礼也!”籍饮啖不辍,神色自若。

《任诞》第 2 条

注释

① 阮籍,见“阮籍至慎”篇(《德行》第 15 条)注释。

② 何曾(199—279),字颖考,陈国阳夏(今河南太康)人。西晋初,历太尉、司徒,进位太傅。谄附贾充,生活奢侈,日食万钱,仍说无下箸处。

鉴赏

魏晋易代之际,在严酷的政治环境中,阮籍是个深谙明哲保身之道的人。《世说新语·德行》里记载:“晋文王称阮嗣宗至慎,每与之言,言皆玄远,未尝臧否人物。”在司马昭的眼里,阮籍是个非常谨慎的人。他从来不褒贬人物,以免在朝廷中树敌,给自己带来祸患。嵇康在《与山巨源绝交书》中也说:“阮嗣宗口不论人过,吾每师之,而未能及。”在好朋友的印象里,阮籍也从来不说人坏话,可见他是个冷眼观世态之人。然而他又纵情越礼,成为魏晋时期任诞派的代表人物。

在为母亲服丧期间,阮籍在司马昭的宴席上喝酒吃肉。一向重视礼法的司隶校尉何曾,对他实在看不顺眼,怒气冲冲地对司马昭说:“您正在用孝道治理天下,可是阮籍不顾自己身居重丧,公然在您的宴席上喝酒吃肉,这种不孝的逆子,应该马上把他流放到荒漠之地去,以端正朝廷的风俗教化!”司马昭怜惜地看了阮籍一眼,说:“何司隶啊,你看看,嗣宗都哀伤憔悴成这个样子,您不能为他分担失去至亲的忧愁和痛苦,为什么还要苛责他呢!再说有病而喝酒吃肉,这本来就合乎丧礼啊!”阮籍听着他们的对话,仍然从容地吃喝个不停,喜怒不形于色。

母亲去世的这一年,阮籍已经四十八九岁,对于生性至孝的阮籍来说,母亲一旦离去,还有什么是他在这个污浊的尘世坚持下去的理由呢?在司马家的统治下,君臣纲常成了虚假的摆设,血腥屠杀成了习以为常的故事。一腔建功立业的热血里,流淌着“一身不自保,何况恋妻子”的冰冷忧惧,如不相容的水火,时时激荡着阮籍的胸怀。这四十多年过得战战兢兢、如履薄冰,可是他不能逃啊,因为母亲是他在人世永恒的眷念,动荡流离的乱世里,他怎能不努力为孝养母亲而保全自己呢?

建安十七年(212年),父亲阮瑀病逝的时候,阮籍还只有三岁。

母亲给他唱的催眠曲就是父亲的诗歌,特别是那一首《琴歌》:“奕奕天门开,大魏应期运。青盖巡九州,在东西人怨。士为知己死,女为悦者玩。恩义苟敷畅,他人焉能乱?”这是父亲对武帝曹操的颂歌,也蕴含了母亲对文帝曹丕的感恩之心,曹魏王朝对他们家的影响不可谓不深刻啊!

在东汉末年,逃避乱世的阮瑀被爱才心切的曹操一把火逼出深山,从此与曹家父子结下了深厚的情谊。曹操倚重他,军中文书基本出自陈琳和阮瑀之手。阮瑀倚马可待、文不加点的才华备受两代主子的青睐,然而好景不长,他盛年便死于中原流行的疾病。曹丕是性情中人,非常同情阮瑀身后的妻儿,特意写了一首《寡妇诗》,表达对好友家眷的关切。阮籍从小就在母亲“思恩”与“念义”的教导下成长,他习文练武,一心想继承父亲“士为知己死”的遗志,抚平母亲的经年苦楚,也报效这个王朝曾经给予他们的恩惠。

四十岁前,阮籍婉拒了朝廷的一次次征召,远离了曹爽与司马懿的政治斗争,因为他深谙司马家的阴鸷手段。然而,在随之而来的嘉平大屠中,阮籍被迫走出了隐居的家乡。“看花满眼泪,不共楚王言”(王维《息夫人》),阮籍只能眼睁睁地看着曹魏王朝在秋风里零落成泥。“时无英雄,使竖子成名”,十年河东十年河西,那个他从小就想效忠的巍巍大魏,已经从伟岸的巨人变成了可笑的侏儒!

司马家父子对奉令归附的名士还是礼遇的,而年龄只比他小一岁的司马昭,更是对他爱护有加。在坐席严敬的司马昭府邸,独有阮籍箕踞啸歌,酣放自若。有一回,负责刑狱的官员禀报了一起儿子杀母的案件,阮籍听罢脱口而出:“啊,这混蛋,杀了父亲也就罢了,怎么能杀害母亲呢!”在座的官员们一时哗然,司马昭也按捺不住了:“嗣宗,这话从何说起?杀父,是天下极恶之事,你怎么会认可呢?”阮籍酒意未消,率尔而答道:“禽兽知有母而不知有父,杀父之人,就是禽兽之类;杀母之人,那是连禽兽也不如了!”司马昭顿时释怀,付之一笑。阮籍母丧之后的狂放颓废,司马昭也始终以强者的胸怀宽容对待。

然而司马昭的优容不是没有代价的，就在去世前的那一年，阮籍在醉中为这位渴望篡位的当权者写下了《劝进表》，代表名士劝司马家接受曹魏的禅让，这成为后人诟病他的污点。然而，他在乎世俗的眼光吗？不会的，只因为统治者的“恩”与“义”，绑架了阮籍的一生，让他难以逃离尘世的羁绊。他无法像自己所描绘的“大人先生”一样，无拘无束地游弋于无穷宇宙；甚至也不能够像刘伶一样，自由自在地沉醉于陶然酒乡。阮籍反叛礼教的姿态，只是一种艰难的逆风飞扬。

（阮莉萍）

刘伶病酒

刘伶病酒，渴甚，从妇求酒。妇捐酒毁器[①]，涕泣谏曰：“君饮太过，非摄生之道[②]，必宜断之！”伶曰：“甚善。我不能自禁，唯当祝鬼神[③]，自誓断之耳！便可具酒肉。”妇曰：“敬闻命。”供酒肉于神前，请伶祝誓。伶跪而祝曰：“天生刘伶，以酒为名[④]，一饮一斛[⑤]，五斗解酲[⑥]。妇人之言，慎不可听！”便引酒进肉，隗然已醉矣[⑦]。

《任诞》第3条

注释

① 捐：倒。
② 摄生：养生。
③ 祝：祈祷。
④ 名：通“命”。
⑤ 斛(hú)：量器名，亦是容量单位，晋时一斛为十斗，南宋末改为五斗。
⑥ 解酲(chéng)：醒酒。酲，酒醉之态。
⑦ 隗然：隗通“颓”，醉倒的样子。

鉴赏

在大多数的“语境”下，“酒鬼”都是令人厌恶的，人们避之唯恐不及。可是，刘伶显然是个例外，虽然他其貌不扬，甚至还有些丑陋，但是他富有才华，与之交游者也多是名士一流，这样的人沉湎酒乡，世人不但不嫌弃，反而还多以带点赞赏的眼光来看待，认为他的所作所为一定富有深意，是选择酒来逃避自己内心的苦闷。如于谦《醉时歌》所云：“刘伶好酒世称贤，李白骑鲸飞上天。”

《世说新语》中收录刘伶沉湎酒乡的条目多则，多数都多少带着一点悲壮的气息，让人看了顿生戚戚之感，独有“刘伶病酒”一则带有强烈的喜剧色彩，让人不禁哑然失笑。

家里有刘伶这样一个每日酒不离手的酒徒，可想而知，他的妻子对此有多么的生气和郁闷。某日，刘伶酒瘾发作，“从妇求酒”，一个“求”字，令酒徒为了酒什么都肯做的形象呼之欲出，也可见其妻平素一定是对其管束甚严。这一次她索性将酒器全都摔碎，又哭着劝刘伶爱惜身体，不要再饮酒了。刘伶貌似被妻子言语“打动”了，于是便云：“我自己无法戒酒，需要在鬼神面前发誓来约束自己。快点准备祭祀的酒肉吧！”事实上，刘伶哪里是有心戒酒，他只是借此骗酒喝罢了。但见他跪在神位面前起誓说:“天生刘伶,以酒为名。一饮一斛,五斗解酲。妇人之言,慎不可听!”说完,就将用作供品的酒肉全都吃喝完了,整个人又一次醉醺醺地不省人事。

在《世说新语》中写戒酒的还有一个人,即晋元帝。元帝过江之后仍然好酒,在王导劝谏之下,他决心戒酒,于是最后一次畅饮大醉,之后就彻底戒酒了。从中可见晋元帝的决心与毅力。可是,刘伶如果也能如同晋元帝这样说戒就戒,那当然也不会被后世视为嗜酒如命的“酒神”了,“我不能自禁”之语,说明他对于自己是非常了解的。为了能喝上酒,不惜欺瞒一心为他好的妻子,甚至也不惜对跪拜的神鬼不敬,能将祭祀的酒喝得一滴不剩,可谓是舍命纵酒了。

刘伶病酒的故事并不长,但是情节安排平中出奇,颇为巧妙,用字遣词非常贴切,寥寥数语,一个不拘礼法,嗜酒如命的“酒徒”形象跃然而出,而且又很有喜剧色彩,令人百读不厌。有趣的是,不但刘伶病酒成为了一个有名的典故,时常被后世诗文引用,就连他的妻子也因为苦劝刘伶戒酒而留名于史,“刘伶妇”“刘伶贤妻”等常被用来指称劝谏戒酒的人。如苏轼《小儿》诗:“还坐愧此言,洗盏当我前。大胜刘伶妇,区区为酒钱。”辛弃疾《定风波·大醉自诸葛溪亭归,窗间有题字令戒饮者,醉中戏作》中亦云“刘伶元自有贤妻”,真可谓是无心插柳柳成荫了。

(章原)

不可不饮

刘公荣与人饮酒①,杂秽非类②,人或讥之。答曰:"胜公荣者,不可不与饮,不如公荣者,亦不可不与饮,是公荣辈者,又不可不与饮。"故终日共饮而醉。

《任诞》第4条

注释

① 刘公荣:刘昶,字公荣,沛国(今安徽濉溪西北)人,为人通达,性好酒,官兖州刺史。

② 杂秽:杂乱。非类:不是同类的人,这里指身份、门第不同类的人。

鉴赏

魏晋可以说是一个对酒当歌的时代,中国历史上,似乎还没有哪个朝代像魏晋一样,与酒有这么紧密的联系。魏晋时期,酒与名士的生活关系尤为密切,饮酒成为名士的一种生活方式,而嗜酒、醉酒则被视为名士风流的一种表现。鲁迅先生在《魏晋风度及文章与药及酒之关系》一文中,谈到当时名士饮酒的风气,家家户户、朝朝暮暮都离不开酒,酒是士人家中必备之物,可以瓮中无米,但不可坛中无酒。阮咸、陶潜都"好酒而贫",酒在人们生活中不可或缺,陶潜不为五斗米折腰,但却屈就彭泽令，愿为酒折腰；阮籍愿意出仕做“阮步兵”，也是为了能有酒喝。

魏晋出现很多关于酒的奇闻轶事，《世说新语》中与酒有关的内容有五十多处，《任诞》篇尤多。发生在酒桌上和酒杯里的故事，不仅十分有趣，还蕴含着丰富的人生哲学，或追求庄子的适意逍遥，或借酒浇愁，或借醉酒避祸，或借醉酒之言达到某种目的，等等，其中真是大有学问。时为兖州刺史的刘昶就提出了饮酒交友的一套理论。这个刘昶，为人性情开朗、随和，也是一个见酒就醉的人，他对酒友没什么要求，喝酒几乎不看对象，与“酒逢知己千杯少”不同，是什么人都可以对饮，喝到醉。不论对方的身份、地位，哪怕是三教九流也都能喝到一块儿，不管和谁一起喝酒，都有说有笑，丝毫不顾忌地位、身份什么的。“坐上客常满，樽中酒不空”是他的生活常态。除了在家里喝，自然也出去喝，只要有外人相请，他几乎是每请必到，每到必饮，每饮必醉。

有人讥笑他酒友杂乱不纯，很丢面子，他就抛出了自己的一套饮酒理论：“胜过公荣我的人，不能不和他一起喝；不如我公荣的人，也不能不和他一起喝；和我公荣同类的人，更不能不和他一起喝。”从刘昶的饮酒理论和饮酒风格来看，他是一个非常懂得“关系学”的人，在人人自危的大环境下，谁都不能得罪，无论职位高低，一起饮者皆为友，与其说这是他的交友观，不如说是他的关系学，他不愿意因为饮酒而得罪人。

刘公荣的饮酒名言传开后不久，就发生了这样一件很有趣的事：一次王戎去拜访阮籍，恰好刘公荣在座。阮籍对王戎说：“我正好有两斗美酒，咱们一起痛饮。那个叫公荣的，没有他的事！”两个人就交杯劝饮，互相敬酒，公荣在一旁看着，始终也没有喝到一杯，但他仍神态自若，一点也不觉得尴尬，三个人在一起畅所欲言，气氛场面和平时并没有什么区别。这么看来，刘公荣喝酒的品位确实不如阮籍等魏晋名士。但有一点可以肯定，在酒场上，他面对尴尬，能镇定自若，继续聊天，也算是一个通达的人。事后，有人问阮籍：“你怎么可以这样对待刘公荣呢？”阮籍大笑，接着套用刘公荣自己的话来取乐：“胜过公荣的人，不能不跟他喝酒；不如公荣的人，不可以不跟他饮酒；只有公荣，可以不跟他饮酒。”这就是“公荣无酒”的典故。后来,就用“无酒酌公荣”用来比喻士人聚饮。

宋代多位大文豪都在诗词里引用这一典故,如陆游:“饭软茶甘吾事了,但愁无酒酌公荣。”(《枕上》)“难从公荣饮,独效孙登啸。”(《夜兴》)苏轼:“须知老人兴不浅,莫学公荣不共饮。”(《和公济饮湖上》)王安石:“无人敢动公荣酒,为我聊寻逸少池。”(《送刘和甫奉使江南诗》)辛弃疾《贺新郎》词:“此会不如公荣者,莫呼来、政尔妨人乐。医俗士,苦无药。”

自酒发明以来,就成了亲朋好友建立感情、促进彼此友谊和加深其亲密程度的重要媒介。“我有旨酒,以燕乐嘉宾之心”,关系不好的,甚至有仇有怨的在酒席上往往可以消除积怨宿仇,重归于好;关系不深的可以变得很深;关系好的就更加亲密了。连结他们的纽带却是杯中物,酒是他们友爱亲善的黏合剂。

魏晋是历史上一个非常特殊的时期,司马氏集团和曹魏集团争夺最高统治权的斗争,刀光剑影、血雨腥风,士人们整日战战兢兢,稍有不慎便会灾难临头,性命不保。刘公荣懂得酒在协调人际关系方面有妙用,这恐怕是他在乱世立身处世的经验之谈。饮酒不仅可以协调关系,还可以全身远祸,可以辅助讽谏,这是带有功利性质的饮酒,这种情况下的饮酒属于低层次。

《世说》中记载阮籍、嵇康等七人常集于竹林之下,肆意酣畅,故世谓“竹林七贤”。他们聚在一起,不仅饮酒、纵歌,还谈玄论道、下棋弹琴、交流思想,这样饮酒才达到了肆意酣畅的高境界,是那种真正意义上的饮酒,摆脱了功利性,能喝出酒的真情真趣。

《任诞》中王孝伯这样定义名士:“名士不必须奇才,但使常得无事,痛饮酒,熟读《离骚》,便可称名士。”所谓名士风流,鄙弃礼法,好谈玄理,常饮酒,行为放诞,不拘节行,阮籍所言与公荣不同的饮酒原则,正体现了阮籍清高简傲的性格,他们通过酒对身体的催化,或沉醉中忘掉痛苦,或使精神得到激发和升华。光禄大夫王蕴说:“酒正使人人自远”(《任诞》35),任达不拘的士人王佛大感叹“三日不饮酒,觉形神不复相亲"(《任诞》52),等等。在醉酒的状态里,释放现实的重压,追求本真的心灵,以酒为精神伴侣,寻求自然洒脱、物我两忘的心境,这样的"自适"和"自远"才是士人的饮酒精神,才是名士向我们展示的酒中真味。

（齐慧源）

步兵校尉

步兵校尉缺[1],厨中有贮酒数百斛,阮籍乃求为步兵校尉。

《任诞》第5条

注释

① 步兵校尉:官名。汉代京师置屯兵八校尉,步兵校尉掌管上林苑屯兵。

鉴赏

魏晋是战乱不断的时代,时势造英雄,也成就诗人和哲学家。这是一个盛产豪杰和谋臣的时代,他们一批批地登上历史舞台,主宰着动荡不安的华夏大地。这也是一个文人雅士辈出的时代,他们不愿意成为杀戮者的帮凶,于是在山岩林壑中独善其身,在优美的自然里吟诗,也用玄学的眼光审视着生命的意义和价值。阮籍无疑更向往隐逸,可是他为什么又不断辗转于官场之间，还以步兵校尉之职终老呢？

阮籍生活在魏晋更迭之际，从小博览群书，喜欢《老》《庄》。他形貌俊伟，喜怒不形于色，学问为当世所推崇。阮籍在习文的同时还兼习武，他在《咏怀诗》写道："少年学击剑，妙技过曲城。"阮籍本有济世之志，曾登广武城，观楚、汉古战场，慨叹"时无英雄，使竖子成名"(《晋书·阮籍传》)，然而在乱世中，他见识了太多的阴谋，目睹了太多的鲜血。那些叱咤风云、独霸一时的人物，视芸芸众生如草芥，怎么配得上是英雄！

在阮籍看来，真正的"大人"，应与造物同体，与大地并生，逍遥俗世之上，方可乐得其所，因而他一直在躲避官场。当时曹魏王朝篡夺而来的政权，已经不可挽回地没落了。自开创基业的武帝曹操、制定典谟的文帝曹丕、尚能守成的明帝曹睿之后，继任的帝王就已经没有了英雄气概，曹芳、曹髦这两个儿皇帝显然控制不了大局。魏明帝托孤的司马懿和曹爽，一直进行着阴晴莫测的权力斗争。

当朝的知识分子人人自危，登上权力高峰的人，也可能瞬间成为阶下囚，甚至人头落地。而他们一失势，为他们摇旗呐喊的名士也就跟着倒霉，谁又会成为那只为了儆猴而杀以示众的打鸣雄鸡？"人生若尘露，天道邈悠悠""天网弥四野，六翮掩不舒"(阮籍《咏怀诗》)，残酷的现实，犹如一张大网，阮籍能够逃到哪里呢？

与山涛一样，阮籍是一个政治触觉敏感的人，在这样礼崩乐坏、纲纪不存的乱世，施展才干已经成为空谈，与其待在令人心惊胆战的洛阳，不如回家乡过那不问世事的隐居生活。然而这一切由不得他做主，愈是乱世中得来的权势，愈需要招揽名士来装点门面、粉饰太平。阮籍的反复推脱只会惹来疑忌和忿恨，在不得已的情况下，他先后在魏国元老重臣太尉蒋济幕府中任尚书郎，又被辅政大臣曹爽召为参军。

阮籍不愿意被权力绑架，去做无谓的炮灰，这两次任命都在不久后就被他以生病为由，极力推脱了。离开曹爽一年多后，随着高平陵事变的发生，何晏、夏侯玄等赫赫有名的正始名士就相继被杀戮，更使阮籍触目惊心，"一身不自保，何况恋妻子""终身履薄冰，谁知我心焦"！

(《咏怀诗》)阮籍本来倾向于曹魏皇室,但同时又感到世事已不可为,平日里要么闭门读书,要么登山临水,采取了不涉是非、明哲保身的态度。

司马昭当权后,局势开始稳定下来,阮籍开始了平生仅有的两次主动出仕。他最喜东平的风土人情,游历过后念念不忘,大将军司马昭闻之大喜,随即拜授阮籍为东平国相,掌管政事。东平相是个小官,但在地方上却拥有绝对的权威,阮籍可以做一些自己想做的事情。于是他骑着毛驴,优哉游哉地上任去了。阮籍不爱钱也不爱权,但他的办事效率让绝大多数的官员汗颜。

古代的衙门,大门后有一堵影壁,最大作用就是保护官府隐私。阮籍上任后的第一件事,就是拆除影壁,使整个府衙内外通透敞亮。他让所有官员都暴露在公众监督下,向世人表明了政事公开、不徇私舞弊的决心。阮籍还大刀阔斧地精简法令,提高政府办事效率,大家对他心悦诚服。

阮籍当东平相,前后总共也就十来天,就留下了一个官衙敞达、政通人和的东平。司马昭舍不得他,又召唤他回到洛阳。阮籍一生之中,正儿八经地处理政务,也就这十几天的时间,却干得风生水起。后世自视清高的李白,也欣赏他的这股潇洒劲儿,写诗赞道:“阮籍为太守,乘驴上东平。剖竹十余日,一朝风化清。”(《赠闾丘宿松》)

阮籍的第二次主动出仕,是提出要担任北军的步兵校尉。步兵校尉一职,虽然是中央政府的属官,但不像散骑常侍那样,与皇帝有非常亲近的关系;虽然是武职,但又不执掌兵权,不会引起司马氏的猜忌。当然,最重要的原因,是他打听到北军营房有位厨师极善酿酒,而且步兵官府中的厨房还储存着几百斛酒。阮籍嗜酒如命,于是堂而皇之地成了酒窖的主人,上任之后除了喝酒,一件事也没管过。他担任此官职的时间最长,所以后世通常称之为“阮步兵”。

大概因为阮籍性情比较包容,也习惯了随遇而安,不像嵇康那样刚烈梗直,所以颇得司马家父子的好感。对于司马家,嵇康是旗帜鲜明地坚决不合作,山涛举荐他当官,他还写下《与山巨源绝交书》,成了获罪被杀的引子。阮籍则与司马家虚与委蛇,拿俸禄做闲职,可以游山玩水，打听到有酒喝的时候，还要自我举荐一下。

在司马家的政权中，想陷害阮籍的人不少。何曾和钟会等人，多次以毁坏礼法的理由，劝司马昭杀他，可司马昭仍然喜欢他，一直保护着他。阮籍在四十五岁的时候，还被封为“关内侯”。在乱世之中，可以大隐隐于朝，这也可以说是阮籍的幸运吧？

（阮莉萍）

何入我裈

刘伶恒纵酒放达①，或脱衣裸形在屋中，人见讥之。伶曰：“我以天地为栋宇②，屋室为裈衣③，诸君何为入我裈中！”

《任诞》第6条

注释

① 放达：不拘礼法的放纵行为。
② 栋宇：泛指房屋。
③ 裈(kūn)：裤子。

鉴赏

率情任性，以适意为准的，是刘伶张扬自我个性的表现，但为反对礼法，赤身裸体而一丝不挂，虽然矫枉过正，在当时也属惊世骇俗之举。其实，刘伶所为，并非无源之水，而是有道家生命自然观的思想基础，《庄子·列御寇》中写道："庄子将死，弟子欲厚葬之！庄子曰：'吾以天地为棺椁，以日月为连璧，星辰为珠玑，万物为赍送。吾葬具岂不备邪？何以加此！'"虽然这里表现的是庄子的薄葬观，不过也体现了庄子对人生、社会以及自身生命的一贯看法，作为玄学家的刘伶与庄子思想有相通之处。刘伶在自己家中脱衣裸形，正是将身体视为大自然万事万物中的普通一分子，脱掉了由儒家礼法人物披挂在人身体上的层层装饰。魏晋名士在反抗儒家礼教的同时，也把服饰礼仪顺带打破，他们不仅痛饮，喝得高兴了，还要脱衣服，以原生态的身体示人，纵酒、裸裎同时进行，凸显了精神抵抗的力度。

在汉代大儒董仲舒看来，衣服不仅具有"盖形暖身"的实际功用，更具有"贵贵尊贤"的等级身份标识，故"虽有贤才美体，无其爵，不敢服其服"(《春秋繁露·服制》)，也就是说，即便你再有才华，你身材再好看，可是你不具备一定的社会地位，再合适的衣服你也不能往身上穿。在儒家礼教及谶纬神学综合影响下，从《汉书》开始，历代正史《五行志》都专列"服妖"一项，凡穿戴与自己的身份、地位、场合不符，均被斥为"服妖"。同理，儒家礼教当然不可能给裸体留下一丝空间，儒家礼法人士正是要通过各种手段打造身体的神秘感、威严感、差别性，又怎么能教人轻易以裸体示人呢？脱光了都一样，何以显示出尊者的威严？有压迫就会有反弹，魏晋士人崇尚宽袍大袖、高跟齿屐、熏衣剃面、傅粉施朱、喜好文饰，本质上看都是挑战儒家服制的抵抗之举。裸体，则更向前迈进了一大步，一时成为风尚，在刘伶之后，顾和"车边觅虱"、王羲之"东床坦腹"以及谢灵运裸体山泽之游等，不一而足。须辨明的是，刘伶在家中脱衣裸形，并非在公众场合惺惺作秀，这与今日世俗歌儿舞女或"行为艺术家"的裸体表演，有云泥之别，不可同日而语！

（白振奎）

鉴赏

阮籍别嫂

阮籍别嫂

阮籍嫂尝回家，籍见与别。或讥之①，籍曰：“礼岂为我辈设也？”

《任诞》第7条

注释

① 或讥之：按礼制，叔嫂不通问，所以别人认为阮籍不遵礼法而指责他。

鉴赏

宗白华先生在《论〈世说新语〉和晋人的美》中说：“晋人向外发现了自然，向内发现了自己的深情。”在《世说新语》中，魏晋士人以任性不羁、洒脱放达的为人处世态度，冲破世俗纲常的藩篱，体现了求真尚情、一往情深的自然人格美，成为后世文人的精神家园和人格范式。

由于魏晋士人深受老庄思想的影响，也深刻认识到礼法的虚伪，所以大胆地冲破礼教的束缚。嵇康提出“越名教而任自由”“非汤武而薄周孔”，极力地张扬自己的个性，放达任情，活出自我风采。而在任性自适、任情越礼的行为方式上，阮籍也是个典型代表。他深受庄子思想的影响，鄙视世俗中人的酸腐之气，不理会别人的非议和评价，抛开外在的束缚，追求心灵的绝对自由。

为什么阮籍对嫂嫂有这样深厚的感情呢？大概是年纪差距大，长嫂如母的原因吧。其父阮瑀大约出生于165年，阮籍则出生于210年，父子相差45岁。从古人早婚的情况来看，长兄阮熙的年纪，至少要比阮籍大上二十来岁。建安十七年（212年），父亲阮瑀病死的时候，阮籍还不满三岁，他应该也是在长嫂的关照下长大的吧？

年幼失怙的阮籍，沐浴着母亲和长嫂的温柔目光，也依恋着她们的坚强身影，因而对女性的感情非同一般。阮咸的母亲在世的时候，每当带着孩子回娘家，阮籍都要亲自送他们离开才放心。乡里的那些笃守礼法的长辈见了，常常要顿着拐杖，在背后唠叨一句："《曲礼》上说，'叔嫂不通问'，怎么能违背圣人的礼制呢？"阮籍听而不闻，根本就不吃这一套，再说多了，便回敬一句："圣人制礼，防小人不防君子，哪里是为我辈设的呢？"

由此可见，传统的礼教在当时社会还有极大的影响力。汉乐府《君子行》写道："君子防未然，不处嫌疑间。瓜田不纳履，李下不正冠。嫂叔不亲授，长幼不比肩。"按照古代的礼俗规定，长幼辈分必须分明，男女界限也要清楚。不仅要求"叔嫂不通问"，而且还要求"长幼不比肩"，也就是叔嫂之间不能面对面地说话，长辈与晚辈也不能肩并肩地坐在一起。阮籍送别年长的嫂嫂，自然也是不合礼法了。

那么，阮籍看重的是什么呢？从他肯为母亲的现世安稳而忍辱负重地生存看，亲情是他在人世的最大牵挂。嫂嫂之于阮籍的意义，大概是第二个母亲了吧？离别之情乃人之常情，若阮籍因为男女有别、男女授受不亲的世俗观念，而拘于"叔嫂不通问"之礼，无疑是有悖于内心自然情感的。

同作竹林之游的向秀，在《难养生论》中说："有生则有情，称情则自然得，若绝而外之，则与无生同，何贵于有生哉。"人自从有了生命就有了情感，顺应内心的情感需求，当然就活得非常愉快了。如果人弃绝了情感，就像没有在人世活过一样，还有什么作为万物之灵的价值呢？"情"的意义，与生命的价值等同，表明竹林中人对情感的重视。

魏晋士人的尚情，表现为对生命的热爱，也表现为情感的率真与行为的放诞。而魏晋玄学有关"圣人无情"与"圣人有情"的探讨，也促进了人的情感觉醒。几千年来，儒家一直都在强调"以理制情""以情从理"，而到了魏晋时期，一直被理性压抑着的感性心灵才真正苏醒，士人们以深挚而丰富的情感，以旷达而放诞的姿态，反抗压抑、禁锢天性的礼法，敏锐地发现了情感之于人生的意义。

魏晋知识阶层普遍崇尚自然之道，主张不为外物所累、随性而为，即使被指斥为“非礼非道”也毫不为意。阮籍的蔑视礼法以及放诞的言行，代表着对过去道德习俗的反思与批判。这种反思促使魏晋士人对人生有了新的体悟，最终他们以追求率真旷达的举止，表达了自己新的人生价值取向。

魏晋士人处在人性的大觉醒时期，不仅发现了自身的价值和意义，更发现了自己久被压抑的深情。阮籍大胆地表达了对亲情的珍视，也体现了对自然人性的崇尚与追求。休眠已久的至情至性，终于冲决礼法，在阮籍等名士的无畏姿态中惊涛拍岸，形成时代的新气象！

（阮莉萍）

醉眠妇侧

阮公邻家妇有美色，当垆酤酒。阮与王安丰常从妇饮酒[①]。阮醉，便眠其妇侧。夫始殊疑之，伺察，终无他意。

《任诞》第8条

注释

① 王安丰：即王戎(234—305)，字濬冲。西晋琅邪临沂(今山东临沂北)人，竹林

七贤之一。

鉴赏

魏晋时代是“人”的觉醒时期,随着思想的自由,个性的解放,士人的心灵也异乎寻常地敏感,精神上最突出的特点是“求真”和“尚美”。阮籍作为离经叛道的人格典型,也以颠覆传统而著称于世,并在中国历史上产生不可忽视的影响。

《庄子·渔父》中写道:“真者,精诚之至也。不精不诚,不能动人……真者,所以受于天也,自然不可易也。故圣人法天贵真,不拘于俗。”所谓的真,就是精诚的极致,不精不诚,就不能感动人。真,禀受于自然,而自然是不可改变的。因此圣人效法自然,崇尚本真,不为礼教所拘束。

自从目睹官场上的种种凶险后,阮籍便屡屡告病辞官,平日里闭门谢客,沉默虚静、口不妄言,而即使洛阳城里那些有点头面的人物,慕名远道而来拜访,也每每遭受他的白眼冷遇。然而也有例外,隔壁邻居家的酒垆,就是他最爱去的地方。少年王戎常来拜访阮籍,两人便在这酒垆里饮酒,醉了之后,阮籍便卧在女主人的身旁。酒垆的男主人曾心生怀疑,几次暗中观察,发现阮籍的醉态也是一脸天真,并无不轨之意,也就随他去了。

《礼记·曲礼》中有“男女不杂坐”的规定,因而阮籍的行为又严重违礼。然而他的自然人格,却是魏晋士人的标志。阮籍坚守自己为人处世的底线,却又在生活中保持真性情,对人和物都抱有赤子之心和缱绻深情,在魏晋这个官场充满虚伪人格的时期,显得格外真实动人。

《任诞》篇此条刘孝标注引王隐《晋书》还记载了另一个故事:“籍邻家处子有才色,未嫁而卒。籍与无亲,生不相识,往哭,尽哀而去。其达而无检,皆此类也。”阮籍家附近有个少女,据说既美丽又有才识,可惜还没嫁人,就红颜早逝了。阮籍和这女子素不相识,听闻噩耗后,闯到丧礼现场，放声大哭，哭完后招呼也不打，失魂落魄地回家去了。吴勉学评论道："千古真好色，惟阮公一人。"阮籍对素未谋面的女子，何来"好色"一说？这是对美的欣赏，也是对一切美好事物幻灭的哀婉啊！他不惜违背礼教，表现的是对女性不幸命运的深切同情，也是一种悲天悯人的大慈悲。

阮籍的醉眠酒垆也好，哭吊邻家才女也罢，他对名教的反抗，都突破了"男女授受不亲"的封建礼法，超越了男女之大防。他对少女夭亡的哀恸，更源于美丽不可永恒、死亡不可超越的怅惘。阮籍挣脱了礼教法规的压抑，也放下了匡时济世的担子，他在美好的女性面前，敞开了对世俗锁闭的心灵大门，自然而然地抒发了真情。阮籍以一颗有情之心，表现了人类对美的礼赞，不仅是深情之所系，更是对美好生命的致意。

魏晋时期的士人，饮酒任气，高谈老庄，纵情享乐，偏好容姿。对待现世所喜欢的一切，他们坦率直接地发出了自己赞美的声音，不加掩饰地表露出了对美的欣赏。阮籍的违背礼法，是懂得人世的无奈与生命的无常，也是珍惜随时可能结束的生命历程，用另类的方式阐述着他对于生命的理解。

（阮莉萍）

阮籍葬母

阮籍当葬母，蒸一肥豚，饮酒二斗，然后临诀[①]，直言："穷矣！"都得一号，因吐血，废顿良久。

《任诞》第9条

注释

① 临诀:到遗体前作最后的告别。

鉴赏

阮籍在《大人先生传》中写道:"汝君子之礼法,诚天下残贼、乱危、死亡之术耳!"阮籍对世俗的礼法进行了激烈的讽刺和批判,说统治者制造礼法,是用欺骗凌辱的手段,束缚残害下层民众。他提倡顺应自然本性,不必顾及清规戒律,也不须理会褒贬评价,"心无措乎是非"(嵇康《释私论》),就没有什么可以扰乱心神。然而,阮籍真是这么超脱的人吗?

刘强教授在《从"至慎"到"佯狂"——兼及阮籍的"恋母情结"》中认为:"造成阮籍由'慎'而'狂'的爆发点,正是史籍多有记载而常常为人忽略的阮籍丧母事件。"不重礼法的人,当然不为礼法所缚;然而重情的人,就会为情所伤。阮籍在母丧前后,究竟爆发了怎样的狂态呢?

阮籍天性特别孝顺,表面上违礼而骨子里却重情。他在给母亲出殡时,蒸了一头小肥猪,喝了两斗酒,然后去和母亲诀别,只说了一句:"穷矣!"一下子就大放悲声,口吐鲜血,昏厥过去,很久才醒来。本则刘孝标注引邓粲《晋纪》称:"籍母将死,与人围棋如故,对者求止,籍不肯,留与决赌。既而饮酒三斗,举声一号,呕血数升,废顿久之。"

《世说新语·简傲》第4条刘孝标注引《晋百官名》曰:"嵇喜字公穆,历扬州刺史,康兄也。阮籍遭丧,往吊之。籍能为青白眼,见凡俗之士,以白眼对之。及喜往,籍不哭,见其白眼,喜不怿而退。康闻之,乃赍酒挟琴而造之,遂相与善。"这里出现了著名的阮籍"青白眼"典故,被区别对待的还是俩亲兄弟,尊奉礼法的嵇喜和任情自然的嵇康。

在魏晋时期的名教与自然之辩中,阮籍与嵇康都雅好老庄,鄙视世俗礼法,放逸山林,弃"名教"而标举"自然"。嵇康在《释私论》中,提出

鉴赏

“越名教而任自然”的哲学命题，就是要超越儒家的伦理纲常束缚，听任自然本性，追求心灵自由。

鲁迅先生说：“例如嵇阮的罪名，一向说他们毁坏礼教。但据我个人的意见，这判断是错的。魏晋时代，崇尚礼教的看来似乎很不错，而实在是毁坏礼教，不信礼教的。表面上毁坏礼教者，实则倒是承认礼教，太相信礼教。”（《魏晋风度及文章与药及酒之关系》）太过于重视繁文缛节，反而会使人丧失了自然和本真。“情之所钟，正在我辈”，竹林之风，其信然哉！

（阮莉萍）

未能免俗

阮仲容、步兵居道南，诸阮居道北。北阮皆富，南阮贫。七月七日[①]，北阮盛晒衣，皆纱罗锦绮。仲容以竿挂大布犊鼻裈于中庭[②]。人或怪之，答曰：“未能免俗，聊复尔耳！”

《任诞》第10条

注释

① 七月七日：旧时风俗，七月七日晒衣裳、书籍，据说这样就不会受虫蛀。

② 犊(dú)鼻裈(kūn):亦作"犊鼻裩",省作"犊鼻""犊裩",意为短裤,一说为围裙。

鉴赏

阮咸出生的阮氏家族,是个人才辈出的名门望族。阮咸的祖父阮瑀,是建安七子之一,琴棋书画无所不能,很受曹操器重。阮咸的父亲阮熙,曾做过武都太守。叔叔阮籍则是当时名士,深受司马昭宠爱,连朝廷重臣何曾也奈何不了他。

当时阮氏家族的聚集地,中间有条大道。道北的一支,信奉儒家积极入世的思想,不管是谁当权都无所谓,继续通过仕途取得富贵;道南的一支,则以阮籍为代表,在乱世中拒绝入仕,拒绝不成也宁愿大隐隐于朝,淡泊无为,视富贵如浮云。

阮咸是阮籍的侄子,竹林七贤之一。阮咸从小聪明伶俐、才思敏捷,叔叔阮籍很喜欢他,他也很崇拜叔叔,时常跟叔叔游山玩水,甚而加入了竹林之游。叔侄俩有很多相似之处,他们都蔑视封建礼教,因此被当世礼法之士所非议。阮咸性情超脱旷达,讨厌官场的污浊之气,不愿意受拘束,无事可做时他宁可喝酒弹琴,消愁解闷,也不愿与世俗中人来往,大有庄子"独与天地精神往来"(《庄子·天下》)的气概。

这天是七月七日,天上牛郎织女相会的日子,也是民间的乞巧节。大道对面那些被称为"北阮"的富人眷属们,已经叽叽喳喳地在院子里的树杈间拉起麻编的绳子,从屋子里搬出大樟木箱子,开始晾晒那些绫罗绸缎了。

晒衣,本是为了防霉防蛀,便于保存。然而演变成风俗之后,世俗的攀比之心产生了,晒衣成了彼此炫耀的机会。住在道南的"南阮",家境贫寒了许多,一溜儿都是茅草铺顶的泥墙房,远不如北边飞檐翘瓦的大屋气派,也没有人愿意在这样的日子衬托"北阮"们的炫富荣光。

辞官归隐的阮籍一家,自然也是清贫一族。然而阮咸调皮地在竹竿上挂上了一件异常宽大的白苎麻布短裤——犊鼻裈,顺手摇了摇竹竿,那件犊鼻裤子果然迎风招展起来:“嗨,看人家热闹成那样,我们也不能免俗,姑且挂件破裤子应应景吧!”

犊鼻裈渊源悠久,第一次出场,是在春秋时期。东汉学者赵晔在《吴越春秋·勾践入臣外传》中描述了勾践的打扮:“越王服犊鼻,着樵头。”越王勾践被吴王夫差打败之后,穿着犊鼻裈,包着樵夫的头巾,亲自和夫人一起到吴国当奴隶,可见这种服饰是下层民众劳作时穿的。

司马迁在《史记·司马相如列传》中也写道:“而令文君当垆,相如身自著犊鼻裈,与保庸杂作,涤器于市中。”

看来,犊鼻裈无疑是标志着劳苦贫贱身份的服饰了。王先谦在《汉书补注》中转引刘奉世的说法:“犊鼻穴在膝下,为裈财(才)令至膝,故习俗因以为名,非谓其形似也。”这是一种舒适方便的宽大短裤,长度大概到膝下的犊鼻穴,在上层社会,也是有人穿的,然而它显然不登大雅之堂。《梁书·谢幾卿传》记载:“后以在省署,夜著犊鼻裈,与门生登阁道饮酒酣呼,为有司纠奏,坐免官。”谢幾卿因为在官署里穿着犊鼻裈,晚上与门生喝酒喧哗,就被检举罢官了。

阮咸取出最普通的粗布制成的犊鼻裈,晒在院落中,与北阮对阵,这种放诞的行为,表示北阮傲骄的是身外之物,而南阮崇尚的是淡泊无为的崇高境界。庄子超越了世间的是非,才能与天地精神往来,感悟天人合一的境界,阮咸又何尝不是如此呢?

明梁辰鱼《浣纱记·养马》云:“脱轩冕而着樵头,去冠裳而服犊鼻。”唐李颀在《别梁鍠》诗中也写道:“庭中犊鼻昔常挂,怀里琅玕今在无?”道法自然,道家所追求的不是轩冕冠裳的功名,是散淡洒脱、清心寡欲的心境,可是在物欲横流的世俗世界,谁又能像阮咸一样,高傲地挂出犊鼻裈,真正领悟达生的境界呢?

(阮莉萍)

两得其中

阮步兵丧母，裴令公往吊之[①]。阮方醉，散发坐床，箕踞不哭。裴至，下席于地，哭吊喭毕，便去。或问裴："凡吊，主人哭，客乃为礼。阮既不哭，君何为哭？"裴曰："阮方外之人，故不崇礼制。我辈俗中人，故以仪轨自居。"时人叹为两得其中。

《任诞》第11条

注释

① 裴令公：即裴楷，见"乞物行惠"篇（《德行》第18条）注释。

鉴赏

裴楷往吊阮籍母丧，"阮方醉，散发坐床，箕踞不哭"。《礼记·丧大记》说："期，终丧不食肉，不饮酒。"规定于父母守丧期间，不可饮酒食肉。裴楷来吊，依丧礼规定，主人必须哭。此见于《礼记·杂记上》："凡丧服未毕，有吊者，则为位而哭，拜踊。"为位，指在丧位上。阮籍却已离开丧位，喝醉了酒，散发坐床，箕踞不哭。《北堂书钞》卷八十五引《裴楷别传》说："阮籍遭母丧，楷往吊。籍乃离丧位，神气晏然，纵情啸咏，傍若无人。"《裴楷别传》所记，与本条情景相似。裴楷来吊，阮籍离开丧位，不哭不拜不踊，反而神气晏然，纵情啸咏，旁若无人。这是完全不守丧礼的任诞行为。裴楷见此，“哭吊喭毕，便去”。既不执丧主阮籍手，也不问。按照丧礼，“凡吊丧者，既哭，兴踊，进而问其故，哀之至也”(见应劭《风俗通义》卷三)。可现在丧主阮籍一概不遵丧礼，裴楷也就哭毕就走。有人因之问裴楷：“凡吊，主人哭，客乃为礼。阮既不哭，君何为哭?”意思照丧礼的规矩，主人哭，吊客也哭。阮籍不哭，你哭什么？裴楷以方外方内之别回答之，“时人叹为两得其中”。

裴楷之答，源于《庄子·大宗师》中的寓言故事：“子桑户死，未葬。孔子闻之，使子贡往侍事焉。或编曲，或鼓琴，相和而歌曰：‘嗟来桑户乎！嗟来桑户乎！而已反其真，而我犹为人猗。’子贡趋而进曰：‘敢问临尸而歌，礼乎?’二人相视而笑曰：‘是恶知礼意。’子贡反，以告孔子，曰：‘彼何人者邪？修行无有，而外其形骸，临尸而歌，颜色不变，无以命之。彼何人者邪?’孔子曰：‘彼，游方之外者也，而丘，游方之内者也。外内不相及，而丘使女往吊之，丘则陋矣。’”郭象注：“人哭亦哭，俗内之迹也；齐死生，忘哀乐，临尸能歌，方外之至也。”“夫知礼意者，必游外以经内，守母以存子，称情而直往也。若乃矜乎名声，牵乎形制，则孝不任诚，慈不任实，父子兄弟，怀情相欺，岂礼之大意哉！”“夫理有至极，外内相冥，未有极游外之致而不冥于内者也，未有能冥于内而不游于外者也。故圣人常游外以冥内，无心以顺有。故虽终日见形，而神气无变；俯仰万机，而淡然自若。”读懂了《大宗师》中子贡吊子桑户之死的故事以及郭象的几段注，也就大体能理解裴楷往吊阮籍母丧的故事。裴楷吊丧，见到阮籍方醉，散发坐床，箕踞不哭，这与子贡吊子桑户死，见二人编曲鼓琴而歌相似。孔子称此二人是方外之人。郭象注：“齐死生，忘哀乐，临尸能歌，方外之至也。”方外之人齐死生，忘哀乐，故临尸而歌。郭象又以为此二人是知“礼意者”。阮籍母丧，饮酒食肉，吊客来，不在丧位，箕踞不哭，故裴楷称其为方外之人，不崇礼制。然则，阮籍不守丧礼，是否就是不知礼意？否。《任诞》9说：“阮籍当葬母，蒸一肥豚，饮酒二斗，然后临诀，直言‘穷矣’！都得一号，因吐血，废顿良久。”

可见阮籍只是抛弃了丧礼的外在形式，内心无比哀痛，真情难及。他是真正的知礼意者，与那些“矜乎名声，牵乎形制，则孝不任诚”的假孝子迥然有别。裴楷自称俗中人，以仪轨自居，遵丧礼而哭，是俗内之迹。“时人叹为两得其中”者，是赞叹裴楷所说二者皆得其中。中，当也。

此则刘孝标注引戴逵之论：“若裴公之制吊，欲冥外以护内，有达意也，有弘防也。”“冥外以护内”，意同郭象所谓“理有至极，外内相集”。外内似有别，而达道者能冥灭内外之别。郭象注：“未有极游外之致而不冥于内者也，未有能冥于内而不游于外者也。故圣人常游外以冥内，无心以顺有。”以为绝对的理是方外方内，相冥如一。圣人游于方外，以方外冥方内，以“无心”顺遂现实之“有”，即似“有”实“无”。戴逵称裴楷“欲冥外以护内”，“冥外”，指理解阮籍“不崇礼制”，不以其非；“护内”，指己乃方内人，“以仪轨自居”。“达意”，指楷能外内相冥，以方内而能体无通于方外。总之，裴楷既能指出方外方内之别，但又能理解二者相冥如一，安于同异，不分优劣。从裴楷吊丧，能约略可见当时自然与名教相冥的迹象。

（龚斌）

人猪共饮

诸阮皆能饮酒，仲容至宗人间共集①，不复用常杯斟酌，以大瓮盛酒，围坐，相向大酌。时有群猪来饮，直接去上，便共饮之。

《任诞》第12条

注释

① 仲容：阮咸，字仲容，见“暗解神解”篇（《术解》第1条）注释。宗人：同一家族的人。

鉴赏

阮籍为首，阮咸为次，道南聚集着一批放诞的子侄。《晋书》记载：“咸妙解音律，善弹琵琶。虽处世不交人事，惟共亲知弦歌酣宴而已。与从子修特相善，每以得意为欢。”阮咸是个音乐天才，有着浪漫主义的艺术气质，尤其擅长琵琶。他不喜与人结交，只爱与亲朋好友一起饮酒作诗，弹弦歌唱，尤其与从子阮修意气相投，相聚时气氛往往欢快无比。

阮咸自命为不守礼法的超脱人士，崇尚道家的清虚无为思想，平生不治产业，将有限的钱财，全部都用在喝酒游玩上。《资治通鉴》记载：“王澄及阮咸、咸从子修、泰山胡毋辅之、陈国谢鲲、城阳王尼、新蔡毕卓，皆以任放为达，至于醉狂裸体，不以为非。”如此放纵旷达，在世人看来，真是不可思议。然而不论是文学家还是艺术家，凡是具有超乎寻常想象力的，大概思维都有独特之处，阮咸的行为艺术，更是惊世骇俗了。

酒，是魏晋名士放诞的媒介，说起阮咸的喝酒方式，更是空前绝后。阮姓这一族人都能喝酒，阮咸召集族中的兄弟子侄聚饮，酒碗已经嫌小了，大家都是豪饮之士，便索性直接搬出装酒的大瓮。众人凑在瓮边正喝得酣畅淋漓时，忽然从院门口奔进一群闻香而来的猪，估计连这些阮家猪也是喝酒糟养大的吧。古代的酒，没有今天白酒这么高的度数，和今天的黄酒、米酒相似，还有种酸酸甜甜的味道，所以猪老远嗅到气味就一哄而上。

众人也便和一头小猪头挨头肩并肩，一块儿扎在酒瓮里喝酒，人和猪都喝得醉醺醺！

阮咸的放达任诞，使他在世人眼里成了个不可思议的怪人。学者孔繁认为：“大名士与猪共瓮饮酒，礼法观念在他头脑中，似已荡然无存。”(《魏晋玄谈》)酒中有真意，在酒神式狂欢里，居住着天地间不被世俗所异化的真与美，这才是人性的珍宝。一个大写的人，必然是一个心灵自由的人。从魏晋玄学的角度推究阮咸的思想源流，难道不是深受庄子“齐物论”思想的影响吗？

庄子说：“天地与我并生，而万物与我为一。”(《庄子·齐物论》)他认为，世间万物都是平等的，要达到精神自由之境，就必须超脱世俗观念的束缚，忘掉物我之别，忘掉是非之辨。阮咸的放诞，实际上是以原始的真性情，冲击沉闷窒息的世风。既然把天地万物齐观，就不必在意世事的纷扰，更不必在乎名利与是非，也就能够超脱世俗，进入高度自由的艺术天地，这何尝不是一种新的人生境界呢？

据《晋书·阮咸传》记载，山涛曾经推举阮咸为吏部郎，向晋武帝上奏：“阮咸贞素寡欲，深识清浊，万物不能移。若在官人之职，必绝于时。”这对阮咸是很高的评价，但晋武帝认为阮咸耽酒虚浮，因而不肯重用。这两种看法，显然大相径庭。山涛的识人眼光，是经过无数事实检验的，大约也不可能看走眼。阮咸虽不拘礼法，然而他的贞素寡欲，才是魏晋名士的精神本质。一个淡泊物欲的人，首先就不会大肆搜刮百姓，也不会结党营私，可以保证他为官清廉。阮咸能够把猪都看成同类，想必也不至于鱼肉百姓，以供自己奢靡享乐，可以保证他爱人如己。在官员普遍不作为的魏晋时代，至少也算是官场的一股清流了吧？

庄子的齐物论，从“吾丧我”(《庄子·齐物论》)出发，要求人们消除种种“成心”，以达到聆听“天籁”的境界。在万物齐一的观念下，阮咸就是那一只优游自在的蝴蝶，一生都在半梦半醒之间，遨游于虚静空灵的审美境界里，从而迸发了无限的创作灵感。我们虽无法重聆阮咸弹奏出的天籁之音，但我们可以在其人放诞不拘的行为艺术中，感受到一颗不朽的艺术心灵。

（阮莉萍）

阮咸追婢

阮仲容先幸姑家鲜卑婢①。及居母丧，姑当远移，初云当留婢，既发，定将去。仲容借客驴著重服自追之②，累骑而返③。曰："人种不可失！"即遥集之母也④。

《任诞》第15条

注释

① 鲜卑：古代东胡的一支，秦汉时，附于匈奴。匈奴西迁后，迁入其故地，并其余众，势力渐盛。后依附汉魏。两晋南北朝时，先后在西北和华北建立政权。
② 重服：最重的孝服，即为父母丧而穿的孝服。
③ 累骑：重骑，这里指同乘一驴。
④ 遥集：即阮孚，见"神超形越"篇(《文学》第76条)注释。

鉴赏

阮咸等竹林诸贤，不反对孝敬父母，使他们颐养天年。然而他们抗拒守孝，不愿将人生快乐共同殉葬。阮咸更是在母丧期间，大胆地"抢"回心上人，留下了缠绵悱恻的爱情篇章，但也授世俗中人以攻击的话柄。

阮咸有个姑母，嫁到本地的高族大户当了贵夫人。在阮咸母亲病危时，姑母带了个鲜卑族的贴身婢女前来探视，并在他家住了一段时间。阮咸与服侍姑母的鲜卑婢女，不顾身份地位的差别，暗通情愫。母亲亡故后，阮咸正在办丧事，听说姑母不久就要随丈夫到远方赴任了。他不顾自己还在守丧期，请求姑母把鲜卑婢女留下来。姑母自然不是小气的人，但临走的时候，考虑到这样做有违礼法，对侄子将来的仕途前程也不好，还是把婢女悄悄带走了。

当时阮咸正穿着重孝，听到这个消息，顾不得换衣服，撇下前来吊丧的客人，借了头驴就挥鞭直追。半路上阮咸追上姑母，拦下车骑千恳求万恳求，终于将此女追回，两人并骑而归，穿着孝服的阮咸马上就遭到路人的嘲笑。然而他大言不惭地说："传宗接代的人不能失去！"

阮咸狂放地追求爱情的姿态，的确是以他对名位的蔑视为基础的，也因此饱受礼法之士的非议。然而他成全了一个受歧视的异族女性的现世幸福，因为鲜卑婢女这时候已经怀有身孕，后来生下了同样成为魏晋名士的阮孚。阮咸在儿子出生后，高兴地写信告诉姑母说："胡婢遂生胡儿。"（刘孝标注引《阮孚别传》）姑母回信说："《鲁灵光殿赋》曰：'胡人遥集于上楹'，可字曰遥集也。"（同上）看来阮咸的姑母也是个知识女性，水平还不一般。东汉学者王逸的儿子王延寿，写了一篇《鲁灵光殿赋》，描绘了鲁国灵光殿的建筑之美，其中对木雕造型及壁画的描写，无不惟妙惟肖。"上楹"是宫殿屋梁上装饰性的短柱，柱上画（雕）着神态恭谨、相对跪坐的胡人，可见当时胡汉融合的趋势了。

以儒家为主的知识分子，一向严于"华夷之防"。西晋的御史中丞傅玄曾上书晋武帝："臣以为胡夷兽心，不与华同，鲜卑最甚。本邓艾苟欲取一时之利，不虑后患，使鲜卑数万散居人间，此必为害之势也。"邓艾使大量鲜卑胡人归附中原，然而汉魏以来的统治者，对内迁胡族的歧视十分严重。

阮孚的生母是鲜卑人，却成为阮咸姑母家的婢女，这说明当时洛阳的权贵们蓄养少数民族奴婢已成为一种习俗。阮咸以损失名誉的代价换取婚恋自由，以一腔热血冲击了礼教桎梏。他为此付出了很大代价，因为社会舆论哗然，很长时间里受到统治者非议排斥，直到晋咸宁年间才出仕为官。然而到了阮孚，情况就不同了。阮孚的母亲是"胡婢"，自己也被称为"胡儿"，却从未受到歧视，反而被朝廷重用，也说明"以华化夷"的观念越来越得到认同，这也成为民族大融合的先声。

南北朝时期，北魏孝文帝拓跋宏迁都洛阳，大举汉化，胡汉通婚成为风尚。隋炀帝杨广和唐高祖李渊的母亲，都出自鲜卑的独孤氏，唐太宗长孙皇后也有一半鲜卑血统。阮咸的婚恋行为，冲破了僵硬的一元化民族格局，预示了后世的民族多元化融合局面，在中华文明史上谱写了新的篇章。

（阮莉萍）

杖头百钱

阮宣子常步行①，以百钱挂杖头②，至酒店，便独酣畅③。虽当世贵盛④，不肯诣也。

《任诞》第18条

注释

① 阮宣子：阮修，字宣子，陈留尉氏（今属河南）人，好《易》《老》，善谈玄。永嘉乱起，南行，遇害，年四十二。

② 杖头：手杖的顶端。

③ 酣畅：畅饮。

④ 贵盛：权贵。

鉴赏

阮宣子，即阮修，他是阮咸的侄儿。《晋书·阮修传》所载阮修生平简历略详："（阮修）好《易》《老》，善清言。……性简任，不修人事。绝不喜见俗人，遇便舍去。意有所思，率而褰裳，不避晨夕，至或无言，但欣然相对。常步行，以百钱挂杖头，至酒店，便独酣畅。虽当世富贵而不肯顾，家无儋石之储，宴如也。"汉末魏晋时，繁衍于陈留郡的阮氏家族名人辈出，声誉显赫，且颇有家学。阮籍是玄学家，其子侄辈也不甘示弱，阮修"好《易》《老》，善清言"，说的就是他也有玄学清谈的功底。例如，王衍曾问阮修道家与儒家有何异同，阮修答曰"将无同"，王衍认为回答得好，便选拔他为官，时人称为"三语掾"。另外，阮宣子还与人讨论是否有鬼神的问题，有人认为人死之后便会有鬼，阮宣子认为没有，他说："现在那些自称见过鬼的人，都说鬼穿的是活着时的衣服，如果人死之后有鬼，难道衣服也会有鬼吗？"时人无不叹服。"性简任"，意思是为人处事简单明了，率性而为。阮修常以百钱挂在杖头，步行出入于酒店，不与权贵来往，后遂以"杖头钱""杖百钱"称买酒钱，或形容潇洒不拘、放浪形骸。

"杖头钱"等，成为阮修给后人诗文库奉献的著名典故和语料。唐代李翰《蒙求》收有"阮宣杖头"一词。北宋吴淑编撰的《事类赋注》，卷十《宝货部·钱》有"或以挂杖头而游酒肆"，《饮食部·酒》有"百钱阮子"。苏轼《赠王子直秀才》诗曰："万里云山一破裘，杖端闲挂百钱游"。王十朋《与郑时敏登楼把酒书二绝》之二曰："千里相从文字饮，不辞费尽杖头钱。"《红楼梦》第三十八回《林潇湘魁夺菊花诗　薛蘅芜讽和螃蟹咏》中，宝玉作了《访菊》和《种菊》两首，《访菊》诗曰："闲趁霜晴试一游，酒杯药盏莫淹留。霜前月下谁家种，槛外篱边何处秋。蜡屐远来情得得，冷吟不尽兴悠悠。黄花若解怜诗客，休负今朝挂杖头。"诗歌表达了宝玉的闲散心境，以“挂杖头”代言雅兴。另外，阮修的这一则故事，也成为画家绘画的好题材，如“百钱阮子图”“阮宣子杖头挂钱图”等。例如1978年常州武进村前乡南宋五号墓出土的朱漆戗金盒，盖面就是一幅“百钱阮子图”，画面勾勒了一幅山水清境，图中有茅草覆顶的酒家，人物为阮宣子，头戴幅巾，坦腹而行，竹杖上挂着一串酒钱。

（刘小兵）

山简倒载

山季伦为荆州[①]，时出酣畅[②]。人为之歌曰：“山公时一醉，径造高阳池[③]。日莫倒载归[④]，茗艼无所知[⑤]。复能乘骏马，倒著白接篱[⑥]。举手问葛强[⑦]，何如并州儿？”高阳池在襄阳。强是其爱将，并州人也。

《任诞》第19条

注释

① 山季伦：山简，字季伦，见“七贤之子”篇（《赏誉》第29条）注释。
② 酣畅：畅饮。

③ 高阳池：刘孝标注引《襄阳记》说，这是汉侍中习郁在襄阳岘山南建造的鱼池，周围高堤种竹木，池中有芙蓉、菱芡，风景优美。山简时来此处游玩，总是饮酒大醉而还，说："此是我高阳池也！"襄阳小儿乃唱歌咏之。也就是正文中的那首歌。又按，西汉郦食其是高阳（今河南杞县）人，自称"高阳酒徒"，山简借用这个典故来称呼此池。又称习家池。

④ 日莫：日暮。莫通暮。

⑤ 茗艼：即酩酊，大醉的样子。

⑥ 接篱：一作"接䍦（lí）"，一种用白鹭的长羽毛装饰的帽子。

⑦ 葛强：山简之爱将，并州（治今山西太原）人。

鉴赏

山简是西晋名士、竹林七贤之一的山涛的第五个儿子。山涛在晋武帝时以识人量才著名，任吏部尚书时选拔推荐了很多官员，有选贤与能之称，《晋书》本传赞云"山叟知材"，但奇怪的是，山涛却不了解山简的才华，以至山简都愤愤不平地说："我都快三十岁了，还不被父亲所知！"也可能是因为关系亲密和特殊，父亲对自己的孩子反而不容易看清楚吧。后来山简和嵇康的儿子嵇绍等人齐名，成为名士"二代"，在仕途上也很顺利，一直做到都督荆湘交广宁益六州军事，权倾一方。有意思的是，山简也做过吏部尚书，在荐举人才方面也很有能力，他曾上疏朝廷，建议命朝中大臣举荐所知的贤才，以广得才之路，得到朝廷的同意。

山简在都督荆州、镇守襄阳时，常去襄阳的名胜习家池游玩，每次都大醉而归。当时的儿童唱着歌谣，"山公时一醉，径造高阳池。日莫倒载归，茗艼无所知。复能乘骏马，倒著白接篱"，形容他醉酒后的样子。山简常常是酒后躺卧于车中，不省人事，过了一阵稍稍清醒，又乘上骏马，但仪容不整，白色的接篱帽是反着戴的。唐代《蒙求》将此事概括为"山简倒载"，实际上反着戴帽也是这个故事中的标志性的情节，是山简给后人留下的标志性的形象。最早用山简饮酒典故的是庾信，其诗中就提到倒戴接篱帽："不如饮酒高阳池，日暮归时倒接篱。"(《杨柳歌》)又《卫王赠桑落酒奉答》："高阳今日晚，应有接篱斜。"后来的诗人也非常喜欢用这个典故，如孟浩然《宴荣山人池亭》："山公来取醉，时唱接篱歌。"嗜酒的李白、杜甫，自然不肯放过这个好故事。李白《襄阳歌》："落日欲没岘山西，倒著接篱花下迷。襄阳小儿齐拍手，拦街争唱白铜鞮。旁人借问笑何事，笑杀山翁醉似泥。"又《襄阳曲》："山公醉酒时，酩酊高阳下。头上白接篱，倒著还骑马。"都是直接歌咏其事。其《鲁郡尧祠送窦明府薄华还西京》："高阳小饮真琐琐，山公酩酊何如我。"杜甫《陪郑广文游何将军山林十首》之八："醉把青荷叶，狂遗白接篱。"《北邻》："爱酒晋山简，能诗何水曹。"则是用作典故。此外，习池、习家池、高阳池等，也在后世诗文中频繁地出现，如孟浩然《卢明府九日岘山宴袁使君张郎中崔员外》："叔子神如在，山公兴未阑。传闻骑马醉，还向习池看。"《冬至后过吴张二子檀溪别业》："停杯问山简，何似习池边。"杜甫《王十七侍御抡许携酒至草堂奉寄此诗便请邀高三十五使君同到》："戏假霜威促山简，须成一醉习池回。"

可以说，后人对山简的了解，不是作为征南将军、都督六州军事的一方大员，而是一个饮酒高阳池、倒载车中、倒著白接篱的酒徒。《世说新语》与《晋书》的记载，后人对其典故的反复运用，注定了山简之声名以及其在后世的形象。甚至，今天人熟悉的酩酊大醉的成语，也可以说是部分来源于山简的相关记载。如杜甫《重泛郑监前湖》："不但习池归酩酊，君看郑谷去夤缘。"黄庭坚《再赠陈季张拒霜花二首》之二："倒著接篱吾素风，当时酩酊似山公。"襄阳的文化名人，在庞德公、羊祜之后，又增添了山简，以致王维在《汉江临眺》中也说："襄阳好风日，留醉与山翁。"后人还画了《襄阳拍手图》，元人黄复圭有绝句云："爱酒山翁倒接篱，花间日日醉如泥。只今池馆风流在，不见拦街拍手儿。"(《题襄阳拍手图》)而襄阳的名胜在岘山之外又多了一个习池。宋人庄绰在襄阳作过地方官，《鸡肋编》卷上有一条写到当地名胜，有刘表墓、岘山羊祜庙、万山杜预祠、王粲井、孔明祠、孟浩然墓，最后提到习池："习池在凤林山，北岸为汉江所啮，甚迩，数十年之后，当不复见矣。”今天当地新建了习家池公园，去游玩的人如能读读《世说新语》的故事，以及李白、杜甫等人的诗篇，或许能获得更多会心之处。

（罗宁）

江东步兵

张季鹰纵任不拘[①]，时人号为“江东步兵”[②]。或谓之曰：“卿乃可纵适一时，独不为身后名邪？”答曰：“使我有身后名，不如即时一杯酒！”

《任诞》第20条

注释

① 张季鹰：张翰，字季鹰，见“不执手出”篇（《伤逝》第7条）注释。

② 江东步兵：江东泛指吴地，步兵是步兵校尉，阮籍曾任此职。张翰如阮籍那样旷达而好饮，又是吴人，故称江东步兵。

鉴赏

张翰，字季鹰，《晋书·文苑传》有他的传记，主要记了四件事，均能在《世说新语》及刘孝标注中见到。四个故事中，有两个极为有名，一是《识鉴》篇记他因怀念故乡的“菰菜羹、鲈鱼脍”(应是菰菜、莼羹、鲈鱼脍)便辞官而归,另一就是此篇,有“使我有身后名,不如即时一杯酒”的名言。实际上,张翰说这话有其思想渊源,他在辞官归吴时就对同郡顾荣说:“夫有四海之名者,求退良难。吾本山林间人,无望于时久矣。”(《识鉴》10刘孝标注引《文士传》)清末文廷式评曰:“当乱世,唯名为大忌。既有四海之名而不知退,则虽善于防虑,亦无益也。……陆氏兄弟不知此义,而乾没不已,其沦胥以丧,非不幸也。”(《纯常子枝语》卷五)陆机、陆云兄弟在当时享有大名,但不知身退,侥幸以图利,终而身亡,恰成张翰之反面。

汉魏之间的士人文人,面对生命之有限,除了疑信参半的求仙一途外,对声名的追求一时间成为某种共识。古人立德、立功、立言三不朽的训诫,又被人们认真地思考和抉择。曹植对此多有表达,如说“常恐先朝露,填沟壑,坟土未干,而身名并灭”,因此“欲逞其才力,输能于明君”(《求自试表》),希望能“戮力上国,流惠下民,建永世之业,留金石之功”(《与杨德祖书》)。在功业不可求时,文人们则希望凭著述留名。曹丕在《典论·论文》中对此有较全面的论述:“盖文章经国之大业,不朽之盛事。年寿有时而尽,荣乐止乎其身。二者必至之常期,未若文章之无穷。是以古之作者,寄身于翰墨,见意于篇籍,不假良史之辞,不托飞驰之势,而声名自传于后。”曹植也说过“骋我径寸翰,流藻垂华芬”(《薤露行》)。这种对身后之名的追求与执着,是笼罩整个时代的风气。

魏晋之人受此影响,也对声名汲汲以求,《世说新语》里常称某人有令名、高名、宿名、佳名、盛名、令闻等,指某人为名士、名流、名臣等,便反映出这种风气。魏晋人之求名,甚或充满焦虑,发展到刻意的程度。羊祜登上岘山,便想到古来登山之人甚多,但都“湮灭无闻,使人悲伤”,忧虑自己也同样淹没于宇宙时间之中。从事邹湛明白其“痛点”所在,故而称赞其“令闻令望,必与此山俱传”(《晋书·羊祜传》)。《晋书·杜预传》记杜预“好为后世名”,引《诗经》“高岸为谷,深谷为陵”之句,“刻石为二碑,纪其勋绩,一沉万山之下,一立岘山之上,曰:‘焉知此后不为陵谷乎!’”为了身后之名可说是殚精竭虑。另外像桓温的名言,“既不能流芳后世，亦不足复遗臭万载邪”(《世说新语·尤悔》13)，一方面表明奸雄桓温之野心，另一方面也可见他对身后名的病态渴求。

因此，当有人问张翰“卿乃可纵适一时，独不为身后名邪”，或者正是想以此来戳中他的软肋，引发他的焦虑，希望他有所收敛，不再放纵醉酒。然而张翰的回答却是，“使我有身后名，不如即时一杯酒!”身后之名岂如当下之一杯酒。《古诗十九首·驱车上东门》说：“浩浩阴阳移，年命如朝露。人生忽如寄，寿无金石固。万岁更相送，圣贤莫能度。服食求神仙，多为药所误。不如饮美酒，被服纨与素。”诗人在求仙与饮酒之间选择了饮酒，那是因为求仙不成，而张翰的选择，不仅要在当世遁隐逃名，藏身远害，对身后之名也毫无兴趣。

然而奇妙的是，张翰不考虑身后之名而纵饮，因思念故乡美味而辞官归隐，却获得了名声。他辞官离开洛阳，避免了后来战乱的杀身之祸，在当时就为他赢得了“见机”之名。他说身后名不如即时一杯酒的话，本无意于名，却被时人看作“旷达”(《晋书》本传)，被后人看作是高士。苏轼曾作《戏书吴江三贤画像三首》，分别咏范蠡、张翰、陆龟蒙三人，此后便有“三高”或“吴中三高”之称，当地建祠纪念，历代歌咏不绝。陶渊明诗云：“吁嗟身后名，于我若浮烟。”(《怨诗楚调示庞主簿邓治中》)如果说这只是同为隐士的陶渊明与张翰暗合，庾信则明白地将张翰之言融入诗句：“眼前一杯酒，谁论身后名。”(《拟咏怀诗二十七首》其十一)此后众多文人都使用过这个典故。如孟浩然《自洛之越》：“且乐杯中物，谁论世上名。”李白《月下独酌四首》其四：“当代不乐饮，虚名安用哉。”高適《留别郑三韦九兼洛下诸公》：“长歌达者杯中物，大笑前人身后名。”白居易《效陶潜体诗十六首》其十三：“愿君且饮酒，勿思身后名。”辛弃疾《水调歌头·壬子三山被召陈端仁给事饮饯席上作》：“一杯酒，问何似，身后名。”李白对张翰可谓情有独钟，多次提及，“张翰江东去”(《送张舍人之江东》)用归隐之典，“三吴张翰杯”(《送友人寻越中山水》)，用杯酒之典。能说出身后名不如一杯酒的张翰，怎能不被李白喜爱?《行路难》三首之三：“君不见，吴中张翰称达生，秋风忽忆江东行。

且乐生前一杯酒,何须身后千载名!”更接连将两事一气写出,借以表达自己的志向。在李白的心目中,张翰真可谓是数百年前的知音。当李白高唱着“古来圣贤皆寂寞,惟有饮者留其名”(《将进酒》)的时候,他脑中闪现的“饮者”,不就是张翰、山简、毕卓、阮籍、刘伶这些人吗?而在这些人中,只有张翰说过身后名不如一杯酒的豪言,这样想来,李白此句隐约所指的,不就是张翰吗?

（罗宁）

拍浮酒池

毕茂世云[①]:“一手持蟹螯,一手持酒杯,拍浮酒池中[②],便足了一生。”

《任诞》第21条

注释

① 毕茂世:毕卓,字茂世,新蔡(今属河南)人。刘孝标注引《晋中兴书》云:“少傲达,为胡毋辅之所知。太兴末为吏部郎,尝饮酒废职。”

② 拍浮:游泳,凫水。

鉴赏

晋朝酒徒众多,毕卓是其中颇为有名的一个,他与当世名士谢鲲、阮放、羊曼、桓彝、阮孚、胡毋辅之、光逸等人常在一起狂饮，有“八达”之称。毕卓在《世说新语》中仅有此一则故事，刘孝标注引《晋中兴书》除简介其人外，又讲了一则故事：毕卓任吏部郎时，知道近邻的郎署有酒已酿熟，便于夜晚到酒瓮边偷饮。掌管者以为是盗贼，先是抓住绑起来，后来知道是毕吏部又放开他，此时的毕卓不是羞愧地赶快离开，却拉着酒主人（大约就是该署之官员）到大瓮边，畅饮大醉。《晋书·毕卓传》的主要内容，也就是这个盗酒故事以及持蟹螯与酒杯的名言，“卓尝谓人曰：得酒满数百斛船，四时甘味置两头，右手持酒杯，左手持蟹螯，拍浮酒船中，便足了一生矣”。文字比《世说新语》略繁一些。在酒池中游泳，恐怕是很多酒徒的狂想，此前三国时的郑泉就已经幻想过了。《三国志·孙权传》注引《吴书》云：“郑泉字文渊，陈郡人。博学有奇志，而性嗜酒，其闲居每曰：‘愿得美酒满五百斛船，以四时甘脆置两头，反覆没饮之，惫即住而啖肴膳。酒有斗升减，随即益之，不亦快乎！’”《世说新语》将装满酒的大船减省替换为酒池，显得更为凝练和突出。

毕卓盗酒的故事，和持蟹螯酒杯、拍浮酒池的名言，除《世说新语》和《晋书》外，《金楼子》《艺文类聚》都有记载，在后世影响极大，成为文人广泛使用的典故，并收入蒙书之中。先看前一个故事，《蒙求》便有“阮宣杖头，毕卓瓮下”，《龙文鞭影》有“盗酒毕卓，割肉东方”。唐诗已开始用盗酒之事，如皎然《饮茶歌诮崔石使君》：“愁看毕卓瓮间夜，笑向陶潜篱下时。”白居易《家园三绝》其二：“篱下先生时得醉，瓮间吏部暂偷闲。”另外值得一提的是，有些诗歌中写到的毕卓醉酒，有眠卧瓮边的形象，如王绩《戏题卜铺壁》：“旦逐刘伶去，宵随毕卓眠。”杜甫《游子》：“厌就成都卜，休为吏部眠。”李端《晚秋旅舍寄苗员外》：“吏部逢今日，还应瓮下眠。”至于毕卓说的蟹螯、酒杯的名言，也是诗人爱用的典故。李白《送当涂赵少府赴长芦》：“摇扇对酒楼，持袂把蟹螯。”高適《自武威赴临洮谒大夫不及因书即事寄河西陇右幕下诸公》：“清论挥麈尾，乘酣持蟹螯。”李颀《赠张旭》：“左手持蟹螯，右手执丹经。”宋代苏轼也多次使用这个典故，如《章质夫送酒六壶书至而酒不达戏作小诗问之》：“空烦左手持新蟹，漫绕东篱嗅落英。”《西江月·送钱待制》：“拍浮何用酒为池。我已为君德醉。”这进而引起宋人使用毕卓典故的狂潮，尤其南宋以来螃蟹渐成餐桌常见的美味后，诗人笔下频繁地出现蟹螯和酒杯，如陆游《秋晓书感》：“读书时亦挂牛角，对酒正须持蟹螯。”戴复古《家中作》：“可怜持蟹持杯手，小圃携锄学种瓜。”方岳《有蟹无酒》：“左手持螯欠酒杯，枉烹郭索亦冤哉。”清代流行的学习诗歌的入门书籍《声律启蒙》，其二冬部也有“手擘蟹螯从毕卓，身披鹤氅自王恭”的句子。

（罗宁）

闻弦结友

贺司空入洛赴命[①]，为太孙舍人。经吴阊门，在船中弹琴。张季鹰本不相识[②]，先在金阊亭，闻弦甚清，下船就贺，因共语，便大相知说[③]。问贺：“卿欲何之？”贺曰：“入洛赴命，正尔进路[④]。”张曰：“吾亦有事北京。”因路寄载，便与贺同发。初不告家，家追问乃知。

《任诞》第22条

注释

① 贺司空：即贺循(260—319)，字彦先，会稽山阴(今浙江绍兴)人。官至太常卿，死后赠司空。与顾荣同为支持司马睿的江南士族领袖。洛：洛阳，西晋都城。

② 张季鹰：即张翰，见“不执手出”篇(《伤逝》第7条)注释。

③ 知说：意气相投。“说”通“悦”。

④ 正尔进路：正好赶路。

鉴赏

张翰，字季鹰，西晋著名的文学家。史书记载他“有清才，善属文，而纵任不拘，时人号为‘江东步兵’”(《晋书·张翰传》)，时人引之为竹林七贤同类，称他为“江东步兵”。

张翰在《世说新语》中存目仅四条，但却贡献了中国人文思想史上的两个不朽典故，以及两句精辟之言，成为后代评判名士与否的重要标的。其一出自《识鉴》篇，“张季鹰辟齐王东曹掾，在洛见秋风起，因思吴中菰菜羹、鲈鱼脍，曰：‘人生贵得适意尔，何能羁宦数千里以要名爵?’遂命驾便归。俄而齐王败，时人皆谓为见机。”(《识鉴》10)张翰见秋风起而思念家乡风物饮食，因而弃官归乡的行为，常为后世称道。“莼鲈之思”自此成为乡愁的代名词，在中国诗词中常为人所用。苏东坡曾作诗夸赞他“浮世功名食与眠，季鹰真得水中仙”，实在是看明白了这思乡罢官行径背后的自由精神。另一则出自《任诞》篇，“张季鹰纵任不拘，时人号为‘江东步兵’。或谓之曰：‘卿乃可纵适一时，独不为身后名邪?’答曰：‘使我有身后名，不如即时一杯酒！’”(《任诞》20)身后虚名，还不如眼前一杯酒。这种极具现代存在主义价值观的自由生存意识，出现在遥远的中国魏晋时期，不得不说是人类精神史上共同的文化宝藏。

闻弦结友，讲述的是另一个与张翰有关的经典故事。故事中出现的贺循这个人，字彦先，是两晋时期名臣。他为人谦让守礼，与纪瞻、闵鸿、顾荣、薛兼并称“五俊”,《世说新语》中存目四条,且多在政务。显然为人谦让守礼的贺循,没有那么多风流倜傥的名士言行,但务实的为官风格,无疑给他本人带来了极高的社会声誉。南宋朱熹就对他评价颇高,认为“东晋时所用人才,皆中州浮诞者之后。惟顾荣、贺循有人望,不得已而用之”(《朱子语类》卷一百三十六),可见时人评价几何!

一个是放旷不羁的天下名士,一个是守礼务实的朝廷官员,性格迥异的两人在江上偶然相遇,却因为对音乐鉴赏的共同品味而结为朋友,不得不说是一件非常有趣的事情。此事源于贺循在吴江上的阊门下泊船弹琴,坐在岸上金阊亭中的张翰听见后,因声识人,十分仰慕,于是便到船上寻找。两个原本不相识的人一见倾心,颇有相见恨晚之感。临别之际张翰不舍,当下就决定随同贺循同去洛阳,甚至没来得及告诉家人。张翰固然不羁任诞,风流精神可见一斑,无愧“江东步兵”的雅号。但同时也可见出贺循的人格魅力,足以令狂放旷达的张翰,也为之登船随行,不复他虑。

本则故事中,音乐是沟通人心的重要媒介,可以跨越身份、性情与行止的藩篱。中国文人雅好音乐,实为士大夫的自觉修行与基本素养。自古就有伯牙子期高山流水觅知音的典故,魏晋时期,天下名士在琴音中寄予情志气节,不仅有嵇康“广陵绝响”的故事,更有阮籍“夜中不能寐,起坐弹鸣琴”的动人诗篇。本则故事中,促成一段文坛佳话的关键就在音乐。音乐让素不相识的两人,实现了心灵沟通与情志交互,琴声就是心声。可以想见,这一路同行去往洛阳的途中,必定弦歌载路,志意畅达。人生乐事,何可逾此?

《世说新语》中还有一则与音乐相关的故事,与此颇为相似。“王子猷出都,尚在渚下。旧闻桓子野善吹笛,而不相识。遇桓于岸上过,王在船中,客有识之者,云是桓子野。王便令人与相闻云:‘闻君善吹笛,试为我一奏。’桓时已贵显,素闻王名,即便回下车,踞胡床,为作三调。弄毕,便上车去。客主不交一言。”(《任诞》49)王子猷素来旷达不羁,不拘礼法。因此虽与桓子野不曾相识,偶然相遇,却贸然要求桓子野为他吹笛。其时桓子野已在朝中显贵,但依然不自矜身份,下车为王子猷奏曲三遍,所奏曲目据说就是《梅花三弄》。最为后人称道追慕的是，整个过程中主客自始至终不交一言，只以音乐沟通。曲终则人散，只留下无穷的韵味供后人品鉴。王子猷与桓子野的故事，始于音乐止于音乐。彼此以乐相交，不涉俗情，可谓是精神自适的表现。而张翰与贺循的故事，则始于音乐续之以畅谈延伸以同游，让精神交游之美没有像第一个故事那样戛然而止，而是还有生活中友谊的继续。自古知音难觅，与其如王子猷、桓子野那般只关精神、不交一言的旷逸超迈，还不如像张翰那般，遇到情志相投的好朋友就要率性而为，即刻同船共载乘兴北行，令后人追慕不已。

（耿朝晖）

千里一曲

有人讥周仆射与亲友言戏①，秽杂无检节。周曰："吾若万里长江，何能不千里一曲？"

《任诞》第25条

注释

① 周仆射：即周顗，见"从容廊庙"篇（《品藻》第22条）注释。

鉴赏

周仆射就是周顗，他曾官至尚书左仆射。《世说新语·赏誉》56说：

“世人目周侯：嶷如断山。”文中的周侯也是指周顗，侯是古人对州牧刺史的尊称，因州牧刺史为一方诸侯，周顗曾做过荆州刺史。在当时人眼中，周顗高峻如断山绝壁，可以想见他的仪容是如何峻伟刚正。《晋阳秋》也有类似的记载，周顗为人伟岸严正，同辈从不敢轻慢他。一世枭雄王敦见到周顗也惧怕三分，每次见到周顗便面红耳热，哪怕寒冬腊月也双颊发烧。

丞相王导在与人信中称赞周顗为“雅流弘器”，周顗为人也确有“国士门风”。王敦兴兵叛乱，周顗对王敦正气凛然，宁可舍身也不屈节，被害前大骂王敦“贼臣”，“血流至踵”仍然“颜色不变”。史家对周顗的节操赞不绝口：“甘赴鼎而全操，盖事君而尽节者欤。”(《晋书·周顗传》)遇害后，王敦派心腹缪坦抄没周顗之家，只搜到几只空篓子，几床旧棉絮，酒数瓮，数石米，朝廷大臣无不叹服周顗廉洁清正。

人是一种极其复杂的动物，高洁与龌龊、崇高与卑劣、方正与随和、自律与放纵可能同时统一于一人。

周顗的大节真没有可说的，但他的为人小节可说的真多。

先说酒。他多次因醉酒遭到弹劾，还有两次因“荒酒失仪”免官。晚年更是天天烂醉如泥，即使身居仆射这样的要职，他也是醉时比醒时多，当时人们把他称为“三日仆射”。他过江之前就酒量很大，过江后照样时时离不开酒瓮，还常常吹嘘说饮酒无敌手。一次有从前酒友从江北来，周顗一时兴起便拿出两石酒对饮，直到双双都沉入醉乡。周顗几天后才酒醒，那位客人从此再没有醒来。

再说色。刘孝标注引邓粲《晋纪》说，有一天，王导、周顗和其他朝士，一起到尚书纪瞻家观伎，纪瞻爱妾那甜美的歌声，还有那更甜美的模样，让周顗完全魂不守舍，他想在众人面前“通”主人的爱妾，不知不觉中“露其丑秽”，对自己的淫荡行为竟然一点也不脸红。在纪瞻家观伎虽属私人聚会，但客人当众希望私通主人的爱妾，放在性解放的今天也让人瞠目结舌，更何况王导、周顗、纪瞻等朝士，都相当于今天总理副总理级别的官员！虽然还没有听说过他包二奶的丑闻，但这根本说明不了什么问题，更不表明他没有这方面的爱好，估计是他没有掌握今天贪官那种高明的贪污技巧，一个家中只有几床破棉絮几袋陈大米的穷官员，哪个姑娘愿意去做他的二奶小三？再说，如果他掌握娴熟的贪污技巧，他完全可以大摇大摆地娶三妻四妾，用不着偷偷摸摸地包二奶养小三。

他与亲友言谈戏乐时污秽不雅，因此常常被人讥讽嘲笑，周顗为自己的行为辩解说："吾若万里长江，何能不千里一曲？"

不管用哪个时代哪个民族的价值观来审视，这篇小品的思想情感都不算"健康"，用我们今天的眼光来衡量，它传达的全是"负能量"。我之所以选它作为细读的范文，一是它是那时士风的风向标，二是它具有极高的审美和认识价值，三是周顗的辩解已成历史名言。

余嘉锡先生对这篇文章有点将信将疑，他说以周顗的名德不至如此不堪。不过，魏晋间士人放荡无检不是特例而是通例，《御览》引曹丕《典论》残句说，东汉末年，太医令张奉与人饮酒，三杯酒下肚就要脱光衣服，大家都以裸体为戏乐。王隐《晋书》也说阮籍等人也"嗜酒荒放，露头散发，裸袒箕踞"，一大批官二代也跟着阮籍有样学样，"去巾帻，脱衣服，露丑恶，同禽兽"，认为这样才接近于"自然"之道。露得最彻底的名为"通"，露得较彻底的称为"达"。晋人葛洪更骂他同时代的士人"乱男女之大节，蹈《相鼠》之无仪"（《抱朴子·疾谬》）。《相鼠》是《诗经》中的名篇，一开头就说"相鼠有皮，人而无仪"。看看老鼠也有一张皮，却见有些人没威仪。人要是没有一点威仪，那活着不死又有何益？但到底什么样子才算有"仪"，不同时代和阶层可能说不到一起去，在魏晋之际的名士眼中，或许裸体才最酷最潮最有"仪"。既然当众裸体是一种时髦，周顗当众露"丑秽"虽十分"出格"，但他本人并不觉得十分"出丑"。周顗大节无亏而小节有疵，它们不过是时人和后人饭余的笑谈。以他任情率性的为人，又喜欢狂乐纵酒，乘着酒兴有什么干不出来呢？再说，东晋社会思潮与正始大不一样，江左名士很少有人像嵇、阮那样激烈地对抗名教，相反，他们大多儒道兼综，孔庄并重，周顗一方面有余嘉锡先生高度赞赏的“名德”，一方面在私生活中又“秽杂无检节”，从他身上可以看出社会风尚的新变。

周顗公德和私德的强烈反差表明，对任何人的评价切忌简单化，好人便“一好百好”的情况，只有在我们的电视电影中才能找到。历史上和现实中的许多英雄豪杰，其私德和个性可能很糟，而大汉奸汪精卫的私德却很好，至少他不贪钱不好色。文艺作品中的坏人都是一些丑八怪，汪精卫这个大坏蛋却是十足的美男子。周顗喜欢纵酒和好色，既不值得夸耀，也不必要遮掩。

周顗对别人讥讽的辩解十分高明，他对自己“秽杂无检节”不仅不否认，反而觉得这些都十分正常，“我好比一条万里长江，哪能不千里一曲呢?”是呵，谁见过一条笔直的万里江河呢？所有笔直的江段都属人为，自然形成的江河无一不弯弯曲曲。通体透亮而无阴影的东西，全都出自诗人的想象和科学家的设想，在现实中都是吓人的怪物，要是谁在太阳月亮下没有阴影，肯定会吓得你魂不附体。

“吾若万里长江，何能不千里一曲?”早已成为历史上的名言，它可能有助于我们对历史人物的认识——不必把历史人物神化，也不应把历史人物丑化。

这句历史名言，也可能成为我们对自己缺点的挡箭牌——连万里长江也免不了千里一曲，更何况我们这些小民呢？不过我倒想提醒一下诸位:“千里一曲”虽然在所难免，问题在于我们是不是“万里长江”。

（戴建业）

三日仆射

周伯仁风德雅重[①]，深达危乱。过江积年，恒大饮酒。尝经三日不醒，时人谓之“三日仆射”。

《任诞》第28条

注释

① 周伯仁：周顗，字伯仁，见“从容廊庙”篇（《品藻》第22条）注释。

鉴赏

周顗(269—322)，字伯仁，西晋安东将军周浚子，少知名，风流有才气，言行似有阮籍风貌，如曾去拜访王导，既坐，傲然啸咏，此举颇类阮籍“礼岂为我辈设也”不拘礼法之展现，因此王导曰：“卿欲希嵇、阮邪?”(《晋书·周顗传》)又如过江积年，深达危乱，恒大饮酒，曾经三日不醒，时人谓之“三日仆射”，此与阮籍为拒绝司马昭为子求婚而大醉六十日，行径如出一辙。虽然如此，其与阮籍仍貌似而神异，特在忠义处尤可嘉许。

在忠方面，永昌元年(322年)，王敦于武昌举兵，以诛刘隗为名出师进攻建康，元帝司马睿亲率六军到城郊，并命令周顗、王导等人攻打王敦，但均失败而归，周顗后来前往见王敦，《方正》33：“王大将军既反，至石头，周伯仁往见之。谓周曰：‘卿何以相负?’对曰：‘公戎车犯正，下官忝率六军，而王师不振，以此负公。’”王敦本与周顗相友好，王敦曾云："我与周，洛下相遇，一面顿尽"(《世说新语·尤悔》8)。无奈世局多变，随后王敦展现其不臣的企图心，周𫖮也与其渐行渐远，最后竟在战场上兵戎相见。周𫖮虽然身为手下败将，且大难临头，但其对王敦的应对之语仍义正词严，大义凛然，可见忠义奋发的气概。其实周𫖮不只对王敦犯上行为给予严厉斥责，就连元帝司马睿不懂谦虚以尧舜相比拟，也不假辞色当面直言责劝曰："今虽同人主，复那得等于圣治?"(《方正》30)完全不怕触怒龙颜而获罪，从这些言行可知周𫖮为人"方正"的风范。

在义方面，周𫖮与王导交友甚为亲暱，《排调》18："王丞相枕周伯仁膝，指其腹曰：'卿此中何所有?'答曰：'此中空洞无物，然容卿辈数百人。'"从王导头枕周𫖮双膝应可见其交谊之深，不分彼此，其对话内容互开玩笑，亦可见关系如同家人一般。但这情谊却毁于一句戏言，颇令人怅惋。《尤悔》6："王大将军起事，丞相兄弟诣阙谢。周侯深忧诸王，始入，甚有忧色。丞相呼周侯曰：'百口委卿!'周直过不应。既入，苦相存救。既释，周大说，饮酒。及出，诸王故在门。周曰：'今年杀诸贼奴，当取金印如斗大系肘后。'大将军至石头，问丞相曰：'周侯可为三公不?'丞相不答。又问：'可为尚书令不?'又不应。因云：'如此，唯当杀之耳!'复默然。逮周侯被害，丞相后知周侯救己，叹曰：'我不杀周侯，周侯由我而死。幽冥中负此人!'"王敦起兵造反后，丞相王导因与之同宗族，深怕若王敦失败后整个家族会被诛灭，因此每天到阙下待罪。身为知己的周𫖮也苦心设法营救，或许因事成酒后得意忘形，一句"今年杀诸贼奴，当取金印如斗大系肘后"戏言，而让胆战心惊的王导无法释怀。当王敦攻入石头城，询问王导对周𫖮的想法，王导默然无言，终成憾事。

西晋王朝在永嘉之乱后，皇室被迫南渡，北方世家大族亦纷纷渡江避难，史称"衣冠南渡"，自元帝司马睿建武元年(317年)起，至恭帝司马德文元熙二年(420年)刘裕代晋立宋为止，共经历一百零四年，建都建康，史称东晋时期。过江后的政权机本上是司马家与王、庾、桓、谢四大家族共治，在这样的政局下，皇权与世家大族会有所冲突而衍生猜忌。周颉深知在元帝与王导中间夹着野心勃勃的王敦，定会让元帝猜疑王导，如此下去朝廷将无法安定，因此将赦罪之功全归于元帝，以全君臣之义。

从如上的论述可知周颉对君尽忠，对友尽义，在忠义上可谓是可圈可点，然若观其日常生活情况，颇见名士任诞不拘的习气，如上一则："有人讥周仆射与亲友言戏，秽杂无检节。周曰：'吾若万里长江，何能不千里一曲？'"周颉的"秽杂无检节"情况，邓粲《晋纪》有更具体的记载曰："王导与周颉及朝士诣尚书纪瞻观伎。瞻有爱妾，能为新声。颉于众中欲通其妾，露其丑秽，颜无怍色。"周颉对别人讥讽自己，只是以万里长江千里一曲为喻，轻描淡写带过人生小处之失，完全不否认自己的荒诞之行。魏晋时代"作达任诞"为当时名士习气，《抱朴子·疾谬篇》与《宋书·五行志》均有载录，周颉或许不免如此，加之周颉又好饮，时称"三日仆射"，醉后乱性，故可能有此不雅之行，但吾人不能因小眚而掩盖其大德，更应全面看待此一活生生的人。

（曾敬宗）

智达郡卒

鉴赏

智达郡卒

苏峻乱，诸庾逃散。庾冰时为吴郡[1]，单身奔亡，民吏皆去，唯郡卒独以小船载冰出钱塘口，蘧篨覆之。时峻赏募觅冰，属所在搜检甚急。卒舍船市渚，因饮酒醉，还，舞棹向船曰："何处觅庾吴郡？此中便是！"冰大惶怖，然不敢动。监司见船小装狭，谓卒狂醉，都不复疑。自送过浙江，寄山阴魏家，得免。后事平，冰欲报卒，适其所愿。卒曰："自出厮下，不愿名器。少苦执鞭，恒患不得快饮酒，使其酒足余年，毕矣。无所复须。"冰为起大舍，市奴婢，使门内有百斛酒，终其身。时谓此卒非唯有智，且亦达生。

《任诞》第30条

注释

① 庾冰，见"大丈夫将终"篇(《方正》第43条)注释。

鉴赏

这篇小品写的是一次“美丽”的误读，一次“温暖”的移情。

话说晋成帝咸和二年(327 年)，历阳内史苏峻纠集镇西将军祖约，以讨伐庾亮为名起兵进攻京城，次年攻破京城建康执掌朝政。事件的起因是：苏峻因平定王敦叛乱居功自傲，加速扩张势力拥兵自重，越来越不受朝廷节制。当时执政庾亮几次征诏苏峻，并颁布优抚诏征苏峻为大司农，加散骑常侍，位特进，令其弟苏逸代他领兵。苏峻认为这是以升官的方式剥夺他的兵权，受到幕僚怂恿决心联合祖约起兵反叛。开始，叛军进展极其顺利，苏峻在建康大败庾亮统领的朝廷军队，庾亮率诸兄弟溃散南逃。

庾亮大弟庾冰时为吴郡内史，郡治在今天的苏州市，他不得不只身仓皇奔逃。郡内百姓和身边属下全都逃走了，无奈之下庾冰只得唤郡府中一个听差小卒，让他一人用小船把自己送出钱塘江口。小船顶上没有遮盖，只好用江浙叫“籧篨”(qū chú)的芦苇粗席掩着庾冰。苏峻得知庾冰大致方位后，重金悬赏手下捉拿他，叛军四处盘查得非常严。小卒还没清醒地意识到处境有多危险，居然丢下庾冰一人，自己到小洲上买东西，一直喝得酩酊大醉才摇摇晃晃地回来，还挥舞船桨指着小船说：“到哪里去找庾吴郡，船里面就是！”芦席下的庾冰听后大为恐慌，但又一动也不敢动。那些检查关卡的叛军士兵，见那么狭窄的小船，哪能装下一个大人，只当是小卒喝多了发酒疯，谁都没怀疑船中真的有人。渡过浙江之后，庾冰寄居在山阴(今浙江绍兴)的一个魏姓人家，最终躲过了这番灭顶之灾。等平定苏峻叛乱后不久，庾冰想报答小卒的救命之恩，让小卒尽管提出自己最大的愿望，自己要尽一切可能来满足他。小卒回禀道：“小人出身低贱，没想过要做官扬名，从小就苦于听别人使唤，一直遗憾不能痛痛快快地喝酒；假如让我后半生能把酒喝个够，这一生也算是没有白活，再也没有其他什么需求了。”庾冰便为他盖了一栋大宅院，还为他买几个奴婢，为他家中贮备了上百斛美酒，小卒实现了自己“酒足余年”的夙愿，快快活活地了此一生。时人都认为这个小卒不仅很有智谋，而且也通达人生的真谛。

鲁迅先生将《世说新语》称为志人小说，这篇小品的确像一篇微型小说。首先，它的情节曲折完整。“苏峻乱，诸庾逃散”为故事缘起，庾冰“单身奔亡，民吏皆去”为故事高潮做铺垫，“唯郡卒”三字突出郡卒在救庾冰脱险中的重要作用。“小船载冰”和“蘧篨覆之”，写尽了庾冰出逃的仓皇之状；“峻赏募觅冰，属所在搜检甚急”，可见当时形势的险恶。小卒醉后胡言“何处觅庾吴郡，此中便是”，一下子把故事推向了高潮，读者的心也快提到喉咙了，当事人庾冰更是魂飞魄散，正在这命悬一线的当口，大家都以为凶多吉少，却不料峰回路转，检查关卡的叛卒“都不复疑”。故事的情节险象环生，文章的章法跌宕起伏。像中国古代大多数小说一样，故事最后有一个大团圆的美满结局。小品结尾以“非唯有智，且亦达生”点题，起到了片言居要而又警策醒目的作用。其次，文章善于制造紧张氛围。如写庾冰“单身奔亡”，写他在小船上“蘧篨覆之”，又如写郡卒醉后胡言，读这篇小品好像看恐怖电影一样大气也不敢出。最后，这篇小品对主人公“郡卒”形象的刻画也十分生动。如写郡卒嗜酒如命的癖好，即使在那样紧张的情况下，他在中途仍然要“饮酒醉还”，“舞棹向船曰”以动作写醉态十分传神，这也为下文“使其酒足余年毕矣”留下了伏笔。

最后两句“时谓此卒非唯有智，且亦达生”，既是点题，也是误读，更是移情。当时的人认为“此卒有智”，这一判断似乎大可商榷。当“吏民皆去”时此卒不去，可以说他忠于职守，但看不出他多有智谋。“以小船载冰出钱塘口”，而且以“蘧篨覆之”，后来正是由于“监司见船小装狭”才救了庾冰一命，这并不是此卒因为胆大心细有意为之，很可能是仓促之中只能找到小船和蘧篨，事后的结局是歪打正着，活该庾冰福大命大。途中醉酒后的胡言乱语，更活脱脱一条莽汉醉鬼的形象。至于他冒着生命危险护送庾冰，看不出是在进行人生的赌博和投资，为了日后庾冰的“涌泉之报”，他好像根本没有想到庾冰报恩，更没有向庾冰索要“高价”。这一系列行为只能说他“有胆”，还看不出是他“有智”。此卒一次冒险而终生享福，是特殊时刻一连串的机缘凑巧，绝非他思而后动的理智设计。

如果说“此卒有智”是魏晋士人对郡卒的误读，那么“且亦达生”则纯属移情。不同的时代，不同的阶层，各有自己完全不同的幸福憧憬。二十世纪中叶，中国人对共产主义生活的描绘是“楼上楼下，电灯电话”；从记事起一直到“文化大革命”结束，我觉得最大的幸福就是香喷喷白米饭吃到肚儿圆；护送庾冰的郡卒是一个酒徒，“酒足余年”就是他人生的最高理想，也是他人生的最大幸福。在他看来，官职爵禄不就是为了能痛快饮酒吗？自己要是能痛快饮酒，那还要官职爵禄有什么用呢？这位郡卒“不愿名器”，并不是他要摆脱高官厚禄之累，去实现“无官一身轻”的自在逍遥，是他从没有尝过“权力的滋味”，他哪里知道有了“名器”还愁没有美酒？魏晋那些“平流进取，坐致公卿”的贵族，“名器”对他们来说比“衣来伸手”还要简单，所以他们把“不愿名器”视为通达，把“酒足余年”看成潇洒，这样，他们“以君子之心度小人之腹”，郡卒就成了他们实现人生理想的楷模。另外，魏晋之际儒家名教成了人们唾弃和嘲讽的对象，名士们酗酒、裸体、放纵，不过是“非汤武而薄周孔”的“行为艺术”。他们的人生理想不再是立德立功立言，适性任情才是他们渴望的生活方式，于是，《世说新语》出现了许多对酒鬼的礼赞：“张季鹰纵任不拘，时人号为‘江东步兵’。或谓之曰：‘卿乃可纵适一时，独不为身后名邪？’答曰：‘使我有身后名，不如即时一杯酒！’”“毕茂世云：‘一手持蟹螯，一手持酒杯，拍浮酒池中，便足了一生。’”不仅张季鹰和毕茂世的人生理想与郡卒极其相近，连伟大诗人陶渊明临死前也说：“但恨在世时，饮酒不得足。”（《拟挽歌辞》）郡卒不也说“恒患不得快饮酒”吗？郡卒和陶渊明的人生遗憾何其相似！不过，这种相近或相似都是表面的，郡卒希望“酒足余年”只满足自己的口腹之欲，名士们则是通过转换一种生活方式，来实现自己更本真更“自然”的精神追求。这恰如山村中的农舍与大观园中的“稻香村”，形相近而实相远。从前很多乡下农民天天吃红苕和野菜，如今不少大款也开着“奔驰”跑到郊外去吃农家野菜，前者是不得不以野菜填饱肚子，后者是吃点野菜换换口味，要是因此认为中国农民全是美食家，那可真要让人笑掉大牙。

（戴建业）

一往情深

桓子野每闻清歌[①]，辄唤：“奈何！”谢公闻之，曰：“子野可谓一往有深情。”

《任诞》第42条

注释

① 桓子野：桓伊，字叔夏，小字子野、野王，东晋谯国铚（今安徽宿州西南）人。有武略，太元八年（383年）随谢玄破苻坚于淝水，封永修侯。后为江州刺史，以宽恤为务，民赖以宁。善音乐，推江左第一，尤精吹笛。清歌：指没有乐器伴奏唱的歌。奈何：《古今乐录》说：“奈何，曲调之遗音也。”即一人唱，众人唤“奈何”帮腔相和。

鉴赏

魏晋人物特立独行，常有令世人惊诧之举，桓伊也是其中之一。他生于乱世，仗文武双全之才，立济世安民之功，成为东晋朝廷的中流砥柱。淝水之战中，桓伊与谢玄、谢琰率八万东晋军队击溃来势汹汹的前秦大军，奠定了朝廷赖以偏安的格局。桓伊一战成名，以淝水之功晋封永修县侯，可谓烈火烹油，鲜花着锦。虽然仕途通达、功业显赫，但他始终保持君子之风，“性素谦，虽有大功，始终不替”(《晋书·桓伊传》)。

当时京城有“建康三绝”之称，即袁山松之《行路难》辞、羊昙唱乐、桓伊挽歌。桓子野每逢听到别人清唱的挽歌，总是不由自主地帮腔呼喊：“奈何啊，奈何！”谢安听见了，说：“子野可以说是一往情深啊。”上层贵族薨逝的时候，往往要选一些才貌殊绝的男子作挽郎，一路唱着哀伤的挽歌送葬。而桓伊久在富贵温柔乡中，何以会有这种终极的苦痛情怀呢？

魏晋的人性觉醒，对外是欣赏自然，对内是发现深情。时光飞逝，人生无常，是千古以来人人都要体会的大悲哀。向死而生，以哀为美，是怎样的一种在人世清醒的受难，和对生命深情的眷恋？然而，与其崇尚虚无，咏叹万古长空的渺茫，终究不如体任自然，珍惜眼前的一朝风月之美。桓伊对于死亡的痛楚感伤，不正源于回眸留连那些曾经美好灿烂过的生命历程吗？

《世说新语·任诞》中，有桓伊邀谢尚赴宴的故事：桓伊在家和王濛、刘惔开宴畅饮，镇西将军谢尚恰巧从他叔父的陵墓回来，路过桓伊家。估计是时常往来的缘故，看门的仆人忙向桓伊报告，桓伊立刻派人邀请他来宴饮。第一次谢尚犹豫了一下，毕竟在丧期，不太好登朋友家的门，可是已经把车停下；桓伊派去的第二拨人又接踵而至，谢尚便不管三七二十一，立刻掉转车头来了。桓伊亲自到门外去迎接，拉着谢尚的手便进去。进门后，谢尚刚刚来得及脱下头巾戴上便帽，就被桓伊拽入宴席，宾主痛饮尽欢。直到快喝醉了，谢尚摇头晃脑间用袍袖擦拭酒渍，猛然一看，才发觉孝服还没脱掉呢！

桓伊这种任情自然、无视礼法的精神，还颇有点竹林七贤的遗风，与风雅通脱的谢尚相映成趣。因而在《世说新语》中，桓伊既登方正之榜，又入任诞之流，可谓亦庄亦谐。桓伊对待朋友如此洒脱，对待陌生人,也不拘于世俗名位。

一次,桓伊坐车从建康城外经过,恰逢泊舟青溪岸边的王徽之。王徽之听船夫说岸上大队人马护卫的正是桓伊,便令仆人上岸请求:“听说桓使君善吹笛,可否为我吹奏一曲?”桓伊当时已功业赫赫,王徽之却只是无名小辈,要是换个大官,听得这样的贸然请求,非勃然大怒不可。但桓伊听闻后,只是安然驻马,坐在岸边安置的胡床上,吹奏了一曲《梅花三弄》。奏毕,桓伊便登车扬长而去,主客之间,不交一言。这便是“桓伊三弄”的典故,桓伊吹笛所在地——上元县(今南京)萧家渡,后人称为“邀笛步”。

桓伊与一代名相谢安同样有音乐的雅好,更有精神上的默契。淝水战后,谢安功高震主,君臣渐生嫌隙。一日,嗜酒好色的孝武帝在宫中设宴,又命桓伊吹笛。桓伊神色自若,一曲奏罢,满座赞叹。这时,桓伊放下笛子说:“臣弹筝的天赋虽不及吹笛,也足以合韵。请陛下准我拂筝吟歌一曲,同时希望让我平日配合默契的家人来为臣吹笛伴奏。”孝武帝允许了。

深谙他心意的家人,谱出的笛音百转千回,缠绵幽怨。桓伊则边弹筝边吟唱陈思王曹植的《怨歌行》:“为君既不易,为臣良独难。忠信事不显,乃有见疑患。周王佐成王,金縢功不刊。推心辅王政,二叔反流言。”

百感交集的谢安,此刻不由得“泣下沾衿”,他快步走出自己的席位,来到桓伊面前,深情地捋着桓伊的胡须对他说:“使君,在这里你是最不凡的人啊!”孝武帝见此忠臣良将惺惺相惜的情景,也不免“甚有愧色”。高处不胜寒,谢安最终难逃被排挤出朝廷、“舆止西州路”的悲情结局,然而能得桓伊这样肝胆照人的君子之交,亦足慰平生了。

文武全才的桓伊,因为深刻的哲思而高峤不群,又因为音乐的抚慰而安宁超脱,在当时官场上保持着独特的风神。他玄心妙赏,追求心灵上的洒脱与精神上的自在,不羁于世俗礼法,一派潇洒而深情的天真意趣。

(阮莉萍)

未曾吃得

罗友作荆州从事[1]，桓宣武为王车骑集别[2]。友进，坐良久，辞出。宣武曰："卿向欲咨事，何以便去？"答曰："友闻白羊肉美，一生未曾得吃，故冒求前耳，无事可咨。今已饱，不复须驻。"了无惭色。

《任诞》第44条

注释

① 罗友，字宅仁，襄阳（今属湖北）人，少好学，家贫。后入桓温幕，不拘小节，博学能文。后为襄阳太守，累迁广州、益州刺史。

② 王车骑：即王洽（323—358），琅邪临沂（今山东临沂北）人，字敬和。丞相王导子。累官至吴郡内史。

鉴赏

虽然孔老夫子说过"饮食男女，人之大欲存焉"，《孟子》中也说"食色，性也"，可"食"与"色"既是"人之大欲"，同样也是人之"大忌"——大家总以"好学""好礼"来恭维人，谁愿意被别人说成"好吃""好色"呢？

"学"与"礼"都非人的本性，所以必须"劝学"和"崇礼"，没有劝勉和推崇的助力，没有利益或名誉的激励，大概没有多少人喜欢艰苦的学习和刻板的礼仪。古人早就知道"困然后学，学以致荣；计而后成，好而习成”（嵇康《难自然好学论》）。“学”与“礼”都违反人的本性，违反了自己的本性还能爱好它，所以值得大加表彰。“食”与“色”是人的本能，越是压抑就越是“好吃”“好色”，“偷吃”“偷窥”乃至强奸，通常都是人们过分“饥渴”所致。“性饥渴”与“口饥渴”同样让人难以忍受，食与性两方面长期过度的饥渴，不是伤身就是丧命。“食”“色”既是“人之大欲”，人们对它们就有极强的占有欲，屯聚食品和包养二奶都是多占或强占。这方面不仅不需要任何鼓励，就是不断劝说、警告和惩治，还是有人难免贪食和贪色。人们把贪食者蔑称为“饕餮”，把贪色者贬斥为“色鬼”。饕餮是传说中一种凶恶贪婪的怪兽，鬼更是大家又害怕又讨厌的阴魂。

人之所恶偏大肆颂扬，人之所欲却压抑贬斥，这种与人性“对着干”的文化，很容易造成全社会的道德虚伪，色鬼装得像是坐怀不乱的圣人，吃货在人前也得假装斯文君子。

这里和大家介绍一位率真的吃货罗友，他贪吃从来不扭扭捏捏——贪得既很爽快，吃得也很痛快。罗友是湖北襄阳人，此公胃口实在太好了，从小对所有美食就来者不拒。可家中无钱，自己又无权，他为自己解馋的高招是蹭饭。小时候，一听说哪里有祭祀活动，他就跑到那里去讨祭品吃。有一次得知有家人祭神，他去得太早人家还没有开门，主人出门迎神发现了他，问他为什么一大早就待在这儿，他说打听到你家要祭神，不过是想来求一顿饭吃而已。于是，他藏身在主人家门后，等天亮后饱吃一餐抹抹嘴便心满意足地离开，脸上没有半点羞愧之色。

常言道“江山易老，本性难移”，罗友做官后仍旧贪吃，贪吃的方法还是蹭饭，只是蹭饭的对象稍有变化——小时蹭乡邻的饭，做官后蹭上司的饭。桓温做荆州刺史时引荐他为荆州从事，这篇小品就是记述他任从事期间蹭饭的趣事。桓温有一次为王导三公子王洽饯别，陪客中本来没有邀请罗友。罗友听说上司请客便不招自来，借故说有公事要请示桓温，在宴席上坐了很长时间后，又一言不发便转身告辞。桓温问他说：“你刚才还说有公事要问，怎么就这样走了呢？”罗友从实回答道：

“听说白羊肉味道鲜美，有生以来从未尝过，有人告诉我说，您宴席上备有这道佳肴，便找个由头前来讨吃，原本没有公事要请示您，现在已经吃饱了，用不着再在您这儿待下去。”说罢便转身离去，和以往一样脸上依旧没有半点羞惭。

桓温对他蹭饭的方式大不以为然，曾直言劝这位下属说：“想食也得讲究一下身份，怎么能像你现在这个样子呢？”罗友对上司的劝告“傲然不屑”：“就公乞食，今乃可得，明日已复无。”（《任诞》41刘孝标注引《晋阳秋》）言下之意是说在您这儿乞食，瞅着什么时候有就什么时候来，今天不吃明天可能就没有这道菜了——吃饭还讲究什么派头？

他以家贫乞食，也“以家贫乞禄”。桓温起初只欣赏他的才华学问，但觉得他过于放纵荒诞，不是当官治民的那种料子，口头上虽应允了他，却又迟迟没有任用他。有次府上有一下属被举荐到一州郡任职，桓温特地设宴为他送行，罗友故意很晚才来赴宴，桓温询问迟到缘由，罗友一脸委屈地说：“小民自小就好吃，昨天接到大人的请帖，我一大早便出门赴宴，不料半路上遇到一鬼挖苦我说：‘我只见你送别人做官，怎么不见别人送你做官？’开始我大为恐怖，后来又非常惭愧，于是我反复琢磨鬼的话，不知不觉犯下迟到之罪。”这回反而弄得桓温满面羞惭，不久便推荐他去做襄阳太守。

做了荆州从事还到别人家里乞食的确失格，可当时士人却认为“罗友有大韵”，所谓“大韵”就是极有格调风度。罗友的“大韵”来自何处呢？他嘴馋则去乞食，遇上美食便快意大嚼，酒足饭饱便马上告退，从不找任何借口，更不装什么清高。苏轼在《书李简夫诗集后》说：“陶渊明欲仕则仕，不以求之为嫌；欲隐则隐，不以去之为高，饥则扣门而乞食，饱则鸡黍以延客。古今贤之，贵其真也。”这则评语移来评罗友也大体合适，他的“大韵”就在于其适性任情，在于其坦然率真。

（戴建业）

何可一日无此君

王子猷尝暂寄人空宅住①，便令种竹。或问："暂住何烦尔？"王啸咏良久，直指竹曰："何可一日无此君？"

《任诞》第46条

注释

① 王子猷：王徽之(？—388)，字子猷，琅邪临沂(今山东临沂北)人。王羲之子。曾为桓温参军，后为黄门侍郎。弃官家居，以病终。

鉴赏

作为重要的生活和生产资料，竹在中国有着悠久的种植历史。在实用性之外，竹的审美性及其体现的精神意蕴，很早就被中国人体会到。三国魏时的竹林七贤之游，阮籍、嵇康等七人"常集于竹林之下，肆意酣畅"(《任诞》1)，这可以说是第一次将竹与名士相连，令竹沾染了名士的气息。不过，永嘉南渡之前，汉魏与西晋的政治、文化中心在少竹的北方，文人和名士们真正关注竹、喜爱竹，还是东晋以后的事情。东晋士族在吴越一带见到竹的机会很多，于是行诸文字。王羲之在《兰亭集序》中描写兰亭的美景曰："此地有崇山峻岭，茂林修竹，又有清流激湍，映带左右。"孙绰参加这个集会，写的《兰亭诗》也有"莺语吟修竹，游鳞戏澜涛"和"修竹荫沼，旋濑萦丘"的句子。王子猷对竹的喜爱，或许更甚于其父王羲之，他只是暂借别人的空宅院居住，便命人种竹，别人问他，暂居此处，何必烦劳？他回答说："何可一日无此君？"《世说新语·简傲》里还记载，当时吴中一士大夫家有好竹，王子猷便"肩舆径造竹下，讽啸良久"，可见他对竹的痴迷。

《世说新语》和《晋书》都没有说，为何王徽之对竹的喜好到如此的程度，推想起来，大概是竹的松柏之性吧。刘桢《赠从弟》写到松柏："冰霜正惨凄，终岁常端正。岂不罹凝寒，松柏有本性。"这也是竹之本性。北魏宗钦《赠高允诗》："于穆吾子，含贞藉茂。如彼松竹，陵霜擢秀。"就点明了这一点。宋代以后，人们将松、竹、梅称岁寒三友，将梅、兰、竹、菊称为四君子，人们对竹的喜爱、尊崇发展到了新的高度，从此竹成为中国人最喜爱的植物之一。明代陈继儒由王子猷爱竹，说到对竹的评价："子猷税地种竹，笑谓人曰：何可一日无此君？竹以虚中通外，岁寒弥坚，故昔人往往喜与把臂入林。余之爱竹，独爱其子孙玉立，参差捧笏而拱青云，龙翔凤舞，直有干霄之气，回视一切草丛花色，仅仅脂粉媚人，一遇风雨，阑珊狼籍，不复有特出草莽之志。"（《陈眉公集》卷十四）以脂粉媚人的鲜花，一经风雨便衰败凋零，相较而言，竹有一股直干云霄之气，经风雨岁寒而不凋枯。清代《诗韵合璧》引《词林典腋》记竹的词藻，有栖凤、化龙、扫月、拂云、子母、祖孙、高节、虚心、解谷、淇园、戛玉、筛金、雨洗、风梳、故人、君子、停雪、冒霜、弄月、迎风、傲霜、宜雨、翠筠、斑箨、阴翠、粉娇、红泪、紫鲛、洒恨、含愁、雨痕、霜染等，还有"捃此君兮入座，共岁暮而忘年"的句子，均能表现竹的特性、品格以及丰富的文学表达和文化意蕴。

王子猷爱竹的故事在唐代便成为一个竹的常见典故，如李白《对雪醉后赠王历阳》："子猷闻风动窗竹，相邀共醉杯中绿。"元稹《寺院新竹》："未遭伶伦听，非安子猷宠。"唐诗中提到王子猷时，不是月夜访戴、乘兴而行的故事，就是爱竹的故事。王子猷名句中的"此君"，也成为诗人喜欢使用的词藻。如岑参《范公丛竹歌》："此君托根幸得所，种来几时闻已大。"白居易《东楼竹》："楼上夜不归，此君留我宿。"

宋人对竹的喜爱发展到更高、更深的程度,“此君”作为竹的词藻和代名,更加频繁地出现在诗人笔下。苏轼《御史台榆、槐、竹、柏四首·竹》云:“此君知健否,归扫南轩绿。”在“可使食无肉,不可使居无竹。无肉令人瘦,无竹令人俗”的《於潜僧绿筠轩》诗中,也有“若对此君仍大嚼,世间那有扬州鹤”。又如黄庭坚《次韵外舅喜王正仲三丈奉诏相南兵回至襄阳舍驿马就舟见过三首》之三:“语言少味无阿堵,冰雪相看有此君。”《和甫得竹数本于周翰喜而作诗和之》:“阿堵绝往还,此君是宾客。”秦观《次韵曾存之啸竹轩》:“安可一日无,此君真可人。”陆游《夜听竹间雨声》:“起歆檐间雨,更与此君盟。”一些栽种有竹的园林,还以“此君”名其建筑,在苏轼诗中就可见《和文与可洋川园池三十首·此君庵》《西湖寿星院此君轩》,黄庭坚也有《寄题荣州祖元大师此君轩》(此诗中“此君”用了四次)。黄庭坚的《寄题安福李令爱竹堂》还将子猷爱竹与渊明爱菊并提,从“不俗”的角度大力称赞竹:“渊明喜种菊,子猷喜种竹。托物虽自殊,心期俱不俗。”竹文化在宋代以后的兴盛,与苏黄等宋代文人对竹的推崇、喜爱以及吟咏、书写有着密切的关系,而在有关竹的书写中,王子猷爱竹的故事,“何可一日无此君”的名言,扮演了不可忽略的角色。

(罗宁)

雪夜访戴

王子猷居山阴[①]，夜大雪，眠觉，开室，命酌酒，四望皎然。因起彷徨，咏左思《招隐》诗[②]，忽忆戴安道[③]。时戴在剡[④]，即便夜乘小船就之。经宿方至，造门不前而返。人问其故，王曰："吾本乘兴而行，兴尽而返，何必见戴？"

《任诞》第47条

注释

① 王子猷：王徽之，字子猷，见上一篇注释。山阴：今浙江绍兴。

② 左思，见"绝美绝丑"篇（《容止》第7条）注释。其《招隐》诗描写隐居田园之乐趣。

③ 戴安道：戴逵，字安道，见"戴逵之量"篇（《雅量》第34条）注释。

④ 剡（shàn）：今浙江嵊州。

鉴赏

人心中蕴藏着对自由的根本渴望，而生活中处处都有规范。若没有对自由的渴望，人类早已失去了创造新生活的能力；若没有规范的存在，人类也无法组成一个社会。这是一对矛盾。但人们总是不断提出这样的问题：生活中那些抑制个性自由的规范，都是必要的、不可改变的吗？这样的疑问，导向对旧规范的蔑视与破坏和新规范的建立。魏晋时代出现了士族门阀统治，同时在享有特殊社会地位的士族文人身上，表现出鲜明的崇尚个性自由的倾向，这可以说是历史付出代价的收获。

王子猷雪夜访戴，只是一个日常生活中的小故事，若从政治与道德的意义上说，微不足道，甚或了不相干。但无数后代的文人，却被它深深地感动了。因为，在六朝精神消失以后，中国的读书人，为了在官场中混一点功名利禄，连说话的声气，走路的脚步，都得小心谨慎。这种受压迫的、扭曲的生命状态，使他们对六朝士人自由舒展的生命状态产生无限的羡慕。

山阴，即今浙江绍兴，是东晋高门士族王家的庄园的所在地。当时，这里开发未久，还是山岭湖沼，相映成趣，茂林修竹，郁郁葱葱。即使在冬天，也不像北方那样一派肃杀之气。夜间，一场大雪纷纷扬扬，飘飘洒洒，覆盖了山林田野。主人公在这夜里醒来了，命僮儿斟上一杯酒，推开房门，遥望着室外晶莹皎洁的世界，慢慢地喝着。这世界是广大的、纯净的、清冷的、寂寞的，人心感受着它，也变成了同它一样的状态。是自然还是酒，或者两者相加，令人陶醉了？总之，醉中的人，内心中升起了那种颇有美感意味的孤独和忧伤。读“夜大雪，眠觉，开室，命酌酒，四望皎然”这一节文字，细细体味，会有一种特殊的感受。它的简净，恰好表达出深远的意境和平静的气氛。

雪覆盖着四处连绵的山岗。“白雪停阴岗”，不是左思《招隐诗》中的句子吗？这是无意识的联想。《招隐诗》还说什么？“杖策招隐士，荒涂横古今。岩穴无结构，丘中有鸣琴……”隐士？老朋友戴逵，如今不正在百里以外的剡县隐居着吗？这又是无意识的联想。剡那个地方，现今也是被雪覆盖着，呈现为一片晶莹皎洁的世界。戴逵在干什么？拥被高卧，还是像自己一样，夜起彷徨？从王子猷寂寞的心境中，就这样自然地生出对老朋友的思念。如此良宵，二人对酌，相视而笑，漫话古今，不是很有兴味的事情吗？于是，一条小船，连夜出发，沿曹娥江上溯，在飘扬的雪花中，在杳渺的夜色下，在泠泠的水波上，不停地行进。

来到戴逵门前，早已是大白天了。还需要进去吗？驱使王子猷乘舟而来的，是昨夜突然升起的无可言喻的人生感受，而不是任何具体的事务。在好朋友之间，如果是处在相同的环境和相同的心理状态中，这种感受也是可以相通的。但即使如此，各人的感受仍然属于各人自己。这纯粹是个人的东西，而且具有不可重复的性质。如果他去见戴逵，他必须把一切说明清楚。但这一种感受，怎么可能在事后，向另一个未曾有过同样经历的人，用语言来说明，使他通过语言来理解呢？除了破坏这一种人生的美感，使之变成荒谬可笑的东西以外，不会有任何其他结果。所以王子猷只能是"乘兴而来，兴尽而返"了。

就是这样一个日常生活中的小故事。尽管很少有人如王子猷那样任性而行，这故事确实也没有任何惊人的地方。但是，它表现了一种纯粹从美感出发的，自由舒展的人生态度和生命状态，好像是一场轻灵的、无轨迹的梦。所以，它不但令我们感觉到隽永的情味，还令我们产生许许多多的人生联想。

（骆玉明）

鉴赏

不交一言

王子猷出都[①]，尚在渚下。旧闻桓子野[②]善吹笛，而不相识。遇桓于岸上过，王在船中，客有识之者，云是桓子野。王便令人与相闻云："闻君善吹笛，试为我一奏。"桓时已贵显，素闻王名，即便回下车，踞胡床，为作三调。弄毕，便上车去。客主不交一言。

《任诞》第49条

注释

① 王子猷：即王徽之，见《任诞》第46条注释。

② 桓子野：桓伊，字叔夏，小字子野，见《任诞》第42条注释。

鉴赏

王子猷赴召出京师，泊舟清溪侧。子猷在船上，而此时桓子野(伊)恰好坐车从岸上过。有客认识桓子野，说子野在岸。子猷早闻子野大名，知其善吹笛，于是派人传话给子野："闻君善吹笛，试为我一奏。"桓伊此时已显贵，也早闻王徽之名，当即下车，两脚叉开坐于胡床上，为子猷作三调。吹完曲调,便上车而去。二人不交一言。

王子猷邀桓子野吹笛,是历史上有名的艺林佳话,最生动地诠释着魏晋风流的涵义。于是,子野吹笛之地,后世成了金陵的一处名胜,称"邀笛步"或"笛步"。《江南通志》卷三〇:"邀笛步在上元县青溪桥右,王徽之邀桓伊吹笛处。"《六朝事迹类编》卷上:"邀笛步,旧名萧家渡,在城东南青溪桥之右,今上水闸是也。《晋书》云(下略),故今名为邀笛步也。"明清时期,有多少文人雅士流连于邀笛步,遐想六朝风流。如今,清溪边的邀笛步早已渺无影踪,但这并不妨碍我们遐想当年发生的故事,品味其中蕴含的醉人美感。

东晋名士中,王子猷是个极有个性的人物。一是任达,一是洒落不凡,都表现得非常真率。其父王羲之在郗鉴派人来觅婿时,全不当回事,坦腹东床,真率到了极致。王子猷似乎最多地传承了乃父的真率性格的基因,真率得简直离谱,但细加体会,又令人称奇,并会喜欢他的可爱。著名的子猷雪夜访戴安道的故事,让人足足品味了一千六百余年,并会继续让人品味下去。子猷邀子野吹笛的故事,同样真意淋漓。与访戴不同的是,邀子野吹笛更多地见出子猷任诞不羁的个性,从任诞表现其真性情。再有,子猷访戴是子猷一个人的表演,邀子野吹笛则是两个名士的同场演出。两人一样任达,一样真率,一样令人绝倒。

子猷邀子野吹笛,子野为作三调,按世俗的礼仪,子猷应该向子野表示谢意,至少也要言谈几句。然"客主不交一言",似乎什么也没发生一样。这与他观吴中士大夫家好竹,看毕就想走,不与主人答话相似,都是简傲无礼。但在子猷看来,礼数皆是俗情俗态,一概摆脱。盖子猷邀子野吹笛,只是想欣赏他的笛声美妙,并不是想与对方交朋友。邀子野吹笛为一时兴起,听完笛声则兴尽;既已兴尽,我何必与子野答话?这与雪夜访戴安道,"乘兴而行,兴尽而返,何必见戴"完全一样。

再说桓子野,也是一个妙人。得知王子猷邀己吹笛,全然忘记纡金曳紫的身份，当即下车，为子猷作三调。他是满足于自己的技艺，也乐意表演技艺。本不欲人赞，亦不欲人谢；再说，世界上有几个人能欣赏他的笛声美妙呢？故弄毕即走，不带走风中一丝声，水中一片影，潇洒至极，令人绝倒。桓子野不是吴中有好竹的私家园林主人，后者十分看重待人接物的礼数，得知王子猷要来看竹，特地洒扫庭院。子猷却看完好竹就想走，连一句谢谢的话都没有。主人就不买账了，关门不放你走。子猷只好停下来，赞美几句园林主人的竹子长得好，表示自己很满足，如此才能"尽欢而去"。假若子野也如园林主人那样拘泥礼仪，心想你王子猷差人过来请我吹笛，听完我的美妙笛声，居然毫无表示，拔腿就想走？没门！如果这样计较，子猷再任达都跑不了，非得表示一点谢意才能脱身。显然，只有主客两人都忘却了世俗的礼数，才会出现不交一言的场面，故事才有美感，才值得回味。

冯友兰《论风流》解释得好："王徽之与桓伊都可以说是为艺术而艺术。他们的目的都在于艺术，并不在于人，为艺术的目的既已达到，所以两个人亦无须交言。"子猷邀子野为欣赏艺术，子野为之吹笛是表演艺术。两人都是醉心艺术，为艺术而艺术。虽不相识，笛声却已经沟通彼此。清人孙原湘曾作《邀笛步》诗说："清溪水、清似雪。柯亭竹，坚似铁。下车来，三弄毕。上车去，不作别。两相知，不相识。如此江山如此客，六代风流一枝笛。"称子猷、子野"两相知，不相识"，并非过誉。故事之末"客主不交一言"的情景，最能表现两人风度高雅，精神洒脱，毫不在乎俗情俗礼的精神境界，令人回味无穷。

（龚斌）

酒浇块垒

王孝伯问王大[①]："阮籍何如司马相如？"王大曰："阮籍胸中垒块，故须酒浇之。"

《任诞》第51条

注释

① 王孝伯：王恭，字孝伯。王大：即王忱。两人俱见"身无长物"篇（《德行》第44条）注释。

鉴赏

《世说新语》中，有不少著名的酒徒。从孔融到阮籍，再到王恭和王忱，几乎都是无酒不欢。魏晋名士的从容和逍遥、不平与牢骚，常常寓之于酒，寄之于诗，构成了他们的诗酒生涯。阮籍的《达庄论》与《大人先生传》，表现了他那种饮酒放纵、冲决礼俗的人生态度。玄学在魏晋时期的盛行，也影响了当时上层贵族士大夫的生活态度，日益形成一种虚无放诞的社会风气。

王忱弱冠知名，与王恭、王珣俱是一时名士。他生性嗜酒，曾叹息说："三天不喝酒，就觉得魂不守舍了。"王忱不胜酒力，常常喝了就醉，醉了就发酒疯，把衣服脱光了到处闲逛。一次岳父家有丧事，仆人来通报的时候，王忱正喝得大醉，他乘醉去吊祭，披散着头发裸身而入，与十多名宾客手牵手，绕着伤心痛哭的岳父走了三圈就走了。他还经常一饮连日不醒，最后因喝酒而死。

相比放浪形骸的王忱，王恭在东晋末期的地位还要更高一些，他是清谈名家王濛之孙，孝武帝的皇后王法慧之兄。他年轻时就有美誉，以门第和才能自负，虽然也喜欢“痛饮酒”，但思想上更倾向于儒家的建功立业，常有担当宰相、辅臣的愿望。王恭性格刚直，心存节义，又因为是外戚，很受孝武帝器重。在司马道子执掌朝政期间，他痛心朝事，经常直言进谏，最后因为讨伐权臣失败而死。

王恭曾经问王忱：“阮籍比起司马相如怎么样？”王忱说：“阮籍心里郁积着抑郁不平之气，所以需要借酒浇愁。”

王恭为什么会将阮籍与司马相如相提并论呢？嵇康《高士传》里写道：“（司马相如）仕宦不慕高爵，常托疾，不与公卿大事。终于家。其《赞》曰：‘长卿慢世，越礼自放，托疾避官，蔑此卿相。’”看来阮籍和司马相如才气相同，性情也差不多，都有纵情越礼的倾向，也不喜欢当官。阮籍还喜欢纵酒，但不同于王忱的发酒疯，与酒联系在一起的，是他高洁的人格和操守，是唯美的精神和风度。

魏晋交替之际，战乱频仍，最容易令人感受到生命的脆弱、福祸的无常。阮籍不仅没有施展抱负的机会，连自己和家人的生命安全都得不到保障，内心极其痛苦。为了逃避危机四伏的现实社会，阮籍开始崇尚老庄哲学，想从虚无缥缈的境界中寻找精神寄托，于是清谈、弹琴成为他的审美追求，而饮酒、服五石散等佯狂的方式，则是为了宣泄苦闷的心情。王勃在《滕王阁序》里写道：“阮籍猖狂，岂效穷途之哭。”他经常独自一人驾着马车出门，没有目的地乱走，直至没有路可走了，才恸哭着返回。这样在社会中走投无路的深刻悲哀，他只能借醉酒来排遣，忘却。

阮籍深深知道，在司马家的高压统治之下，像嵇康那样坚决不与司马氏合作，只能招来杀身之祸。他敬佩嵇康的耿直不屈，但同时也认为朝代更替无法挽回，不值得无谓的牺牲。阮籍在《咏怀诗·其三十四》中写道：“愁苦在一时，高行伤微身。曲直何所为，龙蛇为我邻。”因为龙蛇的特点,都是能屈能伸,所以阮籍选择了逍遥世外、不问是非的态度,最终得以保全性命。

司马昭为了拉拢阮籍,就想和他结为儿女亲家。阮籍有个女儿,才貌双全,德才兼备,司马昭就想让阮籍的女儿做儿子司马炎的媳妇。司马昭托媒人上门求亲,阮籍为了躲避这门亲事,每天拼命地喝酒,几乎都是酩酊大醉,一连六十天如此。那个奉命前来提亲的人,看到阮籍喝得酩酊大醉,怎么也叫不醒,没办法就回去了。最后司马昭只好无可奈何地说:"算了,由他去吧!"

阮籍的一生,几乎都是用酒来避祸的。"钟会数以时事问之,欲因其可否而致之罪,皆以酣醉获免。"(《晋书·阮籍传》)阴险狡诈的大臣钟会,不仅害死了嵇康,也屡次想构陷阮籍,于是问他对世事的看法,都被阮籍以酒醉蒙混过去了。酒是抚慰阮籍身心的良药,也是躲避世俗是非的手段,更是他无可奈何的人生选择。为了苟全性命于乱世,阮籍只得寄情山水,醉卧酒樽,口不臧否人物达几十年。

阮籍是孤独的,这是一种遗世独立的人世孤独,也是一种莲花般出淤泥而不染的精神孤独。他胸中的块垒,何尝不是从小接受的忠与孝的儒家教育凝成的呢?哪怕是对世人任意青白眼,哪怕是逃遁到山林长啸,哪怕是驾车至穷途恸哭而返,内心也总有声音在提醒自己:这是对曾经给予自己恩典的王朝的背叛!阮籍胸中无从发泄的苦痛积郁久了,只能化作凄怆的诗篇,让放逐的灵魂夜夜在山林间悲鸣。

阮籍的文字是晦涩的,因为他无法说出自己的真实想法;阮籍的心灵是骄傲的,因为他始终游走在瑰丽奇谲、超尘绝俗的精神世界;阮籍的眼神又是悲哀的,因为他心中的无限哀愁是酒也无法融化的。

(阮莉萍)

鉴赏 可称名士

可称名士

王孝伯言[①]："名士不必须奇才，但使常得无事，痛饮酒，熟读《离骚》[②]，便可称名士。"

《任诞》第53条

注释

① 王孝伯：王恭，字孝伯，见"身无长物"篇（《德行》第44条）注释。

② 《离骚》：战国时屈原所作辞赋，是楚辞中最著名的作品，属自传文学与抒情诗。离骚即遭忧之意，屈原事楚怀王，忠而见疑、信而被谤，惨遭放逐江南，故作此赋来表明心迹。

鉴赏

"名士"一词之于魏晋，是一种精神地位、文化表征，是自成了另一格的德行情怀，因此何谓名士、何以为名士，俨然被尊为时人的生命课题。

而正因是这样一辈子的内在典型同外在实践，但凡对情调与境界有定义性地提出，也更易受严格审视。针对此则，学者余嘉锡曾于《世说新语笺疏》中言："赏誉篇云：'王恭有清辞简旨，而读书少。'此言不必须奇才，但读《离骚》，皆所以自饰其短也。"认为其犹不学无术之饰辞，而终徒招附庸风雅的败习；甚至在主张性灵说、"公安三袁"之一的袁中道亦有"但恐再扩天地，不能贮名士耳"的讥讽。

然综观《任诞》共五十四则记述，当能体察这些篇什均看似可怪可笑，内里却含藏个体对自由、美学、情性等思维向度，而往往可感可敬。

本文亦不离是,若论王恭此言肤浅,恐怕也只是看到了表层意思。

那么文中所提的四个要素该如何深究?首先言“不必须奇才”便是引人争议的开因,这或许也有说话形式(将否定论述置于前提)的问题,可“不必须”确然异于“不须”,不应过度放大检视;再者魏晋虽重才性,并于两者关系有诸多辩证,但终究外显之“才”还需立基在内诚之“性”上,有才无性亦未可称道,因此“名士不必须奇才”反而是层筛选,得将才过于实、非真正性情中人排除。

不过真正进入积极条件实于“但使”之后三点——“常得无事”,不同于无所事事,而乃不累于物的闲适之心,有了此心方使人能面向如鸿鹄昂首的开创性视野,留下的却是雪泥鸿爪般的不羁身姿。因之,所崭露者是个人的表面风尚,也是整体文化深层酝酿,摆脱了心神役于形躯的劳动日常(模式),才开始了对纯粹美和创造的关注。而“痛饮酒”,点题当在那痛字,若作痛快解,合该呈现的是豪放飒爽的意态;可若作痛切解,似乎又多了一层向内观照与凝聚,亦即饮酒已不单是纵情纵性,而是不愿与世推移下,所寻求自我内心的安顿。酒的意象在此十分鲜明且易掌握,是欲与外界隔阂、与内在和解的道具,可接着讲《离骚》则令人费解,也是粗读之下造成误会的主因。

在这个玄思飞扬的时代,何以举出一部传统儒家的经典?或许我们该有此认识,整个魏晋潮流虽是倾向道家的轻逸脱俗,但于这般风骨底下其实仍护持着一种淑世的理想人格,他们仍尊孔子为圣者典型,此时代只是被个人情志的强烈所掩盖;然而另一方面来说,中国文化发展氛围中的“个人”,比起其他文明脉络(尤其西方)与“众”的连结毋宁是更紧密且纤细,名士有这自觉,乃是对于群体、也源自群体的责任抱负。是这样几近潜意识的信仰,与时代、政治带来的无力感之下,因而狂放,因而浪迹,因而苦楚,是以最能体现名士核心价值的,即在整部《离骚》——更应说就是屈原的深情。故“熟读《离骚》”,不但要读,并乃熟读,非仅字面上的倒背如流,而是将其精神融入骨肉,守住那无畏奉献的文化初衷。

今人刘强曾于《有竹居新评世说新语》针对此则道："窃谓居其一者多，兼其三者少也。"在统摄及解释古往名家的歧见处确是中的，惟三者实在也不能断然划分如三块拼图；这三层面背后的精神意蕴各自诠释，却也相互深化，尤其自我价值的揭露与再三认同，是名士在外展素养、内顾心境上皆需的交集。安身而后始能立命，又知其不可而为之，名士们处在世与我、群与孤的拉扯中，并非以对立面来映衬自己，而是跨足两域，试图调和一个个人几难负荷的重担，无怪乎偶尔带点轻狂，带点顽痴了。

（吴冠宏）

为情而死

王长史登茅山，大恸哭曰："琅邪王伯舆，终当为情死[①]！"

《任诞》第54条

注释

① 王伯舆：王廞（xīn），字伯舆，琅邪临沂（今山东临沂北）人。东晋后期政治人物、书法家，东晋开国丞相王导之孙，历任太子中庶子、司徒左长史。

鉴赏

王廞出自东晋第一豪门琅邪王氏，他的祖父就是大名鼎鼎的东晋开国元勋王导。“王与马,共天下”,晋元帝对辅佐他的王导感激涕零,曾愿与之共登皇帝宝座,这也奠定了琅邪王氏的显赫地位。王廞的父亲是王导的幼子王荟,官至会稽内史。王廞作为琅邪王氏的后裔,仍享有门阀世家的特权,先任太子中庶子,后任司徒左长史。

说来奇怪,为什么王廞会与茅山有特殊的感情呢?茅山不是一座普通的山,而是一座道教名山,东晋著名道教领袖葛洪,曾在这里炼丹读书。这一时期出现了五斗米道,不仅风靡民间,也得到了士族的崇奉,当时聚居江南的许多氏族,如琅邪王氏、孙氏,陈郡谢氏、殷氏,高平郗氏,会稽孔氏等,都是著名的五斗米道世家。陈寅恪认为,琅邪王氏自西汉以来就与道教渊源颇深,因为王氏的远祖王吉,就被道教信徒奉为仙人。

王廞登上茅山,非常伤心地痛哭道:“琅邪王伯舆,终归要为情而死!”魏晋名士重情,更重人格独立与心灵自由。他究竟是在什么情况下登茅山,发出对胸中之“情”的深沉感慨呢?既然又涉及到“死”的终极问题,还要回过头观望一下他的人生轨迹。

晋安帝隆安元年(397年),王廞之母去世,他在吴郡守母丧。当时,孝武帝的弟弟司马道子专权,王国宝乱政,王恭“屡有忧国之言”。王恭出身太原王氏,他的妹妹是皇后王法慧,因而深受孝武帝的信任。司马道子对他很是忌惮,暗中策划夺去王恭兵权。王恭得知消息,这年四月在京口率先发难,以诛杀王国宝的名义起兵,又联合荆州刺史殷仲堪等人,并私自授予王廞吴国内史之职,让他起兵作为声援。一时间京都建康大军压境,权臣司马道子不得不赐死王国宝。

《魏书》卷九十六记载:“国宝既死,王恭使廞反于丧。廞谓因缘事际,可大得志,乃据吴郡,遣子弟率众击恭。以女为真烈将军,亦置官属,领兵自卫。恭遣司马刘牢之讨平之。”王国宝被处死之后,王恭罢兵,并命令王廞也退兵回去服丧。可是王廞认为这是一次极好的机遇,可以实现自己的平生志愿,于是占据吴郡,派遣自己的子弟兵攻击不守信用的王恭。他任命女儿为真(贞)烈将军,也设置各种文武官员,领兵自卫。王恭派司马刘牢之前往征讨,在这年五月就迅速平息了叛乱。王廞逃走,不知所终,学者范子烨认为他是逃到茅山,并死在那里的。

范子烨在《琅邪王伯舆,终当为情死——东晋名士王廞的"女权主义"及其他》中的评价是:"王廞是一个至情至性和任情任性的文化人。他的'琅邪王伯舆,终当为情死'的名言,正是其内心世界与性格本真的流露。评价这样一位深情缅邈的诗人和艺术家,我们是不能拘泥于古人所谓'乱臣贼子'之说的。"显然王廞也不认为自己是乱臣贼子,他临败时作了《长史变歌》三首:"出侬吴昌门,清水绿碧色。徘徊戎马间,求罢不能得。""口和狂风扇,心故清白节。朱门前世荣,千载表忠烈。""朱桂结贞根,芬芳溢帝庭。陵霜不改色,枝叶永流荣。"

王廞作为世家大族子弟,并非无权无势的寒门,《晋书》上说他造反是为了"乘间而取富贵",显然未必合理。然而他究竟有什么志愿,导致起兵后"求罢不能得"呢?恐怕还是与五斗米道有关。因为儒家信奉的是"唯女子与小人为难养也"(《论语·阳货》),而《大道家令戒》称:"诸职男女官,昔所拜署,今在无几。"当时道教已经形成严密庞大的组织,西晋司徒魏舒之女魏华存,即是天师道祭酒,后被尊为紫虚元君、南岳夫人。王廞以大量女子为官,显然是受了道教影响。

王廞在三吴起兵时,封他的女儿为贞烈将军,以女子作为其官属。他起用大量妇女为将士,甚至还任命年过百岁的顾琛之母孔夫人为军中司马。孔夫人出身会稽孔氏,是天师道世家,善骑射,精武艺,能行军作战,带兵决策,屡奏奇功。孙恩动乱后,人们流离失所,甚至因饥荒而吃人,孔夫人发放家中粮食救济乡亲,人们对她感恩戴德,后来生儿子都以孔为名。范子烨则由此认为,王廞是一个绝对的"女权主义者"。或许王廞的平生之志,就是想在三吴地区建立这样一个女性的理想国吧?

提起历史上的巾帼英雄,人人都会想到替父从军的花木兰,唐朝乾封元年(666年),唐高宗偕武则天路经亳州,曾经封木兰为"孝烈将军"。明朝秦良玉,曾镇守山海关坚持抗清,被南明隆武帝加封太子太保、忠贞侯。明思宗曾亲题赞美诗，给予秦良玉极高的评价："学就西川八阵图，鸳鸯袖里握兵符。由来巾帼甘心受，何必将军是丈夫。""蜀锦征袍自剪成，桃花马上请长缨；世间多少奇男子，谁肯沙场万里行？"

遥想贞烈将军的风采，就不能不感叹那位宠爱女儿乃至于尊重一切女性的父亲。"试看他年麟阁上，丹青先画美人图"（明思宗诗），历史不但描绘着女性的妩媚婀娜和万种风情，也记载着她们纵横捭阖、冲锋陷阵的飒爽英姿。何必以成败论英雄，王廞之死，也有着对女性的那一片至情吧？

（阮莉萍）

简

简傲，狂简傲慢之谓也。《尚书·舜典》云："直而温，宽而栗，刚而无虐，简而无傲。"此"简傲"之所本。《论语·公冶长》："子曰：'吾党之小子狂简，斐然成章，不知所以裁之。'"盖此"狂"可与"狂者进取"之"狂"并观，乃志向远大之意，唯其不免疏落简慢，尚须剪裁调教耳。又《吕氏春秋·行论》："亡国之主必自骄，……自骄则简士。"高诱注："简，傲也。"是"简傲"与"任诞"同为人物性情之外现，而与礼法名教相违相悖者。阮籍曾言："礼岂为我辈设也？"此"我辈"，正"任诞""简傲"之辈也。故知仅能痛饮酒、熟读《离骚》者，未必真名士；唯敢于以一己之言语行事，出离名教礼法之藩篱，捍卫自我之尊严者，方可谓"真名士"也。《礼记·曲礼上》云："傲不可长，欲不可纵，志不可满，乐不可极。"此亦至理名言，所谓"百世以俟

傲

第二十四

圣人而不惑”(《中庸》)者也。以之为准绳,可矫晋人之枉,是知人生在世,唯从容中道,无过无不及为难能而可贵耳。晋人可赏而不可学者,往往在此,读者不可不知也。

箕踞啸歌

晋文王功德盛大①,坐席严敬②,拟于王者。唯阮籍在坐,箕踞啸歌③,酣放自若。

《简傲》第1条

注释

① 晋文王:即司马昭,先封为晋公,后又封为晋王,死后谥为文王。阮籍在世时,他还只是晋公。
② 坐席:座位,这里指代座位上的众人。
③ 箕踞:向前伸开两腿而坐,在古代这种坐姿不合礼节。

鉴赏

《世说新语》"简傲"篇这一则讲的是:司马昭被封为了"晋公"之后,每次集会之时,座上客人在他面前都很严肃庄重,那阵势和排场已经超过"公"的待遇,俨然把司马昭视为"王"了(魏晋时期中央高层的爵位最高者为王,仅次于皇帝,然后依次为公、侯、伯、子、男)。与众多在座者的毕恭毕敬态度不同,阮籍却旁若无人,伸开两腿坐在坐席上,同时还啸咏歌唱,痛饮放纵,不改狂放的常态。

关于"箕踞"。《古代汉语词典》中"箕踞"条解释为:"坐时两腿前伸,形如箕,是一种倨傲无礼的表现。"《礼记·曲礼上》曰:"立毋跛,坐毋箕,寝毋伏。"即一个人的坐卧立行都要有规矩,这是自先秦以来就形成文字规定的传统礼法。然而,自从有了礼法的种种规定,也就一直有不拘礼法、反对礼法的人存在，如在《庄子·至乐》中："庄子妻死，惠子吊之，庄子则方箕踞鼓盆而歌。"庄子就曾以"箕踞"的坐姿表达对礼法的不屑。《世说新语》中"箕踞"一词与阮籍有关还有《任诞》篇中的一则："阮步兵丧母，裴令公往吊之。阮方醉，散发坐床，箕踞不哭。裴至，下席于地，哭吊唁毕，便去。"所以，"箕踞"无疑也是阮籍不守礼法的表现。不守谁的礼法呢？当然是眼前的这位自以为"功德盛大""拟于王者"的司马昭，及其满堂道貌岸然、毕恭毕敬的礼法之士。

关于"啸歌"，并非阮籍所创，亦非阮公所独有；其兴盛虽在魏晋，但其传统却源远流长。啸，《说文解字》中的解释是"吹声也，从口，肃声"。《诗经》《楚辞》之中皆有"啸歌"之声，如《诗经·召南·江有汜》："江有沱，之子归，不我过！不我过，其啸也歌。"《诗经·小雅·白华》："滮池北流，浸彼稻田。啸歌伤怀，念彼硕人。"《楚辞·招魂》："魂兮归来！入修门些。工祝招君，背行先些。秦篝齐缕，郑绵络些。招具该备，永啸呼些。""啸歌"是一种介于呼叫与歌唱之间的声音，无论是抑郁不平，还是失恋或怀人，都可用啸歌来传情达意。建安文人也可谓七贤的父辈，由于世积乱离，情多慷慨，他们集体发出的啸歌或许给了七贤包括阮籍等人以示范。如徐幹《情诗》："踟蹰云屋下，啸歌倚华楹。"这是在以啸呼唤爱情。曹植《杂诗七首》之一："太息终长夜，悲啸入青云。"这是青云之志难以实现的悲鸣。刘桢《大暑赋》："披襟领而长啸，冀微风之来思。"这是与大自然作交流之啸，有闲情逸志的味道。七贤之阮籍、嵇康等人接续了父辈的啸歌。嵇康《幽愤诗》："永啸长吟，颐神养寿。"其《赠兄秀才入军诗》："心之忧矣，永啸长吟。"其《四言诗》："将游区外，啸侣长鸣。"嵇康在悠闲的养生境界中长啸，在心情抑郁时长啸，在呼朋唤友、回归自然山水的畅游中亦少不了几声长啸。阮籍《咏怀诗》："清风肃肃，修夜漫漫。啸歌伤怀，独寐寤言。"这是以啸歌代替难言的伤感；"感往悼来，怀古伤今。生年有命，时过虑深。何用写思，啸歌长吟。"这是以啸代替怀古伤今之情。《世说新语·栖逸》首篇亦载:“阮步兵啸,闻数百步。”这是潇洒飘逸、清雄宏放之啸。而《世说新语·简傲》篇中阮籍的“啸歌”则是笑傲君王、睥睨权贵之啸!

因此,此则故事中阮籍的“箕踞啸歌”与“酣放自若”,与“礼岂为我辈设也”的宣言一样,表达的是对虚伪礼教的嘲讽和不屑。

值得注意的是,《世说新语》中无论是《栖逸》篇还是《简傲》篇,阮籍皆以其“啸歌”位居篇首,可见阮籍善啸为后人所熟悉。在阮籍之后,六朝士人之啸歌络绎不绝,蔚然成风。《世说新语·言语》篇曰:“周仆射雍容好仪形,诣王公,初下车,隐数人,王公含笑看之。既坐,傲然啸咏。王公曰:‘卿欲希嵇、阮邪?’答曰:‘何敢近舍明公,远希嵇、阮!’”“卿欲希嵇、阮邪”之发问,可见嵇、阮之啸的反响。《晋书·谢鲲传》曰:“邻家高氏女有美色,鲲尝挑之,女投梭,折其两齿。时人为之语曰:‘任达不已,幼舆折齿。’鲲闻之,慠然长啸曰:‘犹不废我啸歌。’”啸歌与清谈、饮酒、服药、弹琴等一样,逐渐成了士人身份的代表,名士风度的象征。在啸歌传统的流播中,“阮啸”反对礼教的精神底蕴也逐渐被后人遗忘和冲淡。

（刘小兵）

所闻所见

钟士季精有才理[1]，先不识嵇康。钟要于时贤俊之士[2]，俱往寻康。康方大树下锻[3]，向子期为佐鼓排[4]。康扬槌不辍[5]，傍若无人，移时不交一言[6]。钟起去，康曰："何所闻而来？何所见而去？"钟曰："闻所闻而来，见所见而去。"

《简傲》第3条

注释

① 钟士季：钟会，字士季，见"非礼不拜"篇(《言语》第12条)注释。精：极，甚。才理：才情理致。

② 要：邀。

③ 方：正在。锻：冶锻，这里指打铁。

④ 向子期：向秀，字子期，见"不慕巢许"篇(《言语》第18条)注释。为佐：当助手。鼓排：拉风箱。

⑤ 不辍：不停止。

⑥ 移时：过了一段时间。

鉴赏

在学术上，钟会对嵇康是有所敬畏的，《世说新语·文学》中写道钟会写毕《四本论》，想请嵇康过目，却不敢当面呈送，只好从门外扔进嵇康的院子里。但是，在政治理念上二人又水火不容，势同冰炭，没有妥协的余地。钟会是贵公子，野心勃勃，为了在政治上上位，不择手段，成为司马氏集团夺权的急先锋，对嵇康、阮籍都欲罗织罪名而置之于死地。嵇康则对当时统治者的虚伪礼教极端厌恶。嵇、钟二人，道不同不相为谋。钟会多次试探，欲因其言行之失而置其于死地。以此，嵇康从不假钟会以颜色，其傲对钟会，“移时不交一言”，正是一种不合作的蔑视。“何所闻而来？”与“闻所闻而来”诸语，对话简洁，主客二人却能会心，像是禅门中人的充满机锋之语；但这是一种闪烁着刀光剑影的修辞艺术，机锋中埋伏着抗争与杀机。日后嵇康终被钟会借故谗杀，因不肯低下高傲的头颅而付出了生命的代价。统治者对简傲的容忍，是有限度的，如阮籍终老家门，是侥幸，只可一，不可再。嵇康的“玉碎”就是血淋淋的教训。南朝颜延之《五君咏》中咏嵇康一首曰：“鸾翮有时铩，龙性谁能驯”，是对嵇康精神气质的最好概括，嵇康确实不是统治者的屠刀所能吓倒的。

（白振奎）

是礼法人

高坐道人于丞相坐[①]，恒偃卧其侧。见卞令[②]，肃然改容云：“彼是礼法人。”

《简傲》第7条

注释

① 高坐道人,见"以简应对之烦"篇(《言语》第39条)注释。
② 卞令:即卞壸,见"朱门蓬户"篇(《言语》第48条)注释。

鉴赏

此则刘孝标注引《高坐传》曰:"王公曾诣和上,和上解带偃伏,悟言神解。见尚书令卞望之,便敛衿饰容,时叹皆得其所。"卞令是指卞壸。《世说新语·简傲》记述高坐道人在丞相王导家做常客,常常仰卧在王导身旁,则王导是主人,而高坐道人是客人。而《高坐传》作为僧传,则记述王导曾拜访高坐道人,高坐道人则解开衣带,仰身而卧,但王导听高坐道人所讲法言,而得神会超脱之意,这里高坐道人是主人,王导是客人。这样一个主客结构的变化,其不同记述都可能是真实的,即王导既有可能前往拜访高坐道人,而高坐道人也常常在王导家做客,只是主客结构的不同,显示了《世说新语》可能更尊崇世族名士的自然风流,而作为佛家僧人的高坐道人也成为这种名士风流的参与者和见证者;《高坐传》则出于弘扬僧法的目的,更尊崇作为名僧的高坐道人,而王导也被高坐道人不拘形迹而重在超悟的精神意趣所感染,并也成为这种佛家影响的见证者与参与者。

但这段话,不仅仅是王导所代表的世族玄学名士与佛家名僧大德的交往,第三方也参与其中,这就是传统严守儒家礼法文化的名教之士。王导曾评论:"刁玄亮之察察,戴若思之岩岩,卞望之之峰距。"(《赏誉》54)这就是说刁玄亮(刁协)善于明察是非,戴若思(戴俨)威严持重,卞望之(卞壸)刚直不阿,他们三个人都是礼法名教之士的典范。卞壸为人刚正,不畏权贵,如在晋成帝登基大典举行时,元老重臣王导竟以病缺席,卞壸就在朝廷上严肃地说:"王公岂社稷之臣邪!大行在殡,嗣皇未立,宁是人臣辞疾之时!"(《晋书·卞壸传》)王导听说就连忙赶来参加。又朝廷下令召南阳乐谟为郡中丞,颍川庾怡为廷尉评。但二人都强调父命,拒不赴任。卞壸当即奏禀太后:"如此则先圣之言废,五教之训塞,君臣之道散,上下之化替矣。乐广(谟之父)以平夷称,庾珉(怡之父)以忠笃显,受宠圣世,身非已有,况及后嗣而可专哉!"(同上)乐谟、庾怡不得已,只好上任。此后,朝廷遂形成不以私害公的永久性制度,都得于卞壸之力。

作为其时名僧的高坐道人,既居于山林以方外之道自修,但其在山林之外游于人间之时,又善于变通以处事,当欣逢王导这样摒落名教而专任自然无为的玄学名士之时,即也不假修饰,不拘礼法,而心意自得。《晋书·庾亮传》载:"时王导辅政,主幼时艰,务存大纲,不拘细目。"《世说新语·政事》15 也言:"丞相末年,略不复省事,正封箓诺之。自叹曰:'人言我愦愦,后人当思此愦愦。'""丞相末年"是指咸康中,也是庾、王对峙最为紧张的时候。王导愦愦为政,主要是指宽和为政,事从简易,这是与魏晋玄学从正始以来提倡名教本于自然和回归自然的思想相适应的。故高坐道人之造访王导或王导造访高坐道人,都能事从简易而不拘礼法。但当与卞望之这样的礼法名臣相遇,高坐道人又能变通而以礼相待,这都可以见出佛教在魏晋弘扬传播时期的因道从权,既弘扬佛法大义,又充分了解和参与社会政治生活的积极态度。

(何光顺)

知生知死

王子猷作桓车骑骑兵参军①，桓问曰："卿何署②？"答曰："不知何署，时见牵马来，似是马曹③。"桓又问："官有几马？"答曰："不问马，何由知其数？"又问："马比死多少④？"答曰："未知生，焉知死。"

《简傲》第11条

注释

① 王子猷：王徽之，字子猷，见"何可一日无此君"篇（《任诞》第46条）注释。桓车骑：指桓冲，桓温弟，曾任荆州刺史、车骑将军，故称，见"镇恶断疟"篇（《豪爽》第10条）注释。骑兵参军：官名，掌管马匹供给诸事。

② 署：衙门。

③ 马曹：徽之戏言，时无马曹而有骑曹。

④ 比：近来。

鉴赏

故事颇似小说，对话传神有味，言简意赅，双方的精神面貌、性格神采却惟妙惟肖。王徽之，是大书法家王羲之的第五个儿子。同时他也是东晋时期的名士。身为王羲之的儿子，书法当然也是他的一大招牌。王徽之自恃门阀高贵，傲慢世人，连顶头上司也概莫能外。桓冲当时镇守荆州，与谢安并为朝廷依仗的重臣，其谦虚爱士，尽忠国家，史有令名。但徽之却因其出身兵家,身份微贱而蔑视之。作为桓冲下属,他以不务世事为高。桓冲有问,他顾左右而言他,故意摆谱。他在荆州幕府担任什么官职,怎么可能不知道呢?如真不知,又岂可能走马上任?“不问马”“未知生,焉知死”诸语,巧用《论语》中孔子之言以对,虽是强词夺理,却也表现了读书活用的几分聪明。只是这些学问不是用在正道,而尽成戏言慢语,话中带刺,听来令人不舒服。故事发生在淝水之战前夕,正是国家民族危急存亡之秋,如此“不婴世务”,岂能有益苍生社稷哉?王徽之虽然尸位素餐,对自己职务之内的事情很少过问,但他毕竟是高门盛族的子弟,政府部门也需要有这种人装点门面,毕竟高门大族势力强大,各种关系盘根错节;加之王徽之才华横溢,也有其风度和魅力,桓冲也看中了这一点,所以从来没有责备过他,对他十分宽容。

王徽之一流的人物,是文学艺术领域的精英,对知识精英阶层的人格具有引领的作用,实在是一个国家不可或缺的群体;不过,他们实在不应该涉足案牍劳形的政务领域,这对他们本人的天才是一种伤害,同时他们的尸位素餐,不婴世务,也给国家民族利益造成了无法估量的损失!

(白振奎)

西山爽气

王子猷作桓车骑参军①。桓谓王曰:“卿在府久,比当相料理②。”初不答,直高视③,以手版拄颊云④:“西山朝来,致有爽气。”

《简傲》第13条

注释

① 王子猷：王徽之，字子猷，见"何可一日无此君"篇（《任诞》第46条）注释。桓车骑：即桓冲，见"镇恶断疟"篇（《豪爽》第10条）注释。
② 比：近来，最近。料理：照顾。
③ 直高视：直，只是。高视，往高处看。
④ 手版：即笏，古代官员上朝或谒见长官时所持，材料有木、竹、象牙等。

鉴赏

王子猷这样的贵族子弟，对于做官是没什么兴趣的，他本来随父亲王羲之在东山一带隐居，就算勉强出山从政，心思也不在公务之上。他起先做过桓温的参军，"蓬首散带，不综府事"（《晋书·王徽之传》），没个做官的样子，也不管事。后来做桓冲的参军，还是如此。一次桓冲问他：你在哪个官署任职啊？他答：我也不知道在哪个部门，时时见有人牵马来，可能是马曹吧。桓问：府中有多少马？他答说：不问马。我哪里知道马的数字？桓问：近来马死了多少？他答曰：未知生，焉知死（见上一则）。"不问马""未知生，焉知死"都是孔子说的话，王子猷断章取义地搬来，搪塞府主桓冲的问题，虽说有几分机智，但也暴露其对工作不负责任的一面。但要说明的是，这是当时名士中常见的做派和风气，像王子猷这样的人并不少见。如阮孚在司马睿手下为安东参军，"蓬发饮酒，不以王务婴心"（《晋书·阮孚传》）；孙统为吴宁（今浙江东阳）令，"居职不留心碎务，纵意游肆"（《晋书·孙统传》）。西晋裴頠曾批评"王衍之徒"，"不以物务自婴，遂相放效，风教陵迟"（《晋书·裴頠传》），这种西晋的风气传播到东晋，便有王子猷以及阮孚这样的人物。

本则故事中的对话，比起"不问马"的答非所问来说，似又多了几分洒脱和闲畅。故事发生的时间和背景不清楚，看起来是在王子猷作桓冲参军一段时间之后，说不定就在"不问马"那次对话之后不久，所以桓冲说：你在我府里也有一段时间了，最近也该做点正事了吧？希望王子猷对待工作能认真一点。可王子猷根本不回答，只是放眼高视，用版笏支着面颊，忽而说：西山的早晨送来清爽的气息。这句话有些难解，西山是哪里？爽气又是什么意思？西山，杨勇认为是指伯夷、叔齐隐居的西山，王子猷是以二人自况，表达归隐之志。考虑到桓冲为车骑将军时镇京口（今江苏镇江），两人对话时很可能就在京口，那么他们西面的山应是宁镇山脉诸山，如宝华山、栖霞山、紫金山等，这可能就是王子猷所说的西山。“致有爽气”，是说那里颇有清爽之气，这令王子猷悠然神往，故而高视远眺。“羁鸟恋旧林，池鱼思故渊”，西山的爽气又勾起王子猷对东山的思念了。

王子猷的高怀雅致，语言的清新脱俗，自然引起古人的兴趣，唐人就开始用这个典故。如王维《送李太守赴上洛》：“若见西山爽，应知黄绮心。”杜甫《遣兴五首》之四：“爽气不可致，斯人今则亡。”钱起《乐游原晴望上中书李侍郎》：“爽气朝来万里清，凭高一望九愁轻。”羊士谔《褒城驿池塘玩月》：“北渚清光溢，西山爽气多。”值得注意的是杜甫下面的用法：“披雾初欢夕，高秋爽气澄。”（《赠特进汝阳王二十韵》）“爱汝玉山草堂静，高秋爽气相鲜新。”（《崔氏东山草堂》）均将爽气与秋天相联系，打开了通向后世成语“秋高气爽”“秋风送爽”（或金风送爽）的演进之路。后来诗中颇有提到秋天和爽气的，如马戴《浙江夜宿》：“积阴开片月，爽气集高秋。”苏轼《集英殿秋宴教坊词致语口号》：“高秋爽气明宫殿，元祐和声入管弦。”吴芾诗中说“秋高气爽人意佳，衰病无悰惟我独”（《和陈天予岩桂》），“秋高气爽”一词乃正式出现。苏轼、吴芾等人的表达，与其说是直接来自王子猷的故事，不如说是杜甫诗句。由这个例子可以看到，《世说新语》典故在经后人使用时，有时会融进新的元素和情感，表达新的意义。

此外，这个典故在诗歌里还有“拄颊”“拄笏”“支颐”等表达，极大地丰富了古代诗歌的词藻和形象。如元稹《游三寺回呈上府主严司空》：“举板支颐对山色，当筵吹帽落台头。”苏轼《次韵胡完夫》：“老去上书还北阙，朝来拄笏看西山。”陆游《春晚书怀》：“脱巾漉酒从人笑，拄笏看山颇自奇。”辛弃疾《木兰花慢·题上饶郡圃翠微楼》：“甚拄笏悠然，朝来爽气，正尔相关。”苏轼用“拄笏看山”来写王子猷的形象，强调其超然的姿态和意境，也引起后来诗人的仿效，在诗中增加了“看山”的描写，如王炎《秋怀二首》其一：“拄笏看山聊尔耳，懒弹绿绮索知音。”范成大《周畏知司直得湖南帅属过吴门复用己丑年倡和韵赠别》：“君犹拄笏看山去，我且披蓑听雨眠。”王子猷之风流韵事，杜甫、苏轼等历代诗人的歌咏和用典，更影响到建筑的风尚，宋代以后的文人建造拄颊亭、拄笏亭、西山爽气亭、看山亭等，皆是通过王子猷故事和词句表达对超越尘俗、澄心涤虑的追求。

（罗宁）

径造竹下

王子猷尝行过吴中①，见一士大夫家极有好竹。主已知子猷当往，乃洒扫施设，在听事坐相待②。王肩舆径造竹下，讽啸良久。主已失望，犹冀还当通③，遂直欲出门。主人大不堪，便令左右闭门不听出。王更以此赏主人，乃留坐，尽欢而去。

《简傲》第16条

注释

① 王子猷:王徽之,字子猷,见"何可一日无此君"篇(《任诞》第46条)注释。吴中:郡名,今江苏苏州一带。

② 听事:厅堂。官府治事之所,后亦指私宅大厅。

③ 通:通报问候。

鉴赏

王子猷非常喜爱竹子,在当时可是出了名,《任诞》46记录他曾暂时借住他人空宅,一住进去,便令人种竹,有人就问他说:"只是暂住,何必这么费事?"王子猷就指着竹子说:"何可一日无此君?"可见王子猷爱竹成痴,甚至可说到达"竹癖"的境地。在中国文人传统上,竹子象征高雅脱俗,与梅、松并称为岁寒三友,不惧严寒酷暑,终年挺拔长青,有彰显气节的寓意。王子猷钟情于竹子,恐怕与其"任诞简傲"性格有关。任诞者,任达放诞。在《任诞》47之中,王子猷连夜搭船去找戴逵,到了门口却不进去而折返,旁人问其故,王曰:"吾本乘兴而行,兴尽而返,何必见戴?"可见其性情之真率。简傲者,狂简傲慢。在《品藻》80中,王子敬、王子猷兄弟二人共赏《高士传》中的人物与赞语,王子猷的"未若长卿慢世",其实已道出自己简傲个性。简傲最具体的表现为其对自己长官桓冲的应对态度,如《简傲》11王子猷巧用孔子名言"不问马""未知生,焉知死?"应对桓冲的提问,实际上是在暗责桓冲重马而轻人,重死而轻生,流露出狂傲态度。任诞见其率真性情,简傲显其狂放个性,二者展现出王子猷的与众不同,风雅脱俗,因此大概只有竹子能表现他的自我精神,故王子猷对竹子始终爱不释手,可谓一往有深情。

此则的后半段情节发展非常戏剧化,主人将竹园打扫整理准备好了之后，在厅堂等待王子猷的到来，没料到王子猷竟没依礼先行与主人寒暄一番，却是直接到竹林下，忘情地吟咏许久，等到兴尽之后，便欲出门直接离去，视主人如无物，完全不顾及他人感受，狂简傲慢的态度让主人情何以堪？于是主人以其人之道，还治其人之身，你既然不依礼行事，我也不用对你客气，于是以牙还牙，关上大门，逼你就范。主人这真性情的举动表现出自我个性，王子猷大为欣赏，原来你是我辈中人，于是留坐尽欢，两人因不拘礼仪的率真举动而更认识彼此，于是惺惺相惜。王子猷的诸多简傲言行虽然颇令人侧目，但细细品味后，总觉大有意蕴，令人流连。

（曾敬宗）

子敬游园

王子敬自会稽经吴，闻顾辟疆有名园[①]。先不识主人，径往其家，值顾方集宾友酣燕。而王游历既毕，指麾好恶[②]，傍若无人。顾勃然不堪曰："傲主人，非礼也；以贵骄人，非道也。失此二者，不足齿人，伧耳[③]！"便驱其左右出门。王独在舆上[④]，回转顾望，左右移时不至，然后令送著门外，怡然不屑。

《简傲》第17条

注释

① 顾辟疆，吴郡吴(今江苏苏州)人，历郡功曹，平北参军。
② 指麾好恶，指手画脚地随意评论。
③ 伧：东晋时吴人对北方士族的蔑称。
④ 舆：又称肩舆，一种简易轿子。

鉴赏

王献之(子敬)，我们今天一般人对他的了解只是王羲之的儿子，书法大家，可是在东晋时期，王献之的有名却主要不是因为书法写得好，而是因为他是有影响的高级士族。《晋书》本传说他“少有盛名”“高迈不羁”“风流为一时之冠”。本则故事，可以说是王献之“高迈不羁”的典型表现。什么是“不羁”呢？“不羁”说白了就是不讲礼貌。在一般情况下，一个有文化、有修养的人的标志就是有礼貌，讲文明，可是在魏晋时期，特别在东晋时期，名士风流的标志正好相反。规规矩矩，非礼勿视，非礼勿言，谨言慎行的人，是不会被人看重的。只有任性而行，率意而为，行为放达，不讲礼法规矩的人才会受人赏识，被认为是至情至性之人。当然，这里的前提是身份，必须是士族，尤其是高级士族。只有名士才能以无礼得到盛誉，倘若是寒族人士是完全不可能的。

这则故事虽短，人物的刻画却颇鲜明。王子敬是重点，顾辟疆是旁衬，相映成趣。王子敬要参观顾辟疆的园子，在不认识主人的情况下，说去就去了，这就是一奇；进入园子，明明看见主人在大宴宾客，却旁若无人，指手画脚地随意指点评论，这又是一奇；当主人勃然大怒，将子敬及随从赶了出去，他却事不关已地漠然置之，这是三奇。作者借王子敬入园一事，通过三个波折，把一个名士放达不羁的形象表现得颇为传神。在此过程中，顾辟疆的行为、动作和语言恰到好处地衬托出王子敬的形象。文末写到王子敬被送到(实际是赶出)门外时的神色,用“怡然不屑”四字,颇为传神,尤足发噱。如果我们过滤掉文中的主观色彩,尽可能地还原事态的原貌,事情应该是这样的:王子敬久闻顾辟疆的园子优美雅致,就在不打招呼的情况下,自说自话地闯进去参观了。这时主人正在园里宴饮,宾客满座。王子敬带着一帮人旁若无人地随意评论,完全没把主人放在眼里。顾辟疆一怒之下,先是把王子敬的随从轰出了园子,接着王子敬本人也被请出了园子,实际上也是被赶走了。因为作者对王子敬其人其事是欣赏的,所以叙事的效果就成了一则对子敬倜傥潇洒,不拘俗礼的名士风流充满赞赏的佳话。

(归青)

排

排调，同俳调，盖俳谐、调笑、嘲戏之谓也。嘲戏之风，后汉已开，至魏晋而大盛。《抱朴子·刺骄》云："闻之汉末，诸无行自相品藻次第，群骄慢傲，不入道检者，为都魁雄伯、四通八达。皆背叛礼教而从肆邪僻，讪毁真正，中伤非党，口习丑言，身行弊事。凡所云为，使人不忍论也。"其《疾谬》篇又谓："不闻清谈讲道之言，专以丑言嘲弄为先。以如此者高远，不尔者騃野。……嘲戏之谈，或上及祖考，或下逮妇女。往者务其必深焉，报者恐其不重焉。"又《文心雕龙·谐隐》："魏晋滑稽，盛相驱扇。遂乃应玚之鼻，方于盗削卵；张华之形，比乎握舂杵。曾是莠言，有亏德音。岂非溺者之妄笑，胥靡之狂歌欤？"可知此风之行，盖与教化浇薄，世风嬗变有关。然人生在世，庄固可嘉，谐亦何伤？《诗经》有"善戏谑兮，不为虐兮"之训，

调

第二十五

孔子亦以“割鸡焉用牛刀”以戏子游，而况我辈哉？观《排调》门六十五则故事，有君臣相戏者，有夫妻相谑者，有同僚相嘲者，有父子相嗔者，有朋友相骂者，无不读之可喜，思之可笑。诚如后世《笑府序》云：“或笑人，或笑于人。笑人者亦复笑于人，笑于人者亦复笑人，人之相笑宁有已时？……或阅之而喜，请勿喜；或阅之而嗔，请勿嗔。古今世界，一大笑府，我与若皆在其中供话柄。不话不成人，不笑不成话，不笑不话不成世界。”呜呼！乱世之间，而能有此笑语，开此奇葩，足证天不绝人、道不远人矣。以此观之，《排调》门之设，实继踵邯郸淳之《笑林》，而为吾国幽默文学之巨制也。西人谓吾国人不善幽默，不啻笑府之中，又添一笑料耳！

鉴赏 尔汝歌

尔汝歌

晋武帝问孙皓①:"闻南人好作《尔汝歌》,颇能为不?"皓正饮酒,因举觞劝帝而言曰:"昔与汝为邻,今与汝为臣。上汝一杯酒,令汝寿万春!"帝悔之。

《排调》第5条

注释

① 孙皓(242—284),三国吴国皇帝。264—280年在位。一名彭祖,字元宗,又字皓宗。孙权之孙。专横残暴。天纪四年(280年),晋分道伐吴,王濬破建业,皓称臣投降,吴亡,封"归命侯"。

鉴赏

翻开《三国志》孙皓传,皓的荒淫、暴虐和残忍令人发指,大臣和宫女稍不合意就可能丧命,"或剥人之面,或凿人之眼"。随着他的忠臣和能臣被杀死或贬死,他的吴国也就唯有一死。当晋国大将王濬率军攻入石头城时,孙皓仿效刘禅不久前的做法:把自己肉袒面缚,把棺材装在车上,率领太子大臣出降。不过,同为三国的亡国之君,孙皓与阿斗刘禅同中有异——孙只是坏并不蠢,刘则是又坏又蠢。吴亡后还有人称道孙皓"才识明断",更有人称道他的诗文书法。

做了亡虏之后，他在晋武帝面前那不卑不亢的态度，他那敏捷机智的言谈应对，特别是他那让人忍俊不禁的幽默，差不多使人忘记了他先前深重的罪孽。他的本性并不是他表现的那么残忍，是绝对的权力让他绝顶的荒淫。以他的幽默才能，要是不做一千多年前吴国的国君，生当今日肯定是大红大紫的笑星。

《资治通鉴》八十一卷载，晋武帝统一全国后，大会文武百官及四方使者，还引见了孙皓及吴国降臣。晋武帝对坐在旁边的孙皓说："朕设此座以待卿久矣。"孙皓也告诉司马炎说："臣于南方，亦设此座以待陛下。"贾充见晋武帝没有占到便宜，便马上插话羞辱孙皓："闻君在南方凿人目，剥人面皮，此何等刑也？"皓鄙夷地望着贾充说："人臣有弑其君及奸回不忠者，则加此刑耳。"言下之意是说，你世受魏禄却背主忘恩，像你贾充这样奸佞不忠的小人，就应当用这种刑罚，几句话弄得贾充满脸通红。

战场上孙皓是亡君，舌战中司马炎却是败将。司马炎屡次想羞辱孙皓，最后次次都是自取其辱——

有一次晋武帝问孙皓："听说你们南方人喜欢作《尔汝歌》，你能为我们唱唱这种歌吗？"孙皓当时正在饮酒，马上站起来唱《尔汝歌》向晋武帝劝酒："昔与汝为邻，今与汝为臣。上汝一杯酒，令汝寿万春！"惹得亡虏如此调笑他，晋武帝后悔不迭。

《尔汝歌》是魏晋间流行于南方的民歌。"尔""汝"为古代尊对卑或长对幼的称呼，平辈间称"尔""汝"则表示亲昵。司马炎本想叫孙皓起来献丑，没料到孙皓竟然真的起而作歌，一口一个"汝"字，让亡虏与自己平起平坐，原本想借此来嘲弄孙皓，最后反而被孙皓所嘲弄。拿孙皓对君无礼治罪吧，《尔汝歌》本来就"尔""汝"相称；指责他不该在这种场合唱歌吧，人家是奉命而唱——晋武帝只好暗自叫苦了。

当然，皇帝对臣下欲加之罪又何患无辞？这从另一侧面也表现了司马炎的宽容，连他的家门司马光也认为"晋武之量，弘于隋文"。晋朝是个典型的门阀社会，皇帝与士族共治天下，君臣不像后世那么森严，皇帝和臣下偶尔还能开开玩笑，有时甚至拿男女之事调侃——

元帝皇子生，普赐群臣。殷洪乔谢曰："皇子诞育，普天同庆。臣无勋焉，而猥颁厚赍。"中宗笑曰："此事岂可使卿有勋邪？"(《世说新语·排调》11)

晋元帝司马睿是东晋开国皇帝，皇子出生自然要遍赐群臣，殷洪乔(名羡)谢恩说："皇子诞生，普天同庆，臣无半点功勋，却多取厚赏。"司马睿笑着对殷洪乔说："这种事哪能让你立功呢？"是呵，这种事要是殷真有功劳，殷的性命就真的不保！

大臣有点滑稽，皇上也不乏幽默。

魏晋不仅君臣之间解嘲，父子乃至祖孙之间同样常开玩笑——

张苍梧是张凭之祖，尝语凭父曰："我不如汝。"凭父未解所以。苍梧曰："汝有佳儿。"凭时年数岁，敛手曰："阿翁！讵宜以子戏父？"(《世说新语·排调》40)

张镇是东晋吴郡(今江苏苏州)人，曾官苍梧太守，人称"张苍梧"。张凭是张镇之孙，东晋著名清谈名士，在清谈场上有"理窟"之称，大家觉得张凭头脑是义理的渊薮。张镇曾经对张凭父亲说："我不如你。"凭父没有理会自己父亲的用意，问他为什么这样说，张镇冷不丁地说："你有个好儿子。"张凭当时只有几岁，连忙向爷爷拱手说："阿翁，怎么能以子戏父呢？""阿翁"此处是对祖父的尊称。张凭早年就聪慧过人，成人后更是誉满士林，张凭祖父与父亲那段对话，既表明张镇对自己儿子不太满意，也表明他对自己孙子太得意。张凭本人对父亲好像也不佩服，父母过世后他只给母亲一人作诔。《世说新语》中就此还有一段妙语："谢太傅问主簿陆退：'张凭何以作母诔，而不作父诔？'退答曰：'故当是丈夫之德，表于事行；妇人之美，非诔不显。'"（《文学》82）张凭只作母诔而不作父诔，在当时是一种很出格的行为，所以谢安问张凭女婿陆退。个中原因当然很多，可能是张凭有恋母情结，可能是张凭对父亲有成见，可能是张凭母子情深，也可能张凭和爷爷一样瞧不起父亲……个中原因，有的陆退难晓，有的陆退难言，陆退倒是很会"说话"，他的解释无损于外公，也无损于岳父。

（戴建业）

参军新妇

王浑与妇钟氏共坐①，见武子从庭过②，浑欣然谓妇曰："生儿如此，足慰人意。"妇笑曰："若使新妇得配参军③，生儿故可不啻如此！"④

《排调》第8条

注释

① 王浑，见"不有长年"篇（《贤媛》第12条）注释。钟氏：钟琰，魏太傅钟繇的曾孙，王浑妻。

② 武子：王济，字武子。王浑子，见"土地人物之美"篇（《言语》第24条）注释。

③ 参军：王沦，字太冲，王浑弟。贵老庄之学。曾为晋文王司马昭的参军，年二十五而卒。

④ 不啻：不只。

鉴赏

王戎的妻子经常以“卿”来称呼王戎，王戎说，“妇人卿婿，于礼为不敬”，可见当时一般认为夫妇之间也需保持礼仪，不能太过亲昵和随便。然而，王戎的妻子依然故我，“亲卿爱卿，是以卿卿，我不卿卿，谁当卿卿？”（《世说新语·惑溺》6）留下了卿卿我我的美谈。《世说新语》里记载了不少夫妇之间的趣事，让我们可以看到魏晋社会的另一面。如果说王戎妻子坚持以卿称呼丈夫，说出“亲卿爱卿，是以卿卿”这样的话，颇有突破礼仪的勇气和可爱，那么王浑妻子对丈夫说的话，简直就有些惊世骇俗了。

王武子是王浑和妻子钟氏的儿子，从小就出落得一表人才，《晋书》本传云：“少有逸才，风姿英爽，气盖一时，好弓马，勇力绝人，善《易》及《庄》《老》，文词俊茂，伎艺过人，有名当世。”可谓是文武全才。无怪乎有一次王浑看见他从庭前走过时，心里面喜欢得不行，“誉儿癖”发作，乃对妻子钟琰说：生这么个儿子，真是让人高兴啊！可能王浑也有几分夸自己老婆的意思吧，毕竟《晋书》记载钟琰“聪慧弘雅，博览记籍，美容止”，可算是一位名门闺秀呢。没承想妻子的回答是：如果让我嫁给小叔子王沦，生的孩子还不只如此呢！《世说新语》将这个故事放在《排调》中，就是将它定性为开玩笑，但钟琰这玩笑话，在今天看来也是颇为大胆的。钟琰不但生了王济这样漂亮而优秀的孩子，还生了个“有才淑”的女儿，想给女儿找个好丈夫。当时有个兵家之子，王济觉得不错，告诉母亲，母亲说要亲眼看看。于是王济让兵家子和一些普通平民混在一起，钟氏从帷幔里观察。完后钟氏说：那个穿绯（红色）衣的人就是你看中的吧？王济说是。钟氏说：“此人才华确实出类拔萃，可惜门地寒微，又无长寿之相，怕是不能施展其才器，不可与他结婚。”果然数年之后此人就死了。由此可见，钟琰有“明鉴远识”，不只是一位说话大胆的妇人。

明清学者对于钟琰的开玩笑,以及《晋书·列女传》收入钟琰(主要内容就是上述两个故事)这件事,很有些意见。如明代王世懋说:"此岂妇人所宜言,宁不启疑,恐贤媛不宜有此。"陈绛说:"出语乱伦如此,名在《列女传》,何哉?"(《金罍子》下篇卷十一)晚清李慈铭批评严厉,同时又怀疑这故事本来就是无稽之流言:"闺房之内,夫妇之私,事有难言,人无由测。然未有显对其夫,欲配其叔者。此即倡家荡妇,市里淫姏,尚以惭于出言,赧其颜頬。岂有京陵盛阀,太傅名家,夫人以礼著称,乃复出斯秽语?齐东妄言,何足取也!"古人中也有不同意上述批评的,明代许自昌说:"读《晋史》至此,每叹夫人此言乃千古大英雄知己之言也。假使腐儒听此,又以为瓜田李下矣。噫,俗儒可与语千古哉!"(《樗斋漫录》卷七)将那些腐儒、俗儒全部骂倒。明代张端木的一段评论也很有意思:"兵家子不寿,钟夫人一见便知之,岂参军不寿,夫人独不识耶?"是啊,王沦早卒之相,钟夫人怎么就没看出来呢?

《世说新语》的这个故事,在很长时间里都没有人注意,直到熙宁六年(1073 年)苏轼写《贺陈述古弟章生子》,诗的颔联说:"参军新妇贤相敌,阿大中郎喜有余。"以诗歌的方式激活了这个故事。苏轼当时作杭州通判(副守),陈襄(述古)作杭州知州(太守),陈襄的弟弟陈章生了儿子,苏轼写诗为贺。诗中这一联上下句都使用了《世说新语》的典故,下句是谢道韫的故事:谢氏嫁给王凝之后不满意,回娘家说:"一门叔父,则有阿大、中郎。群从兄弟,则有封、胡、遏、末。不意天壤之中,乃有王郎!"意思说我们谢家,叔父有谢尚和谢万,兄弟辈有谢韶等人,都是人才,没想到天下还有王凝之这么糟糕的人(《世说新语·贤媛》26)。苏轼诗这两句的意思很简单,上句说父亲和母亲(陈章和他妻子)是佳偶天成,下句说陈襄、陈章兄弟都十分开心。但如果诗这样写,就成为大白话而无余味,所以苏轼费尽心思地找出这两个典故来,巧妙地做成一个对偶句。"参军新妇"和"阿大中郎"实际上仅取其文字,不涉及两个故事本来的语境和意义,不理会钟氏的玩笑和谢道韫的怨气，仅用来借指夫妻和兄弟罢了，这是古人用典的一种手法。后来诗人纷纷效仿苏轼这一用法，如李新《送高执中赴文州槵林》："参军新妇贤，眉颊生媚妩。"许及之《亲家张舍人挽词》其二："尚以竹林怜小阮，肯令新妇配参军。"明徐熥《美人篇戏赠陈参军》："共夸新妇好，真可配参军。"尤其是在宋元时期祝贺他人生子的诗歌中，人们颇喜欢使用这个典故。南宋末类书《诗律武库》在卷一《庆诞门》中有"足慰人心"一条，就讲了这个故事并举苏轼诗句为例，恰可以表明这一典故的流行。

（罗宁）

鸣鹤士龙

荀鸣鹤、陆士龙二人未相识，俱会张茂先坐[①]。张令共语。以其并有大才，可勿作常语。陆举手曰："云间陆士龙。"荀答曰："日下荀鸣鹤。"陆曰："既开青云睹白雉，何不张尔弓，布尔矢？"荀答曰："本谓云龙骙骙，定是山鹿野麋。兽弱弩强，是以发迟。"张乃抚掌大笑。

《排调》第9条

注释

① 张茂先：张华，字茂先，见“去之更远”篇（《德行》第12条）注释。

鉴赏

陆士龙（陆云）乃东吴云间人。华亭（今上海市松江区）古名云间。《元和郡县志》：“华亭，天宝十载置。《吴地记》：‘地名云间。’”陆士龙颇有隽才，与其兄陆士衡（陆机）并称为“二陆”，太康十年（289年），陆云与其兄来到洛阳，才华受到张华赏识，张华说：“伐吴之役，利获二俊。”此后名气大振，有“二陆入洛，三张减价”（三张，指张载、张协和张亢）之说。刺史周浚召云为从事，并且评陆云：“陆士龙当今之颜子也。”（《晋书·陆云传》）刘勰《文心雕龙·才略》也赞陆云：“士龙朗练，以识检乱，故能布采鲜静，敏于短篇。”陆云在整体文学才华和长篇写作上虽然不如其兄陆机，但其长于短篇，贤达朗练，却是被当世认可的。作为由吴入洛的名士，这则陆士龙与荀鸣鹤的对话，可谓是其赢得声誉的一场重要会面。

这场会面，也有张华的有意撮合，作为东吴才士，要在京城赢得名声，必须能与京城名士旗鼓相当，甚或过之。刘孝标注引《晋百官名》曰：“荀隐字鸣鹤，颍川人。”又引《荀氏家传》曰：“隐祖昕，乐安太守，父岳，中书郎，隐与陆云在张华坐语，互相反覆，陆连受屈。隐辞皆美丽，张公称善。”荀隐曾历任太子舍人，廷尉平，但去世较早。这场东吴名士与京城名士的对话，可谓旗鼓相当，在最后荀鸣鹤的辞锋因为张华抚掌大笑而打断，似乎略胜一筹，但陆云也显示了其不俗的实力。

这场对话，也可以看作是魏晋名士擅长清谈争胜的典范性案例。吴国灭亡后，武帝下诏封张华爵为广武县侯。武帝的诏书诰文，也大多由张华起草。不久，武帝召张华为太常。武帝在位期间，张华一直以列侯的身份朝见。290年，外戚杨骏当权，张华与王戎、裴楷、和峤一起被排挤。291年，杨骏被杀，楚王司马玮杀汝南王司马亮、太保卫瓘，而后司马玮被杀，在平息叛乱中，张华被拜为右光禄大夫、开府仪同三司、侍中、中书监等职，佩戴金印紫绶。权臣贾谧与贾后考虑到张华出身庶族，没有逼上之威，又是众望所归，遂也重用张华，其时天下安定，也多系张华之功。

作为当朝重臣，陆云与荀隐在张华处聚谈，就具有重要意义。张华让两人共谈的要求也颇高，就是"并有大才，可勿作常语"。陆云和荀隐两人先自我介绍身份，可谓别具一格，陆云举手曰"云间陆士龙"，云间既为陆云籍贯所在地，但又可理解为字面的云雾之间的意思；士龙系其字，但又隐含有飞龙之象，两者关联，就既表明自己的身份，又显示出飞龙出没云间的不凡气象。荀隐答曰"日下荀鸣鹤"，日下指京都。荀隐，颍川人，与洛阳相近，故云。鸣鹤既为其字，但又喻自己在皇恩沾溉下如鹤鸣于九皋，声闻于天，气象更不凡，而且"日下"显然要高于"云间"，其对亦颇为巧妙。陆云接着发起挑战"既开青云睹白雉，何不张尔弓，布尔矢?"这是承自己话语中的云间而言，开始进入动态的对战。什么日下白鹤，不过是自己拨开青云发现的一只小野鸡而已，正好张弓布矢，任人弋猎。荀隐"本谓云龙骙骙，定是山鹿野麋。兽弱弩强，是以发迟"一句也接的巧妙，既先言自己误以为真是碰到云间之龙出没，但却发现不过是山野中的麋鹿而已，对于这样的弱兽，自己强大的弓弩不忍心发射。

这场对谈，先发者有先机，后接者有后发之利，两相对战，在伯仲之间。西晋一代真是人才聚集，只可惜王朝时间太短，人未能尽其才，此亦一憾事也。

（何光顺）

空洞无物

王丞相枕周伯仁膝[①]，指其腹曰："卿此中何所有？"答曰："此中空洞无物，然容卿辈数百人。"

《排调》第18条

注释

① 王丞相：即王导，见"清操清识"篇(《德行》第27条)注释。周伯仁：周顗，字伯仁，见"从容廊庙"篇(《品藻》第22条)注释。

鉴赏

一说起王导和周顗，就会想到他们在新亭的故事以及一句话——"我不杀伯仁，伯仁由我而死"。东晋建立的政治基础，有赖于王导、王敦兄弟对南北方士族的团结，在新亭对泣的故事中，就可见王导发挥着士人主心骨的作用。当周顗发出"风景不殊，正自有山河之异"的感叹之时，南渡士人们想起北方故土，纷纷流泪，这时王导说："当共戮力王室，克复神州，何至作楚囚相对？"(《世说新语·言语》31)然而"王与马，共天下"的局面，也让晋元帝感到压力和担忧，因此采用了疏远王导和防备王敦的一些举措。晋元帝信用刁协、刘隗，以戴渊(即戴俨，字若思)为征西将军，刘隗为镇北将军，名为防御石勒，实际是防备在荆州的王敦。永昌元年(322年)王敦起兵叛乱，进攻京师建康。丞相王导十分惊恐，带着宗族老小一群人到宫阙跪拜请罪。周顗很担心皇帝因此而严惩在建康的王氏诸人，进宫面见元帝，当经过王导诸人时，王导急切地大喊：我家这百口人，就全靠你了！周顗见到元帝，极力为王导开脱求情，终于说服了皇帝不加罪于王导，但他此时不是尽快告诉王导这个好消息，一高兴爱喝酒的毛病又犯了，在宫中喝起酒来。等他喝好了出来时，王导等人还跪在宫门外，问他如何，他却不如实相告，说了句醉酒后的胡话："今年我要杀掉这些叛贼，加官晋爵，取那如斗大的金印，挂在胳膊肘上。"回家之后，周顗又上表皇帝说明王导之忠诚。可是这些事王导都不知道，反以为周顗对自己和宗族老小全无怜悯，颇怀怨恨。王敦攻下建康后，对朝中之人实行"大换血"，安排自己的同宗和亲信。他征求王导的意见，问：周伯仁可以作三公吗？王导不答。又问：可以作尚书令吗？王导还是不语。王敦说：既然不能为我所用，那么只好杀掉了。王导仍旧默不作声。最终，周顗被杀。后来王导得知周顗曾经大力营救自己，非常后悔难过，说："我不杀周侯，周侯由我而死。幽冥中负此人！"《世说新语·尤悔》篇里记载了这个故事。《晋书·周顗传》记此事，说王导后来查看中书保存的资料，看见周顗为救自己而写的上表，"导执表流涕，悲不自胜，告其诸子曰：'吾虽不杀伯仁，伯仁由我而死。幽冥之中，负此良友！'"

知道周顗被杀的故事，再来看本则故事中王导与周顗的对话，更令人增多几分感慨。这应该是王敦起兵之前、两人在朝中"戮力王室"时的事情。王导与周顗的关系竟然亲密到这样的地步，可以将头枕在周顗的膝盖之上，也许，这又是一次朋友欢宴之后的场景吧。《世说新语·排调》记载二人另一次对话，就是在酒宴之中："王公与朝士共饮酒，举琉璃碗谓伯仁曰：'此碗腹殊空，谓之宝器，何邪？'答曰：'此碗英英，诚为清彻，所以为宝耳。'"《晋书·周顗传》也记载有一次"尚书纪瞻置酒请顗及王导等，顗荒醉失仪，复为有司所奏"。王导性情平易有亲和力，周顗爱喝酒，本则故事应该也是两人醉酒失仪时的对话。王导指着周顗的肚子说，"卿此中何所有？"周顗答："此中空洞无物，然容卿辈数百人。"周顗的话看起来平平无常，似乎只是一般的夸张和吹嘘，实际上颇有深意。为了比较,这里再讲两个故事。一次庾亮去拜访周顗,周顗说:“君子何欣说而忽肥?”有什么欣喜的事让你最近变胖了?庾亮反问:“君复何所忧惨而忽瘦?”你又忧愁什么而变瘦了?周顗曰:“吾无所忧,直是清虚日来,滓秽日去耳。”(《言语》30)清虚是一个颇有道家色彩的词汇,魏晋时也常用以形容人的性格和状态,这里周顗是说自己养性保真,清静虚无。另有一次周顗喝醉酒后,由两人扶着去见扬州刺史王导。扬州从事顾和在州门外,正在抓身上的虱子,见周顗经过也没有反应(行礼)。周顗经过之后又返回来,指着顾和的心说:“此中何所有?”(大约是问虱子)顾和继续抓着虱子,慢慢地说:“此中最是难测地。”周顗见到王导说,你手下有一人,有作尚书令、仆射的才干(《世说新语·雅量》22)。“清虚日来,滓秽日去”和“此中最是难测地”,都具有某种玄理,是一种清谈的才藻,“空洞无物”也不例外。

明代谢肇淛曾列举并评论过几个类似的故事:“王丞相指周伯仁腹问曰:此中何所有?答曰:此中空洞无物,但足容卿辈数百人。伯仁见顾和搏(虱)不动,指其腹问曰:此中何所有?答曰:此中最是难测地。唐明皇指禄山腹曰:此中何所有?答曰:更无余物,止有赤心耳。章子厚坦腹问苏子瞻曰:此中何所有?苏曰:此中都是谋反底家事。苏亦一日坦腹,问诸姬曰:知吾此中何所有?朝云对曰:学士一肚皮不合时宜。此数者问同而答各异。然周语近夸,苏语太剧,禄山语佞,朝云语激,独顾语玄著,是以受知为令仆之才。”(《文海披沙》卷五《问腹》)谢肇淛认为顾和的话玄妙而深刻,即“玄著”。不只是顾和,周顗同样是在用“玄著”之语回答王导的问题。“空洞”一词在魏晋时的意义与今天有所不同,颇具有玄学意味。王弼注释《老子》第五章“天地之间,其犹橐籥乎?虚而不屈,动而愈出”,云:“橐,排橐也。籥,乐籥也。橐籥之中空洞,无情无为,故虚而不得穷屈,动而不可竭尽也。天地之中,荡然任自然,故不可得而穷,犹若橐籥也。”就是说橐籥之中空虚,是一种“无情无为”的状态,正如天地之中空旷而不可穷尽。这是对《老子》“无之以为用”思想的发挥。值得指出的是,“空洞”与“空同”两个词在当时是相通的。空同就是虚无寥廓、浑茫无迹的意思。道家用空同来形容道的状态,《关尹子·九药》:“昔之论道者,或曰凝寂,或曰邃深,或曰澄澈,或曰空同,或曰晦冥。慎勿遇此而生怖退。”佛教界的清谈大师支遁也常用这个词,如:“无物于物,故能齐于物;无智于智,故能运于智。是故夷三脱于重玄,齐万物于空同,明诸佛之始有,尽群灵之本无,登十住之妙阶,趣无生之径路。”(《大小品对比要抄序》)“齐万物于空同”就是认识到万物皆是虚空,这是支遁性空论的表述,而“至无空豁、廓然无物”则是空同的状态。东晋另一位融合佛玄的高僧僧肇,号称“解空第一”,他在《答刘遗民书》中说:“是以圣人空洞其怀,无识无知,然居动用之域,而止无为之境,处有名之内,而宅绝言之乡,寂寥虚旷,莫可以形名得,若斯而已矣。”空洞其怀,就是空虚其胸怀,体中空寂。僧肇又说:“夫至人空洞无象,而万物无非我造,会万物以成已者,其唯圣人乎?”(《涅槃无名论·通古》)“至人无已”(庄子语),以世界为虚空无象,万物皆是虚幻。至于“无物”,也是有来源的“三玄”之语,出自《老子》第十四章:“其上不皦,其下不昧,绳绳不可名,复归于无物。是谓无状之状,无物之象,是谓惚恍。”

由上面对魏晋玄学的简单引述可以知道,周顗所说的“空洞无物”,并不只是说肚子里是空的,什么都没有,其语类似于僧肇的“空洞其怀”和“空洞无象”。周顗不一定有特别的玄学理论,但这种表达无疑是在显示其清谈水平与才藻。

在玄学淡出之后,“空洞”和“无物”两个词语的玄学意味也淡化了,周顗和王导的这次对话也为人所遗忘。北宋苏轼重新启用这个故事和词汇写入诗文之中,让它复活过来。其《宝山昼睡》诗云:“七尺顽躯走世尘,十围便腹贮天真。此中空洞浑无物,何止容君数百人。”此处用典还有几分原故事的影子,但玄学和哲学的意味消失了,只是自嘲腹之大。这里还有一个花絮,据苏轼自注,此诗题在杭州宝山的寺壁上,后来有人在壁上题名,于是又有人以为诗中的“何止容君数百人”是在讥讽那些题壁的人。苏轼专门指出:“周伯仁所谓君者,乃王茂弘之流,岂此辈哉。"这恰好也说明，这个故事在当时不为人所熟知。苏轼另外还有好几次使用"空洞"这一词藻，但都与原故事毫无关系，只是表达空无一物的意思。如《四达斋铭》："孰如此间，空洞无物。户牖阖开，廓焉四达。"《法惠寺横翠阁》："幽人起朱阁，空洞更无物。"上两例中，"空洞无物"都是用来形容建筑物之中空。此后诗人受此影响，在写腹或建筑中空之时，常常使用该词。如李彭《听侍其云叟琴》："除书谤书不到耳，空洞腹中无片愁。"喻良能《直庐锁宿呈监丞宋丈》："轩窗空洞惟修竹，风韵时时自琴筑。"方岳《擘蟹》诗使用此典故比较有意思，"空洞略容君几辈"，说我的肚子能装下不少螃蟹呢。可以说到了宋代，一方面"空洞"一词被文人们广泛使用，一方面其原来的玄谈意味被消解了，这样一直影响到明代人谢肇淛以及现代人，以致对于周顗原话中的丰富意蕴习焉而不察。

（罗宁）

鬼之董狐

干宝向刘真长叙其《搜神记》①，刘曰："卿可谓鬼之董狐②。"

《排调》第19条

注释

① 干宝（276？—336），字令升，新蔡（今属河南）人。博学有才器，所撰《晋纪》，

有良史之称；又撰《搜神记》，为鬼神怪异故事集。刘真长：刘惔，字真长，见“莫得淫祀”篇（《德行》第35条）注释。

② 董狐，春秋时晋国史官，以秉笔直书著称，孔子赞其为“古之良史”。事迹见《左传·宣公二年》。

鉴赏

干宝是著名的史学家，也是东晋屈指可数的文学家之一。在干宝的史学著作中，《晋纪》二十卷是最为重要的。据唐修《晋书·干宝传》等，东晋元帝建武元年（317年）十一月，因朝廷未立史官，王导推荐干宝以佐著作郎领修国史，此为《晋纪》草创之始。干宝《晋纪》约成书于东晋太宁三年（325年），干宝时任司徒右长史、散骑常侍。《晋纪》记述的历史上下限是自宣帝至愍帝，前后计五十三年，即始自晋宣帝司马懿，中经景帝师、文帝昭、武帝炎、惠帝衷、怀帝炽，终于晋愍帝司马邺，前后共七帝（前三帝在世时并未实际称帝，为后人追赠）。对于东晋初年的人来说，这段历史极为重要，意义非常，干宝《晋纪》用编年体的形式记述了西晋一朝的历史，引起当代统治者和名士的重视和褒扬，《晋书·干宝传》赞“其书简略，直而能婉，咸称良史”，应该是《晋纪》成书以后赢得的赞誉。

干宝《搜神记》的写作至少从东晋元帝建武年间缘起。从干宝和刘惔谈论的语气来看，他们关系比较密切。这番对话的时间，联系他们仕途经历当在他们有交集的时候，即干宝任王导司徒右长史，而刘惔任司徒左长史时，这时他们是同事，才有可能有亲密的交谈。也就是说，《搜神记》的成书基本跟《晋纪》同时或者略晚于《晋纪》。从西汉班固《汉书》开始，纪传体史书在体例上设立《五行志》，专门记述鬼神怪异之事，但编年体史书无法集中容纳这一部分内容。《晋纪》宋代后佚失，从清人汤球等人辑录的《晋纪》来看，现存十一条明确引作《晋纪》又涉及怪异的佚文，可见它虽然容纳了一部分怪异事件，但显然没有《五行志》的体例。《搜神记》属于“鬼狐史”，是晋代之前古今志怪的集大成之作，其汇总怪异内容的特点与纪传体史书的《五行志》在本质上没有区别，如果从时人把《搜神记》看作历史著述来着眼(《隋书·经籍志》把它著录于史部杂传类)，它实际可以看作晋史的《五行志》，是《晋纪》体例之外的一个补充。《搜神记》囊括了晋代及其以前的鬼神怪异之事，这些故事有的“承于前载”，最多的是抄录了《汉书·五行志》、曹丕《列异传》，有时是采访于近说，是对晋代新生怪异故事的新闻记录。干宝还对这些故事进行了分类编排，以此来“发明鬼神之不诬”(干宝《搜神记序》)，借助鬼神怪异故事来实现教化人心风习的目的。也就是说，干宝写作《搜神记》有历史学家的用心，有保存历史和教化社会的目的，他写作的是历史，是编年史难以容纳的特殊历史。所以刘惔把他比作是春秋时期的太史董狐。

那么，刘惔把干宝比作历史学家，为什么不比作司马迁、班固，而非要比作董狐呢？董狐是春秋时晋国史官，以秉笔直书著称，孔子赞其为“古之良史”。事迹见《左传·宣公二年》：

乙丑，赵穿攻灵公于桃园。宣子未出山而复。太史书曰：“赵盾弑其君。”以示于朝。宣子曰：“不然。”对曰：“子为正卿，亡不越竟，反不讨贼，非子而谁？”……孔子曰：“董狐古之良史也，书法不隐。”

鲁宣公二年(前607年)，赵穿在桃园攻杀了晋灵公。本来正在出奔他国的赵盾(即“宣子”)，还没有走出国境，听说晋灵公被杀死，就返了回来。史官董狐记述说：“赵盾弑其君。”赵盾当然不服，董狐解释说：“你身为执政大臣，逃亡却没有走出国境，回来也不讨伐弑君逆贼，不是你杀掉国君又是谁呢？”董狐按照礼法和自己对事件本真的理解如实记录了历史，把赵盾定为国君遭弑的第一负责人，一点也不给最高长官留情面。他秉笔直书的精神得到孔子和后人的普遍赞扬，认为董狐按照写史原则真实记载，不作曲意隐晦，值得表彰。刘惔说干宝为“鬼之董狐”至少有两层意思：一层是，干宝《搜神记》是关于鬼神怪异的历史，是一种特殊的历史；第二层意思是说干宝的记录是真实不讳的。真实不是为了证明鬼神为实有，而是对社会上流传的鬼神故事做了真实记录。鲁迅在《中国小说史略》中说：“中国本信巫，秦汉以来，神仙之说盛行，汉末又大畅巫风，而鬼道愈炽；会小乘佛教亦入中土，渐见流传。凡此，皆张皇鬼神，称道灵异，故自晋讫隋，特多鬼神志怪之书。”由于宗教迷信的盛行，时人无法摆脱时代的局限，相信鬼神的存在，关于鬼神的传说大都当作实际发生的事件来对待。比如有传说认为干宝之所以写作《搜神记》就是有感于为他父亲陪葬的婢女被埋地下十年而生还的经历。这种怪异事情犹如传播在大众口头的新闻，干宝记录了这些传闻，不是向壁虚造，不是今天小说的虚构假说，而是“秉笔直书”，尊重传说本身的真实性。这一点与董狐相似。更重要的是，干宝不是为了记述而记述，而是遵循写史原则，为这些故事构建些意义，以证明天道昭彰，借鬼神而显示灾祸，以此来警示世道人心。这是透过现象看本质，在历史记录中寓含褒贬大义的史家传统，与董狐微言大义的用心也是一致的。

比如，汪绍楹注本《搜神记》第193条记载这样一则怪异故事：

晋惠帝元康中，妇人之饰有五佩兵。又以金、银、象、角、玳瑁之属，为斧、钺、戈、戟而载之，以当笄。男女之别，国之大节，故服食异等。今妇人而以兵器为饰，盖妖之甚者也。于是遂有贾后之事。

晋惠帝庸痴无能，贾后专权乱政，残忍杀害太子，鱼肉百姓。干宝在《晋纪》中有记述，在《搜神记》中也做了变形记述，即借助怪异来解释或者彰显贾后的逆天无道，一点也不为这个地位高贵的皇后留面子，在其中寄寓批判讽谏之义，真可谓秉笔直书，此与董狐直书历史的精神是一致的。刘惔的玩笑既是朋友之间的戏评，也显示出《搜神记》的史学性质和意义。

（李剑锋）

高卧东山

谢公在东山，朝命屡降而不动。① 后出为桓宣武司马，将发新亭，朝士咸出瞻送。② 高灵时为中丞，亦往相祖。③ 先时，多少饮酒，因倚如醉，戏曰："卿屡违朝旨，高卧东山，诸人每相与言：'安石不肯出，将如苍生何！'今亦苍生将如卿何？"谢笑而不答。④

《排调》第26条

注释

① 谢公：即谢安。东山：山名，在今浙江绍兴市上虞区。谢安早年隐居于此。朝命：指朝廷征召谢安的命令。

② 桓宣武：桓温。司马：官名。高级武官的属官，专主军事。发：出发。新亭：亭名，旧址在今江苏南京西南。瞻送：看望送别。

③ 高灵：高崧，字茂琰，小名阿酃，广陵(今江苏扬州)人。初为扬州刺史何充主簿，拜黄门侍郎。会稽王司马昱辅政，引为抚军司马。累迁侍中。中丞：御史台长官，掌管公卿奏事、察举非法等事。祖：古人出行时祭路神，意为饯行送别。

④ 倚：假借。高卧：高枕而卧。谓隐居而安闲无事。如苍生何：把百姓怎么办?

鉴赏

谢安高卧东山，本是雅谈。早年他隐居于山林，与王羲之“共登冶城，谢悠然远想，有高世之志”(《世说新语·言语》70)。后来，时局有变，谢安遂改前志，追随桓温，走向政坛。他的出仕与入仕，时人多有争议，这则故事发生在谢安将赴任，友人新亭送别时的情景。

谢安隐于东山，本来心志坚定，所以数次表态，欲恬然山水，隐居不出。即使朝廷多次征召亦不为所动。但后来为时所迫，不得不遵从朝命。所以，当时人对他的改变多有看法。本则故事中的高灵，就因醉戏言，嘲笑谢安前后不一，言:“如今离开东山，天下百姓将如何看待你呢?”谢安笑而不答。无独有偶，《世说新语·排调》32还有一条记载，情况与此相似，如:“谢公始有东山之志，后严命屡臻，势不获已，始就桓公司马。于时人有饷桓公药草，中有‘远志’。公取以问谢:‘此药又名小草，何一物而有二称?’谢未即答。时郝隆在坐，应声答曰:‘此甚易解:处则为远志，出则为小草。’谢甚有愧色。桓公目谢而笑曰:‘郝参军此过乃不恶，亦极有会。’”此处，龚斌释曰:“东山之志乃谢安之本怀，《晋书》本传曰:‘安虽受朝寄，然东山之志始末不渝，每形于言色。’安因‘势不获已’而出仕，郝隆之诮正中其素怀，故觉有愧耳。”(《世说新语校释》)无论谢安笑之、愧之，其实都是情不得已的反映。因为，他的出山，不只源于苍生情怀，还涉及到很多背景因素。

余嘉锡笺曰:“(谢)安意盖谓己本无心于富贵，故屡辞征召而不出。但时势逼人，政恐终不得免耳。”所谓“时势”，主要指谢氏族人陆续失势或去世，家族利益受到了威胁。《晋书·谢安传》言："及(谢)万黜废，安始有仕进志，时年已四十余矣。"又"谢安出仕之前，谢尚、谢奕、谢万皆为方伯，盛于一时。谢安本可以逍遥东山，然谢尚以升平元年(357年)卒，谢奕以升平二年卒。升平三年，谢万北伐兵败废为庶人。短短数年之间，谢氏连遭沉重打击，'新出门户'岌岌可危。为重振谢氏家族，谢安决计出仕，即便为人讥嘲亦在所不惜。此为安始就桓温司马之最重要原因也"(龚斌《世说新语校释》)。此处，新亭送别，既是谢安隐士生活的终点，又是他报效朝堂的起点。所以，在《世说新语》当中，这则故事反映了时人的心态，谢安纵无言语，但"将如苍生何"一句寄予着人们很大的期望，突显了谢安的品格和能力。谢安雅量，故"高崧自谓极得意语，孰知只赢得谢公一笑"(李贽《初潭集·君臣·铨选诸臣》)。

谢安的入仕与出仕，其实都是他的人生选择。固然先有志而终有变，但事实证明，他有高卧东山的简淡品格，又有克弘远谟的运筹能力，体现出"隐显同归"的特殊意义。《世说新语》刘孝标注引《妇人集》曰："桓玄问王凝之妻谢氏曰：'太傅东山二十余年，遂复不终，其理云何？'谢答曰：'亡叔太傅先正，以无用为心，显隐为优劣，始末正当动静之异耳！'"谢道韫对谢安的行为理解是很贴切的，所谓显隐优劣，动静之异，实际上是殊途同归，其义一也。谢安的显(出仕)与隐(隐居)，不过是一种性质事物的动与静的变化而已。清朱轼《史传三编》卷一九论此曰："谢安与殷浩当韦布时，并负苍生之望。其应桓温之召也，高崧尝戏之曰：'今日苍生将如卿何？'盖阴以(殷)浩之前车相讽厉。而安独克弘远谟，一雪处士虚声之谤。固知体公识远，则隐显同归。"可见，谢安居尘外之时，一方面可以"高谢人间，啸咏山林，浮泛江海，当此之时，萧然有陵霞之致"(《晋书·谢安传论》)；而另一方面，当他身处内廷，亦可以"从容而杜奸谋，宴衎而清群寇，宸居获太山之固，惟扬去累卵之危"(同上)。的确，名士谢安做到了沉浮一世，旷若虚舟，任高百辟，情惟一丘。

这则故事借助完整的细节描写完成了人物形象的塑造，人、事、言俱备。其中，有三处细节描写即"不动""不肯出""不答"，真切地描绘了谢安处事泰然、怡然自适的一种状态。在东晋名士中，谢安的“雅量”可谓典范。淝水之战，谢玄大胜，谢安心中狂喜，却表现得镇定从容，处变不惊。总之，“在玄脱中追求超脱，从而以宽豁的胸怀与镇定的态度对待一切，这大概是谢安长久以来有意培育的人格修养”（骆玉明《世说新语精读》）。这种人格修养，正是世人仰慕千年、高迈旷远的“魏晋风度”。

（张亚军）

买山而隐

支道林因人就深公买印山①，深公答曰：“未闻巢、由买山而隐。”②

《排调》第28条

注释

① 支道林：支遁（314—366），字道林，陈留（今河南陈留）人，或云林虑（今河南林州）人。本姓关氏，世称支公、林公，东晋高僧。尝隐居吴之支硎山（支山），后入剡居岇山（在今浙江新昌），立寺于沃洲小岭。晚移石城山（在今浙江新昌），立栖光寺。善谈玄，与王濛、刘惔、殷浩、郗超、王羲之、谢安、孙绰、许询、会稽王司马昱等交往，名动一时。深公：竺法深，一名竺道潜、竺潜，琅邪临沂（今山东临沂北）人，本姓王氏，晋高僧。十八岁出家。东晋时诸帝王及丞相王导、太尉庾亮等均加礼敬。晚年居剡山，悠游讲席。印山：当为岇山之误。

② 巢、由：巢父、许由，古代有名的两个隐士。《庄子·让王》里记载尧帝欲将天

下让给许由，许由不肯接受。《高士传》里记载尧让天下于许由，许由不受，逃到中岳，住在颍水之阳，箕山之下。后来尧又召他为九州长，许由便到颍水之滨洗耳。朋友巢父这时牵着牛犊在水边饮牛，看见许由洗耳，问其缘故。许由说：“尧欲召我为九州长，我不愿听闻此事，所以洗耳。”巢父说：“你如果藏在高山深谷之中，谁能见到你？你不过是四处游历，想博取名声罢了。简直弄脏了我牛犊的口！”牵着牛犊去了上游。古人常将此二人连称，看作是上古隐士的代表。

鉴赏

据《高僧传》记载，竺法深年轻时在西晋即已知名，避乱过江之后，晋元帝、明帝、王导、庾亮对他钦敬有加，这些人去世后，他便“隐迹剡山，以避当世”，哀帝时又一度召至京师，讲法兴教，但“素怀不乐，乃启还剡之岇山，遂其先志”。《世说新语·言语》记支公好鹤，“住剡东岇山”，剡山是泛指剡县（今浙江嵊州、新昌）一带的山，而岇山是其中的一部分，大致在今新昌东南沃洲镇一带。竺法深在岇山时，支遁忽然派人来，请求买一块地居住，他回答说：“从没听说过巢父、许由需要买山才能隐居。”这回答像是在嘲笑和拒绝，实际上可能不是那样。《高僧传》中这样记载此事：“支遁遣使求买岇山之侧沃洲小岭，欲为幽栖之处。潜答云：欲来辄给，岂闻巢由买山而隐。”支遁此前也是在京师及吴地一带活动，曾在吴支山（支硎山）建寺，后来也想到更加远离建康朝廷的剡山隐居。东晋时期，浙东剡溪（曹娥江）一带居住了大量的隐士，如谢安、王羲之、郗愔、戴逵、阮裕、孙绰、许询等，而且竺法深也到其地卜居，这不能不引起支遁的兴趣，所以派人先往其地，欲在岇山附近购买一块地方。支遁的这一举动，一方面是向先已占据岇山的前辈名僧表示礼敬和问候，另一方面也是想与深公相邻而居。《高僧传·竺道潜传》载有一封支遁给高丽道人的书信：“上座竺法深……顷以道业靖济，不耐尘俗，考室山泽，修德就闲。今在剡县之仰山，率合同游，论道说义，高栖皓然，遐迩有咏。”说竺法深在岇山聚合同道，论道讲法，远近闻名。

由此可以推想，支遁找深公买岇山，不只是因为其山水，更是因为他想与竺法深这样的高僧作邻居。支遁《咏怀诗五首》其四结尾云："淡泊为无德，孤哉自有邻。"周围有深公、戴逵、阮裕这样的人作邻居，怎么会"孤"呢？根据学界的研究，东晋佛教般若学有六家七宗，其中的六家六宗都发源于岇山（沃洲山）一带，竺道潜和支遁正是其中重要的两宗。高僧大德们纷纷来这里建立寺庙，传播佛教，创立宗派，颇有几分竞争和交流的意思。

支遁《咏怀诗五首》其三描写优美的山居环境，也许所写的就是沃洲山。诗云："晞阳熙春圃，悠缅叹时往。感物思所托，萧条逸韵上。尚想天台峻，仿佛岩阶仰。冷风洒兰林，管濑奏清响。霄崖育灵蔼，神疏含润长。丹沙映翠濑，芳芝曜五爽。苕苕重岫深，寥寥石室朗。中有寻化士，外身解世网。抱朴镇有心，挥玄拂无想。隗隗形崖颓，冏冏神宇敞。宛转元造化，缥瞥邻人象。愿投若人踪，高步振策杖。"唐代白居易大和六年（832 年）作《沃洲山禅院记》，记当时修复沃洲山寺院与名迹之事，在文章开篇描写了沃洲的地理位置，云："沃洲山在剡县南三十里，禅院在沃洲山之阳，天姥岑之阴，南对天台，而华顶、赤城列焉；北对四明，而金庭、石鼓介焉。西北有支遁岭，而养马坡、放鹤峰次焉；东南有石桥溪，溪出天台石桥，因名焉。其余卑岩、小泉，如子孙之从父祖者，不可胜数。东南山水，越为首，剡为面，沃洲、天姥为眉目。"可见其地确实有山水形胜之利，无怪乎人们都喜欢来此卜居，逍遥山水之间。白居易文章便详举了居于此地的高僧十八人，高士名人十八人。支遁之买山，可以说是经过比较权衡后作出的选择。沃洲山之于支遁，就当时来说是成就了其人生与事业，就后世来说，则是支遁将沃洲山之名传于天下。中国有很多山因人而成名，如羊祜、杜预之于岘山，欧阳修说："岘山临汉上，望之隐然，盖诸山之小者，而其名特著于荆州者，岂非以其人哉！其人谓谁？羊祜叔子、杜预元凯是已。"（《岘山亭记》）支遁对于沃洲山的意义也在于此。

本则故事，在后来形成了买山、买山钱等典故，《笠翁对韵》支部有

“买山资”,可见流传很广。隋代戴逵(不是东晋的戴逵)较早使用:“故以才堪买山,德迈同辇;崇峰景行,墙仞悬绝。”(《贻仙城慧命禅师书》)说慧命禅师才同买山之支遁,德越与苻坚同辇之道安。唐代诗人爱用此典。如孟浩然《宿立公房》:“支遁初求道,深公笑买山。”李白《北山独酌寄韦六》:“巢父将许由,未闻买山隐。”不过这两诗的用法简单,只是引事,而非用事。白居易《端居咏怀》:“从此万缘都摆落,欲携妻子买山居。”乃用以写自己的归隐之思。唐人更喜欢用沃洲之典,如宋之问《湖中别鉴上人》:“愿与道林近,在意逍遥篇。自有灵佳寺,何用沃洲禅。”借王羲之留支遁在灵嘉寺的故事,来说自己在越州(绍兴)思与鉴上人相见。刘长卿尤其喜欢使用“沃洲”一词,《初到碧涧招明契上人》:“沃洲能共隐,不用道林钱。”《寄灵一上人初还云门》:“方同沃洲去,不似武陵迷。”《秋夜肃公房喜普门上人自阳羡山至》:“早晚来香积,何人住沃洲。”《赠普门上人》:“支公身欲老,长在沃州多。”《送方外上人》:“莫买沃洲山,时人已知处。”《过隐空和尚故居》:“自从飞锡去,人到沃洲稀。”《送灵澈上人还越中》:“禅客无心杖锡还,沃洲深处草堂闲。”这些诗都涉及僧人,故用“沃洲”指代僧人之居处。相对来说,宋人更喜欢用买山来写自己的归隐或返乡,用买山钱指代辞官乡居的赀费。如苏轼《答任师中次韵》:“已成归蜀计,谁借买山赀。”陆游《杂书幽居事》其五:“身缘作诗瘦,家为买山贫。”词中也有使用。苏轼《浣溪沙·感旧》:“无可奈何新白发,不如归去旧青山。恨无人借买山钱。”辛弃疾《水调歌头·再用韵答李子永提斡》:“断吾生,左持蟹,右持杯。买山自种云树,山下劚烟莱。”这里兼用毕卓的典故,不是表达饮酒之狂放,而是写期盼平淡的生活,买山耕田,种树锄草。

（罗宁）

鉴赏

日中晒书

日中晒书

郝隆七月七日出日中仰卧①，人问其故，答曰："我晒书②。"

《排调》第31条

注释

① 郝隆，字佐治，东晋汲郡（治今河南卫辉西南）人。仕至征西参军，为人诙谐有急智。

② 晒书：指晒腹中书。暗喻自己腹有诗书才学。

鉴赏

魏晋名士之才情风流体现在诸多方面，诙谐幽默即是其中之一。《排调》所收故事大多具有戏谑幽默的情味，机锋相接，智慧顿现，调笑嘲戏，令人解颐。郝隆故事便是其中的典型个案。

郝隆与谢安、桓温同时，曾担任过桓温的南蛮校尉参军。郝隆尽管才学不高，但生性幽默，机智诙谐，言语表达常能出人意表。《排调》所记郝隆三个故事，均彰显了他机智幽默、善于嘲戏的个性。他做桓温南蛮参军时，有一次，三月三日聚会，要求每人作一首诗，不然，罚酒三升。郝隆开始因作不出诗被罚。没想到，他喝完酒，随手写了一句："娵隅越清池。"桓温问他什么是娵隅？他解释说蛮人称鱼为娵隅。桓温问他为什么用蛮语作诗，郝隆说："我千里投奔你，好不容易得到蛮府参军这个位置，我作诗怎能不用蛮语呢？"郝隆之语，既巧妙回答了桓温的提问，又暗含对自己职位的不满，解惑中蕴含调笑，自嘲中充满机敏。谢安本有东山之志，不愿做官，但后来不得已担任了桓温的司马。有一次，谢安、桓温、郝隆三人在一起，别人给桓温馈赠了一些中草药，其中有一味是“远志”。桓温就问谢安：“远志这味药，又名小草，为什么一种东西有两个名称呢？”还没等谢安解释，郝隆就应声答道：“这容易解释呀。处于土下为远志，出于地面为小草。”谢安听了郝隆的解释，面露愧色。桓温看看谢安笑着说：“郝参军的解释，有意趣！有意趣！”余嘉锡先生笺疏说：“远志之与小草，虽一物而有根与叶之不同。叶名小草，根不可名小草也。郝隆之语，谓出与处异名，亦是分根与叶言之。根埋土中为处，叶生地上为出。既协物情，又因以讥谢公，语意双关，故为妙对也。”原来，郝隆的话一语双关，明在解释远志与小草的区别，暗则嘲笑谢安行为出处的矛盾。由此可见，郝隆的应景对答，是言在此而意在彼，比物类人，机敏风趣。而日中晒书，也是郝隆生性幽默诙谐的一种生活表达。

古代有农历七月七日晒衣服，防止虫蚀的风俗。崔寔《四民月令》说：“七月七日，曝经书及衣裳，习俗然也。”七月七日晒衣服，不过是个一般的民间习俗，但在魏晋名士那里，却成了他们表现自我的绝佳机会。如《任诞》第10条记载，陈留阮氏，居道北的富贵，道南的贫穷。竹林七贤之一的阮咸家贫穷，居住在道南。七月七日，富贵的道北诸阮皆把自己家绫罗绸缎的衣被拿出来盛晒；而贫穷的阮咸没有可晒之衣被，就用一竹竿挑一件形似犊鼻的粗布围裙挂在庭院中。别人觉得奇怪，问他为什么这样，他说：“不能免俗，只能这样应应景了。”郝隆七月七日晒书，与阮咸晒“犊鼻裈”的行为可谓异曲同工。

但细细体味，二者意趣表现却不完全相同。阮咸的不能免俗，实际是以俗抗俗，背后释放的是阮咸放达不羁的个性和对富贵豪奢的蔑视；而郝隆的仰卧晒书，突出的是腹有诗书气自华的才情，是对生活的达观和嘲戏，背后隐含的是对自我诗书才学的自信与乐观。因此，两个故事尽管都以七月七日晒东西的风俗为背景，但意趣指向却迥异：一则表现个性放达，一则彰显幽默自信。简言之，阮咸之“晒”，晒其“任诞”之行；

鉴赏

郝隆之“晒”，晒其“排调”之心也。这也许才是《世说新语》编撰者将这两个故事分属不同门类的主要原因吧。

（王利锁）

远志小草

谢公始有东山之志①，后严命屡臻②，势不获已，始就桓公司马③。于时人有饷桓公药草，中有“远志”④。公取以问谢：“此药又名‘小草’，何一物而有二称？”谢未即答。时郝隆在坐⑤，应声答曰：“此甚易解：处则为远志，出则为小草。”谢甚有愧色。桓公目谢而笑曰：“郝参军此过乃不恶，亦极有会。”

《排调》第32条

注释

① 谢公：指谢安。东山：山名，位于今浙江绍兴市上虞区境内，谢安曾长期居

于此。

② 臻：到，来到。

③ 桓公：指桓温。

④ 远志：常见中药材，具有安神益智、祛痰、消肿等功能，因此草服之能益智强志，故得名“远志”，别名小草、细草等。

⑤ 郝隆，见《排调》第31条注释。

鉴赏

远志又叫小草，其得名与其功效相关，按照《本草纲目》的说法，因为具有“益智强志”的功效，所以得名“远志”。虽然名字很讨喜，但属于常见药材，并无特殊或贵重之处。但因为与名人谢安扯上了关系，所以其名反而流传得更为广远。

谢安在出山之前，长期隐居于会稽附近的东山，至今东山上还有不少与谢安相关的遗址留存，甚至东山因此又名“谢安山”，“东山之志”也被后世作为隐居的代名词。谢安在东山生活悠闲，虽然是布衣之身，但是毕竟名望极大，又属于世家大族，因此经常是贵客盈门，可谓名动朝野。他自己未必有出山从仕的想法，但是形势所迫，在官府一再征召之下，加之其谢氏家族中的重要人物接连折损，为了家族的利益，谢安不得已在四十周岁时，应征西大将军桓温之聘担任司马之职。

谢安出山的行为在当时便引发了争议，不时有人发出嘲讽之声。《世说新语·排调》26中记载了高灵对谢安的嘲讽“今亦苍生将如卿何”，当时谢安“笑而不答”。“远志小草”记录的是另一次时人对谢安的有心或无意的嘲讽。

有人送给桓温草药，其中有一种名为远志。桓温便拿着远志问谢安：“这种药又叫小草，怎么一种东西却有两样名称呢？”桓温此言当为无心闲聊，恐怕未必有其他意思在内，有观点认为这是桓温设套之举，但从桓温的角度来看，以其身份地位，似无此必要。谢安面对询问，还没有来得及回答，以诙谐著称的名士郝隆当时在座，已经应声回答："这很容易解释，处就是远志，出就是小草。"按，关于远志，其药用部分通常是埋在土中的根茎，而其别名小草的缘由主要是就其生于地上的叶苗而言。所以郝隆此言如果单从字面理解，也可以说是如实描述，但是俗话说言者无心听者有意，一旁的谢安听了，当然理解为郝隆是在讥讽自己高卧东山，素有远志，但出山却只当一个小小的司马，不禁面露惭愧之色。桓温当然看到了谢安的尴尬，便笑着解围说："郝参军玩笑开得过了头但也无恶意，话也说得极有意趣。"客观而论，郝隆的回答语带双关，确实颇为巧妙，堪称妙对。远志与小草的异名，生发于外苗为"小草"，埋在土中的根曰"远志"，以之来暗喻谢安，小草指出仕，远志指隐居，既符合远志名字的内涵，又形象地讽刺了谢安。难怪一代名士谢安闻听之后，居然也会不禁面露羞愧之色。

谢安的才能当然毋庸置疑，后来的历史发展也证明他的出仕是正确的决定，但在出山之初遭遇讥讽与质疑时，谢安也只能隐忍不发，他需要的是时间与机会来证明自己。后来，在经过十余年的韬光养晦后，谢安在抵御前秦入侵的淝水之战中，指挥谢家子弟大获全胜，奠定了王谢并称的基础，此时的谢安俨然已经成为朝廷举足轻重的人物，他真正实现了"远志"，"小草"之讥当然也就成了一段轶事。至于当初曾经嘲讽他的人士，反倒成了映衬其气度与远见的最佳背景了。

（章原）

游刃皆虚

范荣期见郗超俗情不淡[①]，戏之曰："夷、齐、巢、许，一诣垂名[②]，何必劳神苦形，支策据梧邪？"[③]郗未答。韩康伯曰[④]："何不使游刃皆虚？"

《排调》第53条

注释

① 范荣期：范启，字荣期，见"掷地有声"篇（《文学》第86条）注释。郗超，见"不至河汉"篇（《言语》第75条）注释。

② 夷、齐：伯夷、叔齐，商末孤竹君二子，父死后二人不愿继位。武王灭商后，耻食周粟，饿死首阳山。巢、许：巢父、许由，上古尧时高士。

③ 支策据梧：语出《庄子·齐物论》："昭文之鼓琴也，师旷之枝（通支）策也，惠子之据梧也，三子之知，几乎皆其盛者也，故载之末年。"策，打拍子的短杖。梧，支架、支柱。

④ 韩康伯：韩伯，字康伯，见"范宣受绢"篇（《德行》第38条）注释。

鉴赏

郗超在《世说》中是位复杂人物。一方面，他是东晋著名玄学家，尤精般若佛学，是即色宗创始人支遁高足，《言语》第75条刘孝标注引《超别传》称其"精于理义，沙门支道林以为一时之俊"。这是他"雅"的一面。盖《世说》之谓"雅"，应与玄学义理相关，比如《言语》第23条载王衍曰："裴仆射（裴頠）善谈名理，混混有雅致"，可证。另一方面，虽然郗超父、祖均为晋室忠臣，他却党同东晋权臣桓温，意在谋逆。《雅量》第27条刘孝标注引《续晋阳秋》曰："超谓温雄武，当乐推（天下乐于推戴）之运，遂深自委结。温亦深相器重，故潜谋密计，莫不预焉。"这是他"俗"的一面。余嘉锡《方正》第46条笺疏曰："盖自中朝名士王衍之徒，祖尚浮虚，不以物务自婴，转相放效，习成风尚。以遗事为高，以任职为俗，江左偏安，此弊未改。"是魏晋时以政事为俗务。郗超人格矛盾如斯，此条叙事应是基于这一认识展开。

这回清谈的参与者范启"以才义显于世"（《文学》第86条刘孝标注引《中兴书》），兼有文笔传世。东晋著名文学家孙绰作《天台赋》成，特呈范启一阅，可见视范为知音。按孙绰亦为支遁"即色论"拥趸，《天台赋》魏晋名篇，结尾调和有无、色空、玄佛，不仅文采出众，亦具哲理深度。范"每至佳句，辄云：'应是我辈语。'"（《文学》第86条）则"我辈"应即范、孙等玄学、文学中人。另一参与者韩伯亦为东晋著名玄学学者，著有《易系辞传注》，与范启为清谈知友。故此条虽隶于《排调》，却是范启、韩伯两位玄学家基于学理对人生的深入探讨。

范启已看出郗超"俗情不淡"，故欲加以规劝。夷、齐、巢、许，皆上古清廉之士：伯夷、叔齐兄弟让国；尧让天下于许由，许由不受而去，洗耳于颍水滨，逢其友巢父牵犊欲饮之，巢嫌洗耳之水污犊口，牵犊上流。四人皆因拒绝参与政治而一举垂名。与之相反，昭文调弦鼓琴、师旷持杖击节，终身致力于此，有成亦必然有亏，无法臻至完美；惠子据梧几苦思，然以坚白之昧终。三子劳苦一生，"皆欲辩非己所明以明之，故知尽虑穷，形劳神倦，或枝策假寐，或据梧而瞑"（《庄子·齐物论》郭象注）。范启大约认为郗超并不适合政事俗务，那又何必效此三子故事，致力于"非己所明"之事而至劳神苦形？韩伯则进一步以《庄子·养生主》"庖丁解牛"劝说郗超：庖丁顺应牛之肯綮，故能运刀刃于骨节之间，十九年解牛数千，而刀刃若新发于硎。将解牛譬于养生，刀刃譬于人之生命，郗超也应依乎天理，勿左砍右突、力除障碍，徒然折损刀刃。还是顺应自然，令"游刃皆虚"，以得永年。

然而郗超终未听进劝告,致中道夭殂。虽野心勃勃,郗超却是位绻绻孝子,担心老父郗愔痛子过甚,"将亡,出一小书箱付门生,云:'本欲焚此,恐官年尊,必以伤悯为毙。我亡后,若大损眠食,则呈此箱。'愔后果恸悼成疾,门生乃如超旨,则与桓温往反密计。愔见即大怒曰:'小子死恨晚!'后不复哭"(《伤逝》第12条刘孝标注引《续晋阳秋》)。又,郗超丧后,其妇兄弟欲迎妹还,终不肯归。曰:"生纵不得与郗郎同室,死宁不同穴!"(《贤媛》第29条)。如此看来,郗超与其妇必是鹣鲽情深。魏晋人性的复杂多样,经由《世说》对于郗超的描述,使我们能有较为全面的领略。

(钱南秀)

渐至佳境

顾长康啖甘蔗[①],先食尾。问所以,云:"渐至佳境。"

《排调》第59条

注释

① 顾长康:顾恺之,字长康,见"丹楼如霞"篇(《言语》第85条)注释。

鉴赏

顾长康有才也有趣。俗传恺之有三绝:才绝,画绝,痴绝。才绝、画绝让人钦敬，痴绝则让人亲近。

他曾做过桓温大司马参军，桓温常常对人说："恺之体中痴黠各半，合而论之，正得平耳。"(《晋书·顾恺之传》)他身上痴气和狡黠各占一半，综合起来痴与黠正好拉平。痴气惹得大家都喜欢捉弄他。任散骑常侍时，他与谢瞻的官署毗连，二人夜晚月下久坐吟咏，谢瞻每次都含含糊糊地称赞他，顾听到了赞赏更加起劲，啸咏到夜深还不知疲倦。谢瞻熬不住了就暗暗找人代替自己陪他，顾恺之竟然从没察觉出来，照样自我吟咏陶醉到天亮。

顾恺之甚至还迷信一些小法术，认为只要诚心就会灵验。一次桓玄拿一片柳叶骗他说："这是蝉隐身的叶子，用它可以自隐其身，我们可以看到别人，别人看不到自己。"顾恺之还信以为真了，常用这片柳叶自蔽，桓玄就在他身旁便溺，他更深信桓玄看不见他，把这片柳叶看得更加珍贵。

"没有"痴绝就难有他的才绝和画绝，"痴"让他超脱了世俗的你争我斗，让他专心于艺术和文学创作。"只有"痴绝也不会有他的才绝和画绝，全无灵气再痴再苦也弄不出画绝来，最多是一个熟练的画匠。通常情况下，"痴"者不"黠"，"黠"者不"痴"，而"痴"和"黠"集于顾恺之一身，成就了他画坛圣手的地位，也留下了许多令人喷饭的故事，还有许多引人深思的趣闻。

"倒吃甘蔗"就是这样的趣闻之一。

大多数人吃甘蔗总找最甜的那几节，顾恺之每次吃甘蔗却从梢子吃起。人们问个中缘由，他说这样吃能"渐至佳境"。从最甜的那节吃起会越吃越淡，从梢子吃起则越吃越甜，前者是享受在前，后者是吃苦在先，这种甘蔗吃法上的差异，自然而然让人想起人生观的不同。

魏晋名士常以任性放纵相标榜，推崇"且醉当前"的生活态度。《世说新语》中此类记载很多："张季鹰纵任不拘，时人号为'江东步兵'。或谓之曰：'卿乃可纵适一时，独不为身后名邪？'答曰：'使我有身后名，不如即时一杯酒！'"(《任诞》20)另一名士毕茂世更宣称："一手持蟹螯，一手持酒杯，拍浮酒池中，便足了一生。”（《任诞》21）这种人生态度今人可能觉得颓废透顶，用时髦的话来说是“负能量”的典型，但魏晋人认为这是一种通达的人生观，他们不在乎赫赫武功，不在乎藉藉名声，只在乎能不能称心而言，是不是任性而行。

顾恺之或许没有想到，他倒吃甘蔗的吃法正好契合国人“先苦后甜”的人生态度，为后人传递了一种“正能量”。

前人为“先苦后甜”写了很多格言，什么“宝剑锋从磨砺出，梅花香自苦寒来”，什么“吃尽苦中苦，做到人上人”，还有圣人的什么“天将降大任于斯人也，必先苦其心志，劳其筋骨，饿其体肤”。说实话，这种生活态度过于功利，它把漫长的人生当作一次赛跑，只看重最后那一瞬间的结果，完全忽视了生命的过程。假如整个人的一生都是苦海，即使最后几天再甜也得不偿失，更何况，假如学习过程极其痛苦，就不会有学习的兴趣和动力；假如没有兴趣和动力，便即“吃尽苦中苦”，恐怕也难“做到人上人”——只有觉得读书有味的人，最后才会成为“学霸”；只有在过程中尝到乐趣的人，他的人生才会“渐至佳境”。

顾恺之吃甘蔗的方法，显露了他对生活的热爱，“渐至佳境”是他对生命的审美。苏东坡认为人生应当绚烂至极而归于平淡，顾恺之觉得生命应当从平淡而走向绚烂，这两种态度都充满了诗意——前者“朝霞似锦”，后者“晚霞满天”。

“先苦后甜”推向极端，就有了“头悬梁，锥刺股”牢狱般生活，就有了“棍棒底下出人才”的教育方法。苦一辈子甜一天的生活不值得过，鼓吹“头悬梁，锥刺股”的家伙，不是笨蛋就是恶魔！

把学习、工作当作乐事，我们才会觉得人生特别美好，学得再苦干得再累，你同样都能感受到轻松快乐，这样，你的人生和事业才能“渐至佳境”。

（戴建业）

鉴赏

莫近禁脔

莫近禁脔

孝武属王珣求女婿①，曰："王敦、桓温磊砢之流，既不可复得，且小如意，亦好豫人家事，酷非所须。正如真长、子敬比，最佳。"珣举谢混②。后袁山松欲拟谢婚③，王曰："卿莫近禁脔！"

《排调》第60条

注释

① 王珣，见"制置纡曲"篇（《言语》第102条）注释。
② 谢混，见"中国尚虚"篇（《雅量》第42条）注释。
③ 袁山松（？—401），一作"袁崧"。陈郡阳夏（今河南太康）人。安帝时任秘书监、吴国内史。孙恩乱时被杀。著有《后汉书》，已佚。

鉴赏

俗话说"皇帝的女儿不愁嫁"，可皇帝女儿要嫁个如意郎君也非易事，因为皇帝女儿的个人婚事，同时也是国家的"政治大事"，皇上不仅要考虑为女儿求得佳偶，还得考虑为自己求得贤臣，这不只是简单的男女结合，而更像是复杂的政治联姻。

那么，皇帝是如何挑选驸马的呢？且看晋孝武帝司马曜如何"求女婿"——

孝武帝眼看女儿长成亭亭玉立的大姑娘，委托心腹大臣王珣为公主物色驸马人选。王珣是宰相王导之孙，是当时名臣名士名书法家，时人认为“珣学涉通敏，文高当世”（《文学》95 刘孝标注引《续晋阳秋》），谢安死后他是孝武帝最为倚重的大臣之一，难怪把“求女婿”的私事交给他办理。他还特向王珣交代了择驸马的标准：“像王敦、桓温这样雄才异志头角峥嵘之流，如今再也很难觅到了，更何况这类人稍稍出人头地，就喜欢插手干预别人的家事，这类人实在不是我所想找的女婿。要是能找到像刘真长、王子敬这样的人物，那就是再理想不过的了。”王珣听后向皇上举荐了谢混。后来不明就里的袁山松想让谢混做自己的女婿，王珣马上打消了他的念头：“你千万别靠近禁脔！”文中“磊砢”原本形容树大多节，同书《赏誉》篇称赞和峤“森森如千丈松，虽磊砢有节目，施之大厦，有栋梁之用”，“磊砢之流”是指雄杰卓异的人物。

皇帝提到这四个人全是晋朝的驸马爷。王敦很小就被人视为奇人，尚晋武帝司马炎襄城公主，拜驸马都尉。桓温尚晋明帝司马绍南康长公主，拜驸马都尉。刘真长尚晋明帝庐陵公主。王献之先娶郗昙之女郗道茂，后被选为晋简文帝之女新安公主驸马。为什么孝武帝说不能再挑王敦、桓温这样的人为婿呢？这两位都堪称一世雄杰，领兵莫不决胜千里，治国都能内外肃然，属于文能安邦武能定国的能臣。王敦少时人们就发现他蜂目豺声，桓温更是“鬓如反猬皮，眉如紫石棱”。他们都是晋朝的功臣，同时又都是晋朝的叛将。王敦后来发动叛乱，几乎葬送了东晋天下；桓温晚年“废帝以立威”，并不满足于独揽朝政，而是要改朝换代，这就是孝武帝暗指的“亦好豫人家事”。王、桓这两位老兄也太贪了，娶了人家的女儿，还要抢占人家的天下，这种“磊砢之流”谁还敢招他们为驸马呢？刘真长和王献之这两个女婿属于另一种类型。刘真长出身于仕宦世家，从小就被王导所赏识，被时人视为名士风流的宗主，江左清谈界的领袖，王羲之称他“标云柯而不扶疏”（《赏誉》88），王濛称“真长可谓金玉满堂”（《赏誉》83），人们说一想起真长就如见到清风朗月。王献之更是生于魏晋显赫豪门，书圣王羲之之子，书法上与父齐名,宰相谢安对他礼敬有加,常说见到献之后“使人不能已已”。他被大家视为“一时之标”,其人其书都让人“高山仰止”。招王敦、桓温这种女婿简直就是引狼入室,稍有不慎就杀得天翻地覆;刘真长、王献之这种女婿有高才有盛名,可以妆点皇上脸面又不会给朝廷带来任何危险,所以是理想的驸马人选。

可见,皇帝的择婿标准是:要名气很大但不能野心太大,要会舞文弄墨但不能舞枪弄棒,要能给皇帝挣面子但不能给朝廷惹麻烦。总之,对于皇帝来说,女儿可以嫁人,天下只能独享。

王珣推举的谢混是谢安之孙,东晋诗坛上著名诗人,山水诗歌的开山鼻祖,“水木湛清华”就是他诗中的名句,连杀害他的刘裕登基之日也感叹“后生不得见其风流”(《晋书·谢混传》),当时名士称赞谢混“风华绝代”,王珣说谢混的文采风流“虽不及真长(刘惔),不减子敬(王献之)”(本条刘孝标注引《续晋阳秋》)。以孝武帝的择婿标准衡量,门地、才华、风采、声誉,谢混可说是驸马的不二人选。孝武帝对王珣举荐的人选自然满心欢喜,谢混果然尚其女儿晋陵公主,拜驸马都尉,可惜未及婚娶谢混便遇害。皇上内定的女婿谁还敢想入非非?文中的“禁脔”是指皇帝独享的美肉,东晋开国之初物质奇缺,即使权贵也很难吃到猪肉,《晋书》载当时大臣每得一猪“以为珍馐”,猪项上一脔尤其味美,这块肉成了皇帝的专享“特供”,于是大家都把这块肉呼为“禁脔”。王珣戏称谢混为“禁脔”,就是要告诉袁山松,谢混已是内定驸马,他人切莫妄想染指。

“禁脔”一词让人反感,绝对权力导致绝对独享,绝对权力也导致绝对腐败。美味、美女、美男都要让皇家独占,皇帝选中的美女从此就成了宫中宠物或宫中弃物,皇帝选中的女婿同样没有半点自由,驸马本人根本就身不由己,如王献之就不得不与原配郗氏离婚,后来还成为他终生的愧疚。其实,公主自己也未必幸福,皇上选驸马很少征得女儿同意,他盘算得最多的是个人威严和皇朝门面,很少考虑女儿是不是真心喜欢。

(戴建业)

咄咄逼人

桓南郡与殷荆州语次①，因共作了语②。顾恺之曰："火烧平原无遗燎③。"桓曰："白布缠棺竖旒旐④。"殷曰："投鱼深渊放飞鸟。"次复作危语⑤。桓曰："矛头淅米剑头炊⑥。"殷曰："百岁老翁攀枯枝。"顾曰："井上辘轳卧婴儿⑦。"殷有一参军在坐⑧，云："盲人骑瞎马，夜半临深池。"殷曰："咄咄逼人⑨！"仲堪眇目故也⑩。

《排调》第61条

注释

① 桓南郡：桓玄，袭封南郡公，故称"桓南郡"。殷荆州：殷仲堪，曾任荆州刺史，世称"殷荆州"。

② 了语：事情终了之语。

③ 燎：燃烧。

④ 旒（liú）旐（zhào）：丧礼时竖在灵柩前的长幡。旒，旌旗下悬垂的饰物。旐，旗。

⑤ 危语：情况危险之语。

⑥ 矛头淅米剑头炊：在矛头淘米，在剑头炊煮。二者皆为极危险之事。

⑦ 辘轳：安置在井上用来汲水的工具。辘轳是灵巧的滑轮装置，婴儿置于其上，极易掉入井中。

⑧ 参军：军府的幕僚，担谋划、咨询之责。

⑨ 咄（duō）咄：令人惊惧之声。

⑩ 眇（miǎo）目：眼睛失明。

鉴赏

顾恺之曾任桓温、殷仲堪的幕僚，《晋书》记载，“桓温引（顾恺之）为大司马参军，甚见亲昵”，“后为殷仲堪参军，亦深被眷接”（《晋书·顾恺之传》）。顾恺之为人幽默，喜欢调笑，人们都喜欢亲近他。他因曾经在桓温幕下任职，与桓温之子桓玄也有交游，《世说新语》此条记载的正是桓玄、殷仲堪与顾恺之在聚会上进行文学游戏的趣事。

《世说新语》中出现了二十余次社交集会，主要娱乐方式都与文学活动有关。桓玄三人此场以文学游戏——联句为乐，他们先以“了语”为题，分别举出火烧平原、送柩出丧、投鱼放鸟三件完结终了之事。又以“危语”为题，依次联对“在长矛尖头淘米，在锋利剑头煮饭”，“百岁老人手攀枯树枝”，“婴儿卧在水井辘轳”，此时在座的一位殷仲堪的参军也急于参与其中，对曰：“盲人骑瞎马，夜半临深池”，盲人骑瞎马就够危险了，又在黑夜中来到险境，真是万分危险。但如此切题的诗句却引起殷仲堪的不快，直说“咄咄逼人”。原因在于殷仲堪父亲常年患病，他衣不解带侍奉多年，一次流眼泪时，不慎用蘸过药的手擦泪，遂造成一目失明。而殷仲堪对目盲颇为介怀，顾恺之曾为他图绘肖像，他担心地说“我形恶，不烦耳”（《世说新语·巧艺》11），顾恺之“明点瞳子，飞白拂上，使如轻云之蔽月”（《晋书·顾恺之传》）才解决了难题。因此，参军提到“盲人”正触到了他的难堪之处，据《晋书》记载，聚会也就到此终了。

联句不仅限制题目，同时也限制韵脚。“了语”韵脚“燎”“旐”“鸟”与“了”叶韵，“危语”韵脚“炊”“枝”“儿”“池”与“危”叶韵。限制诗题与韵脚的方式可能源于《大言赋》，余嘉锡有言："《古文苑》有宋玉《大言赋》《小言赋》，为楚襄王、唐勒、景差、宋玉共造，如联句之体。如《大言赋》宋玉曰'方地为车，圆天为盖。长剑耿耿倚天外'云云。了语、危语，意盖仿此。"(余嘉锡《世说新语笺疏》)《大言赋》的句式包含了三言、四言、五言、七言，与后世"联句"言说相同字数的诗句有很大不同，不过楚襄王规定以"大"为题作赋，宋玉文中韵脚"盖""外"即与"大"字叶韵，这与"联句"的题目、韵脚规则是相通的，余嘉锡所言正是着眼于此。

联句活动在东晋南朝颇为盛行，大诗人陶渊明曾与朋友愔之、循之以"大雁"为主题作《联句》诗；鲍照与王延秀、荀原之、荀万秋有联句诗《月下登楼连句》；何逊与韦黯、王江乘有《相送联句》。这些联句多为每人五言四句，构成一个意义独立的部分，可称作"绝句"或"断句"，因此历来学者认为唐诗"绝句"的起源与联句活动有关。联句在后世有很大影响，唐人热衷于联句，产生了史上最长的联句诗——韩愈、孟郊的《城南联句》。其影响甚至波及到明清小说的创作，《红楼梦》的主人公们就在文学集会上举办联句游戏，"芦雪庵争联即景诗"是书中最为盛大的一次联句活动，之后的中秋月夜，黛玉与湘云在凹晶馆联诗，终以"寒塘渡鹤影""冷月葬诗魂"作结。

（王蔚乔）

轻

轻诋，即轻视诋毁之意。曹丕《典论·论文》云："文人相轻，自古而然……各以所长，相轻所短。"此正中文人之弊也。然是人固不能无好恶，人无好恶，则沦为"乡愿"之流而不自知矣。唯好恶亦有分辨：出于是非者为君子，溺于利害者为小人。故夫子云："唯仁者能好人，能恶人。"（《论语·里仁》）"恶称人之恶者，恶居下流而讪上者，恶勇而无礼者，恶果敢而窒者。""恶徼以为知者，恶不孙以为勇者，恶讦以为直者。"（《论语·阳货》）"匿怨而友其人，左丘明耻之，丘亦耻之。"（《论语·公冶长》）孔子又尝讽子西："彼哉！彼哉！"（《论语·宪问》）何晏《论语集解》引马融曰："彼哉彼哉，言无足称。"可知圣人直道而行，以直报怨，故不能无好恶、无臧否。魏晋之际，名士雅好风流，其月旦人物，品藻时贤，虽无关天下名教之

诋

第二十六

是非，亦另有一套清旨玄心在焉，观《轻诋》一门所记，乃可见当时名流之别样手眼、不同心声。比之《排调》之当面酬答，《轻诋》多背后贬人；若谓《排调》多是热讽，故而引人失笑，《轻诋》则全是冷嘲，常令人哭笑不得也。如王恭斥孙绰为“不逊”、江虨称王彪之为“酷吏”，声口尚足发噱，而桓温以烹牛况袁宏，声色甚厉，又岂是轻诋，直恫吓矣！呜呼！盖人性中恒有此一面，唯晋人尤为彰著而显明耳，千载之下，读者固当平情视之，无足厚诬而深责也。

鉴赏

运自废兴

运自废兴

桓公入洛[1]，过淮、泗，践北境，与诸僚属登平乘楼，眺瞩中原，慨然曰："遂使神州陆沉，百年丘墟，王夷甫诸人[2]，不得不任其责！"袁虎率而对曰[3]："运自有废兴，岂必诸人之过？"桓公懔然作色，顾谓四坐曰："诸君颇闻刘景升不？有大牛重千斤，啖刍豆十倍于常牛，负重致远，曾不若一羸牸。魏武入荆州，烹以飨士卒，于时莫不称快。"意以况袁。四坐既骇，袁亦失色。

《轻诋》第11条

注释

① 桓公：即桓温，见"木犹如此"篇(《言语》第55条)注释。

② 王夷甫：王衍，字夷甫，见"洛水之戏"篇(《言语》第23条)注释。

③ 袁虎：袁宏(328—376)，字彦伯，小字虎，晋陈郡阳夏(今河南太康)人。性刚直，善辩论，能文章。曾任桓温记室，后任吏部郎，谢安赏其机捷辩速，出为东阳太守。著有《后汉纪》。

鉴赏

王衍，字夷甫，为竹林七贤王戎之从弟，以清虚通理知名，尤好《老》《庄》，是西晋元康时期的清谈领袖，据传世文献，可知，王衍并无任何著作流传下来，所以现在很难全面掌握他的学说。虽然说目前已经无法全面知道其主张，但还是能透过魏晋史传资料探知其为人及其学说。透过诸家《晋书》《世说新语》与《资治通鉴》等文献的归纳比对，可以知道王衍的为人学说大概有几个特点：一为雅尚玄远，二为遗事为高，三为但思自全，四为主张贵无，五为调和老庄与圣教。前三点是以他的为人风格来看，后两点是就他的学说而言。正因其为人居高位而不以经国为念，只思三窟自全之计，所以后世对他可说是极尽嘲讽责骂之能事，甚而将“清谈误国”之罪名归在他身上。如最早指出王衍要为亡国负责的人为庾翼，《晋书·殷浩传》载庾翼书曰：“王夷甫，先朝风流士也，然吾薄其立名非真，而始终莫取。若以道非虞夏，自当超然独往，而不能谋始，大合声誉，极致名位，正当抑扬名教，以静乱源。而乃高谈庄老，说空终日，虽云谈道，实长华竞。及其末年，人望犹存，思安惧乱，寄命推务。而甫自申述，徇小好名，既身囚胡虏，弃言非所。”此为庾翼写信告诫殷浩之文字，希望殷浩要以王衍例子为殷鉴，切勿再重蹈覆辙。

桓温亦认为王衍应负起亡国之责，其云：“遂使神州陆沉，百年丘墟，王夷甫诸人，不得不任其责！”在庾、桓二人之后，历代对王衍的评价几乎呈现负面之发展态势，如宋代苏东坡、元代胡三省、明代于慎行、清代顾炎武、民国余嘉锡等人，其间虽亦有人同情王衍，如清朝王夫之《读通鉴论》认为“小人浊乱，国无与立，非但王衍辈清谈误之也”。但整体而言，后人对王衍的质疑批评声浪远远盖过同情开脱之辞。平情而论，若将误国之大帽子扣在王衍一个人身上，似乎是有商榷的空间，但若只是仅以“运自有废兴，岂必诸人之过？”数语来为王衍开脱，似乎也与王衍死前的“吾等若不祖尚浮虚，不至于此！”（刘孝标注引《晋阳秋》）的自白之语有所扞格。

桓温为一务实且有谋略的政治家，对东晋士人热衷于清谈之事颇有意见，认为王衍应对西晋灭亡负起责任，这是带有政治意图的。而袁宏身为桓温下属，却没顾虑到长官的心意，不假思索为王衍辩解，也流露出其真性情。东晋时期这种尚清谈与反清谈的场景在《世说新语》中亦是屡见不鲜，如《政事》18："王、刘与林公共看何骠骑，骠骑看文书不顾之。王谓何曰：'我今故与林公来相看，望卿摆拨常务，应对玄言，那得方低头看此邪？'何曰：'我不看此，卿等何以得存？'诸人以为佳。"又如《排调》24："桓大司马乘雪欲猎，先过王、刘诸人许。真长见其装束单急，问：'老贼欲持此何作？'桓曰：'我若不为此，卿辈亦那得坐谈？'"再如《言语》70："王右军与谢太傅共登冶城。谢悠然远想，有高世之志。王谓谢曰：'夏禹勤王，手足胼胝；文王旰食，日不暇给。今四郊多垒，宜人人自效。而虚谈废务，浮文妨要，恐非当今所宜。'谢答曰：'秦任商鞅，二世而亡，岂清言致患邪？'"以上均可见正反两派意见，互别苗头，或许"清谈是否会误国"本身就是一个非常好的论辩题目，值得我们深入研究。

（曾敬宗）

强知国事

桓公欲迁都，以张拓定之业。孙长乐上表谏此议甚有理①。桓见表心服，而忿其为异，令人致意孙云："君何不寻《遂初赋》，而强知人家国事！"

《轻诋》第16条

注释

① 孙长乐：孙绰袭爵长乐侯，故称，详“合抱枫柳”篇(《言语》第84条)注释。

鉴赏

桓温是东晋有才略的政治家。自晋穆帝永和元年(345年)，桓温被任为都督荆司雍益梁宁六州诸军事、荆州刺史以来，他一面伐蜀、北征，培植声望，一面扩充自己的权势。到永和九年，他战胜政敌殷浩，统揽了内外大权，成为权倾一时的权臣。接着他率军北伐，逼近长安，声势显赫，震动朝野。次年，桓温大概以为时机成熟，请求朝廷迁都洛阳。北伐迁都，完成统一大业，说起来也是很堂皇的理由。但是这时的朝廷对桓温尾大不掉的忧虑已非一日，同时偏安心态，也使朝廷丧失了统一的信心和勇气。所以桓温迁都的主张得不到多少人的支持。孙绰上表反对桓温的迁都动议。主要理由是，北方所以不守，固由道丧，也是因为地不可守的缘故。何况，南渡以来，已经几十年了，北方人士已经习惯了南方的生活，渡江之初，新亭对泣，戮力神州的心态已经没有了。所以一想到将要面临着一场战争和由南返北的重大变故，朝野都有一种惶恐心态。表中说的“百姓震骇，同怀危惧者，岂不以反旧之乐赊，而趣死之忧促哉?”确实也是当时社会的一种普遍心态。晋室和北方士族是南渡过来的，现在却不想回去了。再加上桓温其人的不臣之心，也让朝廷深为忧虑。

孙绰是东晋文坛领袖，他对自己的才华是很自负的，他自夸他写的《游天台山赋》可以掷地作金石声的典故是很有名的。《遂初赋》全文没有保存下来，《世说新语·言语》的刘孝标注中保存了其中的一段文字：“余少慕老庄之道，仰其风流久矣。却感於陵贤妻之言，怅然悟之。乃经始东山，建五亩之宅，带长阜，倚茂林，孰与坐华幕击钟鼓者同年而语其乐哉。”“遂初”就是遂其初心的意思，这个所谓的初心就是隐居之志，也就是本则刘孝标注所说“止足”的意思。桓温这个人是有枭雄气的人，说话很直率，没有顾忌，但是这里的一句话，却颇有余味。我们既已知道《遂初赋》讲的是“止足之道”，那么把桓温的话勉强翻译出来的意思便是，你不是想要经营你那闲适自得的小世界吗？为什么还要来多管闲事呢？或者你还是去好好经营你自得其乐的小世界吧，国家大事不劳你费心。语入《轻诋》，自然有骂人的意思，只是这个骂比较艺术，很可见出桓温的霸气。

（归青）

更束于教

王北中郎不为林公所知①，乃著论《沙门不得为高士论》。大略云：“高士必在于纵心调畅，沙门虽云俗外，反更束于教，非情性自得之谓也。”

《轻诋》第25条

注释

① 王北中郎：王坦之，字文度，见“中郎无言”篇（《文学》第35条）注释。林公：支遁，字道林，见“支公好鹤”篇（《言语》第76条）注释。知：赏识。

鉴赏

王文度与支道林之所以会认识，可能与在清谈场合时论辩有关。据《排调》52记载，他们两人曾经一起在清谈场合上论辩过，当时韩康伯、孙绰亦在场，但是颇为奇怪的是，这次交手，林公竟然小屈给不擅长论辩的文度，最后还被孙绰调侃云："法师今日如着弊絮在荆棘中，处地挂阂。"清谈论学原本是件好事，可能因为学说主张与为人风格颇为不同，两人日渐疏远，最后甚至绝不相得，还互讥彼此学说主张。如《文学》35："支道林造即色论，论成，示王中郎。中郎都无言。支曰：'默而识之乎？'王曰：'既无文殊，谁能见赏？'"又如《轻诋》21："王中郎与林公绝不相得。王谓林公诡辩，林公道王云：'著腻颜帢，𦄂布单衣，挟《左传》，逐郑康成车后，问是何物尘垢囊！'"从这两则文献之机锋言词，就能看出王坦之与支遁如何鄙视对方的学术立场。前则资料可以看出双方如何运用对方所信仰的经典，来鄙夷对方的学术著作。当支公眼见王坦之看着自己的《即色论》而无言时，支公就引用《论语·述而》："子曰：'默而识之，学而不厌，诲人不倦，何有于我哉？'"来影射《即色论》为王坦之所仰慕学习的对象。支遁这个譬喻其实是将自己暗比为孔子，把王坦之比为颜回"于吾言无所不说"（《论语·先进》）。王坦之被支公这么一激，也不甘示弱，回敬以《维摩诘经》之典实暗讽《即色论》，"既无文殊，谁能见赏？"言下之意就是他对《即色论》根本不屑一顾，王坦之的回应也让支遁碰了一鼻子灰。王文度对支遁学说主张之所以有如此态度，应该是他不欣赏林公以释家般若义理消融玄理的新方式，他认为这是一种诡辩的作法。林公也被王坦之激得顾不了出家人不妄语之戒律，讽刺王坦之儒学之论调已不合时宜，犹如戴着一顶油腻过时的帽子，穿着一件不合身的粗布衣服。王坦之非但不欣赏支遁的学说主张，对其行事作风也颇不认同，尝著《沙门不得为高士论》，这显然是针对支遁而来。其实不只王坦之，时人对身为僧人的支遁亦颇有意见，批评他“养骏马”“铩鹤翮”“买山而隐”“鸡卵杀之，不得同罚”，认为支遁既然身为方外之人，就应遵守其规范，不应游走于“方外”“方内”之间，被其“嗔痴”欲所束缚，故王坦之反用《庄子·秋水》：“曲士不可语于道者，束于教也。”暗讽支遁身份，既非僧人亦非高士。

或许有人会认为王、支二人之不相得纯粹只是儒、佛之互相排斥而已，但这样的看法并不全面，若对王坦之家族信仰有深入了解，就能知道这只是皮相之见而已。因为王氏本身就是一个虔诚信仰佛教的家族，王坦之的弟弟王祎之小名为“僧恩”，从这小名就可知其与佛教关系匪浅。另据《高僧传》的记载，可知王坦之亦曾受释慧受之诚心所感而舍园为寺，然而什么原因让王坦之愿意捐出田园给默默无闻的释慧受建寺院？依照王坦之当时能与谢安“共辅幼主”的地位，他大可捐给名气响亮的僧团，藉此增加自己的人脉与声望，然而王坦之却没有这么做，这是为什么？这应该是王坦之认同释慧受的修行方式。传记上说释慧受“蔬食苦行，常修福业”，这代表释慧受的修行方式是遵行佛门戒律，清修苦行。也就是这修佛方式与王坦之的信仰相类，因而他愿意舍园建安乐寺。《晋书》王坦之本传亦有一段他与竺法师讨论报应的记载，虽然过程有些神异，但亦可看出王坦之相信“勤修道德”的修佛路数。也就是因为这样的修佛进路与支遁大异其趣，故两人绝不相得。

王坦之“既无文殊，谁能见赏?”与“沙门虽云俗外，反更束于教”，这两句话和其《废庄论》批判当时庄学颇有异曲同工之妙，其云：“独构之唱，唱虚而莫和；无感之作，义偏而用寡。动人由于兼忘，应物在乎无心。”因此若从学术立场与为人风格来考察，王坦之《废庄论》似乎有针对支遁即色逍遥义与沙门身份的意味。“唱虚而莫和”“义偏而用寡”，好像针对支遁以释家般若义理消融玄理的新逍遥义，“应物在乎无心”则仿佛针对其沙门身份反更束于教的状况。

（曾敬宗）

世　说　新　语

鉴赏辞典

假

假谲，即虚假与欺诈。《论语·宪问》："子曰：晋文公谲而不正，齐桓公正而不谲。"何晏《集解》引郑玄疏："谲者，诈也。"孔子深恶谲诈，亦斥多疑，尝谓："不逆诈，不亿不信。"（《论语·宪问》）然孔子亦常被欺罔，故云："始吾于人也，听其言而信其行；今吾于人也，听其言而观其行。"（《论语·公冶长》）"君子可逝也，不可陷也；可欺也，不可罔也。"（《论语·雍也》）又《说文》："假，非真也。""谲，权诈也。"是假谲者，谓设诈谋以诳误于人而便其私意也。《中庸》云："诚者，天之道也；诚之者，人之道也。"然人非圣贤，好恶无节，常随物化，性虽相近，习则相远，故假谲者非不知假谲之为恶，唯蔽于私欲而不得其心之正也。《世说》设《假谲》一门，正欲揭橥人性中有此一面耳。然假谲之为性，亦有正反两端：正者或为自保，或为劝善，如

谲

第二十七

義之假寐脱险、温峤诈娶表妹、谢公设赌戒侄，读之有味，思之可喜；反者或出阴损，或出贪残，如曹操梦中杀人、愍度讲义救饥、孙绰骗嫁悍女，读之有趣，思之可鄙也。尤可注意者，同属人格类型，假谲之与豪爽，一阴一阳，一内一外，皆借诸奸雄而始得彰显，如《豪爽》一门起自王敦，《假谲》一门开自魏武，其偶然哉？

魏武劫人

鉴赏 魏武劫人

魏武少时[①]，尝与袁绍好为游侠[②]。观人新婚，因潜入主人园中，夜叫呼云："有偷儿贼！"青庐中人皆出观[③]，魏武乃入，抽刃劫新妇，与绍还出。失道[④]，坠枳棘中[⑤]，绍不能得动。复大叫云："偷儿在此！"绍遑迫自掷出[⑥]，遂以俱免。

《假谲》第1条

注释

① 魏武：即曹操。
② 袁绍(？—202)，字本初，汝南汝阳(今河南商水西南)人。据河北之地，是汉末重要的军阀势力之一。后在官渡为曹操所败。游侠：东西游走，不顾规矩，任性而行的侠义行为。
③ 青庐：古代婚俗，在门内外用青布幔为屋，在此迎妇，举行交拜礼。
④ 失道：迷路。
⑤ 枳棘：枳木与棘木，均多刺。此指荆棘丛。
⑥ 遑迫：惶恐窘急。掷：腾跃、跳跃。

鉴赏

曹操作为一代奸雄，历来被视为诡诈的代表，玩弄权术的高手。《世说新语·假谲》共收十四则故事，曹操一人占五则即是明证。如何看待曹操的"假谲"诡诈，尽可见仁见智，但陈寿作为距曹操最近的史学家，他的认识很值得我们重视。《三国志·武帝纪》史评说："汉末，天下大乱，雄豪并起，而袁绍虎视四州，强盛莫敌。太祖（曹操）运筹演谋，鞭挞宇内，览申、商之法术，该韩、白之奇策，官方授材，各因其器，矫情任算，不念旧恶，终能总御皇机，克成洪业者，惟其明略最优也。抑可谓非常之人，超世之杰矣。"陈寿从汉末三国群雄争霸的历史情状出发分析曹操的"演谋"还是比较客观的。要之，曹操的诡诈当因时因事具体分析，不可一概视为玩弄权术的伎俩，其中有的是天性使然，有的是明略表现；有的是少年机警，有的是老谋深算；有的是调皮顽劣的恶作剧，有的是谲诈心态的真表演；有的是险恶环境下的权宜之计，有的是政治利益面前的长远谋算。《假谲》中的曹操故事亦当如是观。

曹操少年时代即迥异他人，天性中就表现出权数机警、特立独行的另类性格。《曹瞒传》说他"少好飞鹰走狗，游荡无度"；刘孝标注引孙盛《异同杂语》说他"少好侠，放荡不修行业"。少年曹操确实特别淘气。有一次，他偷偷潜入中常侍张让室中，张让发觉后，就用戟刺他，他就在张让面前舞枪弄戟，借机翻墙逃出。少年曹操也时不时爱捉弄人，顽劣中露出狡黠。有一次，他路遇叔父，故意装作嘴歪眼斜的模样，叔父问他为什么这样，他说是得病中风。叔父告诉他父亲，他父亲非常吃惊，把他叫来，结果发现他面目如常。父亲就问他："你叔父说你得病中风，嘴歪眼斜，现在病好了？"曹操回答说："本来没有中风，但叔父讨厌我，故意污蔑我呢。"从此，他叔父和他父亲说曹操什么坏话，他父亲再也不相信了。结合上述曹操少年时代的所作所为，魏武劫人故事描写的不过也是曹操少年时代的一次恶作剧罢了，只是这恶作剧中表现了少年曹操的机警权变，突出了他与众不同的独特性格。

新婚闹房是自古就有的社会风俗，为的是给新婚家庭平添热闹的气氛。曹操与袁绍"观人新婚"，无非也是想看看热闹。但出人意料的是，他们不仅参与热闹气氛，而且还制造紧张空气，"抽刃劫新妇"，把新娘子给劫跑了。不用想即可知道新娘子家人的反应，肯定是大急，四处追寻。慌张中,袁绍慌不择路掉进了荆棘丛中,衣服被牵扯出不来。情急之下怎么办?少年曹操不愧机警有智谋,他大喊一声:"偷儿在此!"原本被缠住出不来的袁绍,为了不被抓住,被这一声大叫惊醒,竟然猛然挣脱,跳跃而出。于是二人都得以脱险。尽管本文戛然而止,但读者却可充分发挥想象力,想见二人脱险后,曹操那得意大笑,嘲讽挖苦的表情;袁绍那尴尬窘迫,憨厚局促的神态。

魏武劫人故事描写的不过是一场少年闹婚的恶作剧,故事虽短,但叙述生动。惊险的场面,刺激的行动,机智的表现,无不描写得有声有色,活灵活现;少年的顽劣淘气,大人的无可奈何,事件的啼笑皆非,结局的出人意外,叙述得又是那么诙谐幽默,引人入胜。

从情节冲突看,整个故事以情境之险与人物之智构成叙述的张力。险境是情节推演的需要,谲诈是故事演绎的核心,没有劫妇、坠荆的情节描写,就无法突出曹操的机智谲诈表现,二者相辅相成,虚实共生,一波三折,充分显示了《世说》叙事艺术的高超精妙。

(王艺雯)

望梅止渴

魏武行役[①],失汲道[②],军皆渴,乃令曰:"前有大梅林,饶子[③],甘酸可以解渴。"士卒闻之,口皆出水[④]。乘此得及前源[⑤]。

《假谲》第2条

注释

① 行役：行军服役。
② 汲道：取水之道，即河流。
③ 饶子：果实丰富。
④ 口皆出水：口里流出口水。
⑤ 前源：前面的水源。

鉴赏

如果说魏武劫人故事描写的是少年曹操调皮顽劣的恶作剧的话，那么，望梅止渴故事表现的则是作为军事家的曹操善于因势利导，出奇制胜的“明略”之举。

故事描写曹操有次带兵行军，由于一时找不到水源，战士们口干舌燥，饥渴难耐。如果不尽快解决士兵的用水问题，很可能会因身体疲惫劳乏影响情绪，导致军心涣散，这是一个统帅最不愿看到的结果。面对此情此景，该怎么办？曹操不愧是一个深通兵理，深谙世情的军事家，他非常聪明，在此情势危难之时，他不是以精神安慰来稳定情绪，而是以物质诱惑来召唤军心，欺骗士兵说：前面有一片大梅林，果实丰富，又酸又甜，可以解渴。战士听说前面有梅林，禁不住想到梅子酸甜可口的味道，口水都流出来了，于是，争先恐后地向前奔，结果如愿以偿找到了水源。曹操一句毫无根据的“假谲”之语，却激发了士兵对生命的渴望，化解了军事情势的危机，也轻而易举地实现了自己军事行动的战略目标，可谓一举多得。

此故事收在《假谲》中，《世说》编撰者显然是把它作为曹操玩弄诡诈权术伎俩的表现。但如果从故事描写情境看，曹操的这一“诡诈”，不可视为“权术”，而是典型体现了曹操的用兵“明略”。作为杰出的军事家，曹操深通兵法，对“兵者，诡道也”的用兵之术了然于心，深知水无常势，兵无常形，只有因事制宜，“尽知用兵之害”“尽知用兵之利”（《孙子》），才能充分把握和利用复杂的形势和情势，驭军驭心，出奇制胜。所以，曹操的许多看似“假谲”的行为，均可视为兵家的“诡计多端”，但不可目为品行的“谲诈”恶劣。就此故事言，与其将曹操的话看作欺骗士兵的诡诈之术，不如说是曹操随机应变的明略之举。其实，曹操的许多诡计背后都体现着他的“明略”，而这正是一个军事家因事制宜，机智应变的必备素养。

曹操能够“克成洪业”，与此“奇策”“演谋”的军事素养和生活实践智慧是分不开的。但后人将此故事凝定为“望梅止渴”的成语后，语意所指则发生了变异，常被用来“比喻用空想安慰自己”（《现代汉语词典》），于是，希望“望梅止渴”的曹操被置换成了渴望“望梅止渴”的士兵。曹操何曾是在“用空想安慰自己”，他明明是在诱导他人，鼓动军心呐。后世这样的解读诠释恐怕是曹操始料未及的。如果曹操地下有知，恐怕真会对今天的诠释发出诡诈的一笑吧。

（王艺雯）

假寐得全

王右军年减十岁时[①]，大将军甚爱之[②]，恒置帐中眠。大将军尝先出，右军犹未起。须臾，钱凤入[③]，屏人论事，都忘右军在帐中，便言逆节之谋。右军觉，既闻所论，知无活理，乃剔吐污头面被褥，诈孰眠。敦论事造半，方意右军未起，相与大惊曰："不得不除之！"及开帐，乃见吐唾从横，信其实孰眠，于是得全。于时称其有智。

《假谲》第7条

注释

① 王右军：王羲之曾任右军将军，故世称王右军，见"丝竹陶写"篇（《言语》第62条）注释。
② 大将军：指王敦。
③ 钱凤，字世仪，晋吴郡人。任王敦铠曹参军，依附王敦造反作乱，事败被诛。

鉴赏

此条刘孝标注曰："按诸书皆云王允之事，而此言羲之，疑谬。"认为此则记录的主角为王允之而非王羲之。《太平御览》四百三十二引《晋中兴书》曰："王允之字渊猷，年在总角，从伯敦深智之。尝夜饮，允之辞醉先眠。时敦将谋作逆，因允之醉别床卧，夜中与钱凤计议。允之已醒，悉闻其语，恐或疑，便于眠处大吐，衣面并污。凤既出，敦果照视，见其眠吐中，以为大醉，不复疑之。"《晋书·王允之传》的载录与《晋中兴书》基本同似，并曰："时父舒始拜廷尉，允之求还定省，敦许之。至都，以敦、凤谋议事白舒。舒即与导俱启明帝。"这也就是为什么在明帝太宁年间，王敦进行第二次谋反失败的原因，明帝深知其计谋始末，定当有所防范，故王敦造反失利而病卒。另外，据钱大昕《疑年录》考证，王羲之生于元帝太兴四年(321 年)，王敦病卒时，年方四岁而已，王允之生于惠帝太安二年(303 年)，敦谋逆时，年十余岁，因此故事的主人翁应是王允之。

姑且不管历史真实情况如何，这则故事的记载笔法非常生动有趣，值得玩味。文中一开始是描写父执辈对孩童的欣赏爱护，王敦经常将王羲之置于帐中睡觉，可见其感情之要好；接着叙述大人世界的勾心斗角，钱凤、沈充为王敦计谋造反的主要谋主，他们准备发动政变，推翻明帝，前后一真一假，一好一坏，相映成趣。结尾为故事高潮所在，睡眠中的王羲之突然醒来，听到大人们的邪恶计谋，不知该如何是好，于是继续装睡顺便将口水弄满整脸，成功化险为夷，躲过一劫，保住小命。从王羲之吐唾纵横污头面的诈眠临场反应而言，可见其随机应变，临危不惧，机智与胆识兼具，若将此则置于《夙慧》篇，似也不无道理。

（曾敬宗）

玉镜姻缘

温公丧妇[1],从姑刘氏[2],家值乱离散,唯有一女,甚有姿慧,姑以属公觅婚。[3]公密有自婚意[4],答云:"佳婿难得,但如峤比云何[5]?"姑云:"丧败之余,乞粗存活[6],便足慰吾余年,何敢希汝比?"却后少日[7],公报姑云:"已觅得婚处,门地粗可[8],婿身名宦,尽不减峤[9]。"因下玉镜台一枚[10]。姑大喜。既婚,交礼,女以手披纱扇[11],抚掌大笑曰:"我固疑是老奴,果如所卜[12]!"玉镜台,是公为刘越石长史,北征刘聪所得[13]。

《假谲》第9条

注释

① 温公,即温峤,见"江左夷吾"篇(《言语》第36条)注释。
② 从姑:堂房姑妈,即父亲的堂姐妹。刘氏:温峤的姑母应该姓温,称刘氏,系从夫姓之故。值乱:遭遇战乱。
③ 姿慧:漂亮、聪明。属:同"嘱"。
④ 密:私下,暗中。

⑤ 比：类，辈。云何：怎么样。
⑥ 丧败之余：兵荒马乱后的幸存者。粗：大体上；马马虎虎。
⑦ 却后：过后。
⑧ 门地：家世地位。
⑨ 名宦：名声官职。尽：全，都。
⑩ 玉镜台：玉制镜座，用以承托圆形的铜镜。下：指下聘礼。
⑪ 纱扇：新娘用来遮脸的用具，疑是盖头一类。
⑫ 卜：预料。
⑬ 刘越石：刘琨，字越石，见“江左夷吾”篇（《言语》第36条）注释。刘聪（？—318），十六国时期汉国国君，匈奴族，刘渊子。一名载，字玄明。刘渊死后他杀死兄长夺取帝位，后攻破洛阳、长安，俘获怀、愍二帝。在位时穷兵黩武，广建宫殿，沉迷酒色。

鉴赏

温峤，字太真，太原祁县（今山西祁县东南）人，他聪明敏捷，博学善文，尤擅清谈，颇有器量，自幼就是一个远近闻名的孝子。温峤的风流不羁也是出了名的，比如他刚到南方，当时尚无具体任职，就经常找商人赌博。有时输光了钱，就向好友庾亮借钱，有时被扣留在船上，温峤就会在船上大声喊庾亮，说“拿钱救我！”当时庾亮已是高级将领，虽然无奈，也只好带钱到船上来赎人。

温峤也喜欢饮酒，不在意酒友的身份，卫永担任温峤的长史时，温峤常常随意地提着酒肉到他那里去，两人面对面随随便便地坐着饮酒，有时一喝就是一整天。外表风流不羁的温太真，却正直刚强，名士庾敳搜刮民财，温峤上表弹劾，京师为之震动，温峤因此被举为秀才。而遭到温峤弹劾的庾敳，却是真心佩服，反而盛赞温峤像茂密繁盛的大松树：“施之大厦，有栋梁之用。”（《晋书·庾敳传》）

南下之前，温峤辅佐刘琨治理并州，历任显职，在与石勒的战争中屡建战功。南渡之后，历元、明、成三帝，参与平定王敦、苏峻的叛乱，展现了杰出的才华。内涉中枢，外任方镇，充分显示出他出将入相、文武兼资的过人才干，在风云变幻的时局中始终以国家利益为重，为东晋王朝的创立和巩固，立下了丰功伟绩。陶侃在温峤死后上表称温峤"忠诚著于圣世，勋义感于人神"，这是温峤一生的真实写照。温峤一生留下许多有趣的故事，这其中骗娶表妹的事是流传最广的。

温峤妻子死后，恰巧堂房姑母刘氏一家人碰上战乱，辗转离散，投奔到温峤这里，堂姑母只有一个女儿，漂亮又聪明，堂姑母托温峤给找个女婿。温峤私下里喜欢这个表妹，有意给自己定亲，就回答说："称心如意的女婿不容易找到，只是和我一样的行不行？"姑母说："经过战乱活下来的人，只求马马虎虎保住条命，就足以让我晚年安适，哪里还敢希望和你一样。"过后不几天，温峤回复姑母说："已经找到一户人家，门第还过得去，女婿本人名声、官位全都不比我差。"于是送上一个玉镜台做聘礼。玉镜台是温峤做刘越石的长史时北伐刘聪得到的，姑母非常高兴。等到结婚那天，行了交拜礼以后，新娘用手拨开纱扇，发现原来新郎就是表兄，就拍手大笑说："我本来就疑心是你这个老家伙，果然不出所料。"有学者发现此事并不见历史的记载，温峤并无姓刘的妻子，质疑这件事的真实性。刘孝标注引《温氏谱》："峤初娶高平李暅女，中娶琅邪王诩女，后娶庐江何邃女。"刘孝标注又云："都不闻娶刘氏，便为虚谬。"温峤的三任妻子并没有刘姓，可见这个故事很可能是民间杜撰出来的。

正史中的温峤是个为国为民、谋略过人的士大夫，史书中记载了他抗胡、绝裾、击楫、平定王敦和苏峻之乱、燃犀烛照的事迹，却没有关于玉镜台的文字记录。《世说新语》作为志人小说，与严谨的史书不同，记载的都是士人的遗闻轶事，其内容就难免有些与历史不符，或为史实，或为传闻。而以温峤的情况来看，他才学出众，任性放纵，凭禀性行事，如此洒脱、不羁之人，民间杜撰这个故事，让他用"玉镜台"骗娶表妹也是符合情理的。

从南朝开始，温太真玉镜台故事便广泛流传，并在诗词中出现，如南朝萧纲的《咏雪》诗："思妇流黄素，温姬玉镜台。"可能是最早用这一典故的，诗中把玉镜台引申为婚娶聘礼之称或表达相思爱恋之物。

宋元后出现多部关于这一题材的戏剧，如无名氏的南戏《温太真》（已亡佚），元关汉卿的杂剧《温太真玉镜台》和明代朱鼎的传奇《玉镜台记》、范文若的传奇《花筵赚》。其中关、朱两剧艺术价值较高，流传较广。

早期温太真玉镜台故事在士人阶层中流传，彰显了士人的放荡不羁，以及超越名教的人格精神，宋元以后，在戏剧中这个故事演变成为底层大众津津乐道的风流老少配的故事。关汉卿的杂剧《温太真玉镜台》就是一部老夫少妻的婚姻喜剧，影响较大。剧演温峤官拜翰林学士，功成名就，中年丧妻，借姑母托他代为表妹倩英择婿之机，以自家的玉镜台为信物，骗娶倩英为妻。倩英因不同意这门亲事而闹别扭。在同僚王府尹的撮合下，这一对老夫少妻终得和谐。

朱鼎《玉镜台记》传奇在受到关汉卿《温太真玉镜台》启发的同时，对其进行了大幅度的艺术改造，将老夫少妻不和谐的婚姻故事改造成天作之合、才子佳人式的美满姻缘，还成了一出保家卫国、气势恢弘的历史剧，“借男女离合之情，写国家兴亡之感”。新的“玉镜台”故事被赋予了深刻的思想内容和强烈的现实意义。明代范文若的《花筵赚》增加了人物，把此剧写成温峤、谢鲲、表妹碧玉和婢女姿芳四个人物的才子佳人三角恋故事。

总之，温太真玉镜台故事经过历代文人的改编与再创作，由最初的短小故事，发展成为元明时期杂剧和传奇。不同时代的“温峤娶妇”故事，有着不同的文化内涵，此故事的缘起是映射魏晋士人风度精神，是士人文化的代表，宋元南戏和元代杂剧演变成老夫少妻的风月爱情故事，反映的是底层民众的通俗文化；明清时期，如朱鼎的杂剧将其改编成婚姻爱情和时政结合起来的历史正剧，范文若的传奇《花筵赚》，则发展成才子佳人故事，体现的是雅正的士文化和通俗的市民文化的交融。

（齐慧源）

诈厌情笃

诸葛令女[1]，庾氏妇，既寡，誓云“不复重出[2]”。此女性甚正强，无有登车理。恢既许江思玄婚[3]，乃移家近之。初，诳女云：“宜徙于是。”家人一时去，独留女在后。比其觉[4]，已不复得出。江郎莫来[5]，女哭詈弥甚，积日渐歇。江虨暝入宿，恒在对床上。后观其意转帖[6]，虨乃诈厌[7]，良久不悟，声气转急。女乃呼婢云：“唤江郎觉！”江于是跃来就之，曰：“我自是天下男子，厌，何预卿事而见唤邪[8]？既尔相关[9]，不得不与人语。”女默然而惭，情义遂笃。

《假谲》第10条

注释

① 诸葛令：即诸葛恢(284—345)，字道明，琅邪阳都(今山东沂南南)人。祖诸葛诞，父诸葛靓。晋明帝时，官至尚书令，其大女儿曾嫁庾亮之子庾会。后庾会死于苏峻之乱。

② 重出：改嫁。

③ 江思玄：江虨，字思玄，陈留圉(今河南杞县西南)人，江统长子。博学知名，善

弈。永和元年(345年)讨平干瓒之乱。除尚书吏部郎,迁吏部尚书。出补会稽内史,后拜护国将军、领国子祭酒。

④ 比:等到。

⑤ 莫:即“暮”。

⑥ 转帖:渐渐安定下来。

⑦ 厌:通“魇”,做噩梦。

⑧ 预:干。

⑨ 相关:关心。

鉴赏

这个故事几乎就是一篇跌宕起伏、妙趣横生的小小说了。

故事的女主人公是诸葛恢的女儿,曾是庾氏的媳妇。她丈夫死了,因生前夫妻感情好,就发誓不再改嫁,而且她的性格很倔强,很难勉强。父亲诸葛恢当然不愿女儿年纪轻轻即守寡,将女儿暗中许配给了江虨。考虑到女儿的性子,诸葛恢没明说,也没有做思想工作,而是耍了一个小小的计谋:先把家搬到江家附近。这需要做出合理的解释——诸葛恢起初找了个理由欺诳女儿,说应该搬家到此处。然后诸葛家的人全都走了,把该女子留下。等她发觉过来,为时已晚,人出不去了。

晚上江虨来。可想而知她肯定情绪焦躁,心情很坏,所以把所有的怨气对准江虨,又哭又骂,越来越厉害。这也是人之常情。过了些天,逐渐消歇了。所谓“飘风不终朝,骤雨不终日”,没有什么东西是能旷日持久的,情绪更是如此。她知道了这是不可改的事实。但,对江虨由排斥到接受,对自己曾经的誓言由坚定到软化,需要一个转变的过程。在转变中,就要求男主人公江虨有相当的耐心和智慧。显然,江虨全都具备。

他夜晚入宿房间,但有节制,总是待在她对面的床上,这是在观察她的反应,以作下一步的行动;等发现她的心意慢慢平静下来,江虨很老道,很有耐心,以退为进,假装做噩梦,好久都没醒过来,且声音气息越来越急促——一个很危险的情况。装可怜，乃从古至今男人们骗取女孩子同情的屡试不爽的法子。果然，该女子捉急起来，她当然不好意思直接叫江虨，于是呼唤身边的婢女："快把江郎唤醒。"江虨等的就是这句话，马上跳起来，跑到她身边："我是天下的一个男子，做噩梦关你什么事，却来呼唤我？既然你这么关心我，就不能不和我说话。"女子心事被说中，不由害羞，默然无语。两人的情感从此深厚起来。

在《世说新语》全书里，本则算得上是故事性很强的了，把女孩子心态的转变写得入情入理且活灵活现。这样细腻的描写，在当时的小说里还是比较少见的。

此外，这个故事可以和《贤媛》第6则构成一个非常有趣的对照：许允妇义责许允，令许允愧疚，其结果是"遂相敬重"；而本则中，江虨诈魇诸葛恢之女，其结果是"情义遂笃"。敬重和情笃，是感情性质不同的两种夫妻关系，一个道德感很强，一个情趣味很重。像许允妇，她的个性势必很难接受江虨式的诈厌做法；而诸葛恢之女，也不会被义正词严的教训改变态度。

（肖能）

黜

黜免者，废黜、罢免之谓也。《论语·微子》云："柳下惠为士师，三黜。人曰：'子未可以去乎？'曰：'直道而事人，焉往而不三黜？枉道而事人，何必去父母之邦？'"同书《公冶长》："令尹子文三仕为令尹，无喜色；三已之，无愠色。"此处"已"字，实即罢免之意。又《左传·襄公十三年》："是以上下有礼，而谗慝黜远。"是可知《黜免》一门，其旨正与《宠礼》相对，盖仕途多舛，载沉载浮，一旦失宠、忤旨、违法，或则兵败名毁，皆不无黜免之虞

免

第二十八

也。故此门九则故事，如桓温两黜其人，殷浩咄咄书空，殷仲文婆娑之叹，皆特定人物于特定时空之特定表现，虽无关家国宏旨，亦颇婉曲有致，耐人寻味。读者若深思善体之，或不无深造自得之趣也。

鉴赏 猿肠寸断

猿肠寸断

桓公入蜀①，至三峡中，部伍中有得猿子者。其母缘岸哀号，行百余里不去，遂跳上船，至便即绝。破视其腹中，肠皆寸寸断。公闻之，怒，命黜其人。

《黜免》第2条

注释

① 桓公入蜀：晋穆帝永和二年(346年)，桓温西伐蜀汉李势，次年攻占成都。

鉴赏

"倚天一出，谁与争锋？"沧海横流的时代，长夜漫漫，一灯如豆，在望不到尽头的荒芜里，桓温是一把所向披靡的宝剑，使那个颓靡的朝代，焕发出"倚天照海"的光芒！在一派"谈空说玄"的氛围中，桓温已经深谋远虑地开始部署他的光复版图。他首先将目光落在了昏庸无能的蜀地成汉国国主李势那里。可是，蜀地险要，素来有"一夫当关，万夫莫开"的古训，大家都怀疑他率众西伐的举动是被驴子踢了脑袋。

永和二年(346年)，在一片非议声中，桓温溯着长江而上。长江沿岸的丛林里有很多猿猴，有个好奇的士兵就趁休息时顺手抓了一只上船。小猴子的母亲沿岸追随哀号,跟了一百多里,最后看没有归还孩子的希望了,拼命跳上船,却耗尽心力而死了。士兵剖开猴妈妈的肚子一看,发现她的肠子断成一截一截的,真是"肝肠寸断"!桓温是性情中人,大怒之下,处罚了那个残忍的士兵。

也许就在这时候,桓温发表了那一句著名的感叹:"既为忠臣,不得为孝子,如何?"(《言语》58)无情未必真豪杰,在残酷的战争中,谁能预料一个辉煌的战果呢?"儿行千里母担忧",此时出征的桓温,是否想起自己慈爱的母亲?此时心里如风云涌起的,应该是无法在母亲膝前尽孝的无限歉疚吧。

桓温的仁爱之心,不仅在于做一个忠臣孝子,更在于爱护下属和百姓。他在任荆州刺史时,一心想在江汉地区施行德政,不想靠酷刑威慑百姓。令史受杖刑,棍子只是从官服上掠过。儿子桓式年纪小,从外边回来,说:"向从阁下过,见令史受杖,上捎云根,下拂地足。"桓式是在讥讽没有打着,可桓温笑着说:"我犹患其重。"(《政事》19)

然而在残酷政治斗争中,这种仁慈之心,反而是桓温的软肋,影响了他的杀伐决断。太和六年(371 年),桓温第三次北伐失利后,声望大损。为了重立威名,在郗超的建议下,桓温废黜司马奕为海西公,另立司马昱为简文帝。司马昱是典型的傀儡皇帝,被桓温虎视眈眈于卧榻之侧,过了一年就忧惧而死。临终时简文帝写下给桓温的遗诏:"如果太子可以辅佐,就请您辅佐;如果他不成器,您可以自取天下。"

对于司马昱来说,被挟制的皇权味同鸡肋,可有可无;然而对于素有"忠君"观念的天下人而言,改朝换代意味着动荡不安,和一场场不可避免的血腥杀戮。在这紧急关头,王坦之和谢安趁桓温不在京都,马上立太子司马曜做了皇帝。桓温盛怒之下,兴师问罪,准备杀了王坦之和谢安。吓破了胆的褚太后,赶紧让王、谢二人率领文武百官到建康城外的新亭迎接大军。这一着棋无非是丢车保帅,让桓温先杀人出气,免得皇家遭殃。

宾主在新亭中对坐，四周布满了桓温的兵士。谢安望着桓温已经斑白的两鬓，或许想到了桓温"木犹如此，人何以堪"的诗句。这位一生征战的迟暮英雄，毕竟是世代交情、多年知遇，既是他维护政局的对手，也是惺惺相惜的知音啊！

谢安看出了桓温的心有不甘，可是与天下人的安宁相比，个人的野心就应该让位啊。他从容沉静地说道："有道之臣，自当驻守四方，何必伏兵帐下？"

起初桓温听信术士之言，幻想以自己的赫赫功绩，沉静懦弱的简文帝一定会主动禅位给他。可惜皇位的既得利益者哪有那么容易让出天下呢，何况还有谢安这样的忠正贤能的臣子，死命维护士族与皇族共治的安定局面。可如果他像历代王朝开创者那样皮厚心黑，能够眼珠子不眨一下地诛杀异己，恐怕谢安再沉着冷静也早成刀下鬼了，剩下那愚痴无能的统治者，如何能阻止他改朝换代的步伐？

蔡东藩在《两晋演义》中评价道："桓温入朝，都下汹惧，而一无拳无勇之谢安，犹能以谈笑折强臣之焰，此由温犹知好名，阴自戒惧，故未敢倒行逆施，非真为安所屈也。"正因桓温内心的戒慎恐惧，使他在建康拜谒简文帝陵墓时，恍惚间看见简文帝的鬼魂出现施礼，吓得连声谵言"臣不敢，臣不敢"，回去后很快就病魔缠身，未得朝廷所赐的九锡，便抱憾去世了。

"金剑已沉埋，壮气蒿莱"，英雄也许强不过时势，但桓温的仁爱导致了他的优柔寡断，也使他最终赍志而没，给后人留下无限的浩叹！

（阮莉萍）

咄咄怪事

殷中军被废①,在信安,终日恒书空作字。扬州吏民寻义逐之,窃视,唯作“咄咄怪事”四字而已。

《黜免》第3条

注释

① 殷中军:即殷浩,他曾任中军将军。见“北门之叹”篇(《言语》第80条)注释。

鉴赏

永和三年(347年),桓温灭掉西蜀成汉政权后名声大振,加之他当时正镇守荆州,扼住了东晋的咽喉,因而这位枭雄让朝廷如芒在背。另一位正在丹阳祖先墓所隐居的殷浩,那时的声誉同样如日中天。《世说新语·赏誉》99载“殷渊源在墓所几十年。于时朝野以拟管、葛,起不起,以卜江左兴亡”。朝野都把他比为管仲和诸葛亮,以他的出处来“卜江左兴亡”。于是,他便被正在辅政的会稽王司马昱当作抗衡桓温的棋子,数次恳请殷浩出来主持朝政。永和五年,后赵皇帝石虎一死,北方便开始大乱,桓温立即上书请求北伐。朝廷怕桓温因此进一步坐大,对他的请求久久置之不理。次年以殷浩为中军将军、都督五州军事,永和七年殷浩受命率军攻打洛阳、许昌,永和九年殷浩兵败许昌。桓温见北伐连年吃败仗,趁机上表弹劾殷浩。朝廷不得已将殷浩废为庶人,并流放东阳郡信安县安置。

几年之间，殷浩从王朝“救星”变成了朝廷“废人”，从人生的顶峰跌入人生的谷底。于是，就有了这则小品描述的故事——

话说中军将军殷浩被废为庶民后，被朝廷流放到东阳郡信安，他在这里整天都对空写字。当年作扬州刺史时他有不少崇拜者，这些仰慕他的官吏和百姓追随他来到信安。见他天天对空写字，他们好奇地偷偷观察，发现原来殷浩只写“咄咄怪事”四字而已。

殷浩流放地东阳郡信安，治所在今浙江省衢州市衢江区。《晋书》本传称他“识度清远”，弱冠之年便名满天下，尚未出仕就已经众望所归。由于多年来一直是众星捧月，他自己当然更觉得“我辈岂是蓬蒿人”。哪曾想出师北伐屡战屡败，几年之间他从人生“无限风光”的顶峰，坠入暗无天日的深谷！命运的转折实在太急、太陡、太大，在如此沉重的打击面前很多人都会精神崩溃，我们能想象殷浩承受着多大的心灵煎熬。朝野都指望他来扭转危局，他同样认为自己无所不能，结果在战场上却是百无一能，在仕途上更是一蹶不振。作为当事人，殷浩无疑会百思不得其解，无疑把悲剧归结为命运的捉弄，所以只是困惑惊诧地感叹：“咄咄怪事！”“咄咄”是表示诧异惊叹的感叹词。“咄咄怪事”现在成了常用成语，表达对不合常理或不可理解之怪事的诧异之情。

当年诸葛亮六出祁山连连失败，他不是同样哀叹“谋事在人，成事在天”吗？诸葛亮出师无功而返，回朝后仍是受人尊敬的丞相，殷浩败绩后则从宰辅废为庶人，所以他只能痛苦地书空“咄咄怪事”。在那种环境和心境中，他怎么能冷静反思悲剧产生的深层原因呢？

他唯一能想明白的就是自己被司马昱卖了，自己一生成了他的工具和玩偶，一旦玩腻了就把给他甩了。《世说新语·黜免》篇5载：“殷中军废后，恨简文曰：‘上人著百尺楼上，儋梯将去。’”他废黜后怨恨司马昱说：“把我送到百尺高楼上面之后，立马又把梯子给撤走。”文中的“儋”字通“担”字。司马昱即后来的简文帝，当时辅佐年幼的穆帝司马聃，事实上是他在独揽朝政。开始要利用殷浩制衡桓温，他把殷浩推上了权力的顶峰，当北伐失利后被桓温弹劾时，他又不愿意站出来为殷浩承担责任，殷浩要是胜了他占头功，殷浩败了他毫发无损。

《黜免》5 刘孝标注引《续晋阳秋》说："浩虽废黜，夷神委命，雅咏不辍，虽家人不见其有流放之戚。外生韩伯始随至徙所，周年还都。浩素爱之，送至水侧，乃咏曹颜远诗曰：'富贵它人合，贫贱亲戚离。'因泣下。"史书记载"其悲见于外者，唯此一事而已"。"富贵它人合，贫贱亲戚离"，他被废为庶人后体认到了世态的炎凉，在自己喜爱的外甥面前泣下沾襟，但他平时能镇定自持，仍然"夷神委命"，照样"雅咏不辍"，即使家人也听不到他唉声叹气，所以孝标怀疑"咄咄怪事"云云的真实性："书空、去梯之言，未必皆实也。"

从人生的大喜堕入人生的大悲，对空书"咄咄怪事"即便不是历史的真实，也符合殷浩性格及境遇的真实。这里我们倒想追问一下：殷浩兵败许昌算不算"咄咄怪事"？

谁都知道"胜败乃兵家常事"，他麾下的部队又是临时纠合，谢尚部下的叛将又临阵倒戈，在这种情况下谁都可能一败涂地，何况殷浩此前只在纸上谈兵。"人各有所长"的另一面，就是"人各有所短"。《晋书》本传说他"夷旷有余，经纶不足。舍长任短，功亏名辱"，史家对他优缺点的评价冷静客观。殷浩误以为在清谈席上善于唇枪舌剑，在战场上必定也勇于冲锋陷阵。《三国志》称诸葛亮"应变将略，非其所长"，这句话移来评殷浩更为贴切。要么殷浩不清楚自己的所长与所短，要么殷浩不懂得如何扬长避短，他领兵北伐本身就是一个错误，大败而逃实属正常，凯旋就有点反常——殷浩同意这个说法吗？

（戴建业）

桓公流汗

鉴赏

桓公流汗

桓宣武既废太宰父子[①]，仍上表曰："应割近情，以存远计。若除太宰父子，可无后忧。"简文手答表曰："所不忍言，况过于言？"宣武又重表，辞转苦切。简文更答曰："若晋室灵长，明公便宜奉行此诏。如大运去矣，请避贤路！"桓公读诏，手战流汗，于此乃止。太宰父子，远徙新安[②]。

《黜免》第7条

注释

① 桓宣武：桓温卒谥宣武，故称。太宰父子：武陵王司马晞与其子司马综。司马晞，晋元帝第四子，简文帝司马昱兄长，初封武陵王，拜太宰，尚武凶恣，为桓温所忌。初，元帝少子司马昱辅政，司马晞以宗长不得执权，常怀愤恨，欲藉由桓温除之。及简文帝即位，桓温逼新蔡王司马晃自诬且供认与司马晞父子等人密谋造反，有司奏请斩之，帝不许，咸安元年，废徙于新安。

② 新安：晋时属东阳郡，今浙江淳安。

鉴赏

司马晞为简文帝司马昱的兄长，封武陵王，拜太宰，在简文帝辅政时期,认为自己是兄长,比简文更适合继承皇位,但却天不从人愿,无法获得晋元帝的信任,故心怀怨恨,意图藉由桓温杀害司马昱,期望能成为皇帝。也正因为其人有武干谋略,桓温认为必须除之,以免后患无穷,故让人诬告司马晞父子密谋造反,希望能斩杀之。但简文帝念及手足情谊,不管桓温如何怂恿逼迫,终能不为所动,甚至不惜以"禅让退位"保全他们父子性命,桓温看到这样的诏书,手颤抖冒冷汗,足见简文帝的睿智与坚定。桓温是极具野心的政治家,一直等待机会欲取晋室而代之,虽有"既不能流芳后世,亦不足复遗臭万载邪?"的豪语,但始终不敢篡弑晋帝以自立,而期望皇帝自行禅让,以避后世篡逆骂名。但简文帝"如大运去矣,请避贤路"这话不怒自威,彻底让桓温的皇帝梦破灭,为文、景所笑,也遗臭万年。

唐代房玄龄等人所编撰《晋书·简文帝纪》曰:"帝虽神识恬畅,而无济世大略。故谢安称为惠帝之流,清谈差胜耳。"谢安将简文帝比为晋惠帝,似乎不甚公允,惠帝内惑于贾后,戮舅废妻,囚子于金墉城,昏庸至极。但对比本则简文帝的宽厚明智、意志坚定,且《雅量》25 桓温评简文帝曰:"朝廷间故复有此贤。"显然谢安的评论是有问题,故余嘉锡《世说新语笺疏》曰:"谢安之言,拟人不于其伦。疑是记者之失,不足以为定评也。"论断诚确。

(曾敬宗)

无复生意

桓玄败后，殷仲文还为大司马咨议，意似二三[①]，非复往日。大司马府听前有一老槐[②]，甚扶疏[③]。殷因月朔[④]，与众在听，视槐良久，叹曰："槐树婆娑[⑤]，无复生意[⑥]！"

《黜免》第8条

注释

① 二三：不专一。
② 听：官府中办公议事的厅堂，后写作"厅"。下文"与众在听"之"听"义同。
③ 扶疏：树木枝叶繁茂的样子。
④ 月朔：旧历每月初一，也称"月旦"。旧时该日官府下属依例集合于衙署朝见长官、办公议事。
⑤ 婆娑：与"扶疏"义近，参注③。
⑥ 生意：生机、生趣。

鉴赏

本条中殷仲文对槐树所发的这番感叹，与他跌宕起伏的人生经历很有关系。殷仲文出自陈郡长平(今河南西华西北)殷氏，该族在南渡之后，主要依靠殷浩的影响，得以跻身一流大族行列。殷仲文有才华，有颜值，由从兄殷仲堪推荐给当时实际掌控朝政的会稽王司马道子，受到重用，历任骠骑参军、咨议参军，转任接替掌控朝政的司马道子之子司马元显的征虏长史。正当仕途顺利、春风得意的时候，由于桓玄与朝廷为争权而产生矛盾，而殷仲文作为桓温的女婿、桓玄的姐夫，虽然平时与桓玄交往并不密切，但也受到牵连，被贬为新安（辖今安徽黄山及江西婺源、浙江建德等地）太守。不久之后，桓玄攻入都城建康，殷仲文弃职投奔，甚得桓玄宠信和重用，先任咨议参军，后擢升侍中、左卫将军。在桓玄筹划篡位自立的过程中，殷仲文因为长于文章，受命总领诏命，朝廷加授桓玄九锡（天子赐给大臣车马、衣服等九种器物，本是给予大臣的最高礼遇，后为权臣篡位的常规程序之一）的诏命，就出自他手。桓玄逼迫晋安帝司马德宗禅位、登基建楚仅数月，就被刘裕率北府兵击败，他挟持安帝等乘船西逃。殷仲文跟从，到巴陵（今湖南岳阳）时，他以收集散兵为名，奉二后（穆帝皇后何法倪、安帝皇后王神爱）逃离桓玄，转投义军，为刘裕镇军长史，转尚书。桓玄被杀后，安帝被迎回建康复归帝位，殷仲文上表忏悔从逆，并恳求解职，但诏不许。

本条所述，应当是此后不久之事。殷仲文担任大司马（司马德文，一说刘裕）咨议，可能由于此前跌宕起伏的经历，他这时已经有些心神不宁、犹豫不定，为官也不像以前那样全神贯注、专心致志。大司马府厅堂前有一株老槐树，长得非常繁茂。某月初一时，殷仲文与众同僚集聚大司马府厅堂，他看了这株槐树好长时间，感叹道："槐树繁茂，但是不再有生机了。"（文中"扶疏""婆娑"意思相近，均指树木枝叶繁茂的样子。但可能为了"槐树婆娑，无复生意"句意的通顺，许多论著都将此处"扶疏""婆娑"解为凋零败落的样子——然而"扶疏""婆娑"甚少这样的用例，而且将"槐树婆娑，无复生意"理解成转折关系，意思也很通顺。）这株槐树虽然枝叶繁茂，甚至还能着新花，但毕竟已经老迈，比不得幼苗小树那样茁壮旺盛、生机蓬勃。殷仲文在此不仅感物，即对这株老槐树的外在样态和内在生命巨大反差的感叹；还借此自况伤己，殷仲文素有名望，自视甚高，历经多次大起大落的风波，如今居此非显非要之职，感觉身心疲惫，意兴阑珊。而且槐树还与大权高位相关（周代宫廷种植三株槐树，三公朝见天子时，面对三槐站立，后因以“三槐”代指三公，三公的官署称为“槐府”“槐省”），不知殷仲文当时有无这种联想？

殷仲文因不得志，怏怏不乐，后又被贬为东阳（今浙江金华）太守，于是更加愤愤不平。义熙三年（407年），他意图拥立桓胤为桓玄嗣子以反叛，事败，和弟弟叔文等被杀。

殷仲文慨叹槐树无复生意，颇具伤感的意味，成为后世运用的典故。庾信诗赋中都有用例，其《拟咏怀诗二十七首》其二十一：“倏忽市朝变，苍茫人事非。避谗应采葛，忘情遂食薇。怀愁正摇落，中心怆有违。独怜生意尽，空惊槐树衰。”《枯树赋》开篇即云：“殷仲文风流儒雅，海内知名。世异时移，出为东阳太守，常忽忽不乐，顾庭槐而叹曰：‘此树婆娑，生意尽矣。’”此赋作于庾信羁留北方时，借树木荣枯感伤自己的身世，但运用此典时在细节方面做了一些改动，例如将时间由殷仲文任大司马咨议时延后到出为东阳太守时，将地点由大司马府厅堂前挪移到东阳太守庭院。这也许是庾信有意为之，但也可能是记忆有误，古人作文用典，常常仅凭记忆，因此难免有误。

（张金耀）

世 说 新 语

俭

俭啬，谓节俭、吝啬。《论语·八佾》云："子曰：'礼，与其奢也，宁俭。'"同书《述而》子曰："奢则不逊，俭则固。与其不逊也，宁固。"又《道德经》第六十七章："我有三宝，持而保之：一曰慈，二曰俭，三曰不敢为天下先。……俭故能广。"王弼注称："节俭爱费，天下不匮，故能广也。"可知儒道两家皆以"俭"为美德。至于墨子，尚质务实，尤为主旨，《节用》《非乐》诸篇，贵本崇俭，反对浮华，其揆一也。然儒家又以俭之为德，须以礼节之，不可无度。《礼记·檀弓下》曾子曰："国无道，君子耻盈礼焉。国奢，则示之以俭；国俭，则示之以礼。"又《诗经·魏风·葛屦》小序云："其君俭啬褊急，而无德以将之。"《汾沮洳》小序："刺俭也。其君俭以能勤，刺不得礼也。"《唐风·蟋蟀》小序："俭不中礼，故作是诗以闵之。"是知俭而过礼，

啬

第二十九

则流于悭吝固陋，不唯不美，反是一患。《世说·俭啬》门所记九则故事，如和峤、王戎、王导、郗愔辈，皆少年风流，晚节好货，非为惜物，直是形为物役，守财之奴耳！幸有王武子、郗嘉宾之徒，大捣其乱，遂使此篇尚有可观。夫孔子有“君子三戒”之论，尝谓“及其老矣，血气既衰，戒之在得”（《论语·季氏》），夫“得”者，盖贪且吝也。细味此言，直如当头棒喝，惜乎诸人入乎耳未著乎心也。

鉴赏

灯下筹算

灯下筹算

司徒王戎，既贵且富，区宅僮牧，膏田水碓之属①，洛下无比②。契疏鞅掌③，每与夫人烛下散筹算计④。

《俭啬》第3条

注释

① 区宅：房舍。僮牧：奴婢。膏田：良田。水碓：利用水力资源来劳作的作坊。
② 洛下：西晋京师洛阳。
③ 契疏：契券账簿之类。鞅掌：繁忙。
④ 散筹：摊开筹码。算计：算账，计算家财。

鉴赏

高门士族并非时时刻刻高雅风流，也要吃喝拉撒、饮食男女，这是人之常情，无可非议。但如果在利益面前将自己混同于常人，或是比常人还等而下之，则有辱了华丽家族的风流美名。俭啬门共九则故事，王戎独占四则，占一半弱，成为并非光彩的当然主角，可见王戎在世人心目中的“吝啬鬼”形象是多么地深入人心。王戎生财有道，聚敛有方，但又“自遇甚薄”，成了古代典型的吝啬鬼守财奴。王戎出身于世家大族，祖雄为幽州刺史，父浑为凉州刺史，确实堪称“既贵且富”，因贵而富，手中有权力便掌握了无穷的资源，从而很容易就获得了人生的“第一桶金”，并进而产生

“滚雪球”效应。多年来王戎养成了一个习惯，晚饭后一定要和夫人算清每日的账目。摇曳的烛光下，名士的形象变得模糊了，既贵且富的竹林名士，心中无法装得下那超脱而又玄远的哲学命题，只有手中一根根竹制筹码，和一串串数字，才是心底最真实、最安全的寄托。

但王戎为西晋清谈名士，人们为贤者讳，或谓如此敛财非其本性，而是生当乱世的自晦自全的明哲之举。如戴逵论此事曰：“王戎晦默于危乱之际，获免忧祸，既明且哲，于是在矣。”（语见《晋阳秋》）偶尔一二件事，或许还可以讨论，但是再三再四，则无法以“晦默”“免祸”之说塞议者之口。竹林之游时，阮籍曾斥王戎为“俗物已复来败人意”。可见，王戎聚敛、俭啬之性格已经初露端倪，被阮籍嘲笑为“俗物”，可见身上已经开始散发出微微的铜臭了。一个令人敬仰的竹林名士，竟然可以庸俗到这种程度，令人不能不对其名士头衔的得来深表怀疑。对于戴逵为王戎辩护，余嘉锡评曰：“观诸书及《世说》所言，戎之鄙吝，盖出于天性。戴逵之言，名士相为护惜，阿私所好，非公论也。”所论洞彻肺腑，使名士贪婪的一面无所遁其形。

（白振奎）

兼有治实

苏峻之乱，庾太尉南奔见陶公[①]。陶公雅相赏重。陶性俭吝，及食，啖薤，庾因留白。陶问：“用此何为？”庾云：“故可种。”于是大叹庾非唯风流，兼有治实。

《俭啬》第8条

注释

① 庾太尉：即庾亮，见“不卖的卢”篇(《德行》第31条)注释。陶公：即陶侃，见“竹头木屑”篇(《政事》第16条)注释。

鉴赏

苏峻因平定王敦之乱有功，朝廷对他寄予厚望，晋爵封公，仰为防御北方的屏障，但由于其手握重兵，加之招纳亡命之徒，扩充军备实力，逐渐引发朝廷的疑虑。庾亮辅政之时，以强固中央，抑制地方势力为务，故征召苏峻入朝为官，希望解除其兵权，但苏峻深知此为诱杀之计，去了等于自投罗网，于是在东晋成帝咸和二年(327年)举兵造反，攻入都城建康，焚烧宫室，逼迁成帝于石头城。后来苏峻被陶侃、温峤等人率军击败诛杀，这段历史称为“苏峻之乱”。

陶侃虽出身寒门，然志向远大，为人俭朴务实，靠着自身的努力，加上平定苏峻之乱有功，逐渐受到朝廷重用。本则背景即苏峻起兵叛乱，朝廷倾覆，贵族流散，辅政大臣庾亮投奔陶侃情事，该则应与《容止》23、《假谲》8一起合观，尤能见事情之始末。陶侃认为苏峻举兵造反，应由庾亮担负责任，若不是因其削减兵权事情操之过急，苏峻也不致于狗急跳墙，挥师建康。因此一开始对庾亮颇不谅解，认为应诛亮以谢峻，后因温峤从中斡旋协调，并共推陶侃为讨伐盟主，方使陶侃改变主意。文中庾亮吃薤菜留下白色根部，说可继续用来种植，深得陶侃赞赏。庾亮出自高门贵族，不事农耕，能知食薤留白，以续栽植，实属不易。陶侃从小家境酷贫，故养成节约的习性，深知底层人民生活不易，得知庾亮能吃薤菜而留白，珍惜物力，故才对庾亮有所改观，并大叹曰：“非唯风流，兼有治实。”余嘉锡《世说新语笺疏》评曰：“陶公爱惜物力，竹头木屑，皆得其用。既是性之所长，亦遂以此取人，其因庾亮啖薤留白，而赏其有治实，犹之有一官长取竹连根，而超两阶用之之意也。事见《政事篇》。此之俭吝，正其平生经济所在。”与王戎辈守财自封者，固自不同。所论诚确。

（曾敬宗）

周旋略尽

郗公大聚敛[①]，有钱数千万，嘉宾意甚不同[②]。常朝旦问讯，郗家法，子弟不坐，因倚语移时，遂及财货事。郗公曰：“汝正当欲得吾钱耳！”乃开库一日，令任意用。郗公始正谓损数百万许，嘉宾遂一日乞与亲友、周旋略尽。郗公闻之，惊怪不能已已。

《俭啬》第9条

注释

① 郗公：即郗愔，见“嘉宾韬晦”篇（《捷悟》第6条）注释。

② 嘉宾：郗超，字景兴，一字嘉宾，见“不至河汉”篇（《言语》第75条）注释。

鉴赏

常言道“有其父必有其子”，郗愔与郗超父子的气质个性表明，“常言”不一定就是“常理”。

这里先得介绍一下文中两位主人公——“郗公”与“嘉宾”。“郗公”即郗愔，出生于晋代的名门望族，晋太宰郗鉴的长子，书圣王羲之的内弟，官至平北将军、徐兖二州刺史。“嘉宾”是郗愔之子郗超的字。郗愔既非将帅之才，也无识人之智，忠厚到愚憨的程度，往好处说是“渊靖纯素”，往坏处说是“暗于机宜”；其子郗超则以过人才智享一代盛誉，其气度与才华在士林中鹤立鸡群，当时人们就将他与谢安、王坦之并称：“大才盘盘谢家安，江东独步王文度，盛德日新郗嘉宾。”（《赏誉》126刘孝标注引《续晋阳秋》）郗超有雄才更有雄心，他是一代枭雄桓温最为倚重的谋士，可惜北伐时所献嘉谋“上则悉众趋邺，次则顿兵河济”，没有被桓温采纳而招致大败，败后他所出歪主意“废帝以立威”，桓温却又立即付诸行动。

在对待钱财的问题上，郗愔父子也大异其趣：其父郗愔大肆聚敛财货，家中存钱千万还不满足，而其子嘉宾对钱财的态度与父亲完全相反，他看不惯父亲守财奴似的聚敛财货。身为人子他必须每天清晨到父亲那儿请安，依照郗家家法，子弟请安是不能入座的，有次请安郗超站着谈了很长时间，最后总算是谈到了钱财的事情上来。郗愔以为儿子是在打自己钱财的主意：“你不就是想要我的钱财吗？”他想满足一下儿子的欲望，于是便开库一天，让郗超任意地使用。郗愔起初以为儿子再怎么用，一天最多损失也不过几百万的样子，没想到郗超竟然把钱都送与亲戚、朋友和与自己有交情的人，一天时间就把父亲的所有积蓄散个精光。郗愔听说后惊诧不已。

郗愔小气、贪婪而又愚暗，谁看了这篇小品都会对他十分反感。他像守财奴似的爱钱如命，连儿子与他谈钱也引起他高度警觉，和他谈钱就被当成是向他要钱。他对什么事情都异常迟钝,唯独对钱特别敏感。家中已“有钱数千万”,他仍然还要“大聚敛”,吝啬和贪婪总是“结伴而行”——吝啬鬼必然贪婪,贪婪鬼往往吝啬。俗话说“知子莫若父”,可他这位父亲并不“认识”自己的儿子,儿子的“旷世气度”和“卓荦奇才”,超出了他那木头脑瓜的理解能力之外。他以为儿子和他谈到钱财,不过是“正当欲得吾钱耳”!乌鸦眼中的一切都是黑的,他误认为儿子和自己一样贪财。父子之间毕竟血浓于水,为了满足儿子的“贪心”,他“乃开库一日,令任意用”。他想儿子再怎么挥霍一天最多也只会“损数百万许”。岂知儿子视金钱如粪土,一天就将他所有钱财全部分送给亲朋好友。儿子的所作所为大出他的意料,所以他听说后“惊怪不能已已”,可见这位父亲对儿子的为人与志向全无所知。

这篇小品处处以其父的聚敛吝啬,反衬其子的豪爽大度:对于父亲的“大聚敛”,其子“嘉宾意甚不同”;父亲责怪儿子“汝正当欲得吾钱耳”,其子却将钱财“乞与亲友、周旋略尽”,对父亲的数千万钱财毫无兴趣。行文至此,读者肯定会十分纳闷:这么小气颟顸的父亲,怎么会生出像郗超这么卓荦大度的儿子呢?至于读者的情感好恶就更不用说了,估计无人不讨厌其父而钦敬其子。

可是,《晋书》中的《郗愔传》和《郗超传》,史家对他们父子二人的“盖棺定论”,对郗愔是一片赞誉,对郗超却含讥带讽。郗愔于晋室尽忠,于父母至孝,父亲郗鉴逝世后他悲伤得几乎自毁,郗超英年早逝他悲痛欲绝,当得知儿子助桓温篡晋后立即转悲为恨。与忠孝这一人生大是大非相比,悭吝小气只算是枝节性的小毛病。从传统道德观念来看,郗愔在原则是非上可敬,在一些细枝末节上可恶。

郗超散尽父亲毕生的积蓄,在金钱上可谓慷慨大方;生前为父亲谋划免祸之策,还预谋身死之后止父哀痛之方,对父亲可谓极尽孝敬;交游士林而能鹤立鸡群,识人论人眼光锐利,政坛上纵横捭阖游刃有余,书法同样也能独立成家,作为名士可谓才智卓越。但他是桓温“废帝以立威”的策划者,是桓温篡晋最关键的谋士。郗超在“忠”上大节有亏,所以前面这些优点反而成了缺点。房玄龄在《晋书》本传中评他们父子说:“愔克负荷,超惭雅正。”这是说国有危难郗愔可承担重任,而郗超为人却有失“雅正”。冯梦龙的观点更有代表性:“人臣之义,则宁为愔之愚,勿为超之智。”清人秦笃辉在《平书》说得更加刻薄:“郗愔性吝而忠,郗超好施而奸,故君子不以一节论人。愔以多藏为利者也,超以卖国为利者也,多藏之利小,卖国之利大,如超者所谓小人喻于利。”郗愔的悭吝不过“以多藏为利”,而郗超的慷慨则是“以卖国为利”,比起卖国来说再如何聚敛也是“小利”,所以郗超才真正是“喻于利”的小人。

朋友,你是敬重郗愔呢?还是欣赏郗超?

(戴建业)

世　说　新　语

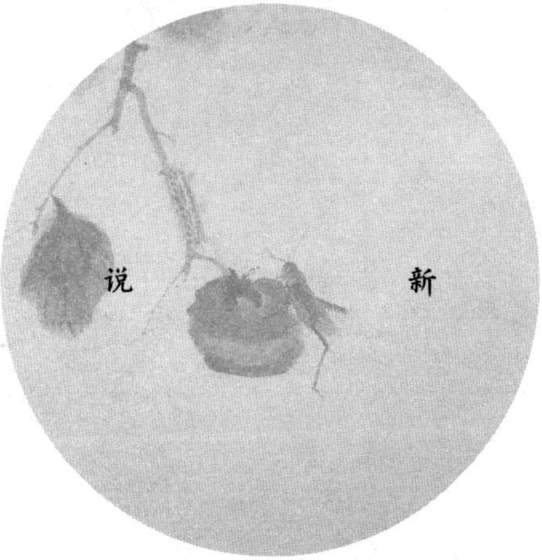

鉴赏辞典

汰

汰侈，犹言骄奢放侈、挥霍无度。此门之设，正与《俭啬》相对，所谓“过犹不及”也。按《左传·昭公二十年》云：“汰侈无礼已甚，乱所在也。”又《诗经·曹风·蜉蝣》小序：“蜉蝣，刺奢也。昭公国小而迫，无法以自守，好奢而任小人，将无所依焉。”是知儒家尚俭反奢，无不以礼节度，从容中道。自古及今，腐败为祸国之因、亡国之兆，史籍班班可考，何劳辞费！尤其西晋一朝，上自皇帝，下至名臣，无不骄奢好货，无所不用其极。如何曾、何邵父子，“食日万钱，犹曰无下箸处”，“厨膳滋味，过于王者”（《晋书·何曾传》）。又石崇、王恺、王济之徒，聚敛无度，争豪斗富，至有斩美劝酒、人乳饮豚者。疯狂之至，变态之极，真夫子所谓“是可忍也，孰不可

侈

第三十

忍也”！《世说·汰侈》门所记十二则故事，皆西晋时事，正欲以豪奢淫靡之风为五胡乱华、中朝倾覆下一注脚耳。浅人不知，以为“清谈误国”，郢书燕说，张冠李戴，莫此为甚矣！

鉴赏

斩美劝酒

斩美劝酒

石崇每要客燕集①，常令美人行酒②，客饮酒不尽者，使黄门交斩美人③。王丞相与大将军尝共诣崇④，丞相素不能饮，辄自勉强，至于沉醉。每至大将军，固不饮，以观其变⑤，已斩三人，颜色如故，尚不肯饮。丞相让之⑥，大将军曰："自杀伊家人⑦，何预卿事！"

《汰侈》第1条

注释

① 石崇(249—300)，字季伦，渤海南皮(今河北南皮东北)人。官至侍中、征虏将军、荆州刺史。八王之乱时，为赵王伦所杀，灭族。要：通"邀"。燕集：宴会。
② 行酒：持觞劝酒。
③ 黄门：魏晋贵族供内廷驱使的阉人。
④ 王丞相：王导。大将军：王敦。
⑤ 固：坚决，坚持。
⑥ 让：责备。
⑦ 伊：彼，他。

鉴赏

故事发生在晋武帝统一中国的歌舞升平时期,其时开国功臣及贵族大姓竞相汰侈豪奢。故《世说新语》专列“汰侈”门以示诫。王济用人乳喂猪,石崇作锦布障五十里以胜王恺紫丝步障四十里。这类物质上的骄奢,已是骇人听闻;而这则故事中的权贵,竟然以残杀美人取乐,并以此夸豪斗富,则是精神上变态的汰侈,旷古未闻,可称是魏晋门阀社会的“特产”。故事的人物主角是石崇和王敦,是残杀美人的刽子手。汉时法律规定,“杀人者死”,汉光武帝时又下诏曰:“天地之性,人为贵。其杀奴婢,不得减罪。”(《后汉书·光武帝纪》)魏晋时期贵族妇女的生活,相对开放与自由。但奴婢等下层妇女则相反,因其人身依附,生命系于主人之手而毫无保障。如曹操杀女乐,司马懿杀女婢,贾后戟掷孕妇,上行下效,故石崇、王恺、王敦等人敢于酒宴上公开杀人。这不是偶然现象,而是门阀制度使然。女伎也是人。据《晋书·王敦传》,美人行酒时,“悲惧失色”,其瑟缩战栗之态,写尽了内在心理的恐慌。但王敦却“颜色如故”,他是把少女的头颅当瓜果来品尝,把美人的鲜血当鲜花来欣赏。如此灭绝人性,是对人性底线的肆意践踏,枉为高门士族!故王世懋评曰:“无论处仲(王敦字)忍人,观此事,晋那得不乱!”

(白振奎)

必能作贼

石崇厕，常有十余婢侍列，皆丽服藻饰[①]。置甲煎粉、沉香汁之属[②]，无不毕备。又与新衣著令出。客多羞不能如厕。王大将军往[③]，脱故衣，著新衣，神色傲然。群婢相谓曰：“此客必能作贼[④]。”

《汰侈》第2条

注释

① 藻饰：修饰；打扮。
② 甲煎：香料名。以甲香为主要原料，加上沉麝等制成。
③ 王大将军：指王敦。
④ 作贼：指造反。

鉴赏

王敦是《世说新语》中出现次数颇多的人物，足见他在当时很有影响。虽然他后来发动政变，对于晋王朝而言，当然属于逆臣一流，但是其个人才干确实非常突出，曾与王导一同协助司马睿建立东晋政权，在这一过程中，王敦居功至伟，可谓一时之枭雄。既然是枭雄，自然有其过人之处，这从生活中的一些细节亦可窥见其性格中的某些特质。

以豪富著称的石崇，奢华到了令人瞠目结舌的地步，即便难称大雅之堂的厕所，其豪华程度亦令人匪夷所思。曾有人入厕以后，误以为闯入了主人家的卧室。厕所中不但富丽堂皇，而且放着甲煎粉、沉香汁一类名贵香料，甲煎粉主要以甲香为原料，沉香汁当然来自沉香，这些都非当时中原所产，多半是来自远方甚至异域的贡物，十分珍贵，而石崇居然在厕所中陈放，可见其富！当然，更特别的是厕所里还有十几个衣着华丽的侍女服侍，并准备了新衣服供客人更换。置身于这样的厕所之中，虽然石崇的客人非富即贵，应该见惯了大场面，但依然都有些不自在。唯独王敦大将军旁若无人，入厕时脱衣，换上新衣，神色傲然。"傲然"一词十分形象，将王敦厚颜倨傲、全无羞耻之心的神态描述得活灵活现。就连一旁伺候的侍婢都不禁感叹："此客必能作贼。"虽然侍婢们未必知道王敦是谁，更不了解军国大事，但是却从王敦如厕的这一细节中推断出此人必定要造反，后来果然不幸言中，令人不禁钦佩其识人眼光之准，所以凌濛初后来评点说："何物婢子乃知人！"

王敦在《世说新语》中上厕所还有另外一处记载，便是其早先被晋武帝招为驸马，在公主处上厕所时，看见漆箱里面装满干枣，竟把它吃个干净，却不知这本是如厕时，塞在鼻子里防臭用的。等方便完后，侍婢端上"澡豆"，这本是用来洗手的，但王敦却放在水里，一饮而尽。惹得公主的侍婢掩口而笑。有人认为这是王敦故意为之，其目的是为了显示武阳公主地位的尊贵，而自己不过就是一介武夫。但是细究其情，似乎不太符合常理，其已经贵为驸马，还不惜出乖露丑来讨好公主，似乎没有必要。反倒是其在石崇厕所的表现，或有刻意表现镇定的成分在内。当然，也不排除另外一种可能，在出身名门望族的王敦眼中，石崇或许不过就是个暴发的豪富，地位当然不及自己，王敦也由此有一定的心理优势，不必刻意伪装，自然也就表现得旁若无人了。

（章原）

鉴赏

王石斗富

王君夫以粭精澳釜[①]，石季伦用蜡烛作炊。君夫作紫丝布步障碧绫里四十里[②]，石崇作锦步障五十里以敌之。石以椒为泥[③]，王以赤石脂泥壁[④]。

《汰侈》第4条

注释

① 王君夫：王恺，字君夫，东海郯县（今山东郯城北）人。司马昭妻弟。历位清显，官至后军将军。性豪侈，与石崇斗富。以粭精澳釜：用麦芽糖和饭擦锅。粭，同“饴”，麦芽糖；精，干饭。

② 步障：古代权贵出行，用以遮避的屏障。

③ 椒：指花椒，花椒子可用来和泥涂墙。

④ 赤石脂：又叫红土，风化石的一种，可入药，因为呈现红色，古人亦用来涂饰墙壁。

鉴赏

王石斗富是魏晋时期有名的炫富闹剧之一，“王”是晋武帝的舅舅王恺，“石”则是散骑常侍石崇。两人当时在京都洛阳，都是有名的富豪，且以夸耀财富为荣。两人之间以斗富为名进行了各种明争暗斗，本则所举只是闹剧的一小部分而已，但已可以看出穷奢极欲的两人如何针锋相对：王恺家里用饴糖水和干饭刷锅，石崇就用蜡烛当柴火烧来做饭；王恺出行时，在大路两旁用紫丝布设置四十里长的步障，石崇就用比紫丝布更为贵重的锦缎铺设了一道五十里长的屏障；石崇用花椒和泥刷墙，王恺便用赤石脂来刷墙。

单从这些炫富行为来看，王恺虽然有晋武帝的暗中帮助，但还是略逊一筹，石崇的财富之多，确实令人瞠目。俗话说得好，君子爱财取之有道，石崇的财富虽多，但来路不明，时人都风传他在荆州为官时，大肆劫掠来往富商，甚至强行劫夺海外诸国使者的贡物，从而积累了大量财富。

拿着来路不明，甚至沾满了罪恶的财富，不但不以为耻，反而高调炫富，甚至与当朝国戚公开比拼，石崇为人之高调可想而知。而王恺身为国舅，不为士民做表率，却与石崇比赛炫富，连晋武帝也暗中支持王恺，由此可见，当时社会风气之奢靡，权贵生活之糜烂，这样的国家如何能够维持长治久安呢？而石崇和王恺的炫富行径固然有时代因素的影响，但其个人的张狂与不知收敛也为他们埋下了祸苗。王恺死后谥曰"丑"，而石崇更是遭夷三族，可以敌国的财富不但没有为他们带来长久的幸福，反而加速了灾祸的到来。正如司马光《训俭示康》中所云："石崇以奢靡夸人，卒以此死东市。"

（章原）

鉴赏

石王争豪

石王争豪

石崇与王恺争豪[1]，并穷绮丽，以饰舆服[2]。武帝[3]，恺之甥也，每助恺。尝以一珊瑚树，高二尺许赐恺。枝柯扶疏，世罕其比。恺以示崇。崇视讫，以铁如意击之[4]，应手而碎。恺既惋惜，又以为疾己之宝，声色甚厉。崇曰："不足恨，今还卿。"乃命左右悉取珊瑚树，有三尺四尺，条干绝世，光彩溢目者六七枚，如恺许比甚众。恺惘然自失。

《汰侈》第8条

注释

① 石崇、王恺见前注。
② 舆服：车辆、冠冕和服装。
③ 武帝：指晋武帝司马炎。
④ 铁如意：一种抓背搔痒的工具，取"如其所意"之意，一端做成灵芝形或云叶形，可供玩赏。

鉴赏

《世说新语》的三十六门，几乎每个门类的第一条都具有典型性，该条的主人公及其故事，往往承担着为该门类“定调”和“定性”的作用。特别是有些涉及人性中某一负面特点的门类，几乎就是为某类人甚至某个人“量身定做”的，相当于今天所说的“人设”。比如，“竹林七贤”之于“任诞”和“简傲”，曹操之于“假谲”和“忿狷”，王敦之于“豪爽”和“纰漏”，王澄之于“轻诋”和“谗险”，便可作如是观。有些门类，还常由在当时齐名并称的两个人物“担纲”，比如，和峤、王戎之于“俭啬”，石崇、王恺之于“汰侈”，就是如此。

《汰侈》篇共 12 条，其中 5 条与石崇有关。开篇第 1 条“斩美劝酒”的故事，简直有点像恐怖小说——杀人作为“汰侈”的极端表现，足以说明在这些富豪的眼里，美人也属于私有财产，而且是“性价比”最高的财产。这和弥漫于西晋朝野的一股纸醉金迷的奢侈之风大有关系。史载石崇“任侠无行检”，在他任荆州刺史时，“劫夺杀人，以致巨富”。原来他的泼天富贵，是靠着打家劫舍、杀人越货得来的！不仅如此，石崇还掀起了当时的“斗富比赛”。《晋书》本传载，石崇“财产丰积，室宇宏丽。后房百数，皆曳纨绣，珥金翠。丝竹尽当时之选，庖膳穷水陆之珍。与贵戚王恺、羊琇之徒以奢靡相尚”。石崇作为“西晋首富”，最主要的竞争对手不是别人，正是西晋开国皇帝晋武帝司马炎的舅舅王恺。《汰侈》篇记下了两人“斗富比赛”的三个回合：

第一回合：王恺用饴糖和干饭刷锅，石崇后来居上，竟用蜡烛做饭。王恺在自己的庄园里做了一条四十里长的紫丝布步障，里子用的是名贵的碧绫，石崇就做了条五十里长的锦缎步障来和他抗衡。石崇家里搞装修，用花椒涂墙，王君夫就用更稀有的赤石脂涂墙，寸步不让。（见《汰侈》第 4 条）

第二回合：石崇家里有三件事让王恺愤愤不平：一是为客人准备

豆粥，一会儿就可以端上来；二是在他家里就是大冬天，也总能吃到韭萍做的咸菜；三是石崇家的牛外形体力都不及王恺的牛，可是他和王恺一起出游，常常后发先至，两人比试谁能抢先进入洛阳城时，石崇的牛在几十步后竟能像飞鸟一样，迅速超过王恺的牛，王恺的牛拼尽全力也追赶不上！王恺实在忍无可忍，就暗地收买了石崇家的管家和车夫，打探其中奥秘。管家说："豆子非常难煮，只要先把豆子煮熟，做成碎末，客人到了，熬粥时把它加进去就行了。韭萍咸菜是捣好的韭菜根，里面掺杂着麦苗而已。"又问车夫驾御牛的窍门，车夫说："牛原本跑得不慢，只是因为驾车的人不会控制罢了。紧急时候让车的重心偏向一边，这样跑得就快了。"王恺全部照做，果然就战胜了石崇。石崇后来听说此事，就把这两个吃里扒外的王恺的"卧底"全杀了！（见《汰侈》第 5 条）

本条故事可谓第三回合：石崇和王恺斗富争豪，车马服饰，无所不用其极。晋武帝司马炎是王恺的外甥，他常常以帝王之力帮助王恺。有一次他送给王恺一株二尺多高的珊瑚树，枝条扶疏，自认为是世间少有。王恺就兴冲冲地拿给石崇看，不料石崇看罢，举起手中的铁如意便向珊瑚树砸去，只见这株上好的珊瑚树应声而碎。王恺非常惋惜，还以为石崇妒忌自己的珍宝，就声色俱厉地指责石崇。石崇说："这不值得遗憾，我今天就赔给你。"于是命令手下把珊瑚树都拿了出来，高三尺、四尺，枝条尽态极妍、光彩夺目的，就有六七株之多，和王恺那株一样的更不知凡几。王恺一看，顿时像只斗败的公鸡，惘然若失了好半天。

故事就在这里结束了，给人留下悬想和回味的空间。应该说，《汰侈》篇中的这些故事，从文学的表现效果来看都是一流的，但仔细琢磨，又会感到一股变态味和血腥气扑面而来。很多人把西晋的灭亡归罪于清谈，但仔细想想，这么一种骄奢淫逸的社会风气，恐怕远比清谈带来的危害更大，更致命！英国思想家阿克顿勋爵在《自由与权力》中说："权力导致腐败，绝对权力导致绝对腐败。"西晋之所以亡国，从某种程度上说，正是拜这股奢侈之风带来的绝对腐败之所赐！只可惜，尽管殷鉴在前，历代统治者依旧无法摆脱对权力和物欲的变态追求，一方面高喊“尔俸尔禄，民脂民膏，下民易虐，上天难欺”的古训，一方面照样掘地三尺、敲骨吸髓般的大肆聚敛，与民争利。这正应了杜牧《阿房宫赋》中的那句话：“秦人不暇自哀，而后人哀之；后人哀之而不鉴之，亦使后人而复哀后人也。”往者已矣，来者可追。这些沉痛的历史教训，更值得今天的为政者反省和借鉴。

可能有人会问：既然魏晋门阀贵族骄奢淫逸，草菅人命，为什么《世说》的作者居然不加挞伐，反以宽容甚至欣赏态度视之呢？对此，我们可从以下三点来看。

其一，《世说》总体的编撰原则，是采撰史事，截取片段，聚焦言行，细节刻画，作者一般不做主观评价，尽量保持叙事立场的客观性。其二，作者对笔下人物，并非没有价值判断，只不过将这种价值判断隐含在门类的设置上。比如“汰侈”二字，本身便带有价值批判，故其具体描写的绘声绘色，绝不可误解为作者对笔下人物的欣赏与褒奖。其三，从美学上说，丑陋和暴力亦可作为审美对象。就《汰侈》一门而言，其实是充斥着变态的奢靡和暴力元素的，但是若撇开阶级分析的视角来看，有一点我们恐怕不能否认，即我们从这些表现奢靡的丑恶故事中获得了某种审美上的快感——拉开距离看，这些故事的确具有相当的观赏价值。亚里士多德在其名著《诗学》中，早就指出人类的“审丑”倾向，他说：“经验证明了这一点：事物本身看上去尽管引起痛感，但惟妙惟肖的图像看上去却能引起我们的快感，例如尸首或最可鄙的动物的形象。”正如《老子》所言：“天下皆知美之为美，斯恶已；皆知善之为善，斯不善已。”美丑和善恶只有在对比和冲突中，才能愈发显现其本质。如果一个艺术作品，只有美好和光明，没有丑陋和黑暗，恐怕绝不是真正意义上的好作品。这也就是为什么我们对塑造得真实的“坏人”并不反感甚至不无欣赏的内在原因，因为他们首先是一件艺术品，而且对我们不构成伤害。

今天的文学和电影已经形成很多类型，诸如恐怖、灾难、暴力、战争、悬疑等类型的作品，无不拥有众多读者和观众，这与其内在具有的

鉴赏

审美功能和艺术张力是分不开的。而像《世说》这样的文言笔记小说，因为叙述视角和立场的客观性，不仅成就了其审美接受的多元性，也使其对人性的宽泛理解和忠实记录具有了某种“现代性”因素——因为作者绝不干预读者的阅读和评判，没有形成所谓“专断的叙述”，反而给了读者以无穷的想象空间，这恐怕也是《世说》受到历代读者喜爱的一个重要原因吧。

（刘强）

身名俱泰

石崇每与王敦入学戏[①]，见颜、原象而叹曰[②]：“若与同升孔堂，去人何必有间。”王曰：“不知余人云何？子贡去卿差近。”石正色云：“士当令身名俱泰，何至以瓮牖语人[③]！”

《汰侈》第10条

注释

① 石崇，见《汰侈》第1条注释。

② 颜：颜回；原：原宪，他们都是孔子学生。《孔子家语》：“原宪，宋人，字子思，少孔子三十六岁。清净守节，贫而乐道。孔子为鲁司寇，原宪尝为孔子宰。

孔子卒后，原宪退隐，居于卫。”
③ 瓮牖：用破瓮口作窗户。

鉴赏

石崇、王敦年轻时进学堂，常常相互戏言。看到颜回、原宪像，石崇感叹说：“假若与颜回、原宪同升孔子之堂，则我与二位贤人相去不会远了。”意思是我也可成圣贤。《言语》75记谢安说：“圣贤去人，其间亦近。”以为圣贤的崇高常人是可以达到的。石崇也是此意。王敦听后说：“不知他人对你说的话如何评说？依我看来，子贡倒与你比较接近。”这是讽刺石崇与颜回、原宪这样的孔子贤弟子相比差得远，而与家累千金的子贡倒是相近了。日人秦士铉《世说笺本》说：“子贡结驷连骑，故以讽石。”其说是。

石崇板起面孔回答道：“士当令身名俱泰，何至以瓮牖语人！”刘孝标注：“原宪以瓮为户牖。”《言语》9刘孝标注引《孔子家语》说原宪“居鲁，环堵之室，茨以生草。蓬户不完，桑枢而瓮牖，上漏下湿，坐而弦歌”。石崇二语在驳斥王敦嘲讽的同时，说出了他所追求的“身名俱泰”的人生价值观：既身享富贵，又有令名，所谓名利兼收。显然，石崇标榜的“身名俱泰”，与颜回、原宪的圣贤品格相去何止千里！颜回、原宪之所以尊为贤人，根本在于他们安贫乐道的伟大品格。孔子称赞颜回说：“贤哉回也！一箪食，一瓢饮，在陋巷，人不堪其忧，回也不改其乐。贤哉回也！”（《论语·雍也》）原宪居贫，仍“坐而弦歌”。《言语》9刘孝标注引《孔子家语》载：原宪在鲁，身居陋室，“子贡轩车不容巷，往见之，曰：‘先生何病也？’宪曰：‘宪闻无财谓之贫，学而不能行谓之病。今宪贫也，非病也。夫希世而行，比周而友，学以为人，教以为己。仁义之慝，舆马之饰，宪不忍为也。’”原宪以为贫不是病，仁义不行才是病。而富有的子贡对原宪的安贫乐道的人格精神并不理解。石崇见颜回、原宪像，说自己若升孔子之堂，与他们相去不远，其实只是羡慕二人之名，而完全懵懂二人安贫乐道的伟大品格。故王敦讽刺他与子贡相近。

安贫乐道，君子固穷，是原始儒家高扬的伟大人格和精神风范，影响后世十分深远。老庄则尊重现世的享受，主张及时行乐。《老子》四十四章说："名与身孰亲？"晋人张翰说："使我有身后名，不如即时一杯酒。"（《任诞》20）故凡信奉《庄》《老》者，皆轻名重身；重儒教者，则重名轻身。此自然与名教所由判也。石崇主张"身名俱泰"，很能代表当时一部分人的人生价值取向，即身名兼美，名利双收，从中透露出自然与名教开始调和的消息。王戎、王恺、和峤、何曾、何劭诸人皆好聚敛，生活奢侈，为"身名俱泰"的典型人物。其末流，一面标榜清高，窃世间之虚名；一面谋权聚敛，取不义之富贵，沦为原宪所说的"仁义之慝，舆马之饰"的伪君子。

（龚斌）

世　说　新　语

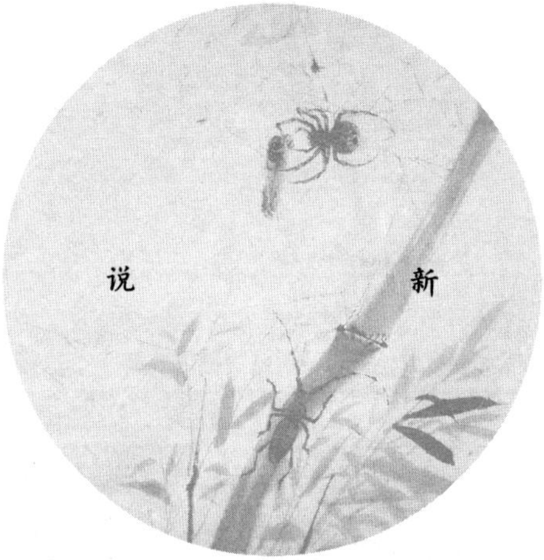

鉴赏辞典

忿

忿狷，即忿怒、狷急之谓也。此门之设，盖欲为人忿怒躁急之性情图貌写真。《礼记·礼运》："喜、怒、哀、惧、爱、恶、欲，七者弗学而能。"又《吕氏春秋·贵生》："所谓全生者，六欲皆得其宜者。"高诱注："六欲，生、死、耳、目、口、鼻也。"夫七情，人之所禀；六欲，性之所生；皆动于中而形于外者。凡夫俗子，情欲之所发动，常有一发而不可收拾者。《中庸》云："喜怒哀乐之未发，谓之中；发而皆中节，谓之和。……致中和，天地位焉，万物育焉。"夫怒之为情，常与血气相关。孔子云："少之时，血气未定，戒之在色；及其壮也，血气方刚，戒之在斗；及其老也，血气既衰，戒之在得。"(《论语·季氏》)又《淮南子·本经》："人之性，有侵犯则怒，怒则血充，血充则气激，气激则发怒，发怒则有所释憾矣。"故忿怒之情，须有所节制而宣导也。《周易·损》云："君子以惩忿窒欲。"孔颖达疏："君子以法此损道以惩止忿怒，窒塞情欲。……惩者，息其既往；窒者，闭其将来。……惩窒互文

狷

第三十一

而相促也。”盖惩窒者，正使“不迁怒”也。魏晋玄学兴起之初，尝有“圣人有情无情”之辨，何晏以为“圣人无情”，王弼则驳之曰：“圣人茂于人者，神明也；同于人者，五情也。神明茂，故能体冲和以通无；五情同，故不能无哀乐以应物。然则圣人之情，应物而无累于物者也。今以其无累，便谓不复应物，失之多矣。”后王戎道“情之所钟，正在我辈”（《世说新语·伤逝》4），正圣人有情说胜利之标帜也。然则，如谓《伤逝》所记为哀情之过礼，则《忿狷》所载，当为怒情之无节；准乎此，则后之《惑溺》乃为爱之过分，《仇隙》则为恶之失节者也。夫哀不可止，怒不可遏，爱之欲其生，恶之欲其死，此皆“主情”时代人之情欲恣纵无节之征也。临川以此撰成一部大书，岂仅展览人性之丰富哉？抑或暗存济世之志，俾后世读者观其流弊、明其乱源，以期拨乱反正、正末归本、克己复礼、从容中道者欤？呜呼！此意前贤所未道，而为区区于无意中得之，真不可思议者也。

鉴赏 蓝田性急

蓝田性急

王蓝田性急[①]。尝食鸡子，以筯刺之，不得，便大怒，举以掷地。鸡子于地圆转未止，仍下地以屐齿蹍之，又不得，瞋甚，复于地取内口中，啮破即吐之。王右军闻而大笑曰[②]："使安期有此性[③]，犹当无一豪可论，况蓝田邪？"

《忿狷》第2条

注释

① 王蓝田：王述，字怀祖。王湛之孙、王承之子。事亲孝谨，袭爵蓝田侯，见"共谈析理"篇（《文学》第22条）注释。
② 王右军：王羲之，字逸少。曾任右军将军，故世称王右军，见"丝竹陶写"篇（《言语》第62条）注释。
③ 安期：王承，字安期，王述父，见"致理之本"篇（《政事》第10条）注释。

鉴赏

王述为人晚成，时人乃谓之痴，后为王导征召，渐受朝廷重用，述每受职，不为虚让，凡有所辞，终必不受。例如《方正》47当王述要转任尚书令，他马上接受，儿子王坦之觉得总要谦让一下，做做样子，但王述觉得既然能够胜任职务，就应马上接受，为何还要惺惺作态。另外《赏誉》62 王导每次发言，所有人极力奉承赞美，只有王述当面反驳说“主非尧、舜，何得事事皆是?”竟然对自己的长官当众泼冷水，可见王述“率真”的个性。除此之外，时人也是如此评论王述性格，如谢安称蓝田“掇皮皆真”(《赏誉》78)。王导认为蓝田“真独简贵，不减父祖”(《品藻》23)。简文帝评曰“直以真率少许，便足对人多多许”(《赏誉》91)。所以可知王述是一个非常“率真”的人。本则记录更能见其真性情，透过王述吃鸡蛋不得的情事，生动描绘出其“性急”，尤其是掷、蹍、啮三个层层转进的动作，将其焦躁愤怒的脾性完全展露无遗，真是栩栩如生，其间也无形中透显其率真的性情。

王述人格特质除了率真之外，其“痴”亦可多加留意，如《赏誉》62 记载“时人乃谓之痴”，《简傲》10 王述女婿谢万直接对其曰：“人言君侯痴，君侯信自痴。”相对于谢万的轻佻调侃，王述并不讳言自己的“痴”名，不瞋目怒骂，反而循循解释痴名乃源自晚成，俭朴的个性配上容人气度，孰痴孰慧，已见高下。王述之“痴”实为情真，沉静直率的个性，不企慕他人竞智逐利，自得于己，非如一般善于匿情媚俗者，矫饰真情；他的性急，正是顺从本性的自然抒放。周汝昌《红楼梦与中国文化》曾云：“痴，本来是一个生理问题，无甚深义可言。大约从魏晋南北朝这段时期，它渐渐‘转化’成为一个‘文化问题’。它原来是一个骂人的难听的恶词，后来却成为了一个赞人甚至是自赞的美词。”除了质性的改变之外，数量的增加也是不容忽视，魏晋史料中常常以“痴”来形容一个人，如“时人多谓之痴”“或以为痴”“人或谓之痴”“情痴”“痴绝”等，这样的现象与向来认为魏晋时代是“捷悟夙慧”的形象似乎互相逆反，颇耐人寻味。而“风度”或“风流”向来为魏晋名士的精神标志，或许透过解读“痴”隐藏的多元意蕴亦能作为魏晋风度的另一理解视窗，值得吾人深探之。

（曾敬宗）

鬼手捉人

王司州尝乘雪往王螭许①。司州言气少有牾逆于螭,便作色不夷。司州觉恶,便舆床就之②,持其臂曰:"汝讵复足与老兄计③?"螭拨其手曰:"冷如鬼手馨④,强来捉人臂!"

《忿狷》第3条

注释

① 王司州:即王胡之,字修龄(?—348),琅邪临沂(今山东临沂北)人,荆州刺史王廙子,历吴兴太守,拜使持节,都督司州诸军事、西中郎将、司州刺史。王螭,即王恬(314—349),字敬豫,小字螭虎,琅邪临沂(今山东临沂北)人,东晋丞相王导次子,官至后将军。善书法、弈棋。
② 床:即胡床,一种可以折叠的轻便交椅。
③ 老兄:胡之是恬从祖兄。
④ 馨:为语助词,晋、宋方言,意思是"如此"。

鉴赏

《世说》是人伦鉴识的产物,故可视作其时人物性格表述的集大成者,其三十六门分类(现存门类或经宋代晏殊等删并)则体现了其时人物个性、情感、才能的各种表现。编撰者又每抓住人物共处的时段加以描述,于其交流互动、冲突碰撞中,任其个性自然流露,而致全书百态纷呈。比如此条之王胡之与王恬便是好例。

据《世说》其他门类条目及刘孝标《世说》注所载，“胡之性简，好达玄言”（《赏誉》第129条刘孝标注引宋明帝《文字志》），又谓胡之“常遗世务，以高尚为情”，“少有风尚，才器率举，有秀悟之称”，兼之“好谈谐，善属文辞，为当世所重”（《赏誉》第125、136条下、《品藻》第60条刘孝标注引《王胡之别传》），而好谈谐的人，必是好性情，善交游。比如谢安便说胡之“可与林泽游”（《赏誉》第125条）。支道林为般若佛学高僧，清言名家，眼高于顶，也谓“见司州警悟交至，使人不得住，亦终日忘疲”（《赏誉》第36条）。可知胡之因其出众才情与诙谐谈吐，颇受人喜爱。

王恬呢，《赏誉》第106条载晋简文帝“目敬豫为‘朗豫’”，此条下刘孝标注引《文字志》曰：“恬识理明贵，为后进冠冕也。”杰出如斯，却从小不得父亲丞相王导欢心：“丞相见长豫（长子王悦）辄喜，见敬豫辄嗔”，乃因王悦“为人谨顺，事亲尽色养之孝……与丞相语，恒以慎密为端。丞相还台（王导当时供职的尚书省），及行，未尝不送至车后”，明显是父亲的贴心帮手，亦常襄理母亲家务，“恒与曹夫人并当箱箧”。这样的好儿子偏偏短命，去世后，“丞相还台，登车后，哭至台门。曹夫人作簏，封而不忍开”（《德行》第29条）。恬则“少卓荦不羁，疾学尚武”，故“不为导所重”（《德行》第29条刘孝标注引《文字志》）。又《容止》第25条载：“王敬豫有美形，问讯王公。王公抚其肩曰：‘阿奴恨才不称！’”然而上引《文字志》分明说恬“多才艺，善隶书，与济阳江彪以善弈闻”。问题可能就出在“善弈”。《方正》第42条刘孝标注引范汪《棋品》曰：“彪与王恬等，棋第一品，导第五品。”须知魏晋人伦鉴识，使得人有竞心，人品才识、高下优劣，甚至兄弟、夫妇、父子也互相比拼，各不相让。比如《品藻》第75条载谢安问王献之：“君书何如君家尊？”答曰：“固当不同。”公曰：“外人论殊不尔。”王曰：“外人那得知？”分明是自认书法不输乃父王羲之。以此，世人公认王恬棋艺高过王导，是否也会让为父的心里不舒服？

鉴赏

鬼手捉人

无论如何，做父亲的如此挑剔，不免会使少年王恬产生家里识错人的感觉；又兼王氏门第高华，自身才貌双全，而形成王恬敏感自负的个性。《简傲》第12条载谢安与弟谢万过吴郡，万欲探访时为吴郡太守的王恬。谢安大约深谙王恬为人，坚不去，“万乃独往。坐少时，王便入门内，谢(万)殊有欣色，以为厚待已。良久，(王恬)乃沐头散发而出，亦不坐，仍据胡床，在中庭晒头，神气傲迈，了无相酬对意”。按余嘉锡《世说新语笺疏》此条下案语谓：“江左王、谢齐名，实在安立功名以后。此时谢氏兄弟甫有盛名，而其先本非世族，故阮裕讥为新兴门户。王恬贵游子弟，宜其不礼谢万也。”王恬于谢万，固有门户之见，但根本还是因其个性所致。同是王氏子弟，胡之与谢安便交游甚欢。那么当王胡之与王恬相对，又当如何。

王胡之冒寒乘雪，往访王恬，乃因白雪是高洁隐士的象征，因景及人，可见对王恬的爱重之深，思念之切(可参见王子猷雪夜访戴条)。胡之兴致高昂，必是谈笑晏晏、谐谑如常，却不知哪里牾逆了王恬。待发现主人变脸，好脾气的胡之便将自己坐的胡床移近王恬，持其臂，请他不要计较，显现他作为兄长(胡之是王恬从祖兄，两人的曾祖是兄弟)的宽厚、和平时关系的亲密。碍着自家兄弟，王恬不能像对谢万那样无礼，却又难抑怒气，自觉不自觉之间，将其心理不适外化为生理不适，而有“拨其手”之动作与“冷如鬼手馨，强来捉人臂”之怨言。此处“馨”为语助词，意思是“如此”，是晋、宋方言。按将口语纳入书写，是《世说》的一大特征，可参阅吉川幸次郎《世说新语之文章》。将“馨”置于此处，减弱了王恬言语中的怒气，而增添了几分嗔怪之意，敢怒而又怒不起来，使读者如见其人，如闻其声。

（钱南秀）

桓玄杀鹅

桓南郡小儿时①,与诸从兄弟各养鹅共斗。南郡鹅每不如,甚以为忿。乃夜往鹅栏间,取诸兄弟鹅悉杀之。既晓,家人咸以惊骇,云是变怪,以白车骑②。车骑曰:"无所致怪,当是南郡戏耳!"问,果如之。

《忿狷》第8条

注释

① 桓南郡:桓玄(369—404),字敬道,东晋权臣桓温之子。因袭父"南郡公"爵位,世称"桓南郡"。历任丞相、相国、大将军等职,把持朝政,晋封为楚王。公元403年,威逼晋安帝禅位,在建康建立桓楚,后为刘裕的北府兵所败,在西逃途中被杀。

② 车骑:桓冲,桓玄的叔父,曾任车骑将军。

鉴赏

《世说新语》一书记载的魏晋名士,往往以渊博学识、独到见地、翩翩风度或高风亮节为后人所称道。书中设《德行》篇表彰忠孝节义,《文学》篇记录博学多识,《雅量》篇突出宽宏气度,《容止》篇展现俊朗风神。

然而在众多正面的描写中,也间或有条目刻画一些不为人所称道的性格和品行。《忿狷》篇便围绕这些负面的行为举止展开。其中收录的轶事只有短短八则,都是关于某人因小事暴怒、性急乃至与人反目成仇的故事。这些故事的主角们与《雅量》篇中泰山崩于前而神色自若的名士们形成了鲜明的对比。如果按鲁迅先生所言,《世说新语》是"名士底教科书"的话,那么《忿狷》篇提供的就是反面教材了。

"桓玄杀鹅"的故事居《忿狷》篇之末,讲的是东晋权臣桓玄小时候的故事。《世说新语》似乎对名人儿时的轶事情有独钟,收录了很多相关的条目,甚至独辟《夙惠》一篇记录很多智识过人的早慧儿童,他们多数在成年后成就卓著、鼎鼎大名。用我们今天的眼光来看,这样的故事极有可能出自后人的附会甚至编造,一方面在于为一个人的成长轨迹提供合理性的解释,另一方面也满足大众对杰出人物的好奇心。"桓玄杀鹅"跟《夙惠》中的神童故事相似,不同的是其中展现出来的并非桓玄的聪明才智,而是其心胸狭窄和冷酷无情。斗鹅本是小儿之戏,孰胜孰负无足轻重,然而桓玄仅仅因为输给了堂兄弟,就偷偷在夜间潜入鹅栏,将对手的鹅悉数杀掉。一个孩童能够有如此狠毒的想法已是令人咋舌,更何况他还能够在神不知鬼不觉之下,深夜入栏杀鹅,这种行动力和冷静镇定也非寻常小儿能及。难怪家人惊怪,以为鬼怪所为,因为没有人能够把这件事与一介小儿联系在一起,更不会想到堂兄弟之间的区区游戏会引发如此"血案"。

这则故事的虚构性在结尾桓冲的话里露出了"马脚"。南郡公在故事发生时应是桓玄的父亲桓温的封号,而桓玄被尊为"南郡公",是在他继承封号,并权势日盛之后的事情。桓玄的叔父用"南郡"称桓玄,既不合乎史实,更不合礼节。当然,这样的故事也并非空穴来风,它反映了后世对桓玄这个人物的印象和评价。《世说新语》的《规箴》篇收录了另一则关于桓玄的轶事,也许可以作为对照:

桓南郡好猎,每田狩,车骑甚盛,五六十里中,旌旗蔽隰。骋良

马，驰击若飞，双甄所指，不避陵壑。或行阵不整，麏兔腾逸，参佐无不被系束。桓道恭，玄之族也，时为贼曹参军，颇敢直言。常自带绛绵绳著腰中，玄问：“此何为？”答曰：“公猎，好缚人士，会当被缚，手不能堪芒也。”自此小差。

这则故事里的桓玄依然保持着好大喜功、脾气暴躁的性格，只不过他争强好胜的对象从小儿之间的斗鹅之戏换成了狩猎。当所获猎物不合其意的时候，桓玄故技重施，用暴力排解自己的愤怒，将下属用麻绳捆绑起来。幸得桓道恭巧言相劝，才略加收敛。另外，《晋书》也载桓玄性格贪鄙，喜好奇珍异宝和书画，看到别人藏有法书名画，便巧取豪夺，据为己有。“桓玄杀鹅”的创作灵感也许源自于这些记载。

值得一提的还有桓玄的叔父桓冲的反应。他得知家中鹅被杀的消息后马上猜出是桓玄所为，说明他对侄儿的残暴性情十分了解。如果是一个负责任的家长，这时应该追究顽童的责任，严加训斥管教，然而他却轻描淡写，将整件事说成是桓玄开的玩笑，一笑置之。这样的态度，相当于纵容和鼓励。俗话说“子不教，父之过”(这个故事里是叔父)，这样的故事也为桓玄日后的目无君长、夺权篡位做出了一种解释。而历史上的桓玄最终落得个众叛亲离、兵败身死的下场，连平生至爱的书画收藏也在溃逃时不知所终(一说被他投入长江)，也可以说是多行不义必自毙了。

(胡秋蕾)

谗

谗险，谓谗言构陷、为人阴险。子曰："君子坦荡荡，小人长戚戚。"（《论语·述而》）君子心胸，好比原野广漠，坦荡无欺；小人心地，则如悬崖峭壁，无处不险。故颜渊问为邦，夫子告之曰："放郑声，远佞人；郑声淫，佞人殆。"（《论语·卫灵公》）"殆"者，"险"也。《诗经·小雅·小弁》："君子信谗，如或酬之。"孔颖达疏："言君子幽王信褒姒之谗，曾不思审，得即用之，如有人以酒相酬，得即饮之。"又《庄子·渔父》："不择是非而言，谓之谀；好言人之恶，谓之谗。"王充《论衡·答佞》："谗与佞，俱小人也。"今

险

第三十二

读《谗险》一门四则故事，由外而内，由明而暗，特聚焦于人物内心之死角，实有弗洛伊德"精神分析"之况味。虽是小人做戏，难登大雅之堂，然其叙事灵动，笔触细腻，亦瑕瑜互见，颇有可观者焉。

鉴赏

天下要物

天下要物

袁悦有口才[①]，能短长说[②]，亦有精理[③]。始作谢玄参军，颇被礼遇。后丁艰[④]，服除还都[⑤]，唯赍《战国策》而已[⑥]。语人曰："少年时读《论语》《老子》，又看《庄》《易》，此皆是病痛事[⑦]，当何所益邪？天下要物，正有《战国策》[⑧]。"既下[⑨]，说司马孝文王[⑩]，大见亲待，几乱机轴[⑪]，俄而见诛。

《谗险》第2条

注释

① 袁悦：一作"悦之"（当时名"某之"者常省作"某"），见"王大濯濯"篇（《赏誉》第153条）注释。
② 短长：纵横游说之术。
③ 精理：精微的义理。
④ 丁艰：遇到父亲或母亲的丧事，也称"丁忧"。按照旧制，子女需穿丧服守孝，时间一般为27个月。
⑤ 服除：脱去丧服，指守丧期满，也称"服阕"。
⑥ 赍（jī）：带、拿。
⑦ 病痛事：只是毛病的事，指小事。
⑧ 正：仅、只。
⑨ 下：这里指从长江上游顺流来到都城建康（今江苏南京）。

⑩ 司马孝文王：当作"司马文孝王"，指司马道子，东晋宗室、权臣，初封琅邪王，后徙封会稽王，曾任司徒、扬州刺史等要职，谥文孝王。

⑪ 机轴：机，弩牙（弩上发箭的装置）；轴，车轴。比喻关键的部位或重要的部门，这里指朝廷。

鉴赏

东晋袁悦（名一作"悦之"，下文统作袁悦）有口才，口才本是魏晋南北朝时期士人看重的才能，因为当时清谈、嘲谑流行，具体记载可见《世说新语》的《言语》《排调》等篇和相关史传。

但袁悦除了有口才，还能"短长说"，也就是会纵横游说，而且蕴含精微的义理，可见他对此非常精通。纵横游说盛行于战国中晚期，当时经过长期纷争兼并之后，留下七个实力相对比较强大的诸侯国：秦、韩、赵、魏、燕、齐、楚，合称"战国七雄"。七国互相攻伐，一些兼具权谋和辩才的策士周旋其间，如苏秦游说六国联合抗击秦国，张仪游说六国共同事奉秦国。因为秦国位于西方，六国位于东方而呈南北向分布，故将苏秦之策称为"合从"（后多写作"合纵"），张仪之谋称为"连横"，合称"从横"（后多写作"纵横"），成为先秦主要学术流派——九流（儒、道、阴阳、法、名、墨、纵横、杂、农）之一。随着秦汉的统一和政治形势的变迁，纵横游说逐渐不再流行，学习、研究的人，史料记载寥寥，仅西汉主父偃、三国魏刘陶、西晋王衍及本条所载袁悦等。后来唐代赵蕤擅长此学，曾撰专书《长短经》，李白曾从之学习（计有功《唐诗纪事》卷一八"李白"条引杨天惠《彰明逸事》）。

袁悦曾任名将谢玄的参军，很受优待。后因父亲或母亲去世，辞官守孝。守孝期满之后，返回都城建康（今江苏南京），只带了《战国策》一部书。他少年时读过《论语》《老子》《庄子》《周易》，这些是当时贵族子弟常读之书：《论语》为初阶读物，《老子》《庄子》《周易》为清谈必读书，后来被合称为"三玄"。但他认为这些书涉及的都是小事，没有什么好处，而天下重要的书，只有《战国策》。西汉成帝时，刘向奉诏校理宫廷藏书，发现若干记录战国时代纵横家游说各国君王的活动和说辞及其权谋运用的书籍，错乱混杂，题作《国策》《国事》《短长》《事语》《长书》《修书》等不一。刘向去其重复，得三十三篇。按照国别、依据时序编排，书名定为《战国策》(刘向《〈战国策〉书录》)。其中东周一篇、西周一篇、秦五篇、齐六篇、楚四篇、赵四篇、魏四篇、韩三篇、燕三篇、宋与卫合一篇、中山一篇，战国七雄内容的分量明显居多。1973 年湖南长沙马王堆三号汉墓出土与《战国策》性质相同的帛书，整理者拟题《战国纵横家书》，共 27 章，其中有 11 章的内容见于《战国策》和《史记》，文字大体相同，其余 16 章则不见于现存他书记载。

战国时礼义衰敝，“道德大废，上下失序”，“捐礼让而贵战争，弃仁义而用诈谲”，“故孟子、孙卿儒术之士，弃捐于世，而游说权谋之徒，见贵于俗”(刘向《〈战国策〉书录》)。策士们“逆探巧合，强辩深语，以斗争诸侯，矜詟妻子”(陈祖仁《〈战国策校注〉序》)，以说服君王采用己说、获取高官厚禄为目标，为此可以抛弃原则，不择手段，尤其是使用诈谲权谋，这与儒家倡导的仁义礼信等德行格格不入，是“圣人恶诸”的“诈人”(扬雄《法言・渊骞》)。他们的主张、学说“为世之大祸”(曾巩《重校〈战国策〉序》)。所以与袁悦对《战国策》的高度评价相反，古人对《战国策》多持批评态度：“大抵皆从横捭阖、谲诳相轻、倾夺之说也，其事浅陋不足道”(李格非《书〈战国策〉后》)，“非义理之所存”(王觉《题〈战国策〉》)，为“畔经离道之书”(李梦阳《刻〈战国策〉序》)，“夫习于儇陋浅妄之夸说，使与道德礼义相乱，其为学者心术之巨蠹矣，可不甚畏乎?”(叶适《习学记言》卷一八《战国策》)“其机变之巧，足以坏人心术”，“有大毒”(陆陇其《〈战国策去毒〉题记》)。所以东汉时李权找秦宓借《战国策》，秦宓说战国时张仪、苏秦之术(即纵横游说之术)反覆无常，牺牲他人，只为保存自己，劝导李权不要看这种书，以免心乱(《三国志・蜀书・秦宓传》)。但《战国策》记载了战国二百余年间的历史(《史记》即多有取资)，而且文辞辩博横肆，所以其书不可偏废，但对书中内容须存警醒。曾巩校正《战国策》,是为了让读者明了书中邪说不可从、不可为(《〈战国策〉目录序》),作为“反面教材”;陆陇其为了防止读者中毒,“陷溺其中而不能出”,剔除《战国策》中过于诈伪的部分而成节本,并指示得失(《〈战国策去毒〉题记》),此即《战国策去毒》。

袁悦将《战国策》视为天下重要之书,是着眼于其中的权谋可以左右政局、改变国势。他回到都城建康之后,就劝说会稽王司马道子专揽朝政,可以想见在此过程中袁悦应该运用了擅长的纵横游说之术,使得司马道子听从了他的很多建议,他也因此极受司马道子宠信厚待。王恭得知袁悦劝司马道子专权的说法,就上告晋孝武帝司马曜。司马曜与司马道子本为同母兄弟,司马曜对于朝廷权力长期被桓温、谢安等大族把持非常不满,于是在谢安去世之后,下诏以司马道子为扬州刺史、录尚书事、假节、都督中外诸军事,后又加徐州刺史、太子太傅。但司马道子并不满足,意欲攫取更大的权力,于是出现兄弟、主相争权的乱局。袁悦对司马道子的劝说无异于为这场权力斗争火上浇油,几乎扰乱朝纲,引起司马曜的愤恨,于太元十四年(389 年)将袁悦以其他的罪名诛杀。《晋书·王国宝传》则载与司马道子同掌大权的王国宝,因为阿谀而受到自己的舅舅范宁的厌恶,范宁劝司马曜罢免王国宝,而王国宝则让袁悦通过关系说王国宝忠谨,应加亲近信任。司马曜得知此事后,就托以其他的罪名杀了袁悦。《晋书》所述袁悦致死原因与此处不同,大概司马曜对袁悦的积怨,并不止一事。袁悦中了《战国策》的毒而死,成为这场权力斗争的牺牲品,就像他效法的苏秦一样。

(张金耀)

鉴赏

国宝谗险

国宝谗险

孝武甚亲敬王国宝、王雅[①]。雅荐王珣于帝[②]，帝欲见之。尝夜与国宝、雅相对，帝微有酒色，令唤珣，垂至，已闻卒传声。国宝自知才出珣下，恐倾夺要宠，因曰："王珣当今名流，陛下不宜有酒色见之，自可别诏也。"帝然其言，心以为忠，遂不见珣。

《谗险》第3条

注释

① 孝武：即东晋孝武帝司马曜(362—396)，字昌明，372—396年在位。初封会稽王。简文帝死，即皇帝位。太元元年(376年)亲政，以谢安辅政。八年，淝水之战，大败前秦。然沉湎酒色，信用司马道子，导致威权旁落。王国宝(？—397)，太原晋阳(今山西太原)人，王坦之第三子。曾入朝为侍中，太元十五年(390年)迁中书令，兼中领军，与孝武帝弟会稽王司马道子共掌大权。兖州刺史王恭发兵讨之，道子遂委罪国宝而杀之。王雅(334—400)，字茂达，东海郯(tán)(今山东郯城北)人，累迁尚书左右丞，历廷尉、侍中、左卫将军、丹阳尹，领太子左卫率。

② 王珣(349—400)，字元琳，小字法护，琅邪临沂(今山东临沂北)人。东晋时期大臣、书法家，丞相王导之孙、中领军王洽之子。初任大司马(桓温)主簿，深得桓温敬重，累迁琅邪王友、中军(桓冲)长史、给事黄门侍郎。太傅谢安当政，授秘书监。以才学文章受知于晋孝武帝司马曜，成为心腹大臣，累迁左仆

射、征虏将军，领太子詹事。隆安元年(397 年)，迁尚书令。获赠车骑将军、开府仪同三司，谥号“献穆”，累赠司徒。

鉴
赏

在别人面前说某人坏话谓之“谗”，如果是出于险恶用心，那就是“谗险”了。王国宝出自名门太原王氏，祖父王述，封蓝田侯，人称王蓝田，历任扬州刺史和卫将军、尚书令。为人“清贵简正”(《世说·忿狷》第 2 条刘孝标注引《中兴书》)、“掇皮皆真”(《世说·赏誉》第 78 条)。父亲王坦之，“雅贵有识量，风格峻整”(《品藻》第 72 条刘孝标注引《续晋阳秋》)，曾与谢安等人在朝中抗衡权臣桓温，整肃朝纲。王国宝却未继承父祖风范，以致连家人长辈都不喜欢他。他的岳父太傅谢安因其“少不修士业，进趣当世”，故“恶其为人，每抑而不用”。国宝便去利用裙带关系报复谢安，因从妹嫁司马道子为妃，国宝“由是得与王早游”，乘机离间岳父谢安与司马道子之间的关系(见今本《世说·规箴》第 26 条刘孝标注引《晋安帝纪》及余嘉锡《笺疏》引唐写本《世说·规箴》第 26 条刘孝标注引《国宝别传》)。可见国宝之惯于挑拨，自始而然。其舅中书郎范宁，也“疾其阿谀，劝孝武帝黜之”(《晋书·王国宝传》)。国宝便去找陈郡袁悦之请托妙音尼关说。尼致书与太子母陈淑媛，“说国宝忠谨，宜见亲信。帝知之，托以他罪杀悦之。国宝大惧”(《晋书·王国宝传》)。但孝武与道子亲厚，日与其“酣歌为务”，国宝或借此机会，“自进于上，上甚爱之”(《国宝别传》)。

此条应正发生于国宝自进邀宠之时。当夜君臣相对、饮酒半酣，另一参与者王雅荐王珣于帝。此条刘孝标注引《晋安帝纪》曰：“雅之为侍中，孝武甚信而重之。…… 上每置酒燕集，或召雅未至，上不先举觞。……雅以宠幸，超授太傅、尚书左仆射。”王雅“敬慎奉公”(《晋书》列传五十三)，得宠信应是因其能力，非如国宝之阿谀逢迎。国宝对王雅本有忌心，哪堪再加王珣？王珣出琅邪王氏，丞相王导之孙，兼“学涉通敏，文高当世”（《世说·文学》第95条刘孝标注引《续晋阳秋》），较王雅声望才能更著，故王国宝必须设法阻止。

“谗险”能否成功，端在实施者是否善于揣摩他人心理。孝武帝为人，心思不够缜密。曾因随意向殷仲堪打听某位殷姓人士的病情，致仲堪流涕，盖因此人是仲堪之父，而孝武竟未曾想到其中的可能联系（事见《纰漏》门第6条“进退唯谷”）。此类事件，国宝必有所闻，故敢曲为阻拦。说孝武“有酒色”是实情，因此不能见名流则为矫词。表面上是维护君主尊严，令头脑不那么复杂的孝武帝以为国宝出于忠君护主心理，而王雅即使是明了国宝有意阻挠孝武帝亲近王珣，因其措辞冠冕堂皇，亦无可辩驳。此段最为传神之处，当在国宝进谗时，正值王珣“垂至，已闻卒传声”，可以想见国宝是如何筹措斟酌，拟思一妙策以惑众，以至拖到最后一刻。他心内焦急，外表却得摆出一副纯粹为孝武着想的殷勤关切。而孝武之轻信，愈加显现其为人之全无心机，可与“进退唯谷”条之出言不慎互证。

（钱南秀）

情好日疏

王绪数谗殷荆州于王国宝①，殷甚患之，求术于王东亭②。曰："卿但数诣王绪，往辄屏人，因论它事，如此，则二王之好离矣。"殷从之。国宝见王绪问曰："比与仲堪屏人何所道？"绪云："故是常往来，无它所论。"国宝谓绪于己有隐，果情好日疏，谗言以息。

《谗险》第4条

注释

① 王绪（？—397），字仲业，太原晋阳（今山西太原）人。祖延。父乂，抚军。绪为王国宝从祖弟，琅邪内史，与司马道子、王国宝共乱朝政。后王恭起兵讨国宝，绪与国宝并为道子所杀。殷荆州：即殷仲堪，仲堪仕至荆州刺史，故称，见"仲堪俭约"篇（《德行》第40条）注释。
② 王东亭：即王珣，因封爵东亭侯，故称，王珣年里履历，参阅"国宝谗险"篇。

鉴赏

面对谗险，被谗者出于自卫，也要想法破除谗言甚或设计报复。这样，便出现了"谗险"与"反谗险"之间的较量，此条便是"反谗险"的好例。如笔者在“国宝谗险”条中所述,“谗险”能否成功,端在实施者是否善于揣摩他人心理。“反谗险”亦复如是。余嘉锡《世说新语笺疏》此条下案语谓王珣“必长于揣摩”,理由是“《宠礼》篇言珣为桓温主簿,荆州为之语曰:‘髯参军,短主簿。能令公喜,能令公怒。’……时人以其多智数,故造为此言耳”。

王绪得以“数谗殷荆州于王国宝”,是因其与国宝过从甚密,《规箴》第26条谓“王绪、王国宝相为唇齿,并上下权要”。王珣料准此类势利之交、必然会在争权夺利的过程中互相猜忌,故在殷仲堪向其问计时,教他频繁访问王绪,去时把左右支开,做出有机密商谈的架势,实则说些无关紧要的闲话,以此离间二王。果如所料,王国宝起了疑心,尽管王绪告知他的是实情,仍不能释疑,遂至二王“情好日疏”,王绪无法再进谗言。

此条的“反谗险”是多重的,王珣表面上是助殷对抗王绪,实则也是报复王绪、王国宝前此对自己的谗言。王国宝阻挠王雅举荐王珣于孝武帝,王珣必有耳闻(事见上一条“国宝谗险”,此条紧接其后,《世说》各门类按时序编次条目,可知)。又王绪为会稽王司马道子宠臣,也曾离间司马道子与王珣及另一朝廷重臣王恭的关系(见余嘉锡《笺疏》引唐写本《世说·规箴》26注引《晋安帝纪》)。这一系列谗险与反谗险之间的斗争,均牵涉到东晋末年朝政的混乱,尤其司马道子以孝武宠弟而专权,终引致孝武帝不满,而酿成君主与相王之争。司马道子宠信王国宝、王绪;孝武帝则留王珣、王雅在朝,近侍左右,并委派妻兄王恭为青、兖二州刺史、殷仲堪为荆州刺史,各据方镇要冲,以制衡道子。然而孝武帝于太元二十一年(396年)为张贵人所杀,事出意外,朝廷权力尽落道子之手。王国宝与王绪弄权,导致王恭于晋安帝隆安元年(397年)联合殷仲堪起兵讨伐王国宝。司马道子畏惧王恭,于是将罪责推向王国宝,赐死王国宝并处死王绪。

此条刘孝标注谓王国宝、王绪“同恶相求,有如市贾,终至诛夷,曾不携贰。岂有仲堪微间而成离隙”。意谓二王因利益相关,不可能因王珣设计、仲堪离间而生嫌隙。史实容或有出入，但此条关键在写东晋末年朝廷政治生态险恶以及王珣之机智与善于揣摩他人心理。描述大政治事件下的人物性格冲突与心理曲折，这正是《世说》之亦文亦史、自成文体的关键因素。

（钱南秀）

尤

尤悔，犹言过失悔恨之事。按《论语·为政》："子张学干禄。子曰：'多闻阙疑，慎言其余，则寡尤；多见阙殆，慎行其余，则寡悔。言寡尤，行寡悔，禄在其中矣。'""尤悔"一词，盖本于此。孔子教育弟子，以"文行忠信"为四教，实则文行乃忠信之表，忠信是文行之本。其尝云："行有余力，则以学文""敏于事而慎于言"（《论语·学而》），"先行其言而后从之"（《论语·为政》），"君子耻其言而过其行"（《论语·宪问》），"君子欲讷于言而敏于行"（《论语·里仁》）……皆其证也。又《孟子·万章上》："太甲悔过，自怨自艾。"《吕氏春秋》亦有《悔过》一篇。可知言尤行悔，君子所慎。"言寡尤，行寡悔"，实亦儒家慎独、自反之道也。魏晋之世，礼坏乐崩，子弑父者有之，臣弑君者有之，乃至兄弟相残、朋辈反目、夫妇无礼，故尤悔之失，

悔

第三十三

史不绝书。《世说》以“尤悔”标目，特欲揭橥人性中有此消极一面，以儆后世之效尤也。然世上之人，往往遂事不谏，一旦言有玷、行有亏，则覆水难收，悔之晚矣。

鉴赏

曹丕杀弟

魏文帝忌弟任城王骁壮①,因在卞太后閤共围棋②,并噉枣③。文帝以毒置诸枣蒂中,自选可食者而进,王弗悟,遂杂进之。既中毒,太后索水救之。帝预敕左右毁瓶罐④,太后徒跣趋井⑤,无以汲。须臾,遂卒。复欲害东阿⑥,太后曰:"汝已杀我任城,不得复杀我东阿。"

《尤悔》第1条

注释

① 魏文帝:曹丕(187—226),字子桓,曹操次子。公元220年称帝建立魏国,谥文皇帝,著有《典论》及诗赋百余篇。任城王:曹彰(约190—223),字子文,卞太后第二子,曹丕胞弟,好勇刚强,深得曹操喜爱,封任城王。骁(xiāo)壮:勇猛健壮。

② 因:趁着。卞太后:魏文帝曹丕的母亲,曹丕登位时尊为太后。閤:通"阁",指内室。

③ 噉(dàn):意为吃或给人吃。

④ 敕:命令。

⑤ 徒跣(xiǎn):赤脚。趋:快走。

⑥ 东阿:曹植,字子建,卞太后第三子,封东阿王。按,曹植封东阿王是曹丕死后之事。

鉴
赏

众所周知,历朝历代争夺皇位的斗争都是最激烈、最残酷的,为了得到至高无上的权力,常常父子相残、兄弟阋墙。在曹操的儿子中也上演了兄弟相互残害的惨剧。

黄初元年(220年)正月,六十六岁的曹操病死,曹丕由世子晋升魏王,同年十月,汉献帝被迫禅让帝位,曹丕上位称帝,改汉为魏,称魏文帝。

曹操在世时,曹丕、曹植和曹彰之间曾有着激烈的世子之位的争夺。曹丕登基后担心弟兄们造反篡位,就打起了杀害兄弟的主意。曹彰和曹植是他最忌惮的,也是他意图加害的重点对象。

曹彰,曹操与卞氏所生的第二子,魏文帝曹丕之弟,曹植之兄。曹彰与曹植等兄弟不同,自小就爱舞刀弄枪,不喜诗文,立志为将,其刚强坚毅,又风流豪放,乐府诗古辞《爱妾换马》讲的就是曹彰用自己的美妾换了一匹骏马的故事。曹彰曾随曹操征伐,封为北中郎将,不仅骁勇善战,还表现出将帅之才,很快便平定乌桓无臣氏的叛乱,又降服辽东鲜卑大人轲比能,威震塞外,建下奇功。曹操对他的突出表现,很是满意,高兴地称赞道:“黄须儿竟大奇也”,因其胡须黄色,被曹操称为“黄须儿”,给予了大大嘉奖。曹丕即位,曹彰被封为任城王,公元223年,曹彰病死于洛阳府邸,追谥曰威王,享年三十五岁。

关于曹彰的死,民间有多种说法,《世说新语》本条这样记载:

黄初四年(223年)的一天,曹彰、曹植和曹彪兄弟三人日夜兼程,风尘仆仆地奉诏从各自的封地赶往京城洛阳,一同去朝见天子曹丕。曹丕因忌惮曹彰的骁勇善战,决定要除掉他,以绝后患。由于曹彰好下棋,曹丕宴请完毕,就单独邀请曹彰到卞太后的宫中下棋,其时卞太后恰好不在宫中。曹丕事先将毒汁浸入部分枣的根蒂中,并暗自做了记号。下棋中间,二人食枣,曹丕自己专拣无毒的食用,曹彰被蒙在鼓里,将有毒的没毒的混吃下去，不久毒性发作。卞太后闻讯赶来，慌忙到处找水，想给曹彰喝水解毒，但盛水的器皿早被曹丕事前打碎，太后慌忙奔到井边取水，忙乱中连鞋都跑掉了也顾不上穿，井上也没有水桶可以从井中取水，终于没能挽救曹彰的性命，眼睁睁看着儿子死去。之后曹丕又想杀害曹植，卞太后就对曹丕说："你已杀了我的任城王，不可再害我的东阿王！"

关于这一则故事的真实性，有专家提出两点疑问：

一、黄初四年，诸王来朝的时间为农历五月，此时枣子还未熟，用枣子毒杀曹彰是不可能的，文帝约束诸王的办法还不至于要采用这种方式，曹彰是得了暴疾而死。二、太后称曹植为东阿，曹植受封为东阿王在魏明帝太和三年(229 年)，此时曹植还未被封为东阿王，卞太后焉能称曹植为东阿呢？

曹彰究竟是怎么死的？民间有多种说法：其一，黄初四年，曹彰进京朝觐，其间得急病暴毙。其二，曹彰在曹操死后曾向贾逵打听过魏王的印玺之事，曹丕认为他有不轨的想法，因此来朝见时故意怠慢他，而曹彰受不了这种怠慢，忿怒暴死。其三，就是被曹丕毒死，曹彰之死是因为曹丕害怕曹彰的武勇，利用曹彰进宫之际，用计将其毒杀。曹植在返回封地的时候，触景生情，挥笔写下了千古名篇《赠白马王彪》诗，诗中对曹彰的死表示了深切的哀悼，并以此来抗议曹丕残害骨肉的行径。但不管真实的情况是哪一种，都说明政治斗争的残酷性。

再说说曹植，建安文学的代表人物之一，同样曾是曹丕竞争太子的对手。曹操以为曹植是最能成就大事的人，曾对他寄予厚望。由于争封太子这段经历让曹丕无法释怀，在他称帝后，仍对曹植耿耿于怀，担心这个有学识又有政治志向的弟弟会威胁到自己的皇位，就想着法子要除掉他。于是就有了曹植七步诗"煮豆持作羹，漉菽以为汁。其在釜下燃，豆在釜中泣。本自同根生，相煎何太急"的千古诗话。在卞太后的阻拦下，曹植算是保住了性命，但也免不了被迫数次迁徙，从一个贵族王子变成了落魄的文人。

皇权之争从来都是残酷的，南朝刘宋最后一个皇帝宋顺帝刘准在被逼禅位时，说出了这样一句话："唯愿后身生生世世不复天王作因缘！"(《南史·王敬则传》)道出了身为末代皇帝的悲哀。刘准禅位与萧道成，刘宋政权到此灭亡，刘宋的宗亲都被幽禁而死，刘准于丹阳宫被杀时年仅十三，在位仅两年。其实在刘准被杀的十多年前的一次宫廷斗争中，有一个年龄更小的孩子惨遭杀害，死前也说出了类似的话。这个小孩名叫刘子鸾，是南朝宋孝武帝刘骏第八子，他的同父异母的哥哥、宋前废帝刘子业为了夺取皇位，对他痛下杀手，将刘子鸾这个年仅十岁的弟弟赐死，一同遇害的还有其同母弟刘子师与妹妹第十二皇女。子鸾临死前悲愤地对左右侍从说："愿身不复生王家。"(《南史·始平孝敬王子鸾传》)曹彰如果有灵，是不是也会有如此感叹！朝为帝王，夕为冤魂，一切都充满变数，宫廷政治斗争何等的残酷啊！

（齐慧源）

华亭鹤唳

陆平原河桥败，为卢志所谗，被诛。[①]临刑叹曰："欲闻华亭鹤唳[②]，可复得乎！"

《尤悔》第3条

注释

① 陆平原：即陆机。西晋后期，爆发"八王之乱"，司马氏内部争权夺利，自相残

杀。陆机属于成都王司马颖阵营。晋惠帝太安二年(303年),司马颖讨长沙王司马乂,陆机授命为都督前锋诸军事。陆机进军洛阳,在河桥遭遇惨败。平素与陆机结怨的卢志及孟玖趁机诬陷陆机欲谋反,由此被杀。

② 华亭鹤唳:华亭,古地名,属吴,在今上海松江。陆机于吴亡入洛之前,与弟陆云共居华亭别墅十多年,这里有清泉茂林,风景优美。

鉴赏

《红楼梦》中贾雨村曾游历一古寺,寺门有对联"身后有余忘缩手,眼前无路想回头"。这副对联道尽了世态:人总是在无路可走的绝境中,才想到回头,但悔之晚矣。

陆机出身东吴望族,祖父陆逊、父亲陆抗都名满天下,他本身也才气纵横,是个很容易得到赏识的人;他于吴亡后与弟陆云入洛,大名士同时也是朝廷重臣的张华曾感叹说:"平吴之利,在获二骏。"(《言语》26刘孝标注引《晋阳秋》)虽然有所夸张,但其溢美之状,灼然可见。

完成了统一的西晋政权实际上并不稳固,毫无新生帝国的气象。统治集团骄奢淫逸,民族问题隐患丛生,不聪的惠帝因不堪皇帝之任所造成的皇权旁落令各路有资格觊觎者虎视眈眈等,皆使王朝表面的富丽堂皇散发着糜烂和腐臭的气息。

有识之士预感到大乱将至,意志坚决者放弃了幻想,早为之计。同样由吴地入朝为官的名士张翰,在秋风起时,借口垂涎家乡的鲈鱼莼羹,决然离开洛阳这个是非圈,以抽身为上策。但是陆机放不下,他深度介入了洛阳的乱局,辗转于各派政治势力之中,多次遭遇凶险,由于各种机缘,他都一一化解。这其实已经昭示了陆机不适合参与复杂的权力游戏。不过陆机仍然有期待,最后他加入了成都王司马颖的阵营,起初备受信任,后与司马颖阵营的其余派系发生了尖锐的矛盾,这一因素决定了他的身败。

在生命的最后关头,陆机这才后悔:以前只道是寻常的华亭鹤唳,自此再也听不见了。到了穷途末路之时，才明白回头之可贵，但为时已晚。这种感慨，就如李斯被赵高所害，在刑场上对他儿子说："吾欲与若复牵黄犬俱出上蔡东门逐狡兔，岂可得乎！"（《史记·李斯列传》）南宋朱熹曾有词提到这两件事，以为镜鉴："请看东门黄犬，更听华亭清唳，千古恨难收。"

（肖能）

祚安得长

王导、温峤俱见明帝，帝问温前世所以得天下之由[①]。温未答。顷，王曰："温峤年少未谙[②]，臣为陛下陈之。"王乃具叙宣王创业之始[③]，诛夷名族，宠树同己。及文王之末，高贵乡公事[④]。明帝闻之，覆面著床曰："若如公言，祚安得长！"[⑤]

《尤悔》第7条

注释

① 王导，见"清操清识"篇（《德行》第27条）注释。温峤，见"江左夷吾"篇（《言语》第36条）注释。明帝：司马绍，见"一丘一壑"篇（《品藻》第17条）注释。

② 谙：了解。
③ 宣王：即司马懿。司马昭封晋王后，追谥其为宣王。
④ 高贵乡公：曹髦(241—260)，曹魏第四位皇帝，为司马昭所杀。
⑤ 祚：福祚，君位。这里指国运。

鉴赏

关于东晋第二个皇帝司马绍，我们已从“不见长安”(《夙惠》31)的故事中有所了解，其机智的应对给人留下了深刻印象，也完全配得上“夙惠”的评价。本条故事，再次展现了其与生俱来的敏捷才思。不幸的是，这个只活了二十七岁的皇帝，虽然凭借自己的聪明才智，一度挽救了王敦叛乱造成的危局，使东晋王朝得以延续，但平心而论，他自始至终都未能真正把握住自己的命运——“祚安得长”四字，一语成谶，成了对他的短短三年皇帝生涯的无奈预言。

事实上，司马绍的皇帝之路，并非一帆风顺。晋元帝司马睿登基后，因为郑阿春专宠后宫，生下司马昱(也就是后来的简文帝)，司马睿便想放弃司马绍，立司马昱为太子。但废长立幼历来是王朝大乱之源，故周伯仁、王导等大臣都不同意，极力阻止。只有尚书令刁协一人想尊奉少主以讨好皇帝。最后还是王导与司马睿斗智斗勇，才终于确定了司马绍的皇储之位。永昌元年(322年)，王敦谋反，率军攻破石头城后，又想废掉太子司马绍，发生了下面这个故事：

王敦既下，住船石头，欲有废明帝意。宾客盈坐，敦知帝聪明，欲以不孝废之。每言帝不孝之状，而皆云：“温太真所说。温尝为东宫率，后为吾司马，甚悉之。”须臾，温来，敦便奋其威容，问温曰：“皇太子作人何似？”温曰：“小人无以测君子。”敦声色并厉，欲以威力使从己，乃重问温：“太子何以称佳？”温曰：“钩深致远，盖非浅识所测。然以礼侍亲，可称为孝。”(《世说·方正》32)

王敦当时欲废司马绍，找不到其他理由，只好说其“不孝”。当王敦把球踢给温峤——温峤曾任太子中庶子，与太子司马绍关系亲密，有“布衣之好”——时，温峤偏偏不合作，说皇太子是否有钩深致远之才，不是我这样的浅识之辈所能测度的，但他能够以礼事亲，当然可以称为孝子。这一次，又是温峤与王敦斗智斗勇，才终于保住了司马绍的太子之位。

王敦的这次叛乱给了东晋皇室一个沉重打击，永昌元年岁末，司马睿驾崩，司马绍即位，改元太宁。本条故事所记，应该就是发生在太宁元年(323 年)，当时司马绍登基不久，作为新君，自然对“司马氏所以得天下之由”感兴趣，便向大臣温峤咨询。温峤心有顾忌，不知该怎么回答——这就等于把球踢给了王导。王导乃东晋开国功臣，司马绍对其礼敬有加，故其当仁不让，先说温峤年少，不明就里，接着便将司马家族如何发家的历史一五一十娓娓道来。诸如司马懿如何发动高平陵之变，先后杀掉曹爽、何晏、邓飏、王凌、毌丘俭、诸葛诞诸人，篡夺了曹魏大权；司马师如何党同伐异，杀掉李丰、夏侯玄诸人；以及司马昭又如何杀掉曹魏的第四个皇帝高贵乡公曹髦，终于窃取魏朝国柄……如此这般，等于给刚登基的年轻皇帝上了一堂“历史课”，直听得司马绍冷汗直冒，面红耳赤，他遮着龙颜，拍着御座，竟说出一句不吉利的话来：“真如王公所言，国运安能长久?!”

事实证明，东晋王朝虽然苟延残喘了一百余年(318—420)，但其根基一直算不上稳固，权臣叛乱、甚至废立皇帝的事时有发生，似乎随时可能改朝换代，江山易主。下面是东晋 11 位皇帝的生卒及在位时间表：

1. 晋元帝司马睿(276—322)，琅邪王司马觐子，317—322 年在位。

2. 晋明帝司马绍(299—325)，元帝长子，322—325 年在位。

3. 晋成帝司马衍(321—342),明帝长子,325—342 年在位。

4. 晋康帝司马岳(322—344),明帝子,成帝弟,342—344 年在位。

5. 晋穆帝司马聃(343—361),康帝子,344—361 年在位,即位时才 2 岁。

6. 晋哀帝司马丕(341—365),成帝长子,361—365 年在位。

7. 晋废帝司马奕(342—386),成帝子,哀帝同母弟,365—371 年在位。

8. 晋简文帝司马昱(320—372),元帝幼子,初封会稽王,371 年被桓温拥立为帝。371—372 年在位。

9. 孝武帝司马曜(362—396),简文帝第三子,372—396 年在位。

10. 晋安帝司马德宗(383—418),孝武帝长子,396—418 年在位。

11. 晋恭帝司马德文(386—421),安帝同母弟,418—420 年在位,421 年被杀。

从中可知,东晋皇族虽然也能开枝散叶,维系百年,但 11 位皇帝皆非英明神武之君,又加上天不假年,不少皇帝或短命,或在位时间极短,最“高寿”的要算简文帝司马昱,活了五十三岁,但在位时间最短的偏偏是他——满打满算还不到一年!

这么一个孱弱不振的司马家族,何以能够支撑东晋国祚百余年呢?究其原因,应与“门阀政治”特有的皇权与士权互相制衡大有关系。正如田余庆先生所说:“东晋门阀政治,是中国古代皇权政治在特定条件下的变态,……如果没有一个成熟的有力量有影响的社会阶层即士族的存在,如果没有一个丧失了权威但尚余一定号召力的皇统存在,如果没有民族矛盾十分尖锐这样一个外部条件,如果以上这三个条件缺少一个，都不会有江左百年门阀政治局面。反之，这三个条件中任何一个条件的变化，都会导致江左门阀政治的相应变化。……门阀政治，是皇权与士族势力的某种平衡，也是适逢其会得以上升的某几家士族权力的某种平衡。”(《东晋门阀政治》)可以说，东晋百余年，“王与马，共天下”一直是基本的政治结构，只不过山东琅邪王氏之后，陆续取而代之的是颍川庾氏、谯郡桓氏、陈郡谢氏、太原王氏，这些门阀士族相继执政，与皇权分庭抗礼，彼此之间既有合作又有冲突，形成了一个互相掣肘的政治均势，这才使东晋的“国祚”一直在摇摇欲坠中得以维持百年。三国魏时人曹冏《六代论》有云：“百足之虫，至死不僵，以扶之者众也。”我们对东晋一朝的国运兴衰，亦可作如是观。只不过，“扶之者众”也是一时之运势所使然，一旦时移世易，运转势迁，再强大的国家政权都不免落入“其兴也勃焉，其亡也忽焉”的历史周期律，更何况以篡夺为业、以门阀为势的东晋一朝呢？

“若如公言，祚安得长？”——擅长辞令的晋明帝无意中说出的这句话，就如一道划破了历史幽暗夜空的闪电，洞幽烛微，照彻古今，它揭开了所有精心炮制的政治谎言的盖子，让所有靠着巧取豪夺、疯狂杀戮而夺得政权的独夫民贼丑态毕露，无处遁形。当我们对周遭的现实看不清、想不明的时候，不妨去读读历史，看看那些凝结在历史罅隙中的血与火的教训，也许我们就会明白——“太阳底下无新事”“多行不义必自毙”——历史的车轮滚滚向前，周而复始，其中的善恶因果，轮回报应，一切皆有定数，屡试不爽，亘古未变，从来如此。

（刘强）

为庾所卖

庾公欲起周子南[1]，子南执辞愈固。庾每诣周，庾从南门入，周从后门出。庾尝一往奄至[2]，周不及去，相对终日。庾从周索食，周出蔬食，庾亦强饭[3]，极欢；并语世故，约相推引，同佐世之任。既仕，至将军二千石[4]，而不称意。中宵慨然曰："大丈夫乃为庾元规所卖！"一叹，遂发背而卒[5]。

《尤悔》第10条

注释

① 庾公：即庾亮，见"不卖的卢"篇(《德行》第31条)注释。周子南：周邵，字子南，曾隐居庐山。出山后曾任镇蛮护军、西阳太守。

② 奄：突然。

③ 强饭：勉强进餐。

④ 二千石：按当时俸禄的等级，相当于郡太守一类官员的收入。

⑤ 发背：背上痈疽发作。

鉴赏

古代人隐居的原因有很多种，有的人是看破世情，不愿与官场之人同流合污,遂离世遁居;还有一种人,其隐居的原因比较特殊,是想凭借隐居之举抬高自身声望、提升身价,以此来谋求官职。因为隐居之举容易引起官府的关注,在士人中形成影响,所以朝廷往往会任用隐居之人,以表示自己对人才的重视。

这一则叙述的是隐居于庐山的隐士周子南的轶事。庾亮听闻周子南的名声,于是多次前来拜访,想请他出仕。周子南执意推辞,并且越来越坚决。每次到周子南那里去,庾亮从南门进去,周子南便从后门走掉。有一次庾亮突然来到他家,周子南来不及脱身,便面对面地坐了一整天。庾亮向周子南要些食物吃,周子南拿出了粗茶淡饭,庾亮也勉强地吃下去。两人交谈甚欢,畅谈世间事务,并约定一定举荐他,共同担负辅佐朝廷的重任。周子南后来任职之后,却只担任二千石俸禄的将军,并不合他的心意。他在某个夜半时分,感慨地说:"大丈夫竟然被庾元规出卖了!"一声叹息,背上的痈疽发作而死。

文章篇幅很短,但非常细致入微地刻画了周子南"待价而沽"的虚伪隐士形象。从开始的"执辞愈固",可以躲避,到后来的言笑晏晏,"约相推引",乃至于最后因为官职不称心而"中宵慨然",甚至于"发背而卒",可谓层层推进,如同剥竹笋般将周子南的真实意图昭然揭示,前后对比,其言行举止自然也形成了辛辣的嘲讽。

周子南的遭遇很容易让人想到曾隐居东山的谢安,谢安在出仕之初,官职并不显赫,只是桓温手下一个司马而已,当时引发的嘲讽之声也不在少数。但是谢安能够隐忍不发,等待证明自己才华的机会,并在后来用自己的勋业伟绩让那些当初嘲讽他的人无话可说。而周子南在官职不称心的情况下,却是怨天尤人,甚至抱怨被庾亮所出卖,并因此病发身亡,其才华如何尚难判断,但是胸襟之狭窄、对仕途之热切由此可见一斑。

(章原)

流芳遗臭

桓公卧语曰[①]："作此寂寂[②]，将为文、景所笑[③]！"既而屈起坐曰："既不能流芳后世，亦不足复遗臭万载邪？"

《尤悔》第13条

注释

① 桓公：即桓温，见"木犹如此"篇(《言语》第55条)注释。

② 作：如，像。寂寂：形容冷落凄清，无声无息，无所作为，比喻不能做一番事业、登上帝位。

③ 文、景：指晋文帝司马昭和景帝司马师。这两人都曾废旧主，立新君，为司马氏代魏称帝打下了基础，被追封为帝。

鉴赏

"流芳百世""遗臭万年"这两个成语，就出自东晋权臣桓温之口。他说"既不能流芳后世，亦不足复遗臭万载邪？"这句话反映了他的反骨还是抱负？历史上的评价有些不同，有人说他是能臣，有人说他是奸雄。那么桓温究竟是个怎样的人呢？又该如何客观评价他呢？这是研究东晋历史绕不开的一个话题。

桓温是东晋杰出的军事家、权臣，是晋明帝司马绍之婿。桓温为人豪爽，姿貌伟岸，风度不凡，是一个豪迈、英气勃勃的人物，号称"魏晋八君子”。在以清秀白皙为美的魏晋,“鬓如反猬皮,眉如紫石棱”(《容止》27)的桓温,算不上俊美,但他对自己的外貌和气质十分自信,自认为雄姿英发,才能过人,常以名将刘琨自比。刘琨是晋朝政治家、文学家、音乐家和军事家,也曾以豪杰自许,以功业自励,青年时与祖逖一起,枕戈待旦,闻鸡起舞,志在报国。后长期坚守并州,招抚流亡,抵抗刘聪、石勒,终于为国捐躯。而桓温也曾收复蜀地,多次北伐,一生战功累累,为维护晋室统一和稳定东晋政局,立下汗马功劳,确实是一名像刘琨一样出色的将领。

作为一位有识见的政治家,桓温善于发现和任用人才,比如对于众人并不看好的王珣,桓温通过细致的观察,却能发现他的过人才能。对谢安、殷浩等很多官员的认识也能以小见大,见微知著,表现出很高的洞察能力。

驰骋疆场的桓温,也并非一个粗人,也有丰富细腻的感情。为国出征时,他曾感叹道“既为忠臣,不得为孝子”,也有忠孝难以两全的苦恼。桓温在北伐路过金城时,见到自己早年栽种的柳树已经有十围那么粗壮,不由得感慨,又说出了一句千古名言:“木犹如此,人何以堪!”时间转换,目睹树木的惊人变化,一代英豪也会感叹流年似水,人生无常。他攀折柳条,情不自禁地流下了眼泪,表现出丰富的情感世界。

晚年的桓温,更透露出奸雄的豪迈与霸气。十几年独揽朝政大权,操纵废立,威势逼人。连谢安都见而遥拜,更以君臣称作二人关系。简文帝虽被立为皇帝,但却形同傀儡。桓温久怀异志,计划发动北伐希望先建立功勋,然后回朝接受九锡,从而夺取政权。终因第三次北伐失败而令声望受损,所以也难得人心,加上朝中王、谢势力的阻拦而未能如愿。简文帝多次招他入宫,都被他拒绝,他要逼迫朝廷加其九锡。“九锡”是古代天子赐给诸侯、大臣的九种器物,是一种最高礼遇。但魏晋六朝掌政大臣夺取政权、建立新王朝都模仿王莽谋汉先邀九锡的故事,后以九锡为权臣篡位先声。

令桓温没有想到的是，他回到姑孰后，就一病不起，但也没有忘记逼迫朝廷加其九锡之礼，并多次派人催促。谢安、王坦之见桓温病重，以袁宏所撰锡文不好为由命其修改，借此拖延。桓温的病情果然越来越重，已经不能下床，最终在姑孰病逝，终年六十二，至此锡文仍未完成。朝廷追赠桓温为丞相。直至去世桓温也未能实现他的篡权计划。

话说桓温在生病卧床期间，仍念念不忘他的帝王梦，一天躺在床上对亲信感叹道："像这样的无声无息，无所作为，恐怕要被文帝、景帝所耻笑。"文帝、景帝指司马昭、司马师，他们从曹魏手里夺得了江山。这里的意思是说如果甘于现状的话，将来到死后肯定要被司马昭、司马师两人所笑话。这表达了桓温不甘寂寞，图谋夺权的政治理想，更确切说是政治野心。众人听了，面面相觑，没有人敢接他的话。一会儿他又突然抚着枕头坐起来，像是自言自语地说："既然不能流芳后世，难道就不能遗臭万年吗？"这就是成语"流芳百世""遗臭万年"的由来。

这里，桓温所发的感慨，正是其内心的真实写照。此时，桓温以文、景这种"反面典型"为榜样，后脑勺的反骨明显露出来了。一方面显示了桓温专权跋扈、心存篡逆，另一方面，他不掩饰自己内心的想法，也是其豪爽性格的体现。他一定要有惊天的举动，让后人记住，而不管这事本身是善是恶，其野心则暴露得淋漓尽致，可以看到他为实现这一目标而一往无前的决心。桓温的话，正如王世懋说的"曲尽奸雄语态，然自非常人语"。

桓温曾经路过王敦墓的时候，赞扬王敦说："可儿！可儿！"王敦是个反臣，桓温不仅不觉得他是一个逆臣，反而流露出赞赏的态度，可见他自己也是久怀异志。《晋书》将桓温和王敦的列传放在一起，说明后人对他的政治定位就是"叛臣"。当然，桓温与王敦二者在格局上有着天壤之别，王敦只是为了权力之争，只图眼前能享尽荣华富贵，而桓温想的是建立不朽的功勋，要青史留名。

盖棺定论，桓温一生确实有功于晋室，征战沙场，功绩卓著，晚年也确实有篡权的野心，有"奸雄"的豪迈与霸气，堪称一代枭雄。

（齐慧源）

水性人情

谢太傅于东船行[①]，小人引船，或迟或速，或停或待，又放船纵横，撞人触岸。公初不呵谴。人谓公常无嗔喜。曾送兄征西葬还[②]，日莫雨驶，小人皆醉，不可处分。公乃于车中，手取车柱撞驭人，声色甚厉。夫以水性沈柔，入隘奔激。方之人情，固知迫隘之地，无得保其夷粹。

《尤悔》第14条

注释

① 谢太傅：谢安，见“常自教儿”篇(《德行》第36条)注释。

② 征西：谢奕(309—358)，字无奕，晋陈郡阳夏(今河南太康)人，谢安之兄，谢玄之父。少有器鉴，辟太尉掾、剡令，累迁安西将军、豫州刺史，卒赠镇西将军。

鉴赏

此则以人的情感与水性相比拟，说明凡人之情商修养工夫无论如何高深，一旦面临亲人离世之恸，内心情绪也会如水流突然进入狭隘处一样，激荡奔腾，不能自已。谢安素有“雅量”之美誉，是魏晋名士风流的代表人物，故“人谓公常无嗔喜”，这种情况在《雅量》28 有记载：谢安在东山的时候，有一次和孙绰、王羲之等人去泛舟游玩，突然间吹来一阵大风，导致浪涛汹涌，众人被吓得惊慌失色、喧动不安，只有谢安神色从容不迫，吟啸自若，临危不乱，处变不惊，表现出过人的胆识，不愧是位杰出的政治家。

据《晋书·穆帝纪》可知，谢奕卒于升平二年八月(358 年)，谢安前往奔丧送葬。谢奕在未死之前，可说是谢家的重要支柱，正因如此，谢安才能长期隐居东山，读书学琴，游山玩水，谈玄说理，培育出平和夷粹的情性。兄长的逝世给了谢安极大的打击，此时谢安的内心肯定十分沉痛，加上傍晚又下着雨，谢安的情绪简直跌落到谷底，车夫又都喝醉，不肯前进，这让谢安压抑已久的丧亲情绪瞬间大爆发，拿起车柱打人，大声叱骂。此时已不复见“风神温雅”的名士典范谢安，而是一位活生生的血性男儿了。

（曾敬宗）

舍本逐末

简文见田稻不识[1]，问是何草，左右答是稻。简文还，三日不出，云：“宁有赖其末，而不识其本！”

《尤悔》第 15 条

注释

① 简文：即晋简文帝司马昱，见“杀鼠不悦”篇（《德行》第37条）注释。

鉴赏

司马昱是晋元帝司马睿的幼子，深得父亲的宠爱，为了让他继承皇位，差点废了太子司马绍。他幼年聪慧，当时善于占卜的郭璞评论道：“兴晋祚者必此人也。”（《晋书·简文帝纪》）司马昱成年后清虚寡欲，擅长玄学，从青年时期，就开始执掌朝政。

司马昱有一次微服出巡，看见还没挂穗的青稻苗，他不认识这满田野的是什么草，于是就好奇地问身旁的臣子，左右赶忙回答说，这是天下人赖以生存的稻子。司马昱回去后，三天都没有出门，羞愧地说：“哪有天天依靠它的末梢活命，而不认识根本的呢！”有些人据此以为，司马昱的智商跟西晋的惠帝差不多，小时候被寄予厚望，最后执政却很失败，郭璞的预言落空了。

晋惠帝司马衷是个什么样的皇帝呢？他是晋朝的皇室奇葩，也是历史上有名的傻皇帝。《晋书·惠帝纪》记载：有一年，西晋饿殍遍地，各地都缺少粮食。官员上报中央，说百姓因为大旱，只有挖草根，吃树皮，都要饿死了。这时司马衷好奇地问：“为什么百姓没有粮食就会饿死呢？”大臣就说：“天下大旱，百姓连粟米粥都没得吃，当然会饿死了。”司马衷感到大惑不解：“既然没有粟米粥吃，为什么不去吃肉糜呢？”

肉糜的例子，只能说明司马衷出生的环境太高贵，没有平民百姓的生活常识。正如农夫以为皇帝用的扁担锄头都是金的，一顿要吃好几个大烧饼一样。他九岁时就被立为太子，从小到大没有离开过皇宫，不吃米粥就吃肉糜，这是司空见惯的事情，也是在他自己的生存环境中做出判断的。司马昱不认识青稻苗，也是同样的道理，并不奇怪。

《晋书》对司马昱的史评非常矛盾，前面有郭璞的神预言，后面却记述了不少人的吐槽："帝虽神识恬畅，而无济世大略，故谢安称为惠帝之流，清谈差胜耳"；"谢灵运迹其行事，亦以为赧、献之辈云"。把简文帝和晋惠帝、周赧王、汉献帝相比，可能是讽刺他沉迷清谈，没有什么本事，所以受制于人。司马昱还想把帝位让给桓温，要是没有谢安和王坦之阻拦，差点就是个亡国之君。

司马昱究竟是个什么样的人呢？他虽然是清谈名士，但倾向佛老思想，恬淡无为，在权谋上肯定会落下风。王濛曾经说："人言会稽王痴，真痴。"(《方正》49)司马昱心地善良，还在任抚军将军的时候，他坐席上的灰尘从不让人擦去，见到老鼠在上面走过的脚印，认为很好看。有个参军看见老鼠白天出来，就拿手板把老鼠打死，司马昱很不高兴。门客提议处罚参军，他叹息道："老鼠已经被打死了，我尚且不能忘怀；现在又为了老鼠去损害人，恐怕更不妥吧？"

司马昱为人谦和，他还是相王的时候，一次与桓温一同上朝，二人多次互相谦让，要对方走在前面。桓温不得已只好在前，边走边说："伯也执殳，为王前驱。"司马昱在后面回答说："无小无大，从公于迈。"所以司马昱其实是没有什么称帝野心的，桓温大概也是看中这一点，想立他为帝，再等着禅让。

然而司马昱性情虽然简静，也并非没有想办法对付桓温。他在政治上重用殷浩，军事上重用郗愔，可惜殷浩不争气，郗愔的儿子郗超又支持桓温，所以落了下风。

司马昱没办法制约桓温，只好消极抵抗。他担任丞相时，一件政事都要整年的时间才能批复下来。桓温觉得太慢了，经常加以督促，司马昱还是慢慢地说："我日理万机，哪里快得了！"在复杂凶险的环境里，他的日子也不好过，于是更要从道家佛家寻找安慰。佛经认为只要修炼智慧，就能摆脱烦恼，立地成佛。司马昱很感兴趣。

后来司马昱被迫无奈当了皇帝，每天战战兢兢，担心又被桓温所废。当时荧惑星又入太微垣,是废立之象,他十分不安。郗超是司马昱的旧部下,也是桓温手下最重要的谋士,他的父亲郗愔对晋室忠心耿耿。当郗超请假回去看望父亲时,司马昱沉痛地对他说:"致意尊公,家国之事,遂至于此! 由是身不能以道匡卫,思患预防,愧叹之深,言何能喻!"接着便吟咏庾阐的诗:"志士痛朝危,忠臣哀主辱。"(《言语》59)潸然泪下。郗超向他担保,不会再发生废立之事。这何尝不是司马昱以退为进的策略呢? 简文帝忧愤病逝后,谢安和王坦之作为辅政大臣,始终维护晋室,又何尝不是他的人格魅力所致呢?

《文学》87 刘孝标注中,引刘宋时期刘谦之的《晋纪》,记载简文帝庙号"太宗"。根据古代的《谥法》:"一德不懈曰'简',道德博闻曰'文'。"谢安为简文帝作的谥议写道:"易简而天下之理得,观乎人文,化成天下。仪之景行,犹有仿佛。宜尊号曰'太宗',谥曰'简文'。"看来他对简文帝的德行和文治,评价还是挺高的。

(阮莉萍)

纰

纰漏，谓失误与疏漏。《论语·卫灵公》："子曰：可与言而不与之言，失人；不可与言而与之言，失言。知者不失人，亦不失言。"是知纰漏者，非失人，即失言。又《礼记·表记》："君子不失足于人，不失色于人，不失口于人。"此"失足""失色""失口"，可谓"君子三失"也。同书《大传》："五者一物纰缪，民莫得其死。"郑玄注："纰缪，犹错也。"《荀子·修身》："难进曰偍，易忘曰漏。""漏"者，亦"失"也。此一门可与《尤悔》并观：尤悔常因无识而生，无敬而犯，自当戒慎怵惕；纰漏则由无意而致，无心而为，倒也情有可原。如任育长过江失志，不辨茶茗，令人陡生恻隐之心；司马睿失言而愧，三日不出，亦可谓能迁善改过者；又谢安引己之过，开导谢据，身教

漏

第三十四

如此，难能可贵；王敦、蔡谟之徒，或以澡豆为干饭，甘之如饴；或以彭蜞为螃蟹，吐下委顿，颟顸如此，亦足发噱。余尝谓饭间不可读《世说》，以免绝倒喷饭之虞也。

王敦啖枣

王敦初尚主[①]，如厕，见漆箱盛干枣，本以塞鼻，王谓厕上亦下果，食遂至尽。既还，婢擎金澡盘盛水，琉璃碗盛澡豆[②]，因倒著水中而饮之，谓是干饭。群婢莫不掩口而笑之。

《纰漏》第1条

注释

① 王敦，见“太早太老”篇(《言语》第42条)注释。尚主：与公主结婚。王敦娶晋武帝司马炎之女襄城公主(《世说新语》注作舞阳公主)为妻，官拜驸马都尉。

② 澡豆：一种沐浴用的粉剂，以豆类制成，用以洗手洗脸，可使皮肤白皙如雪。

鉴赏

我们可以从两个层次解读这个故事。表面上看，这是一则无伤大雅的笑话。王敦初与公主成婚，尚未适应种种奢华陈设。在公主府上如厕时见漆箱上盛以干枣，以为皇家待客热情，厕所里亦置干果招待，为表诚意，遂一口气吃完。殊不知这些干枣乃供人如厕时堵住鼻孔，遮蔽气味所用。出得厕门，又有一婢女奉金盘盛水，另一人手捧琉璃碗，碗中有一粒粒的“澡豆”。什么是“澡豆”？它可以说是古人的香皂，用豆面等天然去污剂混入当时由异域传入的珍贵香料制成，既能清洁，又散发出优雅迷人的香气，长期使用还有护肤美白之功效。因其制作需要用到中土罕见的香料，澡豆便成为一种昂贵的奢侈品，只有上层贵族才有资格享用。不明就里的王敦想当然地把澡豆当作食物，一股脑倒入金盆，和着洗手用的水吞了下去。这些没见过世面的“乡巴佬”举动让公主的婢女们忍俊不禁。王敦的行为固然可笑，然而也不过是犯了我们大多数人出于无知都会犯的错误，细想起来，谁没有在陌生的文化和社会环境中遭遇过一些窘境呢？在哑然失笑的同时，我们也应对王敦表示同情和理解。

然而，如果我们对当时的社会历史背景以及王敦这个人物有一定的了解的话，也许可以读出这则“笑话”后面隐藏的各种玄机。王敦尚公主发生在西晋王朝后期，其时晋皇室已在外戚弄权、宗室内斗之中元气大伤，国运江河日下，然而其成员依旧过着锦衣玉食，穷奢极欲的生活。如厕需要用干枣塞鼻，一众婢女侍奉在旁，以金盆洗手，用澡豆护肤，凡此种种，把世家子弟王敦衬托得像一介乡民。这让人想起《红楼梦》里第三回中林黛玉初进贾府里一个小细节。贾母领贾府女眷与黛玉一起吃饭，席间各种规矩礼数自不必说，饭毕，“各有丫鬟用小茶盘捧上茶来。当日林如海教女以惜福养身，云饭后务待饭粒咽尽，过一时再吃茶，方不伤脾胃。今黛玉见了这里许多事情不合家中之式，不得不随的，少不得一一改过来，因而接了茶。早见人又捧过漱盂来，黛玉也照样漱了口。盥手毕，又捧上茶来，这方是吃的茶”。

黛玉差一点便犯了同王敦一样的错误，饮了用来洗漱的茶水。脂砚斋在评论里也提到了王敦啖枣的故事，并庆幸黛玉没有像王敦一样贻笑大方。黛玉本人已经是养尊处优，食不厌精的富家小姐，然而到了“贾不假，白玉为堂金作马”的贾家，却差一点闹了笑话。曹雪芹这样写的目的，是借黛玉之视角体现贾府的奢华和铺张。“王敦啖枣”的故事采用了同样的烘托对比的手法，侧面显示了晋朝皇室的骄奢淫逸。

这个故事的另外一个关键背景是王敦和两晋皇室的关系，或者说是琅邪王氏家族与晋朝司马家族的关系。琅邪王氏在两晋交替的政权更迭中起到了至关重要的作用,东晋初期,王导内掌朝政,王敦外握兵权,王氏子弟皆居要职,以致朝野上下有所谓“王与马,共天下”的说法。反观这则轶事,在戏谑的表象下似乎蕴含着政治博弈和权力较量。王敦尚主虽在西晋朝,然而当时皇室已经式微,而王家却英才辈出,掌握军政要职。襄城公主的下嫁,势必有着政治联姻的考量。在这种情况下,公主的娘家设下了这个“如厕”的“陷阱”,试图用华丽的陈设灭一灭新女婿的气焰,显示皇家的威仪,也提醒他认清自己作为人臣的位置。然而这种做法显然没有达到预期的效果。这则故事没有告诉我们王敦的反应,他是恼羞成怒还是心悦诚服?我们无从得知。然而,《世说新语·汰侈》篇收录了另一则关于王敦如厕的故事,也许可以给我们提供一些线索:

石崇厕,常有十余婢侍列,皆丽服藻饰。置甲煎粉、沉香汁之属,无不毕备。又与新衣著令出,客多羞不能如厕。王大将军往,脱故衣,著新衣,神色傲然。群婢相谓曰:“此客必能作贼!”

石崇富可敌国,家中厕所的陈设比公主府中的有过之而无不及,出门时甚至有美丽的侍女为客人换上新衣。来访的宾客多害羞而不能如厕,唯有王敦坦然享受一切服务,神色不变,安之若素。这种宠辱不惊的个性让石崇家见多识广的婢女们纷纷感叹“这个人以后一定会犯上作乱!”真英雄(枭雄)是不会轻易被华而不实的物品(或人物)震慑住的。公元322年,王敦果然以“清君侧”为名起兵造反,次年进攻建康,意在篡位,取明帝而代之。不料他不久便病逝于军中,其叛乱也很快被晋明帝平定。王敦自己也落得个被剖棺戮尸的下场。

（胡秋蕾）

不识彭蜞

蔡司徒渡江①,见彭蜞②,大喜曰:“蟹有八足,加以二螯③。”令烹之。既食,吐下委顿④,方知非蟹。后向谢仁祖说此事⑤,谢曰:“卿读《尔雅》不熟⑥,几为《劝学》死!”

《纰漏》第3条

注释

① 蔡司徒:指蔡谟,见“神仙中人”篇(《容止》第26条)注释。
② 彭蜞(qí):一种外形似蟹的动物。
③ 蟹有八足,加以二螯(áo):出自蔡邕《劝学章》,取义自《荀子·劝学》“蟹六跪而二螯”。
④ 吐下:上吐下泻。
⑤ 谢仁祖:谢尚,字仁祖,见“共谈析理”篇(《文学》第22条)注释。
⑥ 《尔雅》:我国古代一部解释词语、名物术语的重要著作。

鉴赏

蔡谟渡过长江后,见到彭蜞,非常高兴,说:“蟹有八足,加以二螯。”让人捉来煮熟。他吃过后,上吐下泻,萎靡不振,才知道这不是蟹。后来蔡谟对谢尚说起这件事,谢尚说:“你读《尔雅》读得不熟,却几乎被《劝学》害死!”

彭蜞，今人多写作“蟛蜞”，在《尔雅》中的解释是“似蟹而小”。蔡谟读《尔雅》不熟，看到彭蜞时只想到“蟹有八足，加以二螯”，没想起“似蟹而小”，把彭蜞当成了蟹。蔡谟是东汉蔡邕的同族，熟习蔡邕作品不足为奇。所以他看到彭蜞时，下意识地说出的是蔡邕《劝学章》中的“蟹有八足，加以二螯”，而不是出自《荀子·劝学》的“蟹六跪而二螯”。但谢尚所说的究竟是前者还是后者，恐怕无从考证了。

蔡谟出身名门，自幼衣食无忧，更不会穷困到必须捕食野生小物充饥的境地。史书记载“性方雅”的蔡谟，似乎是因嘴馋想吃蟹才误食彭蜞，导致“吐下委顿”，到底是一件令人尴尬的事。蔡谟敢于向谢尚说起此事，谢尚也能极自然地取笑他，可见两人关系相当不错。

彭蜞究竟能否食用？《本草纲目》《本草拾遗》等医书均记载彭蜞可入药，但有毒，“食肉能令人吐下至困”，今天福建、广东等地有腌制彭蜞酱、彭蜞酥供人食用的方法。可见彭蜞确实能食用，只是需要一些特殊的烹饪方式，如果烹调不得法可能会中毒，像蔡谟一样“吐下委顿”。文中在“见彭蜞”之前先提及“渡江”，想来是蔡谟刚刚渡过长江来到南方，不熟悉当地风物，才错把彭蜞当蟹，以致中毒还被谢尚嘲笑一番。

即使蔡谟熟习《尔雅》，恐怕他也未必能免除这场“吐下委顿”之祸。《尔雅》中只说彭蜞“似蟹而小”，一个熟读《尔雅》但很少见到这两种动物的人，大约是分不清彭蜞和幼蟹的。所谓耳听为虚眼见为实，一个人能获得的信息是有限的。信息不畅的晋代，蔡谟不知道彭蜞的特征导致认识错误。信息爆炸的今天，我们也可能因为信息来源不可靠、传播中出现内容错漏、对信息的理解出现偏差等原因，听信错误的信息，甚至盲目指鹿为马，攻击发布正确信息的人是“造谣”。北人蔡谟来到南方，小动物彭蜞给他结结实实地上了一课，是不是也给今天的我们上了一课呢？

（郭小小）

乱世情痴

任育长年少时[①]，甚有令名[②]。武帝崩，选百二十挽郎[③]，一时之秀彦，育长亦在其中。王安丰选女婿[④]，从挽郎搜其胜者，且择取四人，任犹在其中。童少时神明可爱，时人谓育长影亦好。自过江，便失志[⑤]。王丞相请先度时贤共至石头迎之[⑥]，犹作畴日相待[⑦]，一见便觉有异。坐席竟，下饮，便问人云："此为茶，为茗？"觉有异色，乃自申明云："向问饮为热，为冷耳。"尝行从棺邸下度，流涕悲哀。王丞相闻之曰："此是有情痴。"

《纰漏》第4条

注释

① 任育长：晋人，名瞻，字育长，曾任仆射、天门太守等职。

② 令名：美好的声名。
③ 挽郎：指牵引灵柩的少年。
④ 王安丰：即王戎，被封为安丰侯，见“生孝死孝”篇(《德行》第17条)注释。
⑤ 失志：恍恍惚惚的样子。
⑥ 石头：石头城，位于今南京城内。
⑦ 畴日：昔日。

鉴赏

人的一生起起伏伏，难免会遭遇挫折与不幸，对于有的人，逆境更能激发出自身的潜力，通过努力去克服困难，但对于另外一些人，可能就此一蹶不振，甚至像完全变了一个人一样。“乱世情痴”任育长显然属于后者。

任育长在年少时就很出名，被视为一时之俊彦。晋武帝司马炎驾崩时，挑选了一百二十名当时的俊才来担任挽郎，其中就有任育长。王戎选女婿时，从挽郎中又挑选了四个卓越人物，任育长也在其中。但自从过江南下后，任育长便整日里失魂落魄，全无昔日风采了。丞相王导与其在石头城相见，仍像从前一样相待，但一见面就发觉他的异样。大家坐定，茶刚刚献上来，任育长就询问：“这是茶？还是茗？”觉得大家神色有异时，又赶快申明：“我刚刚只是问茶是热还是冷罢了。”为何他询问茶还是茗时，周围人会面露异色呢？虽然现在茗和茶基本不分，都泛指茶叶而言，但是在当时，一般称早采的为“茶”，晚采的为“茗”。尽管细究起来确有差异，但一般人难于辨别，通常也并不进行区分。任育长此问，恐怕也并不是真的想知道是茶还是茗，而是在寻找话题罢了，但在当时的场合下，这个问题并不适当，众人也不知如何回答是好。好在任育长发现众人脸色有异后，醒悟了过来，便给自己圆场，说自己问的其实是“茶是冷还是热”。按，当时“热”与“茶”、“冷”与“茗”各在相近韵部，读音相近，所以任育长才会这样说。但实际上，这个圆场的话也并不见得如何高明，因为茶是热还是冷，一望可知,又有什么值得询问的。总之,从其自问自答中可以看出,其言谈之间已经全无风采可言,当时在座众人的惊讶、气氛之尴尬不难想象。

其实,如果从这件事来看,任育长的反应还是颇为机敏的,虽然他说话有些不合时宜,但也知道及时圆场,还不至于糊涂。至于他在经过棺材铺时悲伤得流下泪来,这恐怕是他在乱世之中遭遇诸多的难以忘怀的经历,路过棺材铺时不由触景生情,有所感而悲伤吧!倒也不失为一个真性情之人,王丞相评价其为"有情痴"倒也允当。

(章原)

进退唯谷

殷仲堪父病虚悸①,闻床下蚁动,谓是牛斗。孝武不知是殷公②,问仲堪:"有一殷,病如此不?"仲堪流涕而起曰:"臣进退唯谷。"

《纰漏》第6条

注释

① 殷仲堪,见"仲堪俭约"篇(《德行》第40条)注释。

② 孝武:东晋孝武帝司马曜,见"国宝谗险"篇(《谗险》第3条)注释。殷公:指殷仲堪父殷师,陈郡人,西晋太常、礼部尚书殷融之子,官至骠骑咨议参军、晋

陵太守，封爵沙阳男。

鉴赏

“进退唯谷”语出《诗经·大雅·桑柔》：“人亦有言，进退维谷。”本条下刘孝标注引《诗经》毛公注曰：“谷，穷也。”故进退维谷形容处于进退两难的穷困境地。《世说》“维”作“唯”，同义。此条置于《纰漏》门，表面看是东晋孝武帝的失言，实质却与魏晋政治礼俗相关。魏晋“以孝治天下”，统治者每每借不孝罪名，诛灭异己，比如曹操杀孔融，司马氏杀嵇康。鲁迅解释道：魏晋“为什么要以孝治天下呢？因为天位从禅让，即巧取豪夺而来，若主张以忠治天下，他们的立脚点便不稳，办事便棘手，立论也难了，所以一定要以孝治天下”（《魏晋风度及文章与药及酒之关系》）。比如后来篡晋自立的桓玄，便很会表演孝道。《世说新语·任诞》载桓玄被召作太子洗马，“船泊荻渚。王大（王忱）服散后已小醉，往看桓，桓为设酒，不能冷饮，频语左右，令温酒来。桓乃流涕呜咽。”按桓玄的父亲名温，所以他听见王忱叫人温酒，犯了他的父讳，便哭泣起来。这个桓玄，为臣叛逆，为友亦不义。他本与殷仲堪“情好甚隆”（《德行》第41条下刘孝标注引《桓玄别传》），后来在东晋末年纷纭复杂的政治斗争中，却逼令仲堪自杀，可见是个浮狡之徒，哪里有真性情？

而此条殷仲堪流涕，则非同桓玄之惺惺作态，应是真心悲哀，盖因孝武帝无意间触及仲堪丧父大恸。本条刘孝标注引《续晋阳秋》曰：“仲堪父曾有失心病，仲堪腰不解带，弥年父卒。”仲堪且因“自分剂汤药，误以药手拭泪，遂眇一目”（《排调》第61条刘孝标注引《中兴书》）。如此伤痛经历，孝武帝却当作奇闻谈资，因事关一位殷姓人士，故向同样姓殷的仲堪打听，全然不想想其间可能的联系。君主动问，不能不答，答则助长他人拿父亲的病情死因作笑谈，伤父尊严。进退两难之际，仲堪唯有流涕。本条以君臣日常相对闲谈细事，写出二人不同性格：孝武为君不尊、口无遮拦；仲堪则“多疑少决”“仁而无断”（《德行》第43条下刘孝标注引《中兴书》），又因孝武遇已厚，不敢稍有忤逆而致失宠。两人的个性，各自终致杀身之祸。

孝武死于与妃嫔说笑。据《晋书·帝纪第九》："时（孝武帝）张贵人有宠，年几三十，帝戏之曰：'汝以年当废矣。'贵人潜怒，向夕，帝醉，遂暴崩。"暗示贵人弑君。然而其时皇叔司马道子昏惑，其子元显专权，"竟不推其罪人"。此案其后北魏魏收等著《魏书》有更为详尽的披露，谓张氏"于时年几三十，昌明（晋孝武帝司马曜字）妙列妓乐，陪侍嫔少，乃笑而戏之云：'汝以年当废，吾已属诸姝少矣。'张氏潜怒，昌明不觉而戏逾甚。向夕，昌明稍醉，张氏乃多潜饮宦者内侍而分遣焉。至暮，昌明沉醉卧，张氏遂令其婢蒙之以被，既绝而惧，货左右云以魇死。时道子昏废，子元显专政，遂不穷张氏之罪"（《列传》第八十四）。《魏书》不为尊者讳，盖因北魏皇室以自身为正宗，视同时存立的东晋司马皇室为"僭主"，故于其深宫秘闻极尽形容。

仲堪之死，竟也肇自孝武帝和女人的亲密关系。《晋书·会稽王（司马）道子传》谓"于时孝武帝不亲万机，但与道子酣歌为务，姏姆尼僧尤为亲昵，并窃弄其权。"这便给了桓玄可乘之机。荆州刺史王忱死，孝武帝本意以王恭补缺。"时桓玄在江陵，为忱所折挫，闻恭应往，素又惮恭。殷仲堪时为黄门侍郎，玄知仲堪弱才，亦易制御，意欲得之。"桓玄便请托其时"权倾一朝，威行内外"的妙音尼为仲堪图谋荆州刺史。当孝武帝向妙音尼问及荆州人选，尼答曰："贫道出家人，岂容及俗中论议。如闻内外谈者，并云无过殷仲堪，以其意虑深远，荆、楚所须。"（《识鉴》第28条余嘉锡《笺疏》引梁释宝唱《比丘尼传一》）孝武帝本"欲拔亲近腹心，遂以殷为荆州"（《识鉴》第28条）。而殷仲堪上任后，在与桓玄和朝廷的权力周旋中，果然依违两可、少于鉴略，终为桓玄所败（《晋书·殷仲堪传》）。

（钱南秀）

惑

惑溺，迷惑陷溺之意。《论语·颜渊》子曰："爱之欲其生，恶之欲其死，既欲其生，又欲其死，是惑也。"《孟子·告子上》："食、色，性也。"又《礼记·礼运》："饮食男女，人之大欲存焉。"是惑溺者，乃陷溺于情欲而不能自拔也。孟子云："养心莫善于寡欲。其为人也寡欲，虽有不存焉者，寡矣；其为人也多欲，虽有存焉者，寡矣。"（《孟子·尽心下》）魏晋之际，风云突变，唯才是举以轻德，风俗浇薄而重色。诚如干宝《晋纪·总论》所云："其妇女庄栉织纴，皆取成于婢仆，未尝知女工丝枲之业，中馈酒食之事也。先时而婚，任情而动，故皆不耻淫逸之过，不拘妒忌之恶，有逆于舅姑，有反易刚柔，有杀戮妾媵，有黩乱上下，父兄弗之罪也，天下莫之非也。又况责之闻四教于古，修贞顺于今，以辅佐君子者哉？"彼时风俗，可见一

惑溺

第三十五

斑。《世说·惑溺》一门，记魏晋七则情爱故事，或直或婉，或褒或贬，致远恐泥，而皆有可观。如荀粲以色为主，思妻而殒；韩寿窃玉偷香，终成眷属；王戎夫妻私语，卿卿我我，历来脍炙人口，悦目赏心，诚为笔记小说之佳品也。

破贼为奴

魏甄后惠而有色①，先为袁熙妻②，甚获宠。曹公之屠邺也③，令疾召甄，左右白："五官中郎已将去④。"公曰："今年破贼正为奴⑤。"

《惑溺》第1条

注释

① 魏甄后：三国时魏文帝曹丕的皇后，姓甄。本为袁熙妻，曹操灭袁绍后，为曹丕纳甄氏，生子，即魏明帝，后被谗死。惠：通"慧"，聪明。

② 袁熙(？—207)，字显奕，袁绍次子，有勇力。袁氏兵败，与弟袁尚奔辽东投奔公孙康，为康所杀。

③ 曹公：曹操。屠邺：屠戮邺城。邺，县名，为冀州治所，故址在今河北临漳西南。东汉末，袁绍割据河北、山西等地，与曹操争雄，其次子袁熙出任幽州刺史，把妻子留在邺城。公元204年，曹操大破袁尚，攻破邺城。

④ 五官中郎：指曹丕。曹丕登位前曾任五官中郎将，主管宫廷保卫。将：带。

⑤ 奴：他。"今年"句：曹操想得到甄氏，只因曹丕抢先一步，只好改口这样说"今年打败袁贼，正是为了他"。

鉴赏

常言道："自古红颜多薄命"，无数历史事例证明，在古代，很多美女的命运尤其坎坷甚至是悲惨。三国时期有一位绝世佳人，尽管贵为皇后，也没逃脱惨遭杀害的命运，她就是魏明帝曹叡之母、曹丕的甄后，死时被发覆面，惨不忍睹，其人生遭际，令人痛惜扼腕。

相传甄宓是今河北无极人，上蔡令甄逸之女。甄氏幼年丧父，九岁能文识礼，自小虚心好学、博学有识，贤惠有德，有相士预测她将来贵不可言。建安年间，嫁到汉末群雄之一的袁绍家里，做了袁熙之妻。甄氏既温柔漂亮，又知书达理，很受夫家人宠爱。然而，天有不测风云。后来曹操与袁绍宣战，袁熙被外调出去守幽州，甄氏独自留在冀州，侍奉婆婆刘氏。袁绍兵败，曹操率军攻下邺城，曹丕早就听闻甄氏美貌不凡，此时有机可乘，他趁乱抢先一步到袁绍府中，将甄氏带回自己帐中。曹操也久已垂涎甄氏的美貌，屠杀百姓时，下令立即传见甄氏，侍从禀告说："五官中郎(曹丕)已经把她带走了。"曹操一听，马上改口说："今年打败贼寇，正是为了他。"

这件事在《魏略》和《魏晋世语》中有较详细的记载：曹操率军攻下邺城，曹丕先一步进入袁绍府中，见一妇人被发垢面，躲在袁绍妻子刘氏的身后哭泣，曹丕得知是袁熙妻子后，便让人揽起甄氏的头发，用毛巾擦脸，果真是国色天香、倾国倾城，立刻就把她带回了自己住处，刘氏对甄氏说："不复死矣。"因为甄氏的美貌是出了名的，曹丕闯袁府，可能就是直奔甄氏而来的。

甄氏因为美貌绝伦，又贤淑知礼，甚得曹丕宠爱，生下了儿子曹叡和女儿东乡公主。曹丕登上皇位后，不仅喜好奢华，更喜欢美人，自得了新宠郭后、阴贵人，就冷落了甄妃。后曹丕听信郭后诬陷之词，十分恼怒，派人将甄氏赐死。曹丕死后，甄氏的儿子平原王曹叡即位，追谥甄氏曰文昭皇后。

据史书记载，甄皇后不仅贤德，而且文才出众，留有《甄皇后诗选》，其中的乐府诗《塘上行》这样写道："蒲生我池中，绿叶何离离。岂无蒹葭艾，与君生别离。莫以贤豪故，弃捐素所爱。莫以麻枲贱，弃捐菅与蒯。莫以鱼肉贱，弃捐葱与薤。"此堪称乐府诗歌的典范，脍炙人口，流传至今。

人们同情惋惜甄妃的遭遇，就敷衍出一些神话故事和美丽的传说，以作心灵的慰藉。有人认为甄宓是洛神的转世。洛神是先秦神话中的人物，是河伯的配偶，伏羲的女儿，也是洛水中的水神。洛神是贤和美的代表，随着时间的推移，渐渐化身为世俗的美人，成为许多文人骚客情感的寄托。如曹植就创作了《洛神赋》这一辞赋名篇。此赋虚构了自己与洛神的邂逅和彼此间的思慕爱恋，洛神形象美丽绝伦，但由于人神道殊而不能结合，最后抒发了无限的悲伤怅惘之情。由于传说甄妃就是洛神，人们将《洛神赋》理解成了曹植与甄氏的叔嫂恋情，辞赋叙述内容变成曹植于黄初年间朝见天子，返回藩国，经过洛水时，想念甄后，遂借神女的传说而作此赋。洛神转世为甄妃的传说并不出自史书，可能是后来文人所写之词。作为三国时期的美女，甄氏的美貌被人们关注可能是因为她特别的故事以及作为魏明帝生母的缘故。东晋画家顾恺之读到《洛神赋》有感而作《洛神赋图》，画面奇幻而绚丽，情节真切而感人，充满了浪漫主义色彩，成为千古名画。

不管传说和艺术作品怎样渲染，都不能改变甄妃的惨痛遭遇、悲惨命运。历史上的统治者与曹丕一样，逐权又猎色。帝王们仗着自己拥有天下，就贪求一切，任意搜罗美女，暴殄天物。“女人如衣服”，又可以随时丢弃。女人是他们玩赏、政治联姻或传宗接代的工具，稍有不悦就赐一个“废”字，或幽囚，或赐死。看三国时美女的命运，美人貂蝉，名满江东的大小乔，刘备的戚夫人、孙尚香，她们尽管有绝世容颜，甚至有嘉德懿行，也仍逃不出被男人利用的命运，无力改变香消玉殒的不幸结局。古代妇女对于自己的命运不能自主把握，只能依附男性从而不可避免地卷入政治斗争中，成为战争、权力角逐下的牺牲品。

（齐慧源）

兴到之事

荀奉倩与妇至笃[1]，冬月妇病热，乃出中庭自取冷，还以身熨之[2]。妇亡，奉倩后少时亦卒，以是获讥于世。奉倩曰："妇人德不足称，当以色为主。"裴令闻之，曰："此乃是兴到之事，非盛德言，冀后人未昧此语[3]。"

《惑溺》第2条

注释

① 荀粲，字奉倩，见"两情皆得"篇（《文学》第9条）注释。至笃：指感情特别深厚。
② 熨：原指用烙铁烧热后烫平织物，这里指荀粲用冰冷身躯给高烧的妻子降温。
③ 昧：迷惑、蒙蔽。

鉴赏

惑溺在全书三十六门类中位列三十五，总共有七则，荀粲的故事在第二则。荀粲和妻子感情很好，有一年冬天，妻子曹氏得了重病，高烧不退，身子滚烫如炭，荀粲望着窗外的雪花，随即跑到雪地里待着，把自已冻得冰冰冷然后回屋抱着妻子的身体，给妻子降温，如此反复多次，却依然没能挽回妻子的生命，荀粲也在不久之后死了。这个故事放到今天来看相当感人，但却被刘义庆归到了“惑溺”之中,故事的后半部分告诉了读者之所以归入“惑溺”的理由。荀粲说妇女的德行不值得称道,应当以姿色容貌为主,中书令裴楷因此评价这只是一人一时兴趣所至,即所谓“兴到之事”,德行高尚的人不会说出这样的话,希望后人不会被这句话蒙蔽。中书令大人对荀粲的言论显然是鄙夷不屑并深感忧虑的,但是很遗憾他只是批判了荀粲,却没有给出一个更好的关于女性价值以及婚恋的观点。

何劭的《荀粲传》告诉我们更多婚前婚后的细节。何劭是晋武帝的发小,武帝惠帝时的重臣,《晋书》称其“食之必尽四方珍异,一日之供,以钱二万”,是个生活做派极度奢侈的人,但很有才,手中的掌故和段子特别多,他写过《荀粲传》,还给王弼写过传。荀粲是个英俊才子,口才极佳,自视甚高,曾放出狂言,他年若是娶妻,非天下绝色不娶也。一年后他果然娶了骠骑大将军曹洪的女儿,曹氏倾城倾国,荀粲心满意足。婚礼办得风光体面,婚后夫妻相亲相爱,简直羡煞旁人。但是后来妻子却病了,而且病得很重,荀粲以身熨之终不能挽回妻子的生命。朋友傅嘏往唁,见荀粲不哭,只是一味神伤。朋友们劝他不必如此,荀粲答曰:“佳人难再得。”痛悼不已,终日伏于妻子灵前,没有眼泪,只是黯然,岁余亦亡。死时年仅二十九岁。

只看颜值的荀粲,其择偶观颇有些放不上台面,他和妻子婚姻的起点也并没有多么高尚和神圣,但婚后何以如此恩爱以至于生死与共?难道仅仅是因为曹氏绝色或者荀粲多情?故事记载了世人的评价,荀粲无法站出来为自己的痴情辩护,但我们可以想见对荀粲而言,曹氏不可能只是色相的勾魂,正是在和曹氏相处的过程中,他们触及了爱情的核心价值,才色匹敌,心意相通。在号称“人性的觉醒与美的自觉”的魏晋时代,荀粲依然受到了苛刻的品评,不仅不被认可还受到了批判,他对待爱情的痴笃何尝不是一种自然流露的人性之美?《世说》中谢安谓桓伊“一往有深情”,竹林七贤王戎亦云“情之所钟,正在我辈”,可见刘义庆并不否定人的情感,但男女之情显然在受限之列。古代中国爱情的境况颇为艰难,男性和女性一样并不具有表达自己深情的权利,对异性的一往情深被排除在正统价值观之外，两性之间需要谨守各自的阵地，不能越界不能泅渡。从某种意义上讲，“惑溺”保留了人性的部分真实，它是《世说新语》所构建的魏晋精神不可或缺的一部分，也是传统叙事文学人性版图的一部分。

（沈鸣鸣）

调和夫妇

孙秀降晋[①]，晋武帝厚存宠之，妻以姨妹蒯氏，室家甚笃。妻尝妒，乃骂秀为“貉子”[②]。秀大不平，遂不复入。蒯氏大自悔责，请救于帝。时大赦，群臣咸见。既出，帝独留秀，从容谓曰：“天下旷荡，蒯夫人可得从其例不？”秀免冠而谢，遂为夫妇如初。

《惑溺》第4条

注释

① 孙秀，字彦才，三国东吴吴郡人，孙吴宗室，掌兵权，为前将军，督夏口，德威甚盛，后因孙皓疑忌迫害，率部众投奔晋武帝，帝任为骠骑将军、交州牧，封会稽公。

② 貉子：魏晋时期北方人用以骂南方人之语，具有侮蔑轻诋之意。

鉴赏

此则记载中蒯氏因嫉妒气骂丈夫为“貉子”，导致孙秀愤怒不平而与蒯氏分居。夫妻间因习性不同，争吵在所难免，但只因一句“貉子”骂语，闹到不愿同房需要皇帝出面调解，可知该骂语非同小可。“貉子”为魏晋时轻诋骂人之词，北方人尤喜用以骂南方人，深具侮蔑贬抑之意。貉为哺乳类动物，似貍，锐头尖鼻，昼伏夜出，状貌行动都非常诡异，蒯氏以此隐喻孙秀相貌小头锐面，无怪乎孙秀气得不愿与其同房，试想有谁能忍受妻子如此讥骂？当时北方人除了用“貉子”讥骂南方人之外，尚有“溪狗”等用语。而南方人也不甘示弱，就以“伧父”嘲讽北方人，如《雅量》18 吴兴县令沈充及其下属呼叫褚裒“伧父，欲食饼不?”又如《简傲》17 王献之私自闯入顾辟疆的名园，不管主人正在举行宴会而大肆批评，极其傲慢无礼，顾辟疆勃然大骂王献之“伧耳”。从“貉子”“溪狗”“伧父”之用辞，可推知当时社会文化存在“南北相轻”之情况。

据《晋书·武帝纪》记载，晋武帝泰始八年(272 年)“大赦”天下，可知该则故事当发生在这一时间点。而孙秀于泰始六年率众来奔，此时晋朝一统中原已是时势所趋，在这时归顺晋朝，自然会受到武帝的欢迎、善待与笼络，因此将姨妹蒯氏许配给他。但因孙秀出身东吴宗室且为将军，大丈夫岂能忍受妻子的辱骂，但碍于武帝关系，也不能休了她，故采用分居方式避开蒯氏。后来蒯氏后悔自己的言行，又拉不下颜面道歉，故求助于皇帝姐夫，武帝借由大赦天下的机会，因势利导调和夫妇情感，促使他们破镜重圆。武帝都已出面协调了，孙秀岂敢再对蒯氏置之不理，于是夫妇情感和好如初。夫妻相处若因成长背景差异而形成个性想法的不同，理应透过双方的交流沟通，寻求达成共识，互相体谅尊重，假若因想法意见不合，口出恶言，伤害彼此，造成裂痕，反而得不偿失。此则故事给予夫妻相处之道诸多启示。

（曾敬宗）

韩寿偷香

韩寿美姿容[①]，贾充辟以为掾[②]。充每聚会，贾女于青琐中看[③]，见寿，说之，恒怀存想，发于吟咏。后婢往寿家，具述如此，并言女光丽。寿闻之心动，遂请婢潜修音问。及期往宿。寿蹻捷绝人，踰墙而入，家中莫知。自是充觉女盛自拂拭[④]，说畅有异于常[⑤]。后会诸吏，闻寿有奇香之气，是外国所贡，一著人，则历月不歇。充计武帝唯赐己及陈骞，余家无此香，疑寿与女通，而垣墙重密，门阁急峻，何由得尔！乃托言有盗，令人修墙。使反曰："其余无异，唯东北角如有人迹，而墙高，非人所踰。"充乃取女左右婢考问，即以状对。充秘之，以女妻寿。

《惑溺》第5条

注释

① 韩寿，南阳堵阳(今河南方城东)人，字德真，官至散骑常侍、河南尹。
② 贾充，见“语卿何物”篇(《贤媛》第13条)注释。掾：古代官署属员的通称。
③ 青琐：镂刻成连环格并涂上青色的窗户。
④ 拂拭：指梳妆打扮。
⑤ 说畅：欢欣舒畅。说，同悦。

鉴赏

此文承袭了《诗经·郑风·将仲子》“踰墙”的主题。只是《诗经》中的仲子在女子理性的劝阻哀求之后便不再爬墙了，而韩寿则是一直爬到东窗事发。

“美姿容”，说明韩寿是个美男子，贾充聘他来做属官。贾充的女儿在窗户中看到了韩寿，并爱上了这个英俊的男子，后来婢女去韩寿家转达了小姐的爱慕，同时夸赞了小姐的美貌。韩寿听闻美色心驰神往，托婢女传信，爬墙去幽会。“寿蹻捷绝人，踰墙而入，家中莫知”，韩寿身手矫健，十分了得，悄无声息攀越高墙。后世的爱情小说里也有爬墙，但基本爬得都有些笨拙，韩寿这样身轻如燕的是少数——爱情烈焰、原始冲动让那高墙自矮了三分。同时，作为父亲的贾充发现自己的女儿突然容光焕发，又闻到韩寿身上有一股异香，这香味是如此熟悉。晋武帝只把这种香赏赐给自己和陈骞，而且此香乃外国贡品，别处没有，异香可掬，几个月都散不去，于是怀疑韩寿和女儿私通。只是想不明白“垣墙重密，门阁急峻，何由得尔?”于是“托言有盗，令人修墙”，女儿偷情必须找到实锤，这个父亲此时心情有点复杂。派人查看了一遍，回禀说“其余无异，唯东北角如有人迹，而墙高，非人所踰”。贾充在东北角查勘到一些蛛丝马迹，但墙实在是太高了，根本不是人能爬的，果然被爱情武装的人类拥有无穷潜能。贾充拿丫鬟拷问，终于坐实了女儿与韩寿私通的事实,然后呢?封建家长通常的做法是棒打鸳鸯,两败俱伤;或者将爬墙的韩寿绳之以法,当然也将女儿的名节陪葬了。拔出萝卜带出泥,贾充的做法是“秘之,以女妻寿”。

这里归根结底不是成全,更多是一床锦被遮百羞,顾及自家的颜面。爬墙爬来的爱情终究得不到封建家长认可,韩寿捡了便宜实在是老丈人的面子帮了他。因为刘义庆把这个故事放到了“惑溺”中,惑是迷惑,溺指沉溺,迷失本性偏离正道。惑溺在全书36门类中位列35,前面是“纰漏”后面是“仇隙”,因此不管是在青琐中沉溺男色的女性,还是在夜色中攀越高墙的男性,都不在时代的价值序列中。但贾充的做法,还是让我们看到了号称“人性觉醒与美的自觉的魏晋时代”那种多元宽容的气象和胸怀。当初卓文君从门缝里看上司马相如能成为千古美谈,那么韩寿偷香应该也算一段佳话。

今天的读者,可以在这个故事中提取到完全不同的涵义。具有绝对高度的墙在爱情的烈火熊熊中逐渐矮去,韩寿的长处也并非在于他的身手,而是在爱情面前视一切障碍都不是障碍的勇气。虽然不符合儒家的审美需求和价值取向,但不得不说,不管是青琐选郎的贾充之女,还是面对高墙大显身手的韩寿,无不击中读者的浪漫心理,切应了青春的大胆诉求。这种阅读的古今共鸣,是生命成长过程中有效的心灵补偿与滋养。

(沈鸣鸣)

鉴赏 卿卿我我

卿卿我我

王安丰妇常卿安丰[1]。安丰曰："妇人卿婿[2]，于礼为不敬，后勿复尔。"妇曰："亲卿爱卿，是以卿卿[3]；我不卿卿，谁当卿卿？"遂恒听之。

《惑溺》第6条

注释

① 王安丰：王戎（234—305），字濬冲，爵封安丰侯，故称。曹魏正始年间为"竹林七贤"之一，入晋官至司徒。

② 卿：同辈之间昵称，犹言"尔""汝"，此与敬称"公""君"等相对。

③ 卿卿：第一个"卿"为动词，犹称某为卿，第二个"卿"为第二人称代词，指"你"。恒听之：常听之任之。恒，长久。

鉴赏

魏晋时期被称为人的觉醒时代，士人思想解放，个性自由，生命苏醒，这主要是相对儒教严格的汉代而言的。西晋傅玄，曾上疏指责这种"颓败"之风说："近者魏武好法术，而天下贵刑名；魏文慕通达，而天下贱守节。其后纲维不摄，而虚无放诞之论盈于朝野。"（《晋书·傅玄传》）魏末"竹林七贤"是"放诞"派的典型代表，他们蔑弃礼法，饮酒纵诞，对士风影响甚大。在这些人物中就有王戎，他出身琅邪王氏大家族，"形状短小，而目甚清炤，视日不眩"（《世说新语·容止》第6条刘孝标注),擅长玄理,与嵇康交游二十多年(参《世说新语·德行》第16条),比阮籍小二十岁,而与阮籍为忘年交,曾陪阮籍把杯纵情,言笑戏谑,为人明哲简要,性至孝,深于情。

王戎妻不知何许人,当亦出身大族。汉代独尊儒术之后,封建纲常逐渐渗透到家庭夫妻关系中,在家庭中,丈夫的地位被绝对化了,妻子则完全依附于丈夫,“丈夫虽贱皆为阳,妇人虽贵皆为阴”(董仲舒《春秋繁露·阳尊阴卑》),“妻不奉夫之命,则绝”(董仲舒《春秋繁露·顺命》)。男尊女卑成了时代共同而严格的理念,东汉时期提出“夫为妻纲”,“妇者,服也,以礼屈服也”(班固《白虎通·三纲六纪》)。这种观念作为等级秩序的礼法要求,被严厉地贯彻到夫妻生活中,妻子动辄得咎的例子不绝于史。比如后汉光武时,鲍永妻于他母亲之前叱狗,鲍永认为这是妻子对母亲的大不敬,便休掉了妻(参《后汉书·鲍永传》)。汉和帝时,李充妻子不愿意跟他的兄弟们一起过穷日子,悄悄跟丈夫说:“今贫居如此,难以久安,妾有私财,愿思分异。”李充竟然因此“呵叱其妇,逐令出门,妇衔涕而去”(《后汉书·李充传》)。在今天看来,这真是匪夷所思,但恰恰说明了东汉时期夫权的绝对性。汉代典型的模范夫妻就是“举案齐眉”的那一对,据史书所载,后汉梁鸿为人佣工,“每归,妻为具食,不敢于鸿前仰视,举案齐眉”(《后汉书·梁鸿传》),举案齐眉的背后是妻子对自己的丈夫不敢仰视,是礼法严厉规范下的恐惧和顺从。王戎妻虽说处在一个风气相对开放的时代,但女性地位的卑下和世家大族对她们的礼法约束的大环境仍然存在。而她竟然经常用“卿”称呼丈夫,而且在外人面前,毫不避讳,王戎虽然有年轻人的新派作风,但心里还是感觉不舒服,觉得妻子在“夫为妻纲”的伦理标准中越礼过分,所以才把妻子此举定性为“于礼为不敬”,告诫她以后不要这样。

这里关键是“卿”的称呼为何让王戎感到不受尊敬?清代赵翼《陔余丛考》卷三十六“卿”条排比资料分析说:“六朝以来,大抵以‘卿’为敌以下之称。王戎妻呼戎为卿,戎曰:妇那得卿婿!答曰:……山涛谓妻曰:‘我当为三公,不知卿堪作夫人否?’夫呼妻为卿则无词,妻呼夫为卿则谓不可,益见卿为敌以下之称也。"不能乱称呼"卿",作为第二人称代词,它被习俗和礼法约束到平辈以下,如果用它称呼年爵地位比自己高的人就是违礼失敬。这是对"下"用"卿",还有对"敌"用"卿",就是平辈之间的不分尊卑的昵称,如《世说新语·方正》:

王太尉不与庾子嵩交,庾卿之不置。王曰:"君不得为尔。"庾曰:"卿自君我,我自卿卿。我自用我法,卿自用卿法。"

庾子嵩为了向王衍表示友好故意用"卿"称呼他,两人乃平辈。由此可见,不论是"下"称,还是"敌"称,按照传统习俗和礼教规范,王戎妻都不该用"卿"称呼自己的丈夫,何况不是在闺室而是在外人面前!这等于"犯上"无礼,不守妇德,把妻子摆在跟丈夫平等的位置上。王戎因此当然要劝阻了,但妙在妻子不听,而且振振有词:"亲卿爱卿,是以卿卿;我不卿卿,谁当卿卿?"仿佛在撒娇弄痴——亲你爱你,所以叫你"亲爱的";我不叫你"亲爱的",谁应叫你"亲爱的"。不是不让说吗?偏一口气说了八个"卿",这不是故意惹丈夫生气,而是对平日夫妻亲密关系的自信,是青春美丽女子的娇痴。南朝民歌《子夜歌》有一首云:"宿昔(早晚)不梳头,丝发披两肩。婉伸郎膝上,何处不可怜(可爱)?"这是流露着浓郁爱意的自白和撒娇,与王戎妻的八"卿"如出一辙。西晋束皙《近游赋》描述当时风习云:"妇皆卿夫。"干宝《晋纪·总论》批评晋时女子"恶俗"云:"先时而婚,任情而动,故皆不耻淫泆之过,不拘妒忌之恶。"在这样一个人的觉醒时代,觉醒的不仅仅是士人,也有仕女,甚至不仅仅是贵族,也有市井女性。王戎妻就生活在这种时代氛围和风习中,又深爱着丈夫,所以就有了无视礼法规范的胆量和流露自然性情的率真。什么阳贵阴贱,什么男尊女卑,什么夫为妻纲,在"卿卿我我"的表白里涣然冰释,男女平等、夫妻恩爱的人性之光因此如暗夜的星光一样显得如此动人!这是魏晋风度里最为艳丽的风景,之前的时代没有,之后的时代也罕见。

以“卿”呼夫真是《世说新语》一妙，而夫竟无可奈何，八次深情痴意的呼唤之后，只好长久听之任之。非有此夫，岂有此妻！被人误解为贪鄙的王戎，在这里真是无愧于“竹林名士”的名号了。

（李剑锋）

雷尚书

王丞相有幸妾姓雷[①]，颇预政事纳货[②]。蔡公谓之“雷尚书”[③]。

《惑溺》第7条

注释

① 王丞相：指王导，东晋开国名臣，三朝元老。见“清操清识”篇（《德行》第27条）注释。

② 预政事：干预朝政。纳货：收取贿赂。

③ 蔡公：指蔡谟，是东晋五朝元老，他和王导同朝为官，但他性格方正耿直，不畏权势，屡次对权臣提出反对的意见，见“神仙中人”篇（《容止》第26条）注释。尚书：这里泛指朝廷重臣。

鉴赏

再一次我们惊叹六朝散文的简洁，本条只用了二十一个字，却提供了很重要的信息。王导在东晋的政治地位相当特殊。是他鼓励司马睿在江东建立东晋,开辟帝业。由于他对东晋开国有那么大的贡献,后继的皇帝都极为尊重他,他就成为三朝元老。西谚云:“权力导致腐蚀,极度权力导致极度腐蚀。”说的就是这样的事吧!一代贤相王导竟也不能免俗。其爱妾仗着王导的权势,干预政事、收受贿赂,一副官太太的做派,以致被人称为“雷尚书”。

东晋的两位中兴名臣王导和谢安都有艳事,谢安对伎的爱好可从《贤媛》23以及刘孝标的注看到,本条又让我们领教了王导对宠妾放任的记载。类似故事也见于《晋书》蔡谟传中。中国古代的官宦畜妓和娶妾都是很平常的事,但是某些人在我们的心中有高大的形象,《世说新语》往往收集了一些伟人的私事,让我们清醒地认识到伟人也是人,他们也有不光彩的一面。难怪《世说新语》要把这个故事放在《惑溺》这一篇,溺是溺爱的意思,加上一个惑字,说明这种溺爱已经到了使人迷惑,分不清事理曲直的地步。这正是《世说新语》不加批判的批判之法了。

（萧虹）

世说新语

鉴赏辞典

仇

仇隙，犹言仇恨、嫌隙。古礼有复仇之目，如《礼记·曲礼上》云：“父之仇，弗与共戴天；兄弟之仇，不反兵；交游之仇，不同国。”同书《檀弓下》：“子夏问于孔子曰：‘居父母之仇如之何？’夫子曰：‘寝苫枕干，不仕，弗与共天下也。遇诸市朝，不反兵而斗。’曰：‘请问居昆弟之仇如之何？’曰：‘仕弗与共国，衔君命而使，虽遇之不斗。’曰：‘请问居从父昆弟之仇如之何？’曰：‘不为魁。主人能，则执兵而陪其后。’”此盖言复仇事大，尤须循礼制、有差等也。魏晋之际，好奇任侠之风盛行，快意恩仇，睚眦必报，而况杀父夺兄之仇哉？故《世说·仇隙》一门，遍布陷阱机关，时见刀光剑影，可谓惊心动魄，险象环生。观孙秀怀恨潘岳，终于借刀杀人，知小人报仇，亦可期以十年。司马无忌本与王胡之为友，既无夙仇旧恨，竟能抽刀

隙

第三十六

于转瞬,必欲诛之而后快。虽曰“血气方刚,戒之在斗”,然如此快人,亦可谓千古如生也。又《晋书·桓温传》载,温父桓彝为韩晃所害,泾县令江播亦预其谋,时温年仅十五,乃枕戈泣血,志在复仇;后值江播病卒,其子江彪兄弟三人守丧,温乃袖内藏兵,乔装以入,竟手刃江彪于丧庐,追杀二弟于歧路,由此而为时人所称。俗语云:冤冤相报何时了?然坊间又有云:“仇人相见,分外眼红。”盖人性中本有此一往戾气,如岩浆之蕴深海,一朝突破而出,又岂可仓促收拾,偃旗息鼓?故视仇隙之局促,乃知雅量之为高。而此门之设,不唯标志吾国文学复仇主题之确立,亦以竣成全书谋篇布局之蓝图,彰显作者体察世事、洞悉人性之深衷也。

诗成其谶

鉴赏

诗成其谶

孙秀既恨石崇不与绿珠，又憾潘岳昔遇之不以礼。后秀为中书令，岳省内见之，因唤曰："孙令，忆畴昔周旋不[1]？"秀曰："中心藏之，何日忘之[2]？"岳于是始知必不免。后收石崇、欧阳坚石[3]，同日收岳。石先送市[4]，亦不相知。潘后至，石谓潘曰："安仁，卿亦复尔邪？"潘曰："可谓'白首同所归'。"潘《金谷集诗》云："投分寄石友[5]，白首同所归。"乃成其谶[6]。

《仇隙》第1条

注释

① 畴(chóu)昔：以往、从前。周旋：交往。
② 中心藏之，何日忘之：《诗经·小雅·隰桑》结句，妻子谓对丈夫终日思念不已。
③ 收：逮捕、拘捕。下句"同日收岳"之"收"义同。
④ 市：指洛阳东市，是当时的刑场。
⑤ 投分：意气相合。石友：情谊如石般坚固的朋友，在此诗中还嵌入石崇姓氏，一语双关。

⑥ 谶(chèn):预示吉凶的话语、文字、图箓等。

鉴赏

这是一个“诗谶”故事,故事源于一个“小人”的报复。西晋时石崇有美妓绿珠,孙秀派使者到石崇的别馆(应即金谷园)去求。石崇罗列婢妾数十人任由挑选,但使者奉命只要绿珠,而绿珠恰得石崇宠爱,于是石崇不予。使者劝他三思,石崇不听。使者出门后又返回,石崇依然不从(本条刘孝标注引干宝《晋纪》《晋书·石崇传》),孙秀非常恼怒。潘岳父亲潘芘任琅邪太守时,孙秀作为侍从差遣,潘岳讨厌他的为人,几次踢打他,孙秀怀恨在心(本条刘孝标注引王隐《晋书》《晋书·潘岳传》)。另外还有类似的一事也与孙秀有关,赵王司马伦任征西将军时,孙秀为其心腹,扰乱关中,冯翊太守欧阳建(字坚石,石崇的外甥)经常予以批评纠正,由此产生嫌隙(本条刘孝标注引《晋阳秋》、《文选》卷二三欧阳建《临终诗》李善注引王隐《晋书》)。

孙秀追随司马伦,深得宠信,成为司马伦谋主,帮助司马伦逐步攫取权力,直至僭即帝位。在此过程中,孙秀也日渐得势(《晋书·赵王伦传》)。司马伦辅政时,孙秀任中书令,为中书省(掌管机要,为发布皇帝诏书、朝廷政令的最高机构)的长官。潘岳在中书省见到孙秀,就问这位昔日的下人、现在的红人是否还记得以前他们两人交往的事,实则是试探他是否还记得当年遭自己踢打之事,孙秀引用《诗经·小雅·隰桑》诗句“中心藏之,何日忘之”回答,表示对此牢记在心、从未忘记,潘岳由此知道自己难免祸殃。

晋惠帝元康九年(299年),专权的皇后贾南风构陷太子司马遹谋反而将其废黜,次年中孙秀所施反间计,与贾谧(韩寿与贾南风妹妹贾午之子,后过继贾家,官至侍中、秘书监)合谋将司马遹杀害。赵王伦、孙秀以此为借口,杀贾谧,废贾皇后。石崇、潘岳以及欧阳建都是依附贾谧的“二十四友”中的人物,贾谧被杀后,他们深感危在旦夕,加之此前又都与孙秀有过节。他们不甘束手就擒，于是暗中劝淮南王司马允、齐王司马冏反司马伦，但事情泄露，司马允起兵而败死，司马冏被疑忌、排挤而出镇许昌。政治的斗争，外加私人的恩怨，促使孙秀很快就派人逮捕了石崇、潘岳和欧阳建。他们三人最后都被诛杀，并累及三族。

非常难得的是，三人被逮捕时或被诛杀前的相关言行记录都还有零散的存留。士兵到石崇别馆捉拿石崇时，石崇还在楼上宴乐，他对绿珠说："我是为了你而得罪的啊！"绿珠哭道："我今天就死在主人您面前。"于是自楼上跳下而死。五百多年后的一个春天，杜牧经过金谷园，看到已成荒丘废墟的旧址上飘落的花瓣，就像坠楼的绿珠："繁华事散逐香尘，流水无情草自春。日暮东风怨啼鸟，落花犹似坠楼人。"(《金谷园》)石崇原以为自己最多被流放到远在南方的交州、广州(今广东、广西及越南北部、中部)，直到被押上车赴东市(当时的刑场)前，才叹道："奴才们贪图我家的钱财啊！"押送的人说："知道钱财会招祸，为什么不早点散掉呢？"石崇听了不能作答。潘岳生性浮躁，追求功名利禄，谄事贾谧，他母亲经常劝诫他应当知足，不要贪多务得，但潘岳都没有听从改过。直至被逮捕，和母亲辞别时，才悔称辜负了母亲。行刑前，石崇并不知道潘岳也遭此厄运，他见到比他晚到东市的潘岳，有些惊讶地问："你怎么也这样呢？"潘岳答："可谓'白首同所归'。""白首同所归"出自潘岳四年前参加石崇组织的金谷园饯行盛宴时所写的《金谷集作诗》的结句："投分寄石友，白首同所归。"本意是说与石崇意气投合，寄语这位和自己感情深厚的好友，等年纪大了以后一同终老。但两人没有等到这样的一天，却在同一天被杀。潘岳写下这诗句时，何曾料到如此的结局？相约终老的诗句，竟然成了共同就戮的谶语。当他念出"白首同所归"时，心中肯定充满无奈和苦涩吧！此外，欧阳建赴刑前还写了长达十七韵、三十四句的五言《临终诗》，慨叹自己未能及早抽身退隐，不幸遭遇祸殃，以致上辜负母恩，下亏累子女。

本条是关于诗谶的较早记录。谶是预示吉凶的话语、文字、图箓等，如秦始皇三十二年(前215年)，派方士卢生去求神仙，卢生从海上归来，呈奏的图书中有谶曰“亡秦者胡也”，秦始皇于是派将军蒙恬发兵三十万往北攻打胡人(即匈奴)，以免此谶应验。但据说“亡秦者胡也”的“胡”并非指胡人，而是指胡亥，即秦二世，秦朝实际亡于其当政时(秦三世子婴在位仅 46 天，往往忽略不计)，结果此谶最终还是应验了(《史记·秦始皇本纪》及裴骃《集解》引郑玄说)。像“白首同所归”这样，作者在无意即不自知的情况下写的、后来被解读(其实大多是附会)为发生、应验了的诗句，似乎是一种预示，称为“诗谶”，和有意写作的预言诗(可称为“谶诗”)不同。诗谶主要涉及个人的命运，如生老病死、穷达贫富等。唐代诗人刘希夷作《白头翁》诗，得句“今年花落颜色改，明年花开复谁在?”感到很像“白首同所归”这样不祥的诗谶，于是又作：“年年岁岁花相似，岁岁年年人不同。”觉得还是和前面那两句意味相近，于是劝慰自己死生有命，并不由诗句决定，干脆将以上四句都保留在诗里。结果此诗写完还不到一年，他就被奸人所杀(刘肃《大唐新语·文章》、孟启《本事诗·征咎》)。或说刘希夷的舅舅宋之问酷爱其中“年年岁岁花相似，岁岁年年人不同”两句，恳求给他使用，刘希夷先答应而后又不愿意，宋之问一怒之下用装土的袋子将他压死(韦绚《刘宾客嘉话录》)。这种说法虽然新奇，但并不可信。另一位唐代诗人崔曙《明堂火珠》诗有“夜来双月满，曙后一星孤”句，当时以为警句，待来年崔曙卒，身后留下一女名叫星星，人们才明白这是诗谶(孟启《本事诗·征咎》)。

唐、宋时人对于诗谶非常热衷，很多笔记、诗话中都有载录。后来还由诗谶衍生发展出词谶、曲谶。秦观在处州(今浙江丽水)作《好事近·梦中作》词，有“醉卧古藤阴下，了不知南北”语，后卒于藤州(今广西藤县)(阮阅《诗话总龟》卷四二、胡仔《苕溪渔隐丛话》前集卷五〇引《冷斋夜话》)，可称词谶。这类诗谶、词谶等，往往利用偶然的巧合而强加附会(如把以上示例中崔曙诗句“曙后一星孤”里表示天亮的“曙”、星辰的“星”附会成崔曙及其女儿星星的名字，把秦观词句“醉卧古藤阴下”里本指藤蔓的“藤”附会成地名藤州)，造成事先预示、事后应验的假象。

(张金耀)

鉴赏 轻就人宿

轻就人宿

刘璵兄弟少时为王恺所憎①,尝召二人宿,欲默除之。令作坑,坑毕,垂加害矣②。石崇素与璵、琨善③,闻就恺宿,知当有变,便夜往诣恺④,问二刘所在。恺卒迫不得讳⑤,答云:“在后斋中眠。”石便径入,自牵出,同车而去,语曰:“少年何以轻就人宿!”

《仇隙》第2条

注释

① 刘璵兄弟:刘璵与其弟刘琨。刘璵(265—311),字庆孙,中山魏昌(今河北定州东南)人,西晋光禄大夫刘蕃之子。早年与弟刘琨并为外戚贾谧“鲁公二十四友”,历任散骑常侍、中书侍郎、颍川太守。刘琨,见“江左夷吾”篇(《言语》第36条)注释。王恺,见“王石斗富”篇(《汰侈》第4条)注释。

② 垂:将要。

③ 石崇,见“斩美劝酒”篇(《汰侈》第1条)注释。善:友善,交好。

④ 诣(yì):造访,拜访。

⑤ 卒迫:猝迫,仓促急迫。“卒”,通“猝”。讳(huì):本义是“有顾忌不敢说或不愿说”,此处是“说假话”的意思。

鉴赏

王恺要对尚未成年的两个少年人忍下毒手,这是有多大的怨仇?

石崇又何以挺身而出，而且能够及时解救？这里，可能需要先了解一下这几个人的家族渊源。

王恺的祖父王朗、父亲王肃，都是曹魏的学者与高官，司马懿为笼络人心，娶王肃之女为司马昭妻，由此，王恺就成了西晋开国皇帝晋武帝司马炎的舅父，成为西晋的第一代长辈级的外戚。而刘璵、刘琨兄弟的母亲郭氏，则是太子妃贾南风之母郭槐的堂姐妹，舅父郭奕，又深受司马昭、司马炎宠信，历任相国主簿、骁骑将军、雍州刺史。郭槐为嗣孙贾谧招纳宾客，培植党羽，郭氏堂兄弟郭彰，刘璵、刘琨兄弟以及西晋开国元勋石苞之子石崇等人，也都列名其中。由此逐渐形成"鲁公二十四友"，各具身望与才具，刘璵、刘琨少年时又都很有才名，《晋书·刘璵传》称"俊朗有才局……名著当时。京都为之语曰：洛中奕奕，庆孙越石"。大概是这种家族渊源形成的政治背景与随之而来的意气张扬，刘璵兄弟得罪了"国舅"王恺而不自知，或者年少轻狂而不以为意。所以，当王恺蓄意招邀并且反常留宿时，两个少不更事的年轻人竟然毫无警戒之心，不知命在旦夕，间不容发。王恺身为外戚之长，睚眦之怨，蓄意谋杀，的确是心狠手辣。

检《晋书·石崇传》，称其"少惠敏，勇而有谋"。其父石苞与贾充同为司马昭心腹，同为西晋开国首功之人，石崇自己又与刘璵兄弟相识交好，听说王恺留宿，他心知有变，当晚就乘车赶到王恺家中，进门就问人在哪里。王恺猝不及防，只好老老实实交代。石崇也不多说，径直赶到后院，一手拉着一个，迅速登车离去，并且教导："年轻人，怎么敢随随便便就到别人家留宿！"人心险恶，社会复杂，不知哪一句话、哪一件事就得罪了权贵，稍不留意，就有可能身首异处。石崇不愧是名将之子，只身深入虎穴，救护刘璵兄弟，堪称有胆有识，智勇双全。

据《世说新语·汰侈篇》载，石崇曾经一再与王恺斗富，两人的穷奢极欲，确实令人发指。但是石崇这一次的与王恺斗智斗勇，则因自己的见义勇为，为自己赢得世人尊敬。尽管石崇最后落到了小人得志的孙秀手里，几乎被满门抄斩，但是，他当年救出的刘琨，日后却成为了一位闻鸡起舞、保家卫国的末路英雄。多亏石崇当年拯救，刘琨得以不死于王恺之手，而当西晋末年国家内战招致外族入侵之时，刘琨砥柱中流，奋起抗战，慷慨悲歌，为国捐躯。时势造英雄，晋室颠覆，令刘琨历尽艰难困苦，同时也天赐良机，成就了他立身扬名的夙愿，以一个忠臣烈士、爱国将领的形象而名垂青史。

（王澧华）

右军蓝田

王右军素轻蓝田[①]，蓝田晚节论誉转重，右军尤不平。蓝田于会稽丁艰，停山阴治丧。右军代为郡[②]，屡言出吊，连日不果。后诣门自通，主人既哭，不前而去，以陵辱之。于是彼此嫌隙大构。后蓝田临扬州，右军尚在郡，初得消息，遣一参军诣朝廷，求分会稽为越州，使人受意失旨，大为时贤所笑。蓝田密令从事数其郡诸不法[③]，以先有隙，令自为其宜。右军遂称疾去郡，以愤慨致终。

《仇隙》第5条

注释

① 王右军素轻蓝田：王右军，即王羲之；蓝田，即王述。二王结怨应出于高门间的傲慢与偏见。

② 代为郡：代替王述治理郡务，即接任会稽内史。

③ 从事：官名，州刺史之属官，主管文牍，察举是非。如别驾、主簿、功曹等均是佐史，也叫州从事。

鉴赏

王羲之向来轻视王述，后因吊丧情事结下怨隙，此则可与《忿狷》2同观品论，方能体会魏晋“门第”文化。二王之嫌隙仇恨恐根源于豪门贵族的简傲狂诞性格，两人虽同姓王，但出身族望不同。王羲之出身琅邪王氏，两晋年间，簪缨世家，可谓王马共天下，王衍、王戎、王导、王敦是其代表人物。在如此显赫家族成长的贵游子弟，其狂傲性格应可推知一二，故本则王羲之前往王述家吊丧时才有如此傲慢无礼行为，尤有甚者，王羲之的儿子徽之、献之更是《任诞》《简傲》《排调》诸门的常客。王导还曾多次写信给王羲之“每叹子侄不令”，此言显出王导恨铁不成钢的忧虑情怀，言下之意则是希望族中后辈们好好努力奋进，光耀琅邪王氏的威望。从王导叹其子侄不争气之言，可见富豪子弟因其成长于高门优沃环境而价值观逐渐走偏，不努力向上提升，只知沉迷于吃喝玩乐，以致家族地位与声望逐渐走下坡。王述则出身太原王氏，亦世代显贵，王昶、王承、王濛、王述、王坦之、王恭为该族重要人物，太原王氏虽不如琅邪王氏枝繁叶茂、官达贵显，但门第亦不俗，桓温曾替儿子求婚于王坦之的女儿，王坦之将此事禀报父亲王述，反被王述斥责曰：“兵，那可嫁女与之！”可见王述亦自视门户甚高，不愿意与武夫结为亲家。

王羲之与王述相轻而结怨，应与“门第”观念形成的狂傲性格有所关系。而此则也引发后人不同的诠解，若从道德意识为阅读向度，则以余嘉锡引《金楼子·立言篇下》为代表,其云:"王怀祖之在会稽居丧,每闻角声即洒扫,为逸少之吊也。如此累年,逸少不至。及为扬州,称逸少罪。逸少于墓所自誓,不复仕焉。余以为怀祖为得,逸少为失。怀祖地不贱于逸少,颇有儒术,逸少直虚胜耳。才既不足,以为高物,而长其狠傲,隐不违亲,贞不绝俗,生不能养,死方肥遁。能书,何足道也!若然,魏勰之善画,绥明之善棋,皆可凌物者也。怀祖构怨,宜哉!主父偃之心,苏季子之帛,自于怀祖见之。"以此观之,萧绎认为所有的过失责任均为王羲之一人,语中带有诸多批判讽刺意味,认为人不可恃才傲物,若此则只会自取其辱。对王述反而赞誉有加,并曰颇有儒术。萧绎此评深深烙印着儒家道德意识,认为立身处世应以"德"为主,这也是余嘉锡引以为笺疏之因,也代表着其认同此一见解。而另一向度为美学欣趣。如刘辰翁曰:"右军审尔,非令德。"又曰:"右军为郡有不法耶?"又,凌濛初云:"果苦否?然右军风流,正不须一仕。"刘辰翁基本上也不认同王羲之的傲慢,但对王述的报复行为也不认同,可谓各打五十大板。然评语立场却整个从王羲之角度出发,似有"同情的理解",王羲之简傲无礼行为确实有损令德,但相较于贪赃枉法之情事,尚情有可原。故刘辰翁又评"右军为郡有不法耶",此语流露出帮王羲之发声辩驳心迹,似也暗中批判王述小人式的报复行为亦有损儒者气度。王羲之因为此事曾在墓前自誓不复仕,其辞曰:"自今之后,敢渝此心,贪冒苟进,是有无尊之心而不子也。子而不子,天地所不覆载,名教所不得容,信誓之诚,有如皦日。"可见其坚决,朝廷也因此而不再征召其出仕。综观王羲之一生,长于高门之家,确有疏傲不羁性格,然其本质仍清贵率真,此可由东床坦腹而为乘龙快婿情事看出。刘辰翁甚至赞曰:"晋人风致著此,故为第一,在古人中真不可无"。且其书法时人亦评曰:"飘若游云,矫若惊龙",以字如其人而论,更可看出王羲之透显着魏晋风流余韵,令人悠然神往,欣羡不已。故凌濛初从美学欣趣的视角评曰:"右军风流,正不须一仕",可谓赏其"任真"的质性,与余嘉锡从"成德"理路进行批评迥然不同。同一情事,却有如此殊途的诠解,着实令人深感经典的无穷魅力。

平情而论,这事两人都有过错,但王羲之恐怕要担负较多责任,若非其先在吊丧时做出傲慢无礼的行为,也不会让王述怀恨在心,造成后来密责为郡不法情事,落得称疾去职,愤慨以终的结局。而王述因隙恨而挟怨报复的行为,也有失儒者风范,更有辱太原王氏自王泽以来,累世盛德的儒学家风。

(曾敬宗)

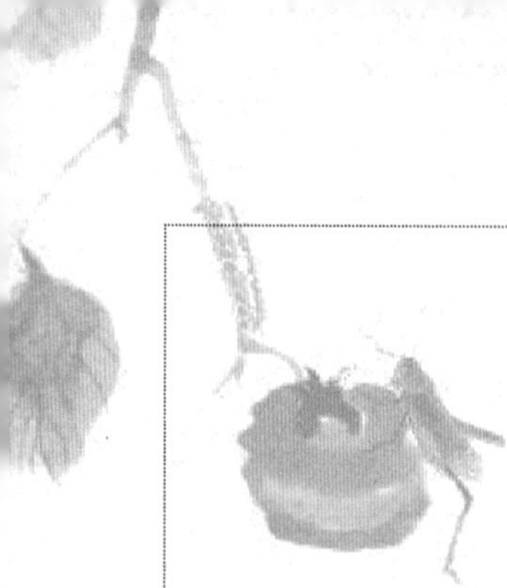

附录一

《世说新语》研究著述举要

鲁　迅

《〈世说新语〉与其前后》,《中国小说史略》,北大新潮社,1923

鲁　迅

《魏晋风度及文章与药及酒之关系》,《而已集》,北新书局,1928

刘盼遂

《世说新语校笺》,《国学论丛》第1卷第4号,1928

洪　业,田继宗

《世说新语引得》,燕京大学引得编纂处,燕大图书馆,1933

李审言

《世说新语笺释》,《制言》杂志第52期,1939

刘大杰

《魏晋思想论》,中华书局,1939

程炎震

《世说新语笺证》,《国立武汉大学文哲季刊》第7卷第2期,1942;第3期,1943

沈剑知

《世说新语校笺》,《学海》第1卷第1、2、3、6期,1944;第2卷第1期,1945

贺昌群

《魏晋清谈思想初论》,商务印书馆,1947

王利器

《世说新语校勘记》,《世说新语》影印本附录,文学古籍刊行社,1956

[日]古田敬一

《〈世说新语〉校勘表》,广岛大学文学部中国文学研究室油印,1957

汤用彤

《魏晋玄学论稿》,人民出版社,1957

[日]高桥清

《世说新语索引》,广岛大学中国文学研究室油印,1959

马　森

《世说新语研究》,中国台湾政治大学硕士论文,1959

杨　勇
《世说新语校笺》,香港大众书局,1969

詹秀惠
《世说新语语法探究》,台北学生书局,1973

王叔岷
《世说新语补证》,台北艺文印书馆,1975

［日］古田敬一辑
《世说新语校勘表附佚文》,日本京都中文出版社,1977

李慈铭
《世说新语简端记》,《越缦堂读书简端记》,王利器辑,天津人民出版社,1980

余嘉锡
《世说新语辨证》,《四库提要辨证》,中华书局,1980

余嘉锡
《世说新语笺疏》,中华书局,1983

徐震堮
《世说新语校笺》,中华书局,1984

朴美玲
《〈世说新语〉中反映的思想》,台北文津出版社,1990

柳士镇,钱南秀
《世说新语选译》,巴蜀书社,1989

王叔岷
《〈世说新语〉的文学价值》,台北天一出版社,1991

王能宪
《世说新语研究》,江苏古籍出版社,1992

萧　艾
《〈世说〉探幽》,湖南出版社,1992

唐翼明
《魏晋清谈》,台北东大图书股份有限公司,1992

张永言
《世说新语辞典》,四川人民出版社,1992
孔　繁
《魏晋玄谈》,辽宁教育出版社,1992
宁稼雨
《魏晋风度：中古文人生活行为的文化意蕴》,东方出版社,1992
郭在贻
《〈世说新语〉词语考释》,浙江古籍出版社,1992
余嘉锡
《世说新语笺疏》,修订本,上海古籍出版社,1993
张万起
《世说新语词典》,商务印书馆,1993
宁稼雨
《〈世说新语〉与中古文化》,河北教育出版社,1994
吴金华
《世说新语考释》,安徽教育出版社,1994
张叔宁
《〈世说新语〉整体研究》,南京出版社,1994
张振德,宋子然
《〈世说新语〉语言研究》,巴蜀书社,1995
张㧑之
《世说新语译注》,上海古籍出版社,1996
许绍早,王万庄
《世说新语译注》,吉林文史出版社,1996
蒋　凡
《世说新语研究》,学林出版社,1998
范子烨
《世说新语研究》,黑龙江教育出版社,1998

胡友鸣

《〈世说新语〉的名士风度》,台北大村文化出版公司,1998

李建中

《乱世苦魂:世说新语时代的人格悲剧》,东方出版社,1998

张万起,刘尚慈

《世说新语译注》,中华书局,1998

[日]井波律子

《中国人的机智:以〈世说新语〉为中心》,李庆等译,学林出版社,1998

宁稼雨

《刘义庆与〈世说新语〉》,春风文艺出版社,1999

范子烨

《中古文人生活研究》,山东教育出版社,2001

钱南秀

《精神与自我:〈世说新语〉及其续书研究》,夏威夷大学出版社,2001

朱铸禹

《世说新语汇校集注》,上海古籍出版社,2002

宁稼雨

《传神阿堵,游心太玄:六朝小说的文体与文化研究》,百花文艺出版社,2002

吴代芳

《世说新探》,中国文联出版社,2002

宁稼雨

《魏晋士人人格精神:〈世说新语〉的士人精神史研究》,南开大学出版社,2003

杨　勇

《〈世说新语校笺〉论文集》,台北正文书局,2003

唐翼明

《魏晋玄学与文学》,长江文艺出版社,2004

王建设

《世说新语选译新注(附泉州方言证)》,中国社会科学文献出版社,2004

李天华

《世说新语新校》,岳麓书社,2004

范子烨

《世说新语精粹解读》,中华书局,2004

梅家玲

《〈世说新语〉的语言与叙事》,台北里仁书局,2004

杨　勇

《世说新语校笺》,修订版,中华书局,2006

吴冠宏

《魏晋玄义与声论新探》,台北里仁书局,2006

骆玉明

《世说新语精读》,复旦大学出版社,2007

宁稼雨

《魏晋名士风流》,中华书局,2007

刘　强

《世说新语会评》,凤凰出版社,2007

赵西陆

《世说新语校释》,北京图书馆出版社,2007

刘伟生

《世说新语艺术研究》,湖南大学出版社,2008

蒋　凡

《世说新语英雄谱》,中国人民大学出版社,2008

蒋　凡

《世说新语的读法》,中国人民大学出版社,2008

蒋　凡,李笑野,白振奎评注

《全评新注世说新语》,人民文学出版社,2009

周翊雯

《时空下的身体展演:〈世说新语〉之研究》,新北花木兰文化,2009

陈慧玲

《由〈世说新语〉探讨魏晋清谈与隽语之关系》,新北花木兰文化,2009

方碧玉

《魏晋人物品评风尚探究:以〈世说新语〉为例》,新北花木兰文化,2010

龚　斌

《世说新语校释》,上海古籍出版社,2011

萧　虹

《世说新语整体研究》,上海古籍出版社,2011

朱碧莲,沈海波译注

《世说新语》,中华书局,2011

刘　强

《世说学引论》,上海古籍出版社,2012

王妙纯

《魏晋士人的生死关怀:以〈世说新语〉为核心的考察》,台北文津出版社,2012

刘　强

《有竹居新评〈世说新语〉》,岳麓书社,2013

戴丽琴

《〈世说新语〉与佛教》,新北花木兰文化,2013

范子烨

《魏晋风度的传神写照:世说新语研究》,世界图书出版公司,2014

刘　强

《魏晋风流十讲》,中国青年出版社,2014

张永言主编,蒋宗许等编

《世说新语大辞典》,上海古籍出版社,2015

戴建业

《浊世清流:〈世说新语〉会心录》,海南出版社,2016

龚　斌

《世说新语索解》,华东师范大学出版社,2016

刘　强

《世说三昧》,岳麓书社,2016

周兴陆

《世说新语汇校汇注汇评》,凤凰出版社,2017

齐慧源

《名士教科书: 话说〈世说新语〉》,江苏人民出版社,2017

吴冠宏

《从儒理到玄义:〈论语〉与〈世说新语〉之诠释理路的探索》,台北新文丰出版公司,2017

龚　斌

《世说新语校释》,增订本,上海古籍出版社,2019

张伯伟

《日本世说新语注释集成》,凤凰出版社,2019

刘　强

《世说新语研究史论》,复旦大学出版社,2019

宁稼雨

《〈世说新语〉与魏晋风流》,商务印书馆,2020

刘　强

《世说新语资料汇编》,凤凰出版社,2020

附录二

《世说新语》人物事迹编年简表

凡例

1.《世说新语》中人物众多，人物事迹的年代多不注明。兹特编写人物事迹编年简表，使读者对《世说》中所见人物事迹有一时间上之较清晰之概念。

2. 采用资料限于《世说》正文及刘孝标注，少数重要人物或事件引用史书。

3. 凡人物事迹能确定或大致能确定者则录，无法考定其确切年代者不录。每条事迹后用括号注明材料之来源。

4. 人物事迹之内容一般直接录自《世说》原文，少数稍作增删。

秦二世胡亥二年癸巳(前208)

秦末大乱,东阳人欲奉陈婴为王,母曰:“不可。自我为汝家妇,少见贫贱,一旦富贵,不祥。不如以兵属人,事成,少受其利,不成,祸有所归。”(《贤媛》一)

汉元帝竟宁元年戊子(前33)

汉元帝宫人既多,乃令画工图之,欲有呼者,辄披图召之。其中常者皆行货赂。王明君姿容甚丽,志不苟求,工遂毁为其状。后匈奴来和,求美女于汉帝。帝以明君充行。既召,见而惜之,但名字已去,不欲中改,于是遂行。(《贤媛》二)

汉成帝鸿嘉三年癸卯(前18)

汉成帝幸姬赵飞燕,谗班婕妤祝诅。于是考问,婕妤辞曰:“妾闻死生有命,富贵在天。修善尚不蒙福,为邪欲以何望?若鬼神有知,不受邪佞之诉;若其无知,诉之何益?故不为也。”(《贤媛》三)

汉顺帝阳嘉四年乙亥(135)

陈太丘与友期行,期日中。过中不至,太丘舍去。去后乃至。元方时年七岁,门外戏。客问元方:“尊君在不?”答曰:“待君久不至,已去。”友人便怒曰:“非人哉!与人期行,相委而去。”元方曰:“君与家君期日中,日中不至,则是无信;对子骂父,则是无礼。”友人惭,下车引之。元方入门不顾。(《方正》一)

汉顺帝汉安二年癸未(143)

郑玄年十七,见大风起,诣县曰:“某时当有火灾。”至时果然。智者异之。(《文学》一注引《玄别传》)

汉桓帝建和元年丁亥(147)

宾客诣陈太丘宿,太丘使元方、季方炊。客与太丘论议。二人进火,俱委而窃听。炊忘著箄,饭落釜中。太丘问何以如此?二子长跪曰:“大人与客语,乃俱窃听,炊忘著箄,饭今成糜。”太丘曰:“尔颇有所识不?”对曰:“仿佛志之。”

二子俱说，更相易夺，言无遗失。太丘曰："如此，但糜自可，何必饭也。"（《夙惠》一）

汉桓帝元嘉三年癸巳(153)

陈寔仲弓为太丘长，时吏有诈称母病求假。事觉收之，令吏杀焉。主簿请付狱，考众奸。陈寔曰："欺君不忠，病母不孝。不忠不孝，其罪莫大。考求众奸，岂复过此。"（《政事》一）

汉桓帝延熹三年庚子(160)

曹操卞夫人生齐郡白亭，有黄气满室移日。父敬侯怪之，以问卜者王越。越曰："此吉祥也。"（《贤媛》四注引《魏书》）

汉桓帝延熹五年壬寅(162)

陈蕃为豫章太守，至便问徐孺子所在，欲先看之。主簿曰："群情欲府君先入廨。"陈曰："武王式商容之闾，席不暇暖。吾之礼贤，有何不可？"（《德行》一）

孔融年十岁，随父到洛。时李元礼有盛名，为司隶校尉，诣门者皆俊才清称及中表亲戚乃通。融至门，谓吏曰："我是李府君亲。"既通，前坐。元礼问曰："君与仆有何亲？"对曰："昔先君仲尼与君先人伯阳，有师资之尊，是仆与君奕世为通好也。"元礼及宾客莫不奇之。太中大夫陈韪后至，人以其语语之。韪曰："小时了了，大未必佳。"文举曰："想君小时，必当了了。"韪大踧踖。（《言语》三）

汉灵帝光和二年己未(179)

曹操纳卞后于谯。（《贤媛》四注引《魏书》）

汉灵帝中平三年丙寅(186)

陈寔卒。（蔡邕《陈太丘碑》）

陈元方遭父丧，哭泣哀恸，躯体骨立。（《规箴》三）

汉献帝永汉元年初平元年庚午(190)

蔡邕拜左中郎将。(《品藻》一注引《续汉书》)

王粲至长安见蔡邕,邕奇之,倒屣迎之,曰:"此王公孙,有异才,吾不及也。吾家书籍尽当与之。"(《伤逝》一注引《魏志》)

董卓秉政,征荀爽。爽欲遁去,吏持之急。起布衣,九十五日而至三公。(《言语》七注引张璠《汉纪》)

汉献帝初平三年壬申(192)

王粲避乱荆州,依刘表,以粲貌寝通脱,不甚重之。(《伤逝》一注引《魏志》)

王允杀蔡邕。(《品藻》一注引《续汉书》)

汉献帝建安元年丙子(196)

曹操为司空,纳何晏母。晏时七岁,明惠若神,曹操奇爱之,欲以为子。晏乃画地令方,自处其中。人问其故,答曰:"何氏之庐也。"(《夙惠》二及注引《魏略》)

南阳宗世林,甚薄曹操为人,不与之交。曹操作司空,总朝政,从容问宗曰:"可以交未?"答曰:"松柏之志犹存。"(《方正》二)

汉献帝建安二年丁丑(197)

祢衡北游京师,与孔融作尔汝之交。融数与曹操笺,称其才,操倾心欲见。衡称疾不肯往,而数有言论。操甚忿之,以其才名不杀,图欲辱之,乃令录为鼓吏。后至八月相会,大阅试鼓节,作三重阁,列坐宾客。鼓吏度者,皆当脱其故衣,著此新衣。次传衡,衡击鼓为《渔阳掺挝》,蹋地来前,蹑駇脚足,容态不常,鼓声甚悲,音节殊妙,坐客莫不忼慨,知必衡也。既度,不肯易衣。吏呵之曰:"鼓吏,何独不易服!"衡便止。当曹操前,先脱裈,次脱余衣,裸身而立。徐徐乃著岑牟,次著单绞,后乃著裈。毕,复击鼓掺槌而去,颜色无怍。武帝笑谓四坐曰:"本欲辱衡,衡反辱孤。"(《言语》八注引《典略》)

汉献帝建安四年己卯(199)

曹操征袁绍,余有数十斛竹片,众云并不堪用,正令烧除。曹操思可为竹椑

楯，而未显其言，驰使问主簿杨德祖，应声答之，与操心同。众伏其辩悟。（《捷悟》四）

汉献帝建安五年庚辰（200）

孙策为许贡客射破其面，引镜自照，谓左右曰："面如此，岂可复立功乎！"乃谓张昭曰："中国方乱，夫以吴、越之众，三江之固，足以观成败，公等善相吾弟。"呼孙权，授以印绶曰："举江东之众，决机于两陈之间，卿不如我；任贤使能，各尽其心，我不如卿。慎勿北渡！"语毕而薨，年二十有六。（《吴志·孙破虏传》、《豪爽》一一注引《吴录》）

汉献帝建安十年乙酉（205）

曹操破邺，五官将曹丕从而入袁绍舍，见绍子熙妻甄氏怖，以头伏姑膝上。五官将谓绍妻袁夫人扶甄令举头，见其色非凡，称叹之。太祖闻其意，遂为迎娶，擅室数岁。（《惑溺》一注引《魏略》）

曹丕纳袁熙妻甄氏，孔融与太祖书曰："武王伐纣，以妲己赐周公。"太祖以融博学，真谓书传所记。后见融问之，对曰："以今度古，想其然也。"（《惑溺》一注引《魏氏春秋》）

汉献帝建安十三年戊子（208）

六月，魏武为丞相，辟杨修为主簿。时作相国门，始构榱桷，魏武自出看，使人题门作"活"字便去。杨见，即令坏之。既竟，曰："'门'中'活'，'阔'字。王正嫌门大也。"（《捷悟》一及注引《文士传》）

杨修常白事，知必有反覆教，豫为答对数纸，以次牒之而行，敕守者曰："向白事必教出相反覆，若按此次第连答之。"人饷魏武一杯酪，魏武啖少许，盖头上题"合"字以示众，众莫能解。次至杨修，修便啖，曰："公教人啖一口也，复何疑！"（捷悟》一注引《文士传》、《捷悟》二）

魏武平荆州，获汉雅乐郎河南杜夔，能识旧法，以为军谋祭酒，使创定雅乐。（《术解》一、《晋书·乐志上》）

曹操问裴潜曰："卿昔与刘备共在荆州，卿以备才如何？"潜曰："使居中国，能

乱人，不能为治；若乘边守险，足为一方之主。"（《识鉴》二）

周瑜领南郡，庞士元为功曹。（《品藻》二注引《蜀志》）

曹操以岁俭禁酒，孔融谓酒以成礼，不宜禁。由是惑众，太祖收寘法焉。（《言语》五注引《世语》）又云孔融对孙权使有讪谤之言，坐弃市。（《言语》五注引《魏氏春秋》）

孔融被收，中外惶怖。时融儿大者九岁，小者八岁。二儿故琢钉戏，了无遽容。融谓使者曰："冀罪止于身，二儿可得全不？"儿徐进曰："大人岂见覆巢之下，有完卵乎？"寻亦收至。（《言语》五）

汉献帝建安十五年庚寅(210)

周瑜卒，士元送丧至吴，见陆绩、顾劭、全琮，而为之目。（《品藻》二及注引《蜀志》）

顾劭与庞统宿语。顾问曰："闻子名知人，吾与足下孰愈？"庞曰："陶冶世俗，与时浮沉，吾不如子。论王霸之余策，览倚伏之要害，吾似有一日之长。"（《品藻》三）

曹操筑邺铜雀台新成，悉将诸子登之，使各为赋，曹植援笔立成可观。（《文学》六六注引《魏志》）

汉献帝建安十六年辛卯(211)

曹丕为五官中郎将，妙选文学。刘桢平视甄夫人，以失敬获罪。（《言语》一〇及注引《魏略》）

汉献帝建安十七年壬辰(212)

荀彧饮药而卒，年五十，谥曰敬侯。以其名德高，追赠太尉。（《品藻》六注引《典略》）

汉献帝建安十八年癸巳(213)

刘备引军攻雒，庞统为军师中郎将，从攻雒，为流矢所中，卒时年三十八。（《言语》九注引《华阳国志》）

汉献帝建安二十年乙未(215)

诸葛瑾使蜀，但与弟诸葛亮公会相见，反无私面。(《品藻》四注引《吴书》)

汉献帝建安二十一年丙申(216)

魏武将见匈奴使，自以形陋，不足雄远国，使崔季珪代，自捉刀立床头。既毕，令间谍问曰："魏王何如？"匈奴使答曰："魏王雅望非常，然床头捉刀人，此乃英雄也。"(《容止》一)

王粲从曹操征吴。(《伤逝》一注引《魏志》、《魏志·王粲传》)

汉献帝建安二十二年丁酉(217)

王粲随曹操征吴，道中卒。(《伤逝》一注引《魏志》、《魏志·王粲传》)

王粲既葬，曹丕临其丧，顾语同游曰："王好驴鸣，可各作一声以送之。"赴客皆一作驴鸣。(《伤逝》一)

汉献帝建安二十三年戊戌(218)

曹操北讨代郡，曹彰独与麾下百余人突虏而走。太祖闻曰："我黄须儿可用也。"(《尤悔》一注引《魏略》、《魏志·曹彰传》)

汉献帝建安二十四年己亥(219)

曹操杀杨修。(《魏志·曹植传》及裴注引《典略》，《捷悟》一注引《文士传》)

汉献帝建安二十五年庚子魏文帝曹丕黄初元年(220)

正月，曹操崩于洛阳。(《魏志·武帝纪》)

曹丕悉取武帝宫人自侍。(《贤媛》四)

魏受禅，朝臣三公以下，并受爵位。华歆以形色忤时，徙为司空，不进爵。文帝曹丕久不怿，以问尚书令陈群曰："应天受命，百官莫不说喜，形于声色，而相国及公独有不怡者，何邪？"群起离席长跪曰："臣与相国曾事汉朝，心虽说喜，义干其色，亦惧陛下，实应见憎。"曹丕大说，叹息良久，遂重异之。(《方正》三注引《华峤谱叙》)

郭淮奉使贺魏文帝曹丕践阼,而稽留后至。群臣欢会,帝正色责之曰:“昔禹会诸侯于涂山,防风氏后至,便行大戮,今溥天同庆,而卿最留迟,何也?”淮曰:“臣闻五帝先教,导民以德。夏后政衰,始用刑辟。今臣遭唐虞之世,是以知免防风氏之诛。”帝说之,擢为雍州刺史,迁征西将军。(《方正》四注引《魏志》)

魏文帝曹丕黄初二年辛丑(221)

十二月,筑陵云台。(《魏志·文帝纪》)

魏文帝曹丕黄初四年癸卯(223)

曹丕忌弟任城王骁壮,因在卞太后阁共围棋,并啖枣。文帝以毒置诸枣蒂中,自选可食者而进。王弗悟,遂杂进之。既中毒,太后索水救之,文帝预敕左右毁瓶罐,太后徒跣趋井,无以汲,须臾遂卒。(《尤悔》一)

魏文帝曹丕黄初七年丙午(226)

曹丕病困,卞后出看疾,见直侍并是昔日所爱幸者。因不复前而叹曰:“狗鼠不食汝余,死故应尔。”至山陵,亦竟不临。(《贤媛》四)

魏明帝曹叡太和三年己酉(229)

四月,孙权即皇帝位。(《吴志·吴主传》)

诸葛瑾为豫州,遣别驾到台。别驾诣瑾子恪,恪不与相见。后于张辅吴坐中相遇,别驾唤恪:“咄咄郎君。”恪因嘲之曰:“豫州乱矣,何咄咄之有?”答曰:“君明臣贤,未闻其乱。”恪曰:“昔唐尧在上,四凶在下。”答曰:“非唯四凶,亦有丹朱。”于是一坐大笑。(《排调》一)

钟会年五岁,其父繇遣见蒋济,济见甚异之,曰:“非常人也!”(《言语》一二注引《魏志》)

魏明帝曹叡太和七年癸丑(233)

孙权欲自征公孙渊,赵姬上疏以谏。(《贤媛》五注引《列女传》)

魏明帝曹叡青龙二年甲寅(234)

诸葛亮之次渭滨,与司马懿对垒。魏明帝深惧晋宣王战,乃遣辛毗为军司马。宣王既与亮对渭而陈,亮设诱谲万方。宣王果大忿,将欲应之以重兵。亮遣间谍觇之。还曰:“有一老夫,毅然仗黄钺,当军门立,军不得出。”亮曰:“此必辛佐治也。”(《方正》五)

魏明帝曹叡青龙三年乙卯(235)

魏明帝起昭阳、太极殿、总章观,欲安榜,使仲将登梯题之。既下,头鬓皓然。因敕儿孙勿复学书。(《巧艺》三)

魏明帝曹叡青龙四年丙辰(236)

荀奉倩与妇至笃,冬月妇病热,乃出中庭自取冷,还以身熨之。妇亡,未殡,傅嘏往唁粲,粲不明而神伤。嘏问曰:“妇人才色并茂为难,子之聘也,遗才存色,非难遇也,何哀之甚?”粲曰:“佳人难再得,顾逝者不能有倾城之异,然未可易遇也。”(《惑溺》二及注引《粲别传》)

魏明帝曹叡景初元年丁巳(237)

奉倩妇病亡,痛悼不能已已,岁余亦亡,以是获讥于世。至葬夕,赴期者十余人,悉同年相知名士也,哭之感恸路人。(《惑溺》二及注引《粲别传》)

魏明帝曹叡景初三年己未(239)

魏明帝于宣武场上断虎爪牙,纵百姓观之。王戎亦往看。虎承间攀栏而吼,其声震地,观者无不辟易颠仆,戎湛然不动,了无恐色。(《雅量》五)

何晏为吏部尚书,时谈客盈坐,王弼未弱冠往见之。晏闻弼名,因条向者胜理,语弼曰:“此理仆以为极,可得复难不?”弼便作难,一坐人便以为屈。于是弼自为客主数番,皆一坐所不及。(《文学》六)

齐王曹芳正始五年甲子(244)

王戎随父浑在郎舍,阮籍见而说焉。每适浑俄顷,辄在戎室久之,乃谓浑:“濬冲清尚，非卿伦也。”戎尝诣籍共饮，而刘昶在坐，不与焉。昶无恨色。既而戎问籍曰：“彼为谁也？”曰：“刘公荣也。”濬冲曰：“胜公荣，故与酒；不如公荣，不可不与酒；唯公荣者，可不与酒。”（《简傲》二注引《晋阳秋》）

齐王曹芳正始九年戊辰(248)

管辂至洛阳，何晏、邓飏令作卦云：“知位当至三公不？”卦成，辂称引古义，深以戒之。飏曰：“此老生之常谈。”辂曰：“夫老生者见不生，常谈者见不谈也。”（《规箴》六注引《辂别传》《魏志·管辂传》）。

齐王曹芳正始十年己巳(249)

山涛为河内从事，与石鉴共传宿，涛夜起，蹋鉴曰：“今何等时而眠也！知太傅卧何意？”鉴曰：“宰相三日不朝，与尺一令归第，君何虑焉？”涛曰：“咄！石生，无事马蹄闲也。”投传而去，果有司马父子诛曹爽事。（《政事》五注引虞预《晋书》）

齐王曹芳嘉平三年辛未(251)

王凌密欲立楚王彪，司马宣王自讨之。凌自缚归罪，遥谓太傅曰：“卿直以折简召我，我当不至邪？”太傅曰：“以卿非肯逐折简者也。”遂使人送至西。凌自知罪重，试索棺钉，以观太傅意。太傅给之，凌行至项城，夜呼掾属与决曰：“行年八十，身名俱灭。命邪！”遂自杀。（《方正》四注引《魏略》）

郭淮妻是太尉王凌之妹，坐凌事当并诛。使者征摄甚急，淮使戒装，克日当发。州府文武及百姓劝淮举兵，淮不许。至期，遣妻，百姓号泣追呼者数万人。行数十里，淮乃命左右追夫人还，于是文武奔驰。既至，淮与宣帝书曰：“五子哀恋，思念其母，其母既亡，则无五子。五子若殒，亦复无淮。”宣帝乃表，特原淮妻。（《方正》四）

八月，司马懿卒。许允谓夏侯玄曰：“子无复忧矣。”玄叹曰：“士宗，卿何不见事乎？此人尤能以通家年少遇我，子元、子上不吾容也。”（《方正》六注引《魏氏春秋》）

齐王曹芳嘉平五年癸酉(253)

王戎弱冠诣阮籍,时刘公荣在坐,阮谓王曰:“偶有二斗美酒,当与君共饮,彼公荣者无预焉。”二人交觞酬酢,公荣遂不得一杯,而言语谈戏,三人无异。或有问之者,阮答曰:“胜公荣者,不得不与饮酒;不如公荣者,不可不与饮酒;唯公荣可不与饮酒。”(《简傲》二)

齐王曹芳嘉平六年高贵乡公曹髦正元元年甲戌(254)

二月,中书令李丰恶大将军司马师执政,遂谋以夏侯玄代之。玄答曰:“宜详之尔,不以闻也。”大将军闻其谋,诛丰,收玄送廷尉。玄至廷尉,不肯下辞。廷尉钟毓自临履玄。玄正色曰:“吾当何辞?为令史责人邪?卿便为吾作。”毓以玄名士,节高不可屈,而狱当竟,夜为作辞,令与事相附,流涕以示玄。玄视之曰:“不当若是邪?”钟会年少于玄,玄不与交,是日于毓坐狎玄,玄正色曰:“虽复刑余之人,未敢闻命!”考掠初无一言,临刑东市,颜色不异。(《方正》六及注引《魏氏春秋》、干宝《晋纪》、《世语》)

司马师杀中书令李丰。李丰女是贾充妻,离婚徙乐浪,遗二女《典诫》八篇。(《贤媛》一三及注引《妇人集》、《贤媛》一四注引《妇人集》)

贾充续娶郭配女。(《贤媛》一三)

许允减死徙边,其年冬,道死。门生走入告其妇。妇正在机中,神色不变,曰:“蚤知尔耳。”门人欲藏其儿,妇曰:“无豫诸儿事。”后徙居墓所,司马师遣钟会看之,若才流及父,当收。儿以咨母,母嘱儿“率胸怀与语”云云,儿从之。会反,以状对,卒免。(《贤媛》八及注引《魏略》)

高贵乡公曹髦正元二年乙亥(255)

毌丘俭反,司马师东征,取上党李喜,以为从事中郎。因问喜曰:“昔先公辟君不就,今孤召君,何以来?”喜对曰:“先公以礼见待,故得以礼进退;明公以法见绳,喜畏法而至耳。”(《言语》一六)

高贵乡公曹髦正元三年甘露元年丙子(256)

王浑与妇钟氏共坐,见武子从庭过,浑欣然谓妇曰:“生儿如此,足慰人意。”钟

氏笑曰:“若使新妇得配参军,生儿故可不啻如此。”(《排调》八)

阮籍从容与大将军司马昭曰:“平生曾游东平。乐其土风,愿得为东平太守。”昭说,从其意。籍便骑驴径到郡,皆坏府舍诸壁障,使内外相望,然后教令清宁,十余日便复骑驴去。后闻步兵厨中有酒三百石,忻然求为校尉。于是入府舍,与刘伶酣饮。(《任诞》五注引《文士传》)

高贵乡公曹髦甘露二年丁丑(257)

五月,诸葛诞反,遣将军朱成称臣上疏,又遣子靓、长史吴纲诸牙门弟子为质。吴以诸葛靓为右将军、大司马。(《言语》二一注引《晋诸公赞》)

六月,司马昭征诸葛诞,钟会谋居多,时人谓之“子房”。(《言语》一二注引《魏志》)

王沦为大将军司马昭参军,从征寿春,遇疾卒。(《排调》八注引《王氏家谱》)

高贵乡公曹髦甘露三年戊寅(258)

贺邵作吴郡太守,吴中诸强族轻之,乃题府门云:“会稽鸡,不能啼。”贺闻故出行,至门反顾,索笔足之曰:“不可啼,杀吴儿!”于是至诸屯邸,检校诸顾、陆役使官兵及藏逋亡,悉以事言上,罪者甚众。陆抗时为江陵都督,故下请孙皓,然后得释。(《政事》四)

高贵乡公曹髦甘露五年元帝曹奂景元元年庚辰(260)

五月,高贵乡公曹髦见威权日去,不胜其忿,召侍中王沈、尚书王经、散骑常侍王业谓曰:“司马昭之心,路人所知也,吾不能坐受废辱,今日当与卿自出讨之。”王经谏不听,乃出怀中板令投地曰:“行之决矣!正使死,何所恨!况不必死邪。”于是入白太后。沈、业奔走告昭,昭为之备。髦遂率僮仆数百,鼓噪而出。昭弟屯骑校尉伷入,遇髦于东止车门,左右诃之,伷众奔走。中护军贾充又逆髦,战于南阙下。髦自用剑,众欲退。太子舍人成济问充曰:“事急矣!当云何?”充曰:“公畜汝等,正为今日。今日之事,无所问也。”济即前刺髦,刃出于背。(《方正》八注引《汉晋春秋》)

曹髦被杀,司马昭闻之自投于地曰:“天下谓我何?”于是召百官议其事。昭垂涕问陈泰曰:“何以居我?”泰曰:“公光辅数世,功盖天下,谓当并迹古人,垂美于后,一旦有杀君之事,不亦惜乎? 速斩贾充犹可以自明也。”昭曰:“公闾不可得杀也,卿更思余计。”泰厉声曰:“意唯有进于此耳,余无足委者也。”归而自杀。(《方正》八注引《汉晋春秋》)

司马昭杀王经并及其母。将死,垂泣谢母,母颜色不变,语之曰:“为子则孝,为臣则忠,有孝有忠,何负吾邪?”(《贤媛》一〇及注引《汉晋春秋》)

魏元帝曹奂景元二年辛巳(261)

山巨源为吏部郎,迁散骑常侍,举嵇康。康辞之,并作《与山巨源绝交书》,自说不堪流俗,而非薄汤武。司马昭闻而怒焉。(《栖逸》三注引《康别传》)

魏元帝曹奂景元四年癸未(263)

嵇康临刑东市,神气不变,索琴弹之,奏《广陵散》。曲终,曰:“袁孝尼尝请学此散,吾靳固不与,《广陵散》于今绝矣!”(《雅量》二)

嵇康既被诛,向秀举郡计入洛,司马文王引进,问曰:“闻君有箕山之志,何以在此?”对曰:“巢、许狷介之士,不足多慕。”王大咨嗟。(《言语》一八及注引《向秀别传》)

魏朝封司马昭为公,备礼九锡,昭固让不受。公卿将校当诣府敦喻。司空郑冲驰遣信就阮籍求文。籍时在袁孝尼家,宿醉扶起,书札为之,无所点定,乃写付使。时人以为神笔。(《文学》六七)

魏元帝曹奂景元五年咸熙元年甲申(264)

蜀平,邓艾为卫瓘所害。(《言语》一七注引《魏志》)

钟会平蜀,自以为功名盖世,不可复为人下,谓所亲曰:“我自淮南以来,画无遗策,四海共知,持此欲安归乎?”遂谋反。见诛,时年四十。(《言语》一二注引《魏志》)

晋武帝泰始元年乙酉(265)

晋武帝始登阼,探策得一。王者世数系此多少,帝既不说,群臣失色,莫能有

言者。侍中裴楷进曰:"臣闻天得一以清,地得一以宁,侯王得一以为天下贞。"帝说,群臣叹服。(《言语》一九)

贾充妻李氏遇赦得还,然别住外,不肯还充舍。贾充后妻郭氏省李,多将侍婢。既至,入户,李氏起迎,郭不觉脚自屈,因跪再拜。既反,语充。充曰:"语卿道何物?"(《贤媛》一三)

张敏作《头责子羽文》。(《排调》七)

晋武帝泰始二年丙戌(266)

孙皓问丞相陆凯曰:"卿一宗在朝有几人?"陆曰:"二相五侯将军十余人。"(《规箴》五)

晋武帝泰始四年戊子(268)

贾充初定律令,与羊祜共咨太傅郑冲。冲曰:"皋陶严明之旨,非仆闇懦所探。"羊曰:"上意欲令小加弘润。"冲乃粗下意。(《政事》六)

晋武帝泰始五年己丑(269)

王衍父乂为平北将军,有公事,使行人论,不得。时夷甫在京师,命驾见仆射羊祜、尚书山涛。夷甫时总角,姿才秀异,叙致既快,事加有理,涛甚奇之。既退,看之不辍,乃叹曰:"生儿不当如王夷甫邪?"羊祜曰:"乱天下者,必此子也。"(《识鉴》五)

晋武帝泰始六年庚寅(270)

孙秀降晋,晋武帝喜之,以为骠骑将军、交州牧。妻以姨妹蒯氏,室家甚笃。妻尝妒,乃骂秀为貉子。秀大不平,遂不复入。蒯氏大自悔责,请救于帝。时大赦,群臣咸见。既出,帝独留秀,从容谓曰:"天下旷荡,蒯夫人可得从其例不?"秀免冠而谢,遂为夫妇如初。(《惑溺》四)

晋武帝泰始七年辛卯(271)

裴秀卒,谥元公,食宗庙。(《赏誉》七注引虞预《晋书》)

晋武帝泰始八年壬辰(272)

任恺与贾充不平,充乃启恺掌吏部,又使有司奏恺用御食器,坐免官。任恺既失权势,不复自检括。或谓和峤曰:"卿何以坐视元裒败而不救?"和曰:"元裒如北夏门拉攞自欲坏,非一木所能支。"(《任诞》一六及注引《晋诸公赞》)

晋武帝泰始十年甲午(274)

晋武帝命中书监荀勖,依典制定钟律。后有一田父耕于野,得周时玉尺,便是天下正尺,荀试以校己所治钟鼓金石丝竹,皆觉短一黍,于是伏阮咸神识。(《术解》一及注引《晋后略》)

晋武帝咸宁元年乙未(275)

孙皓凶暴骄矜,贺劭上书切谏,皓深恨之。亲近惮劭贞正,谮云谤毁国事,被诘责,后还复职。劭中恶风,口不能言语。皓疑劭托疾,收付酒藏,考掠千数,卒无一言,遂杀之。(《纰漏》二刘孝标注)

晋武帝咸宁四年戊戌(278)

潘岳作《秋兴赋》,叙曰"晋十有四年,余年三十二,以太尉掾兼虎贲中郎将,寓直散骑之省"云云。(《言语》一〇七)

杜预之荆州,驻扎在七里桥,朝士悉祖。预少贱,好豪侠,不为物所许。杨济既名氏,雄俊不堪,不坐而去。须臾,和峤来,问:"杨右卫何在?"客曰:"向来,不坐而去。"长舆曰:"必大夏门下盘马。"往大夏门,果大阅骑。长舆抱内车,共载归,坐如初。(《方正》一二)

杜预拜镇南将军,朝士悉至,皆在连榻坐。时亦有裴叔则。羊稚舒后至,曰:"杜元凯乃复连榻坐客。"不坐便去。杜预请裴楷追之,羊去数里住马,既而俱还杜许。(《方正》一三)

晋武帝太康元年庚子(280)

吴亡,诸葛靓入晋,以与晋室有雠,常背洛水而坐。与武帝有旧,帝欲见之而无由,乃请诸葛妃呼靓。既来,帝就太妃间相见。礼毕,酒酣,帝曰:"卿故复

忆竹马之好不?"靓曰:"臣不能吞炭漆身,今日复睹圣颜。"因涕泗百行,帝于是惭悔而出。(《方正》一〇)

山涛举嵇康子绍为秘书丞。时以绍父康被法,选官不敢举。年二十八,山涛启用之。绍咨公出处,公曰:"为君思之久矣,天地四时犹有消息,而况人乎?"涛荐曰:"绍平简温敏,有文思,又晓音,当成济也。犹宜先作秘书郎。"诏曰:"绍如此,便可为丞,不足复为郎也。"(《政事》八及注引《山公启事》)

晋武帝太康二年辛丑(281)

有问秀才蔡洪:"吴旧姓何如?"答曰:"吴府君,圣王之老成,明时之俊乂。朱永长,理物之至德,清选之高望。严仲弼,九皋之鸣鹤,空谷之白驹。顾彦先,八音之琴瑟,五色之龙章。张威伯,岁寒之茂松,幽夜之逸光。陆士衡、士龙,鸿鹄之裴回,悬鼓之待槌。"云云。(《赏誉》二〇)

晋武帝太康三年壬寅(282)

贾充卒。(《晋书·贾充传》)

山涛器重朝望,年踰七十,犹主管吏部。贵胜年少,若和、裴、王之徒,并共宗咏。有署阁柱曰:"阁东有大牛,和峤鞅,裴楷鞦,王济剔嬲不得休。"(《政事》五)

王戎为侍中,南郡太守刘肇遗筒中笺布五端,戎虽不受,厚报其书。(《雅量》六)

晋武帝太康四年甲辰(284)

蔡洪赴洛,洛中人问曰:"幕府初开,群公辟命,求英奇于仄陋,采贤俊于岩穴。君吴楚之士,亡国之余,有何异才,而应斯举?"蔡答曰:"夜光之珠,不必出于孟津之河;盈握之璧,不必采于昆仑之山。大禹生于东夷,文王生于西羌,圣贤所出,何必常处。昔武王伐纣,迁顽民于洛邑,得无诸君是其苗裔乎?"(《言语》二二)

晋武帝太康十年己酉(289)

陆机陆云兄弟入洛。陆士衡初入洛,咨张华所宜诣,刘道真是其一。陆既往,

刘尚在哀制中。性嗜酒，礼毕，初无他言，唯问："东吴有长柄壶卢。卿得种来不？"陆兄弟殊失望，乃悔往。(《简傲》五)

卢志于众坐问陆士衡："陆逊、陆抗，是君何物？"答曰："如卿于卢毓、卢珽。"既出户，谓兄曰："何至如此，彼容不相知也？"士衡正色曰："我父祖名播海内，宁有不知？鬼子敢尔！"(《方正》一八)

王澄见王夷甫妻郭氏贪欲，令婢路上儋粪。平子谏之，并言不可。郭大怒，谓平子曰："昔夫人临终，以小郎嘱新妇，不以新妇嘱小郎。"(《规箴》一〇及注引《永嘉流人名》)

祖逖与刘琨俱以雄豪著名。年二十四，与琨同辟司州主簿，情好绸缪，共被而寝。中夜闻鸡鸣，俱起曰："此非恶声也。"每语世事，则中宵起坐，相谓曰："若四海鼎沸，豪杰共起，吾与足下相避中原耳。"(《赏誉》四三注引《晋阳秋》)

晋武帝太熙元年庚戌(290)

卫玠年五岁，神衿可爱。祖父太保卫瓘曰："此儿有异，顾吾老，不见其大耳。"(《识鉴》八)

晋惠帝永平元年元康元年辛亥(291)

杨骏诛，裴楷因与骏姻亲，被收，神气无变，举止自若。求纸笔作书，书成，救者多，乃得免。(《雅量》七)

六月，贾后矫诏使楚王玮杀太宰、汝南王亮，又杀太保、菑阳公卫瓘。(《识鉴》八注引《晋诸公赞》)

王济丧，名士无不至者。孙楚后来，临尸恸哭，宾客莫不垂涕。哭毕，向灵床曰："卿常好我作驴鸣，今我为卿作。"体似真声，宾客皆笑。孙举头曰："使君辈存，令此人死！"(《伤逝》三及注引《语林》)

晋惠帝元康二年壬子(292)

陈留董仲道见惠帝废杨悼后，升太学堂叹曰："建此堂也，将何为乎？每见国家赦书，谋反逆皆赦，孙杀王父母，子杀父母不赦，以为王法所不容也。奈何公卿处议文饰礼典，以至此乎？天人之理既灭，大乱斯起。"顾谓谢鲲、阮孚

曰：'《易》称知幾其神乎，君等可深藏矣。'乃与妻荷担入蜀，莫知其所终。（《赏誉》三六注引谢鲲《元化论序》）

晋惠帝元康三年癸丑(293)

孙楚卒。（《晋书》五六《孙楚传》）

和峤卒，有人哭之曰："峨峨若千丈松崩。"（《伤逝》五、《晋书·和峤传》）

贺循入洛赴命，为太子舍人，经吴阊门，在船中琴。张季鹰本不相识，闻弦甚清，下船就贺，因共语，知贺入洛赴命，因曰："吾亦有事北京，因路寄载。"便与贺同发。（《任诞》二二）

晋惠帝元康六年丙辰(296)

征西大将军祭酒王诩当还长安，石崇与众贤共送往金谷涧中，遂各赋诗。石崇作《金谷诗叙》。（《品藻》五七注引《金谷诗序》）

王恺得鸩于石崇而养之，其大如鹅，喙长尺余，纯食蛇虺。司隶奏按恺、崇，诏悉原之，即烧于都街。（《汰侈》四注引《晋诸公赞》）

冬，陆机赴假还洛，辎重甚盛，戴渊使少年掠劫。陆机于船屋上遥谓之曰："卿才如此，亦复作劫邪？"渊便泣涕，投剑归机，辞厉非常。机弥重之，定交，作笔荐焉。（《自新》二）

晋惠帝永康元年庚申(300)

四月，梁王肜、赵王伦矫诏，废贾后为庶人。（《晋书·惠帝纪》）

贾充前妻李氏祔葬充墓。（《贤媛》一四）

赵王伦篡位，孙秀为中书令，逼李重自杀。（《贤媛》一七）

赵王伦为相国，羊忱为太傅长史，乃版以参相国军事。使者卒至，忱深惧豫祸，不暇被马，于是帖骑而避。使者追之，忱善射，矢左右发，使者不敢进，遂得免。（《方正》一九）

晋惠帝永康二年永宁元年辛酉(301)

春正月，赵王伦篡帝位。乐广与满奋、崔随进玺绶。李重仰药死。（《品藻》四

六注引《晋阳秋》、《晋书·惠帝纪》、《晋书·赵王伦传》）

孙秀收石崇、欧阳坚石，同日收潘岳。石先送市，亦不相知。潘后至，石谓潘曰："安仁，卿亦复尔邪？"潘曰："可谓'白首同所归。'"石谓潘曰："天下杀英雄，卿复何为？"潘曰："俊士填沟壑，余波来及人。"（《仇隙》一及注引王隐《晋书》、《语林》）

王戎为尚书令，著公服，乘轺车，经黄公酒垆下过，伤感昔日与嵇叔夜、阮嗣宗竹林之游，称"今日视此虽近，邈若山河"。（《伤逝》二）

齐王冏起义讨赵王伦，郝隆应檄稽留，为参军王邃所杀。（《品藻》九注引《晋诸公赞》）

齐王冏起兵诛赵王伦，为大司马辅政，嵇绍为侍中，诣冏咨事。冏设宰会，召葛旟、董艾等共论时宜。旟等白冏："嵇侍中善于丝竹，公可令操之。"遂送乐器，绍推却不受。冏曰："今日共为欢，卿何却邪？"绍曰："公协辅皇室，令作事可法。绍虽官卑，职备常伯。操丝比竹，盖乐官之事，不可以先王法服，为伶人之业。今逼高命，不敢苟辞，当释冠冕，袭私服，此绍之心也。"旟等不自得而退。（《方正》一七）

晋惠帝太安元年壬戌(302)

张翰辟齐王东曹掾，在洛，见秋风起，因思吴中菰菜羹、鲈鱼脍，曰："人生贵得适意尔，何能羁宦数千里以要名爵？"遂命驾便归。俄而齐王败，时人皆谓为见机。（《识鉴》一〇）

蔡谟在洛，见陆机兄弟住参佐廨中，三间瓦屋，士龙住东头，士衡住西头。士龙为人文弱可爱，士衡长七尺余，声作钟声，言多忼慨。（《赏誉》三九）

张翰谓同郡顾荣曰："天下纷纷未已，夫有四海之名者，求退良难。吾本山林间人，无望于时久矣。子善以明防前，以智虑后。"荣捉其手，怆然曰："吾亦与子采南山蕨，饮三江水尔。"翰以疾归，府以辄去除吏名。（《识鉴》一〇注引《文士传》）

齐王冏败，党羽葛旟、董艾等见诛。（《方正》一七注引《齐王官属名》《八王故事》）

晋惠帝太安二年癸亥(303)

王羲之生。(张怀瓘《书断》卷中)

成都王颖讨长沙王乂,使陆机为都督前锋诸军事。十月,机于七里涧大败,孟玖诬机谋反所致,兼卢志谗构,司马颖乃使牵秀斩机。临刑叹曰:"欲闻华亭鹤唳,可复得乎?"(《尤悔》三及注引《机别传》)

乐令女适大将军成都王颖。长沙王执权于洛,遂构兵相图。乐令既允朝望,加有婚亲,群小谗于长沙。长沙尝问乐令,乐令神色自若,徐答曰:"岂以五男易一女?"(《言语》二五)

晋惠帝永兴元年甲子(304)

正月,乐广卒。(《言语》二五注引《晋阳秋》)

秋七月,惠帝率军讨成都王颖,败于荡阴,百官左右皆奔散,唯嵇绍俨然端冕,以身卫帝。兵交御辇,飞箭雨集,嵇绍死之。(《德行》四三注引王隐《晋书》)

庾亮为王眉子所知。(《赏誉》三五)

晋怀帝永嘉元年丁卯(307)

东海王司马越镇许昌,以王安期为记室参军,雅相知重。敕世子毗曰:"夫学之所益者浅,体之所安者深。闲习礼度,不如式瞻仪形;讽味遗言,不如亲承音旨。王参军人伦之表,汝其师之。"(《赏誉》三四)

太尉王夷甫言于选者,以弟澄为荆州刺史,从弟敦为青州刺史。澄、敦俱诣太尉辞,太尉谓曰:"今王室将卑。故使弟等居齐、楚之地,外可以建霸业,内足以匡帝室,所望于二弟也。"(《简傲》六注引《晋阳秋》)

刘琨为并州刺史,于时晋阳空城,寇盗四攻,琨收合士众,以抗石勒。(《尤悔》四敬胤注、《晋书·刘琨传》)

王澄出为荆州刺史。王衍及时贤送者倾路。时庭中有大树,上有鹊巢,平子脱衣巾,径上树取鹊子,凉衣拘阂树枝,便复脱去。得鹊子还下弄,神色自若,旁若无人。(《简傲》六)

晋明帝数岁,有人从长安来,元帝问洛下消息,因问明帝:"汝意谓长安何如日远?"答曰:"日远。"明日更重问之。乃答曰:"日近。"(《夙惠》三)

晋怀帝永嘉三年己巳(309)

三月,东海王司马越领司徒,以王敦为扬州刺史。(《通鉴》八七)

山简为荆州刺史,优游卒岁,唯酒是耽。每临习家池,未尝不大醉而反。人为之歌曰:"山公时一醉,径造高阳池。日莫倒载归,茗艼无所知。复能乘骏马,倒著白接篱。举手问葛强,何如并州儿?"(《任诞》一九、《晋书·山简传》)

晋怀帝永嘉四年庚午(310)

太傅司马越出东,刘劭谓京洛必危,乃单马奔扬州。(《言语》五三注引《文字志》)

车骑将军王堪为石勒所害。(《赏誉》一三九注引《晋诸公赞》、《晋书·怀帝纪》)

卫玠初欲渡江,形神惨悴,语左右云:"见此芒芒,不觉百端交集。苟未免有情,亦复谁能遣此!"南至江夏,与兄别于梁里涧,语曰:"在三之义,人之所重,今日忠臣致身之运,可不勉乎?"(《言语》三二及注引《玠别传》)

佛图澄至洛阳,值京师有难,潜遁草泽。(《言语》四五注引《澄别传》)

晋怀帝永嘉五年辛未(311)

刘曜入洛阳,闾丘冲乘车出,为贼所害。(《晋书·怀帝纪》、《品藻》九注引荀绰《兖州记》)

洛中大饥,挚虞遂饿死。(《文学》注引王隐《晋书》)

四月,王衍军败,石勒见夷甫,谓长史孔苌曰:"吾行天下多矣,未尝见如此人,当可活不?"苌曰:"彼晋三公,不为我用。"勒曰:"虽然,要不可加以锋刃也。"夜使推墙杀之。(《赏誉》一六注引《八王故事》)

庾敳死于石勒之乱。(《通鉴》八七《晋纪》九)

羊忱遭乱被害,年五十余。(《方正》一九注引《文字志》)

刘畴曾避乱坞壁,有胡数百欲害之。畴无惧色,援笳而吹之,为《出塞》《入塞》之声,以动其游客之思。于是群胡皆泣而去之。(《赏誉》三八注引曹嘉之《晋纪》)

值京师倾覆,祖逖率流民数百家南度,行达泗口,安东将军司马睿板为徐州刺

史。(《赏誉》四三注引《晋阳秋》)

孔愉讨华轶有功,封余不亭侯。(《方正》三八注引《孔愉别传》)

晋怀帝永嘉六年壬申(312)

五月,卫玠至豫章,不久下都,人久闻其名,观者如堵墙。玠先有羸疾,体不堪劳,遂成病而死,葬南昌许征君墓东。(《容止》一九及注引《玠别传》、《伤逝》六注引《永嘉流人名》)

卫玠之卒,谢鲲发哀于武昌,感恸不自胜。人问:“子何恤而致哀如是?”答曰:“栋梁折矣,何得不哀!”(《伤逝》六注引《永嘉流人名》)

十二月,顾荣卒。张季鹰往哭之,不胜其恸,遂径上床,鼓琴作数曲竟,抚琴曰:“顾彦先颇复赏此不?”因又大恸,遂不执孝子手而出。(《伤逝》七)

元敬虞皇后崩。(《方正》二三注引《中兴书》)

晋怀帝永嘉七年晋愍帝建兴元年癸酉(313)

周顗为荆州,始至,而建平民傅密等叛逆蜀贼,顗狼狈失据,陶侃救之,得免。顗至武昌投王敦,敦更选侃代顗,顗还建康,未即得用也。王丞相与人书曰:“雅流弘器,何可得遗!”(《赏誉》四七及注引邓粲《晋纪》)

王澄始奔豫章,大将军王敦曰:“不可复使羌人东行。”(《尤悔》五)

王澄奔至豫章,王敦搤而杀之。(《晋书·王澄传》、《方正》三一注引《晋阳秋》)

王玄为陈留太守,或劝玄过江投琅邪王,玄曰:“王处仲得志于彼,家叔犹不免害,岂能容我?”(《雅量》三五注引《八王故事》)

元帝以安东将军镇扬土,孔愉始出应召,时年已五十矣。(《栖逸》七、《晋书·孔愉传》)

蔡谟渡江,见彭蜞,大喜曰:“蟹有八足,加以二螯。”令烹之。既食,吐下委顿,方知非蟹。后向谢仁祖说此事,谢曰:“卿读《尔雅》不熟,几为《劝学》死。”(《纰漏》三)

晋愍帝建兴二年甲戌(314)

温峤为刘琨假守左司马,都督前锋诸军事,讨刘聪。(《假谲》九注引王隐《晋书》)

晋愍帝建兴三年乙亥(315)

王羲之年十三诣周顗。顗先割牛心啖之,于是始知名。(《汰侈》一二)

谢尚年八岁,其父谢鲲将送客,尔时语已神悟,自参上流。诸人咸共叹之曰:“年少,一坐之颜回。”谢尚曰:“坐无尼父,焉别颜回?”(《言语》四六)

王导拜扬州,宾客数百人并加霑接,人人有说色。唯有临海一客姓任及数胡人为未洽。公因便还到,过任边云:“君出,临海便无复人。”任大喜说。因过胡人前弹指云:“兰阇,兰阇。”群胡同笑,四坐并欢。(《政事》一二)

钱凤谮陶侃于王敦,乃以从弟廙代侃为荆州,左迁侃广州。侃文武距廙而求侃,敦闻大怒。及侃将莅广州,过敦,敦陈兵欲害侃。敦咨议参军梅陶谏敦,乃止,厚礼而遣之。(《方正》三九注引邓粲《晋纪》)

晋愍帝建兴四年丙子(316)

挚瞻与第五琦据荆州以距王敦。(《言语》四二注引《挚氏世本》)

晋元帝建武元年丁丑(317)

三月,司马睿为晋王。大赦,改元。(《晋书·元帝纪》)

六月,刘琨谓温峤曰:“班彪识刘氏之复兴,马援知汉光之可辅。今晋祚虽衰,天命未改,吾欲立功于河北,使卿延誉于江南,子其行乎?”温曰:“峤虽不敏,才非昔人,明公以桓、文之姿,建匡立之功,岂敢辞命!”温峤以左长史奉使劝进,母崔氏固驻之,峤绝裾而去。(《言语》三五、《尤悔》九)

温峤初为刘琨使来过江。于时江左营建始尔,纲纪未举。温新至,深有诸虑。既诣王丞相,陈主上幽越,社稷焚灭,山陵夷毁之酷,有黍离之痛,温忠慨深烈,言与泗俱,丞相亦与之对泣。叙情既毕,便深自陈结,丞相亦厚相酬纳。既出,欢然言曰:“江左自有管夷吾,此复何忧?”(《言语》三六及注引《语林》)

王羲之少朗拔,为叔父王廙所赏。(《言语》六二注引《文字志》)

晋元帝大兴元年戊寅(318)

三月,司马睿即皇帝位,大赦,改元。(《晋书·元帝纪》)

元帝正会,引王导登御床,王公固辞,中宗引之弥苦。王导曰:“使太阳与万物

同晖,臣下何以瞻仰?"(《宠礼》一及注引《晋阳秋》)

以温峤为散骑侍郎。峤以母亡,逼贼,不得往临葬,固辞。诏曰:"峤以未葬,朝议又颇有异同,故不拜。其令八坐议,吾将折其衷。"(《尤悔》九注引虞预《晋书》)

明帝立为皇太子。明帝问谢鲲:"君自谓何如庾亮?"(《品藻》一七)

明帝问周侯:"论者以卿比郗鉴,云何?"(《品藻》一九)

周伯仁为吏部尚书,在省内夜疾危急。时刁协为尚书令,营救备亲好之至。明旦,报周嵩,嵩狼狈来。始入户,刁下床对之大泣,说伯仁昨危急之状。嵩手批之,刁为辟易于户侧。既前,都不问伯仁病,直云:"君在中朝,与和长舆齐名,那与佞人刁协有情?"径便出。(《方正》二七)

祖逖闻王敦欲下都,瞋目厉声,语使人曰:"卿语阿黑(敦小字也),何敢不逊!催摄面去,须臾不尔,我将三千兵槊脚令上。"(《豪爽》六)

晋元帝大兴二年己卯(319)

挚瞻与第五琦据荆州以距敦,竟为所害。(《言语》四二注引《挚氏世本》)

晋元帝大兴三年庚辰(320)

元帝在西堂,会诸公饮酒,未大醉,帝问:"今名臣共集,何如尧、舜?"时周伯仁为仆射,因厉声曰:"今虽同人主,复那得等于圣治!"帝大怒,还内,作手诏满一黄纸,遂付廷尉令收,因欲杀之。后数日,诏出周,群臣往省之。周曰:"近知当不死,罪不足至此。"(《方正》三〇)

晋元帝大兴四年辛巳(321)

王导拜司空,桓彝作两髻,葛裙策杖,路边窥之,叹曰:"人言阿龙超,阿龙故自超。"不觉至台门。(《企羡》一)

王导拜司空,诸葛道明在公坐,指冠冕曰:"君当复著此。"(《识鉴》一一注引《语林》)

王含作庐江郡,贪浊狼籍。王敦护其兄,故于众坐称:"家兄在郡定佳,庐江人士咸称之。"时何充为敦主簿,在坐,正色曰:"充即庐江人,所闻异于此。"敦默

然。旁人为之反侧，充晏然，神意自若。(《方正》二八)

先是有妖星见豫州分，祖逖曰："此必为我也！天未欲灭寇故耳！"其时，元帝以戴渊统豫州刺史祖逖，逖以戴渊吴士，虽有才望，而无洪致远识。且已翦荆棘，收河南地，而渊雍容，一旦来统之，意甚怏怏。又闻王敦与刘隗等有隙，将有内乱，知大功不遂。感激发病，九月卒于雍丘，豫州士女若丧父母。赠车骑将军。(《晋书·祖逖传》、《赏誉》四三注引《晋阳秋》)

晋元帝永昌元年壬午(322)

王敦作逆下都之初，杨朗苦谏不从，遂为王致力。乘中鸣云露车径前，曰："听下官鼓音，一进而捷。"王先把其手曰："事克，当相用为荆州。"既而忘之，以为南郡。(《识鉴》一三)

王大将军当下，时咸谓无缘尔。周顗曰："今主非尧、舜，何能无过？且人臣安得称兵以向朝廷？处仲狼抗刚愎，王平子何在？"(《方正》三一)

王敦起事，王导率子弟二十余人，天天到公车泥首谢罪。司徒、丞相、扬州官僚问讯，仓卒不知何辞。顾和时为扬州别驾，援翰曰："王光禄远避流言，明公蒙尘路次，群下不宁，不审尊体起居何如？"(《言语》三七)

周顗深忧诸王，始入，甚有忧色。王导呼周侯曰："百口委卿！"周直过不应。既入，苦相存救。既释，周大悦饮酒。及出，诸王仍在门。周不与王言，曰："今年杀诸贼奴，当取金印如斗大，系肘后。"(《尤悔》六)

三月，王敦至石头，周伯仁不听群僚劝阻，往见敦。敦谓周曰："卿何以相负？"对曰："公戎车犯正，下官忝率六军，而王师不振，以此负公。"参军吕猗说敦曰："周顗、戴渊皆有名望，足以惑众。视近日之言，无惭惧之色。若不除之，役将未歇也。"敦即然之，遂害渊、顗。(《方正》三三及注引《晋阳秋》、《尤悔》六注引虞预《晋书》)

王敦是王彬从兄，敦下石头，害周顗。彬与顗素善，往哭其尸甚恸。既而见敦，敦怪其有惨容而问之，答曰："向哭周伯仁，情不能已。"敦曰："伯仁自致刑戮，汝复何为者哉！"彬曰："伯仁清誉之士，有何罪？"因数敦曰："抗旌犯上，杀戮忠良。"音辞忼慨，与泪俱下。敦怒甚，丞相在坐，代为之惧，命彬曰："拜谢。"彬曰："有足疾，此来见天子，尚不能拜，何跪之有？"敦曰："脚疾何如颈

疾。”以亲故,不害之。(《识鉴》一五注引《王彬别传》)

谯王承为湘州刺史。路过武昌,王敦与燕会,酒酣,谓承曰:“大王笃实佳士,非将御之才。”对曰:“焉知铅刀不能一割乎?”敦将谋逆,召承为军司。承叹曰:“吾其死矣。地荒民解,势孤援绝,赴君难,忠也;死王事,义也。死忠与义,又何求焉!”乃驰檄诸郡丞赴义。敦遣从母弟魏乂攻承。城没,魏乂槛送承荆州,刺史王廙承敦旨,于道中害之。(《仇隙》三及注引《晋阳秋》、《晋书·谯王承传》)

周𫖮被害,王导后知周侯救已,叹曰:“我不杀周侯,周侯由我而死,幽冥中负此人!”(《尤悔》六)

王敦欲以不孝废明帝,而皆云温峤所说。须臾,温来。敦便奋其威容,问温曰:“皇太子作人何似?”温曰“小人无以测君子”云云,敦忿而愧焉。(《方正》三二及注引刘谦之《晋纪》)

王敦以沈充为车骑将军,领吴国内史。(《规箴》一六注引《晋阳秋》)

谢鲲为豫章太守,从王敦下至石头,喻敦朝天子,使群臣释然。敦竟不朝而去。(《规箴》一二及注引《晋阳秋》)

谢鲲卒,温峤吊丧,鲲子尚号叫极哀。既而收涕告诉,有异常童。峤奇之,由是知名。(《言语》四六注引《晋阳秋》)

晋元帝永昌二年晋明帝太宁元年癸未(323)

有童谣曰:“恻恻力力,放马山侧,大马死,小马饿。”(《容止》二三注引《灵鬼志》、《晋书·五行志》)

王导拜司徒而叹曰:“刘王乔若过江,我不独拜公。”(《赏誉》六一)

晋明帝太宁二年甲申(324)

苏峻征沈充,请吏部郎陆迈与俱。将至吴,密敕左右,令入阊门放火以示威。陆知其意,谓峻曰:“吴治平未久,必将有乱,若为乱阶,请从我家始。”峻遂止。(《规箴》一六)

王敦反,驻军姑孰。晋明帝乃著戎服,骑巴賨马,赍一金马鞭,阴察王敦军形势。未至十余里,遇一卖食客姥,告知暗察用意,并曰:“恐形迹危露,或致狼狈，追迫之日，姥其匿之。”便与客姥马鞭而去，行敦营匝而出。军士觉，曰：“此非常人也！”敦卧心动，曰：“此必黄须鲜卑奴来！”命骑追之。已去数里之远，追士因问向姥：“不见一黄须人骑马度此邪？”姥曰：“去已久矣，不可复及。”于是骑人息意而反。（《假谲》六）

秋七月，王敦引军垂至大桁，明帝自出中堂。温峤为丹阳尹，烧朱雀桁以挫其锋。（《捷悟》五及注引《晋阳秋》、《晋书·明帝纪》）

王敦死。沈充将吴儒杀充。（《晋书·明帝纪》、《规箴》一六注引《晋阳秋》）

王敦既亡，王应欲投世儒，世儒为江州。王含欲投王舒，舒为荆州。含语应曰：“大将军平素与江州云何，而汝欲归之？”应曰：“此乃所以宜往也。江州当人强盛时，能抗同异，此非常人所行。及睹衰厄，必兴愍恻。荆州守文，岂能作意表行事！”含不从，遂共投舒。舒果沉含父子于江。彬闻应当来，密具船以待之。竟不得来，深以为恨。（《识鉴》一五）

王导治扬州廨舍，按行而言曰：“我正为次道治此尔。”（《赏誉》六〇）

晋明帝太宁三年乙酉（325）

王敦败后，明帝收杨朗，欲杀之。帝寻崩，得免。（《识鉴》一三）

闰月，明帝崩，遗诏庾亮、王导辅幼主，而进大臣官，陶侃、祖约不在其例。侃、约疑亮寝遗诏也。（《容止》二三注引徐广《晋纪》、《晋书·明帝纪》）

桓彝有人伦鉴识，尝去职无事，至广陵寻亲旧，遇风，停浦中累日，在船忧邑，上岸消摇，见一空宇，有似廨署。彝访之，云：“舆县廨也，令姓徐名宁。”彝既独行，思逢悟赏，聊造之。宁清惠博涉，相遇怡然。遂停宿，因留数夕，与宁结交而别。至都，谓庾亮曰：“吾为卿得一佳吏部郎。”亮问所在，彝即叙之曰：“人所应有，其不必有，人所应无，己不必无，真海岱清士。”（《赏誉》六五及注引《徐江州本事》）

晋明帝太宁四年丙戌（326）

谢奕作剡令，有一老翁犯法，谢以醇酒罚之，乃至过醉，而犹未已。谢安时年七八岁，著青布绔，在兄膝边坐，谏曰：“阿兄！老翁可念，何可作此。”奕于是改容曰：“阿奴欲放去邪？”遂遣之。（《德行》三三）

晋成帝咸和二年丁亥(327)

庾亮在石头,王导在冶城坐,大风扬尘,王以扇拂尘曰:“元规尘汙人。”(《轻诋》四)

羊曼拜丹阳尹,客来蚤者,并得佳设,日晏渐罄,不复及精,随客早晚,不问贵贱。羊固拜临海,竟日皆美供,虽晚至亦获盛馔,时论以固之丰华,不如曼之真率。(《雅量》二〇)

中书令庾亮以元舅辅政,欲以风轨格政,绳御四海。而苏峻拥兵近甸,为逋逃薮。亮图召峻,王导、卞壸并不欲。亮曰:“苏峻豺狼,终为祸乱。晁错所谓削亦反,不削亦反。”遂下优诏,以大司农征之。峻怒曰:“庾亮欲诱杀我也!”遂克京邑。(《假谲》八注引《晋阳秋》、《晋书·成帝纪》)

匡术为阜陵令,逃亡无行。庾亮征苏峻,术劝峻诛亮。遂与峻同反。(《方正》三六注引《晋阳秋》)

贾宁闻京师乱,驰出,投苏峻,峻甚昵之,以为谋主。(《赏誉》六七注引《晋阳秋》)

晋成帝咸和三年戊子(328)

春正月,平南温峤闻乱,号泣登舟,遣参军王愆期推征西陶侃为盟主,俱赴京师。(《假谲》八注引《晋阳秋》)

二月,苏峻作乱,卞壸率众距战,父子三人俱死王难。(《赏誉》五四注引《卞壸别传》)

苏峻既至石头,百僚奔散。唯侍中钟雅独在帝侧。或谓钟曰:“见可而进,知难而退,古之道也。君性亮直,必不容于寇雠,何不用随时之宜,而坐待其弊邪?”钟曰:“国乱不能匡,君危不能济,而各逊遁以求免,吾惧董狐将执简而进矣!”(《方正》三四)

庾亮败于宣阳门内,携其诸弟奔寻阳。庾亮临去,顾语钟雅后事,深以相委。钟曰:“栋折榱崩,谁之责邪?”庾曰:“今日之事,不容复言,卿当期克复之效耳。”钟曰:“想足下不愧荀林父耳。”(《晋书·成帝纪》、《方正》三五)

庾亮与苏峻战于建阳门外,败,率左右十余人乘小船西奔温峤。乱兵相剥掠,射,误中柂工,应弦而倒。举船上咸失色分散,亮不动容,徐曰:“此手那可使

著贼！”众乃安。(《雅量》二三)

庾冰时为吴郡，单身奔亡。郡卒独以小船载冰出钱塘口，蘧篨覆之。时苏峻赏募觅冰，属所在搜检甚急。卒舍船市渚，因饮酒醉，还，舞棹向船曰：“何处觅庾吴郡，此中便是。”冰大惶怖，然不敢动。监司见船小装狭，谓卒狂醉，都不复疑。自送过浙江，寄山阴魏家，得免。(《任诞》三〇)

陶侃自上流来，赴苏峻之难，令诛庾公，谓必戮庾，可以谢峻。庾欲奔窜则不可，欲会恐见执，进退无计。温峤劝庾诣陶，曰：“卿但遥拜，必无它，我为卿保之。”庾从温言诣陶，至便拜，陶自起止之曰：“庾元规何缘拜陶士衡？”毕，又降就下坐。陶又自要起同坐。坐定，庾乃引咎责躬，深相逊谢。陶一见庾风姿神貌，不禁改观，谈宴竟日，爱重顿至。(《假谲》八、《容止》二三及注引徐广《晋纪》)

六月，桓彝战死。(《晋书·成帝纪》)

孔愉与孔群共行，在御道逢匡术，宾从甚盛，因往与车骑共语。孔群初不视，直云：“鹰化为鸠，众鸟犹恶其眼。”术大怒，便欲刃之。孔愉下车，抱术曰：“族弟发狂，卿为我宥之。”始得全首领。(《方正》三八)

晋成帝咸和四年己丑(329)

正月，苏峻同党匡术以宛城降，百官赴焉。孔群昔在横塘，为匡术所逼。王丞相保存术，因众坐戏语，令术劝群酒，以释横塘之憾。群答曰：“德非孔子，厄同匡人。虽阳和布气，鹰化为鸠，至于识者，犹憎其眼。”(《方正》三六及注引《晋阳秋》)

苏峻逼成帝在石头，任让在帝前戮侍中钟雅、右卫将军刘超。帝泣曰：“还我侍中！”让不奉诏。遂斩超、雅。(《政事》一一)

郗鉴拜司空，语同坐曰：“平生意不在多，值世故纷纭，遂至台鼎。朱博翰音，实愧于怀。”(《言语》三八)

郗鉴遣门生与王导书，求女婿，王羲之东床坦腹，郗鉴以女嫁之。(《雅量》一九)

苏峻既诛之后，都邑残荒。温峤议徙都豫章，朝士及三吴豪杰，谓可迁都会稽。王导独谓“不宜迁都。建业往之秣陵，古者既有帝王所治之表，又孙仲谋、刘玄德俱谓是王者之宅。今虽凋残,宜修劳来旋定之道,镇静群情。且百堵皆作,何患不克复乎?”(《言语》一〇二注引《晋阳秋》)

苏峻之乱平定后,王导、庾亮诸公欲用孔坦为丹阳。乱离之后,百姓凋敝。孔慨然曰:“昔肃祖临崩,诸君亲升御床,并蒙眷识,共奉遗诏。孔坦疏贱,不在顾命之列。既有艰难,则以微臣为先。今犹俎上腐肉,任人脍截耳!”于是拂衣而去,诸公亦止。(《方正》三七)

晋成帝咸和六年辛卯(331)

庾亮长子会遭苏峻之难遇害,时年十九。(《伤逝》八、《雅量》一七注引《庾氏谱》)

诸葛道明女为庾会妇,既寡,将改适,与亮书及之。亮答曰:“贤女尚少,故其宜也。感念亡儿,若在初没。”(《伤逝》八)

庾会妇既寡,誓云不复重出。诸葛恢既许江思玄婚,乃移家近之。初诳女云:“宜徙于是。”家人一时去,留女在后。当女发觉,已不复得出。江虨夜来,女哭骂詈更甚,积日渐歇。江虨乃诈厌,声气转急。女乃呼婢云:“唤江郎觉。”江于是跃来就之,曰:“我自是天下男子,厌何预卿事而见唤邪?既尔相关,不得不与人语。”女默然而惭,情义遂笃。(《假谲》一〇)

王舒卒。(《晋书·王舒传》)

晋成帝咸和七年壬辰(332)

王导辟王蓝田为掾。庾亮问丞相:“蓝田何似?”王曰:“真独简贵,不减父祖,然旷澹处故当不如尔。”(《品藻》二三、《晋书·王述传》)

晋成帝咸和九年甲午(334)

陶侃疾笃,都无献替之言,朝士以为恨,谢尚闻之曰:“时无竖刁,故不贻陶公话言。”时贤以为德音。(《言语》四七)

陶侃临终上表曰:“臣少长孤寒,始愿有限,过蒙先朝,历世异恩。臣年垂八十,位极人臣,启手启足,当复何恨!但以余寇未诛,山陵未复,所以愤慨兼怀,唯此而已,犹冀犬马之齿,尚可少延,欲为陛下北吞石虎,西诛李雄,势遂不振，良图永息。临书振腕，涕泗横流。伏愿遴选代人，使必得良才，足以奉宣王猷，遵成志业，则虽死之日，犹生之年。”（《言语》四七注引王隐《晋书》）

陶侃卒。（《晋书·成帝纪》）

庾亮初镇武昌，出石头，百姓看者于岸歌曰：“庾公上武昌，翩翩如飞鸟。庾公还扬州，白马牵旒旐。”（《伤逝》九注引《灵鬼志》）

王胡之为庾公记室参军，后殷浩为长史。王胡之始到，庾公欲遣王使下都，王自启求住，曰：“下官希见盛德，渊源始至，犹贪与少日周旋。”（《企羡》四）

其年秋，殷浩、王胡之之徒登南楼理咏。（《容止》二四）

庾亮临江州，说寻阳隐士翟道渊与周子南以当世之务，周遂仕。庾亮礼翟汤甚恭，汤答庾亮曰：“使君直敬其枯木朽株耳。”亮表荐之，征国子博士，不赴。主簿张玄曰：“此君卧龙，不可动也。”（《栖逸》九及注引《晋阳秋》）

周子南既仕，至将军二千石，而不称意。中宵慨然曰：“大丈夫乃为庾元规所卖！”一叹，遂发背而卒。（《尤悔》一〇）

晋成帝咸康三年丁酉(337)

殷浩为庾亮长史，下都，王丞相为之集，桓公、王长史、王蓝田、谢镇西并在。丞相自起解帐带麈尾，语殷曰：“身今日当与君共谈析理。”既共清言，遂达三更。丞相与殷共相往反，其余诸贤，略无所关。既彼我相尽，丞相乃叹曰：“向来语，乃竟未知理源所归，至于辞喻不相负。正始之音，正当尔耳。”（《文学》二二）

孔君平疾笃，庾冰时为会稽，省之。相问讯甚至，为之流涕。庾既下床，孔慨然曰：“大丈夫将终，不问安国宁家之术，乃作儿女子相问！”庾闻，回谢之，请其话言。（《方正》四三）

晋成帝咸康四年戊戌(338)

有传言云：“庾亮有东下意。”或谓王导曰：“可潜稍严，以备不虞。”王公曰：“我与元规虽俱王臣，本怀布衣之好。若其欲来，吾角巾径还乌衣。何所稍严？”（《雅量》一三）

晋成帝咸康五年己亥(339)

七月,王导卒。九月,郗鉴卒。(《晋书·元帝纪》、《通鉴》九六《晋纪》一八)

何充录尚书事。(《晋书·成帝纪》)

王导薨后,庾冰代相,网密刑峻。殷羡时行,遇收捕者于途,慨然叹曰:“丙吉问牛喘,似不尔。”尝从容谓冰曰:“卿辈自是网目不失,皆是小道小善耳。至如王公,故能行无理事。”谢安石每叹咏此唱。庾赤玉曾问羡:“王公治何似?讵是所长?”羡曰:“其余令绩,不复称论,然三捉三治,三休三败。”(《政事》一四注引《殷羡言行》)

庾亮病,术士戴洋曰:“昔苏峻事,公于白石祠中,许赛车下牛,从来未解,为此鬼所考,不可救也。”(《伤逝》九注引《搜神记》)

庾阐始作《扬都赋》,道温峤、庾亮云:“温挺义之标,庾作民之望。方响则金声,比德则玉亮。”庾公闻赋成,求看,兼赠贶之。阐更改“望”为“俊”,以“亮”为“润”云。庾亮以亲族之怀,大为其名价云:“可三《二京》,四《三都》。”于此人人竞写,都下纸为之贵。谢安云:“不得尔,此是屋下架屋耳,事事拟学,而不免俭狭。”(《文学》七七、七九)

谢安未冠,始出西,诣王濛,清言良久。去后,濛子王修问曰:“向客何如尊?”长史曰:“向客亹亹,为来逼人。”(《赏誉》七六)

晋成帝咸康六年庚子(340)

正月,庾亮卒。何充临葬,云:“埋玉树著土中,使人情何能已已!”(《伤逝》九)

以陆玩为侍中、司空。玩辞让不获,乃叹息谓朋友曰:“以我为三公,是天下无人矣。”时人以为知言。(《晋书·成帝纪》、《规箴》一七)

有人诣陆玩,索美酒泻著梁柱间地,祝曰:“当今乏才,以尔为柱石之用,莫倾人栋梁。”玩笑曰:“戢卿良箴。”(《规箴》一七)

以何充为中书令。以庾翼为荆州刺史,代庾亮镇武昌。(《晋书·成帝纪》)

庾翼以毛扇上成帝。帝疑是故物。侍中刘劭曰:“柏梁云构,工匠先居其下;管弦繁奏,钟、夔先听其音。稚恭上扇,以好不以新。”庾后闻之曰:“此人宜在帝左右。”(《言语》五三)

庾翼在荆州,公朝大会,问诸僚佐曰:“我欲为汉高、魏武,何如?”长史江虨曰:

“愿明公为桓、文之事，不愿作汉高、魏武也。”（《规箴》一八）

简文进抚军将军，领秘书监。（《晋书·简文帝纪》）

谢尚往尚书谢裒墓还，葬后三日反哭。诸人欲要之，初遣一信，犹未许，然已停车；重要，便回驾。诸人门外迎之，把臂便下。裁得脱帻，著帽酣宴。半坐，乃觉未脱衰。（《任诞》三三）

晋成帝咸康七年辛丑(341)

罗含往江夏检校，时谢尚为江夏相，罗既至，初不问郡事，径就谢数日，饮酒而还。（《规箴》一九）

十二月，陆玩卒。（《晋书·成帝纪》）

晋成帝咸康八年壬寅(342)

何充、庾冰并为元辅。成帝初崩，于时嗣君未定，何欲立嗣子，庾及朝议以外寇方强，嗣子冲幼，乃立康帝。康帝登阼，会群臣，谓何曰：“朕今所以承大业，为谁之议？”何答曰：“陛下龙飞，此是庾冰之功，非臣之力。于时用微臣之议，今不睹盛明之世。”帝有惭色。（《方正》四一）

成帝崩，阮裕赴山陵，至都不往殷浩、刘惔许，过事便还。诸人相与追之。裕既亦知时流必当逐己，乃遄疾而去，至方山不相及。刘惔时为会稽，乃叹曰：“我入当泊安石渚下耳，不敢复近思旷傍，伊便能捉仗打人，不易。”（《方正》五三）

何充因立嗣子一事争之不得，内不自安，求处外任，镇京口。（《方正》四一注引《晋阳秋》、《通鉴》七九）

褚裒为江州刺史，司马无忌于坐拔刀斫王耆之，裒与桓景共免之。御史奏无忌欲专杀害，诏以赎论。（《仇隙》四引《中兴书》）

晋康帝建元元年癸卯(343)

庾冰都督荆、江、宁、益、梁、交、广七州，豫州之四郡诸军事，领江州刺史，假节镇武昌。何充自京驰还，言于帝曰：“冰不宜出，昔年陛下龙飞，使晋德再隆者，冰之勋也，臣无与焉。”（《方正》四一注引《晋阳秋》、《晋书·何充传》）

何充为中书监、扬州刺史、录尚书事，辅政。人有讥其信任不得其人。阮思旷慨然曰："次道自不至此，但布衣超宰相之位，可恨唯此一条而已。"(《晋书·穆帝纪》、《晋书·何充传》、《品藻》二七)

荀羡在京口，登北固望海云："虽未睹三山，便自使人有凌云意。若秦汉之君，必当褰裳濡足。"(《言语》七四)

庾翼怀北伐中原之志，师次于襄阳。大会参佐，陈其旌甲，亲授弧矢曰："我之此行，若此射矣！"遂三起三叠，徒众属目，其气十倍。(《豪爽》七)

殷羡与庾翼书，送一折角如意以调之。庾答书曰："得所致，虽是败物，犹欲理而用之。"(《排调》二三)

庾翼尝出未还，妇母阮，与女上安陵城楼上。俄顷，翼归，策良马，盛舆卫。阮语女："闻庾郎能骑，我何由得见？"妇告翼，翼便为于道开卤簿盘马，始两转，坠马堕地，意色自若。(《雅量》二四)

桓温诣刘惔，卧不起。桓弯弹弹刘枕，丸迸碎床褥间。刘作色而起曰："使君，如馨地，宁可斗战求胜？"桓甚有恨容。(《方正》四四)

晋康帝建元二年甲辰(344)

殷羡作豫章郡，临去，都下人因附百许函书。既至石头，悉掷水中，因祝曰："沉者自沉，浮者自浮，殷洪乔不能作致书邮！"(《任诞》三一)

九月，康帝崩。(《晋书·康帝纪》)

十一月，车骑将军庾冰卒。(《晋书·穆帝纪》)

会康帝崩，兄冰薨，庾翼留长子方之守襄阳，自驰还夏口。(《排调》二三注引《晋阳秋》)

晋穆帝永和元年乙巳(345)

五月，诸葛恢卒。(《晋书·穆帝纪》)

七月，庾翼卒。(《晋书·穆帝纪》、《晋书·庾翼传》)

庾翼临终，自表以子庾爰为代。朝廷虑其不从命，未知所遣，乃共议用桓温。刘惔曰："使伊去，必能克定西楚，然恐不可复制。"(《识鉴》一九)

桓温为荆州刺史，引谢奕为司马。奕既上，犹推布衣交。在温坐，岸帻啸咏，无异常日。宣武每曰:“我方外司马。”遂因酒,转无朝夕礼,桓舍入内,奕辄复随去。后至奕醉,温往主许避之。主曰:“君无狂司马,我何由得相见。”(《简傲》八)

罗含为桓温从事。(《规箴》一九及注引《含别传》)

谢裒子石,娶诸葛恢小女,名文熊。王右军往谢家看新妇,犹有恢之遗法,威仪端详,容服光整。王叹曰:“我在遣女,裁得尔耳!”(《方正》二五注引《谢氏谱》)

晋穆帝永和二年丙午(346)

何充卒。(《晋书·穆帝纪》)

二月,简文辅政,三月,殷浩为建武将军,扬州刺史。(《品藻》三八注引《续晋阳秋》、《晋书·穆帝纪》)

何充亡后,征褚裒入京。既至石头,王濛、刘惔同诣褚。褚曰:“真长何以处我?”真长顾王曰:“此子能言。”褚因视王,王曰:“国自有周公。”(《言语》五四及注引《晋阳秋》)

殷浩始作扬州,刘惔行,日小欲晚,便使左右取襆,人问其故,答曰:“刺史严,不敢夜行。”(《政事》二二)

刘惔、王濛诸人在瓦官寺集,共商略西朝及江左人物。桓伊亦在坐。或问:“杜弘治何如卫虎?”桓答曰:“弘治肤清,卫虎奕奕神令。”王、刘善其言。(《品藻》四二及注引《玠别传》)

刘惔至王濛许清言,时苟子年十三,倚床边听。既去,问父曰:“刘尹语何如尊?”长史曰:“韶音令辞不如我,往辄破的胜我。”(《品藻》四八)

王修年十三,作《贤人论》。其父王濛送示刘惔,刘答云:“见敬仁所作论,便足参微言。”(《文学》八三)

十一月,桓温率军入蜀,至三峡中,部伍中有得猿子者,其母缘岸哀号,行百余里不去,遂跳上船,至便即绝。破视其腹中,肠皆寸寸断。公闻之怒,命黜其人。(《黜免》二)

晋穆帝永和三年丁未(347)

桓温平蜀,集参僚置酒于李势殿,桓尔日音调英发,叙古今成败由人,存亡系

才，其状磊落，一坐叹赏。（《豪爽》八）

桓温征蜀还，刘惔数十里迎之。桓不发一语，直云："垂长衣，谈清言，竟是谁功?"刘答曰："晋德灵长，功岂在尔?"（《排调》二四注引《语林》）

桓温下都，问刘惔曰："闻会稽王语奇进，尔邪?"桓温与刘惔自诩"第一流正是我辈"云云。（《品藻》三七）

王濛病笃，寝卧灯下，转麈尾视之，叹曰："如此曾不得四十!"（《伤逝》一〇）

王濛尝求东阳，简文不用。濛病笃，简文哀叹曰："吾将负仲祖于此，命用之。"濛曰："人言会稽王痴，真痴。"（《方正》四九）

王濛亡，刘惔临殡，以犀柄麈尾著柩中，因恸绝。（《伤逝》一〇）

十二月，刘惔为丹阳尹。（《建康实录》八）

许询停都一月，刘惔无日不往。刘叹曰："卿复少时不去，我成轻薄京尹。"（《宠礼》四）

许玄度出都，就刘惔宿。床帷新丽，饮食丰甘。许曰："若保全此处，殊胜东山。"刘曰："卿若知吉凶由人，吾安得不保此!"王逸少在坐曰："令巢、许遇稷、契，当无此言。"二人并有愧色。（《言语》六九）

晋穆帝永和四年戊申(348)

刘惔临终绵惙，闻阁下祀神鼓舞。正色曰："莫得淫祀!"（《德行》三五）

晋穆帝永和五年己酉(349)

陈林道在西岸，都下诸人共要至牛渚会清言。陈以如意拄颊，望鸡笼山叹曰："孙伯符志业不遂。"于是竟坐不得谈。（《豪爽》一一）

褚裒彭城败后南下，孙绰于船中视之。言次及刘真长死，孙流涕，因讽咏曰："人之云亡，邦国殄瘁。"褚大怒曰："真长平生何尝相比数，而卿今日作此面向人!"孙回泣向褚曰："卿当念我。"时咸笑其才而性鄙。（《轻诋》九）

十二月，褚裒卒。（《晋书·穆帝纪》）

晋穆帝永和七年辛亥(351)

王羲之作会稽内史，初至，支道林在焉。孙兴公谓王曰："支道林拔新领异，胸怀所及,乃自佳,卿欲见不?”王先殊自轻之。后孙与支共载往王许,王都领域,不与交言。须臾支退。后正值王当行,车已在门。支语王曰:“君未可去,贫道与君小语。”因论《庄子·逍遥游》。支作数千言,才藻新奇,花烂映发,王遂披襟解带,留连不能已。(《文学》三六)

晋穆帝永和八年壬子(352)

王劭作侍中,加授桓温,公服从大门入。桓公望之曰:“大奴固自有凤毛。”(《容止》二八、《晋书·穆帝纪》)

桓温与简文、太宰武陵王晞共载游板桥,密令人在舆前后鸣鼓大叫,卤簿中惊扰。太宰惶怖求下舆。顾看简文,穆然清恬。桓温语人曰:“朝廷间故复有此贤。”(《雅量》二二)

晋穆帝永和九年癸丑(353)

殷浩以中军将军镇寿阳,羌姚襄上书归降,后有罪,浩阴图诛之。会关中有变,苻健死,浩伪率军而行,云修复山陵,襄前驱恐,遂反。军至山桑,闻襄将至,弃辎重,驰保谯。襄至,据山桑,焚其舟实,至寿阳,略流民而还。(《黜免》三注引《晋阳秋》、《晋书·穆帝纪》)

莫春之初,王羲之、孙统等人会于会稽山阴之兰亭,流觞曲水,修禊事也。右将军司马、太原孙丞公等二十六人赋诗,前余姚令、会稽谢胜等十五人不能赋诗,罚酒各三斗。王羲之作《临河叙》。右军得人以《兰亭集序》方《金谷诗序》,又以己敌石崇,甚有欣色。(《企羡》三)

晋穆帝永和十年甲寅(354)

二月,桓温伐关中。桓温乃上表黜殷浩,抚军大将军奏免浩,除名为民。浩驰还谢罪,既而迁于东阳信安县。殷浩终日恒书空作字。扬州吏民寻义逐之,窃视,唯作“咄咄怪事”四字而已。(《黜免》三及注引《晋阳秋》、《晋书·穆帝纪》)

前会稽内史王述拜扬州刺史,主簿请讳。教云:“亡祖、先君,名播海内,远近所知,内讳不出于外,余无所讳。”(《赏誉》七四)

殷浩废后,恨简文曰:“上人著百尺楼上,儋梯将去。”(《黜免》五)

桓温语诸人曰:“少时与渊源共骑竹马,我弃去,已辄取之,故当出我下。”(《品藻》三八)

晋穆帝永和十一年乙卯(355)

三月,王羲之告灵苦誓不仕。(《晋书·王羲之传》)

韩伯始随舅父殷浩至徙所信阳,周年还都。浩素爱之,送至水侧,乃咏曹颜远诗曰:“富贵它人合,贫贱亲戚离。”因泣下。(《黜免》五注引《续晋阳秋》)

晋穆帝永和十二年丙辰(356)

殷浩卒。(《晋书·殷浩传》)

以前会稽内史王述为扬州刺史。(《晋书·穆帝纪》)

桓温上《平洛表》云:“镇西将军、豫州刺史(谢)尚神怀挺率,少致人誉。是以入赞百揆,出蕃方司。宜进据洛阳,抚宁黎庶,谓可本官都督司州诸军事。”(《赏誉》一〇三注引)

桓温请迁都洛阳,孙绰上表,以为不可。桓见表心服,而忿其为异。令人致意孙云:“君何不寻《遂初赋》,而强知人家国事!”(《轻诋》一六)

晋穆帝升平元年丁巳(357)

镇西将军谢尚卒。(《晋书·穆帝纪》)

王修卒,年二十四。(张怀瓘《书断》)

法汰北来,未知名,领军王洽供养之。每与周旋行来,往名胜许,辄与俱,不得汰,便停车不行,因此名遂重。(《赏誉》一一四)

晋穆帝升平二年戊午(358)

谢万作豫州都督,新拜,当西之。谢都邑相送累日,已觉疲频。此时侍中高崧往,径就谢坐,因问:“卿今仗节方州,当疆理西蕃,何以为政?”谢粗道其意。高便为谢道形势,作数百语。谢遂起坐。高去后,谢追曰:“阿酃故麤有才具。”(《言语》八二)

八月，谢奕卒。（《晋书·穆帝纪》）

谢安曾送兄谢奕葬还，日莫雨驶，小人皆醉，不听吩咐。谢公乃于车中手取车柱撞驭人，声色甚厉。（《尤悔》一四）

谢玄守父丧，支道林往就清言，将夕乃退。有人道上见者，问云："公何处来？"答云："今日与谢孝剧谈一出来。"（《文学》四一）

王洽卒于官。（《品藻》八三注）

谢安语王羲之曰："中年伤于哀乐，与亲友别，辄作数日恶。"王曰："年在桑榆，自然至此，正赖丝竹陶写。恒恐儿辈觉损欣乐之趣。"（《言语》六二）

晋穆帝升平三年己未(359)

谢万北伐南燕，常以啸咏自高，未尝抚慰众士。谢安甚器爱万，而审其必败，乃俱行，从容谓万曰："汝为元帅，宜数唤诸将宴会，以说众心。"万从之，因召集诸将，都无所说，直以如意指四坐云："诸君皆是劲卒。"诸将甚忿恨之。谢公欲深著恩信，自队主将帅以下，无不身造，厚相逊谢。（《简傲》一四）

谢万败北，临奔走，犹求玉帖镫。（《规箴》二一）

谢万书与王羲之，羲之推书曰："此禹汤之戒。"（《轻诋》一九）

简文问郗超："万自可败，那得乃尔失士卒情？"超曰："伊以率任之性，欲区别智勇。"（《品藻》四九）

晋穆帝升平四年庚申(360)

谢奉免吏部尚书，还东，谢安赴桓温司马出西，相遇破冈。既当远别，遂停三日共语。安欲慰其失官，奉辄引以它端。虽信宿中涂，竟不言及此事。谢安深恨在心未尽，谓同舟曰："谢奉故是奇士。"（《雅量》三三）

谢安出为桓温司马，将发新亭，朝士咸出瞻送。高灵时为中丞，亦往相祖，先时多少饮酒，因倚如醉，戏曰："卿屡违朝旨，高卧东山，诸人每相与言：'安石不肯出，将如苍生何？'今亦苍生将如卿何？"谢笑而不答。（《排调》二六）

谢安始就桓温司马。于时人有饷桓公药草，中有远志，公取以问谢："此药又名小草，何一物而有二称？"谢未即答。时郝隆在坐，应声答曰："此甚易解，处则为远志，出则为小草。"谢甚有愧色。桓公目谢而笑曰："郝参军此过乃不

恶,亦极有会。”(《排调》三二)

桓温诣谢安,值谢梳头,遽取衣帻。桓公云:“何烦此。”因下共语至暝。既去,谓左右曰:“颇曾见如此人不?”(《赏誉》一〇一)

晋穆帝升平五年辛酉(361)

王羲之卒。(《真诰》、张怀瓘《书断》)

桓冲作江州刺史。(《豪爽》一〇注引《豁别传》)

晋哀帝隆和元年壬戌(362)

孝武帝生,简文观谶书曰:“晋氏阼尽昌明。”及帝诞育,东方始明,故因生时以为讳,而相与忘告。简文问之,乃以讳对。简文流涕曰:“不意我家昌明便出。”(《言语》八九注引宋明帝《文章志》)

晋哀帝兴宁元年癸亥(363)

支遁至京都建康,讲《道行》《波若》。(《高僧传》四《支遁传》)

王坦之在西州,与支遁清言,韩伯、孙绰诸人并在坐。林公理每欲小屈。兴公曰:“法师今日如著弊絮在荆棘中,触地挂阂。”(《排调》五二)

桓温集诸名胜讲《易》,日说一卦。简文欲听,闻此便还,曰:“义自当有难易,其以一卦为限邪?”(《文学》二九)

晋哀帝兴宁二年甲子(364)

五月,王述转尚书令,事行便拜。其子文度曰:“故应让杜许。”蓝田云:“汝谓我堪此不?”文度曰:“何为不堪,但克让自是美事,恐不可阙。”蓝田慨然曰:“既云堪,何为复让?人言汝胜我,定不如我。”(《方正》四七、《晋书·哀帝纪》)

晋哀帝兴宁三年乙丑(365)

二月,简文会桓温于洌洲,罗友亦预焉。共道蜀中事,亦有所遗忘,友皆名列,曾无错漏。桓温验以蜀城阙簿,皆如其言,坐者叹服。谢安云:“罗友讵减魏

阳元。”(《任诞》四一)

释道安为慕容俊所逼,乃住襄阳。(《雅量》三二注引《安和尚传》)

支道林还东,时贤并送于征虏亭。(《雅量》三一及注引《高逸沙门传》)

法虔卒。支道林因法虔之丧,精神霣丧,风味转坠。常谓人曰:“昔匠石废斤于郢人,牙生辍弦于钟子,推己外求,良不虚也。冥契既逝,发言莫赏,中心蕴结,余其亡矣。”(《伤逝》一一)

桓温移镇姑孰,制街衢平直。人谓王珣曰:“丞相初营建康,无所因承,而制置纡曲,方此为劣。”王珣曰:“此丞相乃所以为巧。江左地促,不如中国,若使阡陌条畅,则一览而尽。故纡余委曲,若不可测。”(《言语》一〇二)

晋废帝太和元年丙寅(366)

支遁终于剡之石城山。(《伤逝》一三注引《支遁传》)

晋废帝太和二年丁卯(367)

九月,以会稽内史郗愔为都督徐兖青幽扬州之晋陵诸军事、徐兖二州刺史,镇京口。(《捷悟》六、《通鉴》一〇一)

郗愔拜北府之日,王徽之诣郗门拜云:“应变将略,非其所长。”骤咏之不已。郗融谓郗超曰:“家公今日拜,子猷言语殊不逊,深不可容。”嘉宾曰:“此是陈寿作诸葛评,人以汝父比武侯,复何所言。”(《排调》四四)

晋废帝太和三年戊辰(368)

王述卒。(《晋书·王述传》)

晋废帝太和四年己巳(369)

郗愔为徐州刺史,桓温恶其居兵权。郗于事机素暗,遣笺诣桓,方欲共奖王室,修复园陵。郗超于道上闻信至,急取笺,视竟,寸寸毁裂,便回还更作笺,自陈老病,不堪人间,欲乞闲地自养。桓温得笺大喜,即诏转愔冠军将军、会稽内史。(《捷悟》六、《通鉴》一〇二、《晋纪》二四)

桓温北征经金城,见前为琅邪时种柳,皆已十围,慨然曰:“木犹如此,人何以

堪!”攀枝执条,泫然流泪。(《言语》五五)

桓温入洛,过淮泗,践北境,与诸僚属登平乘楼,眺瞩中原,慨然曰:“遂使神州陆沈,百年丘墟,王夷甫诸人不得不任其责!”袁宏率尔对曰:“运自有废兴,岂必诸人之过?”桓公懔然作色,顾谓四坐曰:“诸君颇闻刘景升不?有大牛重千斤,噉刍豆十倍于常牛,负重致远,曾不若一羸牸。魏武入荆州,烹以飨士卒,于时莫不称快。”意以况袁。四坐既骇,袁亦失色。(《轻诋》一一)

桓温北征,袁虎时从,被责免官。须露布文,唤袁倚马前令作。手不辍笔,俄得七纸,殊可观。东亭在侧,极叹其才。袁虎云:“当令齿舌间得利。”(《文学》九六)

桓温命袁宏作《北征赋》,既成,公与时贤共看,咸嗟叹之。时王珣在坐云:“恨少一句,得‘写’字足韵,当佳。”袁即于坐揽笔益云:“感不绝于余心,泝流风而独写。”公谓王曰:“当今不得不以此事推袁。”(《文学》九二)

桓温征伐枋头,桓冲没于阵,桓石虔闻之,气甚奋,命朱辟为副,策马于数万众中,莫有抗者,径致冲还,三军叹服。(《豪爽》一〇)

九月,桓温败于枋头,温既怀耻忿,且惮邓遐,因免遐官。(《黜免》六注引《大司马僚属名》、《晋书·海西公纪》)

简文与谢安共诣桓温。王珣先在内,桓语王:“卿尝欲见相王,可住帐里。”二客既去,桓谓王曰:“定何如?”王曰:“相王作辅,自然湛若神君。公亦万夫之望,不然,仆射何得自没?”(《容止》三四)

桓玄生。善占者云:“此儿生有奇耀,宜目为天人。”桓温嫌其三文,复言为“神灵宝”,犹复用三,既难重前,却减“神”一字,名曰灵宝。(《任诞》五〇注引《异苑》)

晋废帝太和五年庚午(370)

武陵王晞,喜为挽歌,自摇大铃,使左右习和之。又燕会,倡妓作新安人歌舞离别之辞,其声甚悲。(《黜免》七注引《司马晞传》)

晋废帝太和六年晋简文帝咸安元年(371)

王珣问桓温:“箕子、比干,孰是孰非?”桓温曰:“仁称不异,宁为管仲。”(《品藻》四一)。

十一月,桓温诬帝在藩夙有痿疾,废为东海王。(《晋书·海西公纪》)

桓温废海西公后,豫撰数百语,陈废立之意。既见简文,简文便泣下数十行,桓温矜愧,不得一言。(《尤悔》一二)

十二月,荧惑又入太微,简文帝恶之。时郗超为中书在直,引超入曰:“天命修短,故非所计,政当无复近日事不?”超曰:“大司马方将外固封疆,内镇社稷,必无若此之虑。臣为陛下以百口保之。”帝因诵庾仲初诗曰:“志士痛朝危,忠臣哀主辱。”声甚凄厉。郗受假还东,帝曰:“致意尊公,家国之事,遂至于此!由是身不能以道匡卫,思患预防,愧叹之深,言何能喻?”因泣下流襟。(《言语》五九及注引徐广《晋纪》)

桓宣武既废太宰武陵王晞父子,仍上表曰:“应割近情,以存远计,若除太宰父子,可无后忧。”简文手答表曰:“所不忍言,况过于言。”桓温又重表,辞转苦切。简文更答曰:“若晋室灵长,明公便宜奉行此诏;如大运去矣,请避贤路。”桓读诏,手战流汗,于此乃止。太宰父子,远徙新安。(《黜免》七、《晋书·武陵王晞传》)

桓温诛庾倩及弟柔,庾希闻难,逃于海陵。(《雅量》二六注引《中兴书》)

桓温与郗超议芟夷朝臣,条牒既定,其夜同宿。明晨起,呼谢安、王坦之入,掷疏示之,郗犹在帐内。谢都无言,王直掷还,云:“多。”宣武取笔欲除,郗不觉窃从帐中与宣武言。谢含笑曰:“郗生可谓入幕宾也。”(《雅量》二七)

谢安与王坦之共诣郗超,日晚未得前,王便欲去。谢曰:“不能为性命忍俄顷?”(《雅量》三〇)

晋简文帝咸安二年壬申(372)

庾希自海陵举兵反,入于京口。桓温遣东海内史周少孙讨希,擒之,斩于建康市。(《雅量》二六注引《中兴书》)

王劭、王荟共诣宣武,正值收庾希家。荟不自安,逡巡欲去。劭坚坐不动,待收信还,得不定乃出。(《雅量》二六)

桓温将戮庾友。庾友妇是桓温弟桓豁女,徒跣求进。阍禁不内,女厉声曰:“是何小人!我伯父门,不听我前!”因突入,号泣请曰:“庾玉台常因人,脚短

三寸,当复能作贼不?”桓温笑曰:“婿故自急。”遂原玉台一门。(《贤媛》二二)

秋七月,简文崩,孝武年十余岁,至暝不临。左右启“依常应临”。帝曰:“哀至则哭,何常之有。”(《言语》八九)

桓温见谢安作简文谥议,看竟,掷于坐上诸客曰:“此是安石碎金。”(《文学》八七)

冬十月,葬简文帝于高平陵。(《晋书·孝武帝纪》)

邓遐免官后赴山陵,过见大司马桓温。温问之曰:“卿何以更瘦?”邓曰:“有愧于叔达,不能不恨于破甑。”(《黜免》六)

晋孝武帝宁康元年癸酉(373)

桓温卒。(《晋书·孝武帝纪》)

孝武帝年十二,时冬天,昼日不著复衣,但著单练衫五六重,夜则累茵褥。谢公谏曰:“圣体宜令有常,陛下昼过冷,夜过热,恐非摄养之术。”帝曰:“昼动夜静。”谢公出,叹曰:“上理不减先帝。”(《夙惠》六)

晋孝武帝宁康二年甲戌(374)

袁宏为吏部郎,王献之与郗超书,谓“袁彦伯为吏部郎,殊足顿兴往之气,故知捶挞自难为人,冀小却当复差耳”。(《品藻》七九)

王珣至剡石城山,作《法师墓下诗序》。(《伤逝》一三注引)

戴逵见支道林墓,曰:“德音未远,而拱木已积,冀神理绵绵,不与气运俱尽耳。”(《伤逝》一三)

晋孝武帝宁康三年乙亥(375)

五月,北中郎将、蓝田侯王坦之卒。尚书仆射谢安领扬州刺史。(《晋书·孝武帝纪》)

桓玄七岁,其父桓温服始除,桓冲与送故文武别,因指语桓玄:“此皆汝家故吏佐。”玄应声恸哭,酸感傍人。(《夙惠》七、《晋书·桓玄传》)

九月,孝武帝讲《孝经》。仆射谢安侍坐,吏部尚书陆纳、兼侍中卞耽读,黄门侍郎谢石、吏部袁宏兼执经,中书郎车胤、丹阳尹王混摘句。(《言语》九〇注

引《续晋阳秋》)

孝武将讲《孝经》,谢安兄弟与诸人私庭讲习。车武子难苦问谢,谓袁羊曰:"不问则德音有遗,多问则重劳二谢。"袁曰:"必无此嫌。"车曰:"何以知尔?"袁曰:"何尝见明镜疲于屡照,清流惮于惠风?"(《言语》九〇)

谢安赏袁宏机捷辩速,自吏部郎出为东阳郡,乃祖之于冶亭,时贤皆集。安欲卒迫试之,执手将别,顾左右取一扇而赠之。宏应声答曰:"辄当奉扬仁风,慰彼黎庶。"合坐叹其要捷。(《言语》八三注引《续晋阳秋》)

晋孝武帝太元元年丙子(376)

谢安领中书监,王珣有事,应同上省。王后至,坐促,王、谢虽不通,太傅犹敛膝容之。王神意闲畅。谢公倾目。还谓刘夫人曰:"向见阿瓜,故自未易有,虽不相关,正是使人不能已已。"(《赏誉》一四七)

晋孝武帝太元二年丁丑(377)

郗超与谢玄不善。苻坚将问晋鼎,既已狼噬梁、岐,又虎视淮阴矣。于时朝议遣玄北讨,人间颇有异同之论。唯超曰:"是必济事。吾昔尝与共在桓宣武府,见使才皆尽,虽履屐之间,亦得其任。以此推之,容必能立勋。"(《识鉴》二二)

郗超将亡,出一小书箱付门生云:"本欲焚此,恐官年尊,必以伤悯为毙。我亡后,若大损眠食,则呈此箱。"(《伤逝》一二注引《续晋阳秋》)

郗超卒,左右白郗愔:"郎丧。"既闻不悲,因语左右:"殡时可道。"公往临殡,一恸几绝。(《伤逝》一二)

郗超门生遵超生前之旨,呈小书箱于郗愔,则与桓温往反密计。愔见即大怒曰:"小子死恨晚!"后不复哭。(《伤逝》一二注引《续晋阳秋》)

郗超卒,妇兄弟欲迎妹还,终不肯归,曰:"生纵不得与郗郎同室,死宁不同穴?"(《贤媛》二九)

八月,荆州刺史、征西大将军桓豁卒。(《晋书·孝武帝纪》)

十月,桓冲作荆州刺史。(《晋书·孝武帝纪》)

荆州刺史桓冲征刘驎之为长史,遣人船往迎,赠贶甚厚。驎之闻命便升舟,悉不受所饷,缘道以乞穷乏,比至上明亦尽。一见冲,因陈无用,翛然而退。

（《栖逸》八）

王彪之卒。（《晋书·王彪之传》）

晋孝武帝太元三年戊寅(378)

韩康伯与谢玄无深好，玄北征后，巷议疑其不振。康伯曰："此人好名，必能战。"玄闻之甚忿，常于众中厉色曰："丈夫提千兵入死地，以事君亲故发，不得复云为名！"（《识鉴》二三）

太极殿始成，王献之时为谢安长史，谢送版，使王题之。王有不平色，语信云："可掷著门外。"谢后见王曰："题之上殿何若？昔魏朝韦诞诸人亦自为也。"王曰："魏阼所以不长。"谢以为名言。（《方正》六二）

晋孝武帝太元四年己卯(379)

张玄为侍中，使至江陵，路经阳岐村，见一人持半小笼生鱼，径来造船，问其姓字，称是刘遗民。张素闻其名，大相忻待。刘既知张衔命，问："谢安、王文度并佳不？"张甚欲话言，刘了无停意。既进脍，便去，张乃追至刘家。为设酒，殊不清旨。张高其人，不得已而饮之。方共对饮，刘便先起，云："今正伐荻，不宜久废。"张亦无以留之。（《任诞》三八）

八月，王蕴出为会稽内史，车骑将军谢玄出曲阿祖之，王恭罢秘书丞，在坐，谢言及简文称孙绰为"利齿儿"之事，因视孝伯曰："王丞齿似不钝。"王曰："不钝，颇亦验。"（《排调》五四）

苻坚遣长乐公苻丕攻没襄阳。（《识鉴》二二注引车频《秦书》）

晋孝武帝太元五年庚辰(380)

韩康伯病，拄杖前庭消摇。见诸谢皆富贵，轰隐交路，叹曰："此复何异王莽时？"（《方正》五七）

八月，太常韩康伯卒。（《建康实录》九）

晋孝武帝太元八年癸未(383)

苻坚大兴师伐晋，众号百万，水陆俱进，次于项城。自项城至长安，连旗千里，

首尾不绝，乃遣告晋曰："已为晋君于长安城中建广夏之室，今故大举渡江相迎，克日入宅也。"（《识鉴》二二注引车频《秦书》）

苻坚渡淮近境，谢安谓子敬曰："可将当轴，了其此处。"（《雅量》三七）

十月，谢安遣谢石、谢玄、谢琰、桓伊等，与苻坚战于肥水，大破之，俘斩数万计及牛马无数。（《雅量》三五及注引《续晋阳秋》）。

谢安与人围棋，俄而谢玄淮上信至，看书竟，默然无言，徐向局。客问淮上利害，答曰："小儿辈大破贼。"意色举止，不异于常。（《雅量》三五）

张天锡为苻坚侍中。后于寿阳俱败，至都，为孝武所器。每入言论，无不竟日。颇有嫉己者，于坐问张："北方何物可贵？"张曰："桑椹甘香，鸱鸮革响。淳酪养性，人无嫉心。"（《言语》九四）

晋孝武帝太元九年甲申(384)

郗愔卒。（《晋书·郗愔传》）

荆州刺史桓冲在上明畋猎，使者由东来，传淮上大捷。冲语左右云："群谢年少大破贼！"因发病。二月，薨。谈者以为此死，贤于让扬之荆。（《尤悔》一六、《晋书·孝武帝纪》）

晋孝武帝太元十年乙酉(385)

苻坚为姚苌所杀，太子苻宏携母妻来投晋，诏赐田宅。谢安每加接引。宏自以有才，多好凌驾人上，坐上无折之者。适王子猷来，太傅使共语。子猷直孰视良久，回语太傅云："亦复竟不异人。"宏大惭而退。（《轻诋》二九及注引《续晋阳秋》）

谢安卒。（《晋书·谢安传》）

王珣东闻谢安丧，便出都诣子敬，道欲哭谢公。子敬始卧，闻其言便惊起，曰："所望于法护。"王于是往哭。督帅刁约不听前。曰："官平生在时，不见此客。"王亦不与语，直前哭，甚恸，不执末婢手而退。（《伤逝》一五）

司马道子辅政，迁王国宝为中书令。（《规箴》二六注引《晋安帝纪》）

罗友以广州刺史为益州刺史，镇成都。在藩举其宏纲，不存小察，甚为吏民所安说。（《任诞》四一、《通鉴》一〇六）

王子猷居山阴,夜大雪,眠觉,开室,命酌酒,四望皎然,因起仿偟,咏左思《招隐诗》。忽忆戴安道。时戴在剡,即便夜乘小船就之,经宿方至,造门不前而返。人问其故,王曰:"吾本乘兴而行,兴尽而返,何必见戴?"(《任诞》四七)

释道安卒,年七十二。(《高僧传》五《释道安传》)

晋孝武帝太元十一年丙戌(386)

王子猷、子敬俱病笃,而子敬先亡。子猷索舆来奔丧,都不哭。子敬素好琴,便径入坐灵床上,取子敬琴弹,弦既不调,掷地云:"子敬,子敬,人琴俱亡!"因恸绝良久,月余亦卒。(《伤逝》一六)

晋孝武帝太元十二年丁亥(387)

法汰卒,烈宗诏曰:"法汰师丧逝,哀痛伤怀,可赠钱十万。"(《赏誉》一一四注引《泰元起居注》)

法汰卒后,弟子道壹从都下还东山,经吴中。已而会雪下,未甚寒。诸道人问在道所经。壹公曰:"风霜固所不论,乃先集其惨澹。郊邑正自飘瞥,林岫便已皓然。"(《言语》九三)

晋孝武帝太元十四年己丑(389)

荆州刺史桓石虔卒,王忱代之。(《忿狷》七注引《灵鬼志》)

范宁作豫章,八日请佛有板。众僧疑,或欲作答。有小沙弥在坐末曰:"世尊默然,则为许可。"众从其义。(《言语》九七)

范宁谓王忱:"卿风流俊望,真后来之秀。"王曰:"不有此舅,焉有此甥。"(《赏誉》一五〇)

晋孝武帝太元十五年庚寅(390)

王恭为青、兖二州刺史,镇京口。孟昶尝见王恭乘高舆,被鹤氅裘。于时微雪,昶于篱间窥之,叹曰:"此真神仙中人!"(《企羡》五)

王恭尝行散至京口射堂,于时清露晨流,新桐初引,恭目之曰:"王大故自濯濯。"(《赏誉》一五三)

王忱、王恭尝俱在何澄处坐。至将别之际，王忱大劝恭酒，恭不为饮，忱逼强之转苦。便各以裙带绕手。恭府近千人，悉呼入斋，忱左右虽少，亦命前，意便欲相杀。何仆射无计，因起排坐二人之间，方得分散。(《忿狷》七)

王恭欲请江敳为长史，晨往诣江，江犹在帐中。王坐，不敢即言，良久乃得及，江不应。直唤人取酒，自饮一碗，又不与王。王且笑且言："那得独饮？"江云："卿亦复须邪？"更使酌与王，王饮酒毕，因得自解去。未出户，江叹曰："人自量，固为难。"(《方正》六三)

朝廷以国子博士征戴逵，戴不就。(《栖逸》一二注引《续晋阳秋》)

晋孝武帝太元十六年辛卯(391)

桓玄被召作太子洗马，船泊荻渚。王忱服散后已小醉，往看桓。桓为设酒，不能冷饮，频语左右令"温酒来"，桓乃流涕呜咽，王便欲去，桓以手巾掩泪，因谓王曰："犯我家讳，何预卿事！"王叹曰："灵宝故自达！"(《任诞》五〇)

晋孝武帝太元十七年壬辰(392)

桓玄自义兴还后，见太傅司马道子。太傅已醉，坐上多客，问人云："桓温来欲作贼，如何？"桓玄伏不得起。谢景重时为长史，举板答曰："故宣武公黜昏暗，登圣明，功超伊霍。纷纭之议，裁之圣鉴。"太傅曰："我知，我知。"即举酒云："桓义兴，劝卿酒。"桓出谢过。(《言语》一〇一)

十月，荆州刺史王忱卒。朝论或云王国宝应作荆州。国宝主簿夜函白事云："荆州事已行。"国宝大喜，而夜开阁唤纲纪，话势虽不及作荆州，而意色甚恬。晓遣参问，都无此事。即唤主簿数之曰："卿何以误人事邪？"(《纰漏》八注引《晋安帝纪》)

王忱死，西镇未定，朝贵人人有望。时殷仲堪在门下，虽居机要，资名轻小，人情未以方岳相许。晋孝武欲拔亲近腹心，遂以殷为荆州。事定，诏未出，王珣问殷曰："陕西何故未有处分？"殷曰："已有人。"王历问公卿，咸云非。王自计才地，必应在己。复问："非我邪？"殷曰："亦似非。"其夜，诏出用殷。王语所亲曰："岂有黄门郎而受如此任！仲堪此举，乃是国之亡征。"(《识鉴》二八)

十一月，孝武帝诏用黄门郎殷仲堪为荆州刺史。(《晋书·孝武帝纪》、《纰漏》

八注引《晋安帝纪》)

殷仲堪当之荆州，王珣问曰："德以居全为称，仁以不害物为名。方今宰牧华夏，处杀戮之职，与本操将不乖乎？"殷答曰："皋陶造刑辟之制，不为不贤；孔丘居司寇之任，未为不仁。"(《政事》二六)

殷仲堪之荆州，于庐山共慧远论《易》体。殷问："《易》以何为体？"答曰："《易》以感为体。"殷曰："铜山西崩，灵钟东应，便是《易》耶？"远公笑而不答。(《文学》六一)

晋孝武帝太元十九年甲午(394)

殷仲堪既为荆州，值水俭，食常五碗盘，外无余肴。饭粒脱落盘席间，辄拾以噉之。虽欲率物，亦缘其性真素。每语子弟云："勿以我受任方州，云我豁平昔时意。今吾处之不易，贫者士之常，焉得登枝而捐其本？尔曹其存之。"(《德行》四〇)

晋孝武帝太元二十年乙未(395)

长星见，孝武心甚恶之。夜，华林园中饮酒，举杯属星云："长星，劝尔一杯酒，自古何时有万岁天子。"(《雅量》四〇)

晋孝武帝太元二十一年丙申(396)

九月，孝武帝崩，王国宝夜开门入，为遗诏。王爽为黄门郎，距之曰："大行晏驾，太子未立，敢有先入者斩！"国宝惧，乃止。(《方正》六四注引《中兴书》)

十月，葬孝武帝于隆平陵。王恭自京口入赴山陵。对诸弟叹曰："虽榱桷惟新，便自有黍离之哀。"(《伤逝》一七)

孝武帝葬时，太常孔安国竟日涕泗流涟，见者以为真孝子。(《德行》四六)

晋安帝隆安元年丁酉(397)

王恭赴山陵，欲斩国宝，王珣固谏之，乃止。既而恭谓珣曰："此日视君，一似胡广。"珣曰："王陵廷争，陈平从默，但问克终如何也。"(《仇隙》六注引《晋安帝纪》、《晋书·王珣传》)

四月,王恭恶国宝与绪乱政,与庾楷、殷仲堪讨王国宝、王绪,使喻三吴,及恭表至,乃斩绪以说诸侯。(《规箴》二六注引《晋安帝纪》)

王廞居丧,拔以为吴国内史。王国宝既死,王恭罢兵,令廞反丧服。廞大怒,即日据吴都以叛。登茅山,大恸哭曰:"琅邪王伯舆,终当为情死!"恭使司马刘牢之讨廞。廞败,不知所在。(《任诞》五四及注引周祗《隆安记》、《晋书·安帝纪》)

初桓玄、杨广共说殷仲堪,宜夺殷觊南蛮以自树。觊亦即晓其旨。尝因行散,率尔去下舍,便不复还。内外无预知者,意色萧然,远同斗生之无愠。时论以此多之。(《德行》四一)

晋安帝隆安二年戊戌(398)

殷觊病困,殷仲堪起兵讨会稽王道子,往与觊别,涕零,属以消息所患。觊答曰:"我病自当差,正忧汝患耳。"殷觊遂忧卒。(《规箴》二三及注引《晋安帝纪》)

王恭深惧祸难,以讨王愉、司马尚之兄弟为名,举兵反。王愉初至江州,桓玄、杨佺期举兵以应王恭,乘流奄至,王愉仓皇奔窜豫章,存亡未测。王绥在都,既忧戚在貌,居处饮食,每事有降。时人谓为试守孝子。(《德行》四二)

九月,朝廷使司马元显、王珣、谢琰等距王恭。恭败,走曲阿,为湖浦尉所擒。初,司马道子与恭善,欲载出都,面相折数,闻西军之逼,乃令于兒塘斩之,枭首于东桁也。司马道子命驾出,至刑场,孰视王恭首,曰:"卿何故趣欲杀我邪?"(《仇隙》七及注引《续晋阳秋》)

桓玄尝登江陵城南楼云:"我今欲为王孝伯作诔。"因吟啸良久,随而下笔,一坐之间,诔以之成。(《文学》一〇二)

司马道子东府城行散,僚属悉在南门要望候拜,时谓谢景重曰:"王恭异谋,云是卿为其计。"谢曾无惧色,敛笏对曰:"乐彦辅有言:'岂以五男易一女。'"道子善其对,因举酒劝之曰:"故自佳!故自佳!"(《言语》一〇〇)

晋安帝隆安三年己亥(399)

十二月,殷仲堪疑朝廷欲以桓玄代已,遣道人竺僧懋赍宝物,遗司马道子宠

幸、媒尼、左右,以罪状玄,玄知其谋而击灭之。(《尤悔》一七注引周祇《隆安记》)

桓玄既破殷仲堪,收殷将佐十许人,咨议罗企生亦在焉。桓素待企生厚,将有所戮,先遣人语云:“若谢我,当释罪。”企生答曰:“为殷荆州吏,今荆州奔亡,存亡未判,我何颜谢桓公?”桓又遣人问欲何言,答曰:“昔晋文王杀嵇康,而嵇绍为晋忠臣。从公乞一弟以养老母。”桓亦如言宥之。(《德行》四三)

桓玄初并西夏,领荆、江二州,二府一国。于时始雪,五处俱贺,五版并入。玄在听事上,版至即答。版后皆粲然成章,不相揉杂。(《文学》一〇三)

王尚书惠尝看王右军夫人,问:“眼耳未觉恶不?”答曰:“发白齿落,属乎形骸;至于眼耳,关于神明,那可便与人隔。”(《贤媛》三一)

晋安帝隆安四年庚子(400)

殷仲堪丧后,桓玄问仲文:“卿家仲堪定是何似人?”仲文曰:“虽不能休明一世,足以映彻九泉。”(《赏誉》一五六)

王珣卒,临困,转卧向壁而叹曰:“人固不可以无年!”(《品藻》八三)

晋安帝隆安五年辛丑(401)

孙恩出吴郡,袁山松即日便征,陈遗已聚敛得数斗焦饭,未及归家,遂带以从军。战于沪渎,败,山松死,军人溃散,逃走山泽,皆多饥死,遗独以焦饭得活。时人以为纯孝之报也。(《德行》四五)

晋安帝元兴元年壬寅(402)

韩康伯母殷,随孙绘之之衡阳,于阖庐洲中逢桓玄。卞鞠是其外孙,时来问讯。谓鞠曰:“我不死,见此竖二世作贼。”(《贤媛》三二)

桓玄下都,羊孚时为兖州别驾,从京来诣门。笺云:“自顷世故睽离,心事沦蕰。明公启晨光于积晦,澄百流以一源。”桓见笺,驰唤前,云:“子道,子道,来何迟?”即用为记室参军。孟昶为刘牢之主簿,诣门谢,见云:“羊侯,羊侯,百口赖卿!”(《文学》一〇四)

三月,玄入京师。外白司马梁王奔叛,玄在平乘上笳鼓并作,直高咏阮籍《咏

怀诗》云:“箫管有遗音,梁王安在哉?”(《豪爽》一三)

孙恩逸逃于海上,聚众十万人,攻没郡县。临海太守辛景击孙恩,斩之。(《德行》四五)

桓玄为太傅,大会,朝臣毕集,问王桢之曰:“我何如卿第七叔?”(《品藻》八六)

桓玄问刘瑾:“我何如谢太傅?”又问:“何如贤舅子敬?”(《品藻八七》)

桓玄欲以谢安宅为营,谢混曰“召伯之仁,犹惠及甘棠”云云,玄惭而止。(《规箴》二七)

桓玄辅政,卞范之为丹阳尹。羊孚南州暂还,往卞许,云:“下官疾动不堪坐。”卞便开帐拂褥,羊径上大床,入被须枕。卞回坐倾睐,移晨达暮。羊临去,卞语曰:“我甚期盼于卿,卿莫负我!”(《宠礼》六)

羊孚暴卒,桓玄与羊欣书曰:“贤从情所信寄,暴疾而殒,祝予之叹,如何可言!”(《伤逝》一八)

桓玄欲革岭南之敝,以吴隐之为广州刺史。去州二十里有贪泉,世传饮之者其心无厌。隐之乃至水上,酌而饮之,因赋诗曰:“石门有贪泉,一歃重千金。试使夷齐饮,终当不易心。”(《德行》四七注引《晋安帝纪》)

晋安帝元兴二年癸卯(403)

桓玄将篡位,语卞范曰:“昔羊子道恒禁吾此意。今腹心丧羊孚,爪牙失索元,而匆匆作此诋突,讵允天心?”(《伤逝》一九)

桓玄既篡位,后御床微陷,群臣失色。侍中殷仲文进曰:“当由圣德渊重,厚地所以不能载。”时人善之。(《言语》一〇六)

桓玄田狩,车骑甚盛,五六十里中,旌旗蔽隰,双甄所指,不避陵壑。或行阵不整,麏兔腾逸,参佐无不被系束。(《规箴》二五)

桓玄既篡位,将改置直馆,问左右:“虎贲中郎省,应在何处?”有人答曰:“无省。”当时殊忤旨。问:“何以知无?”答曰:“潘岳《秋兴赋叙》曰:‘余兼虎贲中郎将,寓直散骑之省。’”(《言语》一〇七)

晋安帝元兴三年甲辰(404)

二月,建武将军刘裕、沛国刘毅、东海何无忌等举义兵讨桓玄。虞啸父为会稽

内史。(《晋书·安帝纪》、《纰漏》七注引《中兴书》)

桓玄兵败被杀。(《晋书·安帝纪》、《晋书·桓玄传》)

晋安帝义熙元年乙巳(405)

叔父桓玄篡逆见诛,桓亮聚众于长沙,自号湘州刺史,杀太宰甄恭、衡阳前太守韩绘之等十余人,为刘毅军人郭珍斩之。韩康伯母殷抚孙韩绘之尸哭曰:"汝父昔罢豫章,征书朝至夕发。汝去郡邑数年,为物不得动,遂及于难,夫复何言!"(《贤媛》三二及注引《续晋阳秋》)

殷仲文为大司马司马德文咨议,心绪不宁,非复往日。大司马府听前有一老槐,甚扶疏。殷因月朔,与众在听,视槐良久,叹曰:"槐树婆娑,无复生意。"(《黜免》八)

晋安帝义熙二年丙午(406)

殷仲文忽作东阳太守,意甚不平。及之郡,至富阳,慨然叹曰:"看此山川形势,当复出一孙伯符。"(《黜免》九)

晋安帝义熙三年丁未(407)

东阳太守殷仲文与桓胤谋反,遂伏诛。(《黜免》九注引《晋安帝纪》)

晋安帝义熙六年庚戌(410)

五月,卫将军刘毅及卢循战于桑落洲,王师败绩,尚书左仆射孟昶惧自杀。(《企羡》五、《晋书·安帝纪》)

(龚斌)

图书在版编目(CIP)数据

世说新语鉴赏辞典 / 刘强主编. —上海：上海辞书出版社，2023
ISBN 978-7-5326-5922-7

Ⅰ.①世… Ⅱ.①刘… Ⅲ.①《世说新语》-鉴赏-词典 Ⅳ.①I207.41-61

中国版本图书馆 CIP 数据核字(2022)第 108668 号

SHISHUO XINYU JIANSHANG CIDIAN

世说新语鉴赏辞典

刘　强　主编

责任编辑　吴艳萍
装帧设计　姜　明
责任印制　楼微雯
插　　图　陈和松

出版发行　上海世纪出版集团
上海辞书出版社(www.cishu.com.cn)
地　　址　上海市闵行区号景路 159 弄 B 座(邮编：201101)
印　　刷　上海中华印刷有限公司
开　　本　890 毫米×1240 毫米　1/32
印　　张　43
字　　数　1 156 000
版　　次　2023 年 1 月第 1 版　2023 年 1 月第 1 次印刷
书　　号　ISBN 978-7-5326-5922-7/I・512
定　　价　148.00 元